목회자는 하나님의 말씀을 생명력 있게 전달하는 것과 또 그렇게 살아내는 삶에 대해 늘 고민합니다. 이 책에 소개된 한국교회 초기 선교사들부터 현대교회에 이르기까지 시대를 관통하는 목회자들의 삶과 설교는 신학의 위기에 무관심하고 신앙의 무관심에 표류하는 한국교회에 경종을 울리고 다시금 잠자는 영성을 깨울 것입니다.

**_김은호**(서울 오륜교회 담임목사)

미국 유학에 앞서 "매주 설교할 곳을 허락해달라!"고 기도했던 김운용 교수! '경건과 학문'의 균형감각으로 '설교학'의 꽃을 만개하면서 이번에 "한국교회 설교 역사"란 대작을 집필했다. 한국교회의 초창기 설교 역사로부터 선교 2세기 설교 방향성까지 일목요연하게 서술한 이 책은 분명 '설교사 자체가 선교역사'라는 사실도 덤으로 밝혀주는 역작(力作)으로 한국의 신학계와 교계, 신학생, 평신도가 일독하도록 기꺼이 추천합니다.

**_김윤규**(한신대학교 실천신학 교수)

설교의 역사는 어떤 자료보다 그 시대의 아픔과 고통, 그리고 희망과 생명의 지혜와 하나님의 역사를 이해하는 영적 보고(寶庫)입니다. 따라서 이 설교의 역사를 살펴본다는 것은 각 시대를 다양한 관점에서 바라볼 수 있을 뿐 아니라 목회적 돌봄의 성격과 영적 흐름의 역동성을 살펴볼 수 있습니다. 설교학자이면서 설교가인 김운용 교수께서 이번에 한국교회 130년의 설교역사를 창조적 관점으로 해석함으로써 묻혀 있던 역사적 사실을 부활시켰을 뿐만 아니라 그 사실이 담고 있는 영적 풍성함을 이 책을 통해 아낌없이 담아내었습니다. 과거의 설교자를 통해 시대를 보는 눈과 성령의 일하심의 놀라운 역사를 느끼게 하는 긴장감을 줍니다. 이 책은 융합시대를 살아가는 설교학자나 목회자에게 창조적 영성과 생명력 있는 목회의 방향을 제시해주는 길잡이로 귀하게 쓰일 것입니다.

**_김형준**(서울 동안교회 담임목사)

본서는 지난 한 세기 한국교회의 '설교의 황금기'에 쓰임 받았던 설교자들을 정리한 책입니다. 저자는 한국교회의 역사와 신학을 통전적으로, 그리고 시대와 교파별로 이해하면서, 설교자 한 명 한 명의 설교자로서의 삶과 설교사역, 그들의 설교 신학을 분석하고 있습니다. 또한 그 설교의 거장들이 떠나간 자리를 새롭게 이어가야 할 설교자들에게 그 흔적과 열정, 정신을 이어갈 수 있도록 도와준다는 점에서 본서는 아주 소중한 책입니다. 이 책을 읽는 신학생과 목회자들 가운데 그 거장들의 바통을 쥐고 다음 세대에 민족을 다시 깨우는 온전한 설교자들이 일어나고 세워지기를 기대하면서 본서를 적극 추천합니다.

**_이성민**(감리교신학대학교 설교학 교수)

한국교회 130여 년의 역사 동안에 수많은 설교자들이 하나님의 말씀을 선포하는 사명을 감당해왔습니다. 본서는 설교사역을 통해 민족의 어두움을 거두어내고 교회와 나라와 민족을 하나님 앞에 세운 설교자들의 삶과 사역의 이야기를 정리한 책입니다. 초기 선교사들로부터 현대에 이르기까지 한국교회 설교자들의 삶과 사역, 그리고 설교를 연구한 책이라서 흥미롭습니다. 하나님의 관점과 상상력을 가지고 세상을 걸어가게 한다는 점에서 목회자들의 설교사역은 아무리 강조해도 지나침이 없습니다. 선교 2세기를 살아가면서 많은 난관에 부딪혀 있는 한국교회이기에, 선배들이 걸어갔던 길에 나타난 명암을 보면서 오늘의 시대를 어떻게 말씀으로 밝혀갈지 지혜와 통찰력을 얻는 것이 필요합니다. 설교자로 걸어가고 있는 사람들과 또 그 길을 걸어가기 위해 준비하는 사람들에게 일독을 권합니다.

**_이찬수**(분당우리교회 담임목사)

설교는 하나님의 역사(役事)이고 또 교회 역사(歷史)의 중심입니다. 종교개혁자 마르틴 루터는 하나님의 말씀선포(설교)와 성찬집례가 교회를 성립한다고 했습니다. 강단에서 매 주일 선포되는 설교가 쌓여서 교회 역사의 큰 줄기를 이룹니다. 이 책에 소개된 선교사들과 목회자들의 설교는 한 편 한 편마다 살아계신 하나님의 성령의 역사로 선포되었습니다. 이를 통해서 교회의 역사가 형성되었습니다. 한국교회를 이해하고, 그 안에서 역사하셨던 하나님의 일하심을 깊이 느낄 수 있는 책입니다.

**_임희국**(장로회신학대학교 교회사 교수)

이 책은 특정 시대에 한국교회가 처했던 상황과 그 상황 속에서 말씀 설파자로 살았던 설교자들을 통합하여 엮어내는 설교이야기요, 교회이야기이면서, 동시에 역사이야기입니다. 저자는 특정 상황과 설교자와 교회와 역사를 분석하고 평가합니다. 그러나 그것을 의도적으로 흥미로운 현장이야기와 흐름이 있는 역사이야기의 방식으로 펼쳐냅니다. 그래서 입체적이고 통합적이며 때로는 감성적입니다. 이 책은 한국교회 설교역사를 '이야기의 형성과 전개'라는 저자의 안목에 따라 엮어내고 있다는 점에서 독특하고 흥미롭습니다. 그리고 분량이나 내용에 있어서도 그동안의 어떤 책보다도 방대합니다. 이 책을 읽는 독자는 한국교회 설교역사에 대한 특별한 통찰력과 흥미를 동시에 누리게 될 것입니다.

**_정창균(합동신학대학원 총장, 설교자하우스 대표, 전 한국설교학회 회장)**

무엇보다 먼저 한국교회 설교의 역사에 대한 책이 설교학자에 의해서 마침내 출판된다는 소식을 접했을 때 너무나 기뻤습니다. 한국교회는 세계선교 역사상 그 유래를 찾아볼 수 없을 정도로 엄청나게 성장한 교회입니다. 그리고 그 성장의 이면에는 모든 교회의 부흥과 성장에서 볼 수 있듯이 하나님 말씀의 선포, 즉 설교가 핵심적인 원인입니다. 교회의 역사를 보면 하나님의 말씀이 강단에서 올바르게 선포될 때 교회는 부흥했고, 그렇지 않을 때 교회는 병들었습니다. 이것이 지난 2천 년의 교회의 역사입니다. 그러므로 선교의 역사에서 유래를 찾아보기 힘든 한국교회의 경우도 성장의 가장 중요한 원인이 바로 하나님의 말씀이 강단에서 올바르게 선포됨에 있었습니다. 그러나 한국교회의 역사 130년 동안 교회성장의 핵심 요인이었던 강단의 역사에 대해서 체계적으로 연구 정리된 자료가 없었습니다. 설교학자 정성구 박사가 지적한 것처럼 "설교의 역사는 바로 교회의 역사입니다. 그리고 설교사는 사상사(思想史)"라고 할 수 있습니다. 한 시대의 설교를 연구해보면 당시의 신학과 신앙, 그리고 그 시대의 문제를 알 수 있습니다. 왜냐하면 설교는 그 시대와 교회를 향하여 하나님의 말씀을 해석하고 선포하며 적용한 것이기 때문입니다. 따라서 설교의 역사를 돌아보는 것은 참으로 중요한 의미를 지니고 있습니다. 바로 이런 의미에서 이번에 수년간의 연구를 통하여 한국교회 강단에서 지난 130년간 외쳐진 설교를 시대별로 그리고 강단의 거성들을 중심으로 연구한 이 책은 선교 2세기를 살면서 안팎으로 커다란 도전 가운데 놓인 한국교회를 위하여 참으로 귀한 선물이라고 할 수 있습니다. 또한 이 책이 제시하고 있는 선교 2세기 한국교회의 말씀 선포 사역을 위한 설교의 방향성은 한국교회의 모든 설교자들과 목회자들이 반드시 숙고하고 고찰해야 할 소중한 내용이라고 생각합니다. 한국교회의 모든 설교자들과 목회자들은 물론이요, 신학도들과 성도들에게도 참으로 기쁜 마음으로 추천하면서 일독을 강력하게 권합니다.

**_주승중(주안장로교회 담임목사, 전 장로회신학대학교 예배/설교학 교수)**

# 한국교회 설교 역사

## 이야기 혁신성의 관점에서 본 설교자들의 이야기

새물결플러스

이 저서는 2014년 정부(교육부)의 재원으로
한국연구재단의 지원을 받아 수행된 연구입니다(NRF-2014S1A6A4026267).

지난 34년 동안 같은 걸음으로

사역의 길을 함께 해준

사랑하는 아내요, 친구요, 동역자인

박혜신 님께 이 책을 바칩니다.

# 목차

# 서문

그래 자지 마라 개똥벌레야
너마저 이 밤에 빛을 잃고 말면
나는 누구와 동무하여
이 어둠의 시절을 보내란 말이냐
– 김남주[1]

## 이야기의 혁신성

다중지능이론을 주창한 교육심리학자 하워드 가드너(Howard Gardner)는 리더십을 "다른 사람의 행동, 사고, 의식에 의미심장한 영향을 미치는 능력"이라고 규정하면서 각 시대의 다양한 리더들의 특성을 분석한다. 그들은 대중의 이목을 집중시킬 만한 특이성과 참신성, 혁신성과 유용성, 창조성을 가진 존재들이며[2] "말과 개인적 모범을 통해 많은 사람들의 행동과 사상 및 의식에 현저한 영향력을 끼친 존재들"이라는 공통적인 특징을 지닌다.[3] 가드너는 특별히 리더들의 이야기를 분석하는 방법을 활용한다. 리더들이 사람들에게 끼친 영향력은 언제나 그들이 가지고 있는 "독특한 이야기"에 따라 결정된다.[4] 가드너는 "그들의 이야기가 있는가, 청중의 마음속에 자리 잡고 있는 이야기를 물리치고 또 다른 이야기를 창조해내는가?"라는 질문을

1 김남주, 「개똥벌레 하나」, 『꽃 속에 피가 흐른다』(파주: 창비, 2004).

2 창조성이라는 관점을 따라 리더의 특성을 분석한 책으로는 Howard Gardner, *Creating Minds: An Anatomy of Creativity* (New York: BasicBooks, 1993)를 참조하라.

3 Howard Gardner, *Leading Minds: An Anatomy of Leadership* (New York: BasicBooks, 1995), 8.

4 Gardner는 여기서 주로 "story"와 "narrative"를 혼용해 사용하면서도 주로 전자를 즐겨 사용한다. 여기서는 "이야기"라는 용어를 주로 사용했으며 필요할 때는 "내러티브"라는 용어도 혼용했음을 밝힌다.

통해 리더의 영향력을 가늠한다. 리더는 주로 그들이 전달하는(relate) 이야기를 통해 영향력 및 효율성을 성취하는 존재들이다. 여기서 "전달한다"라는 개념은 단순히 "말하는 것" 이상을 의미한다. 이 개념은 이야기를 전달하여 어떻게 삶 속에서 그것을 구현하느냐의 차원도 포함한다.[5] 그들의 이야기는 사람들에게 영향력을 끼치면서 어떻게 그 시대 및 대중(청중)의 삶을 혁신할 것인지에 관한 방식을 제시한다.

그는 영향력의 크기에 따라 리더들을 분류한다. 먼저 창의성을 발휘해서 많은 사람들의 삶에 깊은 영향력을 끼친 간접적 리더 그룹, 연설이나 논쟁, 가시적 행동 실천과 모범 제시 등을 통해 수많은 사람들에게 직접적으로 영향력을 행사한 직접적 리더 그룹으로 나눈다.[6] 그리고 이야기의 작용이라는 관점에서 리더들을 일반적 리더(ordinary leader), 혁신적 리더(innovative leader), 비전적 리더(visionary leader)로 재분류한다. "일반적 리더"는 자신이 소속된 집단이 가지고 있는 전통적 이야기를 가능한 한 효율적으로 전달하는 존재이며 그 이야기를 통해 생각을 공유하지만 대중들의 의식의 지평을 크게 넓히지는 못한다. "혁신적 리더"는 자기가 속한 분야의 구성원들과 대중들 가운데 잠재되어 있는 이야기를 취하여 그것에 새로운 관점을 가져오며 신선한 진전(fresh twist)을 이루어간다. 그들은 반대 진영의 이야기(counterstories)에 맞서 싸우면서 이전 시대에 존재했던 영광과 순수함을 되살려 그 시대를 재설정하는 일에 관해 큰 역할을 수행한다. "비전적 리더"는 현재의 이야기를 전달하고, 과거의 이야기와 영광을 재생(reactivate)시키는 것에 만족하지 않으면서 이전에 알지 못했던 전혀 새로운 이야기를 만

5 Gardner, *Leading Minds*, 9.

6 간접적 리더 그룹의 대표적 인물로는 모차르트나 아인슈타인 등을 들고 있으며, 직접적 리더 그룹에 속한 인물로는 알렉산더 대왕이나 나폴레옹, 칭기즈칸, 루즈벨트, 간디와 같은 지도자들을 든다. 위의 책, 참고.

들어내거나 그것의 효과적인 전달과 확산이라는 관점에서 큰 성취를 이룬 사람들이다.[7]

사실 한 사람이 역사 속에서 다른 사람에게 끼친 영향력을 계측하는 데는 한계가 있지만, 이야기와 영향력이라는 관점에서 분석한 그의 시도는 상당히 설득력이 있다. 어느 특정 시대, 특정 분야에서 영향력을 발휘한 사람들은 이야기를 가지고 있었고, 그것은 그들의 삶의 중심을 이루었으며, 그 중심이 되는 이야기를 효과적으로 전달했고, 그것을 나누고 실천하면서 큰 영향력을 끼친다. 필자는 이것을 "이야기의 혁신성"(innovativeness)이라고 명명하고자 한다. 한 시대를 살면서 그 당대에 영향을 끼쳤던 리더들은 그들 나름의 이야기를 가지고 있었고, 그 이야기를 늘 새롭게 만들면서 그것을 통해 그 시대를 뒤덮었다. 그 점이 그들의 특징이다. 자신과 자신 앞에서 있는 사람들에게 여러 방법을 통해 그들 자신에 대해, 어디에서 왔고 어디로 가는지, 두렵게 만드는 것들, 저항하고 싸워야 할 것, 꿈꾸어야 할 것에 대해 분명하게 전달함으로써 영향력을 끼친 사람을 리더라고 할 때,[8] 이야기의 혁신성은 한 시대 속에서 활동했던 인물(리더)을 평가함에 있어 유용한 방법이라고 판단된다.

오늘날 내러티브는 설교학뿐만 아니라 기독교 신학 전 영역에서 중요한 요소로 자리 잡고 있다. 스탠리 하우어워스(Stanley Hauerwas)는 윤리적 반성을 위한 대안과 도덕적 경험을 올바르게 진술할 수 있는 요소로서 내러티브를 언급한다. 기독교적 확신은 내러티브 구조를 가지며 하나님의 계시 사건도 내러티브적 특성을 취한다. 그런 점에서 그는 내러티브를 "영속적 범주"(perennial category)로 수용하면서, 개인의 자아 정체성 형성 이

7 위의 책, 11.
8 위의 책, 14.

해 및 신념과 종교적 확신을 함양하는 데 이야기가 중요한 도구이고, 종교적 신념이 가지는 근본 원리를 가장 잘 보여줄 수 있으며, 자아가 그 신념들에 의해 어떻게 형성되고 발전되는지를 이해하는 데 사용될 수 있는 항구적인 매체로 이해한다.[9] 이와 같은 맥락에서 1970년대 이후 현대 설교학에서도 내러티브를 설교사역에서의 중심적인 요소로 이해한다.[10] 가드너도 관계 형성 및 의사소통에 장애 요소로 작용하는 "교육받지 않은 마음"(unschooled mind)에 다가갈 때 내러티브를 가장 중요한 요소 중 하나로 이해하며, 그것을 변화시키고 혁신하는 데 큰 유익을 주는 도구로 제시한다.[11] 이야기는 인간의 본질을 건드리면서도 생각과 마음을 변화시키는 힘을 가졌기 때문이다. 그래서 하나님께서는 계시의 중요한 도구로서 이야기를 활용하셨다. 성경은 수많은 이야기로 채워져 있고 그것을 통해 계시의 말씀을 전달한다. 그런 점에서 기독교의 설교는 본질적으로 이야기의 특성을 가지고 있으며 효과적인 전달을 위해 이야기를 중요한 요소로 간주한다.[12]

설교자는 이야기를 가졌으며 그 이야기를 전달하는 존재다. 그들은 특별한 이야기 때문에 일어선 자들이고, 달리는 자들이며, 말씀의 강단에 서 있는 사람들이다. 또한 설교자는 하나님의 이야기(God's Story)라는 메타내러티브(meta-narrative)를 가진 존재다. 그러므로 그들의 설교 텍스트는 자신

9 Stanley Hauerwas, *A Community of Character* (Notre Dame: University of Notre Dame Press, 1981), 9.

10 이런 측면을 살펴보기 위해서는 김운용, 『설교의 새로운 패러다임』(서울: 장로회신학대학교출판부, 2004)을 참고하라.

11 Howard Gardner, *The Unschooled Mind: How Children Think and How Schools Should Teach* (New York: BasicBooks, 1991).

12 이런 특징을 살펴보기 위해서는 김운용, 『새롭게 설교하기: 변화하는 시대 속에서의 설교』(서울: WPA, 2007), 12, 16장; 『현대설교 코칭』(서울: 장로회신학대학교출판부, 2012), 19장; 『설교의 새로운 패러다임』; Stephen Crites, "The Narrative Quality of Experience," *Journal of American Academy of Religion* (1971) 등을 참고하라.

의 이야기가 아니라 언제나 하나님의 계시의 말씀인 성경이 될 수밖에 없다. 또한 그들은 메타내러티브를 거부하고 그것을 변형시키려는 시대 속에서 보존하기 위해 애쓰는 존재들이며, 그것을 다시 회복시키는 일(recovery of narrative)에 전심전력한다. 기독교의 설교는 하나님의 내러티브를 이야기하는 일(storytelling)이며, 그것을 공동체 속에 보존하고 확대시키는 고유한 행위다. 그렇게 이야기를 하고 그것을 보존하는 역할을 했던 설교자와 공동체는 그들만의 고유한 이야기를 갖는다. 설교자는 이야기를 통해 성경과 교회의 전통이 전해주는 메타내러티브를 말해줌으로써 공동체와 그 일원들의 정체성을 갱신시키면서 그들을 세우고 유지하는 기능을 수행하며, 그것에 따라 사람들을 신실한 삶으로 나아갈 수 있게 한다. 그러므로 설교자의 중요한 직능은 새로운 실재를 불러일으키는 것(to evoke)과 그것을 보존하는 것(to sustain)이다. 제임스 거스탑슨(James M. Gustafson)은 설교뿐만 아니라 신학이 수행해야 하는 차원, 특히 내러티브를 통해 수행해야 하는 차원에 대해 다음과 같이 잘 설명해준다.

> 내러티브는 성경과 다른 자원들 가운데서 묘사되고 있는 것을 따라 그것의 역사와 전통적 의미들을 다시 들려줌으로써 종교적(혹은 세속적) 공동체의 독특한 도덕적 정체성(particular moral identity)을 유지시키는 기능을 한다. 그러한 공동체에 참여함을 통해 그 내러티브는 역시 우리의 도덕적 품성을 형성하는 기능을 한다. 역으로 그것들은 우리가 세상과 사건들을 해석하고 구현하는 방식에 영향을 주며, 세상 가운데서 그 공동체의 일원으로 적절한 행동을 하는 데 있어 우리가 결정하는 바에 영향을 준다. 내러티브는 기독교 공동체의 종교적·도덕적 정체성을 지탱시키고 확증하는 역할을 한다. 또한 그 구성원들의 예수 그리스도에 대한 신실성(faithfulness)을 불러일으키고 그것

을 보존하는 역할을 한다.[13]

이 책은 이런 논거를 중심으로 한국교회 속에서 수행되어온 설교자들의 이야기와 그들이 전했던 메타내러티브의 특성을 따라 설교사역의 역사적 측면을 탐구하고자 한다. 또한 그들이 수행했던 작업을 통해 그 바통을 이어받아 그 작업과 설교를 계속해나가야 할 오늘의 설교자들이 역사와 대화하도록 만드는 데 그 목적이 있다. 그러므로 이 책은 설교자들의 이야기와 그들이 서 있는 시대적 정황 속에서 그들의 메타내러티브를 새롭게 혁신해가려고 노력했던 사역의 이야기, 그리고 그들이 열정을 가지고 감당했던 그들의 메타내러티브를 살펴보는 데 주안점을 두었다. 다만 모든 설교자를 언급할 수 없기에 이 책에서는 각 시대의 대표성과 내러티브의 혁신성이 잘 드러난 설교자들을 중심으로 살펴볼 것이다. 지역, 교단, 출신 학교 등을 어느 정도 참고했지만, 그들이 지니고 있는 이야기의 혁신성이 부정적이든 긍정적이든 설교자의 영향력을 고려하여 선정했다.

## 설교의 자리

본 연구는 오늘의 설교 현장과의 관련성 속에서 진행된다. 선교가 2세기에 접어들면서, 한국교회는 안팎으로 크고 작은 도전 가운데 놓여 있다. 밖으로는 사회문화적 환경의 급격한 변화에 직면했고, 안으로는 많은 문제들과 갈등 양상에 둘러싸여 있다. 현대 사회의 급격한 변화와 함께 교회의 위상이 달라지고, 종교 지형도의 변화로 인해 역할 혼동을 경험하면서 작지 않

13 James M. Gustafson, "Varieties of Moral Discourse: Prophetic, Narrative, Ethical and Policy" (Calvin College, The Stob Lectures, 1988), 19-20.

은 혼란 가운데 놓여 있다. 가파른 성장 곡선을 자랑하던 한국교회의 수적 성장도 급격한 둔화 혹은 감소 현상을 보이고 있다. 교회 위상의 뚜렷한 변화 및 특정 교회와 목회자들의 일탈 현상은 신뢰도 추락의 주요 원인이다. 선교 초기부터 나라와 민족 앞에서 영적·사회적 리더십을 발휘했던 한국교회가 그 영향력과 리더십을 상실해가고 있다. 일면 세속적인 것으로 백안시했던 마케팅 전략, 비즈니스 경영 마인드가 목회와 강단을 지배하기도 하고, 성경의 가르침과는 분명 거리가 있는 외형주의, 물질주의, 새로운 율법주의, 형식주의, 기복주의 등이 교회 메시지의 도성을 공략하고 있다. 강단에 영적 긴박감이 사라지고 있고, 이로 인해 "복음에 대한 피상적인 접근"[14]이 큰 문제로 대두되고 있다. 바른 설교사역의 정립이 필요한 시대다.

에드윈 다간(Edwin C. Dargan)은 그의 책 *A History of Preaching*에서 "설교는 기독교의 중요하고 본질적인(essential) 부분이자 가장 두드러진(distinguished) 특징"이고, "가장 독특한 제도"라고 했다. 또한 기독교 역사에서 교회의 "위대한 부흥은 언제나 힘 있는 말씀의 강단으로부터 비롯"되었으며, 교회가 여러 가지 면에서 암흑기를 경험한 것도 "생명력 없고 형식적이며 열매 없는 설교로부터 나왔다"라고 주장한다.[15] 기독교는 설교사역을 통해 지리적·수적으로 널리 확장되었다. 말씀 선포가 강력하게 일어나는 곳에서 말씀의 아름다운 역사들이 강하게 일어났으며 수많은 영혼들이 주께 돌아오는 부흥이 뒤따랐다. 또한 부흥이 뒤따른 이후 더 높은 수준의 설교가 개발되고 성도들은 이를 들을 수 있게 되었다. 이런 점에서 설교는 기독교에서 필수불가결한 사역이었고, 교회의 부흥을 일으키고 사역의 힘을 북돋게 하는 생명력과 부흥의 동인(動因)이었다. 그러므로 설교가 없다면, 기독교

---

14 김남준, 『거룩한 부흥』(서울: 생명의말씀사, 2000).

15 Edwin C. Dargan, *A History of Preaching: From the Apostolic Fathers to the Great Reformers AD 70-1572*, vol. I (Grand Rapids: Baker Book House, 1968), 12-13, 552.

는 확실성(authenticity)을 보장하는 가장 필요한 부분을 잃어버린 셈이 된다. 왜냐하면 기독교는 본질적으로 "하나님의 말씀의 종교"이기 때문이다.[16]

그러므로 기독교 역사의 발자취를 상고해볼 때, 각 시대마다 생명력을 상실한 "설교의 붕괴"를 안타까워하며 그것을 혁신하려는 다양한 시도를 만나게 된다. 또한 그 시대가 하나님의 말씀을 올바르게 그리고 효과적으로 들을 수 있게 하려는 몸부림을 마주하게 된다. 각 시대마다 설교의 갱신을 위한 노력들이 계속되었다. 그런 노력들로 인해 설교의 능력이 회복될 수 있었고, 그 능력의 회복과 함께 설교사역이 다시 적절하게 수행되는 설교의 부흥을 경험하고는 했다. 교회 속에서 일어난 모든 설교 개혁운동은 "설교의 부흥"(revival of preaching)과 "전달 방법의 혁신"(re-forming of its method of presentation)에 그 목적을 두었다.[17]

그뿐만 아니라 최근에는 설교 행위가 가지는 의미, 즉 설교의 윤리적 차원에 대해 깊이 탐구하고 설교사역 자체가 가지는 신학적 의미에 착념하면서 설교가 나아갈 방향을 제시한다. 하나님의 말씀의 선포인 설교는 세상의 흐름에 대해 저항하는 행위이며 대안 의식을 제시하는 것이다. 설교는 하나님을 거역하는 세상의 권세와 통치자들의 활동에 대해 "저항하는 중요한 실천"이며, 대안공동체를 세우는 사역이어야 한다. 설교는 세상의 권세자와 교전하면서 "세상을 보는 분명한 방식"을 제시하며 특별한 하나님의 말씀을 삶의 현장에서 구체적으로 구현해가는 "실천과 덕으로 형성된 공동체를 세워가는 사역"이 되어야 한다.[18] 설교사역의 미래는 교회를 위한 신

---

16 John R. W. Stott, *Between Two Worlds: The Art of Preaching in the Twentieth Century* (Grand Rapids: Eerdmans Publishing Co., 1982), 15.

17 Richard Lischer, "Introduction: the Promise of Renewal," in *Theories of Preaching: Selected Readings in the Homiletical Tradition*, ed. Richard Lischer (Durham: The Labyrinth Press, 1987), 5.

18 이런 경향에 대해서는 Charles Campbell, *The Word before Powers*, 김운용 역, 『실천과 저항의 설교학: 설교의 윤리』(서울: WPA, 2012); Walter Bruggemann, *Prophetic Imagination*, 2nd ed. (Minneapolis: Fortress, 2001); *The Practice of Prophetic Imagination: Preaching an Emancipatory*

선한 신학적·윤리적 의미(significance)를 제시하는 사역이 되어야 한다.

## 교회의 역사, 설교의 역사

교회의 역사는 설교의 관점에서 보면 두 가지로 구분할 수 있다. 생명력 있는 설교를 통해서 교회를 세우며 주의 백성들을 하나님의 말씀으로 힘 있게 인도했던 "설교 영광의 시대"가 있었고, 무기력한 강단으로 인해 청중들이 설교에서 별다른 의미를 찾지 못하고 별다른 기대도 갖지 않게 되면서 그저 습관적인 설교만 가득 차 있는 "설교 흑암의 시대"가 있었다. 설교 영광의 시대에는 강단에 힘이 있었고 교회는 영적 활기가 충천해 있었다. 그 때에는 공통적으로 위대한 설교의 거성들이 있었다. 그 시대를 이끌었던 강단의 거성들은 하나님의 말씀을 선포하기 위해 생명을 걸었고, 하나님의 말씀의 부흥을 위해 혼신의 힘을 기울였다. 그들은 가슴속에 불을 가진 사람들이었고 "설교 때문에 산 자들"이었다. 또한 하나님의 말씀을 선포하는 일에 가히 생명이라도 내놓을 열정을 가지고 있었으며 설교와의 깊은 로맨스에 빠져 있었다.[19] 교회는 그들과 함께 풍요로운 말씀을 누렸다.

반면 설교 암흑기에는 무기력한 설교자들, 그리고 형식적이고 열정을 잃

---

*Word* (Minneapolis: Fortress Press, 2012) 등을 참조하라.

19 John Wesley는 1757년 8월 28일 자 그의 일기에서 "사실 나는 설교 때문에 삽니다"라고 적고 있다. Wesley의 설교의 열정에 대해서는 Leonard H. Budd, *Days Multiplied: The Wesley Legacy* (Lima, Ohio: CSS Publishing Co., 1984)를 보라. 이런 설교에 대한 열정을 Charles S. Horne은 1914년 예일대학교에서 행한 그의 유명한 설교학 강의인 비쳐 강의에서 하나님과 하나님의 말씀에 도취된 "설교자의 로맨스"라고 했다. "이들은 무력의 충돌과 어리석은 힘의 대결로 가득한 세상에서 오직 진리의 칼과 의의 갑옷, 그리고 위로부터 오는 평안의 심령을 구하면서 평온하게 서 있을 수 있었다. 이들은 세상이 어찌할 수 없는 사람들이었으며, 세상의 어떤 세력도 그들을 점령할 수 없었던 진정한 영웅들이었다. 세상의 가장 지속적인 승리는 모두 그들의 것이었다"라고 평가한다. Charles S. Horne, *The Romance of Preaching* (New York: James Clarke and Rovell, 1914), 19.

어버린 설교가 자리 잡고 있었다. 허공을 치는 설교는 성도들의 삶에 특별한 의미를 주지 못했고 설교가 가지는 예언적·치유적·교육적인 기능이 온전히 수행되지 못하면서 그 영향력 또한 온전히 행사되지 못했다. 그 시대에 교회는 사회적 영향력을 잃어갔고, 복음이 아닌 것이 교회를 지배했으며, 많은 재산과 함께 비대하고 부요해졌을지는 모르지만 말씀의 능력을 상실했다.

이와 같이 교회의 역사는 설교에 관한 영광의 시대와 퇴락의 시대가 마치 진자 운동과 같이 교차적으로 반복해서 나타났다. 교회와 설교가 상호보완 및 상호 지배의 관계에 있다는 것을 고려할 때, 교회의 위기는 설교의 위기 현상과 긴밀하게 연결되어 있다. 즉 설교는 교회 쇠퇴의 원인이 되기도 했지만, 또한 교회의 쇠퇴가 설교 쇠퇴의 원인이 되기도 했다. 이런 점에서 한국교회의 지난 한 세기는 설교가 교회의 활동 및 사역에서 중심적인 역할을 감당했을 뿐만 아니라 원동력이 되었던 시기였으며, 실로 설교 영광의 시대였다고 해도 과언이 아니다. 교회는 설교를 통하여 부흥을 이루었으며 국가적 위기에 직면했을 때 민족정신을 계도하고 교화하기도 했다. 한국교회의 첫 세기는 설교를 통해 민족의 심령에 위로와 각성을 함께 불러일으켰던 소위 "설교의 황금기"였다. 사람들은 설교자에게 귀를 기울였으며 하나님의 말씀 앞에서 부복했다. 성도들은 설교자를 하나님의 종으로 높이 예우했으며, 설교의 소리(voice of preaching)는 잠자던 "고요한 아침의 나라"를 깨우기에 넉넉했다. 어쩌면 지난 세기에 한국교회에서 설교는 찰스 스펄전(Charles H. Spurgeon)이 설교의 역할과 능력에 대해 언급한 대로, 설교자에게 거룩한 기름 부으심(the sacred anointing)이 있었고, 청중들에게는 하나님의 진리의 말씀을 선포해주는 신적인 권능(the divine power)이 되었으며 그 어떤 형식보다도 중요한 요소로 작용했다.[20]

20 Charles H. Spurgeon, *Lectures to My Students*, vol. 3 (Grand Rapids: Zondervan Publishing House, 1980), 96.

## 거인의 어깨 위에서

시오노 나나미는 역사는 "자신들이 태어난 시대를 열심히 살았던 사람들의 기록"이며 "수많은 사람들의 노고가 축적된 결과물"이라고 규정하면서, 그것을 아는 것은 지금 현재를 열심히 살려고 하는 우리에게도 많은 재료와 충고를 준다고 이해한다.[21] 이것이 바로 설교 역사에 대한 연구의 당위성을 제공한다. 교회의 역사는 설교의 역사이며, 수많은 설교자와 그들의 풍성한 사역 이야기를 담고 있다. 곧 생명을 걸고 하나님의 말씀을 전한 설교자들의 이야기와 선포되는 말씀 앞에서 밝게 또는 어둡게 반응했던 교회 공동체 및 그 시대의 이야기를 담고 있다. 그런 점에서 이 책은 이야기의 관점에서 한국교회 설교의 역사에 접근한다. 남아 있는 자료들에 집중하면서도, 완벽한 기록으로 남아 있지 않은 간략한 요약 설교문에 천착하기보다 오히려 설교자들의 이야기와 그 교회의 이야기에 더 관심을 기울이고자 했다. 때론 어둡다 못해 칠흑과 같은 밤을 살았던 설교자들이 어떻게 하나님의 말씀으로 그 시대를 밝혔는지, 그리고 그 시대 사람들은 하나님의 말씀에 어떻게 반응했고 어떤 삶을 살았으며 어떤 공동체를 이루면서 무엇에 생명을 걸었는지를 살펴보는 데 집중하려고 한다. 그러므로 설교자와 그 공동체의 삶의 이야기는 이 작업에서 중요한 자료다.

스티브 호킹은 『거인들의 어깨 위에 서서』에서, 지구가 태양의 궤도를 돈다고 주장한 니콜라우스 코페르니쿠스의 혁명적인 주장에서부터 시공이 질량과 에너지에 의해서 휘어져 있다는 아인슈타인의 혁명적 주장에 이르기까지 하늘에 대한 상(像)이 어떻게 진화해왔는지를 추적하면서, 물리학과 천문학계 거장들의 어깨 위에서 오늘날 우리가 하늘을 어떻게 보아야

21 Nanami Shiono, *Roma Wa Ichinichi Ni Shite Narazu*, 김석희 역, 『로마인 이야기』, 1권(서울: 한길사, 1992), 211.

할지를 알려준다.[22] 그 책은 자세한 그들의 이론을 알지 못해도 누구나 그들의 이름은 기억하고 있을 코페르니쿠스, 갈릴레오, 케플러, 뉴턴, 아인슈타인 등 지금까지 인류의 사상사에 거대한 획을 그었고 하늘과 땅의 큰 그림을 그려서 우리가 새로운 세계를 볼 수 있게 했던 역사의 진정한 거인들이 살아왔던 이야기와 그들이 평생을 걸고 추구했던 연구 내용들을 소개한다. 아이작 뉴턴(Isaac Newton)이 1676년에 그의 경쟁자였던 과학자 로버트 훅(Robert Hook)에게 보낸 편지의 한 구절이 호킹의 책에 소개되어 있다. “내가 더 멀리 보아왔다면 그것은 거인들의 어깨 위에 서 있었기 때문이오”(If I have seen farther, it is by standing on the shoulders of giants). 그러나 이 말은 뉴턴의 말이 아니라 당시에 통용되던 경구였는데 그가 사용해서 더 유명해졌다. “우리는 거인들의 어깨 위에 있는 난쟁이들과 같기 때문에 거인보다 더 많이, 그리고 더 멀리 있는 사물을 볼 수 있지만 이는 우리 시력이 좋기 때문도 아니고, 우리 신체가 뛰어나기 때문도 아니다. 거인의 거대한 몸집이 우리를 들어 올려 높은 위치에 싣고 있기 때문이다.” 이는 스페인의 신학자 디에고 데 에스텔라의 말이다. 그러나 이것도 에스텔라의 말이 아니라 그 이전 시대 사람이 지혜를 통해 말한 것이다. 그러니까 이 경구 하나도 “거인들의 어깨 위에서” 나온 것이다.[23]

그것이 뉴턴의 이야기인지 누구의 이야기인지는 중요하지 않다. 우리는 과거와 전혀 다른 새로운 현실에서 살아가고 있고, 과거의 사람들과 비교하여 다른 고민들이 있지만 그럼에도 이전에 고민하며 살았던 거인들의 어깨 위에 올라서면 훨씬 더 멀리 볼 수 있다는 사실이 중요할 뿐이다. 우

22 Stephen William Hawking, *The Illustrated on the Shoulders of Giants*, 김동광 역, 『거인들의 어깨 위에 서서: 물리학과 천문학의 위대한 업적』(서울: 까치글방, 2006).

23 뉴욕 콜롬비아 대학교 교수였던 Robert K. Merton은 이것을 집중적으로 연구했는데 이 말의 출처가 뉴턴을 거슬러 500년을 올라간다고 밝혔다. Robert K. Merton, *On the Shoulders of Giants: A Shandean Postscript*, reprinted ed. (Chicago: University of Chicago Press, 1993), 참고.

리는 새삼 어제와 오늘 그리고 내일은 항상 서로 연결된다는 사실을 깨달으면서, 거인들의 숲을 탐사하려고 한다. 흔히 역사에서 "통감"(通鑑)이라는 단어가 자주 사용된다.[24] 여기서 통할 통(通)에 거울 감(鑑)을 쓴 이유는 "역사라는 거울을 통해 현재를 바라본다"는 의미를 담아내기 위해서다. 그런 점에서 역사 연구는 과거를 통해 현재를 연구하는 "현재학"이며, 이를 통해 미래를 조망하는 "미래학"이다.[25] 역사를 연구한다는 것은 언제나 쉬운 일이 아니다. 마치 비문의 글자와 글자 사이에 존재하는, 긴 시간에 걸쳐 비바람에 씻겨나가 이제는 희미해져 버린 글자를 탐독하는 것과 같이 그 시대의 이야기를 그려내려면 우리에게는 사실(fact)을 찾아내려는 노력과 함께 수많은 상상력, 그리고 공감 능력이 필요하다.

## 감사의 마음으로

130년 성상의 한국교회 설교의 역사를 기술하기란 쉬운 작업이 아니다. 특별히 민족이 어려움을 겪고 있던 시대에 복음을 전하고 민족을 깨우며 짧은 기간 내에 기독교를 이 땅의 대표적인 종교로 세웠던 설교자들의 이야기를 담아내는 일은 많은 한계에 직면한다. 그들의 삶과 사역의 이야기 속에 담긴 발자취를 쫓으면서 어두워져 가는 오늘의 시대를 바로 보아야 하며 또한 그들의 어깨 위에 오르지 않으면 안 된다. 이 책에서 나는 그 희미한 기록들, 그리고 때로는 부끄러운 기록들까지 가감 없이 기술하려고 노력했다.

---

24 대표적으로 1484년 조선 성종 때 완성된 역사책인 "동국통감"(東國通鑑)이나 송나라 사마광이 영종의 명을 받들어 1084년에 완성한 "자치통감"(資治通鑑), 방대한 이 역사책을 남송(南宋)의 강지가 축약 편집한 "통감절요"(通鑑節要) 등을 들 수 있다.

25 이덕일, 『조선왕을 말하다』, 1권(서울: 역사의아침, 2010), 7.

독자들은 이 책에서 수많은 설교자를 만나게 될 것이다. 그들은 다양한 시대적 배경을 가진 존재들이고, 각기 다른 이야기를 가지고 여러 지역의 교회를 섬겼던 설교자들이다. 한국교회 130년의 역사 가운데서 수많은 설교자들을 어떤 기준으로 선정하여 살펴볼 것인가가 이 연구의 질을 결정짓는 중요한 요소다. 당연히 객관적 기준에 따라 인물을 선정해야 하겠지만, 설교자의 수가 너무 많고 교단, 지역, 신학적 성향 모두를 고려하기에는 너무 방대하여 불가능할 뿐만 아니라 의미를 발견하기도 어렵다. 이 책에서는 앞서 언급한 것처럼 "이야기의 혁신성"이라는 관점에서 설교자들을 선정했다. 설교자로서 그가 가진 이야기의 특성, 설교자의 삶을 세우는 데 있어 그의 이야기가 어떤 혁신성을 가졌는지, 그리고 긍정적이든 부정적이든 한국교회에 어떤 영향을 끼쳤는지를 중심으로 선정했다. 어떤 설교자는 세속적 관점에서 공동체를 크게 성장시키거나 큰 교회를 목회하는 데 많은 역할을 감당하기도 했지만 그것이 선정 기준은 아니다. 그럼에도 불구하고 교단 안배라는 점을 간과할 수 없었으며, 생존해 있는 설교자는 제외했음을 밝힌다.[26]

이 책은 한국연구재단의 지원으로 지난 3년 동안 이어진 연구의 결과물이다. 수많은 자료들과 설교자들의 이야기를 읽으면서 때로는 가슴이 뛰었고, 때로는 부끄러웠고, 때로는 감격하여 울기도 했다. 이름 없이 빛도 없이 귀하게 섬긴 설교자들이 참으로 많아 욕심을 내다 보니 책의 분량이 늘어나고 또 기간도 길어졌다. 귀한 설교자들의 섬김과 영향력을 잘 전하지 못한 것은 아닐까 여전히 염려가 되지만, 설교 영광의 시대를 함께 열어가고 싶은 열망에 열심히 연구했다. 여전히 말씀을 준비하고 피를 토하듯 하

26 예를 들어 1970년대 이후 신흥 교단으로 등극한 하나님의 성회의 대표적인 설교자인 조용기 목사는 교단 안배의 차원과 한국교회 부흥기에 그가 끼친 영향력을 고려하여 유일하게 생존 설교자임에도 포함되었음을 밝힌다.

나님의 말씀을 증거하는 설교자들과 나누고 싶은 마음으로 글을 내놓는다. 4장의 이용도 목사의 설교와 신석구 목사의 설교(신학과 실천, 48, 58호), 5장의 한경직 목사의 설교(「장신논단」, 18집), 6장의 조용기 목사의 설교(영산신학저널, 30집), 7장의 내용 일부(「장신논단」, 43집)는 이미 발표된 논문을 수정하고 보완했음을 밝힌다.

한국교회와 사역자들을 위한 귀한 문서선교를 감당하며 계속해서 양서를 발간하고 있는 새물결플러스 대표 김요한 목사님은 기꺼이 이 책의 출판을 맡아주셨다. 참으로 감사한 분이다. 강의 조교였던 전성령 전도사는 내가 참고 문헌을 필요로 할 때마다 하루에도 몇 번씩 도서관 서고로 달려가 필요한 책들을 찾아주었고, 김은석 전도사는 참고 문헌을 정리하는 데 큰 도움을 주었다. 참 고마운 마음이 든다. 지난 34년 동안 가난한 사역자의 아내로, 유학생의 아내로, 밤낮없이 연구실에서 연구에 몰두하는 교수의 아내로, 그리고 세 아이의 엄마로 힘든 역할을 감당하며 그 길을 함께 달려왔고, 올해 함께 회갑을 맞는 사랑하는 아내 박혜신 님께 이 책을 바치고 싶다. 부디 이 연구를 통해 한국교회 강단이 조금이라도 더 푸르러가고, 설교자들의 가슴이 말씀과 영혼에 대한 설렘과 떨림으로 더 가득하기를 빈다.

2018년<br>푸른 생명의 기운이 춤추는 때에<br>광나루 아차산 자락 연구실에서<br>김운용

# 1장
# 빙토의 땅에 피어난 말씀의 꽃
## 한국교회와 설교

설교는 신학의 마지막 표현이다
(Preaching is the final expression of theology).
-리차드 리셔[1]

1 Richard Lischer, *A Theology of Preaching: The Dynamics of the Gospel*, rev. ed. (Eugene: Wipf and Stock Publishers, 2001), 14.

## 설교의 빈곤과 교회의 부요함

아우구스티누스 이후 거의 800년 만에 설교에 대한 체계적인 글을 남긴 12세기의 시토 수도회 소속이었던 라일의 앨런(Alan of Lille)은 설교의 목적을 '설득'으로 보았던 고전적 정의를 넘어 그 목적을 '형성'(formation)으로 규정한다. '설득'이 주로 급격한 태도의 변화를 지칭하는 개념이라면, '형성'은 마치 사다리를 올라가는 것과 같이 평생에 걸쳐 형성되고 발전되어 가야 하는 과정임을 강조하는 개념이다.[2] 설교의 목적을 단순히 어떤 신앙적 교리를 전달하는 데 그치지 않고 신앙 인격과 그리스도인다운 삶의 형성이라는 차원으로 이해한 그의 정의는 고전적이지만, 신학적 차원에서 설교가 일반적 강화(discourse)와 전혀 다른 특징으로 이해된다는 사실을 정리했다고 평가된다. 기독교의 설교는 단순히 무엇을 전달하거나 사람의 마음을 바꾸어 무엇을 결단하게 하는 것 이상의 중요한 의미를 갖는다. 즉 설교는 복음의 이야기를 통해 사람의 마음을 변화시키고 새로운 삶을 형성하는 데 주안점을 두는 사역이며 이야기의 혁신성이라는 특징을 갖는다.

이 점에서 기독교 설교는 그 자체로 독특한 성격과 의미가 있다. 그러한 독특성은 설교가 무엇인지에 대한 인식과 그것을 수행하는 행위 자체가 구분되어야 한다는 의미를 포함한다. 설교자가 설교의 고유한 신학적 차원과 수행되는 차원을 바로 이해하지 못한다면 그것은 바른 사역이 될 수 없다. 이런 신학적 특성 때문에 기독교의 설교는 일반적 강화와 구분된다. 설교는 본질적으로 인간의 언어를 사용하여 하나님과 그분의 세계를 드러내는 "실행"(practice)이며, 하나님의 백성들은 설교를 통하여 하나님의 현존을 경험하게 된다는 점에서 특수한 사역이다. 디트리히 본회퍼(Dietrich Bonhoeffer)는 이 점을 다음과 같이 주장한다.

---

2 Alan of Lille, *The Art of Preaching*, trans. Gilian R. Evans (Kalamazoo: Cistercian Publications, 1981), 15-22.

> 주님이 약속하신 것에 의하면, 그리스도께서 예배 가운데서 주님을 경배하고 기도하며 선포된 말씀을 통하여 그분을 기다리는 회중들 가운데 들어가시는데, 선포된 말씀 가운데서 하늘 아버지의 말씀으로 인해 그리스도께서는 생생하게 현존하신다. 선포된 말씀 가운데서 그분은 회중들을 자신 안으로 받아들이신다. 그 말씀을 통하여 세계가 창조되었고 그 말씀이 성육신하셨다. 그 성육신하신 말씀은 성경 가운데서 우리를 위해 지속적으로 현존하신다. 성령님을 통하여 성육신된 말씀은 성경으로부터 설교 가운데서 우리에게 다가오신다. 그리고 그것은 하나의 동일한 말씀이 되고, 창조의 말씀, 성육신의 말씀, 성경의 말씀, 설교를 통해서 선포되는 말씀이 다 동일한 하나의 말씀이 된다. 그것은 새롭게 창조하시고 용납하시며 화해케 하시는 하나님의 말씀이며, 그 말씀을 위해 이 세상이 존재한다.…선포된 설교의 말씀을 무시한다면 우리는 살아계시는 그리스도를 무시하는 것이 된다.…그러므로 설교자는 최고의 확신을 가지고 설교로 나아가야 한다.[3]

기독교의 설교는 교회나 목회의 일종의 장식품이나 단순히 사람의 기분을 돋우기 위한 수사학적 여흥(oratorical entertainment)이 아니며 인간적인 어떤 목적을 이루기 위한 도구도 아니다. 설교를 통해 사람들은 오늘도 복음의 소식을 듣게 되며, 말씀하시는 하나님의 현존 가운데 참여하게 된다.[4]

기독교의 설교는 역사 가운데서 일하시는 하나님의 행동과 임재에 대한 참여이며 응답이다. 인간적 수단을 통해 하나님의 메시지를 전하여 참여와 응답을 불러일으켜야 한다는 점에서 설교는 '어려운 사역'이지만, 하

---

3 Dietrich Bonhoeffer, *Worldly Preaching* ed. Clyde E. Fant (Nashville: Thomas Nelson Inc., 1975), 129-30.

4 Thomas G. Long, "A New Focus for Teaching Preaching," in *Teaching Preaching as a Christian Practice: A New Approach to Homiletical Pedagogy*, ed. Thomas G. Long and Leonora T. Tisdale (Louisville: Westminster John Knox Press, 2008), 12.

나님의 세계가 이 땅에 활짝 펼쳐지게 만든다는 점에서 '영광스러운 사역'이다. 그래서 데이비드 랜돌프(David J. Randolph)는 인간적 수단을 사용하여 하나님의 메시지를 전한다는 이런 특수성 때문에 설교를 "인간 커뮤니케이션 중 가장 최고의 형태"라고 규정한다.[5] 그러므로 하나님의 말씀의 선포인 설교보다 교회의 특성을 더 잘 말해주는 행위는 없다. 그것은 교회를 형성하고 그 정체성을 공고하게 해주며 나아갈 방향을 제시하여 혁신을 이루어 가는 교회의 가장 중심적 행위다.

그런 점에서 설교자가 설교사역을 수행할 때 기본적으로 두 가지 차원을 고려해야 한다. 그것은 설교의 신학적 이해 차원과 수행적 차원이다. 전자가 '본질'에 대해 숙고하는 것이라면, 후자는 '현상'적 차원에 시선을 돌리게 한다. 설교의 본질이 무엇인지에 대한 바른 이해를 갖지 못한다면 온전히 그 사역을 수행할 수 없다는 점에서 두 요소는 밀접하게 연관되어 있다. 무엇보다 설교는 "인간의 창작품 또는 고안이 아니라 하나님의 한 은혜로운 창작품이며 교회를 위해 하나님이 계시하신 뜻의 중심 부분이라는 겸손한 인식"에서 시작된다.[6] 이것은 설교가 가지는 신학적 차원을 언급하는 것이다. 만약 그것이 약화되면 이질적 요인이 발생하고 본질을 상실할 위험에 처하게 된다. 모든 일이 그렇지만 설교의 본질에 대한 이해의 부족은 결국 설교의 왜곡 현상으로 이어진다.[7] 그러므로 설교자는 항상 자기 설

---

5 David J. Randolph, *The Renewal of Preaching in the Twenty-First Century: The Next Homiletics* (Eugene: Cascade Books, 2009), 14.

6 R. Albert Mohler, *Feed My Sheep: A Passionate Plea for Preaching* (Morgan: Soli Deo Gloria Publications, 2002).

7 Richard Lischer, *A Theology of Preaching: The Dynamic of the Gospel* (Durham: The Labyrinth Press, 1992), 2-3. 마셜 맥루한(Marshall McLuhan)이 20세기 중반 "매체가 메시지다"라는 명제를 제시했을 때 그것은 난해한 주장이었으나 21세기에 우리는 그것이 현실이 되어 있는 시대를 살고 있다. 즉 "본질"과 "현상"의 자리 바꿈이 전혀 이상하지 않은 시대가 되었다. 이것은 목회 현장에서도 자연스럽게 등장하는데 현대 목회는 실용주의와 소비자중심주의, 다양한 심리학적 기대와 경영학 원리와도 쉽게 손을 잡고 있음을 부인할 수 없다. 때론 "모로 가도 서울만 가면 된다", "꿩 잡

교에 대해 신학적으로 바르게 이해해야 한다. 그것은 설교에 대한 타당성과 새로운 지평을 열어준다. 설교의 영광은 얼마나 놀라우며, 또한 그것이 미치는 영향은 얼마나 크고 광장한가? 오늘날에도 설교가 하나님의 말씀의 보좌로 서 있기 때문에 그 영광과 신비는 우리의 설명을 초월한다. 오늘도 교회의 설교를 통하여 예수 그리스도는 현존하시고,[8] 우리는 그것을 통하여 그분의 부르심을 들으며 그분의 뜻을 깨닫게 된다. 그런 점에서 디트리히 본회퍼는 "설교는 교회를 부요(riches)케 하면서도 빈곤(poverty)하게 만드는 이유"가 된다고 주장한다.[9] 설교의 빈곤은 결코 교회를 부요하게 할 수 없다.

한편 월터 브루그만은 세상을 "다시 묘사하는"(redescribe) 사역으로 설교를 규정한다. 여기서 재묘사는 그 사회에 우세한 메타내러티브에 따라 설명되는 "삶의 초기의 묘사"를 하나님의 말씀을 통해 다시 규정하고 변혁한다는 의미다. 이런 점에서 브루그만은 설교의 원천인 성경의 텍스트를 이 세상의 생각, 즉 첫 번째 생각을 다시 규정하는 "두 번째 생각"(second thought)이라고 명명하면서[10] 설교의 중요한 임무는 세상을 새롭게 하고 바로 세워가는 것이라고 주장한다. 설교는 그 시대의 상황에 대한 재묘사라는 점에서 언제나 변혁적이고 전복적인 특성을 지닌다.[11] 그래서 설교는 아주 복잡하고 위험하면서도 언제나 새로운 가능성이 활짝 열려 있는 사역

---

는 것이 매다"라는 식의 논리가 가볍게 차용된다. 현대인들에게 효과적으로 다가가기 위해 그것은 분명 고려의 대상일 수 있으나 설교사역은 실용성과 효율성에만 집착하여 수행한다면 본질이 왜곡되는 위험성에 봉착하게 된다.

8 Dietrich Bonhoeffer, *The Cost of Discipleship*, rev. ed. (New York: Macmillan, 1959), 201.

9 Dietrich Bonhoeffer, *Christology*, trans. John Bowden (London: Collins, 1966), 52.

10 Walter Bruggemann, *The Word That Redescribes the World: The Bible and Discipleship* (Minneapolis: Fortress Press, 2006), xiii.

11 설교의 이런 특성을 보기 위해서는 Charles L. Campbell, *The Word before Powers*, 김운용 역, 『실천과 저항의 설교학』(서울: WPA, 2014); Charles L. Campbell and Johan H. Cilliers, *Preaching Fools: The Gospel as a Rhetoric of Folly* (Waco: Baylor University Press, 2012) 등을 참고하라.

이다. 설교자는 성경 본문의 세계를 불러내어 그것을 보여주고 해석하면서 믿음의 공동체가 "새로운 정체성과 담대한 소명"을 발견하도록 돕는다는 점에서 "새로운 가능성의 사역"이며 "위대한 가능성(great possibility)의 순간"이 된다.[12] 하지만 설교는 기존의 가치와 사회적 실재(social reality)와 대면하고 텍스트를 통해 세계를 새롭게 형성해간다는 점에서, 대담하면서도 위험한 사역이다. 설교는 그 시대를 관통하는 "진리"가 잘못되었다는 사실을 드러내면서 무엇이 바른 길이며 진정한 진리인지를 규명하는 작업이다. 그런 점에서 설교는 현재를 기록하는 것이고, 그 시대와 상황에 맞게 계속해서 새롭게 길을 열어가야 하는 내일의 작업이기도 하다. 이제부터 한국교회의 "어제"를 살펴보자.

### 어제, 그 명암

이 땅의 기독교는 짧은 역사에도 불구하고 역사에 유례가 없는 교회의 부흥을 경험했고, 한민족의 토양에 뿌려져 민족의 역사 가운데 큰 족적을 남기며 발걸음을 내디뎌왔다. 실로 한국교회는 설교 영광의 시대를 구가해왔다. 한국교회의 지난 한 세기를 설교 영광의 시대로 규정한다면, 무엇이 그것을 가능하게 했는지 살펴볼 필요가 있다.

한국교회는 설교와 관련하여 훌륭한 유산(heritage)을 물려받았다. 초창기부터 한국교회는 하나님의 말씀인 성경을 중심으로 세워졌고 "말씀 중심의 교회"라는 특성을 가졌다. 한국 땅에 처음 발을 내디딘 선교사의 손에는 이미 번역된 성경이 들려 있었고, 토마스 선교사가 평양 대동강 변에서

12 Walter Bruggemann, *Word Militant: Preaching a Decentering Word* (Minneapolis: Fortress Press, 2007), 96.

순교를 당할 때 목숨을 걸고 건네주었던 것도 성경이었다.[13] 대원군의 쇄국 정책으로 인해 조선에 들어올 수 없었던 존 로스(John Ross)와 존 맥킨타이어(John MacIntyre) 목사는 만주에서 그들을 찾아온 한국 청년들을 전도하여 세례를 주었고, 그들의 도움을 받아 성경 번역에 착수한다. 그 결과 이 땅에 선교사들이 들어오기 전에 성경이 번역되었고 그 말씀을 듣기 위해, 그리고 그것을 전하기 위해 교회가 세워졌다.[14]

이런 배경에 힘입어 한국교회는 무엇보다도 말씀을 중요시하는 전통을 수립했고, 설교에 관해 개혁자들과 청교도들의 말씀 중심 및 하나님 중심의 신앙 유산을 이어받았다. 그러므로 한국교회에서는 기록된 말씀으로서의 성경과 그 선포로서의 설교를 가장 중요한 요소로 여기게 되었다. 말씀을 가르치는 목회자(설교자)는 존경의 대상이었으며 예배에서 설교가 가장 중심을 이루는 전통이 형성되었다.[15] 한국교회의 목회자들은 말씀 목회에 대한 열정과 헌신이 매우 뛰어났고, 교인들도 말씀에 대한 남다른 열심과

---

13 스코틀랜드 출신인 로버트 토마스(Robert J. Thomas) 목사는 한국에 들어온 첫 개신교 선교사요, 순교자였다. 미국상선 제너럴 셔먼(General Sherman)호를 타고 평양 대동강 변에 이르렀다가 배가 모래톱에 좌초되면서 한국 병사에 의해 1866년 9월 2일에 살해되었다. 그는 죽어가면서 성경책을 병사에게 전했고 나중에 그 병사는 그 성경을 읽고 그리스도인이 되었다.

14 1882년에 누가복음, 요한복음이, 1883년에는 사도행전이 번역되어 출간되었고, 1887년에는 신약성경 전체가 번역되었다. 이렇게 한국에 선교사가 들어오기 전부터 이미 해외에서 성경 번역이 시작되었다. 번역 작업에 도움을 주었던 청년들 가운데 서상륜, 서경조 형제는 나중에 고향인 황해도로 돌아가서 한국 최초의 교회를 세우고 번역된 성서를 반포하는 일을 했다. 그것이 1883년 5월 16일, 황해도 장연에 세워진 한국 최초의 교회인 소래교회다. 언더우드와 아펜젤러가 한국에 들어오기 약 2년 전의 일이었다. 한국 선교가 시작되어 세운 최초의 조직교회였던 새문안교회의 초기 세례교인은 소래교회에서 신앙생활을 시작한 사람들이었다. 그렇게 시작된 이 땅의 교회들은 성경을 배우고, 하나님의 말씀을 듣기 위해 '사경회'(査經會)라는 독특한 집회 형식을 만들어 내기도 했다.

15 이런 전통은 사경회와 부흥회를 통한 말씀 집중 훈련이 가능하도록 했고 성경공부 운동이 가능하게 했으며, 작금의 성경통독이나 큐티 운동도 이런 맥락에서 이해할 수 있다. 한국교회 안의 대다수 모임과 의식에는 항상 '설교'의 자리가 있었으며, 기도를 위해서 모인 기도회나 찬양을 위해 모인 모임에도 '설교'가 반드시 들어가는 설교 중심적 교회로 성장해왔다. 이런 배경에서 능력 있는 설교자가 있는 교회는 수적 성장을 경험하게 되었고, 목회자 청빙에 있어서도 설교 능력은 가장 중요한 고려 요소 중 하나가 되었다.

갈망을 가지고 있었다.[16]

한국 개신교 선교는 19세기 후반에 서구 선교사들에 의해 시작되었다. 1886년에 조선 땅에서 첫 세례가 베풀어졌고, 1887년에 첫 조직교회인 새문안교회가 세워졌다. 20세기가 도래한 이후 시간이 흐를수록 교회는 배가되었으며, 1970년대에는 약 500만 명의 교인들이 새로 교회에 들어오는 큰 성장을 이룩했다. 이와 관련하여 조선에서 사역한 선교사의 아들이었고 그 자신이 한국 선교사로 활동한 바 있는 사무엘 마페트(Samuel H. Moffet, 마삼락)는 다음과 같이 회고한다.

> 나의 아버지가 1890년 한국에 도착했을 때, 한국에는 1만 명에서 1만 7천 명 정도의 가톨릭 신자들이 있었지만 1889년의 기록에 의하면 세례 받은 개신교인들은 오직 74명뿐이었다. 그로부터 40년 후, 내가 소년기를 보내고 있던 1930년에는 인구의 약 2%인 415,000명이 개신교인이 되었다. 1955년에 내가 다시 한국으로 돌아갔을 때에는 인구의 약 5%인 1,117,000명의 그리스도인들이 있었으며, 오늘날(1987년) 한국에는 인구의 23%인 1,000만의 성도들이 있다. 1890년에는 대략 국민 1,000명 중에 1명이 그리스도인이었다면, 1930년대에는 50명 중에 1명, 1955년에는 20명 중에 1명, 오늘날에는 4명 중에 1명이 그리스도인이 되었음을 의미한다.[17]

교인들의 증가라는 측면에서 이런 폭발적인 급성장은 개신교 역사상 실로

---

16 선교 방송이나 인터넷 선교 매체에는 매일 수많은 설교들이 흘러나오고 있고, 교회 홈페이지에는 목회자의 설교 방송을 운영하지 않는 교회가 거의 없을 정도다. 이것은 말씀을 사모하는 한국교회 성도들이 다양한 설교 메시지를 쉽게 접하여 은혜를 받게 한다는 긍정적 측면이 있는 반면에, 설교가 상품화될 수 있는 부정적 측면도 있다. 사실 이것은 한국교회에만 있는 독특한 현상이다.

17 "Will Success Spoil the South Korean Church?" *Christianity Today*, vol. 20 (November 20, 1987): 32.

매우 희귀한 일로 평가된다.[18] 이런 교회 성장에는 다양한 내적·외적 요인들 및 정치, 경제, 역사적 상황도 함께 작용했다. 많은 요인들 가운데서도 설교는 한국교회 성장에 지대한 영향을 끼쳐온 가장 강력하고 다이내믹한 요인 중 하나였다.[19] 특히 한국 개신교는 설교를 예배의 중심에 두었던 개혁교회 전통에 따라 예배와 목회가 철저히 설교 중심으로 움직인다는 특징을 가진다.[20] 평신도에게나 목회자들에게 설교는 목회에서 언제나 가장 핵심이자 중요한 사역으로 인식되어왔다. 메시지를 잘 전하고 감동적인 설교를 할 수 있는 능력은 목회자 청빙의 가장 중요한 요건이었다. 설교자들 역시 열정과 헌신, 그리고 뜨거운 사명감을 가지고 설교사역을 감당했다. 열악한 목회 환경과 신학 훈련의 미비함을 불타는 구령열과 말씀에 대한 확신, 간절한 기도와 헌신으로 타개해갔다. 이런 설교자들의 열심이야말로 지난 한 세기 동안 한국교회가 설교 영광의 시대를 경험하도록 한 가장 중요한 요소 가운데 하나로 작용했다.

이렇게 한국교회는 지난 한 세기 동안 설교를 "교회의 활동과 사역의 중심"이자 원동력으로 삼았다. 설교는 하나님의 진리의 말씀을 선포해주는 신적 권능으로 작용했고, 그 어떤 것보다도 중요한 요소로 작용했다. 설교는 민족을 계몽했고 위로했으며 백성들을 일깨우는 역할을 감당했다. 어찌

---

18 이런 평가들에 대해서는 Roy E. Shearer, *Wildfire: Church Growth in Korea* (Grand Rapids: Eerdmans Publishing Co., 1966); G. Thomson Brown, "Why Has Christianity Grown Faster in Korea Than in China?," *Missiology* vol. 22, no. 1 (January 1994): 77-88 등을 참조하라.

19 정장복, 『설교사역론』(서울: 대한기독교서회, 1992), 135; 이장식, 『한국교회의 어제와 오늘』(서울: 대한기독교서회, 1977), 28-44; 이중표, 『교회 성장과 케리그마 설교』(서울: 쿰란출판사, 1988), 107.

20 물론 이런 경향들은 현대 예배학과 설교학에서 비판을 받고 있으며, 설교 중심의 예배에서 예배 안에서의, 즉 예배 컨텍스트 속에서의 설교로 그 이해의 틀이 바뀌고 있다. 이런 흐름에 대해서는 Charles L. Rice, *The Embodied Word: Preaching as Art and Liturgy* (Minneapolis: Fortress Press, 1991); William Skudlarek, *The Word in Worship: Preaching in a Liturgical Context* (Nashville: Abingdon Press, 1981) 등을 참고하라.

어두움이 없었겠는가만, 그럼에도 한국교회는 지난 한 세기에 "설교 영광의 시대"를 구가했음이 분명하다. 급속한 교회 성장의 중심에 강력한 설교자가 있었고, 그들의 카리스마는 대중을 움직여 교회를 세웠고 한국 사회의 종교 지형도를 일순간에 바꾸어놓았다.[21] 반면 급속한 교회 성장 이후에 오늘날과 같은 급속한 퇴조 현상 역시도 설교자들과 그들의 설교와 분명한 관련성이 있음을 부인할 수 없다.

### 빙토의 땅에 펼쳐진 사역: 시대적 고찰

먼저 우리의 과거를 개략적으로 살펴볼 필요가 있다. 간략한 시대적 고찰을 통해서 한국교회 설교의 특징을 살펴보자. 첫 번째 단계는 교회가 세워지기 시작한 때부터 한일병탄에 이르는 시기로서, 이제 갓 돋아난 어린 싹과 같은 교회가 서구의 선교사들에 의해 돌봄을 받던 시기다. 1885년 안수받은 두 선교사가 들어온 이래, 서구 여러 나라로부터 온 선교의 개척자들(pioneers)이 조선 선교에 합세했다. 이 시기에 주변 열강들이 갈수록 강해진 반면, 조선의 국운은 날로 기울어가고 있었다. 설교사적 측면에서 보면 이 시기는 주로 선교사들의 돌봄을 받았고, 그들이 교회 운영과 예식을 주도해가던 때였다. 곧 초기 선교사들이 각 지역을 다니며 전도에 전념하면서 갓 세워진 어린 교회를 순회하며 설교하던 시기였다. 그들의 메시지는 단순했고, 예수 그리스도의 복음을 전도하려는 목적이 강했으며, 천국과 지옥이란 주제로 대변되는 설교가 행해졌다. 선교사들의 설교는 주제설교가 주

21 김운용, 『새롭게 설교하기』, 42.

종(主宗)을 이루었으며[22] 대개 복음 중심적이었다. 그들은 극심한 언어와 문화의 장벽이 있었지만 그럼에도 복음에 대한 열정으로 그것들을 극복하고 이 땅에 하나님의 교회를 세우는 일(planting)에 깊이 헌신했다. 그들에게 설교의 가장 우선되는 목적이 있다면 그것은 하나님의 구원의 메시지를 전하여 영혼을 구원하는 일이었다. 따라서 그들은 설교를 교회의 사역에서 가장 중요한 사역으로 이해했다.

두 번째 시기는 한일병탄으로부터 1920년대 말까지다. 이 시기에 나라를 잃은 사건과 3·1운동 등이 있었고 민족적 역경의 순간에 교회는 결정적인 역할을 감당했다. 1907년에 점화된 대부흥운동으로 인해 복음이 전국으로 퍼져나갔고, 이 땅의 교회가 하나님의 말씀과 말씀의 선포인 설교에 깊이 영향을 받던 시기였다. 또한 민족이 소망을 잃고 방황하던 시기였기 때문에 설교는 절망에 빠진 사람들에게 희망과 민족정신을 불러일으키며 새로운 윤리 덕목을 고취시켰다. 이 시기부터는 한국 설교자들이 설교사역을 주도했고 언어와 문화, 감정적인 장벽을 느낄 수밖에 없었던 선교사들의 설교보다 더욱 강력한 영향력을 발휘했다. 설교의 중심 주제는 주로 천국 사상과 천국에 대한 소망, 애국심 고취, 하나님께 대한 충성심 등과 연결되었다. 설교 형식은 보통 선교사들에게서 배운 주제설교의 형태를 따랐다.

세 번째 시기는 1930년대부터 해방 전까지다. 이 시기는 일제의 조직적인 교회 탄압 및 신사참배 강요 등으로 교회에 대한 박해가 절정에 이르렀

---

22 19세기를 전후하여 서구 교회에서 유행하던 설교 유형은 한두 구절의 성경 구절을 읽은 후 주제에 따라 대지를 나누는 소위 '3대지 설교'였다. 설교자가 서너 대지를 정하고, 한두 가지의 예화를 곁들여가면서 그것을 설명하는 형태이고, 그런 대지들은 본문과 전혀 상관없이 전개되기도 했으며, 많은 예화가 사용되는 특징이 있다. 선교사들의 이런 설교는 "한국교회 강단을 결정한 틀"이 되었으며, 그들이 사용한 설교 유형은 나중에 한국교회 설교자들이 마치 설교의 원형인 양 답습해온 방법이 되었다. 초기 선교사들의 설교와 그 특징에 대해서는 정성구, 『한국교회 설교사』(서울: 총신대학교출판부, 1987), 2장; 정인교, "초기 선교사의 설교와 그 영향", 『그 말씀』(1994년 11월호): 94-102 등을 참조하라.

고, 민족적으로 신새벽을 기대하기 어려운 칠흑 같은 한밤중의 흑암에 갇혀 있었다. 혼돈과 절망 속에서 이 시기 한국교회 설교자들의 설교에는 세 가지 경향이 나타났다. 허무주의적·내세지향적 경향, 신비주의적 경향, 순교적·저항적 경향이 그것이다. 허무주의적인 경향은 절망적인 조국의 상황에서 현세의 모든 것을 넘어서서 내세를 지향한다. 이런 경향은 "허세가" 혹은 "인생 모경가"라고 명명된 곡에서 잘 드러난다.[23] 신비적 경향은 3·1운동 이후 독립에 대한 꿈이 요원해지고 일제의 강압이 더욱 거세지던 상황 가운데 나타난 설교 사조로서, 대표적으로 이용도 목사의 부흥운동에서 찾을 수 있다. 세 번째 경향은 순교자적인 자세를 가지고 교회를 지키고 신앙을 고수하며 말씀을 증거하던 경향으로서, 김화식, 주기철, 손양원, 한상동 목사와 같은 분들에게서 엿볼 수 있다. 신사참배의 강압을 견디지 못하고 총회에서까지 신사참배를 결의하며 실행하던 암흑기에, 그들의 설교에는 오직 하나님께 대한 헌신이 결정체가 되어 나타났다. 다만 설교 형식의 특징에 특별한 변화는 없었으며 주로 주제설교의 경향을 충실하게 따랐다.[24]

네 번째 시기는 해방 이후부터 본격적인 근대화 운동이 시작되었던 1970년대 이전까지의 기간이다. 이 시기는 해방의 감격과 함께 시작되지만 동시에 신학적인 논쟁 및 신사참배와 관련하여 교회가 분열되는 아픔의 시기였다. 또한 한국전쟁의 발발로 인해 교회는 엄청난 시련을 겪었다. 이 시기의 설교는 주로 회개와 위로, 교회의 부흥, 그리고 기독교 국가로의 재건

23 이런 경향은 대표적으로 이성봉 목사의 설교에서 찾을 수 있으며 당시 한국교회 설교자들에게도 널리 받아들여졌다. "인생 모경가"의 가사 일부를 보면 이런 허무주의적인 경향이 잘 드러난다. "꿈결 같은 이 세상에 산다면 늘 살까/ 일생의 향락 좋대도 바람을 잡누나/ 험한 세월 고난 풍파 일장춘몽이 아닌가/ 슬프도다 인생들아 어디로 달려가느냐?…" 이 곡은 한국교회 부흥회에서 최근까지도 널리 애창되었다.

24 부흥집회 중심의 설교는 무형식의 설교—특별히 이용도 목사의 설교에서 두드러지는—와 이야기 혹은 예화 중심의 설교가 두드러진 특징을 이루고 있었지만, 정기예배에서 행해지던 설교는 일반적으로 주제설교의 형식을 따르고 있다.

등이 메시지의 중심 주제를 이루었다. 설교의 목적이란 관점에서 보면 목양적인 설교 스타일과 변증적이고 교리적인 설교 스타일이 유행했다. 설교의 형태는 주제설교의 범주를 크게 벗어나지 않지만 성경해석학 등에 대한 관심과 논쟁이 일어났고, 설교 준비에서 주석 작업에 대한 관심이 고조되고 그 중요성을 인식하기 시작한 시기였다.

다섯 번째는 1970년대 이후부터 현대에 이르는 시기로, 산업화와 함께 사회문화적인 변화와 정치경제적인 혼동 그리고 민주화를 향해 몸부림치던 시기다. 매머드 집회가 열리고 한국교회는 급격한 수적 성장을 이루었지만, 신학적 경향과 설교의 양극화가 두드러지게 나타났다. 부흥운동과 성령운동이 결합하고 경제 부흥에 대한 관심이 고조되면서 "잘 살아보세" 현상이 현세적 축복 사상과 결합하였고, 복음의 왜곡 혹은 변질의 가능성이 고조되었다. 군사독재로 인해 수많은 정치적 억압과 폭력, 인권 억압이 난무한 시기였지만, 그런 불의와 억압에 대해 침묵하는 경향이 강했다. 오히려 정치와 야합하는 설교가 유행하고 정교 분리, 현실 참여와 복음의 분리, 현세와 내세의 분리 등의 이원론적 경향을 취하면서 역사적·사회적 책임은 등한시했으며, 단지 순수한 복음전도와 개교회 성장 중심의 설교가 행해졌다. 유형론적 관점에서 보면 이 시기에는 교회 성장과 관련한 전도설교, 강해설교, 그리고 성서일과(聖書日課)를 중심으로 한 설교 유형이 그 특징을 이룬다. 많은 부정적인 측면이 제기되기도 하지만 교회 성장을 중심 내용으로 한 설교는 구령열을 불러일으켰고, 강해설교는 설교에서의 성경의 위치를 회복하게 해주었으며, 성서일과는 본문 선택에 다양성을 주었다는 장점을 가진다.

이상에서 간략히 살펴본 대로 지난 백 년 동안의 한국교회 설교는 그 역할과 신학에서 분명한 명암을 가지고 있는 것이 사실이지만, 목회사역에서 설교사역은 교회의 성장과 부흥에 크게 기여했으며 설교 영광의 시대를 구가하게 했음이 분명하다. 설교신학적인 측면에서 보면 여러 약점과 한계를 가지고 있지만, 지난 한 세기 동안 한국교회의 설교는 설교자의 헌신과 하나님께 대한 충성심, 말씀 사역에 대한 열정 등으로 그런 약점들을 극복해왔다. 로이드 존스가 가졌던 강한 확신처럼, 한국교회 설교자들에게 설교 사역은 "가장 높고 위대하며 가장 영광스러운 소명"이었으며 "오늘의 교회에 가장 절박하게 필요한 사역"[25]이다.

## 설교, 오늘과 내일

위대한 복음의 세기에는 언제나 위대한 설교자가 있었으며, 교회는 그들을 통해서 강력한 부흥을 경험했다. 생명력 있는 설교는 교회를 세우고 사람들을 하나님의 존전으로 인도했지만, 무기력한 설교는 오히려 그 생명력을 약화시켰다. 설교 영광의 시대에는 위대한 설교의 거성들이 있었으며 교회는 그들과 함께 말씀의 풍요를 누렸다. 그 강단의 거성들은 가슴속에 불을 가지고 있었고 그 사역에 생명을 걸었던 사람들이었다. 그로 인해 교회는 영적 활기로 충천했고 고난의 모퉁이를 지나가면서도 그들은 담대했다.

신학은 과거의 사건을 숙고(reflection)하고 미래를 예견하게 한다. 기독교 설교도 하나님이 행하신 과거의 일을 숙고하는 것에서 시작되며, 엄밀히 말해서 그 자체가 회상의 작업이기도 하다. 하나님의 구원 행위는 회상에 뿌리를 박고 있으며 그것은 모든 설교의 근본 구조가 된다.[26] 그러므로 설교의 역사를 연구한다는 것은 설교가 가지는 신학적 특성에 따라 숙고

---

25 Martyn Lloyd-Jones, *Preaching and Preachers* (Grand Rapids: Zondervan Publishing House, 1971), 9. 정근두 역, 『설교와 설교자』(서울: 복있는사람, 2012).

26 Rudolf Bohren, *Predigtlehre*, 207-8.

와 회상의 작업을 수행하는 것이다. 또한 그런 숙고는 오늘을 보고 내일을 예견하게 한다. 설교 역사 및 한 시대를 살았던 설교자를 연구하는 것은 위대하게 쓰임 받았던 그를 흠모하고 기리거나 영웅담을 보존하기 위해서가 아니다. 오히려 우리는 그가 살았던 삶과 사역들을 고찰하고 평가함으로써 오늘을 어떻게 살아야 할지를 결단하며 또 내일을 위해 어떤 준비가 필요한지를 숙고하고자 한다.

설교는 기독교의 생성과 발전에서 중요한 역할을 담당해왔다. 교회와 그리스도인의 삶은 하나님의 말씀의 선포인 설교를 따라 형성되고 그 풍성함을 누린다. 기독교의 역사를 살펴보면 생명력 있는 설교를 통해 교회가 세워졌고 주의 백성들을 하나님의 말씀으로 힘 있게 인도했던 "설교 영광의 시대"가 있었는가 하면, 그렇지 못한 "설교 암흑의 시대"도 있었다. 설교 영광의 시대에는 설교와 함께 교회가 말씀의 풍요를 누렸다. 그 시대에는 말씀에 힘이 있었고 교회에는 영적 활기가 충천해 있었다. 그런 시대의 모퉁이에는 하나님의 말씀을 부흥시키고자 몸부림쳤던 위대한 설교자들이 있었다.

반면 설교 암흑기에는 무기력한 설교자들, 그리고 형식화되고 습관적이며 열정을 잃어버린 설교가 자리 잡고 있었다. 허공을 치는 설교는 성도들의 삶에 특별한 의미가 되지 못하고, 설교가 가지는 예언적·치유적·교육적 기능을 온전히 감당하지 못한다. 그 시대에는 복음 아닌 것이 교회를 지배하며, 많은 재산과 함께 교회가 비대해지고 부요해졌을지 모르지만 교회가 짊어진 사회적 영향력과 말씀의 능력은 희미해졌다. 이처럼 교회와 설교가 상호 보완 및 상호 지배의 관계를 가져왔던 것을 고려해볼 때, 교회의 위기는 설교의 위기 현상과 긴밀한 관련이 있다. 설교는 교회 쇠퇴의 원인이 되기도 했지만, 동시에 교회의 쇠퇴가 설교의 쇠퇴 원인이 되기도 했다.

이와 같은 관점에서 한국교회의 지난 한 세기는 설교가 교회의 활동과 사역의 중심을 차지했을 뿐만 아니라 원동력이 되었던 시기였다. 교회는 설교를 통하여 부흥을 이루었고 설교는 사역의 가장 중요한 요소 중 하나로 간주되었다. 설교자들은 하나님의 종으로 높이 예우되었고 사람들은 설교자에게 귀를 기울였다. 설교의 소리(voice of preaching)는 잠자던 "고요한 아침의 나라"를 깨우기에 충분했다. 이런 점에서 볼 때 한국교회는 지난 한 세기 동안 설교 영광의 시대를 구가했다.

# 2장
# 초기 선교사들의 설교
## 초기 복음 전파 시기부터 한일병탄까지

해마다 우리는 이 백성들에게
하나님의 말씀만을 높이 들었고
그 나머지는 성령께서 하셨다.
–마포삼열[1]

1 마삼락, 『아세아와 선교』(서울: 장로회신학대학교선교문제연구원, 1976), 84.

## 시대적 상황과 기독교 전파

조선에 개신교가 전파된 것은 19세기 중후반이었다. 100여 년 먼저 전파되어 혹독한 박해로 인해 수많은 순교자가 발생했던 가톨릭과는 달리, 개신교는 쇄국정책이 막 완화되고 문호가 개방된 시기에 전파를 시작했다. 개신교 선교사로서 제일 먼저 조선 땅을 밟은 사람은 독일 루터교 목사 칼 귀츨라프(Karl Friedrich August Gutzlaff)였다.[2] 그는 네덜란드 선교회 소속 중국 선교사로 파송을 받아 중국에서 활동하다가 1832년 7월, 한국, 일본, 대만, 중국 등과 무역 관계를 맺기 위해 순방하며 상황을 살피려고 했던 동인도 회사의 암허스트호에 통역관 겸 의사로 동행했다. 그는 지금의 충청남도 보령시 오천면 소재인 고대도에 한 달 동안 머물면서 지방 관리를 통해 조정과의 접촉을 시도하였고, 연락을 기다리는 동안 한문으로 된 성경과 전도 문서, 그리고 한글로 번역한 주기도문을 나눠주기도 했으며[3] 의약품과 감자 등의 재배법을 전수해주었다. 그뿐만 아니라 한자 문화권인 조선에 한글이 있다는 것을 알고 그것을 배워 서양에 최초로 한글을 알리기도 했다.[4]

김인수는 귀츨라프가 한국교회사에 남을 두 가지 큰일을 수행했다고 평가한다. 첫째로 그는 최초로 주기도문을 번역했다. 그는 배에 올라온 홍주 목사(牧使)의 서생(書生)에게 한자로 주기도문을 써주고 그 옆에 토를 달

---

2 그 이전에 서양인과 여러 차례 접촉이 있었고 가톨릭의 선교 이전에 당나라에 성행했던 경교(景敎)가 신라에 전파되었다는 주장은 상당히 설득력 있다. 1652년 상선을 타고 일본 나가사키로 항해해가던 중에 배가 난파하여 제주도에 표류하다 조선 땅을 밟은 네덜란드인 헨드릭 하멜(Hendrik Hammel)은 13년 동안 억류되어 있다가 일본으로 탈출하여 1668년 귀국할 때까지의 여정을 기록한 『하멜 표류기』를 남기기도 했다. 보다 상세한 내용을 위해서는 김인수, 『한국 기독교회의 역사』 상(서울: 장로회신학대학교출판부, 1997), 14-19, 92-96을 참조하라.

3 통상요구서와 함께 순조에게 로버트 모리슨과 밀른 선교사가 번역한 한문성경 신천성서(神天聖書)를 포함하여 26종의 서양 서적과 망원경 등을 진상하면서 무역과 선교를 요청했지만 순조는 이를 거절했다.

4 그는 어학에 대단한 재능이 있었다. 사이암에서 선교할 때는 중국어와 시암어를 익혔고 나중에는 일본 선원과 친분을 쌓으면서 일본어도 배웠다. 그래서 시암어로 신약성경을, 일본어로 요한복음을 번역하여 간행했다.

게 하여 그것을 번역했다. 이것이 한국어로 성경 일부를 번역한 최초의 사건이었다. 두 번째로는 감자 씨의 전래를 들 수 있다. 귀츨라프는 섬사람들에게 자신이 가지고 온 감자 씨를 전해주고 그것을 심는 법과 재배법을 알려주어 전국으로 퍼지게 했는데, 이는 가난과 기아에 허덕이던 조선인들에게 소중한 먹거리를 제공해주었다. 그는 비록 한국에 다시 오지 못했지만 생명의 양식인 말씀과 육신의 양식인 감자를 전해준 최초의 기독교 선교사였다.[5] 귀츨라프는 그가 전한 복음이 "하나님의 섭리 속에서 반드시 열매를 맺게 될 것을 확신"했고 성경을 받은 자들을 통해 "복음이 조선 온 땅에 퍼져 광명의 아침이 찾아오도록 하나님의 축복이 임하기를 기도"하면서 조선 땅을 떠났다.[6]

본격적인 선교가 이루어지기 전에 조선에 찾아온 그다음 선교사는 영국 웨일즈 출신인 로버트 토마스(Robert J. Thomas) 목사였다. 중국 선교를 위해 상하이에 도착한 그 해에 그의 아내가 세상을 떠났다. 아내를 잃은 슬픔에 선교회와의 갈등까지 겹쳐 선교사 직을 내려놓고 세관에서 잠시 통역 일을 하던 중, 그는 스코틀랜드 성서공회 소속 알렉산더 윌리엄슨(Alexander Williams)을 만나면서 다시 선교의 열정을 회복하게 된다. 그리고 바로 그즈음 박해를 피해 산동에 온 조선인 가톨릭 신자 두 사람을 만나면서 조선을 향한 선교의 마음이 불타오르게 된다. 그는 때마침 조선으로 가는 배를 만나 1865년 9월, 황해도 소래 근처의 한 섬에서[7] 두 달 반을 머물게 되었다. 그는 가톨릭 교도들에게서 한글을 배우면서 가지고 온 한문 성경을 나눠주며 열심히 전도했다. 그 후 상선 제너럴셔먼호에 통역 겸 안내자로 승선하여

5 김인수, 『한국기독교회사』(서울: 한국장로교출판사, 2003), 72-73.

6 위의 책, 73.

7 김인수는 황해도 연안의 창린도(昌麟島)라고 밝히고 있다. 민경배는 소래(松川) 부근의 자라리(紫羅里)라고 주장한다. 위의 책, 74; 민경배, 『한국기독교회사』(서울: 대한기독교서회, 1988), 141.

1866년 7월, 다시 조선을 향하며 그는 이렇게 말했다. "나는 상당한 분량의 책과 성서를 가지고 떠납니다. 조선 사람들한테 환영받을 생각을 하니 얼굴이 달아올라 희망에 부풉니다.…미지의 나라로 떠나는 나의 노력을 언젠가는 반드시 시인해주시리라 믿으면서 나는 갑니다."[8] 제너럴셔먼호는 상선이었지만 무장하고 있었고, 조선 당국의 퇴각 명령을 거부하고 대동강 변을 따라 깊숙이 올라오다 결국 조선 병졸들의 공격을 받고 배가 불타기 시작하자 강으로 뛰어내려 강변으로 올라온 선원들과 함께 토마스 목사는 죽임을 당한다. 그는 자기를 죽이려는 박춘권에게 성경 한 권을 전해주고 27세의 나이로 세상을 떠났다. 이는 한국 땅에 온 개신교 선교사의 첫 순교였다.

그 후 한국에 들어와 머물렀던 최초의 선교사는 미국 북장로교 소속의 호레이스 알렌(Horace N. Allen)이었다. 선교사로 헌신하기 위해 의학을 공부한 그는 중국 의료 선교사로 파송을 받아 1883년 10월에 상하이에 도착하지만, 몇 가지 일로 인해 선교부의 허락을 받아 한국으로 선교지를 옮기게 된다. 그리고 1884년 9월 20일 제물포에 도착한다. 그는 비록 선교사 신분을 밝힐 수 없어 미국 공사관 전담 의사 신분으로 왔지만 공식적으로 파송을 받아 국내에서 활동한 최초의 선교사였다. 이후 알렌은 고종의 시의(侍醫)가 되었고, 1885년 4월에 한국 최초의 병원인 광혜원을 개원했다.[9]

1885년 4월 5일 부활주일 아침[10] 미국 장로교회 파송 선교사였던 호레이스 언더우드와 미국 북감리교 파송 선교사였던 아펜젤러 부부가 제물포

---

8 1866년 8월 1일, 토마스 선교사가 조선으로 떠나면서 쓴 마지막 편지였다. 민경배, 『한국기독교회사』, 143에서 재인용.

9 "많은 사람들에게 널리 은혜를 베푼다"는 뜻으로 광혜원(廣惠院)이라고 했지만 나중에는 "많은 사람을 구제한다"는 의미의 제중원(濟衆院)으로 바꾸었다. 개인 집을 사서 진료소로 쓰다가 1900년 오하이오주의 실업가 세브란스(L. H. Severance)가 15,000달러의 거금을 희사하여 지금의 서울역 앞에 대지를 구입하고 현대식 건물을 지어 이전하는데 훗날 그의 이름을 따서 세브란스 병원이 되었다. 김인수, 『한국기독교회사』, 95, 100.

10 사실 그들은 그 전날 부산에서 하루저녁을 머물렀다. 그곳이 중간 기착지였기 때문에 일반적으로 제물포를 최초의 도착지로 잡는다.

에 내렸다. 이날 아펜젤러는 갑신정변 이후 형성된 정세 불안으로 임신 중인 부인과 함께 입국하는 것은 위험할 수 있다는 미 공사관의 권고로 인해 입국하지 못하고 일본으로 돌아가기는 했지만, 그는 이날 다음과 같은 기도문을 남겼다. "우리는 부활주일에 여기에 왔습니다. 이날에 죽음의 철장을 부수신 주님께서 이 백성을 얽매고 있는 줄을 끊으시고 그들로 하나님의 자녀들이 얻는 빛과 자유를 누리게 하소서."[11]

이 두 명의 선교사가 공식적으로 한국 땅을 밟은 이후 많은 선교사들의 발길이 이어졌고, 초기에는 직접적인 선교보다 주로 의료 선교와 교육 사업을 통한 간접 선교에 주력했다.[12] 당시 조선에 일반인들이 다닐 수 있는 초등교육기관은 서당이 거의 전부였다고 해도 과언이 아닌데, 선교사들 덕분에 서양식 근대교육기관, 즉 언더우드가 고아들을 모아 가르치면서 시작된 경신학교(1886), 메리 스크랜튼이 세운 이화학당(1886), 아펜젤러가 세운 배재학당(1886) 등이 설립되었다.

한편 처음에는 선교사들끼리 함께 모여 예배를 드리다가 1886년에 미국 공사관에서 미국인과 영국인들이 합동으로 예배를 드리기 시작했다. 또한 학교나 병원을 열면서 관련된 주변인들을 대상으로 은밀한 전도가 이어졌다. 1886년 6월에는 언더우드에 의해 첫 세례가 행해졌고[13] 1887년 9월

---

11 *The Annual Report of the Missionary Society of the Methodist Episcopal Church* (1885), 237.

12 초기에는 한국 정부의 규정을 존중하며 마찰을 빚지 않는 범위에서의 사역을 펼쳤기 때문에 적극적이고 직접적인 전도 활동은 자제했다. 제중원에 이어서 스크랜튼 선교사가 세운 시병원(施病院), 엘러스 선교사가 세운 최초의 여성병원인 보구여관(保救女館) 등과 함께 서울과 지방에 여러 병원이 세워져 질병 치료뿐만 아니라 선교의 전진기지 역할을 했다.

13 첫 세례자는 노춘경이었는데 알렌의 서재에서 한문으로 된 마가복음과 누가복음을 몰래 들고 나와 그것을 열심히 읽으면서 기독교에 입문하게 되었다. 그 후 언더우드를 찾아가 성경을 공부했고 선교사들이 함께 모여 드리는 외국인 예배에도 참석했다. 당시 세례는 국법을 어기는 것이었는데 그는 생명을 걸고 세례를 받았다. 이듬해 솔내 출신 서경조와 다른 청년 두 사람이 찾아와 세례를 베풀어줄 것을 간청했을 때 언더우드는 위협을 무릅쓰고 세례를 베푼다. 국법을 따르자는 알렌 선교사의 권고에 언더우드는 "나는 이 사람들의 세례를 거부할 수 없다. 나는 선교의 역사에서나 사도들의 행적에서나, 또는 그리스도의 가르침 속에서도 이들에게 세례를 베풀지 않을 근거

27일에는 14명의 교인과 함께 서상륜, 백홍준 등 2명의 장로를 세움으로써 첫 조직교회인 정동교회(현 새문안교회)가 세워졌다. 이 교회는 당시 권서인(勸書人)을 통해 전달된 복음서를 읽고 예수님을 믿게 된 이들 가운데 자발적으로 세례를 받은 사람들을 중심으로 설립된 최초의 조직교회였다.[14]

초기 기독교 전파와 관련하여 빼놓을 수 없는 중요한 사건은 선교 이전에 이루어진 성경 번역이다. 조선 땅에 본격적으로 복음이 전해지기 10여 년 전에 이미 중국과 일본에서 성경 번역 작업이 시작되었다. 스코틀랜드 교회가 파송한 존 로스(John Ross) 선교사는 중국에서 한국인과 접촉했던 동역자를 통해 토마스의 순교 소식을 전해 들은 다음 한국 선교에 깊은 관심을 가지게 되었다. 그리하여 1875년 그들을 찾아와 신앙을 갖고 세례를 받은 한국인 청년들[15]의 도움을 받아 성경 번역을 시작하여 1882년에 누가복음을, 1883년에 마태, 마가, 사도행전을 번역하여 인쇄했고, 1887년에는 신약 전체를 번역하여 출간했다.[16]

한편 고종이 파송한 수신사의 수행원으로 일본에 갔던 이수정이 새로운 문물을 배우려는 열심을 가지고 그곳에 잔류했고[17] 그의 친구가 소개해 준 농학자 쯔다센(津田仙)에게 농학을 배우면서 기독교에 입문하게 된다. 그는 1883년 4월 일본인 목사 야스가와(安川)에게서 세례를 받았고 일본 기독교 잡지에 그의 신앙을 고백하는 글을 싣는다. 이때 일본에 거주하던 미

---

를 찾아볼 수가 없다"고 하면서 국법이 허락할 때까지 기다릴 수 없다는 생각에 세례를 강행한다. 김인수, 『한국기독교회사』, 105-6.

14 김인수, 『한국기독교회의 역사』, 상권(서울: 쿰란출판사, 2012), 225.

15 처음에는 이응찬, 김진기 등 2명이 찾아와 세례를 받았으며 그 후 이성하, 백홍준, 서상륜 등이 합세했다.

16 『예수성교전서』라는 이름으로 3,000부를 인쇄한다. 김영재, 『한국교회사』(수원: 합신대학원출판부, 2009), 70-71.

17 이수정에 대한 정보는 그렇게 많지 않지만 그가 일본에 건너갔던 때가 40세쯤이었고 민영익과의 친분으로 수행원이 될 수 있었다. 신사유람단의 일원으로 일본에 갔던 친구 안종수(安宗洙)가 그곳에서 만났던 그 농학자를 꼭 만나볼 것을 권유했다.

국 성공회 총무 헨리 루미스(Henry Loomis)가 그 글을 읽고 성경을 번역할 정도의 신앙을 갖추었다고 인정하여 성경을 번역하는 일에 그를 초대했다. 그 결과 1885년 초에 누가복음이 번역되고 미국성서공회는 1,000부를 인쇄한다.[18]

그는 성경을 번역하면서 중국과 일본에 나와 있는 한국인들에게 열심히 전도하여 1881년에는 간도에서 75명이 세례를 받았고, 한국에 입국하는 두 사람의 첫 개신교 선교사들이 이 성경을 들고 입국했다. 성경 번역을 돕던 의주 출신의 인삼 장수 청년들(서경조, 서상륜)은 비밀리에 그 성경 6천여 권을 국내로 반입하여 쉼 없이 복음을 전했고, 1883년 5월 16일에는 황해도 장연의 솔내(松川) 마을에 한 초가집을 구입하여 교회를 설립했다. 이것이 자생적으로 설립된 조선 최초의 교회였다.[19]

선교사들이 입국하기 전에 먼저 한국어로 성서가 번역되었다는 것은 한국교회의 가장 큰 자산 중 하나였다. 서상륜과 같은 권서인(勸書人)들은 철도 부설 이전의 교통 여건이 정말 어려운 상황에서도 노변에서의 위험과 위협적인 박해의 위험을 무릅쓰고 흩어진 동포들에게 적극적으로 성경을 배포함으로써 하나님의 말씀을 힘껏 전했다. 하나님의 말씀에 대한 이런 열정으로 인해 서구의 선교사들이 들어오기 전에 그들의 말씀 전파를 통해 벌써 교회가 자생적으로 설립되었고 입교자들이 줄을 잇기도 했다. 선교사

18 흔히 "한국의 마케도니아인"이라 평가받는 이수정은 일본에 4년 정도 머물다가 1886년 5월 28일에 귀국한다. 갑신정변을 일으킨 인물들이 일본으로 망명했기 때문에 모의에 가담했다는 오해를 피하기 위한 것으로 보인다. 그는 귀국할 때 자신의 안전을 위해 기독교 신앙을 버렸다. 엘렌 파슨(Ellen C. Parson) 선교사는 "마케도니아 사람 같이 나타났으나 가련한 이수정은 좋지 못한 영향에 빠져 한국에 대한 관심을 불러일으켰지만 문을 박차버렸다. 자기 개인의 구원뿐만 아니라 한국에 보내어질 첫 번째 사도가 될 수 있었던 기회까지"라고 적고 있다. 그는 귀국 즉시 체포되었고 1896년 4월 비밀리에 처형되었다. 김영재, 『한국교회사』, 72. 백낙준, 『한국개신교회사: 1832-1910』(서울: 연세대학교출판부, 1985), 94-95.

19 58가구 가운데 50세대가 교인이 되었으며 자치적으로 운영되고 있었다. 1895년에는 8칸 기와집 예배당을 건축했고, 1896년에는 8칸을 더 증축한다. 민경배, 『한국기독교회사』, 171-72.

입국 전에 번역된 우리말 성경은 사람들을 진리의 길로 인도했고, 성경을 통해 들은 하나님의 말씀이 교회 생활의 중심을 이루게 되었으며, 복음을 받아들인 사람들은 세례 받기를 간절히 열망하고 있었다. 입국한 선교사들이 지역 탐방에 나섰을 때 이미 몇몇 사람들은 하나님의 말씀을 통해 신앙훈련을 받고 세례를 받을 준비가 되어 있었다. 그래서 민경배는 한국 기독교의 시작은 "압도적으로 성서의 전파와 연결되어 있었다"고 평가한다.[20]

선교사들이 처음 한국 땅을 밟았을 때 그들은 한국어로 번역된 성경을 들고 왔고, 이로 인해 선교 시작부터 조선의 교회는 하나님의 말씀에 기초를 둔 교회로 발전해갔다. 초기 선교사들은 조선인들이 성경을 그들의 삶의 중심에 두는 "성경의 교회"를 이루었고, 성경연구에 열심이었으며, 그런 열정은 "조선교회 전체에 넘쳐흐르는 영력의 참된 연원(淵源)"이었다고 밝힌다.[21] 그 후 선교사들은 더 완벽한 성경 번역을 위해 가장 먼저 이 일에 뛰어들어 번역과 출판에 힘썼다. 언더우드는 아펜젤러와 함께 한국인 어학 선생의 도움을 받아 성경 번역 작업에 착수했고 그 노력의 결실로서 마가복음이 가장 먼저 번역되어 출판되었다. 1887년에는 공식적으로 성서번역위원회가 결성되었고, 1900년에 신약성경이, 1910년에는 구약성경이 번역·출판된다.[22]

또한 초기 선교사들이 선교정책으로 도입한 네비우스 선교정책(Nevius Methods)에서도 조선교회에서의 체계적인 성경 연구가 강조된다. 복음에 대한 열정으로 무장되어 있었지만 나이가 젊고[23] 선교 경험이 부족했던 언더

---

20 위의 책, 173.

21 위의 책, 174에서 재인용.

22 김인수, 『한국기독교회사』, 107-9. 이것은 1937년에 개정되어 개역성경이라는 이름으로 출판된다.

23 선교 초기에 한국교회 선교사들은 대학을 갓 졸업하고 온 20대들이었는데 당시 게일이 25세, 언더우드가 26세, 아펜젤러가 27세, 의료선교사 알렌이 27세, 스크랜튼이 29세였다.

우드는 경험이 많은 선교사에게 배울 수 있는 기회를 달라고 본국 선교부에 요청했으며, 그를 위해 중국에서 오래 선교하고 있던 존 네비우스(John L. Nevius)가 1890년 6월에 내한한다. 7명의 장로교 선교사들이 그와 함께 2주 동안 수양회로 모여 선교정책과 방법론에 대한 강의를 듣고 긴 토론을 거친 후에 조선 선교를 위한 전략을 채택했다. 이것이 소위 네비우스 선교정책이었다. 곽안련(Allen D. Clark)이 요약해서 제시한 그 내용은 다음과 같다.[24]

① 선교사들은 널리 다니면서 사람들을 일대일로 만나 전도한다.
② 자립전도: 모든 신자들은 성경을 배우고 다른 사람을 가르칠 수 있어야 하며 전도에 힘써야 한다.
③ 자립정치: 모든 신자의 모임에는 무보수로 일하는 자와 봉급을 받는 조사(Helper)를 둔다.
④ 자립경영: 교회 건물은 자신들의 힘으로 마련되어야 하며 설립된 교회는 목회자의 봉급을 책임져야 한다.
⑤ 모든 신자는 체계적인 성경공부를 해야 한다.
⑥ 엄격한 신앙생활을 하여야 하고 성경 중심의 권징을 받아야 한다.
⑦ 다른 선교단체와 협력하고 지역을 분할하여 사역하며 피차 간섭하지 않는다.
⑧ 선교사는 소송 문제와 같은 사건에는 일절 간섭하지 않는다.
⑨ 어려운 사람들을 경제적으로 도와주어야 할 사안에 대해서는 피차 돕는 정신을 갖는다.

이것은 흔히 간섭받지 않고 교회를 운영한다는 점에서 '자치'(self-government)

---

24 Charles A. Clark, *The Korean Church and the Nevius Methods* (New York: Fleming H. Revell, 1930), 33-34.

를, 원조받지 않고 자기 교회를 운영한다는 점에서 '자립'(self-support)을, 스스로 전도한다는 점에서 '자전'(self-propagation)을 중심 내용으로 한다. 한국교회 선교 초창기의 강력한 자립성과 광범위한 순회선교의 바탕에는 말씀의 중요성과 체계적인 성경연구가 기조를 이루고 있다.[25] 언더우드는 핵심 내용을 4가지로 요약하여 전해준다.

> 첫째, 모든 그리스도인은 자신이 있는 곳에서 각자가 자신의 부르심을 확인하고 그리스도를 위해 개별 사역자가 될 수 있도록 가르치며 자신의 직업으로 자립하고 이웃들 가운데서 살아가며 그리스도를 증언하는 삶을 살아야 한다. 둘째, 한국인 교회가 다른 교회를 돌보고 관리하기 위해 스스로 책임을 가지고 돌볼 수 있도록 방법과 조직들을 발전시켜야 한다. 셋째, 교회가 인력과 재정을 제공할 수 있는 한, 좋은 자격을 갖춘 사람을 선발하여 이웃 사람들 가운데 전도사역을 잘 감당할 수 있도록 해야 한다. 넷째, 한국인들이 그들의 교회당 건물을 스스로 마련하도록 하되 그들 고유의 건축 양식을 따라 세울 수 있게 하며, 지역교회가 재원을 마련할 수 있는 스타일과 크기로 건축하게 해야 한다.[26]

이렇게 미국장로교회와 호주장로교회가 연합선교공의회를 결성하여[27] 도입한 최초의 선교정책에는 말씀 훈련을 거친 자립, 자전, 자치를 통한 선교가 강조된다. 그래서 곽안련은 한국에서의 놀라운 선교 결실이 네비우스 선교정책에 기인하고 있음을 강조하면서도 자립, 자전, 자치보다 더 중요한

---

25 민경배, 『한국기독교회사』, 192. 김인수, 『한국기독교회사』, 123.

26 Horace G. Underwood, *The Call of Korea: Political-Social-Religious* (New York: Fleming H. Revell Co., 1908), 109-10.

27 연합 사업에 소극적이었던 감리교, 성공회, 침례교는 불참했기 때문에 장로교만 독자적으로 1893년에 공의회를 결성하게 된다.

덕목은 "성경을 강조한 정책"이었다고 평가했고, 성경이 모든 사역의 중심을 차지함으로써 사역의 추진력이 생겨났다고 이해한다.[28] 이 공의회는 중복과 경쟁을 피하기 위해 선교 지역을 분할했고[29] 네비우스 선교정책에 몇 가지를 더 추가하여 1893년 1월에 공의회 선교정책을 수립한다. 그 내용은 다음과 같다.

① 상류 계층보다는 노동 계층을 상대로 해서 전도하는 것이 더 낫다.

② 부녀자에게 전도하고 그리스도인 소녀들을 교육하는 데 특별히 힘을 쓴다. 가정주부들, 곧 여성들이 후대의 교육에 중요한 영향을 끼치기 때문이다.

③ 기독교 교육은 시골에서 초등 정도의 학교를 경영함으로써 크게 효과를 낼 수 있다. 그러므로 이런 학교에서 젊은이들을 훈련하여 장차 교사로 보내도록 한다.

④ 장차 한국인 교역자도 결국 이런 곳에서 배출될 것이다. 이 점을 유의해야 한다.

⑤ 사람의 힘만이 사람을 개종시키는 것이 아니다. 하나님의 말씀이 하신다. 따라서 될수록 빨리 안전하고도 명석한 성서(번역된 성서)를 이들에게 주도록 해야 한다.

⑥ 모든 종교 서적은 외국 말을 조금도 쓰지 않고 순 한국말로 쓰이도록 해야 한다.

⑦ 진취적인 교회는 자급하는 교회가 되어야 한다. 선교사의 도움을 받는 사람의 수는 되도록 줄이고, 자급하여 세상에 공헌하는 개인을 늘여야 한다.

---

28 Charles A. Clark, *The Nevius Plan for Mission Work: Illustrated in Korea*, 박용규, 김춘섭 역, 『한국교회와 네비우스 선교정책』(서울: 대한기독교서회, 1994), 320-22.

29 미국 남장로교는 전라도와 충청도를, 캐나다 선교회는 함경도, 미국 북장로교는 평안도, 황해도, 경상북도, 호주선교회는 경상남도를 분할하여 담당했다.

⑧ 한국의 대중들은 동족의 전도에 의해 신앙하게 되어야 한다. 따라서 우리 자신이 전도에 나서는 것보다 전도자의 교육에 전력해야 한다.

⑨ 의료 선교사들은 환자들과 오래 친숙하게 지냄으로써 가르칠 기회를 찾고 또 깊은 마음의 문제에 골몰하는 모범을 보여주어야 한다. 시약(施藥)만 가지고서는 특별한 효과를 볼 수 없다.

⑩ 병원에서 치료를 받은 사람은 고향의 마을에 자주 왕래하게 해서 의료 선교사들의 인애 넘치는 간호의 경험을 본받아 전도의 문이 열리도록 해야 한다.[30]

이런 선교정책과 함께 1895년에서 1900년까지 약 200명 정도였던 세례교인이 3,600명으로 성장했으며, 1900년부터 1905년까지는 거의 1만 명 수준으로 성장하게 된다. 이것은 네비우스 선교정책의 성공으로 이해할 수 있다. 곽안련은 중국에서 실패한 이 선교정책이 한국에서 유효했던 것은 단순히 정책의 탁월함이 아니라 하나님의 말씀에 대한 집중적인 강조에 있었다고 평가한다. 그 평가는 타당하다. "그 밖에 어떤 것도 그 자리를 차지할 수 없다"는 그의 확신과 선교 방식, 그리고 언제나 "당연히 여기에서부터 출발해야 한다"는 그의 권고는 말씀 중심 사역을 강조한 것이다.[31]

조선은 당시 선교사들이 그리 선호하던 선교 지역이 아니었다. 19세기 말 조선은 종교적·문화적 관점에서 보면 광야라고 일컬을 만한 곳이었고 "전혀 알려지지 않은 오지(奧地)"였기 때문에 관심을 기울이는 사람이 그리 많지 않았다. 이런 은둔의 나라가 서구인들의 눈에 들어온 것은 동아시아의 주요 나라였던 중국과 일본 사이에 위치해 있었기 때문이었다. 당시 조

30 C. C. Vinton, "Presbyterian Mission Work in Korea," *The Missionary Review of the World*, vol. XI, no. 9 (1893). 민경배, 『한국기독교회사』, 194-95에서 재인용.

31 Clark, 『한국교회와 네비우스 선교정책』, 322.

선은 문을 굳게 걸어 잠그고서 외국인들과의 어떤 접촉도 엄금했으며 서양의 기독교를 사교(邪敎)로 규정하여 그것을 전하거나 믿는 자는 참형에 처했다.[32] 선교사들은 조선이라는 나라와 이곳에서의 삶에 대해 거의 알지 못했던 25-33세의 젊은이들로, 대부분 중산층의 가정에서 태어나 대학 교육을 마치고 복음전도 사명에 가슴이 불타고 있었다.[33] 그들이 조선의 평민들의 삶과는 동떨어져 보이는 "언덕 위의 도시"를 세운 것도 조선이라는 "광야"에 문명화되고 기독교화된 세계를 보여주어 어둠의 땅에 불을 밝히는 등대가 되기를 바라는 마음에서였다. 바꿔 말해서 "비기독교적이고 원시적인 조선의 세계와 얼마나 다른가를 극명하게 보여주는 전시관의 역할"에 대한 바람도 가지고 있었다.[34] 그들은 경이와 감탄의 대상이 되었던 그곳이 복음 전파의 통로가 되기를 바랐다.

---

32 류대영, 『초기 미국 선교사 연구, 1884-1910』(서울: 한국기독교연구소, 2001), 28.

33 물론 모든 일에 명암이 있듯이 초기 선교사들이 조선에 와서 조선인들과 "단절된 삶"을 사는 경우가 많았고, 당시 조선인들이 보기에는 상당히 호화로운 생활을 했다는 기록과 평가가 있는 것이 사실이다. 그들은 조선의 상류 지배층과 유사한 화려한 삶을 살았으며 "사막의 오아시스에 거하던 세련된 사람들"이라는 평가도 있다. 위의 책, 1장 참조. 동시에 이런 모습에 대해 고민하던 선교사들의 기록도 전해지고 있다. 언더우드 역시 선교사의 귀족적인 삶과 자세에 대해 고민했음을 알 수 있다. 특별히 선교부에 보낸 그의 1894년 1월 4일 자 편지와 선교부 총무가 같은 해 2월 17일에 언더우드에게 보낸 편지 등을 참고하라. Horace Underwood, 김인수 역, 『언더우드 목사의 선교편지(1885-1916)』(서울: 장로회신학대학교출판부, 2002), 287-97, 303-4. 물론 예외적인 삶을 살았던 선교사들도 많이 있었다. 미국 북감리교 선교사였던 윌리엄 홀(William J. Hall)이나 캐나다 독립선교사였던 윌리엄 맥켄지(William J. McKenzie)가 대표적인 경우다. 맥켄지는 자생적 신앙공동체가 있었던 황해도 소래(송천)에 혼자 들어가 보급품 지원을 일절 거부하고 당시 조선의 평민들이 사는 형편대로 살았다.

34 류대영, 『초기 미국 선교사 연구, 1884-1910』, 70-71.

## 초기 선교사들의 설교 특징

고종이 의료와 교육 사업을 윤허[35]함에 따라, 공식 입국한 언더우드와 아펜젤러에 이어서 많은 선교사들이 국내에 들어오게 된다. 특히 미국의 남장로교회와 북장로교회 그리고 감리교회 등이 여러 명의 선교사를 파송했고, 호주장로교회와 캐나다장로교회도 이에 합세한다. 영국성공회가 1891년에 첫 선교사를 파송했고, 캐나다장로교회도 윌리엄 맥켄지(William J. Mckenzie)를 파송했으며, 침례교회는 1889년에 말콤 펜윅(Malcolm C. Fenwick)을 파송했다. 동양선교회는 1907년에 선교사를 파송하여 성결교회의 기틀을 세웠고, 구세군은 1908년에 본격적인 한국 선교를 시작한다. 선교사들은 초기에는 주로 의료와 교육 사역에 주력했지만 이후에는 지역 전도사역과 설교사역에도 전념하게 된다.

1884년부터 1910년까지 조선에 들어온 미국 선교사들만 499명이었고, 이 중 남·북장로교 선교사들만 227명이었다.[36] 이런 점에서 초기 여러 선교사의 설교를 일반화하여 살펴보기란 쉽지 않다. 언어의 한계와 문화 차이로 인해 선교사들의 설교사역에 많은 어려움이 있었지만 그럼에도 초기의 조선 교회는 이들의 설교를 토대로 세워졌다. 조선 선교에 중요한 영향을 끼친 미국 장로교회의 남장로교에는 주로 버지니아 유니온신학교 출신이 많았고, 북장로교에는 프린스턴신학교와 맥코믹신학교 출신이 많았다. 그들은 주로 성경과 교리에 있어 보수적이면서도 경건주의적인 복음주의

---

35 일본 주재 감리교 선교부 책임자였던 매클레이(R. S. Maclay)가 미 공사관의 도움을 받아 방한하여 병원과 학교 사업을 시작하게 해달라는 요청을 김옥균을 통해 고종에게 전한다. 1884년 7월 3일, 교육과 의료에 범위를 국한하기는 했지만 기독교 선교사들의 방한이 공식적으로 허락되었다. 매클레이가 방한 중이던 보름 동안 공사관 식구들과 함께 예배를 드렸는데 그것이 한국 땅에서 드린 공식적인 개신교 주일예배로는 최초였다. 이덕주, 『한국교회 이야기』(서울: 신앙과지성사, 2009), 46-49.

36 류대영, 『초기 미국 선교사 연구, 1884-1910』(서울: 한국기독교연구소, 2001), 27에 나오는 도표 참고.

정신이 강했으며 청교도 신앙에 기반을 두고 있었다. 미국 장로교 선교사들은 구파 전통에서 신학교육을 받았고, 19세기의 지배적인 종말론이었던 전천년설의 영향을 받았으며, 미국의 부흥운동과 학생자발운동(The Student Volunteer Movement) 등에 깊은 영향을 받아 뜨거운 복음전도와 구령의 열정을 가진 이들이었다.[37] 그래서 곽안련은 미국 북장로교의 조선 선교에 대한 동력이 보수적 신학 전통에서 기인했다고 이해한다. 그가 주장한 보수적 신학의 특징은 인간의 죄인 됨, 그리스도의 보혈의 공로를 통한 구원, 성경의 초자연적 기록에 대한 믿음, 기독교 신앙의 유일성과 최종성 등이다.[38] 특히 복음주의적인 특성과 정교분리 원칙이 선명했는데, 그것은 교파나 출신국과 상관없이 당시 선교사들의 가장 두드러진 특징이었다. 이는 당시 조선의 정치적·사회적 상황과도 무관하지 않으며, 그들이 보수적 복음주의 신학 경향에 바탕을 두고 오직 복음전도에만 강조를 두었다고 이해할 수 있다.[39]

이렇게 말씀 신앙에 기초한 선교사들의 설교에는 당시 사회적 상황 때문에 엄격한 윤리적·종교적 내용이 많이 포함되었다. 보수적인 신앙은 조선의 개종자들에게 아주 높은 윤리적 잣대를 제시했다. 그들은 세례를 받기 위해 먼저 신앙의 차원을 학습하고자 학습교인이 되어야 했고, 최소 6개월 이상 큰 잘못 없이 교인으로서의 의무를 다할 때 세례후보자가 될 수 있

37 박용규, 『한국기독교회사』(서울: 생명의말씀사, 2006), 473-74; 전호진, "초기한국장로교 선교사들의 신학사상", 박용규, 이은선 편, 『총회 100년 한국장로교회 회고와 전망』(서울: 한국기독교사연구소, 2014), 89-92 등을 참고하라.

38 Charles A. Clark, "Fifty Years of Mission Organization, Principles and Practice." 류대영, 『초기 미국 선교사 연구, 1884-1910』, 91에서 재인용.

39 홍치모, "초기 선교사들의 신앙과 신학: 장로교회를 중심으로", 「신학지남」 51권 2호(1984년): 128-39. 선교사들은 초기부터 교인들의 정치 참여와 민족운동에 대해 소극적이고 오히려 견제하는 자세를 취한다. 1901년 9월 개최된 장로교 공의회에서는 목사가 나라의 일과 정부의 일, 관원의 일에 대해서는 간섭하지 않기로 작정해야 한다고 했으며, 교회는 "나라 일 의논하는 집"이 아니고 "그 집에서 나라 일 공론하러 모일 것"도 아니라고 하여 정교분리 정책을 견지한다. 「그리스도신문」(1901년 10월 3일). 이덕주, 『한국교회 이야기』, 118에서 재인용.

었다. 이것은 당시 사회를 윤리적으로 문명화하는 데 중요한 과정으로 사용되었다. 그러므로 자연스럽게 설교에도 그런 강조점들이 자주 등장할 수밖에 없었다. 당시 사회에 만연한 관습과 습관으로부터의 단절과 철저한 주일 성수 등이 강조되었고, 축첩, 술, 담배, 도박 등의 습관뿐만 아니라 그것과 관련된 직업도 포기해야 했다. 선교사들이 신자들에게 엄격하면서도 높은 윤리성을 요구했던 이유는 자신들이 깊이 영향을 받았던 청교도의 엄격주의 때문이었다.[40]

이런 신학적 특징에 바탕을 둔 초기 선교사들의 설교를 일반화하기는 어렵지만, 대략적으로 살펴보면 다음과 같다. 한편으로 형식 면에서는 당시 북미와 유럽에서 가장 널리 사용되었던 주제설교 방식을 주로 사용했다.[41] 이것은 계몽주의 태동 이후 형성된 모더니즘 시대에서의 가장 대표적인 설교 방법이기도 했고, 신생 선교지에서 기독교의 기본 교리를 설명하고 교육하는 데 가장 효과적인 설교 형태였기 때문이기도 했다. 그 결과 자연스럽게 본문이 중심이 아니라 주제가 중심을 이루는 주제설교의 약점이 드러났다. 다른 한편으로 내용 면에서는 경건생활과 신앙생활이 주를 이루었고, 교리를 해설하고 설명하는 데 주안점을 두었다. 이로써 복음과 기독교 신앙을 강조하는 전도설교의 특징이 많이 드러남을 알 수 있다.

40 이런 내용은 당시의 신문 사설과 기사, 설교문 등에 자주 등장했다. 「조선그리스도인 회보」, 「신학월보」, 「그리스도신문」 등에서 1900년 전후에 이런 내용이 많이 실려 있음을 확인할 수 있다. 보다 상세한 내용은 류대영, 『초기 미국 선교사 연구, 1884-1910』, 2장을 참고하라.

41 정성구도 이 점을 초기 선교사들의 설교의 가장 특징적인 요소로 꼽고 있다. 그러나 그는 이것을 '제목설교'라고 명명하는데, 이는 주제를 중심으로 설교를 풀어가는 '주제설교'(topical preaching)에 대한 오역이다. 정성구, 『한국교회 설교사』(서울: 총신대학교출판부, 1986), 31-32.

## 설교 연구 자료

평양장로회신학교에서 출간한 「신학지남」, 성결교에서 발간한 「활천」, 감리교에서 발간한 『신학세계』 등에 실린 선교사들의 설교문이 초기 선교사들의 설교를 연구하는 데 있어 1차 자료로 활용될 수 있다. 한국교회의 최초 설교집인 『백목강연』(百牧講演)[42]과 『종교계 저명사 강연집』[43]도 마찬가지다. 최초의 선교사 개인 설교집으로는 언더우드 선교사의 부인이 편집한 『원두우강도취집』(元杜尤講道聚集)이 있다.[44]

특별히 1918년에 첫 발간된 「신학지남」에는 설교의 원리와 실제 및 자료로서, 설교 요약문인 "강도도형"이 제시되고, "기술적 강도" 및 "가용적 제목과 본문" 등의 설교문이 제시되어 있다. 설교에 사용할 자료와 예화를 위해 "강도에 사용할 비사" 혹은 "강도에 인용할 만한 비유", "서적에 대한 소개적 비평" 등도 제시되어 있다. 이론적인 내용을 위해서는 "강도학"이라는 섹션을 제시하고 프린스턴신학교에서 행한 교리 설교와 관련한 강연 원고가 번역되어 실려 있다. 여기에 제시된 설교문은 주로 성경 본문과 제목, 설교의 요지만을 보여주는 요약식의 설교이기 때문에 그 특징을 구체적으로 평가하기에는 어려움이 있다.

비교적 설교문 자료가 많이 남아 있는 초기 선교사로는 장로교의 사무

---

42 梁翊煥 編, 『百牧講演』, 1집(京城: 博文書館, 大正 10, 1921). 본래 설교자(교사) 100명의 설교를 4권으로 묶을 예정으로 발간된 1권에는 총 25편의 설교가 실려 있다. 최병헌(북감리교 감리사), 김종우(정동감리교회), 리명혁(연동교회) 목사와 김활란(이화학당 교수), 윤치호(중앙청년회 회장) 등의 설교문과 아펜젤러와 게일의 설교문이 실려 있고, 한문 옆에는 한글로 토를 달아놓았다. 2권은 1922년에, 3, 4권은 1935년에 발간되었다.

43 韓錫源 編, 『宗教界著名士講演集』(京城: 活文社書店, 大正 11, 1922).

44 이것은 릴리아스 언더우드(Lillias H. Underwood)가 그의 남편 사후에 발간한 책으로, 언더우드가 미국 방문 시 행했던 설교문 12편을 모아 한국어로 번역 출간한 책이다. 한국교회가 아니라 미국에서 행한 설교라는 점이 다소 한계가 있지만 최초의 설교집이라는 데 가치가 있다. 1927년 고어체 문장을 조금 다듬어서 『원두우 강연집』(1927)이라는 제목으로 다시 출간되었다. 원두우 목사 부인 저, 『원두우강도취집』(경성: 조션예수교셔회, 1920). 원두우, 『원두우 강연집』(경성: 조선야소교서회, 1927). 초판은 동래중앙교회의 한국기독교선교박물관에 그 원본이 보관되어 있다.

엘 마페트(Samuel A. Moffett, 마포삼열), 스태시 로버츠(Stacy L. Roberts, 라부열), 찰스 클락(Charles A. Clark, 곽안련), 윌리엄 레이놀즈(William D. Reynolds, 이눌서), 윌리엄 스왈른(William L. Swallen, 소안론), 월터 어드만(Walter C. Erdman, 어도만), 로버트 왓슨(Robert D. Watson, 왕대선), 유진 벨(Eugene Bell, 배유지), 제임스 아담스(James E. Adames, 안의와), 호레이스 언더우드(Horace G. Underwood, 원두우), 윌리엄 푸트(William R. Foote, 부두일), 제임스 게일(James S. Gale, 기일), 겔슨 엥겔(Gelson Engel, 왕길지), 찰스 번헤이즐(Charles F. Bernheisel, 편하설), 길함 리(Gilham Lee, 이길함), 윌리엄 베어드(William M. Baird, 배위량), 윌리엄 블레어(William N. Blair, 방위량) 등이 있다. 감리교 선교사로는 헨리 아펜젤러(Henry G. Apenzeller), 매리언 스톡스(Marion B. Stokes, 도마연) 등을 들 수 있다.

여기서는 설교문과 설교사역에 대한 기록 혹은 설교학 관련 자료들이 많이 남아 있는 언더우드, 아펜젤러, 사무엘 마페트, 찰스 클락(곽안련), 제임스 게일을 중심으로 살펴보려고 한다. 그 외 다른 선교사들의 사역은 이 장 마지막 부분에 간략하게 약술하는 것으로 정리해두겠다.

## 호레이스 언더우드 목사: 횃불을 높이 든 첫 주자

### (1) 생애와 사역

호레이스 언더우드 목사(Horace Grant Underwood, 원두우, 1858-1916)는 조선에 선교의 문이 빠끔히 열리기 시작했을 때 제일 먼저 달려와 선교의 초석을 놓았던 개척자였다. 그가 27세의 나이에 미혼으로 이 땅에 왔을 때 다른 고관의 마중을 위해 제물포항에 나와 있던 미국 공사는 그에게 이렇게 말했다. "당장 돌아가십시오. 이곳에는 아직 선교의 문이 열리지 않았습니다. 다른 사람들이 보기 전에 당장 돌아가십시오." 그리고 그 공사는 그의 입국을 거절했다. 함께 있던 알렌 선교사가 그를 제중원의 조수로 쓰겠다고 하자, "도대체 병원에서 목사를 데려다가 뭐에 쓰려고 하는가!"라며 핀잔을 주었다고 한다. "정 할 일이 없으면 약봉지라도 싸고 환자들도 나르게 하겠다"며 제발 병원에서 조수라도 할 수 있게 해달라는 알렌의 간청으로 언더우드는 겨우 입국할 수 있었다. 함께 왔던 아펜젤러 부부는 입국이 거절되어 일본으로 돌아갔다. 조선이 아직은 위험한 나라이고 여자에게는 특히 더 위험해서 안 된다는 것이 입국 거절 사유였다. 문이 굳게 닫힌 나라에서의 언더우드의 사역은 그렇게 시작되었다. 1888년에 입국하여 20여 년을 조선에서 선교사로 활동했던 조지 H. 존스(George H. Jones, 조원시[趙元時])는 언더우드가 조선 땅에 기독교 교회의 기초를 놓는 데 가장 중요한 역할을 했다고 평가한다.[45] 언더우드는 무엇보다 설교자였고 저술가였으며, 많은 책을 번역하여 소개한 번역가로 초기 조선 교회를 든든히 세워갔다.

1859년 영국 런던에서 태어난 언더우드는 13세 때 부모와 함께 미국으로 이주했고, 뉴욕대학교와 네덜란드 개혁신학교(The Dutch Reformed Theological Seminary, 현 뉴브런즈윅신학교)에서 신학을 공부하고 1884년 11월에 미국 북장로교 뉴브런즈윅 노회에서 목사 안수를 받았다. 1883년 여름, 신학교 졸업반 때 뉴저지 폼프톤(Pompton)의 한 교회를 맡아 담임목회를 시작했고 그곳에서 큰 부흥을 경험했다. 그 후 뉴욕에 있는 한 개혁교회로부터 아주 좋은 조건으로 담임목사직 청빙 제의를 받고 기도하던 중에 한 모임에서 복음 없이 사는 "은둔의 나라"에 문호가 개방되었다는 소식을 듣게 된다. 그는 인도 선교를 생각하고 있었기 때문에 조선에 달려갈 다른 사람을 찾았다.

---

45 George H. Jones, *The Rise of the Church in Korea*, 옥성득 편역, 『한국교회 형성사』(서울: 홍성사, 2013), 114.

저 자신은 인도로 부르심을 받았다고 믿고 있었고 이런 신념하에 그곳에 갈 특별한 준비를 하기 위해 일 년 동안 의학을 공부해온 터였습니다. 때문에 저는 누군가 기꺼이 한국에 갈 사람이 달리 있으리라고 확신하였습니다. 그래서 저는 가능한 한 서둘러 한국에 갈 사람을 물색해보았지만 한 사람도 발견하지 못한 채 일 년이 흐르고 말았습니다. 한국에 선교사를 파송하려는 교회는 한 군데도 없었으며, 외국 선교 사업의 지도자들도 한국에 들어가기에는 아직 이르다는 글을 쓰고 있었습니다. 왜 너 자신이 가지 않느냐? 이런 메시지가 제 가슴에 울려온 것은 바로 이때의 일이었습니다.…저는 개혁교회 선교부에 두 차례나 신청을 했으나 그들은 새로운 사업을 시작할 자금이 없다고 했습니다. 또 장로교에도 두 번 신청했으나 소용없는 일이라는 답변을 들었을 뿐입니다. 이렇게 한국으로 가는 문은 굳게 닫혀 있었고 미국에 남아 있거나 인도로 가는 문은 넓게 열려 있는 것처럼 보였습니다. 그래서 저는 개혁교회의 요청을 수락하는 서신을 써서 그것을 막 우체통에 넣으려는 찰나에 어떤 목소리를 들은 듯했습니다. '한국에 갈 사람은 아무도 없구나.'[46]

그는 그 서신을 보내는 것을 보류했고, 장로교 선교부로부터 파송하려고 했던 사람이 갈 수 없게 되어 수일 안으로 임명을 받게 될 것이라는 편지를 받았다. 당시 조선은 미국의 식자층에도 전혀 알려지지 않은 나라였고, "백이면 백 모두가 들어본 적도 없고 어디에 있는지 추측도 해보지 않은 나라"였다.[47] 그는 1884년 12월 샌프란시스코 항을 출발하여 1885년 1월 일본

46 Lillias H. Underwood, *Underwood of Korea*, 이만열 역, 『언더우드: 한국에 온 첫 선교사』(서울: 기독교문사, 1990), 43-44.

47 당시 조선은 "꼬레(Coreé)라는 이름을 가진 중국 근처의 한 섬으로, 오래전에 예수회(Jesuit) 선교사들이 들어가려고 하다가 붙잡혀 모진 고문을 받고 죽임을 당했던 나라", "반은 야만인이고 반은 동물과 같은 인종으로 이루어진 사나운 종족" 정도로 알고 있었다고 적고 있다. Underwood, 『언더우드: 한국에 온 첫 선교사』, 46.

요코하마에 도착했고, 그곳에서 로마 가톨릭 교도들의 박해와 순교 이야기 및 최근 서울에서 일어난 무시무시한 폭동 이야기(갑신정변)를 들었다. 그리고 조선에 들어가는 배를 기다리는 동안 이수정을 만나 한국어 공부를 시작했고, 1885년 4월 5일 부활주일 오후 3시에 감리교 선교사 아펜젤러와 함께 제물포항에 도착한다.[48] 그는 이 땅에 공식 입국한 첫 개신교 목사였다. 갑신정변 이후 조선의 상황은 불안정했다. 그 이유로 미국 공사관은 언더우드의 입국은 허락했지만, 아펜젤러 부부는 보류되었고 그들은 다시 일본으로 돌아가게 된다.[49]

조선에 복음선교가 허락되지 않았던 상황이었기 때문에 언더우드는 알렌이 세운 제중원에서 물리와 화학을 가르치는 교사로서 조선에서의 공식 활동을 시작했다. 그는 환자가 너무 많아 혼자서는 감당할 수 없었던 알렌을 도와 환자를 돌보는 일도 함께 감당한다. 그리고 시간이 흐르자 서울 외곽에 나가 전도에 힘쓰기 시작했다. 알렌의 만류에도 불구하고 언더우드는 자주 가두전도에 나갔고 1886년 7월 18일에는 비밀리에 노춘경에게 세례를 베풀었다. 그것이 한국 땅에서 한국인에게 베푼 최초의 세례였다. 1886년 5월에는 경신학교의 전신인 정동고아원을 개원했고, 6월에는 아펜젤러와 함께 성경번역 작업에 착수한다. 1887년 9월 27일에는 14명의 수세자와 2명의 장로를 세워 최초의 조직교회인 정동장로교회(새문안교회)를

48 도착 시간에 대한 이견이 있지만, 김인수는 아펜젤러가 고국에 보낸 연례보고서에 도착 시간을 오후 3시로 적고 있음을 근거로 당사자가 기록한 내용의 신빙성에 근거하여 오후 3시로 보는 것이 타당하다고 주장한다. 또한 누가 먼저 내렸는가, 어디에 내렸는가도 그렇게 중요하지 않다고 본다. 먼저 내린 것은 레이디 퍼스트라는 관점에서 아펜젤러 부인이 먼저 내렸고, 장소도 4월 2일에 부산에 내려 하루를 보낸 다음에 3일에 제물포를 향해 출발했기 때문에 공식적인 입국이라는 점에서 제물포로 잡는 것이지 그것은 그렇게 큰 의미가 없다. 김인수, 『한국 기독교회의 역사』, 상, 136-37.

49 아펜젤러는 일본에 머물다가 약 2개월 후에 한국에 입국하게 된다. 그사이에 1885년 5월 3일에 목사이자 의사인 스크랜튼이 입국했고, 6월 26일에 그의 모친인 메리 스크랜튼과 북장로교 의료 선교사인 헤론이 아펜젤러 부부와 함께 입국한다.

창립했고, 서울을 벗어나 교외에서도 열심히 전도 활동을 벌이는데, 특히 북부 지방 전도에 깊은 관심을 기울인다.[50]

1890년대 언더우드의 사역은 미국에서의 안식년을 마치고 복귀한 이후[51] 새로운 상황에 맞닥뜨린다. 그는 조선을 둘러싼 복잡한 정치적 상황에서 정치 문제에 직간접적 관련성을 갖게 되는데, 자연히 위험 가운데 있는 고종과 왕비 가까이에 서게 된다. 이것은 선교가 허용되지 않던 때에 "왕실과의 관계를 돈독히 하는 방안이 선교에 가장 효과적이고 적절한 방법"이라는 판단에서였던 것 같다.[52] 그는 위협받는 왕과 그의 가족들을 보호하기 위해 왕궁에서 밤을 지새우곤 했다. 그리하여 1895년 새해에는 고종과 명성황후의 초청을 받았고, 한 달여 동안에 14번의 초청을 받아 입궁했으며, 좋은 관계를 유지하면서 복음의 진리를 정확하게 설명했다고 고국에 선교편지를 보내기도 했다.[53]

1897년에는 그리스도인들뿐만 아니라 지식인들과 민중을 상대로 한 교육, 정치, 경제, 산업 분야에 걸친 계몽을 위한 문명개화의 목적으로 「그리스도 신문」을 창간한다. 이 신문은 기독교 선교를 가장 큰 목표로 삼고 있었으며 다양한 정보를 제공했다. 선교부에 보낸 편지에서 언더우드는 "농부들을

---

50 그는 서울을 중심으로 경기도, 황해도, 충청도 지역을 수시로 순회하면서 전도, 예배 인도 및 설교, 성례 집례 등을 수행했다. 1889년 3월에는 북쪽으로 의주까지 가게 되는데, 만주에서 로스 성경을 통해 예수님을 믿는 사람들의 소식을 들었기 때문이었다. 1889년 3월에는 의료 선교사였던 릴리아스 호튼과 결혼한 후 신혼여행을 그곳으로 갔으며 100여 명의 사람들이 세례를 받고자 달려왔을 때 문답을 통해 확고한 신앙이 확인된 34명에게 압록강을 건너가 세례를 주었다. 이만열, "언더우드의 생애와 활동", 언더우드기념사업회 편, 『언더우드 기념 강연집』(서울: 연세대학교출판부, 2011), 10.

51 언더우드는 아내의 건강 때문에 1891년에 미국에 갔다가 1893년 5월에 복귀했다. 이 시기에 그는 미국의 한 대학의 부총장직과 여러 교회로부터 담임목사직을 제의받았다. 그러나 그는 여러 지역을 다니며 한국선교 지원과 선교 자원자를 찾는 일에 전력한다.

52 김도형, "개항 후 근대개혁과 언더우드", 언더우드기념사업회 편, 『언더우드 기념 강연집』, 261. 의료 선교사였던 언더우드 부인이 왕비를 자주 치료하면서 관계가 형성될 수 있었다.

53 1895년 2월 2일 자 편지 참조. Underwood, 『언더우드 목사의 선교편지(1885-1916)』, 311-16.

위한 농업 관련 정보, 전문인들을 위한 예술 및 학문 정보, 상인들을 위한 시장 보고, 그리스도인 가정생활에 대한 글들을 실어 포괄적인 기독교 신문이 되고자" 했다고 밝히면서 "이 모든 내용을 기독교적 방식으로 보도하여" "이 나라 사람들을 그리스도께로 인도하는 큰 목적을" 이루기 위함이라고 설명한다.[54]

1900년대 이후 그는 본격적으로 여러 교회를 설립하고 순회전도를 통해 전도자로서의 역할을 수행하며, 그의 관할 지역에서 사경회를 열어 설교자로서의 임무를 수행했다. 1912년에는 장로회 총회의 초대 총회장이 되었으며, 성경 번역에도 박차를 가하여 1911년에 신구약을 완간한다. 언더우드는 생애 마지막 몇 년을 기독교연합대학(연희전문학교) 설립을 위해 분투한다. 1910년경부터 설립 계획을 구체적으로 실행에 옮기기 시작했고 1912년 안식년을 미국에서 보내는 동안 기금 모금에 박차를 가한다. 기존의 선교부와의 관계, 현지 선교사들 간의 입장 차이,[55] 당국(일제)의 허가를 받는 것 등 많은 어려움이 있었지만, 그는 신촌에 약 2만 평의 땅을 구입하여 연희전문학교를 세운다. 하지만 이 과정에서 그는 많은 심적 고통을 받아 건강이 극도로 악화되었다. 결국 건강 문제로 1916년 4월 미국으로 돌아갔고 같은 해 10월 12일 뉴저지주에서 57세의 나이로 세상을 떠난다. 세상을 떠난 후 동료였던 게일 선교사가 언더우드의 행장(行狀)에 대해 다음과 같이 적고 있다.

번역에 최선 착수함도 원 목사요, 전도에 열심함도 원 목사요, 학교와 신문

54 엘린우드에게 보낸 언더우드의 편지(1900년 12월 10일 자), Underwood, 『언더우드 목사의 선교편지(1885-1916)』, 380.

55 그들은 주로 이 학교를 서울에 세울지, 평양에 세울지에 대한 선교사들 간의 입장 차이로 오랫동안 갈등을 빚어왔다. 이때의 갈등 사항에 대해서는 최재건, "언더우드의 대학설립의 이상과 실현: 연희 창립을 중심으로", 언더우드기념사업회 편, 『언더우드 기념 강연집』, 373-443을 참고하라.

을 설시(設施)함도 원 목사요, 거대한 재정을 모집함도 원 목사요, 다수 선교사를 파견케 함도 원 목사라. 연(然)이나 여성경학원을 창설치 못함도 유감이요 장로 감리를 합일게 못함도 대유감이오, 조선에서 별세치 아니하고 뉴욕에서 별세함도 동 목사와 우리 조선인의 유감이라.[56]

그의 아내는 선교부에 보낸 편지에서 그를 다음과 같이 평가한다.

영국의 불독처럼 한번 붙들고 늘어지면 끝까지 놓지 않는 면이 있습니다. 원칙적인 문제가 흔들려서 그렇게 하는 것이 필요하다고 생각할 때는 사람들과 의견을 달리했던 여러 문제에서, 결국에는 그가 옳다는 것이 입증되는 것을 보았습니다.…그는 마음이 넓고 따뜻하며 기꺼이 모든 것을 형제들을 위해 양보하고 내어주려는 사람입니다. 원칙적인 문제를 제지하고 말입니다. 다른 사람들은 별로 신경 쓰지 않는 일들도 가볍게 넘기지 못하는 것은 아마도 그의 열정적인 천성 때문일 것입니다.[57]

### (2) 설교사역과 신학적 특징

언더우드의 설교를 간략히 살펴보자. 그는 무엇보다도 복음에 대한 뜨거운 열정을 가진 뛰어난 복음설교자였다. 포교 활동이 금지된 조선에 들어와서 국법이 허락할 때까지 기다려야 한다는 알렌의 입장에 동의할 수 없었던 그는, 그 상황에서도 아주 적극적인 전도와 설교를 감행했다. 그의 평생의 목적이자 설교의 가장 큰 목적은 모든 조선인이 그리스도를 통해 구원을

---

56 奇一, "元牧師行狀", Underwood, 『언더우드: 한국에 온 첫 선교사』, 390. 고어체의 일부를 현대어로 바꾸었다.

57 Underwood, 『언더우드 목사의 선교편지(1885-1916)』, 308-9.

얻는 것이었다.[58] 그래서 그의 설교에는 원초적인 복음의 내용이 많이 등장하고 교리적인 내용도 많이 언급된다.[59] 이런 특성이 가장 잘 나타나는 설교문으로는 제1회 장로교 총회에서 총회장 자격으로 행한 설교인 "모든 것을 해로 여김"(빌 3:8-10)을 들 수 있다. 이 설교에서 언더우드는 세 개의 대지로 나누어 설교를 진행한다.[60] ① 속죄해주시는 예수님, ② 부활하시는 예수님, ③ 예수님과 고생하면 같이 즐거워한다.

그의 설교에는 내용이 본문이 말하는 바와 정확하게 일치한다기보다, 설교자가 말하고자 하는 내용이 중심을 이룬다. 이 점에서 초기 선교사들에게서 노정된 주제설교의 특징, 즉 설교자가 정한 주제가 설교의 내용을 지배한다는 약점을 보여준다. 『원두우 강연집』에 나오는 설교문인 "신자의 본분과 행할 일"에서도 같은 특징을 찾아볼 수 있다. 고린도후서 6:17-18을 본문으로 한 이 설교문에서는 "교회의 특색"이라는 개념으로부터 설교가 시작된다. 그는 대지를 다음과 같이 구성한다. ① 믿는 사람이 이 세상에서

58 이것은 언더우드 사후에 「신학지남」이 그의 생애의 목표와 업적을 요약한 글에 나오는 내용이다. "고 신학박사 원두우 약전", 「신학지남」, 통권 13호(1921년 10월), 71-79.

59 언더우드의 설교 원문을 보기 위해서는 원두우, 『원두우 강연집』(서울: 조선예수교서회, 1927)과 새문안교회 역사편찬위원회, 『새문안교회 문헌 사료집』(서울: 새문안교회 100주년기념사업회, 1987)과 『원두우 강연집』의 설교문 몇 편을 현대어로 번역해 실은 「기독교사상」(2012년 10월 호-2013년 8월 호) 등에서 살펴볼 수 있다. 현대어로 번역한 것은 좋지만 대지를 다 풀어 써서 그 특징이 정확하게 살지 않는 약점이 있다. 여기에 실린 설교문은 다음과 같다. 발간 년 월과 게재 쪽만 괄호 안에 표기한다. "예수교회의 사기(史記)와 하나님의 교회를 위해 하시는 일"(2012년 10월 호, 144-47), "신자의 본분과 행할 일"(2012년 12월 호, 108-15), "성찬예식"(2013년 1월 호, 88-93), "하나님의 부르심에 응답하는 길"(2013년 1월 호, 85-89), "성경이란 무엇인가?"(2013년 3월 호, 80-82), "예수에 대한 지식과 그의 은혜 안에서 자라라"(2013년 4월 호, 76-82), "마음과 목숨과 뜻과 힘을 다하여 하나님을 사랑하라"(2013년 5월 호, 60-65), "이웃 사랑하기를 내 몸과 같이 하라"(2013년 6월 호, 94-99), "예수를 위해 모든 것을 해로 여기라"(2013년 7월 호, 110-13), "예수와 같이 고생하면 예수와 같이 즐거워하리라"(2013년 8월 호, 70-73), "다음 세상"(2013년 9월 호, 92-97), "부활절의 의미"(2013년 10월 호, 70-75) 등이다.

60 이것은 나중에 「신학지남」 창간호에 그의 유서와 같은 설교문이라고 여기면서 싣고 있다. 이 설교문의 현대어 전문은 편찬위원회, 『한국교회 120인 설교집: 선교 120주년 기념』(서울: 한국기독교총연합회, 2006), 24-29을 참고하라. 그러나 여기서 현대어로 풀어쓰면서 역시 이런 대지의 특징을 살리지 못한 약점이 있다.

받을 복, ② 하나님의 자녀로서의 한량없는 평안한 마음, ③ 하나님께서 주시는 기쁨의 충만.

이 설교문 역시 본문이 중심이기보다는 주제를 중심으로 논지가 전개되는 특징을 담고 있다. 이로 인해 어떤 주제를 설명하는 일관성과 논리적 전개가 약하다. 정해진 주제에 대해 여러 성경 구절을 인용해 그것을 간단하게 설명함으로써 어떤 부분은 논리적 전개와 본문과의 연결성이 미흡하다. 현대어로 번역된 그의 설교문을 읽다 보면 그런 특징은 더욱 선명하게 드러난다.[61] "예수교회의 사기(史記)와 하나님의 교회를 위해 하시는 일"이라는 제목의 설교에서 교회론이라는 무거운 주제를 다룰 때 논리적 특성이 약하고, 창세기 4:26의 "그때 사람들이 비로소 여호와의 이름을 불렀더라"라는 말씀과 교회 설립을 연결함으로써 다소 무리한 성경 해석의 경향도 드러난다.[62]

"성찬예식"이라는 설교문은 고린도전서 11:26을 본문으로 하는데[63] 기독교에 대한 변증으로부터 시작하여 "예수의 도"라는 주제로 나아간다. 그리고 본문의 배경이 되는 유월절에 대해 설명한 다음, 성만찬에 대한 설명을 잇고, 대지를 통해 구체적인 설명과 적용이 제시된다. ① 이 잔치는 만왕의 왕의 잔치이므로 그분이 주인이시다. ② 잔치에 참여하는 자는 하나님의 자녀들이다. ③ 먹을 때마다 믿는 마음으로 이 뜻을 알고 행하여야 은혜와 유익을 얻게 된다. 이 설교는 성찬에 대한 교리적인 내용을 충실하게 제시하고 성찬을 받는 자세에 대해 상세하게 설명해준다.

"다음 세상"이라는 설교문은 요한복음 14:2을 본문으로 하는데[64] 프랑스에서 공부할 때 아버지에게서 받은 편지 이야기로 시작한다. "영국에서 미

61 현대어 설교 전문을 보기 위해서는 「기독교사상」(2012년 12월 호) 참고.
62 현대어 설교 전문을 보기 위해서는 「기독교사상」(2012년 10월 호) 참고.
63 현대어 설교 전문을 보기 위해서는 「기독교사상」(2013년 2월 호) 참고.
64 현대어 설교 전문을 보기 위해서는 「기독교사상」(2013년 9월 호) 참고.

국으로 이사하려고 한다"며 그곳에 자녀들이 살 집을 준비하고 있다는 편지 내용을 언급하면서 비교적 매끄럽게 논리적으로 본문과 연결한다. 본문의 전후 배경도 상세하게 설명한 후에 '새 예루살렘'과 연결하면서 대지로 풀어 설명한다. 대지는 대략 다음과 같이 구성되었다. ① 기뻐할 수밖에 없다. ② 조심하여 우리의 이름이 하늘에 기록되도록 해야 한다. ③ 모든 재물을 먼저 천국에 가져다 두어야 한다. 여기서도 성경 구절을 인용하여 설명하는데, 어떤 부분은 잘 호응이 되지만 어떤 내용은 그렇지 않다.

현존하는 그의 설교문을 볼 때 언더우드 역시 초기 선교사들이 보여주고 있는 주제 중심의 설교 및 교리 중심의 설교를 하고 있으며, 대부분은 본문의 한두 구절을 택하여 그 구절에 나온 주제나 단어를 중심으로 논지를 풀어간다. 몇 편의 설교문은 본문에 대한 설명을 제시하지만, 대부분의 설교문이 성경 본문에 나오는 특정 단어(주제)를 중심으로 풀어가고 간단한 설명과 함께 관련된 여러 성구를 인용하여 설명하는 특징을 보여준다. 완벽한 설교 원고가 그렇게 많지 않고, 녹음된 자료가 남아 있지 않은 상황이기에 개략적인 특징만을 살펴볼 수 있다는 한계가 모든 초기 설교 연구에 작용하고 있음을 감안해야 할 것이다.

## 헨리 아펜젤러 목사: 자유와 빛을 전하려고 했던 설교자

### (1) 생애와 사역

헨리 아펜젤러 목사(Henry G. Appenzeller, 1858-1902)는 미국 드루신학교를 졸업한 후에 아내와 함께 미국감리교회 파송을 받아 이 땅에 온 첫 감리교 선교사다. 그때 그의 나이가 27세였다. 같은 시대 동양의 선교사로 살았던 윌리엄 그리피스(William E. Griffis)는 "활기 넘치는 전형적인 미국 그리스도인 한 사람이, 마치 그 무엇도 막을 수 없는 햇살이 비쳐 들어오듯 잔학과 억압과 정신적 암흑과 무지와 질병이 가득한 지역으로, 서양인을 냉대하는 은둔의 왕국의 신비로운 밀실 속으로 들어왔다"라고 그의 걸음을 평가했다.[65] 갑작스러운 조난 사고로 할 일 많은 이 땅에서 보낸 기간은 17년으로 짧았지만 그의 사역은 실로 정열적이었다. 그는 1887년 평양으로 선교 여행을 다녀온 이후 1888년부터 3년 동안 조선 팔도 가운데 여섯 개 도를 두루 여행했고, 북으로는 평양과 의주까지, 남으로는 부산까지 2,200km 이상을 도보로 여행했다.

아펜젤러는 앞서 언급한 그리피스의 책 『한국, 은자의 나라』를 친구에게서 빌려 읽은 후에 한국에 대해 관심을 갖게 되었다. 그리하여 1884년 12월에 결혼하고, 얼마 지나지 않은 1885년 2월에 목사 안수를 받고는 곧장 조선 땅을 향해 출발했다. 2월에 일본에 도착하여 한 달간 머물렀고 그곳에서 갑신정변 실패로 망명 중이던 박영효에게 한국어를 배웠다. 이후 나가사키에서 언더우드와 합류한 다음 요코하마에서 조선으로 가는 배에 몸을 실었다. 그해 4월 2일 부산에 도착하여 하루를 정박하고 하선하여 부산 땅을 밟았으며, 4월 5일에 제물포항에 도착했다. 하지만 이때는 갑신정변 직후였기 때문에 여러 가지로 정세가 불안정하여 외국인 여자의 입국이 허락되지 않아, 인천의 한 여관에서 일주일을 머물다가 미국 공사의 충고를 받아들여 일본으로 다시 돌아간다. 그리고 한국어를 배우며 시간을 보

65 William E. Griffis, *A Modern Pioneer in Korea: The Life Story of Henry G. Appenzeller*, 이만열 역, 『아펜젤러: 조선에 온 첫 번째 선교사의 한국 개신교의 시작 이야기』(서울: IVP, 2015). 미국의 네덜란드 개혁교회 전통에서 자란 그리피스는 일본에 머물렀던 경험을 바탕으로 일본과 한국에 대한 책을 썼다. 일본의 시각으로 기술되었고 사실이 아닌 내용을 많이 포함하고 있지만 『한국, 은자의 나라』(*Corea, The Hermit Nation*, 1882)는 미국과 유럽 국가들에 한국을 알리는 데 중요한 역할을 한다. 그는 나중(1876년)에 유니온신학교에서 공부하고 목사가 되었으며 목사와 작가로 활동했다.

내다가 7월 19일에 서울에 들어오게 된다.

어렵사리 조선에 입국한 아펜젤러는 미국 공사를 통해 학교 설립 가능성을 타진한다. 고종으로부터 긍정적 반응을 얻어 1885년 8월에 2명의 학생을 가르치기 시작하는데, 그것이 한국 땅에 세워진 최초의 서양식 중등교육기관인 배재학당이었다. 1886년부터는 본격적인 선교 활동을 전개하면서 감리교 교리서를 한글로 번역해 출간했고, 그해 부활주일에 일본인에게 첫 세례를 베풀었다. 그 이듬해에는 배재학당 학생 2명에게 세례를 주었다. 1887년 집을 마련하여 '벧엘예배당'을 설립하고 1887년 10월 9일에 첫 예배를 드렸는데, 그것이 오늘의 정동제일교회의 시작이었다. 이후 인천 내리교회를 설립했고, 여러 지역으로 수차례 선교답사 여행을 다니면서 이 땅에 복음전도와 감리교의 초석을 놓는 일에 크게 기여한다.[66] 그뿐만 아니라 출판문화 사업을 통해 한국을 세계에 알리는 역할을 했으며[67] 성경번역 사업에도 매진했다. 그의 교육을 통한 선교는 지도자 양성과 복음 전파에 중요한 목적이 있었다. 그의 사역의 최종 목표는 조선인들이 하나님의 자녀가 누리는 빛과 자유를 얻게 하는 것이었다. 조선 땅에 첫발을 내딛으면서 그가 드렸던 기도에서 그 목적을 읽을 수 있다.

> 우리는 부활절에 이곳에 도착했습니다. 그날 죽음의 장벽을 산산이 깨뜨리시고 부활하신 주님께서 이 나라 백성들이 얽매여 있는 속박을 끊으시고 그들에게 하나님의 자녀가 누릴 수 있는 빛과 자유를 주시옵소서![68]

---

66 1888년 봄에는 언더우드와 함께 소래를 거쳐 평양까지 순회했고, 같은 해 8월에는 존스(G.H. Jones) 선교사와 함께 강원도, 경상도 지역을 순회했으며, 1890년까지 전국 8도 중 6개 도를 전도 순회했다. 이만열 편, 『아펜젤러』(서울: 연세대학교출판부, 1985) 참고.

67 1897년 2월에 아펜젤러는 최초의 순한글 종교 신문인 「죠션크리스도인회보」를 창간한다. 그것은 민족계몽과 복음선교의 중요한 역할을 수행했다.

68 *Annual Report of the Board of Foreign Missions of the Methodist Episcopal Church*, 1885, 239.

아펜젤러는 교육과 문서선교 등에도 주력했지만 그의 최종적인 관심은 "교회의 초석을 놓는 데" 있었다. 그 일을 위해 그는 평생을 기꺼이 바치겠다고 다짐했다.

"이 나라 전체에서 그리스도를 설교하는 것"이 그의 꿈이었다. 오직 복음만이 민족을 죄와 사망에서 해방시키고 사회를 변화시킬 수 있다고 믿었기 때문이다. 1898년에 보낸 배재학당 관련 보고서에서도 "우리는 이곳에 영혼을 구하기 위해 있으며, 우리가 가르치는 자들이 개종하지 않는다면 우리가 근거해서 일하고 있는 기본 원리에 주의를 기울여야 한다"고 말하면서 모든 사역의 최종 목적은 영혼 구원에 있음을 밝힌다. 그는 학교와 병원으로 몰려오는 사람들을 만날 때마다 위로의 전도자와 설교자로서 그들에게 복음을 전하며 그들을 그리스도인으로 세워갔다. 그의 이런 결심은 선교 초기의 간구에서도 읽을 수 있다.

> 한국에서 나의 사랑하는 교회의 초석을 놓는 일에 내 생명을 기꺼이 바치겠습니다. 내가 가진 야망이란 한국 땅 전역에 그리스도를 전파하는 것입니다. 적어도 1910년까지, 즉 25년 동안은 이를 위해 매진해야 할 것입니다. 주여, 그 기간 동안에 내가 이 한국인들 사이에서 예수 그리스도, 십자가에 못 박히신 당신만을 체험하도록 도와주소서. 주께서 이 생명의 메시지를 전하라고 나를 이곳으로 보내신 것을 믿습니다. 나는 그 메시지를 충실하게 전하고 싶습니다. 영혼을 구하는 것이 우리의 위대한, 유일한 일입니다.[69]

무엇보다도 아펜젤러는 "문명의 개척자"라는 평가를 받는다. 그는 영적 순례자들에게 도움을 줄 수 있는 기독교 서적의 필요성을 느껴 기독교 서적

---

69 조선혜, "아펜젤러의 삶과 선교 활동", 『한국 선교의 개척자: 가우처, 매클레이, 아펜젤러』(서울: 한들출판사, 2015), 255.

과 외국 서적을 판매할 수 있는 서점을 최초로 열었으며[70] 인쇄소(Methodist Printing and Publishing House)를 열어 "지식을 전파하고 한국의 지성들을 계몽할 수 있는 수단을 모두 갖추어 기독교 문명의 훌륭한 대행자의 활동을 전개"했다.[71] 또한 아시아학회(Asiatic Society)를 만들어 한국의 역사, 언어, 건축, 민속 예술, 예절, 법 등에 대한 학문 연구에 박차를 가하면서 공공복지에 깊은 관심을 가지고 선구자적인 활동을 펼쳐갔다. 그래서 그리피스는 아펜젤러를 "인간과 공공복지를 향상시키는 기독교의 대표자로서 나라를 세우고 사회에 활기를 불어넣은 여러 형태의 인물 가운데" 가장 뛰어난 인물이며 "한층 훌륭한 인간을 만드는 것이라면 무엇이든지 촉진시키려고 했던 사람"이라고 평가한다.[72]

이렇게 아펜젤러는 최초의 학교 설립자, 교파 선교회 감리사, 종교 신문의 편집자, 기독교 서적 출판사와 서점 운영자, 문명 증진을 위한 전사로 활동했고 하나에 집중해야 할 시기가 오자 복음 설교와 성경번역 일에 전념한다. 그는 언더우드, 게일 선교사 등과 함께 성경번역 작업에 참여했다. 하지만 성경번역 관련 회의 참석차 제물포에서 목포로 가던 중 배가 침몰하면서 죽음을 맞는다. 1902년 6월 11일 밤 10시경 서해 어청도 부근에서 짙은 안개 때문에 타고 가던 배가 다른 배와 정면충돌하여 아펜젤러 선교사와 한국인 14명 등 총 23명이 실종되었다. 광산 근로자였던 미국인 한 명이 유일한 생존자였다. 아펜젤러의 순직 직전의 이야기는 두 가지로 전해진다. 조사 조한규가 미처 선실에서 빠져나오지 못하여 그를 구하기 위해 뛰어들

---

70 이것은 종로서점이라는 상호로 시작되었으며 1894년 5월 4일에 열었다. 스크랜튼 감리사에게 보낸 1895년 10월 4일 자 선교 편지를 참조하라.

71 Griffis, 『아펜젤러』, 245-46. 여기서 *Korean Repository*와 *Korean Review*가 인쇄되었다. 전자는 올링거(F. Olinger) 선교사가 주도하여 통권 50호가 간행되었고, 후자는 전자의 후신으로 헐버트가 주관하여 발행했다. 영문으로 발행된 이 잡지는 선교사들의 한국 역사와 언어, 문화 등을 연구하는 데 중요한 한국학 연구 자료다.

72 Griffis, 『아펜젤러』, 254-55.

었다는 이야기와, 함께 동승한 이화학당 학생을 구조하기 위해 선실로 뛰어들었다가 참변을 당했다는 이야기다.[73] 그는 이 땅에서 살아간 17년 동안 정말 힘차게 달리다가 "아무도 밟지 않은 바다 밑 묘지/ 많은 사람이 함께 묻힌 무덤 속에"[74] 고이 잠들었다.

### (2) 설교사역과 신학적 특징

아펜젤러의 설교문은 많이 남아 있지 않아 여기서는 초기의 설교문과 후기의 설교문 두 편을 중심으로 살펴볼 것이다.

첫 번째 설교문은 1888년 11월에 요한복음 9:25을 본문으로 한 "경험적 신앙—한 가지 내가 아는 것"이라는 제목의 설교다.[75] 서론 부분에서는 "경험적 지식"에 대해 언급하면서 그 지식은 사라지게 된다고 설명한다. 그리고 간략한 본문 설명 후에, 본문의 맹인은 확언하는 바를 알았고 또 알았던 바를 확언했다고 규정하면서 세 가지 대지로 설명한다. 첫째 대지는 "그리스도인은 주 안에서 자신의 증거를 가진다"는 내용을 중심으로 "한 가지 아는 것"이라는 성경 구절을 설명한다. 두 번째 대지는 "평화, 이것을 내가 안다"로 구성했고, 세 번째는 "불멸"을 알았다고 설명한다. 본문을 깊이 설명하는 구조보다는 주제를 중심으로 풀어가는 특징이 여기서도 선명하게 나타난다.

요한일서 2:17을 본문으로 한 설교인 "인생의 목적"은 정확한 시기와 장소는 알 수 없지만 설교 내용으로 보건대 조선 땅에서 생애 마지막을 보내던 때에 전한 말씀으로 보인다. 그는 서론에서 이 세상의 모든 것은 변한다는 사실을 언급한 후에, 본문에서 "세세에 변하지 않는 것은 하나님의 뜻대

---

73 함께 갔던 조사 조한규와 아펜젤러의 시신은 찾지 못했으며 합정동 양화진 외국인 선교사 묘지에 있는 아펜젤러의 묘는 가묘다.

74 Griffis, 『아펜젤러』, 300.

75 이 설교문은 옥성득이 번역했고 그리피스의 아펜젤러 전기에 부록으로 첨부한 것이다. 설교문 전문을 보기 위해서는 Griffis, 『아펜젤러』, 315-27을 참고하라.

로 행하는 자라"는 주제를 중심으로 설교의 논지를 전개하는 주제설교 형태를 취한다. 그리고 변하지 않는 3가지, 즉 하나님의 선물, 하나님의 허락, 하나님의 상급을 소주제로 나누어서 설명한다. 여기서는 자신이 실생활에서 경험한 예화가 활용되고, 본문에 대한 석의나 해석보다는 주제를 중심으로 풀어간다. 본문을 단지 주제를 설명하는 보조 도구(proof-text)로서 다루는 주제설교의 전형적인 약점을 보여주고 있지만, 주제를 아주 쉽게 설명한다는 장점도 있다. 결론 부분에서는 말씀을 실생활에 적용하면서 설교를 끝맺는다.

> 하나님의 뜻을 행하면서 의의 길로 가면 나중에는 이 일광과 같은 환한 빛이 여러분 앞에 비치리다. 그리하면 이후 언제든지 은연히 깨어 하나님께서 우리를 보시는 것과 같이 우리도 하나님을 보리니 우리는 하나님을 사랑할 것이올시다. 하나님의 상급은 이것이니 "죽도록 충성하라. 내가 생명의 면류관을 주리라." 이 말씀은 하나님의 선물, 하나님의 허락, 하나님의 상급이라. 오직 하나님의 뜻대로 하는 이는 세세에 있을 것이올시다.[76]

그의 설교의 중점은 구원의 복음을 증거하는 데 있었다. 그것은 초기 선교사들의 공통적인 특징이었지만 그는 그 부분을 유난히 강조했다. "만일 하나님이 허락하신다면 나는 한국의 모든 지방을 방문하여 북쪽의 호랑이 사냥꾼으로부터 남쪽의 벼 농사꾼에 이르기까지 복음을 설교하고 싶다"[77]는 그의 고백에서도 그러한 심경을 느낄 수 있다. 그는 인간이 죄를 지음으로 하나님께 불순종했고 불신앙 가운데 사로잡혔으며 그것이 죄의 근본이라

---

76 편찬위원회, 『한국교회 120인 설교집』, 39. 이 설교의 전문은 30-39를 참고하라.

77 Griffis, 『아펜젤러』, 303.

는 점을 강조한다.

> 불신앙은 마땅히 비난을 받아야 하며 정죄를 받아야 합니다. 바로 이것이 인간의 가장 큰 죄악입니다. 그로 인하여 인간은 에덴동산에서 타락하고 말았습니다. 첫 조상은 우리를 살아 계신 하나님으로부터 멀어지게 했으며 그것은 불신앙이라는 악한 마음에서 기인한 것입니다. 인간의 죄는 하나님을 신뢰하지 않은 불신앙으로부터 시작되었습니다. 너는 정녕 죽게 될 것이라는 하나님의 말씀을 온전히 믿지 못하고 의심했던 것에서부터 시작되었습니다.[78]

그는 불신앙으로부터 돌아서는 것이 회개이며, 그것은 하나님의 사랑을 깨닫고 십자가의 구속의 은혜를 통해서만 가능하다는 사실을 강조한다. 구원의 첫째 원리로 "하나님을 향한 회개와 예수 그리스도에 대한 신앙"을 들고, 그것이 바로 "기독교 신앙의 기초이며 출발점"이라고 설명한다.[79] 그는 구원의 단계로서 중생과 칭의, 성화를 강조했는데,[80] 이 모든 것은 복음과 하나님의 사랑으로부터 기인한다고 보았다. 그의 초기 설교와 활동은 주로 개인 구원 쪽에 집중되었지만 복음의 힘은 개인 구원의 단계를 넘어 삶의 변화와 사회적 변화로 연결된다고 이해했다. 또한 당시 양반과 평민으로 나뉜 계급 구조와 그에 따른 갈등, 부의 불균형으로 인한 사회적 모순, 관리들의 부패와 평민들의 무지와 게으름, 외세의 위협으로 인한 민족적 어둠은 기독교 정신과 복음을 통해 회복될 수 있다고 이해했으며, 기독교의 문명이 바

78 Henry G. Appenzeller, "The Work and Office of the Holy Spirit," *H. G. Appenzeller Papers-Sermons* (Seoul: Chong-Dong First Methodist Church, 1986), 169. 이하에서는 이 책에 나오는 설교문은 제목만 적고 괄호 안에 Sermon이라고 표기한다.

79 "Native Inquirers" (Sermon), 20-21.

80 이런 내용을 다루는 설교문으로는 "Regeneration" (Sermon); "Contending for the Faith" (Sermon); "The Power of the Cross" (Sermon); "The Work and Office of the Holy Spirit" (Sermon) 등을 참고하라.

로 하나님이 통치하시는 하나님 나라를 이룰 수 있다고 보았다. 즉 복음전도와 교회 설립, 학교 교육과 여러 선교 활동을 통해 문명을 개화하고 기독교 국가를 건립하여 개인과 사회의 변혁을 이룰 수 있다고 이해했다.[81]

1887년 성탄절에, 아펜젤러는 조선에 온 지 약 2년 6개월 만에 조선 땅에서 처음으로 한국어 설교를 행한다. 이 설교 기록은 당시의 예배 광경과 초기 선교사들의 설교 준비와 전달 모습, 그리고 설교자의 감격을 생생하게 전해준다.

> 교회는 만원이었고 예식서에 따라 예배를 드렸는데 길모어가 사회를 보았다. 설교는 매우 짧으나 핵심적이었다. 오후 2시에 첫 한국어 설교를 했다. 큰 사건이므로 설명을 해야겠다. 내가 직접 쓴 것은 아니고 권서인 최 씨에게 내 생각을 말하면 그가 한국어로 옮겼다. 그렇게 하는 데 시간이 좀 걸렸지만 한국어 설교를 한 것이 몹시 기쁘다. 본문은 마태복음 1장 21절 "그의 이름을 예수라 하라"였다. 물론 설교문을 그대로 읽었지만 영적인 의미를 최대한 살렸다. 예배는 다음과 같은 순으로 진행되었다.
>
> 1. 세례(김명옥)
> 2. 찬송
> 3. 스크랜튼 의사의 기도
> 4. 마태복음 2장 낭독
> 5. 누가복음 낭독(스트랜튼)
> 6. 설교

81 Henry G. Appenzeller, "Korea: The Field, Our Work and Our Opportunity" (Sermon); "The Kingdom of God" (Sermon); "The Lord Is Risen" (Sermon) 등의 설교문과 성백걸, "초기 한국감리교회 신학사상의 형성과정 연구: 아펜젤러와 최병헌을 중심으로"(감리교신학대학교대학원, 신학박사 학위논문, 1996) 등을 참고하라.

7. 주기도문

8. "하나님께 더 가까이"

9. 축도

이 설교는 이 나라 최초의 감리교 설교이고 아마 개신교 선교사에 의한 최초의 공식적 설교일 것이다.…2년 반이 채 안 되는 기간 동안에 한국에 살면서 모임을 주관할 뿐만 아니라 이 백성들에게 그들의 언어로 설교하려고 몹시 애를 썼다는 것이 믿어지지 않는다. 서툰 설교였지만 주의 이름을 전달했기 때문에 그분께서 영광 받으시리라 믿는다. 내 자신과 듣는 사람들에게 좀 더 익숙하게 설교를 할 수 있으면 정말 좋겠다.[82]

## 사무엘 마페트 목사: 새 아침의 여명을 선명하게 보았던 설교자

### (1) 생애와 사역

복음의 불모지였던 평양에 "한국의 예루살렘을 이룩"했다는 평가를 받는 사무엘 마페트 목사(Samuel A Moffet, 馬布三悅, 1864-1939)는 미국 북장로교의 파송으로 1890년 1월, 26세가 되는 생일에 한국에 도착하여 46년을 사역하면서 서북 지역 선교의 개척자, 근대교육의 선구자로 활동했다. "떠나지 말라는 어머니의 손길을 뒤에 두고 떠나온 자"였으며 "친구들의 만류를 뿌리치고 찾아온 하나님의 칙사(勅使)"[83]로서 이 땅에 온 그는 초기 3년 정도

82 Henry G. Appenzeller, 노종해 역, 『자유와 빛을 주소서: H. G. 아펜젤러의 일기(1886-1902년)』(서울: 대한기독교서회, 1988), 84-85. 이 책은 *Appenzeller's Paper*에 나오는 일기 부분을 번역한 것이다.

83 마포삼열 박사 전기 편찬위원회 편, 『마포삼열 박사 전기』(서울: 대한예수교장로회총회교육부, 1973), 23-24.

를 서울에서 활동하다가[84] 1893년 11월에는 선교지를 평양으로 옮겨 전도와 교회 설립에 주력했다. 그가 평양에 왔을 당시 그 인근 300리 안에는 그리스도인이 한 명도 없었다.

그런 상황에 평양에 정착하기란 결코 쉬운 일이 아니었다. 사람들의 반대와 관리들의 조직적인 방해 공작이 이어졌다. 그는 이길함, 기일, 소안련 선교사 등과 평양에 오기까지 세 번의 답사 여행을 했는데, 그때 그들의 길라잡이는 서상륜이었고, 당시 평양은 외국 선교사가 활동하기에는 불안 요소가 많았다. 정착 과정에서 조사 한석진이 거처를 마련하는 데 중요한 역할을 했다. 정착 초기에는 많은 반대와 저항이 있었는데, 300여 명의 군중과 함께 돌팔매질로 그들을 쫓아내려고 했던 사람 중 하나가 청년 이기풍이었다. 당시 기록에 의하면 이기풍은 순경이었고, 이길함 선교사는 총을 쥔 채 어찌할 바를 몰라 했다고 전해진다. 그 소요로 결국 마포삼열은 잠시 의주로 피신해야 했다.[85] 여러 가지 어려움과 방해가 있었지만 마포삼열은 서북 지역 선교의 거점으로 평양을 선정했고, 한석진과 함께 평양에 입성하게 된다. 1893년 11월 그곳에 미국 북장로교회 조선선교부가 설치되었다. 마포삼열과 이길함(Graham Lee), 소안련(William L. Swallen) 등이 그곳에 파송되었다. 1894년 선교 편지는 당시의 상황을 이렇게 전하고 있다.

> 서울에서 학교(예수교학당) 일을 그만두게 되자 나는 이길함 목사와 함께 평양으로 출발했다. 1893년 10월에 평양에 도착하여 석 달 동안을 그곳에 머

---

84 그는 서울에서 어학 훈련을 마친 다음에 "예수교학당" 사역을 시작했다. 언더우드가 고아원을 시작했으나 부인의 건강 악화로 이어갈 수 없게 되자 마포삼열이 인수하여 그 사역을 이어갔으며 "예수교학당"이라고 이름을 붙였는데 이것이 나중에 경신학교가 되었다. 6세의 김규식이 이곳에서 성장했다. 보다 상세한 내용을 위해서는 위의 책, 5장을 참고하라.

85 Samuel A. Moffet, "Early Days," *The Korean Mission Field*, vol. 32, no. 1 (January 1936) 참고. 이후로는 약어, *KMF*로 표기한다. 정착 과정과 초기 선교부 설립 과정에 대해서는 마포삼열 박사 전기 편찬위원회 편, 『마포삼열 박사 전기』, 5-7장을 참고하라.

물면서 사랑방에서 전도 사업을 계속했다. 이 사랑방의 건넌방에는 한 조사(한석진)와 그의 가족이 살고 있었다. 나는 이 사랑방에서 떼를 지어오는 방문객들을 맞아서 매일 거의 온종일 동안 복음을 가르쳤다. 하루 건너씩 오후에 한 시간, 혹은 두 시간 동안 대동강 변과 변두리로 다니면서 사람들이 모여 있는 곳을 찾아 노방 전도를 시작했다.…서양선교사…나를 보려고 찾아드는 사람은 매일 장사진을 이루었다.…나는 거기서 한 조사와 함께 그들의 물음에 대답하면서 예수교 진리를 가르쳤다.…주일날 아침에는 우리 사랑방에서 정식예배를…그때에 나는 사회와 설교를 도맡아 하게 된다. 주일 오후에는 아이들을 위한 주일학교를 개설했고 주일 밤에는 한 조사의 지도로 저녁예배를 드린다.[86]

마포삼열은 한석진과 최치량의 도움으로 평양의 중심지인 널다리골에 큰 기와집 한 채를 구입하여 1894년에 널다리교회를 시작했다.[87] 앞서 언급한 대로 평양에서의 사역은 순조롭지 않았다. 많은 박해가 있었고 예배를 드리는 중에 교인들이 체포되었으며, 한석진과 김석진은 사형 선고까지 받았을 정도였다. 다행히 선교사들이 미국과 영국, 양국 공사에게 탄원하여 고종 황제의 칙령으로 조사들은 풀려났지만, 초기 평양에서의 사역은 가시밭길이었다. 그렇게 시작된 교회는 꾸준히 예배를 드리며 기도하는 가운데 1894년 1월 8일에 7명이 공개적으로 세례를 받았고 평양에서의 첫 성찬식이 거행되었다.[88] 마포삼열은 계속해서 교회를 개척하여 그가 은퇴하던

86 마포삼열 박사 전기 편찬위원회 편, 『마포삼열 박사 전기』, 113-14.

87 널다리교회는 후에 장대현교회로 개칭했고 해방 후 북한이 강제로 폐쇄할 때까지 서북 지역의 대표적인 교회로 성장했다. 평북 지역에는 김관근, 평남 지역에는 한석진, 황해도 지역에는 서상륜을 조사로 세워 팀 선교를 시행하여 인근에 많은 교회를 세우는 데 결정적인 역할을 했다.

88 Samuel A. Moffet, 김인수 역, 『마포삼열 선교편지, 1890-1894』(서울: 장로회신학대학교출판부, 2000), 237.

1930년까지 평양과 그 주변에는 1천여 개의 교회가 세워졌다.[89]

그는 "가라 하여 평양을 찾았고, 서라 하여 평양성에 섰을 따름"이었다. 평양의 어느 한 모퉁이도 저버리지 않고 "아니 밟은 데가 없었고 아니 사랑한 곳이 없었"으며, 그것은 서북 지역 일대도 마찬가지였다. 그가 평양을 떠날 때 그곳은 "한국의 예루살렘"으로 바뀌었다."[90] 그가 한민족에게 주고 싶었던 것은 예수님이었고, 이 민족이 그분을 믿어야만 살 수 있다고 생각했으며 그것이 민족갱신과 자주독립, 미래 역사 창조의 열쇠임을 확신하면서 복음전도와 교회 설립에 주력했다. 또한 그 모든 것을 견고하게 세우는 것을 교육으로 이해하여 교육선교에도 힘썼다. 그에게 교회 설립은 평생의 과업이었고 최대 관심사였다.[91] 그가 탈 것을 타지 않고 이 마을 저 마을을 걸어 다니면서 전도한 것은 그것이 한국인을 만나는 가장 좋은 방법이었기 때문이다. 그로 인해 그가 한국 땅에서 사역하는 44년 동안 서북 지역에 그의 발길이 닿지 않은 곳이 없을 정도였다.

미국 북장로교와 남장로교 선교부는 신학교육정책을 수립하고[92] 선교사 개인이 주도적으로 진행해온 지도자 교육을 이제 신학교육기관 설립으로 확대할 준비를 하게 된다. "경이적으로 늘어가는 교인과 놀랍게 성장하는 한국교회 현실을 바라보면서 무엇보다 현지 목회자들의 필요성을 절감"했던 사람은 마포삼열이었다. 그는 미국 선교부에 기금 배정을 요청하는 편지를 보냈고 선교부의 허락을 받아 본격적인 준비에 들어가 1901년 1월에 장대현교회 장로였던 김종섭, 방기창 두 사람을 목회자 후보생으로 선

89 나중에 평양 중앙에 조선 고유의 건축 양식으로 73칸 기와집을 지어 이전하고 지명을 따라 장대현교회로 개명한다. 같은 해에 평양 남문 밖에 교회를 분립하여 "남문밖교회"를 개척했고, 1905년에는 창동교회를, 1907년에 능라리교회를, 1911년에 연화동교회를 분립 개척했다.

90 마포삼열 박사 전기 편찬위원회 편, 『마포삼열 박사 전기』, 29.

91 위의 책, 30-31.

92 이에 대한 보다 상세한 내용을 위해서는 김인수, 『장로회신학대학교 100년사』(서울: 장로회신학대학교, 2002), 70-74 참고.

발하여 그의 사랑방에서 신학교육을 시작했고, 1901년 9월에 대한예수교 장로회 연합공의회의 인준을 받게 된다.[93] 선교부에 보낸 편지에서는 신학교육과 관련한 포부를 다음과 같이 밝히고 있다. "우리 앞에 놓인 가장 중요한 단계의 하나는, 우리가 지금까지 지도자로서 책임을 맡을 수 있도록 훈련시켜온 한국인 지도자들에게 한국교회의 치리와 관리를 점차적으로 현명하게 이양해주는 일이다."[94]

이렇게 시작된 신학 교육은 1903년부터 5년 학제로 본격화되기 시작했으며, 3개월을 공부하고 9개월은 각자의 교구에서 사역하도록 실천 위주의 교육을 시행했다. 학생 수도 차츰 증가하여 1906년에는 공의회에서 추천을 받아 50명이 등록하여 3개 학급으로 운영되었고, 1907년에는 75명에 이르렀으며, 그해 6월 20일에 제1회 졸업생을 배출했다. 그들이 한국인 최초의 7인 목사였다.[95] 마포삼열은 1924년까지 초대 교장으로 봉직했고, 신사참배 문제로 폐교될 때까지 교수로 활동한다.[96] 그 외에도 평양에 숭실대학과 숭실중학, 숭의여학교 등을 세워 젊은 인재를 양성하는 데 힘썼으며 숭실대학 교장을 지냈다. 그가 선교사로서 크게 공헌한 것으로는 교회 설립과 발전, 교육 사업으로 평가된다. 그는 일제의 만행에 항거하면서 독립 정신과 기독교 정신으로 무장한 인재 양성에 전력함으로써 정치적 혼란을 야기하는 무리의 괴수로 지목될 정도였다. 26세가 되던 날 이 땅에 달려온 젊은이는 70세의 노령의 나이로 1934년 미국 북장로교 선교회로부터 은퇴하지만, 그 후에도 한국 땅에 계속 머무르다 1936년 신사참배 반대 혐의로 일제에 의

---

93 위의 책, 77-79. Samuel A. Moffet, 『마포삼열 선교편지, 1890-1894』, 1016.

94 마포삼열 박사 전기 편찬위원회 편, 『마포삼열 박사 전기』, 183.

95 그들은 평양 출신 길선주(40세), 방기창(58세), 이기풍(40세), 송인서(40세), 의주 출신 한석진(41세), 황해도 장연 출신 서경조(58세), 평북 의주 출신 양전백(39세) 등이었다. 1회 입학생인 김종섭은 졸업을 하지 못했다. 김인수, 『장로회신학대학교 100년사』, 84-88.

96 이 평양장로회신학교는 오늘날 장로회신학대학교로 그 역사와 전통이 계승된다.

해 강제 추방되었고, 3년 후 75세의 일기로 캘리포니아에서 세상을 떠났다.

### (2) 설교사역과 신학적 특징

마포삼열의 설교사역의 목표는 장로회 8대 총회장이 되어 총회 석상에서 행했던 설교문에 선명하게 나타난다.

> 나는 조선에 와서 복음을 전하기 시작하기 전에 황주에서 하나님 앞에 기도하고 결심한 바 있었다. 나는 이 나라에서 십자가의 도(道) 외에는 전하지 않기로, 오직 하나님의 그 뜻대로 죽든지 살든지 구원의 복음을 전하기로 굳세게 결심했다.…다른 것은 참 복음이 아니다.[97]

그가 은둔의 땅에 달려온 이유는 복음 때문이었고, 그것이 그의 설교에 선명하게 드러난다. 초기 교회 설교자들이 그랬던 것처럼 그에게 가장 중요한 것은 "십자가의 도"였으며, 그가 설교단에 서는 이유는 "구원의 복음"을 전하기 위함이었다. 골로새서 2:8을 본문으로 한 이 설교문은 황주, 평양, 의주에서의 그의 경험을 본문에 나타나는 바울의 결심과 연결시킨다. 설교 내용은 아주 간결하고 문체는 힘이 있다. 그는 "옛 복음"과 "새 복음"을 비교하면서 복음을 그대로 전할 것을 청년 교역자들에게 강력하게 촉구한다.

> 근대에 흔히 새 신학, 새 복음을 전하려는 자는 누구이며 그 결과는 무엇인가? 조심하자. 조선의 모든 선교사가 다 죽고 다 가고 모든 것이 축소된다 할지라도 형제여! 조선교회여! 40년 전에 전한 그 복음 그대로 전파하자.… 바울이 청년 목사 디모데에게 부탁함과 같이 나도 조선에 있는 원로 선교사

---

97 마포삼열, "조선교회에 기(奇)함", 편찬위원회, 『한국교회 120인 설교집』, 40-41. 이는 1919년 장로회 8회 총회장이 된 다음 선천의 3개 노회 연합회에서 행한 설교였다.

와 노인 목사를 대표하여 조선 청년 교역자에게 말한다. 원로 선교사와 원로 목사가 전한 그대로 전하라. 이 복음은 원래 내 것이 아니요, 옛적부터 전해져온 복음이다. 그렇게 함으로써 신성하고 권능 있는 교회를 세우고, 모든 백성에게 십자가의 도로 구원받는 복음을 전하기 바란다. 형제여! 원로 선교사, 원로 목사들이 40년 동안 힘쓴 이것은 우리의 지혜가 아니요, 바울에게 받은 것이다. 하나님의 말씀을 전한다고 하면서 다른 복음을 전하면 저주를 받을 것이요, 말할 기회가 많지 않은 데는 딴 복음을 전하지 말기를 간절히 바란다.[98]

이렇게 그의 설교에는 복음의 중요성과 확신이 설교의 기초를 이룬다. 초창기 대부분의 선교사들이 그러했지만 그 역시 복음과 부흥에 대한 뜨거운 열정과 가슴을 가진 설교자였다. 그는 복음에 대한 열정으로 설교와 전도사역을 감당했고, 순회설교자였기에 흔히 그를 가리켜 "제2의 바울이요, 거리의 사람"이라고 칭하기도 했다.[99] 가족들이 전하는 일화에도 그가 조선 땅에서 얼마나 복음에 대한 뜨거운 열정을 가지고 사역했는지가 잘 나타난다.

"마페트, 당신은 차를 사야 합니다. 그래야 당신은 많은 사람들을 차 주위로 모여들게 할 수 있습니다." 그는 이렇게 말했습니다. "차가 있으면 나는 내가 그리스도에 관하여 이야기해주고 싶은 너무나 많은 한국 사람들을 그냥 지나고 말 것입니다."[100]

---

98 위의 책, 42-43.

99 마포삼열 박사 전기 편찬위원회 편, 『마포삼열 박사 전기』, 371.

100 Samuel H. Moffett, "사무엘 오스틴 마페트의 생애와 사상에 대한 자녀들의 기억들", 이형기 역, 「장신논단」, 6집(1990. 12), 42. 이것은 본래 1990년 장로회신학대학교에서 마포삼열 박사 내한 100주년 기념으로 열린 강연회에서 "마포삼열과 한국 기독교: 초대학장 마포삼열 박사 내한 100주년"이라는 주제로 그의 아들인 사무엘 H. 마페트가 행한 강연을 번역한 것이다.

평양에서 함께 생활했던 동료 선교사는 마페트가 지닌 복음의 열정을 다음과 같이 전한다. 그는 "밤낮없이 온종일 전도했다. 그의 사랑방은 항상 열려 있었고 누구나 찾아와서 아침 새벽부터 밤늦게까지 사람이 그칠 줄 몰랐다. 차분히 먹고 쉴 시간도 없었다. 운동 삼아 산책을 나가도 사람들에게 이야기를 건넸고, 전도지를 뿌렸다."[101] 이런 내용을 종합해볼 때, 복음의 열정이 어떻게 그의 설교사역을 이끌어갔는지를 가늠해볼 수 있다. 그는 그리스도의 복음이 "인류 발달을 기약"한다고 이해하면서 가장 시급한 일은 구습과 악습을 벗어버리고 "조선 민족이 예수 그리스도의 복음 선전에 호응"하는 것이라고 전제한다.[102]

그는 설교에서 예수 그리스도에 대한 주제와 복음을 받아들여 삶의 악습과 죄악을 고칠 것을 거듭해서 강조한다. 그의 설교가 단지 윤리와 도덕이 될 수 없었던 이유는 언제나 그 저변에는 예수 그리스도의 복음이 자리잡고 있었기 때문이다. 조선 땅을 향해 출발하면서 그는 1889년 말에 "나는 예수 그리스도 그분만을 알기로 결심했습니다"[103]라는 글을 남겼다. 또한 1896년에 보낸 한 편지에서 다음과 같이 밝히고 있다.

> 비도덕성이 표현할 수 없을 정도로 만연해 있고 이 도시에서 너무 뻔뻔스럽게 자행되므로 소위 존경할 만한 자들도 딸을 관아에 소속된 기녀(妓女)로 등록하는 것을 행운으로 간주합니다. 기생이 됨으로써 이익을 얻을 수 있고 또 그들 가운데 일부는 관리에게 영향력을 행사할 수 있으므로 그들은 수치를 무시합니다. 여러 세대 동안 사람들은 그런 공개적인 부도덕성을 보며 성

101 서정운, "마포삼열이 한국교회 성장에 미친 영향", 「장신논단」, 6권(1990), 42.

102 마포삼열, "창간 메시지", 「동아일보」, 2호(1920. 4. 2).

103 Eileen Flower Moffett, "서언과 감사2", 옥성득 편집, 『마포삼열 자료집』, 2권(서울: 새물결플러스, 2017), 31-32.

장하면서 그것과 너무 친숙해져서 완전히 무관심하게 되었고, 그 사악함에 대한 감각이 굳어버렸습니다. 술 취함, 노름, 싸움질, 욕설, 상스러운 말, 이기심, 잔인함 등을 매일 모든 곳에서, 모든 계층 속에서 악화된 형태로 보게 되며 특히 여자와 어린이들이 당하는 고통과 비참함을 생각하면 가슴이 아픕니다. 회개와 죄 용서에 대한 교리를 설교해야 할 필요는 의문의 여지가 없습니다. 제 설교의 주된 주제는 죄에서 구원하시는 예수 그리스도입니다. 저는 그들에게 반복해서 기독교의 독특성은 "죄 용서"이며, 그들이 오래전부터 나쁘다고 알아온 거짓말, 도둑질, 간음, 살인 등을 행하지 말 것과 우리가 도덕을 가르치기 위해 온 것이 아니라고 이야기합니다. 우리는 그들이 단순히 무엇이 옳고 무엇이 그른지를 가르치기 위해 온 것이 아니라, 그들이 이미 죄에 빠져 있고 죄 안에서 영원히 상실되었고 절망적이고 무력하지만 죄에서 구원하시는 그리스도 예수 안에 있는 하나님의 사랑을 말하기 위해 왔다고 이야기합니다.[104]

그가 언급한 대로 그의 설교 주제는 "죄에서 구원하시는 예수 그리스도"였으며, 그는 철저하게 그리스도 중심의 메시지를 설교에 담았다. 당시 대부분의 설교문과 마찬가지로, 그의 설교문은 성경 본문이 말씀하고 있는 구조보다는 성경이 말씀하시는 것에 '관해' 설교하는 교리적 특징이 강하다. 그리고 본문에 대한 해석이나 그 중심 메시지가 전해지기보다, 주제를 중심으로 설교가 구성되는 특징을 보인다.

104 Samuel A. Moffett, "Letter to Mr. Haslup in June 29, 1896", 위의 책, 193-95.

## 찰스 클락 목사: 실천신학의 기틀 위에 설교사역을 세운 설교자

### (1) 생애와 사역

24세의 젊은 나이에 한국에 들어온 찰스 클락 목사(Charles A. Clark, 곽안련, 1878-1961)는 1941년 은퇴할 때까지 한국에서 40년을 사역하며 한국교회의 신학 형성과 발전에 지대한 역할을 했다.[105] 1878년 미국 미네소타의 한 시골 마을에서 청교도의 후손으로 출생한 그는 14세 때 거듭남의 체험과 복음전도자의 소명을 받았지만 해외에 선교사로 나가는 것에 대한 두려움과 수줍음을 잘 타는 성격 때문에 사역자가 되기를 망설이고 있었다. 미네소타 대학교에서는 졸업 후 바로 강사직을 보장받을 정도로 특별히 고전어 분야에서 탁월한 실력을 인정받았다. 그러나 그는 그 모든 것을 포기하고 선교 사역을 위해 장로교 계열로 영적 분위기가 강했던 맥클레스터대학(Maclester College)으로 옮기게 된다. 그 후 여전히 선교사로 나가는 것에 대한 두려움을 가지고 있으면서도 이끄시는 하나님의 손길을 거절할 수 없어 당시 "학생자발운동"(Student Volunteer Movement)의 영향으로 선교 열정이 강렬했던 맥코믹신학교에 진학하는데, 졸업하기 4개월 전 비로소 주님께 항복하게 된다.[106]

그는 1902년 맥코믹신학교를 졸업한 후 바로 조선 선교에 뛰어들었다.[107] 그는 대학과 신학교 시절부터 복음전도에 대한 뜨거운 열정을 가지

105 곽안전(Allen D. Clark)은 그의 아들이고, 곽가전(Catherine Hong)은 딸이다. 두 사람 모두 한국에서 태어나 아버지를 이어 한국에서 선교사로 활동했다.

106 Charles A. Clark, "Memories of Sixty Years", 박용규 역, "곽안련 선교사 60년 회고록", 「신학지남」, 60권, 4호(1993. 12): 198. 본래 이 자료는 1954년에 곽안련이 오클라호마에서 작은 교회 사역을 감당할 때 기록한 것으로 그의 아들인 곽안전(Allen D. Clark)이 편집한 책, *All Our Family in the House* (Minneapolis: Privately Typewritten, 1975)에 게재되었다. 이 미간행 자료는 박용규가 맥코믹신학교 도서관에서 발견하여 국내에 번역 소개했다.

107 곽안련과 함께 졸업한 44명 가운데 18명이 해외선교에 자원했으며 1829년부터 1929년까지 100년 동안 270명의 졸업생이 한국을 포함하여 33개국에 해외선교사로 나간다. 그가 한국에 입국했을

고 있었고, 맥코믹 재학 시절에 여러 지역에서 활동하고 있던 선배들이 모교를 방문해서 전해준 선교지 보고를 들으면서 선교에 대한 열정을 품게 되었다. 그는 맥코믹에 입학한 이후 "주님이 나를 서서히 압박하기 시작하셨다"고 고백했다. 선배들뿐만 아니라 선교 잡지와 학생자발운동도 그의 마음을 조여왔다. 선교사로의 부르심은 회피할 수 없었던 소명이었지만, 형의 갑작스러운 죽음으로 집안의 장남 역할을 해야 했기에 해외가 아닌 미국 내의 가장 어려운 곳으로 가겠다는 결심을 했다. 그러나 선교사들의 보고와 선교 관련 글을 읽을 때마다 마음에 큰 부담을 안았고, 결국 "주님이 가라시면 어디든지 가오리다"라는 고백을 하게 된다.[108]

그가 선교사로 나가기로 결심하게 된 가장 결정적인 사건은 신학교 졸업반 때 한국 선교사로 나가 있던 대학 동기생 조지 레크(George Leck)의 죽음이었다. 그에게 그 사건은 가장 큰 충격이었으며, 또한 도전이기도 했다. 당시 많은 그리스도인 대학생들이 선교를 "그리스도인에게 주어진 가장 숭고한 사명"이라고 생각했고, 클락도 피할 수 없는 하나님의 소명이라는 확신[109]을 가지고 졸업반 때 당시에 가장 오지로 여기던 조선에 선교사로 가기로 마음먹고 선교부에 지원서를 제출한다. 결혼한 후 2개월 만에 클락 부부는 미지의 땅인 조선을 향해 시애틀 항구를 떠난다. 중생의 체험을 하고 선교에 대한 막연한 소명을 가진 지 10년 만이었다. 그들은 한 달여 정도의 긴 항해 끝에 1902년 9월 22일에 제물포항에 도착했고, 그것이 조선 땅에서 청춘을 불사른 44년 사역의 출발이었다.

---

때 맥코믹 출신 12명, 곧 다니엘 기포드(Daniel L. Gifford), 사무엘 마페트(마포삼열), 윌리엄 베어드(배위량), 그래함 리(이길함), 사무엘 무어(모삼열), 윌리엄 스왈른(소안론), 루이스 테이트, 제임스 아담스(안의와) 등이 국내에서 활동하고 있었다. 이호우, 『초기 내한선교사 곽안련의 신학과 사상』(서울: 생명의말씀사, 2005), 72-73.

108 Charles A. Clark, "곽안련 선교사 60년 회고록", 199.

109 이호우, 『초기 내한선교사 곽안련의 신학과 사상』, 94.

복음이 들어온 지 18년이 되어가고 있던 당시 한국 땅에는 34명의 외국인 목사 선교사들이 있었고, 한국인 목사는 아직 세워지지 않았다. 5명의 장로와 46명의 조사들이 있었으며, 교회 혹은 예배 처소가 369곳이었다.[110] 무엇보다 시급한 것은 그 땅에 복음을 전하는 일이었다. 곽안련에게 주어진 첫 번째 선교 과제는 서울 한복판에서 복음을 전하는 길거리 전도였다. 그것은 그가 신학생 때 시카고 도심에서 열심히 감당했던 사역이었기 때문에 그에게는 아주 익숙한 일이었다. 이어서 그에게 주어진 사역은 곤당골 교회(승동교회) 사역이었다. 그 교회는 양반 계급과 가장 하층 계급이었던 백정들 간의 반목과 갈등이 존재하던 곳이었는데, 그의 열정적인 전도와 교육을 통해 급속한 성장을 이루었다.[111]

초기 사역이 순조롭게 진행되던 가운데 이 젊은 신혼부부는 첫 아이를 선물받지만 1년 7개월 만에 성홍열로 잃었고, 그 다음해에 태어난 둘째 역시 6개월 만에 떠나보낸다.[112] 그로 인해 곽안련은 깊은 정신적 충격을 받고 여기에 많은 사역으로 인한 과로 때문에 건강까지 상했지만, 1907년 한국 땅에 일어난 부흥의 역사는 그의 사역지에도 엄청난 성장을 일으켰고 그 모든 상처를 치유했다. 1910년에는 직접 건축 설계를 하고 감독까지 맡아 웅장한 교회당을 완공했고, 1915년에는 그 교회의 장로 출신인 이여한이 안수를 받고 동사목사로 사역하게 되면서 본격적인 지방순회전도와 신학교 사역에 전념하게 된다.[113] 1908년 평양장로회신학교에서 가르치기

---

110 위의 책, 102.

111 승동교회100년사편찬위원회, 『승동교회 100년사 1893-1993』(서울: 대한예수교장로회승동교회, 1996).

112 그는 그때의 상황을 다음과 같이 적고 있다. "두 아이를 (출생한 지) 1년 안에 잃었던 것이다. 선교사가 되면 때로는 이런 대가를 치러야 한다." Charles A. Clark, "곽안련 선교사 60년 회고록", 201.

113 이때 강원도, 경기도 양주, 양평, 일산 지역에 수십 곳의 교회를 설립한다. 양평 지역의 지평교회, 화전(용문)교회, 문호교회 등이 있고, 고양과 양주에는 행주교회, 토당리교회, 지사리교회, 봉화현(경동제일)교회 등이 있다.

시작하여 1941년 은퇴할 때까지 교수 사역은 그의 가장 주된 임무였다.[114] 1922년에는 평양으로 이사를 했고, 1924년부터는 승동교회 담임목사직을 내려놓고 교수 사역에 전념한다. 그러면서도 지역 복음전도사역을 계속했고, 평양 지역의 작은 교회 23곳을 순회하며 계속 돌보았다. 그의 순회전도 사역을 통해 새로 설립된 교회는 46곳으로 늘어났다.

> 1902년부터 1941년까지의 목회와 전도사역을 요약하면, 곽안련 선교사가 직접 또는 간접적으로 교회를 개척하고 돌본 교회만도 서울과 경기 지역에 100개 이상, 그리고 평양과 중화 지역에 50개 이상에 달했다. 그 기간 동안 3,000여 명 이상의 사람에게 세례를 베풀었고 6,000명 이상의 교인들을 목양했다.[115]

그가 성경과 실천신학이 중심을 이루고 있었던 평양장로회신학교에서 첫 번째로 강의했던 과목은 설교학이었다. 1916년에 전임교수제가 도입되면서부터는 설교학과 종교교육학을 맡았다. 초기 평양장로회신학교는 5년, 3개월 학제를 도입했다.[116] 그는 강의뿐만 아니라 집필과 중요 신학 서적을 번역하고 소개하는 일에도 열정을 쏟았다. 그는 신사참배 문제로 학교가 문을 닫게 되어 1941년 7월 한국을 떠날 때까지도[117] 표준주석 집필 작업에 전념했다.

---

114 그는 1920년에 잠시 귀국하여 시카고 대학교에서 문학석사 학위를 받았고, 그다음 안식년에는 종교교육에 관한 논문으로 박사학위를 받는다. 이 공부는 8년 간격으로 두 번의 휴가 기간에 이루어진다. Charles A. Clark, "곽안련 선교사 60년 회고록", 197.

115 이호우, 『초기 내한선교사 곽안련의 신학과 사상』, 115.

116 수업 연한은 5년이었으며 1년 중 3개월을 학교에서 공부하고 9개월은 현장에서 실천하는 것을 목표로 했으며 그 실천 기간에는 방학 학습을 실시했고, 개학하게 되면 바로 시험을 치는 제도였다. 1920년에 이르러서는 1년 2학기 제도의 3년제 수업과정을 도입한다. 이호우, 128-30.

117 곽안련은 "세계평화기도문 사건"으로 일제에 의해 강제 추방을 당한다. 그는 해방 이후 한국에 다시 돌아오려고 했지만 건강 때문에 선교부의 허락을 받지 못했고, 미국 중부 지역의 시골 교회를 돌보다가 1961년에 83세의 나이로 세상을 떠난다. 세계평화기도문 사건은 광복을 염원하던 교회

### (2) 설교사역과 신학적 특징

곽안련은 40여 년 동안 한국 땅에 머물며 복음전도자, 목회자, 실천신학자, 저술가로서 다양한 사역을 감당했다. 그는 당시 가장 많은 책을 집필·번역하여 설교사역의 신학적 토대를 세웠고, 이것이 그의 가장 주요한 사역이었다. 그래서 정성구는 곽안련의 "이런 학문적이고 실제적인 노력은 한국교회 강단의 방향을 잡아주었고…목사들의 설교 내용과 틀을 만들어"[118]갔다고 평가한다.

그는 선교 초기에 거리에서 전도설교를 했고, 지역의 여러 교회를 순회하면서 설교사역을 시작한다.

> 첫해를 보내고 나는 서울에서 우리 선교 본부 앞, 거리에서 조금 떨어진 곳에 세 개의 가두 설교 처소를 열었다. 그리고 매일 거기에서 정기적으로 복음을 전했다. 부임한 지 3년이 지나면서부터는 시골 교회와 도시 교회들을 합해 내가 담당하는 교회가 20개 이하로 내려간 적이 없었다. 감리교도들과 선교 지역을 분할하고 있던 어느 해에는 102개 교회를 담당하였다. 교회는 동해안까지 뻗어 있었다. 그해에 나는 말(馬) 위에서 살다시피 했다. 내가 한국으로부터 떠나오던 해에는 20마일 바깥 지점에서부터 시작하여 25평방 마일이 되는 지역 안의 46개 교회와 도시 근처의 7개 교회, 도합 53개 교회를 목회하고 있었다.…내가 담당하던 도시와 시골의 총 53개 교회에서 매

---

여성들이 세계기도일에 함께 기도회로 모이려다 일제에 발각되어 600여 명이 체포되었던 만국부인기도회 사건이었다. 그가 번역한 기도문에 "중국과 일본의 평화를 위해 기도해달라고 요청하는 문장이 하나 들어 있었"기 때문이었다. 일제는 이것은 외국인들이 한국인을 선동하는 행위라면서 위협을 가해왔다. 이로 인해 많은 외국인 선교사들이 추방된다. 교회사편찬위원회, 『이문동교회 102년사』(서울: 한국장로교출판사, 2007), 43; Charles A. Clark, "곽안련 선교사 60년 회고록", 222-23.

118 정성구, 『한국교회 설교사』(서울: 총신대학교출판부, 1987), 43.

주일 약 6천 명의 교인들이 예배를 드렸다.[119]

그는 이렇게 순회설교를 하는 동안 많은 어려움과 위험에 노출되었지만 그럼에도 기쁨으로 감당했으며, 3천 명이 넘는 사람들에게 세례를 베풀었다. 그의 가장 큰 즐거움 가운데 하나는 시골 장터에서 복음을 전하는 일이었다. 그는 서양인에 대한 호기심으로 몰려든 사람들에게 전도설교를 했고, 관심을 기울이는 사람들을 붙잡고 이야기를 나누었다. 그러면 사람들은 자기 마을을 방문해달라고 그를 초청했다. 그가 마을을 방문했을 때 그 초청인은 그의 대변자가 되어주었고, 그렇게 그 마을을 전도해서 교회를 세워 나가곤 했다.[120]

이렇듯 그의 초기 설교는 순회전도와 깊은 관련을 가지고 있었으며, 가두 전도설교의 형태를 취한다. 물론 초기에 군중을 모아놓고 설교하는 노방설교 형태는 주된 요소가 아니었던 것으로 보인다. 그는 촌락이나 거리, 부유층의 사랑방 등 비공식적인 모임 자리에서 한국인들과 자연스럽게 대화하는 방식에 더 익숙했기 때문에 초창기에는 그런 방식을 더 선호했다. 그러다가 시장터 같은 곳에서 야외 예배 처소를 열고 말씀을 전했다. 이 방식으로 서울이나 평양과 같은 도시에서는 괄목할 만한 성과를 거두었다.[121] 그는 이렇게 시장에서의 전도설교, 사랑방 사역, 여인숙에서의 복음전도, 책자 배포를 통한 전도, 부흥회와 사경회를 통한 전도 등 다양한 방식으로 전도했다.

또한 그는 신학교 학생들을 설교자로 훈련시키고 교인들을 복음전도자

---

119 Charles A. Clark, "곽안련 선교사 60년 회고록", 202-3.

120 Clark, "곽안련 선교사 60년 회고록", 203-4.

121 Charles A. Clark, *The Nevius Plan for Mission Work*, 박용규, 김춘섭 역, 『한국교회와 네비우스 선교 정책』(서울: 대한기독교서회, 1994), 140-41.

로 세우는 일을 중요한 사역으로 여겼다. 이때 시작되었던 것이 날 연보와 권찰 제도였다. 날 연보는 각 개인이 편한 날에 날짜를 정하고 물질 대신에 시간을 드려서 섬기게 하는 제도로서, 작정한 날에 생업을 다 내려놓고 지역 마을로 가서 복음을 전하는 방식이다. 주로 농한기 때 시간을 정해 전도를 하거나 전도 책자를 판매하는 매서인의 역할을 했는데, 이는 선교사들의 발길이 닿지 않는 산골이나 오지에 복음을 전하는 중요한 역할을 담당했다. 1904년 11월 평북 철산에서 있었던 사경회 때 이 제도가 처음 시작되었으며, 선천, 의주, 평양, 철원, 서울 등으로 확대되면서 전국적인 운동이 되었다.[122]

둘째, 그는 설교사역을 위한 문서를 발간하여 설교사역을 풍성하게 했다. 그는 문서를 통한 복음 전도가 구두로 말씀을 전하는 설교와 동등하다고 믿었다.[123] 그래서 설교학 책을 집필하거나 번역하여 소개했고, 설교자를 돕기 위한 성경주석시리즈를 써내려갔다. 목회학, 교회학교 교육, 교회법, 교회사, 사회봉사 등과 관련한 책을 저술했고, 한국을 영어권에 알리기 위해 영어로 된 선교 관련 책을 다수 집필하기도 했다. 그는 1910년 맥코믹 신학교 교수인 존슨의 『강도요령』(講道要領)이라는 책을 번역 출판한 이래 51권의 책을 발간한다.[124] 특히 그가 쓴 『설교학』과 『목회학』은 한국 실천신학의 고전으로 오랫동안 활용되었다.[125] 그뿐만 아니라 평양장로회신학교

---

122 그때 3백여 명의 교인들이 약속한 날 연보는 1,721일이었으며 이것은 차츰 전국으로 확대되어 1년에 전국에서 드려진 날 연보는 10만 일이 넘었다. 그들을 통해서 마가복음서는 약 100만 권이 판매되었고, 전도지 배포도 약 300만 장에 이르렀으며, 이런 전도의 열정이 1909년에 있었던 백만인구령운동의 기폭제가 된다.

123 Clark, "곽안련 선교사 60년 회고록", 207.

124 위의 책, 207-8. 그중 42권은 한국어로, 7권은 영어로, 2권은 스페인어로 저술했다. 특히 그는 신사참배에 반대하여 신학교 수업이 중단된 1938년 이후에는 주석서를 집필하는 일에 전념했고, 1941년 강제 추방을 당한 이후에도 미국에서 계속 이 표준주석서 집필에 심혈을 기울인다. 그는 총 21권의 표준성경주석을 완성했으나, 한 사람의 이름으로 된 시리즈를 원치 않아 다른 사람의 이름으로 냈다고 밝힌다.

125 그의 『설교학』 초판은 1925년에 나왔으며 1970년대까지 가장 대표적인 설교학 교과서로 사용되었다. 그는 당시 영어권의 대표적인 설교학 책을 참고하여 18년 동안 신학교에서 "실제 교수하는

학술지였던 「신학지남」에 25년 동안 거의 모든 호에 걸쳐 설교와 목회 관련 논문, 설교문, 설교에 대한 가이드 및 설교 자료 등과 관련한 글을 꾸준히 게재하여 설교자들을 돕는 사역을 감당했다.[126]

셋째, 곽안련은 성경 중심적 목회관에 바탕을 둔 설교사역을 정립한다. 초기 선교사들은 보수적 복음주의 신학의 경향을 띠었고, 앞서 밝힌 대로 그들에게 성경은 복음 전파의 가장 중요한 요소였다. 곽안련에게도 성경의 가르침을 전하는 일이 가장 중요했다. 그는 시카고 대학교에 제출한 그의 박사 논문에서 네비우스 선교정책이 한국교회 부흥의 밑거름이 되었다는 사실을 강조하면서, 자립·자치·자력을 강조했던 것보다 "사역의 각 분야에서 성경을 보편적으로 사용한 것"이 가장 큰 요인이었다고 분석했고, "한국교회는 성경 위에, 단순한 성경 본문 위에 건립"되었으며 성경을 가르치는 사경회 제도가 "한국교회를 세계 극소수의 정예 교회 가운데 하나로" 세우는 데 지대한 역할을 했다고 주장한다. 또한 "성경이 모든 사역의 중심을 차지"하는 성경 강조 정책이 한국교회 성장의 가장 중요한 원동력이었으며, 성경공부에 대한 집중적인 강조가 없었다면 자립·자치·자력이라는 방법의 강조는 별 소용이 없었을 것이라고 결론을 내린다.[127] 한국교회 선교 50년을 회고하면서 그는 한국교회를 "성경을 믿고 성경을 사랑한 교회"(a Bible believing and Bible loving church)로 규정했고, 성경에 근거한 보수적인 형태의 신학이 부흥의 가장 중요한 요인이라고 확신하면서 "성경은 기독교 메시지의 핵심이 되어야" 하며 "그래야만 인간을 변화시킬 수 있다"고 주장한

---

중 많은 효과를 얻은 이상적 방법"을 제시한다고 "서문"에서 밝히고 있다. 이 책은 1954년에 개정판이, 1990년에 현대어 개정판이 나왔다. 곽안련, 『설교학』(서울: 대한기독교서회, 1954, 1990, 2001). 여기서는 주로 2010년에 출판된 전자책을 참고했음을 밝힌다.

126 「신학지남」에 1918년부터 한국을 떠나야 했던 1941년까지 200편이 넘는 글을 기고했으며, 영어권에는 한국 선교를 위해 간행된 *The Korean Mission Field*에 50여 편을 기고했다.

127 Clark, 『한국교회와 네비우스 선교정책』, 19, 320-22.

다.[128] 초기 선교사들의 성경에 대한 강조와 열심이 함께 어우러져 꽃을 피운 것이 사경회였다. 본래 사경회는 언더우드 선교사가 한국교회 지도자들을 양성하기 위해 처음에는 성경공부반 형태로 시작했다가 이후에 사람들이 많아져 전교인을 대상으로 성경을 집중적으로 연구하기 위한 제도로 정착되었다.

넷째, 곽안련은 한국교회 설교학의 토대를 놓았다. 그가 발간한 설교학 책은 1970년대까지 가장 대표적으로 사용되던 설교학 교과서였다.[129] 그는 설교자는 "하나님께서 주신 최고의 특권"이며 "그리스도의 생명의 도를 전하여 영원히 죽을 인생을 영생의 길로 구원하는" 직분이라고 규정한다. 또한 설교는 "하나님의 말씀에 기초하고 사람을 구원하려는 계획과 목적에서 사람을 감동하도록 권면하는 법 있는 종교적 강화"라고 규정한다.[130] 그는 설교가 "전능하신 하나님의 권능이 함께하시는 천직(天職)"이라면서 그것의 최상의 목적을 "죄악에서 벗어나서 하나님의 영원한 복락을 누리도록" 하며 "새사람을 만드는 일"로 규정한다.[131] 그는 설교를 다양하게 분류한다. 청중의 연령에 따른 분류(장년설교, 아동설교 등), 처리하는 형식에 따른 분류(명제설교, 행적설교, 관찰설교 등), 설교자가 포착하려는 청자의 심리에 따른 분류(교육적 설교, 감정적 설교, 의지를 감동시키는 설교 등), 주제의 유형에 따른 분류(교리적·윤리적·역사적·철학적·경험적 설교), 작성 형식에 따른 분류(기술설교, 초록설교, 암송설교, 즉석설교 등), 설교 구성에 따른 분류(본문설교, 제목설교, 해석설교), 인용

128 Charles A. Clark, "Fifty Years of Mission Organization," 57; 위의 책, 328.

129 1910년에 『강도요령』이라는 번역서를 출간한 이래, 1925년에는 자신의 저서인 『강도학』(講道學)을 출판했고, 1932년과 1954년에 이의 개정 증보판을, 1990년에 현대어 개정판을 출간했다. 이 책은 4편 30장으로 구성되어 있으며 총론, 설교의 구성, 설교의 특징, 각 종류의 설교, 즉 설교의 형태와 특징에 따른 분류를 제시한다.

130 곽안련, 『설교학』, 7, 42.

131 위의 책, 7, 10.

하는 성경에 따른 분류(구약설교, 복음설교, 서한설교) 등으로 나눈다.[132]

여기서 제목설교는 본문에서 주제와 제목만을 취한 설교로서 주로 제목이 전체를 지배하고, 본문설교는 제목과 대지까지 본문에서 나온 것으로서 주로 본문이 전체를 지배하고, 해석설교(주해설교)는 제목, 대지, 소지의 거의 전부가 본문에서 나온 설교라고 설명한다. 그는 한국교회 상황에서 가장 좋은 설교는 본문설교라고 평가하면서, 본문과 제목 설교를 3:1 혹은 4:1의 비율로 설교할 것을 권하고 있다.[133] 이런 분류에도 불구하고 그는 주제설교를 근간에 두고 설교했으며, 그것이 그의 설교의 가장 큰 특징이다. 「신학지남」에 실린 그의 설교문에서도 그 점이 확인된다.[134]

여기서 곽안련은 다양한 예시를 제시한다. 가령 요한복음 3:16을 본문으로 한 설교에서는 제목을 "하나님의 사랑"으로 잡고, "1대지: 하나님의 사랑의 사실, 2대지: 하나님 사랑의 한도, 3대지: 하나님 사랑의 목적" 등으로 세 가지 대지를 든다. 갈라디아서 5:6을 본문으로 한 설교의 제목은 "그리스도의 중재"이며, "1대지: 그리스도 중재의 사실성, 2대지: 그리스도의 중재를 받는 자, 3대지: 그리스도의 중재의 영원성, 4대지: 그리스도 중재의 능력" 등으로 네 가지 대지를 제시한다.[135] 이런 간략한 대지만으로 그의 설교의 특성을 단정하기는 쉽지 않지만, 교리를 설명하는 대지 중심의 주제설교가 근간을 이루고 있으며 특별히 그리스도를 통한 구원의 복음이 중심을 이루면서 영혼 구원에 초점을 맞추고 있음을 알 수 있다.

그의 『설교학』은 설교학 전반의 아주 방대한 내용을 상세하게 다룬다. 책의 마지막 부분에서는 "책을 끝냄에 있어서 더 말하고 싶은 한 가지"로

---

132 위의 책, 25-27.

133 위의 책, 31-32. 그는 이런 설교 형식에 대해서 한 장씩 할애하여 구체적으로 설명하고 있다.

134 1918년부터 1939년까지 여기에 실린 곽안련의 설교문은 총 42편이었으며, 그의 분류 형식을 따르면 그는 제목설교를 가장 널리 사용했음을 알 수 있다.

135 곽안련, 『설교학』, 33-34.

설교의 정의, 목적, 설교자의 자세, 지향점 등을 포괄적으로 언급한다.

> 설교자는 양떼의 전부를 먹여야 하며 일반적인 설교로 모든 양떼에게 적합하게 해야 한다. 그러나 만일 설교자가 진정으로 열성적이며 그의 회중을 하나씩 하나씩 이름을 들어 진심으로 기도한다면 종종 그 구역 안의 구원되지 못한 사람의 하나 또는 그 이상의 이름이 그의 마음속에 뚜렷이 나타날 것이다. 특히 하나님께 구원되기를 원하는 그들에게 대해 더욱 그렇다. 그 사람 또는 그런 사람들을 위해서 설교를 준비하고 거기에 전심전력을 쏟아야 한다. 그 사람이 설교를 듣기 위해서 예배당에 오게 하도록 하나님께 기도하며 설교할 때 하나님께서 그 사람에게 특별한 심령을 주시기를 기도해야 한다. 기적은 과거에만 있는 것이 아니다. 이와 같은 종류의 기적은 만일 설교자가 그 대가만 지불한다면 어느 시대에나 이루어질 수 있을 것이다.… 여러분의 중심적 과업은 "잃은 양을 찾아 구원하는 일"이며, 이 일을 이루는 가장 중요하고 위대한 방법의 하나는 "영혼을 추구하는 설교"를 하는 것이다. 뿌리는 것은 우리의 할 일이며 거두는 일도 역시 우리가 해야 할 일이다. 주님께서는 우리에게 능력을 주셨으며 설교할 때 우리와 함께 역사하신다. "영혼을 추구하는 설교를 자주 하여라." 이것이 나의 마지막 부탁의 말이다.[136]

---

136 위의 책, 305.

## 제임스 게일 목사: 조선 땅에 아내와 아이를 묻어가며 복음을 전했던 설교자

### (1) 생애와 사역

제임스 게일 목사(James S. Gale, 기일[奇一], 1863-1937)는 1888년 토론토대학교 YMCA의 선교 지원을 받아 1888년 12월 15일에 제물포에 도착했다. 그때 그의 나이가 25세였다. 그는 토론토대학교를 졸업한 이후 학생자발운동(SVM)에 깊은 영향을 받아 선교사로 지원했고,[137] 이 땅에 온 최초의 캐나다 선교사가 되었다.[138] 그는 서상륜의 집에 머물면서 3개월 정도 언어를 배운 다음, 1889년 3월에 해주 지역으로 옮겨 소래에 머물다가 그해 9월에 부산에서 사역을 시작하며, 부산과 대구 등 경상도 지역의 선교사역을 감당하다가 헤론의 초청으로 서울에 와서는 예수교학당 교사로 활동하며 성서공회 전임번역위원으로 성경번역 작업에 참여한다.[139] 언어에 특별한 재능이 있었던 그는 '천부'와 '하나님'이라는 용어 중 수많은 우상을 섬기는 조선인에게 '유일하신 신'이라는 뜻을 담아 하나님이라는 용어를 사용하도록 만드는 데 결정적인 역할을 한다.[140] 그는 조선 사람들이 "아직도 어둠의

---

137 1886년 마운트 허먼에서 열린 집회의 강사는 무디(D. L. Moody)였으며 그때 외친 구호는 "모두 가야 한다. 모두에게로"(All should go and go to all)였고, 게일은 그 집회에서 무디의 영향을 크게 받아 외지 선교사가 되어 나가기로 결심한다.

138 12월 12일에 부산항에 도착하여 초량 지역을 돌아보며 28시간 정도를 머물다가 제물포로 이동한다. 언더우드의 영접을 받고 서울로 출발하여 12월 16일에 서울에 입성했다. 이후 재정적인 어려움으로 토론토대학교 기독학생회가 선교 지원을 할 수 없게 되자, 마페트와 헤론 선교사의 도움으로 미국 북장로교 소속 선교사가 된다.

139 소래에서 이창직을 만났는데, 그는 조사와 어학 선생으로 게일의 소중한 반려자이자 동역자였으며 성경번역 작업에 큰 도움을 주었다. 1904년 5월에 신약 개정판이 출간되었고, 구약은 1911년에 출간되었다. 게일은 사무엘 상·하, 욥기와 호세아, 예레미야 등을 완역했다. 임희국, "한국의 성경번역사에서 일어난 신명논쟁에 관하여", 제8회 소망신학포럼(장로회신학대학교, 2008), 41-43.

140 성경번역 과정에서 있었던 신명 논쟁과 그 결정 과정을 보기 위해서는 "한국의 성경번역사에서 일어난 신명논쟁에 관하여", 46-56을 참고하라. 게일은 유일하신 분이며 구약성경의 야웨와 연결하여 '하나님'을 주장하는데 "유일하신 크신 분(The One Great One), 지존이신 절대자(The Supreme and Absolute Being)"라는 의미로 한국인들이 가지고 있던 신 개념과 성경의 신 개념을 연결한다. 게일의 주장을 보기 위해서는 James S. Gale, "Korea's Preparation for the Bible," *The*

압박에 깊숙이 빠져 있으며 무지 속에서 나무나 돌멩이 또는 막대기를 세워놓고 그것을 숭배하는 미신을 섬기는 사람들"이며 "고귀한 이름, 즉 예수의 이름을 들은 적이 없는 나라이기 때문에 얼마나 어둡고 슬프고 비참한 나라"인지 모른다고 적었다.[141] 그는 1925년에는 한국 최초의 사역 성경인 『신구약전서』를 번역 출판하기도 한다.

게일은 한글 문법을 연구하여 문법책을 출판했고 최초의 영한사전과 한영사전 등을 발간하여 한글 발전에 기여했다. 또한 『천로역정』을 한글로 번역하여 소개하고, 『구운몽』과 『춘향전』 등을 영역하여 한국문학과 문화를 영어권에 소개하기도 했다. 그는 헤론 선교사가 세상을 떠난 지 2년 후에 그의 미망인 헤리어트와 결혼했고,[142] 첫 안식년인 1897년에 미국에 머물면서 목사안수를 받아 미국 북장로교 목사가 되었다. 또한 1892년부터는 원산에 거주하면서 북부 지역 선교에 박차를 가한다. 그것은 마페트 선교사가 그 지역을 순회하고 돌아와서 했던 이야기, 곧 "조선 전역에 보화를 뿌리는 최선의 방법은 우리의 복음을 전하는 것" 그리고 복음을 전하는 것이야말로 "그 무엇보다도 훨씬 더 좋은 방법"이라는 확신 때문이었다.[143]

---

*Korea Mission Field* (March 1912)를 참고하라.

141 유영식 편역, 『착한 목자: 게일의 삶과 선교』(서울: 도서출판진흥, 2013), 83, 85. 이것은 게일이 그의 누나에게 보낸 조선에 대한 소개 글에 나온 표현이다. "착한 목자"라는 표현은 게일의 한국선교 25주년을 기념하여 김원근이 쓴 휘호에 나온 표현이다.

142 고종의 어의(御醫)였던 헤론은 1890년 여름에 전염병이 창궐하여 수많은 사람이 생명을 잃어갈 때 자신의 몸을 돌보지 않고 환자들을 돌보다가 더위와 과로로 인해 이질에 걸려 세상을 떠난다. 이때가 게일이 한국에 온 지 5년이 지났을 때였다. 게일이 그의 임종을 지켰을 정도로 헤론은 그의 좋은 친구였다. 그때 헤리어트는 여섯 살과 네 살짜리 두 딸이 있는 과부였으며 게일보다 두 살이 더 많았다. 그녀는 전도를 했다는 죄목으로 한국에서 사형 선고를 받은 적이 있을 정도로 열심 있는 선교사였다. 게일은 그의 가족들에게 그녀를 조선의 사정을 잘 알고 있으며 "가장 다정하고 인정 많은" 그리스도인으로 소개한다. 유영식 편역, 『착한 목자: 게일의 삶과 선교』, 87, 88. 헤리어트는 1908년 결핵으로 세상을 떠나고 게일은 1910년에 애다와 재혼하여 전처의 두 자녀 외에 1남 1녀를 더 둔다.

143 위의 책, 93. 이것은 미국 북장로교 선교사가 된 다음 1891년 11월 25일에 선교부 총무인 프랜시스 엘린우드에게 보낸 편지 내용이다.

그는 1900년에는 연못골교회(연동교회)의 초대 담임목사가 되었으며, 고종 황제의 자문역도 맡아 수행하게 된다. 그가 교회 안에 세웠던 연동소학교는 나중에 정신여학교로 발전했고, 남선교회의 전신인 장신회와 여전도회의 전신인 홍신회도 조직한다. 본래 연못골교회는[144] 1894년에 사무엘 무어(모삼열) 선교사와 그래함 리(이길함) 선교사가 전도하여 생겨난 신자들과 서상륜 등이 함께 시작한 교회이며 기포드 선교사가 사역하기로 되어 있었는데, 그가 갑자기 세상을 떠나 원산에서 사역하던 게일이 이곳에 담임목사로 부임하였다. 게일은 천민 갖바치 출신인 고 씨를 전도하여, 본시 이름이 없던 그에게 남에게 유익을 끼치는 사람이 되라는 뜻으로 "찬익"(贊翼) 이라는 이름을 지어주었다. 그는 새사람이 되어 게일의 선교 사역에 헌신적인 조력자가 된다. 그는 게일을 따라 서울에 왔으며 연못골(종로5가) 일대의 갖바치들과 인근의 빈민들, 그리고 양반들을 전도하여 수많은 사람들을 그리스도께로 인도한다. 게일은 열심이 특별한 그를 조사로 삼았고 그는 이곳의 초대 장로로 선출된다. 하지만 그는 평양장로회신학교에 진학해 1908년 5월 졸업을 앞두고 식중독으로 세상을 떠났다.[145]

게일은 1916년까지 평양장로회신학교 교수로 봉직했으며 피어슨성경학교의 교수와 교장을 지냈다. 그는 초기 독립선교사라는 장점을 살려 다양한 지역을 여행하면서 한국의 문화와 삶을 익혔고 조선인보다 조선을 더 사랑했던 선교사로 평가받는다. 명성황후 시해 사건이 일어났을 때는 북장로교 선교부에 편지를 보내 "일본은 개화한 나라가 아니며 더더욱 기독교 국가가 아닙니다"라고 쓰면서 일본의 만행을 규탄했고,[146] 3·1운동이 일어

144 어의동(효제동)에 큰 연못이 있어 이 일대를 연못골이라고 했으며 1907년에 그 연못이 메워진 다음 어의동보통학교(효제초등)가 들어섰다.

145 연동교회, 『사진으로 보는 연동교회 110년사: 1894-2004』(서울: 연동교회, 2004).

146 Elizabeth Underwood, 『언더우드 후손이 쓴 한국의 선교 역사 1884-1934』, 116.

났을 때도 일본의 만행을 널리 알렸다.[147] 그는 25세의 젊은 나이에 자칫 죽을 수도 있는 나라에 찾아와 "한아름 안고 왔던 젊음을 조선 땅에 다 부리고 은장노구를 이끌고 모토(母土)의 청구(靑丘)를 무덤처럼 찾아"갔다. 그는 조선 사람과 함께 울고 웃으며 40년을 보냈고 사랑하는 아내와 아이를 이 땅에 묻어가며 말씀을 전했으며 영국에서 74세의 일기로 세상을 떠났다.

### (2) 설교사역과 신학적 특징

게일은 1927년까지 연못골교회에서 목회했는데,[148] 1908년 당시 그곳의 예배와 설교사역의 광경을 다음과 같이 묘사한다.

> 매 주일 아침마다 8백-1천 명이 거적때기를 깔고 조선식으로 양다리를 쭈그리고 앉아 예배를 본다. 크기가 60×80피트 공간의 오른편에 비단 두루마기를 입고, 갓을 쓴 남자들이 앉아 있다. 왼편엔 담색 치마에 쪽진 머리의 여자들로 꽉 차 있다. 부인네들과 아이들, 노인과 젊은이들, 양반과 평민, 전직 관리들, 전과범 등 모든 사람들은 그날의 메시지를 기다리며 우리가 예배를 집전할 때 간절한 마음으로 주목하고 있다.…어떤 특별한 설교자가 되고자 하는 것은 아니다. 그러나 단지 신자들이 필요로 하는 것을 채워주고 신자들에게 도움되는 말씀을 전하려고 애를 쓸 뿐이다.…설교가 끝나고 교인들은 사방으로 흩어진다. 그들 대부분은 그 주일의 남은 시간을 무보수 전

147 1919년 3월 10일에 영국 주미대사를 지낸 바 있는 제임스 브라이스(James Bryce) 경에게 장문의 편지를 보내면서 3·1운동의 실상을 마치 중계하듯이 상세하게 알리고 있으며, 아울러 조선이 높고 뛰어난 문화와 언어를 가진 "극동의 가장 유명한 문명의 후손"이며 "학자의 나라"이기에 조선의 문명, 이상과 종교, 그리고 언어가 결코 일본화될 수 없는 민족임을 강조한다. 이 편지의 전문은 유영식 편역, 『착한 목자: 게일의 삶과 선교』, 208-15를 참고하라.

148 그 교회의 조사, 장로 출신이던 이명혁이 평양장로회신학교를 졸업한 후에 1919년 동사목사로 부임하면서 실질적인 위임목사의 역할을 수행한다. 게일은 연못골교회를 목회하면서 지교회(another preaching station)로 왕십리교회(왕십리중앙교회)와 뚝섬교회(성수동교회), 숭신예배처(명륜중앙교회) 등을 설립한다.

도사가 되어 전도를 다닌다. 사역자로 뽑힌 8-10명은 장안의 남부 지방으로 가서 오후 2시부터 3시까지는 사람들을 불러모으는 일을 한다. 그리고 3시에서 4시까지는 모인 사람들에게 성경을 가르치고 설교를 한다. 성 밖에 형성된 연못골교회의 지교회(preaching station)에서도 동일한 순서를 진행한다. 연못골 신자들은 사람들의 일터로 찾아가서 전도를 한다.[149]

게일의 설교사역의 특징은 『백목강연』, 「신학지남」, 「기독신보」 등에 실려 있는 그의 설교문을 유영식이 현대어로 번역하여 함께 묶어놓은 것을 참고하여 살펴볼 수 있다.[150] "성경"이라는 제목의 설교문은 『백목강연』에 실린 것으로 디모데후서 3:16이 본문이다. 서론에서 성경은 세속의 글과는 다르다는 사실을 강조한 다음, 7가지로 그 내용을 설명한다. 성경은 6천 년 전의 옛글로 "성결무하(聖潔無瑕)하고 진실무망(眞實無妄)"하며, 다른 종교에는 많은 신들이 있으나 성경은 하나님만 존숭(尊崇)하고 유독 천국도리만 지시하고 있으며, 성경은 세인의 사상으로 저작된 것이 아니고, 한 의로 관통되며, 진선진미(盡善盡美)한 말씀임을 강조한다. 또 성경은 장래 일을 예언하신 책이며, 마지막으로 세상에 임하신 예수님의 행적과 교훈을 잘 그려주고 있는 책이라고 설명한다. 이렇게 7가지로 설명하고 나서 그 내용을 다시 요약하여 결론을 맺는다.[151] 이 설교문은 교리적인 내용을 중심으로 하면서 본문의 단어나 주제로 논지를 풀어가며, 본문이 지배하기보다는 주제가 지배하는 전형적인 주제설교 형태를 보인다.

"예수의 어머니 마리아"라는 제목의 설교문에는 본문이 드러나 있지 않

149 유영식 편역, 『착한 목자: 게일의 삶과 선교』, 326-27.

150 위의 책, 5장 참조. 여기서는 게일이 1921년부터 1927년까지 행한 설교 요약을 적은 노트도 살펴볼 수 있다.

151 이것은 본래 『백목강연』 205-14에 실린 내용이나, 고어체를 쉽게 풀어쓴 설교문을 보기 위해서는 유영식 편역, 『착한 목자: 게일의 삶과 선교』, 410-13을 참고하라.

다. 서론은 마리아에 대한 화가들의 그림을 언급하면서 시작한다. 고대 그리스도인들은 성모 마리아를 "하늘에 재(在)하신 황후"로 알고 있었다고 전제하면서 여인 존숭사상은 동서양 모두에서 보편적인 현상임을 강조한다. 그러나 그리스도인들은 성모 마리아를 통해 하나님께 기도할 필요가 없음을 강조하고, 예수님의 출생과 성장 과정에서의 마리아와 가나 혼인잔치 및 십자가 앞에서의 마리아에 대해 언급하면서 마리아와 관련한 성경의 내용을 상세하게 소개한다. 그리고 그녀가 겸손하게 살았고 그녀도 일개의 인생임을 인식하면서 "성부의 순히 성(成)하여지리라 할지니라"라고 했던 마리아의 자세를 가져야 한다고 결론을 맺는다.[152] 이것은 다분히 가톨릭의 마리아 숭배 사상을 겨냥하여 그리스도인들이 마리아와 관련해서 어떤 이해와 자세를 가져야 할지에 대한 교육적 설교의 특성을 보인다.

게일의 설교에도 초기 선교사들의 공통적인 특징인 교리 중심, 주제 중심, 본문의 피상적 접근, 교육적 특징이 강하게 나타난다. 하지만 그의 설교에는 논리적인 설명과 전개가 다른 선교사들보다 훨씬 더 탄탄하다. 그가 회고한 대로 "전변무상(轉變無常) 했던 때" 조선에 와서 반평생 이상을 조선 사람이 되어 살면서 함께 울고 웃었던 그는 "착한 목자"이자, 동시에 말씀 사역을 통해 교회와 사람들을 세웠던 착한 설교자였다. 그는 조선의 아름다움과 유서 깊은 문명을 세계에 알리는 데 큰 역할을 했고 목회자와 설교자로서 힘차게 살았다. 그는 "회고 40년"이라는 글에서 "이 정다운 산천을 등지고 친애하는 조선의 형제를 떠나려니 하운(夏雲)가치 피여 오르는 감개 자못 무량"하다면서 이곳이 이제 고향인 까닭에 돌아가는 캐나다의 고향은 오히려 낯설고 쓸쓸하게 느껴진다고 표현한다.[153]

---

152 이 설교문은 「신학지남」(1921. 5.)에 실린 내용이나, 고어체를 풀어쓴 설교문을 보기 위해서는 위의 책, 422-25를 참고하라.

153 "회고 40년", 위의 책, 478-83.

## 이름 없이 빛도 없이: 초기 선교사 설교자들

한국 땅에 교회가 세워지고 복음이 증거되기까지 초기 선교사들의 헌신과 열정이 든든한 초석이 되었음은 부인할 수 없다. 문화적·언어적·환경적 한계에도 그들은 복음과 영혼에 대한 열정으로 그 모든 것을 극복하면서 이 땅에 복음의 씨앗을 뿌렸다. 앞에서 언급한 선교사들 외에도 초창기에 조선 땅에 들어와 이름도 없이 빛도 없이 말씀 사역을 감당했던 많은 선교사들이 있다. 당시 가장 열악한 선교지 가운데 하나였던 한국에서 그들은 초기에는 주로 순회전도 형식으로 설교했고 그렇게 해서 세워진 교회를 연차적으로 방문했기에 그들의 설교에 관한 문헌은 매우 부족하다. 여기서는 주로 그들의 전도사역을 중심으로 간략하게 소개하고자 한다.

### (1) 윌리엄 스왈른 목사

윌리엄 스왈른 목사(William L. Swallen, 소안론, 1865-1954)는 미국의 맥코믹신학교를 졸업한 후 1892년에 북장로교 선교사로 입국했다. 그는 주로 평양과 원산을 중심으로 사역했으며, 마페트와 함께 평양장로회신학교를 설립하여 초기부터 교수로 활동했다. 유대사기와 모세 오경을 교수했고, 1910년에는 『구약사긔』(*Old Testament History*)를, 1911년에는 『교회사긔』를 발간하여 신학 교육에 박차를 가한다. 또한 최초로 성경 통신 강좌를 시작하여 성경 연구의 저변 확대에도 힘썼다. 농과대학 출신이었던 그는 한국에 나무 심기를 권장했고, 미국에서 사과 묘목 300그루를 가져와 대구와 황주 지역에 심게 했다. 그곳이 지금은 한국의 사과 중심 산지가 되었다.[154] 그는 한국어에 능통했고 그의 "영생"에 대한 설교는 당시 무뢰배였던 김익두를 사로잡았던 것으로 유명하다. 김익두는 스왈른 선교사가 안악교회에서 사경회를

---

154 김광식, "소안론 선교사의 사과나무", 「한국장로신문」, 1229호(2010. 5. 15.).

인도할 때 그의 설교를 듣고 회심하여 신앙생활을 시작했다. 그는 신학교 수업이 없을 때는 각 지역을 방문하여 전도에 힘썼고 제자들이 사역하는 교회를 방문하여 그들의 사역을 지원했다.

### (2) 유진 벨 목사

유진 벨 목사(Eugene Bell, 배유지, 1868-1925)는 미국 남장로교 선교사로 1895년에 내한하여 호남 선교의 개척자 역할을 했다. 켄터키 출신인 그는 버지니아 유니온신학교와 루이빌신학교를 졸업한 후 목사안수를 받고 바로 조선에 왔다.[155] 미국 남장로교 소속 7인의 선발대가 들어온 지 3년 후의 일이었다. 그는 아내와 서울에서 어학 훈련을 마친 후 윌리엄 해리슨(William B. Harrison, 하위렴)과 함께 선교 탐색 여행을 마치고 나주에 선교 스테이션을 설치하기 위해 부지까지 마련했는데, 지역 유지들의 집단적인 반대로 인해 포기하고 이를 목포에 개설하게 된다. 그는 의료 선교사였던 클레멘트 오웬(Clement C. Owen, 오기원)과 함께 많은 어려움을 딛고 목포 외곽에 있는 공동묘지 부근의 양동에 2,500평의 땅을 겨우 마련하여[156] 진료소를 개설하고 의료 선교를 중심으로 선교 활동을 펼쳤다. 이후 초가집 한 채를 구입하여 거처로 삼고 천막을 쳐서 교회를 시작했는데, 이것이 목포 최초의 교회였다.[157] 그러면서 오웬은 주로 해남, 진도, 완도, 강진, 장흥 지방을, 벨은 함평, 영광, 장성, 나주, 광주 지역을 순회하며 선교 활동을 펼쳤다.[158]

---

155 차종순, 『양림동에 묻힌 22명의 미국인: 한국에서 순교한 선교사들의 이야기』(광주: 호남신학대학교 45주년사료편찬위원회, 2000), 46.

156 Eugene Bell, "Letter to Mother" (March 3, 1896).

157 이 교회가 목포 최초의 교회인 양동교회이며, 1953년 예장과 기장의 교파 분열로 기장 양동교회와 예장 양동교회로 나뉘었고, 1959년 합동과 통합으로 다시 분열하면서 예장 양동교회는 합동 측 양동교회(현 새한교회)와 통합 측 양동교회(양동제일교회)로 분립되었다. 김수진, 『양동제일교회 100년사: 1897-1997』(목포: 양동제일교회 100주년기념사업회, 1997).

158 김수진, 『총회를 섬겨온 일꾼들』(서울: 한국장로교출판사, 2005), 23.

그는 1901년 가족을 두고 내륙 순회전도 여행을 하던 중 전주에서 부인이 위독하다는 전보를 받고 군산 선교부에 연락하여 목포로 갈 배편을 알아보았지만 결국 구하지 못하고 발을 동동 구르다가 거기서 부인 로티(Lottie W. Bell)[159]의 사망 소식을 접하게 된다. 로티는 어린 두 아이들이 지켜보는 가운데 눈을 감았고, 벨 선교사는 아내가 세상을 떠난 지 4일 후에야 도착할 수 있었다. 그녀의 유해는 서울로 옮겨져 언더우드 선교사의 집례로 장례를 마쳤고 양화진에 안장되었다.[160] 그 후 벨 선교사는 1년 동안의 안식년을 마치고 돌아와 광주가 호남 지역의 중심지가 될 것을 예견하며 1904년 광주에 선교 스테이션을 마련했고, 그해 성탄절에 광주 양림리에 첫 번째 교회(북문안교회, 현 광주제일교회)를 세운다. 1908년에는 숭일학교와 수피아여학교를 세웠고, 1914년에는 3회 총회장으로 피선된다. 그는 수많은 교회를 설립했고 평양장로회신학교 교수로도 활동했다. 당시 한국에는 두 지역에서 장로교 선교가 활발하게 이루어졌는데, 북쪽은 평양을 거점으로 하여 미국 북장로교 선교사들이 활동했고 그 중심에 사무엘 마페트가 있었다면, 남쪽에는 광주를 거점으로 남장로교 선교사들이 활동했고 그 중심에 유진 벨이 있었다.[161]

---

159 로티(1867-1901)는 루이빌신학교 총장의 딸이었으며, 결혼하고 약 10개월 후 남편과 함께 한국으로 나왔고, 한국에 온 지 6년 만에 헨리와 샬롯 두 자녀를 남겨두고 34세의 젊은 나이로 세상을 떠났다. 목포교회 교인들은 로티 선교사를 기념하여 1903년 200여 명이 수용 가능한 교회당을 신축하고 "로티 웨더스푼 벨 기념교회"로 명명했다.

160 이때가 둘째 샬롯이 2살 때였으며, 그는 나중에 미국에서 공부를 마치고 남편 린튼(W. A. Linton) 선교사와 함께 한국에 들어와 군산과 전주 지역을 중심으로 선교사역을 펼치다 일제에 의해 강제 추방을 당한다. 그러나 이들은 해방 후에 재입국하여 1954년에 한남대학을 설립했고, 그의 자녀들은 유진 벨 선교사를 기념하기 위해 유진벨기념재단을 설립하여 북한에 결핵 퇴치를 위한 의료 지원과 식량 지원 사업을 계속하고 있다. 한편 벨 선교사는 어린 자녀들 때문에 1904년 마가렛과 재혼을 하지만 15년 후에 제암리교회 독립운동을 취재하러 가던 중에 그녀마저 철도건널목 교통사고로 떠나보냈다.

161 차종순, "전남 선교의 선구자 배유지(Eugene Bell, 裵裕祉) 목사", 136회 연구모임 주제 발표 자료, 『한국 기독교역사 연구소 소식』, 제23호(1996. 4.), 16.

조선 말기의 상황은 극히 불안했다. 그가 서울에 기거하는 동안 명성황후 시해 사건이 일어났고 고종과 황태자들을 보호하기 위해 선교사들이 교대로 불침번을 서야 했다. 벨은 1898년 1월 부친에게 보낸 편지에서 당시의 암담한 상황을 이렇게 기술한다. "이 백성에게는 복음 이외에 결코 희망이 없습니다. 그들은 상당한 기간 동안 정치적인 독립을 얻지 못할 것 같습니다. 관리 계층이 너무나도 부패해 있으며 아무짝에도 쓸모가 없습니다."[162]

당시 초기 선교사들이 그랬던 것처럼 그의 설교사역은 예수 그리스도와 그의 복음이 중심을 이루었다. 그는 설교를 통해 복음을 듣지 못하는 조선인들에게 복음을 듣게 하고, 복음을 통해 그리스도인답게 변화된 삶을 살도록 요청했다. 설교 형태는 주로 마을과 도시를 찾아다니는 순회전도였으며 교회 밖에서 복음을 전했다. 또한 그는 신앙생활을 시작한 이들에게 비교적 엄격한 생활 규정을 가르쳤다. 당시 그리스도인이 되려는 사람들에게 일부다처제는 심각한 문제였다. 남아 선호 사상이 지배하던 때에 아들을 얻기 위해 둘째 부인을 맞는 경우가 많았기 때문이다. 그는 비록 신앙생활을 시작하기 전에 첩을 맞았더라도 그 문제를 해결하기 전에는 세례를 베풀지 않았다. 이렇듯 당시 설교자들은 그리스도인다운 삶의 윤리에 대해 설교했고, 성도들에게 그 원칙에 따라 살도록 요구했다.[163]

1925년 9월 28일, 벨 선교사는 57세의 나이로 세상을 떠나 광주 양림동 선교사 묘역에 안장되었다. 그는 늘 자신의 죽음에 대한 유언을 준비했는데, 노회 모임에서 그 유언장이 공개되었다.

내 구주 예수 그리스도의 십자가 위에서 내 죄를 인하여 흘리신 보혈을 의

---

162 Eugene Bell, "Letter to Father" (January 8, 1898).

163 George T. Brown, *Mission to Korea* (Atlanta: Board of World Mission, Presbyterian Church U.S., 1962), 50.

지하오며, 예수 그리스도께서 재림하실 때에 부활할 것을 믿사옵고, 내 육신과 몸을 사랑하는 하나님께 부탁하옵나이다. 아멘. 내 사랑하는 자에게 부탁하옵는 것은 나의 믿고 사랑하는 예수 그리스도를 저희들도 온전히 믿고, 또 내가 순복하는 하나님의 말씀에 저희들도 순복하기를 원합니다. 특별히 조선 형제자매들에게 알게 하옵는 것은 부족한 저로 하여금 이 조선에 나와서 주님의 복음을 전하게 된 것을 감사하오며, 꼭 믿고 바라는 것은 천당에서 저희를 많이 만나볼 때에 빌립보서 4:1 말씀과 같이 그중 더러는 내 즐거움이 되고 나의 면류관이 된다는 말씀을 기억할 때에 여러 형제들도 즐거움으로 서로 만나기를 원하나이다. 주후 1923년 11월 14일 배유지.[164]

### (3) 윌리엄 레이놀즈 목사

윌리엄 레이놀즈 목사(William D. Reynolds, 이눌서, 1867-1951)는 미국 버지니아 소재 유니온신학교를 졸업한 후에 미국 남장로교의 파송을 받아 초기 7인의 선교사 중 하나로 1892년에 내한했으며,[165] 초기에는 주로 호남 지역 선교에 주력했다. 그리고 1917년부터 1937년 은퇴할 때까지 평양장로회신학교에서 고전어와 조직신학을 가르쳤다. 어학에 탁월한 재능이 있었던 그는 초기 성경번역 작업에 참여해 1910년에 한국어 성경을 완역하는 데 결정적인 역할을 수행했다. 또한 그는 남장로교 헌법을 한글로 번역하고 소개하여 장로교회의 정치적 틀을 잡는 데 큰 도움을 주었으며, 한국에서 사역하는 43년 동안 한국 초기 장로교의 신학 형성에 가장 큰 영향력을 행사했다.[166]

벨 선교사가 안식년으로 목포를 떠났을 때, 레이놀즈는 목포에 거주했

164 안영로, 『전라도가 고향이지요』(서울: 쿰란출판사, 1997), 220.

165 그해 5월에 결혼한 후에 11월에 내한했다.

166 김남식, 간하배, 『한국장로교신학사상사』, 1권(서울: 베다니, 1997), 189. 사무엘 마페트(마포삼열)와 찰스 클락(곽안련)과 함께 한국교회 신학 형성의 근간이 된 인물로 소개한다.

지만 성경번역 때문에 서울로 이사를 가야 했다. 그러나 전주 지역에서 사역하던 전킨 선교사의 사망으로 인해 다시 전주로 내려가 사역을 이어갔다. 그는 주로 전주 인근에 세워진 8개 교회를 순회하며 설교했다. 그가 담임으로 있던 서문밖교회는 1909년 당시 335명이 문답을 받았고 75명이 세례를 받았으며 학습교인이 120명에 이르렀다. 초기부터 그의 헌신으로 인해 호남 선교가 왕성하게 이루어졌음을 알 수 있다.

비록 설교 자료가 많이 남아 있지 않아 한계가 있지만[167] 레이놀즈의 설교사역의 특징을 몇 가지로 정리할 수 있다. 먼저 그는 순회전도를 통해 하나님의 말씀을 전했던 설교자였다. 이는 초기 선교사 설교자들의 중요한 특징이지만 그는 지속적으로 지역을 순회하며 설교사역을 감당했다. 1894년 동학혁명이 일어나기 직전의 어수선한 상황에서 그는 6주 동안 군산, 전주, 김제, 영광, 함평, 무안, 우수영, 순천, 좌수영 등지를 돌며 순회전도에 주력했고, 가는 곳마다 죄와 구원에 대한 유창한 전도설교로 호남 선교의 문을 활짝 열어갔다. 그는 초기 선교사들 중 한국어를 가장 잘 구사했던 선교사로 평가받는다. 그는 1897년에는 전주교회(서문밖교회)를 개척해 담임목사로 활동했다. 그러면서도 인근 교회를 정기적으로 방문하여 설교했고, 그뿐만 아니라 농어촌 지역도 지속적으로 방문했다. 이렇듯 그의 설교사역은 순회설교 형식을 따랐고, 이후에는 그렇게 세워진 지역 교회를 이끌어갈 설교자와 교회 지도자 양성에 주력했다. 그가 아무리 한국어를 유창하게 구사하는 실력자라 할지라도, 한국인 설교자가 선교에 더 효과적이라는 판단에서였다.[168]

167 레이놀즈의 글과 설교는 주로 「신학지남」에서 찾아볼 수 있는데 신학변증에 관한 글이 8편, 논설에 관한 글이 약 43편, 설교문 1편, 권설문 2편 정도가 실려 있다. 그의 글은 1918년 창간호부터 1937년 19권까지 다양하게 실려 있으며, 설교문으로는 "예수는 個人傳道者의 模範"(15권 1호, 1933년), "나를 기념하라"(19권 4호, 1937년) 등이 실려 있다.

168 김수진, 한인수, 『한국 기독교회사: 호남편』(서울: 대한예수교장로회총회교육부, 1980), 127.

둘째, 하나님의 말씀인 성경에 대한 확신으로부터 출발한 설교였다. 그는 성경을 "세세토록 상존하는 말씀"으로 이해했으며[169] 성경에 대한 보수적인 신앙을 견지했다. 그는 성경번역 사업에도 열정과 헌신을 기울였는데, 1895년 한국에서 짧은 적응 기간을 보낸 후 바로 번역위원과 실행위원 등으로 번역 작업에 적극 참여했고 그 이후 개역 작업에도 적극 참여한다. 그는 은퇴할 즈음까지 이 일을 계속했다. 당시 신문은 성경번역이 아주 시급한 일임을 언급하고 있다. "구셰쥬의 교를 젼하는디 셩경번역이 급한지라."[170] 그는 1900년부터 1910년까지 진행된 구약 번역 작업에서 주도적인 역할을 했으며, 그 이후 1937년까지 이어졌던 성경개역 작업에서도 중심적 역할을 수행한다.[171] 미국성공회의 책임자는 한 편지에서 레이놀즈가 "모든 성경의 초역과 개역 작업에 참여했고, 게일이 번역한 예레미야서를 제외하고는 모두 그가 작업한 결과"였으며 그것은 그의 뛰어난 학문성과 한국어 실력 때문에 가능한 일이었다고 밝힌다.[172]

셋째, 시청각 자료를 활용하여 예수님의 일생을 아주 생생하게 전달한 설교였다.[173] 그는 사람들에게 어려운 문자나 설명보다는 그림이나 실생활에서 접할 수 있는 실물을 설교에 자주 활용했으며, 그의 탁월한 한국어 실력은 그의 설교를 더욱 빛나게 했다.

넷째, 복음과 영혼을 향한 특별한 열정이 이끌어간 설교였다. 그는 한국에 도착하여 서울에서 어학을 공부하면서 적응 기간을 보낼 때 남대문의

---

169 이눌서, "世世토록 常存하는 말씀", 「신학지남」, 3권 1호(1920. 4.), 67-81. 고어 표기는 현대어로 바꾸었다.

170 "성경을 번역함", 「죠션크리스도인회보」(1899년 10월 25일).

171 이런 과정에 대해서는 김중은, "구약성경 국역사", 『신학사상』, 22호(1978년 가을); 류대영, 옥성득, 이만열, 『대한성서공회사』, 1, 2권(서울: 대한성서공회, 1994)을 참고하라.

172 "H. Miller's Letter to J. R. Temple" (July 15, 1936).

173 *The Missionary* (May 1910), 246. 그는 설교에 시청각 자료를 적절히 활용한 설교자로 평가되는데 이에 대해서는 "밋기 젼후 형편", 「신학지남」, 9권 1호(1927년 1월), 487-91을 참고하라.

노방에서 서툰 한국말로 설교하기 시작했고, 여성들이 모인 모임에서도 설교를 했다. 그는 사역 초기에는 영어로 설교를 쓰고 그것을 어학 선생을 통해 한국어로 번역한 다음, 거기에 음역을 달아 큰 소리로 수십 번 읽으면서 정확한 발음 훈련을 했고 그 다음에야 설교를 했다. 그는 설교에 대한 열정으로 한국어 학습에 매진했다. 언어 습득을 위해 시골 마을로 들어가서 한 주를 보내기도 했고, 1893년에는 어학 선생을 동반하고 강화도로 전도 여행을 가서 전도지를 나눠주고 서툰 한국어로 직접 설교하기도 했다. 본래 그의 어학 실력이 뛰어나기도 했지만, 무엇보다 그의 설교에 대한 열정이 한국어 실력을 더 키웠을 것이다. 동료 선교사인 전킨은 레이놀즈가 조사와 함께 강화도를 방문하고 돌아온 후 며칠을 머물다가 다시 그곳에 내려갔다고 전하면서, 이는 레이놀즈가 그곳 지역 유지의 집에 머물렀는데 그 집 주인이 기독교에 깊은 관심을 보였기 때문이라며, 그곳에 자주 내려간 이유는 언어 습득과 말씀을 전하기 위해서였다고 밝힌다.[174]

다섯째, 레이놀즈의 설교는 성경 중심적이었고 설교 및 성찬의 상관성을 잘 살렸다. 그는 청력 저하와 건강 문제로 인해 1937년 은퇴하여 고국으로 돌아가면서 "나를 기념하라"라는 고별 설교를 행한다. 그 설교문은 성경 본문에 대한 깊이 있는 해석과 적용, 그리고 설교와 성찬의 상관성을 잘 보여준다. 예수님을 기념할 때 그를 누구로 알고 기념해야 할지를 세 개의 대지로 설명하는데, 본문 중심성과 이미지를 통해 설명하는 당시 유행했던 구조를 취한다.[175]

174 Junkin, *The Missionary* (September 1893), 341-44.

175 이눌서, "나를 기념하라", 「신학지남」, 19권 4호(1937. 7.), 51-54. 그는 이 설교에서 성찬에 "예수님의 비석"이라는 이미지를 사용한다.

### (4) 스태시 로버츠 목사

스태시 로버츠 목사(Stacy L. Roberts, 라부열, 1881-1946)는 미국 프린스턴신학교를 졸업하고 1907년 미국 북장로교 선교사 자격으로 한국에 왔다. 그는 선천을 중심으로 선교 활동을 했으며 1913년부터 평양장로회신학교 교수로 사역했다. 그는 1924년 가을, 마페트의 후임으로 2대 교장이 되었고 1938년 신사참배 문제로 학교가 문을 닫을 때까지 그 직을 계속한다. 1941년 일제 경찰에 의해 강제 추방당했고, 5년 뒤인 1946년 미국에서 세상을 떠났다. 그는 1회 졸업생인 양전백 목사와 함께 선천에 교회를 세웠고, 이승훈을 도와 오산학교 설립에도 일조했다. 신학교 교수로 재직할 때에는 보수적 신앙으로 성경을 가르쳤으며, 1924년 안식년 기간에는 프린스턴에서 박사학위를 받고 귀국했다. 그는 신약 전체를 거의 암송할 정도로 성경에 해박했고, 무게감이 있고 사람들을 깊이 생각하게끔 만드는 설교를 행했다.

그의 설교는 아주 조직적이고 논리적이었다. 설교의 예시로 제시된 것을 살펴보면, 주요 내용을 3개의 대지로 엮으면서 각 대지를 다시 4-5개 정도의 소지로 나눠 설명한다.[176] 하나님의 사자(使者)로서 설교자는 간절한 마음과 자세로 예수 그리스도와 그분이 십자가에서 행하신 일을 전해야 한다고 권면하면서, 그렇게 하지 못하면 그는 "자기의 직무를 부족히 행한 사람이오, 큰 기회를 잃어버린 사람"이라고 규정한다. 또 "많은 무리가 생명의 양식을 구하는데 그 요구를 수응치 못하고 다른 것을 주면 그것은 먹을 것을 구하는 사람에게 돌을 주는 것과 다름이 없음"이라고 주장한다. "예수 안에 있는 진리의 말씀을 그대로 나타내었으면" 훌륭한 설교이고, 복음을 전하지 않고 문학이나 도덕만 많이 가지고는 부족하다고 외치면서 "목사는

---

176 羅富悅, "感謝", 「신학지남」, 10권 6호(1928. 11.), 2-4.

반드시 복음을 중심으로 하여서 설교할 것"이며 그렇게 하지 않았을 때에는 그 귀중한 기회를 잃어버린 것에 대해 심판을 면치 못할 것이라고 주장한다.[177]

### (5) 제임스 아담스 목사

미국의 맥코믹신학교를 졸업하고 북장로교 선교사로 1895년 내한한 제임스 아담스 목사(James E. Adames, 안의와, 1867-1929)는 누이가 먼저 선교사로 와 있던[178] 부산에서 어학 훈련을 받은 후 배위량의 후임으로 대구에서 사역을 시작한다. 그는 앞서 도착한 의사 우드브릿지 존슨(Woodbridge Odlin Johnson, 장인차)과 부해리 선교사와 함께 선교 스테이션을 열었고, 그로 인해 대구는 경북 지역 선교의 중심지가 되었다. 그는 약령시장에서의 사랑방 전도와 노방 전도, 노상서적 판매 등을 통해 선교를 시작했고 구입한 건물에 사랑방을 열어 남성들을 전도하는 데 주력했다. 또한 뽕나무골목과 약전골목과 같이 사람들이 많이 모이는 곳에서 전도설교를 펼쳤다. 그리하여 1897년에 가족들과 어학 선생, 임시 보모 등 7명과 함께 경북 지역 최초의 교회인 남문안교회(대구제일교회)를 시작했다. 남문안교회는 1900년 봄에 3명이 최초로 세례를 받았고 1907년에는 교회 출석 인원이 800명이 넘을 정도로 급성장하여 이 지역의 모교회로서의 역할을 수행한다.

아담스는 존슨 선교사와 함께 의료사역과 교육사역을 펼치며, 1906년에 계성학교를 포함하여 경북 지역에 여러 학교를 세웠고 주변을 순회하며 많은 교회를 세웠다.[179] 그는 무교회 지역을 순회하여 복음을 전하며 교

---

177 羅富悅, "說敎者의 貴重한 機會", 「신학지남」, 12권 5호(1928. 9.), 1-3.

178 그의 누이 애니 아담스(Annie Adams)가 윌리엄 베어드(배위량)와 결혼한 후 선교사로 부산에 먼저 와 있었다.

179 대구에 66개, 안동에 7개 교회를 개척했다. 그는 대구제일교회를 포함하여 포항제일, 경주제일, 풍각제일, 사월, 송림, 경산, 범어, 반야월, 대구서문교회 등 수많은 교회를 세웠다. 김중순, 김병희,

회를 세웠고, 또한 세워진 교회를 순회하며 설교했다. 가령 1898년 4월 말에 2개월 동안 진량, 청도, 영천, 청송, 안동, 경주, 포항, 영덕, 울진 지역을 지속적으로 순회하면서 복음을 전하고 교회를 설립했다.[180] 그는 농촌 선교와 농사에도 깊은 관심을 가졌는데, 사과나무를 도입하여 토종능금나무에 접붙여 대구 지역이 사과의 주산지가 되게 하는 데 크게 공헌한다.[181] 그는 1924년 건강악화로 한국을 떠나 영구 귀국할 때까지 경북 일대가 복음화되는 데 지대한 역할을 했고 그의 장남(Edward Adams, 안두화) 역시 아버지에 이어 맥코믹신학교를 졸업하고 1921년 한국에 들어와 대구에서 사역했으며 농어촌 선교에 주력했다. 그는 농촌 지역 교역자 양성을 위해 대구성경학교를 설립하여 교장으로 활동했다. 1954년에는 계명대학교를 세워 교육선교에 주력했고, 한국전쟁 동안 피난민을 제주도로 피난시키는 데 크게 기여한다. 또한 둘째 아들(Benjamin Adams, 안변암)과 셋째 아들(George Adams, 안두조)도 안동 선교에 주력하여 그의 집안이 3대에 걸쳐 대구, 경북 선교에 주력한다.

아담스의 설교는 앞서 언급한 대로 초기 선교사들의 주요 특징인 전도설교가 중심을 이루었고, 그가 설립한 지역교회들에서 담임목회를 수행하며 행한 설교사역으로 요약된다. 아담스는 1929년 6월에 62세의 일기로 세상을 떠났다.

### (6) 겔손 엥겔 목사

1900년 10월에 호주 장로교 선교사로 한국에 온 겔손 엥겔 목사(Gelson Engel, 왕길지, 1868-1954)는 초기 경남 지역의 교회 설립과 교육에 힘썼고, 평

---

『겨자씨 속에 담은 천국: 대구 경북 선교의 아버지 안의와』(서울: 소통, 2009), 161-65.

180 위의 책, 63-64, 72-73.

181 "3대째 헌신하는 안의와 선교사 가족", 「기독공보」, 2230호(1999. 7. 3.).

양장로회신학교의 교육사역에 전념했다. 독일에서 출생한 엥겔은 경건주의 영향을 받으면서 자랐고, 에빙겐(Ebingen)에서 모인 한 선교대회에 참석하여 선교사가 되기로 작정한다. 그 후 인도에서 선교사로 6년간 활동하던 중 건강이 악화되어 선교를 접고 질병 치료차 호주에 갔다가 그곳에 있는 학교(college)의 교장으로 2년 동안 일하게 된다. 선교에 대한 부담을 안고 있던 그에게 한국 선교의 기회가 왔고, 빅토리아장로교 여선교회의 후원으로 한국에 오게 되었다. 그는 3-4개월 정도의 언어훈련 후에 한국어로 설교를 할 수 있을 만큼 뛰어난 어학 실력을 갖추었으며, 초기에 부산에서 사역할 때 사경회를 열어 농촌교회 지도자를 훈련하는 일에 진력했다. 또한 울산, 기장, 서창, 병영 등지를 순회하며 순회설교자로 활동했고, 부산의 수안, 평안, 기장동부, 송정, 산성교회 등 여러 교회를 설립했으며 부산, 울산, 언양, 김해 등지의 여러 교회를 돌보는 사역을 감당했다. 그는 1918년 평양으로 이사하기까지 18년 동안 경남 지역의 순회설교자로 활동했으며, 1914년에는 부산진교회 담임목사로도 활동한다. 또한 일신여학교의 운영을 맡아 교장으로도 봉직했다.

1906년에 부인 클라라가 병을 얻어 호주에서 치료를 받던 중에 세상을 떠났고, 부인의 친구이자 부산에서 활동하던 아그네스 브라운(Agnes Brown) 선교사와 재혼한 후 더더욱 한국 선교에 전력을 기울인다. 1902년부터 평양장로회신학교에서 호주 선교부를 대표하여 가르치기 시작했고, 1916년에는 정식 교수가 되어 성경원어, 영어강독, 교회사 등의 과목을 가르쳤다. 또한 「신학지남」의 첫 책임편집자로 활동하면서 목회자들에게 필요한 설교와 신학 자료를 공급하는 데 힘쓴다. 1913년에는 언더우드에 이어 2대 장로교 총회장으로 활동했고 성경개역 작업에도 관여했으며, 찬송가 편찬위원으로도 활동하면서 루터의 "내 주는 강한 성이요"를 번역했다. 그는 1938년 70세에 한국에서의 38년 사역과 31년간의 평양장로회신학교 교수직을 은퇴하고 고향인 멜버른으로 돌아가 이듬해인 1939년에 세상을 떠났다.

### (7) 윌리엄 베어드 목사

1885년 미국 맥코믹신학교를 졸업한 후 미국 북장로교 선교사로 1891년 한국에 온 윌리엄 베어드 목사(William M. Baird, 배위량, 1862-1931)는 초기에 부산과 대구를 중심으로 지대한 역할을 했으며 1897년에는 평양으로 이주하여 그곳에서 30여 년을 활동했다. 그는 본래 중국에서의 선교활동을 원했으나 북장로교 선교부의 요청으로 한국에 오게 되었다. 그리하여 1891년에 부산에 부지를 마련하고 부산선교부를 설치한다. 1892년 7월에는 첫 아이 낸시가 태어났지만 1894년 5월에 뇌수막염으로 세상을 떠나 복병산에 묻었다. 그는 영서현에 있는 서구식 선교관에 사랑방을 만들어 인근 주민들을 위한 전도의 장으로 삼았고 경상도 지역을 두 차례 순회한 다음 1893년부터 예배를 드리기 시작했다. 부산의 첫 번째 교회인 영서현교회(초량교회)는 사랑방 전도의 결실이 바탕이 되어 설립되었다.[182]

그는 초기 선교사들의 전형적인 선교와 복음 설교 방식이었던 지역 순회전도 활동을 통해 신자를 확보했던 전도설교자였다. 김해, 진주, 동래, 울산, 밀양, 대구, 상주, 안동, 경주 등의 경상도 및 목포, 전주 등의 전라도를 순회하며 현지를 탐사하고 그곳에서 만나는 사람들에게 기회가 되는 대로 복음을 전했다. 이때 매서 전도인을 활용하기도 했는데 서상륜, 서경조 형제가 베어드를 도왔다.

182 베어드의 1893년 6월 4일 자 일기는 예배를 드리기 위해 처음으로 사랑방에 모였다고 적으면서 7명의 한국인을 거명한다. 그가 "서서방"과 "고서방"으로 명명한 사람은 매서 전도인이었던 서상륜과 고학윤을 지칭한다. William M. Baird, "1892년 5월 18일 자 일기", *Dairy of William M Baird 1892.5. 18.-1895. 4. 27.*, 이상규 역, 『윌리엄 베어드의 선교일기』(서울: 숭실대학교 한국기독교 박물관, 2013), 53-54.

그는 부산을 중심으로 한 4년간의 첫 사역을 마치고 선교 본부의 요청으로 서울로 이동했으며, 나중에는 평양으로 옮겨 주로 교육선교에 전념한다. 1897년에 자택 사랑방에서 13명의 학생을 모아 학교를 시작했는데 그것이 숭실학당의 시작이었다. 1905년에 이곳은 정부의 인가를 받은 한국 최초의 근대식 대학으로 발전했다. 그는 이곳에서 철저한 기독교 교육을 시켰으며, 자립정신을 최고의 교육 덕목으로 여겼다. 그러나 풍토병에 걸린 두 자녀가 세상을 떠났으며 아내 애니 베어드도 병을 얻어 1916년에 먼저 세상을 떠났다. 뒤이어 베어드 자신도 1931년 숭실전문학교 개교식에 참석한 후 장티푸스에 걸려 평양에서 삶을 마쳤다. 그는 숭실학교 교정에 묻혔으며 그의 비문에는 "부산과 대구를 개척한 선교사, 우리를 사랑하는 이로 말미암아 넉넉히 이긴 자"라는 문구가 새겨졌다.

베어드는 순회전도여행, 사랑방 전도, 교육사업, 문서선교 등을 통해 하나님의 말씀을 전했던 설교자였다. 초기에는 순회전도와 문서선교를 통해 복음을 전하는 일에 주력했고, 후기에는 교육을 통한 선교와 문서선교에 주력했다. 이는 그가 기독교 인재를 양성하는 일의 중요성을 인식했기 때문이었다. 그의 일기를 읽다 보면, 깊은 영적 어두움 가운데 있던 조선 땅에 들어와 초기 순회설교자로 힘들게 설교했던 그의 간절함을 마주하게 된다.

> 오늘 나는 우리가 만난 몇 사람에게 설교도 하지 못하고 많은 사람들과 접촉하지도 못했기에 나 스스로 쓸모없는 존재가 아닌가 하는 생각을 떨쳐버릴 수 없었다. 마산에 사는 이들은 수줍어했고, 의혹의 눈으로 바라보았다. 그리고 내가 상상했던 것만큼의 호기심도 없었다. "오 주님, 당신은 언제 당신의 빛으로 이 어두움을 비추시렵니까? 당신을 위한 우리의 비천한 섬김을 사용하여 주옵소서." 우리는 매일 종의 신분으로 모여, 그들과 더불어 기도하고 있다. 그들은 배움을 간절히 바라고 존중한다. 나는 그들이 진리의 교

훈을 배우게 되기를 바란다.[183]

베어드는 설교에 대한 강한 열망을 가지고 있었고 사람들이 모인 곳에서 그룹 혹은 개인에게 복음과 성경에 대해 이야기 형식으로 말씀을 전했다. 그는 일기에서 "설교하였다"는 표현을 계속 사용한다. 이를 통해 그가 사람들이 정기적으로 모이는 주일예배에서 성경을 차례로 읽어가면서 말씀을 전했음을 알 수 있다.[184] 또한 「신학지남」에는 설교에 필요한 자료, 신학상식, 교회사, 시사, 상식, 전기, 성경 본문 풀이, 성경문답, 설교 도해 등을 제시하여 설교자에게 직간접적으로 도움을 주기도 했다. 「신학지남」에 기고한 "강도(講道)의 도형(圖型)"에는 5편의 설교 개요를 싣고 있는데, 이는 3-5개의 대지와 각각 2-4개의 소지로 구성되어 있으며, 설교 서론으로는 "인도"를, 결론부에는 "결말"을 제시하고 있다.[185]

복음설교자, 교육자, 수많은 저술과 문서를 편찬한 문서선교자와 문화운동가 등으로 베어드는 한국인들을 그리스도께 인도하는 데 있어 중요한 역할을 수행했다. 그는 하나님의 말씀을 선포함으로써 그리스도인을 세우고, 구체적인 기독교적 가치관과 삶의 실천, 문화 형성에 주력했던 설교자였다.[186] 그는 한국에서의 사역 40주년을 기념하는 축하연을 치르고 두 달 후인 1931년 11월 장티푸스로 세상을 떠났다.

---

183 William M. Baird, "1893년 6월 4일 자 일기", 위의 책, 22.

184 위의 책, Richard H. Baird, *William M. Baird of Korea: A Profile by Richard H. Baird*, 김인수 역, 『배위량 박사의 한국 선교』(서울: 쿰란출판사, 2004) 참조.

185 배위량, "講道의 圖型", 「신학지남」, 4권 3호(1922년 5월), 98-102.

186 이상규, "윌리엄 베어드와 문서선교", 한국기독교문화연구소 편, 『베어드와 한국선교』(서울: 숭실대학교출판부, 2009), 참고.

### (8) 윌리엄 블레어 목사

미국 맥코믹신학교를 졸업한 후 1901년 북장로교 선교사로 내한한 윌리엄 블레어 목사(William N. Blair, 방위량, 1876-1970)는 1942년 신사참배 거부 문제로 일제 경찰에 의해 강제 출국을 당하기까지 40여 년을 선교사로 섬겼다. 그는 평양 인근을 순회하며 말씀을 전하는 순회설교자로, 평양대부흥운동의 주역으로, 독립운동의 후원자로 이 땅에서 다양한 사역을 펼쳤다. 그는 평양선교부에 소속되어 교회개척과 전도사역에 전념했으며 평양대부흥 이후에도 교회 부흥과 영적 각성을 위한 진흥운동을 주도적으로 이끌어갔다.[187] 또한 평양장로회신학교 교수로도 활동했으며, 강제 추방 이후 해방과 함께 다시 한국에 들어와 대구에서 활동하다가 1947년에 영구 귀국했고 1970년에 고국에서 세상을 떠났다. 1907년 1월에 그가 장대현교회에서 고린도전서 12:27을 본문으로 설교했을 때는 성령의 강력한 역사가 나타났고, 사람들이 눈물로 회개하면서 그저 "아바지, 아바지"만 되뇌었다고 전해진다. 그는 평양대부흥 당시를 외국인의 관점에서 객관적으로 생생하게 묘사하는데, 당시 한국교회의 부흥이 단지 감정적 차원에서만 이뤄진 것이 아니라 "성경적이면서도 그리스도 중심적인 교리를 적용하고 사역의 체계를 갖추며 실제로 훈련하는 일"이 함께 병행되었다고 전한다.[188]

---

187 평양부흥과 진흥운동에 대해서는 다음의 책을 참고하라. William N. Blair and Bruce F. Hunt, *The Korean Pentecost and the Sufferings Which Followed*, 강영선 역, 『하나님이 조선을 이처럼 사랑하사』(서울: 지평서원, 2016), 1부를 참고하라. 1부는 블레어가 미국 선교부에 보고한 선교보고서의 내용이고, 2부는 그의 사위인 한부선 선교사가 일제 강점기와 한국전쟁 등의 고난의 시기에 대한 기록을 담았다.

188 위의 책, 참고.

## 한계를 넘어선 사역

지금까지 초기 선교사들의 설교를 간략하게 살펴보았다. 그들은 온갖 희생을 감내하면서 열악한 조선 땅에 달려올 만큼, 설교자로서 복음과 영혼을 향한 뜨거운 열정을 품고 있었다. 그들은 초기에는 자유롭게 설교할 수 없었지만 교회가 세워지면서 여러 지역의 교회를 순회하며 설교했고, 도시에서는 특정 교회를 맡아 지속적으로 설교하기도 했다. 그들은 주로 당시 대표적인 설교 형식이었던 주제설교 형태로 설교했으며, 어떤 특정 주제를 중심으로 교리적 설명에 중점을 두었기 때문에 본문을 깊이 석의하거나 해석하여 본문이 말하게 하는 측면에서는 약점을 가지고 있었다.

초기 선교사들의 설교사역은 여러 가지 한계를 노출했다. 자유롭게 설교할 수 없는 여건 외에도 문화적·언어적 한계는 그들에게 큰 장벽으로 작용했다. 오죽했으면 한 선교사는 1892년 12월 22일 자로 미국 북장로교 선교부 총무에게 보낸 편지에서 "사람들은 마귀가 중국 선교를 방해하기 위해 중국어를 고안해냈다고 하는데, 제가 보기에 한국어는 그에 못지않게 어려운 것 같으며 그 마귀의 마지막 걸작품"[189]이라고 말한다. 이를 보면 선교지의 언어 습득이 얼마나 어려운 일이었는가가 가늠된다. 선교사는 언어 습득이 이루어진 다음에야 전도자로의 자격을 갖출 수 있다고 이해했던 말콤 펜윅은 한국 땅에서의 초기 설교사역에 대해 이렇게 쓰고 있다.

> 우리는 첫 강에 이르렀다. 어떻게 이 강을 건너야 할까? 나룻배도 없고 캔틸레버식 철제 다리도 없다. '전도의 미련한 방법'으로 강을 건너야 한다. 이

189 그래함 리(Graham Lee) 선교사의 편지로, 한국어 습득의 어려움을 토로하면서 이어서 이렇게 적고 있다. "제가 배울 용기를 상실했다고 생각하지 마시기 바랍니다. 한국어가 아무리 어렵다고 할지라도 저는 그리스도를 위해 배울 마음의 준비가 되어 있습니다." Samuel A. Moffett, 김인수 역, 『마포삼열 목사의 선교편지(1890-1904)』(서울: 장로회신학대학교출판부, 2000), 166.

강을 건너기 위해 얼마나 고생을 했는지 잊히지 않는다. 몇 달이고 주일마다 찾아다니면서 설득했고, 눈물로 그리스도 안에 나타난 하나님의 사랑을 증거했으며, 예수님이 그 보혈로 내 죄를 씻으신 다음에 내 영혼이 평안을 얻게 된 사실을 증거했다. 또 내게 오사 나와 항상 함께하시고 내 모든 짐도 져주심을 전했다. 사람들은 내 말을 듣고 웃었고 그것이 서양인인 내게는 퍽 좋겠지만 자기들은 한국인이라고 말했다. 예수님이 당신들에게도 똑같은 일을 행하실 것이라고 말했으나 허사였다.…내가 그토록 열변을 토해가며 전한 예수가 자신들을 앞에 서 있는 이 흰둥이 야만인처럼 만든다면, 그들이 할 수 있는 일은 예수와 일절 관계를 맺지 않는 것이었다.[190]

펜윅이 예수님께서 행하신 일을 사람들에게 거듭 이야기했지만 그들은 그냥 웃기만 했다. 그리고 그는 소래에서 온 김 선생이라는 사람을 만났다. 그는 주님께서 행하신 위대한 일을 사람들에게 말해달라면서 김 선생에게 설교를 부탁했다. 다음 날 정해진 시간에 사람들이 모였을 때 김 선생은 한자 성경을 펴놓고 그 위에 손을 얹고서 설교를 시작했다. 펜윅 선교사가 정리한 그의 설교 내용을 살펴보면 다음과 같다.

부형들, 이것은 하나님의 말씀입니다. 이것을 믿으세요. 사람들의 말과는 다릅니다. 하나님의 성령으로 말미암아 기록된 책입니다. 짐작건대 여러분은 내가 처음 이 거룩한 책을 읽을 때와 아주 비슷한 것 같습니다. 내 스승인 올링거 목사는 이성으로는 이것을 이해할 수 없다고 일러주셨습니다. 이 책을 기록하신 성령께서 나를 가르치셔야 깨달을 수 있고 만약 예수님의 이름으로 하나님께 구하면 그렇게 해주신다고 했습니다. 나는 그 말을 듣고서 기도

190 Malcolm C. Fenwick, *The Church of Christ in Corea*, 이길상 역, 『한국에 뿌려진 복음의 씨앗』(서울: 예영커뮤니케이션, 2004), 74.

> 하고 읽기 시작했습니다. 만약 다른 사람이 나더러 죄인이라고 했다면 그 사람과 한바탕 싸움을 벌였을 것입니다. 나는 술주정을 하거나, 도둑질을 하거나, 간음을 벌인 적이 없었습니다. 그러나 이상하게도 이 책을 읽은 뒤에 한동안 불안과 고통에 휩싸였습니다. 왜 그런지 알 수 없었습니다. 그 순간에 더 열심히 기도하고 성경을 더 많이 읽는 편이 낫겠다는 생각이 떠올랐습니다. 그렇게 했지만 불안감은 더욱 커져만 갔습니다. 내가 큰 죄인이고 아주 불행한 사람이라는 생각이 들기 시작했습니다. 어느 날 기도하고 있을 때 마음을 짓누르던 중압감이 사라지고, 하나님이 독생자 예수 그리스도로 하여금 내 모든 죄를 사해주셨다는 생각이 들며 행복감이 밀려왔습니다.[191]

펜윅 선교사가 설교할 때는 미동도 하지 않던 사람들이 이 설교에 큰 감동을 받는 것을 보면서, 그는 현지 설교자들이 말씀을 전할 때 훨씬 더 효과적이라는 사실을 깨달았다. 그는 자신이 허우적거리면서 그 강을 건너려고 하기보다는 현지 설교자를 세워 "그 사람의 생계를 책임지고 그로 하여금 '전도의 미련한 방법'에 전념하게" 돕는 것이 좋다고 회고하고 있다. 그리고 이런 존재들을 "스승보다 큰 제자"라고 칭한다.[192] 초기 선교사들은 설교자로 이 땅에 살면서 문화적 장벽에 부딪칠 수밖에 없는 많은 제약을 가지고 있었다. 그러나 그들이 그 모든 한계를 뛰어넘으면서 말씀을 전하고 교회를 세울 수 있었던 것은 조선인들을 향한 그들의 열정 때문이었다.

캐나다 장로교 선교부의 지원을 받지 못해 결국 독립선교사로 1893년 가을, 이 땅에 달려왔던 윌리엄 맥켄지는 조선으로 출발하면서 이런 글을 쓴다.

---

191 위의 책, 75-76.

192 위의 책, 77. 그는 이 표현을 3부의 제목으로 잡고 있다.

나를 태우고 갈 배에 올랐습니다. 고국을 떠나는 것이 후회스럽다거나 섭섭한 마음은 들지 않았습니다.…내가 고국을 떠나는 것은 결코 희생이 아닙니다. 오히려 이곳에 머물러 있는 것이 희생입니다. 이제부터 한국은 내가 고국으로 선택한 땅입니다. 하나님, 제가 오랫동안 이곳에서 당신의 영광을 위해 사역할 수 있게 해주소서. 저의 뼛가루가 저들의 뼛가루와 뒤섞이게 해주옵소서.[193]

초기 선교사들은 열악한 환경의 제약과 언어의 한계, 문화적 차이와 사회적 편견이라는 수많은 난관 속에서 사역했다. 또한 당시 지식 계층이었던 양반들의 지적 적대감, 개종자들에 대한 박해, 전도자들에 대한 간헐적 위협, 축첩과 금주 등에 대한 반감으로 인해 형성된 과도한 금욕주의에 저항하는 분위기 등이 선교의 방해 요소로 작용했다. 선교사들은 식습관, 의복, 생활습관 등등 때문에 조선 사람들에게 야만인 취급을 당하기도 했다. 언어 문제는 모든 선교사들에게 공히 어려운 짐이지만, 특히 당시에는 제대로 된 문법서, 사전, 경험이 있는 어학 선생, 외국인에게 한국어를 가르치는 학교 등이 전혀 없는 상황이었기 때문에 그들에게 조선은 "탐험되지 않은 대륙"과 같았다.[194] 그러나 그들은 그런 한계를 극복하며 하나님의 말씀을 전했고, 단순히 말로 설교하는 일에 그치지 않고 실제 삶으로 드러냈으며, 사랑을 실천하고 사람들을 계도했다.

193 Elizabeth A. McCully, *A Corn of Wheat or The Life of Rev. W. J. McKenzie of Korea* (Toronto: The Westminster Co., 1903), 68. Elizabeth Underwood, *Challenged Identities: North American Missionaries in Korea, 1884-1934*, 변창욱 역, 『언더우드 후손이 쓴 한국의 선교의 역사, 1984-1934』(서울: 도서출판케노시스, 2013), 168에서 재인용.

194 초기 선교사들이 한국어 습득의 어려움에 대해서 언급한 내용을 참고하기 위해서는 Jones, 『한국교회 형성사』, 141-44를 참고하라.

> 선교사들은 관습과 관점의 장애물을 가로질러 길을 만들어야 했다. 그들은 의심, 편견, 오해, 비위생적 환경, 질병, 죽음의 위협을 무릅쓰며 한국인의 생활 속으로 들어갔다. 시대에 뒤진 채 수 세기 동안 지속되어온 한국인의 생활에 육체적으로, 도덕적으로 응고된 표면 밑에는 훌륭하고 영웅적인 영혼이 숨겨져 있었다. 이것을 발견하는데 오랜 시간이 걸렸으며, 때로 그것을 이해하기란 절망적인 일처럼 보였다.…한국인이 선교사에게 마음의 문을 열게 한 황금 열쇠는 선교사의 봉사와 희생의 삶이었다.…모든 차이와 혐오스러운 것들에도 불구하고 선교사는 한국인들이 필요한 것을 가지고 있으며 그들을 더 나은 사람들로 만들 수 있음을 알았고 어떤 어려움과 위험, 혹은 상당한 희생에도 위축되지 않고 한국인의 생활 속으로 들어가리라고 굳게 결심했다. 그리고 한국인의 입장에서는 선교사를 이해할 수는 없었지만 자신의 친구임을 인식했고, 선교사 자신이나 가족이나 바다 건너의 본국을 부유하게 하려고 온 것이 아니라 한국인을 위로하며, 성스럽고 무안한 혜택과 도움을 아낌없이 주려고 왔다는 것을 알았다.[195]

초기 선교사들이 활동하던 기간에 한국에는 종교의 자유가 없었고, 집회를 열 수도 없는 상황이었다. 바로 이전에 있었던 무시무시한 천주교 박해에 대한 기억은 그들을 늘 두려움에 떨게 했다. 조지 존스는 초기 선교사들이 내한할 당시 "기독교에 대한 공식적인 반감은 75년 이상 지속"되었다고 주장한다.[196] 이런 상황에서 초기 선교사들은 교육, 의료, 사회봉사, 구제 등의 여러 활동을 통해 복음을 직접, 간접적인 방법으로 전했고, 외국인보다는 본국인을 훈련하여 하나님의 말씀을 전하게 하는 것이 훨씬 더 효율적

195 위의 책, 149-50.
196 위의 책, 154.

이라는 생각을 갖게 되면서[197] 한국인 설교자의 시대가 빠르게 다가오고 있었다.

197 이런 생각을 가장 깊이 숙고한 선교사 중 한 명이 바로 펜윅 선교사였다. M. C. Fenwick, *Church of Christ in Corea* (New York: Hodder & Stoughton, 1911), 49-51을 참고하라.

# 3장
# 초기 한국인 설교자들의 설교
## 3·1운동 이전까지의 설교사역

열심히 자기의 밭을 갈고
자기의 밭을 덮을 날개를 보듬는 자
한겨울에도 부드러운 흙을 자기의 밭에
가득 앉아 있게 하는 자
땀으로 꿈을 적시는 자, 아름답다.
-강은교[1]

1 강은교, 「그는 아름답다」, 『허무수첩』(서울: 예전사, 1996).

## 첫 한국인 설교자들

1907년 6월 20일에 평양장로회신학교의 1회 졸업생이 배출되면서 본격적으로 한국인 설교자 시대가 활짝 열렸다. 길선주, 양전백, 서경조, 한석진, 송인서, 방기창, 이기풍 등 7인은 같은 해 독노회에서 목사안수를 받고 한국인 최초의 장로교 목사가 되었다.[2] 그들은 부흥운동과 함께 뜨거운 은혜를 체험하며 목사로 세움을 받았고, 자신들의 사역지로 돌아가 부흥운동의 주자로서 역할을 감당한다.[3] 뜨거운 열정을 가지고 한국 땅에 온 선교사들은 많은 희생을 치러가면서 이 땅에 복음을 전했지만, 앞서 살핀 대로 언어의 한계와 문화적 차이로 인해 설교자로서 어려움에 봉착할 수밖에 없었다. 그러나 본격적으로 한국인 설교자들이 세워지면서 교회는 새로운 국면을 맞게 된다. 당시 민족적으로 매우 어려운 때를 지내고 있었지만, 그들은 교회의 초석을 놓는 일과 부흥을 위해 큰 역할을 감당한다. 여기서는 주로 첫 한국인 설교자들이 세워지던 때로부터 시작하여 1920년 이전의 설교사역에 대해서 살펴보자.

## 시대적 상황

19세기 말부터 조선은 소위 "대륙 세력과 해양 세력의 충돌 지점"이라는 지정학적 위치 때문에 열강들의 각축장이 되어 그들의 이해관계에 흔들리

---

2 방기창, 서경조가 58세, 한석진이 41세, 길선주, 이기풍, 송인서는 40세, 양전백이 39세였다. 평양 출신이 4명으로 가장 많았고, 의주 출신이 2명, 구성 출신이 1명이었다. 1908년에는 졸업생이 없었고 1909년에는 8명, 1910년에는 29명이 배출된다. 박용규, 『한국기독교회사 2(1910-1960)』(서울: 생명의말씀사, 2004), 37-38. 한편 감리교에서는 1906년 김창식이 한국인으로는 처음으로 목사안수를 받았다.

3 Mrs. W. M. Baird, "The Spirit among Pyeng Yang Students," *KMF*, vol. 3, no. 5 (May 1907), 65-67.

고 있었다. 열강들의 야욕이 번득이던 냉엄한 국제 정세 속에서 조선은 국권을 잃게 된다. 제국주의가 팽배하던 시기에 강대국들은 한반도를 그들의 식민지로 삼기 위해 교묘한 음모를 꾸미고 있었다. 먼저 한반도 분할통치안이 거론된다. 사실 한반도 분할통치안은 역사에서 빈번하게 거론되었다.[4] 1894년 한반도를 대륙 정복의 발판 기지로 삼으려는 일본과 조선에 대한 기득권을 유지하려는 청나라 사이에 청일전쟁이 일어났고, 일본의 승리로 인해 조선에서의 청나라 세력이 약화되었다. 그 이후에는 남하정책을 쓰는 러시아가 동아시아에서의 세력 확장을 도모하면서 영국과 미국이 긴장하게 된다. 러시아와 일본에 강경파가 득세하면서 결국 1904년 러일전쟁으로 이어졌고, 이 전쟁에서 승리한 일본이 이후 대한제국의 국권을 불법적으로 강탈했다. 약 15년간 한반도에서 이어진 전쟁으로 인해 결국 가장 많은 피해를 입은 것은 조선인들이었다.

1905년 7월 미국의 테오도어 루즈벨트 대통령의 밀사였던 윌리엄 태프트(William H. Taft)는 일본의 수상 가쓰라 다로(桂太郎)와 도쿄에서 비밀 협정을 맺는다. 가쓰라-태프트 밀약은 미국이 일본의 조선 지배를 묵인하는 대신, 일본은 미국의 필리핀 점령을 인정한다는 내용이었다. 이로 인해 일본의 조선 지배가 구체화되었다. 그해 11월에 을사늑약이 강압적으로 체결되었고 일본은 서울에 통감부를 설치한다. 1907년 고종이 헤이그 특사를 보낸 사실이 발각되자 일본은 고종의 퇴위를 강요했고 이에 따라 순종이 즉위했다. 일제의 비호 하에 실권을 잡고 있던 이완용, 송병준 등이 주도하여 1907년

4 당 태종이 신라와 맺은 나당동맹(648년)도 고구려와 백제를 분할통치하려는 동맹이었으며, 거란의 소손녕이 고려에 제안한 것(993년)도 신라와 고구려 땅의 분할통치안이었다. 조선시대에는 일본의 도요토미 히데요시가 명나라에 사신을 보내어 분할통치안을 제시했다(1593년). 제국주의의 광풍이 한반도 땅에 불면서 그런 분할통치안이 또다시 등장했다. 청나라와 일본 사이에서도 분할통치가 논의되다가 청일전쟁으로 이어졌고, 20세기 초에는 일본과 러시아 사이에 그런 논의가 있었다.

11월에는 대한제국과 일본제국 사이에 대표적 불평등 조약인 정미조약이 체결되면서 대한제국의 군대와 경찰이 강제 해산되었다. 1910년에는 한일병탄이 이루어지면서 조선의 500년 역사는 종말을 고하게 되었다.

하지만 이런 암울한 민족 상황 가운데서도 교회의 조직이 정비되었고 놀라운 부흥이 일어났다. 그래서 곽안전은 이때가 한국교회 역사에서 가장 중요한 시기였다고 말한다. 그는 "간악한 일본에게 합병을 당하는 가장 불행한 일이 일어났지만 조선장로교회가 조직되고, 장로교와 감리교회 사이에 전도구역 배정에 합의를 보았으며, 한국어 성경이 완성되고 1907년에 일어난 대부흥운동과 같은 여러 가지 감사한 일이 일어났다"고 주장한다.[5] 이때 원산에서 발원한 부흥의 불길이 평양에서 본격적으로 타올랐고, 독노회가 조직되었으며, 1912년에는 장로회 총회가 창립되었고, 감리교도 연회가 조직되었다.[6] 첫 장로회독노회가 모인 자리에서는 장로교 12신조가 채택되었고 한국인 목사 7인이 세워졌다. 박용규는 이것이 한국장로교회의 기틀을 세우는 중요한 행보였으며, 이들이 한국교회 지도자로서의 첫발을 디딘 것이 아니라 이미 한국교회 지도자로 인정을 받았기에 목사로 세움 받은 것이라고 주장한다.[7]

1912년 9월에는 7개 노회에서 파송한 총대 221명(목사 총대 96명, 장로 총대 125명)이 평양에서 함께 모였고 조선예수교장로회 총회가 결성된다.[8] 감

5 곽안전, 『한국교회사』, 개정증보판(서울: 대한기독교서회, 1973), 117.

6 미국 북장로교, 남장로교, 호주 빅토리아 장로교, 캐나다 장로교 등의 선교회가 연합하여 "조선야소교 장로교 공의회"가 조직되었다. 여기에는 한국인들도 참여했으며 1901년 9월 20일에 새문안교회에서 서경조, 방기창, 김종섭 등 3명의 장로와 6명의 조사, 25명의 선교사들이 모여 1회 조선야소교 장로교 공의회가 열렸다. 회장에는 소안론, 서기에는 서경조가 선출되었다. 독노회가 조직되던 때 이미 한국교회는 785개 교회와 세례교인 18,061명, 전체 교인이 75,968명이 있었다. 차재명, 『조선예수교장로회 사기』(경성: 조선예수장로회총회, 1928), 17.

7 박용규, 『한국기독교회사 2(1910-1960)』, 63. 노회장에 마포삼열, 부회장에 방기창, 서기에 한석진 등이 선출되었다.

8 여기서 총회장은 언더우드, 부총회장은 길선주, 서기에는 한석진 등이 선출된다.

리교와 성결교도 교회의 조직을 갖추면서 발전한다. 장로교가 4개의 선교부가 있었지만 하나의 노회와 총회를 세운 것과는 달리, 감리교는 미감리교와 남감리교가 별도의 조직을 구성했다. 미감리회는 1897년에 서울구역회(Circuit)를 조직했고, 1908년에 한국연회를 조직한다. 이와 별도로 남감리회는 1897년에 중국연회에 소속된 지방회를 조직했고 1914년에 한국선교연회를 조직한다.[9] 한편 동양선교회라는 이름으로 시작된 성결교회는 동경성서학원을 졸업한 졸업생들이 국내로 들어와 교회를 세우고 미국의 성결운동과 연결되면서 처음부터 자생적으로 선교하는 교회로 시작된다. 신학원이 설립되고 1914년 4월에 이명직, 이명헌 등 5인이 최초로 한국 성결교회의 목사로 안수를 받았다. 성결교는 초기에 국내 선교를 위해 복음전도관이라는 명칭을 사용하다가 조선야소교동양선교회 성결교회로 명칭을 바꾸면서 제도적 교회의 틀을 갖추어나간다.[10] 일본 제국주의자들이 국가의 통치권을 탈취하고 국가 조직이 와해된 때, 교회가 조직되면서 독립교회로 발돋움해가고 있었다는 사실은 고무적이다.

이 시기 기독교 진영은 본격적으로 민족운동을 전개한다. 조선 말기에 이루어진 기독교 수용과 함께 기독교 내부에서는 자연스럽게 민족의식이 형성되기 시작했다. 당시는 제국주의와 서구 열강들의 각축장이 되었던 한반도가 일본의 지배 아래 들어가면서 가혹한 수탈이 이루어지던 시절이었기에, 편차는 있었지만 그 시작부터 "민족의식이 형성될 여건을 갖추고 있었다"고 볼 수 있다. 근대교육을 받은 이들은 자연스럽게 자주·자립·독립정신에 바탕을 둔 민족의식을 갖게 되었다.[11] 또한 기독교 진영에서 세운 학교나 단체, 그리고 신문과 잡지와 같은 매체 역시 민족의식 형성과 계몽

9 한국기독교역사학회 편, 『한국기독교의 역사 1』 개정판(서울: 기독교문사, 2011), 251-52.

10 박용규, 『한국기독교회사 2(1910-1960)』, 73-79.

11 한국기독교역사학회 편, 『한국기독교의 역사 1』, 253.

에 큰 역할을 담당했다.[12] 1900년대 이후 기독교 민족운동은 계몽운동 형태로 전개되었다. 황성기독교청년회(YMCA)의 계몽운동이 가장 대표적이었다. 독립협회 해산 후에 계몽운동을 이어간 이 청년회는 대중 집회와 실업 교육을 중심으로 이루어졌다. 이들은 다양한 연설회와 토론회 등을 개최했고 청년들을 대상으로 실용적인 기술과 지식을 가르쳤다.[13] 지역교회의 청년회도 이런 민족운동을 전개했으며, 대표적으로는 상동교회, 연동교회, 정동교회의 청년회 활동을 들 수 있다. 이들은 을사늑약 반대운동과 의열 투쟁에도 나섰으며 나중에는 만주로 옮겨가 독립운동을 전개하기도 했다.[14]

### 대부흥운동과 설교

이러한 암울한 시대에 하나님이 한국교회에 허락하신 선물이 평양을 중심으로 해서 일어난 대부흥운동이었다. 곽안전은 이것을 "한국교회사에서 가장 중요한 사건"이라고 규정하면서 "전체 한국 그리스도교 운동에 큰 영향을 끼쳤다"고 주장한다.[15] 하나님께서는 시대 속에 여러 차례 부흥의 시간을 허락하셨다. 부흥의 시간 속에서 교회와 성도들은 새 힘을 공급받고 활력을 얻었으며 새로워짐을 경험했다. 비록 이에 대해 다양한 관점과 이해

---

12 「조선크리스도인회보」, 「그리스도신문」과 같은 교계신문은 나라를 위한 기독교인들의 책임을 일깨우는 데 큰 역할을 했고, 서재필에 의해 창간된 「독립신문」이나 양기탁, 신채호, 박은식 등이 창간한 「대한매일신보」 등과 같은 일반 신문도 기독교인들의 민족의식 함양에 일조한다. 한국기독교역사학회 편, 『한국기독교의 역사 1』, 254-55; 이만열, 『한국기독교 문화운동사』(서울: 대한기독교출판사, 1987), 365-70.

13 한국기독교역사학회 편, 『한국기독교의 역사 1』, 258-59. 이때의 청년운동에 대해서는 전택부, 『한국 기독교청년회 운동사』(서울: 정음사, 1979)를 참고하라.

14 이에 대한 보다 상세한 내용을 위해서는 한국기독교역사학회 편, 『한국기독교의 역사 1』, 260-68을 참고하라.

15 곽안전, 『한국교회사』, 122.

가 있지만 부흥은 "하나님의 백성들 가운데 영적 삶에 대한 비상한 각성을 불러일으키는 성령 하나님의 주권적인 역사(sovereign work)"였다. 따라서 이런 부흥이 일어날 때 교회에 "하나님에 대한 경이로운 자각(awareness)"과 "죄로부터의 진지한 되돌이킴"이 일어났고, "하나님과 거룩함에 대한 깊은 열망"을 갖게 되었다. 그뿐만 아니라 "아직 구원받지 못한 사람들에게 복음을 전하기 위한 간절한 열정"에 사로잡히게 되었고, "수많은 잃어버린 영혼들이 그리스도 안에서 진실한 믿음을 회복하여 주님께 돌아오는 결과"로 나타났다.[16] 마치 꺼져가는 불씨가 다시 살아나 불길을 일으키듯이, 부흥은 교회 안에 영적 각성, 깨어남, 재활성화(revitalization)를 일으키기에 하나님의 교회는 계속해서 부흥을 열망한다. 나라가 기울어가는 상황 속에서도 조선 땅의 교회들은 더욱더 강렬히 부흥을 열망했다.

1907년 평양 장대현교회를 중심으로 시작된 초기 부흥운동은 한국교회가 새롭게 태어나는 사건이었다. 그래서 박명수는 이 사건을 "한국교회의 진정한 시작"[17]으로, 김인수는 "한국교회를 새롭게 태어나게 하는 전기"로 이해한다.[18] 초기 한국교회 그리스도인들 가운데는 정치사회적인 이유로 교회에 들어온 사람들이 적지 않았는데, 부흥운동을 거치면서 그들은 비로소 기독교 진리를 접했고 이를 통해 신앙인으로 거듭나는 체험과 복음적인 신앙인으로의 전환을 경험했다.[19] 이것은 1903년 원산에서부터 시작된 부흥운동의 절정이었으며, 남감리교 선교사 로버트 하디(Robert A. Hardie)에 의해 시작되어 한국인 목사 길선주에 의해 마침내 꽃을 피운 사건이다.

1905년 장감연합공의회에서 주관하는 2주간의 신년 부흥회를 시작으

16 John H. Armstrong, "Forward," in T. M. Moore, *Preparing Your Church for Revival* (Carol Stream: Reformation & Revival Ministries, 2001), 8.

17 박명수, 『한국교회 부흥운동 연구』(서울: 한국기독교역사연구소, 2003), 33.

18 김인수, 『한국기독교회사』(서울: 한국장로교출판사, 2003), 167.

19 위의 책; 박명수, 『한국교회 부흥운동 연구』, 33.

로 1906년에는 강화, 평양, 선천, 개성, 목포 등지에서 강력한 부흥의 역사가 일어났다. 단순히 수적인 증가뿐만 아니라 교회에 엄청난 활력이 공급되었다. 미국 남감리교 선교사였던 조셉 저다인(Joseph L. Gerdine)은 이때의 감격을 다음과 같이 전한다. "지난 6-7년 동안 이 땅에서 우리는 설교와 성경을 판매하는 일을 힘차게 진행했고, 우리는 지금 엄청난 추수(large harvest)를 거두기 시작했다. 행한 우리의 사역은 열매를 맺기 시작하였고 말씀 사역이 성령의 역사와 함께 진행되었다. 하늘의 복이 임했다. 새로운 회심자들이 들어왔다. 그리고 영광의 찬송이 올려졌다."[20] 미국 북장로교 선교사였던 프레드릭 밀러(Frederick S. Miller) 역시 다음과 같이 전한다. "오늘 한국은 무르익어 추수를 기다리고 있는 황금 들판(a ripe harvest field)이다. 온 땅이 복음을 전하는 설교에 대해 활짝 열려 있다. 사람들은 복음을 들을 준비가 되어 있을 뿐만 아니라 그들은 실로 간절하여 교회는 간절한 예배자들로 넘쳐나고 있다."[21]

1906년에 일어난 부흥을 통해 수적 증가와 같은 외형적 성장뿐만 아니라 말씀과 영적 체험을 통한 영적 각성과 삶의 변화가 나타났다. 1906년 10월에 조셉 저다인을 초청하여 열린 목포 집회에서 놀라운 부흥이 일어났다. 미국 남장로교 선교사였던 존 프레스톤(John F. Preston)은 이에 대해 "강력하고 놀라운 집회"(notable meeting), "지금껏 경험했던 것 가운데 가장 강력한 부흥회"였다고 전하면서 저다인의 설교에 "강력한 성령의 임재와 능력이 나타났고", 말씀이 선포되었을 때 "마치 외과용 수술 칼처럼 예리하게 사람의 마음을 깊이 해부하면서 은밀한 죄와 숨겨진 영혼의 암세포들을 도려내는 것 같았다"고 전한다.[22]

20 Joseph L. Gerdine, "Growth and Spirituality," *KMF*, vol. II, no. 11 (September 1906), 202.

21 Frederick S. Miller, "The Neglected Province of Korea," *KMF*, vol. II, no. 10 (August 1906), 194.

22 John F. Preston, "A Notable Meeting," *KMF*, vol. II, no. 12 (October 1906), 227-28.

이런 분위기에 힘입어 평양에서도 선교사들이 성탄절에 가졌던 친교모임 대신 정초에 있을 사경회를 위한 기도회를 열어 계속 기도했고, 평양 지역의 그리스도인들도 오순절과 같은 성령의 역사가 있기를 간절히 기도했다. 윌리엄 헌트는 기도회가 "성령님의 임재를 간절하게 사모하는 기도로 시작되었다"고 전한다.[23] 선교사들의 정오기도회뿐만 아니라 1906년 가을부터는 새벽 5시에 모여 새벽기도회를 시작했고, 12월 26일부터는 장대현교회에서 매일 저녁 준비기도회로 사람들이 모였다. 이때 강사는 길선주였으며, 강력한 회개의 역사가 준비기도회로부터 시작되었다.

1907년 1월 2일부터 15일까지 장대현교회에서 평안남도 사경회가 열렸다.[24] 낮 집회는 외지에서 온 사람들을 대상으로 했고, 1월 6일부터 시작한 저녁 집회에는 평양 시내 교우들의 참석도 허락되었다. 보통은 800여 명 정도가 참석했지만 그해에는 1,000명 이상이 참석했다. 사경회는 주로 성경공부 중심으로 열흘 동안 계속되었는데, 새벽기도회와 저녁전도집회가 계속되는 가운데 하늘의 불길이 떨어졌다. 매일 저녁 집회에 1,500명 정도가 참석했는데 시간이 갈수록 그 열기가 더해갔고, 1월 14-15일에는 강력한 성령의 역사와 함께 뜨거운 회개의 역사가 일어났다. 이를 두고 조지 맥큔(George S. McCune)은 본국에 보내는 선교 보고에서 "가장 놀라운 은혜"(most wonderful blessings)였으며 "최초의 생생한 성령님의 권능과 임재의 현시"(the first real manifestation of His Power and presence)였고, "우리 자신들이 전에는 한 번도 본 적이 없는 것"이었다고 전했다.[25]

---

23 William B. Hunt, "Impressions of an Eye Witness," *KMF*, vol. III, no. 3 (March 1907), 37.

24 당시 도사경회는 일반적으로 신년 1월에 열렸는데 10일, 혹은 2주 동안 열렸다. 보통 새벽 5-6시에는 새벽기도회, 9-10시는 성경공부, 10:00-10:45 기도회, 15분 휴식 후에 11-12시 성경공부, 점심 후 다시 오후 2-3시에 성경공부, 그 이후에는 축호전도와 전도한 이들을 대상으로 한 저녁 집회가 열렸다. 박용규, 『한국교회와 민족을 살린 평양대부흥 이야기』(서울: 생명의말씀사, 2006), 72-73.

25 George S. McCune to A. J. Brown, January 15, 1907 (KMPCUSA Microfilm Reel # 281, vol. 237, #21).

이 부흥운동을 통해서 한국교회는 놀라운 성장을 경험했고, 그 결과로 자립과 자치를 이루게 되었다. 물론 이에 대한 평가는 다양하지만 이것이 성령의 강력한 역사로 이루어진 사건이었음은 자명한 사실이다. 부흥이 평양에서 시작되어 전국으로 들불처럼 번져나갔으며 그것은 한국교회 부흥의 초석이 되었다. 대부흥운동은 기도회와 뜨거운 말씀 선포, 지도자들의 회개 등을 통해 가시화된 성령의 역사였으며 죄의 고백과 삶의 변화로 연결되었다. 그 현장에 있었던 그래함 리는 본국에 보낸 선교 편지에서 다음과 같이 부흥의 광경을 묘사한다.

> 어제 저녁 모임은 평소처럼 7시에 시작했고 짧은 설교와 몇 사람의 간증 후에 죄를 고백하기 원하는 자들이 있었고 그 고백을 들으려면 시간이 많이 걸려 새벽까지 모임을 계속할 예정이므로 집으로 가기 원하는 사람들은 모두 가도 좋다고 광고했습니다. 많은 사람들이 떠나 집으로 돌아갔지만 500-600명 정도는 그대로 남았으며, 그때 제가 지금까지 결코 본 적이 없었던 종류의 집회가 시작되었습니다. 때때로 전체 청중이 함께 큰 소리로 기도했고, 그다음 고백하려고 애쓰던 일부 사람들은 거꾸러졌으며, 사방에서 주체할 수 없는 감정으로 하나님께 기도로 부르짖고 통곡하는 사람들의 소리가 들려왔습니다.…우리는 울지 않을 수 없었습니다. 우리 교회를 정결케 하시고 더 유용하게 하시려고 준비시키시는 분은 바로 하나님의 영이었습니다. 어젯밤에는 사람들이 오직 하나님의 영에 의해서만 고백할 수 있는 그런 죄들을 고백했습니다. 힘을 자랑하는 건장한 남자들이 마치 자신의 심장이 찢어지는 것처럼 거꾸러져서 울었습니다.…어떤 말로도 그 집회를 설명할 수 없습니다. 그것은 제가 결코 보지 못했던 하나님의 성령의 임재였습니다.[26]

26 Graham Lee to J. Brown, January 15, 1907 (KMPCUSA Microfilm Reel #281, vol. 237, #20).

이러한 부흥운동은 1월에 평양에서 시작되어 개학하면서 학교로 확대되었고, 교단을 초월하여 선교사들을 위시하여 목회자들과 교인들, 학생들, 심지어는 어린아이들까지도 뜨거운 성령의 역사를 경험하면서 강력한 회개의 역사로 이어졌다. 이렇게 시작된 부흥으로 선교사들과 길선주를 포함한 한국인 목사들이 전국 교회를 다니면서 사경회를 열었고 각처에서 놀라운 부흥의 역사를 경험하게 되었다. 그리고 그들이 이러한 부흥의 열기를 따라 열정적으로 전도하면서 교인들이 기하급수적으로 늘어났고, 이런 부흥은 중국의 봉천, 요양, 만주, 북경으로까지 퍼져나갔다.[27] 이것은 어느 특정 지역이나 특정 교회, 혹은 특정 그룹 가운데서 일어났던 운동이 아니라 선교사들의 뜨거운 회개에서 촉발된 원산부흥에서 시작하여 평양 장대현교회와 교파를 초월하여 평양 전역으로, 그리고 다른 지역 교회들로 확대되었다. 박용규는 이 사건을 다음과 같이 정리한다.

> 이길함 선교사는 선천으로, 소안론은 광주로, 헌트 선교사는 대구로, 길 장로는 의주와 서울로 달려갔습니다. 기차가 닿지 않는 곳에는 말을 이용하여 성령이 인도하시는 대로 움직인 것입니다. 감리교의 하디 선교사와 저다인(J. L. Gerdaine)도 전국을 순회하면서 부흥회를 인도했습니다. 특히 평양대부흥운동의 주인공 길선주 장로는 신자가 있는 곳이라면 어디서나 부흥집회를 인도했고, 그때마다 놀라운 성령의 역사가 나타났습니다. 그 결과 "신자가 있는 곳에는 어디서나 신앙부흥의 체험을 가지게 되었습니다."[28]

당시 대부흥운동의 중심에는 설교와 기도가 자리 잡고 있었다. 사경회는

---

27 김인수, 『한국기독교회사』, 174-75.

28 박용규, 『한국교회와 민족을 살린 평양대부흥 이야기』, 107-8.

설교와 성경공부로 이루어졌고, 그들은 설교를 듣는 가운데 하나님의 임재하심을 경험했으며, 말씀을 통해 찔림을 받아 통회하는 역사가 일어났다. 그것은 뜨거운 기도와 구령열로 표현되었다. 설교를 들은 후에 그들은 "잇대어 일어나 자기들의 죄를 고백하고, 소리를 내어 울며, 마룻바닥에 엎드려 주먹으로 마룻장을 치며 과거에 지은 죄를 통회했다.…시간이 가는 줄도 몰라 새벽 두 시까지 집회가 계속되는 일이 예사였다."[29] 초기 선교사들은 "영적 각성이 이 민족의 유일한 대안이라고 확신"했고, 새로운 신자를 교회로 인도하는 것도 중요하게 생각했지만, 기존 신자들이 성령 충만과 영적 각성을 경험하는 일과 교회 내의 영적 각성에 더 초점을 맞추었다.[30]

영적 부흥은 교회를 새롭게 하시며 강력하게 무장시키려는 하나님의 놀라운 주권과 섭리 가운데서 일어나는 사건이다. 부흥이 일어날 때 사람들은 영적인 것과 하나님의 실체(reality)에 대한 새롭고도 압도적인 각성으로 인해, 영적 마비나 혼미한 상태에 있었다 할지라도 갑자기 깨어나게 된다.[31] 하나님께서 행하신 일들은 너무 놀랍기 때문에 간단하게 규정하기는 어렵지만, 영적 부흥은 사람들을 깨어나게 하고 교회가 다시 일어나도록 하며 지역 사회의 사람들에게 새 생명을 주고 도덕적 갱신(renewal)을 강력하게 일깨운다. 부흥은 "이기심에 사로잡혀 있는 교회를 하나님의 영광을 위해 전적으로 헌신된 도구"로 만들며, "냉담하던 그리스도인들로 하여금 하나님과 잃어버린 세상을 위해 살려고 하는 거룩한 열망으로 타오르게" 한다.[32]

언제나 진정한 부흥은 성도들의 삶과 세상을 변화시키는 힘으로 나타난다. 부흥은 우리 삶의 불순물들을 태우시며 우리 삶의 능력을 회복시켜주

29 곽안전, 『한국교회사』, 125-26.

30 박용규, 『한국교회와 민족을 살린 평양대부흥 이야기』, 47.

31 Brian Mills, *Preparing for Renewal* (Lottbridge Brove: Kingsway Publications, 1990), 2장.

32 김남준, 『거룩한 부흥』(서울: 생명의말씀사, 2000), 374.

시는 영적인 축복이며, 하나님께서 그의 백성들 가운데 하나님의 거룩한 영을 갑작스러우면서도 생소한 방식으로 부어주시는 때다. 이러한 부흥은 하나님께서 전적으로 그분의 주권 가운데서 그분이 허락하시는 사역이며, 하나님께서 기뻐하실 때 그 시대 가운데 허락하시는 축복이다. 이때 궁극적으로 일어나는 현상은 "영적인 활력"(spiritual vitality)이다. 각 시대마다 하나님이 놀랍게 일으키셨던 부흥운동은 기도의 제단을 쌓고서 기도에 전념케 했으며 하나님의 말씀과 뜻을 추구하는 일에 전심전력하게 했다. 이때 예배가 회복되고 하나님의 임재에 대한 의식이 새롭게 싹트면서 하나님을 향한 경외감에 휩싸이게 된다. 부흥의 시기에는 언제나 기록된 하나님의 말씀과 그 말씀의 선포인 설교가 존중되었고, 그 말씀의 위력을 회복했으며, 정결과 거룩이 강조되었다.[33] 그렇다면 이런 부흥운동으로 인해 한국교회에는 어떤 변화가 일어났을까? 설교사역과 관련하여 몇 가지를 정리해보자.

첫째, 대부흥운동은 한국교회를 기도하게 했다. 부흥은 언제나 뜨거운 기도로부터 시작된다. 역사적으로 어느 시대에나 부흥을 경험했던 시대에는 강력한 기도가 있었고 기도에 온전히 헌신한 사람들이 있었다. 원산부흥은 미국 남감리교 선교사 메리 화이트(Mary C. White)와 캐나다 장로교 선교사 루이스 맥크컬리(Louis H. McCully)의 간절한 기도로부터 시작되었다. 그들은 한국교회와 선교사들 가운데 영적 각성 운동이 일어나기를 간절히 기도했다.[34] 이처럼 부흥운동은 기도로 시작되었고, 뜨거운 기도를 통해서 더욱 강력하게 진행되었다. 기도로부터 발화된 부흥운동으로 인해 한국교회는 기도하는 교회가 되었다. 장대현교회에서 새벽기도가 시작되어 그 기도의 전통이 전국에 있는 교회로 퍼져나갔고, 이것은 한국교회의 트레이드마크

33 Frank Damazio, *Seasons of Revival*, 오현미 역, 『Yes! 부흥』(서울: 도서출판진흥, 2000), 73.

34 박용규, 『한국교회와 민족을 살린 평양대부흥 이야기』, 34.

가 되었다. 특히 부흥운동 기간에 합심기도, 통성기도, 철야기도, 산상기도 등이 시작되었고, 이런 기도들은 모두 기도에 관한 열심에서 비롯되었다.

부흥운동과 함께 기도하는 모습에 대해 윌리엄 블레어(W. N. Blair)는 "그들이 드리는 기도는 나에게는 폭포수가 쏟아지는 것 같았고, 기도의 대양을 이루어 하나님의 보좌를 두드리고 있었다"라고 표현한다. 감리교 선교사였던 조지 존스(George H. Jones)도 "부흥운동의 가장 현저한 발전 가운데 하나는 통성기도"라고 평가한다.[35] 저녁 집회가 밤늦게까지 진행되었고, 타지에서 온 사람들이 많아 자연스럽게 밤늦도록 철야하면서 기도하는 형태가 자리 잡게 되었다. 특히 새벽기도회는 길선주가 장로 박치록과 함께 장대현교회에서 시작한 것이다. 길선주의 능력 있는 설교와 뜨거운 기도의 열기는 새벽기도회를 더욱 역동적으로 만들었고, 1909년 이후 전국에 있는 교회로 확대되면서 한국교회 부흥의 원동력이 되었다. 새벽기도는 한국교회만이 가지고 있는 부흥운동으로 인한 독특한 유산이었으며, 이것은 한국교회 예배의 하나로 자연스럽게 자리 잡게 되었다.

둘째, 대부흥운동은 교회 안에서 도덕성 회복과 거룩한 삶을 추구하는 분위기를 형성했다. 초기 한국교회의 예배는 선교사들의 신학적 배경과 네비우스 선교정책의 영향으로 다분히 선교 지향적인 특성을 띠었다.[36] 복음 전파와 교회 설립이 가장 중요한 관심사였던 초기 선교에서는 회심자를 얻기 위한 방법이 널리 강구되었고, 예배 참석 숫자에 서로 경쟁적이었다. 그래서 비교적 복음전도가 쉬웠던 하층 계급의 사람들에게 먼저 접근하여 교회 성장을 이루었다. 신앙을 갖게 된 동기도 서민들의 경우에는 선교사들

---

35 William N. Blair, "The Korean Pentecost and Other Experience on the Mission Field" (New York: n. p., 1908), 43; George H. Jones and W. Arthur Noble, *The Korean Revival, An Account of the Revival in the Korean Churches in 1907* (New York: The Board of Foreign Missions of the Methodist Episcopal Church, 1910), 39.

36 허도화, 『한국교회 예배사』(서울: 한국강해설교학교출판부, 2003), 99.

에게서 여러 가지 보조나 도움을 기대했기 때문이었고, 지식층과 양반 계층은 교회를 통해 국가의 독립과 민족의 운명을 일으켜보려는 염원을 가지고 신앙에 입문한 경우가 적지 않았다. 그러다 보니 초기 교인들의 경우 도덕성과 윤리 문제를 상당히 많이 내포하고 있었다.

이런 상황 속에서 평양대부흥은 사경회 집회를 통해 기독교 진리를 새롭게 터득하게 했고, 말씀에 입각한 신앙 체험을 통해 순수하지 못한 신앙 동기를 바로잡아주며 새로운 윤리관을 세워주는 계기가 되었다. 그 이후 교인들의 도덕성 회복에 대한 요구는 엄격한 수세 기준으로 이어졌다. 그동안 회심자를 얻기 위한 열정으로 인해 이 점을 상당 부분 도외시했으므로 교회는 세례 교인을 세우는 일에 더욱 신중을 기했다. 그 결과 1907년 11월부터 1년간 행해진 세례문답에서 56명 중에 14%에 해당하는 단 8명만이 세례를 받도록 허락했다.[37] 이처럼 평양대부흥운동은 개인의 철저한 회개를 통해 영적 각성 및 삶의 변혁을 이루었고, 이것은 사회 변혁의 동인이 되었다.

셋째, 대부흥운동은 한국교회 안에 뜨거운 전도의 열심과 구령열을 일으켰다. 더불어 민족복음화에 대한 열정도 갖게 했다. 성도들은 사경회가 있을 때마다 오후에는 거리 전도에 나섰고, 민족복음화의 염원은 1910년 한일병탄이 강행된 때에 백만인구령운동을 시작하게 했다. 세계의 유명 부흥사들이 한국에 들어왔고, 전도 집회는 한국교회가 교파를 초월하여 민족복음화를 위해 하나가 되게 했다. 이것은 남녀노소, 평신도와 교역자, 선교사들과 한국인 교인들이 하나가 되어 벌였던 전국적인 운동이었다.

이때 가난한 교인들은 물질을 헌금할 수가 없어 시간을 바치는 소위 "날 연보"라는 것을 행했다. 즉 헌금을 하지 못하는 이들이 일주일에 하루,

37 위의 책, 103.

또는 열흘에 하루를 십일조로 드려 복음전도에 헌신하였다.[38] 나중에는 은혜를 받은 사람들이 자연스럽게 물질을 드리는 것처럼 소중한 시간을 드려 이웃과 동네를 다니면서 복음을 전하는 일이 일반화되었다. 쪽복음이나 전도지를 구입하여 전도하는 복음서 배포도 일반화되었는데, 마가복음 쪽복음이 100만 부가 넘게 배포되었다. 이런 전도의 열정은 정치적으로 암울하던 때에 민족을 함께 묶어주면서 희망을 주는 운동이 되었다.

넷째, 대부흥운동은 한국교회 안에 말씀 연구와 사경회를 정착시켰다. 사경회나 성경공부는 한국교회 부흥의 기반이었을 뿐만 아니라 하나의 고유한 신앙 전통으로 자리 잡았다. 평양대부흥은 선교사들의 성경공부 모임에서 촉발되어 장대현교회의 사경회를 통해 폭발했다. 이것은 성경 연구에 대한 뜨거운 열심을 불러일으켰고 성경공부반을 조직해 함께 말씀을 읽고 그것을 삶에 적용하여 실천하는 데 주안점을 두었다. 사경회는 점차 조직적인 체계를 갖추었고, 이후 부흥회로 발전하게 된다. 사경회와 부흥회의 성격을 합하여 부흥사경회로 불리기도 했는데, 이로써 새벽기도회로 시작하여, 오전에는 성경공부, 오후에는 축호전도, 저녁은 말씀 중심의 전도집회 순으로 구성된 한국교회 대중집회의 전형적인 형태가 자리 잡게 된다.

다섯째, 대부흥운동은 한국교회의 독특한 예배와 집회 형식을 형성했다. 우선 새벽기도회가 한국교회의 공식적인 모임으로 정착되었고 다양한 기도회 형식으로 발전되었다. 초기에 선교사들은 주일낮예배만 드렸다. 그러나 장로교회를 중심으로 새벽기도회, 주일오전예배, 저녁예배, 수요기도회 등이 시작되어 전국의 교회로 확산되었으며, 이들 각각은 오늘날 한국교회의 전형적인 예배 형태로 자리 잡게 되었다. 또한 산상기도, 철야기도, 통성기도 등은 한국교회 예배의 독특한 기도 형식이 되었고, 경건한 신앙

38 김인수, 『한국기독교회사』, 183.

생활의 토대를 마련해주었다. 특히 독특한 기도 자세와 즉흥 기도의 형식, 그리고 열렬한 기도는 한국교회 예배의 특징이 되었다.

1907년에 7인의 한국인 목회자가 배출된 것과 함께 한국적인 예배의 토착화는 더욱 가속화되었다. 사경회와 새벽기도회는 평양부흥운동의 중요한 축을 형성한다. 이것은 한국교회 예배가 말씀과 열렬한 기도 중심의 예배가 되게 했다. 한국교회 설교는 사경회의 영향을 받아 교육적·교리적·윤리적 특성이 강하게 나타났고, 성경 중심의 신앙을 강조하기에 이른다. 이렇게 부흥운동은 한국교회의 예배 형성에 깊은 영향을 주었고, 성경 중심의 신앙생활, 깊은 기도를 통한 경건 훈련, 회개와 윤리적 삶의 실천을 강조하는 독특한 예배 형태로 나타났다. 특히 주정적이고 비예전적 특성을 취하면서 비교적 자유로운 형식과 설교 중심의 예배라는 독특한 한국적 예배의 특성이 형성되었다.[39]

여섯째, 대부흥운동은 당시 교회가 직면하고 있었던 여러 가지 문제와 시대적 아픔을 극복해가는 데 중요한 활력소로 작용했고, 교회를 거듭나게 하여 민족의 수난과 혹독한 박해 앞에서 잘 견딜 수 있도록 준비시킨 사건이었다. 대부흥운동기를 지난 다음 교회는 혹독한 시련을 맞게 된다. 그래서 백낙준은 "이 부흥운동이 있은 후 교인들의 새로운 신앙 경험은 극열한 시련을 당하지마는 한국교회의 도덕적·심령적 세력으로 존속되어왔"으며, "이 운동을 회고하고 추억함으로써 신앙생활의 샘터를 찾는다"고 주장한다.[40]

평양을 중심으로 일어났던 대부흥운동은 한국의 그리스도인들이 진정한 기독교 진리를 터득할 수 있었던 계기가 되었으며, 이는 한국교회의 급격한 성장으로 나타났다. 토착적이고 독특한 한국교회의 예배와 흐름이 형

39 허도화, 『한국교회 예배사』, 113-17.

40 백낙준, 『한국개신교사, 1832-1910』, 392.

성되었고, 지도자들의 화합과 협력이 가시화되었다. 거기에는 강력한 기도와 설교, 그리고 삶의 변혁으로서의 뜨거운 회개가 있었다. 이것이 전국 교회로 확산되면서 도시에서 농촌으로 부흥의 열기가 전해졌으며 자연스레 영적·도덕적 변화로 나타났다. 말씀 연구와 설교가 영적·도덕적 각성을 이끌었다. 이렇게 대부흥운동은 민족 교회로서의 기틀을 형성하게 했으며, 이후에는 백만인구령운동 등으로 나타났다.[41] 이것은 한국교회를 새롭게 태어나게 했으며, 한국교회 성장의 초석이 되었다.

## 초기 설교 연구 자료

평양장로회신학교 1회 졸업생이었던 7명의 목사들이 배출되면서 본격적인 한국인 설교자 시대가 열렸다. 이로써 언어적 한계를 안고 있던 외국인 선교사 출신의 설교자들과는 다른, 강력한 말씀 사역이 새롭게 펼쳐지기 시작했다. 물론 초기 한국인 설교자들도 여러 가지 사회적·국가적 여건 때문에 한계가 있었다. 그럼에도 한국인 설교자들의 등장은 적지 않은 의미를 가진다. 이 시대의 설교자로는 장로교의 첫 목회자들인 서경조, 이기풍, 길선주, 한석진, 송인서, 방기창, 양전백, 감리교의 최병헌, 김종우, 전덕기, 성결교의 이명직 등을 들 수 있다. 그 첫 졸업생 7명은 1907년에 목사안수를 받았는데 당시 교회가 많지 않았기에 대부분 순회전도 목사로 파송을 받아 활동했다. 이들은 복음을 설교하여 교회를 세우고, 책임자에게 맡긴 다음 또 다른 지역으로 옮겨가 복음을 설교하는 형태로 사역을 감당했다.

이 시기의 대표적인 설교 연구 사료는 초기의 열악한 여건 때문에 많이

41 김인수, 『한국기독교회사』, 176-85.

남아 있지 않고, 발견되는 설교 자료도 대부분 요약식으로 되어 있고 출간된 자료 역시 간략하여 그들의 설교사역을 완벽히 평가하기란 쉽지 않다. 이 시기에 출간된 대표적인 설교집으로는 『백목강연』과 『종교계 저명사 강연집』 등이 있다.[42] 또한 일부 신문 등에 게재된 설교문을 참고 자료로 활용할 수 있다. 이 시기의 설교는 앞서 언급한 것처럼 한국인 설교자 시대를 활짝 열었으며, 민족의 암울한 시절에 새로운 종교적 희망을 불어넣었다.

## 길선주 목사: 한국교회 부흥의 초석이 된 설교자

### (1) 생애와 사역

길선주 목사(1869-1935)는 한국교회 최초의 한국인 설교자로서 평양부흥운동의 중심에 서 있었던 인물이며, 새벽기도회를 처음 시작한 장본인이었다. 편하설(Charles F. Bernheisel)은 길선주가 당시 "한국교회에서 설교와 전도에 있어 가장 탁월한 존재"였다고 평가했고,[43] 게일 역시 그가 맹목적이고 애처로운 도교적 성향의 구도자로 살다가 주린 영혼으로 하나님의 존전 안방까지 깊숙이 인도되었던 존재였다고 평가한다.[44]

길선주는 29세 때 널다리골교회에서 그래함 리 선교사로부터 세례를 받았다. 그는 상투를 자르고 머리를 깎았으며 성경 연구와 기도에 힘쓰면서 평생 뜨거운 구령의 열정에 사로잡혀 살았다. 30세 때 영수가 되었고,

42 양익환 편, 『백목강연』, 제1집(서울: 奎文名, 1976); 韓錫源 編, 『宗教界著名士 講演集』(京城: 活文社書店, 大正 11, 1922), 참고.

43 Charles F. Bernheisel, "Rev. Kil Sunju," *KMF* (February 1936), 30.

44 Gale, "Elder Keel," 494.

33세 때 방기창과 함께 장대현교회 장로가 된다. 34세 때는 평양장로회신학교에 입학하여 1907년 제1회 졸업생이 되었다. 마포삼열은 졸업생에 대해 본국에 보고하는 편지에서 그에 대해 다음과 같이 평가한다.

> 일곱 명 중에서 가장 늦게, 1897년에 세례를 받은 이는 길선주 장로였다. 그는 한국교회에서 가장 언변이 뛰어난 설교자이며 가장 위대한 영적 능력을 가진 사람이다. 그는 좋은 집안에서 태어난 전직 관리의 아들이며, 고전 교육을 가장 잘 받았다. 한의사요, 진리를 깊이 추구하던 이로 자주 산에 올라가 명상과 기도를 했던 사람이다. 오랫동안 계속해서 기도할 때는 졸음을 막기 위해 맨발로 눈 위에 서거나 벗은 웃통에 찬물을 끼얹으며 기도에 전념했다. 그는 가장 친한 친구들(현재 장로인 김종섭과 정익로)처럼 인생의 신비를 밝혀줄 어떤 빛을 간절히 찾고 있었다. 김종섭이 먼저 그리스도를 발견하고 길선주를 빛으로 인도했다. 그는 한국의 "스펄전"으로 큰 능력을 가지고 장대현교회에서 1,500명의 회중들에게 설교하고, 사경회에서 성경을 가르치고, 서울이나 다른 지방의 교회에 가서 전도 집회를 인도하고 있다.…그는 생각이 깊고 영적 진리에 대한 분명한 통찰력을 가지고 있으며 아름다운 영혼과 보기 드문 바른 판단력을 지니고 있다.[45]

1907년 9월 그는 장대현교회로부터 담임목사 청빙을 받았다. 당시 장대현교회는 교인 수가 3,000명에 달했고, 세례 교인 수는 1,076명이 될 정도로 서북 지역에서는 가장 대표적인 교회로 자리매김하고 있었다.[46] 그의 담임목회는 힘차게 진행되었다. 그는 사역을 시작한 지 6개월 만에 그동안 신

45 Samuel A. Moffett, "An Educated Ministry in Korea," *The Interior*, XXXVIII-1916 (February 14, 1907), 3-4.

46 허호익, 『길선주 목사의 목회와 신학사상』(서울: 대한기독교서회, 2009), 75.

앙훈련을 받은 201명에게 세례를 베풀었다. 그것은 한국인 목사가 이 땅에서 베푼 최초의 세례이자 당시로서는 가장 많은 숫자였다.[47] 장대현교회는 길선주가 담임목사로서 사역을 시작하면서 새로운 시대를 열어간다. 교회는 평양을 지역별로 나눠 5개의 교회로 분립되었고 교회 행정 체계를 정립하면서 제도적으로 보다 건실해지고 영적으로 더 깊어졌다. 초기부터 교회는 말씀 교육을 통해 성도들의 삶을 교육하고 체계적인 성경공부와 사경회를 열어 신앙생활의 기초를 다지는 일에 중점을 두었다. 그는 특별히 설교를 통해 성경 읽기, 기도하기, 전도하기, 헌금하기 등 신앙의 형태화를 강조했고, 이것은 한국교회의 가장 중심적인 신앙 전통으로 발전했다.[48]

무엇보다도 장대현교회는 평양부흥운동의 발원지와 같았다. 그 중심에 길선주 목사가 있었다. 편하설은 부흥운동의 전국적인 확산에 길선주가 결정적인 역할을 했고 부흥운동의 중심에 길선주의 설교가 있었다고 평가한다.[49] 앞서 언급한 것처럼 원산에서부터 시작된 부흥운동은 평양에서 가장 크게 타올랐다. 당시의 설교 강사 명단은 평양의 4개 교회의 담임목사였던 그래함 리(이길함), 윌리엄 스왈른(소안론), 찰스 번하이젤(편하설), 윌리엄 블레어(방위량), 윌리엄 헌트 선교사와 길선주였으며 길선주는 그 사경회의 주강사였다. 그는 주로 가장 대표적인 집회인 저녁집회에서 설교를 맡았다. 저녁집회의 설교 제목은 1월 6일(주일): "마음의 눈을 열고 성신을 영접하라", 1월 7일(월): "이상한 귀빈과 괴이한 주인", 1월 8일(화): "지옥을 취하랴 천당을 택하랴", 1월 9일(수): "성령 앞에 숨을 자는 없다", 1월 10일(목): "이신칭의", 1월 11일(금): "무궁 안식 세계" 등이었다.[50]

---

47 장로회신학대학교 편, 『장로회신학대학 70년사』(서울: 장로회신학대학교, 1971), 40.

48 허호익은 성경애독신앙, 기도신앙, 전도신앙, 헌금신앙 등으로 인해 전통신앙이 발전했다고 강조한다. 위의 책, 79-83.

49 Charles F. Bernheisel, "Rev. Kil Sunju," *KMF* (February 1936), 30.

50 이만열, "1907년 평양대부흥운동에 대한 몇 가지 검토", 『한국기독교와 역사』, 26(2007), 7.

설교자 길선주는 하나님의 말씀을 전하면서 그 자신이 먼저 죄를 고백하기 시작했다. 사경회가 진행되는 동안 그의 설교가 끝났을 때 성령의 강한 임재가 나타나지 않은 날이 없었다. 사람들은 공개적으로 눈물을 흘리며 죄를 고백했다. 교회당에 가득한 청중들이 모두 일어나 큰 소리로 울면서 죄를 자복했다.[51] 박용규는 이때의 기록을 다음과 같이 정리한다.

> 이날 길선주는 혼신의 힘을 다해 이 민족과 이 사회를 살리는 원동력이 성령충만이라고 역설했다. 이날 그의 메시지는 참석자들 모두에게 큰 도전과 감동을 동시에 제공해주었다. 이날 메시지가 끝난 후 온 회중이 통성으로 기도했다. 길선주가 기도를 계속하기 원하는 사람은 남아 계속 기도하고 돌아갈 사람은 조용히 일어나 돌아가라고 말하자 수백 명이 남아서 밤이 맞도록 간절히 기도했다. 길선주는 "이상한 귀빈과 괴이한 주인"이라는 제목의 설교를 전했다. 이날 그의 설교는 성령께서 심령에 들어오시기를 원하시지만 주인이 문을 열어주지 않아 들어갈 수 없다는 내용이었다. 길선주의 메시지는 힘이 있고 능력이 수반되어 청중들을 온전히 사로잡아 시간이 지나면서 청중들 가운데 회개의 눈물을 흘리는 이들이 늘어갔다. 설교가 끝나고 온 회중이 통성기도를 할 것을 길선주가 요청하자 "회중의 기도는 회개로 화했고 장내는 울음바다가 되었다." 한 젊은이가 길선주를 찾으며 죄를 고백할 기회를 달라고 하자 길선주는 "어떤 일인지는 모르나 죄를 회개하는 간증을 하려면 먼저 상대방과 화해를 하시오"라고 응수했다. 그러자 그 대상은 바로 길선주 장로라며 이날 마음으로부터 복받쳐 오르는 눈물을 흘리며 목메인 목소리로 여러 사람들 앞에서 간증했다.[52]

---

51 William B. Hunt, "Impression of the Eye Witness," *KMF* (March 1907), 37. 차재명 외 편, 『조선예수교장로회 사기』(경성: 신문애교회당, 1928), 9.

52 박용규, 『한국교회와 민족을 살린 평양대부흥 이야기』, 63.

이렇게 이어지는 죄의 고백이 너무 많아서 심지어 공개적으로 하는 것을 금지할 정도였다. 길선주의 설교를 듣고 죄를 자복하며 회개하는 역사가 강력하게 일어났고, 회개의 물결이 넘실대듯 각처에서 일어났다. 열정적인 기도는 정례적인 새벽기도회로 정착되었고, 통성기도가 부흥회의 중요한 요소로 자리 잡으면서 사람들은 기도의 새로운 차원과 능력을 체험하게 된다. 이 모든 것에서 길선주의 설교가 중요한 역할을 했다. 그는 한 교회의 목회자로서 성공적인 사역을 수행한 것 외에도 전국을 순회하는 부흥설교자로서 하나님의 말씀으로 백성들을 위로하고 교회를 깨우는 일을 훌륭하게 수행했다.

한편 한국 사회 전체에 공산주의와 사회주의 사상이 만연하면서 신진 청년들이 그의 보수 신앙에 반기를 들었고 배척 운동을 전개하는 바람에 1927년에는 장대현교회의 목사직을 사임하고 원로목사가 되었다. 그 후 그는 오히려 자유롭게 전국을 다니며 부흥회를 인도할 수 있었고 만주 지역에서도 집회를 인도했다. 그는 1년에 30주 이상을 집회를 인도하며 열렬히 복음을 증거했다.[53] 그는 시력이 나빠져 도움을 받지 않으면 거동이 불편한 상황에서도 말씀을 전해달라는 부탁이 오면 어디든 달려갔다. 가는 곳마다 복음을 전했고 "예수를 믿으면 생활이 향상되고 윤리적으로 바로 서서 사회의 빛과 소금이 될 것"을 소리쳐 외쳤다.[54] 설교에 대한 그런 고귀한 헌신과 열정이 있었기에 그로 인해 "한국교회가 부흥운동의 시대를 열었다"고 민경배는 평가한다.[55]

1935년 11월 26일, 길선주는 평남 강서의 고창교회에서 개최되었던 평

53 Bernheisel, "Rev. Kil Sunju," 30.

54 길진경, 『길선주: 부흥의 새벽을 열다』(서울: 두란노, 2007), 131.

55 민경배, "한국교회의 초석이 된 길선주 목사: 머리말", 길선주, 『한국 기독교 지도자 강단설교: 길선주』(서울: 홍성사, 2008), 12-13.

서노회 사경회를 인도하던 중 쓰러져 세상을 떠난다. 그는 가족들에게 늘 말씀을 전하다가 하나님 나라에 가고 싶다고 이야기했었는데 그의 소원대로 되었다. 그의 장례식은 숭실전문학교 대강당에서 진행되었다. 편하설은 그를 떠나보내면서 이렇게 간구했다. "우리는 주님께 간절히 간구했습니다. 이렇게 헌신되고 능력이 있는 주님을 따르는 설교자가 더 많이 이 땅에서 일어나 이 땅의 교회를 새롭게 하고 온전히 말씀으로 인도할 수 있게 해주옵소서."[56]

길선주는 한때 재래 종교에 깊이 탐닉했었으나 기독교 신앙을 받아들인 후 한국교회의 초석을 놓으면서 탁월한 설교사역을 통해 한국교회 영성과 경건 신앙을 세워가는 데 지대한 역할을 했다. 20세기 초반 평양을 중심으로 시작된 대부흥운동을 이끌어간 것이나 기도와 성경 읽기를 근간으로 한 한국교회의 신앙생활의 기틀을 잡은 것은 그의 탁월한 설교사역 때문에 가능했다. 그는 민족의 선각자로서 기독교를 민족의 신앙으로 자리매김하는 데 결정적인 역할을 했던 설교자였다. 그래서 편하설은 그가 세상을 떠났을 때 "한국 개신교회는 가장 빛나는 장식들 가운데 하나와 가장 위대한 설교자 가운데 한 사람을 잃었다"고 안타까워하면서 "길선주는 설교자와 복음전도자로서 아마도 한국교회에서 최고였다"고 술회한다. 그뿐만 아니라 그는 "기도의 능력을 가장 절실하게 믿었던 사람"으로 새벽기도를 시작하여 민족과 교회, 형제들의 구원을 위해 깊이 기도한 사람이었고, 구약성경을 500회 이상, 신약성경을 100회 이상 읽은, "하나님의 말씀 연구에 있어서 위대한 학생"이었으며 요한계시록을 통째로 다 암송했던 사람으로 회고된다.[57] 그래서 길선주에 대한 민경배의 평가는 설득력이 있다.

56 Bernheisel, "Rev. Kil Sunju," 31.

57 위의 책, 29-30.

길선주 목사는 한국 기독교의 기초를 놓은 창건자이다. 한국교회가 세계적인 교회가 되었다면 그것은 그의 신앙과 설교가 그 초기에 경이로운 정도(定道)의 정통으로 우뚝 서서 처음부터 사도적 전승의 교회로 정착하게 한 데에 있다고 할 수 있다. 그는 기독교가 한국인에게 무엇이며 어떤 것인가를 역력히 보여준, 한국교회의 가장 위대한 목회자요 신학자였다. 질곡의 한국 근대사 초기에 기독교의 복음은 사후 천당만이 아니라 실제 모든 사람에게 지금, 여기의 문제로 생생하게 다가오는 것, 그것을 실감하게 한 것이 길선주 목사였다.[58]

### (2) 설교사역과 신학적 특징

노년에 길선주는 앞을 보지 못하는 시각 장애를 안고 설교단에 올라야 했지만 그럼에도 그는 일생 동안 1만 7천 회 이상 설교했고 그의 설교를 들은 사람은 380만 명 이상이었으며, 전국에 60여 처소에 교회를 설립했고, 직접 세례를 준 사람이 3천 명 이상이며, 그의 전도로 기독교 신앙을 갖게 된 사람은 7만 명 이상이 되는 것으로 추산된다. 35년간 전국을 누비면서 말씀을 전했던 그는 위대한 설교자의 삶을 살았고 놀라운 설교사역을 통해 실의에 빠진 사람들을 위로하고 희망을 전했던 한국교회 초기의 가장 위대한 설교자 중 한 명이었다.[59] 그는 새벽기도와 통성기도를 도입하여 한국교회를 기도하는 교회가 되게 했고 "성경을 읽고 그대로 따르는 교회로 그 체질을 삼게 한" 설교자였다.[60] 그래서 정성구는 "선교사를 통해서 들어온 기독교는 길선주라는 거인에게 왔고 우리는 점차 신학과 신앙의 자주성을 가

58 민경배, "한국교회의 초석이 된 길선주 목사", 16-17.

59 위의 책, 9.

60 위의 책, 10.

미하고 자각의 눈을 뜨게 되었다"고 주장한다.[61]

길선주의 설교사역은 주로 주제설교의 형식을 많이 차용하고 경우에 따라서는 본문을 따라 전개하는 형식을 취하기도 한다. "최귀(最貴)한 생명"이라는 설교문은 전형적인 주제설교의 특성을 보인다. 그는 우주의 모든 동물이 생(生)을 좋아하고 죽음을 싫어한다고 전제하면서 "생명"이라는 주제를 중심으로 생명의 가치, 생명의 근원, 생명을 얻을 방침 등의 대지로 나누어 설명한다. 본문을 따르는 설교 형식은 가상칠언을 따라 행한 일곱 편의 설교가 대표적이다. 물론 이것은 예수님께서 십자가에서 남기신 말씀을 해석한 설교이기 때문이기도 하지만 깊은 통찰을 제시하고 있다. 이렇게 그는 성경의 내용을 풀어가면서 자연스럽게 논리를 전개하는 형식적 특징도 자주 차용하고 있다.[62] 그의 성경 해석은 주로 알레고리 방식을 많이 사용한다. 설교문을 중심으로 한 문헌 연구의 한계가 있지만, 전반적인 그의 설교의 특징을 몇 가지로 정리하면 다음과 같다.

첫째, 무엇보다도 그의 설교사역은 예수 그리스도의 복음을 받아들이고 새사람이 되어 새로운 삶을 살게 하는 민족계몽에 초점을 맞추었다. 그는 기독교가 민족의 신앙이 되어야 한다고 믿었으며, 민족계몽을 위한 교육에 강조를 두면서 설교사역을 병행했다. 그는 주간학교를 세워 일꾼을 양성하고 야간학교를 세워 문맹 퇴치에 앞장섰으며, 성경공부반을 결성하여 성경을 가르쳤고 말씀을 통해 민족계몽을 강조했다. 또한 "새국민운동"도 전개했는데 여기서 강조했던 것은 그리스도의 정신으로 마음을 새롭게 하는 것, 체육과 성교육으로 체질을 개선하는 것, 미신을 타파하고 풍속을 개량해서 문화 수준을 향상시키는 것, 자급자족으로 생활을 향상하는 것, 관혼

61 정성구, 『한국교회 설교사』(서울: 총신대학교출판부, 1986), 142-43.

62 길선주, 『한국 기독교 지도자 강단설교: 길선주』, 21-59, 63-70 참고.

상제를 개선하고 가옥 구조를 개량하는 것 등이었다. 그래서 사경회 가운데서는 긍정적인 언어 사용과 언어 순화, 가정과 부엌에서의 위생관리, 화장실 개선 등과 같은 실질적인 내용도 교육했다. 그뿐만 아니라 민족문화의 보존에도 깊은 관심을 기울였다.[63] 이런 부분은 장대현교회 앞마당에 조선식 건물로 청년회관을 세운 후에 행한 "내일의 일꾼에게"라는 설교에 잘 나타난다.

> 과거를 잊지 마십시오. 과거의 거울에 비친 자아가 내일의 세대의 거울이 되는 것입니다. 문화를 탐색하지 마십시오. 젊은이 자체가 문화의 산실입니다. 오늘의 생활은 내일의 민족문화를 형성하는 요소입니다. 현재에서 단결하십시오. 서로의 협조와 협력으로 각자의 현실을 종합하고 다듬을 때 새로운 민족문화가 형성됩니다. 그것이 내일을 위함이요 다음 세대에 물려줄 새 문화를 세우는 기초 작업입니다. 내일의 터를 오늘에 닦으십시오. 오늘 터를 닦는다는 것은 반만년의 긴 세월을 두고 우리 민족이 밟고 다져온 땅을 닦는 것입니다. 우리 민족의 반만년의 역사는 우리 문화의 주머니라고 할 수 있고 문화의 사진첩이라고 할 수 있습니다. 그런 주머니를 열 때 우리의 예술도 나오고 그 사진첩을 열 때 우리의 문화 양상이 나타납니다. 그것에서 새것을 발견하고 또 그것을 아름답게 시대화하는 것이 새 문화의 창조요, 각자의 의무입니다. 우리는 다른 민족이 될 수 없습니다. 다른 민족의 옷을 입어도 아니 되는 것입니다. 우리는 백의민족이며 우리 자체가 문화적 존재임을 잊어서는 아니 됩니다. 우리의 것을 버리지 마십시오. 우리의 것을 사랑하고 시대화할 때 우리가 성장하고 영원할 수 있습니다. 문화는 그 민족 역사의 배색입니다. 문화는 민족의 척도요 역사는 민족 생태의 비망록입니다.

63 길진경, 『길선주: 부흥의 새벽을 열다』, 130-32.

> 남이 하는 일에 맹종해서도 안 되고 남의 것을 무조건 따르는 모방 인간이 되어서도 안 됩니다. 민족문화가 빠져나간 그 자체에 시대적 비전이 있을 수 없고 민족이 지향할 지표를 설계할 수 없습니다. 오늘날 교회는 민족의 희망인 하나님이 어디 계시냐고 하는 시대적 질문을 받고 있습니다. 이 질문에 벙어리가 되지 않고 대답할 수 있어야 합니다. 예수와 함께 살고 예수의 교훈을 친히 받았고 예수를 누구보다 잘 알고 있었던 제자들에게 일어난 오순절의 기적이 나타나야 합니다. 우리는 초대교회에서 나타난 성령님의 역사를 다시 한번 돌아보아야 합니다.[64]

둘째, 길선주의 설교는 성령충만과 부흥을 추구했다. 1907년 1월 장대현교회의 첫 부흥회에서 일어난 성령의 역사는 전국으로 번져갔다. 그것은 전적으로 주 강사였던 길선주의 설교를 통해서 일어난 역사였다. 길선주는 교회가 그리스도의 몸으로서 온전해지기 위해서는 성령이 역사하는 교회, 오순절의 역사가 일어나는 교회로 서야 한다는 확신을 가지고 있었고, 교회가 "성령님의 기적적인 역사로 거듭나지 않고서는 세상 사람들을 구원하는 방주가 될 수" 없다는 생각을 가지고 오랫동안 기도로 준비했다.[65] 그래서 첫날 집회의 설교 제목은 "마음의 문을 열고 성령을 영접하라"였고, 둘째 날은 "이상한 귀빈과 괴이한 주인"이었는데, 그는 다음과 같이 설교한다. "성령님이 오셔서 지금 우리 마음에 들어가기를 기다리고 있습니다. 그런데 마음의 주인이 문을 열어주지 않아서 지금 들어가지 못합니다."[66] 당시

---

64 길진경, 『길선주: 부흥의 새벽을 열다』, 136-37. 이 설교문은 길진경이 고어에서 현대어로 바꾼 것을 설교체 문장으로 바꾸기 위해 종결어를 경어로 수정했다.

65 그는 실제로 매일 한 시간씩 보통기도를 했고, 매주 사흘을 금식했고, 한 해에 일주일을 금식했는데 이것을 세상 떠날 때까지 계속했다. 또한 성경 읽기와 암송 등을 통해 설교를 구상하고 하나님과 깊이 교제하며 부흥에 대한 열망을 키웠다. 길진경, 『길선주: 부흥의 새벽을 열다』, 138.

66 위의 책, 143.

그의 설교를 통해 일어난 성령의 역사는 집회 마지막 날이었던 주일에 최고조에 이른다. 장대현교회의 담임목사였던 이길함(George Lee)은 그날의 모습을 다음과 같이 전한다.

> 길 장로가 설교 마지막에 실증적인 예로 끝맺었다. 그는 끈 하나로 자기 몸을 단단히 묶은 뒤 그 끈을 다른 사람에게 잡아당기게 했다. 길 장로는 강대상에 서 있던 윤산온 선교사에게 도와달라고 말했다. 그것은 죄에 얽매인 사람의 모습이었다. 죄 아래 속박되어 있던 사람이 몸부림치다가 결국 그 줄을 끊고 하나님께 돌아가는 모습을 상징적으로 보여준 것이었다.…길 장로가 밧줄을 끊고 윤산온 선교사와 껴안았을 때 많은 사람들이 일어나서 죄를 회개하고 울부짖었고 어떤 사람들은 마룻바닥을 뒹굴며 통회의 눈물을 흘렸다고 한다.[67]

이렇게 길선주의 설교는 성령의 역사가 강력하게 나타났고, 또한 그 자신이 무엇보다 성령의 역사를 강조했다. 성령의 역사와 함께 나타나는 뚜렷한 현상은 죄의 회개와 삶의 변화다. 길선주는 한국교회에 성령의 역사로 인해 부흥의 역사가 불타고 있을 때 미국에 가 있던 게일 선교사에게 보낸 편지에서 다음과 같이 말한다.

> 만일 하나님이 이처럼 성령을 나타내지 않았더라면 한국교회는 외관상으로는 커졌을지 모르지만 사탄의 지배 아래에 있었을 것이며, 몇 사람이 구원을 얻게 되었는지를 걱정했을 것입니다. 저는 이 모든 축복을 능히 설명할 수 없습니다. 하나님이 하신 일을 붓으로는 더욱 설명할 수 없습니다. 평양에

67 위의 책, 153.

나타나신 것과 같이 성령님이 당신 위에 임하시기를 기도합니다.[68]

성령의 역사로 일어났던 부흥의 여파로 그의 설교사역은 곧이어 전국으로 확대되었다. 시력 문제가 심각했고, 교통 상황이 열악했지만, 그는 영혼과 교회를 사랑하는 마음으로 지역과 교파를 가리지 않고 집회 요청이 오면 바로 달려갔다. 때로는 얼음 덮인 강을 건너다가 물에 빠져 큰 위험에 처한 적도 있다. 그때 성경과 설교 원고를 다 잃어버렸지만 그는 "성경이 압록강에 빠졌으니 그 물을 마시는 사람은 예수님을 믿을 것이고 압록강 연안에 있는 교회는 모두 부흥될 것이오"라면서 전도 여행을 계속한다. 또한 길선주는 한일병탄 이후에 한국교회의 기반을 다지는 일뿐만 아니라 민족의 단결을 위해 초교파적으로 진행되었던 백만인구령운동을 주도한다. 이 운동은 비록 수치상으로는 목표에 이르지 못했지만 민족을 살리는 길은 정치적 힘이나 경제적 힘을 키우는 것이 아니라 희망의 복음을 듣게 하여 민족 전체가 복음화되는 데 있다는 확신에서 한국교회가 일치단결한 최초의 사건이었다.[69]

또한 이 운동은 민족복음화라는 비전을 함께 공유하고 그것을 향해 매진했다는 것, 그리고 구령의 열정과 실천은 암울하던 때에 대규모 전도 집회에서 설교를 통해 희망을 전달하고 교회가 영적으로 갱신하면서 새로운 활력을 찾게 되었다는 긍정적인 측면이 있다. 당시 길선주는 전국을 순회하면서 설교사역을 통해 교인들을 깨우고 전도에 헌신하게 했으며 교회를 구령열로 타오르게 했다. 이때 생겨난 것이 "날 연보"였다. 즉 시간의 십일조를 드린다는 마음으로 전도를 위해 특정한 날을 정하여 헌신하는 것이었

68 길진경, 『길선주: 부흥의 새벽을 열다』, 158-59.
69 백만인구령운동에 대한 보다 상세한 내용은 박용규, 『평양부흥운동』, 제3부를 참고하라.

다. 이것은 처음에 "십일조 부인"(tithers)이라는 이름으로 영변에서 선교하던 감리교 여선교사인 에스티(E. M. Estey)에 의해 시작되었는데, 1년 52주 가운데 십 분의 일에 해당하는 5주를 하나님 일에 헌신하기로 서약한 부인들이 주축이 되었다. 물질 대신에 시간을 드려서 전도하는 사람들이 함께 모여 "십일조회"가 만들어졌고, 이것이 백만인구령운동과 함께 날 연보라는 이름으로 실시되었다.[70]

이때의 상황을 한 선교사는 다음과 같이 전한다.

> 한국인들보다 설교의 메시지를 환영하고 존중하도록 잘 훈련된 백성은 결코 만날 수가 없었다. 처음 교회에 나온 사람들도 논쟁을 하러 오는 것이 아니라 듣고 배우기 위해서 교회에 나온다. 이 운동이 진행되던 중요한 때에 한국 사람들은 기독교를 반대하는 내용의 책들을 읽지 못했다. 그들은 자신들의 가난과 약점이 무엇인지를 잘 알고 있었다. 기독교는 이곳에서 설교를 통해 서북 지역의 많은 옹호자들을 깊이 만족시키고 있었다.[71]

셋째, 길선주의 설교는 종말론이 중심을 이룬다. 특히 그의 생애 후반기의 설교는 주로 종말론, 정확히 말하면 말세론에 천착한다. 3·1운동 과정에서 33인의 민족지도자 반열에 이름이 올랐던 길선주는 2년 동안 옥고를 치르면서 요한계시록 연구에 전력한다. 그는 약해져 가는 시력 때문에 아예 요한계시록을 암송하기 시작했고 옥중에서 말세학을 체계화했다. 요한계시록은 그가 출감한 이후 수행한 순회전도와 사경회에서 가장 중심적인 주제가 되었다. 그래서 유동식은 길선주의 "사상의 중심에는 말세론이 들어 있

70 이덕주, 『한국교회 이야기』, 159-61.

71 "Christianity in Korea," *KMF*, vol. 4, no. 5 (May 1908), 70.

었다"고 주장한다.[72] "말세학"으로 정리된 그의 글에서 길선주는 "우리의 신앙은 예수 그리스도의 십자가에 터를 닦고 우리의 소망은 내세의 영원한 안식 세계를 바라보는 만큼 주의 재림은 말세학의 중심이요 또한 초점이다"라고 주장한다.[73] 재림의 징조로는 29가지를 제시하는데 여기에 근대 문명의 이기(利器)까지 포함시키고 있고,[74] 하나님께서 암시하신 연대라고 규정하면서 특정 연대에 천년왕국이 시작될 것이라는 대목은 문제가 있지만 무엇보다도 한국교회 최초로 종말론을 정리했다는 점에서 의의가 있다.

길선주의 설교는 보수주의적 신앙을 근간으로 했다. 유동식은 길선주를 보수적 근본주의를 대표하는 인물로 소개한다.[75] 사실 이런 관점은 초기 선교사들뿐만 아니라 대부분의 한국 목사들이 견지했던 관점으로, 교회의 비정치화 정책은 선교사들로 구성된 장로회공의회의 결의 사항이었다. 선교사들은 열강의 각축장이 되었던 조선이 처한 복잡한 정치 문제를 해결하기 위해서가 아니라 복음을 전하기 위해 이 땅에 달려왔기에, 여러 가지 변수가 작용하는 상황에서 정치적 사안에 깊이 관여하기가 쉽지 않았을 것이다. 그래서 "대한나라 일과 정부 일과 관원 일에 대하여 도무지 그 일에 간섭하지 아니하기를 작정"했으며, "교회 일과 나라 일은 같은 일이 아니라 또 우리가 교우를 가르치기를 교회가 나라 일 보는 회가 아니오, 또한 나라 일은 간섭할 것도 아니오"라고 그들의 입장을 정했다. 또한 "교회는…나라 일을 의논하는 집이 아니오, 그 집에서 나라 일 공론하러 모일 것도 아니오, 또한 누구든지 교인이 되어서 다른 데 공론하지 못한 것이오"라고 하면서

72 유동식, 『한국 신학의 광맥』(서울: 다산글방, 1999), 70.

73 길선주, "말세학", 김인수 편, 『사료 한국신학사상사』, 140. 세대주의 관점을 중심으로 한 전천년설의 관점에서 논점을 풀어가며 무천년설과 후천년설을 강하게 비판한다.

74 전화기나 라디오, 장갑차 등의 출현을 재림과 연결시키기도 한다.

75 유동식, 『한국 신학의 광맥』, 67.

교회는 정치적인 일을 다루는 곳이 아니라고 규정하고 있다.[76] 특별히 이것은 신학적 이해 및 활동과 관련해서도 설명할 수 있지만, 교회가 직면한 위기와 문제 앞에서 비정치화와 단순한 구령운동에 중점을 두었음을 알 수 있다. 유동식은 이로 인해 기독교의 본질을 "개인의 구령운동에서 찾고 하나님의 절대성을 그 말씀인 성경에서 찾는 근본주의적인 보수 사상의 전통이 형성"되었으며 그 기초를 놓은 인물이 바로 길선주였다고 주장한다.[77] 그 후 이것은 한국교회의 전반적인 신학적 경향이 되었고, 보수 신앙의 초석을 놓는 데 깊은 공헌을 하게 된다.

이는 3·1운동 과정에서 취한 길선주의 자세에서도 엿볼 수 있다. 그는 3·1운동을 주도한 민족 대표 33인의 명부에 이름을 올렸지만 소극적 행태로 많은 비판을 받았다. 천도교와 함께 기독교를 대표하는 인물로 명부에는 이름을 올렸지만, 사경회 관계로 지방에 있어 독립선언문이 낭독되었던 태화관에 불참한 것이나 평양에서 독립만세운동이 있던 날에 총독부에 자수하여 수감되었던 것, 심문 과정에서 자신의 이름이 올라간 것을 몰랐다고 진술한 것이나 법정 진술문에 나타난 독립운동에 대한 소극적 자세, 독립선언이 아니라 독립청원론을 주장한 것, 그리고 무죄 방면된 것 등은 민족 대표로 이름을 올린 것에 걸맞지 않다고 이해된다.[78]

이런 신학적 경향을 가장 잘 보여주는 것이 그의 "말세학"이었다. 그는 3·1운동으로 인해 1년 8개월 동안 옥고를 치르면서[79] 요한계시록 연구에 집중했고 출옥한 이후 1920년대에 펼쳐진 그의 설교는 말세 신앙이 중심을 이룬다. 무엇보다도 그는 만세운동의 실패에 대한 좌절감으로 인해 주

---

76 "교회와 정부 사이의 교제할 몇 조건", 「그리스도 신문」(1901년 10월 3일).

77 유동식, 『한국 신학의 광맥』, 69.

78 이때의 행보와 재판 기록에 대해서는 허호익, 『길선주 목사의 목회와 신학사상』을 참고하라.

79 그의 차남이었던 길진경은 아버지와 함께 3·1운동에 참여하여 1년 6개월의 옥고를 치른다. 부자가 함께 만세운동에 참가하여 투옥된 것은 김찬성과 그의 아들 김화식의 경우도 있다.

님의 재림에 대한 열망을 강하게 가지면서 말세 신앙에 천착한 것으로 보인다. 더욱이 105인회 사건으로 선천의 신성학교 교사로 있던 장남 길진형이 살인적인 고문 후유증으로 1918년 봄에 세상을 떠난 것도 그가 말세 신앙에 더욱 집중하게 된 요인이었다. 그는 강대국의 식민 지배에 대해 비판하고, 국제연맹은 유명무실한 허수아비라고 지적하면서 "입으로는 평화를 부르짖어도 손에는 총칼을 쥐었고 말로는 세계 평화를 부르짖어도 뒤에는 대포를 가지고 있으며 세계평화조약을 맺어놓고 뒤로는 군비를 확장"하는 강대국의 형태를 비판한다.[80] 그러면서 말세를 살아가는 그리스도인의 사명은 정의를 위해 싸우고 평화를 위해 일하는 것이라고 주장하면서, 주님의 재림이 이루어지면 이 땅 위에 평화의 왕국과 자유 세계가 건설될 것이라고 생각하는 지상 낙원을 염두에 둔 말세학의 구조를 세워간다. 그리고 1922년부터 전국을 다니며 사경회를 인도하는데 주로 이 말세론을 기초로 말씀을 전했다.[81]

## 이기풍 목사: 순회하는 전도설교자

### (1) 생애와 사역

한국 장로교회의 초대목사 7인 중 한 사람인 이기풍 목사(1868-1942)는 평양에서 태어나고 자랐다. 개인 사숙에서 한학을 배웠던 그는 호탕한 성격에 싸움과 술을 좋아해서 젊은 시절에 평양에 정착한 선교사들을 많이 힘

80 길선주, "平和의 曙", 『길선주—한국 기독교 지도자 강단 설교』, 185; 길선주, 『말세학』, 48.

81 허호익, 『길선주 목사의 목회와 신학사상』, 314-15.

들게 했던 박해자였다.[82] 그러나 이후 그는 기독교 박해자에서 신실한 그리스도인으로 탈바꿈했고, 마침내 목사이자 최초로 파송받은 선교사로 활동했다. 1894년 청일전쟁이 발발하자 그는 전쟁을 피해 원산으로 갔고 그곳에서 한 전도인을 만나 복음을 접한 후 그리스도인이 되기로 작정한다. 그는 1894년 윌리엄 스왈른(William L. Swallen) 선교사에게 세례를 받고 그의 조사가 된 후에는 한국어 선생 역할을 했고 각종 행정 업무를 수행하면서 설교를 전하기도 했다.

그 후 그는 권서인이 되어 함경도를 순회하면서 복음을 전했고, 마포삼열의 권유를 받아 1903년 평양장로회신학교에 입학하여 1907년에 1회 졸업생 중 최연소로 졸업한다. 독노회에서 목사안수를 받은 이후에는 노회의 결의에 따라 외지 선교사로 임명을 받아 제주도로 떠난다. 한국교회가 파송한 최초의 선교사였던 셈이다. 당시 제주도는 미신이 가득하고 우상숭배가 심했던 곳이었기에, 그는 먼저 내려가 상황을 살펴보고 집을 구한 다음에 가족을 데리고 가려는 계획으로 가족은 목포에 남겨두고 혼자서 제주를 향했다. 타고 가던 배가 파선을 당하여 추자도에 표류하였다가 1908년 2월에야 가까스로 제주에 도착했다.

하지만 그곳 사람들은 흥선대원군의 쇄국 정책의 여파로 특히 서양 종교에 대한 반감이 컸고 뱀을 숭배하는 풍습까지 있어 처음에는 거처를 구하는 것조차 어려웠다. 또한 제주 방언을 이해하는 데도 어려움이 많았으며, 그중에서도 가장 어려운 것은 타지인에 대한 배타성이었다. 선교 초기에는 그들에게 말을 걸기도 쉽지 않았다. 그러던 중 영양실조로 쓰러진 사건을 계기로 한 해녀를 만나 대화를 할 수 있게 되었고 그를 전도하여 제주

82 그는 1890년에 노방 전도를 하고 있던 마포삼열 선교사에게 얼어붙은 솔방울을 던지기도 했다. 그는 건축 중인 장대현교회 신축 현장을 부수었고, 선교사들 집에 돌을 던져 유리창을 깨뜨리기도 했다.

선교의 첫 열매를 얻었다. 그 후 이기풍은 기회가 있을 때마다 사람들을 만나기 위해 일을 도와주러 다녔고 열심히 일을 도와주면서 복음을 전했다. 그는 우상숭배 근절을 위해 노력하다가 죽도록 맞기도 했고, 제주도의 풍습과 선교 현황을 알리기 위해 보고서를 보냈는데 그것이 신문에 실리면서 나중에 그것을 본 제주 청년들에게 몰매를 맞기도 했다.[83] 그가 깊은 좌절감에 빠져 마포삼열 선교사에게 평양으로 돌아가고 싶다는 편지를 보내자 마포삼열은 이렇게 답했다. "이기풍 목사, 편지는 잘 받았소이다. 그런데 당신이 내 턱을 때린 흉터가 아직도 아물지 않고 있으니 이 흉터가 아물 때까지는 분투노력하시오." 그는 편지를 받은 후 대성통곡하면서 자신의 죄를 회개했고, 돌아갈 요량으로 쌌던 봇짐을 풀어버리고 힘을 내어 전도에 전념했다.[84] 이를 계기로 선교 시작 5년 만에 제주도에는 410명의 교인과 예배당 3개, 기도 처소 5곳이 생겼고, 매 주일 예배에 참석하는 성도가 300여 명에 이르게 된다. 1908년에 제주 성내교회(현 성안교회)를 시작으로 금성, 삼양, 성읍, 조춘, 모슬포, 한림, 용수, 세화 교회가 세워졌다. 그는 제주 땅의 일터와 장터, 집을 방문하여 한 사람 한 사람에게 복음을 전도하고 사람과 교회를 세워갔던 전도설교의 대표적인 초기 주자였다.

성대에 이상이 생겨 광주에 나와 1년간 요양하던 중 북문안교회(현 광주제일교회)에 출석하던 이기풍은 건강 회복과 함께 담임목사 청빙을 받았고 1916년 8월에 개최된 6회 전라노회의 허락을 받아 그곳에서 2대 담임목회를 시작하게 된다.[85] 그는 교회 발전에 전심전력을 기울였고 교회는 크

83 그 신문은 「한성신문」이었다. 여기에 제주도의 진기한 풍속 몇 가지를 적어 보낸 것이 문제가 되었다. 제주 청년들은 제주도 사람들을 야만인으로 몰았다면서 단오날에 이기풍을 처단할 준비를 하고 들이닥쳤는데 벽보를 보고 이기풍의 집을 찾아온 박용호 대감의 도움으로 기사회생할 수 있었다. 박 대감은 바른 소리를 하다가 제주도로 정배해온 사람으로 고향이 같아서 그와 친분을 쌓았다. 이사례, 『이기풍 목사의 삶과 신앙』(서울: 기독교문사, 2003), 64-66.

84 이사례, 『이기풍 목사의 삶과 신앙』, 60.

85 북문안교회는 1904년에 시작되어 배유지(Eugene Bell) 선교사가 1대 담임목사로 교회를 이끌었

게 부흥했다. 그러나 무리한 제주 사역의 여파와 함께 여러 사역으로 인한 병치레가 잦아 목회를 쉬어야 할 정도였다. 결국 성대 문제가 재발해 목회직을 사임하고 서울에서 요양하다가 건강이 어느 정도 회복되자 1920년 순천읍교회(현 순천중앙교회) 담임목사로 청빙을 받아 사역했고, 1921년에는 평양 장대현교회에서 열린 조선예수교장로회 총회에서 총회장에 피선된다. 1924년에는 벌교읍교회 담임으로 청빙을 받아 개척 목회를 하다가 1927년에 다시 제주 성내교회의 청빙을 받아 그곳에 내려가 사역한다. 제주도에서 사역하면서는 교회를 세우는 일뿐만 아니라 육영 사업에도 관심을 기울여 제주유치원과 영흥학교를 설립했다. 제주에서의 2차 사역을 마친 다음 이기풍은 고흥과 벌교 등지에 복음을 전하기 위해 무보수 개척목사로 나선다. 1937년에는 칠순이 넘은 나이에도 여수 남쪽의 작은 섬(금호도)에 복음을 전하기 위해 들어갔고, 여수 돌산과 완도 등지의 도서 지역을 순회하면서 복음 전파와 교회개척에 필사의 노력을 기울인다.

일제는 1934년경부터 본격적으로 신사참배를 강요하기 시작했다. 1938년에 장로교가 신사참배를 공식 결정했을 때 이기풍은 이에 반대하다가 순천노회 나덕환, 김순배, 오석주 목사 등과 함께 체포되어 모진 고문을 당하게 된다. 초주검 상태가 돼서야 출소 조치가 이루어졌으나 그는 나머지 목사들이 출소하기 전에는 절대 나가지 않겠다고 버티다가 건강이 극히 나빠져 출감된다. 이후 1942년 6월 13일에 섬기던 우학리교회에서 마지막

---

고, 이기풍은 2대 목사로 부임했다. 북문안 사창골(현 충장로3가)에 부지를 마련하여 교회당을 건축했고, 1916년에 남궁혁과 최흥종 등이 장로로 재직하고 있었으며 이들은 나중에 목사가 되어 남궁혁은 3대, 최흥종은 5대 담임목사로 사역하게 된다. 3·1운동에 성도들이 대거 참여함으로써 일제에 의해 교회당이 폐쇄되고 몰수당하면서 1910년 10월 남문밖에 교회당을 건축하여 금정교회로 개명한다. 1919년에 성도들이 많아져 두 군데로 나누어 예배를 드리게 되면서 북문밖교회(현 중앙교회)가 분립되었고, 1924년에는 양림교회가 분립되었다. 한편 금정교회는 남부교회로 개명했다가 1952년에 광주제일교회로 개명했다. 광주교회사연구소 편, 『광주제일교회 100년사: 1904-2004』(광주: 광주제일교회 광주교회연구소, 2006), 228-60.

설교와 성찬식을 거행했고 고문후유증으로 75세의 일기로 그해 6월 20일에 세상을 떠났다.

### (2) 설교사역과 신학적 특징

"조선 땅의 사도 바울"이라는 별명을 가진 이기풍은 생명을 걸고 한반도 구석구석을 누비면서 복음을 전하는 설교사역을 감당했다. 선교 초창기 제주도는 가난하고 피폐했으며, 우상숭배와 배타성으로 인해 복음전도가 불가능한 곳이었다. 따라서 그는 마음에 백인(百忍)과 관용, 겸손이라는 단어를 좌우명처럼 새겼다.[86] 그는 제주에서 셋째 아들(사준)을 잃었고, 광주에서 넷째 아들(사영)을, 벌교에서는 둘째 딸(사라)을 잃었다.[87] 장례를 마친 후 그는 주일에 베드로전서 1:3-4을 본문으로 고난과 산 소망에 대해 설교했다.

> 산 소망이라 함은 필경 부패할 세상의 소망이 아니라 영원의 행복과 영원의 생명을 얻는 소망을 말합니다. 우리는 다 같이 무용한 사람이요, 죄악의 사람이요, 배역한 자식이었습니다. 소도 그 주인을 알고 나귀도 그 주인의 구유를 아는데 우리는 하나님을 알지 못한 자였습니다. 그럼에도 불구하고 우리가 구원을 얻게 됨은 모두 하나님의 긍휼에 의한 것입니다. 예수의 제자들은 예수가 죽으심으로 말미암아 실망하고 낙담했지만 그가 다시 살아나심으로써 새 소망이 일어났습니다. 이제 "나는 부활이요 생명이니 나를 믿는 사람은 죽어도 살겠고 살아서 믿는 사람은 영원히 죽지 아니하리라" 하심을 그대로 믿을 수가 있게 되었습니다. 비로소 산 소망이 생긴 것입니다. 이런 산 소망의 시작은 우리의 중생입니다. 산 소망이 장래에만 있는 것이 아니라

86 이경윤, 『백인(百忍)—백 번의 인내: 이기풍 목사 이야기』(서울: 한국고등신학연구원, 2011), 133.
87 위의 책, 91-92, 115-16, 147-48.

현재 우리의 심령에 작용하여 우리를 중생하게 하사 새 사람을 지은 것입니다. 우리의 외양은 변함이 없고 또 불신자는 우리를 외식하는 자라고 하지만 나는 현저히 변화되었습니다. 나의 인생관, 나의 사랑, 나의 목적이 변했으며 내가 죄인이지만 영원한 구원에 들어간 것을 진실로 느끼고 기뻐하게 된 것입니다. 이런 중생은 우리의 힘으로 되는 것이 아니라 성령의 힘으로 되는 것이며 이것이 우리 구원의 시작이 되는 것입니다. 그런즉 하나님의 긍휼, 예수의 부활, 우리의 중생, 이 세 가지 기초 위에 선 소망이야말로 산 소망이 아니고 무엇이겠습니까?[88]

그는 설교자의 가정에 닥친 아픔을 보았던 교인들에게 소망에 대한 메시지를 전하면서 그것을 그리스도의 부활 사건 및 중생과 연결시킨다. 먼저 서론 부분에서 산 소망이 무엇인가에 대해 제시한 다음, 소망의 근원, 소망의 확실한 증거, 산 소망의 시작 등 세 개의 대지로 나누어 논지를 전개한다. 소망의 근원은 "그리스도의 아버지 하나님의 많으신 긍휼"이며 소망의 확증은 "그리스도의 죽음 가운데서 부활하심"이다. 그는 산 소망의 시작은 "우리의 중생"이고 그것은 장래에만 있는 것이 아니라 오늘 우리의 심령에 작용하여 새로운 삶을 살게 하며, 그 중생은 우리 힘이 아니라 성신의 힘으로 되는 것이라고 전한다. 이 설교는 본래 대지 설교가 가지는 특성을 잘 간직하고 있으며 탄탄한 논리를 통해 메시지를 전하고 있다.

"단장"이라는 설교문[89]은 베드로전서 3:1-8을 본문으로 한다. 그는 "하나님께서 사람을 위해 모든 만물과 동물들에게 단장을 하여 주셨다"는 명

88 위의 책, 149-50. 이것은 본래 역대총회장 설교집에 실린 것을 이해하기 쉽게 현대어로 풀어쓴 내용을 인용했음을 밝힌다. 원문은 종교교육부 편, 『역대 총회장 설교집』(서울: 대한예수교장로회종교교육부, 1955)을 참고하라.

89 이 설교문의 원문은 『희년 기념 목사 대설교집』(경성: 조선예수교장로회총회, 쇼와 14년[1939]), 343-45를 참고하라.

제를 제시하면서 설교를 시작한다. 그다음 본문을 크게 땅의 단장, 하늘의 단장이라는 부분으로 나눈 뒤 두 번째 대지에서는 다시 세 개의 소지로 나눈다. 하늘의 단장에서는 물질적 단장, 무형적 단장, 천연적 단장으로 나누어 설명한다. "새 옷 입기를 원하면 먼저 낡은 옷을 싫어하여야 새 옷이 생깁니다. 이같이 낡은 옷과 같은 우리 마음의 모든 죄를 미워하고 싫어하여야 하나님께서 우리에게 새 옷으로 단장하여 주실 것입니다. 우리가 새로 믿을 때에는 신부가 단장한 것같이 되었습니다." 이 설교도 기본적으로 "단장"이라는 주제를 중심으로 풀어가면서, 다소 논리적 비약이 느껴지기는 하지만, 복음적인 내용으로 귀착하고 있음을 보게 된다. 이 설교 역시 초창기 한국교회에서 복음에 대한 확신을 심어주기 위해 사용했던 복음적 설교의 패턴을 따르고 있다.

에베소서 4:22-24을 본문으로 한 "新造(신조)의 人(인)"이라는 제목의 설교에서는 대지 설교의 정형을 따르지 않고 나열식으로 논지를 전개한다. 설교는 창세기의 홍수 이야기에서부터 시작해 사람의 죄악 문제를 다루고, 예수님의 나사렛에서의 삶과 세례 요한의 세례 이야기로 이어가면서 회개의 주제로 나아간다. 여기서 어떤 근거인지는 모르겠지만 나사렛에서의 18년이라는 연수를 사용하고, 제자를 부르신 내용을 언급하면서 공자의 3천 제자 이야기로 이어간다. 그다음 신령한 지경에 들어가는 진실한 제자가 되어야 한다고 이야기하면서 설교의 주제인 "신조"(新造)로 나아가는데 논리적 비약이 있고, 연결이 다소 느슨하다. 그는 "신인"(新人)을 "하나님의 진리를 듣고 회개하는 사람"으로 규정하며, 회개하고 마음이 변하여 점점 그리스도의 제자가 되겠다는 결심과 함께 산 진리를 열심히 배워야 한다고 주장한다. 그러면서 삶에서 정직과 성결이 필요함을 강조한다. 본문 뒷부분의 내용들을 제시하면서는 거짓을 버리고 말의 덕을 세울 것 등을 강조하면서 신조의 사람은 거짓말하지 않고 진리를 말하며 누추한 말을 하지 않으며, 빈자에게 너그러이 베풀고, 성신을 근심시키지 않고, 인자와 긍휼을 베푼다고 주장한다. 설교의 마지막 부분에서는 분심을 품지 말 것을 촉구한다.[90] 이 설교문은 논리적 비약이 다소 심하지만 다른 초기 설교자들의 원고에 비해 그 내용이 충실하게 보존되어 있는 설교문 중 하나다.

그의 설교를 전체적으로 보면 순회전도 설교자답게 복음적인 내용이 주를 이루고 초기 설교자들의 공통적 특징인 성경 중심성이 약하며 특정 주제를 중심으로 논리 개진에 필요한 성경 속 인물과 내용을 인용하는 특성을 드러낸다. 어떤 설교문은 탄탄한 논리 전개가 돋보이지만 어떤 경우에는 논리의 비약이 다소 많이 느껴진다.

그는 제주 성내교회나 북문안교회 등에서 담임목사로 사역을 했기 때문에 꾸준히 설교해왔지만 동시에 끊임없이 순회하는 전도 설교자였고, 복음선교의 선구자였다. 그는 기꺼이 열악한 여건 속으로 뛰어들어가 많은 어려움과 위기를 복음의 열정으로 극복했다. 그는 위험과 반대에도 굴하지 않고 복음을 전했고, 신사참배에 반대하다 모진 고문을 당했지만 당당하게 맞섰다. "나는 죽어도 일본 귀신한테 절할 수 없다. 너희들이 지금 총을 쏘아 죽인다고 해도 나는 하나님 외에 다른 신을 섬길 수 없다." 모진 고문으로 거의 죽을 지경이 되어 경찰이 그를 석방시키려 하자 그는 이렇게 소리쳤다. "지금 17명의 순천노회 목사들이 구속당해 있는데 이 목사들이 출감하기 전에는 나도 나가지 않겠다. 그 대신에 나를 내보내려면 17명 목사들을 다 내보내라."[91] 그는 기개와 용기를 잃지 않고 언제나 당당하게 복음을 설교하여 사람들과 교회를 세워갔다.

90 본래 이 설교문은 『한국교회 설교대전집』에 실린 것으로 원문은 이사례, 『이기풍 목사의 삶과 신앙』, 235-42를 참고하라.

91 이사례, 『이기풍 목사의 삶과 신앙』, 155-56.

## 최병헌 목사: 조화와 겸손의 설교자

### (1) 생애와 사역

구한말 대표적인 목회자이자 설교자였던 탁사 최병헌 목사(1858-1927)는 다양한 영역에서 활동했던 기독교 인사였다. 그는 정동교회 담임목사이자 신학교 교수였고, 이상재, 윤치호 등과 함께 황성기독교청년회(YMCA)를 중심으로 활동한 청년운동가였으며, 신문과 신학 잡지의 창설 및 편집인 등으로 활동했고, 많은 신학적 업적을 남기기도 했다. 유동식은 그를 "한국 신학의 출발"을 알린 인물로, 송길섭은 "한국 신학 형성의 선구자"로 평가한다.[92] 동양 사상을 깊이 연구한 유학도였던 그는 그리스도의 자기희생적 사랑에 감격하여 기독교를 받아들인 후 기독교 사상과 동양 사상의 상관관계를 깊이 숙고하면서 기독교를 이 땅에 토착화하려고 했던 최초의 신학자이자 설교자였다.[93]

한학에 능통한 선비였던 최병헌은 몇 차례의 과거 시험에 낙방하면서 생활고 때문에 친구 소개로 선교사의 어학 선생이 되지만 기독교와 선교사들에 대한 부정적인 편견이 있었다. 그는 "동양 전통과 유교의 가르침에 대해 강한 자부심을 갖고 있던" 터라 기독교에 대해 쉽게 마음을 열지 않았다.[94] 그러면서도 기독교 관련 서적과 성경을 읽기 시작했고 그로 인해 많은 고민과 번민을 하게 되는데, 어떤 사건에 연루되어 피신 생활을 하면서 선교사들의 사랑의 실천에 감동하기 시작했다. 특히 그는 "조선을 문명케

---

92 유동식, 『한국 신학의 광맥』, 65; 송길섭, 『일제하 감리교회 3대 성좌』(서울: 성광문화사, 1982), 61.

93 송길섭, 『일제하 감리교회 3대 성좌』, 5.

94 최병헌은 아펜젤러와 스크랜튼 이후에 도착한 조지 존스(George H. Jones) 선교사의 어학 선생이 되었다. 이덕주, "술이부작(述而不作)의 삶과 학문: 탁사 최병헌의 생애와 사상", 아펜젤러, 최병헌 목사 탄생 150주년 기념사업위원회 편, 『탁사 최병헌 목사의 생애와 사상』(서울: 정동삼문출판사, 2008), 39-41.

할 유신한 종교"로 기독교를 인식하면서 자신의 편견을 내려놓게 되었고, 마지막 과거 응시 실패 후 종교철학 연구로 방향을 전환하면서 열렬한 구도자가 되었다.

그는 1893년 2월 8일에 세례를 받았고, 그로부터 1년 후에 설교할 수 있는 권한을 받게 된다.[95] 아펜젤러는 그를 절대 신임하여 문서선교 사역을 맡겼고, 그는 배재학당에서 한문을 가르치면서 정동제일교회의 주일학교 일도 수행했다. 또한 잠시 정부 관리의 일도 맡았으며, 협성회와 독립협회 조직에 적극 관여하면서 시민운동에도 참여하게 된다. 아펜젤러를 도와 초기 성경번역 작업에도 깊이 관여했고, 아펜젤러와 함께 「조선 그리스도인회보」 주필을 맡아 많은 글을 발표했으며,[96] 조지 존스(George H. Jones) 선교사와 함께 순한글로 된 한국 최초의 신학 잡지인 「신학월보」를 창간하여 편집인으로도 활동한다. 이 잡지는 성장하는 한국교회의 지도자들을 위한 신학교육과 자료 제공이라는 귀중한 역할을 감당한다. 그는 이곳에 "죄의 도리"라는 제목의 한국 최초의 신학 연구 논문을 포함하여 여러 신학 논문을 게재한다.

실제로 그는 비교종교학과 한국 신학의 가능성을 열어놓은 학자이기도 했다. 그의 책 『성산명경』(聖山明鏡)은 「신학월보」에 "셩산 유람긔"라는 제목으로 발표한 글을 묶은 것이었으며, 「신학세계」에 "종교변증론"이라는 제목으로 연재한 글을 모아 『만종일련』(萬宗一臠)을 출판하는데, 이것은 한국

95 E. M. Cable, "Choi Pyung Hun," *The Korea Mission Field* (April 1925), 89.

96 처음에는 「조선그리스도인회보」였지만 1899년에 「대한그리스도인회보」로 고쳤고, 1911년에는 「그리스도인회」로 바꾸었고, 1915년에는 장로교의 회보와 함께 합하여 「기독신보」로 이름이 바뀐다. 처음에 발행인은 아펜젤러였고, 주필은 최병헌이 맡았다. 그가 이때 주로 발표한 글을 보면 근대화와 사회개혁과 관련한 계몽적인 글, 전도사역에 대한 보고, 기독교와 한국의 전통종교를 비교하는 비교종교학적 논문 등이었다. 송길섭, 『일제하 감리교회 3대 성좌』, 91-92. 집필을 통한 계몽 활동에 대해서는 이덕주, "술이부작(述而不作)의 삶과 학문", 55-57을 참고하라.

적으로 신학을 설명한 해설서였다.[97] 특별히 그는 기독교 신학 및 타종교와 기독교의 관계에 대해 깊은 연구를 시도했다. 또한 정동제일교회 예배 인도와 주일학교 교장으로 활동했고, 상동교회와 동대문교회, 인천 우각동교회(내리교회)에 가서도 자주 설교했으며, 순회전도를 통해 전도설교를 수행한다.[98]

최병헌은 1902년 8월에 목사안수를 받고[99] 상동교회 담임목사로 파송을 받았다. 얼마 후 갑작스러운 해상 사고로 아펜젤러가 세상을 떠나자 그의 후임으로 1902년에 정동교회(현 정동제일교회) 제2대 담임목사가 된다.[100] 민족적인 비극의 시기에 그곳에서 12년 동안 담임으로 목회한 후[101] 1914년부터 인천과 서울 지역의 교회를 돌보는 감리사로 활동하다가 1922년에

---

97 이 자료의 원문은 김인수 편, 『사료 한국신학사상사』(서울: 장로회신학대학교출판부, 2003), 76-125와 최병헌, 박혜선 역, 『만종일련』(서울: 성광문화사, 1985) 등을 참고하라.

98 이덕주, "술이부작(述而不作)의 삶과 학문", 62.

99 1901년에 김창식과 김기범이 한국 감리교 최초로 목사안수를 받은 이래, 한국교회 제3호 집사목사로 세움 받았다. 초기 감리교에는 안수를 이원화하여 준회원인 "집사목사"와 "장로목사"가 있었다. 전자는 말씀과 봉사로 평생 지역과 교회를 섬기도록 안수를 했는데 세례식과 결혼식을 집례할 수 있었지만 성찬식을 거행할 수 있는 권한은 주어지지 않았다. 일정 기간이 지나면 시험과 심사를 거쳐 "장로목사" 안수를 다시 베풀었다. 이에 대해 감리교 법규집은 이렇게 설명한다. "평생 개체교회의 담임목회, 말씀 선포, 성례전 집행 등의 사역을 교회의 규칙을 따라 연회에서 감독으로부터 안수를 받으며 선교와 목회를 위한 성직과 그 권위를 부여받는다." 당시 신학교육은 교회와 개인에 의해 일정한 커리큘럼을 통해 시행되었다. 이 비정규적 신학교육은 "신학반", 나중에는 "신학회"라는 명칭으로 행해졌고 최병헌은 상동교회 안에 있었던 신학회에서 훈련을 받았다. 신학교육을 받은 전 과정을 합하면 9년 동안 훈련받은 셈이었다. 그는 본래 1901년에 안수를 받을 준비가 다 끝났지만 한 해가 지나고 받은 것은 그해에 부인과 두 자녀를 잃었기 때문이었다. 당시 세 살이었던 최성백이 4월 17일에 세상을 떠났고, 5월 2일에는 부인 김로득(金路得)이 병중에 아이를 낳다가 세상을 떠났으며, 그 신생아 딸을 이승만의 집으로 데려가 돌보았지만 8일 후에 세상을 떠난다. 최병헌은 "부인과 아들과 딸을 잃은 죄 많은 사람이 어찌 거룩한 목사의 안수를 함부로 받겠는가"라고 하면서 안수받는 것을 사양했다. 이것은 최병헌의 외손자인 김상모(최경[아명 봉희]의 아들)가 그의 어머니에게서 들은 이야기를 증언한 것이다. 김상모, "외조부 탁사 최병헌 목사에 대하여 어머님께 들은 이야기", 아펜젤러, 최병헌 목사 탄생 150주년 기념사업위원회 편, 『탁사 최병헌 목사의 생애와 사상』, 14-15.

100 유동식, 『정동제일교회의 역사, 1885-1990』(서울: 기독교대한감리회 정동제일교회, 1992), 183.

101 정동제일교회에서의 사역은 1898년부터 1914년까지 도합 16년간이었다. 1900년에 아펜젤러가 1년간 안식년을 보내고 있을 때는 정동제일교회의 주일설교를 포함하여 목회 전반을 책임지게 된다.

은퇴했고, 그 이후 협성신학교 교수가 되어 동양 사상과 비교종교학을 강의한다. 그가 일생 동안 추구했던 것은 기존의 한국 종교와 기독교와의 만남의 문제, 즉 타종교와의 관계 문제를 해명하는 것이었다. 특별히 그의 책 『만종일련』은 이 주제를 집중적으로 다룬다. 그는 이것을 그리스도론을 통해서 해결하려고 한다. 즉 모든 종교는 하나님의 창조세계에서 존재하는 문화 현상이며 하나님의 아들이신 그리스도의 복음은 모든 종교의 도달점이며 완성이다. 그리스도의 복음이 나타나기까지 뭇 종교들은 나름대로의 역사적 사명과 의미를 지니지만, 그리스도가 나타나신 이후에는 그 의미가 변해야 한다. 그리고 "옥식(기독교 복음)을 만나지 못하여서는 초식(제 종교)을 먹으려니와 옥식을 보고도 의심하며 먹지 아니하면 실로 어리석은 사람의 지혜 없는 일"이라고 말한다.[102]

(2) 설교사역과 신학적 특징

유동식은 정동제일교회의 "신학적 기초를 한몸에 지니고 이것을 발전시켰으며 그 위에 서서 평생을 목회"한 설교자로 최병헌을 평가한다.[103] 최병헌의 설교와 글은 기독교 교리와 학문, 시, 이야기가 함께 어우러져 있다. 그의 설교사역의 특징을, 남아 있는 그의 설교 자료를 통해서 살펴보자.

"기도의 필요"라는 설교문에서는 하나님의 독생 성자이신 예수님도 기도하셨음을 강조하면서 "마귀의 시험에 빠지기를 잘하는 우민(愚民)"은 말할 것도 없다는 전제로부터 설교를 시작해서 기도의 필요성이 제시된 다음, 선교사 가정에서 일하는 "수란"이라는 여자의 이야기를 통해 계속 설교를 풀어간다. 그리고 "기도할 여유가 없는 것이 아니라 실상은 믿음이 적

102 유동식, 『정동제일교회의 역사, 1885-1990』, 193에서 재인용.

103 위의 책, 184.

은 것이 적이요, 신심이 부족할 뿐만 아니라 기도할 마음이 해이해서 한 고용된 여인만 못 하도다"라고 작은 결론을 짓고, 바로 침상에서 자고 일어날 때 늘 기도하는 여인의 이야기로 설교를 이어간다. 그러면서 기도의 효력에 대해 성경의 많은 실례를 활용하여 논한다. 즉 아담과 하와, 그리고 가인이 기도했다면 죄에 빠지지 않았을 것이라고 말하고 아브라함의 종이 하란의 우물가에서 기도했음을 강조하며 모세 역시 40주야를 기도에 힘쓴 사람으로 들고 있으며, 엘리야, 기드온, 삼손, 다윗, 히스기야, 에스더 등의 기도생활을 설명한다. 설교의 마무리는 영국의 한 여인의 기도생활에 대해 소개하면서 "우리들이 어찌 기도하지 않고 능히 시험을 이기며 세상 풍속을 이기며 정욕을 이기리요. 항상 기도할진저"라는 적용으로 끝맺는다.[104]

"생사일판"(生死一判)이라는 제목의 설교에서는 서론 부분에서 육신의 일을 생각하는 사람과 성신의 일을 생각하는 사람을 구분한 다음, 이것을 다시 하나님의 자녀와 마귀의 자녀로 구분한 뒤 양자가 서로 반대된다고 강조한다. 그리고 그리스도의 신이 없는 자는 그리스도인이 아님을 강조하면서 생사의 관계, 사자의 관계, 생자의 말씀이라는 3개의 대지를 제시한다. 다소 논리적 비약이 느껴지고 주제와의 연관성도 떨어지지만, 그는 이 설교에서도 스토리 중심으로 논리를 전개한다. 그는 성경에 나오는 인물 이야기를 가장 많이 활용하며, 그 외에도 교회사와 한국 역사에 나오는 인물들의 이야기, 한국교회 교인들의 이야기, 한국인과 외국인의 이야기에 이르기까지 아주 다양한 장르의 이야기를 활용한다. 그는 이야기를 활용할 때 이를 흔히 대지 설교에서 갖는 '예증'의 차원에 국한하지 않고 논리의 전개 차원에서 활용한다. 마치 이것은 현대 설교학이 제시하는 이야기의

104 이 설교의 전문은 정동제일교회 100년사 편찬위원회 편, 『세기의 증언: 정동제일교회 역대 목사 설교, 논설집』(서울: 정동제일교회 100주년기념사업위원회, 1986), 54-58을 참고하라.

활용 지침을 따르는 것과 같은 상당히 선구자적인 자세다.[105]

최병헌은 종교신학자이자 저술가였지만 또한 매 주일 설교했던 설교자였음을 감안한다면, 일반 교인들은 그의 신학 저술보다는 그의 설교에 더 직접적인 영향을 받았을 것이라고 추정한 옥성득의 주장은 타당성이 있다.[106] "기독교를 통한 사회진보론"은 그의 중요한 신학적 틀을 형성하지만 그럼에도 그의 설교문은 당시 선교사들이나 한국인 설교자들의 기본적인 경향이었던 내세 지향적이고 복음적인 관점을 지향하고 있다. 그는 1913년에 행한 신년사경회 설교에서, 예수를 잘 믿고 신앙생활에 힘쓰며 마귀의 시험과 세상 환란을 이기고 영원한 천국을 사모하며 사는 것이 그리스도인의 가장 중요한 자세라고 주장하면서, 현세는 죄악과 위험이 가득한 세계라고 설교한다.[107] 이는 평양부흥운동 이후에 교회가 보수화되면서 몰역사적 신앙, 비정치화의 경향에 빠진 것을 반영한다고도 볼 수 있다. 이런 경향은 그의 설교와 글에서 어렵지 않게 발견할 수 있다.[108]

나아가 이것은 당시뿐만 아니라 그 후 내내 이어진 한국교회 설교의 전반적인 경향성이라고 할 수 있다. 그의 설교도 현실을 부정하면서 오직 내세 지향적인 측면만 강조한다. 옥성득은 그의 설교에 대해 "육신적 욕망을 버리고 이른바 신령한 생활로 사후 영생을 도모하자는 현실 도피적 종말론"에 가깝다고 평가하면서 이는 105인 사건의 여파가 설교에 깊숙이 스며

---

105 이 설교문의 전문은 양익환 편, 『백목강연』, 제1집(경성: 박문서관, 1920), 1-12를 참고하라. 현대어로 보기 위해서는 위의 책, 59-65를 참고하라.

106 옥성득, "한일합방 전후 최병헌 목사의 역사의식 변화: 계축년(1913) 설교를 중심으로", 아펜젤러, 최병헌 목사 탄생 150주년 기념사업위원회 편, 『탁사 최병헌 목사의 생애와 사상』, 543.

107 최병헌의 설교집, 『계축전도집』(癸丑傳道集)에 나오는 설교문, "예비"와 "영원한 세계" 참고.

108 1907년 정미의병에 대한 선유(宣諭)를 행한 후에 정부에 제출한 보고문인 "충청남도 선유문안"에도 이런 관점이 잘 드러난다. 이덕주, "한말 기독교인들의 선유 활동에 관한 연구", 『한국 기독교와 역사』, 제10호(1994. 4), 50-53.

든 결과라고 설명한다.[109] 한편 105인 사건이 있었던 1913년 계축년에 행해진 설교를 분석하면서, 옥성득은 최병헌의 설교가 "역사적 전천년설에 입각하여 그리스도의 재림으로 이루어질 종말의 천년왕국을 한국교회의 궁극적 소망"으로 강조하고 있고, "약육강식의 사회진혼 대신 연약한 자를 택해서 강한 자를 부끄럽게 하시는 하나님의 역사 섭리론"과 "역사의 모든 행위가 하나님의 사업을 이루는 도구로 쓰임 받는다는 일종의 섭리사관"에 의거해 있다고 주장한다.[110] 다른 한편으로 그의 보수화된 신학적 의식은 체제순응적이었으며, 좌절 가운데 있는 교인들에게 종말론적 소망을 불어넣으면서 성령충만한 삶을 강조하고 있다. 유동식은 그의 이런 방식을 "종교를 통한 구국 운동의 길"이라고 규정한다. 최병헌은 "나라를 구하는 길은 나라의 근간이 되는 종교적 도리를 새롭게 하는 데 있다"라고 보았고, 따라서 구국의 일념으로 신앙운동을 전개했고 설교를 했으며, 적극적으로 교회 개척운동을 펼쳤다.[111]

최병헌은 아펜젤러가 선박 사고로 갑작스럽게 세상을 떠났을 때 그가 피땀 흘려 일군 교회에서 담임목회를 시작하여, "힘들게 심어 싹이 난 곡식을 한국식으로 잘 가꾸어 길렀다."[112]

최병헌 목사는 신학이 고명하고 한문이 정심(精深)하다. 본 교회 최초 전도사로 주임목사가 되셨다. 매일 예배당에서 새벽기도를 지성으로 했으며 교우들을 간절히 접대했으니 신앙과 언행이 일치함으로써 그 온화한 기상과 자애한 언사는 사람에게 좋은 인상과 깊은 감동을 주었다. 본 교회 주임목사

109 옥성득, "한일합방 전후 최병헌 목사의 역사의식 변화", 558.
110 위의 책, 571-72.
111 유동식, 『한국신학의 광맥』, 92, 94.
112 송길섭, 『일제하 감리교회 3대 성좌』, 103.

로서 십여 년 동안을 하루같이 화평하게 지냈다.[113]

그는 민족의 암울한 시기에 기독교를 통해서만 구원이 가능함을 믿고 기도하면서 그것을 온몸으로 외쳤던 설교자였다. 하지만 제한적으로 남아 있는 그의 설교 원고에서 민족혼을 깨우는 내용이나 독립운동가와 사회개혁가로서의 면모를 찾아보기는 쉽지 않다. 1907년에 전국적으로 부흥의 바람이 불었음을 감안하더라도 정동제일교회는 교인 수가 한 해 동안 300%가 넘게 증가했음을 볼 때, 그의 목회와 설교 능력이 탁월했음을 알 수 있다. 실제로 1908년 선교 보고서도 "최병헌 목사의 유능한 목회 하에서 제일교회는 서울 전체를 통하여 그리스도를 위한 가장 큰 세력으로 등장했다"고 밝히고 있다.[114] 최병헌이 목회하던 당시는 나라가 기울어 병탄의 비극을 맞게 된 비운의 시기였다. 민족적으로 좌절하기 쉬운 위기의 시기에 이렇게 그가 성공적인 사역을 감당한 것에 대해, 송길섭은 "그 성격이 과격하지 않고 차분하고 학자적인 성품으로 강도 만나 상처투성이가 된 이 민족의 심령을 인자한 마음으로 감싸주고 어루만져줄 수 있었던 것이 그가 목회에서 성공할 수 있었던 중요한 원인의 하나"라고 밝히고 있다.[115]

당시 선교사들은 정동제일교회에서 입증된 최병헌의 목회 역량을 통해 한국인 목회자의 자치 능력과 설교 능력을 신뢰할 수 있었고, 담임목회 자리뿐만 아니라 감리사의 자리도 그를 비롯한 다른 한국인 목회자들에게 맡길 수 있었다. 한국에서 최초로 세워진 감리교회에서의 힘 있는 설교와 따뜻한 돌봄을 통한 성공적인 담임목회, 그리고 한국인 최초의 감리사로 지방교회를 순회하면서 말씀을 전했던 최병헌의 공적을 기리는 차원에서 한국

---

113 정동제일교회, 『정동제일교회 구십년사』(서울: 정동제일교회 역사편찬위원회, 1977), 134.

114 송길섭, 『일제하 감리교회 3대 성좌』, 105쪽에서 재인용.

115 위의 책, 106.

감리교는 선교 50주년을 맞아 정동제일교회 건물 벽 안에 최병헌에 대한 공적비를 세웠다. 이 공적비가 초기 감리교의 대표적인 한국인 설교자 최병헌의 생애와 사역을 잘 정리한 것으로 보인다.

> 아름답도다! 우리 공이여 진실로 선각자시로다. 일찍이 벼슬을 사양하시고 오로지 그리스도를 섬기시도다. 홀로 착함이 한이 없으시며 성경을 번역하여 펴내시고 서점을 창설함으로 해서 사람들로 하여금 깨닫게 하셨도다. 팔복이 어디에 있는가. 십계명을 거울삼나니 자손들도 다 어질고 집안의 명성을 떨어뜨리지 않았다. 감람산의 빛은 만고에 푸르르고 아펜젤러와 백중하여 동서의 쌍벽을 이루도다.[116]

송길섭도 최병헌을 한국적 민족교회 형성의 선구자와 주창자, 한국교회 문서운동의 선구자, 최초의 선교신학적 비교종교학자로 평가하면서, 당시 지식층과 양반 계급층을 기독교로 개종시키는 데 교량 역할을 감당한 설교자로 평가한다.[117] 그는 분명 초기 감리교의 지도자로서 큰 역할을 감당했다. 한편으로 그는 황성기독교청년회(YMCA)와 흥사단 등의 활동을 통해 민족계몽운동에도 앞장섰으나 후기로 갈수록 보수적 성향으로 바뀌게 된다. 그래서 한승홍은 그가 임오군란, 갑신정변, 동학농민혁명, 을사조약, 한일병탄, 105인 사건 등이 일어났던 민족의 격동기를 살았지만 이런 민족의 현실에 대해 깊게 간여한 흔적을 찾아보기 어렵다고 평가하고, 또한 "너무 교회 안에만 안주했으며, 사회 활동에 소극적이었기 때문에 그의 사회 개혁의 현실성은 처음부터 회의적"이었다고 주장한다. 또한 "너무 자신의 평안

116 이것은 본래 한문으로 된 것을 한글로 풀었다. 원문은 유동식, 『정동제일교회의 역사, 1885-1990』, 181-82를 참고하라.

117 송길섭, 『일제하 감리교회 3대 성좌』, 132-40.

과 안정에 머물고 있었기 때문에 민중의 정의 봉기, 평민의 애국 충정, 민족의 독립운동에 대해 침묵과 외면 이외에 다른 반응을 보일 수 없었다"고 평가한다. 사회 현상에 대해 "철저한 무관심과 보신주의로 대처했음"은[118] 초기 기독교 지도자들의 일반적인 흐름이었지만 그럼에도 그가 총독부의 협조 요청을 받아들여 의병을 설득하는 선유사(宣諭使)로 활동했다는 점은 비판받을 만하다.

1907년에 정미조약 체결 후 군대가 강제해산된 것에 분개하여 전국에서 의병운동이 일어났다. 시간이 지나도 그 열기가 식지 않자 최병헌은 선유사로 위촉을 받게 된다. 조선 시대 때 선유사는 왕의 서신을 들고 가서 백성들을 설득하고 효유(曉喩)하는 직책으로서, 백성들로부터 신임을 받는 원로급 인사를 선정하는 것이 관례였다. 일제의 침략 행위에 맞선 의로운 운동을 회유하고 설득하여 진압하려는 그의 행위에 대해 당시 언론과 민심이 많은 비난을 던졌음에도 불구하고, 그는 사회 안정에 기여할 것이라는 기대감과 도탄에 빠진 백성들을 구하는 일에 참여한다는 의식, 그리고 위에 있는 권세에게 복종하라는 성경의 교훈에 따라 선유사 활동에 임했고, 이를 황성신문에 기고까지 한다. 이덕주는 이를 통해 그가 민심을 직접 체험하고 신앙과 민족의식을 더욱 확고히 했다고 설명한다. 곧 "국권 회복과 자주독립이라는 민족운동의 목적에 동의했지만 의병활동과 같은 폭력적 방법을 거부하고 비폭력적 방법, 즉 종교화 교육을 통한 민족계몽운동을 그 대안으로 확신하게 되었다"[119]는 것이다.

그러나 그가 감리교 최고위직이었던 한국인 감리사였고 교계 원로임에도 불구하고 교인들의 많은 희생이 있었던 상황에서 3·1운동에 대해서도

---

118 한승홍, 『한국신학사상의 흐름』, 상권(서울: 장로회신학대학교출판부, 1996), 148.

119 이덕주, "술이부작(述而不作)의 삶과 학문", 76-80.

극히 소극적이었던 점을 감안하면 이런 미온적인 태도는 비판을 받을 수밖에 없어 보인다. 그럼에도 이것은 정동교회의 신앙 노선이 되었고 이는 "종교구국의 신앙 노선을 따라 민족 구원운동을 전개"하는 입장을 견지했던 데서 확인할 수 있다. 최병헌의 종교구국론은 "나라를 구하는 길은 나라의 근간이 되는 종교적 도리를 새롭게 하는 데 있다.…그러므로 우리는 동서를 가릴 것 없이 우리를 개화하고 나라를 구해줄 기독교를 적극 받아들이지 않으면 안 된다"는 관점이었다.[120]

조선조 말에 서구의 제국주의 세력이 몰려왔을 때 이에 대한 대응 양상은 몇 가지로 나타난다. 첫째가 "동도동기론"(東道東器論)의 관점이었다.[121] 이것은 주로 위정척사론(衛正斥邪論)을 주장하는 기득권층과 보수적 유생계급이 기존의 사회질서를 유지하고 서양문명과 종교를 배척하던 입장으로, 18세기 말 이후 지배적인 관점이었다. 둘째는 "동도서기론"(東道西器論)으로서 주로 온건개화파들이 내세운 주장이다. 이는 조선이 위기를 벗어나기 위해서는 동양의 도를 지키면서 부국강병을 이루기 위해 서양의 문명을 받아들여야 한다는 입장이다. 곧 서양의 도(道)인 기독교는 배척하지만 근대문물을 적극 수용하여 문명의 개화를 이루어야 한다는 주장으로 김윤식, 김홍집과 같은 온건개화파가 받아들인 입장이었다. 셋째는 "서도서기론"(西道西器論)으로서 급진개화파들이 주장한 관점이다. 이는 서양 문명을 적극적으로 수용하여 우리의 낙후된 봉건제도를 쇄신하고 근대화를 촉진하자는 주장으로, 일본의 메이지유신을 모델로 삼았다. 이 입장을 대표하는 김옥균, 박영효, 홍영식 등은 왕정을 무너뜨리고 근대 민족 국가를 수립하는

120 유동식, 『정동제일교회의 역사, 1885-1990』, 164, 166. 이것은 같은 지역의 감리교회였던 상동교회와 전덕기 목사가 취했던 적극적인 참여와는 상당히 다른 소극적 입장이었고, 당시 대부분의 교회와 설교자들의 입장이었다.

121 주역의 "도"(道)와 "기"(器)를 통해서 대응 관점을 설명하는 것이었다. 눈에 보이는 실재가 "도"(道)이고 그것이 형태화되어 나타난 현상이 "기"(器)다.

것을 구국의 길로 이해했다. 사실 초기의 미국 선교사들은 이 관점을 취하면서 복음화와 문명화를 함께 이루고자 했다.

한편 최병헌은 "대도대기론"(大道大器論)의 관점을 유지하면서, 기독교의 복음을 "대도"로 주장하고 "서양 하늘이 곧 동양의 하늘"[122]이라고 이해했다. 그는 동양과 서양 문명의 강점을 융합함으로써 새로운 문명의 창조가 가능하다고 보았던 "대도대기"의 입장을 취한다.[123] 이렇듯 최병헌은 종교를 통한 구국의 큰 기치를 내걸고 교회와 영혼을 향해 힘차게 설교했던 설교자였고 그것을 이론으로 풀어냈던 신학자였으며 목양의 현장에서 그 이론을 실천하면서 교회를 세워갔던 목회자였다. 또한 탁월한 설교를 통해 감리교의 첫 한국인 설교자의 면모를 유감없이 보여주면서 교회 부흥을 이루었고, 그가 세례를 베푼 이만 4천 명이 넘었으며, 전 생애를 통해 보여준 겸손과 진실함이 빛났던 사역자였다.[124] 그래서 그가 설교하고 사역하는 모습을 보면서 한 선교사는 그를 가리켜 한국 목사들 가운데 첫째였다고 평가하기도 한다.[125] 이덕주는 최병헌의 설교와 사역에 대해 다음과 같이 평가한다.

> 탁사의 삶과 학문은 "술이부작"(述而不作)으로 설명할 수 있다.…과거 전통을 계승하여 지키되 그것을 현재 상황에서 재해석하여 현대의 언어로 풀어내는 것을 의미했다. 그리고 학문함에…겸손과 겸비를 담고 있는 말이다. 이런 맥락에서 탁사는 과연 "술이부작"의 종교인이자 학자였다. 그는 현실에

---

122 최병헌, "奇書"(기서), 「황성신문」(1903. 12. 22).

123 이에 대해서는 성백걸, "동서의 만남과 한국 기독교의 길: 탁사 최병헌의 대도대기(大道大器) 패러다임 성찰", 아펜젤러, 최병헌 목사 탄생 150주년 기념사업위원회 편, 『탁사 최병헌 목사의 생애와 사상』, 256-92를 참고하라.

124 G. Bonwick, "The Rev. Choi Pyeng Hun," *KMF* (July 1927), 154.

125 "Notes on Pastor Choi Pyung Hurn's Life," *KMF*, vol. 6, no. 11 (November 1910), 1.

충실하면서도 과거 전통과 가치를 부정하거나 무시하지 않았다. 오히려 그 전통적 가치에서 오늘을 사는 지혜와 교훈을 얻고자 노력했다.…탁사의 삶에서도 "술이부작"의 겸비를 보여주었다. 본래 성품도 그러했지만…목사가 된 후 탁사가 교회에서 보여준 삶은 지휘나 감독보다는 "섬김"과 봉사였다.…"술이부작"의 삶을 살았던 탁사였기에 그는 조화와 일치를 추구하며 살았다. 그는 과거와 현재, 동양과 서양, 기독교와 다른 종교, 정치와 종교, 교회와 세상, 서로 대치되는 가치와 방향에서 어느 한쪽을 선택하고 다른 쪽을 포기하는 "양자택일"(兩者擇一)의 삶을 살지 않았다. 그는 양극을 통합하고 조정하는 것에서 갈등을 극복할 수 있는 방법과 의미를 찾았다.…그동안 다른 갈래로 이어져 내려왔던 동양과 서양, 기독교와 다른 종교, 정치와 종교, 교회와 세상 전통이 탁사에 이르러 만나고 대화를 나누면서 공통과 차이를 발견했고 조화와 일치를 이루며 "공동선"을 추구했다. 그 결과 탁사에 의해 서로 다른 전통과 가치, 고백과 해석들이 서로 "연결되면서도 구분되는"(continuus et separtus) 새로운 세계가 열렸다.[126]

## 전덕기 목사: 실천과 저항의 설교자

### (1) 생애와 사역

조선 말 국운이 기울어가던 때 나라를 되찾기 위한 운동의 선봉에 섰던 전덕기 목사(1875-1914)는 상동교회를 중심으로 수많은 애국지사를 규합하여 "청년학원"을 설립하고 인재 양성에 힘썼던 한말 민족운동의 주역이었다.

126 이덕주, "술이부작(述而不作)의 삶과 학문", 133-36.

그는 실로 "근대 한국 민족운동사에 있어서 대단히 중요한 위치"[127]에 있었던 설교자였다. 그는 9세 때 부모를 떠나보내고 숯 장사를 하던 숙부 집에서 일을 도우면서 어린 시절을 보냈고, 17세가 되던 1892년 감리교 선교사였던 윌리엄 스크랜튼(William B. Scranton)을 통해 기독교 신앙에 입문하게 된다. 처음에는 짧은 한국어 실력으로 하는 그들의 설교가 귀에 들어올 리 없었고 단순히 양도깨비라고 불렀던 선교사들에게 호기심이 있어 찾아갔다가 이윽고 그들의 생활과 섬김에 감동을 받게 된다. 스크랜튼의 인격에 끌려 그의 집을 자주 드나들던 청년 전덕기는 집안의 반대에도 예수님을 영접하고 1896년에 세례를 받아 그리스도인이 되었다.

당시 을미사변과 아관파천 등으로 국내 정세가 어수선하던 때 미국에 망명 중이던 서재필이 돌아와 기울어져 가는 국운을 회복시키기 위해 독립협회를 조직하고 자주독립과 자유민권사랑, 자강개혁(自强改革) 등을 기치로 한 운동을 시작했다. 이때 전덕기는 스크랜튼에게서 들은 복음의 내용과 이 협회의 정신 및 운동이 일치한다는 사실을 깨닫고 독립협회에 가담한다.[128] 당시 독립협회는 서재필, 윤치호, 남궁억, 이상재 등이 이끌었는데, 그는 이들을 통해 민족주의 사상을 접했다. 또한 이곳에서 민족운동의 중요성을 배웠으며 많은 민족운동 지도자들을 만났다.[129]

그는 1897년 상동교회의 속장이 되었고, 1899년에는 교회 안의 공옥학교 교장으로 형편이 불우한 학생들을 가르치는 일을 했다. 이후 상동교회의 자체 교육 과정인 "신학회"에서 신학교육을 받았고 1901년에는 권사직을 수행했다. 그는 수많은 사람을 전도하여 교회를 부흥시켰기에 1902년에는

127 기독교 대한감리회 상동교회, 『상동교회 111년사』(서울: 기독교대한감리회상동교회, 1999), 6장.
128 위의 책.
129 송길섭, 『민족운동의 선구자 전덕기 목사』(서울: 기독교대한감리회상동교회 역사편찬위원회, 1979), 28.

지방회에서 전도사로 임명을 받았고 이때부터 본격적인 목회를 시작한다. 1903년에 최병헌이 목사안수를 받고 상동교회로 부임했으나 얼마 못 가 정동제일교회로 파송을 받게 된다. 전덕기는 1905년에 집사목사(준회원 목사)로 안수를 받고 1907년에 스크랜튼의 뒤를 이어 상동교회를 섬겼다. 당시 담임을 맡고 있던 선교사 윌리엄 스웨러(William B. Swearer)를 보좌하며 목회에 전념하다 1910년에 장로목사로 안수를 받아 연회의 정회원이 된다.[130]

상동교회가 민족운동의 중심지로 전국적인 주목을 받은 것은 전덕기가 벌인 을사늑약 반대 투쟁 때부터였다. 당시 스크랜튼은 감리사로서 전국 교회를 관할해야 했기에 실질적인 목회는 그가 감당했다. 전덕기는 엡윗청년회를 조직해서 매주 목요일에 정기적으로 모여 함께 성경을 연구했다. 그는 엡윗청년회를 전국 감리교회 연합체 성격으로 발전시켰고 천여 명이 넘는 회원을 확보하였으며 회장으로서 모임을 이끌었다. 회원 중에는 김구, 이승만, 이동휘, 이준, 양기탁, 주시경, 남궁억, 신채호, 이상재, 이희영 등이 있었다. 당시 엡윗청년회는 황성기독교청년회(YMCA)와 함께 양대 산맥을 이루면서 구령사업과 민족운동에 힘썼다.

을사늑약이 체결되면서 뜻있는 애국지사들이 울분에 떨고 있을 때 전덕기는 동지를 모으기 시작했다. 선교부에는 연합회의 사업계획 토의를 위해 모인다고 보고하고는 상동교회로 전국청년회의 대표들을 모았다. 이때부터 상동교회는 본격적으로 민족운동의 산실이 되었고 전덕기는 그 중심에 서게 된다. 물론 그때까지 선교사들은 정치 활동에 관여하는 것을 적극 반대했다. 그러나 그에게는 분명한 소신과 확신이 있었다.

전덕기가 선교사들에게서 받은 복음이 바로 가난한 자에게 기쁜 소식을, 갇

130 이때 최병헌이 부목사로 함께 섬기고 있었는데 실제로는 이 두 사람이 목회를 전담했다. 윤춘병, 『전덕기 목사와 민족운동』(과천: 감리교출판사, 1996), 10-18.

힌 자에게 해방을, 억눌린 자에게 자유를 준다는 말씀이었다. 그렇다면 일본의 잔악한 억압으로부터의 자유와 해방은 곧 그들이 전한 복음의 내용이요 결국 하나님의 뜻으로 확신했기 때문에, 민족운동을 한다고 그들에게 미안하거나 거리낄 것이 없었다. 또 선교사들이 전했던 죄와 죽음으로부터의 구원은 곧 사악한 일본 통치로부터의 자유와 구원이라고 생각한 것이다. 일본의 한국에 대한 통치는 불법이요, 강도 행위와 같은 것이었기 때문이다. 전덕기는 스크랜튼의 말이라면 무조건 순종하고 따랐다. 그러나 민족운동에서 손을 떼라는 그의 충고만은 받아들일 수 없었다. 또 이 두 사람의 신앙노선도 같았다. 그러나 한 가지만은 달랐다. 스크랜튼은 미국 사람이요, 전덕기는 한국 사람이었다. 전자에게는 그의 조국이 있었으나 후자는 그것을 약탈당하지 않았던가. 그러니 이 기막힌 현상을 보고 가만히 있으라는 말인가. 스크랜튼 자신이 지적했듯이 일본인들의 정치적 압박과 경제적 착취에 못이겨 열 명의 한국인들이 그들의 고향을 떠나서 만주나 중국 연해주 방면으로 떠나가면 그 자리에 일본인 천 명이 정치적 특권이나 경제적 이권을 위해 들어오고 있지 않은가.[131]

그렇게 해서 전국에서 청년연합회 간부들과 우국지사들이 몰려왔다. 그중 김구는 진남포 감리교청년회 총무 자격으로 참석했고, 헤이그 밀사 사건의 주인공이었던 이준 열사도 참석했다. 나중에 조직된 신민회의 주요 구성원이었던 이동녕, 조성환 등도 참석했다. 당시 상동교회에 모인 청년들은 보호조약의 무효를 외치며 도끼상소운동을 결의했다. 도끼는 여의치 못할 때 자기 목을 친다는 절박함의 표시였다. 그들은 운동을 한 번이 아니라 파상공격 형식으로 진행하되 한 번에 4-5명씩 가서 연명으로 상소를 올리고 한

131 기독교 대한감리회 상동교회, 『상동교회 111년사』, 8장.

팀이 체포되면 다음 팀이 나가서 상소를 계속하기로 했다. 이준이 상소문을 쓰고 1차 선발대는 김구, 최재학을 포함하여 5명이 상소문에 서명했다. 그들은 죽을 때까지 싸우자고 기도로 결단한 다음 대한문 앞으로 나갔다. 이것이 소위 도끼상소운동이었다.[132]

그러나 결국 일제의 무력에 진압되어 수십 명이 체포되고 실패로 끝나자 전덕기는 전략을 변경하여 교육에 눈을 돌렸다.[133] 그리하여 "청년학원"을 설립했는데 이는 나라를 바로 세우기 위해서는 인재를 키워야 한다는 생각에서였다.[134] 그는 지금은 실력을 축적하고 민족 역량을 키우는 것이 시급하다고 보았다. 이 학원은 그리스도의 복음을 전하는 데 설립 목적을 두었지만 실제로는 청년들에게 독립과 애국정신을 고취하는 데 주목적이 있었다.[135] 그는 동지들과 은밀하게 연락하며 긴밀히 움직였다. 그러나 이 또한 신민회와 함께 일제에 의해 강제 폐교된다. 청년학원은 1904년 10월에 개교하여 1913년 11월에 폐교하기까지 7회의 졸업생을 배출했지만 졸업생이 몇 명이었는지 정확한 숫자는 밝혀지지 않고 있다. 1913년 졸업생이 봄에 18명, 가을에 42명으로 총 60명이었는데 폐교를 해야 할 상황이어서 1914년에 졸업할 학생을 앞당겨 졸업시켰기 때문이었다.[136]

---

132 위의 책.

133 그 상소사건으로 인해 앞으로 무슨 일이 일어날지 모르는 상황이고 젊은 청년들의 희생을 막기 위해 스크랜튼은 감리사의 권한으로 엡웟청년회를 해산했다. 그것은 일본 통감부가 감리사에게 압력을 행사했기 때문이기도 했다. 해산 이유를 청년회가 "본래의 사명을 저버리고 정치적 활동에만 종사할 뿐만 아니라 외부 세력과 결탁함으로 교회의 지시대로 움직이지 않기 때문"으로 밝히고 있다. *Annual Report* (1906), 322. 송길섭, 『일제하 감리교회 3대 성좌』, 174에서 재인용.

134 주야간부가 있었고 교장은 이승만, 부교장은 박승규, 교사는 스크랜튼 대부인, 주시경, 헐버트, 류일선, 전덕기 등이 있었으며, 후에 남궁억, 장도빈, 최남선 등이 합류했다. 윤춘병, 『전덕기 목사와 민족운동』, 22-24. 이때 '청년학원' 일에 힘을 모은 인물로는 김구, 이동휘, 이동녕, 이준, 안태국, 남궁억, 신채호, 이승훈, 이상설, 최남선, 이상재, 김진호, 양기탁, 주시경, 윤치호, 이회영, 이필주, 이승만 등이 있었다. 특히 이회영은 그의 형제들이 독립운동을 위해 재산을 처분하고 만주로 떠나기까지 상동청년학원을 통한 교육에 전념한다.

135 전택부, 『한국 기독교 청년회 운동사』(서울: 범우사, 1994), 101.

136 윤춘병, 『전덕기 목사와 민족운동』, 80-82.

교육 장소는 기존의 공옥학교 장소를 사용했지만 운영비 조달이 어려워서 전덕기는 먼저 자신의 생활비를 줄였고, 뜻있는 유지들의 후원을 받아 경상비를 마련했다. 그는 교과목과 교육 과정을 다양하게 편성했고, 당시에는 희귀했던 환등기나 활동사진 등의 시청각 교육 자료도 동원해가면서 민족혼을 일깨우는 교육에 전력한다.[137] 그 결과 상동청년학원은 종교계 지도자뿐만 아니라 독립운동을 위해 헌신했던 많은 인재를 배출한다. 전덕기는 상동교회를 중심으로 헤이그 밀사를 파견하기도 했는데, 이는 상동청년파 젊은 민족 지사들의 작품이었다.[138] 곧 김구, 이희영, 이승훈, 최남선 등이 오래전부터 이를 계획해왔고, 상동교회 청년회장이었던 이준과 상동파 핵심 인물이었던 이상설 등이 전덕기와 함께 수시로 모여 논의를 했다. 이처럼 상동교회는 항일운동의 본산이었으며 그 중심에는 전덕기가 있었다.[139] 그는 동지들을 규합해서 상동교회 지하실에 은밀하게 모여 구국운동을 전개했고, 그들을 신앙으로 감화하여 민족운동에 헌신하게 했다.

이동녕은 전덕기의 영향력을 말하면서 "육신의 요람이 고향이라면 마음의 요람은 교회에서 예수를 바라보는 것"이었다고 술회했고, 최남선 역시 "도산 안창호에게서 기독교 사상을 배웠다면 전덕기에게서는 기독교 신앙을 배웠다"고 술회하고 있다.[140] 그렇게 전덕기는 교회운동과 민족운동을 병행해갔고, 그 결과 흩어져 있던 민족운동 세력이 전덕기와 상동교회를 중심으로 모이기 시작했으며 그 활동이 구체화되었다. 안창호가 귀국하기 전에 이미 상동파는 민족운동의 산실이 되었으며, 그가 귀국했던 것도 국내의 상황을 파악한 후에 미주에서 구국운동을 전개하려고 했기 때

137 송길섭, 『일제하 감리교회 3대 성좌』, 175.

138 윤춘병, 『전덕기 목사와 민족운동』, 124.

139 위의 책, 125.

140 위의 책, 141.

문이었다. 안창호는 상동파가 교육을 통해 놀랍게 민족운동을 전개하고 있음을 알고 비밀결사 단체인 신민회를 조직한다.[141] 신민회는 배신자나 밀고자가 생겨도 희생을 최소화하기 위해 회원들도 2명 이상은 서로 모르도록 철저한 비밀 조직으로 운영했기에 정확한 회원 수는 알 수 없었지만 대략 800여 명 정도였다고 알려지고 있다.[142] 양기탁이 주필이었던 대한매일신보는 신민회의 기관지 역할을 했고, 상동교회는 본부로 활용되었다. 신민회는 상동교회 지하실에서 은밀히 모였기 때문에 나중에 일본 경찰이 탐지하고 그곳을 폐쇄시킬 정도였다.[143]

1907년 스크랜튼이 은퇴한 이후 전덕기가 상동교회의 담임목사가 되면서 그곳을 중심으로 한 민족운동이 더욱 힘을 얻어 본격적으로 전개되었다. 그의 설교는 더욱더 민족주의적 색채를 띠었고 새 교우들은 계속해서 늘어났다. 또한 그는 독립운동을 위한 비밀단체인 신민회 조직에도 깊이 관여하면서 중심인물로 활동한다. 1910년에는 연회의 정식 회원이 되면서 선교사들과 동등한 자격과 권위를 갖게 되어 목회는 더 활력을 띠었고, 그 해 상동교회는 감리교회 중에서 전국 최대 교인이 모이는 교회가 되었다.[144] 1911년에는 협성신학교에 입학하여 같은 해 11월에 졸업한다.[145]

한편 그해에 105인 사건이 일어났다. 이는 당시 기독교 세력이 가장 강했던 서북 지역의 기독교 지도자들과 신민회의 민족운동가를 색출하기 위

141 주요한, 『安島山傳』(서울: 삼중당, 1975), 46-47.

142 초기 신민회의 중앙 조직은 중앙 총책에 양기탁, 총서기에 이동녕, 재무 담당에 전덕기, 신입회원 영입에 안창호가 있었다. 대장이 있었던 것이 아니라 자신의 업무를 통해 공동의 목표를 이루어 가는 일종의 과두정치시스템이었던 셈이다. 지도 노선은 군인 출신인 이동휘와 이갑을 중심으로 한 과격파의 흐름과 안중근과 전덕기를 중심으로 한 신중파의 흐름이 있었다. 위의 책, 63.

143 송길섭, 『일제하 감리교회 3대 성좌』, 297.

144 위의 책, 167-68.

145 그는 이미 장로목사로 안수를 받았지만 자기 계발을 위해 신학교에 입학했고, 정회원 목사가 될 때까지 8년간의 신학교육을 받은 것이 인정되어 1년 만에 졸업했다. 위의 책, 168.

해 일제가 자작극을 꾸민 것이었다. 당시 총독이었던 데라우치는 조선을 효율적으로 통치하기 위해 무관 출신인 아카시 겐지로에게 경찰과 헌병 통수권을 준다. 그리고 총독부 경무총감이자 조선 헌병사령관이었던 그가 기독교 지도자를 제거하고 조선 통치의 장애물인 선교사들을 추방하기 위해서 이 사건을 꾸민다.[146] 곧 압록강 철교 낙성식에 참석하려던 총독을 한국인들이 선천역에서 암살하려는 음모를 꾀했지만 기차가 그곳에 서지 않고 통과해서 미수에 그쳤다고 사건을 꾸민 일본 경찰은 600여 명을 체포하여 모진 고문을 가했다. 그중 123명을 구속했는데 그들 전원이 기독교인이었다. 일제는 그중 105인을 기소하여 실형을 선고했고, 105인 전원이 항소했다. 미국 선교사들의 노력으로 미국이 이 사건에 관여하자 2심에서는 99명에게 무죄판결을 내렸고 6명에게만 유죄판결을 내렸다.[147]

이때 전덕기도 체포되어 모진 고문을 당했다. 이로 인해 신민회는 무너지고 말았지만 이 세력이 국내를 떠나 중국과 만주에서 독립운동을 펼쳤고, 전덕기는 이들을 뒷바라지하는 일을 전담했다. 이후에는 상동청년학원 출신들을 모태로 하여 신흥무관학교가 세워진다. 전덕기는 불기소 처분을 받고 석방되지만 고문의 여파로 건강이 악화되어 목회활동을 더는 할 수 없게 되었다. 결국 상동교회는 1912년부터 현순을 부목사로 두어 그를 대신해 목회하게 했다. 그가 강단에 서지 못하는 기간이 길어졌지만 그의 삶 자체가 설교였기에, 교회는 한마음이 되어 기도하고 더욱 열심을 내었다. 전덕기가 누워 있는 기간에도 상동교회는 전국 최대 감리교회로서의 교세를 유지했다. 그는 병상에 누워서도 문병 오는 이들에게 민족정신과 신앙으로 이겨갈 것을 권면하는 설교를 계속했다. 그러나 1913년 여름부터는

146 민경배, 『한국 기독교회사』, 282; 김인수, 『일제의 한국교회 박해사』(서울: 대한기독교서회, 2006).

147 그 6명은 윤치호, 안태국, 양기탁, 임치정, 류동열 등으로 재판부는 그들에게 각각 6년형을 선고했다. 전택부, 『한국기독교청년회 운동사』(서울: 범우사, 1994), 155.

늑막염이 심해져 옆구리를 뚫고 버드나무 잎을 말아 고름을 받아내야 했다. 그는 1914년 1월부터는 자리에서 일어나지 못할 정도로 중해져 고생을 하다가 1914년 3월 23일 39세의 나이로 생을 마감했다. 그는 의식이 희미한 상태에서도 작은 목소리로 "주여 주여, 이 죄인을 구원하여 주옵소서"라고 기도한 후 "나는 천사와 더불어 돌아가노라"라는 마지막 신앙고백을 남기고 세상을 떠났다.

> 한국 민족운동사에서 영원히 빛날 거성(巨星)이 이렇게 땅에 떨어졌다. 이 민족의 별이 떨어지니 주위는 더욱 어두워졌다. 그가 죽으니 신민회도 죽었다. 그가 가니 상동청년학원도 갔다. 그가 없는 상동교회도 교인들이 줄기 시작했다. 그가 죽으니 민족운동도 1919년까지 죽었다. 모든 것이 죽은 것 같았다. 교인들은 전 목사의 유해 곁에 좀 더 머물러 있어 보려고 6일장을 계획하고 상동교회장으로 모셨다.[148]

그의 시신은 경기도 고양에 매장되었지만 그가 세상을 떠난 지 20년이 지난 1934년 일제의 끈질긴 묘지 이장 요구로 인해 둘째 아들이 유해를 화장하여 한강에 뿌렸다. 현재 그는 무덤이 없이 동작동 국립묘지 무후선열제단(無後先烈祭壇)에 위패로만 남아 있다.[149] 전덕기는 기독교 신앙을 바탕으로 구국운동을 전개했으며, 독립운동의 요람이었던 상동교회를 목회했던 담임목사로서 많은 동지들을 규합하여 민족의 아픔을 안고 투쟁했던 저항의 설교자였다. 또한 중인 이하의 상인 계층이 주류를 이루었던 상동교회에서 가난한 하층민들을 위해 사역을 감당하며 인재를 양성했던 목회자였다.

---

148 송길섭, 『일제하 감리교회 3대 성좌』, 208.

149 위의 책, 209.

### (2) 설교사역과 신학적 특징

전덕기의 설교문이나 그의 신학과 생각을 정리해놓은 사료는 그리 많지 않다.[150] 다만 현존하는 극소수 자료를 기초로 그의 사역과 삶을 통해 유추해 볼 수 있을 뿐이다. 그가 평신도 지도자로 시작하여 그리 길지 않은 기간을 담임목회로 사역했던 상동교회는 1912년 교인 3천 명 정도로 성장했다. 여러 가지 요소가 작용했겠지만 이를 통해 그의 설교 능력이 탁월했음을 가늠해볼 수 있다. 그의 설교는 평이하여 누구나 쉽게 알아들었고 깊은 감동이 있었다는 사실을 당시 문건의 증언에서 확인할 수 있다.[151] 그의 설교사역의 특징을 몇 가지로 정리해보자.

첫째, 전덕기의 설교는 복음 정신으로 모두를 품었다. 이덕주는 그를 "민중, 민족 목회자"로 규정한다.[152] "민중"에 대한 이해와 정의에 약간은 차이가 있을 수 있지만 그는 상처 입은 조국과 그 가운데서 허덕이는 조선의 동포들을 늘 가슴에 품었다. 그래서 조국을 침탈한 일제를 향하여 온몸으로 저항하는 삶을 평생 실천했고, 민족의 암울한 상황에서 힘들게 생을 이어가는 이 땅의 가난하고 억압받는 민중의 아픔과 고통을 가슴으로 껴안았다.

둘째, 전덕기의 설교는 하나님의 말씀을 통한 민족정신 계몽에 집중했다. 그는 깨움(계몽)과 교화의 차원에서 하나님의 말씀 선포인 설교사역을 감당했다. 민족정신 계몽이라는 차원에서 당시 상동교회와 전덕기는 시대적으로 아주 중요한 역할을 수행했다. 평범한 목회자가 이런 거국적 계몽과 민족운동을 감당할 수 있었던 것은 그의 실천적 삶과 설교의 감화력 때

---

150 「신학월보」, 「만세보」 등의 잡지에 논설과 강연이 몇 편 남아 있다. 설교문도 거의 남아 있지 않고 일본헌병기밀 문서에 1910년 1월 16일에 약현교회당에서 행한 설교 요약이 남아 있을 뿐이다. 조이제, "전덕기 목사의 설교", 「세계의 신학」, 48호(2009. 9.), 178-83. 전덕기의 글을 보기 위해서는 "맛당히 깨울 일", 「신학월보」(1904. 10.)를 참고하라.

151 김진호, "전덕기 목사 소전"; 조이제, "전덕기 목사의 설교", 179에서 재인용.

152 이덕주, 『이덕주 교수가 쉽게 쓴 한국교회 이야기』(서울: 신앙과지성사, 2009).

문이었다. 당시 상동교회 안에는 엡윗청년회, 공옥학교, 상동청년학원[153] 등이 있었는데, 이를 통해 그는 젊은이들에게 민족의식을 불어넣는 교육을 수행하여 많은 민족운동가를 길러냈다. 그가 다양한 민족운동단체에 가입하여 활동할 수 있었던 것은 신앙과 민족정신을 함께 함양함으로써 민족의 현실을 바꿀 수 있다고 믿고서 말씀을 선포하고 그것을 삶의 현장에서 실천했기 때문이었다.

셋째, 전덕기는 실천과 저항의 설교자였다. 당시의 지식인들과 지도자들에게는 두 가지 길이 있었다. 현실에 타협하고 순응하여 자신의 출세와 안일을 도모하는 길이 있었고, 민족의 아픔 앞에서 저항하는 길, 즉 형극의 길이 있었다. 전덕기는 이 중 후자의 길을 택했다. 그것은 주님의 복음이 명령하는 바였다. 이것을 송길섭은 다음과 같이 기술한다.

> 스크랜튼의 설교 중에서 특히 가난한 자에게 복음을, 억눌린 자에게 해방을, 갇힌 자에게 자유를 주는 그 말씀에 도취하고 공감하면서 이 말씀의 사도가 되려고 그의 몸을 하나님의 종으로서 하나님과 민족의 제단에 바치기로 결심한 것이다. 이 자유와 해방의 말씀은 비단 전덕기뿐만 아니라 당시 외세의 침략과 내정의 부패 타락에 시달리던 민중들 그 누구나 받을 수 있었던 기쁜 소식이었다. 또 이런 소식을 기다리고 있는 상태였다. 그러나 이런 말씀을 받아들이기에는 당시로서는 상당한 용기가 필요한 때였다.…전덕기는 이런 주위 사람들의 기독교에 대한 오해와 반감을 물리치고 일찍이 이 구원의 소식을 받아들였고 또 이제는 이 복음의 말씀을 위한 사도가 되기로 결심한 것이다.[154]

153 상동청년학원은 중등 과정이었고 공옥학교는 초등 과정이었다.

154 송길섭, 『일제하 감리교회 3대 성좌』, 161-62.

이렇게 그는 자신의 종교적 확신에 따라 민족운동과 가난하고 어려운 자들을 위한 민중 목회에 자신을 내던졌다. 그래서 생명을 걸어야 하는 위험하고 위태로운 길에 서서도 담대하게 나아갈 수 있었다. 그의 설교사역과 목회, 그리고 민족운동은 철저하게 하나님의 말씀에서 원동력을 얻었고, 하나님의 말씀이 그 추진력이었다.

넷째, 전덕기는 하나님의 말씀을 실천하는 삶과 인격을 통해 설교했던 설교자였다. 필립 브룩스가 말한 대로 설교는 설교자의 인격을 통해서 전달되는 하나님의 메시지다. 전덕기의 설교에는 그의 삶과 인격에서 뿜어져 나오는 깊은 감화력이 있었다. 송길섭은 그가 가난한 사람들뿐만 아니라 양반 출신의 민족운동가들과도 친분이 깊었고 개방성과 평민성, 철저함과 헌신봉사 정신 등 설교자가 갖추어야 할 좋은 성품을 가졌다고 평가한다. 따라서 그의 설교는 삶과 인격에서 흘러나오는 향기였고 그 향기가 사람들을 이끌었다고 증언한다.[155] 그의 지도자로서의 리더십과 영향력은 논리정연한 말에서 나오지 않았고 그의 삶과 섬김, 희생과 헌신에서 기인했음을 다음의 일화에서 살펴볼 수 있다.

> 분쟁이 있는 곳에 그가 가면 많은 경우 그의 설득에 민중들은 순복하는 것이 보통이었다. 특히 궂은 일이 있을 때 상여꾼들이 상여를 메고 가다가 좁은 다리나 언덕을 넘어갈 때 귀신의 장난이라면서 행진을 멈추고 버티고 서서 돈을 요구하는 일들이 흔히 있었다. 결국 술값을 요구하는 것이었다. 시체를 메고 흥정하는 셈이니 어쩔 도리가 없다. 아무도 이럴 때 상여꾼들에게 돈을 주지 않고 움직이게 할 자는 없었으나 유독 전덕기 목사만은 이들에게 돈을 주지 않고 이들의 행진을 계속 시킬 수 있었던 것이다. 상여꾼들은 전 목사

155 위의 책, 164.

의 설득력보다는 그의 인격과 희생봉사 정신을 일찍부터 잘 알고 있었기 때문에 그들의 지도자라고 생각하고 있는 전 목사의 말에 순응하는 것이다.[156]

그는 동료 목사들에게 목회자는 언제나 장례 준비를 하고 있어야 하며 그 절차에 대해서도 소상하게 알아야 한다고 강조하면서 이를 위해 최소한 세 가지를 항상 준비하고 있어야 한다고 일렀다. 곧 시신이 부패하면 맨발로는 도무지 들어갈 수 없기 때문에 시체가 있는 방으로 들어갈 때 신을 나막신, 시신이 있는 방은 악취가 나기 때문에 코를 막지 않으면 안 되므로 이때 사용할 마른 쑥 한 움큼, 형편이 어려운 집에는 약식 관(棺)과 기타 장례용구를 준비해가도록 했다.[157] 이를 통해 어려운 사람들을 잘 돌보려는 자세와 긍휼히 여기는 마음을 읽을 수 있다. 전덕기는 "주를 믿으려면 참으로 믿고, 나라를 사랑하거든 참으로 사랑하라"고 설교했는데, 실제로 그는 이를 앞장서 실천했던 설교자였다.

담임목사가 일경에게 매 맞아 재기불능이라는 사실을 알게 된 교우들은 더욱 열심을 내어 모이기 시작했다. 이렇게 교회가 환란 속에 있으니까 전에 보지 못했던 열심이 나타나기 시작했다. 또 기도의 불이 붙기 시작했다. 어서 속히 전 목사의 건강이 회복되어 다시 강단에 서서 하나님 사랑과 민족 사랑을 들려 달라고, 나라까지 잃었는데 이제 전 목사까지 잃게 되면 그야말로 큰일이라고 생각했던 것이다. 따라서 우리 교우들의 기도는 결사적이었다. 모이기에 더 열을 올리게 되었다. 이제는 전 목사가 강단에서 설교할 수 없어도 전 목사가 목사관에 누워 계신 것만으로도 만족하게 생각했고, 또 주

156 위의 책, 164-65.

157 최석주, 『내가 본 인생 백경(白鏡)』(서울: 대한기독교서회, 1974), 264.

일마다 목사관에 누워 있는 전 목사의 얼굴만 보아도 은혜가 되었다. 그의 생활이 곧 설교요, 그의 설교가 곧 그의 생활이었기 때문에 설교가 따로 필요 없었다. 전 목사가 누워 있는 동안 교회 안에서는 기도의 소리가 끊이지 않았고 교인들의 발걸음이 끊이지 아니 했다. 이렇게 하여 비록 담임목사는 병상에 누워 있는 형편이었으나 교인들의 열심은 전 목사가 건강할 때보다 더하여 갔다. 이리하여 우리 교회는 이런 시련 속에서도 전국에서 최대의 교회로 계속 성장하고 있었다.[158]

전덕기는 설교사역과 삶의 실천을 통해 민족을 계몽하려 했던 설교자였다. 민족운동의 요람으로 평가받는 상동교회가 암울한 시대 상황에서 민족운동을 위한 많은 사역을 수행할 수 있었던 것은 다름 아닌 전덕기가 있었기 때문에 가능했다.[159] 그는 105인 사건에 연루되어 투옥된 뒤 모진 고문의 후유증으로 젊은 나이에 사역을 접어야 했지만, 그가 뿌린 민족운동의 씨앗은 일제 치하라는 엄동설한에도 계속해서 싹이 나고 꽃을 피웠다. 그와 함께했던 동료들은 민족의 독립운동을 주도했고 3·1운동의 민족대표 33인 중에는 상동교회 출신이 4명이나 되었다.[160] 조국과 가난한 사람들을 향한 그의 헌신 때문에 수많은 지식인 계층이 상동교회로 모여들었고 그들 모두 한마음이 되어 구국운동의 중심에 섰던 것을 볼 때, 그의 삶과 인격, 말씀의 감화력이 얼마나 컸는지 알 수 있다. 그의 사후에 독립운동을 하는 지도자들 가운데서 많은 분열이 있었음이 이를 잘 방증한다.

1922년 4월, 전덕기의 제자들이 그의 신앙과 덕을 추모하며 기념비를

158 기독교 대한감리회 상동교회, 『상동교회 111년사』, 12장. 1910년 당시 상동교회는 1,739명이었는데 전덕기가 병석에 누워 있었던 1913년에 2,900명에 육박한다. 이는 당시 전국 감리교회 중에서 제일 큰 규모였다.

159 송길섭, 『일제하 감리교회 3대 성좌』, 156.

160 33인 민족대표 중에 신석구, 최석모, 오화영, 이필주 등이 상동교회 출신이었다.

세웠다. 나치 치하에서 온몸으로 저항하는 삶을 살았던 디트리히 본회퍼와 같이 민족의 어려운 시기에 저항의 삶을 살았던 그의 생애를 이 비문이 잘 알려준다.

神佑東方(신우동방) 畏心鐵血(외심철혈)
默悟天酌(묵오천작) 教育泰斗(교육태두)
公乃挻生(공내연생) 其身犧牲(기신희생)
牧半盡忠(목반진충) 宗教棟樑(종교동량)
干干我民(간간아민) 居常痛懷(거상통회)
再臨何日(재림하일) 衆心感泣(중심감읍)
何法拯救(하법증구) 臨命哀禱(림명애도)
復觀面目(복관면목) 以堅片石(이견편석)

하나님이 우리나라를 도우시사 선생이 나시었네
두려운 마음과 쇠 같은 피 그 몸을 희생하시고
하늘이 내리신 뜻 묵묵히 깨닫고 충성으로 양떼를 먹이셨네
임께선 교육에는 태두시며 교회에는 동량이시어라
오! 우리 우매한 백성을 어떻게 구원할꼬
평소에 아픔 속에 계시다가 하늘에 오르실 때 애도로 보내려니
재림이 어느 땔까 다시 그리운 님 뵈올 날이
여러 마음 느껴 울며 뜻 기려 돌에 세우노라.[161]

---

161 송길섭, 『일제하 감리교회 3대 성좌』, 210-11. 이 비문은 전덕기의 제자였던 김진호 목사가 썼다. 해방된 조국 땅에 귀국한 김구는 이 비석을 끌어안고 한없이 울었다.

## 이 시기의 또 다른 증언자들

위의 설교자들 외에도 이 시기에 신실하게 설교사역을 감당했던 자들이 많이 있다. 다만 여기서 다 언급할 수 없는 것은 그들이 큰 목회를 감당하지 않았기 때문이 아니라 그들의 섬김 이야기 외에는 설교사역을 가늠할 수 있는 사료가 부족하기 때문이다. 여기서는 평양장로회신학교 1회 졸업생이자 첫 한국인 설교자들로 활동했던 자들 가운데 앞서 언급하지 못한 설교자들을 중심으로 간략히 정리해보자.

서경조는 목사안수를 받은 후 조선예수교장로회 독노회를 이끄는 목사가 되었다. 그는 황해도 지역에 전도목사로 파송되어 장연, 옹진 등을 순회하며 말씀을 전하는 순회설교자로서의 설교사역을 감당했고, 1910년부터는 언더우드를 도와 새문안교회에서 사역하면서 경기도 고양, 시흥, 파주 등을 순회하는 전도목사로 활동했다. 목사직에서 은퇴한 후에는 고향 솔내로 내려갔다가 1916년에 서울 안국교회에서 잠시 담임목회를 했고 1926년에는 상하이로 건너가 독립운동을 하는 둘째 아들과 함께 지내다가 그곳에서 생을 마감했다.

한석진은 목사안수를 받은 후 일본 유학생들의 신앙 지도를 위해 일본에 파송을 받았으며, 동경에 유학생을 위한 교회를 세워 유학생 선교에 전력했다. 당시 도쿄에는 400여 명의 조선 유학생들이 있었는데 그중 163명이 복음을 받아들일 정도로 큰 성과를 거두었다. 귀국한 후에는 서울 안국동에 안동교회를 세워 설교사역을 감당했고, 윤치호, 민준호, 서병철 등과 같은 양반 계층이 출석하여 자체 건물을 마련할 정도로 교회가 부흥했다. 이후에는 설교자들과 교인들의 수련을 위해 금강산 기독교수양관 건립에 혼신의 힘을 기울였고, 서울 당인리의 작은 집에서 노년을 보내다가 1939년에 세상을 떠났다.

송인서는 신학교에 입학하기 전부터 복음전도와 교회 설립에 전력했다. 그는 한석진의 전도를 받고 복음을 접한 후 "이전에 하던 것은 모두 죽을 공부"였다고 고백하면서 말씀 연구에 힘을 쏟았다. 본격적으로 신학을 공부하기 전부터 복음전도와 교회 개척에 전념한 그는 평원군의 주촌교회, 강동군의 도덕리교회와 강동읍교회, 대동군의 대원교회 등을 세웠다. 목사 안수를 받은 다음에는 평남노회 순회목사 자격으로 대동군 학교리교회, 봉산군 은파리교회, 진남포 비석리교회, 진남포 억양기교회와 증산, 한천, 외서강 등의 교회를 순회하면서 설교사역을 감당했다. 그는 소안련 선교사를 도우면서 복음전도와 교회개척 사역을 감당했고, 무리한 사역으로 인해 병을 얻어 휴직을 하기도 했다.

방기창은 평암 용강, 제재, 주달, 고봉동, 석월 등의 지역에 파송을 받아 복음을 전하며 설교했고, 1908년에는 독노회 전도위원이 되어 황주, 봉산, 신천, 안악, 남항, 상원, 성천 등의 황해도 지방에서 복음을 전하며 설교사역을 감당하였다. 그가 순회설교자로 복음을 전하여 세운 교회는 강서의 반석교회, 고창교회, 송호교회, 진남포의 노정교회, 예명교회, 용강읍교회 등이다. 무리한 순회사역으로 병을 얻어 전도목사직을 사면하기도 했으며 안수받을 때 56세로 나이가 가장 많았던 방기창은 1911년에 세상을 떠난다. 그가 세상을 떠났을 때 길선주와 이기풍은 설교자로서 그의 사역을 다음과 같이 추모한다.

> 주를 믿으시는 첫날부터 주를 위해 높은 산을 넘어 다니시며 험한 길을 걸어 다니시고 밤에 잠을 편히 자지 못하고 단 음식을 잡숩지 못할 때 많았으며 믿지 않는 죄인을 위해 슬픈 눈물도 많이 흘리시고 죄에 빠진 형제자매를 위해 애통한 기도를 많이 하셨으니 이 목사의 주를 위해 행하신 열심성력을 생각할 때에 우리 일반 교우는 다 흠앙할 바라. 사랑하는 형제자매들이여, 이 목사의 역사를 생각하여 이 목사의 주를 위해 열심히 일하신 것을 본

받기를 바라옵나이다 했더라.[162]

양전백은 민족대표 33인으로도 활약했는데 안수를 받은 후 평북 선천, 정주, 박천 등지의 교회를 위한 순행목사(巡行牧師)로 임명을 받아 설교사역을 감당했으며 사역 지역이 압록강 부근의 초산, 위원, 강계로부터 만주의 즙안, 통화, 회인현까지 넓어졌다. 1909년부터는 선천읍교회(북교회)의 담임목회자로 부임했고 이곳에서 평생을 사역하였다. 그는 기독교 교육과 인재 양성의 중요성을 인식하여 선교사들과 함께 선천에 신성중학과 보성여학교를 세워 학생들에게 복음을 전하는 설교자였으며, 황성기독교청년회(YMCA)의 집회 강사로도 활동했다. 1911년에는 105인회 사건으로 구속되어 2년간의 옥고를 치른다. 이때 그는 모진 고문으로 많은 고초를 겪었는데 함께 구속되었던 신성중학교 학생 선우훈은 당시를 이렇게 증언한다.

> 밤 아홉 시경에 수갑 찬 손에 콩밥 한줴기를 들고 다리를 절며 의복을 거두지도 못하고 부들부들 떨며 방 안에 들어서서 미친 사람 같이 손바닥에 콩밥만 할터 잡수신다. 머리털 전부가 뽑히었고 한 개 수염도 없었다. 내 곁에 앉았으되 반사(半死) 상태로 된 그는 문안(問安)도 없고 대답도 없다.[163]

석방된 후 3년 만에 선천읍교회 강단에 선 그는 먼저 자신의 잘못부터 자백했다. "나는 이제 교직(敎職)을 사(辭)하여야 되겠습니다. 연약한 육신을 가진 나는 재감중(在監中) 통초(痛楚)를 이기지 못하야 하지 않은 일을 했다

---

162 『평남로회 회의록』(평양: 야소교선교원, 1912), 7-8. 탁지일, "방기창 목사의 목회 리더십", 김수진 외 4인, 『장로교 최초 목사 7인 리더십』(서울: 쿰란출판사, 2010), 23에서 재인용.

163 "민족목회의 선구자 양전백(1870-1933)", 「교회연합신문」(2006년 5월 19일), 재인용.

고 거짓말을 했으니 주의 교단(敎壇)에 설 수 없는 자가 되었습니다."[164] 일제의 고문을 이기지 못하여 자백하라는 강요대로 그렇게 말한 것뿐인데도 자신이 거짓말을 했다고 설교자로 적합한 사람이 아니라며 사임 의사를 밝혔을 때, 교인들은 받아들이지 않았다. 이 양심적인 설교자는 1915년에 개최된 5회 총회에서 총회장으로 피선되어 전국 교회를 섬겼고, 3·1운동으로 2년 넘게 옥고를 치른 후에 선천읍교회로 돌아왔다. 그가 선천읍교회에서 40년간의 고단한 설교사역을 마칠 때 그의 설교를 듣고 그리스도인이 되기 원해 세례를 받은 사람은 3천여 명에 이르렀다. 노년에는 『조선장로교회사기』를 썼으며, 무리한 목회 일정으로 병을 얻어 1933년 64세의 나이로 세상을 떠났다. 목사가 되기 전부터 수많은 교회를 세웠던 그가 일평생 복음을 전하기 위해 도보로 걸었던 거리는 약 47,000km에 달했다.

양전백이 세상을 떠났을 때 「신학지남」에 실린 추도사는 그를 이렇게 평가한다. "先生은 이같이 誠實하시고 이같이 愛情이 깊으시다. 先生은 雄辯[웅변]의 人도 아니오 文章의 人도 아니며 八面濶達[팔면활달]한 社交의 人도 아니오, 奇策縱橫[기책종횡]한 智略[지략]의 士도 아니다. 다만 剛直[강직]한 義의 人이며 慈愛 깊은 情熱의 人이다. 非理와 不義 앞에서 秋毫[추호]도 屈치 안는 마암[마음], 貧賤[빈천]과 弱者를 보고는 同情의 눈물을 흘니는 마암[마음], 그는 참으로 하나님의 사람이었다. 이 純美(순미)한 天品(천품)과 質素[질소]한 性格(성격)이 發越(발월)하야 格軒[격헌] 先生의 偉人(위인)됨을 形成(형성)한 것이다."[165]

이 시대의 첫 한국인 설교자들은 복음에 대한 열정 하나로 조국을 복음의 토대 위에 세우기 위해 쉼 없이 달렸고 생명을 걸고 설교사역을 감당했

---

164 위의 신문.

165 "追悼(추도) 故 梁甸伯 牧師", 「神學指南」, 15권 2호(1933년 3월), 31-32. 格軒[격헌]은 그의 호이며, 한자 음훈은 필자가 붙인 것이다.

으며, 때로는 민족을 위해 일제에 저항했다. 그들은 땅에 감춰진 보화를 발견했던 사람들이었고, 인생 전부를 주고 그 보화를 사들여 억압받고 고통당하는 조국의 백성들과 나누기 위해 산과 들을 걸어갔다. 그렇게 그들은 박토와 같은 열악한 여건 속에서 주님의 교회를 세워나가기 시작했다. 비록 공산주의의 손길에 의해 많은 교회가 박해로 문을 닫아야 했지만 북녘 땅에 세워진 대부분의 교회가 그들의 눈물 어린 설교를 통해 세워졌고 이 땅에 부흥의 불길을 지폈던 역사가 있다.

# 4장
# 일본 제국주의의 억압 아래에서 신음하던 시대의 설교
## 1920년대부터 해방 이전까지의 설교

보라 말이 없는 예수를!
그러나 그 말없는 위대한 설교를 들으라
겟세마네 동산에서 흘린 피땀과 더운 눈물은
모든 인간의 영에 호소하는 예수의 진실한 설교로다.
골고다에서 지고 있는 그 십자가는 예수의 설교니
곧 모든 인간에 외치는 하나님의 설교로다.
가시관을 쓰고 흘리는 이마의 피와 땀은
예수의 진실한 설교가 아닌가. 아 이 설교를 들으라.…
예수님의 십자가는 인간의 영에 외치는 설교로다.
–이용도[1]

1 이용도, "1931년 2월 28일 일기", 변종호 편, 『이용도 목사의 일기』(서울: 신생관, 1966), 146.

## 시대적 상황

20세기 초 한국 사회에서 기독교는 서양에서 들어온 작은 규모의 신생 종교에 지나지 않았다. 하지만 선교 초기부터 기독교는 "서양 문명의 거대한 후광"을 입고 사회 개혁적 성격을 띠었으며[2] 일본 제국주의에 대한 비폭력적 민족저항운동이었던 3·1운동에 적극적으로 참여하면서 새로운 위상을 확보하게 된다. 민경배의 평가처럼 그것은 "경건주의적·보수적 신앙에 의해서 선교"가 이루어졌고 그런 신앙 형태가 "1907년의 대부흥운동을 통해서 정착"되었지만 그 신앙 자체가 "민족적·사회적 구조 안에서 발전되었다는 사실을 보여준 뜻깊은 역사적 사건"이었다.[3] 기독교를 통해 근대문명을 접한 당시 한국 사회는 특별히 3·1운동이라는 사건을 통해 강한 민족의식을 형성하면서 독립 사상에 눈을 떴고 높은 교육열로 불타올랐다.[4] "외래 종교"로 인식되던 기독교는 민족에게 희망을 주는 "민족 종교"로 뿌리를 내려가고 있었다.[5]

이 시기에 일본의 신민화 작업이 본격화되면서 이에 저항하는 민족주의가 새롭게 발흥했고[6] 한국 사회뿐만 아니라 한국교회도 격동기를 보냈

2 민경배, 『한국교회의 사회사(1885-1945)』(서울: 연세대학교출판부, 2008), 49. 개인구원과 도덕적 변화에 초점을 맞추면서도 문화사회적 측면에서의 개혁이 이루어졌는데 여권 신장, 금주·금연 운동, 우상과 미신 타파, 계급제도의 타파 등 개혁적 성격이 강했다. 특히 교육과 의료 선교를 통한 사회 개혁적 파급력은 당시 사회에 커다란 반향을 일으켰다.

3 위의 책, 246.

4 이것은 기독교의 영향이 가장 컸다. 1919년에 보통학교 학생 수가 9만 명 정도였는데 1931년에는 50만 명으로 5배 이상이 늘었으며, 중등학교 학생 수도 4만에서 9만으로, 전문학교 학생 수는 585명에서 1,570명으로 3배 가까이 늘어났다. 일제는 이런 흐름에 대해 불순한 동기가 있다면서 여러 차별정책과 동화정책을 강화한다. 이때 식민지 교육정책에 대한 저항으로 동맹휴학이 자주 일어나게 된다. 정재철, 『日帝의 對韓國 植民地 教育政策史』(서울: 일지사, 1985), 303-4, 351-53.

5 독립선언서에 서명한 33인 가운데 기독교인이 16명이었으며, 그 명단에는 들어가지 않았지만 민족지도자 48명 가운데 24명이 기독교인이었다. 범교단적으로 참여한 것은 아니나 투옥된 사람의 22.4%가 기독교인이었을 정도로 기독교인이 중심을 이루었다. 보다 상세한 내용을 위해서는 이만열, "삼일운동과 기독교", 『한국 기독교와 역사』, 7호(1998) 등을 참고하라.

6 박용규, 『한국기독교회사: 1910-1960』, 2권(서울: 생명의말씀사, 2004), 3장 참고.

다. 당시 기독교는 민족계몽과 민족주의 사상을 고취시키는 데 가장 결정적인 역할을 수행했다.[7] 3·1운동이 끝난 이후 한국교회는 많은 손실을 입었고, 독립 쟁취의 실패로 인한 깊은 좌절감에 떨고 있었다. 그러면서도 민족의식의 고취와 독립에 대한 염원은 꺼지지 않고 타올랐고 6·10만세운동(1926)과 그 영향으로 전국 각지에서 학생동맹휴학사건,[8] 광주학생항일운동(1929) 등이 일어났으며, 사회적으로는 반제국주의·반봉건주의 성격의 형평사 운동[9] 등이 일어남으로써 신분 해방뿐만 아니라 인권운동이라는 새로운 흐름을 만들어냈다.

1930년대가 시작될 때 기독교는 일본 제국주의자들에게 가장 위협적인 존재로 인식되었다. 그래서 일제는 집회와 출판, 각종 종교 활동을 규제하고 나아가 종교 탄압을 본격화했다. 깊은 밤을 경험하면서 교회는 점점 제도화·관료화되어가고 영적 침체에 빠져들었다. 당시 사회적 상황도 급변하고 있었는데, 전통적 농업사회에서 산업사회로 변모하면서 오랜 기간 간직해온 전통과 가치관이 흔들리기 시작했다. 인쇄술의 발달과 함께 다양한 사조가 격류처럼 흘러 들어왔고, 사회주의(공산주의), 무신론, 불가지론, 아나키즘, 에로티시즘이 번져나갔다. 일제의 경제 수탈 정책으로 인한[10] 농촌 경

---

7 Ellasue Wagner, *Korea: The Old and the New* (New York: Eleming H. Revell Co., 1931), 159.

8 일제 식민지 교육에 항거하여 일어난 학생동맹휴학은 6·10만세운동 이후 민족운동의 일환으로 활발히 진행되었고, 광주학생항일운동의 여파로 1930년 107건, 1931년 102건으로 최대 건수를 기록한다.

9 1923년 경남 진주의 양반 출신 사회운동가와 백정 출신 지식인들이 주도한 운동으로 계급 타파, 교육 장려 등의 목적으로 시작했다. 기독교의 영향으로 시작된 이 운동은 10여 년간 지속되다가 일제의 조직적인 탄압으로 약화된다.

10 일제의 경제 수탈은 토지 등록으로부터 시작한다. 일제는 1912년부터 8년 동안 토지 조사를 단행하여 등록되지 않은 토지는 국유화했고, 모든 토지의 등기 작업을 서두르는데 그 수속을 어렵게 하여 강제 압수하는 방식으로 토지를 수탈한다. 삶의 터전을 잃은 사람들은 부득불 유랑의 길을 떠나는데 일본으로 50만여 명, 만주나 시베리아 등지로 200만여 명이 이주한다. 일제는 토지 수탈로 소작료를 챙겼고 쌀뿐만 아니라 광업과 임업 자원까지 수탈한다. 보다 상세한 내용은 김인수, 『일제 한국교회 박해사』(서울: 대한기독교서회, 2006), 60-62를 참고하라.

제의 몰락은 농업이 주종을 이루었던 당시 사회에 심각한 문제가 되었다. 일제가 광범위하게 진행한 자원 수탈과 식량 유출은 정치적 독립 상실에서 경제적 독립 상실로 이어졌다. 1930년 전후의 신문 사설과 기사들은 민족적 빈한(貧寒) 상태에 대해 대대적으로 언급한다. 당시의 농촌 피폐 현상은 매우 심각했는데,[11] 이로 인한 이농 인구의 급증이 사회적 불안 요인으로 대두되었다. 농촌 인구가 많았던 교회는 교인과 헌금 감소로 인해 교회당을 폐쇄했고 이로 인해 깊은 좌절감이 넘쳐났다. 민경배는 이때를 "'해로운 결과'가 도처에서 감지"되던 상황으로 묘사한다. 더욱 심각한 것은 정신적 피폐화였다.[12]

이 시기에 교회에 가장 위협이 되었던 것은 신사참배 문제였다. "한일병탄"[13] 이후 1930년대부터 본격화된 신사참배 문제는 일본의 조선 지배를 정당화하고 한국인을 황국신민으로 만들려는 시도로서 오래전부터 용의주도하게 준비해온 정책이었다. 일제는 황국사관에 의거하여 허구적 신화를 만들어 역사를 날조했고, 일본사는 과장하는 반면 한국사는 비하하고 왜곡했다. 태평양 전쟁에 조선인들을 동원할 목적으로 내선융화를 외쳤고, 이에 대해 일본 제국주의의 침략정책에 길들여진 일본과 한국의 종교지도자들은 하나님의 거룩한 섭리라고 동조했다.[14]

3·1운동 이후 1920년대에 일제는 무단통치 대신에 문화정치를 실시하는 듯했으나 1930년대에 군국주의 체제로 전환하면서 만주사변과 중일전쟁 등을 일으켰고, 군국주의자들은 대륙 공략을 감행하면서 일왕(日王) 중

---

11 「동아일보」(1930년 2월 25일 자, 1931년 1월 25일 자, 1932년 4월 24일 자) 등 참고.

12 민경배, 『한국교회의 사회사(1885-1945)』, 309, 311. 당시 조선총독부는 주류와 담배 전매, 아편 전매 강행, 공창제(公娼制) 도입 등으로 조선인의 정신적 피폐화를 조장한다.

13 흔히 "합방"이나 "합병"이라는 용어가 사용되지만 이는 평화적 합의가 아니었기 때문에 적합하지 않은 용어다. 무력으로 강제 침탈한 것이므로 "강제로 빼앗아 합친 것"이라는 의미를 가진 "병탄"(倂呑)이 정확한 표현이다.

14 박용규, 『한국기독교회사: 1910-1960』, 2권, 677-79.

심주의를 통해 “황도(皇道)주의와 국체명징(國體明徵)을 이념으로 삼고 이를 현실화하는 방법으로 신사숭배” 사상을 만들어 한국인들에게 신사참배를 강요했다.[15] 이는 일본의 국체에 순응하는 황국신민화 정책의 일환으로 한국인들을 정신적·실질적으로 일본화하려는 시도였다. 이것은 1930년대에 본격화되었고 당시 어린 교회에 가장 큰 타격이 되었다. 일제는 조직적으로 교회를 압박해왔고, 국가의례라고 합리화하면서 무력으로 신사참배를 강요했다. 당시 교계는 일제의 위협 앞에 대부분 무릎을 꿇었다.[16] 미국 남장로교 선교사들을 중심으로 반대 입장을 취하면서 미션스쿨을 폐쇄하는 등 신사참배 반대운동이 없었던 것은 아니지만, 먼저 로마 가톨릭교회와 감리교회가 타협의 길로 접어들었고 장로교회도 그 뒤를 따랐다.[17]

이렇듯 1930년대 전후의 한국교회는 거대한 내적·외적 위기에 직면해 있었다. 1920년대 말 전체 인구의 2% 정도였던 기독교는 도덕적·정신적으로 가장 영향력이 컸지만, 교회는 기로에 서 있었다. “사회적 냉대, 그래서 사회적인 고립의 질곡(桎梏)을 체험하기 시작한 교회가 설 땅”이 좁아졌고, 경제적 시련, 교회 내의 여러 분파, 갈수록 더해지는 반기독교적 사조, 일제 총독부의 교묘한 획책은 교회를 심각한 침체의 시간으로 몰아넣었다.[18] 이 시기에 정경옥을 중심으로 한 자유주의 신학 흐름이 나타나고, 신비주의 부흥운동과 김교신 등을 중심으로 한 무교회주의가 나타난다.

이 시기 한국교회는 “이런 참화를 전환시켜 여명으로 바꾸는 거대한 움

15 김인수, 『일제 한국교회 박해사』, 83-86.

16 일제는 기독교 학교를 먼저 공략했고 이어서 전국 학교에 신사참배를 강요한다. 미국과 호주 선교부는 신사참배 불가를 결정했고 이로 인해 많은 선교사들이 추방되고 여러 학교가 자진 폐교했다. 반면 로마 가톨릭은 가장 먼저 신사참배를 수용했고 감리교단은 1936년에, 장로교단도 1938년에 총회에서 수용하기로 가결한다. 보다 자세한 내용은 위의 책 3장을 참고하라.

17 이에 대한 상세한 내용은 김승태 편, 『한국기독교와 신사참배 문제』(서울: 한국기독교역사연구소, 1991); 박용규, 『한국기독교회사: 1910-1960』, 2권, 11-12장을 참고하라.

18 민경배, 『한국 기독교회사』(서울: 대한기독교출판사, 1985), 451-52.

직임”,[19] “교회 생활에서의 신선한 생명력, 새로운 메시지에 대한 갈망, 그리고 동시에 기존 교회 신앙 형태에 대한 비판, 전도(全道)에 걸친 종교적 열정의 부흥 요구”가 필요했다.[20] 이때 교회와 성도들을 말씀으로 깨워 바로 세우려는 가장 대표적인 움직임이 부흥운동이었다.[21]

## 설교 흐름과 연구 자료

1920년대부터 해방 전까지 한국교회는 일제 치하에서 많은 고난과 아픔을 감내해야 했고, 3·1운동 이후 깊은 좌절감에 몸을 떨어야 했으며, 신사참배라는 거대한 고난의 용광로를 통과해야 했다. 그래서 김인수는 이 시기를 “몰락의 비탈길”을 걸어갔다고 묘사하며, 민경배는 “십자가를 걸머지는” 시기로 묘사한다.[22] 당시는 내세 지향적이며 신비주의적 경향이 강했고, 그리스도의 십자가와 보혈, 부활, 천국 등의 구속적 설교가 주를 이루었다. 곧 당시 설교자들은 예수 그리스도를 전하여 생명을 구원하는 일이 가장 시급하다고 보았고 현실적인 문제를 도외시하는 특성을 보인다.

독립을 쟁취하지 못한 좌절감, 함께 신앙생활했던 교우들을 잃은 슬픔 가운데 있는 교회에 하나님이 주신 것은 부흥회였다. 길선주는 이 시기에도 계속해서 부흥회를 통해 설교사역을 감당했고, 김익두는 놀라운 신유 및 회개의 역사가 일어났던 집회를 인도했다. 또한 신비주의 경향의 부흥

19 민경배, 『한국교회의 사회사(1885-1945)』, 275.

20 민경배, 『일제하의 한국기독교 민족 신앙운동사』(서울: 대한기독교서회, 1996), 281.

21 민족대표 33인 중 한 명이었던 길선주가 종말론을 중심으로 한 부흥운동을 펼쳤다면, 김익두는 신유의 역사를 동반한 이적 집회를 통해 교회를 깨우려고 했다. 이성봉 역시 암울했던 시절에 하나님의 말씀으로 신자들을 위로하고 새 소망을 던져주었던 부흥설교자였다.

22 김인수, 『일제 한국교회 박해사』, 3장; 민경배, 『한국 기독교회사』, 15장 참고.

회를 인도했던 이용도, 1930년대 후반부터 전국 교회에 부흥의 불길을 지폈던 이성봉 등이 이 시기의 주역이다. 이때는 일제의 강압적인 핍박 외에도 분파 운동이 일어났고 이단들이 발호하면서 영적 무장이 필요했다. 그런 상황에서 이들은 힘 있는 메시지를 통해 한국교회를 위로하고 이끌어갔던 대표적인 설교자들이었다. 당시 일제의 강압에 못 이겨 야합하거나 교회를 위해 순응하며 친일의 길을 걸어간 설교자들도 있었고, 주기철, 주남선, 이기선, 한상동, 손양원 등과 같이 생명을 걸고 저항했던 설교자들도 있었다.

이 시기의 설교 연구 자료는 『백목강연』, 『세기의 증언』 등이 있고,[23] 각 설교자들의 설교집 등이 있으며, 후대에 발간된 그들의 전집도 있다. 아래에서는 이 시기의 대표적인 설교자를 중심으로 좀 더 상세하게 살펴보자.

## 김익두 목사: 위로의 메시지로 부흥의 불길을 당긴 설교자

### (1) 생애와 사역

"한국교회 부흥회를 대표하는 인물"로 평가받는[24] 김익두 목사(1874-1950)는 황해도 안악에서 농부의 아들로 태어났다. 젊은 날 장사에 실패하고 술과 놀음을 좋아하는 난봉꾼으로 살던 그는 어느 장날 여성 선교사가 건네준 전도지를 받고 몰래 집회에 참석했다가 윌리엄 스왈른(소안련)의 영생

23 『백목강연』(경성: 박문서관, 1921); 정동교회 100년사 편찬위원회 편, 『세기의 증언: 정동제일교회 역대 목사 설교, 논설집』(서울: 정동제일교회 100주년기념사업위원회, 1986).

24 정성구, "머리말: 한국의 D. L. 무디 김익두 목사", 김익두, 『김익두: 한국 기독교 지도자 강단설교』(서울: 홍성사, 2009), 8.

에 대한 설교를 듣고는 회개하고 예수를 믿기 시작했다. 그는 세례를 받기 위해 준비하던 10개월 동안 신약성경을 백 번이나 읽을 정도로 말씀 연구와 기도생활에 전념했으며, 1901년 1월 스왈른에게 세례를 받고 매서인으로 활동하다가 그해 10월에 재령읍교회에서 전도사로 사역을 시작한다. 교인이 10명 안팎이던 교회는 그의 열정적인 설교와 확신에 찬 전도를 통해 100명으로 늘어났고, 그는 1903년 신천교회의 청빙을 받게 된다. 그는 그곳에서 사역하면서 1906년에는 34세의 나이로 평양장로회신학교에 입학하여 1910년 3회 졸업생이 된다. 안수를 받고 난 다음 교회는 계속 부흥을 거듭하여 교회당을 신축했고 아이들 교육을 위해 명신학교를 세워 운영했다. 그는 설교를 위해 끊임없이 기도하고 성경을 연구했으며, 복음전도에도 전념했다. 그의 설교의 중심 메시지는 항상 예수 그리스도의 보혈의 십자가였고, 교인들에게 기도와 성경 읽기를 권면했다.[25]

신유에 대한 말씀을 집중적으로 연구하던 중에 말씀의 확신으로 넘쳤던 어느 날, 그가 앉은뱅이를 보고 "나사렛 예수의 이름으로 일어나 걸으라"고 외쳤는데 꼼짝도 하지 않자 큰 충격을 받는다. 그는 자신이 기도가 부족하다는 생각에 바로 기도생활에 전념했고, 이윽고 신유 은사를 받게 된다. 김익두는 황해도 신천교회에서 담임목회를 하면서 각지의 부흥회를 인도했는데, 신유 은사가 구체적으로 나타난 것은 1919년 12월에 열린 경북 달성의 현풍교회 집회에서였다.[26] 그 이후 이어지는 집회마다 초만원을 이루었고 놀라운 이적들이 일어났으며, 이적에 대한 소문이 나자 불신자들이 교회로 몰려들었다. 교회에는 부흥의 바람이 일어났으며, 성도들은 믿음 위에 더욱 굳건히 서는 확신을 얻게 되었다. 이에 대해 민경배는 다음과 같

25 박용규, 『김익두 목사 전기』(서울: 생명의말씀사, 1991), 51.

26 위의 책, 9; 김인수, 『한국 기독교회의 역사』, 하권(서울: 장로회신학대학교출판부, 2010), 423.

이 평가한다.

그로부터 김익두의 부흥회 열기가 전국을 휩쓸기 시작했다. 그것은 한국 역사상 그 유례를 찾아보기 힘든 민중 집회의 성격을 띠고 있었다. 이런 대형 집회를 이끌고 간 힘은 성신(聖神)의 은사였다. 이만한 성신의 역사(役事) 없이 1920년대 초기의 겨레의 심금을 자극할 수는 없었을 것이다. 1920년 4월 25일에서 5월 1일까지의 대구 남성정(南城町)교회 부흥회는 기적과 은사, 그리고 찬양의 대민족 집회였다. 새 구도자(求道者)가 808명이요 교회학교를 위한 헌금이 당장에 5만여 원에 이르고 있었으며 치병자(治病者)는 "근귀 수백 명"에 이르고 있었다.[27]

생생하게 전하는 기록을 읽다 보면 그것은 분명 3·1운동 이후 깊은 좌절에 빠진 그리스도인들에게 하나님이 주신 큰 위로였음을 알 수 있다. 민경배는 그 하늘의 위로를 이렇게 표현한다.

1919년! 심각한 민족의 좌절의 아픔, 몰려드는 세속 문명의 도덕적 황잡, 신선한 기풍으로 휩쓸려 넘친 사회주의의 무신론적 투쟁 감각, 여기 신앙의 동요는 격류에 휩쓸리는 듯 걷잡을 수 없었다. 그 날에 김익두, 저 지평선에 거인처럼 선 것이다. 기미 이후에 만일 김익두가 아니더면! 그는 하나님이 보내신 독특한 사명을 지고 나선 한국교회 전환기의 인도자였다.[28]

전국에 있는 교회에서 집회 요청이 쇄도하여 분주한 시간을 보냈지만, 그는

27 민경배, 『일제하의 한국기독교 민족 신앙운동사』, 299-300.

28 민경배, 『한국 기독교회사』, 354.

늘 설교의 능력이 기도에서 나온다는 사실을 깨달으며 기도하는 일에 전념했고 "날카롭고 좌우에 날선 성령의 검을 달라고 하나님께 기도했다."[29] 그로 인해서 집회는 더욱 강력해졌고 이적이 속출했다. 황해도 재령의 임택권은 "이적 명증회"를 만들어[30] 3년 동안 일어난 이적 사실을 조사하여 1921년에 『죠선예수교회 이적 명증』이라는 책자를 발행한다. 김익두가 속한 황해노회에서는 조선교회를 향한 하나님의 특별하신 은혜에 감사와 놀라움으로 반응했다. 노회 회의록에서 당시 부흥집회의 분위기를 읽을 수 있다.

> 하나님께서 김익두 목사를 기계로 쓰사 기도함으로 병 고치는 이적이 나타나는 바 본 지경 내에서 병 고침 받은 자가 불가승수이온즉 특별한 것은 소경이 눈을 뜨며 저는 자가 걸어다니며 귀머거리가 들으며, 벙어리가 말을 하며 반신불수와 혈류증 같은 병이 성하여짐으로…이적을 믿지 않는 세상 사람에게 증거하기 위해 이적 명증회를 조직했으며…하기 사경회 시에 신천읍에서는 사경회원 외에 병자만 회집한 것이 천여 명가량이온데 학교 건축연보를 하는 중에 부인들의 월정 연보 수백쌍이 오며 전답을 바친 것이 십여일경이 되어 도합 연금(捐金) 수가 만여 원이오며…재령읍에서는 김익두 목사가 과차(過次)에 하룻밤 강설회를 하는 중 청중이 3, 4천 명이옵고…송화군 토평리교회에서는 김달주 씨와 그 부인 윤삼량 씨가 넉넉지 못한 형편으로 오 년간 전심으로 금식하고 그 대금으로 일백오십원고 큰 소 한 마리

---

29 최현, 『김익두』(서울: 도서출판예루살렘, 2000), 99.

30 임택권 외 26명이 김익두의 이적 기사는 하나님께서 조선 민족에게 나타내주신 은혜로운 이적이라는 생각에 한국교회의 영화로운 역사로 삼고자 조사하여 기록하게 되었다. 이 책에서 그들은 이적이 "우리의 기도를 열납하시고 사람이 능히 행치 못할 일은 주님께서 친히 행하신 일"이라고 규정하면서 설교자 김익두가 한 일이 아니라 하나님께서 허락하신 은총으로 이해한다. 신빙성을 위해 친히 눈으로 보고 손으로 만지고, 참여하여 목격한 일들을 수집하고 편집하여 일부는 사진도 함께 첨부했다. 치병 기록 수집 기간은 1919년 12월 경북 달성의 현풍교회 집회에서부터 1921년 1월까지 대략 1년 1개월 동안이었다. 임택권 편저, 『죠선예수교회 이적 명증』(경성: 조선야소교서회, 1921), 참고.

를 교회에 기부했음으로 50원 가치되는 종(鐘)을 사셨사오며 신천읍교회에서는 매 주일 한 끼씩 금식하고 그 대금으로 연보하는 이가 백 명이오며….[31]

이렇듯 "참 하나님의 권능을 보았다.…예수교를 허무하다는 사람들과 하나님이 없다는 사람들과…다 입을 봉하게 되었다. 참으로 하나님의 은혜를 찬송할 수밖에 없다"고 고백할 수 있었던 놀라운 집회의 동력은 김익두의 기도였다. 그는 언제나 자기가 한 것이 아니고 하나님께서 하셨다는 사실을 강조하며, "자기가 한 일은 다만 치료를 위해서 하나님께 기도한 것밖에는 없다"고 주장했다.[32] 이와 관련하여 황해노회는 1922년 총회에서 헌법 3장 1조의 "금일에는 이적 행하는 권능이 정지되었느라"라는 조문을 수정할 것을 헌의했고 이듬해 총회는 이를 채용하여 각 노회의 의견을 수렴하지만 수정이 되지는 못했다.[33]

이후 이 부분에 대한 많은 의견이 있었다. 이적을 하나님의 기적으로 인정하는 사람들이 있는가 하면 이적을 비판하는 사람도 많았다. 교회 안에도 있었지만 좌익계의 비판이 컸고 일제 경찰에서도 있었는데, 주요 비판 내용은 혹세무민(惑世誣民), 헌금을 강조한다는 것 등이었다. 좌익계열에서는 집회를 방해하는 물리적 행동도 일삼았다. 한번은 그가 섬기던 교회에서 사회주의 사상을 가진 젊은이들 일부가 김익두 배척운동을 전개했다. 그들은 김익두가 부흥회 때문에 교회를 자주 비운다는 것과 각지에서 공격을 받음으로 목사의 명예를 실추했다는 것, 현대과학에 대한 몰이해, 언어 구사의 불미성 등을 이유로 들었다.[34]

31 "황희로회 샹황 보고", 『장로회 제9회 회록』(1920), 87-88. 원문을 그대로 살리면서 고어체를 읽기 쉽게 현대어로만 바꾸었음을 밝힌다.

32 민경배, 『일제하의 한국기독교 민족 신앙운동사』, 317.

33 정성구, "머리말: 한국의 D. L. 무디 김익두 목사", 9-10.

34 이적 치유 부흥회에 대한 반응에 대해서는 민경배, 『일제하의 한국기독교 민족 신앙운동사』, 317-

그의 동기가 순수했고, 성경적 신앙에 기초한 복음의 확신으로 이루어진 사역이었으며, 겸손한 자세로 오직 하나님께만 영광이 되었고 복음전도의 문이 열리고 있었지만 이런 반대의 흐름 때문에 부흥회의 열기는 조금씩 시들어갔다. 김익두는 신비하고 기적적인 병 고침의 역사가 반드시 복음 전파를 진작하고 사회적 공헌을 담보하는 것은 아니라는 중요한 교훈을 남기고 있다. 그러나 기미년 이후 그 암울한 시대에 만일 김익두가 없었다면 오늘의 한국교회 부흥은 훨씬 더 늦게 이루어졌을지도 모른다.[35]

김익두는 1920년에 개최된 한국장로교회 총회에서 9대 총회장이 되었다. 총회 일과 집회 인도 등으로 담임목회에 많은 지장이 초래되던 차에 남대문교회 명예목사 청빙이 들어오자, 그는 섬기던 신천교회에 새 목회자를 세우고 교회를 사임하게 된다. 그리하여 1936년에는 남대문교회를, 1939년에는 승동교회를 담임하게 된다. 1940년 신의주제일교회의 집회를 인도하던 중에는 일제가 강제로 끌고가 신사 앞에 참배하도록 세웠지만 이를 거절했다. 일본 경찰이 그가 신사에 참배했다고 거짓 소문을 퍼뜨려 곤욕을 치르기도 했다.[36] 신사참배에 대한 회유와 협박에도 그가 응하지 않자 1942년 일제는 아예 그를 체포하여 종로경찰서에 구금하고 엄청난 고문을 가한다. 그리고 그의 모든 사회적 자격을 박탈하고 목사가 아니라는 것과 설교하지 않을 것에 서명하라고 요구했다. 그는 잔혹한 고문으로 손을 움직이지 못할 정도여서 형사가 그의 손가락을 잡아 지장을 찍고는 석방시킨다. 그는 목사직을 박탈당한 채 1942년에 승동교회에서 쫓겨나 고향으로 내려가게 되는데, 일본 경찰이 날마다 그를 감시하여 문밖 출입도 하지 못

33을 참고하라.

35 위의 책, 333-36.

36 김익두가 신사참배를 했다고 많이 알려져 있지만 1942년에 신사참배에 반대하다가 종로경찰서에서 15일 동안이나 모진 고문을 당한 것을 보면 그것이 사실이 아님을 알 수 있다. 최현, 『김익두』, 129-31.

하고 감금 생활을 해야 했다.[37]

그는 해방 후 이전에 섬겼던 신천교회의 부름을 받고 사역하던 중 그의 제자이자 김일성의 이종사촌인 강양욱으로부터 조선기독교연맹에 가입하라는 압력을 받게 된다. 이를 두고 교회 내에 찬반양론이 있었지만 그는 가입을 거절하면 교회 문을 닫을 수밖에 없다는 생각에 그 제안을 받아들인 것으로 보인다. 당시 5도 연합노회가 김일성을 면담하면서 주일성수 문제 등의 이슈로 북한 공산정권에 저항하고 있을 때, 저항을 잠재우고 측면 공작으로 교회 내부를 궤멸시키기 위해 세워진 어용 단체[38]에 대부분의 교역자들이 가입 자체를 거부하고 있던 상황에서 그가 협조했다는 것은 그의 인생에서 큰 오점이다. 비록 그가 이미 70대 중반을 넘어선 고령이었고, 강양욱이 미리 준비한 각본대로 접근했으며, 온갖 감언이설과 교활한 거짓 선전에 넘어갔다고 해도 아쉬움이 많이 남는 대목이다.[39] 결국 조선기독교연맹 초대 위원장에 김익두, 부위원장에는 김응선이 선출되었다.[40]

김익두는 한국전쟁 중이던 1950년 10월 14일 교회당을 지키다가, 패주하는 공산군에 의해 교인 5명과 함께 총에 맞아 순교한다. 그날이 토요일이

37 박용규, 『김익두 목사 전기』, 80-81.

38 김광수, 『북한 기독교 탐구사』(서울: 기독교문사, 1994), 198, 201.

39 그때 현장에 있었던 이들의 생생한 증언을 통해 김익두의 해방 이후 행적을 제시한 자료를 참고하기 위해서는 김철웅, "김익두 목사에 대한 연구: 생애, 신유부흥운동, 신학을 중심으로"(장로회신학대학교대학원 석사학위논문, 2001), 2장을 참고하라. 당시의 북한 정치와 교계와의 갈등 양상을 보기 위해서는 김광수, 『북한 기독교 탐구사』; 김흥수, "해방 직후 북한교회의 정치적 성격", 김흥수 엮음, 『해방 후 북한교회사: 연구, 증언, 자료』(서울: 다산글방, 1992); 한국기독교역사연구소 북한교회사집필위원회, 『북한교회사』(서울: 한국기독교역사연구소, 1996); 서정민, "해방 전후의 한국기독교계 동향", 「기독교사상」, 29권(1985. 8.), 34 등을 참고하라.

40 고태우, 『북한의 종교정책』(서울: 민족문화사, 1989), 124. 여기서 김인수는 김익두가 자신의 명예에 흙칠을 했다고 주장한다. 그러나 박용규는 그가 가입한 것과 위원장을 맡은 것은 사실이지만 공산당이 거짓으로 획책했다고 주장한다. 곧 김익두가 김일성 사진을 교회당에 부착하길 거부한 것이나 평소에도 북한 땅에서 계속 전도를 한 것, 월남한 성도들의 증언 등을 근거로 그것은 공산당이 많은 부분에서 선전에 이용하거나 거짓을 퍼뜨린 것이라고 주장한다. 김인수, 『한국 기독교회의 역사』, 425; 최현, 『김익두』, 146-51 등을 참고하라.

라 주일을 지낸 후 월요일에 시신을 입관하고, 통일이 되어 서울에 있는 자녀들이 돌아오면 장례를 치르기로 하고 교회 정원에 가매장했다. 이후 길이 뚫려 송화의 김정묵 목사가 가족들과 의논하여 황해도 제직회장으로 장례를 행하기로 결정하고 50여 개 교회가 모여 11월 29일에야 장례가 치러졌다. 장지는 고향인 안악으로 가는 길목에 있는 한 교인의 가정 묘지에 마련되어 안장되었다.[41]

김익두는 암울하던 시절에 능력 있는 말씀 선포를 통해 한국교회의 부흥운동을 주도했던 위대한 부흥사였고, 기도를 통해 놀라운 병 고침을 동반했던 기적의 부흥회를 주도한 설교자였다. 길선주가 초기 한국교회 부흥운동의 1세대를 주도했다면, 그다음 바통을 이어받은 사람은 김익두와 이용도였다고 할 수 있다. 김익두가 부흥사역의 현장에 등장한 것은 3·1운동이 끝난 1919년 말이었다. 그 후 전국 각지에서 일어난 엄청난 이적은 기도를 통한 치병의 역사였고, 그의 부흥집회는 가난하고 억압받는 조선의 민중들을 하나님께서 친히 어루만지셔서 치료하시는 민중집회였으며, "민족적 회집의 공간이 되어 그 울분을 정신적 세계로 승화"시켰다.[42]

김익두는 위대한 설교자로서 큰 역할을 수행하고 인생의 마지막 순간에 순교자의 반열에 이름을 올리며 인생 전체를 주님께 아낌없이 드렸다. 그는 국내외에서 776회의 부흥회를 인도했고, 150여 곳에 교회를 새로 세웠으며, 집회를 통해서 행한 설교는 총 28,000여 회, 집회에 참석한 연 인원은 150만여 명이었다. 그의 설교를 통해 새로 신앙을 갖게 된 사람이 288,000여 명이었으며, 집회를 통해 교회당을 새로 건축한 곳은 140여 곳, 유치원 신설이 120여 곳, 불구와 불치의 질병에서 고침 받은 사람이

41 이것은 월남한 사람들이 증언한 내용을 중심으로 전기를 쓴 박용규 목사의 기록에 의거한다. 박용규, 『김익두 목사 전기』, 참고.

42 민경배, 『일제하의 한국기독교 민족 신앙운동사』(서울: 대한기독교서회, 1991), 299, 316.

10,000여 명, 주기철, 김재준, 이성봉을 포함하여 집회에서 은혜 받고 목사가 된 사람만도 200여 명에 이른다고 추산된다.[43] 민경배는 김익두의 설교 사역을 가리켜 근대사에서 "어떤 형태로든 민중 초근(草根)에 깊이 침투할 수 있었던 거대한 운동의 추진세력"이었고, "민중운동의 거대한 한 이정표"를 제시했다고 평가한다.[44]

### (2) 설교사역과 신학적 특징

말씀으로 전국을 뒤덮었던 김익두의 설교사역에는 어떤 특징이 있을까? 그의 설교는 한국교회와 사회가 큰 어려움 가운데 있을 때 위로를 주었고 신앙의 기초를 놓는 데 크게 기여했다. 민족적으로 암울하던 시기에 그가 설교하면 회개의 역사가 일어났고, 성경의 심오한 진리를 가르침으로써 은혜가 충만했으며 간절한 기도를 통해 놀라운 치유의 역사들이 일어났다.[45] 남겨진 몇 편의 설교문으로 그의 모든 것을 다 평가할 수는 없다. 기록된 설교문은 그 모든 것을 읽어내기에는 한계가 있기 때문이다.[46] 그럼에도 남아 있는 설교문을 먼저 살펴본 다음, 전반적인 설교와 사역의 특징을 살펴보자.

첫째, 김익두의 설교는 삶의 윤리에 강조를 둔 주제 중심의 설교였다. 이는 당시 설교자들의 일반적인 특징이었다. 그가 남긴 "기도"라는 제목의 설교문은 누가복음 11:5-13을 본문으로 하고 있다. 그는 먼저 하나님의 속성을 설명한 다음, 그 하나님께서 구하면 주신다고 약속하셨음을 강조한다.

---

43 김익두, 『성령을 받으라』, 피종진 편집, 한국교회 초기 설교전집(서울: 도서출판기쁜날, 2006), 20.

44 위의 책, 333.

45 한춘근, 『죽지 않는 순교자 김익두』(서울: 성서신학서원, 1995), 69.

46 그의 설교는 초기에 노익순이 정리하여 출판했다. 또한 집회에 참석한 최인화가 속기로 받아 적은 설교문을 1940년에 발간한다. 김익두, 『信仰의 路: 金益斗牧師講演集』, 노익순 편(京城: 博文書館, 1924); 최인화, 『김익두 목사 설교집』(경성: 신문당, 昭和 15년)을 참고하라.

기도 응답이야말로 참 은혜 중의 은혜라는 사실이 강조되고, 왜 기도해야 주시겠다고 하는지, 왜 기도하라고 하셨는지에 대해 질문을 던지면서 말씀을 전개한다. 홍해 앞에 선 모세, 민족의 죽음의 위협 앞에서 기도하는 에스더를 예로 들면서 "성경을 보면 어려운 일을 당할 때 여러 번, 몇백 번, 몇천 번 기도함으로 이겼습니다"라고 소결론을 내린다. 그러면서 누구든지 기도하는 중에 성공한다는 명제를 제시하며 이를 위해 솔로몬과 자신의 경험을 예로 든다.

> 제가 신천에서 전도인으로 있을 때 장날마다 전도했습니다. 사람 모인 곳에 가서 노방전도를 하는데 한 사람이 어떻게나 욕을 몹시 하는지 그 욕 한마디가 쌀 한 알씩 된다면 쌀이 몇 섬이 될지 모르겠습니다. 어떤 이는 돌멩이로 때려서 갓 꼭대기를 뚫어놓았습니다. 어느 날은 어떤 키 큰 사람이 물바가지를 가지고 와서 제게 끼얹었습니다. 어떤 날은 멱살을 잡고 때리는 사람도 있습니다. 욕만 하고 열 달 동안이나 전도해도 한 사람도 안 믿었습니다. 하루는 산에 올라가 세 사람만 믿게 해달라고 울면서 기도했습니다. 그 이튿날 전도하니까 어떤 총각이 믿겠다고 했습니다. 어찌나 좋은지요. 배워주고 또 가르쳐주었습니다. 며칠 후에 또 꽁댕이 짧은 총각이 믿겠다 했습니다. 또 눈가죽이 뒤집힌 여인이 예수 믿겠다고 해서 어찌나 기쁜지요. 누님같이 가르쳐주었습니다. 또 상투쟁이 네 사람이 믿겠다고, 또 다섯 사람, 열 사람…. 하나님께 세 사람만 달라고 기도했는데 30명이나 주셨습니다. 그 30명이 300명이 되고 지금은 800명이 모이는 큰 교회가 되었습니다. 거기서 목사 열한 사람이나 생겼습니다. 얼마나 놀라운 일입니까? 기도하는 것이 얼마나 귀한지요.[47]

47 김익두, "기도", 『김익두: 한국 기독교 지도자 강단설교』(서울: 홍성사, 2009), 25-26. 이 책은 1940년에 출간된 최인화, 『김익두 목사 설교집』에 실린 설교문을 현대어로 다시 편집하여 펴낸 것이다.

"근신"이라는 제목의 설교는 사도행전 20:27-35을 본문으로 하고 있다. 그는 '나'라는 존재가 날 선 칼이나 총보다 더 무섭다고 전제한 다음, 속사람과 겉사람으로 분리되는 나를 조심해야 한다고 말하면서 설교를 시작한다. 먼저는 교만한 마음, 미워하는 마음, 시기하는 마음이 들지 않도록 속사람을 조심해야 한다는 내용과 함께 그다음 섹션에서는 겉사람을 조심해야 한다고 주장한다. 그리고 눈을 조심해야 하고, 발을 조심해야 하며, 입을 조심할 것을 강조한다. 그러면서 뭇사람을 조심해야 하는데 동무를 조심하고, 거짓 스승을 삼가야 한다고 주장한다. 결론적으로는 한번 실수하여 죄를 범한 다음에는 회복하기가 매우 어려우니 깊이 조심할 것을 요청한다.[48] 이 설교문은 메시지의 내용이 아주 단순하여 이해하기가 쉽다. 그는 근신이라는 주제를 종합적으로 제시하며 간략한 예증을 사용하여 이해를 돕고 있다. 그러나 본문 중심이라기보다는 삶의 윤리와 관련한 주제를 중심으로 메시지를 전개하는 약점도 보인다.

이런 특징은 "좁은 문으로 들어가자"(마 7:13-14)라는 설교에서도 선명하게 드러난다. 교회에는 권리도 없고, 세상의 부도 없고, 세상의 영화도 없기 때문에 교회에 들어오는 길은 좁다고 하면서 반면 세상의 문은 넓고 편하고 화려하지만 그 길은 결국 멸망으로 통한다고 전제한다. "영원히 사는 길은 교회의 좁은 길을 통과하여야 되는 것"이라고 전제한 후 "교회를 통과하는 길, 즉 좋은 길"을 다섯 가지 대지로 나누어 설명한다. 곧 성경을 읽는 문, 회개의 문, 기도의 문, 안식일을 잘 지키는 성일의 문, 큰 덕을 세우는 건덕의 문이 좋은 길이다. 그러면서 "좁은 문으로 들어가는 것이 쉬운 일이 아니라고 너무 두려워 말고", 그 끝은 영생이고 기쁨이니 "어서 좁은 길로

48 위의 책, 38-41.

주님이 가르치신 명령대로 나갑시다"라고 권하면서 설교를 맺는다.[49] 여기서도 본문에 대한 명료한 주석 작업이나 설명 없이 "좁은 문"이라는 주제를 설명하며 설교가 진행된다. 그것은 같은 본문으로 행한 "칠중의 좁은 문"이라는 설교도 비슷하다. 여기서도 그것을 입교문, 회개문, 성일문, 기도문, 사경문, 성결문, 결사문 등으로 나누어 설명한다.[50]

둘째, 김익두의 설교는 그리스도의 십자가의 사랑을 통해 회심을 촉구했다. 설교의 주제는 십자가, 보혈의 은총, 천국, 회개, 성령충만, 심판 등이 중심을 이루었고, 그리스도인의 덕목으로 늘 기도와 헌신, 성경 숙독을 꼽으며 권했다. 그는 천국의 은혜를 누리기 위해서는 회개해야 한다고 강조했고, 내재하시는 성령의 충만을 입어야 하나님의 형상인 인간이 존엄을 누릴 수 있으며, 성령을 받아야 온전히 하나님을 섬길 수 있다고 주장한다.[51] 또한 은혜를 받은 사람은 교인의 의무를 다할 것을 철저하게 교육했다. 민경배는 집회의 분위기를 다음과 같이 기술한다.

> 때에 따라 어떤 감정의 폭발, 외침, 눈물, 신체적 진동이 성회를 다스렸다. 그의 십자가에 대한 희생과 보혈의 주제설교, 회개에 대한 심판 모면의 권고, 능력의 성신이 폐부를 찌르는 그의 칼날 같은 호소력에 불이 당겨지면 예배는 불같은 열기와 정서적 폭발로 휩싸여 눈물과 찬송이 넘쳤다. 때로 그것은 죄 용서의 은사에 대한 끝없는 감격이요, 때로는 임박한 심판 앞에서 전률하며 속죄(贖罪)를 갈망하는 두려움과 불안의 외침이기도 했다. 하지만 그것은 모름지기 하나님의 사랑과 십자가의 보혈에 대한 찬송과 감동이었다. 겨레는 그날의 마음의 위로와 힘에 압도되어 감촉되는 잉속감(仍屬感)에 목놓아

49 김익두, 『성령을 받으라』, 33-39.

50 위의 책, 40-50.

51 김익두, "성령을 받으라", 『김익두: 한국 기독교 지도자 강단설교』, 82-101.

울었던 것이다.[52]

셋째, 김익두의 설교는 천년왕국 종말론을 중심으로 내세 지향적이면서도 경건주의적이었다. 당시 암울한 시대적 정황 때문에 일반 대중들에게는 깊은 위로와 희망의 메시지가 필요했다. 널리 퍼져가는 들불처럼 교파를 초월하여 전국 교회를 사로잡았던 그의 부흥회에서는 엄청난 이적과 신유의 역사가 일어났다. 심지어 나중에는 그의 집회에서 일어난 일들을 기록한 『이적 증명』이라는 책이 나올 정도로 엄청난 성령의 역사가 일어났다. 그는 초인적인 힘과 기도로 이런 집회를 인도하면서, 특히 설교를 통해 도탄에 빠진 민중들을 위로하고 격려했다. 전천년설에 근거한 종말론에 깊이 뿌리를 내린 그의 설교는 현실 체제를 부인한 것은 아니지만 당시를 주님이 오실 때가 가까운 말세로 규정하면서 불신자들에게 예수 그리스도를 영접하고 하나님을 믿을 것을 촉구했다. 그리고 기신자들에게는 하나님의 백성답게 잘못된 삶을 회개하고 경건한 삶의 자세를 갖추도록 교훈하는 설교를 집중적으로 했다. 회개는 종말론적 삶을 사는 첫 출발점이며, 천국에 합당한 삶을 사는 것이야말로 주님의 재림을 준비하는 가장 중요한 요소였다. 그의 설교 제목에서도 그런 내용을 찾아볼 수 있다. 성령을 받는 것, 서로 사랑하는 삶, 기도하는 삶, 주일 성수, 연약함을 벗어나 더욱 신령해지는 것, 좁은 문으로 들어가는 삶, 근신, 순종, 십자가의 도를 믿는 것 등이 그것이다.[53] 재미있는 것은 당시 암울했던 민족적 상황뿐만 아니라 사회문화적 변화에서도 종말론적 사고를 찾았다는 점이다. 예를 들어 그는 라디오, 전차, 비행기의 출현뿐만 아니라 악의 극성(極盛)함, 공산주의의 출현, 애정이 식어감, 수

52 민경배, 『일제하의 한국기독교 민족 신앙운동사』, 307.

53 이성호 편, 『김익두 목사 설교 및 약전집』(서울: 혜문사, 1977), 참고.

많은 교파의 난립, 믿음이 약해짐 등의 이유를 들면서 "이때는 깰 때다"라고 강조한다.[54] 이런 종말론적이고 내세 지향적인 메시지는 당시 고단한 삶을 살던 민중들에게 커다란 위로와 희망이 되었고 따라서 큰 환영을 받았다.

넷째, 김익두는 이야기와 다양한 시각 자료 및 풍부한 예증을 활용하여 청중의 이해를 돕고자 했다. 그의 설교는 논리적이거나 체계적이지는 않지만 많은 이야기와 다양한 시청각 자료를 활용한다. 어느 날은 설교 강단에 가위를 들고 올라가서 원하는 사람을 불러내 직접 상투를 자르면서 설교하기도 했다. 또한 아주 풍부한 예증은 성경뿐만 아니라 삶에서 다양한 방식으로 도출되었다. 예컨대 "기도"(눅 11:5-13)라는 제목의 설교에는 에스더의 기도, 솔로몬의 재판 스토리, 마가복음과 야고보서에 나타난 기도에 대한 명령과 약속의 내용을 담는다. 또한 신천에서 장날 전도했던 자신의 경험을 예로 들기도 하고, 동대문에서 자전거에 치인 경험, 평양에서 숭덕학교를 위해 기도한 일, 서울에서 교역자들이 기도한 일과 부흥회를 인도한 일, 영주에서 기도하여 아이가 고침 받은 일 등을 예로 들면서 설명한다. 그는 너무 길게 공기도를 한 사람의 예, 영국 고아원의 예, 어느 동네에서 해갈을 위해 기도할 때 비옷을 입고 올라간 이야기 등과 같은 다양한 예를 사용한다.[55]

또 다른 설교문인 "신자의 즐거움"(빌 4:4-7)에서도 동일한 특징을 발견할 수 있다. 동양 성현이 언급한 세 가지의 즐거움, 7년 가뭄에 기도하여 비가 오게 했던 옛날의 어떤 임금 이야기, 히스기야의 기도 등을 통해 믿는 자가 갖는 즐거움을 8가지로 나누어서 설명하기도 한다. 즉 감응(感應)의 낙, 도미(道味, 도를 깨달음)의 낙, 극기의 낙, 양성지락(養成之樂, 사람을 양성하는 즐거움), 환난안위지락(患難安慰之樂), 영생지락(永生之樂), 여주동행지락(與主同

54 김익두, 『김익두: 한국 기독교 지도자 강단설교』, 185-89; 『성령을 받으라』, 112-15.

55 김익두, 『김익두: 한국 기독교 지도자 강단설교』, 21-37.

行之樂, 주님과 함께하는 기쁨), 만물관할지락(萬物管轄之樂) 등이 그것이다. 또한 즉석에서 자신의 결심을 간증하도록 하여 결단을 촉구했고, 감정에 들뜨지 않고 말씀에 기초한 신앙생활을 하도록 성경 숙독을 권하기도 했다.

다섯째, 김익두의 설교는 기도를 통해 세워졌다. 그는 보통 설교 시간의 10배에 해당하는 시간을 기도하는 일에 쏟았다. 산기도와 금식기도 등을 통해 설교가 기도로 세워진다는 사실을 구체적으로 보여주었고 그것을 실천했다. 집회를 위해서는 금식과 작정기도로 일주일, 혹은 보름을 기도했고, 1920년 10월에 일곱 교회(연지동, 안동, 승동, 저동, 새문안, 남대문, 왕십리 교회)가 연합하여 승동교회에서 모인 부흥회에서는 15일을 금식하면서 말씀을 전하기도 했다. 박용규는 이때의 상황을 다음과 같이 전한다.

> 첫날부터 심지어 시골에서까지 교인들이 모여들어 큰 집회로 성황을 이루었다. 급기야 마당에다 자리를 깔게 되어 강대상을 문밖의 층대에 놓고서 해야 할 정도로 붐비었다. 그런데 이토록 큰 집회가 되는 것과는 달리 강사가 입에 아무 음식도 대지 않고 금식하는 중에 집회가 계속되었다. 교회 측에서는 여러 가지로 염려하며 작정한 15일을 어찌 넘기겠느냐고 야단이었지만 그는 "하나님께 약속한 기한이 차기까지는 금식을 그만둘 수 없다"고 말했다. 그리하여…15일의 부흥회를 금식한 상태로 인도했는데도 기력이 약해지지 않았고 오히려 카랑카랑한 음성이 중인(衆人)의 가슴을 파고들어 회개의 도가니를 이루었다. 새벽집회부터 저녁까지 온종일을 하나님을 향한 간구와 하나님의 말씀으로 환자들을 위로하는 데 힘썼으나 그의 육신에는 피곤한 기색조차 나타나지 않고 더욱 하나님의 능력을 힘입게 되어 끝나는 날까지 풍성한 은혜 중에 잠겼다. 이 부흥회에 모인 무리는 1만여 명이나 되었

으니 한국교회 사상 처음 있는 일이었다.[56]

이렇게 그는 종종 금식하며 며칠째 잠을 한숨도 자지 않고 기도하면서 집회를 인도했다. 당시 집회는 새벽 4시에 시작했고 밤 10시가 넘어서 끝나기도 했다.[57]

여섯째, 그의 설교에는 오랜 전통에 얽매여 있던 인습타파적 내용이 많았다. 그는 기독교적 사정과 맞지 않는 것들, 즉 미신적 요소를 제거하고 불신앙적 관례나 행사를 금하는 내용을 자주 언급했다. 또한 미신적 풍토, 다신 숭배, 서물(庶物) 숭배, 조상 숭배, 무속적이고 비복음적인 요소를 혁파하는 내용을 자주 설교했다. 미신타파를 위한 설교에서는 익살과 유머를 자주 사용했고, 흉내를 내면서 무가치성과 미개성을 지적했다. 그는 미신적인 사고에서 비롯된 무지와 시간과 물질의 낭비, 지나친 열심 등의 문제점을 지적했는데, 특히 전통 관습 및 몸단장과 관련한 내용도 많이 있었다.

> "상투라는 것이 무엇인지 아시기나 하나요? 이건 시간을 잡아먹는 불가사리 같은 거지요. 이것 하나 틀어 올리기 위해 얼마만한 시간이 걸립니까? 더더구나 여자도 아니고 남자가 머리치장에 시간과 공력을 들여서야 되겠소? 자 상투를 귀양 보내고 개화된 생활을 시작합시다." 그러자 십여 명의 상투쟁이가 그의 앞으로 몰려나왔다. 천천히 걸어 내려온 그는 가위를 들고 정성들여 틀어 올린 상투를 하나씩 싹둑싹둑 잘라버렸다. 상투가 떨어질 때 눈물을 흘리는 사람도 있었다. 그러나 그는 "이 감격으로 하나님께 크게 봉사하

---

56 박용규, 『김익두 목사 전기』, 66.

57 위의 책, 68. 1933년 5월에 있었던 새문안교회 집회 시간표를 보면 새벽기도회는 새벽 4시에 시작했고, 오전 10-12시에 성경공부, 오후 2-3시에 성경요리 공부, 3시-5시 30분까지는 개인전도, 7시 30분-8시는 제직기도회, 8시-8시 30분 찬송공부, 8시 30분-10시 저녁집회 등으로 일반적으로는 월요일부터 토요일까지 진행되었다.

시오." 하고 권면했다.[58]

그는 이렇게 교회 생활에 필요한 내용들을 구체적으로 언급하며 교육적 설교도 자주 행했다. 예컨대, 교회 직분에 "님"자 호칭을 붙여 존대하는 세세한 부분까지도 가르쳤다. 또한 교인의 의미와 헌신생활에 대한 구체적 내용을 언급하여 가르치기도 했다.[59]

일곱째, 김익두의 설교의 중심에는 언제나 케리그마의 선포가 있었고, 열정적인 전달이 특징을 이룬다. 그의 설교는 예수 그리스도의 십자가 사건과 보혈의 능력, 부활과 재림의 메시지가 중심을 이루면서 그런 은혜에 걸맞은 회개와 경건한 삶을 요청한다. 그는 "십자가의 도"라는 설교에서 다음과 같이 촉구한다.

> 자기는 아무리 잘났다고, 지혜 있다고 하지만 이 십자가의 도를 모른다고 하면 이 십자가의 권능을 모른다고 하면 그는 참말로 어리석은 사람이요, 지혜 없는 사람입니다. 십자가의 도가 저 사람에게는 제일 어리석게 보이지만 우리에게는 권능이요 영광입니다. 이 영광의 복이 얼마나 큰지 다 말할 수가 없습니다. 십자가의 도가 멸망하는 사람에게는 미련한 것이 되고, 구원을 얻는 우리에게는 하나님의 권능이 됩니다. 이 권능은 세상이 이기지 못하는 권능, 모든 죄를 이기는 권능이올시다.[60]

그는 복음에 대한 확신을 가지고 불같은 열정으로 메시지를 전했다. 그의 메시지는 "날카롭고 예민해서 청중들의 깊은 데를 건드리는" 설교였고, "사

58 박용규, 『김익두 목사 전기』, 59.

59 위의 책, 58-59.

60 김익두, "십자가의 도", 『김익두: 한국 기독교 지도자 강단설교』, 76.

람들을 감동케 하며 주님의 수난, 십자가와 부활을 말할 때면 온 청중들이 감격해서 눈물을 흘렸"던 설교였다. 긴 시간 말씀을 전해야 했던 부흥회 설교였지만 "원고 없이 강단에 서서 외치는데 청산유수 격으로 열변을 토해서 듣는 사람들에게 조금도 시간 여유를 주지 않고 긴박감을 갖고 숨을 몰아쉬게 했"던 설교였다.[61]

그의 설교에 강점이 있기도 하지만 비판 역시 적지 않았다. 크게 세 가지로 비판할 수 있다. 첫째, 초기 부흥집회에서 종종 나타나는 현상이기도 했지만 그의 직선적이고 거친 말들이 구설수에 올랐다. 집회 때 아무래도 거친 말들이 나왔던 것은 사실이다. 민경배도 "눈이 멍청, 술 먹고 계집질, 애비 없는 자식, 이 벼락 맞아 죽을 놈아, 이런 말들이 그대로 설교문에 남아 있는 것으로 보아 그때의 정경(情景)을 짐작 못할 바 없다"[62]고 언급한다. 이에 대하여 당시 신문에서는 기독교 신구 세력의 충돌이라고 하면서 김익두가 무식하여, 무식한 말로 무식한 사람을 더욱 우매하게 만든다는 비판을 하기도 한다.[63]

제임스 게일이 1920년 10월에 승동교회에서 열렸던 연합부흥회에 참석한 후 쓴 글에서 김익두가 사용했던 설교 언어와 집회 분위기에 대해 살펴볼 수 있다. 김익두는 평범한 시골 사람이어서 세련됨을 찾아보기 힘들었고 도시 사람들은 그의 거친 사투리를 이해하기 위해 주의를 기울여야 했다. 그는 웅변 스타일로 설교하지는 않았지만 지적인 방식보다는 더 소중하고 독창적인 방식으로 설교를 마무리했다. 유식한 말을 많이 사용하지 않았지만 그의 말은 힘이 있고 날개가 달린 듯했다. 게일은 그가 설교를 전

61 정성구, 『한국교회 설교사』, 158.

62 민경배, 『일제하의 한국기독교 민족 신앙운동사』, 309.

63 "기독교 신구 충돌", 「동아일보」(1926년 5월 15일). 언어 사용에 대한 또 다른 비판은 1920년 6월 3일에도 실려 있다.

할 때 하나님의 임재가 느껴졌고, 머리를 기이하게 움직이기도 하고 몇 가지 이상한 습관도 있었지만 절대자에게 이르는 길을 찾아 그것을 사람들에게 선명하게 보여주었던 선택된 사람이며, 지금 한국교회 상황에서 절대적으로 필요한 하나님의 사람이라고 소개한다.[64] 하지만 다소 원색적이고 거친 언어가 때로는 유머감각으로 느껴지기도 하고 직선적인 표현이 바른 믿음 생활을 촉구하는 내용이 되기도 했다. 또한 그것이 부흥집회라는 특별한 상황에서 이루어졌다는 특수성이 있고 그 가운데서 성령의 깊은 역사하심과 결단케 하는 역사가 있었음에 더 주목할 필요가 있다.

둘째, 민족의 암울한 상황에 대한 외면과 예언적 설교의 결여를 들 수 있다. 일제 및 공산 치하에서 설교사역을 펼쳐야 했던 생태적 환경을 무시할 수 없지만, 그는 주로 신앙생활에 대한 교훈적 설교를 많이 행했으며 상대적으로 설교의 예언적 기능을 적절히 활용하지 못했다. 물론 당시의 분위기는 정치적 상황에 대해 언급하기가 쉽지 않았고, 그 역시 신사참배 문제로 옥고를 치른 바 있다. 경찰은 그를 회유하고, 위협하고, 나중에는 구금하여 혹독한 고문을 자행했다. 그래도 굴하지 않자 일본 경찰은 그가 신사참배를 했다고 선전하면서 설교를 하지 못하도록 목사직을 박탈하고 시골 과수원에 유폐시키기도 했다. 그가 설교하는 자리에는 늘 일본 순사가 감시하고 있었다는 점을 고려하더라도 내세 지향적이며 탈역사적인 경향을 지향했음은 비판거리가 될 수밖에 없다. 3·1운동 이후 사회 전반에 만연해 있던 허무주의적 분위기에서 이런 부흥운동은 일면 공헌점이 큼에도 불구하고 개인적 신앙 차원에 집중하게 했던 열광주의적 신앙 양태를 양산했다.

셋째, 본문을 벗어난 주제설교의 약점을 들 수 있다. 당시 민중을 깨우쳐 기독교 신앙에 입문하게 하고, 신앙생활이 무엇인지를 가르쳐야 하는

---

64 James S. Gale, "The Revival in Seoul," *KMF* (January 1921), 4.

부흥회의 특징을 감안하더라도 주제설교는 약점이 많다. 하나님께서 성경을 통해 오늘의 회중들에게 말씀하신다는 설교학의 기본을 고려해볼 때, 본문이 말하게 하는 구조를 떠나 설교자가 전하려고 하는 주제가 말하게 끔 하고 본문은 침묵하는 구조는 결코 바람직하다고 할 수 없다. 이것은 부득불 성경에 대한 깊은 이해와 설교학적 훈련이 적절하게 이루어지지 않은 시대였기에 나타난 현상이다. 그러나 설교가 여러 예화만을 나열하면서 설교자의 개인 사설(私說)이 되어서는 안 된다. 남아 있는 김익두의 설교문은 부흥회 자리에서 일부 사람들이 속기로 받아 적은 것이 대부분이고[65] 완전한 설교문이나 녹음된 자료가 거의 남아 있지 않기 때문에 판단의 한계가 있지만, 그럼에도 본문의 특정 단어나 주제 중심으로 풀어가면서 석의적 접근이 거의 없이 진행되고 있다. 그것이 그의 한계이자 당시 설교자들의 한계였다.

어두운 시대를 말씀으로 덮으면서 복음의 능력과 신비, 하늘의 놀라운 기적을 친히 맛보게 했던 김익두는 뛰어난 화술과 영성을 겸비했던 설교자였다. 민경배는 그를 가리켜 "비유의 친근성과 화술의 친밀성을 자유롭게 구사하여서 수천의 청중을 일사불란하게 끌고 갈 수 있었고, 그의 박진감 넘친 메시지 전달은 실로 한국교회 설교의 한 원형으로 정착"되었다고 평가한다.[66] 정성구는 그를 "한국교회 신앙의 기초를 놓은" 설교자로 평가한다.[67] 김익두는 교회와 사회를 일깨웠던 부흥설교자였으며, 신앙의 신비와 그 세계를 펼쳐 보임으로써 얽매여 있던 민족을 위로했던 치유의 설교자였다. 그는 갔으나 그가 전한 생생한 복음의 메시지는 여전히 우리 민족교회

65 그의 설교를 속기로 받아 적어 초기에 출판한 사람은 최인화 목사였다. 최인화, 『김익두 목사 설교집』을 참고하라.

66 민경배, 『일제하의 한국기독교 민족 신앙운동사』, 310.

67 정성구, 『한국교회 설교사』, 153.

에 남아 있다.

민경배는 그를 가리켜 "교회가 사회 변화의 도전에 신음하던 때에 50여 년의 역사를 가진 한국교회의 자립과 토착화의 실험에 나서서 고고하게 음성을 내다가 사라져간 신앙"을 제시한 인물로, 또한 "그 후 13년간 계속된 단말마적 일본 치하의 교회가 십자가를 걸머진 채 지켜나갈 수 있었던 유일하고도 불가피한 신앙 형태"를 제시한 인물로 평가한다.[68] 그는 하나님의 사랑을 보여주었고 심어주었던 눈물의 설교자였다. 같은 시대에 함께 사역했던 피도수는 주일학교협의회 일을 시작했을 때를 추억한다. "그 사람을 대신하여 그 일을 할 사람은 얼마든지 있었다. 그러나 아무도 그처럼 설교할 수는 없었다."[69] 후대 설교자들이 그를 그리워하고 그의 발자취를 추적하는 이유다. 그를 이어 말씀을 들고 강단에 선 후배 설교자들에게 그는 다음과 같이 외친다.

> 예수님 말씀이 "십자가를 지고 나를 따르라" 하셨으니 우리도 십자가의 각오로 결사문에 들어가고야 주를 따라갈 수 있습니다. 살고자 함은 동물의 본능이요, 인지상정인데 누가 죽기를 좋아하겠습니까?…그런데 예수님은 33세에 죽음을 결정하셨습니다.…기독 신자는 한 번 죽어 예수의 은혜를 만분의 일이라도 갚아 마땅하고 또 마땅합니다.…2000년 이래 허다한 선남선녀들이 예수 위해 순교의 피를 뿌렸으니 기독 신자의 앞에는 결사의 문이 있는 것입니다. 결사 문전에서 겁내어 뒤로 돌아서는 자는 누(累, 정신적·물질적인 피해나 괴로움)를 백세(百世, 이후 오랜 세월)에 끼치게 됩니다. 일생일사(一生一死)는 면치 못할 일이니 아무래도 죽을 바에는 예수를 위해 죽는 것이 좋

68 민경배, 『한국기독교회사』(서울: 대한기독교출판사, 1985), 391.

69 피도수, "시무언, 한국 기독교 신비주의자", 107.

지 아니합니까?…예수를 위해 죽으면 생명의 면류관을 쓰고 영원한 낙원에서 주와 함께 살 것입니다.[70]

## 김종우 목사: 교회의 체계와 부흥의 발판을 세운 설교자

### (1) 생애와 사역

경기도 강화의 유학자 집안에서 태어난 김종우 목사(1883-1939)는 한학을 공부하다가 선교사들을 통해 복음을 받아들인 부친의 영향으로 어릴 적부터 교회에 다니기 시작했고, 1901년 9월 스크랜튼에게 세례를 받은 후 1907년에 배재학당에 입학하여 중등 과정을 마쳤다. 그는 대학과에서 반년을 마친 후 친구와 한 밑천을 잡아서 돌아오겠다는 꿈을 가지고 중국 대륙으로 유랑 길을 떠난 뒤 약 1년 동안 일확천금의 꿈을 꾸면서 중국의 소주(蘇州)와 항주(抗州)를 다니다 마적단의 습격을 받게 된다. 그때 친구는 마적들의 총에 맞아서 그 자리에서 즉사하고 그는 다행히 숲속에 몸을 숨겨 목숨을 건졌다. 마적단이 지나간 후 그는 친구의 시체를 부둥켜안고 울부짖으면서 그의 꿈이 얼마나 허무했는지를 깨달았다.[71]

귀국한 이후 그는 1911년 경성학원에 입학하여 공부했고 1913년부터는 정동교회(현 정동제일교회)의 전도사로 일하게 된다. 1915년 협성신학교에 입학했고 1917년에 졸업했다. 정동교회에서 전도사로 사역하던 1914년에 그곳의 담임목사였던 현순(玄楯)과 함께 남산에서 기도하던 중 깊은 종교

70 김익두, "칠중의 좁은 문", 『김익두: 한국 기독교 지도자 강단설교』, 119-27.

71 기독교 대한감리회 상동교회, 『상동교회 111년사』, 16장.

적 체험을 했는데, 이 일은 그의 설교사역에 중요한 자산이 되었고, 그로 하여금 말씀을 전하는 부흥사가 되게 했다. 1917년 학교를 졸업한 후 동대문교회에 파송을 받아 2년 동안 담임목사직을 맡았고, 1919년부터 1927년까지 정동교회로 파송을 받아 담임목사로 사역한다. 그의 탁월한 설교 능력을 통해 교회는 크게 부흥했고, 현존하는 교회당을 건축했으며, 이때 처음으로 아동부 여름성경학교를 시작한다. 그 후 2년 정도 서울 지방 감리사로 활동한 후에 1929년부터는 상동교회를, 1932년부터는 수표교회를 담임했고, 1934년부터 다시 정동교회에서 담임목사로 활동한다.

1938년 10월에 개최된 전국 감리교 3차 총회에서 양주삼에 이어 총리사로 선출되어 감리교의 수장이 되지만 당시는 신사참배 문제로 교회가 어려운 때였다. 감리교회는 총리사였던 양주삼이 총독부에 다녀온 이후 총독부의 압력에 굴복하고 로마가톨릭교회에 이어 두 번째로 1936년 6월에 개최된 3차 연회에서 신사참배를 공식 결의했다. 1938년 10월 총회에서는 "애국일 실시"를 결정했고, 총회 3일째 되던 날(10월 7일) 배재중학교 운동장에서 양주삼 총리사의 사회로 "애국일" 행사를 치르면서 조선신궁을 참배했다. 신임 총리사가 된 김종우는 그해 12월 전임 총리사였던 양주삼, 장로교 총회장 홍택기, 부회장 김길창, 성결교 이명직과 함께 일본의 교토, 이세, 나고야, 도쿄 등에 있는 신궁들을 두루 참배하고 돌아왔다. 그리고 이듬해인 1939년 9월 17일 55세의 나이로 세상을 떠난다. 설교자이자 목회자로서 큰 영향력을 끼쳤던 그는 강압에 의한 어쩔 수 없는 선택이었다고 하지만 신사참배에 순응한 지도자라는 큰 오점을 남겼다.

### (2) 설교사역과 신학적 특징

김종우는 능력 있는 설교로 전국에 널리 알려졌으며, 사경회와 부흥회를 통해 수많은 회심자를 얻으면서 감리교의 영적 성장에 크게 기여한 설교자였다. 그가 인도하는 집회에 이적기사(異蹟奇事)가 많이 나타나서 당시 부흥사로서 그의 이름은 아주 유명했다. 많은 이들이 그를 교만이나 자기 자랑이 없고 맑고 깨끗하며 언제나 웃는 얼굴로 교인들을 사랑했던 목회자였다고 회고한다.[72] 그는 연간 50차례 이상 부흥회를 인도했고 감리교의 대표적인 교회에서 설교자로서 명성을 날렸지만, 그의 설교에 대한 기록은 그렇게 많이 남아 있지 않다. 설교문도 『백목강연』의 "고상한 지혜", 「기독신보」에 실린 "어머니"(1926), 신학교 졸업생에게 전한 설교문인 "성공하는 교역자가 되는 길" 등 불과 몇 편에 지나지 않는다. 여기서는 두 편의 설교문을 중심으로 살펴보자.

먼저 "고상한 지혜"는 에베소서 1:17을 본문으로 한다. 이 설교는 성경 한 구절을 본문으로 택한 다음, 특정 주제 혹은 단어를 중심으로 설교를 풀어가는 전형적인 주제설교의 형식을 취하고 있다.[73] "지혜"라는 명제를 중심으로 설교를 시작하여 "지혜가 없으면 일생의 실패가 많고 위기가 오게 된다"는 내용으로 논리를 전개하면서 세상의 지혜와는 달리 "고상한 지혜"가 필요하다는 사실을 강조한다. 대지를 "① 상제(上帝)를 참으로 아는 것이 고상한 지혜올시다, ② 우리의 소망이 무엇임을 아는 것이 고상한 지혜이올시다, ③ 인생이 살 줄을 아는 것이 고상한 지혜이올시다"로 나누어 설명한다. 간략한 예를 들어 설명하는 구조를 취하지만 본문과는 별 연관성이 없이 설교가 구성된다는 약점을 보인다.

"성공하는 교역자가 되는 길"이라는 설교문은 디모데전서 4:12-16, 디모데후서 4:1-8을 본문으로 하여 졸업생들에게 주는 권설(勸說)의 형태를 취하고 있다. 여기서도 본문에 대한 별다른 설명이나 연관성 없이 "성공하

---

72 정동제일교회 역사편찬위원회, 『정동제일교회 90년사』, 248.

73 김종우, "고상한 지혜", 『백목강연』(경성: 박문서관, 1921), 27-34. 현대어로 풀어쓴 설교문을 참고하기 위해서는 정동교회 100년사 편찬위원회 편, 『세기의 증언』, 101-5를 참고하라.

는 교역자가 되기 위해 힘써야 할" 것들을 4개의 대지로 설명한다. 곧 "믿을 만한 사람이 될 것, 무릎 꿇는 것이 힘이라는 것을 잊지 말 것, 우리는 썩을 씨라는 것을 생각할 것, 두 가지 심방(육적 심방과 영적 심방)을 잘하는 교역자가 될 것"을 대지로 제시한다. 영적 심방은 하나님을 만나는 기도 시간을 의미하고, 설교문에서는 주로 "영적 심방"만을 강조한다. 위의 설교문과 마찬가지로 본문과의 연관성이라는 관점에서 당시 설교의 공통적인 약점을 보여주고 있다.[74]

그는 설교와 목회에서 하나님과 교제하는 교인들의 영적 생명을 강조했다. 이를 위해 기도에 힘쓰고, 하나님의 말씀을 전파하는 선교적 사명을 잘 감당하며, 교인들에 대한 교역적 사명을 감당하는 데 주안점을 두었다. 3·1운동 이후 온 나라가 좌절감에 몸을 떨었기에 더더욱 교인들을 하나님의 말씀으로 무장시키고 전도와 기도 생활을 강조했던 것으로 보인다. 그는 특별히 주일학교 교육을 강화했으며,[75] "엡웟청년회"가 중단된 이후 전국에 흩어져 있는 각종 예수교 청년회를 모아 "예수교청년회 연합회"를 조직하여 청년 교육과 연합 활동에도 기여했다.[76] 김종우의 설교는 복음이 가지는 영적 차원을 잘 드러내고 있다.

---

74 이 설교문의 전문은 정동교회 100년사 편찬위원회 편, 『세기의 증언』, 98-100을 참고하라.

75 미국 컬럼비아 대학교에서 경제학박사 학위를 받고 돌아와 연희전문학교의 교수로 있었던 조병옥이 당시 정동제일교회의 주일학교 교장이었다.

76 유동식, 『정동제일교회의 역사, 1885-1990』, 252-57.

## 이명직 목사: 성결교 강단의 초석이 된 설교자

### (1) 생애와 사역

한국 성결교회의 초석을 놓았다는 평가를 받는 이명직 목사(1890-1973)는 성결교회사에서 가장 중요한 인물 중 한 사람이다. 그는 초기 한국 성결교회의 부흥과 1930년대의 갈등, 일제 통치 아래에서의 고뇌, 해방 이후의 재건과 1960년대의 분열 등 긴 역사 가운데서 중요한 역할을 했던 인물이었다.[77] 한경직은 그가 "성경에 기초한 복음주의 신앙인"이었고 "그리스도와 오직 그 십자가를 전파"하는 데 전력을 기울인 설교자요 목회자였으며, "일생을 바쳐 그리스도의 많은 일꾼을 양성하여 한국교회 건설과 발전에 기여"한 "성결교회의 교조"로서 존경을 받은 존재였다고 평가한다.[78] 이명직의 제자 김기삼은 그를 가리켜 성결교회의 "사중복음의 본존"이라고 평가하면서 "사중교리는 이단을 막아내는 정통이 되었고, 그는 이것을 이단을 판별하는 척도이자 사설을 잘라내는 전가의 보도"로 삼았다고 평가한다.[79]

서울에서 출생한 이명직은 황성기독교청년회(YMCA)에서 공부하면서 기독교를 접했고[80] 일본 유학 시절부터 교회에 출석하기 시작했다. 그는 애초 법학을 공부하기 위해서 유학을 갔지만 아버지의 사업이 갑자기 어려워져 뜻하지 않게 동경성서학원에 입학하게 된다. 1905년 5월 동양선교회에서 세례를 받았고, 그곳에서 성결운동의 중심 교리를 배웠다. 공부를 마치고 귀국한 후에는 개성전도관의 교역자로 일했고, 노방전도를 병행하면서 복음을 전했다. 1914년에 목사안수를 받았고, 충남 부여에 있는 규암전도

77 박명수, 『이명직과 한국 성결교회』(부천: 서울신학대학교출판부, 2008), 10-11.

78 한경직, "고 이명직 목사 조사", 「활천」(1973. 4.), 56.

79 김기삼, "이명직 선생을 논함", 『성결교회 역사와 문학』, 창간호(1991년 여름), 28.

80 황성기독교청년회는 보통과, 특별과, 직업과로 나뉘어져 있었다. 2년 혹은 3년제였고 일주일에 보통 24시간 정도를 공부했다. 주로 똑똑한 상류층 자제들을 교육하기 위해 시작된 제도였다.

관의 담임으로 부임하게 된다.[81] 이곳에서 그는 사람의 영혼을 움직여 구원해내는 훌륭한 설교사역을 감당하지만 그의 영혼은 몹시 메말라 있었다.

> 아는 성경을 가르치지 못할 바 아니고, 들은 교리를 선전(宣傳)치 못할 바 아니며 배운 설교라 욕설(辱舌)로서 나발거리지 못할 바 아니다. 수년간 설교를 연달(煉達)하니 연설도 차차 상수(上手)와 같이 되었다. 어떻게 하든지 청중의 감정을 움직이면 움직일 수 있으리만치 말품을 팔아먹을 수 있을 만치 되었다. 그러나 나는 성신이 없었다. 처음의 은혜는 잃어버리고 말았다. 울리는 꽹과리에 지나지 못했다. 그런데 사람의 마음을 알지 못하는 단체(團體)에서는 1914년에 나에게 안수하여 목사로 세우게 되었다.[82]

그는 1916년에 경성성서학원의 교수이자 아현전도관의 담임이 되어 서울에 왔을 때도 동일한 영적 고민을 안고 있었다. 그는 성결을 교리로는 알지만 체험하지 못했고, 성결에 관한 설교는 할지언정 성결을 실행하지는 못했으며, 성결에 대해 변론은 할지언정 성결은 간증하지 못했으며 표면만 단장하기에 힘쓰고 있었다고 털어놓는다.[83] 여기서 우리는 이명직의 설교자로서의 내적 고민을 읽을 수 있다. 3·1운동으로 민족의 아픔을 겪으면서 그의 설교는 더 메말라가기 시작했다. 그는 이때의 심경을 다음과 같이 솔

---

81 이때 성결교회는 "복음전도관"이라는 공식 명칭을 사용했고, 지역 교회도 "전도관"이라는 이름을 사용하다가 1921년에 "성결교회"로 이름을 바꾸었다. 이것은 1917년 일본에서 먼저 사용했는데 이 영향을 받아 개명한 것으로 볼 수 있다. 성결교회의 시작과 발전에 대해서는 박명수, "동양선교회와 한국성결교회", 『교회 민족 역사: 솔내 민경배 박사 고희 기념논문집』(서울: 한들출판사, 2004), 283-321을 보라.

82 M. C. 生, "恩惠記(상)", 「활천」(1924년 8월), 33. 이명직은 여러 필명을 사용했는데, "M. C. 生", "ㅁ.ㅈ.생", "규암생" 등의 필명을 자주 사용했다. 글을 많이 썼기 때문에 자신의 이름을 드러내지 않으려는 의도와 같은 호에도 여러 편의 글을 쓰다 보니 중복을 피하기 위함으로 보인다. 이하에서는 저자를 "이명직"으로 표기할 것이며 이해를 위해 현대어로 풀어서 인용했음을 밝힌다.

83 이명직, "恩惠記(상)", 38.

직하게 고백한다. “이때부터 사상가인 체, 애국자인 체, 지사인 체 가장하고 강단에 올라서면 그나마도 아주 타락되어 복음에 대한 설명은 그림자도 없어지고 아주 속화되고 말았다.” 당시의 사람들은 “복음에 대한 설명보다도 사상 발표나 피가 끓을 듯한 열변으로 애국 사상을 고취하는 것”을 더 좋아했다.[84] 그는 시류와 인기에 연연했던 자신의 모습을 솔직하게 토로했다.

그러나 1921년에 기도하는 가운데 그가 그동안 가르쳤던 “성결”의 강력한 체험을 하게 된 후 신학교에서 새벽기도회를 시작했고, 거기서 놀라운 회개의 역사들이 일어났다. 이런 부흥의 역사는 개교회로 번져나가기 시작하면서 “성결교회가 새롭게 되는 계기가 되었다.”[85] 그 후 이명직은 한국성결교회의 대표적인 역할을 감당하면서 교단과 교회의 부흥을 위해 활약한다. 그는 경성성서학원의 체계와 기초를 놓았으며 문서 활동의 일환으로 「활천」을 발간한다. 박명수는 이것을 이명직이 “한국성결교회에 끼친 가장 큰 공헌 가운데 하나”라고 평가한다.[86] 그는 이곳에 아주 다양한 글을 연재하여 설교자들을 돕고자 했다. 특별히 1937년부터 1년 동안 “주와 동행기”라는 글을 연재했는데 이는 일기 형식으로 자신의 매일의 생활을 기록한 글이었다. 이것은 성결의 삶을 독자들에게 보여주기 위함으로 보인다. 그는 이 글에서 자신의 경건생활, 즉 성결의 설교자는 성결의 삶을 살아야 함을 보여준다. 여기에는 기상하면 새벽기도로 시작한 것, 성경 묵상 내용과 영감을 받은 내용, 집회를 인도한 일과 그곳에서 선포한 설교와 만난 사람, 중요한 편지, 사적인 문제, 저녁에 가정예배를 드린 일까지가 공적 일지의 형식으로 담겨 있다.[87] 일지 작성의 가장 중요한 이유는 성경 묵상을 통해 얻

84 위의 책, 38.

85 박명수, 『이명직과 한국 성결교회』, 45-46, 111.

86 위의 책, 113.

87 연재한 글을 보기 위해서는 이명직, “주와 동행기”, 「활천」(1937년 11월-1938년 10월)을 참고하라.

은 영감을 다른 설교자들과 나누기 위해서였다. 그는 마태복음을 읽으면서 성결의 복음을 새롭게 정리했고 성결 중심의 성경 해석을 제시했다.

이명직의 설교사역은 교파를 넘어 전국 교회들에서의 부흥집회와 지역 교회 순회사역을 통해 이루어졌다. 그는 집회를 인도할 때면 통상 낮에는 요한계시록 강해를 통해 구원의 복음과 회개, 중생, 성경, 재림, 성령세례, 전도 등의 주제로 설교를 하고[88] 진정한 회개 및 은혜의 충만을 강조했다. 그래서 그가 인도하는 집회에서는 신유와 회개의 역사가 많이 일어났다.[89] 또한 그는 국내뿐만 아니라 동만주 지역을 순회하며 집회를 인도하기도 했다. 아동을 위한 부흥회도 열었으며, 전도부흥 책자를 만들고 당시 유행하던 창가에 복음의 내용을 담아 보급하기도 했다.

조선성결교회 총회가 결성되었을 때, 이명직은 초대, 2대, 6대, 7대 총회장을 역임했다. 경성성서학원(현 서울신학대학교)에서는 교수와 원장, 교장, 초대학장, 명예학장을 지냈다. 이렇듯 그는 오랜 기간에 걸쳐 다양한 사역을 통해 성결교회의 초석을 놓았으며 성결교회의 부흥에 결정적인 역할을 감당한다. 그는 성결교 신학의 토대인 사중복음이라는 신학적 체계를 놓았기 때문에 흔히들 그를 가리켜 "성결교의 사부"라고 평가한다.[90] 그의 성결운동은 19세기 성결운동에 뿌리를 두고 있으며, 그것을 한국이라는 땅에 뿌리내리게 하고 꽃과 열매를 맺게 했다.

그러나 이명직은 교단 분열과 친일 행적 때문에 비판을 받는다. 일제 강점기에 교회와 지도자들이 겪었던 고난은 전례를 찾아보기 어려웠다. 교단과 신학교의 책임자였던 이명직도 다른 교단이 그러했던 것처럼 신사참배

88 이런 설교의 주제와 내용도 앞서 언급한 "주와 동행기"에 기록하고 있다. 이명직, "주와 동행기" 「활천」(1938년 2월)을 보라.

89 박명수, 『이명직과 한국 성결교회』, 392.

90 위의 책, 509.

를 결의하고 친일의 자세를 견지했다. 그래서 민족문제연구소에서 발간한 『친일인명사전』은 그를 친일 인사로 분류한다.[91] 1938년에 각 교단 대표들이 솔선수범하여 신사참배를 해야 했을 때 이명직은 성결교 대표로 감리교의 양주삼, 김종우, 장로교의 홍택기 등과 함께 일본 이세신궁, 가시하라신궁을 찾아가 신사참배했다.[92] 또한 장로교, 감리교, 성결교 교회대표가 정동감리교회에 모여 애국좌담회를 열어 국방헌금을 결의했고 일제의 강압에 의해 교단 헌법을 개정했는데, 일본제국주의 헌법 1장 1조를 참고하여 다음과 같이 개정했다. "우리는 성서교훈에 의하여 모든 권세가 하나님께로부터 난 줄로 믿고 대일본제국을 통치하시는 만세일계(萬世一系)의 천황을 봉대(奉戴)하고 국헌을 중시하며 국법에 순종한다."[93]

최근 밝혀진 자료(법원 기록)에 의하면 그는 신사참배가 우상숭배가 아니라고 했다. "우리 신도들은 신사참배를 하지 않으면 안 됩니다. 국민으로서 참배하는 것은 당연합니다. 나의 가르침은 저들 장로회와는 전혀 그 취지를 달리하고 있습니다."[94] 그는 일본제국주의의 조선 병탄을 정당화했으며 일본의 건국 이념인 "이 팔굉일우(八紘一宇)의 대 이상과 내선일체" 슬로건이 "우리 성서신앙에 모순된 것이 없는 것은 성서는 벌써 이 정신을 가르치었고 또 기독자는 이 정신을 실현하는 과정에 있기 때문"이라고 주장한다.[95] 이듬해 다른 호의 권두언에서는 황국은 천조대신 창국 이래 "만세일계

91 친일인명사전 편찬위원회 편, 『친일인명사전』, 3권(서울: 민족문제연구소, 2009) 참고.

92 김수진, 『한일교회의 역사』(서울: 대한기독교서회, 1989), 61.

93 송기식, "한국성결교회의 일제 수난사에 대한 바른 이해: 침묵의 변", 권말 부록, 「활천」(1990년 5월), 121.

94 강원도 금화교회의 한 집사가 신사참배 반대 발언으로 구속되어 재판을 받았는데 그 교회에서 집회를 인도했다는 이유로 이명직도 법정에 증인으로 소환되어 증언을 했다. 이 재판 기록은 당시의 법정 기록에 나오는 내용이다. 정인교, "이명직의 신학과 설교", 『교수논총』, 서울신학대학교 교수논문집(1998), 311에서 재인용.

95 "팔굉일우"는 "전 세계가 하나의 집"이라는 뜻으로 일황제 파시즘의 핵심 사상이며 태평양전쟁을 일으킨 일제가 제국주의 침략 전쟁을 합리화하기 위해 내세운 구호다. 1940년 당시 총리였던 고

로 직도금일(直到今日)했으니 이 황조황종(皇祖皇宗)의 융성하신 성덕(聖德)이 하나님의 덕과 합배(合配)됨" 때문이라고 하면서 다음과 같이 적고 있다.

> 우리는 皇紀(황기) 二天六白年(이천육백년)을 당하여 皇祖皇宗(황조황종)의 聖德을 欽仰(흠앙)하며 天皇陛下(천황폐하)의 聖壽無彊(성수무강)을 奉祝(봉축)하는 동시에 紀元二天六白年의 嚴肅(엄숙)한 意義(의의)를 體得하고 더욱 肇國情神(조국정신)을 發揚(발양)하여 皇運扶翼(황운부익)의 實(실)을 擧(거)함으로써 國運無限(국운무한)의 發展(발전)에 邁進(매진)하기를 誓(서)할 것이다.[96]

그러나 성결교회는 구약성경을 삭제하려는 일제의 움직임에 반대했다. 성결교회는 사중복음인 중생, 성결, 신유, 재림 가운데 재림 사상이 일제의 "천왕사상"과 "근본적으로 국체의 본의"에 맞지 않는다는 사실 때문에 1943년 12월에 해산 성명을 발표하고 모든 교회를 해체했다. 비록 표면적으로는 자발적인 해산 형식을 취했지만 분명히 그것은 일제의 강압에 의한 것이었다. 그 중심에 이명직이 있었고, 그는 이 과정에서 재림교리를 포기하지 않았다. 이를 두고 일제에 대한 일종의 항거라는 주장도 있지만 해산하면서 발표한 성명서에 의하면 항거보다는 순응했다고 판단할 만한 여지가 더 많다. 당시 성결교회를 대표했던 이명직, 박현명의 "성결교 해산 성명서"의 내용을 참고해보자.

---

노에 후미마로가 시정 연설에서 "황국의 국시는 일황을 위해 전 세계(八紘)를 하나의 집(一宇)으로 만드는 국가의 정신에 근거"한다고 한 말에서 유래되었다. "八紘一宇의 大理想", 「활천」(1940년 1월), 1. 이것은 권두언처럼 제시되었고 무명으로 되어 있지만 당시 주간이었던 이명직이 썼다.

96 "皇紀 二天六白記念式年에 當하여", 「활천」(1940년 3월), 1. 읽기를 위해 본인이 어려운 한자어에는 한글 토를 달았음을 밝힌다.

우리 조선예수교 동양선교회 성결교회는 조선에 포교된 이래 삼십 오륙 년, 그간 장기에 걸쳐서 미국인 선교사의 지도를 받은 것뿐 아니라 재정적 기초도 역시 미국에 의존하여왔기 때문에 부지불식간 적 미영 사상의 포로가 되어 지금까지도 그 잔재를 말살키 어려움은 유감으로 생각하는 바다. 더구나 교리로서 신생(新生), 성결(聖潔), 신유(神癒), 재림(再臨)의 사중복음을 고조하여왔는데 취중(就中) 재림의 항은 그리스도가 가까운 장래 육체로써 지상에 재림하여 유대인을 모으고 건국하여 그 왕이 될 뿐 아니라 만왕의 왕의 자격으로 전 세계 각국의 주권자로부터 그 통치권을 섭정하여 이를 통치한다는 것으로서 근본적으로 국체의 본의에 적합하지 못할뿐더러, 신에 대하여도 성서의 해석에 기초한 여호와 이외에 신이 없다는 사상을 선포하여온 것은 현대 우리들의 심경으로 보면 실로 국민사상을 혼미에 빠트린 것으로 그 죄를 통감하는 바이다.…필경 성서는 그 기지(基址)를 유대사상에 두어 우리 국체의 본의에 배반하는 기다적(幾多的) 치명적 결함을 가지고 있는 것으로서 성서 자체로부터 이탈치 못한다면 완전한 국민적 종교로서 성립하지 못할 것으로 결론에 도달했다. 우리들은 장년월간(長年月間) 부지불식중에 그와 같은 불온 포교를 하여온 책임을 통감하고 이금(爾今) 맹서하여 결전하 황국신민의 자격을 실추시키지 않을 것을 기함. 조선예수교 동양선교회 성결교회. 소와 18년 12월 29일(1943년).

성결교의 대부와 같은 이명직이 친일 인사로 분류되면서 성결교 진영에서는 이에 대한 많은 반응이 쏟아져 나왔다. 한편으로 이명직의 일생의 사역에서 "옥의 티"라고 평가하기도 하고,[97] 다른 한편으로 일본 총독부의 강요에 의한 어쩔 수 없는 행위였으며, "교단 해체와 「활천」 폐간을 막고 복음을

97 정상운, "이명직 목사와 신사참배", 『성결교회 역사총론』(서울: 한국복음문서간행회, 2003), 313-33.

전할 수 있는 순간까지는 그들의 비위를 맞추어가면서 복음을 전하려고 했던 어리석음 까닭이었다고 보아야 한다"고 주장하기도 한다.[98] 전시체제하에서 성결교회를 이끌었던 수장으로서 그는 어쩔 수 없이 전쟁에 협력하는 글을 실었고 전쟁 물자를 조달하는 일에 협조하기도 했지만 구약을 폐기하려는 일본의 위협으로부터 성경을 지켜냈고 재림신앙을 저버리지 않았기 때문에 그를 가리켜 단순히 일제에 순응한 인물로 보기는 어렵다고 주장하기도 한다.[99] 그는 민족의 독립을 위해서 투신하지는 않았기에 민족주의적 시각에서 볼 때 어쩔 수 없이 비판의 대상이 될 수밖에 없음을 인정하면서도, 이명직에게 "민족의 문제보다 더 중요한 것은 영혼의 구원"이었고 "민족의 문제는 세상에 속한 문제이며, 신앙의 문제는 더욱 높은 차원에 속한 것"이라고 보았기 때문에 그를 평가할 때 친일적 모습만 부각시켜서는 안 된다고 주장하는 사람도 있다. 그가 재림을 주장했다는 이유로 1945년에 7개월 남짓 투옥되었던 점을 들면 친일파라고도 배일파라고도 할 수 없다는 주장도 있지만,[100] 이는 구차한 변명으로 보인다. 당시 성결교회 지도자들뿐만 아니라 장로교, 감리교, 구세군, 침례교, 가톨릭의 지도자들이 범교단적으로 신사참배를 결정하고 신사참배와 일본군국주의를 두둔하는 글을 쓰며 설교한 것은 분명히 잘못된 일이고 민족의 역사 앞에 부끄러운 일이다. 한국교회의 발전에 큰 족적을 남긴 그의 업적은 인정받아야 하지만 친일 행적에 대해서는 분명한 평가가 필요하다.

해방 후에 이명직은 「활천」 주간(主幹)직을 포함한 모든 공직에서 사임하고,[101] 이 부분에 대해 침묵으로 일관했으나 함께 친일 행각에 앞장섰던 박현

98 송기식, "한국성결교회의 일제 수난사에 대한 바른 이해: 침묵의 변", 123.
99 허명섭 "이명직, 순응과 저항의 두 얼굴", 「활천」(2005년 10월), 18-23.
100 박명수, 『이명직과 한국 성결교회』, 517-18.
101 1946년에 사임했다가 1953년에 다시 발행인과 편집인으로 복귀한다.

명은 복구된 교단의 총리가 된 이후 다음과 같이 말한다.

> 여호와 신과 바알 신이 어찌 동화할 수 있으랴만 신앙양심이 죽고 신앙실력을 잃은 우리 기독교 지도층은 마음에 없는 글을 쓰고 말을 하고 일을 하며 바알에게 무릎을 꿇었다.…아 비겁이라는 죄, 이것이 조선교회를 황폐케 했으며, 탈선케 했으며 우리 교회의 해산도 이 비겁이란 손으로 문을 닫게 함이 아니었던가.…우리는 울어도 울어도 시원치 않으랴….[102]

이후 그는 독립문교회와 충무로교회 등지에서 담임목회를 했으며 1959년에는 서울신학대학의 초대 학장으로 활동했다. 그는 성결교회의 신학자와 교수로, 한 교단을 발전시키고 견고하게 세운 행정가로, 또한 「활천」을 창간하고 문서선교를 통해 교회를 신학적 바탕 위에 견고하게 세우며 목회자들에게 신학적 지침을 제시한 학자와 문필가로 활동하면서 34종에 이르는 많은 저서를 남기기도 했다. 그는 이렇게 명암이 확연히 구분되는 수많은 족적을 남기고 1973년 3월 30일에 세상을 떠났다.

### (2) 설교사역과 신학적 특징

성결교는 외국 선교사들과 교단의 특별한 지원 없이 일본에서 공부하다가 은혜를 받고 돌아온 한국인 전도자들의 구령열에 의해 자생적으로 시작되었다. 성결교회가 큰 교단을 이룰 수 있었던 것은 "성결교회의 사부"로 불리는 이명직이 있었기에 가능했다. 설교가 삶과 고백과 신학이 어우러진 종합예술이라고 할 때, 우리는 그 결정체를 이명직의 설교에서 찾아볼 수 있다. 그는 교단의 책임자와 교수로서, 그리고 교단의 목회와 신학의 중요

102 송기식, "한국성결교회의 일제 수난사에 대한 바른 이해: 침묵의 변", 127에서 재인용.

한 논의의 장이었던 잡지의 편집 및 발행인으로서도 큰 역할을 감당했지만, 무엇보다도 성결교회 신학을 체계화하고 발전시키는 데 중요한 역할을 감당했다.

이명직의 설교사역을 이해하려면 먼저 그의 신학적 토대를 살펴볼 필요가 있다. 그의 설교사역은 사중복음이라는 성결교의 기본 신학적 토대 위에 세워졌다. 그것은 그가 창안한 것도 아니고 성결교회에 처음 도입한 것도 아니지만 이 땅에 뿌리를 내리고 숙성되는 데는 그가 결정적 역할을 감당했다.[103] 이명직의 설교와 부흥회 메시지의 중심 내용은 언제나 사중복음, 즉 중생, 성결, 신유, 재림과 관련되었다. 그는 중생을 "타락하여 나려가고 또 나려간 인생을 다시 고결하고 영성적인 본래의 지위에 복귀시키고 심령의 곤고에서 해탈하고 심령의 죽음에서 부활되어 신인격을 창설하는 것"으로, 성결은 "내가 거룩하니 너희도 거룩하라. 마음이 깨끗한 자라 하심과…하늘에 계신 너희 아버지의 완전하심과 같이 너희도 완전할지어다 하신 말씀과…모든 사람으로 더불어 화목하고 거룩함을 좇으라…하신 말씀에서 일어나는 사상으로, 즉 무죄하게 사는 생활"로, 신유는 "질병이 있을 때에 하나님이 약속하신 성경의 말씀을 믿고 하나님을 대상하야 그 병을 고쳐주실 줄로 믿고 기도하야 하나님의 능력으로 고침 받는 것"으로, 재림은 "세상 사람들의 희망은 다 세상에 속한 것이며 흙에 속한 것이며 육에 속한 것"이지만 "우리의 소망은…오직 하날에 속한 것이며 상(上)에 속한 것이며 영에 속한 고결한 소망, 성경에 이른 바 행복스러운 소망"으로서 주님의 오심을 기다리는 것으로 설명한다.[104] 이런 이명직의 설교는 성경의 토대 위에 굳게 서 있으며 성경 전체의 영감을 믿고 성경을 사랑하고 그 순수

103 정인교, "이명직의 신학과 설교", 305.

104 이명직, 『기독교의 사대복음』(서울: 기독교대한성결교회출판부, 1952), 12, 19, 50, 177.

성을 지키려고 노력하는 성서적 복음주의 입장을 견지한다.[105]

이명직의 제자였던 김기삼은 비교적 객관적 입장에서 그의 사역에 대해 다음과 같이 평한다.

> 학자의 학술 강연처럼 냉철하지도 아니하고 약장수의 광고같이 다변하지도 아니하고 정치가와 같이 웅변도 아니다.…사람의 심령을 쥐흔드는 듯한 박력은 듣는 사람으로 하여금 강단에 엎드리게 만든다. 어떤 때 공격적인 부흥식 설교가 될 때는 듣는 사람의 얼굴을 화끈하게 달게 만든다.…어떤 계급의 사람이 들어도 잘 이해가 되는 싫증나지 않는 설교다. 또 교직자들을 목표로 설교할 때는 선이 굵직한 방망이질하는 박력 있는 설교로 듣는 자의 심령을 쥐어흔들어 단하에 꿇어 엎드려 통회자복하게 한다.…언제나 직언직필이다. 한문에는 능하나 기교가 적고 수사에 등한한 까닭에 문장은 말보다 거칠어 구태를 벗어나지 못한 데서도 선생의 수구사상은 나타나고 있다.[106]

이 글은 그의 설교사역의 전반적인 특징을 잘 정리한 것으로, 그의 설교에 말씀의 권세와 능력이 있었음을 증언해준다. 그는 설교가 늘 본문을 말하게 하는 구조가 되어야 한다는 점에서 "본문 설교"를 강조했고, 설교의 전반을 흐르는 큰 지류는 성경이 말씀하는 사중복음을 담아내는 데 주력했다.[107] 그래서 그의 설교에는 교리를 설명하고 해설하는 내용이 많다. 이것은 자생 교단을 세우고 교리를 정립해가야 했던 상황적 요소가 많이 작용했을 것으로 이해할 수 있다. 이런 특성 외에도 그의 설교는 당시의 가장 중심적인 특

---

105 정인교, "이명직의 신학과 설교", 298-303.

106 김기삼, "이명직 선생을 논함", 30.

107 이명직의 설교 내용을 보기 위해서는 이명직, 『이명직 목사의 설교집』, 1집(경성: 동양선교회성결교회출판부, 1930); 2집(1934); 3집(1940)을 참고하라.

징이었던 주제설교 형식을 띠며, 대지를 따라 설명하는 구조를 취한다. 정인교의 분석에 의하면, 이명직이 즐겨 사용하는 방식은 본문 내용소개→회중 접맥→각성 촉구→명제 정리→재촉구 형식이다.[108] 이는 성경이 말씀하게 하는 구조로서 그것을 오늘의 회중과 연결하고 그때와 지금을 적절하게 관련지으며 말씀을 통한 각성과 결단을 촉구하는 것이다. 그는 한 사람의 성결한 신앙인이자 성직자로서 개인적 삶에서 철저했고 계교를 부리지 않으며 긴 사역의 시간을 달려왔던 사역자 겸 저술가였다. 또한 신학의 전당에서 교회가 어떻게 세워져 가야 할지를 고민했던 학자이자, 전국 교회를 다니면서 하나님의 말씀으로 교회의 부흥을 일구었던 설교자였다.

## 이용도 목사: 신비주의적 사랑의 합일을 노래했던 설교자

### (1) 생애와 사역

짧은 생애 동안 불꽃처럼 타올랐던 부흥 설교가 이용도 목사(1901-1934)에 대한 평가는 아주 다양하지만, 그가 한 시대를 풍미한 설교자 중 한 사람이었음은 분명하다. 무엇보다 이용도는 하나님의 말씀 선포인 설교를 통해 세상과 교회를 재묘사하고 거기에 새로운 정체성을 부여하면서 역경 가운데 있던 당시 사회를 재규정했던 설교자였다. 그는 설교에 생명을 걸었고 그가 섰던 곳마다 복음을 통해 새로워지는 역사가 일어났지만, 본래 설교가 가지는 "변혁적이고 전복적인 특성" 때문에 그에 대한 비판 역시 거셌다.

사실 초기 한국교회는 수적으로 아주 미약했지만 그 와중에도 설교사

108 정인교, "이명직의 신학과 설교", 325.

역을 잘 수행했다. 그러나 1930년 전후 한국교회는 존립 자체에 큰 위기를 겪는다. 내적으로 복음의 역동성을 상실해가기 시작했고, 당시 한국 사회의 정치적·사회적·경제적 상황은 설교사역에 큰 위험 요인이 되었다. 정치적으로 일본의 압제와 수탈에 신음하면서 깊은 좌절감에 빠져야 했다. 경제적으로는 핍절하여 끼니를 잇지 못하는 가난에 시달렸고, 특히 농촌의 궁핍은 극에 달했다. 사회적으로는 일제의 민족말살정책과 허무주의·사회주의·공산주의 등의 출현으로 정신적 혼란에 사로잡혔다. 교회는 복음의 생명력이 약화되고 서북 지역과 비서북 지역의 갈등이 심화되었으며 점점 제도화·관료화되었다. 좋은 후견인이었던 선교사들의 지원이 일제에 의해 차단되었고 "한국적 교회"의 수립이라는 전환기를 맞으면서 많은 종파와 이단까지 창궐했다.[109]

이런 시대에 "위대한 가능성의 순간"을 만들어간 설교자들이 있었다. 그들은 하나님의 말씀을 통해 교회와 그리스도인들의 정체성을 새롭게 하면서 시대가 마땅히 나아가야 할 길을 밝혔다.[110] 그렇다면 그들은 이 위기를 어떻게 극복했는가? 그들의 당시 설교 경향은 어땠는가? 이런 질문은 오늘 대내외적으로 많은 위기에 직면한 한국교회 강단을 새롭게 하는 데 유용한 통찰력을 얻게 한다. 이용도는 민족의 가장 어려운 시기였던 1930년을 전후하여 짧은 기간을 사역했지만 하나님의 말씀을 통해 당시 교회와 세계를 재묘사하고 그리스도인들에게 새로운 정체성을 심어주면서 많은 시사점을 남겼다. 예수에 미친 사람, 자신을 불태우듯 몸을 던져 하나님의 말씀을 전한 설교자, 예수의 복음에 사로잡힌 진실한 복음전도자, 참된 교회됨을 외친 신앙 혁명가, 진정한 그리스도의 신부로 살았던 사랑의 사도, 성령의 사

---

109 민경배, 『교회와 민족』(서울: 대한기독교출판사, 1981), 113-14; 류금주, 『이용도의 신비주의와 한국교회』(서울: 대한기독교서회, 2005), 19.

110 가장 대표적인 설교자로는 길선주, 김익두, 이성봉, 이용도 등을 들 수 있다.

람 등, 그에 대한 별칭은 무수히 많다.

이용도는 1901년 황해도 금천에서 장터 거간꾼이었던 아버지와 경건한 신앙인이었던 어머니 사이에서 태어났다. 유동식은 20세기의 문을 여는 1901년을 아주 특별한 해로 규정한다. "한국교회 이단자가 될" 3명이 태어난 해였기 때문인데 그중 한 사람이 이용도였다.[111] 실제로 당시 사회에서 이용도는 이단자로 취급받았고 결국에는 정죄된 설교자였다. 이는 그의 독특한 설교 방식이나 부흥회 인도 방식, 신비주의적 경향을 당시 사회가 용납하지 못한 결과다. 민경배는 그를 "고난 받는 그리스도 신비주의자"로, 유동식은 "만유의 주 하나님과 그의 아들 예수 그리스도를 소유하고 하나가 되는 신앙"을 삶의 목표로 삼은 신일합일을 꿈꾸는 신비주의자로 규정한다.[112] 그는 그리스도와의 합일을 강조했던 신비주의 설교자였기에 당시 사회는 "이단자"라는 딱지를 붙여 그를 배척했지만 후대인들은 그의 사역을 재평가한다. 예를 들어, 송길섭은 열광적이고 신비적인 요소 때문에 당시 사회는 그를 용납하지 못했지만 생명력을 상실한 한국교회를 새롭게 개혁하려는 열정이 그의 부흥운동의 동인이었다고 주장한다.[113] 그의 한 후배는 다음과 같은 고백으로 설교자 이용도에 대한 또 다른 평가가 필요함을 알린다.

> 나는 감히 이용도를 말할 자격이 없다. 그의 이름을 입에 올리기엔 나의 과거가, 그리고 현재가 너무도 속되고 또 육적이고 가증스런 "삯꾼 목사"의 틀

111 유동식, "이단자의 후예들을 기리며", 한국문화신학회 편, 『이용도, 김재준, 함석헌 탄신 백주년 특집 논문집』(서울: 한들출판사, 2001), 11. 황해도에서 태어난 이용도, 평안도에서 태어난 함석헌, 함경도에서 태어난 김재준을 이단자가 될 세 명으로 꼽는다. "이단자"라는 용어는 시대를 거슬러 올라가면서 저항의 삶을 살았던 행보를 메타포적으로 표현한 것이다.

112 민경배, 『한국 기독교회사』, 435-40; 유동식, 『한국신학의 광맥』(서울: 다산글방, 1999), 146-49.

113 송길섭, "한국교회의 개혁자 이용도", 변종호 편저, 『이용도 목사 관계 문헌집』, 이용도 목사 전집 제9권(서울: 장안문화사, 1993), 193-227.

을 벗지 못하고 있기 때문이다. 그래서 지금까지 한국교회사에 대해 글을 쓰고 말하면서도 유독 그만은 피했다. 그건 지금도 마찬가지이다.…그럼에도 여기서 그를 언급하는 것은 1930년대 한국교회사에서 그를 만나지 않고는 지나갈 수 없기 때문이다.[114]

1930년을 전후하여 한국교회사에서 "그를 만나지 않고는 지나갈 수 없는 이유"는 도대체 무엇일까? 실제로 그는 당시에 지대한 영향력을 행사했고, 시간이 지난 이후 그의 후예들은 그를 어려움 가운데 있던 시대를 하나님의 말씀으로 깨웠던 설교자로 평가한다.[115] 짧고 굵게 활동하고 떠난 그에 대한 평가는 호칭만큼이나 다양하다. 그는 독립운동가, 감리교 목사, 부흥설교자, 예수를 닮은 참 목자, 눈물의 설교자, 신비주의자, 열광주의자, 기도의 사람, 사랑의 사도, 한국적 영성의 모델 등으로 불리는데, 이 용어들로써 그의 사역의 내용을 가늠할 수 있다. 하지만 그는 1933년에 감리교 중부 연회에서 목사직을 면직당하는 비운을 겪었고, 장로교단에서도 금족령을 당한다.[116] 암울하기만 하던 한 시대를 밝게 비추었던 위대한 설교자를 당시 교계는 용납하지 못했다. 하지만 이제라도 민족의 암울한 시대에 말씀 사역을 통해 그 시대를 재진술하고 교회와 그리스도인들에게 새로운 정체성을 부여하기 위해 자신의 전부를 던졌던 한 설교자에 대한 재평가가 필요하다.

그는 인간적으로 보면 참 불운한 생을 살다가 33세의 젊은 나이로 세

114 이덕주, 『한국교회 이야기』(서울: 신앙과지성사, 2009), 227.

115 송길섭, "한국교회의 개혁자 이용도", 193; 김수천, 『전통적 영성의 빛에서 본 이용도 목사의 삶과 영성』(서울: KMC, 2015); 김윤규, "이용도 목사의 신비주의적-열광주의적 영성 형성과 부흥운동", 『신학과실천』 18(2009).

116 장로교가 주기철을 면직했다가 복권했듯이, 감리교는 이용도를 1933년 이단으로 면직했다가 66년 만인 1998년 기독교대한감리회 23회 총회에서 만장일치로 복직시킨다.

상을 떠난다. 그는 9세인 1910년에 세례를 받았고, 어릴 때부터 경건한 어머니의 영향으로 예배당 종탑에서 밤을 지새워가며 기도했다. 그는 어려서부터 몸이 많이 약했고 눈물이 많았다. 1914년에 시변리보통학교를 졸업한 이후 개성의 송도한영고보에서 공부한다. 18세인 1919년에 송봉애와 결혼하지만 3·1운동에 가담하여 신혼 초부터 감옥에 가는데, 1920년 기원절 사건으로 6개월, 1921년에는 불온문서 제작 혐의로 6개월, 1922년에는 태평양의회 사건으로 2년간 옥고를 치른다. 그는 기독교 학교였던 송도한영서원(송도고보)을 다니던 중에 "민족의 식민지 현실에 눈을 뜨게 되고 독립의식을 고취"하였다.[117] 당시 그가 민족 현실에 대한 의식을 형성하고 실천한 것이 3·1운동 참여와 적극적인 독립운동이었다. 그로 인해 그는 4번이나 투옥되었고 3년 가까운 수감생활을 한다. 당시 그의 관심은 공부나 출세가 아니라 조국의 독립에 있었다. 송길섭은 이때를 가리켜 "당시 그가 나라를 위해 미쳤어도 크게 미쳤던 때"라고 표현한다.[118] 교장과 교사들이 학생을 보호하기 위해 그에게 협성신학교(현 감리교신학대학교) 진학을 권해 1924년에 입학을 하지만 "조국이 독립을 하고 민족이 자유를 얻어야 살지, 신학 공부 같은 것이 어찌 나라와 민족을 구할 수 있을 것인가"[119]라는 생각을 가진 그는 학교 생활에 만족하지 못했다. 때문에 토론과 논쟁, 싸움에 익숙했고, 신문, 잡지, 법률책, 소설 등에 매달렸으며 신학 공부와 기도생활에는 전념하지 못했다.[120]

---

117 성백걸, "영원의 향유: 이용도의 생애와 사상", 『이용도, 김재준, 함석헌 탄신 백주년 특집 논문집』(서울: 한들출판사, 2001), 26-27.

118 송길섭, "한국교회의 개혁자 이용도", 197. 그는 블랙리스트에 올라 있어 투옥이 잦았지만 모진 고문에도 굴하지 않았고 오히려 독립 열정은 더 불타올랐다. 하지만 그는 신혼 시절 대부분을 감옥에서 보내야 했다.

119 변종호 편, 『이용도 목사전』, 이용도 목사 전집 2권(인천: 초석출판사, 1986), 25. 이하 『전기』로 표기할 것임.

120 위의 책, 26.

그가 급격한 회심을 경험한 것은 한 사건을 통해서였다. 3학년이 되던 해, 그는 당시로서는 사형 선고와 같았던 폐병 3기 진단을 받아 공부를 중단하고 친구들의 고향인[121] 평남 강동(江東)에 요양차 내려간다. 그런데 시골에 신학생들이 왔으니 부흥회를 열어달라는 지역교회의 부탁을 받고 그들은 계획에 없던 집회를 인도하게 된다. 변종호는 당시 상황을 다음과 같이 전한다.

> 내일부터 부흥회를 인도해본다는 결정을 한 두 학생은 곧 밖으로 나갔다. 대동강 상류의 얼음 위에 나가서 둘은…밤이 깊도록 기도했다. 그 이튿날도 새벽 일찍 나가서 저녁때가 되도록 또 열심히 기도했다. 그리고 집회가 시작될 저녁때에 집으로 돌아왔다. 저녁밥을 먹는 시늉을 하고 또 엎드려 기도를 올렸다. 벌써 종소리가 들린다. 둘의 가슴은 철렁했다. 재종소리가 들려올 때 두 사람은 일어섰다. 자신 없고 울렁거리는 가슴을 부둥켜안고 두 사람은 비틀거리면서 예배당을 향해 갔다.…찬송 149장[122]을 꺼내어 한 절을 부르고 두 절 째 시작을 하는데 용도는 울기를 시작했다. 용도의 울음을 본 회중은 모두 운다. 용도의 울음이 심해짐에 따라 만장은 울음의 바다가 되었다.…이튿날부터는 용도가 설교를…맡기로 했다.…용도는 떨리는 마음에 밤새도록 잠이 오지 않았다. 그래서 기도로서 밝히고 새벽에 강단에 나섰다. 나서니 찬송을 불러도 눈물이요, 기도를 올려도 울음이다. 설교도 좀 해 내려가다가는 그저 울음에 떨려 말소리가 흐리워지는 것이었다. 용도의 심중은 이상한 열에 끓어올랐다. 찬송을 불러도 기도를 드려도 설교를 해도 그저 용도가 무슨 말이든지 꺼내면 청중이 통곡이요, 감동이요, 감격이었다.…주님께서 불

121 그 친구들은 신학교 시절부터 평생 우정을 이어갔던 이호빈, 이환신이었다.

122 찬송의 제목은 "내 주를 가까이 하려 함은"이었다.

러 세우시는 것이었으니 이 자리에서 한 마디라도 외치고서 당장 죽어지라는 결심이 생겼다.…주께서 명하시는 말씀을 외치고 죽는다는 결심이 열정으로, 열변으로 화하여 그냥 결사적으로 외쳐댔다.[123]

그간 조국의 아픈 현실에 깊이 사로잡혀 있었던 이용도는 이제 하나님의 말씀에 사로잡혀 말씀을 전하는 자리에서 울기 시작했다. 그렇게 시작된 사역은 눈물로 뒤덮였고, 그가 울면 교회도 울기 시작했다. 그는 울면서 말씀을 전하는 중에 자신이 먼저 병 고침을 받는다. 이 "강동 경험"은 그로 하여금 조국 독립에 대한 강한 열정을 가진 독립투사에서 하나님의 섭리와 계획, 사랑에 의해 점화된 설교자로의 급진적 전환이 일어나게 했다.[124] 이는 고난 받는 조국과 백성들의 아픔을 온몸으로 체화하면서 자신의 의지가 아니라 하나님의 뜻과 섭리를 전하여 민족과 교회를 세우려는 설교자로 그가 새롭게 태어난 순간이었다.

이렇게 하여 그는 하나님의 말씀에 대한 확신 속에 기도의 사람으로 바뀌어 신학교로 돌아온다. 암담한 현실로 인해 절망감에 사로잡혀 있던 그는 생명 체험을 통해서 새로운 길을 찾았다. 이때의 그의 마음이 그가 남긴

123 『전기』, 28-29.

124 독립운동가에서 부흥설교자로의 급진적인 회심은 아주 특이한 경우였다. 이용도는 주변 사람들이 놀랄 정도의 혁명가적 기질을 가진 독립투사였다. 일제의 억압과 착취로 인한 조국의 아픔과 가난을 보았기에 독립만이 살 길이라는 판단에서 시작한 그의 저항을 잦은 투옥과 모진 고문으로는 잠재우지 못했으며, 타고난 웅변 소질이 있어 조리 있고 정열적인 설복은 경찰과 재판관을 감동시킬 정도였다. 최대광은 이 급격한 회심에 대해 그가 독립운동의 의지를 포기한 것이 아니라 민족 교육, 혹은 영적 부흥을 통한 민족계몽운동을 지지한 독립 사상가로의 변신으로 이해한다. 최대광, "세계 신학적 흐름에서 본 이용도 목사의 영성과 신학", 『이용도의 생애, 신학, 영성』(서울: 한들출판사, 2001), 66-67. 그의 일기에서 그것을 확인할 수 있다. "약소한 민족인 우리는 세상의 노예로 십자가 형틀을 지고 갑니다. 우리는 벙어리와 같이 우리가 맞을 모든 매를 맞아 상하신 당신을 말없이 우러러 뵈올 뿐입니다. 이교(異教)의 지배자는 우리 머리에 가시관을 씌우고 우리를 억지로 사회적 계급의 바늘 침상에 눕힙니다." 변종호 편저, 『이용도 목사 일기』, 이용도 목사 전집 제3권(서울: 장안문화사, 1993), 51. 이하에서는 『일기』로 표기하고 괄호 안에 일자를 표기한다.

일기에 잘 나타난다.

> 방황하던 나는 이제야 나의 길을 찾았나이다. 나의 기쁨이 거기 있나이다. 소망은 거기 있나이다.…늦게 지금이나마 찾은 것을 감사할 따름이지요. 그 길이란 곧 예수님이 밟으신 길입니다. 나는 그냥 믿고 그 길로만 따라 나가려나이다.…바치라, 그저 온전히 바치라. 주님께 완전히 바치기만 하면 내 모든 문제는 주님께서 맡아 주관하시고 내 몸 전체도 주님께서 뜻대로 잘 맡아 사용하신다.[125]

1928년 1월 28일, 그는 신학교를 졸업하고 강원도 통천의 7개 교회를 담임하는 순회목사로 파송을 받는다. 첫 목회인지라 인간적 지식과 열정으로 사역했지만 결실이 신통치 않았다. 그로 인해 기도생활에 깊이 전념하면서 새로운 체험을 하게 되는데, 1928년 성탄절 무렵 교회에서 기도하다가 주변에 가득한 마귀와 싸워 이기는 신비 체험을 한 후 전혀 다른 사람이 된다. 그는 이렇게 고백한다. "이때부터 하늘의 권능과 용기를 얻어 기도와 설교와 신앙생활에 더욱더 굳센 힘과 생명을 얻게" 되었고, "심령에 엄청난 능력과 권세가 왔다."[126] 이런 경험은 조국의 미래에 대해 새로운 관점을 갖게 했고, 조국을 위해 싸우는 방법에 있어서도 사고의 전환을 일으켰다. "우리의 전책(戰策)은 기도에 있고, 우리의 무기는 무언의 눈물에 있을 따름이외다."[127] 그래서 그는 흔들리는 조선을 위해 더욱더 기도하고, 기도로 싸울 것을 독려한다.[128]

---

125 『일기』(1929년 12월 21일), 67, 139.

126 『전기』, 38-39.

127 변종호 편저, 『용도 信學』, 이용도 목사 전집 제6권(서울: 장안문화사, 1994), 94. 이하에서는 『信學』으로 표기한다.

128 변종호 편저, 『이용도 목사 서간집』, 이용도 목사 전집 제1권(서울: 초석출판사, 1986), 70-80, 94-

1929년부터는 그가 담당했던 구역의 교회들에서 부흥회를 인도하던 중 큰 부흥의 역사가 일어났고, 그 소문을 들은 다른 지역 교회의 초청을 받아 본격적으로 부흥회 인도를 시작한다. 그러나 그의 특이한 집회 인도 방식과 내용 때문에 논란이 생겨나면서, 조선주일학교연합회 간사로 좌천되어 사역지였던 통천을 떠나게 된다. 하지만 그는 간사로 일하는 동안에도 계속해서 부흥회를 인도했는데 교사 강습회에서의 일로[129] 그 직분도 중단하게 되며, 이를 두고 고심하던 교단 본부는 1931년에 그를 경성 지방 순회 목사로 임명한다. 당시 재령 동부교회에서 열린 집회에는 2,000여 명이 넘는 사람이 회집했고 부흥의 열기가 최고조에 이르렀다.[130] 그는 오직 경성 지역에서만 말씀을 전할 수 있었는데, 점차 전국 교회에서 요청이 쇄도하여 처신이 어려워졌다. 엎드려 기도하던 이용도는 "이제부터는 오직 기도를 드려서 내리우는 지시에 의해서만 움직이기로" 결정하고, "가고 오는 것, 어느 교회에 가서 몇 날 집회를 하고 안 하는 것 등 모든 것을 오직 기도에 의해서만 동하고 정하기로 했다."[131] 그의 특이한 집회 인도 방식 때문에 더 많은 오해와 비난이 생겨나면서 말씀 전하는 일에 견제를 당하기도 했지만 그럼에도 그는 그 비판과 비난에 대해 일일이 대응하지 않았다.[132] 이용도와 함께 사역하면서 이 상황을 지켜보았던 한 미국인 선교사는 다음과 같이 말한다.

---

96, 130-32. 이하 『서간집』으로 표기한다.

129 교사 강습회에서 다른 강사들의 반에는 거의 사람이 없고, 이용도가 인도하는 과목에만 사람들이 너무 많이 몰려 반발이 심했다. 그는 결국 그 직을 내려놓게 된다.

130 이때에 대한 상세한 내용을 위해서는 『전기』, 70-84를 참조하라.

131 『전기』, 66-68. 이것은 "왕래설묵(往來說默)을 오직 주님의 지시에 따라" 행하기로 한 결정이었다. 그러나 이것은 교단의 규칙을 위배하는 것이 되었고, 집회를 인도하다가 사라지기도 하고 약속한 집회에 나타나지 않거나 늦게 오는 것 등과 같은 행보는 오해를 낳을 수밖에 없었다.

132 이때 "말을 하지 않는 것이 좋다"는 뜻의 "시무언"(是無言)을 호로 정했고, 평생 지킬 좌우명을 "무언, 겸비, 기도, 순종"으로 정한다. 『전기』, 66, 77-78.

다른 사람이 잠자는 동안에 밤새도록 기도하고, 감독보다는 거지에 더욱 관심을 기울이는 그런 사람을 만난다면 우리는 그를 이해하기 참으로 어려울 것이다. 성전에 있는 환전상들을 몰아내셨을 때 주님께서는 오해를 받았다. 예수께서는 사욕으로 가득 찬 거래 행위와 큰 소리, 그리고 하나님의 집에서 사려 깊지 못한 행동들을 보셨다. 그리고 나서 예수는 잠잠할 수 없었다. 그런 경우에 그는 개인의 인기에 집착할 수 없다. 이용도는 그런 예수와 거의 닮았다. 그는 자주 다음의 성구를 인용했다. "주의 전을 사모하는 열심이 나를 삼켰다"(요 2:17).…이용도와 같은 사람의 열심은 필연코 다른 사람의 비판을 받기 마련이다.[133]

그는 전국을 누비면서 말씀 사역을 감당하던 중,[134] 1931년 8월 장로교 황해노회에 의해 그 지역에서 집회를 금지한다는 금족령을 선고받았고,[135] 1932년 10월에는 원산 신비주의 사건에 연루되면서[136] 장로교 평양노회로부터 금족령을 선고받는다. 그는 같은 해 12월에 교단에 사직원을 제출했

133 피도수(Victor W. Peters), "이용도 목사를 기억하며", 이용도 신앙과 사상연구회 편, 『이용도 목사의 영성과 예수 운동』(서울: 성서연구사, 1998), 107-8.

134 이용도는 5년 어간에 100여 개 교회에서 부흥회를 인도했다.

135 "불을 끄고 기도한다, 여신도들과 서신 거래를 한다, 교역자를 공격한다, 교회를 혼란케 하는 자다, '성서조선'을 선전하는 무교회주의자다"라는 것이 주된 이유였다. 김수천은 교리적인 측면보다는 목회자들에 대한 비판과 그에 대한 시기심이 주요인이었다고 분석한다. 김수천, 『전통적 영성의 빛에서 본 이용도 목사의 삶과 영성』, 52.

136 이것이 사역 중지의 가장 직접적 원인이 되는데 원산 신비주의자들이었던 한준명, 백남주, 유명화의 강신극 사건에 휘말린 것이다. 먼저 유명화라는 여전도사가 이용도에 대한 신적 메시지를 전했다. 처음에 이용도는 그것이 하나님으로부터 온 메시지인지 확인하려고 했고, 성령께서 들려주시는 영적 메시지로 확신하고 "오 주님, 나는 죄인입니다. 나는 신실하지 못하게 당신을 섬겼습니다"라고 말했다. 유명화를 향해 "주님"이라고 했다기보다는 메시지에 대한 응답이었다. 또 하나는 한준명이 평양에 갈 때 써주었던 소개장이 문제가 되었다. 한준명은 평양에서 이유신과 사흘 동안 강신극을 벌였는데, 사람을 때리고 예언이라면서 욕을 하는 등의 문제를 일으켜 그를 소개한 이용도가 비난을 받게 된다. 한준명을 소개한 것에 대한 사과와 관계를 끊겠다는 성명을 발표하라고 했을 때 이용도가 거절하면서 문제가 된다. 이는 아마도 그가 "시무언"과 무차별적인 사랑의 원칙에 사로잡혔기 때문으로 보인다.

고 1933년 3월 감리교 중부연회에 의해 강제로 휴직 처분을 받게 된다. 이에 맞서 그를 따르던 교인들은 6월에 "예수교회"라는 새로운 교단을 세운다. 그는 본인의 뜻과 상관없이 초대 선도감(감독)에 선출되지만 그것을 원치 않았다.[137]

이용도는 1933년 10월 2일, 원산 광석동 신학산에서 사랑하는 형제들과 찬송하고 기도하는 중에 세상을 떴다. 변종호는 그를 "조국과 동포를 사랑하여 일생 동안 눈물과 땀을 한없이 쏟으시고 주님과 죄인을 사랑하여 모든 것을 다 바치고 다 빼앗긴 애국성도"였다고 평가한다. 그는 마지막까지 조국과 교회를 말씀으로 밝혔다. 그는 눈물로 시작했던 사역을 마치고 미소를 띤 눈으로 주님과 같은 나이에 생을 마감했다. "그 얼굴의 환하고 평화스러움과 그 빛나고 영광스러운 광채는 거룩하고 존귀한 인상으로 오직 눈에만 남아 있을 뿐"이었다.[138] 그는 신학교를 졸업한 1928년부터 세상을 떠난 1933년까지 사역했지만 마지막 2년은 폐병과 싸웠기에 실제로 그가 사역한 기간은 약 3년 정도밖에 되지 않는다. 하지만 매우 짧은 기간이었음에 불구하고 그는 설교사역에서 큰 족적을 남긴 거인이었다.

### (2) 설교사역과 신학적 특징

이용도는 무엇보다도 시대와 교회의 타락을 아파했던 설교자였다. 특히 그는 식민지 상황에서 고난당하고 있는 사람들에 대한 연민이 강했다. "주께

137 그것은 본인의 의지와 상관없이 된 일이며 병석에서도 그 일을 무척 안타깝게 여겼음을 그의 편지에서 읽을 수 있다. "아 나의 이름이 신교회 관리자로 들림의 아픔이여! 나를 찌르는 가시로다. 나는 땅 위에 이름을 남기기 원치 않았더니 이 어인 모순인고! 이것도 또한 주가 주시는 가시관이었던가!…주시는 것이면 음부와 사망의 고통이라도 받을 수밖에 없는 아!…가시관도 결국 받아쓰고 마는가! 오 주여 할 수만 있으면 이 잔과 이 관을 나에게서 떠나게 하여 주옵소서." 『서간집』, 209.

138 그는 임종 전에 이런 유언을 남긴다. "내 눈을 보십시오. 죽는 눈이 이런 것을 보았습니까? 사람이 영생한다는데 모두들 죽는 이야기들만 하니 이 무슨 어리석은 생각들입니까?…손발을 자르면서라도 생명을 구해주시오.…손을 마주잡고 조선의 기독교를 위해서 죽도록 일하여주세요." 『전기』, 206-7.

서 탄식하셨으매 나도 거리를 내려다보고 탄식합니다. 오 주의 모든 것은 나의 모든 것이 되어지이다."[139] 처음 그는 주권을 빼앗긴 나라의 독립을 위해 온몸을 던졌고, 그의 심령을 사로잡았던 나라를 향한 열정의 불덩이는 그를 가만히 있게 하지 않았다. 그러나 강동 체험 이후에는 일제 강점으로 인한 어려움보다 영적 진리에 대한 무지를 더 큰 문제로 여겼다. 곧 "진리가 없는 인생을 일제 강점기의 굶주림으로 인한 고통보다 더 심각한 문제"로 보았으며,[140] 진리가 없어 마른 뼈다귀와 같이 말라버린 청산고골(靑山枯骨)과 같은 민족을 어떻게 적실 수 있을 것인가를 고민했다.[141]

그는 부흥설교자로 돌아선 이후에도 여전히 민족을 사랑했다. 1932년 초에 보낸 한 편지에서는 주님과 동포에 대한 사랑을 "천국에 속한 사랑"이라고 했다.[142] 그가 열악한 여건 속에서도 무리를 해가며 집회를 인도했던 것도 동족을 향한 일종의 민족애였다. 그의 일기에는 곤궁한 동족을 향한 마음이 자주 나타난다. "빈궁한 농촌, 아귀(餓鬼)화한 빈민굴을 보았다. 오 주여, 이 불쌍한 무리들을 어찌합니까? 나는 울 수밖에 없었다. 그 아귀 같은 아희." "나의 눈은 눈물에 빠지노라. 저희들이 흘릴 눈물을 내가 흘림이로다.…나의 가슴은 아픔을 느끼노라. 가슴을 치고 나는 탄식하노라.…오 동포들아…나는 너희를 위해 왔으니 먹고 마시라. 그리고 살아라."[143]

그는 오직 하나님의 능력으로만 세상이 구원될 수 있고 그것을 알리고 깨우쳐야 할 사명이 교회와 설교자에게 주어졌다고 믿었다. "신령한 능력을 가지고 예수의 이름으로 우리의 생활을 개척함에 교회의 사명"이 있기

---

139 『서간집』, 30.

140 김수천, 『전통적 영성의 빛에서 본 이용도 목사의 삶과 영성』, 38.

141 『서간집』, 183.

142 위의 책, 101.

143 『일기』(1930년 5월 1일, 6일), 92-93. 1931년 1월 10일, 11일 자 일기에는 영동에서 강습회를 인도하던 중 추운 날씨에 구걸하고 있는 아이를 데리고 와 여관에서 먹이고 재우는 이야기가 나온다. 입힐 옷이 없어 자기 옷을 벗어 입히며 돌보는 모습에서 동족을 향한 그의 마음을 읽을 수 있다.

에 교회는 신령한 은혜가 충만해야 하며, 교회가 잘 안 되는 것은 목사가 평안만을 취하려 하기 때문이라고 주장한다.[144] 그는 무엇보다도 교회의 영적 고갈에 대해 깊은 아픔을 느끼고 있었다. "조선교회에는 지금 부흥이 있어야겠다"라고 외치면서, 이는 교회가 있어야 할 것이 없고 없어져야 할 것으로 가득 차 있으면서 속화되었기 때문이며, 하나님과 남을 위한 봉사가 약화되고 자기 이익만 찾기에 급급하기 때문이며, 죄에 대한 인식이 약화되고 회개하지 않기 때문이라고 주장한다. 그는 "이것을 교회가 진흥치 못하는 한 큰 원인"으로 이해하면서 부흥을 주장한다.[145]

그의 일기에도 당시의 교회를 바라보며 아파하고 걱정하는 내용이 자주 등장한다. 당시 제도권 교회를 향한 그의 공격은 거침이 없었다. "예수를 죽이고 그 옷만 나누는 현대 교회야, 예수의 피도 버리고 살도 버리고 그 형식만 의식만 취하고 양양자득하는 현대 교회의 무리여, 예수를 믿는 본의가 어디 있었나요."[146] 그는 당시 교회에 필요한 사람은 "회개 운동의 선구자"라면서 "신생적 회개 운동 없이 다른 모든 운동은 의미가 없다"고 주장한다.[147] 그는 교회와 성도들의 삶의 문제를 해결하는 길을 하나님의 말씀을 통한 부흥과 회개에서 찾고 있다. 그것은 바로 예수님 중심의 신앙, 즉 "예수 신앙"으로 돌아가는 것이었다. 그는 교회의 세속화, 신앙의 교조화, 사랑 없음, 분쟁과 시기 등이 한국교회의 큰 문제라고 인식했다. 그는 죄의 회개와 예수님의 피를 주사받고 그리스도의 생명에 접촉되어 새 생명을 얻는 것 외에는 이에 대한 해결책이 없다고 보았다. 부흥과 개혁에 대한 그의 열정은 자연히 교계와 목회자들에 대한 비판으로 이어졌고, 이것은 그에

---

144 『일기』(1927년 11월 3일, 1928년 8월 28일, 9월 7일), 37, 52, 54.

145 『일기』(1927년 2월 9일, 5월 2일), 21, 32-33.

146 『일기』(1930년 4월 5일), 91.

147 『일기』(1929년 11월 10일), 59.

대한 모함과 반대가 나타났던 중요한 요인으로 작용한다.

둘째, 그는 그리스도와의 합일을 추구했던 신비주의 설교자였다. 흔히 이용도를 신비주의 설교자로 분류하는 이유는 그가 그리스도와의 합일을 신앙의 가장 중요한 목표로 삼았기 때문이다.[148] 김윤규는 그를 "신비주의적-열광주의적인 영성의 흐름"을 주도한 설교자로 이해한다.[149] 이용도는 자신을 주님의 신부로 인식하면서 그분과의 사랑의 합일을 추구했다. 합일의 가장 대표적인 채널은 기도였다. 그는 기도로 밤을 지새웠다. 집회 중 드린 긴 기도로도 유명한데 기도만 1시간 30분을 지속할 때도 있었다. "내 중심에 기도가 없으매 나의 영은 신랑과 만나는 밀실을 갖지 못하고 쫓겨난 신부와 같습니다."[150] 그는 새벽 2시 반경 일어나 교회당에 나가 기도하기도 했으며, 온전히 주님께 이끌리는 합일을 원했다. "나는 주의 사랑에 삼키운 바 되고 주는 나의 사랑에 삼키운 바 되어 결국 나는 주의 사랑 안에 있고 주는 나의 신앙 안에 있게 되는 것이다. 아, 오묘하도소이다. 합일의 원리여! 나의 눈아, 주를 바라보자. 일심으로 주만 바라보자."[151] 그래서 박봉배는 이를 금욕주의에 바탕을 둔 사랑의 신비주의로 규정한다.

또한 이용도는 자신의 수많은 고난을 그리스도의 십자가 고난과 연결하는데 박봉배는 이것을 "십자가 신비주의"로 규정한다.[152] 실제로 이용도는 여러 자식의 죽음과 형제들의 죽음, 가난과 질병으로 인한 고통, 많은 사람들로부터의 비판 및 금족령과 목사직의 면직 등 일생이 고난으로 얼룩져 있었다. 하지만 그는 낙망하거나 좌절하기보다는 그 인고의 시간 속에서 깊

---

148 그의 신비주의적 설교는 선다싱, 토마스 아 켐피스, 프란체스코, 스웨덴보리와 당시의 신비주의자였던 김성실 등으로부터 깊은 영향을 받았다.

149 김윤규, "이용도 목사의 신비주의적-열광주의적 영성 형성과 부흥운동", 307.

150 『서간집』(1931년 12월 6일), 94-97.

151 『일기』(1931년 1월 27일), 118.

152 박봉배, "이용도의 사랑의 신비주의와 그 윤리성", 변종호 편저, 『이용도 목사 관계문헌집』, 이용도 목사 전집 제9권(서울: 장안문화사, 1993), 130.

은 자기부정의 영성을 형성했다. 침묵과 겸손 및 순종을 좌우명으로 삼을 만큼 그는 자신을 변호하기보다는 자신을 부정하는 영성의 태도를 취한다.

그의 신비주의는 가난하고 헐벗은 민족의 영혼, 생명력을 잃어가는 교회를 향한 말씀의 열정주의와 연결된다. 그는 어느 집회에서는 설교 강단에 서서 아무 말도 하지 않고 그저 울기만 했으며, "이 눈물이 나의 설교"요, "나의 등에 흐르는 땀은 나의 진실한 설교"라고 주장하면서 "눈물을 주소서"라고 간구한다.[153] 이것은 바로 조선민족을 향한 주님의 마음에서 오는 것이었다. 그래서 그는 예수를 바라보자고 외치면서 예수님과의 합일을 외치는 예수 유일(唯一) 신비주의로 나아간다. 그의 삶과 사역의 중심에는 언제나 예수님이 있었고 그와의 온전한 합일을 추구했다. 그것은 당시 사회에서 그가 취할 수 있었던 신앙의 내면화였다.

셋째, 이용도는 기도로 설교를 익혀갔다. 이용도의 설교사역은 철저히 기도에 기초했다. 목회를 시작하면서부터 그는 늘 산기슭에 가서 엎드려 기도했으며, 본격적인 부흥사역을 할 때도 기도가 그의 모든 것을 규정했다. 나아가는 것과 멈추는 것도 기도로 결정했다. 그는 기도가 하나님의 마음을 움직인다고 보았으며, 기도는 생명의 탄생처이기에 설교자의 제일의 사업은 기도이며 반면에 기도의 가뭄은 "영이 마르는 때"라고 하면서 기도를 강조했다.[154] 그는 마귀는 설교자의 기도 하나만을 빼앗으려고 하니, 설교자가 기도 하나를 빼앗기면 모든 것을 빼앗기는 것이라고도 강조한다. "기도하고 하는 설교는 익은 설교요, 기도 안 하고서 하는 설교(講道)는 날강도(强盜)니라."[155] 피도수는 이용도가 기도에 관해 어떤 마음을 가지고 살았는지를 잘 소개해준다.

153 『일기』(1927년 12월 6일), 38.

154 『信學』, 91, 93, 95.

155 위의 책, 92, 97.

기도는 나의 기쁨, 나의 본질, 나의 생명, 나의 일이다. 내가 기도하지 않으면 나에게 즐거움이 없을 것이고 내 인생은 무의미해질 것이며 나에게는 할 일이 없을 것이다. 기도는 나의 삶의 근거이며 내 활동의 모든 것이다.…기도가 없을 때의 나의 영혼의 초라함이여!…내 맘 속에 기도가 없는 것은 신부가 신랑을 만나는 방으로부터 내쫓겨나는 것과 같습니다.…제가 갖고 있는 모든 것은 기도 안에서만 존재할 수 있습니다.…오 달콤하고도 향기로운 기도여! 내가 죽는 날까지 나에게 기도를 주옵소서.…내 인생이 기도로 시작하여 기도로 끝나게 하소서![156]

자신에 대한 비판의 목소리가 높아갈 때에 쓴 편지에서도 우리는 그가 자신을 변호하고 변명하는 대신에 그것까지도 기도를 통해 하나님께 맡기려고 했음을 알 수 있다.

말없이 기도만 하라. 그냥 정관(靜觀)하라! 내성(內省)하라! 그리고 신명을 기다리며 천계를 바라라.…우리의 배울 바는 예수의 생활 그것이다.…그의 내적 움직임, 그의 영의 약동—거기를 한곳이라도 만져 보아야 한다. 그리하여 그 영과 나의 영과의 접촉으로부터 일어나는 애(愛)의 전광(電光), 또 애(愛)의 뇌성이 나의 생활 전체를 영향 주게 하여야 한다. 곧 그것으로 말미암아 나의 전체가 움직여지고 나는 나의 존재조차 찾지 못한 지경에 들어가야 한다.…모든 것을 예수에게 물으라. 세상도 예수에게 묻고, 기독교도 예수에게 묻고, 인생도 예수에게 묻고, 너와 나도 예수에게 물으라![157]

156 피도수, "시무언, 한국 기독교 신비주의자", 74.
157 『서간집』, 111-12.

넷째, 이용도는 교회와 그리스도인의 부흥을 추구했던 설교자였다. 그는 생명력을 잃은 당시의 교회를 개혁시켜 부흥케 하려는 데 주안점을 두고, 지역교회에서도 사역했고 전국을 순회하면서도 말씀을 전했던 부흥설교자였다. 그는 "부흥이 있을 때 교회는 교회 노릇을 할 수" 있지만 그렇지 않으면 "악마의 참모부가 되고 말 것"이라고 주장하면서 "허위에 가득 차고 싸움이 가득" 찬 교회를 향해 피와 눈물과 땀의 설교를 펼쳤다. 부흥은 "잠든 사람이, 눈을 뜨고 죽어가던 사람이 새 원기를 회복하는" 것이기에 그는 "오순절에 있었던 그런 부흥이 오늘의 조선에 일어나야겠습니다"[158]라는 간구와 확신을 가지고 설교사역을 감당했다.

그의 부흥회사역에 대한 간접 기록은 많이 남아 있지만 설교에 대한 1차 자료(전체 설교 원고나 녹음된 설교)는 거의 남아 있지 않기에 부득이 2차 자료에 의존할 수밖에 없는 한계가 있다. 그는 원고에 기반을 두고 설교하지 않았고, 남아 있는 원고도 부흥회에 참석한 사람들이 받아 적은 단편적인 내용이 대부분이다. 변종호는 그것이 극히 단편적일 수밖에 없었던 이유를 다음과 같이 설명한다.

> 용도 목사의 설교는 그 말이 보통 사람의 말의 3배 내지 5배는 빨랐던 것과…한 십 분만 듣노라면…말에 취하지 않으면 눈물과 통회가 쏟아져 나와 붓대를 잡고 글을 쓸 수 없는 것이기 때문이다. 그래서 이용도 목사의 설교가 문장으로 세상에 나왔다면 그것은…설교 중의 몇 마디를 표기한 것이지 그의 설교 전체는 아닐 것이다. 보통 사람의 3-4배나 빨리 하는 말씨로 2-3시간 내지 6-7시간 외쳐대는 설교를 필기한다는 것은 불가능한 일이요, 만일 그것을 필기할 수 있다면 1회분의 설교만으로도 큰 책 한 권이 더

158 『일기』(1927년 5월 2일), 32-33.

될 것이다.…그리고 그의 설교는 구상이나 준비나 계획이 절대로 없고 엎드려서 기도드리다가 주님께서 하라시는 말씀만을 그대로 전하는 것뿐이었기 때문에…자기 생각으로 설교를 준비하는 일이 절대로 없으니 大旨(대지) 小旨(소지)가 없고 설교의 제목조차 무엇인지 알 수 없는 이야기 같은 말만 4-5시간씩을 외쳐내니 문장으로서 세련될 수 없고 文理(문리)가 정연할 수 없다.[159]

이렇게 객관적인 데이터를 근거로 이용도의 설교를 분석하는 것에는 한계가 있고, 전반적인 설교사역에 대한 사료를 토대로 하여 일부만 이해 가능한 제한점이 있다.

전체적으로 볼 때 그의 부흥 설교는 아주 독특했다. 먼저는 엎드려 기도함으로써 허락하시는 곳으로 가려고 했고, 1930년 2월에 열린 평양감리교회 집회에서는 "피의 설교"라는 제목으로 무려 7시간 동안이나 설교한다. 집회는 보통 3-4시간이 걸렸고 집회 후에는 안수기도를 했기 때문에 새벽 한두 시가 넘어야 겨우 숙소에 들어오곤 했다. 그의 온몸은 땀에 젖어 있었다. 그러나 숙소까지도 사람들이 찾아와 그들의 이야길 듣고 기도하다 보면 새벽기도 나갈 시간이 되어 다시 기도회 전에 한두 시간 엎드려 기도하다가 말씀을 전했다. 자신을 불살라드린, 말 그대로 헌신의 설교였다. 1932년 9월에 열린 평북 안주 집회에 참석했던 사람은 그 광경을 다음과 같이 전하고 있다.

1932년 음 9월 15일은 이용도 목사님이 안주에 오신 지 9일째 되는 날이다. 이날 밤으로서 안주의 집회는 끝나는 것이다. 그 불, 그 열로 4시간 이상을

159 변종호 편저, 『이용도 목사 저술집』, 이용도 목사 전집 제5권(서울: 장안문화사, 1993), 200.

가득 모인 청중에게 땀과 눈물을 다 쏟으시고서 마지막으로 통성기도를 시키신다. 가슴에 불이 펄펄 붙어오르는 청중은 고함치며, 통곡하며, 가슴 치며 방바닥을 쥐어뜯으며 기도의 골짜기로 모두가 쏠려 들어갔다. 나도 이 기도회에 참여했다. 좀 빨리 끝나게 되어 강대상을 바라보니 목사님이 없으신 듯하다. 나는 즉각적으로 목사님이 아마 떠나신 듯이 느껴졌다. 예배당을 뛰쳐나와 자동차부로 달려갔다. 목사님은 벌써 떠나버리시고 나와 같은 생각으로 뛰어나온 몇 사람이 차부 앞에서 웅성거리고 있을 뿐이다.[160]

1933년 1월 말에 열린 황해도 해주 남본정교회에서의 마지막 집회에서 참석자가 남긴 글은 그의 설교사역을 간접적으로나마 살펴볼 수 있게 한다.

목사님이 단에 나섰습니다. 한 마디 두 마디 말씀이 진행됨에 따라 흐르는 땀은 눈을 뜰 수 없이 이마와 눈 잔등에서 흘러내려…두 뺨으로 내려오고 처음에는 조금씩 나던 기침이 약 반시간을 지난 후부터는 심해지게 되어 몇 마디 말씀을 하시고는 땀을 씻고 또 몇 마디를 하시다가는 기침에 숨이 막히어 말까지 막히는 것이었습니다.…열변, 땀, 기침! 그리고서 또 열변, 또 땀, 또 기침! 울며 찬송하시다가 주먹을 휘두르며 열변, 절규! 몸부림을 치시면서 고성질호! 창백한 얼굴은 눈물과 땀으로 번뜩이고 결사의 고함은 기침에 꽉꽉 사로잡히는 듯 땀에 젖은 손수건을 높이 들며 찬송 또 찬송, 울음 섞인 음성으로 목을 아주 찢어버리시려는 듯 설교 또 설교. 회중 가운데서 울음소리와 기도소리가 점점 높아짐에 따라 그 소리보다 더 높은 음성을 들려주려는 애탐은 두 손을 다 들고 온몸을 다 바쳐 흔들며 떨며 몸부림으로 화한다.…찬송을 부르고 목사님의 피땀을 쏟는 기도가 있고서 단에서 내리실

160 『전기』, 138.

때 시간은 꼭 4시간이 걸렸다.[161]

1930년대에 한국교회와 사회는 안팎으로 깊은 어려움에 처해 있었다. 당시 이용도는 많은 고난과 아픔 속에서 짧은 시간 동안 사역을 감당했지만 그럼에도 말씀으로 그 시대를 재묘사하며 교회와 그리스도인들에게 그 정체성을 새롭게 부여했다. 신앙을 내면화하고 신비화할 수밖에 없었던 시대적 상황에서 그의 설교는 그리스도와의 사랑의 합일을 꿈꾸었던 신비주의적 경향을 띠었고 사람들에게 "심령의 안식처를 제공하며 위안의 샘"이 되었다.[162] 1930년을 전후해 나라가 위기에 처해 있을 때 조국과 교회를 바라보며 울 수밖에 없었던 이용도는 눈물의 설교자였다.

오늘날 한국교회에는 위기 의식이 팽배해 있고 이에 대한 다양한 해법이 제시된다. 위기는 단순히 환경의 변화에서 오기도 하지만, 교회 자체의 변질과 부패로 인한 것이라면 그 심각성은 아주 크다. 그 옛날 시대를 바라보며 눈물이 아니고서는 강단에 오를 수 없었고 강단에서 내려올 수 없었던 그 설교자처럼, 오늘의 설교자들에게도 눈물이 필요하다. 곧 하나님의 말씀으로 이 시대를 재묘사하고 정체성을 새롭게 부여하기 위한 새로운 노력이 필요하다.

설교는 합목적성을 가져야 한다. 그러한 설교는 그 시대 속에 하나님의 말씀을 통한 영적 부흥을 이룬다. 부흥이라는 말이 요즘에는 식상하게 받아들여질 수 있지만 "하나님의 사람들과 교회, 그리고 사회를 바로 세워가는 기능을 수행한다"는 점에서 기독교의 설교는 본시 영적 부흥을 지향한다. 역사 속에서 영적 부흥을 이루었던 위대한 설교자들은 언제나 시대 상

---

161 위의 책, 189-90. 공식적으로는 이것이 그가 인도했던 마지막 집회였다. 그는 집회가 끝난 후 성도들과 함께 합심하여 기도하던 중에 과격 청년 몇 사람에게 폭행을 당한다.

162 박봉배, "이용도의 사랑의 신비주의와 그 윤리성", 138.

황을 꿰뚫어볼 수 있는 정확한 인식능력과 긴박감을 가지고 있었으며 하나님께서 이루어가시기 원하는 것에 민감하게 반응했다. 그들은 그것을 위해 생명을 걸었고 강력한 추진력과 헌신의 마음을 가졌다.[163] 우리는 1930년대에 한 시대를 말씀으로 밝혔던 이용도에게서 그런 설교자의 모습을 찾게 된다. 영적 부흥기의 설교자들은 사람을 깨우고 영적 각성을 불러일으키는 일에 놀랍게 쓰임을 받았다. 그들은 "미온적 기술자나 안일한 전문가"로 남으려고 하지 않았기에 하나님의 말씀을 향한 열정으로 불탔으며 죄악의 조류에 떠밀려가는 상처투성이들을 향한 긍휼의 마음을 가지고 있었다. 그런 사람이 바로 이용도였다.

그가 추구했던 것은 개혁과 부흥이었다. 그것은 본래의 복음으로 돌아가는 것을 의미한다. 그는 하나님의 말씀 선포인 설교를 통해 그 일을 이루려고 했으며, 기도와 성령의 거룩한 기름 부으심에 사로잡혀 온전히 그 일을 수행했다. 바로 그가 이 시대와 교회를 걱정하는 우리에게 다음과 같이 말을 걸어온다. "그 시대가 암담하고 아프고 답답했기에 저는 무릎을 꿇었고, 울 수밖에 없었습니다. 설교에 생명을 걸었습니다. 지금 한국교회가 어려움에 직면해 있다면, 하나님의 말씀의 본질에서 벗어나 있다면 당신도 울어야 합니다." 만약 그가 지금 살아 있다면, 오늘의 교계와 교인들을 바라보며 어떻게 설교할까? 이용도와 같은 시대에 조선 땅에서 함께 사역했고 그를 몹시 사랑했던 한 미국인 선교사가 노년에 전하는 이야기에서 우리는 하나의 답을 듣게 된다.

> 지금 이용도 목사가 이 방으로 들어오고 있다고 생각해보라. 그는 조용히, 그리고 겸손하게 아무도 알아차리지 못하게 오고 있다. 간소한 복장이지만

---

163 김운용, 『현대설교 코칭』(서울: 장로회신학대학교출판부, 2015), 73-75.

깨끗한 차림을 하고 있다. 조용히 기도하는 가운데 인사를 하며 우리가 먼저 말을 걸 때까지 아무 말도 하지 않고 있다. 그가 점잖은 미소로 응답하자, 우리는 이내 그를 좋아하게 된다. 우리가 그의 사역에 대해 더 질문하고자 하면…그는 하나님께서 하시고 계신 일에 대해 우리에게 말하기 시작할 것이다.…또 어떻게 완악한 죄인들이 영화롭게 구원받게 되었는지를 생생하게 묘사하기 시작할 것이다. 우리는 한 불꽃이 그의 영혼 안에서 활활 타오르는 것을 볼 것이다. 그는 자신을 높이지 않는다. 그는 단지 전능하신 하나님의 사역을 바라보는 구경꾼에 불과한 것처럼 이야기한다.…우리는 성령께서 우리 가슴 안에서 활동하신 것을 느낄 수도 있다.…우리를 정죄하는 어떤 말도 하지 않았다. 그러나 우리는 어떤 면에서 죄의식을 느끼고 있다.…시무언에게 우리를 위해 기도해주기를 부탁하고 싶다.…필요한 것을 고백하기 전에 우리는 이 목사가 이미 기도하기 시작했다는 것을 알고 있다.…그는 자기 자신의 헌신이 부족함을 고백하고 있다. 마치 그가 죄인인 것처럼…새로움이 온다. 이전 것은 지나갔음을 느낀다.[164]

1930년 전후의 한국 사회는 민족적 격동기를 보내고 있었고, 한국교회 역시 여러 가지 문제와 도전 앞에 서 있었다. 비록 이 시기의 부흥회에 부정적인 요소가 없었던 것은 아니지만 그럼에도 암울한 현실을 살고 있던 사람들에게 신앙운동은 영적 활력소와 희망을 불어넣어주었다. 한편으로 그것은 "민중운동적 성격"이 강했지만 역사적 상황에 대한 무관심과 탈현세적 경향은 위기 가운데 있는 민족의 현실에 대해서 무관심하게 만드는 요인으로 작용하기도 했다.[165] 그러나 부흥설교자들은 그 시대를 말씀으로 재

164 피도수, "시무언, 한국 기독교 신비주의자", 105-6.

165 이때 부흥회가 가진 민중적 성격과 몰역사적이고 현세 탈피적인 경향에 대해서는 한국 기독교 역사연구소 편, 『한국 기독교와 역사 II』(서울: 한국기독교역사연구소, 1990)와 서정민, 『한국교회의

진술하고 신자들에게 새로운 정체성을 부여하면서 말씀으로 영혼을 밝혔던 말씀의 종들이었다.

길선주, 김익두와 함께 암울했던 시대를 말씀으로 덮었던 1930년 전후의 대표적 부흥설교자였던 이용도는 인간적으로는 분명 비운의 사람이었다. 그는 고난으로 점철된 인생을 살아야 했고, 자신을 불사르듯이 바치면서 얻은 것들을 사회적 약자들에게 베풀고 나누면서도 자신과 가족들은 빈곤한 삶을 살아야 했다. 또한 그는 젊은 나이에 금족령을 당했으며 이단으로 정죄를 받기도 했다. 그러나 그는 변명하지 않고 시무언(是無言)의 자세를 견지했다. 그는 그 시대를 아파하고, 하나님의 놀라운 사랑과 성령의 권능에 감격하며, 다가오는 시대에 교회가 감내해야 할 큰 십자가 때문에 울었다. 그리고 이 시대 교회를 걱정하는 후배 설교자에게 권면하는 것을 잊지 않는다. "당신도 울어야 한다!"

## 주기철 목사: 설교대로 살고 죽었던 저항의 설교자

### (1) 생애와 사역

소양 주기철 목사(1897-1944)는 온몸으로 일제의 신사참배에 항거하며 강단에서 하나님의 진리를 외치고 그것을 삶으로 살아내다가 모진 옥고를 치른 저항의 설교자요, 한국교회의 대표적인 순교자다. 민경배는 그를 일제 말기의 수많은 순교자 가운데 "순교자의 원형"으로 존경을 받는 인물로 평가하며, 박용규는 불의한 권력에 저항하며 한국교회가 위기 가운데 있을 때 "한

---

역사』(서울: 살림, 2003) 등을 참고하라.

국교회의 신앙을 지켜주고 삶을 통해 그 진실을 전달한 인물"로 평가한다.[166] 주기철 연구에서 절대적인 역할을 감당한 김린서는 그를 다음과 같이 소개한다.

> 대한나라 주기철 목사는 이십 세기 그리스도교에 중요한 존재이다. 주 목사는 잘 믿었고, 잘 살았고, 또한 잘 싸웠고, 참 잘 죽었다. 그 믿음은 하나님 앞에 진실했고 그 생활은 억만 사람 앞에 청청백백했고, 그 죽음은 허다한 간증자들(古聖先烈)이 보증하는 바이다.[167]

주기철(아명 기복)은 1897년 11월 경남 웅천에서 주현성과 조재선의 넷째 아들로 태어났다. 그는 사촌이 세운 학교인 개통학교(초등학교 과정)를 다녔는데 철저한 민족애 교육을 받은 후 남강 이승훈이 세운 오산학교에 진학한다. 그곳에서 그는 이승훈, 조만식, 유영모, 이광수 등에게서 깊은 영향을 받았다. 16세가 되던 1913년 봄에 입학하여 19세에 졸업할 때까지 오산학교에서 주기철이 그들에게서 받았던 영향에 대해 민경배는 다음과 같이 정리한다.[168]

> 거기서 그의 순백한 영혼과 정신의 심지(心地)는 일세의 문인이요 자유분방한 지식의 방랑자 춘원 이광수, 규칙과 엄격의 신앙인이요 기묘(奇妙)의 인간 유영모, 민족 자본의 웅대한 경륜과 기독교적 신앙을 민족주의의 열정 가

---

166 민경배, 『순교자 주기철 목사』(서울: 대한기독교서회, 1997), 5; 박용규, "소양 주기철 목사의 생애", 『소양 주기철 목사 기념논문(1-5회 합본)』, 20.

167 김린서, "서문"(6·25 전 편집서문), 『주기철 목사의 순교사와 설교』(서울: 신앙생활사, 1959), 12.

168 민경배, 『순교자 주기철 목사』, 48-49. 이들에게서 받은 영향을 포괄적으로 정리한 것을 보기 위해서는 같은 책, 2장과 김충남, 『순교자 주기철 목사의 생애: 진달래 필 때 가버린 사람』(의정부: 드림북, 2007), 2장을 참고하라.

운데 조화시켜 불타게 한 남강 이승훈, 그리고 실생활로서의 신앙 전개를 역설하고 경제적 자립에 의한 민족 구원을 염원하던 역사의 참여적 기독교인이요 민족주의자이던 고당 조만식, 이런 당대의 둘도 없는 민족사 선도의 대선각자들과 스승, 그리고 예언자들을 만났던 것이다.

그는 1915년 11월 졸업반 때 세례를 받았고, 그즈음에 이름을 '기철'(基徹)로 개명한다.[169] 조만식과 이승훈의 권고를 받아 헐벗고 굶주린 백성을 위해 일하겠다는 생각으로 1916년 3월 오산학교를 졸업한 후 바로 "조선예수교대학"(후에 연희전문학교) 상과에 진학하게 된다.[170] 민경배는 이런 영향에 대해 이승훈과 조만식의 "민족주의적 메시아니즘과 경제입국(經濟立國)이라는 대망을 기독교적 휴머니즘의 정신으로 구현"하려는 생각, 즉 "민족 산업 중흥을 통한 민족 구원의 꿈" 때문이었다고 주장한다.[171] 그러나 그의 대학 생활은 오래가지 못했다.[172] 그가 중퇴한 이유에 대해서는 정확하게 밝혀진 바가 없고 수업을 받을 수 없을 정도로 안질이 심했기 때문이었을 것으로 추정할

169 "기독교를 철저히 신앙한다"는 의미였는데 성씨가 "붉은 주"(朱)였기 때문에 "붉은 피로써 신앙에 목숨을 바친다"는 뜻을 담았다. 개명 시기에 대해서는 다소의 이견이 있다. 김인수는 세례를 받은 직후로, 민경배와 김충남은 오산학교 입학 직전으로, 김요나는 개통학교 재학 시절로 주장한다. 김인수, 『예수의 양 주기철』(서울: 홍성사, 2007), 36; 민경배, 『순교자 주기철 목사』, 31; 김요나, 『일사각오』, 주기철 목사 순교 50주년 기념, 개정판(서울: 순혜원, 1994), 45; 김충남, 『순교자 주기철 목사의 생애』, 41. 오산학교에 와서 호를 "아름다운 산등성"이라는 뜻의 "여강"(麗崗)으로 정했다가, 목회자가 된 다음에는 "예수님의 양"이라는 뜻의 "소양"(蘇羊)을 사용한다.

170 언더우드의 의지와 노력으로 1515년 4월 학생 75명으로 시작한 학교로 당시 명칭은 "조선예수교대학"(Chosen Christian College)이었다. 1917년에 조선총독부로부터 대학 인가를 받으면서 "연희전문학교"로 개명했다. 서대문 밖의 고양군 연희면에 넓은 학교 부지를 마련했고 교사가 마련되기 전까지는 YMCA에서 학교를 시작했다. 1918년 4월에 새 건물로 이전을 했으니 1916년에 2기생으로 입학한 주기철은 연희전문학교라는 명칭이 사용되기 이전에 그곳에서 공부를 했다. 이덕주, 『사랑의 순교자 주기철 목사 연구』(이천: 한국기독교역사박물관, 2003), 114-15.

171 민경배, 『순교자 주기철 목사』, 51.

172 주기철이 이 학교에 입학한 사실만 학적부에 기록되어 있는 까닭에 그가 얼마나 오래 머물렀는지는 확실치 않다. 위의 책, 51-52 참고.

뿐이다.[173] 민경배는 이런 추정을 바탕으로 다음과 같은 해석을 붙인다.

> 그의 생애 한복판에서도 다른 것이 작용하고 있었다. 바로 도진 안질과 병세의 악화였다. 시력은 독서에까지 방해가 되었다. "바울의 가시", 그것이 주기철에게 있었다. 그리고 그것이 그의 생애를 결정적인 변화로 이끌어간 것이다. 그 눈은 볼 것이 따로 있었다.…육체의 아픈 시력은 영적으로 맑은 새로운 시계(視界)를 더듬어 보아야 했다.…1916년, 늦게 주기철이 고향에 돌아왔다. 하지만 그의 안질이 상징한 새 세계의 길은 아직 하나의 더 강렬한 동기가 있어야 했다. 그것이 쉬이 뒤따라오지 않았다. 시간이 걸렸다.[174]

그렇게 5년의 시간이 지나갔다. 그사이 1917년 20세 되던 해에 안갑수와 결혼했고,[175] 병세가 호전되자 "웅천청년운동단"을 만들어 계몽활동을 펼쳤으며, '교남학회'(嶠南學會)를 조직하여 청소년 계몽활동도 펼친다. 그때까지 그는 신앙의 깊은 경지에 들어가지 못하고 불안정한 상태에서 방황하고 있었던 것으로 보인다. 이때 그를 결정적으로 세운 것은 당시 유명 부흥설교자인 김익두였다. 1920년 마산 문창교회에서 열렸던[176] 김익두 목사의 부흥회에 참석했다가 그는 인생의 일대 전환점을 맞게 된다. 두 달 후 웅천교회

173 안질 때문이라는 설, 당시 학교의 분위기 때문이라는 추정, 그리고 고향 집에 재산 상속으로 불화가 일어나 학업을 중단했다는 추정 등이 있다. 첫 번째 추정은 민경배와 김인수의 주장이고, 마지막은 김요나의 추정이다. 이덕주는 이 중 하나로 보기보다는 이 세 가지 요인이 복합적으로 작용한 결과로 이해한다. 김요나, 『일사각오』, 65; 이덕주, 『사랑의 순교자 주기철 목사 연구』, 117.

174 위의 책, 61.

175 안갑수와 결혼하여 5남 1녀를 두었는데 5남 광조가 한 살이던 때에 그녀가 급환으로 세상을 떠났다. 나중에 오정모와 재혼했다. 자녀들은 모두 안갑수의 소생이었으며 오정모의 소생은 없었다.

176 민경배는 1920년 총회에 제출한 경남노회 보고를 근거로 1920년 5월 27일로 주장하고, 이덕주는 김린서의 책을 인용하여 1920년 9월에 있었던 집회로 주장한다. 김인수는 1920년 9월에 김해교회에서 있었던 부흥사경회라고 주장한다. 민경배, 『순교자 주기철 목사』, 74; 이덕주, 『사랑의 순교자 주기철 목사 연구』, 118; 김인수, 『예수의 양 주기철』, 45 참조.

가 김익두 목사를 사경회에 다시 초청했다. 이때 주기철은 사경회에 참석하여 목회자로 헌신하겠다고 다짐한다. 1920년에 열린 두 차례의 부흥회를 통해 그는 중생 체험과 소명을 받은 후 1922년 봄 학기 평양장로회신학교에 입학했다. 2학년이 된 1923년부터 경남 양산읍교회에서 조사(전도사) 생활을 시작했고, 주말에 평양에서 양산까지 왕복하면서 사역을 감당했다.

1925년 12월에는 신학교를 졸업하고 경남노회에서 목사안수를 받은 후 부산 초량교회에서 첫 담임목회를 시작한다. 1926년 1월 10일에 부임하여 장로와 집사 등을 새로 임명하고 교회 조직을 재정비했으며 주일학교 교육의 재정비 및 유치원을 설립하는 등 교육목회에 주력한다. 또한 권징과 치리의 기능을 확립했고 어려움을 당했을 때 서로 돕는 상부상조의 목회를 강조한다. 또한 그는 이 기간에 노회 일에 적극적이었고 경남성경학교에서도 가르쳤는데 그때 가르친 학생 중에 손양원이 있었다. 그렇게 혼신의 힘을 다해 6년여간 교회를 섬긴 결과 교인 수는 배가되었고 교회의 기틀도 잡혀갔다. 같은 시기에 마산교회[177]가 분규로 어려움을 겪었는데, 그 교회의 갈등과 분열의 아픔을 치유할 인물로 주기철이 거론되었다. 당시 초량교회 제직회록에는 다음과 같이 기록되어 있다.

> 마산교회 목사의 사면 이후로 교회 형편이 심히 難(난)한 바 원로목사 제 씨가 言(언)하기를 주기철 목사가 아니면 마산교회는 治理(치리)할 수 업다 하매 數旬間(수순간) 기도하고 생각하매 마산교회로 가는거시 하나님의 뜻이라고 辭免(사면).[178]

---

177 마산교회는 평양장로회신학교 1회 졸업생인 한석진이 1916년에 부임하여 3년간 목회하며 석조 예배당을 건축했는데 이는 한국 최초의 석조 예배당 건물이었다. 1919년 11월에 교회당에 입당하면서 마산의 옛 이름인 "문창"(文昌)을 붙여 "문창교회"로 개명한다. 문창교회 100년사 편찬위원회, 『문창교회 100년사』(서울: 한국장로교출판사, 2001), 41.

178 "초량교회 제직회록"(1931년 6월 21일), 『초량교회 100년사』, 159.

그렇게 하여 주기철은 1931년부터 마산교회로 목회지를 옮겨 사역하게 된다. 긴 시간 동안 아픔과 분쟁이 있었던 교회였기에 그는 부임한 후에 교회를 정비하는 일에 주력한다. 그는 교회의 외적인 정비뿐만 아니라 내적 정비를 위해 예배를 강조했고, 설교 준비에 혼신의 힘을 기울였다. 김린서는 마산에서의 그의 목회에 대해 다음과 같이 정리한다.

> 주 목사의 목회는 설교에 주력했다. 七(칠)분 설교에 힘드리고 二(이)분 심방, 一(일)분 사무에 힘썼다. 주일 지나고는 월요일부터 다음 주일 설교를 준비하기 시작하여 금요일에 마치고 금요일과 토요일에는 준비된 설교를 위해 기도했다. 이렇게 설교를 준비하고 나면 얼굴이 병알코 난 사람처럼 핼쑥해졌다고 한다.…무학산(舞鶴山)에 종종 올라가 며칠 밤씩 새우면서 기도하고 설교준비 하는 때도 있었다. 이렇게 준비하고 이렇게 기도하고 강단에 나서면 얼굴빛이 빛나고 동작은 긴장하고 말소리는 쟁쟁하고 태도에서부터 능력이 나타났다.…주 목사는 누구에게나 잘못된 것이 있으면 강단에서 기탄없이 공격했다. 교인이건 노회원이건 선교사건 집권자(執權者)건 가리지 않고 공격했다. 또 그 공격 아래에는 반항할 수 없었다.[179]

그는 목회의 70%를 설교를 준비하고 기도하는 일에 주력했고 이와 같이 준비한 설교는 교인들에게 큰 감동으로 전해졌으며 그의 설교사역에 대한 명성을 높였다. 예배와 설교에 특별히 강조점을 둔 목회는 "상처 입은 교인들의 마음을 치유하는 데 효과적이었고, 이를 바탕으로 흐트러진 교회 조직을 정비해나갔다." 그는 부산에서와 마찬가지로 마산에서도 교회와 교인

---

179 김린서 엮음, 『주기철 목사의 순교사와 설교집』(서울: 신앙생활사, 1959), 35-36.

의 신앙 질서를 바로 세우는 일과 교육, 구제 목회 등에 주력했다.[180]

이렇게 교회가 안정되고 부흥하면서 1932년에는 30회 경남노회에서 노회장에 피선되었고, 이듬해에는 재선되었다. 이 기간 동안에도 주기철은 노회와 교회의 질서를 세우는 일에 주력했고 이단 관련 "신진리파 사건"을 단호하게 처리했다.[181] 이제 그는 경남노회를 대표하는 지도자를 넘어 총회 차원의 영향력 있는 지도자로 부상했고, 명설교가로 명성이 나면서 1933년과 1935년에는 평양장로회신학교의 사경회를 인도했다. 1934년에는 남대문교회 부흥회, 1937년에는 평양 장대현교회에서 있었던 평양노회 도사경회를 인도했다.

한편으로 이 시기에 주기철은 많은 아픔을 겪었다. 1928년에 셋째 아들 영묵을 홍역으로 떠나보냈고, 1932년에는 두 살이던 장녀 영덕을 떠나보냈으며, 1933년에는 당시 33세였던 부인 안갑수를 떠나보냈고, 이듬해에는 부친 주현성을 떠나보냈다. 이때에 기고한 설교문에는 죽음에 대한 그의 이해가 정리되어 나타난다. 그는 죽음을 "듣기에 불쾌하나" "참된 생에 들어가는 것"이며 "죽음의 준비는 곧 영생의 준비"이고, "일생일사(一生一死)는 정리(定理)"라고 규정한다. 죽음에는 준비가 필요한데 "곧 령명의 심판대에서 핑계하지 말고 거즛없이 오직 행한 대로 심판받을 일을 잘 준비하여야 할 것"을 강조하면서 경건한 신앙생활과 미리 회개하는 삶과 하늘에 보화를 쌓아가는 삶을 강조한다. 설교문은 이렇게 끝을 맺고 있다. "신자여! 준비합시다. 死(사)의 準備(준비)를!"[182] 주기철은 그 설교문을 아마도 자신을

180 이덕주, 『사랑의 순교자 주기철 목사 연구』, 141-42. 이때 유년주일학교뿐만 아니라 청년과 장년 주일학교를 설치하여 운영했고, 주일학교와 연계하여 면려회(Christian Endeavor) 활동을 권장했다. 또한 교육 공간으로 주일학교 전용 건물(교육관)을 마련했다.

181 이에 대한 보다 상세한 내용은 민경배, 『순교자 주기철 목사』, 117-27; 이덕주, 『사랑의 순교자 주기철 목사 연구』, 146-51 등을 참고하라.

182 주기철, "사의 준비", 「宗教詩報」(1934년 8월).

향한 외침으로 작성했던 것 같다. 그의 나이 39세였던 1935년에는 문창교회의 집사였던 33세의 오정모와 재혼한다.

그 후 주기철은 그의 마지막 사역지였던 평양 산정현교회로 임지를 옮기게 된다. 정황을 종합해볼 때 문창교회는 1936년 7월에 사임한 것으로 보인다. 산정현교회는 1906년 평양에 4번째로 세워진 교회이자 장로교회를 대표하는 교회로서, 유학을 마치고 온 송창근이 담임으로, 박형룡이 협동목사로 있었고, 조만식, 김동원, 오윤성 등이 장로로 섬기면서 물산장려운동, 농촌운동, 신간회 등 민족주의 사회운동에 적극 참여했다. 진보와 보수 간, 세대 간 갈등을 해결하고 당회와 교인들을 중재하며 새로운 예배당 건축 문제 등의 현안을 슬기롭게 해결할 목회자가 필요했는데, 오산학교 스승이었던 조만식과 평양장로회신학교 교수였던 박형룡이 주기철을 추천했다. 주기철은 그 청빙을 수락했지만 그를 기다리고 있던 것은 고난과 시련이었다.[183] 그때 이미 일제의 신사참배 강요가 본격화되고 있었기에 청빙은 단지 산정현을 지키는 목사 이상의 의미를 담고 있었다. 김린서는 이 상황을 다음과 같이 정리한다.

> 이때 조선교회에는 큰 환란이 닥쳐왔으니 조선교회를 지키려면 평양을 지켜야 하는 것이다. 산정재 목사를 구하는 것보다 平壤(평양) 지킬 목사, 조선교회를 지킬 사람이라야 하겠다.…1936년 여름 朱(주) 목사는 老母(노모)를 모시고 吳夫人(오부인)과 함께 산정재교회에 부임했다. 환영회 석상에서 李(이)성휘 박사 曰(왈) "우리는 산정재교회 朱(주) 목사를 환영하려는 것이 아니라 平壤敎會 主人(평양교회 주인) 목사를 환영하는 것이오, 조선의 主人(주

183 이덕주, 『사랑의 순교자 주기철 목사 연구』, 170-74.

인) 목사를 환영하는 것입니다."[184]

산정현에 부임한 주기철은 제일 먼저 전임 목회자 사임의 직접적 이유가 되었던 예배당 건축으로 인한 당회와 교인 사이의 갈등을 해결하고자 했다. 이때 그는 건축을 서두르지 않고 오히려 교회가 서로 화합하는 일에 주력하면서 십자가, 사랑, 헌신 등을 주제로 설교에 힘썼다.[185] 그 후 교회의 현안 문제를 지혜롭게 처리하면서 당시 조선교회에서는 최고의 액수였던 7만 원을 들여 새 예배당 공사를 시작했고, 6개월 후에 완공하여 입당예배를 드린다. 건축이 진행되는 동안에도 교회학교의 중요성을 고려하여 최초로 교육목사를 청빙했으며, 예배당 완공 후에는 목회자로서 그의 지도력이 더욱 공고해졌다.

또한 각종 집회의 강사로 초빙받아 활동하면서 소위 "설교 잘하는 목사"로 알려졌고, 교계 언론지들은 그의 설교문을 앞다투어 게재했다. 1937년 대구 남성정교회(현 대구제일교회)에서 열린 제26회 총회에서는 5일간의 총회 기간 동안 새벽기도 설교를 맡기도 했다. 이때 행한 설교의 제목은 "성신의 능력", "성신 받는 길", "십자가의 길로 가자", "하나님이 제일 미워하시는 죄", "예수를 사랑하는 마음을 변하지 말자" 등이었다. 그는 성신의 능력을 받아야 십자가의 길을 걸어갈 수 있고, 하나님이 가장 미워하시는 죄는 우상숭배이며, 신사참배를 겨냥해서는 처음 사랑을 버리지 말고 믿음의 절개를 지킬 것을 외쳤다. 그의 설교는 예언적 메시지였다.[186]

---

184 김린서 엮음, 『주기철 목사의 순교사와 설교집』, 38.

185 이때 행해진 설교로 "네가 나를 사랑하느냐?"(요 21:15-18), "하나님을 열애하라"(마 22:37-38), "십자가의 길로 행하라"(본문 미상), "이삭의 헌공"(창 22장) 등의 설교문을 들 수 있다. 이것은 1937-38년 어간에 행해진 설교로, 평양장로회신학교에서 설교학을 교수하던 김규당이 편집하던 설교전문잡지였던 『설교』에 실렸다. 원문을 보기 위해서는 주기철, 『주기철: 한국 기독교 지도자 강단설교』(서울: 홍성사, 2009)를 참고하라.

186 이 설교문 대부분은 전해져 오지 않는다. "십자가의 길로 가자"는 제목의 설교만 「기독교 교보」의

1938년에 들어서면서 신사참배 강요가 더욱 거세지기 시작했고, 기독교 지도자들에 대해서는 회유와 협박이 병행되었다. 그것이 통하지 않으면 격리와 체포, 구금 등의 형벌이 가해졌고 1937년부터는 구금과 고문이 본격적으로 자행되기 시작했다. 그 결과 민족주의 성향을 보이던 지도자들 대부분이 친일로 돌아섰고, 장로교, 감리교, 성결교 지도자들 대부분이 친일을 '순리'로 받아들였다. 1938년 2월, 가장 규모가 컸던 장로교의 평북노회는 친일파 목사였던 김일선이 노회장으로 피선되어 신사참배를 "국민의 당연한 의무"로 받아들이기로 결의했고, 이어서 9월 총회 전까지 23개 노회 중에 17개 노회가 굴복했다. 그리하여 1938년 9월 평양 서문밖교회에서 열렸던 27차 총회에서 총회장 홍택기의 주도하에 신사참배를 공식 결의했다.[187]

이때부터 신사참배에 적극 반대하는 주기철에 대한 1차 검속이 시작되었다. 이와 관련한 정확한 기록이 전해지지 않는 상황에서 김린서가 전해주는 바에 의하면, 그에 대한 체포는 1938년 2월 8일 주일에 예배당 헌당식을 하려는 직전에 이루어졌고 결국 그는 평양장로회신학교 식수 훼손 사건[188]과 관련하여 구속되었다. 그러나 이덕주는 이에 대해 이론(異論)을 제기한다. 그는 우선 1938년 2월 8일은 주일이 아니라 화요일이었고, 평북노회가 신사참배를 결정한 날은 2월 9일이며 이 사실이 알려져 식수가 훼손된 사건은 그 나중이어야 한다고 주장한다. 한편 「동아일보」(1939년 10월 22일 자)가 주기철의 피검 소식을 전하면서 "작년 봄"이라고 표현한 것을 토

기자가 받아 적어 신문(1937년 10월 5일 자)에 게재한 것이 전해지고 있다. 현대어 본을 보기 위해서는 주기철, 『주기철: 한국 기독교 지도자 강단설교』, 36-39를 참고하라.

187 일제의 신사참배 강요와 억압 및 한국교회의 굴복과 시련에 대해 보다 상세한 내용을 참고하기 위해서는 김인수, 『일제의 한국교회 박해사』(서울: 대한기독교서회, 2006), 3장을 참고하라.

188 평북노회가 신사참배를 결의하자 이에 분노한 평북노회 소속인 장홍련(평양장로회신학교 2학년)이 기숙사 앞에 있던 기념식수를 찍어버린 사건이었다. 이것은 1930년 입학생이 식수했는데 입학생 대표로 친일 노회장이었던 김일선의 이름이 명기된 까닭이었다. 이에 대해 경찰은 학생 일부와 배후 세력으로 교수 박형룡을 포함하여 주기철을 구속했다.

대로 주기철의 1차 검속이 "1938년 봄"이었다고 추정할 수도 있다. 그의 석방 시기에 대한 주장도 다양하다. 일본 도쿄에서 발행된 「복음신보」는 1938년 6월 30일에 열린 신사참배 문제에 대한 간담회 소식을 전하면서 "이 교회 목사는 전일 경찰서 유치장에서 석방된 형편"이었다고 말하고 있음을 볼 때 6월 29일에 석방되었음을 추정할 수 있다.[189]

주기철의 2차 검속은 일본 경찰이 날조한 농우회 사건과 관련하여 1938년에 있었고, 그는 체포되어 의성으로 압송된다. 일본 경찰은 의성읍 교회의 한 교인 집에서 발견된 기농(基農) 소년회가에 항일적 요소가 있다고 판단하고, 농촌운동가이자 그곳에서 목회하던 유재기를 주목한다. 그는 농촌 계몽, 산업 협동 등을 위해 농우회를 조직했다. 일본 경찰은 고문을 통해 얻은 조작된 정보를 앞세워 주기철이 마산에서 목회할 때 유재기가 농촌수양회 강사로 와서 강의한 것과 묶어 주기철에게 혐의를 뒤집어씌웠다. 당시 죽음이 아니면 끝나지 않고 계속되는 고문을 못 이기고 신사참배를 약속한 사람들은 다 석방되었지만, 주기철을 포함한 3명은 대구에 수감되었다가 5개월 만인 1939년 1월 29일 주일에야 석방되었다. 온갖 회유에도 끝내 굴하지 않는 그들을 어떻게 할 수 없어서 석방하고 만 것이다.

2차 검속에서 풀려나 주일 아침 평양역에 도착한 주기철은 교우들의 환영을 받으며 곧바로 교회로 향한다. 김린서가 전하는 바에 의하면, 그는 바로 교회당에 들어가 엎드렸다. 교회당에는 교인들로 만원을 이루고 있었고 평양의 세 경찰서에서 모인 형사대도 교회를 겹겹이 둘러싸고 있었으며 일부는 예배당에 자리를 잡고 앉았다. 주기철은 "기도를 마치고 서리바람에 견디는 새파란 대(竹)처럼 맵짠 기개로 강대상에 나섰다." 그리고 타종 후에 "예배드립시다"라고 선포한 다음 "내 주는 강한 성이요"라는 찬양을 드렸

189 이덕주, 『사랑의 순교자 주기철 목사 연구』, 193-95 참고.

다. 그는 마태복음 5:11-12, 로마서 8:18, 31-39 말씀을 봉독하고 나서 찬양대의 찬양 후에 "오종목의 나의 기원"이라는 제목으로 설교했다. 이것은 유언과도 같은 설교였다.[190]

이 설교는 갇힌 가운데 늘 드렸던 다섯 가지 기도 제목을 중심으로 구성된다. "나는 바야흐로 죽음에 직면하고 있습니다"로 시작한 설교에서 첫 번째 기도 제목은 "죽음의 권세를 이기게 하여 주옵소서"였다. 그는 이미 순교를 보고 있었던 것이다. 두 번째는 "장기(長期)의 고난을 견디게 하여 주옵소서"라고 기도하면서 "주님 위해 오는 고난을 피했다가 이다음 내 무슨 낯으로 주님을 대하오리이까"라고 고백한다. 세 번째는 가족들을 향한 미안함과 안타까움을 담아 "노모(老母)와 처자(妻子)와 교우를 주님께 부탁합니다"라고 기도했다. 네 번째 기도는 "의(義)에 살고 의에 죽게 하여 주시옵소서"였다. 교회당의 온 교우들이 울고 있을 때 그는 마룻바닥을 구르면서 장엄한 목소리로 "이 세상 험하고 나 비록 약하나"를 함께 찬송하고 마지막 다섯 번째 항목을 전했다. "내 영혼을 주님께 부탁합니다." 이후 몇 번 더 설교했지만 이것이 주기철의 "최후의 유언 설교"라고 김린서는 규정한다.[191]

당시 신사참배와 관련하여 여러 부류의 사람들이 있었다. 일제의 위협 앞에서 친일파가 되어 적극적으로 지지했던 부류와 소극적 협력을 통해 암묵적 지지를 보낸 현실 순응적 부류, 도피한 부류,[192] 적극적으로 저항했던 부류 등이 있었다. 사실 당시 상황에서는 앞의 부류가 대부분이었고 저항했

190 물론 이것은 주기철이 직접 기록한 설교문이 아니고 그 예배에 참석했던 청년이 기억하고 있는 내용을 김린서에게 들려주어 3일을 금식하고 작성한 것이기에 한계는 있어 보인다. 김린서 엮음, 『朱基徹 牧師의 殉教史와 說教集』, 53-54. 김요나는 이 부분에 대해 보다 상세한 설명을 제시한다. 그 설교에 정말 큰 은혜를 받아서 예배를 마치고 바로 목사님 댁을 찾아가 오랫동안 기억하기 위해 그 설교 원고를 빌려주시면 기록하고 다시 갖다드리겠다고 부탁하여 설교 원고를 가지고 와 숨이 턱에 차도록 부인과 함께 필사했다는 것이다. 김요나, 『일사각오』, 264.

191 위의 책, 54-55.

192 예를 들어 박형룡은 일본으로 건너가 3년 동안 신학교에서 연구와 집필을 하면서 보냈다. 그리고 1941년에는 만주신학교의 초청을 받아 봉천으로 가서 교수 생활을 했다.

던 부류는 극히 소수였다. 평양에서 주기철과 함께 고독하고 험난한 길을 함께 갔던 이들은 아주 적었다.[193] 주기철이 온갖 위협과 회유에도 뜻을 굽히지 않자 일제 경찰은 그와 산정현교회를 분리시키는 작업에 들어간다. 일제는 당회원 중 일부에게 신사참배를 하고 주기철을 사임시키라는 압력을 가했다. 또한 주기철에게도 3개월 이내에 교회를 사면하라고 강요했다. 그의 신사참배 거부 의지를 꺾을 수 없으니 설교를 통해 사람들의 저항정신을 키우는 것을 막으려는 속셈이었다. 그러나 주기철은 목사직은 하나님께서 세우신 것이니 인간이 결정할 수 없음을 분명하게 밝혔다. 이에 경찰은 주일이 되면 예배당에 들어와 설교를 하지 못하도록 압력을 행사했다.

그러나 그마저도 통하지 않자 1939년 10월 중순 3차 검속이 이루어졌다. 이때부터 산정현교회에 대한 압박이 가해졌고, 이에 맞서 교인들의 신사참배 반대운동이 본격화되었다. 이런 사실은 당시 신문도 전하고 있으며[194] 편하설(C. F. Bernheisel)은 교단 선교부에 보낸 편지에서 다음과 같이 전하고 있다.

> 경찰은 계속해서 교회 당회원들을 괴롭혔습니다. 그다음 주일 오전예배는 장로 중 한 사람이 인도했고 그날 오후 전체 당회원이 모여 신사참배한 사람은 어떤 예배에도 강단에 세우지 않는다고 만장일치로 결의했습니다. 그들 중에는 지난 해 단 한번 신사참배하는 일에 동조한 장로가 있었는데 그 세 사람도 강단에는 세우지 않기로 했습니다. 만약 그렇게 하면 경찰은 신문에 산정현교회가 굴복하여 드디어 신사참배자를 강단에 세웠다고 선전할 것이기 때문입니다.[195]

---

193 목회 일선에서 은퇴한 채정민, 최봉석 등이 있었고 평양장로회신학교 학생이었던 이인재, 산정현교회 전도사였던 방계성, 백인숙 등이 그 뜻을 함께했다. 이덕주, 『사랑의 순교자 주기철 목사 연구』, 232-33.

194 「동아일보」(1939년 10월 22-26일 자).

195 C. F. Bernheisel, "Letter to Rev. P. S. Wright" (November 14, 1939). 이하 선교사 편하설의 선교 편

일제는 산정현교회의 담임목사를 가두고 강단을 맡고 있던 선교사 편하설과 전도사 방계성의 설교를 중단시키면서까지 압박을 했지만 교회가 특별새벽기도회를 시작하여 신사참배 반대운동을 더욱 공고히 하자, 주기철을 사면하고 예배당을 폐쇄할 음모를 꾸몄다.[196] 경찰은 노회에 신사참배하지 않은 목사나 장로는 교회에서 설교나 기도를 하지 못하도록 압력을 넣었고,[197] 1939년 12월 평양 남문밖교회에서 열린 평양노회 임시노회는 주기철의 목사직 면직을 결정한다. 신사참배를 하라는 총회장의 권고를 무시했다는 이유에서였다. 평양노회는 그를 제명시키기 위해 일본 경찰의 압력으로 모였다. 평양노회는 설교를 맡고 있던 편하설에게 설교 금지를 종용하다가 그가 응하지 않자 1940년 3월, 그에게도 금지령을 통보했다. 설교하러 온 편하설은 정문에서 제지를 당했으며, 노회의 전권위원회가 들어와 예배를 인도하려고 했을 때 양재원 집사가 800여 명의 교우들과 계속 찬송("내 주는 강한 성이요")을 불러 예배를 시작할 수 없게 되자 교인 13명이 연행되었다. 그럼에도 교인들이 찬송을 계속하자 경찰이 와서 찬송가를 빼앗고 교인들을 구타했으며, 전권위원들은 교인들을 예배당 밖으로 쫓아내고 문을 봉쇄했다. 그날은 1940년 3월 24일 부활주일이었다. 신사참배 반대운동의 상징이었던 산정현교회의 문은 못질과 함께 굳게 닫혔고 문에는 다음과 같은 고지문이 붙었다. "금번 형편에 의하야 당분간 산정현교회 집회를 정지함."[198]

---

지의 인용은 이덕주, 『사랑의 순교자 주기철 목사 연구』에서 재인용한 것임을 밝힌다.

196 위의 책.

197 위의 책.

198 C. F. Bernheisel, "Recent Events in Pyengyang" (March 26, 1940); 「동아일보」(1940년 3월 26일) 참고. 교회가 폐쇄되어 교회당 출입이 어려워지자 교인들은 채정민, 방계성, 이인재 등의 집을 돌며 주일예배를 드렸고, 전도사 백인숙과 집사 오정모 등이 심방하면서 교인들을 돌보았다. 이덕주는 이 사건이 신사참배 반대운동을 잠재운 것이 아니라 교계는 침묵했으나 자생적으로 연대하는 움직임이 일어나게 된 것이라고 이해한다. 이에 대해서는 이덕주, 『사랑의 순교자 주기철 목사

신사참배 반대운동의 중심 교회가 문을 닫았기 때문에 자신감을 가진 경찰은 1940년 4월 주기철을 잠시 석방한다. 하지만 그는 사택에서도 쫓겨나 임시 거처에서 경찰의 감시를 받아야 했다. 일제는 신사참배 반대운동 지도자들이 함께 모이고 세를 결집하는 것을 보면서 지도자들 검색과 선교사 추방이라는 강수를 두었고, 1940년 9월 반대자들 193명을 검거할 때 주기철을 다시 검속했다. 이것이 그의 마지막 검속이었다. 그 광경을 지켜보았던 막내아들 주광조는 그날을 다음과 같이 회상한다.

> 구속되기 직전 주 목사님은 늙은 당신의 어머니에게 작별할 시간을 달라고 했다. 방으로 들어오시자 몸져누워 계신 할머니의 손을 붙잡았다. 그리고는 큰절을 하셨다. 할머니를 향한 아버지의 마지막 고별인사는 딱 한마디뿐이었다. "어머니! 하나님께 어머니를 맡겨놓았습니다." 그리고 우리들을 가까이 불러모으시고 머리 위에 손을 얹으시고는 우리를 위해 잠시 기도하셨다.[199]

또한 주광조는 주기철이 연행되는 과정에서 20여 명의 교인들과 즉석 골목 예배를 드렸다고 증언한다. "저 높은 곳을 향하여" 찬송을 부른 다음, 주기철은 아모스 8:11-13을 읽고 다음과 같이 간략한 설교를 했다. "이 십자가를 내가 피했다가 주님이 이다음에 '너는 내가 준 십자가를 어찌하고 왔느냐?'고 물으시면 내가 어떻게 주님의 얼굴을 뵈올 수 있겠습니까? 오직 나에게는 일사각오가 있을 뿐입니다." 그것은 사랑하는 교인들 앞에서의 주기철의 마지막 설교였다.

일본 경찰은 그의 저항 의지를 꺾기 위해 가족들까지 동원했다. 가족들

---

연구』, 265-73을 참조하라.

199 주광조, 『순교자 나의 아버지 주기철 목사님』(서울: UBF 출판부, 1997), 66.

에게 특별 면회를 허락했고, 부인과 어머니, 자녀들을 지하 고문실로 안내했다. 당시 그 자리에 있었던 주광조의 증언에 의하면, 일제는 가족들이 보는 앞에서 주기철의 "엄지손가락을 뒤로 해서 공중에 매달아 놓고…이른바 '그네뛰기 고문'"을 했다. 그것은 검도 연습용 목도(木刀)로 몸을 내리치면 자연히 그네 타기 하는 것과 같이 되는 고문이었다. 그렇게 스무 번이 채워지기 전에 매달린 채로 주기철은 기절했고, 이어 옆에 있던 주기철의 어머니가 기절을 했고, 그의 아내는 기도만 했다. 주기철에게 찬물을 끼얹어 정신이 돌아오면 순서를 바꾸어 그의 어머니를 발길질하여 구타하기 시작했고, 주기철은 깍지를 끼고 엎드려 기도만 했다.[200]

태평양전쟁 말, 일본의 전세가 불리해지면서 식민지의 형무소 사정은 악화일로로 치달았다. 아무리 건강한 사람도 1년이면 폐인이 되고 만다는 악명 높은 형무소에서, 1944년, 주기철은 건강이 급격히 나빠져 회복 불능의 상태로 치닫고 있었다. 결국 4월 1일 병감으로 옮겨졌고 4월 21일에는 가족들과의 면회가 허락되었다. 간수 등에 업혀나온 주기철은 아내와의 마지막 면회에서 다음의 말을 남겼다.

> 내 살아서 이 붉은 벽돌문 밖을 나갈 것을 기대하지 않소. 나를 위해서 기도해주오. 내 오래지 않아 주님 나라에 갈 거요. 내 어머니와 어린 자식을 당신에게 부탁하오. 내 하나님 나라에 가서 산정현교회와 조선교회를 위해서 기도하겠소. 내 이 죽음이 한 알의 썩은 밀알이 되어서 조선교회를 구해주기를 바랄 뿐이오.…여보! 나 따뜻한 숭늉 한 그릇 먹고 싶은데….[201]

200 위의 책, 90-92. 대부분의 사람들은 가족과 함께 받는 고문을 이기지 못하고 뜻을 굽히고는 했다.
201 위의 책, 104-6.

그는 7년에 걸친 감옥 생활에서 아내가 끓여준 따뜻한 숭늉 한 그릇을 그리워하면서 1944년 4월 22일 새벽, 47세의 일기로 평양형무소 병감에서 세상을 떠난다. 다른 기록에 의하면 "나를 웅천(熊川)에 가져가지 말고 평양(平壤) 돌박산(山)에 묻어주오. 내 어머님도 세상 떠나시거든 내 곁에 묻어주오"라는 유언을 더 남긴 것으로 전해진다. 또한 운명할 때 "내 영혼의 하나님이시여, 나를 붙드시옵소서"라고 외치자 방안이 진동했다고 전한다.[202] 그의 시신은 가족들이 세 들어 살고 있던 셋방에 안치되었다. 일본 경찰은 그의 장례식을 조직적으로 방해했고, 그가 섬기던 산정현교회는 폐쇄되었기 때문에 장례식을 거행할 예배당이나 건물을 구할 수 없어 셋집 옆의 공터에서 발인예배를 드렸다. 김린서는 그것을 전하면서 다음과 같이 정리한다.

> 하나님의 사람은 잘 싸왔도다. 우리의 순교자는 이기었도다. 大日本 大軍國(대일본 대군국)은 무너짐이여, 주기철 목사는 이기었도다. 百鍊(백련) 精金(정금)은 그 믿음이오, 一心(일심) 白石(백석)은 그의 절개로다. 매맞던 그 머리에 의의 면류관이오, 상했던 그 몸에 세마포 옷이로다.…살아도 예수, 죽어도 예수, 살아도 교회, 죽어도 교회, 十字架下(십자가하)에 드린 祭物(제물)이여, 하늘에 하늘에 오르도다.[203]

### (2) 설교사역과 신학적 특징

안용준은 주기철을 "진리운동의 선구자", "일제 말엽에 신앙용장(信仰勇將)으로 최고봉을 점하고 계신" 순교자로 평가한다.[204] 그는 교회와 교우들을 사랑했고, 그들을 바로 세우려고 발버둥쳤던 위대한 목회자였을 뿐만 아니

---

202 김린서 엮음, 『주기철 목사의 순교사와 설교집』, 78.

203 위의 책, 80-81.

204 안용준, 『태양신과 싸운 이들』(부산: 칼빈문화출판사, 1956), 42.

라 하나님의 말씀에 생명을 걸었던 설교자였다. 또한 자신이 선포한 대로 살려고 몸부림치면서 형극의 길을 걸어가야 했지만 순교로 생을 마치는 마지막 순간까지 말씀과 믿음의 신념대로 살았던 말씀의 실천자였다. 김린서는 주기철이 농우회 사건으로 체포되어 구속되었던 2차 검속 직전, 교회의 한 청년에게 했던 이야기를 전해준다. "사형에 승리할 사람은 많겠지만 지구전(持久戰)에 승리하기는 참 어렵소. 나는 하나님의 도우심만 믿고 끝까지 싸우려 하오. 그러나 나 죽은 뒤에 하나님의 은혜를 찬송할 것이오. 나를 칭찬하지는 마시우."[205] 그는 하나님의 말씀 선포인 설교에 생명을 걸었고, 그 설교대로 살았고, 그 설교대로 고난의 길을 걸어갔다. 그를 흠모하여 늘 그의 곁에 있었고, 그의 설교 이야기를 정리하는 것을 필생의 사명으로 삼았던 한 사람은 감동하면서 그의 설교사역을 다음과 같이 평가한다.

> 大韓(대한) 나라 주기철 목사는 20세기 그리스도교에 중요한 존재다. 주 목사는 잘 믿었고, 잘 살았고, 또한 잘 싸웠고, 참 잘 죽었다. 그 믿음은 하나님 앞에 진실했고, 그 생활은 억만 사람 앞에 清清白白(청청백백)했고, 그 죽음은 허다한 古聖先烈(고성선열)의 간증자들이 보증하는 바이다. 이 어른 설교는 당신의 신앙고백이요, 당신의 목숨으로 실증한 말씀이다. 篇篇(편편) 복음의 진리요, 순교의 정신이니 그 고귀함은 읽어본 뒤에 알리라.[206]

그의 설교는 그 자신의 신앙고백이자 목숨을 걸고 실증(實證)한 말씀이었다. 마지막까지 그는 자신이 설교한 진리를 따라서 살았고, 그것을 따라 형극의 길을 걸어가다가 죽은 설교자였다.

---

205 김린서 엮음, 『주기철 목사의 순교사와 설교집』, 68.

206 위의 책, 12-13.

주기철은 자신의 신학이나 생각을 글로 남긴 설교자가 아니라 삶으로 살아냈던 설교자였다. 그는 신사참배 반대의 대표적인 지도자였지만 이를 체계적으로 정리하거나 글을 남기지 않았다. 일본제국주의 경찰의 압박에 굴복하여 자신을 면직시키고, 성도들이 눈물의 헌금으로 세운 교회당 문에 못을 박고, 자신이 옥중에 있을 때 노모와 어린 자식들을 사택에서 쫓아낸 동료 목사들을 향해서도 자신을 변호하거나 그들을 비난하는 글을 남기지 않았다. 주기철이 남긴 것은 소논문 1편,[207] 기도문 2편, 설문에 대한 응답문 1편, 설교문 37편이 전부다.[208] 그가 목사안수를 받고 18년 동안 목회를 했던 것을 감안하면, 한 주 2-3편 이상의 설교를 했던 당시의 상황을 고려해 볼 때 최소 그는 2,000편 이상의 설교를 했을 것으로 추정된다. 하지만 이런 기록이 제대로 보존되지 않아 그의 설교에 대한 완벽한 그림을 복원하기는 쉽지 않다.

현재 전해져오는 주기철의 설교 37편 중 15편은 정기간행물에 실린 것이고 22편은 김린서가 복원한 것이다. 이는 그가 예배에 참석하여 주기철의 설교를 듣고 메모해두었던 것을 복원하여 한국전쟁이 지난 다음에 그가 발간하던 「신앙생활」에 연재했던 것을 책으로 묶은 것이다. 김린서의 이런 작업은 그동안 주기철 연구에서 가장 권위 있는 자료로 활용되었음이 사실이지만,[209] 그럼에도 22편의 설교문은 속기에 의존했거나 남이 듣고 와서 일러준 내용이나 기억을 토대로 재구성된 설교문이다. 따라서 주기철의 설

207 소논문은 주기철이 평양장로회신학교 재학 중에 「신생명」에 발표한 것으로서 "기독교와 여자 해방"이라는 제목의 논문이었다. 이것의 원문을 보기 위해서는 이덕주, 『사랑의 순교자 주기철 목사 연구』, 427-30을 참고하라.

208 주기철, 『주기철: 한국 기독교 지도자 강단설교』, 12.

209 대부분의 주기철 연구서들은 평양장로회신학교 졸업생이면서 주기철 곁에 늘 머물렀던 김린서를 "그만한 정확성과 성실, 정력을 다한 사람이 없을 정도의 역사적 투시력과 사명감"을 가진 이라고 평가하면서 이에 의존했던 것이 사실이다. 반면 이덕주는 김린서 중심과 순교자 칭송 일변도의 연구를 넘어서려는 시도를 한다. 이덕주, 『사랑의 순교자 주기철 목사 연구』, 참고.

교 연구에는 자료의 제한이 있고, 또 남아 있는 설교문의 많은 내용이 진위를 가늠하기 어렵다는 한계가 있다. 그뿐만 아니라 현장에서 녹음된 자료나 그것을 받아쓴 녹취록에 근거한 것도 아니기 때문에, 대지 중심으로 간략하게 서술한 내용을 토대로 주기철의 설교 세계를 완벽하게 분석한다는 것은 쉬운 작업이 아니다.

이런 한계를 극복하기 위해 여기서는 당시 정기 간행지에 주기철이 직접 기고한 설교문 15편[210]과 "오종목의 나의 기원" 설교문,[211] 설교자의 삶의 이야기와 행로를 중심으로 살펴보고자 한다. 언제나 설교자의 삶의 이야기는 그의 설교사역을 이해하는 원 자료가 된다. 앞서 자세히 살펴본 그의 삶과 사역 이야기, 그리고 전해져오는 16편의 설교문을 토대로 그의 설교 및 설교사역의 특징을 몇 가지로 정리해보자.

첫째, 주기철의 설교는 진리 수호와 실천을 강조한다. 그의 설교의 관심은 하나님이 보시는 의(義)였다. 하나님께서 보시기에 바른 것이 무엇이며 또 그것을 어떻게 삶으로 살아낼 것인가가 그의 계속되는 고민이었고, 그의 삶과 설교에는 그에 대한 고뇌가 배어 있다. 주기철이 살았던 시대는 민족사에서 가장 어두운 때였고, 기독교에 대한 박해가 가장 심하게 일어났던 시기였다. 그가 산정현교회에 부임했을 때 이미 신사참배가 강요되었으며 신사참배에 관한 교회의 타협과 변절이 대대적으로 일어나고 있던 때였

---

210 이 설교문은 평양장로회신학교 교수였던 김규당을 중심으로 발간한 설교전문지 「說教」, 장로교 기관지였던 「宗教詩報」, 「基督教報」, 문필가이자 목사였던 전영택이 개인으로 발간한 「새사람」, 민족주의 색채가 강한 일본 고베에서 발간되던 「福音時代」 등에 실린 것이다. 「宗教時報」에는 "은총과 책임" 외 2편이, 「基督教報」에는 "목사직의 영광" 1편이, 「福音時代」에는 "무거운 짐 진 자여 예수께로 오라" 1편이, 「說教」에는 "성신과 기도" 외에 9편이 실려 있다.

211 이것을 포함시킨 것은 앞서 언급한 대로 당시 산정현교회의 청년회장이었던 유기선이 예배 후에 주기철에게 이 설교문을 받아 그대로 베꼈다는 증언을 했기 때문이다. 물론 그것을 두고두고 수십 번씩 소리 내어 읽으며 한없이 울었는데 월남할 때 그것을 챙겨오지 못했고, 그 설교문을 김린서에게 외우듯이 들려주어 3일을 금식한 후에 기록한 것이다. 김요나, 『일사각오』, 264. 물론 김린서의 가필이라는 한계가 있으나 당시 설교의 정황까지 비교적 자세히 기록되어 있어 완벽하지는 않더라도 주기철이 행한 설교를 잘 복원해냈다는 판단에서 여기 포함했다.

다. 노회, 총회가 신사참배를 결의하고 적극적으로 나섰으며, 또한 일제의 하수인이 되어 신사참배를 거부하는 이를 대대적으로 핍박하던 시절이었다. 나아가 일제는 신사참배를 거부하던 이들을 잡아서 구금하고 고문했던 까닭에 많은 사람이 목숨을 잃기도 하였다. 그 상황에서 주기철의 설교와 삶을 이끌어갔던 것은 하나님의 말씀과 진리였다.

그의 설교, "오종목의 나의 기원"의 넷째 대지는 "의(義)에 살고 의에 죽게 하여 주시옵소서"였다.

> 사람이 이 세상에 태어나서 사람으로서 마땅히 행하여야 할 義(의)가 있습니다. 나라의 신민(臣民)이 되어서는 충절(忠節)의 의가 있고 여자가 되어서는 정절의 의가 있고 그리스도人 되어서는 그리스도人으로의 의가 있습니다.…사람이 나라에 대한 의가 이러하거늘 하물며 그리스도人 되어 주님 향한 일편단심 편할 수 있으랴! 사드락, 메삭, 아벳느고는 신앙의 대의를 붙잡고 풀무불에도 뛰어들었고 다니엘은 이스라엘의 정신을 가슴에 품고 사자굴 속에도 들어갔읍니다. 예수를 사랑하여 풀무불이냐! 예수를 사랑하여 사자굴이냐! 그 무엇이 두려울 것인가! 스데반은 돌에 맞아 죽고 베드로는 십자가에 거꾸로 달렸읍니다.[212]

그는 이 진리를 확고하게 실천했던 설교자였다. 그는 신사참배가 잘못된 것임을 확인했을 때 끝까지 거부했고 결국 죽음으로 끝날지언정 자신의 신념과 확신을 굽히지 않는다. 그뿐만 아니라 이를 교우들에게도 교육하고, 이에 대한 교회의 방침도 정한다. 곧 신사참배는 십계명의 "제1계명과 제2계명을 동시에 범하는 것임으로 배격되어야 한다", "신사참배에 호응한 신

212 주기철, "오종목의 나의 기원", 김린서 엮음, 『주기철 목사의 순교사와 설교집』, 64.

도는 지위, 신분을 불문하고 공개적으로 제명, 출교한다", "신사참배 거부로 인한 모든 책임은 당회장인 본인이 진다"고 확고하게 표명한다.[213] 이것은 진리에 대한 삶의 실천적 차원을 잘 보여준다.

둘째, 주기철은 저항의 설교자였다. 본질적으로 "하나님의 말씀의 선포인 설교는 통치자들과 권세들의 활동에 저항하는 중요한 실천"이며 그리스도인 공동체는 세상의 권세와 교전하는 저항의 공동체다.[214] 그는 온몸으로, 또 설교로 세상 권세에 맞서 저항했다. 그는 타협하지 않고 끝까지 일본 제국주의에 저항했다. 그의 저항은 산정현교회에서 행한 마지막 설교에서도 잘 나타나고 있다. 경찰이 세 번째 구속에서 석방되어 돌아와 강단에 오르려는 주기철을 붙잡고 설교하지 말라고 위협했을 때 그는 단호하게 거절한다. 그 예배에 참석했던 김린서는 부산에서 한상동과 주남선 등 수십 명이 신사참배 반대로 구속된 사건을 언급하면서 다음과 같이 증언한다.

> 어느 주일에 日本(일본) 경찰대는 또 산정재 예배당을 포위하고 朱(주) 목사에게 "오늘부터 설교하지 마라" 엄명한즉 朱(주) 목사는 "나는 설교권을 하나님께 받은 것이니 하나님이 하지 말라 하시면 그만둘 것이오. 내 설교권은 경찰서에서 받은 것이 아닌즉 경찰서에서 하지 말라고 할 수는 없고." "경찰관이 금지함에도 불구하고 설교하면 체포하겠소. 朱(주) 목사." "설교하는 것은 내 할 일이오." "체포하는 것은 경관이 할 일이오." "나는 내 할 일을 하겠소." 경찰관이 "大日本帝國(대일본제국) 경찰관의 명령에 불복하는가?"라고 노호(怒號)함에 대하여 朱(주) 목사는 "日本(일본)의 헌법은 예배 자유를 허락한 것이오. 당신들은 지금 예배 방해요, 헌법 위반이오." 단판의 말을 끊고

---

213 김병원, "목회자로서 주기철 목사", 주기철 목사 기념사업회, 『소양 주기철 목사 기념논문(1-5회 합본)』, 311.

214 Charles Campbell, *The Words before Powers*, 김운용 역, 『실천과 저항의 설교학』(서울: WPA, 2013), 30.

강단에 올라서는 주 목사의 기세는 무어라고 형용할 수 없이 엄엄숙숙 비장했다.[215]

그러나 그것은 쉬운 일이 아니었다. 당시 저항의 길을 걸어갔던 사람들이 겪어야 했던 어려움을 편하설은 미국장로교 선교부에 이렇게 타전한다.

평양에서 잡혀간 세 목사 중 두 명은 감옥 안에서 아주 심한 고문을 당했는데 몽둥이로 심하게 맞았으며 위가 가득 찰 때까지 물을 먹이곤 배를 때렸습니다. 이를 물고문이라고 합니다. 이런 식으로 그들은 서너 번 죽음 직전까지 갔습니다. 다른 많은 목사와 장로들이 최근 수년 동안 이런 식으로 고문을 당했는데 항상 경찰은 목숨이 끊어지기 직전에야 고문을 멈추었답니다. 이들 중 한 목사는, 어떤 이들이 자기는 기꺼이 그리스도와 교회를 위해 피를 흘리겠다고 말하는 것을 듣고는, 자신도 그럴 수만 있었다면 죽었을 텐데 고문은 항상 죽음 직전에 멈추었다고 진술했습니다. 이런 식으로 고문을 계속 반복하므로 목사들은 대부분 굴복하기 직전까지 갔습니다.[216]

일본 경찰이 이런 고문을 행하고 신사참배를 강요하는 상황에서 행한 그의 설교에는 저항의 특징이 잘 표현되어 있다.

못합니다. 못합니다. 그리스도의 신부는 다른 신에게 정절을 깨드리지 못합니다. 이 몸이 어려서 예수 안에서 자라났고 예수께 헌신하기로 열 번 백 번 맹세했읍니다. 예수의 이름으로 밥 얻어먹고 영광을 받다가 하나님의 계명

215 김린서 엮음, 『주기철 목사의 순교사와 설교집』, 68-69.

216 C. F. Bernheisel, "The Present Condition of the Church in Korea" (February 2, 1939).

> 이 깨어지고 예수의 이름이 땅에 떨어지게 되는 오늘, 이 몸이 어찌 구구도생(苟苟盜生) 피할 줄이 있으랴! 아! 내 주 예수의 이름이 땅에 떨어지는구나! 평양아! 평양아! 예의 동방의 예루살렘아! 영광이 네게서 떠났도다. 모란봉아 통곡하라! 대동강아 천백 세에 흘러가며 나와 함께 울자! 드리리다, 드리리다. 이 목숨이나마 주님께 드리리다. 칼날이 나를 기다리느냐? 나는 저 칼날을 향하여 나아가리라.…이 몸 죽고 죽어 열백 번 다시 죽어도 주님 향한 대의정절 변치 아니하겠습니다. 십자가, 십자가, 주님 지신 십자가 앞에 이 몸 드립니다. 우리 초로인생 살면 며칠입니까? 인생은 짧고 의는 영원합니다. 나의 사랑하는 교우 여러분! 의에 죽고 의에 살으사이다! 의를 버리고 더구나 예수께 향한 의를 버리고 산다는 것은 개짐승의 삶만 같지 못합니다. 여러분! 예수는 살아 계십니다. 부디 예수로 죽고 예수로 살으사이다.[217]

주기철의 설교를 듣고 산정현교회 교우들도 저항을 구체적으로 실천했다. 일제의 회유와 핍박은 너무나 집요하고도 잔혹했기 때문에 그것을 이겨내는 것이 쉽지 않았으나 주기철은 설교와 삶을 통해 그들에게 용기를 주었고, 따라서 성도들도 구속되고 고문 받는 것을 두려워하지 않게 되었다. 주기철이 구속될 때마다 대신하여 강단을 지켰던 편하설은 이런 그들의 모습을 다음과 같이 전한다.

> 교회는 신사 문제에 관한 한 그를 적극 지지하며 하나가 되어 있습니다. 작년(1938년) 이 문제로 주 목사가 체포되었을 때 이 교회 장로 세 명도 같은 혐의로 체포되었는데 이들은 신사에 참배하겠다는 약속을 하고 풀려났습니다. 그러나 곧바로 약속한 것을 후회하게 되었고 다시는 신사참배하지 않겠

217 주기철, "오종목의 나의 기원", 김린서 엮음, 『주기철 목사의 순교사와 설교집』, 65-66.

다는 확고한 자세를 보여주었습니다.…주 목사가 연행된 후 당회는 다시 나에게 설교를 맡아달라고 요청했습니다. 그러자 경찰서에서 일어났습니다. 그들은 자신들의 목적을 이룰 수 있는 간접적인 방법으로 선교사들이 교회에서 설교하지 못하도록 노회에 지시한 바가 있었습니다. 경찰서장은 교회의 선임장로 두 사람을 사택으로 불러 솔선해서 신사에 참배하면 교인들이 따라할 것이라며 신사참배를 촉구했습니다. 그러나 장로들은 신사에 참배하지 않을 것이며 그렇게 하면 교인들과 관계만 더 나빠져 교인들이 그들의 말을 듣지 않을 것이라고 말했습니다.…나는 경고를 받고도 산정현교회에 가서 설교를 했는데 설교 직후 경찰 본부에 소환되었습니다. 그들은 내가 다시 한번 설교하면 네게 형벌을 가하거나 추방할 것이며 추후 다른 선교사들의 사업도 심각한 상황에 처하게 될 것이라고 협박했습니다.[218]

이렇게 산정현교회는 주기철의 설교를 통해 저항공동체가 되었다. 그들은 정성껏 지은 예배당이 폐쇄되고 그곳에서 더 이상 예배를 드릴 수 없게 되어 가정집을 전전하며 예배를 드려야 했지만 이에 아랑곳하지 않고 설교를 삶으로 실천하는 저항공동체를 형성했다. 그 공동체는 설교를 통해 불의한 "세상의 권세자들과 교전하는 공동체"요, 말씀으로 "세상을 보는 분명한 방식과 특별한 실천과 덕으로 형성된 공동체"였다. 주기철의 설교에는 거대한 세상의 권세에 항거하여 신앙의 생명력(vitality)을 보존하려는 간절한 열망이 담겨 있었다.[219] 그는 일본 제국주의의 억압에서 사탄의 영적 실체를 보았고 세상 권세가 가지고 있는 반역적 본질을 보았다. 월터 윙크는 예수님의 사역과 설교가 영적 권세들에 대한 도전이었으며 복음 그 자체는 "지

218 C. F. Bernheisel, "Letter to Rev. P. S. Wright" (November 14, 1939).

219 이것은 찰스 캠벨이 프랑스 개신교도 위그노의 설교를 분석한 내용에서 통찰력을 빌린 것이다. Campbell, 『실천과 저항의 설교학』, 30-31.

배체제의 악에 대한 특별한 상황 치유제"라고 설명하는데,[220] 주기철은 이런 영적 지침과 원리를 자신의 사역의 토대로 삼았다.

주기철의 저항 정신이 얼마나 단호했는지는 그의 곁에 있었던 사람들의 증언을 통해서도 확인한다. 신사참배 반대운동으로 인해 옥고를 치른 적이 있는 안이숙은 그가 산정현에서 마지막 설교를 전하던 때를 회상하며 다음과 같이 전한다.

> …진지하고 박력을 가진 설교에 황홀해지면서 내 심부를 꿰뚫는 것 같은 영력이 막 쏟아져 들어왔다. 그리고 나는 극도로 긴장을 시키면서 온 신경을 예민케 하고 흥분케 했다.…그는…주먹으로 쾅하고 강대상을 쳤다. 동시에 벼락같은 웅장한 소리로 "이같이 거룩하신 하나님을 우상이 무서워 배반하는 행동을 하자는 모독배들은 모두 이 자리에서 떠나가라" 하고 고함을 질렀다. "하나님의 이름을 부르는 것조차 가증스럽고 있을 수 없는 모독이다" 하고 또 고함을 쳤다.[221]

손양원 역시 자신을 향해 주기철이 한 이야기를 회상하면서 그의 저항 정신을 증언한다.

> 한번은 한상동 목사(韓尙東牧師)와 나를 향하여 "나는 북에서 싸울 터이니 제군은 남에서 싸우라"고 백만 군중을 향해 돌격하는 장군처럼 지령하던 그 기회를 생각하면 목사님은 의의 싸움에 참용사였읍니다. 언젠가 많은 청중에게 "오늘 이 자리에 있는 사람들도 百(백)년 후에는 다 죽을 것이다. 그중

220 Walter Wink, *Engaging the Powers: Discernment and Resistance in a World of Domination* (Minneapolis: Fortress Press, 1992), 48.

221 안이숙, 『죽으면 죽으리라』(서울: 기독교문사, 1976), 432.

에 가장 잘 죽은 사람은 누구인가?" "주를 높이다가 죽은 자가 복이 있으리라"(묵 14:13)고 하신 예언을 이제 생각하건대 이는 당신의 결심이었고, 또한 실천이었읍니다.[222]

그의 문하에 있었고 함께 저항의 길을 걸어가다가 공산당이라는 다른 악에 의해 희생당한 손양원은 주기철의 설교사역을 정확히 평가했다. 주기철은 설교를 통해 세상의 권세 잡은 자에 맞서 저항하며 예수님의 뒤를 따랐다.

셋째, 주기철의 설교는 섬김을 통해 교회와 그리스도인의 삶을 세워갈 것을 강조하는 설교였다. 설교의 참 목적은 구원받은 하나님의 백성들의 공동체를 세우는 일이다. 그래서 찰스 캠벨은 설교의 궁극적 목적을 "교회를 세우는 것"이라고 규정한다. 이것은 설교가 개인의 필요를 채우는 사적 차원에서 행해지는 것도 중요하지만 무엇보다도 믿음의 공동체를 세우는 것에 초점을 맞추어야 한다는 주장이다.[223] 교회를 세우는 주체는 하나님이시다. 설교는 이런 그분의 사역에 동참하는 것이고 그분의 임재와 통치하심을 드러내는 사역이다.

이런 관점에서 보면 주기철의 설교는 교회와 그리스도인들을 하나님 앞에 바로 세우는 일에 초점이 맞추어져 있다. 그의 설교에는 교회 생활과 영적인 삶을 세워가는 내용이 많으며, 특별히 교회의 질서를 세우는 일을 중요하게 다룬다. 그는 첫 목회지인 초량교회에서도, 마산 문창교회에서도 교회의 질서와 권징을 세워가는 일에 깊은 관심을 기울인다. 그는 교회의 질서를 해치는 행위, 불신자와의 결혼, 남녀 간의 풍기문란 등에 대해서는

222 손양원, "서문", 김린서 엮음, 『주기철 목사의 순교사와 설교집』, 8. 원문을 그대로 살리기 위해 맞춤법은 당시의 것으로 표기하였음.

223 Charles L. Campbell, *Preaching Jesus: New Directions for Homiletics in Hans Frei's Postliberal Theology* (Grand Rapids: Eerdmans, 1997), 223.

아주 단호했다.[224] 그러면서도 교인들이 상부상조하면서 서로 돕고 구제하는 일에 깊은 관심을 기울이고 교회 공동체를 세워가는 일에 전력한다. 그는 하나님께 대한 섬김이 성도와 교회를 섬기는 것으로 나타나야 함을 설교 가운데 강조한다.

> 특별한 은혜를 주신 것은 그에게 특별한 사명을 주신 것이 아닐까요?…하나님을 위해 재주껏 힘껏 받은 축복대로, 받은 은총 그대로 봉사하는 것입니다. 이런 생활보다 더 나은 생활이 어디 있겠습니까?…주를 위해, 성도를 위해 재주껏 힘껏 받은 축복대로, 받은 은총 그대로 봉사하는 것입니다. 이런 생활보다 더 나은 생활이 어디 있겠습니까?[225]

그는 이렇게 성도를 섬기고 교회 공동체를 세우는 것이 설교자의 가장 중요한 책무이자 영광이라고 인식하면서 금강산에서 열린 조선예수교장로회 목사 수양회에서는 그 사실을 다음과 같이 밝힌다.

> 하나님께서 世上(세상)의 英雄(영웅)과 豪傑(호걸)과 聖哲(성철)과 傑人(걸인)들을 불러 天下(천하)를 맛길지언정 自己(자기)의 피로 값 주고 사신 自己(자기)의 教會 自己(교회 자기)의 양떼만은 그 아무에게도 맏기지 아니하시고 오직 牧師(목사)들에게만 맏기셨다. 하늘에 있는 天使(천사)들에게도 "내 양을 먹이라"는 職分(직분)을 맏기지 아니하셨다. 自己(자기)의 教會(교회)와 양떼를 맏기기 爲(위)하야 오직 우리를 찾이셨고 우리를 取(취)하셨다.[226]

---

224 『초량교회 100년사』, 143-44; 『문창교회 100년사』, 121.

225 주기철, "은총과 책임", 『宗教時報』, 3권 5호(1934년 5월). 이것은 남대문교회 부흥회에서 행한 설교였다.

226 주기철, "牧師職의 榮光", 『基督新報』(1936년 5월 13일).

그는 철저하게 목양의 관점에서 목사와 설교자의 임무를 이해한다. 그러나 이 사역을 감당할 수 없을 때는 목자장 되시는 그분께 다시 맡겨드릴 것임을 보여준다.

> 나는 주님께서 맡기신 양떼, 나의 사랑하는 교우가 있읍니다. 그런데 나는 저들을, 내 양떼를 뒤에 두고 다시 도라오지 못할 길을 떠나지 아니치 못합니다. 험한 세대 악한 세상에, 이리떼 중에 내 양들을 두고 아니 가지 못합니다. 맡기나이다. 내 양들 대목자장 되신 예수님 손에 맡기나이다.[227]

그리스도인다운 삶을 살 것을 강조했던 초기 설교와는 달리 주기철의 후기 설교는 믿음의 순결을 강조했다. 그것은 그의 설교에서 경건이라는 개념으로 자주 등장한다. 그에게 경건은 구원받은 사람이 마땅히 추구해야 할 의무였으며, 십자가를 지고 주님을 따르는 삶과 연결된다. 그것은 교회 안에서뿐만 아니라 일상의 삶의 자리, 즉 교회 밖의 일상생활 가운데서 드러나야 할 요소다. "그런 고로 자기의 육체 욕심을 따라 가고 싶은 음난하고 방일한 길을 버리고 사치하고 괴이한 길을 버리고 그리고 하느님 앞과 사람 앞에서 경건한 태도로 예수님이 가라는, 오라는 십자가의 길로 거름발이 빠르게 거러갑시다."[228]

또한 그는 "하나님 앞에서 완전하라"(창 17장)[229]는 설교에서 경건의 내용을 구체적으로 언급한다. ① 하나님 앞에서 경건하라, ② 하나님 앞에서 정

227 주기철, "오종목의 나의 기원", 김린서 엮음, 『주기철 목사의 순교사와 설교집』, 62.

228 주기철, "십자가의 길로 가자", 「基督教報」(1937년 10월 5일).

229 이것은 그 예배에 참석한 김린서가 설교의 대지를 간략하게 기록한 것을 중심으로 작성한 것이어서 비록 한계가 있는 설교문이지만 그의 요약본이 비교적 상세하게 되어 있고, 당시의 예배 정황까지 정확하게 표현하고 있어 요약본이 설득력이 있다고 판단되어 인용한다. 그는 "說教當時筆記한 說教原形 一九三七年 六月 二十日 山亭峴教壇 會衆三百七十八人"이라고 비교적 상세한 정황을 제시한다. 김린서 엮음, 『주기철 목사의 순교사와 설교집』, 161.

직하라, ③ 하나님 앞에서 泰然定靜(태연정정)할 것. 첫 번째 대지에는 "하나님 앞에서 네 말을 삼가라, 하나님 앞에서 자랑하지 말라, 농담하지 말라", 두 번째 대지에는 "거짓말하지 말라, 公德(공덕)을 지키라", 세 번째 대지에서는 "여호와를 모심으로 움지기지 아니함, 사람의 論斷(논단)을 받지 아니함, 堂堂(당당)히 하나님 앞에 들어감" 등의 소지로 나누어 설명한다. 다른 설교에서는 경건을 "하나님 앞에 사는 삶"이라고 규정하면서 그것을 일체의 사기적 행동을 끊어버리고 일상생활에서 부정직한 것을 버리는 것 등의 삶으로 확대하여 제시한다.[230] 하나님 앞에서(*coram Deo*)의 삶, 즉 신전의식(神前意識)은 그의 설교와 사역 전체를 관통하는 사상이었고, 모진 형극의 길에서도 주저앉지 않고 끝까지 달려가게 했던 힘으로 작용했다. 여기에는 신전의식을 통해 강조되는 개인적 경건과 순결한 삶이 단지 개인적 차원에 머물지 않고 사회를 새롭게 하는 원동력이 된다는 확신이 담겨 있다. 즉 개인윤리의 형성은 사회윤리 형성의 지름길이 된다는 주장이다.

> 우리는 이 사회로 (하여금) 거짓을 버리고 정직으로 돌아오게 할 책임이 있으니 먼저 나부터 정직할 것이며 그다음으로 이 사회를 바른 데로 인도하는 것이다.…어떤 이는 말하기를 "이 세상이 다 그런데 나만 경건하고 정직하고 태연하면 무슨 수가 있나" 한다. 그러나 세상은 다 흐려져도 주님은 거룩하니 우리는 오직 그를 따라 나갈 것이며 그 명령을 좇아 이 흐린 세상을 말지게 명랑하게 만들어야 할 것이다. 이 세상이 깨끗한 후에 나도 깨끗해지겠다 하면 그 시기가 언제 돌아올 것인가. 우리는 여기서 소금과 빛의 직분을 재삼 음미해야겠다.[231]

230 주기철, "하나님 압헤 사는 생활", 「說敎」(1937. 3).
231 위의 책.

넷째, 주기철의 설교는 하나님 중심주의와 종말론적 신앙이 녹아난 설교였다. 주기철의 설교에는 철저한 하나님 중심주의와 오직 하나님께만 영광이라는 신앙이 녹아 있다. 그가 어떤 타협도 거절했던 이유는 철저한 하나님 중심주의 신앙 때문이었다. 처자식과 노모를 거리로 내몰아야 하는 혹독한 상황이 그의 앞에 놓여 있었지만 그런 상황에서도 타협할 수 없었던 것은 이 신앙이 그를 지탱했기 때문이다.

그는 신앙이 단지 말로만 아니라 하나님에 대한 사랑과 헌신으로 나타나야 한다고 주장한다. 하나님이 살아 계시고 참 신이심을 진정으로 믿는다면 정말 필요한 것은 하나님에 대한 사랑이다. 하나님이 안 계신다고 생각하고 무신론자로 살아간다면 모르겠지만 그렇지 않다면 "우리는 하나님을 정성으로 섬기고 뜨거운 사랑으로 사랑"해야 한다고 주장한다. 구원받은 성도들에게 정말 필요한 것은 하나님을 향한 열렬한 사랑이다.

> 내가 구약성경 중에서 특히 신명귀와 시편을 좋아합니다. 그 두 권은 특별이 그 긔자들의 하나님을 열애한 기록인 때문이외다.…모든 예언서를 보아도 그 모든 예언자들의 하느님에게 대한 열애의 표현이외다. 모든 예언자가 불 같은 의분으로 인간을 동[통]책한 것은 저들이 하나님에 대하야 아모 각성이 없고, 숭경이 없고 성이가 없고 열애가 없음이외다.…조선교회를 보매 그 교회원된 동긔, 그 신의 동긔는 불순 유치한 것이 많고 성심과 열애로 하나님을 섬기는 자는 극히 적도다.[232]

하나님을 향한 사랑은 이제 그분에 대한 헌신으로 나타나야 한다. 주기철은 헌신의 가장 구체적 표현을 순종이라고 말한다. 그 헌신의 삶은 어렵지

232 주기철, "하나님과의 열애", 「說敎」(1938. 3).

만 그것을 온전히 수행할 때 지극한 기쁨을 누릴 수 있다. 주님께 늘 순종의 삶을 살려고 몸부림쳤던 그 설교자는 "신자에게 있어 진정한 기쁨은 순종에 정비례한다"고 주장한다.[233]

다섯째, 주기철은 성령님을 의존하면서 기도에 바탕을 두고 설교했다. 주기철의 설교뿐만 아니라 사역 전반이 기도에 바탕을 둔다. 그는 최선을 다해 설교를 준비했고 그 설교를 위해 간절하게 기도했다. 마산 문창교회에서 사역할 때는 금요일 저녁마다 무학산 십자수 바위에 올라 설교를 위해 기도했다. 그 자신이 기도생활에 힘썼을 뿐만 아니라 계속해서 기도의 삶을 강조했다. 그래서 자신이 사역했던 초량, 마산 문창, 산정현교회에서는 새벽기도회와 금요기도회 등을 직접 인도했으며 평양에서 사역할 때도 계속해서 산기도를 다니곤 했다. 그는 신전의식과 하나님의 임재의식이 언제나 기도를 통해 확인되고 보강된다고 이해했다. 그 기도의 열심은 성령의 임재와 역사로 인해 가능했다. "성신과 기도"라는 설교에서 그리스도인은 성신을 받은 자, 성신에 붙들린 자라고 규정하며 성신과 그리스도인의 삶, 기도생활을 함께 연결시킨다.

> 성신은 우리게 간절한 마음으로 긔도하게 하신다. 우리가 하나님을 아는 것이나 죄를 회개하는 것이나 신생(新生)케 되는 것이 모두 성신이 하시는 일이다. 성신은 우리 마음에 긔도할 생각을 일으키신다. 그리하여 우리의 중상(重傷, 몹시 다침)한 심령으로 천국의 공긔(공기)와 그 광명에 접촉케 하신다. 성신은 곧 긔도의 신이다. 성신이 내재(內在)한 이에게 기도는 있을 수밖에 없는 일이 된다.…성신이 역사하시는 교회나 개인은 긔도하지 않을 수 없는 것이다. 성신이 긔도할 마음을 주시지 않으시면 내 힘으로 긔도할 수 없는

233 주기철, "이삭의 헌공", 「說教」(1937년 5월).

것이다. 긔도는 신자에게 없을 수 없는 중대한 것이다.[234]

여섯째, 주기철의 설교는 형태론적으로는 주제설교의 정형을 따랐다. 당시 그것은 대표적으로 활용되던 설교 형태였다. 그의 설교도 전형적인 주제설교의 패턴을 따른다. 따라서 본문에 대한 깊이 있는 석의가 이루어지기보다는 본문에서 만나게 되는 특정 주제나 단어를 중심으로 대지가 구성된다. 때로는 주제를 중심으로 성경의 이곳저곳에서 구절을 인용하여 대지를 구성하는 경우도 있다. 주기철의 설교에서도 이런 특징이 두드러지게 나타난다. 예를 들어 "성신과 기도"라는 제목의 설교문에서 첫 번째 대지는 스가랴 12:10을 인용하여 "성신은 은총을 간구하는 마음을 부어주심", 두 번째 대지는 로마서 8:26-27을 인용하여 "성신은 정당한 기도를 하게 하심", 세 번째 대지는 갈라디아서 4:6을 토대로 "아바 아버지라 부르게 됨"이라고 정하고 있다.[235] 1937년 9월 총회에서 행한 설교인 "십자가의 길로 가자"(마 16:24)라는 설교문에도 마태복음 7:13-14에서 첫 번째 대지를 가져와 "이 길은 생명의 길인 까닭에 이 길로 가야 되겠습니다"로 정하고, 두 번째 대지는 디모데후서 3:13을 근거로 하여 "경건하게 살고자 하는 자는 핍박을 받습니다"로, 마지막 대지는 마태복음 16:24을 근거로 하여 "이 십자가의 길은 주님이 가신 그 길입니다"로 전하고 있다.[236] "십자가의 길로 행하라"는 설교에서는 제목에 대한 이유를 5가지로 나누어서 설명하는 구조를 취한다. 즉 생명의 길, 진리의 길, 주님과 동행하는 길, 하늘의 평화가 넘쳐흐르는 길, 천국에 가는 길이 그것이다.[237]

---

234 주기철, "성신과 긔도", 「說敎」(1937년 3월).

235 주기철, "성신과 긔도", 「說敎」(1937년 3월).

236 주기철, "십자가의 길로 가자", 「基督敎報」(1937년 10월 5일).

237 주기철, "십자가의 길로 행하라", 「說敎」(1937년 9월).

신사참배에 반대했다는 죄목으로 주기철과 평양유치장에 함께 갇혔던 안이숙은 건너편 감방에 갇혀 있던 그와 손가락 글씨로 나눈 대화의 내용을 전한다. 안이숙이 유치장에서 나가게 되면 무엇을 제일 먼저 하고 싶은지를 물었을 때 주기철은 다음과 같이 답을 보냈다. "강단에 올라서서 하나님이 살아 계신 것과 그가 어떻게 복과 화를 가지시고 우리에게 군림하는지와, 예수님의 사랑의 구원을 힘껏 외치며 가슴이 시원하도록 설교를 하고 싶습니다."[238] 비록 그것이 그에게 허락되지 않았지만 이토록 그는 삶과 설교를 일치시켰던 설교자였다. 그는 떠났으나 죽음으로 오늘도 우리에게 설교하고 있다. "혼란한 시대에 진리를 수호하기 위해서는 그 어떤 타협도, 회유도, 탄압도, 박해도, 고문도, 심지어는 죽음까지도 각오하는 흔들리지 않는 신앙과 믿음을 지니고 살아가야 한다"[239]고 외쳤던 그는, 설교자를 위한 설교자다. 그의 설교와 가르침을 듣고 위대한 설교자의 길을 걸었던 한 작은 거인은 그에 대해 다음과 같이 추억한다.

> 주기철 목사님은 하나님께서 우리나라에 보내시었던 하나님의 사람이오, 우리 앞에 세우셨던 의인이다. 나는 이 어른에게서 직접 신앙 감화를 받은 사람 중 한 사람이 된 것에 감사한다. 일찍 주 목사님은 경남성경학원 선생이시고, 나는 학생이었는데 목사님의 로마서 시간은 언제나 은혜의 부흥회였고 간절한 정서와 열열한 사명감은 그 당시 대표였다. 나에게 부탁하시되 "우리나라는 적은 나라이나 종교의 위대한 인물이 날 터이니 군은 성자들의 전기를 많이 읽어 그 사람 되기를 준비하라" 말씀하시더니 목사님 자신이 그 사람이었읍니다. 목사님은 산정재교회에서 섬길 때 나는 평양신학교에

238 안이숙, 『죽으면 죽으리라』, 192.
239 김인수, 『한국 기독교회의 역사』, 244.

서 배운 때도 목사님께 가까이 배울 기회가 많았읍니다. 당신에 간증하시되 "신사참배 문제 이후로 설교할 때에 공격하지 않으면 마음이 미안하여 견딜 수 없다"고 말씀하신 것을 생각하면 목사님은 싸움을 위해 싸운 것이 아니라 견딜 수 없는 신앙의 불길이 당신 마음속에서 붙어 올랐던 것입니다.[240]

그와 가장 가까이 있으면서도 그처럼 담대하게 저항의 삶을 살지 못했다는 회한을 늘 안고 살았던 김린서는 빚을 갚는 마음으로 그의 순교 역사와 설교를 기록하여 주기철 연구에 큰 역할을 수행했다. 그것을 책으로 엮어내는 자리에서 한국전쟁이 일어나던 해에 총회장을 지낸 권연호는 서문에서 주기철의 설교 인생을 다음과 같이 적절하게 정리했다. "朱(주) 목사의 설교는 그의 신앙고백이요, 그의 생활, 그의 정신을 그의 피로 인친 것입니다."[241]

## 이성봉 목사: 말씀으로 온 나라를 덮었던 부흥설교자

### (1) 생애와 사역

이성봉 목사(1900-1965)는 1900년 7월 4일 평남 강동군 간리에서 감리교 권사 아버지 이인실과 어머니 김진실의 장남으로 출생했다. 가정이 몹시 어려웠으나 그가 여섯 살 때 복음을 접하게 되면서 가정에 기쁨이 충만했고, 40리 길을 걸어 평양 선교리감리교회를 다니며 예배를 드렸다. 그의 어머니는 교회학교 교사로 봉사했고, 그는 가정에서 엄격한 신앙교육을 받았

240 손양원, "서문", 김린서 엮음, 『주기철 목사의 순교사와 설교집』, 7-8.

241 권연호, "序", 김린서 엮음, 『주기철 목사의 순교사와 설교집』, 11.

다. 그 후 그의 어머니는 황해도 신천장로교회 김익두 목사의 초청으로 신천 경신학교 교사로 봉직하게 되었다. 이성봉도 이 학교에 진학해서 14세에 소학교 과정을 마치고 졸업했다. 이때 그는 김익두 목사의 설교를 들으면서 자신도 장차 훌륭한 부흥사가 되어야겠다는 막연한 꿈을 갖게 되었다. 그러나 그가 학교를 졸업했을 때는 가정형편이 매우 어려웠다. 결국 그는 중학교에 진학하지 못하고 외가가 있는 평남 대동군으로 이사하여 과수원 일을 도와야 했다.

이성봉은 자서전에서 그의 청년기를 "극도로 타락한 시대"라고 칭한다. 실제 청년기의 그는 가난하여 어떻게 해서든 돈을 벌기 위해 애쓰면서 세속적 욕망에 사로잡혀 타락의 시간을 보냈다. 그는 마부생활을 하면서 담배와 술을 배웠고, 도박에 빠져들었다. 그러면서 점점 피상적인 신앙생활을 이어가던 중 21세가 되던 해 다리 부위의 골막염으로 고생하면서 전기를 맞게 된다. 그는 신앙의 방황을 하던 중에 쓰러져 6개월 동안 병원 생활을 하게 된다. 그 후 3년 동안 투병하면서 병석에서 진심 어린 회개를 하고 중생 체험을 하게 되면서 성경을 깊이 연구하게 된다. 25세가 되던 1925년에는 동양선교회에서 운영하던 경성성서학원(서울신학대학교 전신)[242]에 입학하여 3년을 수학한다. 당시 그에게 가장 큰 영향을 주었던 사람은 이명직이었다. 학교를 졸업한 이후 그는 수원, 목포, 신의주 등지에서 목회를 했다. 수원에 교회를 개척하여 3년간 섬겼고, 파송을 받아 간 목포에서는 4-50명이 셋방에서 예배를 드리던 교회를 6년 동안 섬기면서 석조 건물 예배당을 지었다. 그리고 여러 곳에 교회를 개척했다. 그는 1937년에 부임한 신의주

242 이 학교는 1911년 3월 서울 무교동에 설립되었다. 성경학습과 현장 중심의 실습 교육 등을 강조했던 경성성서학원은 1921년 교사를 신축하여 충정로 아현동으로 이전한다. 그해 9월에 이명직 목사의 회개와 간증이 도화선이 되어 수업을 전폐하고 15일 동안 부흥집회를 열었으며 이것이 성결교회의 부흥운동으로 이어진다.

동부교회에서 가장 큰 부흥을 맛보았는데 출석 교인이 1,000명이 넘었으며 3층 교회당을 건축했다.

그는 이미 부흥회를 인도하고 있었고, 1937년에 성결교 총회는 그를 전국 순회부흥사로 임명한다.[243] 전국 순회부흥사는 담임목회를 하지 않으면서 전국 교회를 대상으로 집회를 인도하는 부흥사를 뜻한다. 그는 37세에 그 사역을 시작하면서 회갑 때까지 1천 교회 집회 인도를 목표로 삼았다. 그는 신의주를 떠나면서 다음과 같은 소회를 남겼다.

> 이제 전임지인 신의주 동부교회에서 큰 새 예배당을 짓고 헌당식을 한 지 사흘 만에 떠나려니 여러 교우들과 큰일을 겪고 떠나는 약한 마음, 뒤를 돌아다봄이 적지 않으나 법궤를 멘 새끼 밴 암소가 벧세메스로 향하는 길 눈 앞에 어리어 내 심장은 고동하며 내 갈 길을 재촉하니 아니 가지 못하노라.[244]

당시 교회의 부흥운동은 소강 상태였다. 김익두와 이용도 중심의 부흥운동은 소강 상태에 빠져들었고, 일제의 탄압 속에서 각 교단마다 교회 수가 격감하고 있던 때였다. 사무엘 마페트(Samuel H. Moffett)는 이때를 주요 교단의 교인과 교회의 격감기로 표현한다. 가령 1937년 당시 287,000여 명에 이르던 장로교인은 6년 후 160,000명으로 반감되었으며, 54,000명이던 감리

243 이성봉, 『말로 못하면 죽음으로: 이성봉 목사 자서전』(서울: 생명의말씀사, 1993), 17-65. 이때 성결교회는 큰 부흥을 경험했지만 분열의 아픔을 겪게 된다. 그 난국을 해결하기 위해 총회는 이성봉을 전국순회부흥사로 임명한다. 당시 성결교회는 신비주의적 부흥회를 거부하면서 건전한 부흥회에 대한 열망을 가지고 있었다. 그때 미국에서 공부를 마치고 돌아온 정남수 목사가 미국의 성결파 사람들의 도움을 받아 전국적인 천막 집회를 통해 부흥의 불길을 지피고 있었지만 한국 교역자와의 갈등이 야기되었다. 이로 인해 정남수는 1936년 하나님의 교회란 이름으로 분열해서 나갔다. 이런 갈등과 분열의 상처를 수습하기 위해 1937년에 총회는 전국부흥목사제도를 신설하여 이성봉을 임명했다. 박명수, "머리말: 한국 기독교인들이 가장 사랑했던 부흥사 이성봉", 이성봉 지음, 『이성봉: 한국 기독교 지도자 강단설교』(서울: 홍성사, 2009), 12; 박명수, 『한국교회 부흥운동 연구』, 165-67.

244 위의 책, 65.

교인은 13,000명으로 줄어들었다. 또한 13,000명이던 성결교인은 5,000명으로 줄어든다.[245] 한편 장로교회는 1938년 27회 총회에서 공식적으로 신사참배를 결의했다.[246]

이렇게 교회적으로 어려운 시기에 순회부흥사로 세움을 받은 이성봉은 부흥의 불길을 지피기 위해 혼신의 힘을 기울인다. 그는 지역, 교파, 교회의 크기, 도시와 농어촌을 구분하지 않고 전국 교회를 다니며 말씀을 전했다. 당시의 집회 광경에 대해서는 "하나님의 역사가 같이 하셔서 큰 불이 일어나곤 했으며 예수의 향기가 진동"했다고 전해진다. 그는 동북만 용정 집회에 대해 다음과 같이 전한다. "2천여 명의 군중들 중에 회개하고 중생을 경험한 사람이 부지기수이고 새로 믿는 결신자가 130여 명이었으며 헌금을 할 때 특히 은혜가 있어 금반지, 시계 모두 빼 바쳐서 새로 교회 신축하는데 큰 물질이 생겼던 것이다."[247]

부흥운동의 결과는 뜨거웠지만 그도 신사참배 문제를 비켜갈 수는 없었다. 당시는 일본 경찰의 허락이 없이는 집회를 가질 수 없었기 때문에 그들의 요구를 거절하기란 쉽지 않았다. 그의 자서전에는 다음과 같이 적혀 있다.

---

245 Samuel H. Moffett, *The Christians of Korea* (New York: Friendship, 1962), 75-76.

246 1938년 9월 9-16일, 평양 서문밖교회에서 열렸던 총회에는 전국 27개 노회에서 총대 193명이 모였는데 홍택기가 총회장으로 선출된다. 교세가 가장 컸던 평북노회가 같은 해 2월에 신사참배를 결의했고, 총회 전까지 17개 노회가 이미 굴복한 상태였다. 경찰의 지시를 받은 평양노회장(박응률)이 발의를 하고, 평서노회장(박임현)이 동의하고, 안주노회장(길인섭)이 재청하여, 홍택기는 가(可)만 물었고 소수의 사람만 "예"라고 대답을 했는데 부(否)는 묻지 않은 채 신사참배가 만장일치로 가결되었음을 선언했다. 선교사 총대 몇 명이 일어나 "의장, 불법이오!"라고 소리쳤지만 그들은 바로 일본 경찰에 의해 끌려 나갔다. 그리고 임원들은 당일 정오에 평양 신사를 방문하여 공식적으로 신사참배를 했다. 같은 해 12월, 그것을 더 철저히 하기 위해 장로교의 홍덕기, 김길창, 감리교의 양주삼, 김종우, 성결교의 이명직 등이 일본에 건너가 이세신궁과 가시하라신궁을 찾아가 신사참배를 단행한다. 그때 신사참배를 반대하던 주기철, 채정민, 이기선, 김선두 목사 등은 미리 구금해버렸다. 김인수, 『한국기독교회사』, 275-78.

247 이성봉, 『말로 못하면 죽음으로: 이성봉 목사 자서전』, 69, 73.

사람은 강해 보이면서도 약하다. 나는 어떤 데서는 강했지만 오십 보, 백 보지 신앙의 참 정조를 다 지키지 못한 숨은 부끄러움이 적지 않다. 그러나 강간을 당한 것과 화간이 다른 줄 안다. 마음에는 없지만 영과 육이 약하여 순결한 처녀가 무인지경에서 악한을 만나 강제로 정조를 잃은 것은 용서하려니와, 자기가 자진하여 명예와 금전에 유혹되어 범죄한 것은 용서하기 어려운 것이다. 강간인지 화간인지는 주께서만 그 심정을 심판하시지 사람은 단언할 수 없는 것이다.[248]

이성봉은 일제 말에 만주로 가서 활동한다. 1941년 만주 봉천중앙교회 목사로 임명받아 착공한 지 6개월 만에 공사가 중단되어 있던 교회당을 준공했고, 만주 지역 일대를 순회하며 동포들을 전도하는 데 주력한다. 그는 강한 요청이 있을 때면 조선 땅에 들어와 집회를 인도하곤 했는데, 황해도 사리원에서 집회를 인도하던 중 행한 그리스도의 재림에 대한 설교가 문제가 되어 일본 경찰에 끌려가 모진 고문과 옥고를 치렀지만 6개월 만에 기소유예가 되어 다시 만주로 돌아가 사역을 계속한다.

이성봉은 그곳에서 사역하던 중에 해방을 맞았고, 귀국하여 성결교회 재건운동에 앞장서며 남하하기 전까지 약 7개월 동안에 17개 교회를 재건했다.[249] 하지만 날이 갈수록 교회에 대한 탄압이 심해지자 1946년 월남한다. 그는 남한에 내려와 무너진 교회를 재건하기 시작했다. 이성봉은 성도들을 모으고 목회 현장을 떠난 목회자들을 다시 세우며, 개인에게 팔린 교

248 위의 책, 90-91.

249 「활천」(1946년 6월), 28-37. 여기에는 이성봉의 도움으로 재건된 교회의 명단이 게재되어 있다. 또 여기에는 그의 활동상이 다음과 같이 소개된다. 현대어로 문장의 표현을 바꾸었다. "무너진 성결교회를 다시 일으키기에 전력하여 이곳저곳 문 닫은 교회를 찾아다니며 자비량하여 부흥회를 열고 눈물 뿌려 전도한 결과 도처에 큰 부흥이 일어났으며 어떤 때는 이 목사께서 가난한 주머니를 털어 예배당 수리에 바치는 등 이런 열정에 녹아나지 않을 자가 누구리요."

회당 건물을 회수했다.[250] 그는 한국전쟁 중에도 상처 입은 민족을 가슴에 품고 하나님의 말씀으로 위로하는 집회를 계속했다. 그는 집회를 인도하는 중에 공산군에 끌려가 고초를 당하며 위험에 처하기도 했지만 기적과 같이 풀려났다.

그는 1954년부터 약 2년 동안은 한국전쟁으로 무너진 교회를 위해 '임마누엘 특공대'를 조직하여 순회 집회를 인도했다. 그는 그때의 소회를 다음과 같이 밝힌다.

> 나도 이제는 노경이 시작되고 모든 경험과 세태의 동향과 교회의 형편을 보고 이제는 밀알과 같이 땅에 떨어져 썩어지려는 사명에서 환영보다 배척의 길, 평안한 길보다 괴로운 길, 원치 않는 곳으로 잡혀 가노라. 이제 산을 넘고 들을 지나 십자군 특공대의 포로가 되어 각처에서 분투하는 전도대로 봉사하고 농촌과 산촌, 도서 등지에서 부흥사를 못 청하는 곳에 끌리어 가노라. 먼저 후방보다 일선의 교회가 부진하기로 유명한 강원도 지방으로 가는 것이다. 고로 당분간 타 교단 교회와 언약했던 집회는 일률적으로 불가능해지고 비록 본 교단이라 해도 대교회로 전 지급하는 교회는 집회를 일체 사절하게 된다. 내가 못 가도 소장 부흥사들이 주와 함께 백전백승할 것을 믿고 기도할 것이다.[251]

이때의 기록을 보면 그는 "춘천 대토벌, 횡성 성결군, 원주전, 호저 싸움, 안흥 접전, 진부 백병전, 강릉전, 속초전, 주봉산 고지, 유성 천양원 꼬마전…"과 같은 독특한 용어를 사용하여 각 지역에서 이루어진 집회와 사역 보고

250 이때의 교회 재건에 대한 기록은 이성봉, 『말로 못하면 죽음으로: 이성봉 목사 자서전』, 13장을 참고하라.

251 위의 책, 124.

를 적고 있다. 이렇게 그는 농어촌 지역과 군부대, 나환자촌을 돌보며 사역을 감당한다. 1955년에 신촌성결교회를 개척했으며, 1959년에는 도미하여 미국의 대도시를 순회하면서 약 8개월 동안 집회를 인도했다. 1961년부터는 3년 남짓 1일 1교회 순회 집회를 시작하여 408개 교회를 순회하며 집회를 인도했다. 세상을 떠나기 10일 전 성결교 합동 총회에서 마지막 설교를 했고, 1965년 8월 2일 설교자로서의 길고도 대단했던 여정을 완전히 종결한다. 그는 실로 온 나라를 말씀으로 덮었던 부흥설교자였으며 그가 가는 곳마다 지역, 교회, 심령이 회복되는 역사를 일으켰던 회복의 설교자였다. 그는 철저한 회개를 통해 성도들을 영적으로 무장시켰고, 교회의 당면 문제를 해결했으며, 그 결과 집회가 있었던 그 지역이 함께 복음의 축복을 누리면서 지역의 회복과 변화의 역사가 함께 동반된다.

#### (2) 설교사역과 신학적 특징

이성봉의 설교사역은 한 교회를 담임하며 매 주일 강단에서 행한 설교라기보다는 전국 교회를 대상으로 말씀을 전했던 부흥 설교라는 점을 그 특징으로 한다. 암울하던 시대에 그는 전국을 다니며 열정적으로 부흥사역을 감당했고, 20세기에 "한국 기독교인들이 가장 사랑하던 부흥사" 가운데 한 사람이었다.[252] 그의 설교에 대한 자료를 볼 때 그의 설교사역은 다음과 같은 몇 가지 특징을 가진다.

첫째, 이성봉의 설교는 복음 중심의 케리그마 선포라는 특징이 강하다. 그의 설교의 목적 가운데 가장 중요한 관점은 민족의 가슴에 십자가의 복음을 전하는 데 있었다. 그래서 그의 설교는 언제나 예수 그리스도의 케리그마 선포가 중심을 이룬다. 그의 설교는 하나님의 사랑, 십자가의 도, 부활,

252 박명수, "머리말: 한국 기독교인들이 가장 사랑했던 부흥사 이성봉", 이성봉, 『이성봉: 한국 기독교 지도자 강단설교』, 14.

재림에 초점이 맞추어져 있다. 그는 도시에서부터 저 산골 마을까지 일반 대중을 대상으로 설교했기 때문에 아주 쉽게 예를 들면서 설명하고 있다.

> 하나님의 사랑이 이렇게 나타나셨으니 우리가 주를 사랑한 것이 아니요, 그가 먼저 우리를 사랑하셨습니다(요일 4:19). 피조물 된 우리는 그의 사랑으로 생겨나서 그의 사랑으로 보호받고 그의 사랑으로 하나님의 자녀가 되었고(요일 3:1), 그의 사랑으로 영생을 얻게 된 것입니다(요 3:16). 하나님의 사랑은 어떻게 나타났습니까? 우리 몸에 나타내셨습니다. 보십시오. 우리 신체의 신기한 구조 중에…어느 곳에도 하나님의 사랑이 새겨지지 않은 곳이 없습니다.…하나님의 사랑은 모든 자연계에도 나타나 있습니다.…주님의 세계는 전부가 사랑입니다. 만물을 은혜와 사랑으로 주실 뿐만 아니라 독생자까지 주신 하나님의 사랑은 절대 사랑입니다. 아들이 둘이 있어서 하나를 주시면 상대적 사랑이지만 독생자를 주셨으니 절대가 되고 만 것입니다.[253]

그는 이 설교에서 "인간들을 다 진멸하셔야 마땅하지만 그 독생자를 죽이시고 악한 무리를 살려주신 하나님의 사랑을 아십니까? 이 사실을 아십니까?"라고 질문을 던지면서 독생자를 주신 하나님의 사랑을 강조한다. 이성봉의 설교에서 가장 큰 관심은 인간 구원이었다. 그는 인생에게 급선무는 죄악에서 구원받는 것이며 구원받지 못한 인간에게 아무리 훌륭한 것들이 주어져도 소용 없게 된다고 강조한다.[254] 한편 그는 "내가 원수 되었을 때에 죽으시고, 내가 죄인 되었을 때에 죽으시고, 내가 약할 때에 대신 죽으신 예수님"이 나를 살리시기 위해 지신 십자가가 우리에게 구원을 가져다 준다

253 이성봉, "주님을 사랑하자", 『이성봉: 한국 기독교 지도자 강단설교』, 26-27.

254 이성봉, "주 예수를 믿으라", 『사랑의 강단』(서울: 청암출판사, 1975, 초판 발행 1961), 150.

고 강조한다. 그는 이제 복음을 깨달은 사람은 그리스도인답게 살아야 함을 강조하고 삶의 변화에 강조점을 두면서 민족적으로 어려운 시기에 천국과 하나님 나라에 대한 복음을 강조함으로써 위로와 회복을 전한다.

둘째, 이성봉은 성결교의 중심 교리인 사중복음을 중심으로 설교했다. 그의 설교에는 중생, 성결, 신유, 재림의 주제가 항상 중심을 이루고 있다. 그는 이것을 "그대로 받고, 그대로 의지하고, 그대로 체험하고, 그대로 전함"이 자신의 설교의 사명이라고 고백한다.[255] 그는 "중생"을 성경이 말씀하는 바(요 3:36)를 문자적으로 이해하면서 죄를 회개하고 예수님을 구주로 영접하여 새롭게 태어나는 차원으로 이해한다. 중생을 통해서 하나님의 자녀가 될 수 있고, 천국을 볼 수 있으며, 죄를 범하지 않고 의를 행하게 되며, 서로 사랑하여 세상을 이기게 되며 천국에 들어갈 수 있다고 이해한다.[256] 중생을 위해 필요한 것은 회개이며, 오직 성령님의 도우심으로만 죄악 된 성품과 삶에서 거듭날 수 있고, 자기중심적 삶에서 하나님 중심의 삶으로의 변화가 있어야 된다고 강조한다.[257]

또한 '성결'은 그의 설교의 중심 주제다. 그는 성결을 중생을 통해 본래의 모습으로 회복시키는 재창조의 과정으로 파악하면서, 그것이 언어뿐만 아니라 사상까지 포함하여 삶의 열매로 나타나야 하는 차원이라고 이해한다. 특별히 천국의 소망을 가진 사람, 주님의 재림을 기다리는 사람에게 성결은 매우 중요하다. 그에게 성결은 그리스도인의 자격이면서 책임의 차원이고[258] 또한 삶의 변화로 나타나야 하는 것이며, 당시 윤리와 도덕이 무너지고 혼란하던 시절에 그의 설교의 중심을 이루는 것이었다. 그는 성결이

255 이성봉, 『말로 못하면 죽음으로: 이성봉 목사 자서전』, 100.

256 이성봉, "중생의 복음", 『부흥의 비결』, 개정판(서울: 생명의말씀사, 1993), 38-39.

257 이성봉, "복음의 종교", 『사랑의 강단』, 64.

258 위의 책, 64-65.

성결교만의 전매특허가 아니라 모든 그리스인에게 필요한 것이며, 이것이 없이는 주를 볼 수 없기 때문에, 그것을 하나님의 지상명령이면서 뜻으로 그리고 천국민의 자격이면서 그리스도의 신부된 사람에게 필요한 단장이라고 이해한다.[259]

이성봉에게 '신유'는 자신이 직접 경험한 내용이었다. 하지만 그는 이것이 신비주의적 경향으로 흐르지 않도록 노력했다. 그는 신유가 하나님에 대한 신뢰와 기도, 그의 특별한 은혜로 주어지는 차원임을 강조한다. 그뿐만 아니라 영과 육의 구원이라는 통전적 복음 이해를 바탕으로 주님의 치유 사역을 자주 언급한다. 그리고 그것이 단순한 이적 사건이 아니라 복음 전파를 위한 것임을 강조한다.[260] 또한 그는 "재림"을 하나님의 최대의 계획이자 성도들의 최고의 소망으로 이해하면서 재림을 준비하는 자세를 강조한다.[261] 그의 설교에는 재림에 대한 강조가 유난히 많으며, 그는 중생과 성결, 성도의 삶의 자세를 언제나 재림의 복음과 연결시키고 있다.

셋째, 이성봉의 설교는 '회개'와 삶의 변화에 강조를 둔 설교였다. 십자가에 나타난 하나님의 놀라운 사랑을 힘입기 위해 필요한 것은 회개였다. 그에게 회개는 "구원의 입문이자 기초인 것이니 복음의 대지가 회개요, 저주와 멸망을 막는 요새가 되는 것"이고, "지적으로는 자신의 죄를 깨닫는 것"이며 "정적으로는 죄를 슬퍼하는 것"이고, "의지적으로는 죄를 고백하는 것"이며, "행위적으로는 열매를 맺어야 하는 것"이다.[262] 그러므로 그의 부흥설교에서는 늘 회개가 강조되었다. 그것이 복음을 받아들이는 첫 번째 조

259 이성봉, "성결의 복음", 『이성봉: 한국 기독교 지도자 강단설교』, 98-103; 이성봉, "하나님이 귀히 쓰시는 사람", 『사랑의 강단』, 38.

260 이성봉, "신유의 복음", 『부흥의 비결』, 46-48.

261 이성봉, "복음의 종교", 『사랑의 강단』, 66; "재림의 복음", 『이성봉: 한국 기독교 지도자 강단설교』, 150-67.

262 이성봉, 『임마누엘 강단』, 44-49.

건이며, 또 이는 삶의 열매로 나타나야 하는 것이다. 그래서 그는 말씀을 들은 자는 그 말씀을 삶으로 나타내야 한다고 강조한다. 그는 이것이 십자가를 지는 삶이며 주님께서 "그 머리에 가시관을 쓰신 것처럼 나의 머리, 나의 사상, 나의 계획, 나의 조직 모두에 가시관을 씌우고 주님 손에 못을 박은 것처럼 나의 더러운 손, 음란한 손, 도적질하는 손에 못을 박고 나의 수단 방법에 다 못 박는" 삶으로 규정한다.[263] 주님을 따르는 삶은 자기를 이기고 인정이나 의식에 얽매이지 않고 남의 일을 간섭하지 않고 허영심을 버리고 사사로운 일에 얽매이지 않아야 한다. 그는 천로역정에 나오는 순례자의 삶을 통해 이를 설명하기도 한다.[264] 그는 하나님의 놀라운 은혜 앞에서 믿음의 삶을 구체적으로 살아내는 일을 늘 강조했다.

당시 대부분의 부흥사와 마찬가지로 그는 회개를 중점적으로 강조했다. 그는 전통적으로 행해져 오던 관습들, 즉 당시 사회에 만연해 있던 음주, 도박, 축첩, 도둑질 등을 척결할 것을 강조했다. 그 결과 부흥집회에 참석한 이들 가운데 소실로 들어가 첩으로 살던 사람들이 복음을 받아들이고는 그 생활을 청산하기도 했고, 자신의 잘못을 공개적으로 회개하기도 했다.[265]

넷째, 이성봉은 뛰어난 전달 능력을 갖추고 있었고 이야기꾼으로서의 재능을 잘 활용했다. 그는 설교에서 수많은 일화들과 간증, 예화 자료들을 풍부하게 활용한다. 특히 그의 부흥 설교의 독특한 형식인 스토리텔링 기법이 가장 잘 나타난 설교로는 "천로역정 강화"와 "명심도 강화", "요나서 강화" 등을 들 수 있다.[266] 이야기를 중심으로 한 그의 메시지 전달 방식은 당

263 이성봉, "십자가의 도", 『이성봉: 한국 기독교 지도자 강단설교』, 43.

264 이성봉, "주를 좇는 자의 삶", 이성봉, 『이성봉: 한국 기독교 지도자 강단설교』, 52-63.

265 함북 웅기에서 부잣집 소실이 복음을 듣고 첩 생활을 청산한 뒤 혼자 장사를 하면서 살기도 했고, 살인죄를 범한 사람이 경찰서에 찾아가 자수하기도 했고, 부정하게 취득한 물건을 변상하기도 했다. 이성봉, 『말로 못하면 죽음으로』, 71, 89.

266 이것의 원문을 보기 위해서는 이성봉, 『천로역정, 명심도 강화, 요나서 강화』(서울: 생명의말씀사, 1993)를 참고하라.

시 엄청난 반향을 일으켰다. "천로역정 강화"는 존 번연의 『천로역정』을 바탕으로 성경 말씀을 독특하게 풀어내었다. 이것은 당시 암울하던 상황에서 하나님 나라의 비전과 소망을 갖게 만들었으며, 전도를 위한 자료로도 잘 활용되었다.[267] 『천로역정』은 그가 신의주에서 사역할 때 선물로 받은 책이었다. 그는 이 책을 탐독한 후 감명을 받고 그 이후부터 부흥회 설교에서 『천로역정』을 중심으로 설교하기 시작했다.[268]

"명심도 강화"는 1820년 독일의 고스너(J. E. Gossner)[269]가 썼고 여러 나라의 언어로 번역되었다. 한국어로는 배위량(William M. Baird) 선교사가 번역했고 이것을 토대로 이성봉은 거기에 자신의 독특한 해석과 찬양을 가미하여 부흥회에서 활용했다. 이것은 예수님을 믿기 시작한 사람이 거룩한 죽음에 이르기까지의 영적 상태를 잘 설명한 것이다.[270] 특별히 성결의 도리를 그림을 곁들여 잘 설명하고 있기 때문에 그가 즐겨 사용했던 것으로 보인다. 여기에 이성봉의 탁월한 스토리텔링 기법과 찬양이 더해져 더욱 그 빛을 발하게 된다. 김재현은 이것이 "한국교회 부흥과 복음주의적 발전에 주춧돌" 역할을 했다고 평가한다.[271] 이성봉도 『명심도 강화』 서문에서 이 책을

---

267 윤철원, "이성봉의 성서해석학 수립을 위한 하나의 전진", 이성봉 목사 탄신 100주년 기념사업위원회 편, 『이성봉 목사의 부흥운동 조명』(서울: 생명의말씀사, 2000), 316, 322.

268 위의 책, 322.

269 본래 그는 로마 가톨릭 사제였는데 진정한 구원이 제도적인 교육을 통해서 오는 것이 아니라 하나님으로부터 오며 새로운 영적 탄생을 통해 가능하다고 주장하는 복음주의적 열정 때문에 파면을 당했고, 나중에는 루터교 목사로 활동했다. *Das Herz des Menschen*은 여러 언어로 발간되었고 특히 선교지에서 영향력 있는 문서가 되었다. 원어에는 성경 구절, 독자를 위한 해설, 그림이 제시되고 그것에 대한 설명 등으로 구성되었는데 베어드가 번역하고 여기에 이성봉이 많은 찬양들을 곁들여 각색했다.

270 이것은 "옛사람의 상태, 회개하는 심령의 각성, 중생한 사람, 성결의 복음, 식어지고 변하고 물러가는 마음, 배교자의 타락의 상태, 성화의 사람, 성도의 죽음" 등의 내용으로 총 9장으로 구성되어 있으며, 이성봉은 여기에 자신이 작사한 찬송을 매 장에서 연결시키고 있다. 원문과 현대어 내용을 참고하기 위해서는 이성봉, 『명심도 강화』, 한국기독교 고전 시리즈 3(서울: 한국고등신학연구원, 2009)을 참고하라. 이 책에는 영어 번역본과 한국어, 1958년에 출간된 3판의 사진판을 함께 실었다. 초판은 1956년에 임마누엘사에서 나왔다.

271 김재현, "이성봉의 삶과 〈명심도 강화〉", 이성봉, 『명심도 강화』, 74-77.

읽고 감화가 커서 유년주일학교에서 많이 사용하다가 나중에는 그의 목회와 부흥회에서 많이 활용했다고 밝히고 있다. 또한 그는 요나서 등 성경 이야기를 많이 활용했으며, 박계주의 "순애보"도 자주 활용했다. 이상직은 그를 "이야기 신학자"로 소개하면서 그의 자서전, 설교집, 강화집을 다음과 같이 평가한다.

> 이성봉이라는 해설자(narrator)가 일제하의 박해, 해방 후 대립과 갈등의 정치적 상황, 가난과 병마와의 싸움, 동족상잔의 비극적 전쟁의 와중(setting)에서 한국교회와 성도들이(characters) 복음으로 악의 세력을 물리치고 하나님의 교회를 부흥시킨 사건들을(plot) 설교, 자서전, 극적 강화 및 성가의 형태(rhetoric)로 엮어낸 글들이다.[272]

그의 설교 문장은 모든 사람들이 이해하기 쉬운 보편적 형태를 취했고, 구어체적 표현과 그림 언어를 놀랍게 활용한다. 예를 들어 "귓구멍이 넓은 사람은 천성 가기가 어렵다"든지, "내일, 요다음, 차차라는 말은 마귀 '총회'에서 가결된 명안이다. 많은 사람에게 '예수 믿으세요' 하면 '예 차차 믿지요', '다음에 가지요' 하는데 내일, 요다음, 차차 하다가 마지막에 아차 하고 지옥에 떨어지고 말 것이다"라든지, "산 사람은 움직임이 있으나 죽은 자는 엎어 놓아도 그대로, 젖혀 놓아도 그대로, 모로 놓아도 그대로, 거꾸로 놓아도 그대로, 자유 활동이 없다. 꾸어다 놓은 보릿자루 모양으로 언제 보아도 그 모양, 향상도 없고, 발전도 없고, 전진도, 장성도 없다"든지, "태평양의 물고기가 물이 없어 죽고…풍년든 창고의 생쥐가 배고파 죽었다면 얼마나 어

272 이상직, "'이야기 신학자'로서의 이성봉 목사", 이성봉 목사 탄신 100주년 기념사업위원회 편, 『이성봉 목사의 부흥운동 조명』, 338.

리석다 할 것인가"와 같은 문장에서 그것을 확인할 수 있다.[273] 그의 설교에는 단어와 개념이 반복적으로 사용되고, 문학적 기법을 활용하여 극적 효과를 높이기도 한다. 또한 많은 질문이 사용되고, 유머와 해학, 풍자 등을 곁들여 이야기의 재미를 더한다.

다섯째, 이성봉은 설교할 때 다양한 방식과 매체를 활용한다. 특히 설교에 찬송을 적절히 활용했다는 점이 가장 뛰어나다. 앞서 언급한 대로 그는 설교 사역을 수행함에 있어 「활천」이라는 교단지에 계속적으로 보고하는 형식을 취하면서 인쇄매체를 적극 활용했다. 당시에는 일반적이지 않던 방송을 통해 설교를 내보내기도 했고, 설교를 모아 책으로도 펴내어 하나님의 말씀을 전하려고 했다. 무엇보다도 그의 설교에는 여러 편의 찬양이 들어 있다. 그는 설교 내용과 관련하여 직접 가사를 만들어 기존의 곡에 붙여 활용했고, 늘 설교의 끝부분에 찬양으로 결단케 하는 방식을 취했다. 또한 어떤 내용은 운율을 따라 찬양 형식으로 메시지를 전하기도 했다. 그런 찬양으로는 대표적으로 새찬송가 266장에 직접 노랫말을 붙인 "인생 모경

273 이성봉, 『천로역정 강화, 명심도 강화, 요나서 강화』, 22, 212; 이성봉, "살았느냐 죽었느냐", 『임마누엘 강단』(서울: 생명의말씀사, 1993), 30.

274 이것의 노랫말은 다음과 같다. "1. 꿈결 같은 이 세상에 산다면 늘 살까/ 인생의 향락 좋대도 바람을 잡누나/ 험한 세상 고난풍파 일장춘몽이 아닌가/ 슬프도다 인생들아 어디로 달려가느냐/ 2. 이팔청춘 그 꽃다운 시절도 지나고/ 혈기방장 그 장년도 옛말이 되누나/ 성공실패 꿈꾸면서 웃고 우는 그 순간에/ 원치 않는 그 백발이 눈서리 휘날리누나/ 3. 해와 달과 별같이도 총명하던 정신/ 안개구름 담뿍 끼여 캄캄해지누나/ 모든 정욕 다 패하고 아무 낙도 없어지니/ 땅에 있는 이 장막은 무너질 때가 되누나/ 4. 인삼녹용 좋다 해도 늙는 길 못 막고/ 진시왕의 불로초도 죽는 덴 허사라/ 인생한번 죽는 것을 누가 감히 피할손가/ 분명하다 이 큰 사실 너도 나도 다 당하네/ 5. 꽃이 떨어진 후에는 열매를 맺고요/ 엄동설한 지나가면 양춘이 오누나/ 어두운 밤 지나가면 빛난 아침이 오나니/ 이 세상을 다 지난 후 영원한 천국 오리다/ 6. 근심마라 너희들은 하나님 믿으니/ 또한 나를 믿으라고 주 말씀 하신다/ 네 아버지 그 집에는 있을 곳이 많다지요/ 기쁘도다 주님 함께 영원히 함께 살리라/ 7. 강 건너편에 종소리 내 귀에 쟁쟁코/ 보석성에 그 광채는 눈앞에 찬란타/ 앞서 가신 성도들이 주님 함께 기다린다/ 어서 가자 내 고향에 할렐루야로 아멘."

가(暮境歌)",[274] "허사가"(虛事歌),[275] "서로 사랑하라"[276]와 같은 곡들을 들 수 있다. 그는 그냥 끼워 넣는 것이 아니라 설교의 내용과 전개에 적합하게 찬양을 활용했다.[277]

종말론적인 내용을 담은 이런 찬양은 당시의 상황에 잘 어울렸다. 이로 인해 그의 설교가 허무주의적 경향을 띤다는 평가가 있지만,[278] 이것은 천국 복음과 하나님 나라에 대한 소망을 통해 복음을 전하고 사람들을 전도해 교회를 세워가려는 그의 열망에서 비롯된 것이므로 반드시 그렇게만 평가할 수는 없다. 그는 설교를 통해 이 세상의 일을 부정한 것이 아니라 세

---

275 이것은 16절로 되어 있고 「활천」에 익명으로 발표한 이명직의 "희망가"를 차용한 것으로서 1957년에 강릉 집회에서 부른 "허사가"에는 1, 2, 7, 10, 11, 13절을 차용했다. 이승하, "달란트 대로 하나님께 영광을 돌린 사람들(72)—소복 이성봉 목사", 「장로신문」, 1495호(2016년 3월 5일), 참고. 가사의 일부를 보면 다음과 같다. "1. 세상만사 살피니 참 헛되구나/ 부귀공명 장수는 무엇하리요/ 고대광실 높은 집 문전옥답도/ 우리 한번 죽으면 일장의 춘몽/ 2. 일생 일귀 북망산 불귀객되니/ 일배 황토 가련코 가이없구나/ 솔로몬의 큰 영광 옛말이 되니/ 부귀영화 어디에 자랑해볼까/ 3. 추초중에 만월대 영웅의 자취/ 석양천에 지닌 객 회고의 눈물/ 반월산성 무너져 여우집 되고/ 자고새가 울 줄을 뉘 알았으냐/ 4. 인생백년 산 데도 슬픔 탄식뿐/ 우리 희망 무언가 운무로구나/ 그 헛됨은 그림자 지남 같으니/ 부생 낭사 헛되고도 헛되구나/ 5. 홍안소년 미인들아 자랑치 말고/ 영웅호걸 열사들 뽐내지마라/ 유수 같은 세월은 널 재촉하고/ 저 적막한 공동묘지 너 기다린다/ 6. 한강수는 늘 흘러 쉬지 않건만/ 무정하다 이 인생 가면 못 오네/ 서시라도 고소대 한번 간 후에/ 소식조차 막연해 물거품이라.…"

276 이것은 당시에 불리던 노래인 "희망가"에 이성봉이 가사를 붙인 것이었다. "이 풍진 세상을 만났으니 우리 할 일이 무엇인가/ 믿음과 소망과 사랑 중에 제일은 사랑이라/ (후렴) 형제여 서로 사랑하자 우리 서로 사랑하자/ 사랑의 주님 계명 지켜 힘써서 사랑하자/ 2. 하나님은 곧 사랑이요 주 예수님도 사랑이라/ 성령 받은 자 큰 증거는 온전한 사랑이라/ 3. 사랑은 항상 오래 참고 또한 참으로 온유하며/ 사랑은 시기하지 않고 자랑하지 아니하네/ 4. 사랑은 교만하지 않고 또한 무례히 행동 않고/ 자기 유익을 구치 않고 성내지 아니하네/ 5. 사랑은 남의 약한 것을 기억하지도 아니하며/ 불의한 것을 기뻐 않고 진리로 기뻐하네/ 6. 사랑은 모든 일에 참고 또한 범사에 믿으며/ 범사에 항상 바라면서 범사에 견디도다."

277 이성봉은 뛰어난 음악적 자질과 문학성을 겸비한 것으로 보인다. 이런 찬양들을 묶어 한국전쟁 중인 1951년에 찬양집을 발간하는데 여기에 실린 곡의 대부분은 기존의 곡조에 그가 새로 작사를 하여 붙인 곡을 담았다. 이성봉, 『임마누엘 성가』(서울: 임마누엘사, 1951), 참고. 당시 기존의 민요곡이나 유명한 곡조에 가사를 붙여서 부르는 것은 가장 일반적인 경향이었다. 홍정수, "노래에 맞추어 지어진 찬송가 가사", 「장신논단」, 9집(1993), 446-568 참고.

278 정성구는 이성봉의 설교를 허무주의와 냉소주의적인 요소가 강한 것으로 평가하면서 설교의 결론에서 "허사가"로 맺는 것을 가리켜 성경으로 시작하여 허무주의로 끝나는 것 같다고 평가한다. 정성구, 『한국교회 설교사』, 168-69.

속주의적 삶을 부정한 것이며, 주님의 재림을 기다리는 성도들은 그리스도인다운 삶과 종말론적인 삶을 살아야 함을 강조한 것이다. 앞서 살펴본 대로 재림은 성결교의 중심 교리이자 이성봉의 설교사역의 중심을 이루고 있는 사중복음의 한 축이었음을 고려할 때, 그의 설교는 종말론적 관점을 취하고 있다고 평가된다.

이렇게 이성봉은 전국 교회를 순회하면서 설교했고, 복음전도와 교회부흥을 위해 초인적으로 집회를 인도하며 하나님의 말씀으로 한반도 땅을 덮었던 가장 대중적인 설교자 가운데 한 사람이었다. 복음의 소통을 중요하게 생각했던 그는 청중들이 이해하기 쉽게 일상적인 용어를 즐겨 사용했으며, 뛰어난 유머 감각과 다양한 예와 비유, 격언, 찬송 등을 설교 중에 탁월하게 활용했다. 그는 이야기꾼으로서의 뛰어난 자질과 수많은 찬양을 설교에 도입하여 찬양을 통해 청중들을 말씀의 내용에 묶어놓을 뿐만 아니라 결단하게 만드는 탁월함을 보여준다. 그는 1960년대에 분열되었던 성결교 교단이 통합하는 합동 총회에서 "주를 사랑하자"라는 마지막 설교를 마치고 10일 후에 세상을 떠났다. 그는 설교대로 살았고, 설교를 위해서 살았다.

## 김화식 목사: 복음을 위한 투쟁의 설교자

### (1) 생애와 사역

김화식 목사(1893-1947)는 1893년 1월 평남 숙천에서 한국교회 초기 목회자였던 김찬성의 장남으로 출생하여 가난한 유년 시절을 보낸다.[279] 그는 어

279 그의 부친 김찬성은 평양장로회신학교를 2회로 졸업했으며 예수를 믿고 전도인이 되어 각처로 돌아다니면서 전도 활동을 펼쳤기 때문에 가정생활은 몹시 어려웠다. 세 아들을 두었는데 첫째가

려운 가정 형편 중에서도 야학으로 초등학교를 마치고 평양의 숭실중학을 졸업했다. 그 후 신성학교에서 교편을 잡았고, 25세가 되던 해에 부친과 함께 3·1운동에 가담했다가 체포되어 2년 6개월의 옥고를 치르기도 했다. 그는 극심한 어려움 속에서도 감옥에서 수많은 사람들에게 전도하여 많은 결실을 얻었다.[280] 1927년 평양장로회신학교를 22회로 졸업하고 목사안수를 받은 후 안주 동북교회와 평북 용천 양시교회에서 시무했다. 그 교회는 당시 용천에서는 꽤 규모가 큰 교회였다. 1931년에는 선천 신성학교 교장의 요청을 받고 후진 양성의 필요성을 느껴 그 학교의 교목으로 부임한다. 교인들과 주변의 만류가 있었지만 학교 발전에 크게 공헌하면서 말씀으로 학생들을 감화시켰다. 1935년에 선천남교회의 청빙을 받았고, 1936년부터는 평양 창동교회에서 공산당에 의해 체포되던 1945년까지 담임목회를 한다. 그는 경건한 설교자로 활동하면서 산정현교회의 주기철, 신현교회의 이유택과 함께 신사참배 반대에 앞장서기도 했다.[281]

그는 1947년에 열린 9월 유엔 총회에 한국문제를 상정하는 일을 앞두고 남북통일정부 수립의 필요성을 강하게 느꼈다. 그는 남북의 통일과 민주주의 정부수립을 위해 기독교적 기반을 가진 정당의 필요성을 인식하고 뜻을 같이하는 사람들과 기독교자유당을 창당하기 위한 정강을 마련한다. 이 조직은 평양의 기독교 지도자들이 중심이 되었다. 처음에는 장로교와 감리교가 개별적으로 이 일을 추진하다가, 이후에 서로 연합한다. 장로회

---

화식, 둘째가 성여(聖輿), 셋째가 형식(亨湜)이었으며 첫째와 둘째가 아버지를 따라 목회자가 되었다. 둘째는 해방 후 월남하여 부산진교회에서 목회했다. 김화식은 아들 다섯을 두었는데 둘째 아들이 가곡 "가고파"의 작곡가 김동진이다. 김춘배, 『한국기독교수난사화』(서울: 성문학사, 1969) 참고.

280 이 중에 대한예수교장로회 총회장을 지냈고 안동 지방 기독교의 대표 인물이었던 이원영이 있다. 그는 서대문감옥에서 김화식의 전도를 받고 예수를 믿게 되었으며 평양장로회신학교를 25회로 졸업하고 목사가 되었고, 안동에서 일생 사역한다.

281 정성구, 『한국교회 설교사』, 250.

에서는 당시 평양장로회신학교 이사장이자 이북5도 연합노회 부회장이던 김화식이 중심이 되었고 목사 이유택, 홍봉조, 우경전, 김관주, 김진수 등이 참여했다. 1945년 11월 초부터 논의가 시작되어 1947년 초에 '기독자유당'이란 구체적 조직이 결성되었다. 감리교에서는 목사 신석구, 배덕영을 중심으로 '기독교민주당'이란 명칭을 걸고 조직을 결성한다. 1947년 2월 김화식의 사택에서 양 진영의 지도자들이 모여 단일 기독교 정당을 결성하기로 결정하고 "기독교자유당"으로 명칭을 정한다.[282] 이것은 "기독교와 민족의 의사를 대변할 새로운 정당"의 필요성에 대한 요청에 의해 시작되었고, 애초부터 '공산당 대항 조직'이라는 분명한 성격을 띠고 출발한다.[283] 그 자리에서 김화식은 "머지않아 통일이 될 때 기독교를 널리 전도하기 위해서는 기독교가 단합된 면모로 사회에 임해야 하며 이를 위해서 기독교자유당의 결성이 필요하다"고 역설했고, 그들이 비밀리에 모였던 것은 "소련과 공산주의자들이 주도하는 북한의 정세 진전을 비판적으로 바라보면서 이를 제어하기 위한 의도를 포함한 것" 때문이었다. 여기서 이덕주의 설명을 들어보자.

> 이 같은 분명한 목적으로 출발한 기독교자유당은 1947년 3월 장대현교회에서 창당준비위원회를 결성했고…5월 초순에는 평양신학교 지하실에서 창당 발기인 1백 20명이 모여 당헌과 강령을 채택했다. 이로써 정당으로서의

---

282 한국기독교역사연구소 북한교회사집필위원회, 『북한교회사』(서울: 한국기독교역사연구소, 1996), 389-93. 당시 신의주에서는 이미 한경직이 기독교사회당을 결성했고, 조만식이 창설한 조선민주당이 있었지만 조만식이 연행되어 행방불명됨으로써 공산당 산하의 조직으로 변질된다. 초기 조선민주당은 일제하에서 신간회에 참석하는 등 민족주의와 기독교 사회주의 색채가 강한 사람들로 구성되었는데 결성 3개월 후에는 당원이 50만 명이 넘을 정도였다. 북조선공산당 당원이 약 4,500명에 불과했던 것을 보면 그 세를 알 수 있다. 상세한 내용을 위해서는 같은 책, 384-88을 참고하라.

283 이덕주, 『신석구: 민족의 독립을 위해 십자가를 지다』(서울: 신앙과지성사, 2012), 293-94.

골격을 갖추게 되면서 지방 조직 확산에 착수하는 한편 산정현교회 장로이자 기독교자유당 창당준비위원인 김현석을 남쪽으로 밀파해 황은균 목사를 통해 김구와 연락을 취했다.…이같이 기독교자유당이 결성되는 과정을 지켜보던 공산당 측에서는 기회를 노리다가 1947년 6월 15일 "북한 인민정권 전복 혐의"로 기독교자유당 인사들을 체포하기 시작했다. 즉 창당 과정에서 핵심 인물로 활약한 김화식 목사와 이북5도 연합노회장 김진수 목사, 서부연회장 송정근 목사…를 비롯한 40여 명의 관련자들이 체포됨으로 결국 기독교자유당은 결성도 되기 전에 와해되고 말았다.[284]

이렇게 하루 전에 창당이 무산되었지만 기독교자유당은 처음부터 공산당을 반대하기 위한 운동이었고, 당시 기독교의 대표 교단이었던 평양 인근의 장로교와 감리교 지도자들이 연합하여 공산 정권에 맞선 반체제운동을 펼쳤다는 점에 의의가 있다. 이때부터 북한 지역에서 공산당에 의한 기독교 탄압이 노골적으로 본격화되었고 수많은 기독교 지도자들이 월남했다. 이로 인해 보수적인 기독교 세력은 북한 지역에서 점점 약화되었다.

일제와 싸웠던 김화식은 어려운 상황에서도 민족교회를 가슴에 품고 설교했고 해방 후에는 공산화된 북한 지역을 바로 세우기 위해 공산당에 항거하다가 고초를 당했다. 결국 그는 아오지 탄광으로 유배되어 모진 고초를 당하던 중 1947년 11월에 살해당했다. 김린서는 "曺晩植(조만식) 장로나 金(김) 목사 같은 교회 지도자들이 철의 장막 속에서 정치운동에 나선 것은 애국심에서 나온 행동이었지만 정치적 식견이 빈곤함 때문에 감행한 모험이었다"[285]고 평가하지만, 이런 평가에는 민족의 상황과 교회 내의 목회를 이

284 위의 책, 293.

285 김린서, 『한국교회 순교사와 그 설교집』(부산: 신앙생활사, 1962), 188.

분법적으로 생각하는 편협함이 배어 있다. 이는 단순한 정치 참여가 아니라 해방 후 북한 지역에서 무신론 이데올로기로 무장하고 교회를 위협하던 공산주의에 맞선 저항운동이요, 반체제운동이었다. 비록 불발로 끝났지만 기독교자유당 사건은 "조국이 광복된 직후 한국 기독교인들이 새로운 국가 건설을 위해 조직적으로 정치 단체를 결성하여 활동을 펼치려고 시도했다는 점에서 한국 정당사에서 반드시 기억돼야 할 중요한 사항"이라고 김광수는 주장한다.[286]

### (2) 설교사역과 신학적 특징

김화식에 대한 자료와 기록은 그리 많지 않다. 고작 두 권의 설교집[287]과 "빌립보서 강해"가 남아 있을 뿐이며 상대적으로 그의 생애에 대한 자료도 많지 않다. 자료의 빈곤에도 불구하고 남아 있는 자료들을 통해 김화식의 설교사역을 가늠해볼 수는 있다. 1962년 대한예수교 장로회 총회장을 지낸 이기혁은 그의 설교사역에 대해 이렇게 평가한다.

> 韓國敎會 九十年史(한국교회 90년사)에서 說敎者(설교자)로서 金化湜 牧師(김화식 목사)님보다 앞설 이는 나지 못했다고 評(평)하고 싶다. 나뿐 아니라 一般(일반)의 定評(정평)도 그럴 것이다. 그의 설교는 영감에 있어서 深奧(심오)하고 理論(이론)에 簡明(간명)하며 博學(박학)하면서도 깊은 實感(실감)을 주는 說敎(설교)이다.[288]

---

286 김광수, 『북한 기독교 탐구사』(서울: 기독교문사, 1994), 217.

287 김화식, 『신앙의 승리』, 김항식 엮음(서울: 세종문화사, 1974); 김화식, 『김화식 목사 설교집』, 이성근 엮음(서울: 한국목회자료연구소, 1974). 1936년에 나온 최초의 설교집은 백병민이 편집했다. 白炳旻 編, 『金化湜牧師說敎集』(京城: 長老會總會宗敎敎育部, 昭和 11, 1936).

288 이기혁, "추천의 말씀", 김화식, 『신앙의 승리』.

정성구는 그를 "한국교회의 스펄전"이라고 평했으며, 이성근은 『김화식 목사 설교집』의 머리말에서 길선주가 "한국의 부흥사", 최봉석이 "한국의 전도자", 주기철이 "한국의 순교자"라고 한다면 김화식은 "한국의 설교자"라고 평한다.[289] 주기철이 평양의 대표적인 교회였던 산정현과 창동교회 강단에서 일사각오를 외치며 "군사를 지휘하는 전투사령관다운 설교"를 했다면, 김화식은 "푸른 초장에 풀내음 나고 시냇물 소리가 들리는 목장에서 양을 치는 목자다운 설교"를 했다고 평가되기도 한다.[290] 제한된 자료를 통해 살펴본 김화식의 설교에는 다음과 같은 몇 가지 특징이 있다.

첫째, 김화식의 설교에는 경건주의적 성향이 드러나고 기도생활이 강조된다. 그는 주기철, 이유택과 자주 모여 함께 기도했고 묘향산으로 금식기도를 함께 떠나기도 했다. 또한 그는 성경 읽는 생활을 유난히 강조하면서 성경 연구에 남다른 열정을 보였다. 그는 빌립보서 강해서를 출간할 정도로 성경 연구에 주력했다. 그의 설교집을 편집한 이성근은 김화식이 한 이야기를 다음과 같이 증언한다.

> 나는 매일 자는 시간과 성경을 읽는 시간이 제일 많습니다. 이전에 농촌교회에서 일볼 때는 성경 읽는 시간이 많았으나 이제 큰 교회에서 일을 보면서 매일 십 명 이상의 손님을 교제하고 보니 성경을 읽는 시간이 없게 됨을 몹시 애석하게 생각합니다. 참으로 나는 성경을 읽기 위해 다시 자그마한 농촌교회로 돌아가고 싶습니다.[291]

둘째, 김화식의 설교에는 시적 상상력과 그림 언어 활용 등 문학적 특성이

---

289 정성구, 『한국교회 설교사』, 248; 이성근, "머리말", 김화식, 『김화식 목사 설교집』, 3.

290 이성근, "머리말", 김화식, 『김화식 목사 설교집』, 3.

291 위의 책.

잘 담겨 있다. 시적 상상력이란 그림을 그리듯이 묘사하여 청중들을 그 세계 가운데로 초대하여 그것을 구체적으로 보고 느끼게 하는 특성이다. 폴 스캇 윌슨(Paul S. Wilson)은 모든 상상력은 신비를 내포하고 있으며 그 신비의 세계를 열어 보여줄 수 있는 가장 확실하고 효과적인 길이며, 따라서 다른 사람의 생각을 흔들어놓을 수 있을 만큼 충분한 상상력을 개발해야 한다고 주장한다.[292] 설교는 하나님의 말씀의 세계와 그 핵심 메시지를 오늘의 청중들에게 활짝 열어 보이는 사역이기 때문에 설교자는 영혼을 움직이는 상상력을 활용할 수 있어야 한다는 것이다. 김화식은 이런 상상력과 시적 특성을 잘 활용한다.

…구름은 慘慘(참참)하고
바람은 수수한데
우승크린 뫼뿌리와
서드린 돌무덕이
컴컴한 벼랑기슭에
님이 거기 섰노라

님이 거기 서신 것은
아버지를 그린 탓을
四十日(사십일)을 굶었건만
굳센 것은 그의 마음
알게라 그 마음 中天(천중)에

292 Paul Scott Wilson, *Imagination of the Heart: New Understandings in Preaching* (Nashville: Abingdon, 1988), 15-17.

아버지의 뜻 밝아서라.[293]

그는 설교에 서양의 시뿐만 아니라 자작시까지 활용한다. "부모예찬"이라는 설교문에서는 자작시를 활용한다.

그렇게도 귀여운 부드러운 손
희고 검고 아니코 또 적도 그도
그러하나 우리들 그 귀한 손을
귀한 줄도 모르고 생각도 많소
모양 있고 색 고은 손도 있지만
조각사의 조각품 못 미칠 만큼
그러하나 내 모친 주름잡힌 손
다시 없으리만큼 천하에 제일품…[294]

"기독교인의 행복"이라는 설교에서는 이런 문학적 기법을 통해 청중들의 상상력을 자극하며 성경 말씀과 연결하여 결단시키는 구조를 취한다.

청년들아! 성경을 읽으라. 위대한 인물은 성경을 애독함에서 산출됩니다. 그리스도인의 행복은 성경에서만 발견할 수 있으니 부지런히 성경을 공부하여라, 여기에 영생이 있는 것입니다. 청년들아! 공동의 줄을 메워 기쁨의 손가락으로 튕겨 노래를 부르라. 그리스도인은 기쁨으로 고통을 삼킬 수 있는 위대한 행복자이니 "무명한 자 같으나 유명한 자요, 죽은 자 같으나 보라 우

---

293 김화식, "예수의 荒野", 「신앙생활」, 14권, 3호(1955), 18-19.
294 김화식, "부모예찬", 김화식, 『김화식 목사 설교집』, 46.

리가 살고 징계를 받은 자 같으나 죽임을 당하지 아니하고 근심하는 자 같으나 항상 기뻐하고 가난한 자 같으나 많은 사람을 부요하게 하고 아무것도 없는 자 같으나 모든 것을 가진 자로다"(고후 6:9-10). 아! 이 어찌 그리스도의 무한한 기쁨이 아닐까 보냐! 청년들아! 고해 같은 이 세상에서 행복을 누리려는가? 의지할 데 없는 세상에 처하여 오직 신뢰할 자를 발견하며, 생명의 십자가를 발견하고, 사망을 이기는 부활이 있음을 발견하라. 그래서 만유의 주 하나님을 발견하며 무상히 행복을 누릴 것이며, 성경을 발견하여 인격을 도야하고 품성을 함양하여 그리스도인의 특색을 발휘하라.[295]

그는 "요셉의 신앙"(히 11:22)이라는 설교에서 요셉은 아버지 야곱을 닮아 "몽중에 하나님을 만나 보는 신앙"을 가졌다는 해석과 언어기법을 사용하며 "해골(骸骨)의 신앙"과 "해골 행진"이라는 독특한 표현을 사용한다.

요셉은 반드시 이스라엘 백성이 애굽에서 나가게 될 것을 믿었습니다. 해골은 반드시 행진한다고 믿었습니다. 오백년(五百年) 후에야 성취되었습니다. 신앙이란 것은 원 시간 공간을 초월한 것입니다. 믿음은 바라는 것들의 실상이요 보지 못하는 것의 증거입니다. 주께는 하루가 천년(千年)같고 천년(千年)이 하루 같다 함과 같이 신앙자에게도 마찬가지입니다. 그러므로 신앙은 인내를 겸하여야 합니다. 아브라함이 百세에 아들을 낳아 그 아들로 전인류 구원의 기초를 두리라고 믿은 것과 애굽의 일개 노예로 필경 해방되어 해골이 반드시 행진하리라고 믿은 이 믿음은 참으로 위대한 믿음입니다. 이 믿음은 그 믿음대로 성취되었습니다.…현재 세상이 조석으로 변하여 새털(鴻毛[홍모]) 같이 팔랑팔랑하며 표면주의(表面主義)에 흘러가지만 오직 그리

295 김화식, "기독교인의 행복", 김화식, 『김화식 목사 설교집』, 46.

스도의 청년만은 십자가를 지고 믿는 일에 깊이 거할 것입니다. 에스겔이 골짜기의 해골들이 큰 군대를 형성하는 것을 본 것과 같이 우리 다 해골 행진의 신앙을 규호(叫呼)하여야 할 것입니다.[296]

이처럼 그의 설교는 시적 언어와 상상력이 담긴 언어로 표현된다. 특별히 마지막 부분에서는 시적 클라이맥스를 통해 결론을 보다 극적으로 제시하고 있다. "예수님의 최후 심경(心境)"이라는 설교에서는 다음과 같이 결론을 맺는다.

무릇 능력이 없는 자로서 수욕할 때에 인내하는 것은 부득이한 일입니다. 속담에 매달고 치면 안 맞는 자가 없다고 함과 같습니다. 그러나 예수님은 능히 한번 꾸짖어 악당을 물리치고 단숨에 십자가에서 내려올 수 있으나 자기의 능력을 스스로 제한하고 포기하셨읍니다. 이것은 곧 자기 생명을 사랑함보다 인류의 생명을 사랑하심입니다. 그의 불타는 사랑이 그의 능력을 삼키었읍니다. 이 결과는 영원의 승리요 완성의 승리입니다. 과연 예수님의 이/ 강열한 확신과/ 주밀한 사랑과/ 최후 승리의 결심/ 이를 보아 그 위대한 인격을 알 수 있었읍니다./ 아! 위대합니다. 생존하신 하나님 아들! 인류의 구주 그리스도여! 우리는 우리의 구주의 이 같은 인격을 본받아 환난과 위험이 임하여도 초조하거나 당황하지 않고 담대하며 태연하게 당할 것입니다. 임시무의지도력(臨時無疑指導力)이란 말과 같이 환난과 사망이 절박한 국면에 가장 기독자된 인격을 발휘하여야 가히 그리스도의 제자라 할 것입니다.[297]

---

296 김화식, "요셉의 신앙", 김화식, 『김화식 목사 설교집』, 53-54.

297 김화식, "예수님의 최후의 심경(心境)", 김화식, 『김화식 목사 설교집』, 61-62. 설교자가 시적 리듬을 표현한 것을 나타내기 위해 필자가 슬래시로 나누었음을 밝힌다.

셋째, 그는 다양한 자료와 예들을 활용하여 아주 이해하기 쉽게 전달한다. 김화식의 설교에는 동서고금의 역사와 문학 및 이야기에 나타난 다양한 자료들이 활용되고 있으며, 명쾌한 논리가 제시된 다음에 그것을 적절하게 예증하는 방식들이 활용된다. 예를 들어 "비두니아를 구하여 드로아를 얻는다"라는 설교에서는 미국의 설교자 포스딕을 인용하고, 제갈량, 관운장, 미국의 화가 휘슬러, 신대륙을 발견한 콜럼버스, 필립 브룩스, 소설가 월터 스코트, 저드슨 선교사, 윌리엄 단간, 제인 브라운 등의 이야기를 인용하고 있다. 또한 '비두니아'와 '드로아'를 비교하면서 성경 본문과 현실 세계에서 만나게 되는 특징을 설명하고 있다. 그 설교의 앞부분을 살펴보자.

> 인생 생활에 최선(最善)이 있고, 차선(次善)이 있읍니다. 누구나 인생의 최선을 선택하여 거기에 더하여 살고자 하지마는 그런 혜택을 받는 자는 지극히 적고, 차선의 기회를 붙잡아 살지 아니하면 아니되게 되는 자가 많다는 것입니다. 다시 말하면, 제 一(일) 선택에 터하여 살 기회를 받는 자가 적고 제 二(이) 혹은 제 三(삼) 선택에 터전하여 살지 아니하면 아니된다는 것입니다. 옛날 제갈량(諸葛亮)은 대로 상중하(上中下) 삼계(三計)를 금낭(錦囊) 세 개에 넣어, 필요한 때에 열어보라고 했읍니다. 그런데 대체의 경우 제 一(일) 낭을 적용치 못하고 제 二(이)나 제 三(삼)을 적용하게 된 것입니다. 우리 인간 생활도 또한 그러하다는 것입니다. 알기 쉽게 말하자면, 관운장(關雲長)은 문필에 뜻을 두었지마는 그의 생활은 문필이 아니고 무(武)였던 것입니다. 이태백(李太白)은 무(武)에 뜻을 두었지마는 그의 생활은 무(武)가 아니요 문장이었던 것입니다. 미국의 화가(畵家) 휘슬러는 본래 군인을 지망했으나 웨스트포인트 사관학교 화학(化學) 시험에 실패하고 최후의 지망을 버리게 되었습니다. 그는 군인에 실패하고 기운(氣運)이 나지 아니했지마는 공학(工學)에 뜻했다가 다시 옮겨 회필(繪筆)을 친하게 되었읍니다. 그런데 그 결과는 놀

랄 만한 것이어서 공공했읍니다.[298]

또한 그의 설교는 자연에서 발견되는 신비와 아름다움을 잘 담아내고 있다. 그래서 정성구는 김화식의 설교를 '전원적'이라고 표현한다.[299] 특별히 그의 "대자연의 계시"라는 설교문과 "천연(天然)의 소리"라는 설교문에는 이런 특성이 잘 나타난다. "소나무 팔을 벌려 하나님께 기도하고 고요한 구름은 허리 굽혀 경배하네. 나도 그중에서 자연 엄숙하여라. 노랑나비 흰나비는 바람 타고 날아가고 꿀벌 참벌들은 1백 꽃을 다 다닌다. 임 향한 이 내 마음 할 것 없이 가오리."[300] 다른 설교에서도 하나님께서 창조하신 자연이 우리에게 주는 선물들을 열거하면서 목가적인 분위기를 한껏 살리고 있다.

> 산에 오르면 그 높음을 배워서 생각하게 되고 물에 가면 그 맑음을 배워서 생각하게 되고, 돌을 만지면 그 굳셈을 배워서 생각하게 되고 봄에는 평화를, 가을에는 엄숙을, 그리고 산에는 침착을, 바다에는 활발을 배우고 생각하게 되며, 꽃이 웃고 새가 노래함을 보고 들으면 마음이 즐거워지고 귀뚜라미 소리는 쓸쓸한 기분을, 내리는 비는 우울함을, 맑은 날씨는 상쾌함을 주는 등등은 천연과 사람의 보통 감정을 말하는 것입니다.[301]

넷째, 김화식의 설교는 복음 중심적·성경 중심적이다. 그의 설교의 원천은 언제나 성경이었다. 당시에는 주제를 중심으로 설교를 풀어가는 경우가 허다했지만, 김화식은 본문으로부터 대지를 추출하여 성경의 내용을 통해 그

298 김화식, "비두니아를 구하여 드로아를 얻는다", 『김화식 목사 설교집』, 105.
299 정성구, 『한국교회 설교사』, 255.
300 김화식, "대자연의 계시", 김화식, 『신앙의 승리』, 147.
301 김화식, "천연(天然)의 소리", 김화식, 『신앙의 승리』, 148-49.

것을 설명하는 구조를 취한다. "죄악과 구원"이라는 설교문은 이사야 1:1-8, 18을 본문으로 하여 먼저 서론에서 본문을 설명하는 구조로 설교의 문을 열고 있다. 그다음 죄를 말하지 않고서는 구원을 논할 수 없음을 강조한다. 의인이 없으며 모두가 죄인이라는 사실을 로마서 3장을 인용하여 설명하고 일본의 학자 말도 인용한다. "감옥 밖에는 감옥의 죄수보다도 지독한 죄인이 부지기수며 죄인보다 도덕가라고 칭하는 사람 중에 더욱 악한 죄가 있는 것"이라고 규정하면서 신약(딤전 1:15; 눅 5:8)과 구약(사 6:5; 사 1장)의 관련 성경 구절을 언급한다. 그러면서 죄는 반드시 해결되어야 할 병이며 씻어야 할 더러움임을 전제한 다음에 1, 8절을 근거로 "죄는 병과 같음"이라고 제시한다. 여기서도 마태복음 9:12, 5을 인용하여 설명한다. 두 번째 대지는 본문의 8절과 마가복음의 연관 말씀을 근거로 "죄는 때와 먼지 같음"이라고 설명한다. 그리고 다음과 같이 결론을 내린다.

> 우리는 죄를 스스로 용납하여 평안하지 못할 것이니 죄는 언제든지 병과 같고 때와 먼지 같아서 우리를 죽이고 우리를 멸하는 것입니다. 나의 오른손이 범죄케 하면 짤라버릴 것이며 나의 눈이 범죄케 하면 빼어버릴 것입니다. 이와 같이 하여야 우리가 하늘의 영생과 영광을 취할 것입니다.[302]

다섯째, 김화식의 설교는 형태론적 관점에서는 기본적으로 대지설교 형태를 활용한다. 다만 그는 서론을 통해 설교 주제에 대한 충분한 논리적 진행을 한 다음에 셋, 혹은 그 이상의 대지를 통해 주제를 설명하며 필요시에는 각 대지에 두서너 개의 소지까지 활용하고 있다. "참 제자의 도"라는 설교문에는 ① 세상(죄악)과 분리할 것, ② 무엇보다 예수님을 더욱 사랑할 것, ③ 극기

302 김화식, "죄악과 구원", 김화식, 『김화식 목사 설교집』, 122-30.

와 십자가로써 복종할 것 등의 대지를 통해 주제를 상세하게 설명하는데 본문이 대지와 관련하여 설명하는 것을 다양한 예증을 통해 제시한다.

> 예수님은 실로 자기 육체적 일체 욕망을 이기시고, 내어버리시고, 하나님의 뜻만을 구했으며, 일체의 고난의 잔을 다 맛보았습니다. 이것은 부득이 당한 것이 아니요, 고원(高遠)한 이상을 위해 고통, 비애, 배척, 불우, 빈궁 등 허다한 고난을 지고 가지 아니하면, 그리스도와 동일한 영광에 들어가기 불능합니다.…성공은 오직 십자가에 있는 것을 알아야 할 것입니다. 순교의 정신, 십자가의 정신, 수난의 정신, 이것이 참 제자의 도인가 합니다.[303]

이렇게 김화식은 경건주의적 목회관을 견지하면서 어려운 시대에 말씀으로 세상을 밝혀갔다. 그는 3·1운동 때에는 체포되어 2년 6개월 이상 옥고를 치렀고, 공산 정권에 저항하다가 결국 순교로 일생을 마치기까지 신실하게 말씀의 세계를 펼쳐보였던 설교자였다. 그는 설교의 메시지와 스타일, 열정에 있어서 당시 독보적인 설교자였음이 틀림없다.

1944년 제2차 세계대전이 막바지에 이르면서 일제의 기독교 탄압이 더욱 심해지기 시작할 때, 만주신학교에서 열린 신앙부흥회에 김화식이 초대를 받아 집회를 인도하던 중에 장남이 세상을 떠났다는 전보를 받았다. 섬세한 감성을 가지고 있었던 김화식은 집회를 더 이어갈 수가 없었다. 그러나 주변의 간곡한 권고가 있어 그곳 집회와 다른 교회에서의 집회까지 눈물로 마치고 귀가했을 때는 아들의 장례식이 끝난 후였다. 그는 아들의 무덤에 가 쓰러져 한없이 울면서 흐느꼈다.[304] 그렇게 아들의 장례식에도 못

303 김화식, "참 제자의 도", 『김화식 목사 설교집』, 154.

304 민경배, "아들 장례식에도 못 간 목사", 「한국장로신문」, 제1320호(2012년 5월 12일).

간 아버지는 말씀으로 가슴 시린 사람들을 위로하고 지로(指路)하다가 북한 공산당에 체포되어 탄광에서 홀로 세상을 떠났지만 그의 설교사역은 빛으로 우리에게 전해진다.

## 한상동 목사: "자기를 정직하게 지킨 파수꾼"으로 살았던 설교자[305]

### (1) 생애와 사역

한상동 목사(1901-1976)는 일제 치하에서는 신사참배 반대운동을, 해방 후에는 한국교회의 영적 쇄신을 주도했던 설교자였다. 그는 일제의 신사참배 회유와 위협에 모든 한국교회가 무너지고 있을 때 온몸으로 항거했고, 한국교회 쇄신 운동에 힘썼던 지도자였다.

경남 김해에서 태어난 한상동은 어려운 가정 형편으로 젊은 날 이리저리 방황하다가 자살까지 생각할 정도였지만, 1924년 봄, 전도자 박창근을 통해 복음을 접하고 신앙생활을 시작하게 되었다. 그는 집안이 어려워 5촌 당숙 집에 양자로 들어갔지만 기독교 신앙을 받아들였다는 이유로 그 집에서 쫓겨나게 된다. 그 후 자신의 모교였던 다대실용학교에서 교사 생활을 하다가 호주 선교사가 세운 진주 광림학교 교사로 근무했다. 그는 전도자의 사명을 느끼고 성경을 공부하고 싶어 서울로 올라와 1928년 피어선고등성경학교에 입학했다. 공부하던 중에 큰 만족을 얻지 못하고 교회가 없는 지역인 경남 고성의 유교 풍습이 아주 강한 한 동네로 내려가 전도를 했고 2년 후에는 경남 하동으로 옮겨 불량자들이 많은 시골장터에서 전도하

305 이 표현은 한상동이 세상을 떠난 이후 발간된 그의 사진첩에 한경직이 축사의 글로 쓴 글에서 인용했다. 상동기념사업회 편, 『한국교회인물사: 한상동 목사의 생애』(상동기념사업회, 1976).

여 교회를 개척했다. 그는 폐병과 싸우는 등 어려운 건강 상태에서도 깊은 기도를 통해 교회당 건물도 짓고 목회를 하던 중에 1933년 신학 공부를 더 잘 감당하기 위해 평양장로회신학교에 입학한다.

1936년 32회로 졸업한 후에는 부산 초량교회에 조사(助師)로 부임하여 큰 부흥을 경험했고, 1937년에는 마산 문창교회의 청빙을 받고 경남노회에서 안수를 받은 후 담임목사로 사역하게 된다. 그곳에 가기 전에 있었던 일을 박윤선이 구술로 받아 적은 자료는 다음과 같이 밝힌다.

> 내가 가기 전에 그 교회에서 나를 가장 사랑하는 어떤 장로님이 사람을 내게 보내어 하는 말이 "우리 교회에서 공동 의회를 열어 가결이 되어 목사로 청했으나 사실은 모든 청년들과 기타 유력한 직분자들 중에서는 환영하지 않으니 우리 교회로 오지 않는 것이 좋겠읍니다. 만일 우리 교회에 왔다가 배척을 당하면 교역 첫걸음이 되느니만큼 한 목사의 앞길이 막힐까 합니다. 또 우리 노회에서도 어떤 목사는 아직 경험도 없고 유치한 사람이니 문창교회 시무는 합당하지 않다고도 하는 등 의논이 많았습니다"라고 하는 것이었다. 나는 그때 기도하기를 "아버지여! 내가 문창교회로 가는 것이 주님의 뜻이 아니라면 전지전능하신 주께서 어떻게 하여서라도 가지 못하게 하시고, 만일 문창교회로 가는 것이 주님의 뜻이오면 내가 그 교회에 가서 배척을 당하여 쫓겨나며, 동시에 교역할 길이 막혀 세상 교회에서 버림을 당할지라도 이 희생을 달게 받겠나이다. 아버지여! 이 종의 희생을 돌아보지 마옵시고 오직 아버지의 뜻대로 하옵소서 아멘."[306]

1938년 장로교회 총회는 신사참배를 결의했다. 마산경찰서도 그에게 신사

306 한상동, 『주님의 사랑: 한상동 목사 옥중기』, 박윤선 옮김(부산: 성문사, 1954)에서 인용. 이것은 한상동이 구술한 내용을 박윤선이 옮겨 적은 내용을 펴낸 것이다.

참배를 요구하면서 마찰이 발생한다. 그는 기도하기를, "오, 주여! 이 몸을 드리나이다. 신사참배를 반대하다가 불구자가 되어도 주님께 영광만 된다면 나는 이로써 만족하겠나이다. 전지전능하신 주여! 뜻대로 하옵소서." 그는 신사참배를 반대하자마자 교회와 교인들이 어려워지는 것을 보고 문창교회를 사임하게 된다. 그 후 한상동은 끊임없는 협박과 위협을 당하면서도 주기철, 채정민, 최봉석, 안이숙 등 뜻을 같이하는 사람들과 함께 조직적인 신사참배 반대운동의 선봉에 서게 된다. 그는 경남 일대를 돌면서 신사참배 반대운동과 신앙부흥운동을 전개한다. 실행할 조목은 다음과 같았다.

1. 신사참배 하는 교회에는 출석하지 아니할 것(이는 신사참배 하는 목사가 그 교인을 인솔하여 가지고 수시로 신사참배 하러 가기 때문이다).
2. 신사참배 한 목사에게 성례를 받지 아니할 것.
3. 신사참배 한 교회에 십일조와 연보를 하지 아니할 것(우리 개인 신앙 부흥운동하는 일에 연보하여 도와주기 위한 까닭이다).
4. 교회 출석 하지 않는 교인끼리 모여 예배하되 특별히 가정예배를 드릴 것 등.[307]

그는 1940년 7월에 신사참배 반대운동자들이 체포될 때 함께 구속되어 극심한 고문을 당하게 된다. 한상동은 옥중에서 "인생으로서는 차마 견디지 못할 어려움"을 당했으며, 형사들은 "나의 숨이 끊어지도록 어려움을 주었다"고 술회한다.[308] 형무소의 환경은 너무나 열악했다. 특히 옥중에 있을 때 폐병이 악화되어 온갖 고생을 다하고 회유를 당했지만 그는 기도를 통한 주님

---

307 위의 책. 이때 경남 지역을 5개 구역으로 나누어 책임자를 임명하여 운동을 전개했고 나중에는 서울과 평양 지역에까지 확산되었다.

308 위의 책.

과의 내밀한 교제로써 그것을 이겨냈다. 그는 1944년 11월에 독일의 패망 소식을 듣고 나서 곧 일본의 패망을 예견했으며 해방의 날을 기다렸다.

> 나는 출옥의 날이 오늘인가? 내일인가? 하고 날마다 기다리게 되었다. 나는 이제 출옥한다면 수도원 같은 수양원을 만들어서 일본 정치 아래서 양심이 마비되어 타락한 목사들이 수양하여 한국교회의 앞날을 새롭게 출발하도록 하며, 또한 신학교를 설립하여서 진리와 더불어 운명을 같이할 전도인을 기르며 또한 전도하여 이 나라를 기독교국이 되도록 노력하겠다고 수개월 전부터 기도했다. 다시 말하면,
>
> 1. 수양원을 설립하여 일본 정치하에 타락된 목사들을 수양할 것.
> 2. 신학교를 설립하여 진리를 위해서 한국교회와 운명을 같이할 목사를 양성할 것.
> 3. 전도인들을 길러서 교회를 설립할 것.[309]

이렇게 일본의 패망과 조국의 해방을 내다보던 한상동은 해방 후 활동까지 기도로 준비했다. 한상동은 평양 감옥에서 5년여 정도 옥고를 치른 후 해방과 함께 1945년 8월 17일에 석방되었다. 출옥 당시 그는 잘 걷지 못했지만 그의 영은 교회를 위해 충성하겠다는 일편단심에 불타고 있었다. 일제의 신사참배에 항거하다가 평양감옥에 투옥된 자 중 50여 명이 고문과 옥중 기아, 추위 등에 시달리다가 옥중 순교했고 20여 명이 살아서 출옥했는데 한상동도 그중 한 명이었다.

석방 후에는 이기선과 함께 평양 산정현교회에서 교회재건을 위한 부흥회를 인도했다. 그 후 산정현교회의 청빙을 받아 주기철의 후임으로 목회

309 위의 책.

사역을 감당했는데 공산당의 정치 행사에 참여할 것을 거부했다. 그러던 중 모친상으로 1946년 5월에 잠시 남하했다가 휴전선이 고착되면서 북쪽으로 돌아가지 못하고 남쪽에서 사역을 이어가게 된다. 그는 부산 초량교회의 청빙을 받아 사역을 하던 중 남쪽의 교회 상황을 보다가 옥중에서 생각했던대로 평양장로회신학교의 전통을 잇는 신학교 설립을 주도하게 되는데,[310] 1946년에는 주남선과 함께 고려신학교를 설립한다.[311] 교회 재건 운동을 벌이던 중 경남노회 안에서 신사참배를 반대했던 목회자들과 신사참배를 했던 목회자들 간에 갈등이 발생했다. 일제하에서 경남교구장을 역임했던 김길창이 노회장이 되면서 고려신학교에 학생을 추천하지 않고 학교 존재 자체를 거부하자 그는 노회를 탈퇴한다.

결국 이것이 총회 문제로 비화되면서[312] 고려파 목회자들이 1951년에 경남법통노회를 결성했고 1952년에는 고려파 예장 총회가 조직되었다. 그는 1951년에 총회의 요구로 초량교회를 사임한 후 부산 삼일교회를 개척하여 1972년까지 담임목사로 사역했다. 이 교회는 고신 측의 중심교회가 된다. 그는 박윤선, 송상석 등과 고려파 교회의 중심 지도자로 활동했고, 삼일교회에서 21년을 목회한 후 1973년에 원로목사로 추대된다. 1969년에는 어

---

310 그때 평양에는 장로회신학교가 있었고 서울에는 조선신학교가 있었다. 그러나 전자는 공산당에 의해 거의 와해가 된 상황이고 후자는 친일을 했던 인사들에 의해 주도되었을 뿐만 아니라 자유주의 신학을 고수하고 있었기 때문에 출옥성도들 입장에서는 이곳에서의 목회자 양성은 용납할 수 없는 일이었다. 따라서 보수 정통 신학의 전통과 신사참배를 반대했던 평양장로회신학교의 전통을 잇는 신학교 설립이 가장 시급한 일이라고 여기게 되었다. 김인수, 『한국기독교회사』(서울: 한국장로교출판사, 2002), 310-11, 321.

311 이때 만주 봉천신학교에 있던 박형룡을 교장으로 초청했으나 귀국이 늦어져 박윤선이 교장이 되었고, 박형룡은 1947년에 귀국하여 교장에 취임한다.

312 1948년 서울 새문안교회에서 모인 34회 총회에서는 총회의 동의 없이 일방적으로 신학교를 개교한 것에 대한 부정적인 입장과 출옥성도들 중심의 신학교로 배타성에 대한 이의가 대두되어, 입학자들에게 추천서를 주지 않기로 결의했다. 1948년 9월에 모인 49회 경남노회는 고려신학교 인준을 취소했고, 35회 총회가 이 학교가 총회와는 무관한 신학교임을 밝힘으로 한국전쟁 중인 1951년 5월, 부산에서 열린 장로회 총회에서 이들은 축출을 당하게 된다. 김인수, 『한국기독교회사』, 324-25.

려움 가운데 있던 고려신학교의 9대 교장으로 활동했고, 대학으로 승격하면서 초대 학장을 지낸 후 1974년에 은퇴한다. 그는 1976년 1월 6일 지병으로 세상을 떠났다. 그의 사역은 크게 신사참배 거부운동과 옥고, 해방 후 교회 쇄신을 위한 사역, 신학교육사역 등으로 정리해볼 수 있다. 이상규는 그의 생애를 다음과 같이 평가한다.

> 그는 일생 동안 성경 중심적인 삶을 살았고, 하나님의 면전에서 사는 신전의식으로 살았다. 그는 결코 자기를 드러내려고 하지 않고 오직 하나님의 영광만을 위해 살고자 했던 겸허한 인품의 소유자였다. 그의 생의 모든 자취들은 궁극적으로 하나님 나라 확장을 추구하는 교회 건설을 위한 일관된 봉사였다.[313]

#### (2) 설교사역과 신학적 특징

이상규는 한상동을 가리켜 “가슴의 신학자”로 지칭한다.[314] 그는 한 교단을 세우고 신학교를 세웠지만 신학자라기보다는 목회자였고, 교회를 바로 세우기 위한 열정으로 달려온 설교자였다. 그는 자신에 관한 기록을 남기기를 즐겨하지 않아서, 두 권의 설교집과[315] 교단 기관지인 「파수군」에 몇 편의 설교문이 실려 있는 것이 남아 있는 자료의 전부다. 그의 사역과 삶의 이야기 속에 담긴 설교의 특징을 몇 가지로 정리해보자.

첫째, 한상동은 저항과 변증의 설교자였다. 앞서 언급한 대로 한상동은 신사참배 강요와 공산당에 순응할 것을 요구했던 시대의 흐름에 온몸으로

---

313 이상규, “신교회인물열전: 교회쇄신 운동가 한상동 목사”, 『기독공보』, 2042호(2003년 2월 15일).

314 이상규, 『한상동과 그의 시대: 교회쇄신 운동과 고려신학교에 대한 인물 중심의 역사』(서울: SFC 출판부, 2006), 63.

315 한상동, 『신앙세계와 천국』(부산: 칼빈사, 1970); 『고난과 승리』(부산: 교회문제연구소, 1980).

저항했으며, 옥고를 치르면서도 뜻을 굽히지 않았다. 그는 신사참배를 기독교 신앙의 근간을 흔드는 것이자 하나님의 말씀에 의거하여 전혀 타협할 수 없는 우상숭배로 규정하면서, 그렇기에 자신의 생명을 걸어야만 하는 '선한 싸움'의 영역으로 이해했다. 무엇보다도 그 싸움은 목회자가 성도들에게 삶으로 보여주어야 하는 차원이었고, 이로써 그들 또한 하나님의 말씀을 따라 계명을 지키며 저항의 존재로 살아가도록 세워가야 했다. 신사참배는 교회의 근간을 흔드는 것이기에, 신사참배 반대는 그의 목회적 동기와 연결되었다. 그는 말씀을 통해 한국교회에 임할 진노를 선명하게 선포했다. 따라서 이때의 그의 설교는 영적 배교에 대한 경고와 변증에 대한 내용을 담고 있다.

둘째, 한상동은 죄로부터의 돌이킴과 회복에 초점을 맞추었다. 그의 설교는 죄 문제가 아주 큰 비중을 차지한다. 거의 모든 설교에 죄가 언급되고 있다고 해도 지나침이 없을 정도로 그는 죄 문제를 설교의 중심으로 삼는다. "주님 슬하에 있는 생활"이라는 설교문에서 주님이 우리와 늘 함께 계신다는 메시지를 전하면서도 첫 번째 대지에서는 죄 문제를 다룬다. 첫 번째 대지는 "주를 모신 생활은 우리로 하여금 죄에서 떠나게 합니다"이다.

> 곁에 있는 사람을 두려워하여 죄를 범지 못하는 인간들이여! 그대들은 마땅히 생각할 것입니다. 표면만을 보는 인간보다 인간의 중심을 살피시는 주님이 내 곁에 계신 것을 마땅히 기억할 것입니다. 우리가 참으로 이를 인식한다면 표면으로 나타나는 죄는 물론 마음속에 어찌 죄를 가질 수 있겠습니까? 우리의 영안(靈眼)이 어두워 우리와 같이 계시는 주님을 보지 못하므로, 죄의 마음을 품게 될 뿐 아니라 범행하는 데까지 이르는 것입니다.[316]

316 한상동, "주님의 슬하에 있는 생활", 『한상동: 한국기독교 지도자 강단설교』(서울: 홍성사, 2009), 50.

"신자는 승리자"라는 설교문에서도 죄 문제를 언급한다.

> 하나님은 죄가 없으신 분이십니다. 그러기에 평안과 화평이 있을 뿐입니다. 그러나 인생은 죄가 있어, 죄를 가진 인생은 언제나 불안하고 초조하고 공포에 싸여 있습니다. 죄를 범한 인생은 하나님께 버림받은 상태이기 때문입니다. 하나님께 버림받은 영은 언제나 공포 중에 있습니다.…인생은 부단히 싸우고 있습니다. 병과 싸웁니다. 죄와 싸웁니다.…내가 이기려고 해서 이길 수 있는 것이 아닙니다. 하나님께서 이기게 하셔야 가능합니다.[317]

이렇게 한상동의 설교는 죄에 대한 심각한 인식, 즉 복음에 대한 인식으로부터 시작된다. 그는 단지 개인의 죄뿐만 아니라 교회의 죄, 민족의 죄 문제를 설교의 중심 주제로 삼고 있다. 비록 설교문은 아니지만 교회를 걱정하면서 죄 문제로부터의 해법을 제시하는 글에서도 같은 맥락의 내용이 언급되고 있음을 확인할 수 있다.

> 이제 눈을 드러 살필 때에 이 江山(강산)의 悽慘(처참)함과 이 民族(민족)의 可憐(가련)함을 痛嘆(통탄)하지 않을 수 없으며 눈물 홀여 슬피울지 않을 수 없다. 여호와의 祝福(축복)으로 이 江山(강산)은 回復(회복)되고 이 民族(민족)은 解放(해방)되어 萬邦(만방)에 獨立(독립)을 宣布(선포)케 되었건만은 38의 鐵壁(철벽)은 더욱더욱 굳어지고 民族(민족)의 分裂(분열)은 더욱더욱 甚刻(심각)하여 옛날에 보지 못한 同族(동족)의 骨肉相爭(골육상쟁)은 華麗(화려)한 江土(강토)를 廢虛(폐허)하고 處處(처처)의 反亂戰(반란전)은 그칠 줄을 몰으니 全身(전신)에 소름치는 무서운 피비른내 이 골짝 저 언덕서 하늘에 사

---

317 한상동, "신자는 승리자", 위의 책, 92-93.

못차나 이 어찌 凡常(범상)한 일이리오. 公義(공의)로우신 여호와의 震怒(진노)가 아니면 이런 일이 없을지며 이 땅고 이 꾓낑이 여호와깨 無罪(무죄)하다면 이런 일이 없겠거늘 날이 가고 달이 갈수록 더욱더욱 深刻(심각)하니 於是乎(어시호) 누구의 죄이며 누구의 허물인가? 그러나 또다시 도리켜 生覺(생각)컨대 여호와는 公義(공의)로 審判(심판)하시는 震怒(진노)의 神(신)만이 아니라 罪(죄)를 悔改(회개)하며 自服(자복)하면 또한 너그러히 容恕(용서)하시는 仁慈(인자)하신 神(신)이시다. 이러하며 百姓(백성)의 罪(죄)를 赦(사)하시랴고 祭司長(제사장)을 내시사 여호와 앞에서 赦罪(사죄)의 祭祀(축제)를 드리게 하섰다. 이런되 이 江山(강산)과 이 民族(민족)에게는 先知者(선지자)도 않주시고 祭司長(제사장)도 없는지 여호와의 震怒(진노)는 그칠 줄을 몰으고 오히려 尤甚(우심)하니 이 原因(원인)과 所致(소치)를 窮究(궁구)하지 아니치 못할지며 解決(해결)의 方途(방도)를 열지 않으면 안 될 것이다.[318]

셋째, 한상동의 설교는 하나님의 주권과 영광에 초점이 맞추어진 설교였다. 그의 삶과 설교의 핵심에는 하나님은 온 우주의 주권자이시므로 인간의 생사화복이 하나님의 주권 안에 있다는 고백이 있다. 그의 설교에는 이런 고백과 외침이 자주 등장한다.

이 世上(세상)의 모든 일은 하나님의 섭리하에서 이루어지는 것입니다. 참새 한 마리가 땅에 떨어지는 것도 하나님의 허락이 없으면 되지 않는 것입니다. 우리 인생의 모든 일들도 하나님의 섭리와 주권에서 進行(진행)되고 있습니다. 그러니 우리의 여러 가지 일로 인해서 홀로 염려만 하고 있는 것은

318 한상동, "現下 大韓敎會에(上)", 「把守軍」, 제2호(1950년 1월), 17.

어리석은 일인 것입니다.[319]

그는 주권자이신 하나님의 뜻에 우리의 뜻을 맡길 것을 권면하면서 그것이 바로 행복의 길이라고 권면한다.

우리 기독신자들은 자기 생각, 자기 주장, 자기 뜻을 생각하기 전에 먼저 하나님의 뜻, 하나님의 말씀을 생각해야 합니다. 그 이유는 이것이 인간으로서 가장 바른 사고방식이요, 인간의 후회없는 처사요, 행복한 길이기 때문입니다. 기독 신자에게 소원이 있다면 이는 하나님의 뜻을 이루는 일입니다. 예수님도 그의 소원이 하나님의 뜻을 이루는 일이었음을 보여주셨습니다.… 그러나 기독신자들 중에도 하나님의 뜻보다 자기 뜻을 앞세우고 여전히 자기 생각이나 주장만 내세우는 이들이 있습니다.…신자가 신자된 것은 하나님의 뜻을 이루기 위함인데 그 기본적인 목적마저 잊은 모습은 한심하기 짝이 없습니다.[320]

하나님의 주권을 인정하는 의식은 하나님의 법을 어길 수 없다는 믿음의 삶을 형성한다. 그는 하나님의 주권을 신뢰하며 믿음으로 걸어갈 때 전혀 다른 세계가 열린다는 사실을 강조한다. 그는 하나님 주권에 사로잡혀 있었기 때문에 하나님의 뜻이 아닌 것과는 타협을 할 수가 없었다. 하나님의 주권의식에 사로잡혀 있는 사람은 이제 모든 일의 목적이 하나님의 영광이어야 한다. 그는 성경에서 하나님의 영광을 보았던 사람이었고, 그가 평생 추구하고 갈망했던 것도 하나님의 영광이었다. 그는 그리스도인의 삶은 하

319 한상동, "모든 염려를", 『고난의 승리』(부산: 교회문제연구소, 1980), 100.

320 한상동, "하나님의 뜻과 사람의 뜻", 『한상동: 한국기독교 지도자 강단설교』, 30.

나님의 영광을 보는 것이며, 그것에 사로잡혀 믿음의 삶을 걸어가면서 하나님의 영광에 삶의 초점을 맞추어야 한다고 주장한다.

넷째, 한상동의 설교는 하나님을 향한 사랑 및 그분과 동행하는 삶으로서의 기도가 기초를 이루었다. 그는 깊은 기도의 사람이었고, 그의 인격은 하나님에 대한 사랑 및 그분과 항상 동행하는 삶으로부터 형성되었다. 그는 목회사역을 할 때 새벽기도 강단은 아무에게도 맡기지 않고 자신이 항상 인도했으며, 깊은 기도의 시간을 가졌다. 모진 고난의 시간을 감내할 수 있었던 힘도 기도에서 나왔다. 평양형무소에서 보냈던 시간들을 회상하는 글에는 그런 내용이 잘 나타난다.

> 제일 처음 신사참배 반대운동이 시작된 곳은 평양에 있는 여학교입니다. 신사참배 반대운동이 여학생 간에 일어나자 학교에서는 문제가 생겼습니다. 신사참배를 반대하는 학생들을 학교에서 퇴학시키도록 지시했습니다. 그러자 학부형들이 자기 딸들을 그대로 신사참배에 참여하게 하고 퇴학을 시키지 않은 것입니다. 이 일로 총독은 자기 천황께 자신을 갖게 되었습니다. 그리하여 한국교회 전체에 신사참배를 강요했고, 교회는 위기에 처했습니다. 하나님의 노(怒)를 사는 무서운 결과를 초래한 것입니다. 저는 이 문제를 깊이 생각하며 하나님께 기도했습니다. 그리고…신사참배를 반대하는 운동을 일으켰습니다. 그러다가 1940년 7월 10일 일본 경찰에 잡혀 투옥되었습니다. 감옥에서 견딜 수 없는 고문을 수없이 당했습니다.…밤 한 시나 두 시경 모든 세상이 잠들었을 때에 불러내어 고문을 했습니다. 고문이 너무 심하고 견디기 어려워 "주님! 나의 생명을 빨리 거두어주옵소서" 하고 기도했습니다. 이런 기도를 수없이 했습니다. 굶주림과 추위도 견딜 수 없었습니다. 몸은 퉁퉁 부었다가 또 빠졌다가 하기가 수없이 되풀이되었지만 죽지는 않았습니다. 독방 생활을 3년 이상 했는데, 그 생활은 주님과 속삭일 수 있는 유일한 시간이

었습니다.…나의 신앙은 이 독방 생활에서 더욱 커졌고, 확신한 일에 거하게 되었습니다.[321]

그래서 그의 삶과 설교에서는 늘 기도생활이 강조된다. 누가복음 24장의 엠마오 기사를 본문으로 한 설교인 "신앙의 3단계"에서도 기도를 강조한다.

> 예수님께서 두 제자와 함께 자리에 앉아 음식을 마주 놓고 축복의 기도를 올렸습니다. 그때 두 제자의 신령한 눈이 열려 예수님을 알게 되었습니다. 우리가 참으로 예수님을 바로 알 수 있으려면 신령한 눈이 열려야만 됩니다. 마음의 문이 열려야 진리를 깨닫고, 예수님을 바라보게 되는 것입니다. 기도는 하나님을 신령한 눈으로 바라보는 것이고 예수님을 발견하는 것입니다. 우리가 힘써 기도할 때 진리를 깨닫고 예수님이 누구인지 믿게 됩니다.…하나님 앞에 엎드러질 때 심령의 변화를 받게 되는 것인즉, 힘써 말씀을 읽고 들으며 기도에 더욱 힘써야 될 것입니다.…그러므로 성경을 읽고 깨달으며, 설교 등도 감화를 받아 기도의 깊은 세계에서 예수님을 만나 변화를 받아가십시오.[322]

넷째, 한상동의 설교는 "하나님 앞에서의 삶"과 "주와 동행하는 삶"을 증거하고 실천했던 설교였다. 한상동의 삶의 모토는 '신전생활'(神前生活)과 '여주동행'(如主同行)이었다. 이것은 하나님의 주권과 통치하심을 철저히 고백하며, 하나님 앞에서(*coram Deo*)의 삶을 실천해가는 것이다. 늘 하나님 앞에서 살아가려는 믿음의 의식은 '여주동행'의 삶으로 이어진다. 이런 고백과

321 한상동, "한국교회의 어제와 오늘", 위의 책, 150-51.
322 한상동, "신앙의 3단계", 위의 책, 58-59.

확신은 사람으로 하여금 두려움을 이기게 만들어준다. “모든 순간 한결같이 주님과 동행하고자 하는 영성”[323]이 감옥에서의 모진 고문과 고통, 폐병과 영양실조에 걸릴 만큼의 말기 감옥 생활을 극복할 수 있게 했다.

> 신사참배를 반대하여 적지 않은 성도들이 말할 수 없는 고통을 당하던 시절, 전반적인 한국교회 상황은 배교의 시대라고 이름 붙일 수 있는 뼈아픈 기간이었다. 제2차 세계대전 말기 신도(神道)주의의 강압을 받으며 전쟁에 들어가 있는 이 특수한 상황에서 한국교회는 일본 군국주의자들의 물리적인 힘에 짓눌려 있었다. 이때는 대다수의 목사들이 신사참배, 동방요배, 미소가하라이(일본의 신사에서 섬기는 개국신인 “아마테라스 오미카미”[天照大神] 외에는 다른 신을 섬기지 않을 것을 맹세하는 의식)를 하면서 교회를 유지해가던 시절이다. 장로교, 감리교 등 교단 구분도 없어지고 단지 일본기독교단 조선지부로 존재했다. 일본의 전시 물자를 충당하기 위해 헌금을 하고 교회의 종까지 떼어 군수물자를 만드는 데 보태주어야 했다. 교회의 예배가 전쟁을 위한 도구가 되었던 것이다. 이때 일본의 기독교 말살정책에 항거하여 믿음을 지킨 소수 사람들은 시대의 조류를 따른 사람들로부터 냉대와 멸시 그리고 말할 수 없는 핍박을 받았다. 다수의 목사들과 교인들이 이런 교인들을 광신자라고 조롱하며 교회 밖으로 내몰았다. 그러나 이런 고난 중에도 고통 받는 성도들 사이에서 한국교회의 독특한 영성이 영글어가고 있었다.[324]

신전의식은 어떤 위선이나 거짓의 가면 없이 비록 하나님 앞에 죄인이지만 그럼에도 덧입혀주시는 은혜 때문에 의인으로 서서 삶을 이어가는 것이

---

323 김형규, “머리말: 한상동, 여주동행(如主同行)의 삶을 살다 가신 선생님”, 위의 책, 15.

324 위의 책, 15-16.

다.[325] 해방 후 8월 17일에 평양형무소에서 풀려나면서 했던 한상동의 고백을 안용준은 다음과 같이 전한다. "과거 五(오)년간의 옥중생활을 묵묵히 회고하여 볼 때 그 생활 전부가 나 자신의 힘으로 된 것은 없다. 진실로 주님은 살아 계셔서 나의 생활 전부를 주관하고 계시는 능력의 주님이심을 나는 확실히 체험했다."[326]

다섯째, 한상동의 설교에는 교회 쇄신과 재건의 열망이 가득 담겨 있다. 한상동의 사역에서 가장 중심이 되는 것은 하나님의 교회였다. 그가 생명을 걸고 끝까지 타협하지 않으면서 신사참배를 반대하고 투쟁한 것은 "바로 교회의 거룩"을 위해서였다. 해방 후, 일제의 위협 앞에서 타협하고 굴복했던 인사들에게 회개와 자숙을 요구한 것도 "하나님의 교회의 영적 쇄신"을 위해서다. "일제에 대한 투쟁은 교회의 순결을 지키기 위한 투쟁"이었고, 새로 신학교를 설립한 것은 "교회를 쇄신하기 위한 목적 때문"이었다.[327] 그에게 있어 해방 후 교회 쇄신의 출발점은 바로 "일제하에서 범한 죄과를 회개, 청산하는 영적 쇄신"이었다. 당시 신사참배 반대로 옥고를 치르고서 해방을 맞아 평양형무소로부터 출옥한 이들이 교회 쇄신 운동을 전개한다. 이런 쇄신 운동은 처음에는 평양에서부터 시작되었지만 이후 부산 경남 지역에서 중심적으로 전개되었다.[328]

한상동은 한 사람의 목회자로, 설교자로, 저항하는 신앙인으로, 또한 해방 이후 교회 쇄신과 회복운동을 주도한 교계 지도자로, 신생 교단의 지도자로, 어두운 시대에 삶과 설교를 통해 하나님의 뜻을 전했던 인물이었다. 그는 주기철의 후임으로 마산 문창교회의 담임을 역임했고, 해방 후에는

325 이상규, 『한상동과 그의 시대: 교회쇄신 운동과 고려신학교에 대한 인물 중심의 역사』, 69.
326 안용준, 『태양신과 싸운 이들』, 191.
327 이상규, 『한상동과 그의 시대: 교회쇄신 운동과 고려신학교에 대한 인물 중심의 역사』, 67.
328 위의 책, 54-55.

산정현교회의 담임으로 청빙을 받을 만큼 존경 받는 목회자이자 설교자였다. 그는 식민지 치하에서 생명을 걸어야 했던 신사참배 반대운동의 중심에 섰으며, 교회 쇄신의 지도적 위치에 있었다. 물론 그는 새로운 신학교를 설립함으로써 교단 분열의 단초를 제공하기도 했던 인물이었다. 그럼에도 새롭게 시작된 교단을 대표하는 목회자로 우뚝 섰을 뿐만 아니라 신학교육에도 평생의 수고를 감당했던 존재였다.

자신이 구술 녹음하여 박윤선이 풀어 쓴 옥중기 마지막 부분에서 그는 다음과 같이 고백한다. "나의 일생을 바치려 함은 금일 우리 대한 민족은 아무리 하여도 주님의 복음이 아니면 살 길이 없는 까닭이다."[329] 여기서 설교자가 가지는 복음에 대한 확신과 설교의 현장인 민족과 사회에 대한 설교자의 연민의 마음을 대하게 된다. 심군식은 한상동이 임종하기 직전 그의 유언을 듣기 위해 지인들과 함께 문안을 가서 예배를 드리고 마지막으로 남길 말을 청했다. 한상동은 다음과 같은 마지막 유언을 남기고 이 땅에서의 긴 여정을 마무리한다.

> 내가 한 것, 아무것도 없습니다.…하나님께서 다 하셨읍니다. 진실로 내가 한 것 아무것도 없읍니다. 그동안, 하나님께서 나 같은 것 끝까지 붙들어주셔서 일하신 것 분명합니다. 모두 다 하나님이 하셨지요…주님만, 주님만 바라보며 나가시길 바랍니다. 주님이 살아 계시니, 주님만 바라보십시오….[330]

---

329 박윤선, "한상동 목사 옥중기(4)", 「把守軍」, 29호(1953년 6월), 23.

330 심군식, 『세상 끝날까지: 한국교회의 증인 한상동 목사 생애』(서울: 소망사, 1977), 417-18.

## 손양원 목사: 사랑의 사역으로 세상을 밝힌 설교자

### (1) 생애와 사역

20세기 한국교회의 "사랑의 사도"이자 "행동하는 신앙인"으로 알려진 손양원 목사(1902-1950)는 1902년 경남 함안에서 출생했다. 1908년 그의 나이 6세 때 가정이 예수님을 받아들여서 신앙에 입문하게 되었고, 아버지 손종일 장로는 평생 그의 신앙의 멘토였다.[331] 그는 칠원공립보통학교를 졸업하고 서울의 중동학교에 진학하지만 부친이 3·1운동 주동자로 구속되면서 불령선인의 아들이라는 이유로 퇴학을 당한다. 1918년 16세 때 고향 칠원교회에서 맹호은 선교사로부터 세례를 받았으며, 1921년에 아버지의 권유로 동경 소재 스가모중학 야간부를 고학으로 졸업한다. 이때 이다바시(板橋)교회를 출석하면서 나카다 쥬지(中田重治)로부터 신앙적인 큰 감화를 받았다.[332]

1924년 1월 정양순과 결혼했고 그해 칠원교회 집사로 임명받은 후 경남노회 부산시찰구역 전도사로 임명을 받았다. 결혼을 한 후 경남 함안의 처가로 신혼여행을 갔을 때 그가 전도사라는 것을 알고 상주 목회자가 없던 그곳 교회에서 그에게 수요일 밤 설교를 부탁했다. 설교에 탁월한 재능이 있던 손양원은 유머와 감동 어린 이야기를 통해 예수님의 희생과 기적에 관한 말씀을 전하며 어지러운 세상에서 믿음으로 살 것을 호소했다. 그 설교를 듣고 모두가 깊은 은혜에 잠기게 되었다. 그때 부산 감만동의 나환

---

331 손양원이 감옥에 갇혔을 때 손종일은 기력이 쇠하여 앉아 있을 수 없을 정도였다. 그때 천장에 줄을 매달아 그것을 잡고 몸을 일으켜 아들을 위해 간절하게 기도했다. 그것은 아들을 빨리 풀어달라는 기도가 아니라 옥중에 있는 아들이 신앙의 절개가 꺾이지 않도록 도와달라는 간구였고, 가족들이 어려움 가운데서도 믿음을 잃지 않게 해달라는 기도였다. 박현정, 『하얀 불꽃: 손양원 목사 이야기』(서울: KIATS, 2011), 78.

332 쥬지는 훗날 일본 홀리네스(성결)교회 감독이 되었으며 우치무라 간조(内村鑑三)와 같이 신앙운동을 했다. 이만열, "손양원 목사의 순교 신앙과 한국교회", 산돌 손양원 기념사업회 엮음, 『산돌 손양원의 목회와 신학』(서울: 한국기독교역사연구소, 2014), 10.

자촌에서 온 한 사람이 참석했는데 그의 추천으로 감만동 나병원 안에 있던 교회의 부흥회를 인도했다. 이 일이 계기가 되어 그는 부산 나병원 내의 상애원교회 전도사로 사역하게 되었다. 이것이 그가 평생 한센병 환자들을 돌보는 사역을 하게 되는 계기가 된다.

1926년에는 경남노회와 호주 선교부에서 운영하던 경남성경학원에 입학하여 공부했으며 이때 주기철을 만나 많은 영향을 받게 된다. 손양원은 성경학교 재학 시절부터 목회자가 없는 교회를 순회하며 설교를 하거나 부흥사경회를 인도했다. 무교회 지역에서는 교회 개척을 위해 전도 활동을 펼치기도 했다. 그의 일기와 메모에는 이때 순회했던 교회와 그곳에서 전한 설교 본문 및 제목이 남아 있다.[333] 그는 1929년 3월 경남성경학원을 졸업한 후에도 부산 지역에서 전도사로 목회 활동을 계속했다. 이때 김교신의 「성서조선」을 탐독했고 종종 그것을 바탕으로 성경공부를 하듯이 집회 말씀을 전하기도 했다. 하지만 김교신과 그의 무교회주의 추종자에게 이단이라는 굴레가 씌워지게 되면서, 그는 그것을 중심으로 말씀을 전했다는 이유로 결국 1932년 경남노회와 상애원에서 쫓겨나게 된다.[334]

이후 그는 주기철의 권고로 1935년 평양장로회신학교에 입학하여 1938년에 33회로 졸업한다.[335] 당시는 기독교 학교에 대한 신사참배 강요가

333 1928년부터 1938년까지의 일지에는 일상사를 포함하여 집회를 인도하거나 설교한 교회, 본문, 설교제목 등을 남기고 있다. 이만열 편, 『산돌 손양원 목사 자료 선집』, 25-114. 예를 들어 1928년 1월 15일(일) 일지는 이렇게 기록되어 있다. "오늘 주일. 이현속(李鉉續) 장로를 호곡리(戶谷里) 귀하여 강도(講道)시키고 나는 감만동 가서 월보공부(月報工夫)시키고 강도는 '예배에 대하여' 저녁은 요 6:42 '하나님을 사랑하는 마음이 없도다.'"

334 차종순, 『손양원: 애양원과 사랑의 성자』(서울: KIATS, 2008), 30. 1924년 3월, 그는 다시 일본으로 건너가 6개월 정도 머물면서 이다바시교회의 쥬지 목사로부터 가르침을 받으면서 구원과 중생체험을 하고 우치무라 간조의 영향을 받아 신앙형성에 또 다른 전환점을 맞게 된다. 여기서 그는 교회와 설교의 사회적 책임에 대해 인식하게 된다.

335 그가 졸업한 그해에 평양장로회신학교는 신사참배 문제로 결국 학교 문을 닫았다.

시작되던 때였고 이에 맞서 신사참배 거부항쟁이 본격화되었다.[336] 신사참배에 관하여 그는 처음부터 단호했는데 1936년경 그의 아내에게 보낸 편지에 그것이 선명하게 나타난다.

> 동인이는 신사참배 하는 날은 학교에 보내지 말며, 신당 앞에서도 절하지 말게 하며 나중에 학교에서 알게 되어 퇴학시킨다거든 퇴학을 당했지 신당에는 절할 수 없으니 꼭 절하지 말라고 동인에게 부탁하소서. 제 둘째 계명이 오니 반드시 못할 일이외다. 아버님께도 잘 이야기해드리십시오.[337]

손양원은 평양장로회신학교를 졸업한 후 1938년 4월부터 강도사 인허만 받고 경남노회 부산 지방 시찰회의 순회전도자로 활동한다.[338] 담임목회를 맡지 못한 것은 신사참배를 반대하여 교회를 어렵게 한다는 이유로 목회지를 찾기가 쉽지 않았기 때문일 것이라고 추측된다.

결국 그는 1939년 7월부터 애양원교회에서 사역하게 되었다. 당시 그는 아직 목사안수를 받지 않은 상태였다. 순천노회도 신사참배를 가결했고 전임목사가 거기에 가담하게 되면서 1938년 봄에 그는 애양원을 사임했다. 애양원은 신사참배 문제로 노회를 탈퇴한 상황이었으며, 신사참배에 대한 반대의견이 강했다. 애양원에는 1,500여 명의 환우들을 따뜻하게 품을 목회자가 필요했고, 손양원은 아직 안수를 받지 않았으나 적임자였다.[339]

---

336 차종순, 『손양원: 애양원과 사랑의 성자』, 13.

337 손동희 편, 『사랑의 순교자 손양원 목사 옥중 목회』(서울: 보이스사, 2000), 40-41. 실제로 동인은 신사참배를 거부하다가 1937년 10월 칠원보통학교에서 퇴학 처분을 당한다.

338 졸업 후 목사안수를 청원했으나 우치무라 간조의 글을 애독함으로 순수 복음의 입장에서 벗어났다는 것과 신사참배를 반대했다는 이유 때문에 거절당한 것이라고 차종순은 주장한다. 차종순, 『손양원: 애양원과 사랑의 성자』, 32. 이상규도 같은 주장을 한다. 이상규, "해방 이후 손양원의 생애와 활동", 산돌손양원기념사업회 엮음, 『산돌 손양원의 목회와 신학』, 101-2.

339 손양원은 평양장로회신학교 2학년 때 애양원의 부흥회를 인도한 적이 있었다.

애양원에서 손양원은 환우와 정상인들 사이의 모든 칸막이를 없애고, 환우의 거처에도 수시로 드나들었으며, 자신의 모든 것을 허물고 껴안기의 목회를 시작한다. 차종순은 그의 목회를 "허물기-껴안기"와 "거절하기-지키기"를 실천했던 목회로 표현한다.[340] 그는 신행일치의 삶과 감화력 있는 설교, 사랑으로 모두를 품는 인품 등으로 애양원 환우들의 대대적인 환영을 받는다. 그는 애양원에서의 설교사역과 부흥회에서의 설교를 통해 본격적으로 신사참배를 반대하면서, 1940년 9월 25일, 수요예배를 마친 후 신사참배 반대와 종말론에 대한 설교 문제로 구속되어 여수경찰서에 수감된다. 죄목은 치안유지법 위반이었다. 1년 넘는 기간 동안 구금되었고 1941년 9월이 돼서야 공판이 이루어졌다. 그는 1년 6개월 형을 선고받았지만 이런저런 이유로 해방 후 1945년 8월 17일에 석방되었다. 거의 5년 동안의 옥살이였다. 당시 광주지방법원 판결문에는 손양원의 죄목으로 성경무오설을 믿는 것, 하나님의 주권과 통치를 믿는 것, 재림을 믿는 것 등이 치안유지 위반죄로 표기되었다.

> …그가 가지고 있던 사상인, 즉 성서를 유일 절대 지상의 교리로 신봉하여 이는 여호와 하나님의 말씀을 기록한 것으로 1자 1획일지라도 이를 가감할 수 없는 것이라고 하고 거기에 기록된 하나님의 뜻은 모두 반드시 장래 현세에 실현할 것이라고 망신(妄信)하고 여호와 하나님으로서 천지만물을 창조한 또 이를 주재하는 유일 절대 지상의 전지전능하신 신으로 우주에 있는 만물을 절대로 지배하고 또한 영원히 불멸할 것이라 하고 모든 신들은 모두가 여호와 하나님의 지배하에 있어서 따라서 황송하옵게도 천조대신을 위시하여 팔백만신 역대 천황은 여호와 하나님의 명령으로 우리나라[일본]에

340 차종순, 『손양원: 애양원과 사랑의 성자』, 32.

> 강림하시고 모든 것이 그의 지배하에 있는 것으로 우리 역대 천황은 여호와 하나님으로부터 통치권이 부여되고 또 우리 국가 통치를 기탁받은 것으로 그 하나님의 뜻에 의해서는 통치권이 박탈당할 수 있으므로 우리 국가의 흥망은 여호와 하나님의 뜻대로 되는 것이라고 망신(妄信)하고…거기에다가 여호와 하나님 이외의 신은 모두가 우상이므로 우리나라에서 신사참배하는 것은 우상예배를 금지한 성서 교리에 배반되고 영원한 구원을 받을 수 없음에도 불구하고 조선에서는 기독교도들에게 신사참배를 강요하고 있는 이것은…말세의 현상으로 예수 그리스도의 재림도 목첩 간에 임박할 것이다. 고로 여호와 하나님은 불원한 장래에 그의 아들인 예수 그리스도를 지상에 재림케 하여서 악마 지배하에 있는 우리나라를 포함한 현존 세계 각 국가를 멸망시키고 예수 그리스도를 수반으로 하는 절대평화 행복한 이상 왕국을 지상에 건설시킬 것이다.[341]

그는 하나님의 말씀과 전천년설을 근거로 하나님 나라의 도래에 대한 확신을 가지고 신사참배 반대뿐만 아니라 현인신(現人神)으로 받들어지는 일왕의 존재에 대해 성경적 관점에서 비판했다. 당시 이는 일본의 국체를 부정하는 것이었으니 심각한 죄목이 될 수밖에 없었다. 그러나 손양원은 오히려 그것을 하나님을 증거할 수 있는 기회로 생각했다.[342] 그는 1년 6개월의 형기를 다 마쳤지만 석방되는 대신 예방구금소로 옮기라는 통보를 받고서 아버지에게 편지를 보냈다. 손양원은 그것이 "성경교리를 그대로 믿기 때문"이며 "처분에 대해 불평하거나 고충을 면해볼 의향이 아니라 성경 교

341 "손양원 광주지방법원 판결문", 소화 16년(1941) 형고합(刑告合) 제35호, 이만열 편, 『산돌 손양원 목사 자료선집』(서울: 한국기독교역사연구소, 1915), 535-36.

342 이만열, "손양원 목사의 순교 신앙과 한국교회", 16-17.

리를 증거하려는 것뿐"이라고 항고서 제출 이유를 밝히고 있다.[343] 차종순은 이 사실을 다음과 같이 증언한다.

> 감옥에 수감되어 있던 기간에도 고역을 시키는 간수들에게 기독교의 복음을 전했다. 종신형을 선고받아 대구 교도소로 이송된다는 소식을 듣고서도 그곳의 간수들에게 전도할 수 있는 기회를 주신 것을 감사한다고 말할 정도로 주어진 상황을 "껴안음"으로써 자신이 누려야 할 온갖 특권을 "잃어버렸다."[344]

그는 감옥에서도 아버지로서의 따뜻한 마음과 신앙의 권면을 담은 편지들을 가족들에게 계속 보냈다. 이것은 아버지의 오랜 수감생활로 인해 가족의 생계가 어려워지자 학업을 중단하고 부산의 한 상점에 취직해서 받은 월급을 가족에게 송금하고 있던 장남 동인에게 보내는 편지 가운데 잘 나타난다.

> 네 동무들이 그곳으로 함께 옮기게 된 것도 하나님의 뜻인 줄 알고 범사에 감사하단다. 그러나 학교에 들어가지 못하고 공장에 가서 돈을 번다고 하니 한편으로는 좋고 고마운 말이나, 네 나이 아직 어리니까 돈 버는 것보다 공부할 시기임을 잊어서는 안 된다. 돈은 다음에도 벌 수 있으나 공부할 때를 놓치면 나이를 먹은 뒤에는 다시 공부하기 어렵다. 만사가 다 때를 놓치면 못쓰는 법이다. 기왕 늦었으니 내년을 기약하고 일하며 틈틈이 공부하도록 해라.…너도 기도와 성경 읽기는 물론이거니와 좋은 책을 구하여 자습하도록 해라. 공부하기 좋은 때를 놓치지 말아야 함을 잊지 말거라.…그리고 무

343 손양원, "1943년 6월 8일, 아버지 손종일 장로에게 보낸 편지", 임희국, 이치만, 최상도 편역 및 해제, 『손양원의 옥중서신』(서울: 넥서스CROSS, 2015), 54-55.

344 차종순, 『손양원: 애양원과 사랑의 성자』, 35.

엇보다 중요한 것은 위대한 신앙의 인격을 갖는 것이다. 그러려면 죄를 범하지 말아야 한다. 죄를 지으면 죄의 종이 되는 법이다. 죄를 짓고서는 위대한 신앙의 인격자가 될 수 없다. 죄는 어릴 적부터 절대 시작하지도 말아야 한다. 어릴 때에 몸에 익힌 죄의 버릇은 성장한 뒤에 아무리 노력해도 고치기 어려운 법이다. 아버지 말을 잘 듣고 깨달아 꼭 조심해서 수양하기를 간절히 기도하면서 바라고 있다.[345]

나중에 동생 동신이마저 부산으로 가서 가족의 생계를 위해 일하고 있다는 소식을 듣고 보낸 그의 편지에는, 가족을 돌보지 못하는 가장의 회한이 서려 있으면서도 자녀들에게 따뜻하게 신앙을 권면한다.

아직 부모의 품에서 자랄 너희가 벌써 남의 밑에서 공장 일을 하는 몸이 되었구나. 하지만 너희의 본분을 잊지 않고 장래에 위대한 신앙의 인격자가 되기 위해서는 첫 번째 심령의 수양과 두 번째 지식 계발에 힘쓰기를 바란다. 너희가 비록 공장에서 많은 사람과 교제하게 되겠지만 세상 죄악에는 물들지 않기를 바란다.…작은 악이라고 가벼이 여기지 말고 작은 선이라고 쉽게 보지 말거라. 작은 악이 쌓여서 큰 악이 되고 작은 선이 자라서 큰 성현이 되는 연유이니라.…정말로 너희만 할 때 내가 예사롭게 여긴 죄악 때문에 지금도 얼마나 마음의 고통을 겪는지 말하기 어려울 지경이다.…네게서 나온 죄의 줄기가 습관이 되어 얽매이게 되면, 나중엔 떼어낼 수 없을 만큼 어려워지는 것이다.…지식은 비록 학교에 다니지 못하더라도 얼마든지 배울 수 있

345 손양원, "1942년 6월 13일, 아들 동인에게 보내는 편지", 임희국 외 편역 및 해제, 『손양원의 옥중서신』, 35-36. 취직한 상점의 월급이 20원밖에 되지 않아 가족들 생계를 위해서는 턱없이 부족한 돈이었다. 이 사정을 알게 된 박신출 집사가 자기 공장에서 일하게 했는데 친구들도 함께 옮겨갔다. 그는 자녀들에게 이것이 하나님의 도움인 줄 알고 감사하라고 말한다.

다. 지식이란 사물의 이치를 아는 것이다. 이는 모든 일로부터 배울 수 있다는 말이다.…1) 분투와 견고한 뜻을 세우고 2) 필사의 노력과 3) 끝까지 인내하라. 요셉과 함께하신 하나님께서 너희와 함께하시니 믿고 의지해 지와 덕을 완성하기 위해 나아가라.[346]

그가 자녀들에게 전하는 간절한 내용은 지식을 쌓고 죄를 멀리하며 믿음으로 서라는 권면이었다. 이런 내용은 자녀들에게 보내는 편지에 자주 등장한다. 어떤 편지에서는 성경 구절을 읽고 그것을 풀면서 설교하듯 권면하고 있다.[347*]

손양원이 구속되자 애양원에서 동역하던 선교사는 본국으로 추방되었고 가족들도 쫓겨났다. 1941년 광주구치소로 이감되었을 때 면회를 위해 가족들도 광주로 이사했다. 애양원 식구들이 몰래 건네주었던 600원은 큰돈이었지만 이사비와 영치금, 그리고 몇 개월간의 생계비로 사용되었고, 얼마 지나지 않아 가족의 생계 자체가 위협을 받고 있었다. 그때 광주 성경학원에 다니던 동인이 학교를 그만두고 부산으로 가서 일을 해야 했다.[348] 광주에 있던 손양원의 가족들은 동인, 동신이가 일하고 있는 부산으로 1943년 3월 이사하여 거기서 공장주였던 박 집사가 직원들을 위해 구입한 집에 머물게 되었다. 집세는 없었지만 이사한 후 감옥에 있는 아버지에게 "어머니는 이곳에 오래 못 계시겠다"고 했음을 전하는 것으로 보면 상당히 열악한 여건이었던 것으로 추정할 수 있다.[349] 생활고 때문에 두 아이들(동희

---

346 손양원, "1942년 12월 7일, 손동인, 동신에게 보낸 편지", 위의 책, 46-48.

347 손양원, "1943년 11월(추정) 아들 손동인에게 보낸 편지", 위의 책, 77-81 참조. 안용준 편, 『손양원 목사 설교집』(서울: 신망애사, 1969), 248-51. 안용준이 편집한 이 책은 본래 상, 하권으로 1963년에 출판한 것을 1969년판에서는 이것을 합본하여 출판했으며, 상권에는 손양원의 25편의 설교와 체형 조서가 실려 있고 하권에는 60편의 설교와 설교초, 옥중서신 24편 등이 실려 있다.

348 임희국, "권두 해제", 임희국 외 편역 및 해제, 『손양원의 옥중서신』, 9.

349 위의 책, 52-53.

와 동장)은 애린원에 맡겨져 있었다.

그는 1943년 5월 17일로 형기를 마쳤으나 같은 해 5월 20일 일제는 석방을 취소하고 무기구금형 판결을 내린다. 그 후 그는 광주형무소에서 5개월, 경성 서대문형무소 내 예방구금소에서 2개월 대기구금을 당했고, 1943년 11월에 청주보호관찰소로 이감되었다. 그는 남편의 출옥을 손꼽아 기다리다가 병이 난 아내에게 위로하는 편지를 다음과 같이 전한다.

> 동인이 엄마 앞. 병고 중에 얼마나 아프고 괴로운가요? 이같이 뜨거운 날씨에 고열까지 있으니 설상가상(雪上加霜)이겠구려. 그러나 하나님의 사랑과 진리는 기후와 환경을 초월하니 안심하세요. 꽃피고 새 우는 따뜻하고 아름다운 봄철에만 하나님의 사랑이 있는 것이 아니라 백설이 휘날리는 엄동설한 속에도 하나님의 사랑은 여전합니다. 오곡백과가 익는 신선한 가을날에만 하나님의 사랑이 있는 것이 아니라 샘솟듯 땀이 흐르는 불볕더위에도 하나님의 사랑은 항상 그대로입니다. 금과 옥으로 치장한 궁궐 같은 집에서 산해진미(山海珍味)를 먹어야 하나님의 사랑을 찬미하는 것이 아니라 몇 칸짜리 뒤주 같은 집에서 추위와 배고픔으로 질고(疾苦)를 겪을지라도 하나님의 사랑을 찬양할지니 항상 기뻐하시고 범사에 감사하소서. 당신의 신앙이 능히 그 질고를 극복할 것이라 믿고 나는 안심하겠습니다.[350]

교회와 가족들을 팽개쳐 놓고 감옥에 갇혀 무기수로 옥살이를 하며 하염없이 시간이 흐를 때, 자신도 힘들겠지만 자신을 기다리며 지쳐 있을 가족들을 위하는 그의 사랑의 마음이 느껴진다. 이는 고난의 시간을 보내고 있는 날에도 하나님의 사랑을 신뢰했기에 가능한 일이었을 터인데 "꽃피고 새

350 손양원, "1943년 8월 18일, 가족에게 보낸 편지", 위의 책, 58.

우는 따뜻하고 아름다운 봄철에만 하나님의 사랑이 있는 것이 아니라"고 한 그의 믿음의 고백이 아름다운 이유다. 그렇게 긴 시간을 감내하던 그는 해방과 함께 1945년 8월 17일 마침내 긴 옥고를 끝내고 석방된다.

청주에서 석방된 손양원은 가족들이 있는 부산으로 곧바로 달려가 애린원에 있는 두 아이들부터 찾았으며, 5년 만에 가족들과 재회한다. 신사참배를 거부하다가 혹독한 옥중생활을 마치고 나온 '출옥성도'였고, 뛰어난 설교 역량을 가지고 있었던 손양원은 다른 교회 목회도 넉넉히 고려할 수 있었겠지만 다시 애양원교회로 돌아갔고 흩어졌던 가족들도 5년 만에 다시 모이게 된다. 그리고 1946년 2월 19-20일 마산 문창교회에서 있었던 47회 경남노회에서 목사안수를 받는다.[351] 신학교를 졸업한 지 8년 만이었다. 그 후 그는 애양원에서 한센병 환자 목회에 온 정열을 쏟았다. 그가 남긴 기도시가 그의 마음을 알게 한다.

주여! 나로 하여금 애양원을 참으로 사랑할 수 있는 사랑을 주시옵소서.
주께서 이들을 사랑하심 같은 사랑을 주옵소서.
이들은 세상에서 버림을 당한 자들이옵고
부모와 형제의 사랑에서 떠난 자들이옵고
세상 모든 인간들이 다 싫어하여 꺼리는 자들이오나
오! 주여, 그래도 나는 이들을 진정으로 사랑하게 하여 주소서.
오! 주여, 나는 이들을 사랑하되 나의 부모와 형제와 처자보다

351 흔히 1946년 3월에 목사안수를 받은 것이라는 주장은 안용준이 그의 책의 "순교자 손양원 목사 약력" 부분에서 그렇게 정리했기 때문이다. 이상규는 경남노회록에 근거하여 1945년 12월 3일에 47회 경남노회 정기노회가 부산진교회에서 열렸으나 경남재건노회 자숙안 문제로 혼란이 있어서 정회를 했고, 이듬해 2월 19일 저녁 마산 문창교회에서 속개되었으며 거기서 손양원이 다른 3인과 함께 안수를 받았다고 주장한다. 이상규, "해방 이후 손양원의 생애와 활동", 산돌손양원기념사업회 엮음, 『산돌 손양원의 목회와 신학』, 100-1.

더 사랑하게 하여 주시옵소서.

심지어 나의 일신보다 더 사랑하게 하여 주시옵소서….[352]

동인, 동신 형제는 해방 후 아버지가 목회를 시작하게 되면서 순천에서 중단했던 공부를 다시 시작했다. 동인은 순천사범학교에 다녔고 동신은 순천중학에서 공부했다. 동인은 당시 순천 지역 학교들이 연합하여 만든 순천기독학생회(KCSF)의 초대 회장이었고, 재능이 많아서 인기가 많았다. 그러던 중에 1948년 10월 19일 여순반란사건[353]이 일어났고 안재선이 이끄는 좌익학생단체는 동인을 붙잡아갔다. 동인이 예수쟁이, 친미주의자라는 명목으로 몰매를 맞고 있을 때 동신이 나서 말리다가 함께 구타를 당한다. 동인은 기독교 신앙을 버리고 자신들에게 협력하면 살려준다는 회유를 거부하고 자기를 죽이려는 친구들에게 예수를 믿으라고 복음을 전하다가 총살을 당했다.[354]

당시 애양원은 손양원의 평양장로회신학교 동창이자 신사참배 반대로 함께 수감생활을 했던 전도사 이인재를 초청하여 부흥사경회를 하고 있었다. 손양원은 아들들의 죽음 소식을 듣고 순천으로 가서 시신을 운구해왔다. 1948년 10월 27일, 애양원에서 손양원의 두 아들의 장례식이 있었다. 이인재는 말씀을 전했고, 손양원에게 답사할 시간이 주어졌을 때 그는 미리 준비한 종이쪽지를 꺼내 "아홉 가지 감사"라는 글을 읽어가기 시작했다.

352 안용준, 『사랑의 원자탄: 손양원 목사의 순교 일대기』, 재판 개정판(서울: 성광문화사, 2011), 300-1.

353 제주 4·3 사건을 진압하기 위해 여수에 주둔 중이던 국방경비대 14연대의 1개 대대를 제주도에 파견하기로 결정이 나자 좌익계 병사들이 반란을 일으켜 순천과 인근 지역을 점령했고, 좌익 청년들이 합세하여 그 수가 2,300명에 이르면서 며칠 동안 여수, 순천 지역이 무법천지가 되었다. 400여 명의 민간인이 희생을 당했다.

354 동인은 "하늘 가는 밝은 길이"라는 찬송을 불렀고, "아버지, 내 영혼을…"이라는 그의 기도가 채 끝나기 전에 총성이 울렸고 이를 보고 항거하던 동신도 함께 총살을 당한다. 성악을 전공하려던 동인의 찬송소리에 "죽음 앞에서 그토록 애절하고 절실하게 부르는 찬송 소리를…들어본 적이 없다"고 그 자리에 있던 사람들이 전했다. 박현정, 『하얀 불꽃』, 117-22; 손동희, 『나의 아버지 손양원 목사』(서울: 아가페, 1999), 228.

첫째, 나 같은 죄인의 혈통에서 순교의 자식을 나게 하시니 하나님께 감사합니다. 둘째, 허다한 많은 성도 중에 어찌 이런 보배를 주께서 하필 내게 맡겨 주셨는지 주께 감사합니다. 셋째, 삼남 삼녀 중에서도 가장 아들다운 두 아들 장자, 차자를 바치게 된 나의 축복을 감사합니다. 넷째, 한 아들의 순교도 귀하다 하거든 하물며 두 아들의 순교이리요, 감사합니다. 다섯째, 예수 믿다가 와석종신(臥席終身) 하는 것도 큰 복이라 하거늘 하물며 전도하다 총살 순교 당함이리요, 감사합니다. 여섯째, 미국 가려고 준비하던 내 아들 미국보다 더 좋은 천국 갔으니 내 마음 안심되어 감사합니다. 일곱째, 나의 사랑하는 두 아들을 총살한 원수를 회개시켜 내 아들 삼고자 하는 사랑하는 마음 주신 하나님께 감사합니다. 여덟째, 내 두 아들의 순교의 열매로 말미암아 무수한 천국의 아들들이 생길 것이 믿어지니 우리 아버지 하나님께 감사, 감사합니다. 아홉째, 이 같은 역경 속에서 이상 여덟 가지 진리와 신애(神愛)를 찾는 기쁜 마음, 여유 있는 믿음 주신 우리 주 예수 그리스도께 감사, 감사, 감사합니다.[355]

어떻게 생떼 같은 두 아들이 죽어 넘어진 자리에서 이토록 놀라운 감사를 올릴 수 있었을까? 범인으로서는 드릴 수도 없고, 이해하기도 어려운 감사다. 누구보다 따스한 아버지였던 그가 혹독한 감옥생활을 하면서 5년 넘게 가족들과 떨어져 있다가 다시 재회한 지 얼마 되지 않아 두 아들이 그렇게 죽임을 당했으니 그 충격을 이겨내는 것이 어찌 쉬운 일이었겠는가? 손동희는 미국에서 열린 간증집회 중에, 당시 애양원에서 부흥회를 인도하다가 급작스레 장례를 집례하게 된 목사 이인재(당시 전도사)를 통해 들은 당시의 상황을 다음과 같이 전한다.

---

355 손동희, 『사랑의 순교자 손양원 목사 옥중 목회』, 123-24.

아버지께서 두 오빠의 죽음으로 넋 빠진 사람처럼 초점을 잃고 있을 때 이인재 조사님은 아버지의 어깨를 세차게 탁 치며 호통을 쳤다. "손 목사! 정신 차리시오! 우리는 과거 감옥에서 순교를 원했으나 하나님은 우리의 순교를 허락하지 않았고, 오늘 젊고 아름다운 두 아들을 순교의 제물로 바친 것이 그리도 아깝소? 슬퍼해야 할 일이 아니라 더 좋은 천국에 갔으니 오히려 기뻐해야 할 일이오." 이 말을 듣는 순간 아버지의 세계는 바뀌었다. 마음속에 한 줄기 밝은 빛이 비추이는 것을 느꼈다고 한다. 영감처럼 떠오르는 감사의 마음이 어둡기만 하던 아버지의 가슴속을 환하게 밝힌 것이다. 아버지는 더 이상 아들을 잃은 슬픔에 정신 나간 평범한 아버지가 아니었다. 두 아들을 순교의 제물로 기쁘게 바친 당당하고 강건한 아버지로 바뀌었다. 이때 아버지는 종이와 펜을 들어 즉흥적으로 9가지 감사문을 적어 내려갔다.[356]

두 아들을 먼저 보낸 아버지의 가슴이 어찌 무너지지 않았겠는가마는 그는 신앙의 힘으로 일어섰다. 손양원은 순교의 제물이 된 두 아들의 상여 앞에서 "수고와 고생 끝난 후에"라는 찬송을 부르면서 춤을 추었다고 한다. 이런 신앙적 결단을 차종순은 다음과 같이 설명한다.

울음을 '거절함으로' 지금까지 순교의 아름다움을 설교해온 자신을 '지키기' 위한 내면의 투쟁이었다. 이렇게 자신의 아픔과 눈물을 '참음으로'(허물어버림) 죽음을 앞둔 애양원의 환우들을 '껴안으려' 했다. 더 나아가 아들들을 죽인 안재선의 생명을 구명하여 양자로 삼은 것은 분노의 마음을 '허물어버림으로' 한 생명을 살려내기 위한 '껴안음'이었고, 아들 둘을 잃은 자신의 아픔을 '거절함으로' 지금까지 원수를 사랑하라고 설교했던 자신을 '지

356 위의 책, 124-25.

키려는' 투쟁이었다.[357]

아들들이 죽임을 당했다는 소식을 듣고 손양원은 바로 순천 승주교회(현 순천제일교회) 담임목사인 나덕환에게 기별을 했다.

내 아들 죽인 자들이 앞으로 체포되거든 절대로 사형치 말고 때리지도 말게 하며, 내가 전도해서 회개시켜 예수 믿게 하여 내 아들 삼겠다고 말을 하고, 또 내 아들 생전에 내게 말하기를 나도 이후 신학을 마치고 목사가 되어 아버지 섬겨 받들던 애양원교회 위해 일하겠다고 했으니 내 두 아들 순천에 묻지 말고 애양원 동산에 묻어주시오. 이 두 가지가 오늘 여러분과 하나님 앞에 드리는 내 소원입니다.[358]

반란이 진압된 후 그의 두 아들을 죽인 안재선이 체포되었고 계엄사령부에 의해 총살형을 당해야 할 처지에 놓여 있었다. 손양원은 그 소식을 듣고 구명운동에 적극 나선다. 담당관들을 설득하여 그가 출감되자 그를 양아들 삼고, 손재선이라는 이름도 지어주었다. 그리고 부산 고려고등성경학교에 입학시키고 그 부모도 전도하여 예수를 믿게 했다. 그가 성경학교 재학 중 손양원에게 보낸 편지에서 우리는 새사람이 되어 있는 모습을 마주하게 된다.

십자가가 내 앞에 부딪힐 때에 남에게 주지 않고 철민이가 담당하여 십자가를 지고 예수 뒤를 따라 가리다. 순교 때는 왔다. 순교에서 십자가 지리이다. 감옥이 가까웠다. 아버님이 경험하셨던 감옥살이 뒤를 철민이 따라가리

357 차종순, 『손양원: 애양원과 사랑의 성자』, 35-36.
358 안용준, 『사랑의 원자탄: 손양원 목사의 순교 일대기』, 164-65.

이다. 앞으로 압박과 핍박과 환난이 오더라도 이겨가서 예수 그리스도의 피 공로에서 떠나지 아니하며 진리를 바로 세워 십자가 군병이 되겠노라고 매일 다짐하면서 하나님 말씀 낭독하며 연구하며 필기하며 찬미 전도하는 철민이를 안심하옵시고 기도 많이 하여주시면 감사하겠습니다.…믿음으로 십자가 피 공로 의지하여 중생했으니 손양원 목사님 장남 될 자격으로 중생의 양식을 언제나 잊지 않고 빽빽이 채우겠습니다.…아버님 모든 것 용서해주시옵소서. 아버님의 사랑이 하나님이 주신 사랑이니 사도 바울의 뒷길을 따라가고자 한 걸음 두 걸음 걷고 있습니다. 두 형님의 뒤를 따를 것을 하나님 앞에 맹세하나이다.[359]

손양원은 사랑의 용납을 통해 한 영혼을 새롭게 세웠다.

그 후 한국전쟁이 일어나 전라도 일대가 북한 공산군 치하에 놓이게 되었고 점령 기간 동안 여수 지역은 또다시 고통을 당하게 된다. 애양원 안에서도 좌경 성향을 가진 이들은 인공기를 게양하고 인민위원회를 조직하자고 했지만, 손양원은 하나님을 거부하는 공산주의를 받아들일 수 없다면서 자신의 신앙을 지키려 했다. 여순반란 사건으로 피해를 입은 좌익 세력들이 들고 일어났고 상황이 점점 악화되었다. 교인들이 부산으로 피난 갈 것을 요청하며 준비해둔 배 위에서 송별예배까지 드렸지만, 그는 직원들을 보낸 뒤 배에서 내렸다. 자기 혼자 살기 위해 한센병 환자 교인들을 버려두고 피난 갈 수 없다는 이유에서였다.

북한은 한센병 환자가 없는 좋은 세상인데 그런 병자들이 있으면 더러워지기 때문에 공산군이 남한의 환자를 쏴 죽인다는 괴소문이 애양원 안에 돌았다. 동요가 일어나자 손양원은 금식하면서 10일간의 부흥회를 직접 인

359 손동희 편, 『사랑의 순교자 손양원 목사 옥중 목회』, 118-19. "철민"은 손재선(본명 안재선)의 이름을 가명으로 표시한 것이다.

도했다. 애양원에도 인민위원회를 세우고 인공기를 걸자는 요구가 있었지만, 그는 "삼위일체 하나님을 부정하는 공산주의에는 절대로 동조할 수 없다"고 거부했고, "만세 반석 열린 곳에 내가 숨어 있으니" 찬송을 부르면서 "그리스도를 위해 순교하자, 순교하면 곧바로 하늘나라에 간다"는 사실을 강조하면서 열성적으로 설교했다.[360] 결국 손양원은 1950년 9월 13일 체포되어 율촌 지역 내무서에 끌려갔다. 함께 끌려갔다가 생존했던 이는 다음과 같이 그의 마지막 순간을 전한다.

> 손양원 목사는 율촌내무서로 끌려갔다. 이 지역 우익인사들은 교화대상자나 학습대상자였다.…손양원은 율촌지서에서 여수경찰서로 이송되어 학습을 받았으나 그는 교화당하기보다는 오히려 학습자를 기독교로 교화시키려 했다. 손양원 목사는 내무서원과 북한 병사에게 기독교의 진리와 예수 사랑을 전했다.…한국전쟁 기간 중 사람들은 여러 모습으로 박해를 받고 순교를 당했다. 함평의 정재련 전도사의 발은 정강이 부분이 깨져 있었는데 그 이유는 공산군이 "이 발로 예수를 믿으라고 전도하러 다녔다"라고 하면서 다시는 전도하지 못하도록 정강이를 부러뜨렸기 때문이다. 이를 따라 손양원은 지속적으로 예수 믿으라고 전도했기 때문에 다시는 입으로 전도하지 못하도록 입을 장총 개머리판으로 때려 입술이 으깨어지고 뒤로 돌아가 있었다.…북한군은 열 사람 정도를 한 줄로 묶어 여수에서 순천으로 도보로 이송시켰는데 미평과수원(현재 여수 둔덕동)에 이르러 사살했다.…손양원이 신음하면서 총을 쏜 사람들을 용서해달라고 기도하는 소리를 들었다.…손양원은 고통을 이기지 못하고 발을 뻗침으로 발뒤꿈치가 다 벗겨져 나갔고 결국

360 차종순, 『손양원: 애양원과 사랑의 성자』, 176-77.

그 자리에서 순교하였다.[361]

수도 서울이 유엔군에 의해 수복되던 날 새벽, 남녘에서는 손양원이 순교를 당했다. 그날 그의 아내 정양순은 막내 동길이를 출산했다. 먼저 순교의 제물이 되었던 두 아들처럼 그는 마지막까지도 예수님을 증거했고 자신을 죽이는 공산군을 위해 기도하며 이 땅에서 십자가의 사랑을 증언하던 설교자로서의 삶을 마감한다.

### (2) 설교사역과 신학적 특징

같은 시대를 살았던 주기철에 비해 손양원에 대한 자료는 비교적 많이 남아 있는 편이다. 일기와 일지, 가족들과 지인들에게 보낸 편지, 정리한 설교 요약, 시와 간단한 기록 등이 2,000여 쪽에 이른다.[362] 그에 대한 연구서도 적지 않게 나왔지만[363] 완성된 설교 원고는 그리 많지 않다는 아쉬움이 있다.[364] 또한 남아 있는 설교문 가운데 많은 부분이 대지를 중심으로 정리된 약식 설교문이어서 연구에 한계가 있다. 남아 있는 자료들을 통해 그의 설

---

361 위의 책, 177-78. 이것은 차진국의 증언을 토대로 한 것이다.

362 그가 쓴 글들은 깨알 같이 작은 글씨로 되어 있거나 흘려 쓴 글이어서 판독이 쉽지 않다는 문제점이 있다.

363 손양원이 순교한 이듬해인 1949년 12월에 초판 발간된 안용준의 『사랑의 원자탄』은 가장 기초적인 자료이며, 이광일이 쓴 『손양원 생애와 신학』과 손양원의 딸인 손동희가 쓴 『나의 아버지 손양원 목사』, 차종순의 『손양원: 애양원과 사랑의 성자』, 산돌손양원기념사업회가 엮은 『산돌 손양원의 목회와 신학』 등 비교적 많은 문헌이 나왔다.

364 안용준은 『손양원 목사 설교집(상)』을 1962년에 출간했는데 25편의 설교가 담겨 있고, 그 이듬해 발간한 하권에는 60권이 실려 있다. 이것이 1969년에 합본으로 나왔다. 안용준 편, 『손양원 목사 설교집』(서울: 신망애사, 1969). 한편 애양원 성산교회를 담임했던 이광일이 세 권으로 편집하여 18편이 실린 1권, "성경대로 살자"(1991), 29권이 실린 2권, "오늘이 내 날이다"(1994), 37편이 실린 3권, "주 안에서 죽는 자들은 복이 있다"(1995) 등에 84편의 설교가 실려 있다. 이광일 편, 『손양원 목사 설교집』, 1, 2, 3권(여수: 손양원목사순교기념사업회, 1991, 1994, 1995). 한국고등신학연구원에서 출간한 책에는 20편이 실려 있으며, 산돌손양원기념사업회에서 엮은 자료집에는 요약설교문까지 포함하여 221편이 실려 있다. KIATS 엮음, 『손양원: 한국기독교지도자 강단 설교』(서울: 홍성사, 2009); 이만열 편, 『산돌 손양원 목사 자료선집』 등을 참고하라.

교사역의 특징을 정리해보자.

첫째, 손양원에게 설교는 성경을 중심으로 진리를 선포하는 것이다. 그는 한 설교에서 설교에 대한 자신의 신학적 이해를 정리한다. 설교는 성경으로부터 나와야 하고 성경이 중심을 이루어야 하며 성경이 말씀하는 바를 전하는 것이라고 규정한다.

> 설교란 강도학(講道學) 원리에 꼭 "성경 말씀에만 터를 닦고" 한 대로 六十六(육십육) 권이 본문이요, 제목이요, 대지(大旨)도 소지(小旨)도 이를 기초로 한다. 성경에서 성경으로 전부를 삼고, 성경으로 성경을 풀고 싶다. 성경에 묻고 성경에서 대답하고 싶다. 서론도 성경이요, 내용도 성경이요, 결론도 성경이 되게 하고저 한다. 즉 성경으로 시작하여 성경으로 마치고 싶다. 그래서 십자가의 대도(大道)와 기독교의 교회를 분명히 전하고 싶다.[365]

그는 이 설교에서 "강단에서 전해지는 말씀이 성경 말씀 그대로 전해지지 않는" 상황을 지적하면서 "강단 위에 성경을 공연히 펴놓고 복음을 전한다는 미명(美名)만 걸어놓고 성경에 있는 복음의 말씀을 전하지 않고" 있는 행태를 비판한다. 또한 "학술강연으로 사람의 귀만 즐겁게 하거나 자기의 주의와 사상 및 경륜과 포부(抱負)를 선전하려고 또는 자기의 구변이나 재주를 나타내려고 강단을 남용"하는 행태를 비판한다. 그런 설교는 "믿는 마음은 독초로 병들게 되고 영혼은 기갈로 인하여 메말라가니 자멸"로 나아가게 한다는 것이다. 그러면서 그는 다음과 같이 주장한다.

> 오늘날 부르는 예배당이 옛날 성전이듯이 오늘날에 부르는 강단이란 옛날

---

365 손양원, "성전을 더럽히지 마라", 안용준 편, 『손양원 목사 설교집』, 상권, 42.

성전 안에 있는 지성소를 가리키는 말입니다. 따라서 지성소가 성전 안에서 중요한 곳이었던 것처럼 강단도 예배당 안에서 가장 중요한 곳인 것입니다. 그것은 지성소가 하나님께 바로 제사를 드리는 곳이었던 것인데 똑같이 강단도 하나님의 말씀을 가르치고 전하는 곳인 것입니다. 그러나 그 강단에서 전해지는 말씀은 성경 말씀 그대로 전해지지 않는 듯싶습니다. 강단 위에 성경은 공연히 펴놓고 복음을 전한다는 미명(美名)을 걸어 놓고 성경에 있는 복음의 말씀은 전하지 않고 사이비(似而非)한 학술 강연으로 사람의 귀만 즐겁게 하거나 자기의 주의와 사상과 경륜과 포부(抱負)를 선전하려고 하며 또한 자기의 구변이나 재주를 나타내려고 하며 강단을 남용하니 어찌 하나님께 영광이 되겠는가.[366]

그러면서 설교는 "학술적이기보다는 도리적(道理的)"이어야 하며 "도덕적 행위에 대한 교훈보다는 생명의 복음"을 전해야 하며, "이론보다도 실제적으로…일시 귀를 즐겁게 하는 감정보다는 의지적인 진리의 내용"을 담아내야 한다고 주장한다. 또한 성경이 말씀하는 바를 평이하고 명확하면서도 누구나 알기 쉽게 전하는 설교여야 한다고 주장한다. 그는 그의 설교 원리를 이렇게 정리한다.

나의 설교 원리를 간증합니다. (1) 나의 설교란 강도학(講道學) 원리에 꼭 「성경 말씀에만 터를 닦고」 한 대로 66권이 본문이요 제목이요 대지(大旨)도 소지(小旨)도 이를 기초로 합니다. 성경에서 성경으로 전부를 삼고, 성경으로 성경을 풀고 싶습니다. 성경에 묻고 성경에서 대답하고 싶습니다. 서론도 성경이요 내용도 성경이요 결론도 성경이 되게 하고져 합니다. 즉 성경으로 시작

366 위의 책, 41.

하여 성경으로 마치고 싶습니다. 그래서 십자가의 대도(大道)와 기독교의 교회를 분명히 전하고 싶습니다. (2) 그런고로 나의 설교의 내용은 ① 학술적이기보다는 도리적(道理的)으로 ② 도덕적 행위 교훈보다는 생명적인 복음으로 ③ 사상보다도 교리적인 것을 가르치고져 하며 ④ 이론보다도 실제적으로 ⑤ 일시 귀를 즐겁게 하는 감정보다도 의지적인 진리의 내용을 밝히고 싶습니다. 그것은 본래부터 기독교의 본질이 그렇고 성경 내용의 진리가 그렇고 나의 받은 사명이 그런 줄 아는 까닭입니다. (3) 그래서 성경에 기록된 대로 평이(平易)하게 명확하게 증거해서 유식 무식간에 노인도 젊은이도 남자도 여자도 알기 쉽게 하고져 합니다. 쉽게 쓴 것을 왜 어렵게 하겠습니까?[367]

손양원에게 성경은 진리의 표준이며, 삶으로 살아내야 할 강령이었다. 그는 그리스도인을 "성경대로 살려는 자"로 규정한다.

"신구약 성경은 하나님의 말씀이니 신앙과 행위에 대하여 정확무오한 유일한 법칙이니라" 했다. 성경을 의심하는 자는 순종하지 못한다. 나는 이 성경이 하나님의 말씀인 것을 생명을 걸고 증거한다. 기독자가 보는 성경은 六十六 권이나 불신자가 보는 성경은 신자의 행위이다.…성경은 성신의 감동으로 기록된 것이다. 주의 제자들도 기도함으로 성신을 받았다. 기독자는 성신을 받아야 기독자가 된다. 성경 속의 성신과 내 속의 성신은 동일한 신이다. "구하라 주실 것이요, 찾아라 만날 것이요, 문을 두드리라" 열리리라. 하나님께서 구하는 자에게 성신을 주시지 않겠는가. 오직 기도함으로 성경 교훈과 내 생활이 조화가 된다.[368]

---

367 위의 책, 42.

368 손양원, "성경대로 살자", 안용준 편, 『손양원 목사 설교집』, 상권, 67-68, 73-74.

그는 "성경대로 믿고 성경대로 살고 전하여야 한다"고 강조한다. 그는 자신이 하나님의 말씀의 아름다움을 보았기에 자녀들에게도 매일 성경을 읽는 삶과 그대로 실천하는 일을 옥중 편지에서도 계속해서 강조하고 있음을 살펴보았다. 미국의 설교자 존 파이퍼(John Piper) 역시 그가 살아온 인생길 70년의 세월을 회고하며 "주로 내 쪽에서 붙들려는 싸움이 아니라 오히려 내가 아름다움, 즉 영광에 붙들려 살아온 축복"이라고 하면서 성경이 중심을 이루는 삶을 다음과 같이 술회한다.

> 한평생 내가 이 창 앞에 서 있었던 것은, 창문이 깨지지 않도록 보호하기 위해서나 산장의 주인이 그렇게 하라고 시켜서가 아니라 창 저편에 펼쳐진 알프스의 영광 때문이었다. 나는 성경에 계시된 하나님의 영광에 사로잡힌 포로다.…그리스도를 믿고 성경을 믿는 기초는 하나님의 영광이다. 믿음이란 미지의 세계에 들어서는 용감무쌍한 걸음이 아니라 스스로 입증되는 하나님의 영광을 겸손히 바라보는 즐거움이다.[369]

손양원이 고난과 아픔 속에서도 굳게 일어서서 하나님의 말씀을 증거할 수 있었던 이유는 성경 속에서 만나게 되는 하나님의 영광과 아름다움을 친히 목도했고 하나님의 영광에 사로잡힌 행복한 포로가 되었기 때문이었다.

둘째, 손양원의 설교는 말씀을 삶으로 화육해낸다. 그의 삶의 이야기에서 살펴본 대로 그는 하나님의 사랑의 실천을 삶 속에 구현해낸 설교자였다. 당시 한센병이 불치의 질병으로 인식되던 때에 애양원에서 주님의 사랑을 실천했던 사랑의 목회, 우상숭배를 금하는 말씀을 따라 살기 위해 모진 옥고를 감내하고 단 한 번의 타협이면 가정과 교회를 돌볼 수 있는 상황

369 John Piper, *A Peculiar Glory*, 윤종석 역, 『존 파이퍼의 성경과 하나님의 영광』(서울: 두란노, 2016), 15-16.

에서 끝까지 저항했던 일, 두 아들의 순교 사건 앞에서 감사와 용서로 이겨 낸 일, 그리고 죽음으로 위협하는 공산군의 총부리 앞에서 담대하게 그의 신앙과 복음을 전하다가 순교자의 반열에 오르는 그의 삶 자체가 설교였다고 할 수 있다.

1950년 4월 21일, 대구제일교회에서 제36회 예장 총회 주최로 드린 최봉석, 주기철 목사 순교 추도예배에서 그는 다음과 같이 설교했다.

> 죽어서 땅에 묻힌 해골들에게 물을 수 있다면 즉 "너희는 무엇 하다가 죽었는가" 하고 물어보고 싶습니다. 그러면 여러 가지 대답이 있을 것입니다. 혹은 "복통으로 죽었고" 혹은 "나는 두통으로", "나는 전쟁으로" 하겠지만 순교자 스데반의 뒤를 이은 최봉석 목사님과 주기철 목사님께서는 "우리는 예수를 위해 피 흘리고 왔다"고 하실 것입니다. 우리도 이 밤에 그들의 뒤를 이을 준비가 되기를 바랍니다.…이 밤을 기하여 우리도 이 순교자들의 피의 설교를 듣고 따릅시다.…스데반의 피의 설교는 이 밤까지 계속되고 있어서 어떤 이론적 설교보다 강합니다. 그 설교로 인하여 바울의 심정을 깨뜨렸고 유대주의적 기독교는 세계적 기독교로 발전하게 된 것입니다. 우리도 최 목사님과 주 목사님의 피에 따라 순교의 정신을 가집시다.…갑자기 순교자가 되어지는 법이 아닙니다. 잘 준비해야 되는 법입니다. 앞서간 순교자들이 우리를 보고 있으니 말만 하지 말고 실천에 옮깁시다. 먹고 마시는 것을 주를 위해서 하고 나나 다른 인간을 높이기 위해서 하지 마십시다. 주만 높이다가 죽는 자가 됩시다. 말씀하시기를 "지금 이후로 주 안에서 죽는 자들은 복이 있도다" 했습니다.[370]

370 손양원, "주 안에서 죽는 자들은 복이 있도다", 안용준 편, 『손양원 목사 설교집』, 상권, 106-10.

손양원은 이 설교를 마치고 나서 5개월 후에 그의 설교대로 순교의 길을 걸어갔다. 그의 순교는 일제에 항거하여 신사참배에 반대할 때부터 이미 준비된 것이었다. 이만열도 손양원의 순교가 "평소에 꾸준히 순교적인 가르침과 순교적인 삶을 강조하고 실천해온 결과"였다고 평가한다. 이렇듯 그의 순교 신앙은 "평소의 삶과 유리된 것이 아니었"다.[371] 그는 주를 위해서 핍박받는 것을 두려워하지 말라고 늘 설교에서 강조했고 주 안에서 고난을 당하고 죽는 것의 복을 강조했다.

한국전쟁 당시 인민군이 여수 지역까지 밀고 내려오면서 피난 문제로 애양원교회의 제직들이 함께 모였을 때, 손양원은 다음과 같이 말한다.

> "지도자급들이 자진해서 먼저 피한다는 것은 안 될 말입니다. 일반을 데리고 간다는 것은 몰라도 그들을 못 데리고 갈 바에야 자진해서 먼저 간다는 말은 절대로 안 됩니다. 차라리 일반 교인들은 자유로 피신하게 하고 우리 24제직만은 함께 순교합시다" 하시며 언제나 순교하자는 결론으로 돌리시는 것이었다. 그래서…일반급들은 피할 수 있는 대로 피신시키도록 하고 그날 집회는 해산했던 것이었다. 1에도 순교, 2에도 순교, 3에도 순교, 개인적으로도 순교, 공적으로도 순교, 가정에서도 순교, 교회에서도 순교, 이야기에도 순교, 설교에도 순교, 순교다! "내가 죽을 때와 장소는 강단에서 설교하다가 죽거나 노방에서 전도하다가 죽거나 고요한 곳에서 기도하다가 죽거나 할지언정 약사발 들고 앓다가 죽을까 두렵다."[372]

셋째, 손양원의 설교는 주님의 재림과 회개가 강조되었던 종말론적 설교였

371 이만열, "손양원 목사의 순교 신앙과 한국교회", 19.

372 안용준, 『사랑의 원자탄』, 403-4.

다. 당시에는 허무주의와 염세주의적인 경향이 지배적이었고, 그래서 신앙적으로 신비주의적이고 종말론적 성향이 강하게 나타났다. 이때 손양원은 내세에 대한 소망과 주님의 재림을 갈망하는 한편, 오늘의 삶 속에서도 충실한 삶을 살아야 한다고 강조했다. 그가 부득이 가족을 팽개쳐두다시피 하고 옥고를 치를 때도 주님의 재림에 대한 확신과 기대는 모진 삶을 이기게 하는 원동력으로 작용했다. 특별히 희망 없는 삶을 이어가고 있는 애양원 식구들에게 주일에 전했던 메시지와, 민족의 어두운 밤을 보내고 있는 성도들에게 부흥회를 통해 말씀을 전했던 손양원의 메시지는 주로 주님의 재림에 초점이 맞추어져 있었다. "주님 고대가"는 감옥에서 힘든 시간을 보내던 때 또는 부흥회를 인도하던 때 그가 자주 부르던 찬송이었고, 또한 그것은 손양원 자신의 신앙고백이었다.[373]

1. 낮에나 밤에나 눈물 머금고/ 내 주님 오시기만 고대합니다
   가실 때 다시 오마 하신 예수님/ 오 주여 언제나 오시렵니까
2. 고적하고 쓸쓸한 빈 들판에서/ 희미한 등불만 밝히어 놓고
   오실 줄만 고대하고 기다리오니/ 오 주여 언제나 오시렵니까
3. 먼 하늘 이상한 구름만 떠도/ 행여나 내 주님 오시는가 해
   머리 들고 멀리멀리 바라보는 맘/ 오 주여 언제나 오시렵니까
4. 내 주님 자비한 손을 붙잡고/ 면류관 벗어들고 찬송 부르면
   주님 계신 그곳에 가고 싶어요/ 오 주여 언제나 오시렵니까
5. 신부 되는 교회가 흰옷을 입고/ 기름 준비 다해놓고 기다리오니

---

373 이것은 손양원이 워낙 즐겨 불렀기 때문에 일반적으로는 손양원이 노랫말을 만들었다고 알려져 왔으나 하동 지역에서 개척 전도자로 일한 전도사 전점용이 작시한 것으로 증언에 의해 알려지고 있다. 이홍술, 『손양원 목사의 생애와 신앙』(서울: 도서출판누가, 2002), 241-42; 이상규, "해방 이후 손양원의 생애와 활동", 110 등을 참고하라.

도적같이 오시마고 하신 예수님/ 오 주여 언제나 오시렵니까
6. 천년을 하루같이 기다린 주님/ 내 영혼 당하는 것 볼 수 없어서
이 시간도 기다리고 계신 내 주님/ 오 주여 이 시간에 오시옵소서.[374]

이 찬양은 고단한 삶을 살고 있던 애양원의 환우들과 우리 민족에게 잘 어울렸으며, 그의 재림신앙이 잘 녹아 있었다. 종말론에 대한 그의 견해는 당시 가장 보편적 이해였던 세대주의적 전천년설에 가까웠다. 이는 신사참배 반대로 투옥되어 재판을 받을 때의 재판기록에 잘 나타나 있다.[375]

출감 후에는 재림에 대한 강조가 없었던 것은 아니었지만 회개에 대한 강조가 많아진다. 재림을 기다리는 그리스도의 신부 된 성도들뿐만 아니라 신사참배 강요 앞에 굴복한 교회가 새롭게 되기 위해서 더욱 필요한 것은 회개였던 점이 반영된 것이다. 한 가지 예를 들면, 그가 출옥하여 가족들과 부산에 잠시 기거하고 있을 때 "출옥성도"가 왔다는 소문이 퍼지면서 인근에 있던 교회에서 그를 "광복기념예배"의 강사로 초청하였다. 당시 아버지를 따라가 예배에 참석했던 동희는 그 예배의 광경을 이렇게 전한다.

이윽고 예배가 시작되었다. 아버지는 천천히 단상 위로 올라갔다. 그리고 설교를 시작하려고 성경을 펼치는가 싶더니 웃음 띤 온화한 아버지의 얼굴이 갑자기 굳어졌다. 잔뜩 화가 난 표정이다. 아버지의 눈은 그때까지도 강대상 위에 떡 버티고 있던 가미다가 우상을 뚫어져라 쳐다보고 있었다. 해방이 되었는데도 광복의 자유를 실감하지 못하고 옛 습관을 당연한 것으로 알고 있었기에 이 우상을 버리지 않고 있었던 것이다. 아버지의 얼굴이 험하게 일그

374 당시의 운율에 노랫말을 지어 붙인 "주님 고대가" 전문.
375 이만열 편, 『산돌 손양원 목사 자료 선집』, IV장 "재판기록 편" 참고.

러졌다. 아버지는 좌우를 한번 휘둘러보고 나서 손으로 그 우상을 밀어뜨렸다. 와장창! 유난히 큰 소리를 내며 일제의 잔재가 바닥으로 떨어졌다. 모든 성도들은 눈이 휘둥그레졌다.…이 우상의 모형은 나무로 깎고 다듬어서 만든 작은 집 모양으로 그 안에는 '천조대신'이라고 또렷하게 글자를 새긴 것이 들어 있다. 하긴 일제 시대에는 어느 교회를 막론하고 그 우상에 절하지 않고는 예배를 드릴 수가 없었다. 만약 거부하면 아버지처럼 감옥으로 끌려가야 했다.[376]

손양원의 관심은 교회를 쇄신하는 것이었고, 비록 일제의 강압에 의해서였지만 우상숭배를 했던 그들의 잘못을 회개하도록 하는 것이었다. 아버지의 설교에 대한 딸의 증언을 계속 살펴보자.

아버지의 설교는 그런 저간의 사정을 맹렬히 지적하면서 시작되었다. 아버지는 마치 하늘에서 터져 나오는 외성과 같이 우렁찬 목소리로 성도들의 나약한 신앙을 꾸짖었다. 출옥 후 처음 하는 설교였다. 그러기에 5년간 차곡차곡 쌓인 한(恨)과 신앙의 지극한 열정이 그토록 당당한 외침으로 나타난 것이리라. "회개하라." 청천벽력과 같은 음성이 터져 나왔다. 아버지의 설교는 광야에서 외치는 세례 요한의 메시지 그대로였다. 성전을 어지럽히는 장사치들을 질타하던 예수님의 외침 그대로였다. 교회 안은 일순 찬물을 끼얹은 듯 잠잠해지더니 어느 순간 갑자기 이곳저곳에서 회개의 울음이 터져 나오면서 온통 통곡의 바다로 변해버렸다. 가슴을 치며 껑충껑충 뛰는 이, 눈물범벅이 되어 쉬지 않고 중얼중얼 기도하는 이, 옆 사람과 얼싸안고 교회당이

376 손동희, 『나의 아버지 손양원 목사』, 166. 설교하기 전에는 냉대를 받았으나 설교를 마치고 난 이후에는 대하는 것이 달라졌다고 회고한다. 오랜 감옥생활로 인한 삶의 곤궁함 때문에 손양원과 자녀들의 모습이 초라했기 때문이었을 것이다.

떠나라 찬송을 부르는 이…그야말로 하늘 문이 열리는 충만한 은혜의 시간 이었다.[377]

손양원이 회개를 강하게 외쳤던 것은 응징이나 보복, 또는 자기가 당한 어려움에 대한 분노에 찬 질책 때문이 아니었다. 그것은 해방과 함께 한국교회가 새롭게 거듭나기 위한 "'역사청산'의 과정" 때문이었다. 그는 변절한 한국교회 전체와 훼절한 교회 지도자들의 회개를 촉구한 것이다.[378]

넷째, 손양원의 설교는 하나님의 사랑과 용서를 인간 사랑과 교회 사랑의 삶으로 승화시켰다. 신사참배에 대한 회유와 억압, 모진 고문에도 불구하고 하나님의 주권적인 사랑 때문에 그는 결코 타협할 수 없었다. 하나님의 주권적 사랑은 그로 하여금 한센병 환자들에 대한 지극한 정성과 사랑의 목회를 가능하게 했으며, 교회를 위해 생명까지도 걸 수 있게 만들어주었다. 두 아들을 죽인 "원수"까지도 용서하고 양자를 삼을 정도로 그의 생애와 설교는 하늘 사랑에 대한 감격과 순종의 삶으로 드러난다. 두 오빠를 죽인 학생이 잡혔다는 기별을 받고 나덕환에게 아버지의 뜻을 전하기 위해 심부름을 가야 했던 딸 손동희는 당연히 아버지의 뜻을 거부한다는 의사를 분명히 밝혔다. 두 오빠를 죽인 원수를 오빠라고 부르라는 말인가, 여태껏 아버지 말을 거역한 적이 없었지만 이번만은 들을 수 없다는 딸에게 손양원은 다음과 같이 말했다.

동희야, 내 말을 잘 들어봐라. 내가 무엇 때문에 5년 동안이나 너희들을 고생시켜가면서 감옥생활을 견뎌냈겠니? 하나님의 계명을 지키기 위함이 아

377 손동희, 『나의 아버지 손양원 목사』, 167-68.

378 이덕주, "백색 순교에서 적색 순교로: 손양원 목사의 순교와 신학적 의미", 『한국 기독교와 역사』, 40호(2014년), 165.

> 니었냐. 그런데 그 학생이 안 잡혔다면 또 모르되 잡힌 이상 모른 척할 수가 없구나. 제 1, 2계명이 하나님의 명령이라면 원수를 사랑하라는 말씀도 똑같은 하나님의 명령인데 그 명령은 순종하면서 이 명령은 순종치 않는다면 그보다 더 큰 모순이 어디 있겠느냐? 원수를 사랑하라는 명령에 순종치 않으면 과거 5년간의 감옥살이가 모두 헛수고요, 너희들 고생시킨 것도 헛고생만 시킨 꼴이 되고 만다. 내가 여기까지 와서 넘어질 수 없다.…그가 죽는다고 오빠들이 살아 돌아올 수 있겠느냐? 그를 살리고 그의 영혼을 구한다면 하나님의 명령에 순종할 뿐만 아니라 한 인간의 타락한 영혼을 구제해준 보람도 느낄 수 있지 않겠느냐?…두 오빠는 천국 갔으나 두 오빠를 죽인 자는 지옥 갈 것이 분명한데 내 전도하는 자로서 지옥 가는 그를 보고만 있으란 말이냐?[379]

그것은 하나님의 놀라운 사랑을 경험한 사람이 원수를 사랑하라는 명령 앞에서 말씀을 온전히 실천한 것이었다. 여기서 그는 “사랑의 원자탄”이라는 별칭을 받게 된다. 그렇게 아들을 보낸 이듬해 그는 다음과 같이 일기에 기록했다.

> 나의 하나님, 나의 아버지 되신 삼위의 하나님이시여, 어렸을 때부터 범죄를 계속하여 불의하고도 불충한 나 같은 죄인 중 괴수에게도 사죄의 은총이 있음을 믿고 참 감사와 영광을 주께만 돌리나이다.…과연 여호와는 나의 구원의 반석이시오 영광의 주시로소이다. 홍해와 요단강을 갈라지게 하사 길 내게 하신 내 하나님, 아론의 지팡이에 새싹이 나게 하시고 백골로 부활케 하신 내 하나님, 화도 창조하시고 복도 창조하시는 내 아버지 하나님, 오 주여,

379 손동희 편, 『나의 아버지 손양원 목사』, 237-38.

내가 살았나이다. 영원히 은총 중에서 살겠나이다.…진실로 주께만 영광 돌려 마지않나이다. 나는 영원히 노래하겠고 여호와는 영원토록 나의 목자가 되어주시리이다.[380]

하나님의 사랑에 대한 감격과 감사는 사랑의 사도로서의 삶으로만 끝난 것이 아니라 그의 마지막 목숨까지 교회와 주님을 위해서 드리겠다는 순교의 신앙으로 이어지게 되었다.

다섯째, 손양원은 설교의 중심에 언제나 기도를 놓았다. 그는 학창시절과 전도사 시절에 길선주와 주기철의 기도생활에서 깊은 영향을 받았다. 손양원도 "하나님을 향한 불붙는 기도"를 통해 모진 고난과 숱한 유혹에 굴하지 않고 하나님께 대한 자신의 믿음을 지킬 수 있는 에너지를 공급받았다.[381] 그가 얼마나 기도를 뜨겁게 했는지 지인들 사이에서는 "손불"로 통할 정도였다. 그는 "육체와 마귀와 세상을 이기는 힘은 기도뿐"이기 때문에 "기도하면서 살고 기도하다가 죽자"고 외쳤다.[382] 왜냐하면 기도할 때만 하나님의 일하심을 깨달을 수 있고 "우주 속에 역사하시는 하나님을 발견할 수" 있기 때문이다.

그는 "기독교는 기도의 종교요 기독자는 기도의 사람"이라고 규정하면서 "기도하지 않고는 기독자의 신앙생활을 할 수 없다"고 주장했다. 한편 그는 기도를 전쟁으로 이해하면서 "전쟁은 저가 안 죽으면 내가 죽는 것"이라고 설명한다. 즉 "기도의 전쟁 승패 여부"에 믿음 생활의 승리가 달렸다고 주장한다. 그래서 그는 "'오 주여 나에게 모든 힘을 빼앗아갈지라도 기

380 안용준, 『사랑의 원자탄』, 364-65. 이것은 손양원이 경남노회 참석 중에 1949년 7월 26일에 기록한 일기다.

381 차종순, 『손양원: 애양원과 사랑의 성자』, 31.

382 손양원, "성경대로 살자", 안용준 편, 『손양원 목사 설교집』, 상권, 74.

도하는 힘 하나만은 남겨 주소서' 절원하라"고 권면한다.[383] 왜냐하면 기도는 모든 일의 원동력이고 "일 중에 제일 큰 일"이며, 기도에 실패하면 모든 것을 실패한다고 생각했기 때문이다.[384] "모든 죄악은 기도하지 않는 데서 오는 것"이며, 그리스도인은 "기도에 취해서 사는 자"여야 하기 때문에[385] 그는 설교 가운데 기도를 가장 강조했다. 그래서 애양원이 겟세마네 기도 동산이 되게 하자고 했고, 실제로 손양원은 공산군이 그를 잡기 위해 애양원에 찾아왔을 때 기도하고 있다가 체포되었다.

여섯째, 손양원의 설교는 나라와 민족을 향해 하나님의 진리를 온전히 증거한 예언적 메시지였다. 그는 국가, 사회, 지도자, 일본제국주의, 개인의 잘못까지 하나님의 말씀에 따라 담대하게 지적하고 거기서 돌이킬 것을 촉구했다. 그의 설교는 사회적 특성을 잘 담아내고 있다. 그는 신사참배 문제로 구속되어 재판을 받을 때 중형을 받을 줄을 알면서도 재림신앙에 입각하여 일본이 망할 것임을 담대하게 증언했고,[386] 해방이 된 후에는 "조선 민족의 근본정신을 부활시키자"고 설교하면서 민족의 타락 원인이 "이조 5백 년 동안의 모든 악법"이라고 외쳤다. 그것은 즉 "시기심, 분노, 싸움, 당파심, 거짓말, 게으름" 등이며, "자기 민족끼리 싸워서 자멸하도록 만든 정책", 즉 식민정책에 속아서 이렇게 되었다고 주장했다. 그는 배달민족이 회복해야 할 것은 경천정신, 애인정신, 충효정신이라고 하면서 다음과 같이 설교했다.

> 이런 것을 깨닫고 이 길을 타개하는 데는 기독자의 사명이 큰 것이다. 과거 독립운동을 한 우국지사의 거두들은 대개가 기독자였다.…그러니 우리들은

---

383 손양원, "기도", 위의 책, 113-16; "겟세마네 동산 기도", 위의 책, 43-46; "성경대로 살자", 위의 책, 73-74.

384 손양원, "기도", 위의 책, 115.

385 손양원, "기도하는 사람이 되자", 안용준 편, 『손양원 목사 설교집』, 하권, 47.

386 이만열 편, 『산돌 손양원 목사 자료선집』, IV장 재판기록 편 참조.

이 민족으로 하여금 예수를 믿게 하고 한편 나라가 망한 원인을 잘 살펴 시정하게 하여 앞으로 민족이 잘 살 길을 개척해야 한다. 이런 의미에서 우리들의 사명이 크다. 우리는 기도로서 행실로서 전도로서 속죄 구령의 복음을 가지고 민족과 국가의 등불이 되고 소금이 되자. 아무리 해방이 되었느니 독립이 되었느니 해도 남북통일 정부가 서기 전에는 참다운 독립이 못 되고 남북이 아무리 통일이 된다고 해도 민족정신이 옳게 회복되지 않으면 참 살 길이 없다. 조선의 기독자여! 우리 민족을 살리자.[387]

또한 그는 당시 지도자들의 부패와 금권선거, 목회자 후보생들이 주일에도 선거운동을 한 것, 개인의 영예와 부귀를 탐하는 것 등 지도자들의 잘못을 지적했다.

그는 국기경배 문제에 대해서 극도로 예민했다. 그는 설교뿐만 아니라 정치 지도자들을 만나 이 일을 주목례로 결정하게 하는 데 큰 역할을 했다. 이와 관련한 설교에서 그는 우리는 진정한 애국자, 열렬한 애국자가 되어야 한다고 주장하며, 과거 죄 값으로 나라가 망한 예를 들면서 국기에 대한 경례는 또다시 모든 죄를 받아들이는 첫걸음이 될 것이라고 주장한다. 그는 "우리는 국기경배 충령묵도에 유인 당하지 말자. 아직도 과거 일본 우상의 술, 음녀의 독초에 취한 것이 깨이지 않는 듯하다. 아직도 정신을 못 차린다"고 주장하면서 진리의 절도(竊盜)를 당하지 말며, 성도는 성별된 생활을 해야 한다고 외쳤다.[388]

그는 한국전쟁이 일어났을 때 이 또한 국가 지도자와 백성들의 죄의 결과라는 사실을 분명하게 지적하고 있다. 1950년 9월 13일 수요예배에서 전

---

387 손양원, "조선 민족의 근본정신을 부활시키자", 안용준 편, 『손양원 목사 설교집』, 상권, 25-30.

388 손양원, "충령묵도(忠靈默禱) 국기경배(國旗敬拜) 문제", 안용준 편, 『손양원 목사 설교집』, 상권, 75-84.

할 설교문 제목은 "한국에 미친 화벌의 원인"이었다. 그는 예배 직전에 체포되어 끌려감으로써 그 설교는 원고로만 남아 있다. 그는 "이런 대환난은 4천 년 역사상 초유의 신벌(神罰)"이라고 규정하면서, 이것은 국가 지도자들의 범죄의 결과이며 한국 민족의 범죄의 결과라고 규정했다. 즉 하나님께서 해방의 선물을 주셨지만 오히려 "이를 범죄 자유지기회(犯罪 自由之機會)로 바꾸어버린 죄"와 국가지상주의, 즉 국수주의로 화한 잘못 때문이라고 주장한다. 그뿐만 아니라 일정 시대 행악관(行惡官)을 그대로 등용하고 삼팔선을 낸 미군정의 잘못도 지적하고, 과거 우상숭배를 철저하게 회개하지 않은 기독교의 죄악 때문이라고 외쳤다. 심지어는 "불쌍한 자를 위한 구제품으로 해서 범죄"한 것도 지적하며, "총회 석상에서 목사 장로들이 서로 치던 죄값"으로 주어진 것이라고 주장하면서 "목적의 화벌은 내가 회개 안 한 거울이요, 회개하라는 경고이다"고 주장했다.[389]

월터 브루그만(Walter Brueggemann)은 기독교 설교가 본질적으로 성경 자체가 지향하는 것을 수행하는 행동, 즉 "사회적 재건(reconstruction)을 위한 해석의 행동"이라고 이해한다. 즉 성경은 변혁된 세상을 세우는 것에 깊은 관심을 가지고 쓰였다고 볼 때 하나님의 말씀이 형성되고(forming) 전파되었던(transmitting) 과정은 본질적으로 사회적인 특성을 가지며, 그 말씀이 해석되는(interpreting) 과정도 본질적으로 사회적인 특성을 가진다고 주장한다.[390] 이 점에서 볼 때 "하나님의 말씀을 선포하는 설교자의 임무는 반드시 세상을 새롭게 세우려는 것"과 깊은 연관이 있으며, "하나님의 계시의 말씀이 설교를 통해 오늘의 회중들에게 해석되며 하늘의 진리로 다가와 선포될 때 본질적으로 오늘의 현실과 삶 속에 깊이 관여하는 특성"을 가진다. 이

389 손양원, "한국교회에 미친 화벌(禍罰)의 원인", 안용준 편, 『손양원 목사 설교집』, 상권, 31-39.

390 Walter Bruggemann, "The Social Nature of the Biblical Text for Preaching," in Preaching as a Social Act: Theology & Practice, ed. Arthur van Seters (Nashville: Abingdon Press, 1988), 127-52.

점에서 기독교의 설교는 "본질적으로 오늘의 문화사회적·역사적 현장 속에 진리의 길을 여는 역할을 해야 한다는 점" 때문에 예언적이며, 또한 정치적이다.[391] 손양원은 비록 그 길이 형극의 길이고 고난의 길이라 할지라도 설교는 "하나님의 대명(大命)"이니 그것을 전하다가 죽더라도 자신의 안위를 따지지 않았다. 그는 진정한 설교자였다.

이상규는 손양원의 설교가 "말보다 삶이 더 강력한 설교"였다고, 다시 말해 "그의 삶은 가장 힘 있는 설교다"라고 주장한다. 이는 정확한 평가다. 손양원은 그런 설교자의 삶을 이루어내기 위해 어떤 어려움도 기꺼이 감내했고, 위험 앞에 자신을 내던졌던 설교자였다.

> 설교는 꼭 말로만 하는 것이 아니다. 말보다 삶이 더 강력한 설교가 된다. 손 목사의 경우는 특히 그러했다. 그의 가장 힘 있는 설교는 그의 삶이었다. 신사참배에 반대하느라 6년의 옥고를 치렀던 삶, 나환자들을 위해 일생을 바치고 그들 속에서 살아간 일, 두 아들 죽인 살인자를 양아들로 삼은 일, 양떼들을 지키기 위해 결국 순교의 제물이 된 삶, 이런 그의 삶 전체가 어떤 청산유수 같은 설교보다 강력한 설교였다. 그리스도를 위해 아무런 희생도 감내할 마음이 없는 어떤 박식하고 유창한 설교자들에 비해 비록 학문과 지식은 부족했으나 자신이 믿은 대로 몸을 던져 살아간 손양원 목사야말로 참된 설교자, 진정으로 위대한 설교자였다 할 수 있을 것이다.[392]

그의 설교는 하늘에서 뚝 떨어진 것이 아니었다. 손양원이 해방 후에 감옥에서 풀려난 후 순교하기 전까지 애양원교회에서의 예배를 제외하고 인도

---

391 김운용, 『새롭게 설교하기』(서울: WPA, 2007), 207-8.

392 양낙홍, "손양원 목사의 설교 분석", 산돌손양원기념사업회 엮음, 『산돌 손양원의 목회와 신학』, 153-54.

한 부흥집회 수가 2,000회가 넘었다. 장녀 손동희는 남대문교회 집회를 인도하는 아버지의 설교 원고 맨 위에 "나의 부흥회 시에 먼저 읽을 것"이라는 제목의 글이 있었다고 전한다. 이 글을 통해 우리는 설교자 손양원이 어떻게 그 사역을 감당했는지, 설교자로 바로 서기 위해 얼마나 노력했는지를 알 수 있다. 그는 설교하기 위해 강단에 올라가기 전 이 글을 읽고 설교자로서 지켜야 할 마음가짐을 새롭게 한 다음 설교에 임했다.

> 첫째, 하나님의 지능을 의지하고 나의 지(知)를 믿지 말 것. 둘째, 주님을 나타내지 않고 나를 나타낼까 삼가 조심할 것. 셋째, 성경 원리 잘 모르고 내 지식대로 거짓말하지 않게 할 것. 넷째, 간증 시에 침소봉대(針小棒大)하여 거짓말되지 않게 할 것. 다섯째, 나도 못 행하는 것을 남에게 무거운 짐 지우게 말 것. 여섯째, 내 한 마디 말에 청중 생명의 생사 좌우됨을 깊이 알고 말에도 조심도, 열심도, 충성도 다할 것. 일곱째, 이 한 시간에 성경 말씀 한 마디에 인령(人靈)이 생사 좌우되는 것을 잘 생각해야 한다(지옥에서 끌어올리게도 끌어내리게도 된다). 여덟째, 음식과 물질에도 크게 주의할 것. ① 주님 대신 받는 대접이니 대접 받을 자격 있나 살펴라. ② 배 위해, 입맛에 취해 먹지 말고 일하기 위해 먹으라. ③ 물질, 선물에는 하등의 관심을 두지 말라. 결론: 오 주여! 이 한 시간에 주 앞에 범죄 되지 말게 하여 주시고 사람 앞에 비 없는 구름처럼 은혜 못 끼치고 돌아갈까 주의하게 하소서. 또 내 생(生)에 유일한 참고서는 오직 성경 66권이 되게 하소서. 아멘.[393]

딸의 눈에 비친 설교자 손양원은 "예수에 중독된 사람, 예수 없이는 못 사는 사람, 예수로 인해 죽은 사람"이었다. 손양원은 다음의 글을 남겼다.

---

393 손동희 편, 『사랑의 순교자 손양원 목사 옥중 목회』, 317-18.

나는 예수의 중독자가 되어야 하겠다.
술 중독자는 술로만 살다가 술로 인해 죽게 되는 것이고
아편 중독자는 아편으로 살다가 아편으로 인해 죽게 되나니
우리도 예수로 살다가 예수로 인해 죽자.
우리의 전 생활과 생명을 주님을 위해 살면
주같이 부활된다.
주의 종이니 주만 위해 일하는 자 되고
내 일 되게 하지 말자.[394]

## 신석구 목사: 올곧은 삶과 신앙의 설교자

### (1) 생애와 사역

당시 많은 사람이 걸었던 대로(大路) 대신에 작은 오솔길을 묵묵히 걸었기에 그 시대가 크게 주목한 것도 아니었고, 그가 들었던 등불이 그리 거대하지 않았기에 크게 주목을 받지 못했을지 모르지만, 그 어두움의 시대가 잠시 끝났을 때 조국을 위해 싸운 민족운동가로 추앙받았던 설교자가 있었다. 그가 신석구 목사(1875-1950)다. 그의 후예들은 그를 기념하기 위해 그의 고향 부근에 작은 공원을 조성했다. 그 공원에는 전혀 다른 길을 걸어간 두 사람의 동상이 마치 비교라도 하듯 세워졌다. 3·1운동의 민족대표 33인에 이름을 올린 신석구와 정춘수가 그 주인공이다.[395] 그러나 정춘수의 동상은

394 위의 책, 320-21.

395 청주 삼일공원에는 충북 출신의 민족대표 6인의 동상이 세워졌는데 그중의 하나는 좌대만 남아 있다. 5인의 주인공은 손병희, 권동진, 권병덕, 신홍식, 신석구이며, 좌대만 남아 있는 것은 정춘수

1995년 그의 친일 행적과 관련된 항의로 철거되었다.

정춘수는 같은 연배였지만 신석구보다 복음도 먼저 받아들였고 협성성경학원(현재 감리교신학대학교) 입학도 빨랐다. 신석구가 3·1독립운동의 민족대표가 되었던 것도 정춘수의 권유와 무관하지 않았다. 신석구가 시골 가난한 교회에서 목회한 무명의 목사로 남았다면, 정춘수는 도시의 큰 교회를 담임하면서 다방면에서 많은 활동을 했던 인물이었다. 정춘수는 1939년 감리교 최고 지도자인 감독으로 피선되었고 그때부터 감리교 황민화에 앞장서면서 친일인사로 변절했다. 그런 친구의 마음을 돌이키기 위해 신석구는 정춘수에게 편지도 보내고 집으로 찾아가 간곡히 설득도 해보았지만 소용이 없었다. 해방 후 정춘수는 남쪽에서 반민특위 특별조사위원회에 의해 구속되었고, 나중에 그는 자신을 배신자로 여기는 개신교를 떠나 가톨릭으로 개종했다. 신석구는 북쪽에서 공산 정권과의 외로운 싸움을 계속 이어가고 있었다.[396] 결국 그는 인민교화소에 투옥되어 순교를 당한다. 그들은 서로 다른 길을 걸었다. 한 사람은 자신의 안일과 출세를 위해 체제에 순응하고 신앙고백도 가볍게 바꾼 설교자였다면, 다른 한 사람은 불의와 거짓에 대해 끝까지 항거했던 올곧은 설교자였다.

신석구는 충북 청원군 미원면의 가풍이 엄격한 유교 집안에서 태어났다. 그는 어릴 적 한학을 배웠으나, 7세 때 모친을 잃고 15세 때는 부친마저 잃는다. 그 충격에 더하여 기울어가는 나라의 형세를 보고 한탄하면서 그는 고향을 떠나 방랑생활에 들어간다. 19세 때 율곡 이이의 글을 읽고 돌이켜 집으로 돌아와 사숙(私塾)을 시작하여 아이들을 가르치기 시작했다. 당

---

의 것이다. 신홍식, 신석구, 정춘수는 감리교 목사였다.

396 이때 신석구는 참회록의 성격을 가진 『자서전』을 쓴다. 장손인 신성균이 간직하고 있던 자서전의 친필 원고는 천안독립기념관에 전시되어 있다가 현재는 감리교신학대학교 역사박물관에 보관되어 있다.

시로서는 비교적 늦은 나이인 23세에 결혼을 하지만 민족의 암울한 현실 앞에서 정신적 방황의 시간이 끝이 나지 않았다. 그때 그를 지탱해준 것은 아버지의 교훈과 양심이었다. 그는 친구와 전당포 사업을 시작했다가 5년 만에 파산하고, 부양가족이 많은 친구를 대신해 모든 혐의를 자신이 뒤집어쓰고 3개월간 옥살이를 한다. 그는 32세 때 아내와 두 살배기 아들을 처가에 보낸 다음, 거짓 사망신고서를 내고 고향을 떠나 생활하던 중 우연히 고향 친구 김진우를 만나 전도를 받고 6개월여의 깊은 고민과 탐색 끝에 기독교 신앙을 받아들인다. 유교를 신봉하며 그 가르침으로 무장되어 있던 그가 복음을 받아들이기란 쉽지 않았지만 "한말의 민족적 위기 상황이 '참된 도가 없음'에 근본 원인이 있음을 깨닫고 참된 도로서의 기독교의 역할에 기대"를 걸면서 "기독교가 발휘하는 윤리적 갱신에서 국권 회복의 가능성을 발견"하고 애국적 동기에서 신앙에 입문하게 된다.[397] 이때의 마음이 그의 『자서전』에 잘 표현되어 있다.

참으로 나라를 구원하려면 예수를 믿어야겠다. 나라를 구원하려면 잃어버린 국민을 찾아야겠다. 나 하나 회개하면 국민 하나를 찾은 것이다. 내가 믿고 전도하여 한 사람이 회개하면 또 하나를 찾는 것이다. 그리하여 잃어버린 국민을 다 찾으면 나라는 자연스럽게 구원 받을 것이다. 지금 우리나라는 죄악이 가득하다. 주색잡기에 침범치 않은 자가 몇 사람이나 되나. 내가 예수교 진리를 모르나 우리가 다 예수를 믿어서 주색잡기만 하지 않는다 하여도 잃어버린 국민은 찾은 것이 되겠다.[398]

397 위의 책, 53-54. 김재황 역시 양심적 동기와 애국적 동기를 중요한 입신동기로 이해한다. 김재황, 『巨星 殷哉 申錫九 牧師 一代記』(대구: 대구제일감리교회, 1988), 74-80. 그가 믿기로 작정한 날이 1907년 7월 14일이었다. 김요나, 『한국교회 100년 순교자 전기: 민족대표 33인의 1인 신석구 목사편』(서울: 대한예수교장로회 총회, 1999), 75.

398 신석구, 『자서전』(미간행 자료, 1950), 11.

그는 개종할 때부터 개인 영혼구원과 민족구원이라는 대명제를 통해 결단했다. 그렇게 결단하고 신앙생활을 시작한 지 한 달여 후 그곳에 설교하러 온 개성 지역의 순행전도사인 정춘수를 만나게 된다. 그는 동향이었고 같은 연배였다. 그의 주선으로 신석구는 개성으로 거처를 옮겨 선교사 리드의 어학 선생이 되었고, 34세가 되던 1908년에 선교사 왓슨을 통해 세례를 받았다. 그리고 정춘수의 권면으로 같은 해 감리교 협성성경학원에 입학했다. 그는 개성에서 제일 규모가 큰 개성북부교회에서 목회를 시작했고, 그 후 폐쇄 직전에 있던 홍천읍교회로 파송을 받았다. 몇 달을 전도하여도 새신자 한 사람 얻기가 어려운 그곳에서 그는 한 영혼을 진심으로 사랑할 줄 아는 목회자가 되었고 전도자로서 지녀야 할 마음자세와 태도를 배웠다.[399] 1917년 목사안수를 받고 1918년에는 서울의 대표적인 감리교회였던 수표교교회에서 목회를 시작했지만 3·1운동으로 인해 투옥되면서 5개월 만에 중단된다.

당시 종교교회 담임이었던 친구 오화영이 그에게 3·1운동에 민족대표로 참여할 것을 권유했다. 신석구는 주변의 만류가 있었고, 목사로서 정치 참여와 천도교도들과 연합하여 하는 일에 대해 기도하는 중 "4천 년 전하여 내려오던 강토를 네 대에 와서 잃어버린 것이 죄인데 찾을 기회를 찾아보려고 힘쓰지 않으면 더욱 죄가 아니랴"라는 음성을 듣고 즉시 결정했다.[400] 그의 자서전에서는 그때의 심경을 다음과 같이 밝힌다.

> 예수 말씀하시기를 밀알 하나가 땅에 떨어져 죽지 아니하면 그냥 한 알대로 있고 죽으면 열매가 많이 맺힐 터이라 했으니 만일 내가 국가 독립을 위해

399 이덕주, 『신석구』, 105-7.

400 신석구, 『자서전』, 86-87.

죽으면 나의 친구들 수천 혹은 수백의 마음속에 민족정신을 심을 것이다. 설혹 친구들 마음에 못 심는다 할지라도 내 자식 3남매 마음속에는 내 아버지가 독립을 위해 죽었다는 기억을 끼쳐주리니 이만하여도 족하다고 생각하였다.[401]

아직은 시기상조라는 말에 대해서 그는 "지금 독립을 거두려 함이 아니요, 독립을 심으러 들어가노라"라고 답변한다. 신석구는 그렇게 밀알 하나가 되겠다는 결심으로 독립선언서 서명에 동참했다. 당시 외국에 있거나 지방에 있어서 참석하지 못한 4명을 제외하고[402] 29명이 이완용의 옛집이었던 태화관에 모여, 오후 2시에 한용운이 대표로 독립선언서를 낭독한 후 만세삼창을 부른 다음 총독부에 전화를 걸어 조선독립을 선언했다고 알렸다. 그리고 나서 전원이 통감부에 수감되었다.

신석구는 3년형을 언도받고 복역하던 중 2년 8개월여의 옥고를 치르고 출옥하게 되었다. 그는 감옥에서 육체적 고통은 심했지만 하나님과의 깊은 영적 교통을 경험하면서 보다 자애로우며 원숙한 목회자로 변모된다. 남감리회 연회는 그를 "원산부흥운동의 불씨가 당겨진 곳"인 원재상리교회로 파송했고, 그는 가족을 이끌고 북쪽으로 이주하게 된다.[403] 이곳에서 보낸 4년이 그에게는 가장 평온하고 안정된 삶을 누릴 수 있는 시간이었다.

한학에 대한 깊이가 있었고, 옥고와 여러 훈련 등으로 그의 신학은 무르익어갔다. 그의 설교는 깊이가 있었다. 그래서 그는 여러 곳으로부터 부흥회와 특별 예배에 초청을 받기도 했으며, 각종 신문과 잡지 등에 그의 글

---

401 위의 책, 84.

402 목사 김병조는 중국에 있었고 길선주, 유여대, 정춘수 목사 등은 지방에 있어 미처 올라오지 못했다. 33인의 종교별 구성은 기독교 16명(감리교 9명, 장로교 7명), 천도교 15명, 불교 2명 등이었다.

403 하디 선교사가 담임했던 그 교회에서부터 부흥의 불길이 발화하여 평양과 개성 등 전국으로 번져나갔다. 이덕주, 『신석구』, 177-78.

과 설교가 소개되기도 했다.[404] 당시 감리교는 특별한 사유가 없으면 4년마다 다른 곳으로 목회자를 파송했다. 그는 원산에서의 사역 후 고성, 춘천, 가평, 철원, 한포, 이천, 천안 등으로 1년에 한 번씩 목회지를 옮겨야 했다. 천안교회를 목회하던 중 신사참배에 반대하다 다시 옥고를 치렀으며 그 후에는 신사(神祠)가 없는 평남 용강군 진남포 지방으로 옮기지만 그곳에서도 여러 차례 구속되었고 결국 감옥에서 해방을 맞았다.

한편 신석구가 시골의 어려운 교회를 전전하며 늘 빈궁한 삶과 벗하면서도 올곧은 삶을 살고 있을 때, 친구 정춘수는 감독으로 선임되었다. 33인의 민족대표로 서명하고 옥고를 치른 그는 1938년 흥업구락부 사건으로 검속된 이후 고문과 회유에 굴복하여 사상전향성명서를 발표하고 석방된 이후에는 친일 행보를 계속했다. 그는 감독이 된 이후 일본 감리교와 흡수통합 작업을 벌이면서 한국감리교회의 일본화 작업에 적극 나서게 된다.[405] 신석구는 혁신교단 법에 의해 1941년 3월에 있었던 연회에서 강제 은퇴를 당한다. 그러나 그 법을 대부분의 교회에서 받아들이지 않았기 때문에 그는 은퇴 후에도 후임이 정해질 때까지 신유리교회에서 대리목사로 목회를 이어간다. 그때 양주삼, 홍현설 등과 함께 반혁신교단 운동을 펼쳐간다. 신석구는 엄청난 위협에도 끝까지 신사참배를 하지 않았고 일본말을 입에 담지 않았으며 검정무명 한복을 입었다.

이렇게 일제 치하에서 올곧은 삶의 길을 걸어간 신석구에게 해방 후 공산 치하에서 또 다른 고난이 찾아왔다. 해방 후 얼마 동안은 한반도에 무정부 상태와 같은 시간이 계속되었다. 남북이 분단되면서 북한 지역의 교회

---

404 이때 그의 설교문, "기독교와 사명"이 『종교계 저명사 강연집』에 실리기도 했으며 협성성경학원 기관지였던 『신학세계』에는 "기독교 구국론"이라는 글이 실리게 되었다.

405 정춘수를 중심으로 한 "혁신교단"이라는 이름으로 감리교가 걸었던 굴욕과 훼절의 역사를 살펴보기 위해서는 이덕주, 『신석구』, 254-60을 참고하라.

들은 남쪽과의 연락이 어려워졌고 부득이 독자적인 길을 걸어가게 되면서 서부연회 재건이 이루어진다. 서부연회는 해방 전에 평안도와 황해도 지역을 관장했지만 해방 후에는 이북 전체를 관장하게 되었다. 당시 감리교는 목회자 안수와 파송이 시급했다. 따라서 1946년 10월에 연회가 소집되었고 조직이 정비되었으며 성화신학교를 설립하여 목회자 후보생 양성을 감당하게 했다.[406] 당시 교회는 공산당 정권에 항거하는 불순 세력으로 매도되면서 탄압이 더 거세졌고, 많은 목회자들이 남쪽으로 피신할 때 신석구도 월남하라는 권고를 받지만 그의 대답은 한결같았다. "북한에 남아 있는 어린 양들을 이리 같은 공산당에게 맡기고 어찌 나의 안전만을 위해 남으로 가겠느냐?"

해방 후 처음으로 맞는 3·1절 기념행사의 우선권을 선점하기 위해 공산당 측에서 먼저 대대적인 행사를 계획했다. 이와 별도로 평양의 기독교계도 기념식을 준비한다. 장대현교회에서 열린 그 기념식은 예정대로 진행되었지만, 이 일로 60여 명의 준비위원 목회자들이 구속을 당한다. 북쪽에 남아 있던 유일한 민족대표였던 신석구가 평양중앙방송에 출연하여 연설을 해달라는 부탁을 받고 방송국에 갔을 때 그의 앞에는 공산당이 준비해 둔 원고가 놓여 있었다. 그는 그 원고를 무시하고 자신의 신념에 따라 강연을 했다. 생방송으로 진행된 그 강연은 그대로 전파를 탔고 결국 10분 만에 중단되었다. 그로 인해 신석구는 정치보위부에 끌려가 곤욕을 치른다.[407]

그는 공산당에 대항하기 위해 장로교와 감리교가 함께 결성한 기독자유당 창립에 가담하면서 더 큰 어려움에 직면하게 된다. 그는 공산당으로부터 인민정권 수립을 찬성하는 감상문을 쓰라는 요구를 받고서 찬성하는

406 이덕주, 『신석구』, 282-86.

407 김요나, 『한국교회 100년 순교자 전기』, 259-60.

내용 대신 다음의 내용을 적었다.

> 현재 정세로 말하면 식량이 부족하므로 인민의 생활이 극도로 곤궁하고 남북이 대립됨으로 장래에 어떠한 예측도 되지 못하는 일이 있을까 하여 인심이 동요되는 것은 뚜렷이 드러나는 사실이온즉 이를 깊이 우려할 바이오니 이에 대하여 신속히 선한 방침을 강구하여 조처하시기를 요구하고 바라는 바입니다.[408]

그것은 일종의 사상 검증이었다. 공산당은 그가 찬성할 경우 최고인민회의 대의원으로 임명하여 선전도구로 활용할 계획이었으나 그는 여기에 속지 않고 동요함이 없이 고난의 길을 자처하며 걸어갔다. 당시는 월남한 교역자들로 인해 목회자가 없는 교회가 많았다. 신석구는 1947년 4월, 73세의 나이로 그의 마지막 사역지였던 문애리교회에 부임하여 인근의 교회도 함께 돌보았다. 그는 그곳에서 사역하던 중 1949년 4월 19일 새벽에 소위 공산군에 의해 날조된 "진남포 4·19 사건"[409]의 주모자로 체포된다. 이때 문애리교회 장로 이현봉을 포함하여 48명이 함께 체포되었다. 공산당은 평양형무소에서 고문을 가하기도 하고 회유책을 쓰기도 했지만 오히려 그는 민족적 한을 토해놓음으로 그들을 놀라게 했다. 최고재판소는 북한 정부를 전복할 계획 하에 비밀결사의 고문으로 활동했다는 죄목을 덧씌워 그에게 10년형을 언도했다. 재판장은 김두봉이었다. 그는 "사형이 마땅하나 3·1운동 당시 민족대표 33인으로 활약한 것은 물론 항일운동에 앞장섰던 공로를 참작하여 징역 10년으로 선고한다"고 말했다. 함께 재판을 받은 여학생

---

408 이덕주, 『신석구』, 298.

409 일제에 의해 조작되었던 105인회 사건과 비슷했던 이 사건에 대해서는 이덕주, 『신석구』, 326-28; 김요나, 『한국교회 100년 순교자 전기』, 270-73을 참고하라.

두 명은 6년형을 선고받았다. 그때 함께 붙잡혔던 사람들은 신석구가 재판장에게 다음과 같이 마지막 부탁을 했다고 증언한다. "나는 사형을 당해도 좋으니 다른 인사들은 석방해주기를 바란다. 특히 6년형을 받은 여학생 둘은 앞길이 창창한 어린 학생들이므로 그 두 학생의 징역 12년을 내가 질 터이니 그들만이라도 석방해달라."

신석구가 순교한 날짜는 정확하지 않다. 인천상륙작전 이후 북진하던 국군 1사단과 미 1기갑 사단이 평양에 이르렀을 때 평양인민교화소에 갇혀 있던 신석구는 퇴각하던 공산군에 의해 총살을 당한 것으로 추정된다. 그렇게 죄수들을 총살해 교화소에 있는 깊은 우물에 처넣었던 것으로 보이나 가족들의 노력에도 불구하고 시신을 찾지 못했다. 12월 4일, 진남포항에서 철수하는 병력과 피난민들 틈에 섞여 신석구의 가족들은 마지막 배를 타고 월남하지만, 남편의 시신을 찾기 위해 부인 이 씨는 그곳에 혼자 남아서, 결국 남북으로 갈라진 이산가족이 되었다.

1968년 7월 국무회의 결의로 동작동 국립묘지 애국선열 묘역에 신석구의 묘가 조성되지만 시신은 담지 못했다. 이덕주는 이렇게 무덤이 있으나 "무덤이 없는 사람" 신석구의 올곧은 인생길의 마지막을 다음과 같이 정리한다.

> 그의 마지막 순간을 목격한 사람도 없고, 그의 시신을 찾지도 못했다. 그의 마지막 순간은 "하나님만이 아시는" 비밀로 남게 되었고 그래서 그의 생애는 더욱 신비로운 것이 되었다. 그는 시신도 남기지 않았고 무덤도 없지만 그의 자손과 후배들에게 남긴 십자가의 사랑의 이야기는 시공간을 초월하여 지금도 부활된다.[410]

---

410 이덕주, 『신석구』, 326.

(2) 설교사역과 신학적 특징

독립운동가였고 위대한 목회자였으며 하나님의 말씀을 생명을 걸고 증거했던 신석구는 민족의 격동기를 온몸으로 살아냈던 신앙의 위인이었고 설교자였다. 그는 신앙고백을 담은 수많은 한시(漢詩)를 남긴 한학자였으며, 수많은 교회에서 부흥회를 인도했고 일반 사회에서도 명강사로 인기가 높았다. 하지만 파송을 받아 1-4년마다 사역지를 옮겨야 했던 감리교의 특성 때문에 잦은 이사를 해야 했고, 가족들이 함께 생활하지 못할 정도로 어려운 교회에서 사역해야 했다. 그리고 1949년 4월 정치보위부에 연행될 때 수많은 자료들이 압수되어 그의 설교에 대한 자료는 상대적으로 빈약하다. "자서전", "독립선언서"에 찍힌 도장, 설교 원고 등의 유품은 할아버지가 연행되었다는 소식을 듣고 달려간 손자 신성균이 챙긴 것이다. 그는 당시 상황을 다음과 같이 증언한다.

> 할아버님께서 잡혀가셨다는 연락이 왔어요. 그 길로 문애리교회로 달려갔지요. 교회에 도착해보니 집안은 온통 난장판이 되었고…저는 순간적으로 이번에는 쉽게 나오시지 못하겠구나 생각했어요. 정신을 차리고 할아버지의 유품이라도 챙겨야겠다고 생각했어요. 그 무렵 쓰고 계시던 자서전이 생각났어요. 여기저기 뒤지다가 할머님 장롱 밑바닥에서 그것이 나왔어요.… 평소 글을 쓰실 때 사용하던 작은 앉은뱅이 책상이 있었는데 그 서랍 안에서 도장을 찾았어요. 제가 어렸을 때부터 은밀하게, '이게 독립선언서에 찍었던 도장이다'라고 하셨던 것입니다. 그리고 평소에 보시던 소형 가죽성경과 안경, 그리고 당신께서 번역하신 동양서원 발행의 '빌립보서 주석', 협성신학교 졸업하실 때 찍은 엽서 크기의 졸업 사진, 영문으로 된 목사안수증서, 철원에서 발급받은 정치범 카드, 감리교 총리원에서 받으신 성역 30주년 기념 은메달, 일제 말기 혁신교단에 제출하셨던 자필 이력서, 북조선인민

위원회에 제출한 '감상문' 초안 등을 챙겼습니다.…종이쪽지에 쓰신 생활신조와 설교 원고, 기도문과 자작 찬송시, 그리고 종잇조각에 쓰여진 이틀치 일기를 찾았습니다.[411]

이런 연유로 그의 설교 연구를 위해서는 그가 당시 신문과 잡지, 도서 등에 기고한 얼마 안 되는 설교문과 설교 관련 글을 살펴볼 수밖에 없는 한계가 있다. "설교자 자신이 설교가 되어야 한다"고 외쳤던 그의 말처럼 가장 확실한 자료는 그의 삶과 사역의 이야기들이다. 남아 있는 설교문과 그의 삶의 이야기에서 찾게 되는 설교사역의 특징을 다음과 같이 정리할 수 있다.

첫째, 신석구는 설교를 구원론적 관점에서 영혼을 살리는 특권으로 이해한다. 그에게 설교는 하나님의 말씀을 받들어 하나님의 모든 자녀들의 영혼을 먹이는 것이며, 설교자는 그들을 위해 하나님의 지성소에 나아가 말씀을 받고 이 땅에 그것을 펼쳐 보이는 그분의 대언자다.[412] 설교의 중요한 목적은 그리스도를 통해 허락하시는 회개와 중생을 통한 구원의 복음을 전하는 것이다. 그는 설교를 구원론적 관점에서 이해했기 때문에 그의 설교에는 회개가 자주 강조된다. 이는 "인생의 사활의 분기점"이기 때문이다. 그것은 "그리스도교의 가장 큰 문제 중 하나요, 제일 첫째 가는 문제"다. "회개하면 살 것이요, 회개치 않으면 멸망뿐"이므로 행위의 죄와 심리의 죄로부터 돌아서는 것이며, "죄의 성질을 죽이는 것"이라고 이해한다.[413] 또한 그는 중생을 "구원 얻는 도리요 구원의 요소"로 이해하면서 "죽은 영이 다시 살아나는 것", 즉 "죽었다가 다시 사는 의미"로 이해한다.[414] 그에게 구원 얻

411 위의 책, 329.

412 신석구, "送舊迎新의 感", 「기독신보」(1932년 1월 20일).

413 신석구, "회개", 김재황, 『巨星 殷哉 申錫九 牧師 一代記』, 197-200.

414 신석구, "중생", 위의 책, 201-4.

는 믿음은 회개하고 "예수께서 하나님의 아들로서 육신으로 탄생하시고 죽은 가운데서 다시 사신 것", 즉 복음을 믿는 믿음이며, 그것을 믿는 자의 중요한 과제는 중생과 성결이라고 강조한다.[415] 그는 목회란 하나님과 동역하는 것이라고 생각했으며[416] 설교 역시 그런 맥락에서 이해한다. 교회의 사활이 설교자에게 달려 있는 만큼 설교자에게는 하나님의 부르심을 받아 하나님의 말씀을 전한다는 소명의식과 그에 걸맞은 삶을 살아야 하는 윤리적 차원이 강조된다.

> 聖經(성경)의 知識(지식)과 恩惠(은혜)의 經驗(경험)이 없는 이를 세워 說敎(설교)함으로 盲者(맹자)를 引導(인도)하는 일도 없지 아니하며 혹 聽衆(청중)의 귀를 즐겁게 하기 爲(위)하야 거룩한 講壇(강단)이 喜劇舞臺(희극무대)와 같이 되고 說敎者(설교자)의 態度(태도)는 俳優(배우)와 같이 되는 일도 잇스며 혹은 科學(과학)이나 知識(지식)을 나타내려고 通俗 講演化(통속 강연화)하는 일이 없지 아니합니다.[417]

그는 설교자가 하나님의 말씀을 대언하는 사람이라는 분명한 인식을 가지고 있어야 함을 강조하면서 "祈禱(기도)하는 中(중)에서 聖神(성신)의 나타나시는 대로 準備(준비)하며 祈禱(기도)하는 中(중)에 하나님의 주시는 힘으로 說敎(설교)"하여야 한다고 주장한다. 또한 설교자는 "各人(각인)의 形便(형편)을 살피어 골로 有益(유익)을 얻도록 深深(심심)한 注意(주의)를 하여야" 한다고 주장한다. 설교의 목적은 "예수를 證據(증거)하는 것이니 아모리 잘 準備(준비)하엿슬지라도 예수가 없는 說敎(설교)는 主人(주인) 없는 뷘 집"이라고

415 신석구, "구원 얻는 믿음", "성결", 위의 책, 205-10.

416 신석구, "하나님과 同事함", 「기독신보」(1927년 8월 10일).

417 신석구, "說敎의 重要性", 「기독신보」(1935년 11월 6일).

주장한다.[418] 그러므로 설교자는 "恒常(항상) 하나님을 依支(의지)하여야 하고 설교한 후에도 곧 謙遜(겸손)한 마음으로 하나님께 榮光(영광)을 돌리며 하나님께서 그 說敎(설교)에 祝福(축복)하셔서 各人(각인)의 心中(심중)에 決心(결심)하기를 懇求(간구)하여야 할 것"의 자세를 가져야 한다.[419] 이렇게 신석구는 설교를 철저하게 그리스도 중심적·복음 중심적·구원론적 관점으로 이해하고 있다.

둘째, 신석구는 설교사역이 설교자의 청교도적인 삶과 실천을 통해 완성된다고 이해한다. 그는 설교는 입에서 나오는 말을 통해 증거되지만 그것을 설교자의 삶과 실천을 통해서 보여줄 때 비로소 그 설교가 영향력을 나타내게 된다고 이해하면서 설교자의 삶과 인격의 중요성을 강조한다. 그는 설교자에게 가장 중요한 덕목은 "언행일치"와 "하나님의 신이 그의 마음을 주장하시는 것"이라고 주장한다.

> 說敎者 自身(설교자 자신)이 說敎(설교)가 되어야 할 것입니다. 다시 말하면 說敎者(설교자)의 言行(언행)이 그 說敎(설교)와 副合(부합)되지 아니하면 그 說敎(설교)는 無能力(무능력)하야 聽衆(청중)의 마암을 感化(감화)치 못할 뿐 아니라 그이의 平素 言行(평소 언행)을 아는 이로서 그 說敎(설교)를 드를 時(시)에는 도로혀 反感(반감)을 가지기 쉬운 것입니다. 現今 敎會(현금 교회)가 많이 冷淡(냉담)한 것은 說敎者(설교자)의 言行(언행)이 그 說敎(설교)와 副合(부합)치 못함으로 一般 聽衆(일반 청중)의 마음에 刺戟(자극)이나 感化(감화)를 주지 못하고 도로혀 尋常(심상)한 態度(태도)를 가지고 虛僞的 觀念(허위적 관념)을 助長(조장)하야 禮拜(예배) 보는 것은 一種 形式(일종 형식)에 不過

418 위의 책.
419 위의 책.

(불과)한 까닭인 줄 아나이다. 說教者(설교자)는 다만 表面(표면)의 言行(언행)만 一致(일치)할 뿐 아니라 그의 깊이 감초여 잇는 心靈(심령)까지도 하나님의 神(신)이 그의 마음을 主掌(주장)하심이 되고 그의 얼골 가온데 나타나는 하나님의 거룩한 榮光(영광)이 그 說教(설교)를 듣는 者(자)의 눈에 反射(반사)되어야 할 것입니다.[420]

그는 당시 교회의 침체는 신앙이 실천되지 않고 단지 형식과 이론에 치우쳐 있기 때문이라고 주장한다. 신석구는 이런 주장을 단지 말로만 하는 것이 아니라 친히 실천에 옮겼다. 입으로만 말하지 않고 삶으로 실천하는 설교, 자신의 잘못을 솔직하게 토로하면서 하나님 앞에 해결함을 받고 또한 사람들에게도 토설하는 솔직함, 인간적인 술수를 사용하지 않고 파송받은 곳에서 묵묵히 사역했던 그는 늘 빈곤을 벗으로 삼을 수밖에 없었다. 그는 일생 동안 무명으로 만든 한복만을 입었다. 이로써 그의 검소함과 청렴함이 삶의 근간을 이루었음을 알 수 있다. 그는 설교를 감당해야 하는 교역자는 "主(주)님의 使命(사명)을 受(수)ᄒᆞ야 上帝國(상제국)의 事役者(사역자)가 되엿ᄉᆞ온則(즉)…여러 가지 거리끼고 억매이기 쉬운 罪(죄)를 버서바릴 것"이라며 "교만, 위사(僞詐), 허영심, 악독, 나태, 불신" 등을 버려야 한다고 주장한다. 또한 설교자에게 필요한 것은 하나님에 대한 믿음이며 "落心(낙심)이나 念慮(염려)나 恐懼(공구, 두려워함)는 다 不信仰(불신앙)에서 생ᄒᆞ는 것"이라고 주장한다.[421] 그뿐만 아니라 "우리가 참으로 教會(교회)를 振興(진흥)하랴면 基督(기독)의 정신을 實現(실현)하여야 하겟다"고 주장하면서 설교자의 실천

420 위의 책.

421 신석구, "教役者의 必要한 것", 「기독신보」(1926년 8월 25일). 이것은 1926년 7월 21일부터 일주일 동안 연희전문학교에서 있었던 조선예수교연합공의회 교역자 하기수양회에서 행한 강의안이었다.

하는 삶을 강조한다.[422] 교회의 침체 상태에 대한 이유는 "奉事(봉사)와 犧牲(희생)의 精神(정신)이 薄弱(박약)한 反面(반면)에 利己主義(이기주의)와 享樂主義(향락주의)가 점점 늘어감"에서 찾고 있으며, "敎會(교회)의 일을 獻身的(헌신적)으로 하는 이보다 거룩한 名義(명의)를 빌어가지고 私利(사리)를 圖謀(도모)하는 道具(도구)를 삼는 弊端(폐단)" 때문이라고 지적한다.[423]

셋째, 신석구는 설교를 통해 십자가의 사랑을 선포하고 실천했다. 그는 중생 체험을 할 때 십자가의 사랑에 사로잡혔고 따라서 십자가의 사랑이 없이는 거듭남도, 구원도, 성화도 있을 수 없다고 이해한다. 설교에서 그는 다음과 같이 고백한다.

> 예수님의 십자가를 이같이 명상할 때, 나는 그 은혜에 격동되어서 내 입으로 주를 찬송하는 것이 부족한고로 내 머리털까지 다 주를 찬송하되 역시 부족해서 내 전신을 주께 바칠 수밖에 없다. 나는 내 구주를 아니 사랑할 수 없다. 우리가 만일 주를 사랑치 않으면 이는 간음죄나 살인죄나 강도죄보다 더 큰 죄를 짓는 것이다. 예수를 신자가 사랑치 않는 것이 큰 죄다. 예수를 사랑하는 사람은 예수의 십자가를 늘 생각하고 안일한 생활을 취하지 않는다.… 우리는 안일을 구하지 말고 예수님의 남은 고난을 우리 몸에 채우도록 힘쓸 것이다.[424]

그는 평생 십자가의 사랑에 붙들려 살았으며 "영원토록 내 할 말 예수의 피밖에 없네"라는 찬송이 일생 그의 고백이 되었고,[425] "나는 예수님이 당하신

---

422 신석구, "說敎의 重要性."

423 신석구, "奉事와 犧牲", 『禧年記念說敎集』(경성: 조선예수교서회, 1940), 275.

424 신석구, "十字架에 대한 명상", 『신학세계』(1937년 3월). 김재황, 『巨星 殷哉 申錫九 牧師 一代記』, 부록편, 191에서 인용함.

425 신석구, 『자서전』, 60.

이 고통을 일일이 생각하고 크게 감격되었다"라고 고백한 것처럼 평생 그 감격에 사로잡혀 달려갔다.

> 나는 십자가에 대하야 내가 스사로 연구해서 깨달은 것이 아니라 하나님이 나에게 보여주서서 깨달었다. 하루는 부흥회를 맞추고 내가 내 방으로 들어가 있을 때 하나님이 말씀하시기를 '네가 나를 아느냐' 하셨다. 나는 여기에 대하야 명상했다. 나는 크게 감격했다. 나는 예수의 십자가 고난을 생각하고 감격했다. 이 고난은 말로 다 할 수 없다.…예수의 십자가 고난은 육신으로만 당하신 것이 아니다. 만일 육신의 고난으로만 생각한다면 예수의 십자가를 오해하는 것이다.…이는 예수께서 세상 만민을 대신 하서서 하나님의 심판과 형벌을 대신 받으신 것을 나타내는 것이다.[426]

설교자와 그리스도인에게 정말 필요한 것은 십자가에 나타난 하나님의 사랑을 알고 감사하며 그것을 삶으로 살아내는 것이다. 특별히 그는 설교자가 십자가 신앙을 가지고 살아야 함을 강조한다.

> 이제 우리는 生活困難(생활곤란) 當(당)할 時(시)에 赤身(적신)으로 十字架上(십자가상)에서 목마르다 하신 主(주)를 바라봅시다. 우리는 萬物(만물)의 塵垢(진구)와 如(여)히 남에게 蔑視(멸시)와 凌辱(능욕)을 當(당)한 時(시)에 十字架上(십자가상)에서 凌辱(능욕)을 受(수)하신 主(주)를 바라봅시다. 우리는 肉身(육신)에 迫害(박해)를 當(당)할 時(시)에 베드로와 갓치 主(주)를 모른다 하지 말고 十字架上(십자가상)에셔 莿冕(자면)과 釘孔(정공, 못자국)과 槍痕(창흔)에 流血(유혈)이 淋潏(임율, 물 뿌리듯 흐르는 모양)하게 犧牲(희생)하신 主(주)를

426 신석구, "十字架에 대한 명상", 189, 191.

望見(망견)합시다. 우리는 남을 爲(위)하야 受苦(수고)함으로 天使(천사)와 世人(세인)에게 玩物(완물, 희롱당하는 물건)이 되고 上帝(상제)끠 見棄(견기)한 이와 갓치 될 時(시)에 落心(낙심)하지 말고 十字架上(십자가상)에서 詛呪(저주)를 受(수)하신 主(주)를 望見(망견)합시다. 우리는 肉身(육신)의 窮乏(궁핍)이나 凌辱(능욕)이나 鞔冊(만책)이나 家族(가족)의 念慮(염려)나 모든 것을 다 十字架上(십자가상)의 주를 望見(망견)함으로 忘却(망각)하고 다만 주의 最後 苦難(최후 고난) 즉 他人(타인)의 靈魂(영혼)과 肉身(육신)을 위하야 甚(심)히 苦痛(고통)하신 十字架(십자가)를 望見(망견)함으로 우리도 眞正(진정) 他人(타인)을 爲(위)하야 主(주)의 남은 苦難(고난)을 우리 身上(신상)에 채웁시다.[427]

그는 후배 설교자들에게 십자가를 바라보며 십자가 사랑을 가슴에 채우고, 십자가를 삶으로 살아낼 것을 요청하고 있다. 그는 평생 가난한 목회자로 살아가면서 가족의 생계 문제가 늘 걱정이 될 정도로 어려움을 겪었다. 그는 부채로 인해 고통을 당했고 전도사 시취를 받는 자리에서 부채가 있다고 자백함으로써 유보를 당했던 때도 있었다. 빚 문제를 놓고 기도할 때 "부채를 위해 기도하지 말고 나의 쓰기에 합당한 자가 되기를 기도하라"는 음성을 들었고, 자신을 업신여기는 태도를 보며 불쾌하여 그 자리에서 나와 하나님께 유족한 생활을 할 수 있도록 간구했을 때 "너를 부요하게 하려고 부른 것이 아니라 나의 일을 하려고 불렀다"는 음성도 들었으며, 육신의 생활이 너무 고달파서 근심 중에 있을 때 "하나님끠셔 모든 罪人(죄인)도 먹여 살니시난대 엇지 아달을 먹이지 아니 하시겟느냐"는 음성을 들으면서[428] 그는 가난도 하나님이 그에게 주신 축복임을 깨닫고 청빈의 삶을 더 힘차게

427 신석구, "敎役者의 必要한 것."

428 신석구, 『자서전』, 44, 81, 82.

살아갔다.

그가 가난한 가운데서도 십자가의 삶을 실천할 수 있었던 것은 십자가의 사랑 때문이었고 끊임없이 확인시켜주시는 하늘의 음성 때문이었다. "내가 네게 좋은 집을 주지 아니하고 내가 지던 十字架(십자가)를 주었다." 그는 천안에서 목회하던 중 새벽기도 때 이 음성을 듣고 "너무 感激(감격)하여 많이 울었다"고 전하면서 "내가 엇지 감히 主(주)님의 지시던 십자가를 질 수 있을가. 이는 나의 榮光 中(영광 중)의 가장 큰 영광이다. 다른 사람은 十字架(십자가)를 괴로운 것으로 알넌지 모르나 나에게는 영광의 十字架(십자가)이다"[429]라고 고백한다. 그래서 "십자가로 가까이 나를 이끄시고 게서 천당 가도록 항상 머물겠네. 십자가 십자가 무한 영광일세, 세상 지나가도록 무한 영광일세"는 그의 평생의 고백이고, 기도였다.[430]

한번은 그가 해주 남본정교회에서 집회 인도를 하던 중 낮 성경공부를 마치고 오후에 시간적 여유가 있어서 산책에 나선 적이 있었다. 산책하던 그곳(남산)에는 홀 선교사가 세운 결핵전문병원 구세요양원이 있었고, 그 아래쪽으로는 결핵으로 죽은 환자들의 공동묘지가 있었다. 그곳을 걷다가 신석구는 아무도 돌보지 않아 쓰러진 비석을 어루만지며 돌보는 사람 하나 없는 그 처지를 안타까워했다. 쓰러진 비석의 먼지를 닦으며 거기에 새겨진 글귀를 읽던 그는 비명을 질렀다. 그 무덤은 둘째 아들 태헌의 무덤이었기 때문이다. 문학, 미술, 음악 등 예술 분야에 뛰어난 재능을 가지고 있던 신석구의 둘째 아들은 자전거를 타다 다쳐서 합병증으로 늑막염이 생기고 결핵까지 겹쳐 그 병원에서 치료를 받다가 소생하지 못하고 1933년 12월에 세상을 떠났다. 가난한 시골 목회자였던 신석구는 아들의 장례식에 참석하

429 위의 책, 84.
430 위의 책, 160-68.

지 못하고 부인과 장남을 보내 일을 처리하게 했기 때문에 그의 무덤을 알지 못했던 것이다. 그는 십자가 아래서 고통스럽게 아들의 죽음을 바라보았던 마리아의 고통을 말한다. "청년들은 그런 경험이 없을 것이나 나는 그런 경험을 해보았다. 내 자식이 죽을 때 나는 심히 애통했다."[431] 그는 십자가에서 나타난 하나님 아버지의 사랑으로 인해 자신이 십자가의 길을 걸어갈 때 가난한 설교자가 경험해야 했던 그 고통을 이길 힘을 얻었던 것이다.

넷째, 신석구의 설교는 깊은 기도를 통한 하나님과의 영적 친밀함이 설교의 토대임을 알려준다. 앞서 언급한 것처럼 신석구는 형극의 길과 주로 시골과 산골에서 가난한 목회의 길을 걸어가야 했지만 그것을 이겨내게 했던 것은 깊은 기도를 통한 하나님과의 영적 친밀함과 합일의 사랑 때문이었다. 신석구에게 "십자가 신앙"은 "그리스도와 하나가 되는 신비 체험으로 연결"되었으며,[432] 그것은 그가 기독교 신앙에 입문하게 되는 처음 순간부터 지속적으로 누렸던 특별한 은혜였다. 그래서 그는 "주님으로 더브러 더욱 永遠(영원)히 함께 있음"을 평생 추구하며, "아직 악한 마음이 남아 있는 것을 깨닫고 하나님의 마음을 더 충만히 받기 위해 기도함"으로 달려간다고 고백했다.[433] 그는 또 다른 일기에서 다음과 같이 고백한다.

> 천사는 죄에서 구원 얻은 경험이 없으므로 하나님 앞에서 순종하여 받들지라도 하나님에 대한 진정한 애착심은 없을 것이다. 그리고 구원을 받은 우리는 생각할수록 더욱 사랑할 것이요 이 사랑으로 주님의 배우자가 될 것이니 비록 주를 믿을지라도 진정한 사랑이 없는 자는 주님과 연합하는 진미는 맛

---

431 신석구, "十字架에 대한 명상", 190.

432 이덕주, 『신석구 연구』(서울: 기독교대한감리회 홍보출판국, 2000), 328. 그의 책, 『신석구』는 이것의 개정판이며 여기에는 개정판에 없는 "2부 신석구 목사의 신앙과 신학 사상"이 실려 있다.

433 이것은 그의 노년의 일기에 나오는 구절이다. 신석구, "1948년 5월 13일 일기", 김재황, 『巨星 殷哉 申錫九 牧師 一代記』, 168.

볼 수 없을 것이다. 아담의 갈비뼈로 하와를 만들어 아담과 하와가 하나이 됨과 같이 주님의 옆구리의 피로 우리를 구속하여 주님과 우리가 하나이 되게 하셨다.[434]

이렇듯 그는 평생 주님과의 사랑의 합일을 추구하면서 달렸기에 감옥의 고통도, 가난의 고통도, 세상에서 낙오된 것처럼 느껴지는 시간도 이겨내고 우뚝 설 수 있었다. 그의 생은 실로 고난의 연속이었으나 결코 흔들림이 없고 타협함이 없었던 신앙의 원동력은 바로 이런 사랑의 합일에서 온 것이었다. 그것은 신앙을 갖게 된 초기부터 마지막 순교의 순간까지 그가 계속 추구했던 것이었다. 그는 개종을 결심하고, 어릴 적부터 그때까지 지은 죄를 고백하며 용서를 구하는 기도를 드렸다. 그 기도를 반복하고 있을 때 그는 다음과 같은 음성을 들었다. "한 번만 고하여도 다 赦(사)했을 것인데 세 번까지 기도할 것이 무엇이냐?"[435] 그는 그때부터 젊은 날에 방탕하게 지내면서 지은 모든 죄에 대한 죄책감에서 완전히 벗어날 수 있었다. 한번은 산 기도를 하는 중에 자신의 교만함과 마음에 가득한 것이 죄악뿐임을 진심으로 뉘우치며 기도하고 있었다. 그는 이른 아침에 신비한 체험을 한다.

主(주)님의 十字架(십자가)가 내 마음 눈앞에 나타나며 主(주)님의 옆구리에서 흐르는 피는 내 머리에 떨지넌 듯하여 나는 곳 그 十字架(십자가) 밑에 엎드린 것 같엇다. 異常(이상)하게도 그 瞬間(순간)에 가슴이 찌어질 듯이 북받어 오르던 罪(죄) 뭉치는 구름 헐어지듯 안개 사라지듯 아조 없어지고 말노 形容(형용)할 수 없는 平和(평화)와 깃붐이 充滿(충만)하야 넘첫다.[436]

---

434 위의 책, 168-69.

435 신석구, 『자서전』, 39.

436 위의 책, 54.

그의 자서전에는 이런 신비 체험들이 많이 제시된다. 그는 그 후에도 계속 이어지는 이런 신비한 영적 체험으로 하나님과의 합일 신앙을 통해 목회의 동력을 얻었으며 그 체험들은 그로 하여금 늘 올곧은 길을 달려가게 하는 힘으로 작용했다.[437]

> 萬一(만일) 우리가 主(주) 안에 있고 主(주)께서 우리 안에 계셔서 主(주)와 우리가 하나이 되면 우리 敎會(교회)는 하나이 되기를 힘쓰지 아닐지라도 自然(자연) 하나이 되거니와 우리가 主(주)와 하나이 되지 모하면 무슨 方法(방법)과 手段(수단)으로 우리 敎會(교회)가 하나이 되기를 求(구)하여도 不可能(불가능)한 줄 아나이다.…萬一(만일) 우리가 主(주)와 하나이 되어 主(주)의 기뻐하시는 바 된다면 主(주) 안에 있는 우리가 어찌 하나이 아니되겠으며 우리가 하나이 되면 무슨 어려운 일이 있겠나이까. 그런 故(고)로 敎會 振興方法(교회 진흥방법)은 敎人(교인)이 하나이 되는데 있고 敎會(교회)가 하나이 되는 方法(방법)은 우리가 먼저 主(주)와 하나이 되는데 있다 하나이다.[438]

이렇게 신석구의 설교는 하나님과의 합일을 이루어가는 성화에 중점이 있으며, 특별히 삶의 현장에서 성화를 이루어가는 신비주의적 경향을 취한다. 그러므로 그는 일제의 압제, 신사참배, 공산주의의 위협, 교계 타락 등의 문제에서 소극적이지 않고 적극적으로 대처하는 현실적 신비주의의 경향을

---

437 예를 들어 3·1독립선언서 서명 건으로 옥에 갇혀 있을 때 몸의 지병이 깨끗하게 나은 경험이나, 입이 큰 짐승이 주홍같이 생긴 그 입을 쫙 벌리고 "찢어졌다"를 세 번 외친 후 입이 찢어지며 무엇인가를 토해냈는데 그것은 땅덩이였다. 그는 그 꿈에서 깬 후 일본이 먹은 땅을 토해내놓을 징조로 이해했고, 어느 날 밤에는 "北海千軍皆壯士 南程萬里又親征"(북해천군개장사 남정만리우친정, 북해 천만 군사가 모두 장사니 남으로 만리길 친히 징벌 나서네)라는 글귀를 꿈속에 받고 조국 독립에 대한 확신을 갖게 되는 등의 많은 신비 체험을 했다. 신석구, 『자서전』, 100-1. 김요나, 『한국교회 100년 순교자 전기』, 166-67.

438 신석구, "하나이 되자", 『조선감리회보』(1939년 5월 1일).

따르고 있다.

다섯째, 신석구의 설교는 본질적으로 설교가 가지는 저항과 이를 위한 실천의 차원을 잘 보여준다. 그에게 설교는 진리를 위한 지속적인 저항의 행위이며 하나님의 주권과 의를 세워가는 사역이었다. 이것은 민족적 상황과 긴밀한 연관이 있다. 그는 처음 복음을 접하고 잃어버린 나라와 민족을 되찾고자 기독교 신앙에 입문하게 되었다.[439] 이덕주는 이것을 "종교적 민족주의"라고 칭한다.[440] 그는 민족을 침탈하고 억압하는 세력에 대해서는 저항할 수밖에 없었다. 먼저 내적으로는 나라의 멸망 원인을 민족 구성원의 죄의 결과로 이해했기에 민족의 죄를 회개하는 자세를 촉구했고,[441] 외적으로는 저항의 자세를 취한다. 그는 이런 저항의 삶을 평생 이어가며 온몸으로 항거하다가 결국 순교한다.

민족대표로 구속되어 취조를 받는 과정에서도 거침없이 저항하는 그의 자세를 대할 수 있다.[442] 그는 "내란죄"로 구속되어 형을 받고 긴 시간 투옥생활을 한 것도 민족을 위한 고난과 은혜로 해석했고, 그곳에서도 동료 죄수들을 향해 목회적 역량을 발휘했으며, 수많은 한시(漢詩)를 지어 기독교적 구국론과 민족을 살리고자 하는 신앙의 의지를 드러낸다.[443] 민족의 어

---

439 신석구, 『자서전』, 37.

440 이덕주, 『신석구 연구』, 370.

441 신석구, "우리의 罪", 『신학세계』, 제12권, 3호(1922년 5월). 이 설교문에서는 망국의 원인을 다양한 요인으로 제시하며 교육자, 기업인, 전도인(목회자)의 구체적 회개를 제시한다. 다른 설교문에서는 "이 나라를 救援하기 爲하야 이 百姓을 聖潔케 하기 爲하야 힘을 다하라 할 것"을 요청한다. 그 방법으로는, 그리스도인들이 옛사람을 벗어버리고 새사람이 되어야 하며 교회는 교회답게 행동할 것, 즉 신앙을 통한 정신과 삶의 개혁만이 민족 구원 방법이라고 주장한다. 신석구, "送舊迎新의 感", 「기독신보」(1932년 1월 20일), 참조.

442 재판 과정에서 조금도 굴하지 않고 당당하게 일본제국주의의 야욕에 저항하고 있는 모습을 그의 재판 기록에서 찾을 수 있다. 이를 위해서는 "은재 신석구 목사 공판기록", 김재황, 『巨星 殷哉 申錫九 牧師 一代記』, 152-65를 참고하라.

443 그는 감옥에서 함께 지냈던 독립운동가가 복역을 마치고 출옥했을 때 이런 한시를 짓기도 했다. "…白骨難忘東國義 赤心無愧北方强…一生報國難忘義 萬死投身不顧私…"(백골난망동국의 적심무괴북방강 일생보국난망의 만사투신부고송; 죽어서도 잊지 못할 바 나라가 바로 되는 것, 외적이 아

두운 밤에 안위와 출세를 위해 많은 사람이 변절의 길을 걸어가고 있을 때에도 그는 외로운 저항의 삶을 계속 이어갔고, 석방 후에도 요시찰 인물이 되어 계속적인 감시를 당해야 했지만, 저항의 몸짓을 굽히지 않았다.

해방 후에는 북쪽에 남아 있던 그가 종교를 인민의 아편이라고 주장하는 공산주의에 항거하는 것은 결국 죽음으로 이어질 수밖에 없었지만, 그럼에도 그의 저항의 행보는 계속된다. "일제 시대를 거치며 타협하지 않는 올곧은 신앙의 지조를 지켜온 신석구 목사가 해방 후 북한 상황에서 여전히 '십자가의 길'을 걷게 된 것"은 당연했다.[444]

> 체포 구금 중에도 신앙과 애국 의지는 조금도 굽히지 않으셨다. 공산당은 신 목사님을 정치적으로 이용하려고 여러 가지로 고문도 하고 회유책도 썼다. 그러나 신 목사님께서는…옥중에서도 공산당의 잔인무도한 정치를 통렬하게 반박하셨고, 공판정에서도 일장의 연설을 하셨다. 첫째, 노동자 농민을 위한다는 정치가 일제 강점기보다 더 비참한 생활을 가져왔다. 둘째, 민주주의와 자유를 말하나 인민들의 귀를 막고 눈을 가리우며 입을 봉하는 암흑정치가 무슨 민주주의며 자유이냐. 셋째, 천하보다 귀한 인민의 생명을 초개같이 알고 학살하며 조상 적부터 피땀 흘려 모은 재산을 강제로 몰수하고 추방하며 헌법에 종교의 자유가 엄연히 있음에도 불구하고 어찌하여 종교를 박해하느냐? 넷째, 소련을 조국이라 하니 배달민족이 어찌 소련을 조국이라 하느냐? 강간, 약탈, 강도질 하는 소련군이 어찌 정의의 해방군이겠느냐? 다섯째, 모란봉을 모로토프봉이라 하고 대동강을 레닌강이라고 하며 평양의 중앙통을 스탈린 거리라고 불러야 소련의 충복이 되느냐? 여섯째, 너희들은

---

무리 강해도 뜨거운 마음은 두려움이 없어라. 잊지 마세 일생을 바쳐 나라 바로 세우고 만 번이라도 몸을 바쳐 나라 위해 죽을 일). 이덕주, 『신석구』, 160-61.

444 위의 책, 281.

조선의 피와 살을 이어받은 인간들이 아니냐?…너희들의 비위에 조금만 거슬리면 무죄한 백성들을 소위 반동분자라는 죄명을 씌워 학살하기를 다반사로 하니 너희들이 하나님의 심판을 면할 줄 아느냐? 일곱째, 김일성을 비롯한 모든 공산당 정치인들은 마땅히 회개하라! 하나님을 부인하고 민중을 죄악의 길로 인도하여 생명을 아낄 줄 모르는 너희 공산당들은 하나님의 지엄하신 심판을 면치 못하리라.[445]

그는 민족이 가장 어려울 때 오직 하나님께만 시선을 고정한 채 불의와 어둠의 권세에 저항했고, 교회를 지키다가 모세처럼 흔적도 남기지 않고 홀연히 떠나 그가 사모하던 주님 품에 안겼다.

그리스도의 피 흘림으로 구원의 은총을 받아 살아온 신석구 목사가 이제 "피 흘림"으로 자신의 생을 마쳤다. 그 장소가 교화소 안인지, 아니면 대동강 강변인지, 더 북쪽으로 끌려가던 길가였는지 분명치는 않지만 그의 마지막 순간이 "피 흘림"으로 이루어졌을 것은 분명하다. 그는 피 흘려 쓰러지는 순간, 그 몸에서 흐르는 피를 보면서 10여 년 전에 환상 속에서 들렸던 소리, "보혈을 믿음!"을 외쳤을 것이며, 그 순간 그의 영혼은 "날갯짓을 하며" 좁은 구멍을 통과하여 하늘로 치솟았을 것이다. 그는 평생 민족과 교회를 위해 십자가를 지는 고난의 삶을 살았고 이제 "피 흘림"으로 자신의 마지막을 장식했다.…그가 그토록 원했던 그리스도의 십자가의 온전한 체험이 이루어진 것이다.[446]

445 이진구, "님의 발자취를 찾아서: 신석구 목사님", 『기독교 세계』(1968년 11월), 11.
446 이덕주, 『신석구』, 355.

주님의 십자가와 민족의 십자가를 함께 지고 험한 길을 오르던 설교자는 그렇게 떠났다. 일평생 무명으로 된 검은 두루마기로 자신의 몸을 감았던 그는 주님의 십자가를 묵상하다가 "그 은혜에 격동"되었던 설교자, 입으로는 주를 다 찬송할 수 없고 부족하기만 하여 "내 머리털까지 다 주를 찬송하되 역시 부족해서" 그의 전신을 주께 바칠 수밖에 없었다고 고백하던 설교자, "나는 내 구주를 아니 사랑할 수 없다"는 고백으로 평생을 달렸던 설교자였다. 그는 입으로만 설교하지 않고 늘 몸으로 설교하려고 했고 자신의 부족함과 잘못이 떠올라 눈물로 설교할 수밖에 없었다. 그는 세상적으로 화려하고 찬란한 길 대신 고난과 가난으로 얼룩진 길을 걸어갔다. 그러나 그는 기억되는 설교자였다. 김남준의 다음과 같은 표현이, 일생 걸어온 사역을 마쳤을 때 비온 뒤 하늘에 떠 있는 무지개와 같은 설교자의 모습을 잘 정리해준다.

> 설교자는 오직 설교하기 위해 살다가 설교 때문에 죽도록 부름 받은 사람입니다. 비록 이름 없는 목회지에서 유명하지 않은 교회의 강단을 지킬지라도, 그가 진리를 외치고, 그 진리를 즐거워하며, 그 진리를 따라 살아가는 것을 보람으로 생각하는 한, 그 설교자는 결코 작은 사람이 아닙니다. 왜냐하면 그가 하나님의 말씀의 사람이기 때문입니다. 비록 세상 사람들은 그를 주목하지 않아도, 그는 하나님의 눈앞에서 큰 자입니다. 그는 죽어도 그의 설교는 영원히 남을 것입니다.[447]

그가 스쳐 지나간 사역의 자리를 더듬으며, 우리는 그가 실로 "하나님의 눈앞에서 큰 자"였다고 생각하게 된다. 그가 지은 "주의 도"라는 한시에는 올

---

447 김남준, 『청중을 하나님 앞에 세우는 설교자』(서울: 생명의말씀사, 2003), 316-17.

곧은 설교자로 평생을 살았던 그의 신앙고백과 간절한 염원이 담겨 있다.

한 하늘에 두 임금이 없듯이(一天之下二王無, 일천지하이왕무)
신선도 아니고 선비도 아닐세(不是神仙不是儒, 불시신선불시유)
그리스도 크신 이름 온 땅에 퍼지니(基督大名周地極, 기독대명주지극)
자기 지혜를 과신하여 어리석지 말지어다(莫誇己智作愚夫, 모과기지작우부)

달은 지고 짙은 구름 낀 밤도 깊어가는데(月落雲沉夜色昏, 월락운침야색혼)
길 잃은 나그네 정신마저 혼미하네(行人失路欲消魂, 행인실로욕소혼)
동쪽 하늘에 새벽 별 있어 세상을 비취니(曉星東上天光曙, 효성동상천광서)
신령한 산골짜기 마을 문이 열리도다(一曲靈山闢洞門, 일곡영산벽동문)

좁은 문으로 들어가는 자 심히 적으며(路入窄門行者稀, 로입착문행희)
흙속에 묻힌 보화를 알 사람 그 누구랴(寶藏塵土有難知, 보장진토유난지)
좁은 문으로 들어가 참된 경지에 이르면(如今若門入眞境, 여금약문입진경)
잘못된 것 고치고 어린아이로 돌아가리(克復厥初成稚兒, 극복궐초성취아)

어려서는 유학에 몸을 담아 옛 성현을 배우고(早入儒門學古賢, 조입유문학고현)
늦게서야 거룩한 도를 깨달아 인연을 맺었네(晩歸聖徒續眞緣, 만귀성도속진록)
신령한 기운은 마귀를 쫓아내는 검이 되고(神靈氣射驅魔劒, 신령기사구마검)
깊으신 은혜에 감격하여 자녀를 채찍질하네(感激恩深責子鞭, 감격은심책자편)

내세울 선행은 없으나 언약의 말씀만 믿으니(善行無功恒信約, 선행무공항신약)
영생의 길 여기 있다 신선을 구해 무엇하랴(長生有路不求仙, 장생유로불구선)
백여 년 인생살이 모두 꿈만 같구나(百年人事皆如夢, 백년인사개지몽)

물러나 몸과 마음을 하늘에만 맡기리(却把心身盡付天, 각파심신진부천)[448]

## 또 다른 말씀의 증인들

앞서 대표적인 설교자들을 살펴보았지만 그 외에도 민족의 어두운 밤에 교회를 가슴에 품고 강단에서 하나님의 말씀을 전했던 설교자는 수없이 많이 있다. 사람들이 다 기억하지 못하지만, 어쩌면 그들의 말씀 사역으로 인해 오늘날의 교회가 세워졌고, 그 명맥을 이어왔을 것이다. 찬바람이 휘몰아치는 눈길을 걸어가면서 선명하고 똑바른 말씀의 족적을 남긴 설교자도 있고, 때로는 어지러운 발걸음을 옮긴 이들도 있다. 여기서는 몇 설교자들의 기록을 바탕으로 그들이 엄혹한 시기에 어떻게 말씀 사역을 감당했는지를 살펴보자.

### (1) 임종순 목사

황해도 곡산 출신인 임종순 목사(1875-1947)는 장로교 목사이자 부흥사였다. 1911년 평양숭실전문학교를 고학으로 졸업한 후 평양장로회신학교에 진학하여 1916년에 9회로 졸업한다. 같은 해 6월에 목사안수를 받고 곡산 지방 순회목사로 사역을 시작한다. 그는 일본의 유학생들을 위한 전도목사로 파송받아 사역했는데, 동경의 500명 유학생 가운데 1/5이 임종순이 목회하는 교회에 출석할 정도로 일본 유학생 선교는 성공적이었다.

1922년에는 미국 피츠버그에서 열렸던 만국장로회연합공의회에 한국

448 신석구, "주의 도", 이덕주, 『신석구 연구』, 384-85.

대표로 참석하여 "조선교회의 과거, 현재, 미래"라는 제목으로 강연을 했고[449] 총회에 다음과 같은 보고서를 제출한다. "우리의 일은 우리가 할 뿐이오니 실력 양성이 제일인 줄 압니다. 속히 힘쓰시와 인물 양성을 힘쓰시기를 간절히 바랍니다."[450] 그들은 윌슨의 민족자결주의 때문에 3·1운동 때 미국에 대한 기대가 컸었고, 또한 교회의 존립을 위해 자립과 자주의 책임을 호소했다. 민경배는 이때를 기점으로 민족교회에 대한 열의가 확대되기 시작했다고 이해한다.[451] 그는 이후 뉴욕한인교회를 창립하여 목회했다. "1921년 3월 1일 뉴욕타운홀에서 나라의 독립을 외쳤던 선조들이 자신과 나라의 구원을 이룩하기 위해 뜻을 모두어 교회를 세우기로 하고 그해 4월 18일 교회를 창립"했으며 임종순은 초대 목사로 1921년부터 1923년까지 사역했다.[452]

이후 그는 이승훈이 장로로 있던 오산교회의 담임목사로 초빙을 받아 정주에서 목회를 했고, 1929년에는 평양 서문밖교회의 청빙을 받아 평양에서 목회했다. 김린서는 이 시기를 "평양 전성시대"라고 평가한다.[453] 이때 예배 참석수가 3천 명이 넘어서 교회당을 증축했고, 숭실전문학교와 숭의학교, 평양장로회신학교 학생들이 그의 설교에 큰 감화를 받았으며 그로 인해 설교자로서의 그의 명성이 전국으로 퍼져나갔다. 그는 길선주와 김익두의 뒤를 이어 부흥사로 명성을 얻으면서 전국의 교회들에서 집회를 인도했

---

449 당시 재한 미국선교사가 통역을 했으며, 피츠버그의 한 신문에는 다음과 같은 기사가 나왔다. "금번 세계적 대회에서 미국 국무장관 윌리엄 쩨푸리온 氏의 금주 연설이 세인의 이목을 승동케 했고 세계에서 알지 못했던 은사국 코리안 대표 미스터 林의 간곡하고도 적절한 연설이 세계 사람의 눈물 어린 심각한 동정을 받었다"고 전했다. 김린서, 『한국교회 순교사와 그 설교집』, 121-22.

450 민경배, 『한국기독교회사』, 342.

451 위의 책. 기독교 안에서의 민족 사회의식 형성에 대해서는 민경배, "민족 사회의식의 형성과 기독교", 『한국교회사학회지』, 2권(1985): 23-44를 참고하라.

452 뉴욕한인교회역사편찬위원회 편, 『강변에 앉아 울었노라: 뉴욕한인교회 70년사』(서울: 깊은샘, 1992), 63-91.

453 김린서, 『한국교회 순교사와 그 설교집』, 122.

다.[454] 그러나 목회 후기에는 교회 분열, 상처(喪妻), 질병 등으로 힘든 노년을 지내다가 해방 후에 세상을 떠난다.

그는 키가 크고 우렁찬 목소리를 가진 웅변적인 설교가로 알려져 있는데 그의 별명이 "황금 입을 가진 설교자"였다.[455] 제19회 장로교회 총회가 1939년 9월에 평양 서문밖교회에서 열렸을 때 교회는 대동강에 띄운 배 위에서 총대 환영모임을 준비했다. 그때 임종순이 전한 환영사를 김린서는 다음과 같이 전한다.

> 저기 모란봉이오 여기 大同江(대동강)이 흐릅니다. 배 위에서 사도를 부르신 예수님 앞에서 총회원 여러분은 오늘 이 배 위에서 소명감을 다시 한번 감명 하사이다. 갈릴리 바다 배 위에서 쉬시던 주님 앞에서 총회원 여러분은 오늘 大同江(대동강)상 이 배 위에서 반일의 휴식도 良有宜也(양유의야) 좋지 않읍니까? 양덕 맹산 흐르는 大川 細流(대천 세류)와 신계 곡산에 솟는 淸泉碧溪(청천 벽계) 합수하니 대동합류(大同合流) 大同江(대동강)이올시다. 이 강물이 흘러 강 좌우 옥양에 五(오)곡 백과를 길러 四千年(사천년) 우리 민족을 살려옵니다. 남북 만주, 路領(노령), 日本(일본), 北支(북지), 三千里(삼천리) 방방곡곡에 큰 교회 적은 교회 늙은 종 젊은 일꾼들이 大同 合流(대동 합류)한 교회로 뭉쳐 흘러 넘치는 생명 강수 되어 우리 동포 이 민족을 살리는 것이 오늘날 우리 총회원 여러분의 사명입니다.[456]

연설문에서 감동이 느껴진다. 당시 한국교회는 서북 지역 세력과 비서북

---

454 1970년대 이후 한국교회 부흥운동의 중추적 역할을 했던 신현균이 1945년 11월에 그의 고향에서 있었던 임종순이 인도하는 부흥회에 참석했다가 회개하라는 설교를 듣고는 은혜를 받아 방탕한 삶을 마치고 목회자가 되었다.

455 정성구, 『한국교회 설교사』, 364.

456 김린서, 『한국교회 순교사와 그 설교집』, 123.

지역 세력 간에 깊은 갈등이 존재했다.[457] 당시 서북 지역은 기독교가 크게 번창하여 수적 우위를 차지하고 있었으며, 그 지역교회 지도자들이 지연에 근거한 집단주의 형태를 띠면서 교권을 지배하고 있는 것에 대해 비서북 지역의 반발이 심했다. 선교 50년이 되는 1934년이 "축복할 해"(禧年)인가, "탄식할 해"(噫年)인가라는 말이 나올 정도로 갈등 상황이 심각했다. 1936년에 광주 양림교회에서 모인 25회 총회에서는 이런 갈등이 심화되어 남측 총회 분립운동이 일어나면서 교회가 분열될 위기에 놓였다. 이때 총회 화합을 위해 전주에서 목사수양회를 개최했는데 임종순이 강사로 초청되었다. 김린서는 그날 임종순이 전한 설교 내용과 그때의 분위기를 다음과 같이 전한다.

> "여기 모인 二百七十 명 목사들은 다 朝鮮 교회 유능한 운전사들입니다. 그러나 二百七十(이백칠십) 명 운전사가 운전대에 앉을 수 없어 나를 이 수양회의 운전대에 앉혔으니 여러분은 부득불 제가 운전하는 대로 협조해주시기를 바랍니다"라고 설교를 시작하니 만좌가 감복했다. 수양회의 은혜가 깊어갈 무렵 林(임) 목사는 교회 합동의 본 문제를 들고 나서서 "여러분 경주의 에밀레종은 세계에 유명한 종입니다. 그 종은 신라가 三(삼)국을 통일한 기념으로 전 민족의 역량을 기우려서 주조한 국보입니다. 이 종을 朝鮮八道(조선팔도)가 여덟 쪼각에 깨어 나누면 어찌 됩니까? 우리 朝鮮(조선)교회는 세계 선교사상의 영광으로 세계가 우러러 보고 하늘에서 내려다 보십니다. 朝鮮(조선)교회 지도자 여러분! 영광의 교회를 남북으로 쪼개어 나누면 어찌

---

457 1930년대를 전후하여 장로교회는 서북 지역에 55% 정도, 중부 이남에는 45% 비율이었다. 서북 지역은 그동안 유교 지배질서로부터 소외된 지역이었고 상업을 통한 중산층이 형성되었고, 부를 바탕으로 자녀 교육에 적극적이었으며 기독교 수용도 적극적이었다. 반면 서울을 포함하여 이남 지역은 봉건사회의 특성이 강하여 기독교 수용이 늦었고, 수용했던 층도 주로 하층민들과 부녀자들이었기 때문에 힘이 약했다.

됩니까?" "하나의 교회 되라 하심은 우리 주님의 지상명령입니다"라고 성루구하(聲淚俱下) 울면서 설교를 마치고 통공 기도를 선포하니 눈물의 기도 소리가 진동했다. 기도가 끝나자 南(남)총회 주장자 光州(광주) 金(김) 창국 목사가 손을 들고 이러났다. "西部(서부) 교회 목사 여러분 당신들이 西部(서부) 교회의 우세를 배경하여 약세의 이남 목사를 얼마나 짓밟었는가? 이래서는 합할 수 없오. 그러나 오늘 은혜를 받고 보니 朝鮮(조선)교회를 분열해서는 안 되겠읍니다. 우리 다 합하여 하나되기 바랍니다.…" 朝鮮(조선)교회는 林(임) 목사의 눈물과 기도를 통하여 분열의 위기를 면했다.[458]

김린서는 그의 책에서 임종순의 설교 두 편을 소개한다. "今日(금일)에 福(복)인가 今日(금일)에 禍(화)인가"(신 11:26)와 "신앙의 膽力(담력)"(딤전 3:13)이 그것이다. 이 두 편의 설교는 당시 본문설교의 일반적인 패턴을 따라 성경 한두 절을 본문으로 하며 본문에 대한 깊이 있는 석의보다는 중심 주제 혹은 단어를 중심으로 구성되어 있다. 전자의 설교문은 본문에 대한 간략한 설명으로 시작한다. "우리 人生(인생)은 一便 福 一便 禍(일편 복 일편 화)의 中(중)간에 있어 自由(자유)로 어느 것이든지 취할 것"이며 이것은 고대로부터 오늘까지 계속되는 현상이라는 말로 서론을 시작한다. 둘째 부분에서는 복이 따르는 길로 행하기 위해서는 회개가 필요하며, 정직한 마음 곧 의가 복받는 길이라면서 그리스도인다운 삶을 강조한다. 셋째 부분에서는 오늘 여기서도 복을 받는 자가 있고 화를 자처하는 자가 있다면서 말씀을 구체적으로 적용하고 결론을 내리는 형식을 취한다.

이와 같이 是日 是席(시일 시석)에도 하나님께서 우리 앞에 福(복)과 詛呪(저

458 위의 책, 124.

주)를 두었다. 우리의 앞에 그리스도의 十字架(십자가)를 두었으니 회개하여 구원을 얻을 수도 있고 회개치 않고 멸망할 수도 있다. 우리의 앞에는 예수님이 계시니 信仰(신앙)하여 天國(천국)에 들어갈 수도 있고 거역하여 지옥에 갈 수도 있다. 正直(정직)하게 성령의 위화에 순종하여 복을 받을 수도 있고 不正(부정)한 마음으로 성령을 속이려 하여 禍(화)를 自取(자취)할 수도 있는 것이다. 오늘 우리 앞에 福(복)과 詛呪(저주)를 두었으니 형제 자매는 今日(금일)에 福(복)일까? 今日(금일)에 禍(화)일까? 원컨대 회개와 신앙과 義(의)로서 福(복) 되사이다.[459]

디모데전서 3장을 본문으로 한 설교문에서도 첫째 부분에서는 본문에 대한 간단한 설명으로 시작하는데, 세상 일도 확실한 담력이 있을 때 성공하는 것이 이치라고 말문을 연다. 그는 한 농부의 일화와 물위를 걸어가다가 빠진 베드로의 일화를 들어 설명한다. "우리 생활과 사업에는 오직 신앙과 거기에 따를 담력만이 필요하다"는 내용이 첫째 부분의 소결론이다. 그다음 부분에서는 "복음 증거에 요하는 담력, 선한 일에 요하는 담력, 환란에 요하는 담력"이라는 세 대지를 통해 "하나님과 동행하므로 신앙의 담력을 얻을 수 있을 것"이라고 결론을 내린다.[460]

이처럼 그의 설교문은 짜임새 있고 논리적인 구성으로 되어 있으며 풍부한 자료를 사용해 아주 쉽게 설교하고 있다. 또한 적절한 적용을 통해 삶의 현장에 구체적으로 연결시키는 구조를 취하고 있다.

---

459 임종순, "今日에 福인가 今日에 禍인가", 김린서, 『한국교회 순교사와 그 설교집』, 126-31.

460 임종순, "신앙의 膽力", 김린서, 『한국교회 순교사와 그 설교집』, 132-37.

(2) 김선두 목사

평남 평양에서 출생한 김선두 목사(1876-1949)는 1901년 기독교에 입문했고, 숭실중학과 숭실전문학교를 졸업한 후 모교 숭실중학에서 교편을 잡았다. 그는 1908년 32세란 비교적 젊은 나이에 장대현교회의 장로가 되었으며, 선교사들의 권유로 평양장로회신학교에 진학하여 졸업 후 목사안수를 받고 바로 서문밖교회에서 담임목회를 시작했다. 그는 길선주, 김익두와 함께 평양의 대표적인 설교자였으며, 김익두의 설교가 초신자들에게 인기 있는 대중적 설교라면 그의 설교는 "이미 믿는 자들로 하여금 성경을 깊이 깨닫게 하는 설교"였다.[461] 그는 1915년부터 숭실전문학교 강사를 지냈으며 평양장로회신학교에서도 성경을 가르쳤다. 1915년에는 평양노회장, 1918년에는 총회장을 역임했다.

그는 총회장 재직 당시 공예배에서 반드시 한글성경을 사용할 것을 결정했으며, 한글을 모르는 교인들을 위해 한글학교를 운영하는 한편 한글성경과 찬송 보급에 힘썼다. 또한 한센병 환자를 위한 구호활동을 펼치고 소외된 이들에 대한 관심을 기울였다. 그는 총회장 재임 시 평양의 3·1운동을 진두지휘했고 체포되어 서대문형무소에서 옥고를 치렀다. 따라서 그는 그해 총회에서 개회예배 설교와 총회를 주재하는 일을 하지 못했다. 선교사들은 총회를 10월로 연기해놓고 그의 석방에 힘썼으나 뜻을 이루지 못했고, 그는 3년간의 긴 옥살이를 했다. 출옥한 후에는 평남 대동군의 송산교회를 담임했고 1926년에는 선천의 신성중학 교장을 지냈다. 1933년부터는 함북 성진의 욱정교회에서 시무했고 1935년부터는 봉천교회를 시무하면서 박형룡과 함께 만주신학원 설립에도 관여했다. 그는 일제의 신사참배 강요에 적극 저항하면서 일본으로 건너가 일본 기독교 교계 지도자들과 정

461 정성구, 『한국교회 설교사』, 363.

치인들을 만나 원만한 해결을 모색하려고 했지만, 귀국 이후 부산에서 체포되어 모진 옥고를 치러야 했다. 해방 후에는 월남하여 박형룡과 함께 장로회신학교 재건에 주력했다.[462]

김린서의 책에는 김선두의 설교 가운데 "내 집을 채우라"(눅 14:23)라는 제목의 설교가 실려 있다. 그 설교문은 성경 본문의 전후맥락을 설명하고 본문이 세 가지 교훈을 담고 있다는 사실을 강조하면서 설교를 시작한다. 두 번째 부분에서는 비유의 말씀을 직접 적용하면서 예수님이 주인이고 우리가 종임을 보여주며, 세 번째 부분에서는 주인이 종들에게 하시는 명령을 다루고 있다. 또한 이 주인이 어떤 분이시며 그분이 명령하시는 내용은 무엇인지, 그 명령을 수행하려고 할 때 어떤 사람으로 주의 집을 채워야 할지에 대해서 설명한다. 이 설교는 논리적 전개가 선명하고 다양한 수사적 기법을 활용한다.

> 천국의 청장을 받고 응종하는 것이 곧 신앙이다. 부자가 신앙하지 않더냐? 가난한 자를 다려오라. 사업에 골몰한 자 믿지 못하더냐? 병든 자를 다려오라. 인류를 위해 헌신한다고 믿지 못하는 자 있더냐? 벙어리, 저는 자들을 다려오라. 이것이 주인의 명령이요 분부시다. 종 된 자여 주인의 명령을 듣는가? 자애의 주인, 至善(지선)의 주인, 만유의 주인, 만인에게 즐거움을 베푸시는 주인, 이 주인이 그 종에게 명령하시되 "내 집을 채우라" 또 가라사대 "내 집을 채우라."[463]

462 김수진, 『총회를 섬긴 일꾼들』(서울: 한국장로교출판사, 2005), 39-41.

463 김선두, "내 집을 채우라", 김린서, 『한국교회 순교사와 그 설교집』, 143.

### (3) 양주삼 목사

평남 용강군의 한 가정에서 4남매 중 장남으로 출생한 양주삼 목사(1879-?)는 어릴 적 사숙에서 한학을 배웠다. 그는 스무 살이 되던 해에 중국어로 된 전도지와 잡지를 통해서 기독교를 알게 되었고, 스스로 교회를 찾아가 신앙생활을 시작하게 된다. 선교사들을 통해 신앙 지도를 받은 그는 학구열에 불타올라 친구에게서 돈을 빌린 다음 부모에게도 이야기하지 않고 서울로 가서 양잠전습소에 입학한다. 그는 그곳에서 새로운 영농기술을 배우고 계속해서 신학문에 대한 열정을 가지고 기독교 서적을 탐독한다. 그는 1901년 선교사의 알선으로 중국 상하이로 건너가 남감리교에서 운영하는 중서서원에 입학하게 된다. 그는 1902년 10월에 원장인 파커 선교사에게 세례를 받았으며, 4년 후 졸업을 할 때는 영어를 자유자재로 구사할 수 있게 되었다. 중서서원을 졸업한 양주삼은 미국 유학길에 올라 밴더빌트대학교 신학부에 입학하여 1913년에 졸업하고, 이후 예일대학교 신학부에서 공부했다.

그는 학구열에 불타 계속 공부를 하고 싶었으나 남감리교 선교부는 한국에 인재가 필요하다며 귀국을 종용했다. 그는 1915년 귀국했으며, 조국교회를 위한 첫 봉사는 협성성경학원(현 감리교신학대학교)의 교수직이었다. 그는 교장으로 있던 하디(R. A. Hardie) 선교사와 「신학세계」를 창간하고 편집책임을 맡았다.[464] 그리고 자교교회의 목사직을 맡아 목회도 병행했으며, 1915년 한국인으로는 처음으로 정춘수, 김흥순 등과 함께 장로목사안수를 받았다. 1918년에는 남감리회 선교백년기념사업회 총무를 맡아 "남감리교회 교리와 장정"을 한글로 완역하여 출간했으며 시베리아의 동포들을 위한 선교 사업을 총괄 진행한다. 1919년부터 종교교회 담임목회를 했으며, 1923년에는 시베리아 선교 사업 책임자, 1924년에는 한국인 최초로 장로

464 박용규, 『한국교회 인물사: 2편 지도자』(성남: 복음문서선교회출판부, 1975), 134-41.

사가 되어 철원 지역 장로사(감독)로 활동하게 된다. 그는 한국인 최초의 감독이었던 셈이다.[465] 1929년에는 경성 지방 장로사, 1930년에는 남감리교회 조선연회장을 지낸다. 1930년에 남북감리회가 통합하여 "기독교조선감리회"를 창립하는 데 공헌하여 초대 및 2대 총리사를 지냈다.

그 후 그는 만주 선교에 전념하다가 해방을 맞는다. 그는 신사참배에 앞장선 감리교의 대표 지도자였기에 1949년에는 신사참배, 징병권유 연설 등의 조목으로 반민특위에 체포되어 조사를 받았다. 1950년 8월 23일, 공산군에 연행된 후에는 그의 소식이 끊겼다. 그 이후 소식을 알 수 없는 점을 보아 한국전쟁 중 공산군에 의해 살해당한 것으로 보인다.

그는 가난한 집에서 태어났으나 자신의 삶의 조건에 순응하지 않고 거부하면서 고학으로 공부하여 한국감리교를 세워가는 데 큰 역할을 한 지도자였다. 박용규는 양주삼이 총리사 자리에서 물러난 이후에 심혈을 기울인 만주 선교에 대해 언급하면서 "기위 설립된 교회를 총괄하면서 불우한 처지에 빠져 허덕이며 암담한 삶을 영위하는 동족들에게 희망을 안겨주고 그들을 그리스도의 품 안으로 인도"했고, "자기 일신을 전혀 돌보지 않은 채 오로지 남만을 위해 그리고 궁극적으로는 그리스도를 위해 심혈을 다하여 이룩"한 위대한 업적으로 평가한다. 그리고 한국전쟁의 난리 통에 "성실하고 유능한 주의 종 양주삼 박사가 이북으로 납치된 것은…개인이나 그의 가족뿐만 아니라 우리나라 기독교 전체의 커다란 손실이요 불행"이라고 언급한다.[466]

그것은 일면 옳은 평가이지만 다른 일면은 언급조차 하지 않는 한계를 지닌다. 한승홍은 그가 "한국감리교회 초대 총리사로서 감리교의 발전과

---

465 장병욱, "한국 감리교 초대 감독", 『한국감리교의 선구자들』(서울: 성광문화사, 1978), 155-56.

466 박용규, 『한국교회 인물사: 2편 지도자』, 149.

조직 강화에 큰 획을 그었던" 인물이었고 "한국 감리교뿐만 아니라 한국기독교계에서도 거목"이었다고 평가하는 동시에 그가 "능동적이고 자발적인 친일" 인사였다는 또 다른 평가를 제시한다.[467] 그의 친일 행각은 총리사로 취임하면서 자연스럽게 시작되었고, 일제 경찰에게는 "반일 성향이나 저항 기질이 전무한 '모범생'이라는 평가"를 받았을 정도로 일제가 선호했던 인물이었다. 곧 그는 민족운동에는 관심이 없었고 "친일정책에 동조, 호응하며 일제 통치기간 동안 평안한 삶"을 누린 인사였다.[468]

1936년 이후 그는 신사참배가 "단순히 국민이 준봉할 국가의식이므로 신앙양심상으로나 교리해석상 아무 문제가 될 것이 없다"[469]라고 주장한다. 그 결과 감리교회는 가장 먼저 신사참배를 시행한 교단이 되었다. 그는 1937년에는 시국인식 대중강연을 시작했고, 중일전쟁이 일어나자 전필순, 이각종, 최린 등과 함께 전국을 돌며 친일강연 행각을 벌인다. 당시의 친일 인사들이 그랬던 것처럼 그도 "學徒(학도)여 聖戰(성전)에 나서라",[470] "培養必勝之信念"(배양필승지신념)[471] 등의 특별기고문을 신문에 여러 차례 게재했다. 또한 1938년에는 감리교 애국일 행사를 만들어 7,000여 감리교 신도들을 모아 행사를 진행하면서 "천황폐하 만세"를 외치고, 행사 후에는 신도들을 인솔하여 남산 신궁에 참배했다. 또한 그는 장로교의 홍택기, 김길창, 감리교의 김종우, 성결교의 이명직 등과 함께 기독교 대표로 일본 신궁을 참배했다.

한승홍이 평가하듯이, "한국 개신교 목사들 가운데 총독부 행사에 양주

467 한승홍, "양주삼"(梁柱三), 『반민족문제연구』(1993년 여름호), 27.
468 위의 책.
469 위의 책, 28.
470 양주삼, "學徒여 聖戰에 나서라", 『每日新報』(1943년 11월 9일).
471 양주삼, "培養必勝之信念", 『每日新報』(1944년 12월 14일).

삼만큼 빈번하게 초대되었고 참석한 사람이 없을 정도"[472]로 그는 친일파의 거두였다. 불우한 여건을 딛고 선교사들의 도움으로 미국 유학까지 다녀왔던 그는 민족을 위해 일하도록 부름을 받은 인물이었지만, 잘못된 길에 자신만 몸을 담근 것이 아니라 소속 교단의 지도자들과 교회, 심지어는 수많은 강연과 기고를 통해 순진한 백성들과 젊은이들까지 친일의 오욕의 늪으로 끌고 들어간 지도자였다. 앞서 언급한 것처럼 해방 이후 그는 반민특위에 의해 체포되었지만 국내 기반이 약했던 이승만이 그를 필요로 했기에 기소유예 처분으로 풀려났고, 1949년 10월에는 적십자사 총재로 임명되었다. 같은 해에 감리교 안에서 같은 위치에서 같은 길을 걸었던 정춘수가 가톨릭으로 개종했다가 1951년에 병사했으며, 양주삼은 이보다 1년 먼저 1950년 8월에 납북되어 생사불명이 되었다.[473]

양주삼은 자교교회와 종교교회에서 담임목회를 했지만 주로 교단관계 일을 많이 했던 관계로 설교문은 많이 남아 있지 않고, 기독교 신문과 잡지에 기고했던 몇 편의 설교문이 남아 있다.[474] 단편적인 자료로 그의 설교사역을 가늠하기는 쉽지 않지만 그는 당시 최고 지식인답게 다양한 자료들을 사용하며 깊이 있는 논리 전개를 보여준다. 그의 설교는 당시의 일반적인 설교 형태였던 주제설교의 형식을 따르고 있다. 1931년 「기독신보」에 실린 설교문인 "勝利(승리)의 그리스도"[475]는 개성북부교회에서 행한 설교다. "세계에 복잡한 문제가 많은 때"라는 전제로 설교를 시작하여 기독교가 그 문제를 제대로 해결하지 못하고 있다는 비판의 소리를 낸다. "예수께서는 이

---

472 한승홍, "양주삼"(梁柱三), 31.

473 위의 책. 그의 친일 행각을 도표로 정리한 구체적인 자료를 위해서는 32쪽을 참고하라.

474 「기독신보」에 "예수의 부활하심과 우리의 사명"이라는 설교문 외 5편이 실려 있으며, 『신학세계』에 "나를 좇으라" 외 2편이 실려 있고, 『백주년기념 설교집』에 "今後의 朝鮮敎會" 등의 설교문이 실려 있다.

475 양주삼, "勝利의 그리스도", 「기독신보」(1931년 7월 1일).

세상으로 하야곰 천국을 맨드심으로 이 세상을 구원하시려고" 하시며 "예수의 리상이 실현되는 때"를 강조하면서 과거 2천 년 역사에 있었던 나라의 흥망과 사상의 성쇠를 언급한다. 예수님의 십자가 사건은 그리스 문명과 로마 제국의 위협, 교회 자체 안에 있는 반대와 외부의 박해, 문예 부흥주의와 근세 과학만능주의의 도전이 있었지만 승리해왔음을 언급하면서, 기독교의 승리의 양상을 신자 수, 교회 수, 다양한 언어로의 성경의 번역과 판매 숫자, 지식과 교육의 전파, 사회사업, 노예 해방과 금주운동 등의 사회적 영향, 사람들에게 끼친 심리적 영향 등을 들어 설명한 후, "우리는 실패한 장수를 따라가는 자가 안이요 승리의 그리스도를 따라"간다는 내용으로 결론을 맺는다. 이어서 승리하신 그리스도라는 결론적인 내용을 14인의 여선교사들에게 목사안수를 행한 연회의 사건과 연결하고 있다. "十四인의 자매에게 목사안수례를 행하게 되엿습니다. 이는 희귀한 일입니다. 곳 예수의 리상이 실현되는 것입니다." 그리고 본문을 잠깐 언급하면서 설교를 맺는다. "그리스도의 승리"라는 주제를 중심으로 설교하면서 성경 본문은 마지막에 한 문장으로 언급되는 구조다. 이는 당시 설교의 정형이었지만 그럼에도 해박한 지식이 동원되고, 탁월한 논리적 특징이 드러나 있다.

### (4) 박현명 목사

함경남도 북청군의 유학자 집안에서 태어난 박현명 목사(1903-1950 납북)는 한학을 공부하다가 신학문을 배우기 위해 부모의 반대에도 불구하고 삭발하고 보통학교에 입학하여 졸업했다. 그는 집안이 어려워 독학으로 공부하다가 기독교에 입교한 후 1922년 경성성서학원(현 서울신학대학교)에 입학하여 1925년에 졸업한다. 그는 졸업 후 독립문성결교회 전도사로 사역을 시작했으며 안수를 받은 후 그곳에서 담임으로 시무하다가 동경교회의 초청을 받고 1929년에 부임하여 6년 동안 사역한다. 그는 동경교회를 크게 부흥시키면서 예배당 건축도 했고, 일본신학교에서 청강하며 학문의 폭을 넓혀간다. 1934년 봄에 모교인 경성성서학원의 교수로 초빙을 받아 귀국했고 체부동교회에서 목회도 병행한다.[476] 그는 교회사를 가르치며 「활천」의 편집장으로도 활동한다. 그는 1943년 성결교회가 해산될 때[477] 구속되어 옥고를 치렀고 해방 후 재건된 성결교단에서 총회장을 네 차례 역임한다. 5대 총회장으로 재직하던 중 신학교 구내 사택에 거주하고 있던 그는 공산군에 의해 납북되었으며 1962년까지 북한에 생존했던 것으로 알려지고 있다.[478] 현재 교단에서는 공산당에 의한 순교자로 추서되었다.

성결교단의 대표적 지도자였던 그도 친일 문제에서 자유로울 수 없었다. 그는 일제 어용 단체 등에서 활동한 기록이 있다.[479] "민족문제연구소"(소장 임헌영)는 친일파 기독교 지도자 58명의 명단에 그를 올렸다. 한편 그의 친일행적에 대해서는 논란이 있다. 주승민은 "당시 일제 늑탈이 기승을 부리고 있었고, 지도자로서 말 그대로 압력 받는 상황"이었다고 전제하면서 이들 단체가 국방 헌금을 한 것은 사실이지만, 그것은 교단을 지키기 위한 최소한의 활동이었으며 "그 단체의 활동을 주동하여 그 단체로 하여금 일본을 크게 유익하게 했던 결과물 등이 불분명한 상황"이라고 주장한다.[480] 1943년에 교단이 해체되고 300여 명의 교단 지도자들이 구속되었으며 그 가운데 박현명도 포함되어 있었다. 즉 우호적인 단체였으면 그런 수

---

476 김성현, "박현명 목사", 「활천」, 536권 7호(1998), 11-12.

477 박현명, "聖潔敎會는 왜 解散되었는가", 「활천」(1946년 1월), 11-14 참조.

478 1962년 「동아일보」는 내외문제연구소에 제공한 자료를 통해 "죽음의 세월"이라는 글을 연재하는데 종교계 저명인사들이 1진으로 남궁혁과 함께 이송되었으며 1962년까지 평남 대동군 문성면의 한 농가에 억류되어 있었던 것으로 전한다. 박용규, 『한국교회 인물사: 2편 지도자』, 200; 주승민, "박현명 목사 바로 세우기: 이 시대의 올바른 판단을 위해", 「활천」, 632권 10호(2005), 25 참조.

479 민족문제연구소가 2004년에 발간한 잡지 「일제협력단체사전」은 박현명이 "조선기독교연합회(1938-?), 국민정신총동원 조선예수교동양선교회 성결교회연맹(1939-1940), 국민총력 조선예수교동양선교회 성결교회연맹(1940-1943), 기독교신문협회(1942) 등에서 활동한 것을 근거로 한다.

480 주승민, "박현명 목사 바로 세우기: 이 시대의 올바른 판단을 위해", 25.

난을 당하지 않았을 것이라는 점을 강조한다.[481]

박용규는 그가 "문필에 능했고 웅변에 감화력이 있으며 듣는 이로 하여금 큰 은혜를 받도록 하는 대설교가"였다고 평가한다.[482] 이명직도 "一句一句(일구일구)가 그냥 되는 대로 吐(토)하는 것이 않이라 深思熟考(탐사숙고)의 結晶(결정)"이라고 하면서 "그 말을 細心(세심)하야 들으면 眞理(진리)를 明白(명백)하게 說明(설명)하야 가라침에 嘆服(탄복)치 않을 수 없다"고 말한다.[483] 그는 실로 맑은 물소리 같은 설교자였다. 그의 설교는 감화력이 있었다. 일제 강점기에는 교회를 세우고 지키기 위해, 해방 후에는 성결교 재건과 부흥을 위해, 특히 교단의 헌정쇄신을 위해 큰 노력을 기울였다.

박현명의 설교문은 그의 설교집 『夜半叫聲』(야반규성)[484]을 통해 접할 수 있으며, 여러 편의 설교문이 현대어로 번역되어 「활천」에 게재되어 있다.[485] "신령한 샘물을 주소서"(요 4:7-19)라는 설교문은 성경에 나오는 물에 대한 종합적인 제시로부터 설교가 시작된다. 호렙산 반석에서 나온 물, 나아만 장군을 치료한 신령한 요단강물, 에스겔서에 등장하는 성전 문지방에서 나오는 물, 베데스다 못의 물 등이 언급된다. 역시 그다음 부분에서도 "죄인이 죄로 인한 갈증으로 영천을 찾는 기록"이 있음을 언급하면서 본문의 내용을 설명한다. 이 여인의 갈증은 그 삶의 부도덕함에서 비롯된 것이라고 규

---

481 보다 상세한 내용에 대해서는 위의 책, 24-28를 참고하라.

482 박용규, 『한국교회 인물사: 2편 지도자』, 197.

483 이명직, "序文", 朴炫明, 『夜半叫聲』(京城: 東洋宣教會聖潔教會出版部, 昭和 15[1940]).

484 위의 책.

485 "성결인을 감동케 한 설교" 시리즈로 2005-2008년까지 매 호에 1편씩을 싣고 있다. 참고로 2007년도에 실린 설교문의 명단은 다음과 같다. 박현명, "영적 수술", 638권 1호(2007), 44-47; "신령한 샘물을 주소서", 639권 2호(2007), 42-45; "누룩을 삼가라", 640권 3호(2007), 38-41; "신령한 건축", 641권 4호(2007), 66-69; "주님이 기뻐하시는 양식", 642권 5호(2007), 48-51; "일곱 교회에 대한 5대 견책", 643권 6호(2007), 34-37; "예수를 바라보자", 646권 7호(2007), 44-47; "다시 뜨겁게 하라", 645권 8호(2007), 42-46; "네 이름이 무엇이냐", 648권 11호(2007), 44-47; "안디옥교회의 마인드", 649권 12호(2007), 48-51.

정한 후 오늘의 청중들에게 바로 적용한다.

> 수가성 여인의 영적 갈증의 원인이 그 다섯 남편을 섬긴 숨은 죄악이라면, 오늘 교회의 신자들의 영혼이 기갈에 우는 원인은 어디에 있는가 반성할 필요가 있다. 지식이라는 남편, 황금이라는 남편, 권력이라는 남편, 명예라는 남편, 교만이라는 남편이 교회를 주관하고 신자를 지배하니 교회의 샘구멍이 막혀 신자의 영혼은 말라버렸다. 주의 명령을 따라 이런 숨은 남편(죄)을 불러내라. 그리하면 교회와 가정과 신자에게 영생에 이르는 샘물이 솟아나 물댄 동산과 같이 윤택하여질 것이다. 또 이 영천은 흘러넘치어 사방으로 퍼질 것이다.[486]

사마리아 여인의 갈증의 문제를 알레고리적 해석을 통해 확실하게 적용하고 결단을 불러낸 다음, 설교는 사무엘하 23장의 베들레헴 성문 곁 우물물 이야기와 다윗의 갈증 이야기로 이어진다. 그 갈증은 "3용사의 불타는 충성"을 통해서 해결되는 갈증이었고, 그다음 부분에서는 처음과 같이 알레고리적인 해석을 통해 적용을 시도한다.

> 주님은 우리 교계를 향하여 목마르다 부르짖으신다. 그러나 아직도 다윗의 3용사와 같은 결사적 충용의 용사가 나타나지 않으니 성은 무너지고 백성은 망한다. 일어나라. 영적 용사여! 마음을 바치고 몸을 바치고 생명까지 바치자. 이런 봉사는 주님 앞에 영천이 된다.…주님은 지금도 현대 교회를 향하여 목말라 물을 좀 달라 하신다. 수가성 여인은 영성의 만족을 얻을 신령한 샘물을 주님께 드리었고 주님은 죄에서 자유와 만족을 가질 만한 영천을

---

486 박현명, "신령한 샘물을 주소서", 44.

그 여인에게 주시었다. 인간의 순종과 회개와 헌신과 충성은 주님께 영천이 된다.[487]

이 설교는 구조와 논리 전개가 아주 탄탄하다. 그리고 본문을 중심으로 풀어가면서도 주제를 잘 설명했고, 알레고리적인 해석을 시도하지만 깊은 메시지를 오늘의 청중들에게 구체적으로 적용하면서 결단을 촉구한다. 말씀의 깊이 있는 해석과 설교의 주제에 대한 탁월한 설명은, 글로 표현된 한계가 있음에도 깊은 감화력을 자아낸다.

### (5) 주남선 목사

경남 거창의 한학자 주회현과 최두경 사이에서 3형제 중 2남으로 출생한 주남선 목사(1888-1951)는 민족의 격동기에 사역했던 설교자요, 저항의 목회자였으며, 신학교육을 감당한 교육자였다. 그는 거창교회에서 교사, 집사, 장로, 전도사, 목사로 평생을 섬겼던 사역자였다. 주님을 위해 가감 없이 하나님의 말씀을 전하고 그 뜻을 행하다가 죽기를 원했지만, 죽지 못하고 살아 있는 순교자로서 살아 계신 하나님을 전한 설교자였다.

그의 이름은 본래 주남고(朱南皐)였는데 옥고를 치른 후 해방되면서 주남선(朱南善)으로 개명했다.[488] 그는 어려서부터 서당에서 한학을 수학했고, 15세 때 부친이 갑작스럽게 세상을 떠났다. 집안의 농사를 감당하던 그는 진주잠업실습소를 수료했고 지방관청에 등용되어 군수의 비서로 일하기도 했다. 1908년 5월, 20세 때 주남선은 마을에 들른 호주 선교사들을 통해 친

487 위의 책, 45.

488 감옥에서 어느 날 꿈을 꾸었는데 숭실전문학교 교장을 지낸 선교사 윤산온(George S. Mccune)이 나타나 "남고"는 좋지 않으니 "남선"으로 바꾸는 것이 좋겠다고 이야기해 이름을 바꾼 것으로 알려진다. 주남선은 그에게서 많은 가르침과 감화를 받았고 평소 그를 존경하고 따랐다고 한다.

구 오형선, 조재룡 등과 함께 처음으로 복음을 듣고 기독교에 입교했다. 그들은 함께 힘을 모아 작은 초가집을 하나 사서 예배당으로 삼았는데 그것이 거창읍교회의 시작이었다.[489] 1911년 12월에 학습을 받고, 24세(1912년) 때 호주 선교사 프레드 맥래(Fred Macrae, 맹호은, 孟皓恩)에게서 세례를 받았다. 1913년에는 권서인으로 활동했으며, 1914년에는 교창교회의 첫 번째 서리집사로 임명을 받았고 같은 해 결혼했다. 1917년에는 신앙의 이치를 더 깊이 배우기 위해 경남성경학원에 진학하여 1919년에 졸업했다. 3·1운동이 일어났을 때 그의 삼형제는 의기투합하여 만세운동에 나섰고 주민들을 규합해 만세 시위를 주도했다. 그 시위는 3월 3일에 시작하여 4월 29일까지 계속되었는데 이것은 전국에서 가장 오랫동안 지속한 시위였다.[490] 그는 진주형무소에서 1년의 옥고를 치렀으며, 1921년 3월 마산 문창교회에서 열렸던 경남노회에서 주기철과 함께 전도사 시취를 받았고 거창읍교회를 섬겼다. 1928년에는 오형선에 이어 31세 나이로 거창읍교회의 2대 장로로 장립을 받았다.

권서인 활동을 계속하며 전도에 힘쓰던 주남선은 평양장로회신학교에 입학하여 1930년 3월에 25회로 졸업하고, 9월에 경남노회에서 목사안수를 받았다. 그는 1931년 2월 22일, 43세 때 거창읍교회 5대 목사로 사역을 시작했다. 1935년부터 일제의 신사참배 강요가 본격화되기 시작했고, 그는 주기철, 한상동과 함께 앞장서 반대운동을 펼쳐나간다. 그리고 1938년 12월 거창읍교회 담임목사직을 사임했다. 신사참배 반대로 인해 일본 경찰

489 황해도 출신 오형선은 금광업을 위해 내려와 있었는데 인근 교회 집사의 전도를 받았고, 금광의 사무원이었던 박창호와 금광사무실에서 예배를 드리기 시작했다. 역시 인근 교회 집사의 전도를 받았던 조재룡과 김극서가 이를 알고 함께 예배를 드렸다. 이들은 힘을 합해 초가집 한 채를 구입하여 1909년 10월 10일부터 그곳에서 예배 드리기 시작했다. 심군식, 『해와 같이 빛나리: 죽지 못한 순교자 주남선 목사 생애』(서울: 성광문화사, 1977), 26-32.

490 위의 책, 42.

이 그에게 금족령을 내려서 집 밖에 나갈 수 없었기 때문이었다.[491] 그는 잦은 구금과 고문, 금족령에도 불구하고 주변 교회를 방문하고 교인들을 만나 신사참배의 부당성을 알리는 신사참배 반대운동을 계속했다. 일제는 1940년 7월 17일, 그를 체포하여 예심 조사에서 극심한 고문과 회유를 거듭했지만 끝내 뜻을 굽히지 않는 그를 국체변혁 혐의와 치안유지법 위반으로 공판에 회부했고, 다음 해 7월에 평양형무소로 압송한다. 그는 그곳에서 함께 갇힌 주기철, 한상동 등과 함께 모진 고초를 겪었다.

그는 해방과 함께 1945년 8월 17일에 출옥한다. 37명이 평양형무소에 갇혔었는데 그중 상당수가 이미 순교하거나 건강이 어려워져 병보석으로 풀려났고, 그날 17명의 "출옥성도"가 석방되었다. 그는 그해 12월 거창읍교회 담임목사로 다시 복귀했고, 1945년 12월 속개된 경남노회에서 노회장으로 피선되었으며, 교회재건운동과 관련하여 어려움을 겪다가 한상동, 박형룡, 박윤선 등과 함께 고려신학교를 시작하게 되었다. 그는 창설 공로로 초대 이사장을 맡았고 고신 교단의 정신적 지주 역할을 감당한다.[492] 한국전쟁이 일어났을 때 교인들 대부분이 피난을 갔지만 교회를 지키기 위해 남아 있던 주남선은 결국 공산군에 의해 체포되었지만 오히려 그들은 그의 신앙과 인품에 감동하여 그를 풀어주었다. 평양형무소에서도, 공산 치하에서도 그는 순교하지 못했다. 그는 주님을 위해 죽는 것이 평생의 소원이었지만 63세까지 이 땅에 남겨져서 교회를 돌보았으며, 1951년 3월 23일에 과

491 1938년 9월 12일에 모인 거창읍교회 당회록(223회)에는 당회장의 부득이한 사정으로 시무사면을 제출한다고 기록되어 있다. "거창읍교회 223회 당회록"(1938년 9월 12일).

492 재건된 경남노회에서 신사참배 자숙안과 신학교 문제로 총회파와 법통파로 분열되어 갈등을 겪다가, 법통파 경남노회가 1952년 9월 진주성남교회에서 한상동, 이약신 등의 출옥성도들이 중심이 되어 모임으로 대한예수교장로회 총노회로 발전되어 1956년에 오늘날 고신 교단인 대한예수교장로회 총회(고신)가 조직되었다. 고신 교단의 설립 과정에 대한 보다 상세한 내용을 위해서는 이상규, "고신 초기와 고신정신", 미래교회 편집, 『고신교회, 어디서 와서 어디로 가는가?』, 39-68을 참조하라.

로로 인한 간경화로 고생하다가 결국 간암으로 세상을 떠났다. 투병 말기에 "내가 순교를 아무리 원했지만 하나님의 허락이 없으시니 되지 않더라"라는 이야기를 했던 것으로 전해지며, 세상을 떠나던 날 교회 장로들을 불러 다음과 같은 유언을 남겼다. "나는 이제 세상을 떠납니다. 나에 대한 기대와 미련을 다 잊으시고 교회를 신앙으로 잘 이끌어가십시오." 이 말은 평생 교회를 가슴에 품고 살았던 그가 떠나는 자리에서도 교회의 안녕을 빌고 있었음을 보여주는 표현이었다. 그는 평생 소원이 순교였는데 순교 직전 아슬아슬한 고비를 수없이 넘기다가 가택에서 가족 친지들이 보는 가운데서 눈을 감았다.[493] 현재 그는 대전 현충원 애국지사 묘역에 안장되어 있다.

설교자 주남선의 설교사역을 살펴볼 수 있는 자료는 그렇게 많지 않다. 평소 자신에 대한 글을 남기기를 원치 아니했기 때문으로 보인다. 다만 고신대 소식지인 「파수군」에 남은 몇 자료들[494]과 그의 삶의 이야기, 그리고 2차 자료들이 증언하는 내용을 토대로 살펴보면, 첫째, 그의 설교사역은 환난과 핍박, 순교의 어려움 가운데서 하나님의 말씀에 대한 절대적인 확신과 그 말씀대로의 실천을 강조했던 설교사역이었다. 그에게 성경은 영감으로 된 하나님의 말씀이며, 모든 그리스도인의 삶에 있어 최종적인 권위를 지니는 것으로 받아들여졌다. 하나님의 말씀은 모든 고난과 삶의 위협을 이겨내는 원동력이었으며, 그에게 설교는 교인들에게 성경이 말하는 바를 있는 그대로 단순하게 가르치고, 말씀대로 살 것을 강조하기 위한 도구였다. 그는 평양형무소에서 출옥한 직후, 평양 산정현교회에서 있었던 부흥회를 한상동과 함께 인도했다. 주기철 목사의 순교로 폐쇄되었던 교회가 다

---

493 심군식, 『해와 같이 빛나리라』, 389.

494 주남선, "예수는 돌이시다", 3(1949), 7-10; "하나님의 사람아", 15(1952년 3월), 31-34; "죄가 돌아옴", 60(1957년 2월), 12-16; "선이 돌아옴", 61(1957년 3월), 19-22; "중대한 하나", 64(1957년 3월), 7-11.

시 문을 열고 눈물과 감격의 집회가 시작되었다. 그날 그가 설교에서 가장 강하게 강조했던 것은 "죄를 지으면 반드시 벌을 받고 착하게 주님의 뜻대로 살면 복을 받는다"는 것이었다.[495] 단지 윤리적 설교나 기복적 설교가 아니라 말씀 중심, 하나님 중심의 신앙을 강조하는 설교였다.

둘째, 주남선의 설교는 자기의 삶 전부를 주님께 드리려고 몸부림쳤던 삶의 설교였다. 그의 생활 표어는 "죽도록 충성하라"였다. 그는 그 표어대로 살려고 노력했고, 교인들에게도 설교 가운데 그것을 자주 강조했다.[496] 그 표어는 주남선이 설교에서 가장 강조하는 문구였으며 현재는 거창교회 입구의 돌비에 새겨져 있다. 그래서 전성도는 그를 삶으로 설교한 "무언의 설교자"로 규정한다.[497] 그는 "온화한 성품으로 권위의식이라고는 전혀 없는 인간미가 넘쳐나는 분이었지만 불의와 잘못된 것에 대해서는 단호했던 분이었다. 그래서 그의 삶의 이야기를 전하는 사람들은 한결같이 그가 외유내강의 사람이었다"고 전한다.[498] 그가 일제 경찰에 끌려가 혹독한 고문을 당하고 반죽음 상태가 되어 업혀 나와 집에서 가료하고 있을 때, 이 원수를 어떻게 갚을까 분노하는 자녀들에게, 그는 "울지 마라. 이것이 주님을 위한 일이다. 주님을 위해 당하는 고생이기에 값있는 고생이니라"고 오히려 다독였다.[499] 오병세는 주남선의 설교사역에 대해 다음과 같이 증언한다.

> 주 목사님은 늘 한복을 입고 다니시는 것이 그 특색이었다.…주 목사님은 부태(富態)가 나는 분은 아니었고 여윈 어른이었지만 악수할 때 젊은 사람의 손이 아프도록 꼭 잡으셨다. 그 어른의 설교에는 많은 사투리가 섞여 나오고

---

495 심군식, 『해와 같이 빛나리라』, 230.

496 위의 책, 417-18.

497 전성도, "무언의 설교자", 「월간 고신」(1986년 4월), 36-37.

498 심군식, 『해와 같이 빛나리라』, 407.

499 위의 책, 418.

웅변은 아니었으며 부흥사도 아니었으나 그에게 한 가지 특징이 있고, 강한 무기가 있으니 곧 진실(眞實)이었다. 그에게는 인간적인 수단 방법 등은 찾아볼 수 없는 것 같았다. 그 어른에게 시원스럽다든지, 훤하다는 것은 없어도 그에게는 참이라는 것을 찾아볼 수 있었다. 이 어른은 평화스럽고 말씀은 조용히 했으나 어려움이 올 때에 강철 같은 신앙의 소유자이었다. 참 외유내강(外柔內剛)의 전형적인 인물이다. 주 목사님은 자신을 나타낸다거나 이름이 들어가기를 바라는 선전 효과와는 거리가 먼 분이었다.…그는 실로 하나님만 바라보고 하나님을 의지하는 분이었다.[500]

셋째, 주남선의 설교는 순교적이다. 주남선은 처음부터 신사참배가 하나님의 계명에 어긋난다고 확신했기 때문에, 그에게는 노회나 총회의 결정이 중요한 것이 아니라 하나님의 말씀이 중요했으며 하나님의 왕권의식이 그를 지배했다. 그의 순교적 신앙은 일제 치하에서뿐만 아니라 공산 치하에서도 마찬가지였다. 한국전쟁이 일어난 후 좌익계에 의해서 작성된 살생부에는 50명의 이름이 기록되어 있었다. 그는 그 첫 번째 대상이 자신이라는 사실을 알았으면서도 피난을 가지 않았다. 오히려 그것을 알려준 청년에게 "하나님의 허락이면 당하는 거고, 하나님께서 허락하지 않으시면 공중의 참새 한 마리도 떨어지지 않는 법이다"라고 대답했다.[501] 이는 7월 19일, 거창, 합천, 함양 지방의 교역자들이 함께 모인 "거창 지방 교역자수양회"에서 행한 설교에도 선명하게 나타난다.

여러분, 우리는 다 하나님께로부터 사명을 받은 사역자들입니다. 교회를 버

500 오병세, "머리말", 심군식, 『해와 같이 빛나리라』, 7-8.

501 위의 책, 299-300.

려두고 물러서서는 안 됩니다. 순교를 각오하십시오. 십 년 후, 이십 년 후, 죽은 것을 다행스럽게 생각지 말고 주님을 위해서 충성을 다하시기 바랍니다.…우리가 이번 수양회 기간에 특별히 할 일 몇 가지가 있습니다. 그 첫째가 찬송가 가사를 외는 일입니다. 적어도 20장 이상은 외워야 합니다. 그리고 성경을 암송하는 일입니다. 유다서는 어떤 일이 있어도 외워야 합니다. 유다서는 이단을 배격하는 데 꼭 필요한 내용입니다. 어두운 시대가 오면 찬송가도 성경도 우리 손에 들어오지 못할 것입니다. 그런 때, 우리가 세상 노래를 하겠습니까? 암기한 찬송을 불러야지요. 암기한 성경을 암송해야지요. 그런 때 영적 힘을 잃지 않게 됩니다.[502]

그가 예견했던 대로 거창은 한국전쟁의 피해를 가장 많이 입은 지역이 되었다. 여순반란 사건의 좌익 잔당들과 빨치산들이 숨어 들어선 곳도 거창이었으며, 거창군 신원면에서 한국군에 의해 일어난 거창양민학살사건[503]도 그것과 무관하지 않았다. 그런 지역에서 주남선은 목회자들과 함께 모인 자리에서 순교의 각오로 교회를 지키고, 목양하고, 설교를 감당해야 한다고 설교하고 있었던 것이다. 그날 밤, 배낭을 메고 피난길에 있던 50대의 목사가 수양회 장소였던 명덕학교에 찾아들었다. 모여 있는 교역자들을 보며 인민군이 삼십 리 밖에까지 쳐들어오고 있다는데 어쩌려고 이렇게 한가

502 위의 책, 301-2.

503 1951년 2월 9일, 국군 11사단 9연대 연대장(오익경)과 3대대 대대장(한동석)에 의해 자행된 민간인 학살 사건이다. 빨치산 색출과 공산군 부역자 색출이라는 명목 하에 신원면 일대 주민을 모아놓고 총질하여 719명을 죽인 사건이다. 당시 거창 사람들은 연좌제를 두려워하여 "거창"이란 지명을 사용하지 않고 "신원사건"으로 청했다. 부역에 가담한 젊은이들은 대부분 도망을 갔고 희생자들 대부분은 여성과 노약자들이었다. 3년 동안 그들의 시신은 방치되었고, 아직까지도 국가적 사과나 배상이 제대로 이루어지지 않았으며, 관련자들도 군법회의에 회부되어 실형을 받았지만 얼마 지나지 않아 특사로 풀려났다. 4·19혁명으로 자유당 정권이 무너지자 유족들이 보복책으로 당시 면장을 끌어다 생화장시킨 참사가 벌어지기도 했다. 거창군 신원면으로 귀농한 영화감독 김재수가 그곳에서 이 사건의 진상을 알고서 그것을 배경으로 한 영화 〈청아〉를 2013년에 제작한 바 있다.

하게 있느냐고 했을 때 그 목사를 똑바로 쳐다보며 주남선은 대답했다. "우리는 태평스럽게 있는 것이 아닙니다. 교회를 사수하기 위해 힘을 얻으려고 교역자 수양회를 하고 있습니다." 그러자 그 목사는 괴뢰군들이 악랄해서 목사와 전도사는 우선적으로 살해한다는데 빨리 피신하라고 하자, "이 전시에 순교할 각오를 가지고 교회를 사수해야 합니다. 피난을 간들 마찬가지입니다. 목사님도 같이 있읍시다."[504]

그는 순교신앙으로 교회를 목회했고, 민족사의 어려운 순간들을 신앙으로 버티며 승리했다. 하나님은 죽기를 다짐하고 들어간 일제 치하의 평양형무소에서도 살아 있는 순교자로 그를 걸어 나오게 하시더니, 예배 드리다가 발각되어 죽이려고 달려드는 공산군의 총구 앞에서도 살게 하셨고, 기독교연맹조직 가입을 강요하는 인민군 장교 앞에서도 예외적으로 살게 하셨다.[505] 당시 교회는 죽음의 위협 앞에 놓여 있었고 함양, 거창, 합천 땅에 목사는 주남선 한 사람뿐이었다. 그는 자주 지역교회 순회를 나섰다. 1950년 9월 1일에 함양군 지곡면에 있는 지역교회 순회를 나섰을 때 교회당과 사택은 인민군의 수하에 들어가 있어 그 교회의 장로 집에서 예배를 드리게 되었다. 그는 개평교회 교인들 몇 명이 모인 예배에서 "환란 때 신앙을 대비하라"는 제목의 설교를 했다.

> 주님의 재림 전은 환란의 때입니다. 그때는 불법이 성한 때입니다. 적그리스도가 도처에서 일어나 하나님을 대적하는 것입니다. 지금이 그런 때가 아닌가 모르겠습니다. 우리는 이 환란 때를 신앙으로 잘 이겨나가야 합니다. 하나님을 대적하는 적그리스도 국가는 결국 망합니다. 역사가 그것을 증명해

504 심군식, 『해와 같이 빛나리라』, 303-4.
505 위의 책, 307-22.

주고 있읍니다. 독일이 그러했습니다. 이태리가 그러했습니다. 일본이 망했읍니다. 그들이 다 하나님을 대적하다가 망했읍니다. 소련도 하나님을 대적하면 망합니다. 스탈린도 하나님을 대적하면 별수 없이 망합니다. 그러기에 우리는 신앙을 바로 가져야 합니다.…계시록 13장에 보면 하나님을 대적하기 위해 일어난 짐승이 권세를 가지고 성도를 해합니다. 이 짐승은 나라를 얻고 백성을 다스립니다. 이 짐승으로 인하여 성도들이 어려움을 당하고 심하면 죽임을 당합니다. 이 짐승은 자기를 경배하게 합니다. 자기를 경배하지 아니하면 죽입니다. 어린양의 생명책에 기록된 성도들은 결코 짐승에게 경배하지 않고 차라리 죽음을 택합니다. 죽음을 당할지언정 짐승에게 경배할 수 없는 것입니다.…지금은 어둠의 시대입니다. 짐승이 권세를 얻은 시대입니다. 이런 때에 우리는 신앙을 바로 가져야 합니다. 만일 신앙을 바로 가지지 못하고 넘어지면 망합니다. 멸망합니다. 기도로 힘을 얻어야 합니다. 확신을 가져야 합니다. 이 환란 때에 끝까지 참고 견디며 순교를 각오하고 신앙으로 싸우면 반드시 승리하게 됩니다.[506]

죽고자 목숨을 걸고 하나님의 뜻을 전하는 그를 살아 있는 순교자로 삼으시려는 하나님의 특별한 은혜 때문에 그는 설교사역을 이어갈 수 있었다. 박윤선은 그를 죽지 못한 순교자로 규정하면서 「파수군」의 권두언에서 다음과 같이 밝힌다.

순교는 기독교인의 최고의 축복이요 최대의 은혜이다. 그러나 이 축복은 최고 최대의 것이기 때문에 이 축복 그 자체가 또한 비할 데 없는 고난이기도 한다. 주를 위해 그 생명을 바친다는 것은 보통 신앙으로 감당하기 어려운

506 위의 책, 323-25.

일이다. 그런데 이 순교라는 것은 비상한 때에 있는 일이다. 언제든지 있는 일은 아니다. 그러나 참된 의미에 있어서 신앙의 길에는 비상시와 범상시가 없는 것이다. 언제나 비상인 것이다. 고로 참 신앙자에게는 그 생활이 날마다 순교가 되어야 하는 것이다. 순교생활이 없는 곳에 참 순교가 있을 수 없다. 이런 의미에서 오인(吾人)은 주남선 목사의 일생이야말로 외형으로는 비록 순교자가 아닐지라도 순교자에게 바치는 존경과 찬사와 흠모를 아끼지 않는 바이다. 우리들은 하나님께서 주 목사를 순교의 제물로 받으시지 아니하고 순교 생활자로 일생을 마치시게 한 것을 또한 감사하는 바이다. 옥중생활 수년이요 인민군 점령하의 무서운 목자생활을 경과하신 목사님의 다난하신 신앙생애임에도 불구하고 그의 생애에는 인(人)을 매혹하고 황홀케 하는 화려한 것이 없다. 침묵이며 실천이며 그 양을 위해 생명을 개의치 않고 사수한 한결같은 충성뿐이다. 그리하여 평범한 병사(兵士)이다. 이리하여 하나님께서는 우리들과 같은 범인으로 하여금 누구든지 이 주 목사님의 생애를 모본하여 그 일생을 순교생활로 바치게 하는 도표가 되게 하신 것이다. 영광은 오직 하나님에게만. 아-멘.[507]

고향에서 예수님을 만나고 평생을 그곳에서 섬겼던 그는 인재 양성의 꿈을 가지고 거창성경학교와 거창고등학교 설립에도 기여한다.[508] 주남선의 삶이 끝났을 때 심군식은 하나님만 보여주었던 설교자로서의 그의 생애를 다

507 박윤선, "권두언: 순교생활", 「파수군」, 15(1952년 3월), 5.

508 거창고등학교는 본래 호주 선교사가 운영하던 학교를 주남선의 장남인 장로 주경중이 인수받는 형식으로 세워진 학교로, 재정적 어려움을 겪으면서 1956년 전영창이 인수했다. 인수받을 때의 일화가 재미있다. 학교를 인수할 즈음 전영창은 성경, 찬송과 담요 한 장을 가지고 산중턱의 동굴 속에 들어가 일주일 금식기도를 시작했다. 나흘째 되는 날, 아무런 응답이 없자 "일주일 동안 금식기도를 하는 이 기간 동안…하나님이 응답하시지 않는다면 서울로 올라가 일간신문에 '하나님은 안 계십니다'라고 광고를 내겠습니다"라고 했다. 금식기도를 마치고 산에서 내려오니 미국에 사는 한 분이 보낸 2,050달러의 거금이 든 편지봉투가 도착해 있었다고 한다. 배평모, 『거창고등학교 이야기: 울타리 없는 학교』(서울: 종로서적, 1997), 참조.

음과 같이 정리한다.

> 거창에서 태어나, 거창에서 자라고, 거창에서 예수 믿어 학습과 세례를 받고 거창에서 집사 되고 장로 장립 받고, 거창에서 전도사 되고 평양신학하고, 거창에서 목사안수 받고, 거창에서 검속되어 대구, 진주, 부산, 평양형무소에서 옥고를 겪었다. 거창에서 6·25 수난을 겪고, 거창에서 숨지니 그는 거창 사람이다. 그러나 그는 세계 그 어떤 위인들의 생애와 비교하여 모자람이 있을까? 한국이 낳은 세계적 위인, 누가 이 침묵의 성자를 존경하지 않으리? 그는 한국의 남단에서 살아 계신 하나님을 보여주었다. 그가 보여준 하나님은 사랑이요, 긍휼이요, 자비요, 진실이요, 불변이었다. 순교는 죽는 것만이 아니고 살아서도 그 생활이 순교일 수 있다는 순교의 다른 의미를 보여준 사람. 그는 이 땅에 와서 하나님만 보여주고 하나님만 증거하다가 갔다.[509]

### (6) 전필순 목사

경기도 용인에서 전규식의 5대 독자로 태어난 전필순 목사(1897-1977)는 친구들의 권유로 십 대 때부터 교회를 나가기 시작했으며, 17세 때인 1914년에 세례를 받았다. 그는 어렸을 때 서당에서 한학을 공부했으며, 기독교 학교인 봉양학교에 입학하여 1912년에 졸업하고, 인근의 실업학교에 진학하여 잠업과 축산을 공부했다. 그는 연동교회에서 내려온 농촌봉사팀과 함께 농촌 활동을 한 것이 계기가 되어 서울로 올라와 1919년 중앙기독교청년회(YMCA) 소년부 간사를 지냈으며, 연동교회의 조사로 1년 정도 섬겼다. 그는 3·1운동에 참여하여 연락책으로 많은 활동을 했으며, 이로 인해 1년간의 옥고를 치른다. 출옥한 후 1921년에 일본 고베신학교(神戶神學校)에서 신

---

509 심군식, 『해와 같이 빛나리라』, 389-90.

학을 공부하고 1926년에 졸업한다. 귀국 후에는 연동교회 조사로 활동하다가 1927년 6월, 경기노회에서 목사안수를 받았다. 안수 후에는 묘동교회에서 담임목회를 시작했으며, 피어선성경학원에서 강의를 했다. 그는 묘동교회를 사임한 후에는 기독신보에서 일했으며, 피어선성경학원 원장을 지내기도 했다. 1935년에는 수송교회에서 다시 담임목회를 시작했고, 1941년에는 함태영의 후임으로 연동교회 3대 담임목사로 청빙을 받았다. 그리고 1957년 9월, 42회 장로교 총회장으로 선출되었다.

전필순의 친일 행각은 1930년대 후반부터 시작되었다. 그는 1937년 일제가 중일전쟁을 일으키자 본격적으로 일제의 침략을 지지하는 글을 게재하고 종교단체연합시국 강연회에 양주삼과 함께 기독교를 대표하는 인사로 나서 친일 연설을 한다. 1938년에는 윤치호 등과 함께 기독교애국좌담회에도 참석했으며, 1939년 9월에는 국민정신총동원 조선예수교장로회연맹 평의원에 선임되기도 했다. 그의 친일 행각에 있어 압권은 1943년에 감리교 교단과 연합하여 "조선혁신교단"을 만들었던 것을 들 수 있다. 그것은 곧 와해되었지만 이는 일제가 조선교회 말살을 위해 획책한 것으로 구약을 폐기하기도 했다.[510] 조선장로교 교단이 일본기독교에 흡수되어 "일본기독교 조선교단"으로 완전 통합되는 일에 전필순이 앞장섰다. 그는 훗날 반민특위에서 이 일과 관련하여 "기독교의 현상 유지"를 위해 어쩔 수 없는 자구책이었다고 변명한다.[511]

조국이 해방된 후 그는 반민특위에 의해 체포되어 친일 부역자로 구금되었으나 기소유예 처분을 받고 풀려났으며, 교회에 사의를 표했으나 신임

---

510 이때 일제는 성경 중에서 출애굽기와 다니엘서 등과 같은 유대민족과 관련된 부분, 신약의 요한계시록 등을 삭제하거나 보지 못하도록 먹칠을 할 것을 요구했고, 찬송가도 개편을 지시했다. 나중에는 구약 전부를 폐기하도록 요구했고, 신약성경도 4복음서만 보도록 했다. 민경배, 『한국기독교회사』, 446.

511 양현혜, 『근대 한일관계사 속의 기독교』(서울: 이화여자대학교출판부, 2009).

을 물은 뒤 다시 담임목사직에 복귀한다. 그 이유는 "다같이 죄를 범했는데 누가 돌로 칠 수 있겠는가"라는 동정론이 우세했기 때문이었다. 장로교의 정인과, 감리교의 정춘수 등이 복귀하지 못한 것과는 큰 차이가 있다. 그는 장로교 총회장을 역임하기도 하고 이승만 정권과 밀착하여 대통령 선거에서도 적극적으로 이승만 지지 운동을 벌인다. 1977년 그가 세상을 떠났을 때 한 일간 신문은 "독립운동가 전필순 목사 별세"라는 타이틀을 실었다.[512]

그는 카멜레온처럼 화려한 변신을 통해 그 시대에 잘 적응하고 타협하면서 한 시대를 풍미했던 장로교의 지도자였음에 틀림이 없다. 박용규는 전필순을 가리켜 "당대에 한국교회를 주름잡던 정치에 밝은 목사"라고 칭하면서 당시 "한국교회에 되어지는 크고 작은 일이 전 목사의 이름이 끼지 않고 되어지는 일이 없었"을 정도로 힘있는 지도자였음에 틀림이 없다고 평한다.[513]

> 一九四十(1940)년대부터 五(오) 년간 친일사상을 가지고 한국교회를 신앙으로부터 세상적으로 이끌고 나가는데 앞장을 섰으며 八·一五(8·15)해방과 함께 대한예수교장로교회를 이끌고 가고 싶은 대로 갔고, 하고 싶은 대로 했던 것이다. 어떤 때는 신앙적으로 어떤 때는 지혜로 어떤 때는 그의 모사로 어떤 때는 가의 밝은 정치수단으로 많은 교직자와 교회를 마음대로 움직인 찾아보기 힘든 지도자였던 것이다. 전필순 목사가 없는 회의가 없었으며 그의 생각이 들어가지 아니한 사건들이 또 어디에 있었는가. 고려파와 기독장로교회, 합동 통합으로 찢고 갈릴 때마다 앞에 나섰던 이름이며 많은 교인

512 "독립운동가 전필순 목사 별세", 「조선일보」(1977년 2월 15일). 반민특위에 체포되었을 때 이 신문이 '친일목사'로 표현했던 것과 차이가 난다. "친일목사 전필순을 체포", 「조선일보」(1949년 3월 12일).

513 박용규, 『한국교회 인물사: 2편 지도자』, 285.,

들의 입에 오르내리던 당대 교회의 대명사였다. 그이가 바로 전필순 목사이다.…하고 싶은 대로 했고 마음먹은 대로 되었고 생각한 대로 이루어진다고 했던 당대의 교회정치 모사였던 전필순 목사이다.[514]

비록 영향력 있는 큰 교회의 담임목사와 대표적인 장로교단의 총회장을 지낸 그였지만, 그를 위대한 설교자로 기억하기보다는 "하고 싶은 대로 했고 마음먹은 대로 되었고 생각한 대로 이루어진다고 했던 당대 교회정치 모사"로 기억하는 것이 서글프다. 그의 설교집 제목인 『승리의 길』[515]은 바로 그런 길이었을까? 아니면 또 다른 길이 있었던 것인가? 이상규가 같은 시대를 살면서 전혀 다른 승리의 길을 걸어갔던 한 목회자의 삶을 추적한 후에 결론으로 맺고 있는 말은 시사하는 바가 크다. "성직자의 삶은 평신도의 복음이다"(Vita clerici est evangelium laice).[516]

### (7) 문준경 전도사

앞서 언급한 전필순과는 전혀 다른 "승리의 길"을 걸어간 사람이 있었다. 그는 남편에게 버림을 받았고, 자녀를 갖지 못해 쫓겨난 여인이었다. 정태기는 그를 가리켜 "죽음의 여인"이었다고 말한다.[517] 그러나 복음을 통해 생명을 맛본 여인은 죽음의 땅을 생명의 땅으로 일구었다. 그리고 그 자신은 결국 순교로 삶을 마쳤다. 문준경 전도사(1891-1950), 그를 유명한 설교자로 분류한 사람은 아무도 없다. 그는 대중적인 설교자도 아니었고 큰 목회를 했던 여인도 아니었다. 그러나 그는 삶으로 설교했고, 만나는 사람들의 가

---

514 위의 책, 286.

515 전필순, 『승리의 길』(서울: 선명문화사, 1963).

516 이상규, "한국교회사에서 찾는 좋은 목사님: 주남선 목사", 『목회와 신학』, 통권 193(2005년 7월), 93.

517 정태기, "추천의 글", 주승민, 『순교자 문준경의 신앙과 삶』(서울: 킹덤북스, 2010), 14.

슴에 하나님의 말씀을 뿌림으로써 말씀의 영향력을 맘껏 드러냈던 여인이었다. 그녀는 초창기 한국인 목사들처럼 강단이 세워지지 않은 곳을 찾아가 한 영혼, 한 영혼을 향해 하나님의 말씀을 전하고 그들을 말씀으로 양육하여 교회를 세우면서 복음의 불을 밝힌 설교자였다.

문준경은 1891년 2월 2일 전라남도 신안군 암태도에서 3남 4녀 중 3녀로 출생했다. 당시 일반적인 일이었지만 남존여비 사상이 강하게 지배하던 섬마을이다 보니 그의 부모는 그에게 글을 가르치지 않았다. 그녀는 17세 때 신안군 증도에 사는 한 청년에게 시집을 갔지만 외지를 도는 남편은 아내를 돌아보지 않았으며, 목포에 소실을 두어 아이까지 둔 상태였다. 자신을 외면하는 남편에게서 받은 상처를 가슴에 안고 산 세월이 20여 년이었다. 집안 살림과 농사를 도맡아 하며 지극정성으로 시부모를 모시는 효부를 불쌍히 여긴 시아버지가 따뜻한 사랑으로 감싸며 한글을 가르쳐주었다.

> 비록 남편의 사랑은 받지 못했지만 며느리로서의 할 일을 성실히 하고 시부모를 극진히 공경했기 때문에 이를 기특히 여긴 시아버지는 국문을 가르쳐 주었고 원래 어려서부터 글을 공부하는 것이 소원이었던 문준경 전도사는 열심히 배워 글을 깨우치게 되었다. 더욱이 시아버지의 은혜에 보답하기 위해 집에 없는 남편의 몫까지 충실하게 자식된 도리를 다했다.[518]

시아버지가 세상을 떠난 후 문준경은 삼년상을 치렀다. 그녀는 오라버니의 권유로 20년 시집생활을 청산하고 손재봉틀 하나만 안고 도시로 나왔다. 그녀는 목포로 나와 삯바느질을 하며 생계를 유지하던 중, 어떤 집사의 전도를 통해 교회에 나가게 되었다. 그가 들려주는 복음에 대한 이야기가

518 裵可禮, 『聖潔敎會女性史』(서울: 기독교대한성결교회출판부, 1987), 347.

비참하게만 느껴지는 자신의 인생에 한줄기 빛처럼 다가왔다. 그녀는 당시 이성봉이 목회하고 있던 목포 북교동성결교회에 출석하기 시작했다. 당시 그의 나이 서른여덟이었다. 이성봉의 설교는 장래에 대한 희망도 없이 좌절 가운데 있던 그녀에게 놀라운 소망의 메시지로 다가왔다. 복음을 접하고 난 후 감격하여 문준경이 제일 먼저 달려간 곳은 그의 친정이 있는 신안 암태도였다. 그녀는 복음에 대한 감격을 가지고 친정아버지에게 달려가 복음을 전했지만 오히려 친정아버지는 "서양놈들의 도"를 믿는다고 박대했다. 그러나 그녀는 집안 전도를 중단하지 않았다. 신앙생활을 시작한 지 1년 만인 1928년에 학습과 세례를 받았고, 개인 전도와 축호 전도에 열심을 내었다. 그녀는 집사가 된 다음 1928년에 압해도교회를 중심으로 전도를 시작했으며 목포의 한 지역을 맡아 전도에 나섰다.[519]

1931년, 문준경은 결혼한 여자는 입학할 수 없다는 관례 때문에 경성성서학원(현 서울신학대학교)에 청강생으로 입학했지만 정식 학생이 아니어서 기숙사에도 들어가지 못하고 장학금도 받을 수 없었을 뿐만 아니라 진급을 할 수 없는 상황에 낙심하고 있었다. 당시 그녀를 세워준 것은 이성봉이었다. 곧 "이 사람 준경은 남편이 현재 있으나 남편이 없는 것과 마찬가지이고 꼭 전도사가 되어야 할 사람입니다"라는 그의 강력한 추천과 보증 덕분에 정규 학생이 될 수 있었다.[520]

문준경의 전도 열정은 대단했다. 방학이 되면 신안군으로 내려가 섬들을 순회하며 복음을 전했다. 1933년에는 진리교회를 개척했고, 1935년에는 중동리교회를 세웠으며, 1936년에는 대초리교회를 설립했다. 그녀는 방축리를 포함하여 세 곳에 기도처를 세웠다. 그 과정에서 수많은 어려움이

519 주승민, 『순교자 문준경의 신앙과 삶』, 68-69.

520 위의 책, 82.

있었지만 기도로 풀어갔다.

그녀가 경성성서학원을 졸업한 후 첫 개척지로 택한 곳은 임자도였다. 그곳에는 아직 법적으로는 부부로 남아 있는 남편이 소실과 함께 살고 있었다. 문준경은 자신을 버린 남편이지만 그도 복음을 들어야 한다는 생각에 그곳에 갔다. 편견이 심한 섬마을에서 결혼 생활에 실패한 생과부와 같은 여성이 교회를 새로이 시작한다는 것은 정말 어려운 일이었다. 그녀가 기도를 하면서 기다리는 중에, 후일 장로가 되어 순교한 이판일이 복음을 듣고 주님을 영접했고, 그 동생이 돌아오게 됨으로써 임자도교회(현 진리교회)가 세워지게 된다. 그렇게 다도해 지역 전도는 시작되었다. 문준경이 임자도에서 사역을 시작할 때 남긴 기록은 다음과 같다.

> 荏子島(임자도)라는 곳은 木浦(목포)에서 出船(출선)으로 五時間 可量(오시간 가량)이요 西海中(서해중)에 하나인 島中島(도중도)인바 交通(교통)도 大端不便(대서불편)할 뿐 안니라 大端(대서)히 寂寂(적적)한 곳이다. 그리하야 記者(기자, 文俊卿[문준경])는 이곳 靈魂(영혼)들이 하나님의 말삼을 듯지 못하여 못 믿는 것을 生覺(생각)할 때 마암이 앞아 그대로 잇슬 수 업서 本人(본인)이 이곳에 傳道(전도)를 始作(시작)케 된 것이올시다.[521]

그렇게 다도해 지역의 복음전도사역이 시작되어 후증도에 교회를 개척했고, 유난히 기독교에 대한 반감이 강했던 그 지역에도 중동리교회가 세워졌다. 여성의 몸으로 교회를 세워나가는 것은 참으로 어려운 일이었지만, 그녀는 늘 모든 것을 기도로 풀어갔고, 하나님의 인도하심을 받아 담대히 전도하기 시작했다. 말도 붙이기 어려울 때는 그냥 그 집 마당에 들어가서 찬

521 文俊卿, "荏子島敎會復興記", 「활천」, 15卷, 8·9호(1937), 84.

송을 부르고는 했다. 미친년이 왔다고 사람들이 모여들면 거기서 복음을 전했다.[522] 20년 시집생활을 했던 증도에서는 동네 모든 사람들이 문준경을 비운의 여인, 그러나 효성이 지극했던 여인으로 기억하고 있었지만, 그녀는 복음을 들고 담대하게 들어갔다. 어디서 교회를 시작할지를 기도하는 중에 시숙 정영범을 찾아갔고, 그는 집안의 효부 노릇을 하던 문준경이 제시하는 복음을 곧바로 받아들인다. 동생이 제수에게 무책임했음에도 불구하고 지극정성으로 시부모를 모시던 효부에 대한 감사의 마음이 그를 움직여, 그는 증도에서의 복음전도에 중요한 조력자가 되어주었다. 이렇게 시작된 증도교회에서는 다른 지역에서보다 더욱 강력한 신유의 역사가 일어났다.

그녀는 122개 섬을 돌며 복음을 전했다. 얼마나 열심히 다녔는지 1년에 고무신을 9켤레나 바꾸어가면서 목회를 했다. 그녀는 사람들의 삶 속으로 들어가 그들과 함께하면서 돌봄과 섬김의 목회를 계속한다. 그녀는 누군가 병으로 죽으면 가서 염을 해주고 장례를 도와주며, 아픈 사람이 있으면 찾아가 기도해주고 위로해주며, 육지를 오가며 그들의 부탁을 들어주고, 짐꾼이 되어주는 등 끊임없이 베푸는 목회를 감당했다. 그녀의 철저한 돌봄과 베푸는 삶을 통해 복음전도와 설교가 진행되었던 셈이다. 그래서 배가례는 문준경이 섬지방의 전도자였을 뿐만 아니라 의료봉사도 베푼 의사요 간호원이었으며, 영혼을 사랑하고 이웃을 돌보는 데 앞장섰던 헌신적인 일꾼이었다고 소개한다.[523]

그녀가 증도에서 목회할 때 일제에 의해 성결교단이 강제 해산을 당했다. 대부분의 교회당 건물이 압수되었고, 문준경이 섬기던 후증도교회도 예외는 아니었다. 건물이 강제 매각되었을 때 문준경은 교인들 집을 전전하

522 문준경, "後曾島教會聖殿建築記", 「기쁜소식」, 4권 7호(1937년 7·8월), 27.

523 裵可禮, 『聖潔教會女性史』, 348.

며 지하교회 형태로 교회를 이끌어나갔다.

그녀는 한국전쟁이 일어나자 후증도교회에서 함께 목회하던 양도천, 백정희 전도사를 다른 섬으로 피난시키려 했는데 이 일이 좌익계에 발각되어 죽도록 매질을 당했다. 인민군이 섬에 진주하면서 문준경을 비롯한 세 전도사들은 공산군에게 체포되어 지도면 분주소에 49일 동안 수감되었다. 공산군은 그들의 생각을 바꿔놓고자 그들을 목포 정치보위부로 넘겼고, 그들은 목포로 끌려가게 되었다. 그러나 목포는 이미 인민군이 떠나간 후였다. 그들이 끌려간 저녁에 중동리의 많은 양민들이 공산군에 의해 학살을 당했다. 그가 순교하던 날, 그가 설립한 임자도교회에서도 장로 이판일과 교인 48명이 순교를 당했다.

그 길로 세 전도사는 은신 중인 이성봉을 찾아갔다. 이성봉은 섬 지방의 난리가 평정된 다음에 들어가도록 권했지만 문준경은 "내가 죽을지언정 나 때문에 무고한 성도가 단 한 사람이라도 죽어서는 안 된다"고 하면서 후증도로 서둘러 떠났다. 그때 퇴각하던 인민군들이 무자비하게 양민학살을 자행하고 있었고, 10월 5일 새벽, 분주소에 갇혀 있던 교인들과 주민들을 해변가로 끌어내었다. 이때 문준경도 그의 사랑하는 교인들과 함께 순교당했다.

> 10월 4일 밤중에 문 전도사와 백 전도사는 저들에게 끌려갔다. 10월 5일 새벽 2시 중동리 해변 모래 위에 문 전도사를 결박해놓고 "너는 새끼를 많이 깐 씨암닭"이란 죄명을 선언하고 빨갱이들은 곤봉으로 문 전도사를 쳐죽이고도 무엇이 부족한지 총으로 그의 가슴을 쏘았다. 도서의 어머니, 사랑의 전도자, 복음의 용사, 여장부 문준경 전도사는 이렇게 순교하니 이때 그의 연령 59세이었다.[524]

---

524 김동길, "문준경 전도사", 오영필 엮음, 『성결교회수난기』(서울: 기독교대한성결교회출판부, 1971), 69. 순교하는 자리에 함께 끌려간 전도사 백정희는 그의 수양딸이었는데 인민군이 총을 난사하던

문준경은 낙도 마을을 돌며 복음을 전했던 복음 설교자였다. 그녀는 예수 없는 섬마을을 돌아다니며 말로 복음을 전하고, 그들을 사랑으로 품으며 삶으로 설교하고, 그들이 예수의 사랑을 느낄 수 있도록 섬김의 삶을 통해 교회를 세웠다.

> 이들의 마음은 시냇가의 돌멩이와 같이 되었다. 그러나 나는 그들이 멸망의 길을 걷는 것을 볼 때 그대로 있을 수 없어서 하나님께 간절히 기도한 결과 하나님의 지시가 있어 나는 두려워하지 않고 전도를 시작하게 되었다. 한 사람 두 사람에게 복음을 전한 바 만족지 아니하여서 나는 부끄러움을 무릅쓰고 어떤 집 마당에든지 가서 찬미를 불렀다. 그러자 모든 사람들은 미친 여자가 왔다고 하면서 모여들게 되었다. 모이면 나는 거기서 복음을 전했다. 그때 날마다 모여든 사람은 3, 4백 명 정도 되었지만 그들은 예수를 믿으러 온 것이 아니라 나를 구경하러 온 사람들이었다. 난 여기서 이들이 하나님을 알도록 간절히 부르짖었다. 그 결과 결심자를 날마다 얻게 되었다. 그런 중 특별히 이적이 나타났다. 리큰애기란 부인은 사귀병(악한 영에 사로잡힘)으로 육 년 동안을 지냈기 때문에 자신의 남편과 자녀들이 불고하여서 자신의 친가에 가서 있었다. 그런데 기도를 받고 육 년 동안 괴롭히던 사귀는 떠났다.…그러니 교회는 날마다 부흥이다.[525]

복음전도 설교의 어려움을 알았던 그녀는 다른 기재를 많이 활용했다. 무엇보다 그녀는 이성봉에게서 배운 찬양들을 설교에 자주 접목했고, 전도설교의 장을 마치 잔치 분위기와 같이 기쁘고 행복하게 꾸몄다. 대학생 선교

---

자리에서 구사일생으로 살아남았다.

525 문준경, "後曾島敎會聖殿建築記", 27.

의 큰 획을 그은 김준곤은 그의 영적인 DNA는 다름 아닌 문준경에게서 받은 것이라고 소개한다.

> 그분은 내 아버지의 외사촌과 결혼하신, 우리 가족의 친척이셨다. 그분은… 세상에서 나에게 맨 처음으로 예수님을 소개해주신 내 시골 이모님 같은 분이시고 천국에 가면 제일 먼저 나를 맞아주실 것 같은 분이시다. 또한 나의 가족이 학살되고 나도 죽다가 살아난 6·25 때, 하마터면 같은 섬에서 순교의 동기생이 될 뻔했던 분이시기도 하다. 내가 초등학교 다닐 때 나룻배를 두 번이나 갈아타고 와야 하는 우리 집에 그분은 종종 찾아오셔서 몹시 외로워하시던 우리 어머니와 머물면서 전도 집회를 열곤 하셨다. 수수한 아주머니처럼 고무신을 신고 과자 선물을 듬뿍 가지고 오셔서 껴안고 기도해주시곤 하셨다. 초등학교 다닌 일이 없고 도레미파를 배운 적도 없지만 그분 특유의 낭랑한 목청으로 당시 이성봉 목사님이 많이 부르시던 허사가나 부흥성가, 천당가를 부르면, 우리 집 마당으로 동네 아낙네들과 어린이들과 강아지까지 다 모였다. 그러면 그분은 일장(一場) 전도설교를 시작하곤 했다.…나는 그분이 오시면 잔치 같은 분위기가 되는 것이 왠지 모르게 행복했던 기억이 난다. 내 신앙의 혈액검사를 하고 원초적 뿌리 찾기를 해보면 그분은 내 신앙의 지하실에 예수의 씨앗을 최초로 심어준 분으로 발견될 것이다.…열일곱 살 때 암태 문씨 집안에서 증동리 정씨 집안으로 시집왔는데 결혼 초야(初夜)부터 버림받고 며칠 안 되어 신랑이 집을 나가 다른 섬에서 소실을 얻고 살림하면서부터 잊힌 여인이 되었다.…(그러나 그녀가) 예수님을 만났다. 이성봉 목사님이 그녀에게는 직접적인 천사였다. 천국이 있었다. 눈물의 샘이 터졌다.[526]

526 김준곤, "추모의 글", 주승민, 『순교자 문준경의 신앙과 삶』, 134-37.

그녀는 결국 순교를 당했고, 또 그렇게 세워진 성도들이 담대하게 믿음을 지키다가 순교의 제물이 된다. 그녀는 복음을 받고 평생 삶으로 하나님의 말씀을 전했던 설교자였다. 그녀의 설교에 대해 기록으로 남아 있는 자료가 그렇게 많지는 않다. 그러나 그녀는 삶으로, 죽음으로 설교한 삶의 설교자였다. 그녀를 통해 복음을 처음 들었던 정태기는 다음과 같이 회고한다.

> 에스겔 골짜기에 굴러다니던 뼈다귀들에게 하나님의 영이 들어가자 뼈들이 생명이 되고 결국 군대가 되듯이 죽음의 여인이자 외로움과 서러움이 한이 되어 신음하던 여인 문준경이 예수님을 만나면서 강한 여인이 되고, 나중엔 하나님 나라의 장군이 되어 암흑을 살던 도서 지방을 성령의 불로 혁명시킨다. 나는 순교자 문준경의 불같은 사랑을 기억한다. 폭탄과 같은 몸의 언어를 기억한다. 지금의 나는 순교자 문준경이 뿌린 씨앗이 싹이 나고 자라서 맺힌 조그마한 열매이다.[527]

**(8) 김예진 목사**

조국이 가장 어둡던 때에 태어나 온몸으로 민족의 고난을 견디며 살았던 사람, 그러나 역사의 수레바퀴를 돌리시는 하나님의 신실한 도구로 살았던 사람, 어쩌면 그의 삶은 인간적으로 볼 때 비운의 연속이었다. 김예진 목사(1898-1950)는 일제 강점기와 민족상잔의 한국전쟁 시기에 한국교회의 저항의 상징이었다. 사람들은 그를 애국지사로, 독립운동가로, 민주주의를 수호한 투사로 이해하지만 그의 이름 앞에는 목사, 설교자, 순교자라는 호칭이 붙는다.

김예진은 1898년 평남 강서군에서 김두연의 장남으로 태어났다. 교회

527 정태기, "추천의 글", 주승민, 『순교자 문준경의 신앙과 삶』, 15.

영수였던 그의 부친은 주일날 비가 오면 밖에 내다 말리던 곡식이 젖어도 그대로 내버려 둘 만큼 철저하고도 보수적인 신앙을 가지신 분이었다. 이런 신앙의 영향을 받으면서 자란 김예진도 벌써 13세에 목회자가 되기로 작정했고, 철저한 신앙생활을 이어갔다. 그는 기독교 학교였던 평양 숭실중학을 거쳐 숭실전문학교를 졸업했다. 전문학교 시절에는 노방전도와 농촌봉사에도 앞장섰다. 그는 2학년 때 "민족의 십자가를 지자"는 제목으로 설교한 적이 있는데, 그 내용이 불손하다는 이유로 일제 경찰의 강압에 의해 무기정학 처분을 받기도 했다. 그는 제남교회에서 전도사로 일했으며 18세 때 한도신(韓道信)과 결혼했고 19세 때 평양 산정현교회 집사가 되었다. 그는 무기정학이 해제되어 복학을 앞두고 3·1운동에 참여했다. 당시 그는 밤새 태극기를 만들었고, 당일에는 대형 태극기를 들고 선두에서 만세를 불렀다. 이로 인해 체포되어 옥고를 치렀으며, 모진 고문으로 인해 건강이 상하여 병보석으로 풀려났다.

이때부터 그는 말할 것도 없고 가족들도 함께 어려움을 당했다. 결국 김예진은 상하이로 탈출할 수밖에 없었고 그 후 임시정부에서 독립군으로 활동하던 중 1920년 8월, 임시정부의 명을 받고 밀파되어 평남도청 폭파사건을 벌인다. 그는 그 작전을 성공하고 상하이로 복귀하지만, 일제 경찰의 집요한 추격에 결국 1926년 체포되어 압송되었고, 상하이 임시정부에 대한 정보를 캐내려는 일본 고등계 경찰의 고문에 몸뚱이 하나로 맞서야 했다. 대부분의 사람들은 그 악랄한 고문을 이기지 못하고 변절하지만, 김예진은 달랐다. 그는 1년여의 모진 고문을 끝내 이겨내고 재판에서 15년형을 선고받았다. 그는 2년간 복역하던 중에 기적과 같이 1931년에 출옥하게 된다. 그는 수감 기간 동안 신구약성경 19독을 하면서 하나님께 집중하는 시간을 가졌으며 독립운동 중에도 자신은 하나님께 드려진 몸이라는 사실을 결코 잊지 않았다. 그는 조국 독립과 민족 구원이 깊이 연결되어 있다는 사실을 심중에 확인하면서, 출옥한 후 목사가 되기 위해 1931년 평양장로회신학교에 입학한다. 1938년 33회로 신학교를 졸업한 후에 장대현교회와 덕천교회 등에서 전도사로 사역했고, 1938년 안주노회에서 목사안수를 받고 순안 평리교회에서 담임목회를 시작한다. 그는 장대현교회에서 전도사로 시무하던 때 이용도가 인도하는 부흥회에 참석해 큰 도전을 받았고 그 이후에는 "기도운동"에 전념한다.[528]

1943년, 그는 창씨개명 반대에 나섰다. 그는 사상이 불온하다는 이유로 구금된 채 모진 고문을 당하다가 출옥한 후에는 교회를 사임하고 만주로 가서 봉황성교회에서 담임목회를 한다. 하지만 거기까지도 일제의 손이 미쳐 항일과 민족애를 담은 설교를 자주 한다는 죄목으로 목사직을 강제로 박탈당했고 설교를 하지 못하도록 했기 때문에 그는 교회에서 오르간 반주자로 활동한다.

그는 해방 후 서울로 돌아와 총회전도부에서 잠시 활동했다. 김예진은 항일 독립운동 경력 등으로 정치계로부터 많은 러브콜을 받았지만, 사역자로서의 길을 가기 위해 그 모든 제안을 거절하고 1946년 서울 후암동에 후암교회를 시작했다. 그의 헌신적인 목회로 교회가 크게 부흥하여 안정을 찾자 그는 전국을 대상으로 복음을 전하고자 총회순회목사가 되어 전국을 다니며 교회개척과 설립을 위해 노력한다. 이때 그가 세운 교회가 13개였다. 1950년 김예진은 원수를 사랑하라는 말씀을 실천하기 위해 일본에 복

528 "기도운동"은 1930년 2월, 이용도가 평양중앙감리교회 부흥회를 인도했는데 여기에 참석하고 은혜를 받은 장로교 소속의 청년 신자들 중심으로 일어난 기도운동이었다. 이것은 "평양기도단"이라고 칭했는데 처음에는 7인으로 시작했으나 점점 확대되었고, 김영선(신암교회 전도사), 김예진(장대현교회 전도사), 김익선(외촌교회 집사), 김용진, 김지영(이상 서문밖교회 집사), 김교순, 김린서, 이조근(이상 산정현교회 집사), 이종현, 박윤선, 이정심 등이 참석하여 서문밖교회 지하 기도실에서 기도모임을 가졌다. 이들은 기도와 전도에 힘썼는데 점차 가입자가 늘어나 100명 정도가 되자 노회 차원에서 문제를 삼아 중단하게 된다. 중단 이유는 이용도와 친분이 있다는 점 때문이었다. 당시 이용도가 이단, 신비주의자로 몰려 어려움을 당하고 있을 때 이에 항거하다가 김예진이 어려움을 당하기도 한다.

음을 전하고자 교토교회의 청빙을 받고 떠나려던 중에 한국전쟁이 발발하여 포기하게 된다.

그는 가족과 함께 피난을 갈 여건이 되지 않자 피난을 포기하고 삼각산에 들어가 사흘 금식기도를 마치고 내려와 거처를 알아보기 위해 경기도 광주 미사리에 있는 지인의 집을 찾아가다가 길에서 만난 사람에게 전도를 했다. 하필 그 사람은 공산당 내무서원이었다. 김예진은 그 자리에서 체포되어 심한 고문을 당하면서도 공산당에 대한 협조를 거부하자, 그 사람은 김예진에게 심한 폭력과 모욕을 가했다. 공산당원은 김예진에게 "이놈은 민족 반역자요"라는 띠를 두르고 달구지를 끌고 미아리고개를 넘어가게 했으며 쇠꼬챙이로 옆구리를 찌르며 "나는 민족반역자"라고 외치라고 강요했지만 "나는 민족을 반역한 일이 한 번도 없다. 3·1운동 때 일경에 붙들려 고생한 일은 있어도 당신들이 말한 민족 반역은 한 적이 없다"고 저항하다가 개머리판에 맞아 이가 깨지고 피를 흘리면서 끌려가다가 결국 미아리의 한 골짜기에서 순교를 당한다. 1950년 8월 10일, 그의 나이 52세였다.

김예진의 설교 자료는 많이 남아 있지 않다. 민족을 위해 온몸으로 저항하며 투쟁했던 그는 민족을 구원하는 것이 조국을 바로 세우는 것이라는 신념으로 열심히 기도하고 헌신적으로 목회했으며, 원칙에 있어서는 타협할 줄 몰랐다. 그는 자신의 아이들에게 먹일 양식이 없으면서도 그것을 어려운 교인들 집에 갖다 주는 헌신적인 목자였다. 1962년 정부는 그에게 건국공로 훈장을 추서했고, 그의 시신은 찾지 못했지만 동작동 국립묘지에 그의 묘가 형성되었다. 민족의 십자가를 지고, 나라와 교회, 영혼을 사랑했던 목회자는 그가 사랑했던 동족의 총부리 앞에서 그렇게 올곧은 삶을 끝내야 했다.

## 어두운 들판에서 선포된 설교

이 시기의 설교자들은 일제 치하에서 민족의 십자가를 지고 온몸으로 그 고통을 감내해야 했다. 일제 치하에서 기독교는 큰 수난을 겪었다. 국권을 탈취한 일본 제국주의는 식민사관에 근거하여 역사를 왜곡하고 조선통치를 이념적으로 합리화하고자 했으며, 한국어 사용금지, 창씨개명 강요 등의 민족 말살 정책을 펼쳤다. 또한 태평양전쟁을 위한 징병과 정신대 성노예 징발, 노무자 징발 등으로 인해 수많은 젊은이들이 끌려가 죽임을 당하거나 몸과 마음이 유린을 당했다. 무엇보다 신사참배는 기독교인들에게 있어 거대한 형벌이었다. 당시 일제는 기독교를 "신앙이라는 견고한 유대로 결합"되어 "국권, 민권 회복을 열망하는 사람들이 많이 모였으므로…민족주의 색채가 가장 농후한 집단"[529]으로 인식했다. 따라서 일제는 기독교를 탄압 혹은 회유하면서 국민정신총동원의 일환으로 신사참배를 활용했다.[530]

선교사들은 스스로 학교를 폐쇄하면서 그에 맞섰다.[531] 신사참배 강요는 학교에서 시작되어 교회로 옮겨오면서, 이를 수용할 것인지 아니면 거부할 것인지 양자택일의 문제로 다가왔다. 천주교와 구세군이 먼저 굴복했고, 감리교와 장로교회가 이에 편승했다. 그것은 설교자들에게도 커다란 압박으로 다가왔다.

나는 일본 도쿄(東京)에서 하기휴가를 맞이하여 고향인 평양시의 강동군 청룡면 이천교회(梨川敎會)에서 하기사경회 강사로 급히 돌아와 1938년 7월

---

529 이상규, 『해방 전후 한국장로교회의 역사와 신학』(서울: 한국기독교역사연구소, 2015), 22.

530 위의 책, 23-24.

531 미국 남장로교 선교사들은 즉각적으로 학교 폐쇄 결정을 내렸고, 광주 숭일학교, 수피아여중, 목포의 영흥중학, 정명여중, 순천의 매산학교, 전주의 기전여학교, 신흥학교, 군산의 영명학교 등이 폐교 조치되었다. 그 후 미국 북장로교 선교사들도 서울의 경신학교, 정신학교, 대구의 경신학교, 신명학교, 평양의 숭실학교, 수의학교, 재령의 명신학교, 선천의 신성중학, 보성학교, 강계의 영실학교 등을 폐교 조치한다. 위의 책, 24.

21일부터 사경회를 개최했다. 제4일째인 주일에 일제 경찰관 3명이 자전거로 주일 대예배 직전에 공무서 1통을 전달하며, "책임 있는 답을 하라. 불응하면 집회를 해산하여 버리겠다"는 엄중한 태도를 보였다. 당시 이천교회 담임목사 박경구(朴敬求) 씨는 전 제직원을 사택에 회집하여(이때 나도 같이 참석했다) 앞에 기록한 경찰의 공문서를 울면서 낭독하는 것이었다. 그것은 "1. 천황이 높으냐? 하나님이 높으냐? 2. 신사참배는 종교의식이냐? 국가의식이냐? 3. 국가지상(國家至上)이냐? 종교지상(宗教至上)이냐?"라고 하는 것인데 하도 딱하여 말문이 막혀 있다가 부인 집사 중에서 울음이 시작되자 전원이 방성대곡(放聲大哭)하게 되었다.[532]

일본제국주의의 위협 앞에서 어떤 이들은 일신의 영달을 위해 변절했고, 어떤 이들은 교회와 교인들을 지키기 위해 어쩔 수 없이 협조하기도 했고, 어떤 이들은 온몸으로 저항했다. 어찌 보면 모진 인고의 세월을 지내야 했던 선배 설교자들에 대해 평온한 시대를 살아가는 후배들이 자신들의 입장에서 함부로 평가하고 판단할 일은 아니다. 그러나 친일 청산을 바로 하지 못해 해방 후에도 혼란은 계속되었고, 그것 때문에 동족상잔의 아픔뿐만 아니라 70년이 넘도록 분단조국으로 지내야 했던 조국의 현실과 수많은 교단 분립의 아픔을 겪어야 했던 점을 고려한다면, 사실에 근거하여 역사적 평가가 분명하게 내려져야 한다. 설교자를 영웅시하여 일방적으로 미화와 찬사의 행태를 보이는 것도 문제이며, 무조건적인 비난도 문제다. 왜냐하면 역사는 사실에 대한 기술이지만 그것이 상황과의 관련성 속에서 해석되어야 하기 때문이다.

532 이것은 당시 동경대 문리대 학생이었던 김두영이 쓴 것으로, 그는 고향교회에 부흥사경회 강사로 초빙되었다. 『기독교계』(1957)에 실린 글을 김인수가 현대어로 풀어쓴 것에서 인용했다. 김인수, 『일제의 한국교회 박해사』, 108-9.

또한 이 시기에는 설교사역의 토대가 되는 새로운 신학적 경향들이 대두되면서 설교의 내용도 자연히 영향을 받게 되었다. 먼저는 진보적인 신학이 대두되었고, 신비주의적 경향과 종말론적 경향도 등장했다. 제도권 교회의 한계를 인식하면서 무교회주의의 흐름도 등장했다. 자연히 이 시기의 설교에는 이런 신학적 경향이 담기기 시작했다. 이를 그리스도인다운 삶의 형성과 생활 속에서의 실천을 강조하는 계몽적 관점, 민족 해방과 독립 의식을 고취시키는 관점, 주관적이고 신비적 체험이 강조되는 관점, 내세 지향과 탈역사적 관점 등으로 구분할 수 있다.

여기서는 이 시기의 대표적인 설교자 몇 사람을 중심으로 살펴보았지만, 이 책에 언급되지 않는 설교자들이 훨씬 더 많다. 당시는 차디찬 겨울에 삭막한 들판을 걸어가는 것과 같이 힘든 시간이었으나 그 어려운 시대에도 복음을 증거하고 주의 교회를 세우기 위해 몸부림쳤던 "허다한 증인들"(히 12:1)의 헌신과 외침이 있었다. 그들은 시인 박형준이 말한 대로 "영혼의 풍경들은 심연조차도 푸르게 살아서/ 우물의 지하수에 떠 있는 별빛 같았"던 말씀의 샘을 길어 올린 이들이었다. 그들은 겨울을 살고 있었으나 "얼어붙은 우물의 얼음 속으로 내려갈수록 피는 뜨거워졌"던 존재들이었으며, "추위 속에서 딴딴해진 그 꽃을 캐서/ 나의 집으로 돌아가리라"는 결심과 의지로 불타오르던 존재들이었다.[533] 박형준의 다른 시의 첫 소절처럼 그들은 "가슴의 환한 고동 외에는 들려줄 게 없는" 사람들이었다.[534]

533 박형준, "무덤 사이에서", 「문학사상」(2009년 2월).

534 박형준, "가슴의 환한 고동 외에는", 「통일과 문학」(2009년 겨울호). 이 시는 "제24회 소월시문학상" 수상작품이다.

5장

# 해방 이후의 한국교회 설교

## 광복 이후부터 1970년대 이전까지

하늘 푸른 날
미루나무 한 그루 강변에 서 있다
저도 그렇게 서서
누군가를 그리워하는 게지
누군가를 그리워하는 일보다
아름다운 꿈은 없지
-김시천[1]

1 김시천, 「미루나무 한 그루」, 『늙은 어머니를 위하여』(서울: 내일을여는책, 2003).

## 시대적 상황

태평양전쟁에서 일본이 패전하자 조국 광복의 축복이 일순간에 찾아왔다. 온 나라가 해방의 기쁨과 함께 새로운 나라 건설에 대한 기대에 부풀었다. 상하이 임시정부 요원들이 귀국하고, 독립운동을 하던 애국지사들이 속속 귀국했다. 그러나 국내 정치는 혼란스러웠다. 그해 12월 모스크바에서 있었던 3상 회의에서 강대국의 신탁통치 결의안이 발표되자 국내 정치는 찬탁(여운형과 좌익 세력)과 반탁(김구와 임시정부 요원들, 이승만)으로 나뉘어 대립하게 되었다. 반탁을 주장하는 자들도 다시 둘로 나뉘었다. 임시정부 요원들은 "일체의 외세를 배제하고 자율적 통일 정부 수립"을 주장하며 반탁을 외쳤고, 국내 지지 기반이 약했던 이승만은 소련을 배제한 미국의 단독 신탁통치를 바라는 반탁을 주장했다.[2] 극심한 정치적 소용돌이 속에서 남한만의 단독 선거가 실시되었고 남한 단독정부가 수립되었다. 이승만 정부가 들어서면서 기독교는 정권에 결탁하여 친미 반공 정책과 북진통일 노선에 밀착되는 경향을 보였다.

해방으로부터 1950년대까지 최대의 화두는 교회 재건과 쇄신이었다. 특별히 이때 교회에 닥친 중요 과제는 "무너진 교회 조직을 재건하고 훼손된 신앙을 회복하고 교회 안의 일제 잔재를 청산하며 나라를 다시 세우는 일"[3]이었다. 일제의 탄압으로 인해 무너지거나 변질된 신앙을 바로 세우는 일이야말로 가장 중요한 사안이었다. 한편 북쪽에서는 김일성으로 대표되는 공산 정권과 싸우거나 타협해야 하는 문제가 발생했고, 남쪽에서도 동일한 혼란이 야기되었지만 미군정 하에서 종교의 자유는 보장되었다.

---

2 임희국, 『기다림과 서두름의 역사: 한국 장로교회 130년』(서울: 장로회신학대학교출판부, 2013), 196-97.

3 한국기독교역사학회 편, 『한국 기독교의 역사 III: 해방 이후 20세기 말까지』(서울: 한국기독교역사연구소, 2009), 15.

일제 말기에 존재했던 교단 조직은 1945년 7월 일본의 종교 통합정책에 의해 강압적으로 만들어진 일본기독교 조선교단이었다. 비록 강압에 의한 것이었다 하더라도 교파를 통합하여 하나로 만든 것이기에 그것을 그대로 유지하려는 인사들도 있었고, 해방 직후의 정치적 상황에 효과적으로 대응하기 위해서는 통합된 기독교 조직이 필요하다는 입장을 가진 인사들도 있었다. 전자를 지지하는 이들은 1945년 9월 8일 서울 새문안교회에서 조선기독교단이라는 새로운 이름으로 모임을 가졌다. 이 단체는 남쪽의 교회만 모였기 때문에 남부대회라는 이름을 사용했다. 여기에는 장로교와 감리교 대표들이 참석했으나, 감리교의 재건을 주장하는 인사들이 퇴장하면서 모임이 제대로 진행되지 못했다. 같은 해 11월에 정동제일교회에서 남부대회가 다시 개최되어 임원진을 구성했지만, 감리교와 장로교 내에서 각기 자신들의 교단 재건이 진행되어서 정당성 확보에 문제가 생겼다. 결국 이 모임은 1946년 4월에 2차 남부대회를 끝으로 해체되기에 이른다.[4] 그 후 장로교와 감리교는 자신들의 교단 특성을 따라 교회 재건의 수순을 밟아갔고 다른 교단들도 뒤를 이었다. 당시 가장 중요한 과제는 일제 강점기의 친일인사 청산 문제였다. 이것은 국가적인 과제이기도 했다.[5]

이런 혼란기에 발발한 6·25 한국전쟁으로 인해 모두가 큰 피해를 입었고, 교회도 마찬가지였다. 많은 기독교인과 목회자들이 순교했고, 미처 피난을 가지 못한 사람들은 양쪽에 부역했다는 명목으로 고초를 당했다. 전쟁 중에 기독교 진영은 대한기독교구국회를 결성하여 선무(宣撫), 구호, 방송 등의 활동을 했고 구국기도회를 열기도 했다. 또한 미국 교계에 지원을 호소하기 위한 대표단을 파송했고 그렇게 받은 원조 물품으로 구호 활동

4 위의 책, 16-17.

5 위의 책, 20.

등에 앞장섰다.[6]

민족의 해방과 분단이라는 시대적 상황은 자연스럽게 설교에도 깊은 영향을 미쳤다. 하나님에 대한 신앙으로 오늘의 역경과 민족의 문제를 해결하자는 메시지가 주종을 이루었다. 천국에 대한 소망의 메시지, 민족이 당한 고통의 원인이 하나님 앞에서 지은 죄악 때문임을 강조하면서 회개를 촉구하는 메시지, 그리고 위로의 메시지가 당시 피폐했던 교회와 교인들의 마음에 새로운 빛으로 전달되었다. 해방 이후의 혼란과 한국전쟁이라는 국난이 민족과 교회를 단련시키는 시간이라고 말하는 소망의 메시지 등은 향후 한국교회 성장에 중요한 구심점 역할을 감당했다.[7]

1960년대는 4·19 혁명 및 5·16 군사쿠데타로 인한 정치적·사회적 혼란, 장로교와 성결교회의 갈등과 분열, 전도관, 통일교 등 이단의 확산, 급격한 도시화 및 공업화로 인한 도시 빈민의 급증 등이 나타났다.[8] 1960년대에 정치는 혼란스러웠고 민주화를 열망하는 학생들의 데모도 줄을 이었다. 그러나 경제적으로는 비약적인 발전을 이루었다. 산업화·도시화 현상이 일어났고 농촌의 인구는 급격히 줄어들었다. 이런 갑작스런 산업화·도시화 현상으로 기존의 가치관이 변화되고 있을 때 교회는 사람들에게 새로운 삶의 방향을 제시해야만 했다. 그러나 교회에까지 들어온 물량주의로 인해, 교회는 비록 양적인 성장을 이루기는 했으나 사회를 향한 예언적 기능을 감당하지 못하는 약점을 드러내기도 했다.[9]

---

6 김인수, 『한국기독교회의 역사』, 하권, 607.

7 김운용, 『설교의 새로운 패러다임』, 105-6.

8 목회와 신학, 『한국교회 설교 분석』(서울: 두란노아카데미, 2009), 246.

9 이만열, 『한국기독교의 역사의식』(서울: 지식산업사, 1981), 164-65.

### 이 시대의 설교의 특징

이 장에서는 지면의 한계로 인해 미시적 관점이 아닌 거시적 관점에서 설교의 특징을 논의하고자 한다. 해방 이후부터 한국전쟁 이전까지 교회 조직은 붕괴되어 있었다. 교회 쇄신은, 38선에 의해 남북이 나누어진 상황에서 각자의 교회조직을 세워가야 했던 시기에 소위 "출옥성도" 출신의 설교자들에게 실로 중요한 주제였다. 그러나 친일파 청산 문제는 교계 안에서부터 유야무야되고 말았고, 이것과 관련하여 교단 분열이 가속화되었다. 장로교는 교회 재건과 쇄신이라는 이슈로 인해 1950년 초기에는 고신파와 조신파로 나뉘어 경찰이 출동할 정도의 난동이 총회에서 일어났으며, 결국 경남법통노회가 새로 세워지면서 교단이 분열되었다. 고신교단의 분열뿐만 아니라 신학적 견해 차이로 일어난 기독교장로회와 예수교장로회의 분열도 이 시기에 일어났다. 감리교 안에서도 인사 및 교회 정치 문제로 인해 총리원측과 호헌측 인사로 나뉘어 뚜렷한 분립의 이유도 없이 각자의 길을 가게 되었다.[10]

한편 일제의 탄압을 겪으면서 나라와 민족의 중요성을 인지한 설교자들은 구국과 구령의 열정을 민족을 새롭게 세우는 중요한 흐름으로 사용했다. 또한 전후에는 전쟁의 대가가 너무 크고 혹독해서 반공에 대한 설교가 중심을 이루었다. 한국전쟁 이후 반공, 용공에 대한 이슈는 교회의 중요한 주제가 되었다. 교회 재건과 쇄신 운동, 선교 및 교회 일치 운동과 관련한 신학적 견해 차이로 교단 분열이 일어났고, 정치적 관점 차이로 인해 교리를 수호하는 내용이 설교에 많이 등장했다. 교회 분열에 대한 정당성을 부여하기 위해 우리는 옳고 상대방이 틀렸다는 식의 이분법적 교리 논쟁이 설교의 많은 부분을 차지했다.

---

10 보다 상세한 내용을 위해서는 민경배, 『한국기독교회사』, 463-75을 참고하라.

1960년대 들어서는 근대화 흐름에 편승하여 복을 갈구하는 기복적 경향과 복음전도, 교회 성장이 중심 주제를 이룬다. 당시 한국 사회의 주도적 이데올로기였던 성장지상주의는 교회의 보편적 가치가 되었다.[11] 경제 성장은 역사적 과제였고, 독재, 인권, 권익 등의 주제는 상대적으로 경시되었다. 이에 대한 반동으로 역사참여적인 설교의 패턴도 등장한다. 1960년대에는 이승만 정권의 부정선거와 4·19 혁명, 5·16 군사쿠데타에 대한 반대, 굴욕적인 한일 외교 관계 수립에 대한 비판, 그리고 유신독재로 인해 민주화에 대한 갈망이 설교에 담기기도 했다.

## 한경직 목사: 아름다운 빈손의 설교자

### (1) 생애와 사역

한경직 목사(1902-2000)는 1902년 12월 29일 평남 평원군에서 태어났다. 그가 출생하기 약 7년 전 마포삼열(Samuel A. Moffett) 선교사 일행이 원산에 선교 여행을 다녀오던 길에 길을 잘못 들어 하룻밤을 어느 동네에서 보내게 되었다. 서양인이 말을 타고 다니는 모습을 기이하게 여긴 마을 사람들이 구경삼아 그곳에 찾아왔고, 그들은 처음 복음을 듣게 된다. 이것이 계기가 되어 그곳에 교회가 설립되었고, 차츰 온 동네가 예수를 믿게 되었다. 방위량(William N. Blair) 선교사에 의해 동구(洞口) 밖에는 소학교도 세워졌다. 그 학교는 한경직이라고 하는 민족의 위대한 말씀 사역자를 세우시기 위한 하나님의 준비하심이었다. 그는 이런 환경 속에서 태어나 자랐으며, 그곳은

11 이상규, 『해방 전후 한국장로교회의 역사와 신학』, 134.

그의 신앙의 산실이 되었다.

그 후 한경직은 오산학교에 진학한다. 그는 그곳에서 일생 동안 잊을 수 없는 스승인 이승훈과 교장이었던 조만식을 만나게 된다. 한경직은 그들을 통해 조국 사랑과 민족 구원이라는 사명을 가슴속에 간직하게 되었다. 오산학교는 그의 사상적 고향이며 인격도야의 수련장이 되었다.[12] 그는 그곳에서 애국사상을 배웠고, 과학 교육과 신앙훈련을 강하게 받았다. 그 후 그는 과학자가 되어 나라에 봉사해야겠다는 생각으로 숭실전문학교 이과에 진학한다. 그러나 하나님은 그를 향한 다른 계획을 가지고 계셨다. 1923년 여름, 그는 방위량 선교사의 비서로서 번역 일을 돕기 위해 선교사 피서지(황해도 구미포)에 갔다가 해변을 거니는 중에 앞으로 내가 무엇을 할 것인가를 고민하며 깊이 기도하는 시간을 가졌다. 그때 그는 기도하면서 과학을 공부해서 봉사하는 것도 좋지만 근본적으로 민족이 새로워져야 한다고 생각하게 되었고, 민족을 위해서 일하라는 부름을 받게 된다. 그는 그날 저녁 오랫동안 기도하는 중에 인생의 방향을 새롭게 결정하게 된다.[13]

그는 민족을 위해서 일하라는 소명을 받은 이후 신학을 공부하기로 결심한다. 그는 대학을 졸업한 후 방위량 선교사의 도움으로 미국 유학길에 오르게 된다. 엠포리아대학교와 프린스턴신학교에서 공부했고, 예일대학교 박사과정에 진학하여 교회사를 전공하려고 준비하는 중에 폐결핵 3기 진단을 받았다. 그때만 해도 폐결핵에 걸리면 치료가 불가능하여 죽는다고 생각하던 때였다. 결국 그는 박사과정 진학을 포기하고 뉴멕시코 주의 앨버커키(Albuquerque)에 있는 장로교 요양원에 들어가게 되었다. 치유될 수 있을지, 혹은 생명이 끝나게 될지 의사들도 확실하게 예측할 수 없었던 절망

---

12 한숭홍, 『한경직의 생애와 사상』(서울: 장로회신학대학교출판부, 1993), 77.

13 김병희 편저, 『한경직 목사』, 22-23.

적인 상황이었다. 의지할 데가 하나님밖에 없었기에, 그는 하나님께 간절히 매달렸다. 그는 하나님이 지금까지 인도하신 것에 감사하면서, 살려달라는 기도가 아니라 한국에 돌아가서 2-3년 만이라도 일하다 죽게 해달라고 기도했다. 그의 병세는 호전되었고, 2년 뒤 퇴원한 후에 하나님이 허락하시는 시간 동안 조국을 위해서 일하겠다는 결심으로 귀국길에 올랐다. 학자가 되려던 한경직은 어두움 가운데 있던 한반도를 위해 강력한 메시지를 선포할 설교자, 외롭고 지친 가난한 영혼들을 위한 위대한 목회자로 삶의 방향을 바꾸었다.

그는 유학을 마치고 1931년 그의 스승 조만식의 요청에 따라 잠시 교직에 머물렀으나 그의 철저한 애국 사상과 미국에서 교육받았던 그의 배경 때문에 일본 형사들의 눈에 사상이 불온한 자로 낙인찍혔고, 결국 교직의 길이 무산되어 목회의 길로 접어들게 되었다. 그의 첫 목회지는 신의주 제2장로교회였다. 그곳에서 그의 목회의 핵심은 세 가지였다. 곧 복음 선포라는 교회의 선교적 사명, 신앙 육성이라는 교회의 교육적 사명, 그리고 보린사업(保憐事業)이라는 교회의 봉사적 사명을 중심에 두었다.[14] 한경직의 첫 목회지였던 이 교회에서의 사역은 초기 교회의 모습과 유사했다. 그는 함께 예배하고, 함께 배우고, 함께 나누는 예배의 이상형을 이룩하려고 애썼다.[15] 그는 1941년 신사참배 거부 문제로 일본 경찰에 의해 첫 목회지에서 추방당한다.[16] 일제는 그에게 절대로 강단에 설 수 없으며 모든 교회 일

14 한숭홍, 『한경직의 생애와 사상』, 103.

15 위의 책.

16 한경직의 신사참배 문제는 여러 추측을 낳는다. 민경배는 1939년 국민정신 총동원 예수교 장로회 연맹이 결성되고 총회에서 황국화의 전향이 두드러지게 나타나기 시작했으며 그 중심인물은 곽진근, 조택수, 홍종섭, 홍택기, 한경직, 조승제, 강신명, 최지화 등이었다고 주장한다. 한편 한경직 목사는 1992년 63빌딩에서 가진 템플턴상 수상 축하예배 자리에서 인사말을 통해 "나는 하나님 앞에 죄가 많은 사람입니다. 일제 때 신사참배도 했습니다. 이런 제게 하나님께서는 왜 이런 자리를 주시는지 모르겠습니다"라고 했다. 그러나 이만열은 한경직과의 대담 내용을 다음과 같이 밝히고 있다. "이: 목사님께서는 일제 말기 신사참배 거부로 인해서 신의주 제2교회를 사임하신 것

에 관계할 수 없다고 통보했다. 이는 사실상 설교 금지령이었다. 그는 학자로서의 길이 막히면서 설교자로 내모시는 하나님의 손길을 느끼고 설교자로 섰으나, 그 후 4년 동안 아무것도 하지 못하고 묶이는 신세가 되었다. 그는 그 기간 동안 자신이 설립한 보린원에서 고아들을 보살피며 시간을 보냈다. 그의 인생에서 이 기간은 다음 제3기를 준비하는 퇴수(退修)의 시간이었다.[17]

해방과 함께 새로운 세계가 열린 듯했으나 당시 한국 사회는 해방을 위한 준비가 전혀 되어 있지 않았다. 정치적·사회적으로 완전히 공백 상태일 때, 한경직은 치안 유지를 위한 자치회를 결성한다. 이것은 후일 공산당에 대항하기 위한 기독교 사회민주당이 되었다. 그러나 조선 공산당이 기독교 지도자 체포령을 내리자 그는 월남을 결심하고 1945년 10월 서울에 도착한다. 이렇게 한경직은 생의 제3기를 전혀 다른 곳에서 시작하게 된다. 서울에 온 한경직은 1945년 12월 2일, 피난민 27명과 함께 교회를 창립했다. 영락교회의 전신인 베다니전도교회였다. 이 교회는 피난민 교회로 알려져

---

으로 알고 있는데 그때 정황을 좀 말씀해주십시오. 한: 그때 상황이 어떻게 됐는고 하니 신사참배를 찬성할 목사가 누가 있겠어요? 다 반대 아니겠어요? 그러니까 신의주에서도 특별히 반대하는 목사와 장로들을 그 사람들이 조사해 갖고서는 한 열 대여섯을 전부 잡아넣었어요. 나도 잡혀 들어가 있었지요. 그렇게 하고서는 신사참배 가결을 했단 말이에요. 그러한 후에 우리를 놓아주었거든 그렇게 됐는데 어떻게 되겠어요. 그때 윤 목사가 우리 선배였지요. 신사참배는 우상숭배고 일본놈들이 하는 거고 그런 문제로 반대를 했는데, 정작 우리 교인들이 다 이걸 허락하고 또 다 해놓고 보니 심각한 문제로 생각이 돼요. 그때 생각에 사실 이 신사참배 문제로 지옥에 가겠느냐, 우리는 어떻게 되겠느냐, 이런 것이 문제가 되면서 심지어 무슨 생각까지 들어오는고 하니 '우리 교인들이 모두 지옥에 가면 나도 함께 지옥에 가야지. 나 혼자만 천국에 가겠느냐.' 이건 시험이죠. 그러나 그때 그런 생각이 들어와요. 그런 가운데 윤 목사하고 나하고 의논을 하는데 할 수 있느냐, 그저 허락한다고 하자 이렇게 했어요…." 이 점에서 볼 때 한경직이 신사참배를 했다는 것이 아니라 신사참배에 대한 대인으로서의 신앙고백적인 참회였다고 보아야 할 것이라는 해석도 나오고 있다. 민경배, 『순교자 주기철 목사』(서울: 대한기독교출판사, 1985), 207-8: 이만열, "원로와의 대담: 한경직 목사를 만남", 「한국 기독교의 역사」, 창간호(1991. 7): 15-52: 김학수, "한경직의 신앙이 한국교회에 끼친 영향에 관한 연구"(미간행 석사학위논문, 연세대학교 연합신학대학원, 1993), 58 등을 참조하라.

17 영락교회, 『영락교회 35년사』(서울: 영락교회홍보부, 1983), 37.

서 피난민이 더욱 많아졌고, 한경직의 열정적인 목회로 급속한 부흥을 이루어 새해를 맞이하면서 예배 출석교인이 1,000명을 넘어선다. 교회는 탈출 성도들의 만남의 장소, 피난민들의 상호 위로의 집, 신앙의 자유를 얻은 데 대한 감사의 기도를 올리는 제단, 혈육이산의 아픔을 달래는 몸부림의 안방, 조국 분단의 분함을 호소하는 눈물의 밀실, 무너진 제단을 기필코 되찾아 수축하리라는 서원의 다락방이 되었다.[18]

이때 한경직은 설교로 그들에게 새로운 위로와 희망을 주었다. 시련 속에서도 싸매시며 인도하시는 하나님의 손길을 느끼게 해주었다. 어려움 속에서도 교회는 계속적으로 부흥하여, 그가 보린원 시절에 환상으로 보았던 흰 돌로 세운 교회를 1950년 5월에 준공하게 된다. 그러나 입당 예배를 드린 지 20일도 지나지 않아 한국전쟁이 일어났다. 교인들은 부산, 대구, 제주도에 가서도 함께 모여 예배를 드렸다. 그리고 그곳에서 지역 영락교회가 시작된다. 한경직은 부산 영락교회를 중심으로 지역에 생긴 영락교회들을 순회하면서 설교와 목양 사역을 계속했다. 한국전쟁은 그를 본격적으로 구국 활동의 선봉에 서게 만드는 계기가 되었다. 그는 신앙집회를 통해 고통 가운데 있는 사람들을 위로하고 반공 사상을 고취시키면서 기독교연합전시비상대책위원회를 결성하여 구호활동에 적극적으로 나섰다. 또한 전쟁 한가운데서 군복음화의 중요성을 깨닫고 군복음화 운동도 시작하게 된다. 당시 한경직은 영혼들을 돌보는 목회자, 교회의 지도자, 교육자와 구국운동의 실천가, 애국 애족의 민족지도자로서 혼신의 힘을 기울였다. 그러나 그의 가장 큰 활동은 고통과 아픔, 좌절과 실망 가운데 있던 민족을 향해 말씀을 전하는 사역이었다.

한국전쟁을 거치면서 한경직은 이제 한 교회의 목사가 아니라 한국교

18 위의 책, 62.

회를 목양하는 목회자 및 하나님의 말씀을 선포하는 설교자가 된다. 휴전 이후 한국 사회는 깊은 혼란과 정신적 공황에 놓여 있었다. 이때 한경직은 조국 재건을 위해 전적으로 헌신한다. 그는 먼저 교회를 바로 세우는 일에 깊은 관심을 가지고 있었으며, 이단과 사이비 종파가 기승을 부리게 되었을 때 대규모 전도 집회를 기획하여 한국교회에 바른 신앙을 정립하려고 했다. 전쟁 중 목회자들을 중심으로 모였던 구국기도회, 전쟁 후 밥 피얼스(Bob Pierls)와 빌리 그레이엄(Billy Graham)을 초청한 전도 집회 등을 통해 한국교회는 수적으로 큰 부흥을 경험하게 된다. 그는 선명회(World Vision)를 창립하여 이사장으로서 일하면서 전쟁, 재난, 기아에 시달리는 인류를 위해 자선을 펼친다. 또한 1955년에는 교단의 총회장, 기독교 연합회 회장, 전국 복음화 운동 업무까지 맡아 이의 견인차 역할을 감당한다. 그의 사역 범위는 교육, 군선교, 병원선교, 고아원과 양로원, 개척선교, 세계선교, 산업선교, 외항선교 등으로 끝없이 확장되었다. 한숭홍은 한경직이 군인 교회를 제일 많이 세웠고, 산업선교를 제일 먼저 했으며, 구치소선교도 제일 많이 했고, 방송 전도, 군선교도 제일 먼저 했으며, 기타 외항선교 등에도 선구적 역할을 했다고 평가한다.[19] 이후 한경직의 사역은 국내뿐만 아니라 동남아와 북미와 유럽으로까지 확대된다.

한경직은 1973년 1월 2일 영락교회의 담임목사직을 은퇴하고 원로목사로 추대된다. 그의 나이 71세 때였다. 31세의 나이에 신의주 제2교회에서 목회 사역을 시작한 지 꼭 40년 만이었다. 그의 사역은 조국의 운명과 함께 했으며, 전쟁과 교회 분열 및 회복의 시간에 민족의 가슴에 그리스도를 심고 그리스도만이 민족의 소망임을 피 토하듯 선포하고 역설했던 시간이었다. 가히 민족을 이끌고 광야를 지나가야 했던 모세의 40년 사역과 비견되

19 위의 책, 175.

는 시간이다. 그러나 그의 사역은 은퇴 후에도 끝나지 않았다. 그는 엑스폴로 전도대회나 기타 세미나, 국내외 복음화와 관련된 많은 일들을 계속해서 감당했다. 그리고 한국 기독교 100주년 기념사업회 총재, 여러 기관과 사업회의 대표로서 사역했다. 그는 한국교회를 대표하는 목회자로서, 그의 나이 90세가 되던 1992년에 종교 분야의 노벨상으로 알려진 템플턴상을 수상한다.

은퇴 후 그는 남한산성 산중의 18평 주택을 거처로 정하고 청빈한 목회자의 삶을 살았다. 그는 교회에 부담을 주기 싫어서 홀로 조국통일과 교회를 위한 기도로 노년의 삶을 보냈다. 김수진은 이런 한경직의 삶을 "아름다운 빈손의 생애"였다고 칭한다.[20] 오직 조국과 교회를 위해서 모든 열정을 다 쏟아 부었던 그의 삶은 모든 것을 다 내어준 빈손의 삶이었다. 하나님은 폐결핵에 걸려 죽음의 문턱에서 3년간 요양하며 3년 만이라도 조국을 위해 일하다가 죽게 해달라고 간구했던 그에게 수십 배의 삶을 연장시키셨고, 그가 계획하고 꿈꾸었던 것보다도 놀랍게 그를 사용하셨다. 한경직은 한국 기독교 100년사의 한복판에 유별나게 큰 거목[21]으로 우뚝 섰던 목회자이자 설교자였다.

### (2) 설교사역과 신학적 특징

설교는 하늘과 땅이 잇대어지는 신비로운 만남을 통해 형성되는 사역이며, 일상의 것과 초월의 것이 함께 어우러져 이룩되는 사역이다. 설교는 인간의 언어로 준비되지만, 그것은 하나님의 말씀의 선포이기에 하늘의 사건이 된다. 하나님께서는 하나님의 은혜를 드러내시고 계시하시기 위한 도구

---

20 김수진, 『아름다운 빈손 한경직』(서울: 홍성사, 2000), 138-43.

21 김준곤, "영원한 청교도", 123.

로서 지상의 도구를 사용하신다. 그러므로 설교는 인간적인 요소와 신적인 요소들이 함께 어우러져 이룩되는 사역이다. 설교사역을 통해 사람들은 하늘의 세계가 펼쳐지는 것을 보게 되며, 도무지 측량할 수 없는 그리스도의 부요함을 전달받는다. 그러므로 설교자들은 거룩한 하늘의 비밀들과 보화들을 전하려고 노력해왔다. 그들은 그 보화의 가치를 잘 알기에, 그것을 잘 보여주고 설명하기 위해 필생의 노력을 경주한다. 교회는 이런 설교자들의 노력을 통해 강력한 말씀 체험을 갖게 되었고 그 생명력을 유지해왔다. 우리는 설교자 한경직이 서 있던 자리에서 그런 보화들을 선명하게 볼 수 있다. 여기서는 기록된 그의 설교문과 녹음된 설교 자료를 통해 그의 설교사역을 고찰하고자 한다.

한경직은 한 교회의 목회자로 평생을 섬겼지만 결코 한 교회의 울타리에만 안주하지 않았다. 그는 한 교회에서 40년을 목양하면서 설교했지만 그의 설교는 단지 한 교회의 강단에 국한될 수 없었고 한국교회 전체에 영향을 끼쳤다. 그의 메시지는 민족에게 힘을 주는 희망의 메시지, 그리고 진리의 빛을 어두움 가운데 밝혀주는 등불 같았다. 설교문에 나타나는 그의 설교의 특징들을 몇 가지 주제로 분류하여 정리한다.

먼저 한경직의 설교문의 일반적 특징을 살펴보자.[22] 설교의 "본문 선정"을 보면 대체적으로 한경직은 구약보다는 신약을 선호했다. 대략 75%가 신약을 본문으로 택했고, 그중에서도 복음서와 사도행전이 많은 비중을 차

22 기록된 설교는 한계를 가지지만 한경직의 설교가 가지는 일반적 특징을 이해하기 위해 『한경직 목사 설교전집』, 1-12권을 표본으로 분석했다. 여기에는 정확히 611편의 설교가 실려 있고, 신의주에서의 설교는 남아 있지 않아 실리지 못하고 베다니전도교회 강단에서부터 시작하여 1980년대까지 선포된 설교문들을 포함한다. 단행본으로 발간된 설교집도 몇 권이 있지만 그곳에 실린 설교문들은 대부분 여기에 다 포함되어 있기 때문에 이것만을 표본으로 삼았다. 그가 국내외에서 행한 설교문 약 300여 편이 있는데, 영문 설교 역시 비슷한 특징을 가진다. 『한경직 목사 설교전집』, 1-12권(서울: 기독교문사, 1987)을 참조하라. 이하 『설교전집』으로 칭한다. 영문 설교를 위해서는 본인이 편집한 *May the Words of My Mouth: A Memorial Collection of Rev. Kyung-Chik Han's Sermons* (Seoul: Youngnak Presbyterian Church, 2002)를 참조하라.

지하고 있다. 구약의 경우에는 이사야서, 그다음이 창세기였다. 본문을 선택함에 있어서도 전체 성경을 골고루 채택하기보다는 회중들에게 익숙한 성경 구절을 많이 사용했다. 구약 12권, 신약 2권 등은 전혀 본문으로 사용하지 않았다. 또한 문맥을 고려하여 본문을 선택한 경우도 있었지만 주로 핵심구절을 중심으로 본문을 선정했다. 이 점은 성경 본문이 말하게 한다는 관점에서 보면 다소 문제가 있으나 주제설교가 성행하던 당시에는 아주 일반적인 현상이었다.

설교의 주제로는 신앙생활, 혹은 성도의 삶과 관련된 주제가 다수를 차지했다. 즉 믿음, 하나님 사랑, 기도, 전도, 감사, 충성, 온유, 인내, 기쁨, 사랑, 헌신 등이다. 곧 역사적 혼란기에 성도들이 어떻게 살아야 할 것인지, 교회 안과 밖에서 하나님의 백성으로 산다는 것이 무엇인지에 관한 주제였다. 또한 교리적인 요소, 삼위 하나님, 죄 용서와 구원, 은혜, 구속, 십자가의 은혜 등도 그다음으로 많이 다루는 내용이다. 그의 설교는 교회와 사회 속에서의 성도들의 믿음과 윤리에 대해서 깊이 관심을 가졌지만, 역사적·정치적으로 혼란기였던 점을 고려해볼 때 예언적인 메시지는 약했다. 이것이 한국교회 설교의 전형적인 약점이면서 한경직의 설교의 한계이기도 하다.

한경직의 설교에서 사용되고 있는 자료는 매우 다양하다. 이런 다양한 자료의 활용은 그 시절의 다른 설교자들에 비하면 아주 획기적이었다. 당시 그는 한국교회의 선각자였고, 깊이 있는 학문적인 연구를 한 목회자였으며, 폭넓은 독서를 했던 설교자였다. 관련 성구들로부터 예증하는 형식은 물론이고, 철학, 문학, 자연과학, 사회과학, 전기, 역사적인 사건, 동서고금의 고전들, 그리고 영문 시사주간지 및 당시의 신문 잡지에 이르기까지 아주 폭넓은 자료가 활용된다. 또한 수많은 인용구들이 사용된다. 특히 그는 동서양의 수많은 신앙 인물들에 대한 이야기를 많이 활용했다. 또한 개인적인 체험담도 많이 언급한다. 그는 신앙적인 체험담과 개인적인 만남, 그의 경험으로부터 도출되는 생생한 예화들을 발굴하여 활용했다. 이런 자료들의 상당 부분은 설교 내용의 전개나 발전에 사용되기보다는 어떤 명제나 논리에 대한 예증의 목적으로 사용된다. 그가 주로 주제를 중심으로 설교를 전개했기 때문에 성경 외적인 자료들은 주제를 강화하는 데 활용된다.

문체와 언어의 특성을 살펴보면 그는 구어체보다는 문어체적인 표현을 더 널리 사용했다. 그는 대체로 간결하고, 고도로 정제된 문장을 사용한다. 녹취된 원고임에도 불구하고 그의 설교에는 인위적인 구어체나 강단에서 임기응변적으로 사용된 표현은 거의 나타나지 않으며, 이를 통해 그가 잘 준비된 원고를 중심으로 설교했다는 사실을 알 수 있다. 또한 그의 설교는 논증(argument) 형태의 문체와 언어가 주로 사용되며 교육적 특성이 강하게 나타난다. 어떤 명제를 제시하면 그것을 다시 하위 명제로 나누어서 설명하고, 예증하는 형식을 사용하기도 한다. 또한 대화체나 질문도 자주 사용하며, 때로는 은유와 직유, 비유 등의 메타포적인 언어(metaphorical language)도 사용된다. 예를 들면 영락교회 창립 기념 예배에서 행한 설교인 "그리스도의 정병과 군대"에서는 '군인'이라는 메타포를 통해 군인의 삶의 특징을 "전적 헌신의 삶, 절대 순종의 삶, 용감한 삶, 희생의 삶, 충성의 삶"으로 규정한 후, 승리하는 군대의 특징은 일사불란한 명령계통의 수립, 참된 군인정신을 가지고 맡은 일에 충성함, 또한 전우애로 서로 도와주는 정신으로 정리한다.[23]

다음으로 그의 설교와 설교사역이 갖는 특성을 살펴볼 필요가 있다. 첫째, 한경직의 설교는 삶과 인격을 통한 설교였다. 사역할 때나 은퇴한 후, 그리고 세상을 떠나기까지, 그는 설교대로 살았던 영원한 청교도였다. 그는

23 『설교전집』, 8권, 109-18.

일생 동안 "청렴성빈(淸廉聖貧)의 생활"을 실천했다.[24] 필립스 브룩스(Phillips Brooks)는 "설교는 한 사람이 여러 사람들에게 진리를 전달하는 것이며, 언제나 설교는 두 가지의 가장 본질적인 요소를 통해서 이루어지는데, 그것은 진리(truth)와 인격(personality)"이라고 했다.[25] 가장 최고의 진리인 하나님의 말씀은 언제나 설교자의 인격을 통해서 효과적으로 전달된다. 설교자가 하나님의 말씀을 전할 때 그 말씀이 이미 자신의 인격 안에 경험되어야 하며, 설교의 내용 역시 삶 속에서 우러나오는 내용이어야 한다. 랄프 턴불(Ralph G. Turnbull)은 19세기 미국의 유명한 두 설교자를 비교한다. "비처의 경우가 회중을 끌어 모으는 대중적인 설교자였다면, 브룩스는 자신의 설교에 가치를 두는 회중을 치유하고 돕기 위해 그들을 불러왔던 차별화된 설교자였다."[26] 우리는 한경직에게서 두 사람을 합해놓은 특성을 보게 된다. 그에게는 한국 최고의 교회를 세우고 회중을 끌어모으는 대중적인 특성도 있었지만, 그들을 치유하고 돌보는 목회자의 간절한 태도, 그리고 늘 바른 길을 제시하는 설교자의 모습도 녹아 있었다. 설교는 사람들을 끌어모으고 대중적 명성을 높이기 위한 종교적 도구가 아니다. 그는 자신의 인격과 삶을 녹여 만든 그릇에 진리를 담아 정확하고 진솔하게 전달했고 그 결과 세계 최대의 장로교회를 이루었다.

실로 한경직의 설교에는 진리와 인격이라는 두 요소가 적절하게 조화되어 있다. 김병희는 "한경직 목사의 설교는 곧 그의 인격의 표출이다. 그분의 설교는 눈으로 보는 설교와 귀로 듣는 설교, 그리고 성령으로 감동받는 설교라 일컬어지고 있다. 그분의 설교는 인자함과 간절함과 성실함으로 일

24 김준곤, "영원한 청교도", 120.

25 Phillips Brooks, *The Joy of Preaching* (Grand Rapids: Cregel Publications, 1984), 25-28.

26 Ralph G. Turnbull, *A History of Preaching*, Vol. 3 (Michigan: Baker Book House, 1974), 110.

관한다"[27]고 주장했다.

그는 만년에 타고 다니던 휠체어와 지팡이, 겨울 털모자, 입던 옷가지, 생필품 몇 점만을 남기고 세상을 떠났다. 그는 한국의 대표적인 교회의 담임목사를 지냈고, 한국교회 전체에 영향을 끼쳤던 강단의 거성이었으나 남기고 간 재산은 소박하고 평범했다. 이를 통해 우리는 그의 설교자로서의 인품을 읽게 된다. 이것은 그가 생전에 사자후를 토하던 설교보다도 훨씬 더 강력한, 삶이 주는 설교였다.

둘째, 한경직의 설교는 교회와 성도들을 돌보며, 그들을 말씀과 하나님 앞에 바로 세우려는 목양적인 관점이 지배한다. 그는 정의를 채찍으로 실현하기보다 사랑과 자비로 완성하려고 했고, 악을 더 큰 악으로 정복하려고 하기보다는 선으로 악을 녹여 이기려고 했다. 많은 사람들은 그의 설교를 통해 참 목자상을 찾는다.[28] 그래서 이런 목양자의 자세를 갖춘 설교자에게 "한국교회의 대표적인 목회자요, 20세기의 한국교회에 있어서 가장 이상적인 목회자상을 심어준 분"이라는 평가가 자연스럽게 뒤따른다.[29] 그는 언제나 두 가지 관심을 가지고 있었다. 하나는 하나님의 말씀이었고, 다른 하나는 오늘 말씀 앞에 나와 있는 회중들이었다. 그는 회중과 연관성을 잃지 않는 설교자가 되어야 함을 강조하면서, 설교가 실존적이어야 한다고 주장한다. 다시 말해 그의 설교는 본문(text)과 오늘의 상황(context)을 함께 지향했던 설교였다. 민족적으로 암울했던 시기에 사역했던 그는 말씀으로 위로하고 돌보는 일이야말로 설교자에게 가장 큰 사역이라고 보았다.

셋째, 한경직의 설교는 예수가 중심을 이루는 복음적인 설교다. 그는 인생의 모든 해답을 예수에게서 찾을 수 있고, 민족의 살 길도 예수에게로 돌

27 김병희 편, 『한경직 목사』, 297.

28 정성구, "한경직의 설교를 논함", 『목회와 신학』(1992. 7), 201.

29 정진경, "지덕을 겸비한 목자상", 김병희 편, 『한경직 목사』, 150.

아오는 것이라고 믿었다. 그래서 그의 설교의 가장 중심에는 예수 그리스도가 있었다. 하나님의 말씀은 예수 그리스도(*Logos*)를 통해서 성육신 되었으며, 설교(*logos*)를 통해서 그 말씀이 오늘날 성도들의 삶 속에 구현된다. 그러므로 예수 그리스도 안에서 말씀의 능력이 구체적으로 드러나며, 설교의 영광과 능력은 오로지 설교가 그분과 관련되고 그분을 선포할 때만 나타난다.[30] 한경직의 설교의 핵심 주제는 예수 그리스도이며, 그분을 통해 주어지는 복음이 설교의 능력이다. 한경직의 설교에는 오직 예수의 사상이 농축되어 있다. 그는 목회에 있어 예수를 놓치지 않겠다는 결심으로 가득 차 있었으며, 예수 안에 삶의 모든 해답과 이유가 있음을 확신했다.

기독교의 설교는 예수 그리스도의 복음을 전하기 위해 시작되었다. 그러므로 초기 기독교의 설교는 복음이 그 중심을 이루었다. 복음은 예수 그리스도께서 십자가에 달려 돌아가시고 다시 부활하셔서 죄와 죽음, 모든 악의 세력을 이기심으로 하나님의 궁극적인 승리가 되셨으며, 개인들과 사회와 나라들, 그리고 온 우주 속에 새로운 생명을 가져다주실 수 있음을 선포하는 복된 소식이다. 그러므로 기독교의 설교는 예수 그리스도의 피의 복음, 용서의 복음, 부활의 복음, 새 생명의 복음을 그 중심으로 한다. 어떤 내용을 전하기 전에 설교는 언제나 복음과 만나야 하며, 복음이 설교의 골격이 되어야 한다. 기독교의 설교는 예수의 부활과 함께 탄생되었고, 초기의 설교자들은 예수 부활의 복음을 전하는 일에 전념했다. 그들은 그 일에 생명을 걸었다. 리차드 리셔는 "예수 그리스도가 부활하셨기에 오늘의 설교자가 계속해서 설교할 수 있다"고 했다.[31] 한경직의 설교는 복음이 기초

---

30 Bryan Chapell, *Christ-Centered Preaching: Redeeming the Expository Preaching* (Grand Rapids: Baker Books, 1994), 19-22.

31 Richard Lischer, *A Theology of Preaching: The Dynamics of the Gospel*, rev. ed. (Durham: The Labyrinth Press, 1992), 16-17.

를 이룬다. 그는 긍정적이고, 희망적이고, 용기를 주고, 치유적이고, 복음을 따라 사는 삶을 강조한다. 그러므로 한경직의 설교는 복음을 받아들인 하나님의 백성들이 어떻게 하나님을 섬길 것인가, 즉 그리스도인의 삶과 믿음 생활에 대한 메시지가 중심을 이룬다.

넷째, 한경직의 설교는 철저하게 교회 중심적이다. 16세기에 존 낙스(John Knox)가 주도하여 작성했고 스코틀랜드 종교개혁의 진수를 보여주는 『스코틀랜드 신앙고백서』는 하나님께서 모든 시대 속에서 자기의 교회를 보존하시고 가르쳐주시며 증가시키시고 영광스럽게 하시며 존귀케 하시고 죽음에서 생명으로 불러내주신다고 고백한다.[32] 교회를 향한 하나님의 특별한 섭리와 인도하심을 바라볼 때 우리는 한 교회의 탄생과 성장이 한두 마디 말로는 다 설명할 수 없는 신비임을 고백할 수밖에 없다. 한 교회의 시작과 성장, 그리고 사역의 진행들은 하나님의 특별하신 돌보심과 섭리 속에서 이루어지는 일이다. 하나님은 이런 사역을 위해 설교자를 세우셔서 그것을 밝히 드러나게 하신다. 한경직은 한국을 대표하는 교회인 영락교회에서 30년 가까이 사역하는 동안 설교사역을 성실히 감당했다. 그는 교회를 중심으로, 교회를 통해서 민족을 중흥시키기 위해 말씀을 선포했다. 영락교회 창립 1주년 기념 예배에서 그의 비전이 드러난다. "교회가 서 있는 곳에 개인의 중생과 구원이 있으니 이 개인적 구원이 점차로 사회적 중생과 개혁에 미치는 것입니다. 그러므로 교회가 서는 곳에 사회의 정치, 경제, 문화, 도덕 각 방면에 새로운 부흥과 정화가 일어납니다."[33] 그는 교회를 통해서 사회와 국가를 바로 세우려는 꿈을 가지고 노력을 게을리하지 않았다.

다섯째, 한경직은 나라 사랑의 설교자였다. 그는 나라 사랑의 정신을 오

---

32 "The Scots Confession," *The Book of Confessions* (Philadelphia: United Presbyterian Church), 3.05.

33 『설교전집』, 1권, 45-47.

산학교에서 배웠다. 그는 초기부터 노년의 설교에 이르기까지 일관되게 오직 기독교만이 이 나라를 살리는 소망이라는 확신을 가지고 있었다.[34] 민족의 고난과 재건의 시기에 그의 설교는 한 교회의 성도들을 치료하고 변화시키는 데만 영향을 끼친 것이 아니라 교계, 더 나아가서는 사회와 국가를 새롭게 하는 메시지가 되었다. 그의 나라 사랑 정신은 남달랐다. 그는 강탈당한 조국, 한국전쟁으로 초토화된 조국, 또한 분단과 분열로 얼룩진 조국을 가슴에 안고 나라가 사는 길을 외치며 평생을 살았고, 노년에도 북한교회와 남북 대화의 진전 및 통일을 위한 기도자로 살았다.

개혁신학 전통에 입각한 설교신학의 관점에서 볼 때 한경직의 설교 신학은 무엇보다도 목양을 통한 성서적 복음 신학이라고 할 수 있다. 그는 하나님의 백성들을 돌보도록 세움을 받은 목회자였으며, 성경 중심의 설교, 그리스도 중심의 설교, 십자가 중심의 설교, 죄인을 구원하는 설교를 바로 행하는 설교자이기를 원했다.[35] 또한 그는 사람이 사는 길, 민족이 사는 길은 예수님의 복음을 받아들임으로써 구원의 은총을 누리는 것이라고 확신하면서 언제나 설교를 통한 복음의 선포에 주력했다. 그는 설교자가 반드시 기억해야 할 원칙으로서, 설교가 성서적이어야 하며 설교의 목표는 언제나 인간의 심령을 죄에서 구원하는 일이어야 한다고 주장했다. 그는 어떤 내용의 설교이든지 복음의 소식이 담겨야 하고 실생활에 맞는 설교, 회중들의 삶을 이해하고 그들의 삶에 도움이 되는 설교여야 한다고 주장했다.[36]

---

34 정성구, "한경직의 설교를 논함", 204.

35 한경직 목사 기념사업회, 『한경직 목사 성역 50년』(서울: 한경직목사기념사업출판회, 1986), 63.

36 이영헌 엮음, 『한경직 강론: 참 목자상』(서울: 규장문화사, 1987), 137-45.

## 김치선 목사: 민족을 가슴에 품고 울었던 "한국의 예레미야"

### (1) 생애와 사역

김치선 목사(1899-1968)는 함경남도 홍남읍 서호진에서 고기잡이배 40척을 가진 부호의 장남으로 출생했다. 그러나 14세 때, 폭풍으로 모든 배가 침몰하고 선원들에 대한 보상금을 지불하는 일로 인해 그의 가세는 급격히 기울고 말았다. 부득이 그의 부모는 가족들을 데리고 장진으로 이거하여 화전민 생활을 하게 되었는데, 이때 영특한 김치선을 서당선생(김응보)이 키우겠다고 나섰다. 그래서 그는 가족들이 떠난 고향 땅에 혼자 남게 된다. 그는 당시 마을을 방문한 캐나다 선교사 영재영(Lither L. Young)으로부터 복음을 듣게 되었다. 김치선은  그의 양아들이 되었으며 그의 도움으로 그가 설립한 함흥영생중학에서 공부하게 되었다. 재학 중에는 3·1운동에 참여했다가 1년 넘게 옥고를 치렀다. 그는 옥중에서 자신의 소명을 깨닫고 목회자가 되기로 결심한다.

그가 출옥한 이후 다시 복학하여 공부하는 중에 영재영이 시무하던 신창리교회에 화재가 발생하는 사건이 있었다. 선교사를 반대하는 일본 경찰의 사주를 받은 사람들이 새벽에 불을 지른 것이었다. 김치선은 새벽에 기도하던 중 불을 발견하고 불속으로 뛰어들어가 쓰러져 있는 영재영 선교사를 둘러업고 나온다. 그는 영재영의 사랑과 후원으로 1922년에 연희전문학교에 진학하여 1927년에 졸업한다. 그는 평양장로회신학교에 입학하여 공부하던 중에 일본으로 재파송을 받은 영재영을 따라 일본으로 건너가 고베(神戶)중앙신학교에서 학업을 마친 후, 1930년 31세에 목사안수를 받았다. 안수를 받은 후에는 그곳에서 한국인 교회를 개척하여 섬기다가 미국으로 유학을 떠났다. 그는 1933년에 웨스트민스터신학교에서 석사 학위를, 1935년에는 달라스신학교에서 신학 박사 학위를 받았다.[37]

고국에 돌아온 그는 사역지를 정하지 못하던 중 날로 심해지는 신사참배 강요를 피해 일본으로 건너가 고베중앙교회를 개척하여 목회를 시작했고 1939년에는 도쿄의 신주쿠중앙교회에서 사역했다. 이때 한국어로 설교하지 말라는 명령을 어겼다는 죄목으로 체포되어 수개월간 옥고를 치르기도 한다. 그는 출옥 후 도쿄 외곽 시골에 위치한 메구로(目黑)교회에서 목회를 재개한다. 이곳은 교인 수가 2-30명 정도밖에 되지 않는 작은 교회였다. 그는 "나라 잃은 서러움을 안고 이국땅에서 고생하는 동족들을 생각하면서 눈물로 기도하며 설교하기 시작"했으며 설교할 때마다 "삼천만 우리 민족"이라고 외쳐서 이 말이 훗날 그의 별명이 될 정도였다.[38]

1944년, 그의 나이 45세 때 그는 살든지 죽든지 조국에 복음을 전해야 한다는 사명감으로 귀국하여 고향 함경도에서 기도하던 중에 남대문교회의 청빙을 받아 6대 담임목사로 부임한다. 그는 남대문교회에서 목회할 때 조국의 현실을 바라보고 하나님의 자비와 긍휼을 구하며 설교를 준비했다. 강단에 올라가면 눈물이 나서 설교를 마치지 못할 정도였다. 그가 늘 눈물로 설교를 했기 때문에 교인들은 그를 "한국의 예레미야"라고 불렀다. 그는 늘 "한국이 제사장의 나라가 되게 해달라"고 설교했다.[39] 그는 부임하면서 금지되어 있었던 새벽기도회를 시작하며 민족 해방을 준비했다. 일제의 감시하에 진행된 그 새벽기도는 그의 눈물의 기도와 설교로 흠뻑 적셔지던 시간이었다.

김치선은 해방된 조국이 진정한 제사장 나라가 되기 위해서는 먼저 예수를 믿어 변화되어야 하겠다고 생각했다. 그는 3천만의 십 분의 일인

---

37 김동화, 『나에게 있어서 영원한 것』(서울: 기독교연합신문사, 1998), 25-52. 김동화는 김치선의 둘째 딸이다.

38 정성한, 『남대문교회사: 1885-2008』(서울: 대한예수교장로회 남대문교회, 2008), 210.

39 위의 책, 210-11.

300만 명이 먼저 하나님을 믿게 해달라고 간절히 기도하면서 "300만 구령운동"을 조직화한다. 당시 기독교 인구가 30만 전후였던 점을 고려한다면, 그것은 민족복음화를 위한 대단한 비전이었고 도전이었다. 300만 구령운동은 해방 직후 여러 가지로 혼란스러울 때 교회와 국가의 재건을 위해 전개되었던 복음전도 운동이었고, 해방 후 민족을 바로 세우는 구국 운동이었다. 그는 해방이 하나님께서 3천만 한국인에게 주신 축복이며 하늘이 주신 기회라고 믿었다. 그는 300만 구령운동만이 "민족을 행복하게 살 수 있게 하는 유일한 활로"라고 말했다.[40] 이것은 평양대부흥운동 직후 1909년에 있었던 백만인 구령운동에 이어 해방 후에 일어났던 자발적인 전도운동이었고, 한국인 지도자가 계획하여 한국교회 안에서 일어났던 부흥운동이었다.[41]

이 구령운동의 목적은 "信仰(신앙)의 復興(부흥)과 救靈復興(구령부흥)"이었으며 4단계로 계획되었다. 1단계는 1946년 3월 말까지 전국 3천 교회가 1명씩 3천 부흥"사원"[42]을 모집하여 3천 명 부흥회를 개최하고 이들이 매일 새벽 5시에 조국의 영적 부흥을 위해 기도하는 것이다. 2단계는 1946년 10월 말까지 이 3천 명이 자기들이 섬기는 교회 안에 10명의 사원을 모집하여 3만의 사원을 형성하고 매일 새벽기도를 하면서 30만 부흥사원을 준비하는 것이다. 3단계는 1947년 3월 말까지 3만의 사원들이 10명씩 30만 사원을 모집하여 30만 부흥대회를 개최하며, 마지막 단계는 30만이 10인을 모아 300만 부흥대회를 개최하고 이들을 복음의 역군으로 훈련한다는

---

40 三百萬復興運動社 編, 「復興」, 1號(1945년 12월), 2.

41 이종전, "삼백만부흥운동의 성격과 실체에 관한 연구", 『개혁논총』, 22호(2012), 234.

42 이 부흥운동을 위해 "復興運動社"를 조직했기 때문에 "사원"이라는 명칭을 사용했다. 사원의 자격은 "十六歲된 男女로 그리스도의 贖罪로 救援을 받아 참으로 믿는 자로 神의 指示를 絶對 順從하고 三百萬復興運動의 一員으로 活動키로 決心하고…義務金 獻納하는 자"로 규정한다. 「復興」, 1호, 3-4. 이들은 한국전쟁 중에도 전선에 나가 전도를 하다가 순교를 당하기도 했다. 박용규, 『한국기독교회사 2: 1910-1960』(서울: 생명의말씀사, 2004), 846. 이들의 이름은 구령운동 결사대로 칭해졌다. 이들의 활동에 대해서는 정성한, 『남대문교회사: 1885-2008』, 229-30; 이종전, "삼백만부흥운동의 성격과 실체에 관한 연구", 254-59 등을 참고하라.

것이었다.[43] 이를 위해 「復興」(부흥)을 창간했고 지속적으로 민족각성운동을 위한 자료들을 게재했다. 그리고 개인전도, 정오기도회, 특별집회, 부흥사 파송, 라디오 방송 등을 활용하기로 했다. 당시 밥 피얼스, 이성봉, 박재봉, 배은희, 손양원, 김린서 등의 부흥사들이 적극적으로 활동했다.

"남한의 2만 8천 동네에 가서 우물을 파라!" 이것은 김치선이 가장 즐겨 사용하던 구호로, 이를 통해 우리는 그의 구령 열정과 민족 사랑의 정신을 읽을 수 있다. 그가 주장하는, 동네마다 가서 우물 파기를 하라는 것은 복음을 전하여 교회를 세우라는 의미다. 그런 점에서 보면 우물 파기는 "교회 세우기 운동"이었던 셈이다.[44] 그는 이 "우물 파기" 작업을 감당할 인재를 양성하기 위해 신학교를 설립했고, 인재 양성의 목적으로 남대문교회 안에서 야간신학교를 시작한다.[45] 300만 구령운동의 적극적 전개를 위해서는 "더 많은 헌신된 '전사'(戰士)들이 필요"했고 그 전사를 양성할 기관이 필요했다. 김치선은 남대문교회 당회원들을 설득하여 교회당 안에 신학교를 세웠다. "신학교 설립은 300만 구령운동의 완결판이라고 할 수 있다."[46] 이러한 운동의 동력은 민족을 위해 새벽마다 엎드려 눈물로 기도했던 김치선의 기도의 무릎에서 나왔다.

김치선은 남대문교회를 섬기면서 당시 서울에서 제일 규모가 큰 교회로 부흥시켰으나 1952년 말에 사임하게 된다. 그는 교회를 "민족의 영적 관문으로 이끌어 올린 한국교회의 큰 지도자"였지만, 한국전쟁은 그의 리

43 위의 책, 4-6; 김동화, 『나에게 있어서 영원한 것』, 157-58, 164-74.

44 정성한, "한국교회의 해방 전후사 인식(1): 남대문교회를 중심으로", 「신학과 목회」, 28집(2007), 114.

45 첫 이름은 "장로교신학원"이었으며, 야간으로 개설한 것은 주경야독을 해야 하는 사람들에게 공부할 기회를 주기 위함이었다. 그리고 민족복음화 운동의 중심에 서는 인재를 양성하기 위함이었다. 첫 교장은 윤필성이었고, 1949년 1월에 서소문에 교사를 마련하여 이사한 후 김치선은 이 학교의 교장이 되었다. 1950년에는 대한신학교(현 안양대학교)로 개명했는데 당시 강사진은 변홍규, 박형룡, 한경직 등이었다.

46 정성한, 『남대문교회사: 1885-2008』, 228.

더십에 타격을 주었던 것으로 보인다.[47] 피난을 가지 못한 김치선은 주변에 교인들이 많이 있었음에도 불구하고 교인들을 남겨두고 삼각산 기도원으로 숨어들었고, 그 이후에도 공산군의 눈을 피해 가족들과 이곳저곳으로 피신을 다녔다. 그는 삼각산에 숨어 있을 때 남대문교회 장로였던 한상기가 찾아와 대세가 공산군 쪽으로 넘어갔으니 자수하여 기독교민주동맹에 동조할 것을 권유했지만 붙잡히면 순교를 하겠다고 하면서 그 권유를 받아들이지 않았다. 1951년 1·4후퇴 때 부산으로 피난하여 그곳에 와 있는 교인들을 만났지만 초량교회에 출석하며 교인들을 잘 돌보지 않았고, 대한신학교를 재건하는 일에만 몰두했던 것으로 보인다. 또한 교육 목사로 있던 배명준이 은밀하게 교인들 가정을 심방하고 있었지만 김치선은 그렇지 못했다. 교인들은 그 사실을 비교할 수밖에 없었던 것 같다.

그러나 김의선은 당시 상황을 고려하면 다르게 평가되어야 한다고 주장한다. 한상기는 김치선에게 이대로 있다가 붙잡히면 죽임을 당하게 될 것이니 자신과 함께 내려가서 기독교민주동맹에 가입할 것을 권유했다. 그러나 김치선은 지금 내려가면 기독교민주동맹에 가입해야 되고 그러면 하나님께 죄를 짓는 것이니 공산주의에 동조할 수 없고 따라서 동맹에 가입할 수 없다고 단호하게 거절했다는 것이다. 사실 기독교민주동맹은 공산당이 그리스도인들을 회유하기 위해 만든 어용단체였고, 평소 교분이 깊었고 300만 구령운동도 함께했던 손양원과 그의 두 아들이 좌익학생들과 공산군에 의해 순교를 당했던 상황이었다.

또한 김치선은 한국전쟁 기간 중에 부산에서 생활할 때, 당시 많은 교회의 목사들이 피난지에서 교인들을 모아 예배를 드리거나 교회를 새로 시작했던 점을 고려할 때, 그리하지 않은 것에 대한 비난을 면키 어려울 것이다.

47 위의 책, 239.

고베에서 신학을 공부할 때 동기동창이자 절친한 친구였던 노진현이 당시 부산에서 목회를 하고 있었고, 김치선은 그 교회를 출석하면서 종종 초청을 받아 여러 교회에서 설교했다. 그는 1951년 9월부터는 대구에서 다시 문을 연 총회신학교에서 교수 생활을 시작했다. 피난 시절, 대한신학교를 향한 김치선의 열정은 시들지 않았다. 그것이 복음전도를 통한 구국의 일꾼을 양성하는 일이었기 때문이다. 당시 대한신학교는 부산과 제주에 분교가 있었고, 1952년 9월 4년제 신학교 인가를 받으면서 그가 초대 교장으로 취임했다. 휴전 후 두 분교는 서울로 복귀했다.[48] 그런 점에서 보면 그는 피난 시절 부산에서 남대문교회 교인들을 모아 교회를 시작하거나 목회를 이어가기보다는 대한신학교를 설립하는 일에 온통 마음을 두고 있었다. 하지만 그는 이런 일로 인해 교인들의 신임을 상실하면서 남대문교회를 사임하고, 1954년 남창동에 창동교회를 세우고 목회를 이어간다.[49]

김치선과 박태선의 관계는 자주 등장하는 비판거리다. 김치선의 은혜롭고 깊이 있는 설교로 인해 새로 시작한 교회는 크게 부흥했다. 결국 빌려 쓰던 건물의 예배 처소가 비좁아서 남산 근처의 큰 일본인 가옥을 구입하여 그곳으로 교회를 이전한다. 그곳이 남대문교회 근처였기 때문에 그를 따르던 여러 교인들이 이 교회로 옮겨온다. 전도관을 세워 한때 한국교회를 크게 어지럽혔던 집사 박태선도 그 무리들 가운데 포함되어 있었다. 김치선이 박태선을 처음 만난 것은 일본에서 목회할 때였다. 그를 존경하고 따랐던 박태선은 귀국하면서 바로 남대문교회에 출석했다. 그는 변질되

48 김의선, "고봉 김치선 목사의 신학사상과 한국교회에 끼친 영향"(안양대학교신학대학원 석사학위 논문, 1999), 참고.

49 이 교회는 1956년에 한양교회로 이름을 바꾸었고 신학교와 함께 남산 중턱으로 이전했다. 이후 김치선은 중앙교회(현 청파중앙교회), 대창교회, 함경도에서 월남한 교인들로 구성된 한성교회 등을 세워 담임목회를 했다. 김성봉, "머릿말: '한국의 예레미야' 김치선 목사", 김치선, KIATS 엮음, 『김치선: 한국 기독교지도자 강단설교』(서울: 홍성사, 2011), 14.

기 전까지 예배당 맨 앞자리에 앉아 늘 간절한 자세로 말씀을 받고 예배를 드렸으며 열렬한 기도와 찬양을 드렸다. 그는 창동교회로 옮겨와서도 교회 섬김에 열심이었고 목회자와 교인들의 신망을 얻고 있었기 때문에 공동의회에서 장로로 피택되어 임직하게 되었다. 열심인 그가 교만해지지 않도록 김치선은 대한신학교에서 공부하도록 권유했지만 그는 분주한 삶을 핑계로 실천에 옮기지 않았다. 당시 유명 부흥사였던 이성봉이나 김치선이 인도하는 집회의 참석에도 열심이던 그는 신비한 은사를 체험하고, 그가 병자들을 안수할 때 치유를 받는 사례들이 많아지게 되었다.

1955년 3월, 남산의 신궁터 자리에서 열렸던 집회에는 전국에서 수많은 사람들이 모여들어 박태선에게서 안수를 받고 치유를 경험했으며 환상을 보는 것과 같은 신비한 현상들을 체험하는 사건이 일어난다. 그 후 그는 전국적으로 이름을 날리고 대중적 인기를 끌게 되자 돌변하여 속량의 권세, 피가름 실행 등의 교리적 문제를 일으켰고, 교회는 바로 회의를 열어 그를 제명처분하고 장로직을 면직시켰으며 그와의 관계를 완전히 단절했다. 그럼에도 그를 장로로 임직시켰다는 점과 직간접적으로 그의 초기 집회를 도왔다는 점 등이 김치선의 오점으로 남는다. 하지만 그것은 영적으로 그를 잘 지도하지 못한 것일 뿐 그가 변질하기 전의 일이므로 문제가 될 수는 없을 것이다.

장로교 총회가 대한신학교를 인정해주지 않자, 대한신학교는 1961년 6월 근본주의 기독교 단체인 ICCC(International Council of Christian Churches)의 미국 성경장로회 소속 선교사 마두원(P. R. Malsbury)과 연결하여 "대한예수교 성경장로회"라는 이름으로 새로운 교단을 출범시킨다. 1961년 6월 21일, 제1회 총회를 열고 김치선이 총회장으로 선출된다. 이것이 대한예수교 장로회 대신측의 시작이었다.[50] 그는 뇌암으로 투병하다가 1968년 2월에 세상을 떠났다.

50 김치선 사후에 68년 총회에서 ICCC 탈퇴를 결의했고, 1969년 총회에서 "대한예수교 장로회 성장측"이라고 개칭을 했다가 1972년 총회에서 "대한예수교장로회(대신)"로 개칭한다.

### (2) 설교사역과 신학적 특징

김치선은 박형룡, 송창근, 김재준, 한경직과 함께 한국인 1세대 신학자였으며 복음으로 조국을 뜨겁게 껴안았던 목회자, 설교자였다. 민족복음화를 위해 몸부림치던 남대문교회에서의 그의 사역은 민족과 교회를 깨우는 각성제가 되었다. 그는 한국교회와 사회를 깨우는 구령 열정으로 불타올랐으며 그 결과 남대문교회는 서울에서 가장 큰 교세를 가진 교회로 성장했다. 그것은 김치선이 새벽마다 눈물로 드린 기도와 눈물로 행한 설교 때문이었다. 그의 열정 있는 설교는 당시의 지식인층을 감동시켰으며 그리스도인의 사회적 책임을 일깨웠다. 그의 삶과 사역의 이야기, 그리고 설교문에 나타난 그의 설교사역의 특징을 살펴보자.

첫째, 김치선의 설교는 구령열을 불타오르게 했고, 민족의 파수꾼으로서의 사명을 일깨웠다. 김치선의 가장 큰 관심은 민족복음화였다. 300만 구령운동도 그렇고, 전도결사대를 전쟁터에도 파견했던 것도 그 때문이었다. 그리스도인은 민족의 파수꾼이며 민족을 구원하고 살리는 사명을 가진 존재다. 그러므로 그는 그리스도인들이 깨어 있어야 그 민족이 희망을 노래할 수 있다고 이해한다. 그는 설교할 때 그리스도인이 민족의 파수꾼이 되어야 한다고 자주 강조했다. "3천만의 파수꾼이 되자"라는 설교에서 "예레미야가 파수꾼의 직분을 수행했으나 그 민족이 멸망할 때 그도 잡혀간 것같이 우리도 이 민족이 망하면 그와 같이 될 것이라는 위기감을 가지고 파수꾼의 사명을 다해야 한다"라고 말하면서 파수꾼론을 피력한다.[51] 또한 이 사명을 가장 잘 감당하는 길은 새벽마다 나와 기도하는 것이라고 강조한다.

신자 불신자를 물론하고 창조주 하나님이 3천만에게 주신 자유와 독립이라

51 김치선, "3천만의 파수꾼이 되자"(1951. 4. 3), 이은선, "김치선 목사의 회개론", 『교회와 신앙』(2006년 10월 17일), 재인용.

고 이구동성으로 외치는 바이다. 그런즉 이 측량할 수 없는 하나님의 은혜에 대하여 감사와 찬송과 영광을 돌려야 할 것이다. 그러나 하나님께 영광을 돌리며 경외하기는 고사하고 서울시만 보아도 죄악은 큰 홍수를 이루고 있는 것을 종교의 뜻 있는 자이면 누구나 인식할 수 있다.…그러므로 우리는 제1차로 3백만의 부흥운동을 일으켜야 할 것이라는 것이 우리의 각오인 동시에 결심이다.[52]

여기서 우리는 김치선의 복음을 통한 구국의 정신과 민족 사랑의 마음을 대하게 된다. 그는 교회와 그리스도인들이 해야 할 1차적인 사명이 복음전도와 영혼 구원이라고 이해했으며, 그의 설교는 이런 사명을 수행하게끔 청중의 열정을 일깨우고 있다.

우리가 해방을 처음 맞았을 때 너무 기뻐서 3, 4일씩 금식하며 뛰어 춤추고 감사하며 좋아했지만 날이 갈수록 험악하여 지금은 남북통일도 요원합니다. 이런 때일수록 우리는 이스라엘의 실패를 거울삼아야 될 것이거늘 이 민족 3,000만을 위해 어느 누구 하나 희생의 제물이 되고자 하는 이 없으니 한탄케 됩니다.…희생의 제물만 되는 것이 아니라 앞으로 올 난관을 돌파하기 위해 서로 붙잡아 한 덩어리가 되어 연합하고 도우며 살아야 할 것입니다.[53]

그는 하나님의 은혜로 해방의 축복을 누리게 된 상황에서 복음전도를 통해 민족을 세워가자고 설교했다. 애국지사 김구는 김치선의 구국 정신에 입각한 목회와 설교에 감동하여 이 교회에 출석했을 것이다. 김구는 암살당하

---

52 「復興」, 창간호(1945년 12월).

53 김치선, "해방과 감사", 『김치선: 한국 기독교지도자 강단설교』, 32-33.

기 전까지 김치선과 친밀한 관계를 유지했다.

둘째, 김치선은 설교를 통해 회개를 강조했다. 김치선은 개혁파 부흥론의 관점에서 죄를 끊어버리는 결단과 회개를 강조했다. 그는 설교 중에 자주 자신의 잘못을 먼저 회개한다. 특히 신사참배를 했던 일들을 자주 언급한다. 그는 자신이 "더러운 일본 우상에게 절하던 자"임을 고백하면서, 하나님을 생각하지 않고 신사 앞에 엎드렸을 때 하나님께서 얼마나 마음이 아프셨을까를 참회한다고 고백한다.[54]

> 오늘 여러분, 나부터 더러운 일본 우상에게 절하던 자이옵니다. 그러니 어찌 이 나라가 부흥할 수 있겠나이까? 우리는 먼저 이 더러운 것부터 다 제하여 버려야 하겠나이다.…내가 우리 하나님 아버지를 생각지 않고 미소기바라이(神道浸禮) 참배할 때 그 마음이 얼마나 아프셨겠나이까? 생각할 때 참 마음이 괴롭습니다. 나는 부모에게 불효막대한 죄인인데, 하나님 아버지께 대한 불효의 죄는 태산보다 더하리라.[55]

"나는 고멜과 같이 우상 숭배한 음녀입니다"라는 고백을 서슴지 않고 했던 그는 자신이 주일을 온전히 지키지 못한 것, 효도하지 못한 것도 회개한다. 뿐만 아니라 교회와 민족의 죄에 대해서도 회개한다. 그는 "교회가 민족의 양심이 되고 민족의 상처를 싸매주는 선한 사마리아인이 되어야 하는데 그러지 못한" 것을 회개해야 한다고 주장했으며, 교계와 민족의 대립과 갈등의 문제도 지적하고 있다. 또한 내적 차원의 시기와 질투의 문제까지도 아

54 김치선, "전쟁 중의 부흥", "고멜을 보라" 등의 설교에서 자신이 신사참배한 사실을 고백하며 회개하고 있다. 이은선, "김치선 목사의 회개론", 참조.

55 한국 기독교 성령 100년사 편찬위원회, 『한국기독교성령백년인물사』, II권(서울: 쿰란출판사, 2009), 461-62.

우르는데, 그는 전인적 차원에서의 내적·외적·윤리도덕적 회개를 요청한다. 김치선은 무서운 죄악을 없애는 유일한 방법은 부흥에 있으며 부흥은 회개를 통해서 온다는 사실을 그의 설교 가운데 계속 강조한다.

"북한 上空(상공)에 나타나신 그리스도"라는 재미있는 제목의 설교에서는, 위기 가운데 있는 북한 지역에 여호와의 군대장관이 나타난다면 "네 발의 신을 벗으라"고 말씀하실 것이라 하고, 신을 벗는 행위를 회개와 연결시키며 "만일 그리스도께서 우리의 상공에 나타나신다면 맨 처음 전도하실 때와 같이 회개하라, 천국이 가까웠느니라고 하실 것이다. 우리가 해야 할 급선무는 지금 바로 회개하는 것이다"라고 말한다.

> 오늘 북한이나 남한에 요구하는 것은 회개인 줄로 생각하나이다. 국가적으로 회개하여야 하겠나이다. 4천 년에 지은 죄악을 다니엘 느헤미야와 같이, 에스라같이 진정한 회개가 있어야 하겠고 다음으로 나 자체의 회개가 옴이라. 하나님이 오날 이런 시련 중에 우리에게 요구하시는 것은 회개인 줄로 생각하나이다. 그럼으로 우리는 개인으로 회개할 것이 없다고 한대도 국가적 의미에서 회개하는 태도는 따라야 하겠다. 우리는 다른 사람에게서 속히우지 맙세다. 할 일은 하야야 하는 것이외다. 하나님은 수만 강수 같은 기름이나 수천수만의 우양을 원치 않고 다만 우리의 상한 심령을 원하신다고 하셨으니 우리는 적어도 국가적 견지에서 회개하여야 한다.[56]

또한 그는 해방 공간과 한국전쟁 전후의 혼란한 상황에서 나타난 윤리 도덕적 타락 현상을 지적하면서 회개를 촉구한다.

---

56 김치선, "북한 上空에 나타나신 그리스도."

오늘의 죄악을 보면 소돔과 고모라보다 더하다고 나는 생각한다. 여러분 보시라. 이 죄악 도성이라고 아니할 수 없는 서울 아닌가 생각한다. 그런데 우리 교회라고 하는 이곳이 음탕의 죄악으로 화하여 감이 난다. 전도인과 교인이 간음하는가 하면 산에 가서 기도하고 큰 권능을 얻었다 하는 사람들이 음란의 죄악에서 헤매고 심지어 피가름한다 하여 저의 친구의 안해는 물론 심지어 장모하고 붙허가고 하니 이것이 얻어함인가? 그리고 지금에 또한 얻언 사람들은 이 교회에 가서 총각이라 처녀라 하여 같이 살다가 아희까지 낳아 내어 바리고 다른 데 가서 또 총각이라 하여 속이여 여자를 못 쓰게 맨들고 하는데 여러 곳으로 도라 다닌다고 함이다. 그러나 노아만은 이런 것이 조금도 없고 진정으로 의인인 것을 그대로 나타내는 것을 알 수 있다. 여러분 우리는 노아와 같이 의인이 되어 무서운 죄악을 범치 말고 축복받으시기 바란다.

셋째, 김치선의 설교는 눈물의 기도와 선포로 이루어졌다. 그는 우상숭배로 하나님의 진노 앞에 서 있는 민족을 보고 울었던 예레미야와 같이 눈물로 기도하고 설교하고 강의했던 눈물의 설교자였다. 심지어 결혼식에서조차 눈물로 설교할 때가 있을 정도였다. 그 눈물은 민족을 향한 그의 애타는 마음에서 비롯되었다. 초기 그의 목회의 대상은 나라를 잃고 억압받고 있던 재일 조선인들이었다. 직접 자신이 억압과 고문을 당해보았기에 고초를 겪던 민족을 향한 그의 설교는 간절할 수밖에 없었다. 해방 전후의 혼란과 한국전쟁으로 인해 암울하던 시대에 그는 말씀을 전하기 위해 강단에 서거나 기도하기 위해 강단에 엎드리기만 하면 불쌍한 동포를 생각하며 눈물을 흘렸다. 김치선은 남대문교회에 부임한 뒤 대담하게도 바로 새벽기도회를 시작했다. 1944년 당시에 이것은 대단히 위험한 일이었는데, 그때 서울의 대부분의 교회들은 새벽기도회를 쉬고 있었다. 그는 암담하던 시절에 새벽제단에 엎드려 민족을 위해 울며 기도했고 그 결과 교회는 날로 부흥했다.

그는 "민족애의 눈물"(막 23:37-38; 눅 19:41-44)이란 설교에서 예수님의 눈물을 조국의 장래와 동족의 과거의 죄, 죄 중에 춤추는 현재를 보고 우신 민족애의 눈물이라고 규정하면서 청중들을 말씀의 세계로 초대한다. "우리도 남북으로 분단된 민족과 나라의 현실 앞에서 주님의 복음으로 통일하기 위한, 그리고 그리스도의 반열에서 민족을 구원하기 위한 진정한 눈물이 흘러넘치게 해야 하겠습니다." 그는 민족을 사랑하여 흘리는 주님의 눈물에는 "죽은 자를 살릴 수 있는" 위대성이 담겨 있기 때문에 그것이 "민족을 사방에서 구원하시는 눈물"이었다고 말하면서, 민족애의 눈물을 통해 하나님께서 역사하시기 때문에 민족을 위해 기도해야 하며, 믿음이 있어야 하며, 나가서 실천하는 순종이 있어야 한다고 적용한다. 그리고 그리스도인들에게 "3,000만 민족을 위해 눈물로 하나님께 호소하여야 하는 사명"이 있다면서 다음과 같이 결론을 내린다.

> 민족의 복음화를 위해, 삼천리 방방곡곡에 그리스도의 눈물을 토대로 하여 그의 권위의 말씀을 따라서 믿고 순종함으로써 민족애의 눈물을 뿌려 그리스도를 증거하여야 합니다. 이것으로 교회를 세우고 민족애의 눈물로 제단을 쌓고 3,000만 민족을 그리스도에게로 이끌어내야겠습니다.[57]

눈물로 기도하고 말씀을 전하다가 또 울고, 그렇게 예레미야의 가슴을 가지고 민족이 어려웠던 시기에 작은 등불을 들고 달려갔던 사람, 비록 목표를 이루지 못했다 할지라도 300만 구령운동을 시작하여 민족을 하나님 앞에 세우려고 발버둥쳤던 그는 허다한 증인들의 무리 가운데 우뚝 서 있다. 안양 물왕리의 남대문교회 동산에 있는 김치선의 묘비에는 다음과 같이 새겨져 있다. "이런 사람은 세상이 감당치 못하도다. 목회자요, 신학자요, 애국자인 눈물의 선지자 이곳에 잠드시다."

## 강신명 목사: 화합과 일치를 추구했던 밀알의 설교자

### (1) 생애와 사역

강신명 목사(姜信明, 1909-1985)는 경북 영풍군(현재 영주)에서 목사 강병주의 장남으로 태어났다. 강병주는 구한말 의병으로 활동했고, 인생의 방황을 경험하다가 기독교 신앙에 입문한 후 평양장로회신학교를 졸업하고 풍기읍교회(현 풍기성내교회)에서 오랫동안 목회를 했다.[58] 강신명은 계성중학에서 공부했고 평양 숭실전문학교에서 영문학을 전공한 후 평양장로회신학교에 입학하여 1938년에 제33회로 졸업했다.[59] 졸업 후에는 평북노회에서 안수를 받고 선천남교회에서 동사목사로 사역했다. 당시 그 교회의 담임목사는 김석창이었는데 그는 일제에게 당한 고문 후유증으로 고생하던 차여서 강신명이 목회의 많은 부분을 담당해야 했다.

김석창은 강신명의 성실한 모습을 보고 선천북교회 담임 자리가 났을 때 그 자리에 그를 추천했다. 강신명은 그에게서 가장 많은 목회적 영향을 받았다. 김석창은 1926년에 제15회 장로교 총회장을 역임했으며, 105인 사건과 3·1운동, 선천경찰서 폭파 사건 등에 연루되어 옥고를 치른 뒤 평생

57 김치선, "민족애의 눈물", 김린서, 『한국교회 순교사와 그 설교집』, 21-28.

58 강병주는 강신명이 평양장로회신학교를 졸업할 즈음에 장로회 총회 종교교육부 총무로 활동하고 있었고, 한글 보급에 앞장서고 있었다.

59 33회 졸업생으로는 강신명을 포함하여 계일승, 김형모, 김규당, 김양선, 김예진, 손양원, 배운환, 이태양 등이 있었다. 그해 신사참배 강요에 반대하여 평양장로회신학교는 자진 폐교했다.

고문 후유증을 안고 살아야 했다. 그는 총회장을 역임한 후에는 민족의 장래를 하나님께 맡기며 직접적으로 개입하지 않으면서도 민족교회에 관심을 가졌다. 그는 "교회는 민족을 선도하지만 복음이 민족의 문제로만 국한되는 것은 아니다"라는 생각을 가졌는데, 강신명도 평생 이런 목회관과 국가관을 가지게 되었다. 즉 민족을 사랑하지만 교회가 우선이었고, 복음의 정신을 통해 민족을 사랑하는 교회 중심의 목회관이었다.[60]

강신명이 목회했던 선천은 서북 지역의 중심으로 민족주의 세력이 가장 왕성하게 일어났던 곳이다. 그는 평양장로회신학교에서 초월적 하나님과 교회 우선의 신학을 배우는 동시에 민족주의자였던 선배에게서 서북 지역의 민족주의적 열성을 배웠지만, 늘 전자에 더 충실했다. 그래서 그에게 서북 지역 지도자들이 가졌던 민족주의적 열성은 찾아보기 힘들다. 그는 민족과 교회와의 관계에 대해 선천남교회 시절에 김석창으로부터 배운 것을 토대로 "민족을 사랑해야 하지만 교회가 먼저이고, 복음의 정신을 통해 민족을 사랑해야 한다"라는 원칙을 정립한다.[61]

그는 1940년 4월 선천남교회에서의 사역을 마치고 교회의 지원을 받아 도쿄(東京) 신학교에서 공부했으며, 공부를 마치고 돌아와서는 1942년부터 선천북교회에서 담임목회를 시작했다. 그곳은 선천의 모교회였다. 교회는 전임 담임목사였던 백충엽이 수양동우회 사건으로 구속된 후 갈등을 겪고 있었다. 교회가 본연의 일에만 전념해야 한다는 입장과 민족 문제에 교회가 직접 참여하여야 한다는 입장이 충돌했다. 갈등의 골이 깊어지고 있을 때 평북노회는 강신명을 그 교회의 담임으로 파송했다. 그곳에 부임한 강신명은 "역사의 주권자인 하나님의 통치와 거기에 응답하는 인간의 고백"

---

60 김명구, "교회와 민족을 위해 한 알의 밀알이 된 小竹 강신명 목사(8)", 「한국장로신문」, 제1217호(2010년 2월 13일).

61 김명구, "한 알의 밀알이 된 小竹 강신명 목사 일대기", 「예장 뉴스」(2015년 6월 13일).

을 강조하면서 교회와 민족의 문제는 구별될 수는 있어도 차별될 수는 없다는 입장을 견지했다. 이로써 교회는 빠르게 안정되어갔다. 조화에 탁월했던 그의 리더십 덕분이었다.[62]

1938년에 그가 속해 있던 평북노회가 발 빠르게 신사참배를 결의했고, 그해 9월에는 감리교 총회가 신사참배를 결의했으며, 1939년에는 장로회 총회도 그 흐름에 동참했다. 일제는 1940년에 창씨개명을 공포했다. "국민정신총동원 조선예수교장로회 연맹"이 결성되었고, 목사 206명이 일본에 대한 충성과 한국기독교의 황도화(皇道化)를 서약했다. 강신명도 그 명단에 포함되었다. 평북노회의 서기 일을 맡고 있었던 그로서는 피해갈 수 없는 일이었다. 하지만 그가 친일의 입장을 견지하지 않았음은 분명하다. 그는 김진수와 함께 혁신교단에 반대했고 장로교회 체제 수호를 지지했는데, 이는 일본 천황제에 대한 거부였다. 김명구는 그가 일본에 전향한 민족주의자들에 대해서도 변절한 "유다의 후예"들이라고 비판했으며 항일의식으로 가득했기 때문에 그를 친일파로 볼 수 없다고 주장한다.[63] 하지만 그도 신사참배를 피해가지 못했음은 분명하다.

해방 후 북한에 남아 있던 강신명은 월남을 시도했지만 기찻길이 끊어진 데다 다른 방법도 마땅치 않아 한 달 만에 선천으로 돌아간다. 북한에서도 교회 재건운동이 일어났고 기독교 구국론이 활발히 일어났지만, 강신명은 이때 전면에 나서지 않았다. 그의 고백대로 아마도 자숙의 시간을 가졌던 것 같다. 북한에서 갈수록 공산주의 활동이 거세지면서 우여곡절 끝에 그는 월남하게 된다. 그 후 그는 영락교회에 출석하면서 찬양대 지휘

62 김명구, "교회와 민족을 위해 한 알의 밀알이 된 小竹 강신명 목사(10)", 「한국장로신문」, 제1219호(2010년 3월 6일).

63 김명구, "교회와 민족을 위해 한 알의 밀알이 된 小竹 강신명 목사(12)", 「한국장로신문」, 제1221호(2010년 3월 20일).

를 하던 중 한경직의 요청으로 1947년부터 영락교회 동사목사가 되었고, 1955년까지 9년 동안 그곳에서 사역을 감당한다. 당시 영락교회는 서북 지역의 신앙 방식을 그대로 옮겨온 데다, 삶이 고단하고 영적으로 갈급했던 피난민들이 몰려들면서 성장을 거듭하고 있었다.

그는 처음에는 청년부를 지도했지만 이후 한경직을 도와 교회 전반의 사역을 담당하게 되었다. 한국전쟁 당시에 강신명은 한경직을 도와 "대한기독교구국회" 일을 수행했으며, 군 위문과 선무(宣撫), 원호사업을 감당한다. 또한 강신명은 대한기독교구국회 회장 업무를 수행하면서 부산과 대구에 피난을 온 영락교회 교인들을 모아 부산 영락교회와 대구 영락교회를 세웠다. 당시 강신명은 부산과 대구를 오가며 두 곳의 교회를 돌보았다. 교회는 이런 수고를 감당한 그에게 한국교회 미래를 준비하도록 미국 유학길을 열어준다. 1951년 11월, 43세의 강신명은 한경직의 적극적인 추천으로 미국연합장로교회의 재정 후원을 받아 프린스턴신학교에 유학하여 교회사와 종교 교육을 전공했고 1953년에 석사학위를 취득한다. 강신명은 당시 학장이었던 존 A. 맥케이(John A. Mackay)의 에큐메니칼 신학에 깊은 영향을 받았다. 그에게 있어 유학생활은 교회 일치와 연합 및 교회가 민족, 사회, 세계와 갖는 관계 등을 분명하게 정립하는 계기가 되었다.

그는 유학을 마치고 돌아와 영락교회에서 사역하던 중 1955년에 새문안교회의 4대 담임목사로 청빙을 받게 된다.[64] 담임목사를 청빙하는 과정에서 약간의 의견이 갈렸던 교회는 그의 신실한 사역으로 인해 안정되었고, 교세는 가시적으로 증가하기 시작했다. 강신명은 새문안교회에 부임하면

64 새문안교회의 1대 담임목사는 원두우(언더우드), 2대는 차재명, 3대는 김영주였다. 한국전쟁 중에 김영주 목사가 김규식 장로와 함께 납북되었고 인민군이 예배당을 병원으로 사용하기 위해 징발함으로 교회가 폐쇄되었다. 부산 피난 시절 남성여중에서 예배를 드리다가 1953년에 교회가 다시 정비되었다. 3대와 4대 사이에 강태국이 임시 목사로 있었다. 윤경로, 『새문안교회 100년사: 1887-1987』(서울: 대한예수교장로회 새문안교회 창립100주년 기념사업회 역사편찬위원회, 1995).

서 교적부를 정비하고 구역 제도를 체계화했으며, 주일학교 조직 강화, 제직회 부서 신설 등에 힘썼다. 교회 운영에 있어 철저하게 민주적 절차를 도입했고, 엄격한 통계와 재정 관리 등으로 교회는 안정화되기 시작했다. 무엇보다도 한국 최초의 조직 교회라는 교회의 정체성을 부각시키면서 그 책임을 강조하고 사료 정리에도 관심을 기울였다. 또한 한국교회의 미래를 준비하며 차세대 지도자를 양육하는 일에 관심을 기울이면서 청년회에 깊은 관심과 애정을 쏟았다. 그 결과 청년 모임이 급속히 활성화되었다. 그는 언더우드 학술 강좌를 새로 기획하여 청년들에게 바른 국가관과 책임 의식을 키워주려고 노력했다.

1959년에 통합과 합동으로 교단이 분열되는 사건이 터졌다. 소위 에큐메니칼 그룹과 복음주의 그룹이 갈등하다가 분열하게 된 것이다. 새문안교회도 진통을 겪어야 했지만 당회가 강신명을 적극 지지함으로써 교회 분열의 위험은 일단락되었다. 그러나 1960년대 들어서 교단 분열은 "정치권력을 탐하는 목사들의 교권 다툼 때문"이라는 인식을 가진 청년들이 2차 문제를 제기하면서 다시 갈등이 촉발되었고, 결국 당회원과 교인 일부가 교회를 떠나 합동 측 교회를 세움으로써 일단락되었다.[65] 그것은 새문안교회와 강신명의 목회에서 가장 큰 위기였다.

교단 분열은 합동과 통합 양측 모두에게 부담이었으며 새문안교회도 그 후유증을 톡톡히 겪게 되었다. 물론 그 일 후에 교회는 바로 안정되었지만, 강신명은 교회 분열뿐만 아니라 교단 분열을 막지 못한 무거운 책임감을 느끼게 된다. 교단 분열은 표면적으로는 신학적 명분을 내세웠지만 그 이면에는 감정적 요인 및 교권 확보를 위한 갈등이 자리 잡고 있었기에, 이후 교단의 재결합을 위해 양측은 1960년대에만 세 차례나 만나 대화를 했

---

65 그들은 동산교회를 설립하고 박윤선을 설교자로 청빙했다.

으며 강신명은 그 중심에 서 있었다. 그는 자신의 신학적 의지와 관점을 양보하면서까지 분열을 막고자 노력했지만 양측의 불신이 더욱 심화되면서 합의점을 도출하는 것은 어려웠다. 문제가 되었던 WCC 탈퇴를 수용하면서까지 재결합을 시도했지만 교단 통합은 결국 무산되고 말았다. 하지만 여전히 강신명은 단일 교단의 민족교회를 만들고자 하는 바람을 가지고 있었다. 1963년에 예장 통합의 총회장이 되면서 그의 통합 의지는 더 강해졌고, 재결합을 위한 노력을 다각도로 펼친다. 그러나 한번 갈라진 교단을 다시 합치는 것은 쉬운 일이 아니었고, 1967년에는 교단 내에서 다시 그런 움직임이 일어나 합동원칙까지 제시되었지만, 통합 측 내부에서도 반대가 있었고 통합 측이 제시한 4개 항의 요구[66]를 합동 측이 거절함으로써 교단 통합을 위한 노력이 무산되고 말았다.

그는 비록 교단의 재통합을 이루지는 못했지만 교회 연합사업에 지속적인 관심을 기울인다. 그는 한국교회가 너무 교파 의식이 강한 것에 대해 늘 불편한 마음이 있었다.

> 나 자신도 북장로교 선교사들의 담당 지역에서 태어났고 나의 부모님들이 또 거기서 예수를 믿었기 때문에 장로교인이 되었을 뿐이다. 요즘 서울에서 볼 수 있는 것처럼 많은 교파가 있는 가운데 내가 교회를 선택하고 교파를 선택해서 장로교인이 된 것은 아니었다.[67]

---

66 "WCC에 대하여 용공주의 신신학 등의 그릇 선전한 것을 취소할 것, 연합사업은 계속하도록 할 것, 선교 동역자 문제는 상호 약정서에 따를 것, 신학교 문제는 문교부 규칙에 합할 것" 등이었다. 김명구, "교회와 민족을 위해 한 알의 밀알이 된 小竹 강신명 목사(23)", 「한국장로신문」, 제123호(2010년 6월 19일).

67 김명구, "교회와 민족을 위해 한 알의 밀알이 된 小竹 강신명 목사 (4)", 「한국장로신보」, 1213호(2010년 1월 16일)에서 재인용. 이것을 김명구는 강신명이 넉넉지 않은 여건과 건강의 문제로 마지막에는 계성중학을 졸업했지만 감리교 선교사가 세운 공주 영명학교를 다녔고, 또 숭실중학에서 공부했던 영향이 컸던 것으로 보인다고 이해한다.

그래서 그는 가능하면 교파의 벽을 뛰어넘으려고 했다. 이를 위해 1954년에는 조선신학교 졸업식에서 "네 발의 신을 벗으라"는 설교를 하기도 했고, 그의 동생이 기장 측의 목사가 되는 것도 마음에 두지 않았다. 나중에 강신명은 박형룡 측에서 그가 조선신학교에 가서 설교한 것을 가지고 비판할 때도 별로 괘념치 않았다. 오히려 그는 보수와 정통이라는 명목하에 교단이 분열된 것에 대해 마음 아프게 생각하면서 한국교회가 단일민족교회로 세워지는 일에 깊은 관심을 가졌다.

강신명은 대학 교육에도 남다른 열정을 보였다. 서울장로회신학교(현 서울장신대학교)는 1954년 39회 총회에서 총회야간신학교 설립을 결의한 이후 같은 해 서울 동자동의 동성교회에서 개교하여 김규당이 초대 교장을 역임했으며, 1962년에는 도동의 한성교회당으로 이전한다. 그는 1962년부터 1985년까지 약 20여 년 동안 서울장로회신학교 2대 교장을 역임하면서 학교 발전에 지대한 공을 세운다. 1963년에는 "총회야간신학교"에서 "서울장로회신학교"로 개명했고, 1969년에는 새문안교회로 교사를 이전했다.[68] 수업은 야간에 이루어졌다. 신학과와 성서과가 개설되었고 1980년 이후에는 교회음악과도 개설되었다. 교수진도 교파를 초월하여 좋은 강사를 영입하려고 노력했다.[69]

강신명이 이곳에 심어준 것은 "밀알 신학"이었다. 곧 심고, 인내하며 기다리고, 확신을 갖는 것이다. 그는 한국교회와 양들을 위해 한 알의 밀알이 될 것을 학생들에게 독려했고, 학생들은 현장에 나가서 힘차게 그 정신을 따라 목회했다. 학생 수가 많아지면서 그는 신설동에 동인교회 건물을 신축하고 학교를 이전시켰다. 학교는 수도권 교회의 부흥으로 인한 목회자

68 이때부터 소위 "새문안신학교"라는 별칭을 갖게 되었다.

69 채필근, 김도명, 방지일, 이연호, 이귀선, 김동수, 최중해, 민경배, 이동섭, 김규당, 배제민, 이종성, 문익환 등이 강의를 맡았다.

수급을 위해 1982년부터는 주간반도 생겨나면서 발전을 거듭하게 된다.[70]

강신명은 새문안교회에서 24년을 목회하고 1979년에 은퇴했다. 은퇴 후에는 1982년부터 약 4년 동안 모교의 부름을 받아 숭전대학교(현 숭실대학교) 총장을 지내면서 학교 발전에 앞장섰다. 그것은 복음이 교회 안에만 머물러 있어서는 안 되며 세상과 소통을 해야 한다는 생각 때문이었고 민족교회를 세워가기 위함이었다. 그는 교회가 사회를 이끌 수 있어야 하고 복음은 사회를 변화시키는 능력이 되어야 한다고 믿었다. 총장 시절, 그가 간절히 원했던 것은 숭실의 "창립 이념으로 돌아가는 것"이었다. 그가 총장직을 수락한 것도 명예욕 때문이 아니라 모교의 창학 이념을 새롭게 세우고, 복음의 터전 위에서 민족 지도자를 양성하고, 학문과 기술을 연마한 일꾼을 온전히 세우기 위함이었다.

그는 민족에 대한 책임 때문에 반공정신, 독재 거부, 민주화 등에 대한 염원을 가지고 있었지만 반독재투쟁에 직접 나서지는 않았다. 그가 정치적 문제에 직접 개입하지 않은 것은 민족교회에 대한 관점과 원칙이 있었기 때문이었다.[71] 그러나 신군부의 군사쿠데타에 의해 만들어진 제5공화국 초기의 입법회의와 국가조찬기도회 등에 참여한 것은 그의 오점으로 남는다. "전두환과 제5공화국이 그를 철저히 이용했고 역사의 희생자로 만들었기 때문"이며 강신명의 "신학적 신념과 민족적 사랑과 헌신, 과단성, 강직한 성품을 그렇게 왜곡시킨 것"[72]이라는 변명도 그다지 설득력 있게 다가오지 않는다. 당시 그는 단순히 한 개인이 아니라 한국교회를 대표하는 지도자였기 때문이다.

70 김명구, 『小竹 강신명 목사: 교회와 민족을 위한 한 알의 밀알 되어』(광주: 서울장신대학교출판부, 2009).

71 김명구, "교회와 민족을 위해 한 알의 밀알이 된 小竹 강신명 목사(36)", 「한국장로신문」, 제1250호 (2010년 11월 6일).

72 위 신문.

강신명은 어렸을 때부터 민족과 시대의 아픔을 잊지 말아야 한다는 교육을 부친으로부터 받았다. 그는 영적인 일(교회)과 세상적인 일(사회)을 이분법적으로 나누지 않았지만, 우선순위는 영적·내적인 일이었고 육적인 일과 민족을 위한 일은 그다음이었으며, 복음을 위한 일을 하면 그다음 것은 자연히 따라오는 것이라고 전망했다. 한글 사랑과 나라 사랑이 남달랐던 그의 부친은 그가 어렸을 적부터 한글 성경을 곁에 두고 늘 읽어주며 쓰게 했다. 후일 강신명이 300여 편의 동시와 동요를 작곡하게 된 것도 그의 부친의 영향이 컸던 것으로 보인다.[73] 그는 영락교회에서 찬양대 지휘를 하기도 했고, 새문안교회에서는 음악 활동을 강화했다. 서울장신대학교는 전교생 합창이 의무화되어 있었는데, 이는 음악에 대한 그의 관심 때문이었다.[74]

그는 동요에, 민족혼 보존과 한글 보존에 대한 열망뿐만 아니라 사회 교육과 계몽, 독립에 대한 열망까지 담았다. 그것은 "한없이 아름다운 우리말, 그 모태의 언어를 잊지 않아야 한다"는 의무감에서 비롯된 것으로, 동요를 통해 복음 증거와 민족혼 확립 및 민족의식 확산, 신앙과 역사에 대한 책임 의식을 드러내었다. 『아동가요곡선』 4번째 곡인 "유년주일학교 교가"에는 "무궁화 삼천리 화려강산에 우리 유년주일학교 영원토록 만세"라는 내용이 담겼고, 91번째 곡인 남궁랑 작사, 권태호 작곡의 "조선아기의 노래"에는 "꽃 피는 삼천리 방방곡곡에 조선의 아가야 우리 아가야" 등의 내용이

---

73 강신명은 자필 등사로 『兒童歌謠曲選』 초판과 증보판을 발행했다. 여기에는 자신의 곡과 박태준의 곡 등 타인의 작품도 함께 포함되었다. 초판에는 교회학교용과 사계절 관련 동요가 묶여 있다. 초판에는 주일학교 편이 90곡, 봄 편이 46곡, 여름 편이 46곡, 가을 편이 44곡, 겨울 편이 100곡으로 총 326곡이 수록되어 있다. 개정 증보판에는 70여 곡이 증대되어 399곡이 수록되어 있는데, 유치원 편과 비빔잡채 편이 추가되었다. 姜信明, 『兒童歌謠曲選 300曲』(平壤: 자필등사본, 昭和 11년[1936]); 『兒童歌謠曲選 300曲』, 증보개정판(平壤: 자필등사본, 昭和 15년[1940]). 이에 대한 연구로는 김광, "강신명의 아동가요곡선 300곡에 관한 연구: 주일학교 노래를 중심으로"(장로회신학대학교 교회음악대학원 미간행 석사학위 논문, 2000)를 참고하라.

74 강신명은 숭실전문학교 시절, 교수였던 선교사 마두원(Dwight R. Malsbary)을 통해 화성학과 작곡법을 배웠으며 동요 작곡에 대한 열망은 더욱 커졌다. 김명구, 『小竹 강신명 목사: 교회와 민족을 위한 한 알의 밀알 되어』.

담겨 있다. 이것은 당연히 문제가 될 수밖에 없었다. 1937년 강신명은 선천 경찰서에 구금되었다. 그는 "어린이들과 청년들에게 일치단결하여 독립을 목표로 하고 전진하자고 호소"한 것이자 "간접적인 독립운동"을 한 혐의로 정주지청으로 송치되어 재판을 받았고, 보안법과 출판법 위반으로 벌금형을 선고받았다.

그는 마지막까지 교회와 사회 그리고 하나님 나라의 일꾼을 세우는 사역을 감당하다가 1985년 6월 22일, 76세의 일기로 세상을 떠났다. 숭전대학 총장으로서 4년의 임기를 다 마치지 못한 상황이었다. 그는 위출혈로 수술을 받고 호전되었지만 재수술을 받고 회복되는 듯하다가 갑작스럽게 세상을 떠났다. 그는 민족과 교회를 위해 스스로 밀알이 되었던 사람이었다.

### (2) 설교사역과 신학적 특징

강신명이 세상을 떠난 지 2년 후에 출판된 그의 저작집에 150여 편의 설교가 나와 있다. 그의 삶의 이야기와 설교문에 나타난 설교의 특징을 몇 가지로 정리해보자.

첫째, 강신명의 설교는 본문을 중심으로 주제를 논증하는 형식의 설교다. 무엇보다 그의 설교는 탄탄한 논리를 중심으로 한다. 그는 주로 본문을 중심으로 풀어가는 설교 형태를 취하지만 종종 주제를 중심으로 성경 곳곳의 내용을 인용하여 설명하는 구조를 취하기도 한다. 예를 들어 사사기 16장을 본문으로 하고 있는 "오직 이 한 번만"(삿 16:23-30)이라는 제목의 설교문은 여호수아가 가나안 정복 후 땅을 나누어준 다음에 세상을 떠났다는 이야기로부터 시작한다. 그는 사울이 왕으로 등극하기까지 약 400년 동안이 사사 시대였다는 설명으로부터 시작하여, 삼손의 이야기로 연결한다. 본문을 다시 들려주는(retelling) 기법을 통해 본문을 설명하다가 "머리가 자라기 시작하니라"라는 구절에 초점을 맞춘다. 그는 삼손이 자신의 잘못을 뼈저리게 깨닫고 "오직 하나님의 도우심으로 새 힘을 얻을 수 있다는 것을 확실히 깨달았다"고 전제한다. 이어서 "이 한번만 하나님께서 자신에게 힘을 더하여 주심을 간구했다"는 삼손의 마지막 애원에 대해서 설명한다. 그는 말씀을 회중들의 삶에 적용하면서 다음과 같이 결론을 맺는다.

> 우리들이 살아가다 보면 또 일을 하다 보면 마지막에 가서 조금만 힘을 보태준다든지 조금 밀어주기만 한다면 쉽게 그 목적을 달성할 수 있는 경우가 많이 있다. 그러므로 삼손의 기도와 같이 이 한 번만 더 온 정성을 기울이고 힘을 합치고 그리스도인 하나하나가 나의 일로 알고 모두 다함께 우리의 책임을 완수해야 할 것이다.[75]

그는 굉장히 논리적으로 탄탄하게 설교를 전개한다. 하지만 성경을 통시적이고 거시적으로 보기보다는 미시적으로 보는 까닭에, 본문 말씀이 정말 "이 한 번만 더"라는 자세로 정성을 다하라는 메시지였는가 다시 한번 생각해보게 한다. 또한 강신명은 당시에는 다소 파격적인 형태인 인물 설교, 연속적 강해설교, 이슈 중심의 연속설교를 진행했다. 그는 "치료자 예수", "예수의 비유"라는 주제로 시리즈 설교를 진행하기도 했으며 인물 중심의 설교를 시리즈로 하기도 했다.

둘째, 강신명의 설교에는 민족교회를 추구하는 내용이 중요한 주제로 등장한다. 그는 평생 민족교회를 추구했다. 그것은 교파를 초월해서 하나의 교회가 되어 복음으로 민족을 살리는 것이었다. 그러나 그는 장로교회가 세 번씩이나 분열되는 시대의 중심에 서 있었고, 그가 평생 마음을 쏟았던 새문안교회에서도 두서너 차례 교인들끼리의 분열과 반목을 경험했다. 그

75 강신명, "오직 이 한번만", 강신명, 『姜信明信仰著作集 1: 설교』(서울: 기독교문사, 1987), 64-66.

는 일부 교인이 교회를 떠나 다른 교단에 소속된 새 교회를 세운 일 때문에 평생 꿈꾸어온 신학적 소신이자 열망이 무너지는 아픔을 겪기도 했다. 그래서 그는 설교에 그런 염원을 더 간절히 담았다.

> 오늘 한국교회의 지상 과제가 무엇이며 우리의 당면 과제는 무엇이겠는가? 교회가 시대에 앞장서지 못할망정 여기에 뒤져서는 안 될 것이 아니겠는가? 이 우주시대에 즈음하여 우리의 교회는 이제는 내 교회, 내 교파 시대는 이미 지나갔다고 해도 과언은 아닐 것이다. 이 말은 우리의 신앙노선을 버린다든지 우리의 기본 신앙신조를 부인하거나 폐기하자는 것은 아니다. 이제는 우리 교회가 무엇을 하고 또 했다는 이야기를 하고 있을 때가 아니라고 생각한다.…우리의 교회는 하나로 뭉쳐야겠고 국민 앞에 믿음의 씨앗을 뿌려서 정신적·신앙적 통일을 이룩하고 일단 국토의 통일을 보게 될 때, 유물 사관에 입각하여 교육받은 가나안의 토민처럼 거친 성품의 인간들을 하나님의 형상대로 지음을 받은 인간 본연의 위치로 회복시키는 중요 과제가 있는 만큼 여기에 대한 치밀한 계획과 방안을 세워서 일해야 한다.[76]

셋째, 강신명은 회개와 화해의 메시지를 설교했다. 교회와 국가의 재건은 강신명의 사역 기간에 가장 중요한 과제였다. 재건을 위해서 필요한 것은 삶의 돌이킴과 회개였다. "미스바와 에벤에셀"이라는 설교문에서 그는 다음과 같은 회개의 메시지를 담아낸다.

> 6·25의 비극의 원인도 사회적으로는 여러 가지로 말할 수 있겠지만 신앙적으로는 민족의 제사장인 교역자들과 교회가 하나님 앞에서 범죄했기 때문

---

76 강신명, "대담한 진군을 격려함", 강신명, 『姜信明信仰著作集 1: 설교』, 54.

이라고 하겠다. 돌이켜 생각해보건대 하나님의 은혜로 해방을 맞이하게 되었건만 옥고를 치른 이른바 옥중 성도와 현실파로 인한 교회의 혼란과 분열 분규로 마침내 강대상에 오물세례란 한국에서만 볼 수 있는 특별한 용어까지 등장하게 된 교회의 죄악을 정직하게 참회 반성하고 회개해야 할 것이다. 그러면 일반 사회적으로는 범죄가 없느냐고 하면 있다. 그러나 하나님은 불신자들의 죄악보다는 신자들의 죄를 더 참을 수 없다는 것이다. 평신도들의 죄보다 성직자들의 죄를 더 엄격히 다스리는 것을 알 수가 있다.…민족의 죄가 죄였던 만큼 비극을 없이하고 하나님의 축복을 받기 위해서는 하나님 앞에 죄를 회개하고 하나님께 돌아오는 것이다.…죄는 개인과 국가를 파멸로 이끌어가지만 죄를 참회하고 우상을 버리고 하나님께로 돌아올 때, 하나님은 미스바에서 들으시고 응답하사 에벤에셀의 승리를 가져다주신다. 그러므로 우리는 거국적 회개와 미스바의 구국 기도회를 가져야 하겠다.[77]

회복에는 반드시 회개가 요구된다. 회개는 긍휼에 풍성하신 하나님의 인자를 받는 유일한 채널이 된다. 그러나 무엇보다도 중요한 것은 회개가 단순히 개인적이고 내적 차원이 아니라 삶 전체에 걸쳐 통회자복하는 차원으로 이어져야 한다는 점이다.[78]

해방 후 한국 사회는 수많은 갈등을 겪고 있었다. 그리고 전쟁의 아픔과 쓰라린 상처를 경험했다. 신학적·교리적 갈등으로 인해 교회가 분열하는 아픔을 겪을 때, 이념적·지역적·교파적·사회적 갈등을 겪을 때 화해의 메시지가 필요했다. 그는 49회 총회 석상에서 행한 "한국교회의 자기비판과 반성"이라는 제목의 설교에서 자기 자신의 문제점이 무엇인지를 성찰하

77 강신명, "미스바와 에벤에셀", 강신명, 『姜信明信仰著作集 1: 설교』, 71-73.

78 강신명, "참회의 성회", 위의 책, 184-86.

도록 계속해서 초청한다. 그는 가인이 살인자가 아니라 화해자여야 역사가 살고 교회가 산다는 사실을 깨달았다.

> 오늘 우리에게도 나만이 복음에 충실했고 나만이 주님의 몸 된 교회를 충성스럽게 지켰고, 교회 안과 밖에서 오는 모든 시련을 참아가면서 진리의 수호자로서 임무를 완수했다는 자부심은 없습니까? 내가 속한 교회가, 내가 속한 교단이, 내가 관계하고 있는 기관이 이 가시밭 험한 길을 걸어오면서도 이만큼 자란 것은 내 힘이라고 알게 모르게 자부하고 자랑하지는 않았는지요? 여호와 하나님께서는 이 시간에도 "네가 어디 있느냐?" "네 아우가 어디 있느냐?" "네가 어찌하여 여기 있느냐?"고 말씀하시고 계심을 생각해보았습니까? "네가 어디 있느냐?"는 말씀은 우리 자신이나 교회가 여호와 하나님께서 기대하시고 찾으시는 그 자리, 그 위치에 있지 못하기 때문이 아니겠습니까? "네 아우가 어디 있느냐?"는 말씀은 우리가 왕왕 우리의 형제와 같이 있어야 할 터인데 그렇지 못할 뿐 아니라 형제를 수호해야 할 우리가 도리어 형제를 헐뜯고 결국 가인의 후예로서 아벨의 후손들을 없애버리려고 꾀하고 행동한다는 것이 아니겠습니까?[79]

## 박형룡 목사: "정통 보수"의 깃발을 든 설교자

### (1) 생애와 사역

박형룡 목사(1897-1978)는 대한제국이 창건되던 해에 평북 벽동에서 박기수

79 강신명, "한국교회의 자기 비판과 반성", 한국교회 120인 설교집 편찬위원회, 『한국교회 120인 설교집』(서울: 한국기독교총연합회, 2006), 168-69.

의 네 아들 중에 장남으로 출생했다. 그는 불신 가정에서 출생했지만 청소년기에 부흥사 김익두의 설교를 듣고 기독교 신앙에 입교했으며 벽동교회에 출석하면서 예수천당의 주인공 최봉석에게 세례를 받았다. 그는 선천의 신성중학과 숭실전문학교를 졸업했다. 그 후 그는 중국과 미국에서의 유학 생활을 시작했다. 먼저 중국 남경의 금릉대학 영문과에 편입하여 3년 후인 1923년에 졸업한 다음 선교사의 권유로 미국 프린스턴신학교로 유학을 떠나 신학사와 신학석사 학위를 받았다. 그는 그곳에서 찰스 하지와 그레샴 메이첸에게 큰 영향을 받았다. 그리고 이 시기부터 평생 기독교 진리를 변증하는 일에 전념하게 되었다.[80] 그는 1927년부터 루이빌에 있는 남침례교신학교 박사과정에서 변증학을 공부한 후 졸업 논문을 남겨두고 1929년 귀국했다.

그는 귀국 이후 숭실전문학교에서 강사로 활동했고, 산정현교회 전도사로 사역했으며, 1930년에는 평양장로회신학교의 교수가 되었다.[81] 그는 1931년 산정현교회에서 있었던 평양노회에서 목사안수를 받고 산정현교회의 부목사로 사역하기도 했으며, 1932년에는 박사학위를 받았다.

그가 한국의 보수주의 신학자로 발돋움을 한 계기는 김재준과의 성경무오설 논쟁 때문이었다. 자유주의 신학에 영향을 받은 선교사들을 통해서 제기되었던 성경무오설 논쟁에 대해 김재준이 「신학지남」에 성경무오설을 반대하는 글을 실었고, 이에 분개한 박형룡은 그를 이단으로 정죄하면서 앞으로 글을 싣지 못하도록 했다. 또한 그는 아빙돈 주석이 번역되어 나온 사건과 관련해서는 바른 성경주석의 필요성을 역설하며 교단 안에 표준성

80 미국으로 가는 중에 선상에서 읽은, 일본 유학생들이 발행하는 잡지인 「학지광」에 실린 기독교를 공격하는 내용의 글을 읽고 충격을 받아 그는 이 일을 평생의 과업으로 삼았다.

81 남궁혁, 이성휘에 이어 세 번째 한국인 교수였다. 1930년에는 임시교수직이었으며 1931년 4월부터 전임교수로 임용된다. 박아론, "죽산 박형룡 박사의 생애와 신학", 박용규 엮음, 『죽산 박형룡 박사의 생애와 사상』(서울: 총신대학교출판부, 1996), 140.

경주석 위원회를 설치하고 위원장을 맡아 주석 편찬 작업에 들어간다.

신사참배의 부당성을 신학적으로 역설하던 박형룡은 총회가 신사참배를 가결하고 이에 반대하는 평양장로회신학교도 문을 닫게 되면서, 일본 도쿄로 가서 신학 연구의 시간을 보냈다. 신사참배를 할 수 없어서 피신한 것이었다. 그는 1943년 만주 봉천신학교의 초청을 받아 교수로 재직하다가 해방을 맞는다. 그는 동북신학교로 개명한 그 학교의 교장으로 근무하다가 새로 설립된 고려신학교 교장으로 청함을 받고 1947년에 귀국한다. 그러나 그는 평양장로회신학교를 계승하려는 의지를 가진 장로회신학교가 서울에 개교하면서 1948년 그곳의 교장으로 취임한다. 장로회신학교는 한국전쟁 중 피난지인 대구에서 문을 열었고, 그는 그곳에서 교수로서 시간을 보낸다. 종전 후에는 서울로 올라와 교수 생활을 계속하다가 통합과 합동으로 장로교총회가 분열되면서 총회신학교의 교수와 교장직을 수행하다가 1972년에 은퇴했다. 그는 은퇴 후 계속적인 연구와 집필의 시간을 보내다가 1978년 82세의 나이로 세상을 떠났다.[82]

한국교회 "보수주의 신학"의 대표라고 할 수 있는 박형룡은 교의신학에 대한 많은 책을 저술하였다. 그의 신학은 "청교도적 개혁주의 정통 신학"이라는 이름으로 정리된다.[83] 그는 한국장로교회가 성경을 정확무오한 하나님의 말씀으로 믿고 열심히 연구하여 신앙과 삶의 유일한 법칙으로 삼아왔다고 주장한다. 그는 성경무오설과 축자영감설에 근거하여 "비타협적 보수주의 신학"의 입장[84]을 견지함으로써 근본주의적 경향을 띤다. 김의환은 박형룡의 신학을 "미국 프린스턴 신학의 전통을 이은 개혁주의 정통 신학"이라고 규정하고 그가 정통 신학을 보수하는 데 여생을 바친 보수 신학자였

82 위의 책, 142-43.

83 박형룡, "한국장로교회의 신학적 전통", 「신학지남」, 43권 3집(1976년 가을호), 19-22.

84 박아론, "죽산 박형룡 박사의 생애와 신학", 151.

다고 주장한다. 그러면서 그를 교회의 신학자, 변증신학자, 신근본주의적 경향의 신학자 등으로 규정한다.[85]

### (2) 설교사역과 신학적 특징

박형룡은 주로 신학을 연구하고 후학을 가르친 신학자였지만, 평양 산정현 교회에서 동사목사로 사역하면서 설교자로서의 삶을 살았고, 목회자를 위한 설교자로서 계속 설교했던 사람이다. 박형룡은 대부분의 설교를 완벽하게 원고로 작성했기 때문에 많은 설교문들이 남아 있고 사료 가치도 높은 편이다. 그는 『믿음을 지키라』는 설교집을 시작으로 다섯 권의 설교집을 출판했다.[86]

첫째, 박형룡의 설교는 그의 신학과 마찬가지로 전통적인 신앙을 고수하는 경향이 강하게 나타난다. 앞서 언급한 대로 그가 말하는 전통적인 신앙이란 청교도 개혁주의 신앙이다.[87] 그는 신앙생활에 있어 진리수호가 중요하며, 그것을 온전히 이루지 못했을 때 신앙과 교회를 지킬 수 없다고 생각했다. 그는 "이스라엘이 이스라엘인 이유는 그 조상 때부터 유일하신 하나님만을 신앙하는 변함없는 굳은 믿음"을 지켜왔기 때문이라고 단정하면서 "하나님의 백성이 하나님을 진실히 공경하는 것이 영구히 수성하는 근본 방법이요, 하나님을 배반하고 우상을 섬김은 패망할 준비"라고 규정한다. 그는 그리스도인으로 산다는 것은 "참 신앙을 보수하는 일"이라고 말한다.

---

85 김의환, "박형룡(朴亨龍) 신학", 박용규 엮음, 『죽산 박형룡 박사의 생애와 사상』, 245-55.

86 1권은 1941년에 『믿음을 지키라』, 2권은 1953년에 『우리의 避難處』, 3권은 1954에 『남은 百姓』, 4집은 1955년에 『逆境의 恩寵』, 5권은 1977년에 『박형룡 박사의 설교집』이란 이름으로 출판되었다. 그 이후 그의 저작집에 함께 묶어져서 나왔다. 1권은 초기의 설교이며, 2-5권은 한국전쟁을 전후하여 어려움 가운데 있는 사람들을 위로하기 위한 목적으로 발간한 것이며, 5권의 후기의 것이다. 설교집을 보기 위해서는 朴亨龍, 『朴亨龍 博士 著作 全集』, 18-20권(서울: 韓國 基督敎敎育 硏究員, 1995-1981)을 참고하라.

87 朴亨龍, 『朴亨龍 博士 著作 全集』, 18권, 12-13.

기독교의 수성기를 앞에 두고 사도 바울이 갈라디아서에서 큰소리로 부르짖은 것은 다른 복음을 좇지 말고 자기가 가르친 것 외에 다른 복음을 전하면 하늘에서 온 천사라도 저주를 받으리라 했습니다. 그 후 교회에 다른 복음이 많이 나타나서 교리적 분쟁이 많았지만 정통 신앙은 옹호되어 기독교의 존재가 남은 것입니다. 기독교가 19, 20세기에 와서 선교운동으로 문자 그대로 땅 끝까지 이르렀던 대성공은 찬하할 만하나 다른 복음이 무수히 일어났습니다. 교회 안에서 교회 밖에 있는 학술 사조와 타협하기 위해 과학에 맞는 기독교, 심리학에 맞는 기독교, 사회학에 맞는 기독교, 철학에 맞는 기독교를 주창했습니다. 그래서 다른 복음을 따를까 말까 하며 20세기 교회는 방황하고 있습니다. 조선교회 50년을 축하하는 오늘 기쁘고 감사한 것이 많습니다. 그러나 서양의 다른 복음이 틈틈이 들어와서 문단, 강단에서 전파되니 우리 교회의 만년대계로의 수성 방침이 무엇입니까? 여러 가지를 제안할 수 있겠지만 그중 전통신앙을 보수함입니다.[88]

둘째, 박형룡의 설교에는 변증적 요소들이 많이 나타난다. "초자연적 도태"라는 설교에서는 진화론자들의 자연도태라는 주장을 변박한다. 그는 "나는 진화론을 믿지 아니하며 반진화론의 입장에서 천지창조의 성경적 진리를 해설하기에 노력하는 자"라고 자신의 입장을 설명하면서 이를 고린도전서 1:27과 연결하고, 진화론자들은 자연도태를 말하나 성경은 초자연적 도태를 말한다고 주장한다.[89] 그는 진화론자들의 주장을 점검하면서 그것을 이용하여 성경의 진리를 전하는 변증의 독특한 형태를 보여준다. "예수는 왜 죽으셨나?"라는 제목의 설교에서는 한 프랑스 지식인의 해석과 미국인 부

88 박형룡, "참 신앙을 보수하자", 『朴亨龍 博士 著作 全集』, 19권, 249-51.

89 박형룡, "초자연 도태", 『朴亨龍 博士 著作 全集』, 18권, 17.

쉬널의 도덕적 감화설을 소개한 다음, 성경은 그런 해석을 결코 용납하지 않는다고 말한 이후 성경적 진리를 제시한다.

> 예수님은 왜 죽으셨습니까? 예수님은 왜 골고다의 십자가 위에서 참혹한 죽음을 죽으셨습니까? 그것은 죄인의 괴수인 나의 죄를 담당하시어 내가 죽을 대신에 주님이 죽어주신 것입니다. 내가 예수님을 믿기 전의 모든 죄, 믿는 이후에 지은 죄, 과거에 지은 모든 죄, 현재 짓고 미래에 지을 모든 죄를 대속하기 위해 죽으신 것입니다.[90]

1948년 부산 용두산에서 부활주일 새벽에 행한 "부활의 당연성"이라는 설교에서는 "그리스도의 부활은 그의 고난과 함께 여러 선지자들이 예언한 바였으니 당연히 있을 일"이고, "이스라엘의 모든 선지자들이 예언했을 뿐 아니라 이스라엘 이외의 세계 만국의 종교적 시령들이 무의식적으로 예기(豫期)한 바였으니 당연히 있을 일"이며, "해(害)를 받은 후에 영광을 얻게 된다는 천연공리(天演公理)의 실증이니 이 사실이 있음이 당연"한 것이라는 대지를 통해 부활에 대해 변증한다.[91] 이렇듯 그의 설교에는 변증의 특성이 강하게 나타난다.

셋째, 박형룡은 모두가 어렵고 힘든 시간을 보냈던 민족적 상황을 고려하여 위로의 내용을 자주 설파했다. 그는 피난민들의 상황을 헤아려 하나님은 육체적 피난처와 정신적 피난처가 되신다는 두 개의 대지를 통해 하나님만이 우리의 진정한 피난처가 되신다는 위로의 메시지를 전했다.

---

90 박형룡, "예수는 왜 죽으셨나", 『朴亨龍 博士 著作 全集』, 18권, 223.

91 박형룡, "부활의 당위성", 위의 책, 123-25.

평양과 서울에서 이곳까지 피난처를 찾아온 우리들은 근본적 피난처인 하나님의 품에 참된 신앙으로 의지하여 떠나지 말고 항상 동거하며 묵상하고 기도를 통하여 그의 임재를 느낌으로 참되고 영구적인 피난처를 경험합시다.…하나님은 우리의 영혼에 평화와 기쁨을 주시는 정신적 피난처이십니다. 신앙으로 하나님께 의지하여 생사화복(生死禍福)을 전부 그에게 맡기어 영적으로 하나님의 품에 안긴 사람이 진정한 피난처를 찾은 사람입니다.…이 자리에 가득히 모여든 피난성도 여러분! 육체적 고난의 피난에도 하나님께 피난하고 정신적 고난의 피난에도 하나님께 피난하십시오. 하나님만이 우리의 진정하고 영원한 피난처이십니다.[92]

넷째, 박형룡은 목회자를 위한 설교자로서, 신학 저술과 설교를 통해 목회자를 세워갔다. 남산 신궁터에 평양장로회신학교의 전통을 잇는 장로회신학교가 세워졌을 때 교장으로 부름 받은 박형룡은 한 설교에서 다음과 같이 주장한다.

오늘날 우리 장로회신학교는 다 파괴된 폐허에서 중건의 공사에 착수되고 있습니다. 우리 대한예수교장로회는 초대 반세기 전에 순복음주의 전통신학을 가르치는 유일한 신학교의 신학적 지도를 받아 하나님의 은혜를 특별히 받고 크게 왕성했던 것입니다. 그러나 10여 년 전의 대박해 하에 유일 신학교가 폐교되어 없어지니 우리 장로교회는 참된 신학의 지도를 받지 못하고 10여 년을 여러 가지 사상적 침략과 유혹 밑에서 지내왔습니다.…그러나 오늘날 신앙자유의 신천지가 전개된 이때 우리의 신국가 건설과 보조를 맞추어 전국 교회의 바람이던 정통 신학교의 재건이 이곳에서 실현되니 이

---

92 박형룡, "우리의 피난처", 위의 책, 152-66.

것이야말로 한국교회 역사상 중대한 의의를 가지는 대사실입니다.…우리는 우리의 신학교가 10년 전에 무너졌던 정통 신학교의 중건이라는 사실을 깊이 인식하여야 합니다. 자유주의 신신학을 결코 용납할 수 없고 우상숭배와의 타협을 결코 용납할 수 없어서 폐교했던 그 신학교의 중건입니다. 내가 해방 이후 만주 동북신학교에서나 부산 고려신학교에서나, 이번 본교 개교 시에나 입학 생도들에게 엄숙히 질문한 것은 과거 신사참배한 죄를 회개했느냐 함이었고 자유주의 신신학의 사상을 받은 인물을 극히 주의한 것은 이 때문이었습니다. 이 두 가지 과오를 회개, 또는 경계하고 옛날의 우리 정통 신학으로 돌아가는 것은 한국교회 부활의 첫째 되는 기초이며 근본방침입니다.…그러므로 이제 중건되는 우리 장로회신학교의 교육을 받는 젊은 신학도 여러분은 모든 심오한 신학적 지식 위에 반드시 이 두 가지 과오를 철저히 청산하므로 우리 교회의 부흥을 반드시 성취해야 할 것입니다.[93]

그러면서 그는 장차 설교자가 될 젊은 신학도들에게 "신자가 되라, 학자가 되라, 성자가 되라, 전도자가 되라, 목자가 되라"고 외친다.[94] 또 그것은 우리 힘으로는 이루기 불가능하지만 하나님의 도우심으로 가능하므로 그분의 도우심을 구해야 한다고 외친다. 그는 설교자를 위한 설교자로서의 사역을 평생 힘차게 감당한 지성적 영성의 소유자로서, 신앙을 확립하고 수호하도록 설교자들을 독려했다.

박형룡은 자유주의의 도전에 대항하여 교회를 지켜내려는 열정을 가진 설교자였음에 틀림이 없다. 그러나 그는 자유주의와 보수주의라는 이분법적 틀로 모든 것을 바라보았고, 중간 지대가 없는 폐쇄적인 근본주의자였

---

93 박형룡, "선지학교의 중건", 『朴亨龍 博士 著作 全集』, 18권, 129-31.

94 박형룡, 『朴亨龍 博士 回顧錄』, 정성구 편(서울: 총신대학교출판부, 2011), 160. 설교 원문에는 '신자' 대신에 "경영자가 되십시오"로 되어 있다. 위의 책, 132.

다. 그는 "표준"이라는 단어를 좋아했는데, 그의 신학 연구와 설교사역의 중심을 이룬 표준은 다름 아닌 영미 청교도 개혁 신학이었다. 그러나 그가 포괄적 복음주의보다 근본주의 경향으로 선회하면서 장로교회는 수많은 교단의 분립이라는 문제를 낳게 되었다. 그래서 그에 대한 다른 장로교단의 비판은 날카롭다. 그를 가리켜 기독교장로회 측은 "바리새적이고 교리주의적인 보수주의 대부"라고 부르고, 고신 측 장로교는 "개혁 운동의 대의를 저버린" 사람으로 평가하며, 통합 측 장로교회에서는 "좁은 마음의 극단적 근본주의자, 분리주의자"로 평가한다. 혹은 "세계교회의 흐름을 따라가지 못하는 분리주의적 근본주의자"로 보기도 하고, 새로운 학문에 대한 두려움을 가지고 "자기 의(義), 분리주의적 성향, 문화적 패배주의, 반지성주의"에 사로잡혀 점차 아웃사이더가 되어간 존재로 평가하기도 한다.[95]

평가는 다를 수 있지만 그는 교회와 그리스도인들을 향한 열정으로 살았던 설교자였음에 틀림이 없다. 그가 세상을 떠나기 1년 전에 평생의 작품들과 설교가 저작전집으로 출간되었는데, 여기 실린 발간사를 통해 노설교자의 염원을 엿볼 수 있다.

> 한국 장로교회의 전통적 정통 신학을 보수 전달하려는 일편단심(一片丹心)이 움직이고 있다는 것만은 전국 교계가 알아주시면 합니다. 이 정통 신학을 보수 전달하려는 단심의 노력이 어느 정도의 효과를 내었는지…의문입니다. 그러나 이 노력을 후계하여 바른 신학을 위해 선한 싸움을 싸우는 그리스도의 정병들이 이 땅에 많이 일어나기를 진심으로 염원합니다. 그리스도의 복음 진리의 참된 교훈이 이 땅에서 영속하기를 하나님께 비는…기도는 생명의 끝날까지 계속될 것입니다. 밤나무, 상수리나무가 베임을 당하여

95 장동민, 『박형룡: 한국 보수신앙의 수호자』(서울: 살림, 2006), 271, 6, 11.

도 그 그루터기는 남아 있는 것 같이 거룩한 씨가 전 당의 그루터기가 되기를 바랍니다.[96]

## 김재준 목사: 사회 변혁과 정의를 외친 설교자

### (1) 생애와 사역

장공 김재준 목사(1901-1987)는 아오지 탄광으로 유명한 함경북도 최북단에 위치한 경흥군의 산촌에서 김호병의 2남 4녀 중 둘째 아들로 출생했다. 그는 어렸을 적 아버지에게서 한학을 배웠으며, 향동학교와 고건원보통학교에서 공부했고 회령의 간이농업학교에서도 공부했다. 그는 회령군청에서 세무직원으로 3년간 근무했고 결혼하고 나서는 웅기금융조합으로 직장을 옮겼다. 그는 그곳에서 두만강을 건너는 수많은 애국지사들을 대하면서 민족의식에 눈뜨기 시작한다. 또 20세 때 남대문교회의 전도사로 있던 송창근을 만나면서 인생의 전기를 경험하게 된다. 송창근은 독립운동가 이동휘가 경영하는 군관학교에 다니던 청년이었다. 김재준은 학교 운영이 어려워 시베리아로 떠나는 송창근에게서 "너는 본국으로 돌아가 신학을 공부하고 목사가 되라"는 말을 듣고는 신학 수업을 받고 3·1운동으로 구속된 함태영을 대신해 교회 사역을 하고 있었다.[97] 요양 차 고향에 온 그는 서울로 가서 공부를 하라는 권유를 받고 서울로 왔지만 나이 때문에 일반 학교는 포기하고 중동학교에 입학했다.

---

96 박형룡, "전집 출간에 즈음하여", 『朴亨龍 博士 著作 全集』, 19권, 8-9.

97 김경재, 『김재준 평전: 성육신 신앙과 대승 기독교』(서울: 삼인, 2001), 19.

서울 생활을 시작한 김재준에게 일어난 가장 큰 사건은 승동교회에서 집회를 인도하던 김익두의 설교를 들은 것이다. 그는 “가슴이 뜨겁고 성령의 기쁨이 거룩한 정열을 불태우는” 체험을 하면서 말씀이 꿀송이 같았고 기도에 열심을 갖게 되었으며, 믿음의 결단을 한 “영의 사람”이 되었다.[98] 그 후 그는 송창근의 도움으로 일본 도쿄에 있는 아오야마학원(青山學院) 신학부에서 공부하게 되었다. 그곳의 자유로운 학풍은 그에게 평생의 학문적 자산이 되었다. 3년간의 신학 공부를 마친 후 그는 1928년 도미하여 미국의 프린스턴신학교에서 1년간 수학하는 동안 한경직, 윤하영, 김성락, 송창근 등을 만나 함께 공부한다. 그는 그곳에서 송창근, 한경직과 맹우(盟友)가 되었고 한국교회를 위해 함께 일하자는 꿈을 나누게 된다.[99] 김재준은 그곳에서 근본주의 신학자였던 그레샴 메이첸을 만나지만 일본에서 받은 신학적 영향력 때문에 그를 수용할 수 없었다. 그는 경제적 이유로 웨스턴신학교(현 피츠버그 신학대학원)에서 구약신학을 공부하고 석사학위를 받았다. 그는 더 공부하기를 원했지만 경제 대공황까지 겹쳐서 고학생 신분으로 미국에서 학업을 이어가기가 어려워 귀국길에 오르게 된다.

그는 귀국하여 평양 숭인상업학교의 교사와 교목으로 조국에서의 사역을 시작한다.[100] 그리고 선교 50주년 기념으로 발간한 『아빙돈 단권 성경주석』 번역에 참여하게 되었다. 이것은 총회에서 큰 문제가 되었다. 채필근, 송창근, 한경직, 김재준 등이 역자였는데 역사비평학에 기초한 주석서였기 때문에 총회의 금서가 되었고, 결국 번역자들은 「신학지남」에 교회에 소란을 끼쳐 미안하다는 사과문을 게재하기에 이른다.

---

98 장공 김재준 목사 기념사업회, 『장공 김재준의 삶과 신학』(오산: 한신대학교출판부, 2014), 36

99 천사무엘, 『김재준: 근본주의 독재에 맞선 예언자적 양심』(서울: 살림, 2003), 73. 그때 송창근은 목회신학, 한경직은 신약, 김재준은 구약을 공부하고 있었다.

100 그 학교는 조만식 등 한국인 몇 사람이 세운 학교였으며, 신의주제2교회 담임으로 떠나는 한경직의 후임이었다.

당시 평양은 신사참배 문제로 홍역을 치르고 있었다. 평양에서 보낸 3년은 그에게 힘든 시간이었지만 그 기간 동안 김정준, 정대위 등 좋은 후배들과 함께 산정현교회에서 새벽기도 모임을 가졌다. 그도 신사참배 강요를 받고 있었기 때문에 학교를 사임하고 간도의 은진중학 교목으로 갔다. 그곳은 반일 민족 교육의 상징이었던 곳이었고, 그는 그곳에서 교사로 재직하게 되었다. 당시 은진학교에는 강원용, 안병무, 김기주, 신영희, 이상철 등이 학생으로 있었고, 그들은 대대적으로 농촌계몽운동을 벌이고 있었다. 김재준은 그곳에서 말씀을 전하고 예배를 인도했다. 그는 은진학교에서 근무하며 1937년 동만노회에서 목사안수를 받았고, 평양에서 학교를 그만둔 다음에 꾸준히 써왔던 "순교자 열전"을 출판하려다가 검열에 걸려 원고를 압수당했다. 그러나 그는 검열이 필요 없던 정기간행물인 「십자군」을 발행한다.[101]

1939년 김재준은 은진학교를 사임하고 서울에 와서 조선신학원 설립에 관한 실무 책임을 맡게 된다. 신사참배 강요로 인해 당시 평양장로회신학교는 폐교된 상황이었다. 우여곡절을 겪으면서도 1940년 3월 경기도청으로부터 인가를 받아 승동교회 지하실에서 조선신학원이 시작되었다. 교수진은 윤인구와 김재준이었고 교장의 업무를 보던 그는 "설 땅에 서게 된" 것으로 의미를 부여했다. 교육이념 5개 항목 중 "경건하면서 자유로운 연구를 통하여 자율적으로 가장 복음적인 신앙에 도달하도록 지도"한다는 항목과 "조선교회의 건설적인 실재면을 고려하는 신학이어야 하며 신앙과 덕에 활력을 주는 신학이어야 할 것"이라는 항목이 눈길을 끈다.[102] 이때 조선 사

---

101 이것은 30호까지 발행하다가 1938년 2월 이후 검열 규정이 까다롭게 바뀌면서 발행을 중지한다. 송창근은 부산에서 「성빈」(聖貧)을, 전영택은 서울에서 「새사람」이란 월간지를 내고 있었다. 김희헌, "장공 김재준의 생애와 신학", 김성수 외 9인 공저, 『한국 신학의 선구자들』(서울: 너의오월, 2014), 143; 천사무엘, 『김재준: 근본주의 독재에 맞선 예언자적 양심』, 101.

102 주재용, "장공 김재준의 생애와 사상", 한국문화신학회 편, 『이용도 김재준 함석헌: 탄신 백주년기

람에 의해, 조선 사람이 교육을 받는 장을 세우려고 했던 승동교회 장로이자 선각자 김대현의 헌신이 큰 역할을 했다. 신학교육의 필요성을 느낀 총회는 28회 총회에서 조선신학원을 새로운 교단 신학교로 인준했다.

하지만 교단 내의 서로 다른 신학적 입장 때문에 인준에 대한 의견이 갈렸다. 곧 새로운 신학교 설립은 선교사들에 대한 배신이라고 주장하는 근본주의 보수 그룹과, 선교사들의 시대는 끝났으니 조선인의 주체적인 신학교육이 필요하다고 이해하는 개혁 진보 그룹으로 나뉘었다.[103] 그는 성서비평학 수용 여부로 총회와 갈등을 겪게 되고 박형룡 등의 신학자들로부터 성서의 문자적 무오설(축자영감설)을 부정한다 하여 자유주의 신학자, 신신학자, 이단이라는 등의 공격을 받게 된다. 그러나 김재준은 그것이 근본주의의 공격이라고 생각했으며, 그 한계를 알고 있었기에 진보적 교육 이념을 지키려고 했다. 여기에 송창근과 한경직도 교수진으로 합류했고, 그 어간에 각각 한경직은 베다니교회(영락교회), 송창근은 바울교회(서울성남교회), 김재준은 야고보교회(경동교회)를 창립한다.[104]

그의 성서관에 대한 문제는 1947년 4월 조선신학교에 재학 중인 51명의 학생들이 연대 서명을 하여 "신학교에서 받는 신학교육이 자유주의이니 총회가 개입해서 이 문제를 해결해달라"는 청원서를 제출함으로써 공식적으로 불거진다.[105] 여기에는 모세 오경의 모세 저작설 부인, 이사야서

---

념 특집』(서울: 한들출판사, 2001), 169.

103 김희헌, "장공 김재준의 생애와 신학", 144.

104 교회가 노회에 가입하려고 했을 때 이름 때문에 문제가 되었다. 당시 교회는 대부분 그 지역의 이름을 사용했는데, 베다니, 야고보, 바울이라는 이름이 붙여진 교회 이름은 생소했기 때문이었다. 결국 야고보교회는 성 동쪽에 있다는 뜻의 "경동"으로, 바울은 성의 남쪽에 있다는 뜻으로 "성남"으로, 베다니는 이북 피난민들의 마음의 보금자리라는 뜻으로 "영락"이라는 이름을 사용하게 되었다. 한신대 신학부 교수단 편집, 『김재준 전집 13: 범용기(1)』(서울: 한신대학교출판부, 1992), 339-40.

105 박용규, 『한국교회사 2』, 926. 그 학생들 가운데 정규오, 박창환, 김준곤, 엄요섭 등의 이름이 포함되어 있었다.

의 저자를 둘로 구분하는 것, 성경 조성에 있어 당시 근동 문서의 영향, 바벨탑과 노아홍수 사건의 역사성 부인, 성경무오설 부인 등과 관련된 내용이었다. 조사위원회가 열렸고, 신학교의 신학교육 문제까지 거론되었다. 1952년 대구서문교회에서 열렸던 37회 총회에서 김재준은 목사직을 파면당했고 조선신학원 졸업생들에게 교역자 자격을 부여하지 않는다는 결정이 내려진다.[106] 이에 총회 결정에 대한 반발이 거세게 일어났고 총회 결정이 불법임을 선언하기 위해 호헌위원회가 구성되어 전국대회를 갖기도 했다. 1953년 법통총회를 선언하면서 동자동의 성남교회에서 총회가 속회함으로써 총회 분립과 교단의 분열이 가시화되었다. 김재준은 이것을 분열이 아니라 분지(分枝)라고 생각했고, 1954년 법통총회는 "한국기독교장로회"라는 명칭을 사용하여 새로운 교단을 설립하기에 이른다. 유동식은 기장의 출현은 사상적인 측면에서 볼 때 하나의 발전이었다고 평가한다.[107]

1957년 조선신학교는 수유리에 교사를 마련했다. 김재준은 1959년에 학장이 되어[108] 학교 발전에 앞장선다. 새로 마련된 캠퍼스로 이전하면서 김재준은 다음과 같이 기도한다. "여기서 고요히 배우고 깊이 기도하고 넓게 꿈꾸는 예언자들의 무리가 나서 하늘의 사명을 띠고 산 아래로 내려가리라."[109] 그가 학장이 되고 보니 오랫동안 누적된 비리가 많이 발견되었다. 무엇보다 재정 비리가 큰 문제였다. 여기에 교회 정치까지 개입되어 있었다. 당시 그는 전남 광주 백운산 계곡의 평심원에 내려가 있었다. 거기서 소명감이 없어 고민하는 한 학생을 만났는데 그에게 조언하는 과정에서 문제의 답을 얻게 된다.

---

106 장공 김재준 목사 기념사업회, 『장공 김재준의 삶과 신학』, 111.

107 유동식, 『한국신학의 광맥』, 146.

108 그때까지 함태영이 이사장과 학장을 겸임하고 있었다.

109 김경재, 『김재준 평전』, 106.

네가 네 본위로 하나님을 불러 내리려는 것은 오만하다. 그건 너 자신을 위한 "영적 탐욕"이다. 믿음이란 "내 뜻대로 마옵시고 아버지 뜻대로 하옵소서"라고 한 예수의 겟세마네 기도에서 찾아야 한다. 그리고 신앙생활이란 풀 자라듯 안에서부터 자연스럽게 전개되고 성장하고 열매 맺는 장기 공작이다. 지금은 초조하고 불만스럽고 의혹에 차 있다 해도 그것 때문에 믿음 자체를 포기하거나 단념해서는 안 된다. 그런대로 꾸역꾸역 계속 하노라면 긴 세월 안에서 몰래몰래 자라는 것이다. 신학교에 돌아가 공부를 계속해라.[110]

김재준은 학교로 다시 돌아왔다. 4·19 학생 의거가 일어났을 때 교수들이 참여했고[111] 의거를 마치고 돌아와 정상적으로 수업을 진행했다. 김재준은 전교생이 함께 모여 예배를 드리는 중에 눈물로 메시지를 전했다.

우리 기성인들을 용서해달라. 너희들 젊은이들이 나라를 위해 피를 흘리는 동안 우리는 아무것도 하지 않았다. 우리를 용서해라. 앞으로 너희가 길거리에 나서지 않게 하마. 너희가 나서기 전에 우리가 나서겠다. 너희는 이제 공부해달라.[112]

그는 이 설교대로 그 후 역사의 일선에 섰고, 세상을 떠날 때까지 항상 제자들보다 한발 앞서서 악과 맞서 싸웠다. 그의 학생들은 "제자들 앞에서 눈물로 회개하는 스승, 그리고 실제로 회개의 삶을 사신 스승은 지금도 우리를 의를 위해 박해를 받을 수 있는 신앙인으로 가르치고 계신다"고 기억한다.[113]

---

110 천사무엘, 『김재준: 근본주의 독재에 맞선 예언자적 양심』, 171.

111 그때까지 김재준은 특별한 정치의식이 없었고, 적극적이지 않았다고 한다.

112 이상근, "인격으로 인격을 배웠다", 장공 김재준 목사 탄신 100주년 기념사업위원회 편, 『장공 이야기』(오산: 한신대학교출판부, 2001), 260-61.

113 위의 책, 261.

박정희 정권은 김재준의 삶에 분명한 영향을 주었다. 그는 만 60세가 넘은 사람은 학장, 총장에서 퇴임하라는 군사정권의 압력 때문에 강제 퇴임을 당했고, 청빈의 삶을 모토로 살았기 때문에 가진 것이 없어 고초를 당한다. 그는 퇴임 후 「대한일보」 논설 위원을 역임했고, 한일굴욕외교 반대운동이 일어났을 때 한경직과 함께 적극적인 반대를 표명하며 행동에 나섰다. 1969년 박정희가 권력 이양 약속을 어기자 김재준은 그때부터 군사독재정권에 반대하는 민주화운동에 적극적으로 참여하면서 대표적인 재야 지도자로 활동한다. 그의 양심상 목회자의 예언자적 사명을 내려놓을 수 없었기 때문이다. 그는 가택연금 등으로 많은 고초를 겪다가 자녀들의 초청을 받아들여 1974년 캐나다로 이민을 떠났다. 국내의 어려운 상황을 뒤로하고 이민을 떠나는 그의 행보에 대해 오해도 많이 있었지만 그는 캐나다에서도 민주화운동을 계속해간다. 그는 민주화운동을 함께했던 동지들인 윤보선, 함석헌, 김대중 등의 요청으로 1983년 9월에 귀국하여 마지막까지 조국을 위해 자신을 불태우다가 1987년 1월 27일, 이 땅에서의 고단했지만 힘찬 행보를 끝낸다.

김재준은 한국교회에 많은 신학적 논쟁을 야기한 인물인 까닭에 설교자보다는 신학자로 더 인식된다. 그러나 그는 복음을 접하고 성령의 강력한 역사를 체험한 이후 20대에 고향에 교회를 개척했고, 경동교회를 개척하여 기장 측의 대표적인 교회로 세웠던 설교자였다. 또한 많은 교회들과 신학교에서 설교했다. 특히 그는 장래 설교자가 될 사람들에게 하나님의 말씀을 전했다. "파멸의 혼란을 수습하고 모여 앉은 절망적인 영혼들에게 희망에 찬 메시지"를 전했고, 피난 시절 앞날을 예견할 수 없는 고단한 삶의 자리에서 나아온 사람들에게 "펄럭거리는 텐트 자락의 소리들 속에서 우리들의 소란한 마음을 잠재우시며 하늘의 말씀을 들려"줌으로써 "판자촌의 초라함을 넉넉하게 만드셨"고, "피난지를 성스럽게까지 만드셨"다. 그런 그의 설교를 들었던 한 성도는 "목사님께서 설교하시러 세상에 오신 것 같기도 했다"고 술회한다.[114] 그는 "예언자들과 사도들처럼 살아 움직이는 복음의 소리(*viva vox evangelii*)를 겸허하게 듣고 그 복음을 위해 투쟁하고, 그 복음에 따라 살고자 한 '복음주의적 설교자'"였다.[115] 그는 늘 "목사는 강단에서 죽어야 한다"고 강조하면서 목회자의 생명은 설교임을 강조했던, 설교자를 위한 설교자였다.

### (2) 설교사역과 신학적 특징

그의 사후에 발간된 『김재준 전집』 1-13권에는 김재준의 설교 세계를 살펴볼 수 있도록 설교 자료가 산개되어 있다. 『김재준 전집』에는 설교만 따로 묶여 있는 것이 아니라 연도별로 쓴 글과 설교문이 함께 묶여 있다. 그의 설교문에 나타난 설교사역의 특징을 몇 가지로 정리할 수 있다.

첫째, 김재준의 설교는 생활신앙을 강조했다. 그는 신앙생활이 아니라 '생활 신앙'을 강조했다. 그것은 그의 초창기 설교에서부터 일관되게 강조된 것이었다. 앞서 언급한 것처럼 평생 신학 연구와 목회의 길을 함께 걸었던 맹우들인 한경직, 송창근, 김재준은 같은 날에 서울에서 교회를 시작했다.

> 세 교회는 1945년 12월 첫 주일 같이 전투를 개시했다. 설교 내용과 목회 방법도 그 특징이 같지 않았다. 송창근은 다정하고 재치 있고 설교도 능숙하고 정치성도 있었다.…한경직은 이름난 설교자다. 이북 피난민이 구름처럼 모여든다. 그리고 거기서 안식처를 찾는다. 고향을 떠났지만 거기서 "고향"을

114 김은희, "참 목사님, 우리 목사님", 장공 김재준 목사 탄신 100주년 기념사업위원회 편, 『장공 이야기』, 113-15.

115 김윤규, "장공 김재준의 설교와 성육신적·사회변혁적 영성", 장공 김재준 목사 탄신 100주년 기념사업위원회 편, 『장공 사상 연구 논문집』(오산: 한신대학교출판부, 2001), 477.

느낀다. 피난 보따리와 함께 고향도 같이 온 셈이다. 고향을 "떠난" 게 아니라 고향을 "옮겨"온 것이다. 몇 달 안 되어 서울서 제일 큰 교회가 됐다. 김재준은 "인텔렉츄얼"을 상대로 복음을 증거한다. 그 설교는 설교라기보다는 강연이었다. 자기 "이성"(理性)에 납득이 가지 않는 한, 그는 움직이지 않는다. 그들은 "생활"을 본다. "그 열매를 보고 그 나무를 안다"는 예수의 말씀을 그들은 옳게 여긴다. 신약성경 가운데서 이 점을 가장 강조한 것이 "야고보"였다. 생활로 나타내지 못하는 "믿음"은 죽은 믿음이다.…말하자면 "신앙생활"이 아니라 "생활신앙"이다. 그런 것은 처음부터 "장공" 자신의 주장이었기에 교회 이름도 "야고보교회"라고 된 것이다.[116]

이렇게 생활로 나타내는 신앙, 즉 '생활 신앙'에 대한 강조는 "생활의 복음"이라는 그의 설교문에 잘 나타난다.

教理(교리), 教育(교육)의 成文化(성문화)한 것은 신앙의 일부 外廓(외곽)에 불과한 것이요 그 진정한 생명은 그리스도와 우리 各自(각자) 인격과의 친교에서 생기는 자유로운 경험으로만 맛볼 수 있는 것이다. 이 경험이 우리에게 現實化(현실화)한 것이 곧 생활이다. 그러므로 신앙은 教理(교리)에서 싹터서 생활에서 열매 맺는 것이다. 생활 없는 신앙은 열매 없는 나무이다.…이 現實化(현실화)한 신앙, 生活化(생활화)한 복음은 이제 생활의 各 部門(각 부문)에 具體的(구체적)으로 표현되지 않고는 견디지 못할 것이다. 주일날 예배당에서는 聖者(성자)가 되고 다음 엿새 동안은 謀利輩(모리배)로 만족할 수는 도저히 없을 것이다. 교회당에서는 信者(신자)가 되고 職場(직장)에서는 不信者(불신자)와 같을 수는 없을 것이다.…이는 곧 자연과 인생의 전 부문 인생

116 한신대 신학부 교수단 편집, 『김재준 전집 13: 범용기(1)』, 338-39.

> 생활의 각양 부문에 하나님의 사랑과 정의가 그대로 체현되어서 인간의 私慾(사욕) 때문에 神意(신의)의 創達(창달)이 막히는 일이 하나도 없게 됨을 의미하는 것이다. 이것은 곧 신앙의 生活化(생활화)를 말함이니 관념에서 생활에 現實化(현실화)한 때 우리는 생활의 어느 部門(부문)에서든지 또 언제 어디서든지 하나님의 영광이 임재한 사회를 가질 수 있을 것이다. 이것이 곧 하나님이 우리와 함께 계신 "임마누엘"의 세계며 "하나님의 장막이 인간에 있어 하나님이 우리의 하나님이 되고 우리는 하나님의 백성이 되는" 경지일 것이다.[117]

김재준은 하나님의 말씀을 삶으로 살아내는 신앙을 평생 추구했던 설교자였다.

둘째, 김재준은 청빈(清貧)과 청심(淸心)의 삶을 실천한 설교자였다. 그는 젊은 날 가족을 두고 서울에 혼자 올라와 백부가 운영하는 출판사를 돕고 있을 때 사업이 어려워 월급을 받지 못하고 하숙집에서 쫓겨나 눈 내리는 서울 거리를 거닐면서 돈에 대한 생각을 다음과 같이 정리했다.

> 돈과 어떻게 대결하느냐? ① 될 수 있는 대로 돈을 많이 벌어서 남 못잖게 살자. ② 우선 돈을 벌어서 좋은 사업에 쓰자. ③ 애당초부터 돈을 멸시하고 오직 믿음과 사랑으로 청빈(清貧)을 살자. 그중에서 나는 제3을 택했다.…톨스토이, 아시시의 프란체스코, 그밖에도 비슷한 분들의 영향이라 할 수 있을 것 같다.[118]

117 김재준, "생활의 복음", 한신대 신학부 교수단 편집, 『김재준 전집 1: 1926-1949, 새 술은 새 부대에』, 183-85.

118 장공 김재준 목사 기념사업회, 『장공 김재준의 삶과 신학』, 39.

고학으로 공부했던 김재준은 어려운 학생을 보면 참지 못하고 도움을 주었기 때문에 그의 삶은 늘 어려웠다. 그는 학교를 시작할 때도 어려웠고, 박정희 정권에 의해 60세가 넘었다고 강제 퇴위되어 학교에서 쫓겨나올 때도 갈 데가 없었다.

학교 대문 안 개천가에 옛날 빈농이 살던 오막살이 초가집 한 채가 있었다. 나와 내 식구는 그 집에 옮겨 들었다. 단칸방에 장판은 있으나 불은 안 든다. 천정에는 쇠줄을 늘이고 신문지를 쇠줄에 감아 붙였다. 군데군데 찢어져 신문지가 너덜너덜 내리 달렸다. 천정 속은 쥐의 왕국이었다. 수없는 쥐들이 밤이면 "운동회"를 연다. 뛴다. 쫓긴다. 찍찍거리며 소란을 피운다. 나뭇가지 네 개를 네모꼴로 땅에 박고 거적때기를 반쯤 허리에 두른 것이 변소다. 멀찌감치 저쪽 구석쟁이에 있다.[119]

당장 거처할 데가 없었지만 다행히도 수유리 하천 부지에 어떤 건축회사에서 숱한 간이주택을 짓고 입주금 얼마를 내면 우선 들어가도록 된 데가 있었다. 그래서 그리로 이사했다. 나머지 돈은 달마다 나누어서 문다. 학교에서 빈손으로 나왔으니 살 도리도 없다. 주변성이 없으니 돈이 갈다귀처럼 공중을 날아다닌대도 그걸 후리질할 용기가 없다. 집터는 82평이라지만 건평은 14평밖에 안 된다. 마당은 비교적 넓은 셈이다. 나는 건넛방 좁디좁은 서재, 잡다한 책들의 "밀림" 속에 앉아 있다.[120]

그는 평생 청빈의 삶을 실천했을 뿐만 아니라 청심을 추구하며 살았다. 자

119 한신대 신학부 교수단 편집, 『김재준 전집 13: 범용기(1)』, 348.

120 위의 책, 343.

유주의 신학자, 신신학자, 이단이라는 말로 공격을 받을 때 전국적으로 그를 미워하는 적들이 교회 안에 참 많았다. 한국전쟁 때 서울이 수복된 다음 총회장 최재화는 그의 집에 사과하러 찾아간 적이 있었다. 그는 그때의 기록을 다음과 같이 남겼다.

> "나는 총회를 대표하여 사과하러 왔습니다. 우리는 김 목사가 '빨갱이'라고 선전했었는데 알고 보니 그렇지 않을뿐더러 신앙을 위해 괴롬도 많이 당했다는 것을 알게 됐습니다. 우리의 잘못을 용서하십시오." 나는 "모두가 하느님의 은혜인데 용서고 뭐고 있습니까?" "우리가 피난 갔든, 안 갔든 하느님이 살려주셔서 사는 것이고 우리가 살 수 있어서 산 것이 아니잖습니까" 하고 위로했다.[121]

김재준은 신신학자, 성경 파괴자, 교회를 문란케 하는 자, 마귀라고 불렸고, "자기류의 김재준론을 마치 상품 광고지" 같이 인쇄하여 퍼뜨리듯이 그에 대한 비난들이 쏟아지고 있던 때 그의 마음이 분명히 상하기도 했을 터이지만, 오히려 그는 자신의 마음을 맑게 하는 일에 전력한다. 그는 중세에 태어났더라면 자신 같은 사람은 "벌써 종교재판소에 걸려 분살(焚殺)됐을 것"이라는 생각이 들었다고 고백한다. 한번은 부산에 사는 한 신자에게서 편지를 받았는데 전혀 모르는 이름이었다고 한다.

> "저는 하느님께 밤낮없이 간구해왔습니다. '하나님께서 교회를 사랑하신다면 김재준을 하루 속히 불러가 주십시오' 하는 것이 기도의 제목이었습니다. 그러다가 6·25가 터져서 목사님들이 모두 부산 지방에 피해서 생명을 보존

121 위의 책, 333.

했습니다. 그러나 김재준은 서울에 남았습니다. '이제사 하느님이 내 기도를 들어주시나 보다' 하고 흐뭇해했습니다. 그런데 또 살아 있다니 이제는 하느님을 의심하게 됐습니다.…" 나는 "사랑스런 신자!"라고 혼자 귀여워했다.… 그 교회 목사가 강단에서 나를 얼마나 저주했기에 그런 교인이 생겼겠나 싶었다.[122]

그는 하나님의 말씀의 도를 따르는 도인(道人)의 삶을 추구했다.

도인(道人)의 마음은 백옥같이 맑단다. 거기에 물욕이 덮이는 날은 도인생활(道人生活)의 황혼이리라. 그때에는 진리 대신 땅 문서가 보이고, 의 대신 권세에 우쭐댈지 모른다. 두 겹 세 겹 "비계"가 긴다. 추세 추리에 비루해진다. 지근지근해서 "상갓집 개" 같으면서도 그런 줄을 모른다. 결국 하늘의 빛이 막혀버리니 그 속에 우물거리는 것은 구더기 종류일 것이다. 맑은 마음, 맑아서 깨 보이는 마음의 소유자는 복 있는 자다. 깨 보이는 마음의 소유자는 깨 보는 마음의 소유자다. 그는 현상(現象)의 배후에 가리워진 본체를 본다. 번영의 내막에 숨은 죄악을 본다. 영예의 배후에 움직이는 마수(魔手)를 보는 마음, 내 식탁, 내 취미에서 어려운 이들의 원한을 듣는 마음! 이런 것을 가리켜 "깨 보는 마음"이라 할까.[123]

그는 청심의 마음을 가지고 언제나 하나님의 종인 목사로, 하나님의 말씀을 대언하는 설교자로 바로 살려고 노력했다. 그가 세상을 떠난 뒤 장례를 마치고 박형규가 유품을 정리하다가 자그마한 액자에 붓으로 적은 김재준

---

122 위의 책.

123 김재준, 『하늘과 땅의 해후』(서울: 동양출판사, 1962), 72.

의 좌우명을 발견했다.

나의 좌우명: 바로 살려는 노력

1. 말을 많이 하지 않는다.

2. 대인관계에서 의리와 약속을 지킨다.

3. 최저 생활비 이외에는 소유하지 않는다.

4. 버린 물건, 버려진 인간에게서 쓸모를 찾는다.

5. 그리스도의 교훈을 기준으로 "예"와 "아니오"를 똑똑하게 말한다. 그 다음에 생기는 일은 하나님께 맡긴다.

6. 평생 학도로 산다.

7. 시작한 일은 졸처럼 중단하지 않는다.

8. 사건 처리에는 반드시 건설적·민주적 질서를 밟는다.

9. 산하(山河)와 모든 생명을 존중하며 다룬다.

10. 모든 피조물을 사랑으로 배려한다.

(젊은 시절부터 나는 이 열 가지를 정하여 바로 살려고 노력했다.)[124]

셋째, 김재준은 교회 설립에 전력했던 설교자였다. 그의 가슴에는 언제나 주님의 교회가 있었고, 그는 교회를 세우는 일에 늘 깊은 관심을 기울였다. 찰스 캠벨이 설교의 목적을 교회를 세우는 것(building the church)에 두었던 것과 같은 맥락이다. 김재준에게 교회는 전 우주적 생명의 공동체, 전우주적 사랑의 공동체, 창조적 사랑의 공동체, 역사 안에서의 하나님 나라였다. 또한 하나님의 말씀을 전하여 생명을 구원할 뿐만 아니라 어려운 이들을

124 박형규, "장공과의 만남과 억지 제자의 변", 장공 김재준 목사 탄신 100주년 기념사업위원회 편, 『장공 이야기』, 335-36. 2016년에 세상을 떠난 박형규는 해마다 연초면 스승의 좌우명을 수첩의 맨 앞장에 옮겨 적는 것으로 한 해를 시작한다고 했다.

위로하는 공동체이며, 모든 불의한 세력에 예언적 권위를 가지고 하나님의 말씀을 전하여야 하는 신앙 공동체다. 특별히 교회는 세상과 역사를 평화적으로 변화시킬 책무를 가진다.[125]

그는 충남에 소재한 한 교회의 설립 80주년 기념예배 설교에서 3·1운동에 적극적으로 참여했던 그 교회의 역사를 언급한다. 그리고 그 전통을 이어받아 역사에 길이 남을 교회가 되라는 내용의 설교를 전하면서 교회의 책무를 다음과 같이 설명한다.

> (1) 교회는 어떤 세상 정권을 믿는 것이 아니고 삼위일체 사랑의 하나님을 믿는 것입니다. 교회는 주식회사가 아닙니다. 교회는 성령의 기관입니다. (2) 교회는 그 있는 고장의 역사가 그리스도의 역사로 변질하게 하는 책임을 집니다. 세상권력에 동질화(conform)할 것이 아니고 그것을 변질(transform)시킬 의무가 있습니다.…(3) 교회는…대다수의 민중의 좋은 친구가 되고 그 대변자가 되어야 합니다. (4) 교회는 정의에 불타는 학생들, 탐욕자에 희생되는 절대 다수의 밑바닥 노무자, 실직자들의 친구가 되고 적어도 그들의 울타리가 되어야 합니다.…(5) 교회는 좌절 없는 희망의 등대여야 합니다. 하나님 안에는 실망이 없습니다.…그리스도는 성령으로 우리와 함께 계십니다. (6) 우리는 전우주적 사랑의 공동체인 교회의 지체입니다. 그리스도와 우리 교회와 역사가 자연히 하나 되는 사랑의 대조화(大調和)에서 우리 인류 역사는 그 완성의 종말에 삼켜집니다.[126]

그의 교회론은 개인구원뿐만 아니라 사회문제에 대한 깊은 관심을 보여주

---

125 천사무엘, 『김재준: 근본주의 독재에 맞선 예언자적 양심』, 214-15.

126 장공 김재준 목사 기념사업회, 『장공 김재준의 삶과 신학』, 174-75에서 재인용.

고 있으며, 한국교회가 그동안 세상의 악과 불의, 잘못된 정권에 대해 예언적 목소리를 내지 못했던 것과는 달리 통전적으로 교회를 이해했다. 그러므로 그는 교회가 "예수님의 품격과 職能(직능)을 다시 實現(실현)해야" 하는 사명을 가진다고 이해한다. 그럼에도 불구하고 우선순위는 다음과 같다. 그는 교회가 실현해야 할 세 가지 차원을 제시한다.

> (1) 교회는 사람으로 하여금 하나님과 화목케 하여 하나님과 사람의 正常關係(정상관계)를 수립하는 것으로 그 첫째 목적을 삼는 것이다. 교회가 무엇이든지 선한 일이면 모조리 다 하고 싶고 또 해야 하겠지만 무엇보다도 먼저 해야 할 것은 그리스도의 속죄로 인하여 하나님이 죄인과 화목하시는 복음을 전달하며 이 길을 明示(명시)하여야 한다. 정치도 경제도 문화도 온갖 선한 사회사업도 모르는 체할 것이 아니로되 그것은「行有餘力」(행유여력)인 때에 할 것이요 결코 이 복음을 제쳐놓고 한다든지 이 복음과 混線(혼선)을 이루게 할 것은 아니다.…(2) 교회는 信者(신자)로 하여금 그리스도 안에서 하나님과 화목케 함과 동시에 하나님의 성령의 內在(내재)로 말미암아 罪性(죄성)과 罪權(죄권)에서 해방되어 靈(영)의 자유를 얻어 고통과 사망의 공포에서 벗어나 영생의 희열과 평화를 얻게 하는 곳이다. (3) 교회는 또한 世俗的 情慾 中心(세속적 정욕 중심)의 巨大(거대)한 舊 社會內(구 사회내)에서 心靈的(심령적) 하나님 中心(중심)의 새로운 영생 사회를 건설하여 마치 누룩이 가루를 변화시키듯이 이 세상 나라가 하나님 나라로 化(화)하게 하는 가장 근본적인 새 사회 건설의 내재적 活力(활력)이 되는 곳이다.[127]

넷째, 김재준의 설교는 역사참여적·사회변혁적·예언적 메시지였다. 그는

127 김재준, "교회와 사회", 한신대 신학부 교수단 편집, 『김재준 전집 1: 새 술은 새 부대에』, 305-6.

일제의 억압과 한국전쟁의 시련, 교회 분열과 교권 다툼, 신학논쟁, 군부 독재로 이어지는 힘겨운 시대를 살았다. 이때에 그리스도인으로 산다는 것은 그리스도를 따르는 삶이며, 예수의 선교와 설교는 제자들의 삶 속에서와 마찬가지로 오늘 그리스도인들의 삶 속에서 구체적으로 구현되어야 할 차원이다.[128] 그것은 하나님의 절대 주권 아래서 하나님 나라가 완성될 것이라고 믿으면서 "상실된 인간성을 도로 찾고 타락한 인간에게 소망과 긍지를 북돋우고, 병든 인간을 고쳐주고, 가난한 자, 갇힌 자에게 기쁜 소식, 해방의 메시지를 전하는 일들"에 그리스도인들과 교회가 그 책임을 다하는 것이다.[129]

그러나 이 모든 동력은 복음에서 오며, 하나님의 말씀에서 나오는 영적 진리에서 온다는 사실을 잊어서는 안 된다. 그는 사회변혁은 설교의 본질이 아니며, 복음이 빠진 사회참여 및 변혁을 위한 행동은 무의미하다고 말한다.

> 時代(시대)에 適應(적응)한 설교를 하라는 것이 흔히 들리는 말이다. 勿論(물론) 說敎(설교)가 "애급의 건장된 屍體(시체)" 위에를 低迷(저미)하고 있어서는 안 될 것이다. 복음의 사명은 항상 새로워서 우리의 가정에 실업계에 政治界(정치계)에 살아 움직이는 "힘"이 되어야 할 것이다. 그라나 講壇(강단)에서 論及(논급)하는 現實問題(현실문제)는 說敎(설교)의 適用方向(적용방향)이요 결코 그 본질이 아님을 알아야 한다. 이는 그 使命(사명)의 客格(객격)이요 결코 主格(주격)은 아닌 것이다. 우리가 講壇(강단)에서 現下(현하)의 政治的(정치적), 經濟的 現狀(경제적 현상)에 言及(언급)할 수 있음은 勿論(물론)이나

---

128 김재준, "말씀을 새기다: 예수의 선교", 한신대 신학부 교수단 편집, 『김재준 전집 12: 한민족과 민족의 미래』, 387-94.

129 김재준, "역사 참여의 신학", 한신대 신학부 교수단 편집, 『김재준 전집 10: 말씀을 새긴다』, 1-7; "산업사회 속에서의 한국교회", 같은 책, 266-75 참조.

이는 政治(정치)나 經濟(경제) 그것에 대한 論述(논술)이 아니라 영적 眞理(진리)에 비쳐진 그것을 認證的(인증적)으로 論(논)함이다. 說敎家(설교가)는 變(변)하는 時代(시대)에서 不變(불변)의 實在(실재)를 말하며 찰나의 世界(세계)에서 영원히 진리를 말하는 것을 그 使命(사명)으로 하는 것이다.…어떤 說敎家(설교가)는 社會的 福音(사회적 복음)을 말하기에 너무 열중한 까닭에 社會(사회)만을 말하고 福音(복음)을 빼어버리는 일이 있다.[130]

그는 한국 장로교 분열사의 한복판에 서 있었기에 그에 대한 평가는 다양하다. 한편에서는 "근본주의 신학이라고 하는 바로의 권력에서 새로운 신학의 길을 개척한 역사적 인물"[131]이라고 평가하기도 하며, "성서적 진리를 교리적 족쇄에서 구해내고 그리스도의 교회를 교권의 전횡에서 구해낸… 한국의 종교개혁자"라고 평하기도 한다.[132] 반대 진영에서는 자유주의 신학자, 성경 파괴자 등으로 칭하기도 한다. 김재준은 한국 현대사의 격동기에 많은 논란을 일으키며 새로운 물줄기를 만들기도 했고, 배타적 종교와 편협한 사고에 맞서 신앙과 양심의 자유를 지키기 위한 싸움을 해왔고, "비판적 지성을 지닌 책임 있는 신앙을 촉구하는 신학을 전개"[133]하기도 했다. 장공 김재준은 당시 한국 사회에서 통용되던 주류들과 다른 생각을 가졌기 때문에 어쩔 수 없이 분쟁과 분열이라는 역기능을 만들어내기도 했다. 어쩌면 그런 역사적 변혁기에 수많은 결단을 해야 하는 순간을 지나왔기에 자신의 좌우명으로 "'예'와 '아니오'를 똑똑히 말하고 그다음에 생기는 일은

130 김재준, "變치 않는 說敎題目", 한신대 신학부 교수단 편집, 『김재준 전집 1: 새 술은 새 부대에』, 100-1.

131 김정준, 『만수 김정준 전집 1: 역사와 신앙』(서울: 한국신학연구소, 1987), 418.

132 손규태, 『장공 김재준의 정치신학과 윤리사상』(서울: 대한기독교서회, 2002), 101.

133 김희헌, "장공 김재준의 생애와 신학", 김성수 외 9인 공저, 『한국 신학의 선구자들』(서울: 너의오월, 2014), 137.

하나님께 맡긴다"는 현실참여적인 성육신적 신앙을 견지했는지도 모른다. 그의 제자였던 김정준은 그가 가고 난 다음에 남긴 그의 흔적들을 정리하면서 다음과 같이 회고한다.

> 듣는 순간마다 웅변보다 줄기찬 감격으로 우리를 고혹시켜, 읽고 또 읽고 더 읽게만 하도록 글을 쓰는 사람. 문장이 아름답고 미끈해서만이 아니라 하늘과 세계와 인간의 깊은 곳에까지 우리의 생각과 손을 펴게 하는 글을 써낸 사람. 단순히 새로운 지식을 전달해주어서가 아니라 낡은 것의 허점을 찌르고 잘못된 것을 "뽑으며 파괴하며 넘어뜨리는" 폭발력을 가진 글을 써온 사람. 항상 역사의 수평선 저 넘어 영원에다 눈길과 손길을 잇대어 장차 올 새로운 아침을 고하고 그것을 기다리도록 70평생 끊임없이 글을 쓰고 있는 사람. 보수와 진보 어느 하나에도 발을 붙이지 않는 진보적 보수주의, 보수적인 진보주의 사상을 글귀마다 펴나가는 진리의 탐구자, 그의 생활과 사상이 높고 넓고 푸르고 긴 창공 같아, 사람들이 그를 長空(장공) 선생이라 부른다.[134]

## 송창근 목사: 민족의 아픔을 품었던 설교자

### (1) 생애와 사역

만우(晩雨) 송창근 목사(1898-?)는 함북 경흥군의 일찍이 개화된 기독교 가문에서 출생했다. 그는 집안에서 설립한 북일학교에서 초등교육을 받았고, 15세 때에 집안 어른들의 권고를 따라 간도로 건너가 독립운동가 이동휘가

134 김정준, "간행사", 『장공 김재준 저작전집』. 김수배, "刊行에 붙이는 말", 한신대 신학부 교수단 편집, 『김재준 전집 1: 새 술은 새 부대에』, 1에서 재인용.

독립군 양성을 위해 세운 명동중학에 진학한다. 재정난으로 학교가 문을 닫아 시베리아로 떠나는 이동휘는 자신을 따라오려는 송창근에게 신학을 공부하고 목사가 되어 민족을 목회하는 사람이 될 것을 권유한다. 송창근은 이동휘의 권유를 따라 1915년 피어선신학교에 입학하여 1920년에 졸업하고, 3·1운동으로 투옥된 함태영의 후임으로 남대문교회에서 첫 목회를 시작한다. 그는 이때 독립운동가를 유포시켰다는 혐의로 일제 경찰에 체포되어 고초를 겪기도 했다. 그는 출옥 후 남대문교회를 사임하고 1926년에 아오야마학원(青山學院) 신학부를 졸업한다. 일본 유학 중에 채필근, 김재준 등과 교분을 쌓았고, 미국에 유학하여 프린스턴신학교에서 잠시 공부하는 동안 한경직을 만났으며, 김재준과도 다시 만나 교분을 쌓는다. 그는 펜실베이니아주의 웨스턴신학교로 옮겨 석사 학위를 받았고, 1931년 덴버 아일리프신학교에서 신학박사 학위를 받고 귀국한다. 그의 미국 유학은 옥중 친구인 이용도의 도움을 받아 가능했다.[135]

그는 귀국 후 평양 산정현교회에서 전도사로 사역하다가 평양노회에서 목사안수를 받았고, 숭실중학에서 강사로 활동한다. 그는 신사참배 문제와 몇 가지 갈등으로 인해 1936년 봄에 교회를 사임하고 부산으로 내려가 호주선교부의 후원으로 빈민사역을 시작한다. 그리고 성빈학사라는 사회사업 기관과 「성빈」이라는 잡지도 발간한다. 사회적 소외 계층을 위한 소위 복지 사업이었다. 그러나 1937년에 수양동우회 사건이 터지면서 안창호 등의 민족운동 세력이 대거 구속될 때 송창근도 함께 구속되었고 그 사역은 중단되었다. 그는 혹독한 고문을 당한 후 병보석으로 1년여 만에 풀려난다.

---

135 이용도는 송창근을 신앙의 스승으로 여기고 있었으며 그에 대해 장로교회와 감리교회로부터 많은 비판과 반대의 물결이 일어날 때 산정현교회 담임으로 있으면서 그에게 격려 편지를 보내고는 했다. 송창근이 유학길에 오를 때 이용도는 가족과 함께 살던 집을 팔아 유학을 출발하는 그의 손에 쥐여주었다.

1939년에는 조선신학교 추진 책임자로 학교 설립에 깊이 관여했지만 일제의 압력으로 용정에 있던 김재준을 불러 교장직을 맡기고, 그는 1940년 1월 김천 황금정교회의 담임으로 목회에 복귀한다.

하지만 그해 8월에 흥사단과 관련된 수양동우회 사건으로 그는 다시 투옥되어 고초를 당했다.[136] 그는 혹독한 고문의 여파로 상당히 의기소침해졌고, 일제에 동조 혹은 협조의 길로 들어서게 된다. 1942년 이후로는 장로교 총회가 친일의 길을 걷게 되면서 그 조직 안의 기구인 "국민총력 경북노회연맹"의 이사장, "일본기독교조선장로교단 경북교구"의 부교구장, 그리고 "일본기독교조선교단"의 총무국장 등의 직책을 수행한다.[137] 일제 강점 말기의 상황을 이해하지 못하는 것은 아니지만 이런 변절을 그의 가까운 지인이자 그의 전기를 기록한 김린서도 "烈女(열녀)의 失行(실행)"이라고 표한다.[138]

그는 해방 후 1946년 3월에 정규대학으로서 한국신학대학의 인가를 받았고, 서울 동자동에 바울교회(서울성남교회)를 설립하여 목회에 전념한다. 이후 고혈압으로 고생하다가 가까스로 회복되어 1950년 이른 봄에 미국에서 귀국하여 다시 학장직을 맡았다.[139] 그는 한국전쟁 중 학교와 교회를 지키기 위해 피난 가는 것을 거부하고[140] 서울에 남아 있다가 공산군에 의해 납북되었다. 평양에서 장티푸스에 걸려 사망했다고 전해지기도 하고, 1950년 11월 중순, 평양 근교의 한 과수원에서 공산군에 의해 총살을 당했다고 전

136 송창근은 1931년 미국에서 공부를 마치고 귀국하는 길에 샌프란시스코에 들려 안창호가 주도하고 있던 흥사단에 가입했다. 민경배, 『교회와 민족』(서울: 기독교출판사, 1981), 6장 참고.

137 이덕주, "경계선에서 양쪽을 아우르며: 한국교회사에서의 만우 송창근의 위치", 참고. 이것은 경건과 신학 연구소(소장 주재용) 주최로 서울 성남교회에서 열린 제7회 만우 송창근 박사 기념강연회에서 발표한 논문이다. 이에 대해서는 「베리타스」(2009년 12월 7일), 참고. 이로 인해서 송창근은 민족문제연구소가 발간한 『친일인명사전』(2009년)에 친일인사로 이름이 올라 있다.

138 김린서, "山亭峴敎會 求牧", 『信仰生活』(1936년 6월), 109.

139 김재준, "잊을 수 없는 만우", 『만우 송창근 전집』, 2권(서울: 만우송창근기념사업회, 2000), 13-14.

140 김재준, "만우 회상기", 위의 책, 41.

해지기도 한다. 1962년 북한 당국은 송창근이 1951년 7월에 죽음을 맞았다고 발표했다.[141] 평생 민족과 교회를 가슴에 품고 달렸던 송창근은 민족 분단의 아픔을 온몸으로 품었고, 늦은 비로 상처 입은 강토와 동포들을 적시다가 죽음을 맞은 것이다. 송창근은 주로 일본 제국주의 시절에 젊은 날을 보냈고, 그의 사역은 일제 통치 기간의 중기와 말기에 집중되었으며 민족분단과 동족상잔의 문제로 고통을 당하다가 갑작스럽게 마감되었다.

#### (2) 설교사역과 신학적 특징

목회자, 진보적 신학자, 사회실천가로 살았던 송창근은 조선신학교와 한국기독교장로회를 세우는 데 결정적인 역할을 했다. 그는 율법주의, 형식주의, 외형주의 등을 배격하고 내면적·개혁적 신학 경향을 견지했으며, 부산항의 윤락가에 직접 뛰어들어가 고아들을 돌보면서 프란치스코의 청빈을 직접 실천하기도 했다. 뿐만 아니라 한경직에 의해 영락교회가 개척되던 때에 바울교회(이후 서울성남교회)를 개척하여 목회를 시작한 실천적 설교자였다. 이덕주는 그를 "경계선에서 양쪽을 아우른" 실천가로 일컫는다.[142] 그는 성빈학사 운영과 조선신학교에서의 교수 사역 등 현장 목회에 대한 열정으로 평생을 달렸던 설교자요, 목회자였다. 하지만 그의 설교를 살펴볼 연구자료는 빈약한 편이다.[143] 단편적으로 남아 있는 설교 자료와 문헌 등을 통해서 본 그의 설교사역과 신학의 특징을 다음 몇 가지로 정리할 수 있겠다.

첫째, 송창근은 경건의 생활화와 그 훈련에 중점을 두고 설교했다. 초기 한국교회에서 그에게는 진보주의, 혹은 자유주의라는 딱지가 붙어 있었지

---

141 위의 책, 42. 전상칠, "성남교회와 만우 송창근 목사", 위의 책, 288.

142 이덕주, "경계선에서 양쪽을 아우르며: 한국교회사에서의 만우 송창근의 위치", 참고.

143 한국교회 선교 100주년 기념으로 발행된 『대설교전집』에도 송창근의 설교는 실려 있지 않으며, 설교집으로 발행된 것도 많지 않다.

만 그는 경건의 생활화를 목회의 근간으로 삼았다. 그는 아시시의 프란치스코와 토마스 아 켐피스를 그의 평생의 신앙과 신학의 뿌리로 삼았으며, 이 두 사람에게서 물려받은 성빈(聖貧)과 "성화"(聖化)의 사상을 목회와 신학의 기둥으로 삼고 삶의 경건을 추구했다. 그것은 그의 설교에서 자주 강조되는 "감격이 있는 신앙, 체험과 실천이 조화를 이루는 신학"의 골자가 되었다.[144] "어떻게 살아야 하느냐"의 문제는 신앙생활에서 가장 중요한 문제인데, 그것은 철저하게 예수 그리스도의 구속적 사랑에 대한 신앙으로부터 기인하며, 그것이 "倫理的 生活의 勢力本原"(윤리적 생활의 세력본원)이며 철저하게 위로부터 내려오는 은총에 바탕을 두고 있다고 주장한다.[145] 그가 일평생 추구했던 경건의 실천은 그가 초기에 주장한 "자기 건축"이라는 개념과도 연결된다. 그에게 자기 건축은 "극기와 희생의 생활이요, 자기중심을 떠나서 凡人類愛(범인류애)의 생활"을 수행하는 것이었다.

> 眞實(진실)로 圓滿(원만)한 自己建築(자기건축)의 大事(대사)를 成就(성취)하려면 自己建築(자기건축)에 第一義人(제일의인)이 되는 예수의 人格(인격)에 體(체)하고 本(본)받음이 잇어야 할 것이라 한다. 네나 至今(지금)이나 自己建築(자기건축)의 道(도)는 예수와 갓치, 感性(감성)과 理性(이성)을 善(선)히 調和融合(조화융합)하야 圓滿(원만)한 人格養成(인격양성)함에서 他道(타도)가 업다 한다.[146]

둘째, 송창근의 설교는 개인적 차원과 사회적 차원의 균형과 조화를 추구한다. 그는 개인 구원에만 집중하면서 인간의 삶을 피폐화시키는 구조적인 악

144 이덕주, "송창근 목사의 설교 두 편", 「세계의 신학」, 59권(2003년 여름), 156.

145 송창근, "基督教倫理問題", 「神學指南」, 15권 1호(1933년 1월), 34-34.

146 송창근, "自己建築과 基督教", 「新生命」, 7호(1923), 64.

에 대해 무관심하며 도피하는 신앙 양태를 강하게 비판한다. 그는 그리스도인들이 "새道德(도덕) 새生活(생활)의 標準(표준)이 뚜렷이 나타나서" 다양한 "社會生活(사회생활)을 指導(지도)할 수 있는가"를 물어보면 "朝鮮社會(조선사회)를 指導(지도)하기는 姑捨(고사)하고" 자기 몸 하나를 바로 붙들지 못하는 비참한 지경에 헤매고 있음을 깊은 자기 성찰을 가진 사람은 부인할 수 없는 사실이라고 지적하면서 그리스도인의 삶의 사회적 책임을 강조한다.[147]

> 教會(교회)가 嚴然(엄연)한 原理(원리)와 뚜렸한 生活(생활)로써 社會(사회)를 指導(지도)해서야 하겠는데 도로혀 社會(사회)가 教會(교회)를 指導(지도)한다는 말씀이외다. 教會(교회)가 眞理(진리)로써 社會(사회)를 審判臺上(심판대상)에 불너 세우고 審判(심판)을 해야 하겠는데 至今(지금)은 社會(사회)가 教會(교회)를 審判(심판)하는 자리에 앉은 것이다. 이렇게까지 無氣力(무기력)해진 것이 教會(교회) 안에 많은 사람들이 놈에게 싫은 말하지 않고 듣지 않고 人心(인심) 언자는 社會的 野望(사회적 야망)에 衝動(충동)을 받아 매양 責任(책임)을 回避(회피)하는 數(수)를 부려서 自然(자연)히 眞理問題(진리문제), 權威問題(권위문제)를 땅바닥에 떨어지게 한 까닭입니다. 이리하여 반드시 右(우)가 아니요 左(좌)요 "옛스"가 아니면 "노"가 되어 決定的(결정적)이 되여서야 할 基督教(기독교)가 그만 넋이 나가버렸습니다.[148]

송창근은 그리스도인의 삶의 사회적 책임뿐 아니라 교회의 영적 책임도 강조했다. 교회는 죄에 맞서 싸우고 죄를 만들어내는 힘 및 육의 힘과 싸우고, 세상의 힘과 싸우고, 사람의 지혜와 싸우고 세상의 어두움을 만드는 세력과

---

147 송창근, "朝鮮基督教의 危機", 「神學指南」, 16권 3호(1934년 5월), 22. 이것은 로마서 13:1-11을 본문으로 한 설교문이다.

148 위의 책, 27-28.

싸워야 할 뿐만 아니라 하늘에 있는 악한 영과도 싸워야 할 사명이 있다고 주장한다.[149] 그리고 교회가 복음의 본질을 굳게 견지해야 한다고 강조한다.

> 敎會(교회)의 中心(중심)은 곳 하나님의 말슴입니다. 우리가 말하는 福音(복음) 卽(즉) 예수 그리스도의 贖罪(속죄)의 福音(복음), 重生(중생)의 福音(복음)이 우리 敎會(교회)의 중심이외다. 그러키 때문에 "말슴"이 없는 敎會(교회)는 敎會(교회)가 아니외다. 萬一(만일)에 "말슴"이 없구서도 敎會(교회)가 잇을 수 잇다면 그 敎會(교회)는 거즛 敎會(교회)요 生命(생명)이 없는 敎會(교회)가 될 것입니다.[150]

그는 교회가 사회적 책임을 다하면서도 속죄의 복음이 그 중심을 이루어야 한다고 강조하면서 영혼 구원에 더 우위를 둔다. 그는 예수님께서 전하신 설교의 중심에도 "人類社會(인류사회)의 改造(개조) 그것보다도 만인의 靈魂救濟(영혼구제)"가 있었다고 주장한다. 예수님의 복음은 영혼 구령이며 경제 상태의 개선이나 빈부 격차의 해결에 있지 않았다는 그의 주장은 양면성을 지니면서도 그가 무엇에 우선순위를 두었는지 보여준다.

> 예수의 福音(복음)은 어듸까지든지 救靈(구령)이 目的(목적)이다. 經濟狀態(경제상태)의 改善(개선)을 目的(목적)한 것이 아니엿다.…實狀(실상) 말하면 예수의 눈압헤는 許多(허다)한 社會問題(사회문제)가 提供(제공)되엿든 것이 事實(사실)이다. 그러나 뎌는 卽接(즉접)으로 社會問題(사회문제)에 대한 解決(해결)을 避(피)하시고 社會問題(사회문제)로 提供(제공)된 모든 問題(문제)의

149 위의 책, 29.

150 송창근, "오늘 朝鮮敎會의 使命", 「神學指南」, 15권 6호(1933년 11월), 127.

問題(문제)를 化(화)하야 宗教問題(종교문제)로 落着(낙착)을 지였다.[151]

셋째, 송창근의 설교는 신앙과 신학의 조화를 강조하고 있다. 그는 신학자인 동시에 계속 목회 현장에 있었던 목회자였다. 그래서 그는 신학자와 목회자를 구분하는 것을 거부한다. 그는 "참된 說教家(설교가)의게는 神學(신학)이 無用(무용)의 長物(장물)"로 여겨지는 세태를 비판하면서 설교를 중요하게 생각하고 사랑하고 높이는 설교자라면 "새로운 信仰(신앙)을 創造(창조)"하는 설교를 추구해야 하며, "하나님의 말씀에 客觀的眞理(객관적 진리)를 말하는 說教家(설교가)라야 참된 說教者(설교자)"라고 주장한다. 그에게 객관적 진리라 함은 "하나님의 말슴, 福音(복음), 예수그리스도와 그의 十字架(십자가)로 말미암아 우리 앞에 밝히 나타난 하나님의 啓示(계시)"를 담은 말씀이다.[152] 그는 참된 신학자가 된다는 것은 "基督教(기독교)의 生命(생명)인 하나님의 客觀的啓示(객관적 계시)와 그 客觀的啓示(객관적 계시)로 말미암어 불꽃같이 일어나는 信仰(신앙)을 組織的(조직적)으로 表現(표현)할 줄 아는" 것이라고 주장하면서 "예수의 十字架(십자가)의 福音(복음)과 基督教(기독교)의 歷史的信仰(역사적 신앙)에 터를 닥고 그우에 버티고 선 嚴然(엄연)한 存在者(존재자)"가 되어야 한다고 주장한다. 결국 그는 신앙과 신학의 조화된 설교에 대해 "生命(생명) 잇는 說教(설교)는 神學者(신학자)에게서만 들을 수 잇고, 참된 神學(신학)은 眞正(진정)한 說教家(설교가)의 입을 通(통)해서만 배울 수" 있다고 말한다. 그는 교회가 잘못되는 것은 외적 조건에서 기인하는 것이 아니고 교회 자체에 있으며, "興亡盛衰(흥망성쇠)가 모두 설교자에게 달렸

151 송창근, "社會問題에 對한 예수의 寄與", 晩雨 宋昌根先生記念事業會, 『晩雨 宋昌根』(서울: 善瓊圖書出版社, 1978), 168.

152 송창근, "神學者와 說教家", 「神學指南」, 15권 4호(1933년 7월), 35. 이하 송창근의 인용은 원문의 특징을 살리기 위해 띄어쓰기와 표현은 현대 맞춤법에 따라 수정하지 않고 문헌의 내용을 그대로 옮긴 것임을 밝힌다.

다"고 주장한다.

> 眞理(진리)의 말슴을 말하는 神學者卽 說敎家(신학자 즉 설교가)는 一切(일절) 不順(불순)한 調和(조화)와 妥協(타협)을 排斥(배척)하고 眞理(진리)의말씀 그 自體(자체)만을 信者(신자)들의게 提供(제공)하는 것이오 그가 가진 歷史的 敎理(역사적 진리) 그것으로써 信者(신자)와 信者(신자)사이에 또한 一般社會(일반사회)에 對(대)한 生活道德(생활도덕)을 가라처주는 것이외다. 여긔에서 나는 끝으로 말합니다. 朝鮮敎會(조선교회)가 잘 되게 하라면 朝鮮敎會(조선교회)에는 獅子(사자)소리를 치는 처다뷔우는 說敎家(설교가)가 나서야 하겟고 如干皮相的(여간피상적) 救急方(구급방)으로서는 全然不可能(전연불가능)하다는 말입니다. 이렇게 朝鮮敎會(조선교회)를 다시 살니는 偉大(위대)한 指導者(지도자)는 神學者卽 說敎家(신학자 즉 설교가)인 훌륭한 指導者(지도자)들이 많이 나아와야 하겠다고 말합니다.[153]

넷째, 송창근은 설교에서 성경의 중심성을 강조한다. 그에게 신앙은 말씀을 중심으로 한 신앙이다. "말씀을 떠나서의 믿음은 벌서 生命(생명)을 잃은 죽은 믿음이요 이 말슴을 떠나서의 敎會(교회)는 그 存在(존재)할 價値(가치)를 가지지 못하엿다"고 주장한다. 말씀을 떠난 신앙은 "一般世俗(일반세속)의 낮은 意見(의견)에 適合(적합)하기가 쉽고 所謂(소위) 理想主義哲學(이상주의 철학)의 俗流(속류)와 合同運動(합동운동)이 되기가 쉽고 至極(지극)히 좁은 自己(자기)의 經驗(경험)이나 或(혹)은 體驗 自己 主觀(체험 자기 주관)에 基礎(기초)로 한 信仰(신앙)"이 되기가 쉽기 때문이다.[154] 설교와 신앙생활의 기본이

---

153 송창근, "神學者와 說敎家", 36.

154 송창근, "말슴에 對한 默想", 晩雨 宋昌根先生記念事業會, 『晩雨 宋昌根』, 225.

되는 말씀에 대한 그의 강조는 계속 이어진다.

> 우리가 가장 健全(건전)한 信仰(신앙)을 가지고 그 信仰(신앙)에서만 살기를 바란다 하면 우리의 도라갈 곧은 다른데 있지 안코 오직 한갈내길 말슴에 있다고 함니다. 이 말슴은 곧 예수 그리스도요 예수그리스도는 곧 말슴이니 이 말슴을 떠나서 우리는 어데서 主(주)님의 얼골을 우르르러 뵈옵고 그의 부드럽고 精(정)답은 音聲(음성)을 드를 수가 있거나 그의 仁慈(인자)하오신 눈결이 우리의 얼골에 출넝거리는 經驗(경험)을 가질 수가 없다 하겠습니다. 이 말씀은 永遠(영원)히 살어계신 人格(인격)을 이룸이외다. 이 永遠(영원)히 살어계신 人格者(인격자) 예수는 다만 歷史的 傳統的 人物(역사적 전통적 인물)로써만 信仰(신앙)하는 것이 아니외다. 그러타하면 그것은 科學的 世俗的 智識(과학적 세속적 지식)의 擴張(확장)을 意味(의미)하는데 지나지 못할 것이외다. 그러하나 우리의 信仰自體(신앙자체)인 예수 그리스도는 다만 歷史的人物(역사적 인물), 豫言者(예언자), 랍비가 아니라 그 自體(자체)에서 우리는 하나님의 얼골을 뵈옵고 하나님의 거룩하오신 그 音聲(음성)을 드를 수 있는 예수임니다.… 聖經(성경)이 貴(귀)하고 價値(가치)잇다 함은 예수 그리스도는 永遠(영원)한 하나님의 말슴 됨을 證據(증거)하는 때문이라 하겟슴니다. 그런 까닭에 우리는 聖經(성경)을 사랑하는 때문에 예수를 믿는 것이 아니라 예수를 믿는 때문에 聖經(성경)을 더욱 貴(귀)히 녁이고 生命(생명)갈이 사랑하는 바임니다.[155]

다섯째, 송창근은 설교에서 하나님 중심성을 깊이 강조한다. 그는 설교에서 말 잘하는 것이 중요한 것이 아니고 인간의 경험담이나 세상 이야기로 채우는 것이 설교가 아니라고 주장한다. 또한 신학을 바탕으로 하지 않고 인

---

155 위의 책, 226.

간의 감정만을 자극하는 흥미 위주의 설교는 신앙을 바로 지도할 수 없다고 외친다.

> 至今 朝鮮敎會(지금 조선교회)의 現狀(현상)을 둘너보면 多少指導者 層(다소 지도자 층)에 잇는 사람들이나 一般敎人(일반교인)들 사이에도 그저 말잘하는 사람만을 찾는 世上(세상)갈습니다. 牧師(목사)를 求(구)한다면 그의 信仰(신앙)의 經驗(경험) 그의 人格生活(인격생활)의 內容(내용), 知的能力(지적능력)을 알어보기 前(전)에 그사람이 말 잘하고 못하는 것을 맨몬저 무러 보는 形便(형편)이외다. 오늘 朝鮮(조선)에서 말잘한다는 牧師(목사)를 차저보면 自己(자기)의 人格生活(인격생활)을 背景(배경)으로 하엿거나 歷史的(역사적)으로 내려오는 神學(신학)을 基礎(기초)로한 說敎(설교)라기보다 흔이는 一般 民衆(일반 민중)의 宗敎的 氣分(종교적 기분)을 롱락해 가지고 信仰(신앙)의 能率(능률)을 나타내고저 해서 지내치는 곧에서는 一般敎人(일반교인)들의 低級感情(저급감정)을 利用(이용)하야 興味本位(흥미본위)의 설교를 많이 하게 되는 것이외다. 그런 說敎(설교)가 그때 그때에는 듯는 사람들에게 적지안은 衝動(충동)을 주는 것도 事實(사실)이지만 그따위 說敎(설교)가 敎人(교인)들의 信仰(신앙)을 健全(건전)한 程度(정도)에 指導(지도)한다거나 訓練(훈련)할 수가 잇는냐 하면 그것은 全然 不可能(전연 불가능)한것입니다. 그런 餘興本位 卽興說敎(여흥본위 즉흥설교)에는 언제든지 中心點(중심점)이 없는 說敎(설교)가 되기 쉬운 때문입니다.…朝鮮敎會復興(조선교회부흥) 或(혹)은 發展策(발전책)이 잇다면 다른 데 잇는 게 아니라 朝鮮敎會 講壇問題 如何(조선교회 강단문제 여하)에 잇다는 것을 나는 아무 躊躇(주저)없이 말하고저 합니다.[156]

---

156 송창근, "神學者와 說敎家", 34-35.

여섯째, 송창근은 은혜에 대한 감격을 강조한다. 그는 은혜에 대한 감격이 없는 신앙생활은 죽은 것이라고 지적한다. 그것은 단순한 감정적 차원이 아니라 하나님의 임재 가운데 있는 감격, 십자가에서 나타난 사랑에 대한 감격이다. 그는 감격 없는 생활을 그저 "無爲(무위)의 墮落(타락)이라기보다 오히려 罪惡(죄악)의 生活(생활)"로 규정한다. 감격이 없는 개인이나 민족은 병이 든 것이기 때문에 되는 일이 없다고 하면서 "밤낮 새것을 말하고 새일들을 꿈일지라도 우리에게 새것이 없고 創造的運動(창조적 운동)이 없고 참된 變化(변화)가 없음은 우리에게서 感激(감격)이 떠나간 때문"이라고 주장한다.[157] 또한 "信仰(신앙)의 根本問題(근본문제)가 生命(생명)과 生命(생명)의 感激(감격)"이라고 주장한다. 그러므로 그는 "感激(감격)이 없는 때문에 우리는 不義(불의)를 보고도 義憤(의분)에 날뛸 줄 모르고, 賤待(천대)를 받아도 부끄러워할 줄 모르고 眞善美(진선미)를 부딕치어도 그 마음에 靈的躍動(영적요동)이 없는 것"이라고 주장한다.[158]

그는 설교자가 감격을 누리려면 역시 "자기건축"의 이론과 연결되어야 하며, 그것은 오로지 끊임없는 자기반성을 통해 이룩된다고 이해한다. 그리스도인은 자기의 주관과 이해타산, 명예와 지위에 대한 야심을 떠나 "眞正(진정)한 예수 그리스도의 人格(인격)에 감동하고 그의 十字架(십자가)에 感激(감격)하야 몸을 버리고 生命(생명)을 내대고 敎會(교회)를 받드는 사람"이어야 할 터인데, 그런 사람을 찾기가 마치 "하늘에 가서 天桃(천도) 따오는 以上(이상)의 難事(난사)"라고 주장한다.

> 現實(현실)에 있어서는 自然(자연)에 感激(감격)할 줄 알고 人情(인정)에 感激

157 송창근, "感激의 生活: 特히 젊은 親知들에게 주는 말", 「神學指南」, 17권 3호(1935년 5월), 35-36.
158 위의 책, 35-36.

(감격)할 줄 알고 예수의 人格(인격)과 예수의 十字架(십자가)에 感激(감격)할 줄을 안 然後(연후)에 農村(농촌)을 말하고 産業(산업)을 말하고 教會(교회)를 말하고 民族(민족)의 全道(전도)를 念慮(염려)하여야 할 것이외다. 感激性(감격성)을 끊어버리고 눈에 눈물이 말라버리고 마음자리가 식어서 배암의 뱃가죽 같이 된 사람으로서는 아모리 力量(역량)이 豐富(풍부)하고 智的 程度(지적 정도)가 高尙(고상)하고 時代(시대)의 洞察力(통찰력)이 强(강)하다 하더래도 敎會(교회)니 眞理(진리)니 民族(민족)이니 하는 거룩한 題目(제목)에 關(관)하야 開口(개구)할 資格(자격)이 없는 사람이라고 봅니다.[159]

일곱째, 송창근의 설교는 민족교회 수립을 지향했다. 비록 말기에 친일 행위를 함으로써 오점을 찍은 것이 사실이지만 애초에 독립운동가 이동휘의 권면으로 신학을 공부하게 되면서 그는 민족교회의 수립과 민족 종교로서의 기독교 수립에 관심을 두었다. 또 그것을 구현하는 길이 바로 신학교육에 있다고 이해했으며, 기독교의 복음으로만 민족의 비극을 넘어설 수 있다고 믿었다.[160] 1940년 초에 함께 일할 동지를 찾아 만주 목단강시를 찾아온 송창근을 만나 나눈 대화를 한 지인이 이렇게 전하고 있다. "이제 우리 교회는 서양 선교사들에게 의지할 수도 없이 되고 의지해서는 안 될 시기에 왔어요. 우리 나름대로의 신학을 수립하고 우리의 정신과 피가 엉긴 교회의 초석을 세워야지요."[161] 그는 후배 설교자들에게 다음과 같이 말한다.

무엇이 무서워서 아무것도 못하고 앉았읍니까? 日本(일본)사람이 무섭고, 西洋(서양)사람이 무서워서 말한다되 제 할말 못하고, 朝鮮 基督教青年(조선 기

159 위의 책, 38.
160 주재용, "만우 송창근의 삶과 사상", 『만우 송창근 전집』, 2권, 195-96.
161 晩雨 宋昌根先生記念事業會, 『晩雨 宋昌根』, 71.

> 독교청년)으로써 반듯이 해야할 그 많은 일들 다못하고 앉았는가. 如干(여간) 한다는 것이 있대야 朝鮮(조선) 사람 實情(실정)과는 何等(하등)의 關係(관계) 없는 소젖냄새 빠터냄새 그대로 무열한다니 이게 朝鮮(조선)사람과 무슨 相觀(상관)이 있을건가. 近年朝鮮(근년조선)에서 所謂(소위) 文藝(문예)를 말하고 思想(사상)을 論(논)하는 사람들이 大概(대개) 日本(일본)에서 무어라는 某某(모모)한 사람들을 그대로 되푸리하는 셈으로 우리 敎會(교회)안에서도 所謂 靑年事業云云(소위 청년사업 운운) 하는 것이 거이가 米國(미국) 뒤푸리가 되고 보니 우리 情操(정조)에는 맞지 않고 우리 生活(생활)과도 調和(조화)가 되지 않어서 암만해야 차개돌 삶아먹는 맛이오, 美味(미미)를 느끼지를 못하는 것이오, 얼마 오래가면 아주倦怠症(권태증)에 걸려서 靈的(영적)으로 呻吟狀態(신음상태)에 떨어지게 되는 것이다.[162]

이렇게 송창근은 자주적이고 한국적인 신학을 추구했고, 그리스도의 복음을 통해 민족의 새 희망을 만들어가는 설교신학을 주창했다. 그는 민족의 희망을 복음에서 찾았고, 그에게 설교는 민족의 요구에 대답하는 것이었다. 그는 후배 설교자들에게 이렇게 권면한다. "그러므로 조선 교회 지도자들은 오직 하느님께로부터 위탁받은 한 가지 '복음'으로써 민족의 요구에 대답하는 것이 민족에 대한 진정한 교회의 봉사요 교회의 사명이라는 것을 철저히 알아야 한다."[163]

교회와 신학교육의 장을 통해 일생 사람을 만나고 감화시키면서 그들을 그리스도인으로 세우는 사역을 감당해왔던 송창근에 대해 그와 비슷한 연배였으나 모든 것에 그를 선배로 여겼던 김재준은 다음과 같이 회고한다.

---

162 송창근, "感激의 生活: 特히 젊은 親知들에게 주는 말", 36.

163 송창근, "민족의 지대한 요구와 교회의 진정한 사명", 「조선신학보」, 5호(1948년 4월), 127.

송창근 목사는 말 그대로 만우, 늦은 비처럼 한번 휙 하고 지나갔지. 짧고 굵게 살다간 일생이었어. 나보다 두 살 위였으나 내 일생에서 그는 나보다 한 발 앞서가며 나를 이끈 스승이었어. 내 나이 열아홉 때 고향 웅기에서 금융조합 서기로 있던 나를 찾아와 서울로 끌어올렸고 기독교 신앙을 갖게 된 것도, 일본과 미국에 유학하게 된 것도 그가 끌어주었기 때문에 가능했고, 만주에 있던 나를 서울로 불러올려 조선신학교 일을 맡긴 것도 그였지. 전쟁 때 납북되어 50대에 그의 인생이 끝난 것이 안타깝지만 한국 신학계와 교계에 그가 남긴 영향력은 늦은 비 결실처럼 풍성했소.[164]

그가 사랑했던 제자 김정준은 송창근이 조선신학교 채플에서 전한 마지막 설교 내용을 다음과 같이 전해준다.

여러분, 우리는 소가 되자고 말하고 싶습니다. 평생토록 열심히 일하고서도 죽어서도 고기요 가죽이요 뼈요 할 것 없이 하나도 버릴 것이 없이 모든 것을 다 바치는 소야말로 우리의 숭엄한 선생이라 생각합니다. 나도 소와 같은 심정으로 이 신학교를 위해 마지막 하나까지 바치는 정성을 가지렵니다.… 나는 여러분께 부탁드리고져 합니다. 이다음에 내가 죽거든 저 교문 문턱에다 묻어주십시오. 그래서 여러 신학생들이 내 몸을 밟고 드나든다면 나의 기쁨이 되겠습니다.[165]

시대를 말씀으로 이끌어갈 사람도 설교자요, 교회를 바로 세워갈 사람도 설교자이기에 지적·영적 능력을 구비한 설교자를 세우는 일에 전념했던

164 이덕주, "송창근 목사의 설교 두 편", 152.
165 김정준, "송창근 박사와 「韓神」", 『만우 송창근 전집』, 2권, 96.

그는 죽어서도 조국 교회와 설교자들을 위해 자신의 마지막 하나까지 바치고자 했지만 그의 소원은 이루어지지 않았다. 한국전쟁 중에도 공산당 천하가 되어버린 서울에 남아 교회와 신학교를 지키려고 했던 그는 결국 납북되어 언제 어디서 고단한 생을 마감했는지도 알려지지 않았다. 그러나 그가 삶으로 살아내면서 전했던 진리의 말씀, 교회의 가장 크고 중대한 일인 성경을 읽고 배우는 신앙을 일깨웠던 그의 설교는 후배 설교자들에게 계속해서 들려와 교회의 활력이 되었다.

## 박윤선 목사: 성경의 사람으로 평생을 산 설교자

### (1) 생애와 사역

1905년 평북 철산에서 출생한 박윤선 목사(1905-1988)는 어릴 적 동네 서당에서 한학을 공부했으며, 동양 고전을 두루 섭렵했다. 그는 17세 때부터 동네 교회에 출석하면서 신앙생활을 시작했다. 대동소학교에 편입하여 졸업했고, 오산중학교에 편입했다가 휴교 조치로 인해 보결시험을 보고 신성중학교 3학년에 편입하여 졸업한다. 그는 신성학교 재학 시 선천북교회를 출석하면서 양전백 목사의 설교를 들으며 신앙을 키웠다. 졸업 후에는 신성에서 만난 은사들의 도움으로 숭실전문학교 영문과에 진학하여 고학으로 학업을 이어간다. 당시 그는 그곳에서 학생들과 함께 기도 운동을 주도했다. 학기 중에는 함께 서문밖교회 등지에서 열심히 기도했고,[166] 방학 중에는 전

166 그때 함께 기도했던 기도 동지들로는 이유택, 송영길, 김철훈, 박기환, 방지일, 김진홍 등이 있었으며 그들은 모두 목회자가 되었고, 이유택, 송영길, 김철훈은 공산 치하에서 순교했다. 박윤선, "나의 생애와 신학", 합동신학교 출판부 편, 『박윤선의 생애와 사상』(수원: 합동신학교출판부, 1995), 22-23.

도대를 조직하여 지방 순회전도 강연을 다녔는데, 설교는 주로 그가 맡았다. 그는 4학년 졸업반 때 헌신을 다짐했고, 1931년에 평양장로회신학교에 입학하여 1934년에 졸업한다. 그리고 바로 도미하여 미국 웨스터민스터 신학교에서 신약학을 전공하여 석사학위를 취득한다. 박윤선은 그레샴 메이첸(Gresham Machen)의 지도를 받아 주경신학과 성경신학을 공부하면서 그에게서 많은 영향을 받았다.

그는 학위를 마친 후 바로 귀국하여 평양장로회신학교에서 성경 원어를 강의했으며, 고등성경학교에서 성경을 가르치는 강사로도 활동한다. 1938년에 다시 도미하여 1년간 머물면서 변증학을 연구했고, 1940년에 귀국하여 만주 봉천(심양)의 우지황교회의 청빙을 받아 그곳에서 목회를 했다. 1941년에는 만주 신학교에서 교수로 활동했으며, 해방 후 고향에 머물다가 1946년 월남하여 부산에 개교한 고려신학교의 부름을 받아 교수 생활을 시작한다. 1948년에 사임한 박형룡의 뒤를 이어 교장이 되었으며, 한국전쟁 중에는 회개운동과 피난교역자 부흥회를 주도한다.[167]

그는 1953년 10월 네덜란드 자유대학교로 유학을 떠났다. 하지만 6개월 후에 갑작스럽게 아내가 교통사고로 세상을 떠났다. 음주운전자가 몰던 미군 해병대 트럭이 길가에 서 있던 이들을 친 것이다. 갓 결혼한 장남에서부터 세 살이던 막내까지 3남 3녀의 자녀들은 어머니를 급작스럽게 잃게 되었다. 소식을 듣고 10여 일 후에 귀국한 박윤선은 슬픔 가운데 있는 자녀들을 챙길 틈도 없이 바로 학교에서 강의를 시작하게 되었다. 그로부터 6개월 후에는 이북에서 단신으로 내려온 이화주와 재혼하여 3남매를 더 두었다.

---

167 1950년 한국전쟁이 한창이던 때 부산 초량교회에서 피난 온 교역자들을 중심으로 한 구국기도회가 있었다. 강사로는 박형룡, 김치선, 박윤선 등이었으며 새벽, 오전, 저녁 집회를 열었는데 성령의 강력한 역사와 함께 교역자들이 자신들의 죄를 통회하는 회개운동이 일어났다. 이때 신사참배 문제에 대한 회개도 있었는데 설교하던 박윤선은 자신도 단 한 차례이지만 "그 죄를 회중 앞에 공고백"했다. 박윤선, 『성경과 나의 생애』, 106.

그는 주일 성수 문제로 1960년에 교장직을 사임했고,[168] 서울 동산교회에서 목회를 하던 중 총회신학교 교수에 취임하여 7대 교장을 역임한다. 그리고 한성교회(노량진)를 개척 목회했고, 1974년에는 총신대학 교수직에서 은퇴한다. 그는 총신대학 대학원장으로 일하던 중 총신의 분규로 인해 나온 학생들과 교수 4인이 1980년 남서울교회에서 개교한 합동신학원의 초대원장을 지냈으며, 계속 교수와 명예원장으로 활동했다. 그 어간에 장안교회에서 목회(1981-1987)를 이어갔으며[169] 담도암으로 투병하다 1988년 6월 83세의 일기로 세상을 떠났다.

박윤선에게는 많은 호칭이 따라 붙는다. “성경의 사람”, “예수처럼 살기를 애쓰셨던 경건한 하나님의 종”, “한국교회 최초로 성경 66권 전권 주석을 완간한 사람”, “한국교회 은혜의 산 증인”, “하나님 중심의 진실한 삶과 진리에의 뜨거운 열정, 그리고 그의 겸손과 깊은 감화력은 그 누구도 흉내조차 낼 수 없는 인물” 등 박윤선의 이름 앞에 붙는 수사는 화려하다.[170] 실제로 박윤선은 자신의 생애를 평가하면서 가장 좋아하는 일로 “신학교육, 성경주석, 설교”를 꼽았고, 그것은 “즐겁고 집중이 되고 어떤 일이 있어도 중단을 안 하게 되고 뼈에 사무치도록 뜨거운 마음을 갖게 되니 하나님

---

168 소위 “스푸너 선교사 사건”으로 인하여 사임하게 되는데 스푸너(A. B Spooner) 선교사는 전쟁 중에 기술자로 한국에 들어와 위험을 무릅쓰고 복음을 전하다가 전쟁의 참화로 고통 가운데 있는 한국을 섬기기 위해 본국으로 돌아가 신학을 공부한 후 다시 선교사로 입국했다. 첫 안식년을 고국에서 보내기 위해 미국 군함을 이용하여 떠나게 되었는데, 군함의 움직임은 기밀 사항이라 당일 아침에야 들은 박윤선은 택시를 타고 부두에 나가 선교사를 배웅했는데 그날은 주일이었고 택시 요금을 지불한 것과 면회가 허락되지 않아 오래 지체되어 주일 예배시간을 지키지 못한 것이 나중에 노회와 총회에서 문제가 되었다. 결국 그 일로 인해 신학교 교장과 교수직을 내려놓게 된다. 김영재, 『박윤선: 경건과 교회 쇄신을 추구한 개혁신학자』(파주: 살림, 2007), 132-38.

169 이 교회는 나중 화평교회와 병합했으며, 1987년 성역 50주년 감사예배를 드린 후에 목회 일선에서 은퇴한다.

170 신복윤, “성경의 사람, 한국의 나다나엘”, 합동신학교출판부 편, 『박윤선의 생애와 사상』, 69-70; 박영선, “한국교회 은혜의 산 증인”, 박성은 외, 『하나님밖에 모르는 사람 박윤선』(서울: 국민일보, 2016); 정성구, “박윤선 목사의 신학과 설교 연구: 그의 설교에 나타난 칼빈주의 사상을 중심으로”, 「신학지남」, 58권 2호(통권 228호), 11.

이 내게 주신 일"이었으며, "다시 젊어진다 해도 이 일 외에 무슨 할 일이 있겠나" 싶은 일이었다고 고백한다.[171] 실제로 그는 1936년 8월부터 평양장로회신학교에서 강의를 시작하여 만주신학원, 고려신학교, 총신대학, 합동신학대학원 등에서 평생 신학교육에 전념했으며, 1938년부터 성경주석 작업을 시작한 이래 40여 년에 걸쳐 성경 66권 전권의 주석 작업을 마쳤다. 그가 이 작업에 전념한 것은 "한국교회가 혼란에 빠져 있는 것은 성경연구와 성경에 대한 바른 해석이 빈약하고, 흥분 위주의 부흥회에 도취되어 있기 때문"이었다. 그는 성경주석을 집필하는 일보다 더 기쁜 일이 없을 정도로 그 작업에 심취했다.[172] 또한 평생 설교하기를 좋아했고 또 이를 간절히 사모했던 사람이었다. 임종이 가까웠을 때도 설교를 계속하지 못하는 것을 가장 아쉬워할 정도였다.[173] 이렇듯 박윤선은 평생 하나님의 말씀과 그것을 가르치고 전하는 일에 온전히 집중했다.

김영재는 박윤선이 "성경 전체를 주석하는 대업을 이룬 주석가"로서 "한국의 설교자들에게 성경 해석에 눈을 뜨게 해주었고, 설교를 위한 자료를 제공함으로써 크게 도움을 주었"던 개혁신학자이며, 교회 쇄신을 도모한 개척자라고 평가한다. 그리고 "정통 신학을 보수하는 한편 기복 신앙을 탈피하지 못한 채 세대주의와 근본주의 신앙에 머물고 있는 한국 장로교회에게 본래 표방하는 칼뱅주의 신앙과 신학을 지향하도록 가르치는 일에 선구자적 역할"을 했다고 주장한다.[174] 그는 분명 경건과 학문을 겸비한 신학자, 깊은 기도의 사람, 또한 교회와 하나님의 말씀에 대한 뜨거운 열정을 가진 설교자였음에 틀림없다.

---

171 박윤선, "신학교육, 주석사업, 설교에 몸 바쳐온 삶", 「신앙계」(1983년 1월 호), 41.

172 신복윤, "성경의 사람, 한국의 나다나엘", 79-84.

173 위의 책, 87.

174 김영재, 『박윤선: 경건과 교회 쇄신을 추구한 개혁신학자』, 220.

그러나 넷째 딸 박혜란이 『목사의 딸』이라는 제목으로 출간한 책[175]을 보면, "세상에 알려지지 않은, 한 가정이 안고 있는 아픔"이 적나라하게 기술되어 있고, 이런 가족사와 관련된 논란이 일고 있다. 이 책은 1954년 3월 박윤선의 첫 번째 아내 김예련이 불의의 교통사고로 세상을 떠난 후 새로 들어온 어머니와 자녀들의 갈등, 철저한 근본주의 신학과 신앙을 견지하면서 성경을 주석하고 하나님의 말씀 전파와 교회 사역에 전념했던 아버지의 신학과 신앙, 그리고 자녀들에 대한 무관심에 대해 반발했던 전처 소생의 자녀가 뒤늦게 신학을 공부하고 아버지를 이어 목사가 된 후 아버지에 대해 느끼는 감정을 고스란히 담아냄으로써 파장을 일으켰다. 그녀는 "신학을 공부하면서 비로소 아버지의 인격과 신앙 체계에 도사리고 있는 문제와 아픔을 발견"하고 아버지의 억압된 신앙관이 가지는 약점이 한국교회가 안고 있는 약점이며, "아버지에 대한 의무적 사랑이 잘못된 것이고 아버지에 대해 그동안 바라본 진실을 기록"하기 위해 책을 썼다고 밝힌다.[176]

이 사건은 모든 일에는 양면성이 있다는 사실을 일깨워주었고, 한 위대한 인물의 명암을 들여다보게 하는 계기가 되었다. 그녀는 엄격하리만큼 철저했던 "청교도 신앙의 소유자"였던 아버지에 대해 깊은 존경도 보내고 있고, "20세기 한국교회의 거목으로 평가받는" 아버지에 대해 "드러나지 않았던 진리가 더해져 한국교회에 도움이 되기를" 바라는 마음과 "모든 진실은 사람을 유익하게 한다"는 신념에서 아픈 가족사를 털어놓기도 했다. 그에 대한 평가는 관점에 따라 다를 수 있고, 상황을 고려하지 않으면 그 평가는 적절하지 않은 것이 될 수 있음을 간과해서는 안 될 것이다.

175 박혜란, 『목사의 딸: '하나님의 종'이라는 이름 뒤에 감춰진 슬픈 가족사』(서울: 아가페북스, 2014).

176 이에 대한 반론과 비판을 위한 책도 출간되었다. 이 책의 공동저자인 박성은은 박윤선의 일곱째 자녀이며, 박혜란이 쓴 내용과 다른 관점에서 아버지에 대해 이야기하고 있다. 직간접으로 가르침과 영향을 받은 사람들 7인이 공동집필했다. 박성은 외, 『하나님밖에 모르는 사람 박윤선』.

### (2) 설교사역과 신학적 특징

박윤선은 평생 신학자로 살았지만 그의 삶은 늘 강단과 연결되어 있었다. 그와 56년 지기로 함께 지냈던 방지일은 "목사는 강단이 없이는 죽은 목숨"이라고 한 박윤선의 이야기를 생생하게 전해준다. 목회자는 "강단 생활이 없으면 생명력이 약해진다"고 한 것은 단순한 수사가 아니라 그의 삶으로부터 나온 고백이었다.[177] 그는 공부를 마치고 귀국한 후에는 봉천의 우지황교회에서, 해방 후에는 고향이었던 평북 철산의 장평교회에서, 고려신학교 교수직을 은퇴한 다음에는 서대문 동산교회(1961-1964)에서, 총신 부산분교 교수로 있을 때는 부산 성산교회(1965-1967)에서, 총신대학 교수로 재직할 동안에는 노량진에 한성교회(1968-1973)를 개척하여 담임목회를 하면서 설교자로서의 삶을 이어갔다. 학교 강단과 교회에서 행해진 그의 설교에 대한 반응은 늘 뜨거웠다. 박윤선의 제자였고, 또 동료로 합동신학원에서 교수로 함께 섬겼던 신복윤은 다음과 같이 회고한다.

> 그에게 있어서 설교는 인간의 말장난이 아니라 하나님의 말씀을 증거하는 일이다. 이 말씀을 풀이할 때 영혼이 살기도 하고 영혼이 살찌기도 하기 때문에 그의 설교는 늘 마지막 설교처럼 느껴졌고 그렇기 때문에 뜨거운 정열이 담겨져 있었다. 이 기회가 아니면 다시는 설교의 기회가 주어지지 않는다는 심정으로 설교를 했던 것이다. 그는 설교할 때마다 많은 기도의 준비와 설교 내용의 준비도 완벽하게 하는 것 같았다. 그렇기 때문에 그의 설교에는 항상 성령의 역사가 동반했다. 설교 때마다 힘이 있어서 마음을 쿡쿡 찔러 주었고 죄의식을 일으켜 자신의 비참한 모습을 보게 하고 하나님을 쳐다보게 했다. 그랬기에 그의 설교는 많은 회개운동을 일으켰다.…그의 설교는

177 방지일, "우리에게 있는 나다나엘: 내가 본 박윤선 목사."

한결같은 데가 있다. 웅변은 아니나 힘이 있었고 수식은 없었으나 감동을 주었고, 죄와 현실 교회의 비리에 대한 선지자적 경고와 책망이 있으나 그것을 아무 거부감 없이 "아멘" 하고 받아들일 수 있는 설교였다.…그의 설교는 흡수력이 강했다. 표현력이 부족한 것 같으면서도 깊이가 있고 조직이 있어 사람들의 가슴을 뚫고 들어간다. 가슴과 가슴이 마주치고 몸과 몸이 하나가 된 설교이기 때문에 흡수력이 강할 수밖에 없었다.[178]

이런 찬사는 제자들이 존경하는 스승에게 보내는 공치사가 아니고, 실제로 박윤선은 "설교자들을 위한 설교자"로 평생을 살아왔다.[179] 남아 있는 그의 많은 설교문은 주로 신학생이나 목회자를 대상으로 한 것이다. 그가 쓴 설교에 관련된 글과 설교집을 참고하여 그의 설교의 특징을 살펴보자.[180]

첫째, 박윤선은 하나님 주권 사상을 바탕으로 경건과 교회 개혁을 추구했다. 그는 그리스도인의 경건뿐 아니라 설교자의 경건을 강조한다. 설교자가 사역하는 교회의 쇄신은 설교자의 자기 갱신으로부터 시작된다. 그의 경건에 대한 이해는 철저하게 칼뱅주의적 경건이 중심을 이룬다. 그에 따르면, 모든 현상의 배후에 하나님이 계시고 하나님이 친히 그의 뜻을 이루어가신다는 "하나님의 주권" 신앙이야말로 칼뱅주의의 기본 원리다. 즉 하

---

178 신복윤, "성경의 사람, 한국의 나다나엘", 87-88.

179 박형용, 『정암 박윤선에게서 배우다』(서울: 국제제자훈련원, 2008); 안만길 편, 『정암 박윤선의 설교』(수원: 합동신학대학원대학교, 2006) 등을 참고하라.

180 그의 설교는 녹음테이프로 보존된 것으로는 171편이 있고, 1300여 편의 설교문이 그의 주석서 전반에 게재되어 있으며 몇 권의 설교집과 강해집이 출판되었다. 그의 생전에 영음사에서 출판된 설교집으로는 『영생의 원천』(수원: 영음사, 1970), 『응답되는 기도』(1974), 『주님을 따르자』(1975) 등이 있고, 사후에 출판된 것으로는 『기도, 죽기내기로 기도하라』(2011), 『부르심, 네 꼴 보고 은혜를 받겠느냐』(2011), 『고난, 왜 하나님이 나를 때리시는가』(2011), 『거룩함, 세상 뜰 때까지 힘쓰라』(2011), 『교회, 내가 바로 서야 교회가 바로 선다』(2011), 『내가 새벽을 깨우리로다』(2012), 『다 주께 맡기라』(2012), 『신자 되기 원합니다』(2012), 『힘써 전진하는 믿음』(2015), 『하루하루 살라: 박윤선의 작은 설교 신약편 1』(2015), 『세월을 아끼라: 박윤선의 작은 설교 신약편 2』(2015) 등이 있다.

나님께서 언제 어디서나 무엇이든 통치하시고 관할하신다는 사실을 믿는 신앙이며, 그것을 보고 사색하는 신앙이다.[181] 그는 그 신앙을 따라 사는 삶을 신본주의적 삶으로 규정했고, 인본주의를 배격하고 철저한 하나님의 주권 신앙을 따라 사는 것을 경건으로 이해했으며, 부패한 인간이 하나님의 자리에 앉는 것을 용납하지 않았다.

> 오늘날 우리들은 특이한 세상에 살고 있습니다. 이런 세상은 다시 없을 것입니다. 외식이 너무 많고 정치에서도 거짓말이 너무 많습니다. 교계에서 하는 일들을 보아도 다르지 않은데, 예수님의 말씀을 깊이 알지도 못하고 깊게 느껴보지 못한 채로 너무도 세상 식으로 이렇게 저렇게 해나간다 말입니다. 예수님의 지시를 바로 받지도 않고 명백히 느끼지도 못하면서 자기들 나름대로 해나가는 교역이 얼마나 많은 줄 모릅니다.…여러분들이 종잇장 하나 받아가지고 나가는 것으로 멋는다면 그것은 참으로 원통한 일입니다. 평생 예수를 팔아먹을 사람이기 때문입니다.…인본주의 신학은 사상 면에만 있는 것이 아니라 행동 면에 얼마나 많은지 모릅니다. 말로는 주여 주여 하고 입으로는 성경이 하나님의 말씀이라고 하지만 과연 성경을 얼마나 아느냐? 말 그대로 성경은 하나님의 말씀인데 그러면 그 성경을 얼마나 아느냐 할 때에 문제가 된다 말입니다. 성경을 모르고서 참된 사람이 될 수 없고, 성경을 모르고서 신자가 될 수 없는 것은 당연하며, 성경을 모르고서는 주님의 일을 전혀 할 수 없는 것입니다.…우리 자신이 위험하다는 것을 늘 인식하고 있어야 하겠습니다.…그렇지 아니하면 어느 순간에 어떻게 비뚤어질지 모르는 것이 인생입니다.[182]

181 박윤선, "칼빈주의 기본원리와 칼 발트의 기본원리", 「파수군」(1952년 1월), 15.
182 박윤선, "예수를 팔아먹을 사람", 『부르심, 네 꼴 보고 은혜를 받겠느냐』, 27-28.

둘째, 박윤선은 복음 중심성을 지속적으로 견지하면서 변증적으로 설교했다. 그는 두 번째로 갔던 미국 유학 시절에 고대어와 변증학을 연구했고, 비록 6개월이라는 짧은 기간으로 끝이 났지만 네덜란드 유학 시절에 코넬리우스 반 틸(Conelius van Til)에게서 변증학을 배웠으며, 일생 동안 자유주의 신학, 위기 신학 등에 대한 비판적·변증적 관점이 그의 설교에 반영된다. 그의 설교는 성경의 절대적 권위와 영감설, 성경의 유기적 통일, 칼뱅주의에 기초한 하나님의 주권사상, 하나님의 은혜가 강조되는 구속사 관점, 복음과 교회, 그리스도인의 삶으로 나타나야 하는 복음의 열매 등에 대한 변증적 특성이 강하다. "신앙의 출발점"이라는 설교에서 "신앙의 근거되는 바침(받침)은 기록된 성경 말씀"이며, "이 기록된 말씀의 능력은 천지를 창조하신 능력이고, 그 효과는 천지가 없어지기 전에는 없어지지 않는다"고 주장하면서, "모든 사람은 성경 말씀 앞에서 이론보다 순종이 앞서야 된다"고 강조한다.[183] 그는 "내세를 바라보는 생활"에서도 성경의 권위에 대해 다음과 같이 강조한다.

> 우리가 성경의 말씀을 귀한 줄 모르고 이 복음의 말씀이 생명인 줄 모르니 참된 재미를 못 보는 것입니다. 아무리 귀한 보배라도 사람이 그 보배를 몰라보면 그 보배의 유익을 얻을 수 없읍니다. 아프리카의 아이들이 금강석을 장난감으로 가지고 놀 때에 그 금강석의 가치를 아는 백인이 다 가져가게 된 것입니다. 과연 우리 손에 들려진 성경 말씀은 생명을 주는 복음의 말씀이올시다.…그 말씀이 내 몸을 점령케 하고 내 심령에 지배력이 되게 하고, 그 말씀과 함께 살아 계신 성령이 역사하셔서 우리가 그리스도를 모심으로

183 박윤선, "신앙의 출발점", 『영생의 원천』, 122, 124.

써 내세 본위의 생활을 해야겠읍니다.[184]

그는 오직 성경, 오직 은혜, 오직 믿음 등 종교개혁 사상을 강조한다. 그는 바울의 삶과 고백에서 이런 부분들을 찾아내어 다음과 같이 설교한다.

> 바울은 자력으로 구원을 얻어 보려던 모든 노력을 포기하고 그리스도에게 의탁했읍니다.…바울은 자기가 소망도 없는 죄인인 줄 알고 자신을 그리스도의 손 가운데 들여놓았읍니다. 그는 무엇보다도 먼저 자기 자신을 의지하는 마음을 포기한 것입니다. 사람이 한 손은 자기를 붙잡아 의지하고 한 손으로는 주님을 의지하는 방식으로는 구원을 못 받습니다. 우리는 우리 자신을 그대로 그리스도께 맡겨 그리스도의 것이 되게 하여야 합니다. 위와 같이 주님께 영혼을 의탁하는 자는 주님께서 끝까지 간수해주실 것을 확신하게 됩니다.…이렇게 믿는 자는 그의 생명을 그리스도께 벌써 맡겨 놓았으니 자기의 생명을 잃을까 두려워하지 않게 됩니다.[185]

그의 설교문의 중심에는 하나님의 은혜 사상이 흐른다. 그는 "죽어 마땅한 내가 하나님의 은혜로 지금까지 살아 있다는 사실"을 강조하고, 신앙을 선물로 주신 것도 하나님의 은혜이며, 이날까지 달려올 수 있었던 것도 말로 다 표현할 수 없는 오직 하나님의 은혜였음을 강조한다.[186]

셋째, 박윤선의 설교는 성경 중심적이다. 그는 남다르게 설교를 사랑했다. 그것은 하나님의 말씀인 성경에 대한 사랑과 그에 대한 깊은 연구로 이어진다. 그는 성경 66권에 대한 주석을 완간한 다음, 1979년 10월 9일에 총

184 박윤선, "내세를 바라보는 생활", 『응답되는 기도』, 17, 23.

185 박윤선, "사도바울의 목회", 『응답되는 기도』, 83-84

186 박윤선, "범사에 감사하라", 위의 책, 170-71.

신대학 강당에서 성경주석 완간 감사 예배를 드린 후 다음과 같이 회고한다.

> 나의 주석 저술의 동기는 나 자신이 먼저 성경을 바로 깨닫고 깊이 안 후에 이 성경을 올바로 증거하여 하나님의 백성으로 하여금 성경대로 믿음을 가지도록 그들을 도와주는 것이 하나님의 뜻이라는 확신이 있었기 때문이다. 성경을 바로 깨닫고 그 깨달은바 진리를 바로 전하려는 간절함 때문에 나의 마음은 항상 성경에 머물러 있었고, 동시에 성경주석 저술에 기쁨이 있었다. 내가 성경을 많이 아는 것은 아니지만 아는 만큼은 확신하고 있으며, 또 내가 아는 그것을 형제에게 나누어주고자 하는 마음이 항상 불타고 있으므로 계속 붓을 들게 되었다.…설교자들이 종종 체험하는 바이지만 나도 언제나 설교를 하고 난 후에는 마음이 유쾌하고 신령한 기쁨이 임하곤 했다. 나는 성경주석을 집필하면서 그 말씀의 생명력을 여러 가지로 체험했고 그 깨달은바 진리를 설교로 작성하여 나의 주석에 많이(1000편 이상) 포함시켰다.[187]

성경에 대한 그의 깊이 있는 연구는 설교 사랑으로부터 시작된다. 그의 설교에는 이런 확신이 잘 녹아 있다.

> 이 세상에는 확신할 만한 것이 많이 있습니다. 과학적으로나 혹은 도덕적으로나 확신할 만한 것들이 있습니다. 그러나 성경이 말하는 확신은 그 모든 것들보다 탁월한 것입니다. 성경이 말하는 확신은 그 모든 것들보다 하나님께 대한 확신, 인간의 장래에 대한 확신, 내세에 대한 확신, 이 모든 신령한 확신을 말해주는 것입니다. 간단히 말해서 하나님 중심의 확신을 말해줍니다.[188]

---

187 박윤선, 『성경과 나의 생애: 정암 박윤선 목사 자서전』(수원: 영음사, 1992), 160-61.

188 박윤선, 『힘써 전진하는 믿음』, 27.

그는 성경에 대한 깊은 확신 위에서 설교사역을 펼쳐간다. 그는 성경이 하나님의 영감으로 기록된 하나님의 계시라고 확신했으며, 성경의 유기적 통일과 성경무오설의 바탕 위에 굳건히 서 있었다.[189]

> 하나님이 살아계시니 그가 주장하는 말씀도 하나님의 역사에 따라서 우리에게 작용을 일으킵니다. 우리가 하나님의 말씀을 먹어야 되는데 양이 꼴을 먹고 물을 마시듯이 하나님 말씀을 먹어야 합니다. 그 먹는다는 것은 하나님 말씀대로 산다는 것을 의미합니다. 하나님 말씀을 눈으로 보기만 하고 귀로 듣기만 하고 지나간다면 그것은 내게 하등의 관계가 없습니다. 그것은 먹은 것이 아닙니다. 우리가 하나님 말씀을 먹고 마셔야만 나와 관계가 있는 것이고, 내게 영향을 주는 것이고, 내게 열매를 맺게 합니다. 그 먹는다는 것은 바로 그대로 사는 것입니다. 우리가 말씀대로 믿고 순종할 때에 우리는 음식을 먹은 것과 같아서 우리의 심령이 힘을 얻게 되고 과연 살게 되고 기쁨을 얻고 평안을 얻게 됩니다.[190]

박윤선은 설교사역에서 성경의 중요성 및 상관성을 깊이 강조했던 설교자였다. 그래서 그는 성경 전권을 주석으로 출간하는 작업을 시도했으며, 주석책에 설교문을 실은 것도 성경연구와 설교와의 관계를 상징적으로 보여준 것이라고 평가된다.[191]

넷째, 박윤선의 설교는 본문 중심의 깊이 있는 설교다. 그는 성경신학자답게 깊이 있는 본문 석의를 바탕으로 하고 있으며 충실한 원어 분석과 석의적 분석을 통해 그것이 가지는 의미를 성실하게 드러내고 있다. 그의 설

189 박윤선, "나의 신학과 나의 설교", 「신학정론」 4권 1호(1986년 5월), 4-5.

190 박윤선, 『힘써 전진하는 믿음』, 173.

191 박윤선의 주석 책에는 구약 설교 473편과 신약 설교 574편, 총 1047편이 실려 있다.

교는 본문을 강해하면서 부분적으로 설명해가는 구조를 취하기도 하고, 본문의 중심 메시지를 하나의 개념에 담아 설명하기도 한다. 그가 당시 일반적인 한국교회 설교 경향과는 다르게 철저하게 성경 중심의 설교를 견지했던 것은 개혁주의에 바탕을 둔 그의 성경관 때문이었다. 그는 "하나님께서 그의 백성에게 특별계시, 곧 성경을 주셨으니 이 성경은 하나님께서 나에게 지금 하늘에서 친히 말씀하시는 그 말씀"이라고 믿고 있으며, "성경은 자연계시가 보여주지 못하는 하나님의 모든 의지와 구원의 경륜을 말해주며, 단번에 주신 계시이지만 언제나 충족한 절대적인 표준의 말씀이 되는 것"이라고 주장한다.[192] 그에게 성경은 모든 것에 관한 절대적인 표준이며, 오류가 없는 말씀이다.

> 이 말씀은 인간에게 충고를 주는 정도의 것이 아니라 이 말씀을 순종치 않으면 망할 수밖에 없고, 이 말씀으로만 구원을 받을 수 있는 절대적인 말씀이다.…이 말씀은 전폭적으로 하나님의 감동으로 기록된 것이어서 절대로 오류가 없는 말씀이다.…이 말씀은 성령의 감화하심으로만 깨달을 수 있음을 믿는 고로, 성령으로 말미암아 중생(重生)이 성경연구에 선행(先行)되어야 함을 주장한다.…성경의 역사적 문법적 요소를 깊이 연구해야 할 것을 강조한다. 그 이유는 성경 저자들이 그들의 살고 있었던 그 시대의 문화와 지식을 그 기록에 반영시켰기 때문이다.[193]

다섯째, 박윤선은 설교의 활력을 설교자에게서 찾는다. 그의 설교의 대상이 대부분 설교자와 설교자 후보생들이라는 특수성도 있지만, 그는 무엇보다

192 박윤선, 『성경과 나의 인생』, 201.
193 위의 책, 201-2.

도 설교자의 인격과 삶, 특별히 기도하는 삶에 대해 강조한다. 설교자에게 중요한 것은 하나님 앞에 서 있는 존재로 그분의 말씀에 순종하면서 그 말씀대로 사는 것이다. 그는 설교자들에게 권고한다. "설교는 성경 말씀을 그대로 전하는 것이다. 그러므로 설교자는 성경을 바로 깨닫고 전해야 된다. 설교자는 성경연구를 깊이 하는 동시에, 기도를 많이 해야 하며 무엇보다도 설교자 자신이 그 말씀대로 살아야 한다. 그대로 살지 않으면서 전함은 무력하다."[194] 설교자의 인격은 "타고난 성품의 어떠함을 말하는 것이 아니라 하나님의 말씀대로 사는 삶을 가리키는 것"이다.[195]

> 목회자에게 거짓은 금물임을 명심하시기 바랍니다. 언젠가는 드러날 거짓은 목회자의 생명을 단축시키며, 또한 다른 사람을 망쳐놓는 것입니다. 목회자는 그야말로 양심의 정결을 생명같이 귀하게 생각해야 합니다.…목회자는 만물을 대할 때 하나님께 영광을 돌려야 합니다. 목회자는 그 먹고 마심에 이르기까지 철두철미 하나님의 영광을 중심하고 생활해야 합니다.…목회자는 자기의 잘못을 고칠 줄 알아야 합니다. 내게 있는 부족을 한 가지 한 가지 고쳐서 그야말로 새로워져야 하는 것입니다. 새로워지지 않는 목회자는 자기도 죽으며 남도 죽이는 삯군입니다.[196]

또한 그의 설교는 설교자의 자세에 대해서도 깊이 깨우치게 한다. 그는 특히 화육화된 설교(incarnated preaching)가 되어야 함을 다음과 같이 강조한다.

> (설교는) 머리로 하는 것이 아니라 심장으로 해야 하는 것인데 그 경우에 참

194 박윤선, 『주님을 따르자』(수원: 영음사, 1975), 5.
195 정창균, "설교학적 관점에서 본 박윤선의 설교", 안만길 편, 『정암 박윤선의 설교』, 107.
196 박윤선, "칼빈주의 처지에서 본 바울의 목회훈(1)", 『응답되는 기도』(수원: 영음사, 1974), 177.

으로 우리 심장이 뜨겁게 움직여야 합니다. 그 심장에서 올라오는 움직임이 있어야 설교를 할 수 있습니다.…설교 하나 준비하기 위해서 그 주간에 몇 천리 여행도 할 수가 있다는 그런 각오를 가져야 합니다. 설교가 제대로 준비되지 않았는데 어떻게 강단에 나갑니까? 그야말로 한 주간에 한 번 교우들을 다 만나는 때인데 그 시간을 허송세월한다면 얼마나 원통합니까? 모처럼 그 피곤한 영혼들이 하늘의 소식을 받아 위로를 받고 힘을 얻으려 하는데 목사가 나와서 별로 들을 내용이 없는 설교를 한다면 그 얼마나 원통한 일입니까?…하나님께서는 힘쓰고 애쓰는 사람에게 귀한 것을 주십니다. 간절한 사람에게 주십니다.…애를 많이 써야 받을 수 있는 것인데 설교 준비를 그저 되는 대로 해서는 안 됩니다. 생명과 연결된 일이기에 생명을 걸어야 합니다.[197]

그는 설교 준비뿐만 아니라 기도 사역에도 늘 생명을 걸 것을 요청한다. "기도를 한번 하려고 간다면 생명을 걸어놓고 들어가야 합니다.…기도의 불도가니에 들어가서 녹아나야지 안 그러면 혈기가 그대로 있고 세상 사랑하는 마음이 여전히 남는 것입니다."[198] 그는 이런 자세가 아니면 "교회에 손해를 끼치는 목회"가 된다고 주장한다. 목회자를 대상으로 한 설교에서는 기도가 중심을 이루는 신본주의적 목회관을 가질 것, 종교 직업인이 되지 말고 파수꾼이 될 것, 희생과 봉사 정신이 충만한 일꾼이 될 것, 하나님의 일꾼다운 인격을 갖춘 인물이 될 것, 성결의 필사적 노력을 가진 사람이 될 것 등 주로 설교자의 성품(character)에 많은 강조점을 둔다.[199]

여섯째, 박윤선의 설교는 자신의 삶의 경험에서 나온 이야기들과 다양

197 박윤선, 『부르심, 네 꼴 보고 은혜를 받겠느냐』, 47-48

198 위의 책, 50.

199 박윤선, "종교 직업인은 아닌가?" 설교문, 『부르심, 네 꼴 보고 은혜를 받겠느냐』, 68-85.

한 신학적 예증을 활용하여 메시지를 전하는 특징을 보인다. 물론 성경 본문 중심으로 설교하는 박윤선은 당시 목회자들과는 달리 예화를 많이 사용하지는 않았다. 그러나 예화를 사용하는 경우에는 삶의 자리나 자신이 경험한 내용이 중심을 이루고 있다. 예를 들어 기도 시간에 자꾸 뒤를 돌아보는 목회자를 언급하는데, 교인들이 있나 없나 보고 교인이 없으면 가려고 그런다는 것이다. 반대로 한번 기도하면 기도에 전념하는 목회자를 다음과 같이 소개한다.

> 그분은 유식한 분이 아니고 무식한 분입니다. 하지만 교회에 은혜를 끼쳐서 그 교회가 따뜻하고 은혜롭고 또 그의 설교가 좋습니다. 무식한 분이지만 기도를 참되이 하고 정성스럽게 하고 믿음으로 하고 시간을 많이 희생하면서 하니까 주님께서 돌아보시기 때문에 그가 강단에 설 때부터 교인들은 은혜롭게 보는 거고, 또 실제 그의 설교는 이상스럽게 참 은혜롭단 말입니다. 그렇게 죽기 내기로 기도하기 때문에 그는 유종의 미를 거뒀습니다.…제가 여러분 앞에 지금 부탁하는 것은 기도하지 않으면 만사가 다 안 된다는 것입니다.[200]

또한 "개혁을 하려면 큰 사람이 되라"는 설교에서는 피의 여왕 메리와 순교자 래티머의 이야기, 은둔수사 안토니우스의 이야기, 종교개혁 시대의 순교자 리처드 윌리엄슨의 이야기 등 교회사에 나타나는 예화를 활용하고 있으며, "우리 개혁은 성결이다"라는 설교에서는 성 버나드의 이야기, 프린스턴 신학교의 박사과정 학생이 셈어를 공부하는 중에 쓰러진 이야기 등을 활용한다. "게으름의 적과 맞서라"는 설교에서는 자신의 형님이 얼어붙은 바다

200 박윤선, "사귀지 말아야 할 사람", 설교문, 위의 책, 65.

에 뛰어든 노루를 잡은 이야기, 가죽으로 구두 만드는 이야기, 칼빈 스텐리 이야기, 김린서 목사 이야기 등을 담고 있다.[201]

박윤선의 설교에도 당시 대부분의 설교자들이 안고 있는 약점이 있다. 그는 1945년 일본의 압제에서 해방되었을 때 40세였으며, 1960년대 이후 군부 독재에 의해 많은 인권 억압이 일어날 때 보수 진영을 대표하는 한국 교회의 원로였다. 그러나 그의 설교는 사회적 모순과 부조리, 정치 상황에 대해서는 거의 침묵하고 있다. 그것은 당시 보수적 경향을 취한 복음주의 진영의 지도자들의 공통적인 모습이었지만, 그의 침묵과 무관심, 혹은 소극적 자세는 아쉬움으로 남는다. 국민들이 이 땅의 민주주의와 사회정의를 바로 세우기 위해 싸우고 있을 때 많은 설교자들은 권력자에게 동조하거나 침묵의 방식을 취하고 있었다. 그는 후자의 방식을 취한 것인데, 사회 및 정치적 이슈에 대한 그의 생각을 적은 글에서 이유를 찾을 수 있다.

> 나는 사회적인 문제와 정치적인 문제를 구분해야 한다고 믿습니다. 정치적인 문제를 논할 때는 개인은 로마서 13:1을 주의 깊게 기억해야 할 것입니다. 칼빈의 견해는 참고할 만한 가치가 있습니다. 기독교 공동체로서의 우리는 정부의 도덕적 위치가 어떠하든지 이 문제에 직접 개입할 수 없습니다. 한 가지 덧붙이자면, 개인 시민의 자격으로는 민주주의가 요구하는바 정치 문제에 직접 개입할 수 있습니다. 교회가 취할 수 있는 최선의 입장은 기도와 복음 전파를 통하여 사람의 마음을 움직이도록 하는 것이지 반정부 운동에 직접 나가서 데모하는 것이 아닙니다.[202]

201 위의 책, 참고.

202 김영재, 『박윤선: 경건과 교회 개혁을 추구한 개혁신학자』, 215에서 재인용.

당시 대부분의 기독교 지도자들이 정치적 현안에 대해 침묵으로 일관했다. 박윤선 역시 그의 설교에서 소위 영적인 이슈만 다룰 뿐 설교가 가지는 사회적 특성에 대해서는 거의 무관심했다는 비판을 면키 어렵다. 그의 딸인 박혜란의 주장에서도 볼 수 있는 것처럼[203] 그가 영적인 일과 육적인 일, 주의 일과 세상적인 일을 구분하여 설교하고 신학과 신앙을 이어갔던 것은 그의 설교사역의 약점으로 작용한다.

그럼에도 불구하고 박윤선은 보수 진영의 설교자들에게는 깊은 영향력을 끼친 설교자였다. 그에게 설교는 하나님의 말씀의 전달이었으며, 그래서 일반 연설과는 달라야 한다고 이해했다. 그는 젊은 설교자들에게 다음과 같이 권면한다.

> 사람들이 설교를 하나의 연설로 잘못 안다. 설교는 결코 연설이 아니다. 연설은 사람의 지혜와 힘으로만 하는 것이고 설교는 하나님께서 사람을 시켜서 하도록 하시는 것이다.…설교는 하나님께서 사람을 시켜서 하시는 것이므로 역사가 일어난다.…설교자의 마음속에 하나님이 살아계셔야 설교가 된다. 바울은 "하나님께 받은 것같이" 설교를 한다고 했다. "하나님께 받은 것같이"란 문구에서 "같이"(호스, ὡς)란 말은 흉내를 낸다는 뜻이 아니고 "자격을 소유함"을 가리킨다. 그는 하나님께 받아서 설교하는 자격자였다. 그리고 "하나님 앞에서"란 말과 "그리스도 안에서"란 말은 이 사실을 강조한다. 참된 설교자는 누구든지 하나님께서 자기와 함께하시는 여부를 스스로 알 수

203 박혜란, 『목사의 딸』, 240-49. 그는 자신의 부친이 안고 있는 이런 신앙관이 한국교회가 안고 있는 "태생적 약점"이며, 그의 부친은 "성경책 속에 갇힌 하나님의 종"이었다고 표현한다. 극단적인 보수 성향과 이분법적 사고 때문에 "죄인일 수밖에 없는 자신을 자책하며" 상처를 안고 살아야 했으며, "사람을 영과 육으로 이분화하고 사람이 하는 모든 일을 영적인 일과 육적인 일로 이분화하여, 영적인 일은 고상하고 육적인 일은 저속하며 악한 것이라고 규정"하는 것 때문에 힘들었던 점을 피력한다.

있다.…젊은 설교자들은 성경을 절대로 믿고 그 말씀을 전해야 하고, 자기의 체험을 전하려고 하지 말아야 한다. 그리고 설교 준비에 기도와 연구로 전심 전력해야 한다. 젊은 시절에 왕성한 육체의 원기를 향락을 위해 쓰지 말고 주님을 위해 써야 한다. 그렇지 않으면 죽는 날까지 허탕을 치게 된다.[204]

박윤선은 자신은 잘하고 있으니 후배들도 이렇게 하라고 권면한 것이 아니라 그 자신이 평생 하나님 앞에 엎드리는 겸손한 마음과 죄인 의식을 가지고 맡겨주신 사명을 감당하려고 애썼다. 1987년 4월 27일, 성역 50년을 기념하여 감사예배를 드릴 때 박윤선은 기념논총을 증정받으며 "나는 83년 묵은 죄인입니다. 내가 무엇을 이룬 것이 있다면 그것은 모두 주님이 하신 것입니다"라고 짧은 답사를 했다.[205] 다시 태어나 삶을 살게 된다 할지라도 목사가 되어 성경을 증거하겠다고 한 그의 고백은 그의 삶이 철저히 하나님의 말씀을 위한 삶이었음을 보여준다.

## 김정준 목사: 죽음의 문턱에서 일어나 생명을 전한 설교자

### (1) 생애와 사역

경남 동래군 구포읍(현 부산시 금정구)의 범어사로 넘어가는 길목에 위치한 빈촌인 산성마을의 한 기독교 가정에서 출생한 만수(晩穗) 김정준 목사(1914-1981)는 그곳의 초등학교를 졸업한 후 호주 선교부의 장학금으로 마산 호

204 박윤선, "설교자에게 살아 계신 하나님", 한국교회 120인 설교집 편찬 위원회 편, 『한국교회 120인 설교집』(서울: 한국기독교총연합회, 2006), 146-50.

205 박윤선, 『성경과 나의 생애』, 25.

신학교에 진학하여 다니던 중 광주학생운동으로 인해 학교가 문을 닫게 되자 선교부의 추천으로 평양 숭실중학에 편입하여 졸업했다. 이때 평양 산정현교회의 담임목사이자 숭실중학의 성경 교사였던 송창근을 만나 평생의 스승으로 모셨고 산정현교회의 장로였던 조만식 같은 민족지도자의 영향을 받게 된다.[206] 그는 숭실전문학교에 진학하여 1년간 다니다가 신사참배 문제로 학교가 문을 닫자 송창근이 부산에서 운영하던 성빈학사로 가서 「성빈」(聖貧)이란 월간지의 편집 책임을 맡았다. 그는 학사가 문을 닫을 때(1938)까지 그 일을 했으며, 그 후 연희전문학교에 편입하여 다니다가 일제의 탄압으로 학교가 공업전문학교로 개편되었기 때문에 중퇴하고 일본 도쿄 아오야마학원(青山學院) 신학부에 입학하여 1943년에 졸업했다.

그는 귀국 후 목사안수를 받고 경주 구정본교회에서 목회를 했으며, 1945년에 송창근이 담임하고 있던 김천 황금동교회의 부름을 받고 부교역자로 목회를 이어갔다. 그는 송창근이 조선신학교 교수로 자리를 옮기자 그 교회의 담임으로 사역하던 중 당시로서는 사형 선고나 다름이 없었던 폐결핵 진단을 받고 1946년 6월에 마산국립요양원에 격리된 채 최고 중증 환자들이 입원하는 6급 환자 병실에서 절망의 시간을 보냈지만 2년 6개월의 투병 생활을 이겨내고 마침내 회복되어 퇴원했다. 그는 병석에 누워 시편을 탐독하여 암송할 정도가 되었으며 그곳 요양원에 교회를 창설하여 말씀을 전하기도 했다. 젊은 날에 죽음의 문턱에서 신음했던 체험을 바탕으로 그는 시편 연구, 특히 탄식시 연구에 깊은 관심을 기울이게 되었고, 그것은 그의 신앙과 신학의 주제인 경건과 의지의 텍스트가 되었다.[207]

---

206 주재용, "고난과 경건의 삶의 신학자 만수(晩穗) 김정준", 김정준, 『김정준: 한국기독교 지도자 강단설교』(서울: 홍성사, 2009), 9. 조만식은 그가 학비 문제로 상담을 하자 가정교사로 채용하여 학업을 이어가게 했다. 김찬국, "김정준의 생애와 신학", 『만수 김정준 구약신학』(서울: 경건과신학연구소, 2004), 15.

207 주재용, "고난과 경건의 삶의 신학자 만수(晩穗) 김정준", 11.

그는 1949년 3월부터는 성남교회에서 담임목회를 하면서 한국신학대학 교수로 활동한다.[208] 1953년에는 캐나다 빅토리아대학교에서 구약 연구로 석사학위를 받았고, 다시 스코틀랜드에 유학하여 에든버러대학교에서 1961년에 신학박사 학위를 취득한다. 그는 귀국하자마자 바로 한신대 학장을 맡았지만 1962년 "필화사건"으로 인해 학장직을 사임하고,[209] 1963년에 연세대학교 교목실장 겸 신학대학 구약학 교수로 자리를 옮긴 후 신설된 연합신학대학원의 원장직을 맡았다. 1970년 5월에는 파산 위기에 있던 한국신학대학을 재건하리라는 사명을 띠고 다시 학장으로 돌아왔으며 1976년까지 6년 동안 학장으로 재직했다. 그러나 1970년대 군부 독재에 항거하여 인권과 사회정의 실현을 위해 활동하다 체포되어 심한 고문을 당한 후 후유증으로 건강의 어려움을 겪으면서 결국 한국신학대학 학장직을 내려놓았다. 그는 건강을 회복한 후 평교수로 복귀하여 후학 양성에 힘썼다. 1979년에 65세로 은퇴했고 평생 목회자, 설교자, 구약학자, 신학교육자, 문필가, 시인으로 활동했으며, 고난 가운데서도 하나님의 말씀에 깊이 사로잡혀 경건을 추구하는 신학과 사역을 펼치다가 1981년에 세상을 떠났다.

김정준은 민주화운동의 험난한 시대를 살았던 설교자이자 신학자이며, 하나님의 통치를 기다리며 하나님 앞에서의 경건을 추구하는 산 신앙인이었다. 그는 캐나다, 독일, 영국 등에서 유학하면서 서구 신학을 두루 섭렵한 후 한국신학의 토착화에 주력했다. 그는 역사비평 방법에 근거한 구약신학을 전개하면서 특별히 시편 연구에 전념했고, 고난과 은혜에 뿌리를 둔 경

---

208 성남교회에서의 그의 담임목회는 1949년부터 영국 유학을 떠나던 1958년까지 이어졌으며, 설교에 중점을 둔 목회를 수행한다.

209 김정준은 「신사조」(1962년 4월 호)에 "한국 사회 구조와 사교"라는 논문을 발표하는데 여기서 사이비종교 전도관에 대해 언급하면서 그 사교성을 비판했다. 그는 계속되는 전도관 측의 집요한 항의 때문에 결국 오인에 의한 것이라는 취소의 글을 발표했는데 이에 대해 한신대 교수였던 전경연이 채플 설교에서 김정준을 공개적으로 비판한 사건이었다. 주재용, "임마누엘의 삶", 『신학과 경건: 만수 김정준 논집』(서울: 대한기독교서회, 1991), 38.

건신학을 주창했으며, 신학과 목회 현장을 연결하는 가교 역할을 수행했다. 또한 그는 행동하는 양심으로서 해방신학, 민중신학, 수난자의 신학 등을 추구하며 한국적 상황에서의 신학을 주창하기도 했다.

### (2) 설교사역과 신학적 특징

김정준의 설교 연구 자료로는 생전에 출판된 몇 권의 설교집이 있는데[210] 주로 지역교회 목회자, 대학 채플의 교목, 신학대학의 교수와 학장으로 지내면서 선포한 설교들을 묶은 것이다. 그런 자료들에 나타나는 그의 설교의 특징을 정리하면 다음과 같다.

첫째, 김정준의 설교는 고난의 삶의 자리로부터 시작하여 하나님의 말씀으로 들어가 하나님의 구원의 역사와 통치하심을 보여주고 그에 대한 신앙을 요청하는 구조를 취한다. 그가 설교사역을 감당했던 시대는 주로 일제 말기와 한국 동란기, 투병기, 군부 독재기 등 고난과 혼돈이 공존하는 자리였다. 김정준은 1965년에 행한 설교에서 「사상계」에 공개된 고려대 총장 유진오의 학생시절 일기를 인용하면서 당시의 시대적 특징을 "chaos"(암담한 현실)라고 규정하고, 그것에 대한 극복 방안을 성경에서 찾고 있다.[211] 그는 당시를 혼돈, 허무, 공허, 흑암의 시간으로 규정하면서 "숨이 꽉 막힐 지경"이며 "탈출구는 영 막혀버린 현실"이라고 언급한 후에 "영웅들의 숨결을 들여 마실 수 있는 창문을 열어야" 할 것과 "이 혼돈의 역사에서부터 새 창조가 나온다는 성서 기자의 신앙을 가지고 살아야" 할 것을 주장했다. 그리고 설교의 결론을 다음과 같이 정리한다.

---

210 김정준, 『땅에 묻힌 하늘』(서울: 聖文學舍, 1969); 『하나님께 목말라서』(서울: 경건과신학연구소, 2004); 『내일을 기다려라』(서울: 경건과신학연구소, 2004); 『약하지만 강하다』(서울: 대한기독교출판사, 1977); 『조용한 폭풍』(서울: 한국신학연구소, 1975). 마태복음 설교와 마가복음 설교.

211 김정준, "질서의 창조: 혼돈, 혼돈, 혼돈!", 김정준, 『내일을 기다려라』, 7-18.

우리는 실망하지 말아야 합니다. 우리는 다만 Chaos 다음에 올 새 창조의 역사를 바라보아야 하겠습니다. 문제는 우리 한 사람 한 사람이 태초의 Chaos 속에서 창조의 대업을 이룩하신 하나님을 믿는 사람으로서 지금 무엇을 하고 있느냐 하는 것입니다. 이 정치적 Chaos, 이 사회적 Chaos, 이 역사적 Chaos 속에서 내일의 역사를 위해 창조의 꿈을 꾸자는 것입니다. 이것이 우리의 희망이 되어야 합니다. 우리 하나님은 바로 그 창조의 역사를 태초의 Chaos에서 이룩하신 분입니다. 우리는 이 신앙에 철저해야 하겠습니다. 이것이 Chaos에서 새 창조, 새 질서가 나오는 것을 알고 믿는 신앙입니다.[212]

김정준의 설교 세계는 고난의 현실에서부터 출발하여 하나님의 말씀으로 들어가 하나님의 구원 역사를 보여준 다음, 그 하나님을 신뢰하는 신앙을 가질 것을 촉구하고, 희망의 메시지를 선포하는 구조를 이룬다. 그는 오늘도 성경을 통해서 역사하시고 말씀하시는 하나님의 회복과 치유, 희망을 전하고자 했으며, 그것을 통해서 진정한 믿음을 갖도록 하는 데 주안점을 둔다. 그런 점에서 김찬국은 김정준이 신학함과 설교함에서 "시종일관 고난이라는 맥락에서 하나님의 구원사를 보는 것에서 벗어난 적이 없다"고 평가한다.[213] 김정준은 폰 라드의 관점을 통해 구약의 설교를 연구한 논문에서 "'신명기 설교는 듣고 있는 사람들에게 북소리처럼 울려' 듣는 사람들로 하여금 과거 전통이나 과거 은총에 살지 아니하고 오늘의 실존적 정황 속에서 자기들의 존재의 의와 사명을 찾게 하고 있다"고 주장하면서 "설교"는 오늘에 집중해야 한다고 말한다.[214] 그의 설교는 과거 지향이 아니라 항상 오늘이라는 삶의 정황을 향해 말씀하시는 하나님의 음성을 들려준다.

---

212 위의 책, 17-18.

213 김찬국, "김정준의 생애와 신학", 27.

214 김정준, "申命記의 神學的 課題: 說敎와 敎育문제를 中心으로", 『신학연구』, 13권(1972년 4월), 106.

그가 1968년에 행한 "신에 목마른 인간"이라는 설교문에서도 비슷한 특징이 드러난다. 그는 네가 믿는 하나님이 어디 있느냐고 조롱하는 신 죽음의 시대가 당시의 역사적 정황이었다고 전제하면서 기독교의 비신화화, 세속화, 비종교화 등의 새로운 신학적 상황을 카오스의 상황으로 규정한다. 그는 신의 필요성이 부정되는 시대, 기술문명이라는 새로운 신이 등극하는 시대를 설명하면서 시편 42편에 나오는 신에 목말라하는 하는 시인의 이야기로 나아간다. 그는 아름다운 전원풍경을 묘사하면서 가뭄에 목말라하는 한 마리의 사슴을 통해 하나님을 잃어버린 한 영혼의 고민을 풀어간다. 나라가 망하고 예루살렘의 영광도 바벨론 군대의 말발굽 아래 짓밟혀 모든 것이 폐허로 돌변한 소망이 없는 상황에서, 신에 목말라하는 시인은 그 상황에 저항하면서 "하나님께 소망을 두라"고 외치고 있음을 설파한다. 또한 그는 신이 죽었다고 외치는 시대에 하나님의 구원을 믿고 목마름을 가지고 하나님을 소망하고 찬양하는 "새 인간 창조"라는 주제로 나아간다. 결론은 다음과 같다.

> 시편 42편은 새로운 인간이란, 신에 목말라할 줄 아는 인간이라는 새로운 신학의 상황을 선포합니다. 이것이 바로 오늘 우리들의 과업이라 생각합니다. 신이 죽었다고 해야만 할 현대에서 신학을 공부하는 우리들은 신에 목말라하는 새로운 인간상 형성에 우리의 정열을 바쳐야 하겠습니다.…모든 악조건을 무릅쓰고 모험을 하고 나선 우리들은, 모두 하나같이 오늘의 한국 역사 속에서 신에 목말라하는 새 인간 창조를 외치고 나서야 하겠습니다.…새 인간 창조를 위해 신학을 공부하는 우리들에게 주어진 지상명령이요, 또 영광스런 과업입니다.[215]

---

215 김정준, "신에 목마른 인간", 『하나님께 목말라서』, 156-57. 1973년에 선포한 설교인 "인간상실"이라는 설교문과 1975년에 한신대 개학예배에서 선포된 "오늘의 모리아"라는 설교문도 비슷한 구조

둘째, 김정준은 은혜에 대한 감격으로 살았고 또 그것을 힘껏 외쳤다. 그는 마산요양원에서 30개월 동안의 투병을 마치고 퇴원한 후에 자신을 가리켜 "관 속에서 나온 사나이"라고 불렀으며 미국에서 공부를 마치고 귀국하는 길에 태평양 한가운데서 태풍을 만나 죽을 뻔한 경험을 한 다음에는 스스로를 "용궁에서 나온 자"라고 불렀다.[216] 그의 호, 만수(晩穗)는 "늦은 이삭"이라는 뜻이다. 그는 추수 때가 지난 늦가을 석양 무렵 텅 빈 논두렁을 홀로 걷고 있다가 늦은 벼 이삭이 고개를 숙이고 있는 것을 발견했는데 결핵으로 인생의 낙오자가 된 자신의 처지와 비슷하다고 생각되어 "만수"를 호로 삼았다고 한다.[217] 이렇듯 죽음의 문턱에 섰다가 하나님의 은혜로 고침 받은 것은 평생 그에게 은혜의 사건으로 간직되었다. 그는 "내 생애를 말하려고 할 때 나는 내가 아닌 하나님의 은혜의 손이 이 생명을 연장시켜 주셨기 때문에 아직도 살아 있다고 믿"는다고 고백하면서, 심장병을 앓으면서 맞이한 회갑 날에 다음과 같은 시를 썼다.

> 은총무한恩寵無限 은총무한恩寵無限 아하
>
> 긍휼무비矜恤無非 자비무량慈悲無量 아하
>
> 인애무량仁愛無量 자비무궁慈悲無窮 아아.[218]

김정준에게 있어 은혜의 경험은 평생 그의 설교의 자산이 된다. 한없이 부어주시는 하나님의 헤세드의 사랑은 그의 설교의 주제였다. 투병 이후의 그의 삶은 값없이 받은 그 사랑을 하나님과 교회, 민족에게 돌려주려는 하

---

를 취한다. 김정준, 『내일을 기다려라』, 29-41, 96-101 참조.

216 김정준, 『나의 투병기』(서울: 을유문화사, 1950); 『삶에 이르는 병』(서울: 대한기독교서회, 1972).

217 주재용, "고난과 경건의 삶의 신학자 만수(晩穗) 김정준", 9.

218 김정준, "나의 생애와 신학", 김정준, 『김정준: 한국기독교 지도자 강단설교』, 34. 이것은 「크리스찬신문」(1975년 11월 8일-1976년 1월 24일)에 연재된 내용이다.

나의 움직임이었다. 그는 "나의 생명"이라는 설교에서도 그 사실을 깊이 고백한다.

> 처음 요양소에 들어갈 때는 한 3개월만 치료받고 나오면 회복될 수 있으리라 믿었습니다. 그러나 입원하러 온 내 병을 진찰한 의사는 나를 6급 환자 병실에 넣고 말았습니다.…6급은 요양소에서 "공동묘지급"이란 별명이 붙은 급이었습니다. 6급 환자의 병실은 치료를 위한 병실이 아니라 죽기를 기다리는 병실이었습니다.…그 후 안 일이지만 나의 목숨은 석 달을 넘지 않으리라는 것이 의사의 진단이었습니다.…한 사람의 인간으로, 한 사람의 크리스천으로 그 남은 시간들을 어떻게 보낼 수 있는가 함을 생각했습니다. 나는 그 병실에 누운 다른 다섯 명의 나와 같은 사람들에게 내가 목사로서 할 일이 무엇인가를 찾아보았습니다. 가족도 친구도 별로 찾는 이 없고 의사도 간호원도 버리고 있는 그 외로운 환자들에게 설교보다는 그들의 잔심부름을 해야겠다고 결심했습니다.…나는 고독을 푸념하기보다는 외로운 환자 친구들의 변기를 갖다 주는 일까지도 할 수 있다는 것은 얼마 남지 않은 나의 생명이 할 수 있는 마지막 봉사라고 생각했습니다.[219]

구사일생으로 살아난 김정준은 "내 생명은 하나님의 손에 달려 있고, 내가 살아 있는 것은 그 하나님을 위해 무슨 일을 하라는 명령이 있음"을 인식하며 살아가고 있다고 고백한다.[220] 그래서 그의 신학은 찬송의 신학이며, 그의 설교는 감사의 노래다. "하나님의 구원에 감격한 영혼은 감사와 찬송을 구별할 수 없습니다. 우리 인간이 하나님께 드리는 그 마음이 찬송으로 표현

---

219 김정준, 『땅에 묻힌 하늘』, 39-40.

220 위의 책, 42.

되며, 그의 영광과 위엄과 놀라운 기적을 찬송하는 일은 곧 감사의 심정에서만 나올 수 있습니다."[221] 그가 헤세드 연구에서 밝히는 바와 같이 설교는 "우리에게 하나님의 깊은 마음속에서 솟아나오는 이스라엘에 대한—죄 많은 이스라엘에게 대한—하나님의 헤세드를 선포하는" 중요한 과제였다. 그는 헤세드를 이스라엘과 야웨 하나님을 묶어주는 연결고리로 이해한다.

> 야웨와 이스라엘은 말하자면 한 공동체를 형성한다. 그리고 헤세드는 그 공동체를 결합하는 사실이다. 헤세드는…야웨의 이스라엘에 대한 사랑—이것을 우리는 그의 은혜라고 부른다. 그리고 이스라엘의 야웨에 대한 의무—이것을 경건이라고 부른다.…이스라엘 역사 자체가 헤세드의 기록이다. 그의 과거, 현재, 그리고 장래는 헤세드의 사상으로 설명할 수 있다.[222]

호세아처럼 김정준의 과거, 현재, 미래가 헤세드로 둘러싸여 있었고, 그의 설교는 "예언자는 실패하고 백성은 그들의 고집을 계속할지라도 야웨는 변하지 않는 사랑으로 그가 선택하여 특별한 계약을 맺은 백성을 궁극적으로 버릴 수 없다"[223]라는 하나님의 헤세드의 놀라운 차원을 평생 맘껏 드러냈다. 그래서 이스라엘의 시인에게 이 헤세드가 보배였던 것처럼[224] 김정준에게도 그것은 설교에서 계속해서 드러내야 할 "보배"였으며 또 헤세드가 "하나님 자신을 위한 사건이 아니라 인간을 위한 사건"이었기에, 그것은 호세아의 설교에서 중심 메시지였듯이 김정준에게도 중심 메시지였다.

셋째, 김정준의 설교는 성경 본문을 중심으로 한 성경적 설교 및 예언

---

221 김정준, "용궁에서 나온 자", 『김정준: 한국기독교 지도자 강단설교』, 94.

222 김정준, "호세아서의 중심사상", 『신학논단 신학수상』, 만수 김정준 전집 8(서울: 한국신학연구소, 1991), 168.

223 위의 책, 187.

224 김정준, "당신의 날개 그늘", 『시편 명상』, 만수 김정준 전집 5(서울: 한국신학연구소, 1991), 119.

적 설교라는 특성을 가진다. 그는 성서신학을 전공한 학자답게 깊이 있는 본문 해석으로 설교를 구성하며, 현대 사회에 맞춰 그것을 잘 풀어주는 석의에 충실한 설교자다. 그는 현실적인 이슈나 성경의 이슈를 중심으로 논지를 전개하면서 먼저 본문이 말씀하는 내용을 선명하게 드러낸 다음, 그것을 실생활과 긴밀하게 연결시키면서 적용한다. "서기관들의 비평"이라는 제목의 설교문을 살펴보면 "비평하는 일"과 "복종하는 일"을 비교하면서 그것을 본문의 서기관들과 연결한다. 그리고 그들이 가지고 있는 비평정신의 문제점을 당시 정황과 복음의 정황에서 분석한다. 그리고 좀 더 가까이 마가복음 2장 전반부를 살피면서, 비평정신이라는 주제를 근원적인 문제인 죄까지 해결하시는 주님의 행동과 대비시킨다. 그는 무식한 여인들과 천민들, 병자들이 예수님을 만난 후 마음과 생활에 변화가 있었고 감격과 찬송, 감사가 넘쳐나고 있었던 반면 서기관들은 언제나 냉담했고 차디찬 지성에 매여 있었음을 지적한다. 그는 설교의 마지막에 비평보다는 복종에 의한 은혜의 세계로 나아가야 함을 강조한다.[225]

그의 설교는 성경이 말씀하는 내용을 따라 사회정의와 공의의 선포로 이어진다. 그는 서슬 퍼런 유신독재 체제하에서 학장과 교수직을 수행한 데다, 그가 재직했던 학교는 민주화운동의 선봉에 서 있었으며 당시 당국과 첨예한 긴장 관계에 놓여 있었기에 어려움은 더욱 컸다. 그는 "돌들의 소리"라는 설교의 후반부 적용 부분에서 분명한 예언적 메시지를 전한다. 그는 "만일 사람들이 잠잠하면 돌들이 소리를 지를 것"이라고 했다가 구속된 한 목회자의 이야기를 전하면서 다음과 같이 외친다.

얼마 전 우리나라에서도 학자들의 연구 및 발표의 자유를 규제하는 담화가

225 김정준, "서기관들의 비평", 『땅에 묻힌 하늘』, 272-79.

> 신문에 발표된 일이 있습니다. 이런 규제는 참으로 민주주의에 역행하는 것이라 생각되었습니다.…우리 교회와 크리스천은 예수님 말씀대로 "예" 할 것은 "예" 하고, "아니오" 할 것은 "아니오" 할 수 있어야 하겠습니다. 그러나 만일 이 "예"와 "아니오"를 양심대로 말하지 못할 만큼 언론의 자유가 없고 그 바른 말한 일 때문에 매를 맞고 갇히고, 모든 시민적인 권리가 일시 박탈당한다고 해도 낙망하거나 비관할 필요가 없습니다. 우리가 말을 못하면 돌들이 소리를 지를 수 있기 때문입니다. 그러므로 오늘 이 설교의 마지막 말은 이것입니다. "신앙을 기초로 하는 용기가 있는 크리스천이거든 바른 말을 하라." 매를 맞아도 바른 말을 하라. 그러나 그 바른 말을 하지 못하도록 입이 막혀지더라도 실망하지 말라. 사람들이 잠잠하면 돌들이 소리를 지를 것입니다.[226]

그는 또 다른 설교문에서 "하나님의 백성"으로서의 정체성을 가진 사람은 "사람들의 고통과 억울함과 그들의 가난하고 비참한 현실에 대하여 눈을 감고 내 영혼의 구원만을 생각할 수 없을 것"이라고 주장한다.

> 우리 신자가 자기의 영혼 문제만 생각한다면 사회부정을 규탄하거나 정치의 부패를 논할 필요가 없습니다. 그러나 하나님의 주권이 지배하는 이 나라 역사가 어떤 인간의 권력욕에 좌우되어 인권이 유린되고 자유가 구속당하는 것을 하나님의 백성으로서의 의식을 가진 신자가 용납하고 묵인하고서는 이 나라가 하나님의 백성이 사는 하나님 나라가 될 수 없습니다. 사회악, 정치악, 물질주의의 악에 대하여 침묵을 지킬 수 없음은 우리가 사는 나라가 하나님 나라가 되는 염원을 가지기 때문입니다.…하나님의 백성은 하나님의

226 김정준, "돌들의 소리", 『땅에 묻힌 하늘』, 576.

주권을 최상의 주권으로 믿으며, 하나님의 정의와 사랑과 자유와 평화의 이념들이 우리가 사는 사회에 실현되어야 함을 믿는 사람이기 때문입니다.[227]

그는 이런 예언적 정신을 외부적으로만 표출한 것이 아니라 내부적으로도 적용하고 실천하려고 노력했다. 한신대 학장 시절, 그는 정치적 상황과 관련하여 학내에 만연한 불화와 반목의 냉기류를 바라보며 "학장으로서의 책임감과 지식인으로서의 무력함 사이에서 무겁게 고민하던 중 강단에" 오르게 되었다. 그는 설교단에 서지 않고 교기 앞으로 성큼성큼 가더니 모두가 보는 앞에서 준비한 면도칼로 새로 만든 교기를 두 쪽을 내버렸다. '임마누엘'이라는 히브리어 한가운데를 그어낸 것이다. 그리고 준엄한 목소리로 외쳤다. "우리 공동체는 이렇게 큰 상처를 입었습니다. 우리는 이것을 함께 치유해야 합니다. 우리는 이 상처가 치유될 때까지 한 사람씩 여기 있는 바늘과 실로 비록 흠은 있겠지만 한 코씩 기워서 함께 원상 복귀해 나가십시다."[228] 그는 진리의 사도와 양심의 증인이 되어야 할 대학이 더 이상 어떤 역할도 하지 못하는 현실을 비판하면서 교기를 찢었던 것이다.

당시 한신대에서는 두 교수(문동환, 안병무)가 해직되었다. 그 자리에 앉아 있던 당시 학생이었던 고정희는 스승의 이 행동을 보며 이 사건과 관련하여 「화육제별사(化肉祭別詞)—旗(기)를 찢으시다」라는 제목의 시를 썼다.

제단 위에 선 스승의 오른손에는
시퍼런 면도칼이 번쩍이고 있었지

---

227 김정준, "하나님의 백성", 『땅에 묻힌 하늘』, 583-84.

228 강신정, "임마누엘", 만수 김정준 목사 10주기 추모예배 설교, 『신학과 경건: 만수 김정준 논집』 (서울: 대한기독교서회, 1991), 770; 이창주, "만수 김정준 교수의 신학 세계", 「신학연구」, 56권 (2010년 6월), 9.

그는 준엄하게 입을 열었다

사랑하는 임마누엘의 형제들이여
이제 우리는 우리들 자신에게
냉정한 질문을 던져야 합니다
이쪽을 보십시오
학문의 자유와 양심을 상징하는
여러분의 校旗(교기)가 여기 서 있습니다
36년 전에 세워진 이 깃발
평화스러운 듯 서 있는 이 깃발
이것은 현상에 불과합니다
우리 지성은 변질되고 말았습니다
우리 자신에게 질문해보십시오
우리가 과연 진리의 사도입니까?
우리가 과연 양심의 증인입니까?
우리가 과연 평화의 다리일 수 있습니까?
우리는 '예'와 '아니오'를 잃어버렸습니다
우리는 '공의'의 확신을 잃어버렸고
'옳음'의 투쟁을 잃어버렸습니다
우리 심장은 벌레의 집이 되었고
우리 몸은 사탄의 자궁이 되었으며
우리의 지붕은 악마의 城이 되었습니다
우리는 모두 모두 비겁해졌습니다
그 상징으로 우리 기를 찢겠습니다
우리의 양심이 회복되는 날

우리의 학문이 제 몫을 하는 날
우리의 깃발도 아물게 될 것입니다
그때까지 각자의 거울로 삼으십시오

스승의 오른손이 번쩍 들렸다
그는 교기를 깊숙이 찢었지
아아 36년 동안 온전했던 깃발
'임마누엘'이라 쓰인 히브리 글자가
삼팔선처럼 분절되었다…[229]

넷째, 김정준의 설교는 고난 가운데서 깊이 하나님을 의뢰하는 경건을 추구했던 설교였다. 김이곤은 김정준의 신학을 가리켜 "고난과 경건의 신학"이라는 지평을 열었으며 "매우 진보적이면서도 전위적인 새로운 히브리적 경건의 신학으로 발전"한 것으로 평가한다.[230] 그는 이스라엘 백성들이 그랬던 것처럼 고난 가운데서 끊임없이 하나님을 만나고 또 그것을 경건으로 승화시키면서 자기 생의 면류관으로 삼았다. 김정준의 신학과 설교는 늘 희망을 향해 나아가고 있으며 특별히 경건을 그 바탕으로 하고 있다.[231] 절망적인 상황에서 하나님을 신뢰했던 이스라엘 시인들의 절대 의지의 신앙을 김정준은 그의 신학과 설교의 바탕으로 삼았다.

---

229 고정희, 「화육제별사: 6. 旗를 찢으시다」, 『초혼제』(서울: 창작과비평사, 1983), 39-40. 이 시에 대해 보다 상세한 내용을 보기 위해서는 박선희, 김문주, "고정희 시의 '수유리' 연구: 「화육제별사」(化肉祭別詞)를 중심으로", 「한민족어문학」, 66권(2014), 443-68을 참고하라.

230 김이곤, "김정준의 구약성서 신학: 고난과 경건의 신학이라는 지평을 열며", 만수 김정준 논집 간행위원회 편, 『신학과 경건: 만수 김정준 논집』(서울: 대한기독교서회, 1991), 64-65.

231 에든버러대학교에서의 그의 박사학위 논문 주제도 히브리 경건 연구였다. 그는 "의지하다"(바타흐)라는 동사를 통해 시편에서 하나님을 신뢰하는 이스라엘의 신앙을 찾으려고 했다. Chung Choon Kim, "A Study of Hebrew Piety with Special Reference to BATA" (Ph.D. Dissertation, University of Edinburgh, 1960), 참고.

김정준에게 경건은 앞서 언급한 하나님의 헤세드와 깊은 연관을 갖는다. 헤세드는 하나님의 특별한 사랑과 은혜를 받은 사람의 신앙 자세와 연결되는 개념이었다. 헤세드가 이스라엘에 대한 야웨 하나님의 사랑이라면, 경건은 야웨 하나님에 대한 이스라엘의 의무와 관련된 개념이다. 이 책무를 다하지 못하면 이스라엘은 하나님의 백성이 될 수 없다. 즉 경건은 하나님에 대한 인간의 의무, 책임, 신실성뿐만 아니라 이웃에 대한 윤리적 의무로까지 이어지는 개념이다.[232] 그러므로 그의 설교에서 신앙, 경건, 신학은 함께 불가분의 연결고리를 가지고 전개된다. 경건은 "신앙과 신학을 가진 사람이 하나님과 신앙표현 방법에 어떤 태도를 취하고 있는가"를 규정하는 중요한 요소다.[233] 그의 설교는 이런 경건 신앙을 바탕으로 하고 있다.

김정준의 설교는 고난 가운데서도 하나님을 바라보는 경건의 표현이었으며, 그에게 허락하신 하나님의 특별한 사랑과 은혜에 대한 감사와 찬양이었고, 그것이 부가하는 이웃에 대한 책임을 통해 현실 참여적이며 예언적 특성을 갖게 되었다. 그는 시편을 깊이 연구하고 사랑했던 학자 겸 시인이었기에, 그의 설교에는 깊은 통찰력과 열정이 가득했다. 그는 청중으로 하여금 성경의 세계로 들어가 그곳에서 하나님의 말씀을 듣게 하고, 이를 다시 오늘의 삶의 현장에서 살아내도록 촉구하는 성경 중심의 설교자였다. 그는 하나님의 통치와 그분에 대한 절대 신앙의 세계로 청중을 이끌어갔다. 그의 제자였던 주재용은 그의 설교를 다음과 같이 평가한다.

> 그는 시적이면서도 열변적이며 복음적인 설교가로 유명했다. 그의 설교는 결코 철학적이지 않다. 그의 설교는 성서 본문에 충실하면서도 성서 말씀이

232 김정준, "호세아서의 중심사상", 167-68.

233 김정준, 『율법서, 예언서 연구』, 만수 김정준 전집 3권(서울: 한국신학연구소, 1987), 436.

"과거의 말씀"이 아닌 "오늘의 말씀"이 되도록 선포되었다. 그의 설교는 예언자적인 예리한 비판이면서도 "그럼에도 불구하고" 용서하고 희망을 주는 위로의 설교였다. 그의 설교에는 "심판하시는 하나님"이 선포되고 있지만 동시에 새 계약을 맺고 "구원하시는 하나님"이 선포된다. 그의 설교는 논리 정연하지만 동시에 논리를 초월하는 역설적인 하나님의 역사를 선포한다. 그의 설교에는 언어의 기교가 없다. 그러나 그의 설교는 읽으면 읽을수록 그의 설교에 빠져들어 가게 된다. 그러므로 그의 설교는 오늘도 우리들에게 하늘의 음성을 들려주고 있는 것이다.[234]

투병 시절, 한 환우가 그에게 죽음에 대해 물었을 때 그 답으로 지은 시인 「내가 죽는 날」은, 김정준이 아픔과 고난으로 채워져 있는 이 세상에서 "내가 완전히 주님의 것으로 부르시는 날"을 기다리며 살았던 종말론적 설교자였음을 우리에게 확인시켜준다.

내가 죽는 날!
그대들은 '저 좋은 낙원 이르니' 찬송을 불러주오.
또 요한계시록 20장 이하 끝까지 읽어주오.
그리고 나의 묘패에는 이것을 새겨주오.
'임마누엘' 단 한 마디만을!

내가 죽는 날은
비가 와도 좋다.
그것은

234 주재용, "간행사", 김정준, 『내일을 기다리라』, 3.

내 죽음을 상징하는 슬픈 눈물이 아니라
예수의 보혈로 내 죄 씻음을 받은 감격의 눈물!

내가 죽는 날은
바람이 불어도 좋다.
그것은
내 모든 이 세상 시름을 없이하고
하늘나라 올라가는 내 길을 준비함이라.

내가 죽는 날은!
눈이 부시도록 햇빛이 비춰어도 좋다.
그것은 영광의 주님 품에 안긴
내 얼굴의 광채를 보여줌이라!

내가 죽는 시간은
밤이 되어도 좋다.
캄캄한 하늘이 내 죽음이라면
거기 빛나는 별의 광채는
새 하늘에 옮겨진 내 눈동자이리라!

오! 내가 죽는 날
나를 완전히 주님의 것으로 부르시는 날
나는 이 날이 오기를 기다리노라
다만 주님 뜻이면
이 순간에라도 닥쳐오기를!

번개와 같이 닥쳐와 번개와 같이 함께 사라지기를!

그 다음은 내게 묻지 말아 다오.
내가 옮겨간 그 나라에서만
내 소식 알 수 있을 터이니
내 얼굴 볼 수 있을 터이니![235]*

## 홍현설 목사: 구도자와 순례자의 길을 간 설교자

### (1) 생애와 사역

청암(靑岩) 홍현설 목사(洪顯卨, 1911-1990)는 평생 동안 신학교육과 교회 부흥 운동에 앞장선 감리교 설교자다. 그는 평양에서 3대에 걸쳐 독실한 기독교 신앙을 가진 집안에서 출생하여 장대현교회에서 유년 시절을 보냈다. 그는 감리교 학교인 광성고등보통학교를 다니면서 감리교회에 출석하게 되었으며 부모의 사업 파산으로 인해 고학으로 보통학교를 마쳤다. 졸업 후 감리교 신학교에 진학하여 1933년에 졸업했고, 부교장이었던 채핀(A. B. Chaffin) 선교사의 후원으로 일본의 간사이학원(關西學院) 신학부에 진학하여 1935년에 졸업한다. 교토에 있는 도시샤(同志社)대학 신학부에서도 1년 남짓 공부하다가 건강 문제로 귀국한다.[236] 비록 학업 기간은 짧았지만 그는 그곳에서 신학의 세계를 깊이 맛보았고 기독교 윤리학 연구를 시작하게 되었다.[237]

---

235 김정준, "내가 죽는 날", 「선한 목자」(1947년 10월 호).

236 홍현설, "나의 생애와 신학", 「크리스챤신문」(1976년 1월 31일-4월 10일), 연재 참고.

237 위의 신문(1976년 2월 28일).

그는 1936년에 귀국하여 7개월 여간의 요양 생활을 마친 다음에는 평남 진남포의 온정리교회에 부임하여 전도사로 첫 목회를 시작했으며, 1937년에는 신의주교회 초대 담임으로 파송을 받아 3년간의 목회 활동을 통해 교회를 크게 발전시켰다. 1939년부터는 평양의 요한성경학원 교수로도 활동했고, 1941년에는 서울의 감리교신학교 교수로 청빙을 받았지만 당시 정춘수가 주도하던 혁신교단에 반대하는 운동을 벌이다가[238] 1942년에 목사직과 교수직에서 파면을 당했다. 1943년에는 혁신교단 총회가 열리기 직전 경찰에 구속되어 88일간의 옥고를 치르다가 병보석으로 풀려난다. 그는 1942년부터 평남 진남포에 소재한 광량만교회 교인들의 요청으로 그곳의 강단을 지키다가 해방을 맞는다. 1946년부터 평양 중앙교회에서 목회를 하다가 공산당의 탄압이 거세지자 월남했고 감리교신학교 교수직에 복직되었다.

그는 1948년 미국 감리교회의 도움으로 유학을 떠나 드루대학교 신학부에서 현대신학을 공부하여 석사학위(M.A.)를 받았다. 귀국을 준비하는 중 한국전쟁이 발발하여 길이 막히자 유니온신학교에서 조직신학과 기독교윤리학을 공부하고 석사학위를 취득한다. 그는 이곳에서 폴 틸리히와 라인홀드 니버의 강의를 접했고, 니버의 영향으로 기독교 윤리학을 전공하게 된다. 미국 생활 4년을 마치고 1952년에 귀국하여 감리교신학교 교수로 복귀했으며, 1953년에는 피난신학교의 교장으로 취임했다. 감리교신학교가 대학으로 승격된 후 그는 초대 학장을 지냈다. 1957년에는 「기독교사상」을 창간하는 데 주도적인 역할을 했으며, 편집주간으로 활동했다. 1964년부터는 전국복음화 운동에 깊이 관여하면서 한국교회 연합 운동에 적극적으로 몸담았고 크리스천아카데미 이사장으로도 활동했다. 1977년에 감신대에서

238 당시 마경일, 양주삼, 변홍규, 류형기, 신석구 등과 함께 반혁신교단 운동을 벌였다.

정년퇴임했으며 1990년 11월 14일에 노환으로 세상을 떠났다.

### (2) 설교사역과 신학적 특징

홍현설은 일평생 하나님의 뜻과 부르심을 추구했던 신학적·노마드적 사유의 삶을 살았다. 그는 배타성이나 고정관념에 얽매이지 않고 노마드적 사고를 하면서 평생 구도자의 삶을 추구했다. 그의 성품은 나이 50대가 되어가는 때에 어느 수상 소감에서 밝힌 짧은 소회에 잘 나타난다. "오늘까지 살아온 나라는 인간은 완전한 설교자도 아니요, 그렇다고 권위 있는 학자도 못 되었으니 하나님은 정말 나를 어떤 목적에로 부르셨던가를 疑訝(의아)하게 생각하게 된다. 역시 나는 아직도 그 天命(천명)을 철저히 알기 위해 날마다 자기를 챗죽질하며 苦鬪(고투)하는 일개의 求道者(구도자)요, 巡禮者(순례자)로 보는 것이 옳을 것 같다."[239] 한승홍이 그를 "한국 신학계에서 오랫동안 기억에 남을 수 있는 강한 인상을 남긴 신학자"로 평가하고, 조선출이 "훌륭한 신학자이며 설교자이며 문필가이며 또한 보기 드문 신학교육자"로 그를 평가한 것[240]과 비교하면, 홍현설의 이런 고백은 그의 겸손함을 잘 드러내면서도 그의 신학적 성향을 보여준다고 할 수 있다. 들뢰즈가 규정했듯이 노마드가 고정된 자의식을 넘어서 또 다른 자아를 향해 끊임없이 역동적인 움직임을 만들면서 변화를 모색해가는 것처럼[241] 홍현설은 일종의 신학적 유목민으로서의 삶을 살았다. 그런 여정을 통해 그는 감리교의 신앙노선 형성뿐만 아니라 감신대의 학풍 형성에도 깊은 영향을 끼친다.[242]

---

239 홍현설, "앞으로 十年間의 나의 計劃", 「기독교사상」, 5권 4호(1961년 4월),

240 한승홍, 『한국신학사상의 흐름』, 상권(서울: 장로회신학대학교출판부, 1996), 408; 조선출, "발간사", 『洪顯卨博士著作全集』, 1권(서울: 대한기독교서회, 1975), 5.

241 Gilles Deleuze and Felix Guattari, *Mille Plateaux: Capitalisme et Schizophrnie 2*, 김재인 역, 『천 개의 고원: 자본주의와 분열증 2』(서울: 새물결, 2001), 12장 참고.

242 한승홍, 『한국신학사상의 흐름』, 상권, 409.

유동식은 홍현설을 "기성(旣成)의 길을 따라 조용히 걸어가는 순례자가 아니다. 그는 쉬지 않고 전진하는 탐구자였다"[243]라고 평가했다. 그러면서 그는 홍현설을 "복음적 자유주의자"로 명명한다. 그는 복음주의를 "성서에 증언된 그리스도를 믿는 믿음만으로 구원을 얻는다는 종교개혁자들의 사상을 계승한 것"이라고 규정하며, "복음은 모든 종류의 억압으로부터 인간을 해방하고 자유케 하는 하나님의 능력"이고 "이 복음을 담고 있는 것이 성서이기 때문에 성서를 하나님의 말씀으로 믿고 이를 절대시한다"라고 말한다. 또한 자유주의는 "문화와 역사의 변천을 따라 복음을 재해석하여 사람들이 그때 그곳에서 살아 있는 진리의 말씀에 접하도록 하려는" 신학적 경향이며, 복음적 자유주의는 "복음의 진리에 확실히 서서 변화하는 문화 환경에 걸맞도록 복음을 재해석하여 그 시대에 생명력을 불어넣도록 봉사하려는 전통"을 따르는 경향이라고 설명한다.[244]

이것은 복음주의적이면서도 개방적인 그의 신학 이해를 이야기한 것인데, 그가 이런 태도를 가지게 된 것은 그리스도를 통한 구원에 대한 강한 확신과 함께 신앙, 신학, 세계를 보다 넓은 시각으로 자유롭게 바라보았기 때문일 것이다.[245] 그는 웨슬리 전통에 서 있으면서도 획일적이기보다는 통전적으로 사고했던 "복음적 휴머니스트"였다. 박충구는 그가 "휴머니즘이 없는 복음주의도 아니고 복음 없는 휴머니즘을 지향하지도 않았다"고 평가한다.[246] 그는 동료와 후배들이 평가한 대로 신정통주의 신학과 기독교 사

243 유동식, "청함 홍현설의 삶과 사상", 『청암 홍현설 저작전집』, 1권(서울: 성서연구사, 1997), xii(앞 서문 부분에 대해서는 쪽수를 붙이지 않았기 때문에 필자가 임의로 앞에서부터 산정하여 붙인 것임).

244 위의 책, xiii. 유동식은 이것이 감리교회의 신학적 특성이라면서 양주삼, 정경옥에서 홍현설로 이어진 것이라고 이해한다.

245 위의 책.

246 박충구, "에큐메니칼 가치와 한국교회: 에큐메니칼 운동과 청암의 윤리사상", 「신학과 세계」, 42권(2001년 6월), 104.

회윤리적 휴머니즘을 바탕으로 한 "생활 현장 신학"을 평생 추구했던[247] 신학적 노마드였으며, 인간 영혼 구원 문제와 인간성의 회복에 온 관심을 쏟았던 설교자였다. 「기독교사상」 창간호의 권두언에서도 그런 모습이 잘 드러나고 있다.

> 宗敎(종교)는 數(수)나 量(양)의 世界(세계)가 아닌 이상 數量的(수량적)인 繁榮(번영)에서 宗敎(종교)의 진정한 發展(발전)을 期待(기대)할 수는 없다. 문제는 宗敎的(종교적)인 眞理(진리)가 바로 把握(파악)되어 그것이 인간의 生(생)의 目的(목적)과 生活理念(생활이념)을 지도하는 現實(현실)의 산 힘이 되어 있는가에 있다.…예수 그리스도의 영원한 福音眞理(복음진리)를 現代生活(현대생활)에 해석하여 基督者(기독자)로서의 實存的(실존적)인 信仰(신앙)의 課題(과제)를 밝히는 동시에 더 나아가서는 一般 不信社會(일반 불신사회)에 대해서도 예수 그리스도의 福音眞理(복음진리)를 闡明(천명)하는 데 本誌(본지)의 使命(사명)이 있는 것이다. 眞理(진리)에 대하여 偏見(편견)이 없는 虛心坦懷(허심탄회)한 태도로서 基督敎(기독교)에 關(관)한 여러 가지 다른 立場(입장)을 公平(공평)하게 해석하는 동시에 널리 世界敎會(세계교회)와 步調(보조)를 같이하여 基督敎(기독교)의 世界敎化(세계문화) 운동에 實獻(실헌)하는 바 있기를 스스로 念願(염원)하여 마지않는다.[248]

이런 그의 신학적 특성이 녹아 있는 설교문은 초기 목회 시절보다는 주로 감신대에서 재직하던 시절의 것들이며, 그의 저작 전집에 약 80여 편, 신학대학장 설교집에 12편, 기타 설교집 등에 부분적으로 실려 있다.[249] 여기서는

247 한숭홍, 『한국신학사상의 흐름』, 상권, 433-34.

248 홍현설, "권두언", 「기독교사상」, 1권 1호(1957년 8월), 7.

249 홍현설, 『洪顯卨博士著作全集』, 1권; 김정준, 이종성, 조종남, 홍현설, 『神學大學長 4人 說敎選』(서

그의 설교문에 나타나는 신학적 경향을 중심으로 정리해보자.

첫째, 홍현설의 설교는 정해진 주제와 관련해서 다양한 자료를 활용하여 논리적으로 전개하는 구조를 갖는다. 그의 깊이 있는 독서와 해박한 지식을 통해 설교가 구성된다. 신학, 인문학, 과학 등 다양한 학문의 세부 분야까지 설교에 등장한다. 그의 신학도 그런 특징을 담고 있다. 그래서 유동식은 잡다성과 산만성, 독창성이 없는 불완전한 사상 수집과 같은 특징을 홍현설의 약점으로 지적하기도 했다.[250] 이런 특징 때문에 한승홍은 홍현설의 신학이 통속적 신학으로, 그가 속인을 위한 신학을 한 것으로 평가하기도 한다. 그럼에도 홍현설은 다양한 표현을 통해 사회와 소통하기를 원했다.[251]

이런 특징은 그의 설교문에도 그대로 나타난다. 몇 가지 예를 들어보자. "자유의 댓가"(갈 5:13-15)라는 설교문은 "자유"와 관련된 성구, 베르쟈예프, 아우구스티누스, 스피노자, 마르크스주의자와 무신론자 등이 언급한 자유에 대해 논리를 전개하다가, 설교의 중간부에서 본문이 자유에 대해 말씀하는 내용을 간단히 언급한 다음, 루터를 언급하고 설교의 결론에 해당하는 내용을 다음과 같이 제시한다. "기독자의 자유는 결코 무정부적인 자유가 아니고 항상 조심스럽게 식별하며, 모든 인간을 존경하고 형제를 사랑하며, 신을 공경하고, 국가의 주권을 존경하는 그런 절제 있는 자유입니다." 마지막으로 그는 본회퍼의 "자유에 이르는 네 가지 계단"이라는 긴 시를 언급하면서 설교를 끝맺는다.[252]

"설교의 메시지와 자세"(딤후 4:1-8)라는 설교에서도 인간은 책임 있는 청

---

울: 대한기독교서회, 1974); 한국기독교총연합회, 『한국 기독교 대표 설교집: 선교 120주년 기념』(서울: 한기총, 2005), 151-57 참고. 성서연구사에서 발간한 저작전집에는 이런 설교들을 주제를 따라 분류하여 수록하고 있다. 『청암 홍현설 저작전집』, 1-8권(서울: 성서연구사, 1997), 참고.

250 유동식, 『한국 신학의 광맥』, 367.

251 한승홍, 『한국신학 사상의 흐름』, 상권, 434-35.

252 홍현설, "자유의 댓가", 『神學大學長 4人 說敎選』, 267-73.

지기직과 친교의 관계를 위해 부름받았다는 사실을 언급하면서 설교의 문을 연 다음, 당시의 이슈였던 개인 구원을 위한 복음과 사회적 책임의 복음이라는 문제를 다룬다. 빌립보서의 성경 구절을 인용하여 WCC 4차 대회에서 중요 이슈였던 정의와 평화, 발전과 구원 문제에 대해서 언급한 다음에 칼 바르트가 제시한 다섯 가지 유형의 봉사를 언급한다. 그리고 누가복음 10장의 선한 사마리아인 비유, 존 웨슬리의 원죄 교리 등을 언급하며 "하나님의 은총만이 이런 인간에게 도덕적 건강을 회복시켜주시기에 넉넉하다"고 주장하면서 사르트르가 말한 "고통당하는 사람들에게 영향을 주기 위해서는 먼저 그들의 싸움에 가담해야 한다"는 것이 선교를 위한 바른 자세라고 주장한다.[253] 그런 특징은 "병든 世界(세계)"라는 설교문에서도 비슷하게 나타나고 있다.[254]

둘째, 홍현설은 교회와 그리스도인의 사명을 강조한다. 그의 신학과 설교는 파괴된 공동체의 회복에 대한 소망을 담고 있다. 그것은 교회와 사회를 포괄하는 것인데 복음에 대한 존 웨슬리의 주장을 받아들이면서 사회적 종교, 사회적 성결을 추구하는 것이다. 교회는 "하나님의 계약에 기초한 공동사회를 의미하는" 공동체로서 "피차에 교제를 나누며(Koinonia), 하나님을 영화롭게 하고(worship), 그리고 서로 사랑하며 섬기는 책임적인 인간들의 사회"라고 주장한다. 여기서는 하나님과의 계약, 하나님의 부르심과 선택이 기본적 요소이며, 하나님을 대적하는 세상의 정사와 권세에 대해 저항하면서 또 고난 가운데 있는 사람들과 연대하며 함께 책임을 지는 것이 중요하다.[255] 그런 점에서 교회는 "만국을 소생케 하는 어머니"가 되어야 한다고 주장한다. 필요한 것은 분열이 아니라 관용과 화해의 정신이다. 여기서 교

253 홍현설, "선교의 메시지와 자세", 『洪顯卨博士著作全集』, 1권, 242-44.

254 홍현설, "병든 世界."

255 홍현설, "韓國教會와 倫理的 課題", 「基督教思想」, 6권 1호(1962년 1월), 24-25.

회는 평화를 추구하며 끊임없이 세상과의 대화를 필요로 하는 공동체다.[256]

"교회와 지역 사회"라는 설교문에서는 교회가 선한 사마리아인처럼 불행한 사람을 도우려는 자세를 가져야 하며, 사회적 상처에 대해 관심을 기울여야 한다고 권면하고, "지역 사회에 봉사하지 않는 교회는 교회의 참 사명을 망각한 교회"라고 주장한다.[257] 그는 다른 설교에서 우리는 교회와 크리스천들에 대한 이미지를 새롭게 하기 위해 노력해야 하며, 어중간한 그리스도인이 되어서는 안 되며 "가치를 분명히 하고 신념을 가지고 책임 있는 기독자로서의 삶을 살아야" 한다고 주장한다. 또 다른 설교에서는 그리스도인들이 교회 안에만 머물지 말고 교회 밖에서 봉사와 증거의 일터를 찾아야 하며, 교회는 자체 지향적이 아니라 세계 지향적이 되어야 한다고 말한다.[258] 그에게 있어 교회는 그 중심원리가 세상으로부터 오지 않지만 세계 가운데 있게 되며, 하나님이 마련하신 종말을 기다리는 공동체라는 점에서 미래를 향해 열려 있어야 하고, 세상을 섬기고 "모든 시대를 통해서 인간다움(humanness)을 회복하기 위한 싸움의 선봉"에 서야 하는 종이다.[259]

그는 글에서도 종교가 가지는 사회적 사명을 강조한다. 그는 종교가 사회질서를 유지하면서 사회 변화에 역동적이며 목적적인 역할, 인간에게 높은 이상과 가치관을 제공하는 역할, 그리고 사회의 양심을 산출하는 역할을 수행해야 한다고 주장한다.[260]

셋째, 홍현설은 교회 생활과 그리스도인의 삶은 하나님의 말씀이 중심이 되어야 한다고 강조한다. 그에게 성경은 모든 것의 표준이 된다. 인간의 삶과 관련하여 사회윤리적 내용이 많이 언급되고 있는 그의 설교에서 성경

---

256 홍현설, "기독교의 현대적 사명", 『洪顯卨博士著作全集』, 4권(서울: 대한기독교서회, 1975), 17.
257 홍현설, "교회와 地域社會", "교회 성장의 원리", 『洪顯卨博士著作全集』, 1권, 368-69, 197-201.
258 홍현설, "색깔이 分明한 基督敎人이 되자", 위의 책, 137-41.
259 홍현설, "교회: 종말론적 기다림의 공동체", 「기독교사상」, 14권 8호(1970년 8월), 35.
260 홍현설, "종교의 사회적 기능", 『洪顯卨博士著作全集』, 2권(서울: 대한기독교서회, 1975), 248-55.

은 언제나 모든 것의 표준으로 제시된다. 그의 설교에서 성경은 신앙의 표준일 뿐만 아니라 삶의 표준이었다.[261]

> 인간의 모든 도덕주의와 율법주의는 그 동기가 아무리 좋고 그 결과가 아무리 훌륭하다고 할지라도 이것들은 언제나 능동적(dynamic)이며 새로운 次元(차원)을 가지신 하나님의 말씀에 의하여 심판을 받아야 한다. 이 말은, 즉 인간의 행위가 아니라 하나님의 말씀이 언제나 우리의 신앙의 표준이 되어야 한다는 말이다.…인간이 성취한 아무리 이상적인 사회제도나 국가 형태라도 그것은 하나님 나라가 될 수 없기 때문이다.[262]

홍현설에게 있어 성경은 하나님의 계시의 완성인 예수 그리스도를 구체적으로 알게 한다는 점에서 중요하다.

> 우리는 성서를 통해서 하나님의 啓示者(계시자)이신 예수 그리스도를 알게 된다. 그가 성서의 中心(중심)이시며 또한 그가 성서를 모든 종교의 經典(경전) 중에서 독특한 것으로 만드시는 것이다. 이 예수 그리스도와 그가 가져오신 救贖(구속)의 사실을 指示(지시)하는 데서만, 성서는 성서로서의 권위를 가지게 되는 것이다. 이처럼 성서는 그 中心(중심) 되는, 예수 그리스도를 향하여 옛것은 그리로 기울어지고 새것은 거기에서 흘러나오게 된다. 그리하여 모든 것은 예수 그리스도의 사실에 대한 證言(증언)으로서, 그를 至上(지상)의 권위로 쳐다보게 되는 것이다.[263]

---

261 홍현설, "하나님의 말씀의 權威", 『洪顯卨博士著作全集』, 1권, 49.

262 홍현설, "한국교회와 윤리적 과제", 「기독교사상」, 6권 1호(1962년 1월), 24.

263 홍현설, "根本主義 神學에 대한 批判", 「기독교사상」, 4권 2호(1960년 2월), 43.

그럼에도 불구하고 그의 설교는 성경 활용과 관련하여 볼 때 늘 논지를 논증해주는 보조도구(proof-text)로서 성경 본문을 활용하고 있다는 약점이 있다. 그의 설교문은 늘 정해진 주제에 대한 풍부한 논리와 주장들을 전개하면서 그 가운데 조금 더 우위에 있는 권위로서 성경 구절을 활용한다. 그의 설교는 논지 중심으로 풀어가는 연역적 설교가 가지는 한계를 여실히 보여주는 대표적인 예다.

## 방지일 목사: 사랑의 가슴으로 평생을 산 목양설교자

### (1) 생애와 사역

곽송(郭松) 방지일 목사(1911-2014)는 평북 선천에서 초기 중국 선교사로 활동한 방효원 목사의 장남으로 출생했으며, 선천 신성중학과 숭실전문학교에서 영문학을 공부했고 평양장로회신학교를 1937년에 졸업했다. 그는 숭실전문에 재학 중이던 때 야학과 교회개척, 성경구락부 운동, 신앙월간지 「게자씨」 발간 등의 사역을 감당한다. 방과 후 학교에서 25리 떨어진 곳으로 달려가 공부를 할 수 없었던 가난한 아이들을 모아 야학을 시작했으며, 아이들에게 전도하여 예배를 드리던 것이 나중에 교회로 발전하게 되었다. 그가 처음으로 개척한 교회는 정오리교회였다. 땅을 구입하고 교회당까지 건축했을 때 그의 나이는 불과 19세였다.[264]

신학교 재학 중에는 특히 길거리 전도에 힘썼다. 그는 전차 전도, 전봇대 전도, 우편 전도, 통신 전도 등의 방식을 개발했고, 그렇게 하여 복음에

264 방지일, 『나의 나 됨』(서울: 선교문화사, 2005), 107.

호의적인 사람들을 심방을 통해 양육하고 독려하여 신자로 만들어갔다.[265] 그는 1933년부터 1937년까지 장대현교회 전도사로 시무하면서 목회 훈련을 받았는데 당시 원로목사로 있던 길선주 목사가 눈이 어두워 길잡이로 가까이에서 모실 기회를 가지면서 많은 도전과 깨우침을 받았다. 그는 1937년 신학교를 졸업한 후 그해 4월에 평양노회에서 목사안수를 받고 바로 총회의 파송을 받아 산둥성에 선교사로 나간다. 유학을 가기 위해 준비하던 중 총회의 제안을 받고 아버지를 이어서 중국선교에 투신한 것이다.[266] 평양장로회신학교 교수였던 남궁혁은 선교지로 떠나는 그에 대해 다음과 같이 소회를 남기고 있다. "유망한 정예분자를 떠나보냄이 조선의 일대 손실이라 하겠으나 방지일 군이 조선 교회를 떠나는 것이 아니라 조선 교회의 대표로서 4억 만의 중화 심령을 무대로 하는 선교사로 가는 것이니 그대는 조선 교회의 면류관이요 모교 평양신학교의 영광이라."[267]

27세의 나이로 중국 산둥성에 파송받은 방지일은 일제가 대륙 진출의 야망을 구체화하며 중국을 침략한 때에 사역을 시작하여 훗날 공산당이 대륙을 지배하는 시기까지 그곳에서 사역을 이어간다. 그는 "아버지가 하셨던 것처럼 '중국인이 되어 중국인의 마음으로' 중국교회의 일원이 되어 그

---

265 위의 책, 45-46.

266 방지일은 그때 박윤선과 함께 웨스트민스터신학교로부터 입학허가를 받고 한창 수속을 밟고 있던 중에 총회로부터 교섭이 들어왔다. 그는 "총회의 작정이 곧 하나님께서 하시는 일"이라고 생각하면서 바로 승낙을 하고 선교사로 떠나게 된다. 공교롭게도 그의 부친이었던 방효원이 상하이한인교회로 사역지를 옮기게 되면서 그 자리에 그의 아들 방지일이 후임자로 파송되었다. 방지일, 『나의 나 됨』, 21; 홍경환, 『방지일의 선교와 사상』(서울: 미션아카데미, 2015), 80.

267 "선교사 파송식을 보고", 「게자씨」(1937년 5월), 32. 그 외에도 그의 친구들은 "하나님의 사명을 위해 중국 사람의 영혼을 위해 '중국 사람이 되라' 중국사람과 함께 울고 중국사람과 함께 웃는 중국사람이 되라.…하나님의 젊은 사람이여, 그대 靑春中京에 白髮되거든 그대 해골 곤륜에 묻고요, 천국에 개선할 때 주님 칭찬 어떠하겠소"(김린서)라고 했고, "너는 선교사로 가서 그들의 어떤 단점도 보지 말고 장점만 보라"(박윤선)고 권면한다. 방지일, 『복음역사 반백년』(광주: 반도문화사, 1986), 28-29.

들과 함께 교회를 만들고 사랑을 나누며 살기 위해서"[268] 달려갔다. 당시 중국은 격변기를 보내고 있었다. 그는 칭다오 빈민들이 사는 지역에 중지아와교회(仲家窪教會)를 개척하여 목회했으며, 중국인들에게 복음을 전하여 우지아촌(吳家村)과 타이핑전(太平鎭) 등 여러 교회를 개척했고, 교구가 형성되면서 선교구가 확장되었다.[269]

국민당 집권기, 일본점령기, 미국 치하, 국민당, 공산당 등 정권이 5번이나 바뀌는 동안 그는 그곳에서 중국인과 함께 동고동락하면서 복음을 전했다. 일제 통치 말기에는 헌병대에 연행되어 죽음에 내몰렸지만 중국 교인들은 그를 위해 간절히 기도했고, 그는 감옥에서 풀려났다. 제2차 세계대전 종전 후 국민당과 공산당이 내전을 벌이던 시기에는 한인 송환 사역과 난민 구제 사역, 중국 교회를 돌보는 사역을 이어간다.[270] 방지일은 국제연합의 도움으로 중국인 목사와 교인들과 함께 매일 3,000명 분의 죽을 만들어 공급했는데 그 일을 통해 그들에게 복음을 전할 수 있었다고 회고한다.[271]

그 후 국민당과 공산당 간의 내전이 심화되고 공산당이 우세하여 대륙을 장악하기 시작했을 때 사태의 심각성을 인식한 서방 선교사들은 본국으로 돌아가는 길을 택했지만, 그는 몰려온 사람들에게 죽을 공급하는 사역을 중단할 수 없어 귀국을 포기했다. 그는 그때의 상황을 다음과 같이 전한다.

---

268 방지일 외, 『내 인생에 빛이 된 말씀』, 전자책(파주: 사막여우, 2014), 252.

269 방지일, 『복음역사 반만년』, 59. 그가 고국에 전한 선교 보고에 의하면 일제 강점기에 그의 선교지에 세워진 교회가 34개 처, 세례교인 수가 1662명이었던 것을 보면 그의 선교 사역이 얼마나 힘차게 전개되었는지를 확인하게 된다. 『예수교장로회조선총회 20 30회 회록』(1941), 12.

270 방지일, 『나의 나 됨』, 84; 방지일, 『복음역사 반백년』, 117. 흔히 이때의 사역을 일러 "한국형 쉰들러 리스트"의 주인공으로 평가하기도 하며, 그는 이때의 공로로 1998년에 정부로부터 국민훈장 모란장을 수여한다. 김재오, "初期 韓國 敎會의 中國 山東省 宣教에 關한 研究—副題: 方孝元, 方之日牧師 山東省 宣教使役을 中心으로"(미간행 석사논문, 장로회신학대학교신학대학원, 1994), 74-75. 수상 소식을 전하면서 「기독공보」는 이렇게 전한다. "1945년 해방과 함께 중국 칭다오에 교민회를 조직, 독립군 학도병 및 징병에 끌려갔던 조선인들의 의식주를 해결하는 한편 2만여 명의 동포를 조국으로 송환한 공훈을 인정받아 훈장을 받게 됐다." 「기독공보」(1996년 8월 29일) 참고.

271 방지일, 『나의 나 됨』, 90.

중국 교인들과 함께 살고, 같이 먹고 지냈는데 한국 교민들이 몰려와 한국학교 교장에 외교를 맡아보게 되고 사람들이 이렇게 수천, 수만 명이 모이자 나는 전혀 시간의 여유가 없었다. 사령부 출입에, 일본 부대에서 찾아온 한국 군인들 교육에, 난민들 살피는 일에 새벽부터 저녁까지 시간이 전혀 없었다. 주일에는 중국 교회에 가서 설교를 했지만 중국 교인들이 나를 좀 만나고자 해도 내가 집에 없으니 만날 수가 없었던가 보다. 하루는 내가 12시 퍽 넘어 집에 잠깐 들어가서 눈을 붙일까 하는데 집 앞에 중국 교인 7-8명이 와 있었다. 그들과 함께 집에 들어갔더니 그중에 한 사람이 일어나서 이런 말을 하는 것이었다. "우리는 목사님이 우리 목사인 줄 알았는데, 이제 한국 사람들이 몰려오니 한국 사람들만 돌보시고 우리는 도무지 버린 자식들과 같으니 우리는 목자를 잃은 서글픔에 잠겨 있다"고 하며 방성대곡을 하는 것이었다. 나는 한참이나 울면서 "참 이렇게 우리들이 그리스도의 사랑을 나누게 된 것이 감사하다. 그러나 그렇게 섭섭해하지 마라. 너희에게는 있을 것 다 있지 않은가? 지금까지 먹을 것 다 있었지 않았는가? 내가 주일마다 설교하지 않는가? 한국 사람들은 여기 살 사람 하나도 없다. 다 돌려보낼 사람들이다. 다 돌려보내면 내가 여상히 당신들과 같이 있을 것이다."…때문에 한국에서 나를 돌아오라고 해도 귀국 못 하고 그냥 남게 된 것이었다.[272]

그는 중국에서 탈출할 수 있는 마지막 배에 탑승하지 않고 중국 공산당 치하에서 가족들과 9년을 보냈다. 고립무원과 같은 곳에서 그들이 할 수 있는 일은 오직 기도뿐이었고, 살벌한 공안의 눈을 피해 중국 교인들이 가져다주는 음식물과 그들의 기도로 생명을 이어갔다.[273] 결국 공산당의 추방

272 방지일, 『복음역사 반백년』, 114-15.

273 방지일, 『내 인생에 빛이 된 말씀』, 255.

명령으로 중국을 떠나[274] 1957년 9월 21일 홍콩을 경유하여 부산항을 통해 가족들과 함께 영구 귀국했다. 중국에서 선교할 때 그를 힘들게 했던 것은 대동아선교회 소속의 일본인 목사들이었고 무섭게 핍박했던 중국 공산당이었다.[275] 중국에서의 방지일의 사역은 상상 이상으로 큰 시련과 고통의 시간이었지만 그럼에도 그는 그때가 "하나님의 은혜를 각별하게 맛보았던 시간들"이었다고 고백한다.[276]

그는 1958년 6월에 영등포교회에서 담임목회를 시작했으며,[277] 목양일념과 구령의 열정, 교회와 성도를 사랑하는 목회는 그곳에서도 힘차게 진행되어 교회가 부흥을 이루었다. 그는 그곳에서 21년의 사역을 마치고 1979년 6월에 은퇴한다. 그는 총회 전도부장을 18년 동안 맡았으며, 1971년에는 대한예수교장로회(통합) 56회 총회장을 역임했다. 그리고 은퇴 후에도 말씀 증거 사역을 계속했으며 한 세기를 넘게 살면서도 쩌렁쩌렁한 목소리로 간단명료하게 말씀을 증거했다. 그는 세상을 떠나기 며칠 전까지도 하나님의 말씀을 맘껏 전하다가 2014년 10월, 103세의 일기로 세상을 떠난다. 그는 정말 성경과 영혼, 교회를 사랑했던 목회자였고, 예수 그리스도의 피의 복음과 그것을 통해 허락하신 생명의 복음을 위해 일생을 힘차게 달렸던 설교자였다.

#### (2) 설교사역과 신학적 특징

방지일은 중국 선교사로서 중국인들에게 복음을 전하면서 그들을 그리스

---

274 중국 공산 정권은 그를 북한으로 추방하려고 했지만 서방 언론이 그를 가리켜 서방 선교사들이 모두 떠난 "공산 중국 땅에 마지막 남은 외국 선교사"로 보도함으로써 그를 한국으로 추방했다.

275 "녹스는 게 두렵지, 닳아 없어지는 건 두렵지 않다", 「중앙SUNDAY」, 184호(2010년 9월 19일), 3.

276 방지일, 『나의 나 됨』, 100.

277 영등포교회는 당시 "강남의 모교회"였으며 언더우드가 새문안, 잔다리(서교동)교회 다음으로 세운 교회였다.

도인으로 세워 하나님의 말씀으로 목양하는 사역을 계속했다. 공산화로 인해 사역 자체가 불가능하고 위험하던 시간까지 목양의 자리를 지키다가 중국의 마지막 선교사로 추방을 당했던 방지일은 그 후 국내에서 한 교회의 목양자와 설교자로, 그리고 장로교단을 대표하는 설교자로 복음을 증거하는 일에 온몸을 던졌다.[278] 그는 100세가 넘어서도 거의 매 주일 강단에서 하나님의 말씀을 전했고, 지방과 해외까지 거침없이 달려갔다. 그는 70여 권의 저서를 남겼고 그의 설교 연구 자료는 비교적 풍부하다. 여기서는 주로 단행본으로 출판된 그의 설교집과 그의 사역 이야기를 중심으로 설교의 특징을 정리하고자 한다.[279]

첫째, 방지일은 예수 그리스도의 피의 복음과 성화의 삶을 강조했다. 그의 설교의 목적은 인간의 죄의 문제를 정확하게 지적하고 그것을 인식하게 하며, 또 그것을 씻어주실 구주를 믿게 하며 생명의 구원을 전하는 것이었다. 죄와 예수 그리스도의 보혈, 인간의 죄와 하나님의 은혜의 관계를 정확하게 인식하지 못하고 있는 사람은 아직 신앙의 세계로 들어온 것이 아니다. "피를 받은 다음에야 죄가 해결되며, 죄를 찾아낼수록 은혜는 더 많아진다." "죄인은 거룩할 수가 없으므로 먼저 속죄함을 받아야" 하고, 그렇게 속죄함을 입은 성도들은 "죄의 문제를 처리했으므로 거룩하게 살아야 한다." 그러므로 그는 그리스도인의 삶과 윤리적 차원은 속죄함을 받은 다음에 강

278 세상을 떠나기 나흘 전에 자신을 방문한 후배 선교사들에게 남긴 말은 "현지인들과 삶과 정을 나눠라"는 부탁이었다. 그는 생전에 후배 선교사들에게 "현지 교회를 존중하라!"는 교훈을 늘 반복적으로 강조하곤 했다. 임종표, "고 방지일 목사님의 '선교적 유산'은 무엇인가?", 「선교타임즈」 (2015년 4월).

279 그의 설교 연구 자료로는 성경 전체를 강해한 내용을 36권으로 묶은 『트랙성경강해대전』, CD(서울: 도서출판갈릴리, 2008); 『간단한 말씀』, 1-6권(서울: 선교문화사, 1989-2004); 『들리는 말씀』(서울: 총회교육부, 1963); 『성도의 생활』(서울: 대한예수교장로회총회교육부, 1970); 『전도의 바른 길: 3천만을 그리스도께로』(서울: 대한예수교장로회, 1972); 『피의 복음』, 개정판(서울: 선교문화사, 2001); 『말씀의 샘』(서울: 선교문화사, 1994); 『나의 눈물을 주의 병에 담으소서』(서울: 홍성사, 2010) 등이 있다.

조되어야 할 요소이고, 예배와 기도, 헌신의 삶은 그리스도의 피에 씻어진 자의 본분이라고 이해한다.[280] 그는 설교자란 피의 복음을 전하기 위해 강단에 서는 것이며, 주님의 보혈이 강단에서 튀어나와야 하고, 강단 아래에서는 회개, 통곡, 죄용서, 기쁨, 감사가 출렁이게 해야 한다고 강조한다.

> 그리스도의 피에 적시어 성결함을 얻어 죄의 문제를 완전히 해결받은 사람은 자신의 생명을 주님의 것으로 바치게 되는 것이다. 피로 사는 생이다. 성도들은 벌써 주 예수의 피로 인하여 죄 사함을 받고 하나님의 자녀가 되는 지위를 얻었으니 이 생명은 완전히 주의 것으로 사는 것이 마땅하다. 주의 사람으로 삶에는 더욱 성결함이 필요하며 신앙이 깊어질수록 더욱 피에 살아야 할 것이다. 그 피에 깊이 적시우는 일은 죄가 찾아지는 깊이와 정비례한다. 성결의 맛을 볼수록 죄는 더 찾아내야 한다. 그러기에 예수의 피는 신앙의 깊이에 더 들어갈수록 더 필요하고 더 요구되며, 피의 복음이란 피에 사는 것뿐이다.[281]

그는 설교자가 말씀을 바로 받기 위해서는 기도의 골방에 들어가야 하며, 예수 그리스도의 속죄하시는 보혈의 능력을 늘 의지하여야 한다고 주장한다. 그는 하나님과의 시선 일치, 그리고 성도들과의 시선 일치가 필요하다고 생각했으며, 피의 복음을 전하는 강단을 소중히 여기고 비우지 않으려고 했다. 그가 영등포교회에서 목회를 시작할 때의 결심은 다음과 같다.

> …속죄구령의 이 복음 사명을 감당하는 일이다. 내 받은 일감은 이것뿐이다.

---

280 방지일, 『피의 복음』, 3, 83, 149-50.

281 위의 책, 167-68.

죄를 지적하고 죄를 인식하게 하여 속죄주를 믿는 일이다. 거기서 구원을 받는다. 생명을 얻는다. 어떤 육에 보이는 나타나는 이상을 추종하지 않는다. "누구든지 주의 이름을 부르는 자는 구원을 얻으리라"(행 2:21). 하나님의 일은 "하나님의 보내신 자를 믿는 것이 하나님의 일이니라"(요 6:29). 이 두 절의 말씀을 교인들의 속에 깊이 심어주어야 한다.…예수 없는 나는 죽은 자다. 인격도 죽은 인격인 것이라. 주 안에서 산 다음에 거기 지적 이성도, 정적 정서도 감정도, 의지적 도의 윤리의 생활이 되어야 순리인 것이다.[282]

둘째, 방지일의 설교는 목양적이며 교회 중심적이었다. 그는 그리스도의 사랑에 붙잡혀 선교지와 목회지로 달려갔고, 그 사랑으로 교인들을 품으려고 했다. 그는 주님의 양무리들을 철저히 사랑으로 돌보고 보살피는 목양설교자였다. 그래서 심방도 성도들의 영적 상태를 따라 말씀으로 처방하는 방식을 취했으며, 1천 명이 넘는 성도들의 생일카드를 손수 작성하여 보내기도 했다.

그는 목사가 강단을 지키는 자세에 대해서도 구체적이다. 설교자는 예배를 시작할 때부터 끝날 때까지 강단을 떠나서는 안 되며, "마부가 말꼬삐를 언제나 잡고 말을 부리는 것 같이 해야 한다"고 주장하면서 여러 필의 말이 마치 한 필의 말같이 나가게 하는 마부의 세심한 운전법이 필요하다고 주장한다. 이를 위해서는 늘 기도로 준비해야 하며, 그때에만 영적 권위가 세워질 수 있다고 주장한다.[283] 그는 목회는 기도 없이는 안 된다는 것, 꾸준히 성경적이면 세워진다는 것, 맡겨주신 일을 힘껏 생명을 걸고 감당할 때 바로 감당하고 있다는 것, 목회는 복잡하지 않고 간결해야 한다는 것, 예

282 방지일, 『여호와 닛시: 방지일 목사안수 50주년 기념회고록』(서울: 영등포교회, 1987), 22.
283 방지일, 『여호와 닛시』, 57-58.

배는 내 흥분보다는 하나님을 만나는 일이며 교회는 속죄 구령을 위한 주님의 제단이라는 것, 목사는 주님의 대언자이며 대사로 세움 받았다는 것, 깊이와 넓이가 조화되어야 하고 말씀과 기도가 조화를 이루어야 한다는 것, 하나님의 일은 하나님께서 하시기에 하나님의 일이며 내가 하면 내 사업이 된다는 것, 교회를 다른 목적이나 운동에 이용해서는 안 된다는 것을 쉼 없이 깨우치고 일러주었다.[284] 이것은 하나님의 백성이 된 사람들을 일깨우는 말씀이었을 뿐만 아니라 후배 설교자들을 깨우는 말씀이었다.

셋째, 방지일의 설교는 말씀과 기도에 중점을 두는 목회관을 바탕으로 하고 있다. 그의 목회 방침은 언제나 성경과 기도에 중심을 두는 목회였다. 성도들이 성경을 읽지 않고 기도에만 몰두하면 광신병이 되기 쉽고, 기도 없이 성경에만 편중하면 냉각병이 들기 쉽기 때문에 이 둘을 잘 조화시키는 목회가 되어야 한다.[285] 그는 설교에서 이것을 늘 강조했다. 그는 숭실전문학교 재학 시절부터 성경을 애독하던 습관을 가지고 있었으며, 수백 번의 통독을 통해 성경 전체를 통시적으로 꿰뚫는 설교자였다. 실제로 설교에서도 성경 전권을 강해하는 방식으로 말씀을 전했고, 중국교회 목회뿐만 아니라 영등포교회에서도 말씀에 대한 강조는 언제나 그의 설교의 중심이었다. 그에게 성경은 신앙의 생명이고 양식이자 생수이며, 그 양식을 "洽足(흡족)히 取(취)하여 靈(영)이 潤澤(윤택)하고 이 生水(생수)를 취하여 靈(영)의 活動(활동)을 자유로 할 수 있는 것"이라고 이해했다. 그는 기도를 한 시간 한다면 성경연구는 두 시간을 하라고 설교자들에게 권면했고, 성경을 늘 휴대하면서 요절이 되는 말씀을 암송하라고 권했다. 그는 목회자가 성경을 연구할 때도 통시적인 방식과 공시적인 방식, 즉 전체를 숙독한 후에는 특

284 위의 책, 260-61.

285 위의 책, 202.

정 책을 깊이 파고 들어가야 한다고 주장한다. 그리고 성경을 신앙의 실력의 기초로 삼을 것, "성경에서 나고 성경에서 살다가 성경에서 죽으면" 그것이 가장 행복한 인간이라고 주장한다.[286]

뿐만 아니라 그의 설교는 기도 중심이었다. 그는 설교자의 기도생활을 강조했고, 기도는 "죄를 찾는 현미경"이라고 주장하면서 성도들에게도 기도생활을 강조했다.[287] 많은 어려움과 위험 속에서 사역을 이어가야 했던 중국 선교사 시절에도 기도는 그의 사역의 원동력이었고 또 영등포교회에서 목회할 때도 그는 기도생활을 늘 강조했다.

> 깊은 우물은 사방의 물줄기에서 물을 모으듯이 깊은 기도의 자리로 들어가면 하나님이 주시는 말씀을 받아서 설교를 준비할 수 있습니다. 또 목회자가 늘 기도하는 자세로 살 때 길을 걷든지 독서를 하든지 심방하든지 설교 준비를 하는 것이 될 것입니다. 누에는 뽕 이외에 다른 것을 먹[고] 살 수 없듯이 강단은 말씀 선포 이외에 달리 오용되어서는 안 됩니다.[288]

그에게 기도는 제일 바른 성경 주석이며, 하나님과 가장 가까이 만나는 길이다. 기도는 양심을 가는 숫돌이기 때문에 설교자를 바로 세우며, 기도 없는 설교는 기름 없는 수레바퀴 소리가 나게 된다.

넷째, 방지일의 설교는 성경 중심적 신앙을 강조하는 설교였다. 그에게 성경은 모든 것의 표준이며, 설교의 원천이다. 그래서 그는 후배들과 함께 성경을 연구하는 모임을 평생 이어간다. 곧 매주 월요일에 함께 모여 성경을 읽고 연구하는 모임인 "다락방"을 평생 이어갔다. 그것은 본인이 성경을

---

286 방지일, "신앙의 실력화", 「게자씨」, 66호(1937년 2월), 37-41.

287 방지일, 『피의 복음』, 88.

288 방지일, "신앙의 실력화."

깊이 연구하기 위함이며, 언제나 말씀 중심의 목회를 세워가야 한국교회가 건강해질 수 있다는 생각에서였다. 그리고 이렇게 말씀으로 세워진 신앙은 생활과 분리되지 않아야 한다고 믿었다. 행함을 통해 삶에서 신앙의 맛을 보게 되면 체험적 신앙, 곧 내 신앙을 소유하게 된다. 그는 신앙의 생활화와 생활의 신앙화를 강조했다.[289]

다섯째, 방지일은 설교에서 간단명료한 표현을 활용했으며 주제 중심으로 풀어갔다. 미사여구의 사용이나 자기 주장 대신 성경 말씀과 그것이 제시하는 교리를 단순하게 전하는 것이 그의 설교의 원칙이었다. 그래서 그의 설교는 늘 짧고 명료했다. 그는 설교자를 하나님의 말씀을 온전히 전해주는 송수관 또는 전령으로 이해했다.

> 설교는 영어로 심플(simple)하게 한다는 말이 더 좋을까, 단조롭다는 말은 어울리지 않는다. 한 사실을 전달하는 데 역점을 둔다. 그리하여 문체조차도 접속사를 두는 것을 가능한 피한다.…문체부터 단조롭다. 감화력은 기도에 비례할 뿐이다. 기도하는 것만큼 감화를 준다. 내 준비는 가능한 대로 한 구절의 본문이다.…나는 받은 바를 전달할 뿐 하나님께서 영으로 해석해주신다.[290]

그의 설교는 항상 간결하며, 하나의 요점을 중심으로 한다. 또 어떤 경우에는 한 해 동안의 설교를 같은 주제로 다룬다. 예를 들어 건축을 앞두고 있던 1978년도에는 주일예배의 모든 설교 주제가 "전을 건축하라"는 제목아래 성경마다 거기에 해당하는 말씀을 선택해서 설교하기도 했다.[291] 특히 그는 성경을 한 장씩 읽어가면서 연속 설교 형식을 따라 설교하기도 했다.

289 방지일, 『여호와 닛시』, 201-2.

290 위의 책, 243-44.

291 위의 책, 64-66.

성경, 기도, 전도는 신앙생활의 불가결의 요소이며 위대한 신앙인은 이것을 붙잡고 살다가 죽은 사람이라고 이해했던 방지일은 자신도 평생 그것들에 붙들려 살다가 죽었다. 저들은 "聖經(성경)의 사람이엿고, 祈禱(기도)의 사람이엿고 傳道(전도)의 사람이엿다"고 주장하면서 설교자는 "聖經(성경)을 生命(생명)으로 하야 부즈런이 祈禱(기도)하고 自身(자신)이 勿論(물론) 또 傳道(전도)를 힘있게 將勵(장려)하지 안을 수 없은 것"이라고 주장했던[292] 그는 실제로 그 생각대로 실천하며 살았다. 그래서 그가 산둥성에 선교사로 갈 때 가까운 기도의 친구였던 김진홍은 그를 "성경애독자", "열광적인 기도의 청년"이라 말하면서 밥 먹기는 잊었어도 영의 피곤을 회복케 하는 성경을 읽는 것을 잊은 적이 없었고, "전문학교 공부하러 온 줄 알았더니 성경 읽는 법을 전문하려고 전문학교에 온 모양"이라고 할 정도였다고 전한다. 또한 그는 항상 새벽 이른 시간에 일어나 간절하고 열광적인 기도로 하루를 시작했다.[293] 그는 경건생활을 평생 삶의 철칙으로 삼고 살았던 한 신앙인이었다.

무엇보다도 방지일은 하나님의 말씀에 붙들려 그것을 증거하는 전도자와 설교자로 살았다. 그는 은퇴 이후 100세가 넘은 고령에도 쉬지 않고 곳곳을 누볐다. "닳아져 없어질지언정 가만히 있어 녹슬지 않겠다"는 말은 단순히 수사가 아니었다. 그는 주님을 사랑하고 주님의 교회와 양무리들을 사랑했다. 둘째 아들 선림을 잃었을 때도, 딸이 이화여대 음대 교수로 있다가 젊은 날에 세상을 떠난 날에도 그는 강단을 비우지 않았다. 그때의 심경을 그는 다음과 같이 밝힌다. "복음 사명에 차질을 가질 수 없었다. 딸의 시체를 놓고도 강단을 결하지 않았다.…성역에 손해는 가져서는 안 된다는

292 방지일, "무-듸의 聖經, 祈禱, 傳道觀", 「게자씨」, 76호(1938년 3월), 20.
293 김진홍, "第二代의 山東宣教師", 「게자씨」, 69호(1937년 5월), 24-26.

심정은 온몸이 닳아질 때까지 한다는 것이다.…거저 주시는 대로 받자. 혼자 있을 때 흐르는 눈물을 금할 길이 없었다.…어떤 뜻이 계신가 거저 '아버지여' 할 뿐 기도가 몇백 번 되풀이하기도 했다."[294] 그는 설교자로서 부끄럼이 없기 위해 자신을 늘 십자가 앞에 세웠다. 그의 설교사역 반백년을 마무리하면서—그러나 은퇴 후에도 그의 설교사역은 중단되지 않고 계속되었다—쓴 글에서 설교자로서의 그의 면모를 다시 확인하게 된다.

> 주님은 나 없이 못 살으시고, 나 또한 주님 없이는 못 사는 뗄 수 없는 사랑 때문에 생명도 목숨도 내놓고 걸어왔다. 내 가진 것 그 무엇이 없었으나 예수님의 피가 나를 지켜주었다. 반백년 단을 지켜오는 동안 내 것으로, 세상의 그 어떤 것으로 준비한 일은 한 번도 없었다. 다만 나의 털끝 만한 영혼의 죄 하나라도 십자가 밑에 내놓고 피로 씻음 받는 일이 우선이며 주시는 말씀의 음성을 십자가 밑에서 항상 듣고 일어서서 단을 향했고 일터로 가게 되었다. 또 하나 잊을 수 없는 사실이 있다. 오늘의 내가 있게 된 것은 원근 각처 국내 국외에서 기도의 줄로 굳게 묶어진 사랑하는 나의 동역자들과 성도들의 기도가 알게 모르게 은밀하게…제단에서 지속되었음을 다시 감사한다. 지금의 내 영혼의 모두는 하나님 앞에 이미 열납되며 제물 된 이 몸은 도구가 되어 주님의 신에 사로 잡혀 다닌다. 닳아져 없어질지언정 가만히 있어 녹슬지 않겠다.[295]

---

294 방지일, 『복음역사 반백년』, 211-12.
295 위의 책, 233.

# 6장
# 1970년대 이후 교회 성장기의 설교

바람결 슬슬 슬슬 금빛 바람 와서 불면
우리들이 이룩하는 시의 공화국
우리들의 영토는 어디라도 좋다.
우리들의 하늘을 우리들의 하늘로
스스로의 하늘을 스스로가 이게 하면
진실로 그것
눈부시게 찬란한 시인의 나라
우리들의 영토는 어디에라도 좋다.
-박두진[1]

1 박두진, 「시인 공화국」, 『거미의 성좌』(서울: 대한기독교서회, 1962).

## 시대적 상황

교회의 성장과 부흥은 분명 하나님의 주권적인 역사로 이루어지며, "참된 부흥은 하나님의 은혜의 사건으로, 우리 속에 작용하시는 성령님이 자유하심을 통해 허락하시는 은혜"다. 부흥은 하나님이 기뻐하시기 때문에 그분의 방식으로, 당신의 백성들을 소생시키기 위해 허락하시는 하나님의 놀라운 사역이다.[2] 이렇게 한 시대 속에 허락하신 영적 부흥을 하나님의 은혜의 작용으로 이해할 때 우리는 그것이 인간의 의지나 공로로 되는 것이 아니며, 하나님께 대한 청원이면서 은혜에 대한 갈망으로 나타나게 된다는 사실을 확인할 수 있다. 이것을 고백하게 될 때, 우리는 모든 부흥은 하나님께로부터 말미암는다는 사실을 강조하게 될 것이다. 그때 하나님만을 기다리면서 그분이 정해주신 방편들인 기도와 하나님의 말씀의 선포인 설교사역을 온전히 감당하기 위해 그것에 더욱 전념하게 될 것이다. 프레드릭 브루너는 부흥을 간구하는 사람이나 어떤 측면에서 그것을 이루었다고 생각하는 사람에게 필요한 고백을 알려준다.

> 믿음의 역사는 결코 사람들이 이루는 영웅적인 일은 아니다. 믿음의 역사가 진정으로 일어난다면 그것은 오직 하나님만을 영웅적이시게 한다. 그것은 하나님을 하나님이시게 한다. 그리스도께 대한 단순한 믿음은 하나님이 주시고자 하는 모든 것을 얻게 한다.[3]

---

2 역사 속에 나타난 부흥과 그에 대한 견해들, 즉 부흥관을 살펴보기 위해서는 김운용, "한국교회의 영적 부흥과 리더십: 한국교회 예배와 설교의 부흥을 중심으로", 장신근 책임편집, 『한국교회의 영적 부흥과 리더십』(서울: 장로회신학대학교출판부, 2006), 663786을 참고하라. 18세기 중반부터 19세기 중반까지 미국교회에서 뜨겁게 일어났던 부흥운동을 분석하는 가운데 미국교회 역사 가운데 나타난 부흥의 흐름들을 설명하면서 "부흥"(revival)과 "부흥주의"(revivalism)를 구분하여 설명한 이안 머레이의 주장도 설득력이 있다. Iain H. Murray, *Revival and Revivalism: The Making and Marring of American Evangelicalism 1758-1858* (Carisle: The Banner of Truth Trust, 1996).

3 Frederick D. Brunner, *A Theology of the Spirit* (Grand Rapids: Eerdmans, 1970), 254.

부흥은 하나님이 기뻐하시기 때문에 하나님의 방식으로, 당신의 백성들을 소생시키기 위해 허락하시는 하나님의 놀라운 역사이며, 하나님께서 당신의 백성들이 적절한 반응을 보일 준비를 잘 갖출 때 은혜로 부으시는 하나님의 사건이다.[4]

1980년대는 한국교회가 급성장한 교회부흥기였다. 한국교회는 1970년대 초부터 놀라운 양적 성장을 이루면서 1950년에 3,114개였던 교회가 1960년에 5,011개로 증가했고 1970년에는 12,866개, 1980년에는 21,243개, 1990년에는 35,819개로 10년마다 거의 2배 가까이 성장했다.[5] 교회 숫자가 늘어났다는 것은 교인 수의 증가를 의미한다. 실제로 1980년대에 이르러 교인 수가 크게 증가했다. 통계의 신뢰도 문제가 존재하지만 1970년대 초에 약 320만 정도였던 교인 수는 1980년대에 이르러 약 720만으로 증가한다. 교인 수의 증가폭이 교회 수 증가를 앞선 것을 보면 개교회의 성도 수가 많이 증가했음을 알 수 있다. 한국교회의 양적 성장은 1990년대 중반 이후 성장 속도가 둔화될 때까지 계속되었다. 군소교단을 포함한 대부분의 교단이 성장했고, 특히 오순절교회(순복음교회)의 성장이 가장 두드러졌다. 성결교회도 1960년대부터 성장하기 시작하여 1970년대에는 장로교 통합, 합동, 감리교 다음으로 많은 교세를 가진 교단이 되었다. 침례교회도 마찬가지였다. 1960년대에는 2백여 교회이던 것이 1980년대 중반에는 1천 교회가 넘는 교단으로 성장했다.[6]

여기에는 교회성장운동이 큰 영향을 미쳤다. 한국 사회의 근대화 운동 등의 사회 구조적 요인도 크게 작용한다. 1960년 이후 산업화·도시화가 진행되면서 도시로 인구가 유입되었고, 공동체가 파괴되고 소외감이 높아지

4 김운용, “한국교회의 영적 부흥과 리더십”, 690.

5 한국기독교역사학회 편, 『한국기독교의 역사 III』, 115.

6 위의 책, 117.

는 도시 생활에서 사람들은 종교를 찾기 시작했다. 또한 적극적인 전도 활동으로 인해 사람들이 대거 교회로 유입되었다. 종교는 소속감과 정체성을 부여하는 중요한 장으로서, 도시화로 인한 소외 현상에 대한 좋은 처방과 위안이 될 수 있었다. 종교사회학자인 김병서는 1980년대 이후 한국교회의 폭발적 성장의 주원인을 "근대성의 충격", 곧 개발과 근대화로 인한 사회적 변화라고 분석한다.[7] 한국 사회의 "불안정한 경제성장, 공업화와 도시화에 따른 사회적·심리적 혼란과 불안, 그리고 그를 억제하려는 관료적 통제로 인한 긴장된 상황의 연속"[8]이 종교를 찾게 했던 요소로 작용한다.

그러나 이런 종교사회학적인 분석도 시사하는 바가 없는 것은 아니지만 다른 종교는 기독교만큼 성장을 이루지 못했음을 감안할 때 또 다른 요인을 생각해보게 한다. 당시 한국교회에 도널드 맥가브란(Donald McGavran) 또는 피너 와그너와 같은 교회 성장학자들의 이론이 소개되었고, 교회성장운동은 교회의 양적 성장에 크게 기여했다. 근대화의 바람과 함께 도시 집중화로 인한 대도시의 성장과 맞물려 교회성장운동은 크게 빛을 발했다. 교회 성장을 위한 대형연합집회, 복음전도와 영혼 구원을 강조하는 설교, 목회자들의 강력한 리더십, 제자훈련과 소그룹 성경공부의 활성화, 전도의 강조 및 다양한 전도 활동 등이 교회 성장에 크게 기여한다. 또한 구역 혹은 셀의 활성화, 기도운동과 성령운동 등이 일어나면서 그 열기는 확산되었다. 이때 세계복음화대회 등 대형 집회가 개최되면서 그것은 각 교단의 교세 확장 운동으로 확대된다.

이런 분위기와 함께 무엇보다도 중요한 요인은 전도와 선교에 대한 한국교회의 열정을 들 수 있다. 이런 열정은 한국교회 초창기부터 있었던 특

7 김병서, 『한국 사회와 개신교: 종교사회학적 접근』(서울: 한울아카데미, 1995), 21.

8 위의 책, 22.

징이었지만 1970년대 중반 이후에 보편화된 대형 전도 집회와 선교단체 등의 영향으로 그 열정은 더욱 강렬해졌고, 군 선교, 산업 선교, 경찰 선교, 학원 선교, 교정 선교 등 다양한 영역에 대한 선교적 열정으로 표출되면서 교회 성장의 결실로 나타났다.[9] 또한 이 시기에 도입되기 시작한 다양한 성경공부들도 교회 성장을 뒷받침했다. 선교 단체에서 시행되던 성경공부가 교회에 도입되면서 교인들 양육을 위한 프로그램으로 활용되었는데 구체적으로는, 제자훈련과 소그룹 중심의 성경공부, 베델 성경공부와 크로스웨이 성경공부 등이 교회에 도입되었다. 여기에 탁월한 목회 리더십과 능력을 가진 설교자들의 출현도 하나의 요인으로 작용했다.

이 시기 한국교회의 성장은 어느 한 가지 요소가 결정적이었다기보다는 이 모든 요인이 함께 작용하여 이루어진 결과였다. 하지만 한국교회는 교회 성장과 함께 선교와 사회봉사 등에서 많은 기여를 하지만, 그로 인한 많은 부작용도 속출했다. 개교회주의 및 공격적인 전도 방식이 교회에 대한 부정적인 인식을 낳았고, 외형주의와 물량화의 문제, 교회 세속화의 문제들이 교회와 메시지의 변질을 가져왔다.

## 주요 설교자와 설교의 특징

이 시기의 대표적인 설교자로는 김창인, 이만신, 정진경, 한완석, 홍순우, 조용기, 임 옥, 곽선희, 정규오, 신현균, 옥한흠, 김동익, 김준곤, 박종순, 김진홍, 이중표, 김선도, 김홍도, 김충기, 오관석, 석원태, 정필도, 나겸일, 이종윤, 박영선, 김명혁, 홍정길, 김상복, 김장환, 나원용, 김삼환, 하용조, 임영

9 이광순, 『한국교회의 성장과 저성장』(서울: 미션아카데미, 2005), 35.

수, 박종화, 이동원, 고 훈, 이정익 등을 들 수 있다. 그 후속 세대로는 이재철, 이찬수, 김동호, 유기성, 장경동, 김은호, 김서택, 김기석, 오정현, 소강석 등이 주목받는 설교자로 활동한다. 이민 교회를 사역했던 설교자들로는 임동선, 김계용, 박조준, 최영기, 김영봉 등이 주목을 받고 있다. 다만 생존해 있는 설교자에 대한 평가는 설교의 역사에서는 제외한다는 필자의 원칙 때문에 생존 설교자는 제외했고, 교단 안배를 전혀 배제할 수 없었기에 그 부분을 어느 정도 고려하면서도 그들의 설교사역과 관련한 이야기의 독특성과 혁신성이라는 관점에서 선정했음을 밝힌다.[10]

이 시기의 설교의 특징은 전반적으로 전도와 교회 성장에 대한 강조가 중요한 흐름으로 작용하며, 기복주의, 성령충만 등이 중요한 주제로 자리잡게 된다. 1960년대 이후에 벌어진 근대화 운동과 함께 가난을 극복하는 것이 한국인들에게 국가적·개인적 최대 목표가 되었던 시대에 한국교회는 놀라운 성장을 경험한다. 강단에서는 교회 성장과 전도에 강조점을 두면서 자연스럽게 그런 경향을 받아들여 활용하게 되었고, 설교 강단에서는 복에 대한 강조가 자주 등장하게 되었다. 이것은 교회 성장에 대한 열망을 가진 목회자에게는 쉽게 떨쳐버릴 수 없는 '유혹'이었다. 이로 인해 기복주의와 복음의 사사화 현상이 강해지고 자연스럽게 번영 신학에 기초한 현세적 번영에 초점을 맞추는 경향성이 나타났다.[11] 또한 성공주의와 물량주의, 적극적 사고방식과 자기 경영을 강조하는 설교 등이 범람하게 되었다. 또한 1970년대에는 각종 집회 등을 통해 희망과 성령의 은사를 강조하는 경향

---

10 생존해 있는 설교자를 평가하는 것은 여러 가지 역학 관계로 인해 자칫 찬사 일변도가 되기 쉽고, 설교자가 삶의 종지부를 찍었을 때 대단원이 완성되는 것이기에 그 후에야 설교사역에 대한 공정한 평가가 이루어질 수 있기 때문이다. 여기서는 단지 교단 안배라는 측면에서 하나님의 성회(순복음교회)의 설교자인 조용기만 포함시켰다.

11 김운용, "선교 2세기 한국교회의 말씀 선포 사역을 위한 설교 신학 재고(再考)", 「장신논단」, 43집(2011), 237-38.

이 강했으며, 기복적인 내용이 중심을 이루는 문제점을 양산했다. 한편으로는 군부 독재하에서 정치적으로 암울하던 시기에 사회참여와 정의 실현을 부르짖는 사회 참여적인 설교도 나타났다.

## 김창인 목사: 복음의 말씀으로 큰 교회 성장을 이룬 설교자

### (1) 생애와 사역

서울 충현교회를 설립하여 굴지의 교회로 성장시킨 김창인 목사(1917-2012)는 평북 의주의 한 기독교 가정에서 태어나 신앙 교육을 받으며 자랐으며, 8세 때 부친이 세상을 떠난 후 모친의 영향을 크게 받으며 성장했다. 그에게는 어려서부터 육신의 밥보다 하나님의 말씀을 먼저 먹어야 한다는 신앙이 형성되었다. 그는 중학 3학년 때 폐병으로 학업을 중단하고 투병하던 중 산에 들어가 혼자 기도하고 예배를 드렸다. 약수를 얻고자 몸이 허약한 사람들과 그 가족들이 몰려온 그 산에서 그는 처음으로 설교하게 되었다.[12] 그는 21세 때 평북 의주의 청천교회에서 전도사로 사역을 시작했고, 평북 용천 성동교회, 평북 의주 해천교회 등에서도 사역했다. 1938년에는 신의주에서 평북 지방의 신사참배 반대운동을 주도한 이기선 목사와 함께 그 운동에 참여했고, 만주로 피신해서도 이를 계속했다.

그는 해방 후 귀국하여 이북 재건교회 운동에 참여했으며, 1946년에는 공산당에 일곱 차례나 체포되어 어려움을 겪었다. 그리고 1948년 12월 신앙을 지키기 위해 월남한 이후 서울 장충동에 재건교회를 설립하여 시무했

12 한명수, "충현교회 김창인 목사 성역 60주년 특별대담", 「기독신문」(1997년 5월 7일).

다. 한국전쟁 중 부산으로 내려가서는 초량교회에 출석했고, 1951년 4월부터 서대신동의 서부교회에서 시무했다. 1952년 6월 동대신동에 동일교회를 개척했는데 휴전과 함께 많은 교인들이 서울로 올라가게 되자 서울에도 동일교회를 세울 것을 결정하고, 1953년 9월 서울 중구 아현동에 서울동일교회를 개척했다. 그해 10월에 그가 상경하여 교회를 담임하게 된다. 1956년에 충무로와 아현동에서 글자를 따 "고개(峴) 위에 세워진 시대를 밝히는 충성된(忠) 등불"이라는 의미를 담아 충현교회로 이름을 바꾼다. 그는 1957년 고려신학교를 졸업하고 그해 9월에 예장 고신 경기노회에서 목사안수를 받은 후 당회장으로 취임한다.

1963년 9월, 교회가 크게 성장하면서 2천여 명의 성도가 출석하는 교회가 되었고 예장 합동교단에 가입했다. 이후 충현교회는 "신령한 예배, 천국일꾼 양성, 민족복음화, 세계선교, 지역 사회 봉사"라는 목회 철학을 중심으로 급격한 성장을 이루면서 1980년대 말에 출석교인이 35,000명을 넘어섰고, 규모 면에서 합동교단의 최대 교회가 되었으며, 영락교회와 함께 한국교회를 대표하는 장로교회가 되었다. 김창인은 1970년 55회 총회에서 총회장으로 피선되었으며, 1977년에는 북한선교회를 설립하고 초대 이사장을 역임했다. 1984년에 강남구 논현동으로 이전했으며 1987년에 교회당을 짓고 입당예배를 드린 다음, 그해 연말에 은퇴하여 원로목사가 되었다.

그 후 2, 3대 목사가 짧은 기간 목회를 하고 사임하면서 아들을 세우기 위해 3자를 세웠다는 의혹을 사게 되었으며, 1997년부터는 그가 직접 당회장을 맡으면서 아들을 4대 담임목사로 세웠다. 이로 인해 "대형교회 세습 1호"라는 불명예를 떠안게 되었고, 한국교회 안에 교회세습체제가 형성되었다. 그로부터 3년 후 교회운영과 관련하여 아들과의 갈등으로 많은 불협화음이 발생했고, 이로 인한 반목과 불신으로 많은 성도들이 교회를 떠나고 분규가 계속되었다. 그는 세습한 지 15년이 지난 2012년 6월, 원로목회자 모임에서 "목회 경험이 없고, 목사의 기본 자질이 되어 있지 않은 아들 김성관 목사를 무리하게 지원하여 목사로 세운 것을 나의 일생일대 최대의 실수로 생각하며, 그것이 하나님 앞에서 저의 크나큰 잘못이었음을 회개" 한다고 밝히면서 교회와 성도들에게 "씻기 어려운 아픔과 상처를 주었다"고 고백했다. 또한 아들 목사에게는 "은퇴 연령이 지났으므로 이제는…충현교회 당회장, 재단 이사장을 비롯한 교회의 모든 직책에서 떠나라, 물러나라. 너는 임기 연장을 꿈도 꾸지 마라. 나는 충현교회 설립자요, 원로목사요, 아버지로서 강력하게 명령하는 바이다"라고 덧붙이기도 했다. 마치 "왕위"를 놓고 권력 싸움을 하는 것 같은 부자(父子)의 모습이나, 현직 담임목사에게 물러나라고 명령하는 것 같은 모습은 교회론의 관점에서도 정상적이지 않다는 비판이 일고 있다.[13] 그는 그로부터 4개월 후인 2012년 10월에 세상을 떠났다.

### (2) 설교사역과 신학적 특징

김창인은 은퇴 후 아들에게 담임목사직을 세습해주는 문제로 인해 그의 명예뿐만 아니라 한국교회에 많은 악영향을 미쳤다. 그러나 그가 한국교회 부흥기에 활약한 대표적인 목회자요, 설교자였던 점은 부인할 수 없다. 그는 강력하면서도 흡인력이 있는 설교를 근간으로 여기에 찬양을 적절히 조화시켜 큰 영향력을 끼쳤다. 그의 설교를 연구할 수 있는 자료로는 출판된 몇 권의 설교집이 있으며, 여기서는 초기 설교와 후반기 설교를 담은 설교집을 중심으로 살펴보고자 한다.[14]

먼저 김창인의 설교문은 전통적인 설교관과 설교 형식을 따라 전개되고

13 조성돈, "충현교회 사태를 보면서", 「들소리신문」(2012년 6월 27일).

14 김창인, 『나의 힘이 되신 여호와여』(서울: 충현교회출판위원회, 1980); 『하나님께서 귀히 쓰시는 일꾼』(서울: 충현교회출판부, 1987).

있음을 볼 수 있다. 그에게 있어 설교자는 하나님의 종이며, 설교자에게 가장 중요한 요소는 "영의 눈이 열려서 하나님의 말씀을 보고 하나님의 뜻"을 분명히 깨닫는 것이다. 설교자는 하나님의 말씀을 들을 수 있는 영의 귀가 열려 있어야 하고, 그것을 효과적으로 전달하기 위해 영의 입이 열려야 한다고 이해한다. 그 입은 자신의 노력으로 열리는 것이 아니라 하나님께서 열어주셔야 하며, 그때에 비로소 하나님의 말씀 선포가 가능하다는 것이다.[15]

> 하나님의 말씀을 선포할 때는 가감을 해서는 안 됩니다. 덧붙여도 안 되고 떼어 먹어도 안 됩니다. 하나님의 말씀을 그대로 선포해야 합니다. 또 설교하는 사람은 하나님의 말씀을 들어 알 수 있고 이해할 수 있는 쉬운 말로 설교해야 합니다. 하나님의 말씀의 가감 없는 진리를 선포할 때에는 아무리 무식한 사람도 다 알아 들을 수 있는 말로 설교를 해야 되고 아무리 지식이 많은 분이라도 '무식한 말 하고 있군' 하는 말을 절대로 못 하도록 진리가 오묘하게 가슴을 뚫고 들어가도록 해야 합니다. 이것이 하나님의 말씀의 선포인 것입니다.[16]

그는 설교자의 입을 통해 하나님의 창조의 음성이 발표되고, 태양을 비치게 하시고 지구를 운행하시는 하나님의 섭리의 음성이 들려지고, 심은 대로 거두시는 하나님의 심판이 선포될 수 있도록 노력해야 한다고 주장한다. 인생길을 마치고 나면 천국과 지옥이 기다린다는 사실을 확실히 선포해야 하고, 내세를 분명하게 선포하여야 한다고 주장한다.[17] 또한 그는 성경이 예언과 성취의 구조로 이루어진 것을 감안하여, 가능하면 신약과 구약을 균형 있게

---

15 김창인, "나의 목회와 설교", 「신학정론」, 4권 1호(1986년 5월), 127-28.

16 위의 책, 128.

17 위의 책, 128-29.

설교하려고 노력했다. 그의 설교집에서도 비슷한 현상이 나타난다.[18]

그의 설교는 주제를 먼저 제시하고 몇 개의 대지와 소지로 그 주제를 설명하는 연역적 전개와 주제설교의 형식을 취하고 있다. 1976년 1월 첫 주일 설교인 "금년의 예산 편성"이라는 설교문은 시편 118:1-9을 본문으로 하고 있는데 "다윗은 하나님 편에서 살기로 예산을 세웠다, 죽기까지 일하기로 예산을 세웠다, 하나님께 영광을 돌리는 여생을 살기로 예산을 세웠다"는 3개의 대지로 구성되었다. 설교의 서론에서는 제목과 중심 주제를 먼저 소개하고, 이어서 옛 선인의 말을 소개한 이후 본문에 대해 간단히 설명하고, 그것을 "다윗의 예산 편성"이라는 이슈로 정리한 다음에 바로 대지를 제시하는 구조를 취한다. 여기서는 "어둔 밤 쉬오리니"라는 찬송을 통해 각 대지의 내용을 구체적으로 삶에 적용한다. 그리고 결론 부분에서는 그런 적용점을 다시 한번 강조하면서 끝을 맺는다.[19]

그의 대표적인 설교문인 "나의 힘이 되신 여호와여"는 내용상 1963년 정초에 행해진 것으로 보이는데 그 구성과 특징은 비슷하다. 대지는 크게 "나의 힘이 되신 여호와를 생각해봅시다"와 "나의 힘이 되신 여호와 앞에 취할 태도를 생각하겠습니다" 두 개로 구성되어 있고, 각 대지를 3개의 소지로 편성하여 설명하고 있으며, 여덟 번에 걸쳐 찬양을 활용하고 있다. 이때 그는 동일한 찬양을 반복하거나 한 소절, 또는 한 절을 부르는 형식으로 제시한다.

"하나님을 만날 준비를 합시다"라는 설교문은 아모스 4:12-13을 본문으로 하고 있다. 그는 본문에 대한 간단한 설명으로 설교를 시작하여 "네 하

18 예를 들어 그의 설교집, 『나의 힘이 되신 여호와여』에는 37편의 설교문이 실려 있는데 그중 구약 본문은 17편, 신약 본문은 20편이다. 『하나님께서 귀히 쓰시는 일꾼』에는 12편의 설교문이 실려 있는데 그중 구약 본문은 7편, 신약 본문은 5편이다.

19 김창인, "금년의 예산 편성", 『나의 힘이 되신 여호와여』, 24-29.

나님 만나기를 예비하라"는 구절을 뽑아낸 다음에 그것을 주제로 하여 왜, 어떻게, 언제 만나기를 예비해야 하는지 3개의 대지로 나누어 설명하고 있다. 그는 각 대지를 본문의 내용과는 별 상관없이 설명하고, 성경의 이곳저곳을 인용한다. 그의 설교는 본문이 말하는 구조가 아니라 설교자가 말하는 구조를 취하는 전통적인 주제설교의 약점을 그대로 보여주는 설교 패턴으로 전개되고 있지만 복음전도적인 요소가 강하고 적용을 분명하게 함으로써 감동을 주기도 한다.[20]

둘째, 김창인의 설교에는 뛰어난 이야기 요소와 찬양, 다양한 예증이 합해져 드라마와 같이 전개되는 특징이 있다. 앞서 언급한 것처럼 설교 중에 찬양을 활용하는 것은 그가 처음 시도한 것은 아니지만, 그는 내용과 관련되는 찬양을 설교 가운데 자주 사용한다. 거의 모든 설교에 평균적으로 서너 곡의 찬송을 활용하며, 논지와 관련된 찬양의 해당 소절을 직접 부르면서 극적인 효과를 고조시킨다. 또한 그는 다양한 예화를 통해 아주 극적인 스토리텔링 기법으로 설교를 풀어가고 있다. "자격 있는 졸업자"라는 설교문에서는 공산 치하에서 순교한 이창환 전도사와의 일화를 감동 있게 풀어가는데, 본문의 이야기를 뛰어난 스토리텔링 기법으로 설명한 것이나 어머니의 이야기를 풀어간 것에서 그런 특징을 찾을 수 있다.[21] 또한 그는 설교 중에 고전에서부터 오늘의 삶의 이야기와 설교자의 개인적인 경험에 이르기까지 다양한 자료를 활용하며, 그 자료들은 설교문으로 읽어도 아주 극적인 효과를 갖는다.

셋째, 김창인은 인간에 대한 사랑과 구령 열기로 가득한 설교자다. 그의 설교에는 하나님의 사랑을 깨닫고 죄의 길에서 벗어나 하나님의 백성다

---

20 김창인, "하나님 만날 준비를 합시다", 『한국교회 120인 설교집』, 392-403.

21 김창인, "자격 있는 졸업자", 『나의 힘이 되신 여호와여』, 386-97.

운 삶을 살 것을 촉구하는 내용이 많고, 죄악된 삶에서 돌이켜 하나님의 말씀을 따라 사는 삶으로 초대하는 복음전도적인 내용이 강하게 나타난다. 그는 하나님께로 돌아와 그 사랑에 감격하여 그의 백성으로 살아갈 것을 촉구하고 그것이 하늘의 복을 누리는 축복의 삶이라고 강조한다.[22] 그래서 현대설교의 역사를 담은 책에서 한국교회의 설교에 대해 짧은 장을 할애하여 소개한 휴즈 올드(Hughes O. Old)는 김창인의 설교가 복음전도의 특성을 강하게 나타내고, 복음이 제시하는 약속을 잘 담아내며, 신실하신 하나님께서 그의 개인의 삶 속에서 경험하게 하신 개인적 증언의 중요성을 강조하고 있다고 평가한다.[23]

넷째, 김창인의 설교는 죄에 대한 통렬한 지적과 책망이 있는 설교였다. 그의 설교에 사회적 기능은 크게 나타나지 않고 주로 개인적·영적·내세적·교회 내적·신앙적 차원을 강조하지만, 그 영역에서의 잘못된 삶에 대해서는 분명한 목소리를 내고 있다. 특히 인간의 죄성에 대한 공격과 비판을 서슴없이 제시할 뿐만 아니라 그것에 대한 치유책과 해결책으로 복음과 신앙, 성삼위 하나님의 사랑과 섭리를 강조한다. 한 설교에서는 음주, 거짓말, 도박, 아편, 향락 등에 돈과 시간을 쓰는 잘못된 습관을 지적하면서 그것을 과감하게 잘라내야 한다고 주장하기도 하고, 음란, 탐심, 우상숭배, 당파싸움, 세상적인 욕심 등을 완전히 끊어버리고 새로운 생활을 해야 한다고 강하게 외친다.[24] 이렇듯 그는 인간의 죄성과 죄의 문제를 강하게 지적하면서 그것에 대한 해결책을 제시하고, 그렇게 죄의 문제를 해결받고 새로운 삶을 살 때 그것이 복을 받는 삶이라는 사실을 강조한다.[25]

---

22 김창인, "하나님의 사랑", 위의 책, 268-77. "하나님을 기쁘시게 합시다", 같은 책, 290-301.

23 Hughes O. Old, *The Reading and Preaching of the Scriptures in the Worship of the Christian Church: Our Own Time*, vol. 7 (Grand Rapids: Eerdmans, 2010), 642.

24 김창인, "우리 여생의 생활표준", 위의 책, 358-66.

25 김창인, "하나님이 귀히 쓰시는 그릇", 『하나님께서 귀히 쓰시는 일꾼』, 39-54; "서로 다투지 맙시

김창인은 믿음의 선배가 설교사역과 관련하여 그에게 교훈한 이야기를 우리에게 내놓는다.

> [설교는] 하나님의 말씀을 원료로 삼고 내 눈물과 땀과 기름과 피를 쏟아 반죽을 정성껏 하고 기도의 열쇠로 시은소 문을 열고 들어가서 성령님의 불에 떡의 안과 밖을 골고루 익도록 구워서 따끈따끈한 떡을 교인들에게 나누어 먹여라. 만일에 하나님의 말씀 이외에 독초가 섞였다면 그 교인들이 그 설교를 듣고 인격과 영혼이 병든다. 따끈따끈한 것을 먹이지 못하고 얼음이 박힌 것을 먹이면 얼음덩어리가 더그닥 더그닥하는 것을 먹이면 교인들이 소화불량이 생긴다. 따끈따끈한 것을 먹여야 한다. 그런데 하나님의 말씀으로 설교 원료를 삼지 않고 시국강연 철학 여러 가지 잡동사니를 섞어서 잡채밥인지를 모르지만 그렇게 해서 이 집 저 집에서 얻어다가 썩은 것, 얼음덩어리 박힌 것 게다가 성령님의 불에다가 다시 익히지도 않고 선득선득한 것을 먹여 놓으면 듣는 사람은 무슨 소리 하는지 모르다가 듣고 깨달은 사람은 타락하고 큰 손해를 본다.[26]

김창인은 이런 마음으로 평생 설교사역을 감당했고, "목자는 양이 무럭무럭 자라나도록 꿀을 먹일 수 있어야만" 한다고 생각하면서 새해가 시작되기 전에 이미 한 해 동안 감당할 설교를 미리미리 성실히 준비했던 한국교회 성장기의 대표적인 설교자였다. 그는 설교를 선포와 교육, 치유, 훈련의 기능을 수행하는 사역으로 이해하면서, 이 땅에서의 삶뿐만 아니라 내세를 준비할 수 있도록 천국 비자를 내주는 영사관과 같은 역할을 해야 한다고 주장

---

다", 같은 책, 55-67.

26 김창인, "나의 목회와 설교", 130. 이 이야기는 믿음의 선배였던 박이흠 전도사가 그에게 준 교훈이라면서 전한 것이다.

했다. 그는 사역 말기에, 복음 전하는 자인 설교자는 항상 감사와 기도, 성령의 권능 충만, 성도를 사랑하는 자세 등으로 무장되어 있어야 한다는 권면을 후배 설교자들에게 건넨다.[27] 그는 대단한 열정과 확신에 찬 설교로 수많은 사람을 세웠고, 교회도 크게 부흥시켰다. 그러나 그가 노년에 아들을 후임으로 세운 일과 관련해 죽음 직전에 그 일을 후회하고 회개하는 모습에서, 그리고 무리해서 세운 아들 담임목사에게 네 교회가 아니라 내가 세운 교회라고 꾸짖는 모습에서 불미스러운 마지막을 보는 것 같아 아쉬움이 남는다.

## 강원용 목사: 빈들에서 정의를 외친 설교자

### (1) 생애와 사역

여해(如海) 강원용 목사(姜元龍, 1917-2006)는 일제 강점기에 태어나 민족의 고난의 역사와 함께하며 민주화운동, 사회화합, 종교 간 대화, 통일 운동에 앞장섰다. 그가 했던 여러 사역 때문에 시민운동가, 교육자, 정치인 등으로 기억되기도 하지만 그는 평생 경동교회를 목회했던 목회자였고 주일마다 강단에서 하나님의 말씀을 선포한 설교자였다.

강원용은 함경남도 이원군의 유교 가풍이 강한 가정에서 태어나, 집안의 많은 반대에도 불구하고 보통학교에 다니면서, 먼저 복음을 받아들인 외삼촌의 영향으로 기독교 신앙을 갖게 되었다. 그는 차호공립보통학교를 졸업한 이후 집안일을 돕다가 공부를 해야겠다고 결심했다. 그는 어머니가 소를 몰래 팔아 건네준 돈 70원을 가지고 용정으로 가 은진중학에서 공부

27 위의 책, 131-48.

한다. 은진중학은 김약연이 캐나다 선교부의 도움으로 설립한 학교였다. 그는 고학으로 학업을 유지했기에 학교 생활은 고달팠으나 용정에서 윤동주, 문익환 등의 친구들, 그리고 평생의 스승이었던 김재준을 만난다. 그의 부친은 어려운 상황에서 일본 유학을 가겠다는 아들의 뜻에 반대했지만, 김재준이 보내준 편지 한 장을 받고서 바로 유학을 허락했다.

> 우리 집안에서는 내가 중학교 졸업하기를 일각이 여삼추로 기다리고 있었다.…가족들의 유일한 희망은 내가 중학교를 졸업하고 어디든지 취직을 해서 집안에 안정된 생활을 가져다주는 것이었다.…나는 내게 맡겨진 일을 위해 공부를 더 계속해야 한다고 생각했다. 나는 아버지 어머니 앞에 무릎을 꿇고 용서를 구했다. "저를 몇 년 동안만 좀 놓아주십시오. 일본에 가서 공부해야만 되겠습니다." 아버지는 내 말을 듣자 불같이 화를 냈다.…나로서는 한번 술을 마셨다 하면 사흘을 내리 손에서 잔을 떼지 않으시는 강한 성격의 아버지를 어떻게 설득할 도리가 없었다. 그런데 그때 김재준 선생님이 내 사정을 알고는 아버지에게 붓으로 쓴 한문편지 한 장을 보냈다. 무슨 내용이 쓰여 있었는지 나는 지금도 모르지만 그 편지를 읽으신 아버지는 "세상에 이런 목사도 있느냐?" 하며 감격하시더니 곧 마음을 바꾸셨다.[28]

문제는 일본까지 가는 여비였다. 가난한 집안 형편으로서는 거금을 마련할 길이 없었다. 강원용은 외삼촌을 찾아가 사흘을 매달려 사정한 끝에 동경까지 가는 차비를 얻어 유학을 갈 수 있었다.[29] 어렵게 여비를 마련하여 일본에 도착하니 10전이 남았는데, 고작 한 끼를 간단히 먹을 수 있는 식사값에

28 강원용, 『빈들에서 1: 선구자의 땅에서 해방의 혼돈까지』(서울: 삼성출판사, 1995), 68.
29 위의 책, 68-70.

불과했다. 그는 김재준이 나온 학교에서 바로 신학을 공부하려고 했으나, 전문학교를 마쳐야 신학 공부를 할 수 있게 제도가 바뀌었다. 그래서 도쿄 메이지대학(明治學院) 영문과에 입학하게 되었다. 그 학교를 선택한 이유는 『사선을 넘어서』의 작가이자 빈민 선교 사역자였던, 그가 존경하는 가가와 도요히코가 다녔던 학교였기 때문이었다. 입학 비용은 선교사들이 보내준 돈으로 충당할 수 있었지만 그 이후에는 학비를 마련하여 공부해야 했고, 그는 선교사가 보내주는 적은 돈과 친구들의 도움으로 생활을 이어갔다.[30]

그는 일제 말기, 경찰에 체포되어 옥고를 치르다가 폐병 때문에 석방되었다. 광복 이후 한신대학에서 공부했고 김규식, 여운형이 주도하는 좌우합작위원회 활동에도 참여한다. 그는 1948년에 한신대학을 졸업한 뒤 목사안수를 받았고, 1949년부터 김재준의 후임으로 경동교회에서 담임목회를 하게 되었다. 1953년에는 캐나다에 유학하여 매니토바대학교에서 신학 박사 학위를 받았으며, 미국 유니온신학교 등에서 공부하기도 했다.

그는 귀국 후 목회 활동을 계속하면서 1959년에 크리스천아카데미를 설립했고 각종 강의와 세미나를 통해 종교 간 대화뿐만 아니라 계몽 활동에도 나섰다. 그 후 김수환, 김대중, 문익환, 함석헌 등과 함께 보안법 철폐와 인권 회복 등을 강조하며 반유신 활동에 나서면서 많은 고초를 당했다. 제5공화국 시절에는 국정자문위원을 맡아 김대중 구명 운동에도 나섰고, 제6공화국 시기에는 방송위원회 위원장을 맡는 등 군부 독재정권에 협조했다는 비난을 받기도 했다. 그는 김대중 정부 시절에는 방송윤리위원회 위원장으로도 활동했지만 참여정부 시절에는 정부 정책과 친일파 청산 작업, 반미주의 운동에 대해 강한 비판의 목소리를 내면서 진정한 민주화를 바라는 인사들에게 반감을 사기도 했다. 특히 강원용은 2005년, 민족문제

30 위의 책, 72-73.

연구소가 김활란, 백낙준, 유진오, 노기남 등을 친일파로 선정한 것에 대해 "그분들을 다 단죄한다면 당시를 살았던 한국 사람들을 다 어떻게 평가해야 되느냐"며 친일파 선정의 문제점을 지적했다. 또한 송창근이 친일파로 지목된 것에 대해서도 불편함을 드러냈다. 그 시대를 살아보지 않은 사람은 쉽게 말하지 말아야 하며 대부분의 민초들은 일제의 압력을 거부할 방도가 없었다는 것이 그의 주장이었지만,[31] 그가 친일청산에 소극적이었다는 비판을 면키는 어렵다.

그는 타계하기 전까지 한반도의 화해와 평화를 위해 노력했으며, 민주화운동, 종교 간 대화에 크게 기여했다. 또한 사회 통합과 양극화 극복, 교회의 실천적 참여를 강조했고, 시대의 양심으로 활동했다. 특히 종교 간 대화에 적극 나서면서 한국 에큐메니칼 운동의 대부로 평가받았다. 그는 1959년에 크리스천아카데미를 세워 개신교 교단 사이의 벽을 허무는 일과 개신교, 천주교, 불교, 유교, 천도교, 원불교 등 6대 종교 간 대화를 이끌어 내는 데 많은 노력을 기울였다. 또한 여성 해방에 대해서도 어떤 여성보다 더 진보적인 사고를 했던 인물이었다.

### (2) 설교사역과 신학적 특징

강원용은 설교자로서보다는 민주화운동의 투사, 수많은 일을 감당한 종교계 원로, 사회와 정치 지도자로 인식되는 사람이다. 복음주의 진영에서는 그가 진보적인 인사라는 이유로 복음과 성경을 제대로 믿지 않는 존재로 비쳐지기도 했다.[32] 그러나 그는 경동교회에서 40년을 설교해온 설교자였

---

31 강원용, 『역사의 언덕에서 4: 미완성의 민주화』(서울: 한길사, 2006); "무차별적 친일역사 청산 안 된다", 「크리스찬투데이」(2005년 11월 21일) 참고.

32 주영훈, "강원용 목사의 〈내가 믿는 그리스도〉에 대한 비평", 「월간 성경대로 믿는 사람들」, 160호(2005년 7월), 참고.

다. 일제 치하에서 국내와 외국을 전전하며 고학으로 공부했던 그는 해방 후 혼돈에 휩싸여 있던 시절과 한국전쟁 이후의 황폐기, 유신 치하에서 자신의 말대로 "빈들에 서서" 하나님의 뜻과 공의를 선포했던 설교자였다. 그가 혁명이라는 모순의 회오리를 온몸으로 겪으며 달려온 그의 생을 77년간 살아온 시점에서 "내가 꼭 하고 싶은 이야기를 내가 살아온 삶을 통하여 몸으로 증언하고 싶어" 썼다는 회고록을 살펴보자.

> 나는 러시아 볼셰비키 혁명이 일어나던 1917년 한국 땅에서 태어나 77년간을 살아왔다. 내가 살아온 한국의 70년은 계속 "빈들"이었다고 생각한다. 이 빈들은 성서에도 나오듯 "돌을 떡을 만들라"는 물질만능, 경제제일주의, 악마에 절하더라도 권력만 잡으면 된다는 권력숭배 사조, 성전 꼭대기에서 뛰어내리는 비합리적이고 광신적인 기복종교에 의해 지배되는 공간이었다(눅 4:1-13). 이런 한국이란 빈들에서 내가 한 일은 나의 유한한 판단력으로나마 가급적 정직하게 고발하고, 증언하고 충고하고 위로, 격려하는 일이었다고 생각된다. 그러나 이런 나의 활동이 자신을 "빈들에서 외치는 소리"라고 했던 세례 요한(요 1:19-23)에 비교된다든지, 이런 빈들에서 악의 영을 추방해버린 예수의 하신 일에 감히 연관 지어 평가될 수는 없다. 오히려 내가 살아온 한국이란 빈들을 살펴보면 그간 여러 가지 혁명적 변화가 일어나고 여러 차례 역사의 전환도 시도됐으나, 나의 관심인 이 악의 영(물질만능, 권력숭배, 광신적인 종교)의 세력은 오히려 더 강화되었다고 생각한다. 다만 나는 이 세 가지 세력의 유혹을 되풀이 받아오면서 그 유혹에 빠지지 않고 살아보려고 애써왔다.[33]

그는 설교자라는 정체성을 지닌 채 격동기를 통과해온 한국이라는 빈들에

33 강원용, 『빈들에서 1: 선구자의 땅에서 해방의 혼돈까지』, 7

서 하나님의 말씀을 듣고 양심대로 그것을 증언하고, 또 그대로 행동하며 살려고 노력했다. 그의 많은 활동들의 원동력은 예수 그리스도의 삶과 사역, 그리고 말씀이었다.

> 사람들이 내게 "당신은 누구요? 종교인이요?" 하고 물을 때 나는 "아니요" 라고 대답한다. "그러면 사회개혁가요?" "아니요." "그러면 정치가요?" "아니요." "그러면 당신은 누구요? 당신은 자신을 무엇으로 생각하시오?" 나는 "나는 한국이란 빈들에서 외치는 소리요"라고 대답한다.[34]

그는 격동의 역사의 한복판에서 교회와 그리스도인이 어떻게 살아야 할지를 구체적으로 증언했던 설교자였고, 그 자신도 그런 정체성을 가지고 평생을 살았다. 복음을 통해 왜곡된 시대와 삶의 자리, 특히 정치 현장에 온몸으로 저항하며 살았던 강원용은 빈들에서 외치는 소리가 되곤 했다. 그의 설교에 대한 자료로는 사후 10주기를 맞아 설교 선집으로 발간된 『돌들이 소리치리라』가 있다.[35] 수많은 책을 저술한 그이지만 설교집은 그렇게 많지 않다. 그가 삶의 이야기와 설교에서 보여준 설교사역의 특징은 무엇이었을까?

첫째, 강원용은 성경이 보여주는 예수 그리스도의 삶을 기준으로 하여 시대의 불의에 저항했다. 찰스 캠벨은 세상의 악에 대한 비폭력적 저항의 행위가 설교라고 했다. 그는 유신독재와 그것이 행하는 악에 대해서 온몸으로 항거했던 삶의 설교자였다. 그의 설교는 잘못된 정치권력에 저항하고, 분단을 고착화하는 세력에 대해서 저항하고, 인권을 억압하는 힘에 대해서 저항하고, 평화를 깨는 이데올로기에 저항했던 삶으로 이루어졌다. 물론 군

34 강원용, 『빈들에서 2: 혁명, 그 모순의 회오리』(서울: 삼성출판사, 1995), 표지.

35 강원용, 『돌들이 소리치리라』(서울: 기독교서회, 2016).

부 독재 세력들이 그에게 협조해달라고 계속적으로 요청했을 때 총리직은 거절했지만 그보다 조금 더 약한 자리는 수용함으로써 민주화를 염원하고 정의를 부르짖는 진영으로부터 비난을 받기도 했다.

둘째, 강원용의 설교는 사회와 민족의 화해와 화합을 향한 메시지였다. 그는 사회와 교회의 통합을 위한 작업으로 크리스천아카데미 활동을 벌였으며, 민족의 통합과 통일을 위해 평화포럼 활동을 전개하기도 했다. 그는 교회의 통합뿐만 아니라 종교 간의 대화를 통한 통합을 주장하기도 했다. 선교 100주년을 맞는 한국교회를 향해 외치는 그의 설교에는 그런 내용이 잘 드러나고 있다.

> "한국교회 신도, 교회 지도자들아! 너희가 100주년 기념행사로 떠드는 오늘이 남과 북으로 갈라진 지 40년이 되었구나. 그동안 너희는 서로 총부리를 맞대어 죽이고 증오하고…언제 이 땅을 피의 도살장으로 만들어버릴지 알 수 없다. 어서 이 쪼개진 성을 고치고 너희 땅에 평화를 실현시키지 않으려느냐?" 이런 하나님의 음성이 우리를 향해 물으십니다. 뿐만 아니라 절반으로 쪼개진 나라의 한쪽에는 아예 교회를 없애버렸으니 할 말이 없지만 전체 인구 25%가 교회에 다닌다는 남쪽 땅에서 한국교회는 무엇을 했는가? 정치적으로 반복되고 상승되는 대격차, 기성세대와 젊은 세대 간의 가치관의 분열 등으로 쪼개진 조국의 성을 고치는 일에 한국교회는 무엇을 했느냐는 말입니다. 성을 고치는 일은 고사하고 하나님의 자녀라고 고백하는 교회에서마저 교파로, 지방색으로 분열하고 대립하고 쪼개진 성 속에서 드리는 예배와 종교적 활동은 무엇을 위한 것입니까?[36]

---

36 강원용, "쪼개진 성을 고치라", 『한국교회 120인 설교집』, 322.

그러나 그는 민족의 통합이 단순히 인간의 결심과 노력만으로 되는 것이 아님을 분명히 하고 있다. 그는 그것이 복음을 통해서만 이루어질 수 있다고 믿었기에 한국교회와 성도들을 향해 말씀 앞으로 다시 돌아갈 것을 요청한다. 그것은 사명이며, 주님의 음성에 대한 복종을 통해서만 가능해지는 사역이라고 규정한다.

> 악령(惡靈)의 조종을 받는 인간들에 의해 쪼개진 역사를 구원하기 위해 우리 주님은 세상에 오셔서 십자가 위에서 피 흘림으로써 막혀진 성전 휘장이 찢어지는 역사가 일어났고 부활하신 주님은 평화가 깨어진 상태에 있는 제자들 가운데 나타나셔서 "너희에게 평강이 있을지어다"(요 20:19)라고 명하셨습니다. 오늘 밤에도 주님은 쪼개진 한국의 성을 고치지 못한 우리들 가운데 오셔서 "평화가 너희와 함께하기를 원한다"라고 하실 것을 믿습니다. 그러기에 성령의 강림으로 세워진 초대교회의 사도들이 전하는 복음은 평화의 복음이었습니다.…하나님께서는 그리스도를 통하여 우리를 자기와 화해하게 하시고 또 우리에게 화해의 직분을 맡겨주셨습니다. 그래서 우리는 이 세상 속에 평화를 실현하기 위해 보냄 받은 사절이라고 했습니다.…이제 100주년을 맞이하는 한국교회가 자기 모습을 분명히 살피고 결단하기 위해서는 교회의 근본 사명인 "평화의 실현", 즉 "쪼개진 성을 고치는 일"에 과연 얼마나 노력하고 최선을 다했느냐 물으시는 주님의 음성을 복종하는 자세로 들어야 합니다.[37]

그것은 결단만으로는 되지 않고 되돌이켜야만 가능한 사역이다. 그래서 그는 회개와 결단을 촉구하면서 하나님의 뜻을 겸허히 받아들여야 한다고 주

37 위의 책, 323.

장한다.

> 100주년을 맞이하는 한국교회는 분단된 조국의 남북 간에 가로막힌 담, 우리나라 안의 쪼개진 정치, 경제, 사회 그리고 그중에서도 쪼개진 교회의 성을 고치지 못한 죄를 회개하는 일부터 우선해야 되리라고 믿습니다. 더불어 선교 2세기를 맞이하는 한국교회는 이제 있는 힘을 다하여 이 쪼개진 성을 고치는 선교, 다시 말해서 평화의 복음을 이 땅에 선포하여 평화를 실현하는 하나님의 사절로서의 책임을 완수해야 합니다. 이것은 무엇보다도 우리 민족이 예수 그리스도를 통하여 하나님께서 이룩한 평화를 받아들이는 일인 것입니다.…전해야 할 복음은 무엇보다도 "평화의 복음"이요, 우리가 할 선교는 "화해의 사절"로서의 과제를 다하는 것입니다.[38]

셋째, 강원용의 설교에는 예언적 기능이 잘 나타나고 있다. 설교에는 교육적 기능, 치유적 기능, 예언적 기능이 있는데 그의 설교는 특히 한국교회 설교자들의 취약한 부분인 예언적 기능을 감당한다. 1970-80년대에 대부분의 한국교회가 성장지상주의에 매몰되어 외형적 성장의 추구에 몰두하고 있을 때, 그는 그에 대해 분명한 예언적 메시지를 발한다. 그뿐만 아니라 한국교회와 사회의 고질병인 교회의 분열과 교권 다툼, 지방색, 그리고 탐욕과 평화를 저해하는 요소들에 대해서도 분명한 메시지를 선포한다.

> 한국교회는 "평화를 만드는" 교회가 되기 위해 선교 2세기를 맞이하는 오늘부터 교파 간의 분열과 대립, 같은 교파 안에서의 교권 다툼, 지방, 교리 등으로 갈라지는 부끄러운 역사를 완전히 십자가에 못 박아버리고 부활한 예

38 위의 책, 324, 326.

수의 몸, 성령에 의해 하나가 되는 교회로 거듭난 역사를 만들어갈 것을 오늘 여기서 하나님과 민족의 역사 앞에 엄숙히 다짐해야 할 것입니다. 이제 우리 앞에는 두 가지 길이 있습니다. 그 하나는 쪼개진 성을 고치지 않은 채 허물어진 성터 같은 역사 속에서 교회가 개교회의 성장 유지에만 급급함으로써 황무지의 여우라는 말을 듣는 교회가 되어 하나님의 말씀을 사칭하는 환상들이 횡행하는 신앙 풍토를 단호히 반성하고 회개하는 길입니다. 이 길에 들어설 때 한국의 교회는 이제 우리 민족의 삶의 심층지대, 그리고 정치, 경제, 문화, 교육, 사회, 종교 등의 전체 구조 속에 만연되어 있는 평화 저해 요소들, 즉 탐욕, 조직화된 증오, 대립, 체제화된 권력욕, 물질욕, 애국과 정의를 사칭하는 속임수 등을 소탕하는 원동력을 발휘할 수 있을 것입니다. 그러므로 분열, 멸망, 지옥으로 달려가는 이 역사의 한가운데서 악의 수레바퀴를 정지시키고 십자가에 피 흘리고 부활하심으로 성취한 평화, 성령의 역사로 이루어진 평화를 창조하는 새 교회가 됨으로써 평화의 왕 그리스도를 이 민족의 역사 안에 모셔 들이는 소명을 수행합시다.[39]

넷째, 강원용은 사랑을 실천하는 삶을 강조했다. 교조주의와 교리에 갇혀 신앙생활을 하지 말고 본래 하나님의 말씀이 의미하는 바가 무엇인지를 정확히 이해하고 그것을 실천하는 신앙생활이 되어야 한다는 것이다. 2003년 6월, 86세의 나이로 그가 섬겼던 경동교회에서 행한 설교인 "살아 있는 믿음"에서는 그런 내용을 담고 있다.

성서를 읽을 때, 오늘 현재 살아 있는 말씀으로 읽지 않으면 그건 죽은 언어가 되어버린다는 것입니다. 살아 계신 하나님으로 오늘 여기서 읽고 만나지

39 위의 책, 328-29.

않으면, 우리는 죽은 하나님을 믿는 사람들입니다.…예수님께서는 "내가 너희를 사랑한 것처럼 너희도 나를 사랑하라"고 하십니다. 그런데 율법학자가 와서 "내가 어떻게 하면 영생을 얻겠습니까?" 하고 물었습니다. "너는 율법학자인데 그것도 모르냐?" "예, 율법에서는 하나님을 사랑하고 이웃을 사랑하라고 했습니다." "그럼 됐지? 뭘 물어보냐?" "하나님은 알겠는데 이웃은 뭔지 모르겠습니다." 그러자 예수님은 사마리아 사람의 얘기를 합니다. 길가에서 피 흘리는 고난당한 사람을 돌보는 사람, 그 사람은 제사를 지내는 종교지도자도 아니고, 레위 사람인 교회 장로 집사도 아니고, 개라고 보고 지옥의 땔감으로 보는 바로 사마리아 사람이었다는 것입니다. 우리는 이 교회를 처음 세울 때에 바로 그 사마리아 사람을 본받는 교회로 세웠습니다. 그런데 우리가 이 교회를 세울 그 당시에, 불한당을 만나 피 흘리던 사람이 누구였느냐 하면, 첫째로 38선이 깨어진 뒤에 사회적으로 뿌리 뽑힌 사람들, 학비도 없이 고생하는 학생들, 이런 사람들이었습니다. 그러나 21세기인 지금은 우리가 돌보아야 할 피 흘리고 있는 이웃은 누구냐? 제 얘기를 듣고 그대로 따르라는 말은 아닙니다. 잘못되었으면 저를 씻어내어 주십시오. 저에게는 상처받고 피 흘리는 내 이웃은 우선 많은 사람들, 물론 많은 사람들입니다. 바그다드에서 피 흘리고, 이북에서 굶주리고 있는 사람들입니다. 내가 여러 번 얘기했습니다만, 바그다드 사람, 이북 동포, 단지 그들만이 아닙니다. 바로 살아 계신 예수님이 그들 가운데 있다 그겁니다. 마태복음 25:31에 굶주린 자와 함께 있고 헐벗은 자와 함께 있는 나, 바로 나를 대하는 것이 그들을 대하는 거라 하지 않았어요?[40]

그는 이 설교에서 사랑의 실천을 요구했고, 이웃과 심지어는 피 흘리는 동

40 강원용, "살아 있는 믿음", 「베리타스」(2009년 10월 8일).

물, 대지, 생태계까지 그 실천의 대상에 포함시키고 있다. 그는 기독론과 연결하여 온 우주를 통치하시는 절대 주권자 앞에서 그렇게 살아내야 한다고 말한다.

우리가 믿는 예수님은 말구유에 태어나서 십자가에 죽으시고 승천하신 분만이 아닙니다. 우주만물이 생기기 전에 우주만물이 그로 말미암아 생겼고, 우주만물을 살리시고, 하늘에 있는 것이나 땅에 있는 것, 모든 만물 위에 있고 그 가운데 있는 바로 그분이 예수 그리스도라는 것입니다. 저는 그래서 눈앞에 피어 있는 꽃송이 속에서, 여기서 하나님을 봅니다. 예수님을 봅니다. 바로 저 속에 하나님이 와 있습니다. 우리는 그런 신앙을 가지고 살아야 합니다. 전 우주를 위해 태어나 전 우주를 위해 죽은 그리스도를 정말 오늘 믿는다면 기독교가 완전히 달라져야 합니다. 지금 교회들이 성장하느라, 부흥하느라 야단입니다. 교회들을 세워 돈을 긁어모으려고 애를 쓰고, 확장하려고 애를 씁니다. 다 좋습니다. 그러나 그것은 교회가 아닙니다. 원래 교회는 그렇지 않습니다. 교회란 뭐냐? 벌써 1950년대 WCC, 세계교회협의회 신앙연구회에서 교회는 세상을 위해 있는 교회라고 선언했습니다. 교회는 지금 그리스도가 돌보는 이 세상을 위해서 있습니다. 21세기에 가서는 우리 선교의 대상은 우주가 될지 모릅니다. 이 큰 우주! 그러나 현재는 적어도 지구, 지구가 우리 교회의 울타리가 되어야 합니다. 교회 안으로만 끌어들이고 자기 세력만 확장시키려고 하는 것이 어떻게 교회입니까? 이래서는 안 됩니다. 그것은 한마디로 하면, 중세기 시대의 유럽교회입니다.[41]

용서받은 죄인으로서 내 안에 주님이 계시고, 그 주님 안에 내가 있어, 그분

41 같은 신문.

이 명령하셨고 기뻐하시는 그 삶을 "용감하게 살아가는 그것이 살아 있는 믿음"이라고 그는 규정한다.

## 정진경 목사: 인화와 신실함으로 교회를 세운 목양설교자

### (1) 생애와 사역

정진경 목사(1921-2009)는 평안남도 안주에서 한 농부의 아들로 태어났다. 초등학교 때 친구를 따라 교회를 나가기 시작하면서 자연스럽게 복음을 접했고, 유교 집안의 전통 때문에 어릴 적 많은 반대를 받았지만 종아리에 피가 나도록 맞고 다리를 절면서도 교회에 나가는 아들을 막지 못해 결국 부모도 신앙생활을 허락했다. 청소년기에 신의주 동부성결교회에 출석하면서 중생 체험을 했고, 18세 때 은행에 취직하여 직장생활을 하다가 폐결핵과 늑막염으로 직장을 그만두고 투병하던 중 신유 체험을 하면서 목회자의 길을 걷기로 하고 1948년에 서울신학교에 진학한다. 그는 학교를 졸업한 후 한국전쟁 기간인 1951년 30세에 목사안수를 받았다.

그가 혜화동교회에서 담임목회를 하던 중 한국전쟁이 일어났고 서울은 곧바로 인민군의 수중에 떨어졌다. 당시 만 29세이던 정진경은 인민군을 피해 수유리의 산속으로 피신했다. 판사 한 분과 함께 피신생활을 했는데 허기를 참을 수 없어 산에서 내려와 어느 민가에서 밥을 얻어먹었다. 오랜만에 포식한 탓에 두 사람은 그 집에서 이내 잠에 곯아 떨어졌고, 집 주인의 신고로 두 사람은 그 집을 덮친 인민군에게 체포되고 말았다. 그 판사는 인민군이 잡아들이려고 했던 반공 판사였다. 그 판사가 인민군에게 "나는 공산당이 싫어서 숨어 있었지만, 이 학생은 11대 종손이어서 부모가 인민군에 끌려가지 않도록 산속에 피신시킨 것이므로 이 어린 학생은 아무 잘못이 없다"며 정진경을 변호해주었다. 정진경은 유난히 얼굴이 동안이었기에 인민군 앞에서 졸지에 10대 학생이 되었다. 인민군 장교는 판사만 인민위원회로 끌고 가면서 부하에게 이 학생을 데리고 피신해 있던 땅굴로 가서 혹 남은 사람이 있는지 확인한 뒤 즉결처분하라고 명령했다.

끌려간 반공 판사는 인민재판을 거쳐 죽창에 찔려 죽었고 정진경을 끌고 갔던 부하는 산속의 땅굴로 가서 현장을 확인한 뒤 그를 사살하기 위해 따발총을 겨냥했다. 막 방아쇠를 잡아당기려는 순간 하늘에서 갑자기 굉음이 울렸다. 미 공군기가 나타난 것이었다. 인민군은 미 공군기가 산등성이 너머로 사라질 때까지 하늘을 향해 따발총을 미친 듯이 마구 쏘아대었다. 그리고 다시 정진경을 향해 쏘려고 했지만 따발총에는 더 이상 총알이 남아 있지 않았다. 그 순간 따발총 개머리판으로 머리를 후려쳐 죽일 수도 있었고 벼랑 아래로 밀쳐 죽일 수도 있었을 터인데 그 인민군은 입대할 준비나 하고 있으라며 마치 무엇에 홀린 듯 그냥 성큼성큼 산을 내려가버렸다. 그렇게 그는 구사일생으로 살아났다.[42]

혜화동교회에서 담임목회를 하던 중 정진경은 30대 중반의 나이에 3남매의 자녀들과 아내를 남겨두고 혼자서 미국 아주사퍼시픽대학교로 유학을 떠난다. 그는 그곳에서 공부한 뒤 애즈베리신학교에서 석사학위를 받았다. 그리고 박사과정 공부를 계획하고 있던 중에 아버지를 필요로 하는 어린 딸의 편지를 받고 4년 5개월의 유학 생활을 접고 귀국길에 오른다. 모국에 돌아와 장충단성결교회의 청빙을 받고 담임목회를 하던 중 교단 총회의 권고로 서울신학대학교 교수로 가게 되었다. 그때 그는 50대 후반의 두 교인이 지나가며 하는 이야기를 우연히 듣게 되었다. 설교가 어려워서 도무

---

42 이유진, 『목적이 분명하면 길은 열린다: 한국 기독교 역사의 산 증인 정진경 목사의 인생 자서전』, 정진경 구술(서울: 홍성사, 2008), 24-30.

지 알아들을 수가 없다는 푸념이었다. 학교 일을 겸직하던 그는 그 이야기를 듣고 설교의 방향을 바꾸게 되었다. 곧 누구나 이해하고 공감할 수 있는 언어를 사용하겠다는 것, 공감의 폭이 넓은 설교를 하겠다는 것, 희망을 주는 미래 지향적인 메시지를 선포하여 긍정적인 자신감을 불어넣는 설교를 하겠다는 것, 설교자인 자신이 실천하고 지킬 수 있는 것만 성도들에게 강조하겠다는 것 등을 기본 방침으로 정했다. 이후 그는 늘 목회자의 마음으로 설교하려고 자신을 가다듬었다.[43]

그는 서울신학대학교에서 15년을 사역하고 신촌성결교회의 청빙을 받아 1975년 그곳의 담임목사로 부임한다. 그 교회는 유명한 부흥사였던 이성봉이 개척하고 목회한 곳이었다. 교회는 신앙노선 차이로 인한 오랜 갈등으로 분열되어 분위기가 침체되어 있었고, 교인들은 자신들이 원하는 은사 중심의 부흥회 스타일로 설교해달라고 요구했다. 하지만 그가 사람 눈치를 보지 않고 신실하게 목회한 결과 교회는 안정되어갔고 대학가의 중심에 있던 교회여서 지식인 계층의 교인들이 많이 유입되어 수적으로 빠르게 성장했으며, 지역을 섬기는 교회로 발돋움해가기 시작했다.

그 후 그는 성결교단의 총회장을 역임했고 한국교회의 연합 사업에도 큰 관심을 가졌다. 그는 기독교 100주년 기념사업뿐만 아니라 월드비전과 한국세계선교협의회 등의 일들도 책임을 맡아 수행했고, 한국기독교총연합회(한기총)의 회장도 역임했다. 그렇게 그는 자신이 섬기는 교회뿐만 아니라 교단, 신학교, 연합 사업 등 수많은 일들을 감당했으며, 18년 동안의 신촌성결교회에서의 사역을 마치고 1991년에 은퇴했다. 그는 은퇴하면서 후배들에게 다음과 같은 이야기를 남겼다.

43 위의 책, 129-30.

> 지난 50년간 하나님의 소명을 따라 외길을 걸어왔습니다. 이제 종착역에 이르러 제 삶을 되돌아봅니다. 큰 업적을 이룬 것은 없지만 나는 어떤 일에나 최선을 다하려고 했습니다. 이제 무사히 사명을 마치게 된 것이 하나님의 은혜요, 많은 분들의 기도와 사랑 때문이라는 생각에 감사의 찬송이 절로 나옵니다. 나는 신촌성결교회에서 무한한 기쁨을 가지고 목회했습니다. 또다시 태어나도 목회자가 되고 싶습니다.…목회자라는 직분은 하나님으로부터 위임받은 양떼를 먹이고 다스리는 사명을 감당해야 하기 때문에 복음에 합당한 열매를 맺어야 합니다. 그래서 목회자에게는 두 가지 능력이 꼭 필요합니다. 하나는 급격하게 변하는 시대와 문화, 현실 상황에 민감하게 대처하는 능력입니다. 다른 하나는 이런 현상을 복음과 균형 있게 접목시켜 선교로 이끌어내는 능력입니다. 따라서 사회 전 영역까지 폭넓게 선교사명을 인식하고 민족 공동체 회복이라는 차원에서 공감대를 형성하는 일에 목회자가 앞장서야 합니다. 아울러 사회와 국가 그리고 세계를 보는 폭넓은 시야를 가지고 선교사명을 펼쳐 나가야 합니다.[44]

여기서 우리는 정진경이 "자신이 실천할 수 있는 것만 설교에 담겠다"는 결심처럼 교회와 사회, 복음과 섬김, 민족과 세계 간에 균형감 있는 목회를 감당하려고 노력했음을 살펴볼 수 있다. 그는 바람직한 목회자상으로 "복음적이고 공동체적 현실 감각이 있는 목회자", "민주적이되 인화와 신실함과 정직으로 본이 되는 목회자", "가정의 중요성을 알고 자기 관리를 잘 하는 목회자", "물질에 초연하며 세상 명예를 추구하지 않는 목회자" 등을 꼽고 있다. 그는 성결교단의 대표적인 목회자이자 설교자였다.

그러나 온화하면서도 진취적인 사고를 가진 정진경은 교회와 사회를

44 위의 책, 228-29.

섬기는 사역을 잘 감당했지만 한 가지 지울 수 없는 오점을 남겼는데, 그것은 다름 아니라 전두환을 중심으로 신군부 세력이 정권을 잡았을 때 신군부 세력에 협조한 일이었다. 광주 민주화항쟁을 진압하면서 수백 명의 무고한 생명을 죽이고 권력을 찬탈한 전두환은 당시 국보위상임위원회 위원장을 맡고 있었는데, 그가 1980년 8월 기독교 교단의 대표 지도자를 초청하여 "국가와 민족의 장래를 위한 조찬기도회"를 열었다. 이날 조찬 모임에서 정진경이 기도를 맡았고, 그는 전두환을 가리켜 막중한 직책을 맡아 사회 구석구석에 존재하는 모든 악을 제거하고 정화해준 인물로 극구 찬양하고 "남북통일과 대한민국의 번영, 민주화 실현 등 민족의 열망들을 이루는 데 큰 일꾼이 되어 그 업적이 후세에 영원히 남을 수 있길" 간절히 기도했다. 물론 국가적인 행사에 기독교를 대표하여 기도를 맡았으니 당연히 정치적 수사도 필요했을 것이다. 그럼에도 그는 전두환이 "일찍이 군부에 헌신하여 훌륭한 지휘자로서 나라에 충성을 다하도록 한 데 감사"를 드렸고, "어려운 시기에 국보위 상임위원장으로 사회악의 제거에 앞장설 수 있게 해준 데 대해 감사"를 드렸으며, "모든 국민이 원하는 남북통일과 번영, 민주화를 실현하는 데 공헌토록 해주고 그 업적이 다음 세대의 유산이 되도록 해달라"라는 기원을 담았다.[45] 텔레비전 방송으로 전국에 생중계되었던 그 조찬기도회에는 그를 포함하여 한경직, 조향록, 김지길, 김창인, 김준곤, 강신명 등 교계 원로들이 배석했고, 불법으로 강탈한 권력에 대해 비판하거나 항거하지 못하고 오히려 기독교계의 지지를 선언한 셈이 되어버렸다. 그도 자서전에서 신군부 세력에 이용당한 것을 나중에 알았다고 고백한다.[46]

45 「오마이뉴스」(2009년 6월 29일).

46 이유진, 『목적이 분명하면 길은 열린다』, 161-64.

### (2) 설교사역과 신학적 특징

그는 교회 성장기에 성결교단을 대표하는 교회의 담임목사로 활동하면서 큰 족적을 남겼다. 사랑과 섬김, 연합의 정신으로 평생 사역한 그는 통전적 사고를 한 목회자였다. 그의 가슴에는 언제나 복음과 교회가 함께 존재했다. 그의 설교사역을 연구할 수 있는 자료로는 발간된 몇 권의 설교집[47]과 신촌성결교회에서 사역할 때의 육성 자료들이 남아 있다. 그의 삶의 이야기와 설교연구 자료들을 토대로 정진경의 설교사역의 몇 가지 특징을 정리해보자.

첫째, 정진경의 설교는 긍정적이고 미래 지향적인 특성을 가지고 있다. 그는 신학교를 졸업하고 공주에서 첫 사역을 하면서 설교를 준비할 때 긴장이 되어 성령님의 도우심을 구하며 간절히 기도했다. 그때 받은 마음의 소리는 평생 그의 설교사역을 지배했다.

> 세상과 짝하지 말고 술 먹지 말고 방탕하지 말라는 설교에는 여기 모인 모든 성도들이 이미 익숙해 있다. 그러나 너는 이런 "하지 말라"는 부정적인 설교 대신, "…해라", "…할 수 있다"는 긍정적인 설교를 해라. "하지 말라"는 부정적인 신앙이 아닌 "하라"는 긍정적인 신앙 철학을 펼치며 목회를 하여라.[48]

당시 많은 목회자들은 이원론적인 사고를 가지고 세상의 삶은 헛되고 무의미한 것이고 성도들의 일상적인 삶은 죄악으로 가득한 삶이라고 규정하며 천국 위주의 종말을 많이 강조하는 경향이 있었다. 이런 설교는 성도들로

47 정진경, 『나눔의 행복: 정진경 목사 설교집 1』, 『성속의 벽을 넘어: 정진경 목사 설교집 2』, 『미래를 심는 사람들: 정진경 목사 설교집 3』(이상 서울: 기독교리더십연구원, 2006) 등을 참고하라.

48 이유진, 『목적이 분명하면 길은 열린다』, 86.

하여금 자신의 삶에 충실하기보다는 늘 피안의 세계에 마음을 두게 했고 이원적인 사고를 갖게 했다. 그런 깨달음을 가진 이후 정진경은 초창기부터 희망과 용기, 비전을 심어주는 미래 지향적인 설교를 하려고 노력했다.

> 지나간 과거가 어떠했든지 그것을 딛고 떨치고 일어나 새로운 삶의 의미를 찾아서 미래로 자기의 마음과 생각을 승화시키는 사람은 지혜 있는 사람입니다. 오늘이 있기 위해서 어제가 있었고 미래가 있기 위해서 과거가 있었다고 생각합니다. 그래서 10년, 또는 20년 앞을 생각하면서 일을 만들어가는 사람이 지혜 있는 사람입니다.…또한 사람들이 하는 일도 오늘만을 위해서 일하는 사람에게는 소망이 없지만 내일을 위해서 일하는 사람들에게는 소망이 있습니다.[49]

정진경은 책망하는 메시지를 전하기보다는 늘 긍정적이고 미래 지향적인 설교를 하려고 애썼으며, 위로하는 설교를 자주 하려고 노력했다. 과거지향적인 것은 부정적이며, 긍정적인 것은 미래를 지향하는 것이라는 생각 때문이었다.

> 하나님이 인간을 창조하실 때 두 가지를 배려하셨습니다. 하나는 하나님의 형상대로 지으신 것입니다. 그것은 인간의 존엄성과 가치를 말해줍니다. 또 다른 하나는 인간의 신체 구조가 전면 지향적이라는 것입니다. 눈도, 코도, 입도 다 앞에 있습니다. 저는 이것을 창조의 조화라고 생각합니다. 그런데 인간은 창조의 조화를 무시하고 뒤로 가려고 합니다.…뒤로 가면 몇 발자국 못 갑니다. 창조의 섭리가 그러하듯 과거 지향적인 것은 부정적입니다. 긍

---

49 정진경, 『미래를 심는 사람들: 정진경 목사 설교집 3』, 236.

> 정적인 것은 미래를 지향하는 것이지요. 현재에 살면서도 과거와 미래를 함께 사는 우리 인간은 특수한 존재이기 때문에 앞으로 나가야 합니다. 안 된다 하지 말고 앞으로 내몰아야 합니다. 어느 집사가 실수하여 나쁜 짓을 했다 칩시다. 그것을 지적하지 않고 좋은 점을 칭찬해주고 높여주고 좋게 해줘야 그 집사에게 감동이 되겠지요. "너 나쁜 놈이야" 하고 지적하면 그 집사는 더 나빠집니다. 그리스도인은 언제나 어디서나 향상되어가야 합니다. 그리스도인이 있는 직장과 사회가 먼저 발전해야 합니다.[50]

둘째, 정진경의 설교는 철저히 하나님 중심을 추구한다. 그는 늘 하나님 중심으로 사역한다는 목회관을 정립했다. 당연히 그는 교회에서 사람에게 의지하거나 지식인이나 사업가에게 의존한 것이 아니라 하나님 중심이라는 목회 원칙을 정하고 사역했다.

> 한 나라의 살림을 맡은 집권자나 공무원이 이 나라의 모든 재산이나 주어진 권력을 마치 자기의 것인 양 마음대로 사용한다면 그것은 더 큰 규모의 범죄입니다.…이 세상의 모든 것은 다 창조주 하나님의 것입니다. 하나님은 그것을 사람에게 맡겼습니다. 고로 인간은 위임받은 것을 잘 관리하여 주인의 뜻에 따라 유지하고 발전시켜야 할 것입니다. 한걸음 더 나가서 나의 몸, 나의 시간, 재산, 나의 생명까지도 내 것이라고 생각하던 주인 의식을 포기해야 합니다.[51]

그는 하나님 중심 신앙을 늘 강조하는 동시에 신앙으로 삶을 세우고, 교회

---

50 이유진, 『목적이 분명하면 길은 열린다』, 155.

51 정진경, 『미래를 심는 사람들: 정진경 목사 설교집 3』, 26.

를 세우고, 사회와 민족을 세워가야 한다고 주장했다. 그리고 그것이 바로 예수님을 따라 사는 삶이며 인간 중심의 삶과 신앙생활에서 벗어나는 것이라고 이해했다.

> 예수님은 십자가의 쓴 잔을 앞에 놓고 그의 전 생명이 반발하기 시작했습니다. 그때 그의 온몸과 영혼은 무조건 항거의 소리를 질렀습니다. 이것은 그리스도의 "나의 뜻"의 소리입니다. 이런 강렬한 자의(自意)의 반발로 여러 시간 고투한 끝에 예수님은 드디어 자기의 뜻을 하나님의 뜻 앞에 희생의 제물로 드립니다. 이런 결단을 한 후에 "아버지의 뜻대로 하옵소서" 하고 완전히 복종의 기도를 올렸습니다. 이런 기도 배경에는 인간의 본성이, 나의 뜻이 피투성이의 제물로 영원히 숨어 있음을 잊어서는 안 됩니다. 이는 최대의 희생이요, 최대의 제물입니다. 이 세상에 하나님의 뜻을 성취하는 일은 쉬운 일이 아닙니다. 하나님의 뜻을 성취하는 것은 평야의 물이 흐르듯이 아무런 저항도 없이 행해지는 것은 아닙니다. 바위 사이를 흐르는 계곡의 물과 같습니다. 그것은 인간의 뜻이 신의 뜻의 성취를 방해하고 있기 때문입니다. 하나님의 뜻과 인간의 뜻은 언제나 대립합니다. 이때 인간은 자기의 뜻을 꺾어 하나님의 뜻에 복종시키려 하지 않고 반대로 하나님의 뜻을 자기 뜻에 복종시켜 충돌을 원만히 해결하려고 합니다. 이것이 바로 이 잔을 내게서 제거해달라는 인간 본능의 발로입니다. 이런 것을 인간 중심의 종교라고 합니다.…내 뜻을 버리고 하나님의 뜻에 순종할 때 개인도 가정도 국가도 번영합니다.[52]

셋째, 정진경의 설교는 기독교 전통을 바탕으로 하되 진취적이면서 통전적인 사고를 담고 있다. 그는 성령충만을 그리스도인의 삶의 중요한 요소로

---

52 위의 책, 210-11.

강조하면서도 인위적 성령운동보다는 성령의 지배를 받는 삶을 강조했다. 또한 전도와 교회 성장을 중요하게 여기고 양적·질적 성장을 이루는 건강한 교회와, 민족과 사회를 섬기는 섬김과 선교를 강조하면서도, 과시적 행사보다는 내적 충실을 기하려는 통전적인 목회를 추구했다. 그가 신학교 교수로 있다가 신촌성결교회에 부임했을 때 교회는 갈등과 분쟁으로 어려운 상황이었다. 그들은 당연히 새로운 목회자에 대한 나름대로의 요구들이 많았다. 그는 그곳에서 첫 번째 했던 설교의 내용을 자서전에서 다음과 같이 밝힌다.

> 성도 여러분, 저는 눈치로 목회할 생각 없습니다. 하나님이 제게 주신 사명과 부르심을 생각하며 하나님의 말씀을 대언하는 심정으로 말씀을 전할 것입니다. 제 목회 방침은, 삶의 현장에서도 말씀이 살아서 역동적으로 움직이며 표현되어야 한다는 것입니다. 은사 위주나 이론적인 말씀 위주의 목회를 하지 않겠습니다. 저는 신학 이론과 목회는 결코 분리될 수 없다는 확고한 신앙 철학을 가지고 있습니다. 모름지기 그리스도인은 성경이 가르치는 바가 삶의 현장에서 구체적으로 나타나도록 실천하는 신앙적 행위가 없으면 진정한 그리스도인이라 할 수 없습니다.…또한 은사 받은 분이 우리 교회에 여러 분 계시다는 말을 들었습니다. 우리 신앙인들은 누구나 내외적 은사를 받고 있습니다. 그 은사를 교회와 이웃과 가족에게 덕을 끼치며 예수님의 복음을 위해 헌신한다면 그 은사는 하나님으로부터 받은 은사일 것입니다. 그러나 은사를 받고 자만하거나 독선에 빠져 이웃을 무시하는 태도로 행한다면 그것은 매우 잘못된 것이 됩니다.…지금도 하나님은 성도들에게 말씀으로 임재하셔서 우리의 육신이 말씀의 지배를 받아 영혼을 살리는 도구가 되기를 요구하십니다. "행함이 없는 믿음은 죽은 믿음이다"라고 깨우쳐주십니다. 성경을 연구하고 하나님의 뜻을 찾아 정진해온 저의 학문이 삶의 현장에

서 세상의 빛으로 구현되는, 살아 있는 사역을 하고 싶습니다.[53]

여기서 정진경은 은사와 섬김, 이론과 실천, 믿음과 행함, 신학과 목회가 조화되는 목회와 설교사역을 추구하며 실천하겠다는 자신의 목회관과 설교 철학을 제시한다. 이는 어느 것 하나에 치우치지 않고 하나님의 말씀과 기독교 전통에 입각하여 이해하고 실행하는 통전성을 토대로 한다. 그는 오랫동안 신학교에서 교수 생활을 했던 터라 자칫 성도들의 실생활과 유리된 설교가 되지 않게 하려는 노력을 계속해왔다. 그는 언어란 삶으로 실천될 때 공신력이 있다고 이해하며 "거짓 없는 말과 표현만이 신뢰 사회를 건설할 수 있다"는 지론을 늘 설교에 담으려고 노력했다. 또한 부정적인 사고보다는 늘 긍정적인 사고를 하고, 비난하고 비판하는 언어보다는 격려하고 칭찬하는 언어를 생활화할 것을 설교에서 강조했다.[54]

하나님의 말씀 선포 사역을 향해 달리던 그의 여정이 끝났을 때, 그가 섬겼던 교회의 교인이 남긴 추모글은 설교자로서의 그의 일면을 보게 한다.

그분을 바라보면
가까이에서는 다 볼 수 없는
큰 산을 생각하네
기독교사에 우뚝 솟은 큰 봉우리
고매한 인격과 깨끗한 성품으로
푸른 나무들과 작은 풀꽃 한송이까지도
보듬어 큰 품에 품어 기르는

---

53 이유진, 『목적이 분명하면 길은 열린다』, 138-39.
54 위의 책, 140-41.

정기 가득한 잘생긴 산을 생각하네…
목회자의 표본을 이루신 이여
언제나 푸르청청 소나무처럼
변함없는 신앙심으로
이웃에게 평안과 믿음을 주고
산속 옹달샘처럼
명경지수 같은 양심으로
기독교 선비정신을 구현한
올곧은 신학자를 보겠네
수난 많은 우리나라 현대사를 물결 헤치며
기독교계 큰 지도자로 우뚝 선 당신은
산처럼 겸허하고 흐르는 물처럼 온유하고
바위처럼 든든하고 대나무처럼 곧고
풀처럼 부드럽고 햇빛처럼 자애롭고
풀꽃처럼 언제나 입가에 머금은 미소로
우리들에게 사랑과 위안과 격려를 주시는
당신은 존경받는 우리들의 스승이요
엄격한 아버지이시며 동시에
사랑 많은 우리들의 영원한 연인이시네…[55]

---

55 김소엽, 「큰 산을 바라보며」, 정진경, 『미래를 심는 사람들: 정진경 목사 설교집 3』, 10-11.

## 이만신 목사: 성결교 부흥설교자

### (1) 생애와 사역

청파 이만신 목사(1929-2015)는 한국 성결교회 부흥운동의 중심에 서 있었던 설교자로 전남 신안군 지도면 증동리(증도)에서 출생했으며 문준경 전도사가 시무하던 증동리교회에서 어머니를 따라 5살 때부터 교회 생활을 시작했다.[56] 그는 목포에서 중고등학교를 다니는 동안에는 이성봉이 담임으로 있었던 북교동성결교회에 출석했으며 그 교회에서 말씀의 큰 은혜를 받은 후 목사가 되기 위해 서울신학대학에 진학한다. 그는 서울신학대학에서 이명직을 만나 사중복음을 배웠다. 학교를 졸업한 후 1955년 전남 신안군 압해도의 중앙성결교회 담임으로 부임하여 첫 목회를 시작했고, 1956년에는 인천 부평에 교회(부평신촌)를 개척했지만 많은 어려움이 있었다. 그는 자신의 부족한 실력을 보강하기 위해 숭실대학교 철학과에 편입학하여 학업을 이어갔고, 여전히 어려운 교회 문제와 가정 문제를 해결하기 위해 삼각산에 올라가 40일 금식기도를 하던 중 은혜를 체험하게 되면서 답보 상태에 있던 교회의 부흥을 경험했다.[57] 그 이후 그는 여러 곳에서 초청을 받아 본격적으로 부흥회를 인도하게 되면서 성결교회의 대표적인 부흥사가 된다. 그는 1970년대 "성결교회 부흥사회"를 조직해 성결복음을 통한 부흥운동을 일으켰다.

1974년에는 성결교회의 대표적인 교회 가운데 하나인 서울중앙성결교회의 담임목사로 청빙을 받는다. 그 교회에서 부흥회를 인도한 것이 계기가 되었다. 그는 목회에 전념했을 뿐만 아니라 기존의 전도 중심의 부흥회

56 그의 모친은 이성봉 목사의 부흥회에서 큰 은혜를 받아 신앙생활을 시작했고, 문준경 전도사는 그의 이모였다.

57 이만신, 『부흥성회설교』(서울: 청파, 1993), 89-95.

를 신앙생활 중심의 부흥회로 바꾸었다. 그는 그 교회에서 26년을 목회하면서 성결교회의 중심적인 교회로 성장시켰으며, 2000년에 은퇴했다. 그 사이 기독교대한성결교 총회장과 서울신학대학교 이사장 등을 지냈고, 한국기독교총연합회 대표회장을 지냈으며 2015년에 세상을 떠났다.

### (2) 설교사역과 신학적 특징

이만신은 성결교회를 대표하는 목회자와 설교자였으며, 한국교회 부흥기에 전국 교회를 대상으로 말씀을 전했던 부흥사였다. 성결교회 100년의 설교 역사를 다룬 책에서 정인교도 이만신의 설교를 "부흥사의 설교"로 분류한다.[58] 실제로 이만신은 35년 동안 약 1,300여 회의 부흥회를 인도한 것으로 보인다. 그는 성결교회의 대표적인 교회에서 모범적으로 목회를 이어왔던 설교자였고, 전국 교회를 대상으로 한 부흥설교자였을 뿐만 아니라, 목양의 현장에서 평생 강단을 지켜온 목양설교자이기도 하다. 그의 설교를 연구할 수 있는 자료로는 교회 강단에서 선포된 설교를 녹취하여 엮은 20여 권의 설교집과 부흥 설교를 묶은 설교집, 그리고 대표 설교 100편을 묶어 출판한 설교집과 은퇴하면서 기록한 회고록 등이 있다.[59]

첫째, 이만신의 설교는 성결교 신학의 근간인 사중복음에 근거한다. 중생, 성결, 신유, 재림의 메시지는 사실 초기부터 성결교회의 핵심 사상이었는데, 그는 은사인 이명직에게서 그 깊은 원리를 배우게 된다. 그는 사중복음이야말로 "한국 성결교회가 이해하고, 믿고, 전한 복음의 핵심이요, 골자"

58 정인교, 『100년의 설교 산책: 한국성결교회 설교 100년사』(서울: 대한기독교서회, 2012), 491-506.

59 이만신의 설교집으로는 『하늘 문이 열리다』(1978), 『성령의 불을 끄지 말라』(1981), 『풍성한 생명』(1982), 『만능의 신앙』(1985), 『행복한 인생』(1985), 『성공한 인생』(1986), 『십자가의 도』(1986), 『하나님을 만난 사람들』(1987), 『참 생명의 길』(1991, 이상 보이스사), 『부흥성회설교』(1993), 『성장하는 교회』(1997), 『사중복음강단』(1997) 등이 있고, 회고록으로는 『선한 싸움 싸우고 달려갈 길 마치며』(2000, 이상 청파)가 있다.

이며, "케리그마의 골자"라고 주장한다. 그는 성결교회가 초창기의 특색을 잃어가고 있음을 안타까워하면서 "목회 현장에서 복음을 증거하는 목사의 설교의 주제가 사중복음이 되어야 한다"고 주장한다.[60] 그에게 중생의 복음은 형식적인 신앙으로부터 결별하게 만드는 중요한 요소인데, 예수님의 삶과 죽음, 부활, 승천과 재림, 즉 케리그마에 나타난 복음의 핵심을 믿는 것이 중생의 조건이며, 회개의 결과로 주어진다.[61] 그에게 성결의 복음은 성령 세례를 받은 결과이며, 중생을 통해 이차적 은혜로 주어지는 것이며, 하나님 사랑과 이웃 사랑, 그리스도인다운 삶을 사는 것이라고 설명한다.[62]

또한 이만신은 영과 육의 전인적 차원에서의 치유를 강조한다. 치유는 하나님의 능력을 힘입어 일어나는 것이며, 깊은 곳의 죄악을 회개함으로, 병 낫기를 위해 기도함으로 위로부터 내리는 은혜로 규정한다.[63] 이만신은 전천년설에 근거하여 재림의 복음을 제시하면서 재림을 준비하는 성도들에게 필요한 것은 성결의 삶이라고 강조한다.[64] 그는 성결이 교리나 제도가 아니라 "오직 하나님의 성품을 본받아 변화된 새로운 모습의 생활을 의미"한다고 주장한다. 그는 개인의 영적 거룩함 및 죄로부터 멀어지는 성결이 사회적 거룩함과 관계의 온전함에 이르기까지 확대되어야 한다고 이해함으로써 설교가 사회적 특성을 지닌다는 점까지 관점을 확대시키고 있다.[65] 이와 같이 사중복음은 웨슬리의 회심과 사역, 신학에 기반을 둔 것으로 사회적 정화와 갱신에 강조를 둔다.

둘째, 이만신의 부흥 설교는 적극적 사고방식과 축복받는 신앙생활에

60 이만신, 『사중복음강단』, 머리말.
61 이만신, "중생의 은혜", 위의 책, 28.
62 이만신, "성도의 성결", 위의 책, 114-15.
63 이만신, "기독교와 신유", 위의 책, 207-10.
64 이만신, "그리스도의 재림", 위의 책, 302
65 이만신, "사회의 도덕성 회복과 성결교회", 「활천」, 449호(1991년 1월), 36-38.

초점을 맞추며, 목회 현장에서의 설교는 다분히 성숙과 헌신에 초점을 맞춘다. 그의 부흥 설교는 성결교회 부흥운동과의 연관성 속에서 이성봉, 이명직, 김응조로부터 이어지는 특성을 가진다. 박명수는 한국 성결교회 부흥운동의 계보를 1907년 부흥운동 시기의 동양선교회복음전도관의 김상준, 1920년대 민족의 위기를 성결의 복음에서 찾았던 이명직, 1930년대 이후 전국을 돌며 활약했던 정남수와 이성봉, 해방 후에 말씀과 말세학 강의로 유명했던 김응조, 1970년대 근대화 시기의 대표적인 부흥사인 이만신이 잇는 것으로 이해한다. 그는 특별히 이만신의 부흥운동이 1970년대 근대화 운동과 경제부흥, 잘 살아보세 운동이라는 시대적 상황에 편승하여 적극적 사고방식과 축복받는 신앙이 중심 주제를 이룬다고 주장한다.[66]

물론 그것은 그 시대 부흥회와 강단 설교의 전반적인 특징이었지만, 그의 설교는 회개, 구원의 확신, 성령의 은사 체험, 성령의 열매 맺는 삶과 섬김과 봉사 등의 구체적인 주제를 다루었다.[67] 목회지에서 그가 행한 설교는 주로 신앙 성숙과 섬김의 삶, 교회 생활 및 성도의 자세 등과 관련된 메시지가 주를 이루었다. 그는 자신이 부흥 강사로 오랫동안 활동했을 뿐만 아니라 대부분의 교회에서 연례적인 행사 중 하나로 자리매김한 부흥회를 위한 신학적 제안을 담은 책을 발간하기도 한다. 그는 부흥운동은 "신앙을 진작시켜주고 힘을 잃은 교회에 생기를 주는 영적인 운동"이라고 전제하면서, 부흥회가 "철저한 신앙훈련을 받고 불붙는 열심으로 전도하고 복음과 진리를 위해서 목숨을 버리고 순교의 반열에까지 나가는" 운동이 되도록 하기 위해 부흥설교자들의 자세와 신학적 정립의 필요성을 제시하기도 한다.[68]

셋째, 이만신은 존 웨슬리의 신학에 기반을 둔 개인의 영적 체험과 신앙

66 박명수, "성결교회 부흥운동", 「신학과 선교」, 27권(2002), 135-51.

67 이만신, 『교회성장과 부흥회』(서울: 청파, 1993), 209.

68 위의 책, 244-45.

성숙, 균형 있는 신앙생활을 강조했다. 그는 중생을 경험한 그리스도인의 성결한 삶을 강조하는 한편 구원받은 그리스도인으로서 성령충만한 삶과 열매를 맺을 것을 강조한다. 여기에는 웨슬리의 창의적 통합의 신학적 특징이 기조를 이루면서 "영적인 차원과 육신적 차원, 영적인 신비성과 생활의 구체성, 회개와 성결의 요청과 성령의 의사와 사랑의 축복" 등의 두 중심이 대칭을 이루고 있다.[69] 그의 설교문에는 이런 내용들이 지속적으로 강조되고 있다. 한 설교에서, 그는 온전한 그리스도인을 성령의 사람으로 규정하면서 "하나님의 성품을 품고, 예수 그리스도의 심정을 가지고, 성령의 뜻대로 성결하게 사는 사람"이 되어야 한다고 전제한 다음에 "죄와 상관없이 사는 사람, 말과 행실에 있어서 세속과 구별되는 사람, 성령의 뜻대로 사는 사람, 그리스도인으로서 최고의 표준으로 살기 위해 노력하는 사람, 항상 깨어서 기도하면서 이런 삶을 위해 노력하는 사람"으로 살아야 한다고 전한다.[70] 어떤 설교에서는, 성도에게 항상 있어야 할 것으로 믿음의 가치, 소망의 가치, 사랑의 가치를 제시하기도 하며, 다른 설교에서는 성령에 속한 자, 성령의 뜻대로 사는 자가 신령한 자라고 강조하면서 교회 안에서뿐만 아니라 가정과 일터에서도 거룩한 생활을 해야 한다고 주장한다.[71] 이처럼 이만신의 설교는 영과 육, 교회 안과 밖이 동시에 강조된다는 점에서는 균형이 있으나 설교가 마땅히 수행해야 할 사회적 기능에 대해서는 상대적으로 약하다는 점에서 개인적·교회 내적·영적 차원에 머물러 있다는 약점도 드러난다.

넷째, 이만신의 설교는 연역적 주제설교의 특징이 강하며, 평이하고 쉬

69 서청원, "청파 이만신의 설교와 신학", 『한국교회 설교가 연구』, 1권(서울: 한국교회사학연구원, 2000), 401-02.

70 이만신, "성령의 사람", 『성장하는 교회』, 131-37.

71 이만신, "성도에게 항상 있을 것", "신령한 성도", 위의 책, 166-72, 215-23.

운 어투, 대중성이 있는 이야기와 찬양을 함께 엮어가면서 말씀을 쉽게 풀어가는 형식을 지향한다. 이는 당시 일반적이면서 전통적인 설교의 패턴이었던 연역적으로 풀어가는 주제설교의 특징을 그대로 간직한 것이었다. 하지만 그로 인해 본문의 특정 단어나 설교자가 전하고자 하는 주제가 중심을 이루면서 성경 본문이 말하는 내용보다는 설교 발화자가 우선하게 되고, 성경 본문은 그것을 위해 보조 도구로 사용되는 약점이 그의 설교에도 크게 작용하고 있다. 또한 그의 설교에는 찬송이 자주 활용되고, 목회와 신앙의 현장, 일상생활에서 찾을 수 있는 예화와 경험담이 자주 등장하며, 쉬운 언어 사용과 논리 전개로 청중이 쉽게 접근할 수 있으며 대중성이 강하다. 정인교는 기록된 설교문보다는 직접 듣는 설교가 영적인 파워가 넘쳐난다고 하면서 성령충만과 깊은 기도생활 등을 통한 영적인 깊이가 그의 설교를 "사건으로 만드는 놀라운 힘"을 가지고 있다고 평가한다. 평범한 언어와 내용을 능력 있는 말씀과 삶을 변화시키는 사건으로 만드는 힘은 철저히 그의 "영적 탁월함"에서 나온다는 정인교의 주장은 정확하다.[72]

## 조용기 목사: 성령운동을 점화한 설교자

### (1) 생애와 사역

조용기 목사(1936-)에 대한 평가는 수사적으로 화려하다. 그는 1958년 대조동에 교회를 개척하여 천막교회 목회를 시작한 이래 2008년 여의도순복음교회에서 은퇴하기까지 반세기를 사역해오는 동안 "20세기 후반 세계 교

72 정인교, 『100년의 설교 산책』, 506.

회에 가장 강력한 영향력을 미친 지도자 중의 한 사람",[73] "성공적 목회의 대명사", "대규모 목회의 상징적 존재", 혹은 "한국 개신교 120년 역사에서 가장 큰 시샘과 부러움을 받은 인물 중의 하나",[74] "한국교회의 지난 후반세기를 흡사 활화산처럼 끓어오르는 영적 에너지로 이끌어온 원로 목회자",[75] "세계에서 가장 잘 알려진 오순절 목회자" 등으로 평가받는다. 이런 평가는 근대화의 격동기를 살면서 가난, 아픔, 고난, 인생의 문제 등을 안고 씨름하는 사람들에게 증거한 그의 설교사역뿐만 아니라 그가 펼친 다양한 사역에서 비롯되었다.

그는 한국교회의 부흥과 성장이 언급될 때마다 대표적 상징처럼 회자되었다.[76] 여의도순복음교회는 한때 세계의 많은 교회가 본받고자 한 성장 모델로 자리 잡았고, 교계 전체에 신선한 영향을 끼쳐왔던 성장 요인이 다각도로 연구되었다. 명성훈은 그 요인을 성령, 기도, 설교, 리더십 등으로 분석하면서 가장 중요한 요소로 성령의 역사를 꼽았고, 이영훈은 기도, 성령 체험, 메시지, 지도력, 신유 운동, 구역 조직과 평신도 지도자들을 통한 전도 활동 등을 제시했으며, 혹자는 구역 조직과 교회 성장형 설교, 혹은 초기 교회의 오순절 신앙으로 회귀하려는 노력에서 찾기도 한다.[77] 그런 놀라운 수적 성장의 배후에는 조용기의 영적 리더십과 설교사역이 중요한 요인

---

73 C. Peter Wagner, *On the Chest of the Wave* (Ventura: Regal Books, 1983), 29.

74 정인교, 『설교자여 승부수를 던져라: 탁월한 설교를 향한 16가지 승부 전략』(서울: 대한기독교서회, 2010), 318.

75 정용섭, 『속 빈 설교 꽉 찬 설교』(서울: 대한기독교서회, 2006), 291.

76 조엘 코미스키는 여의도순복음교회의 성장은 엄밀히 말해 '성장'이라는 단어보다는 '폭발'이라는 표현이 더 적합할 것이라고 말한다. 실로 1970년대부터 1990년대까지 이루어진 여의도순복음교회의 수적 성장에 대한 적절한 설명이라고 판단된다. 조엘 코미스키, "조용기 목사의 셀 조직과 교회성장의 역동성", 교회성장연구소 편, 『카리스&카리스마』(서울: 교회성장연구소, 2003), 223.

77 명성훈, 『교회성장의 영적 자원』(서울: 서울서적, 1992); 이영훈, "한국교회의 전도와 교회성장", 「신학사상」(1998, 봄): 235-36; 교회성장연구소 편, 『카리스&카리스마』, 199-289 등을 참고하라.

으로 자리 잡고 있음을 부인할 수 없다.[78] 부흥은 하나님의 특별한 은혜로 주어지며, 민감한 영성을 가진 한 리더를 통해 그 시대에 부흥이 펼쳐지게 된다는 사실도 분명하다. 1960-70년대, 가난한 서민 대중들의 아픔을 치유하고 꿈과 희망을 주는 그의 메시지, 그리고 성령의 내적 은사를 강조하는 은사주의 설교는 사람들로 하여금 교회로 달려 나오게 만든 주요인으로 작용했고 부흥의 강력한 원동력이 되었다.

전쟁 이후 한국 사회에서 대부분의 사람들은 가난하고 배고픈 시절을 보내고 있었으며, 질병으로 고생하는 사람들도 많았다. 조용기도 예외는 아니었다. 아홉 형제(5남 4녀) 중 맏이로 태어난 그는 가난한 가정 형편으로 인해 어렵게 부산의 한 고등학교에서 공부하던 중에 17세 때 폐결핵에 걸려 죽음의 문턱에 서게 된다. 당시 국내의 의료 수준에 비춰볼 때 폐병은 죽음의 병으로 인식되었다. 절망 가운데 투병하던 중 그는 부산의 한 천막 부흥회에서 역사적인 만남을 갖게 된다. 한 미국인 선교사(켄 타이즈)와의 만남이 그를 전혀 새로운 세계로 인도했다. 그는 뛰어난 영어 실력 덕분에 켄 타이즈의 통역이 되어 복음을 전하는 길 위에 서게 되었다. 그는 통역으로 활동하던 중 맛본 뜨거운 성령 체험과 병 고침의 체험을 통해 신학을 공부하게 된다. 그의 내러티브는 인생의 위기 가운데 하나님을 경험하는 것으로부터 시작된다. 질병으로 인한 위기 경험, 하나님의 특별한 은혜를 통한 치유 경험, 그로 인해 하나님을 새롭게 만나 회심하고 소명을 발견하는 경험 등을 통해 그의 초기 사역의 방향이 형성되었다. 전쟁, 가난, 질병 등에 쉽게 노출되어 있었던 위기의 상황에서 오히려 극적 회심과 하나님 경험에서 형성된 내러티브는 평생 그의 설교사역을 이끌어갔다.[79]

78 조용기 역시 놀라운 부흥과 교회 성장의 비결을 그의 설교에서 찾고 있다. 조용기, 『설교는 나의 인생』(서울: 서울말씀사, 2005), 14.

79 한국의 초대형교회를 이끄는 지도자들의 대부분은 이런 위기 경험과 치유 경험을 가지고 있었다.

조용기는 1958년 신학교를 졸업한 후 서울 외곽의 농가 수십 호가 전부인 작은 마을에서 군용 천막을 치고 바닥에는 가마니를 깔고 교회를 개척한다. 그리고 민중들의 절망적인 삶의 현장을 접하면서 자신의 이야기를 통해 사람들에게 희망의 메시지를 전한다. 그는 젊음과 열정 하나로 천막을 치고 개척을 시작한 후 가난과 좌절의 늪에서 허덕이는 사람들을 발견한 다음 그가 전해야 할 메시지가 무엇인지 발견하는 과정을 다음과 같이 기술한다.

> 이런 가운데서 내게 서서히 설교 철학이 생기기 시작했습니다. 나는 천국의 복음과 더불어 살아 계신 하나님이 지금 여기서, 즉 삶의 현장에서 먹고 입고 사는 문제를 해결해주시는 분임을 증거해야 한다는 결론에 이르게 되었습니다. 그것은 설교와 그것을 듣는 사람들의 마음이 서로 연관성이 있어야 관심을 갖고 교회에 나오게 되기 때문입니다.…나의 설교는 전적으로 삶의 문제의 해결을 메시지의 중심으로 삼습니다. 어떻게 하면 현실적으로 부딪치는 영적·정신적·육체적·사회적 문제로 고통을 당하는 사람들에게 하나님의 말씀으로 그 문제를 해결해줄 수 있을까? 또 어떻게 하면 교인들이 하나님을 잘 믿고 천국 백성이 됨과 동시에 이 세상에서 성공적으로 살 수 있도록 할까에 중점을 두고 설교를 작성합니다. 그래서 교인들이 성공할 수 있는 하나님의 말씀의 원리인 믿음, 소망, 사랑을 강력하게 마음속에 넣어줍니다.[80]

---

예컨대 폐병이나 암으로 죽음의 문턱에 섰던 경험이나 가난과 전쟁으로 일찍 부모를 여의거나 어려움과 위기 가운데서 갖게 된 치유와 회심, 신앙 경험이 그들의 중심 내러티브가 되었다. 홍영기, 『한국 초대형 교회와 카리스마 리더십』(서울: 교회성장연구소, 2002), 272-83.

80 조용기, 『설교는 나의 인생』, 33-34.

이것은 회중의 발견이자, 그들의 삶을 발견하는 것이었고, 그의 내러티브의 재구성이었으며, 평생 전했던 메시지의 재발견이었다. 또한 그는 삶의 실제적 문제와 개인적 필요를 직접 건드리며 나아가는 설교로 전환했다. 미국에서 경제 공황으로 인해 고통 가운데 있던 회중의 삶의 자리와 필요에 대해 깊은 관심과 통찰력을 가지고 설교사역을 감당했던 해리 에머슨 포스딕 역시 본문 주해와 주제를 중심으로 한 설교에서부터 벗어나 청중의 삶의 자리와 필요로부터 출발해야 한다고 인지한 설교자였다.

> 육신적인 여러 곤경과 문제를 안고 살아가는 사람들이 교회를 향해 나아온다. 설교는 그런 필요를 다루어야 하는데 회중석을 가득 메우고 있는 죄와 부끄러움, 의심과 염려와 같은 문제를 다루어야 한다. 이것이 설교가 가지는 독특한 특성이며 에세이, 주해, 강의와 구별되게 만드는 요소다. 모든 설교는 당혹스러운 마음, 괴로운 양심, 어지러운 삶 등의 문제를 정면에서 건설적으로 다루는 일을 주된 과업으로 삼아야 한다. 사람들의 실제적인 어려움을 다루면서 거기에 빛을 던져주고 그 어려움을 극복할 수 있는 힘을 주는 설교라면 반드시 유익한 열매를 거둘 수밖에 없다.[81]

그의 설교와 목회 사역은 여의도순복음교회라는 초대형교회를 형성했고 한국에 하나님의 성회라는 교단의 획기적 성장을 이루었다. 그는 근대화의 물결이 일어나면서 도시로 몰려든 많은 이들에게 희망을 제시했고 기도 및 성령운동과 관련하여 한국교회 전반에 큰 영향력을 끼쳤다. 또한 국내뿐만

---

81 Harry Emerson Forsdick, "Personal Counseling and Preaching," *Pastoral Psychology* (March 1952), 13, 15. 포스딕은 존 웨슬리가 이런 특성을 따라 설교한 것으로 평가하면서 그의 설교를 들었던 회중의 반응을 전하고 있다. "그가 입을 열어 설교하기 시작했을 때 나는 그의 말 전부가 나를 겨냥하고 있다는 느낌을 받았다."

아니라 전 세계에 하나님의 말씀을 전함으로써 한국에서 일어났던 부흥의 불길을 전하는 데도 큰 역할을 수행한다. 그는 2008년 5월에 목회 일선에서 은퇴했다. 은퇴 후에는 다양한 혐의[82]로 고소 고발을 당하고 재판에 회부되어 징역형과 벌금형을 받는 등 안타까움을 자아내기도 했다.

### (2) 설교사역과 신학적 특징

조용기는 청중들의 삶의 자리를 새롭게 발견하면서 그곳을 설교의 출발점으로 삼았다. 또한 자신의 경험과 이야기를 메시지의 바탕으로 삼으면서 쉽게 공감대를 형성할 수 있었을 뿐만 아니라 시대적 상황에도 쉽게 접목시킬 수 있었다. 영적·정신적·육체적·사회적 문제로 고통당하는 사람들에게 해답을 주는 설교, 지치고 무거운 인생의 짐을 지고 살아가는 자들을 위한 설교가 되어야 한다는 그의 내러티브가 이때 형성된 것이다. 그는 가난하고 어려운 이웃들을 보면서 "가난한 것은 축복이 될 수 없다"는 사고로 전환했고, 예수님은 영적인 축복뿐만 아니라 물질적인 축복도 주셨다고 생각하면서 그의 설교학적 내러티브를 형성해간다. 서정민은 이런 특성을 설교의 "모성성"으로 설명하면서 그의 목회를 "민중목회"로 구분하는데, 그는 조용기의 신앙운동이 고난 가운데 있는 사람들과 연결되는 것으로 이해한다.[83] 그는 유동식의 분류를 따라 조용기의 신앙운동을 "소외되고 병든 민중의 심령을 알아주고 힘을 주며 치유해주려는 모성적 성령운동"이며 개인

---

82 배임혐의, 공금 유용, 조세 포탈, 사생활 문제 등이 논란이 되었다. 「한겨레」(2017년 5월 17일) 참고. 2017년 5월 17일, 대법원 3부는 특정경제범죄 가중처벌법상 배임 등의 혐의로 기소된 조용기와 그의 아들 등 4명에 대한 상고를 기각하고 징역 2년 6개월에 집행유예 4년으로 형을 확정했다. 「시사저널」(2017년 5월 17일) 참고.

83 서정민, "한국교회 성령운동의 설교사 이해", 한국교회사학 연구원, 『한국교회 설교가 연구 1』(서울: 한국교회사학연구원, 2000), 68-71. 그러나 정용섭은 이 부분에 대해 "민중목회"나 "민중 치유 설교"라는 평가에 강한 반대를 제시하면서 조용기의 설교를 "정신을 잃게 하는 축복 중심의 설교"라고 지칭한다. 정용섭, 『속 빈 설교 꽉 찬 설교』, 296-301.

지향적이고 내향적이며, 포용적인 특성을 가진 것으로 구분한다.[84] 관점에 따라 약간 의견이 다를 수 있지만 조용기의 목회와 설교에 이런 특성이 잘 녹아나고 있음만은 부인할 수 없다.

이것이 조용기의 설교사역의 핵심인 오중복음과 삼중축복이라는 독특한 내러티브를 생성한다. 전자가 신앙을 위한 이론과 교리라면, 후자는 그것의 실천과 적용으로 이해할 수 있다.[85] 그것은 조용기의 설교 내러티브의 가장 중요한 축을 이룬다. 삼중축복이란 요한3서 1:2을 기초로 하여 영혼 구원과 성령충만, 물질적 성공으로 대표되는 범사의 축복, 신유로 나타나는 건강의 축복을 말한다. 그것은 예수 그리스도를 믿어 구원을 받아 영혼이 잘 되면(영적인 복) 물질적 축복과 건강의 복을 얻게 된다는 것(현세적 축복)이다. 그는 이것이 예수 그리스도의 대속적 죽음 및 전인 구원과 연결된다고 주장하면서, 누구든지 복음을 받아들이고 그리스도를 믿기만 하면 현재의 고통은 하나님의 축복으로 인도되는 과정이 되며 결국 하나님은 합력하여 선을 이루신다는 "희망의 신앙"을 갈파한다. 삼중축복은 철저하게 현장에서 형성되는 특징을 지니는데 조용기는 그 형성 배경을 다음과 같이 술회한다.

> 이런 하나님의 근본적인 뜻을 깨달은 후 나는 마음속에 자리 잡고 있던 인간 중심적인 이론을 깨뜨리고 희망의 메시지인 삼중구원을 전하게 되었습니다. 철저히 회개하고 예수 그리스도를 구주로 모셔 들이고 성령의 은혜를 받게 되면 그 신앙을 토대로 하여 하나님께서 영혼이 잘됨같이 범사에 축복

84 유동식, 『한국신학의 광맥』(서울: 다산글방, 1999), 415.

85 국제신학연구원, 『여의도순복음교회의 신앙과 신학』(서울: 서울서적, 1993), 35-36. 오중복음은 중생, 성령충만, 신유, 축복, 재림의 복음을 지칭하는 것으로, 그간 한국교회가 강조해온 것과 오순절 신앙이 강조한 것을 확대 재해석하여 신학화한 것으로 이해할 수 있다. 박명수, "오순절 신학과 조용기 목사의 신학", 한국교회사학 연구원, 『한국교회 설교가 연구 1』, 33.

> 하시며 강건하게 해주신다는 것을 증거했습니다.[86]

그의 이런 내러티브는 50년 목회를 이끌어온 핵심 요소로 작용했으며, 조용기 자신도 그것이 오늘의 여의도순복음교회를 가능하도록 만든 원동력으로 작용해왔음을 인정한다.[87]

> 그래서 나는 삼중구원의 축복을 늘 전합니다. 그것이 제 메시지의 근본입니다.…목회 일선에서 이 세상 사람들의 문제를 보십시오. 가정이 파괴된 사람, 암에 걸린 사람, 직업이 없어서 굶고 있는 사람, 알코올중독자 등 온갖 문제로 고통스러워하는 사람들이 사회 곳곳에 많이 있습니다. 우리 설교자들은 이 불쌍한 사람들의 대장이요, 고난 대장입니다. 약하고 지치고 무거운 짐을 진 이 사람들의 삶의 문제 해결을 위한 메시지를 전해야 합니다.…자신의 문제에 짓눌려 자살하고 싶어 하는 사람에게 어떻게 삶의 문제와 동떨어진 설교를 할 수 있겠습니까?[88]

조용기의 이런 내러티브는 경제적 빈곤과 삶의 어려움 가운데 처한 사람들, 특히 도시 빈민계층이 필요로 하는 것은 희망과 믿음이라는 판단에서 비롯된 것으로서 목회적이고 상황적인 특성을 지닌다. 권혁승은 "이런 미래를 향한 새로운 희망과 용기는 1970년대 한국을 새롭게 일으키는 신앙 운동으로 발전했고, 더 나아가 한국 사회 전체로 하여금 도전과 전진을 갖도록 했다"고 평가한다.[89] 그의 설교는 늘 이런 구조 속에서 형성되고 전달

---

86 조용기, 『설교는 나의 인생』, 53.

87 국제신학연구원, 『조용기 목사의 삼중 축복에 대한 신학적 이해』(서울: 서울말씀사, 2000), 4-5.

88 조용기, 『설교는 나의 인생』, 45-46.

89 권혁승, "구약 샬롬 축복론의 관점에서 본 조용기의 삼중 축복론", 조용기신학연구소 편, 『조용기의 목회와 신학』, 3권(군포: 한세대학교말씀사, 2008), 142. 권혁승은 여의도순복음교회의 성장과

되었으며 삶의 현장과의 깊은 관련성 속에서 나온 메시지는 청중들이 현실을 긍정적으로 받아들이게 하는 원동력과 사람들의 삶을 변화시키는 능력으로 작용한다. 이렇게 조용기의 내러티브 형성은 그의 삶의 체험과 깊은 관련이 있다. 완전히 새로운 삶을 시작하게 된 영산 조용기의 체험적 신앙은 인간의 삶을 바꿀 수 있다는 확신 가운데서 형성된 현장 신학이요, 희망의 신학이었다.[90]

그의 내러티브는 이제 4차원 영성으로 발전 확대된다.[91] 이것은 앞서 제시된 내러티브와 함께 조용기의 설교에 깊이 녹아 있다는 점과, 조용기가 고백한 대로 그의 50여 년 목회의 원동력이었다는 점, 그리고 "순복음교회의 신학과 사상을 전달하는 효과적인 도구"라는 점에서 그 중요성을 가진다. 조용기는 이것이 누구에게서 배운 것도 아니고 스스로 연구한 것도 아니며 성령님과의 오랜 교제 가운데 터득한 비밀이라고 주장한다. 그가 말하는 4차원 영성은 시공간의 제약 아래 사는 3차원의 인생이지만 "인간은 영혼을 가진 존재이기 때문에 3차원의 세계에 있으면서도 4차원에 속하는

---

부흥이 한국교회 부흥의 견인차 역할을 했고, 여의도순복음교회의 부흥과 성장에는 조용기의 삼중축복의 메시지가 자리 잡고 있다는 점에서 조용기의 "삼중축복 신앙은 여의도순복음교회뿐만 아니라 한국교회의 부흥, 그리고 한국 사회의 새로운 역사를 이끌어내는 거대한 활력이 되었다"고 평가한다. 전혀 연관성이 없다고는 할 수 없겠으나 이런 그의 주장에는 다소 논리적 비약과 빈곤함이 느껴진다.

90 물론 이에 대해서는 신학적으로 여러 반응과 판단이 엇갈리고 있지만 여기서는 그것을 논외로 친다.

91 이것은 처음 1979년에 영문으로 먼저 출판되어 제시된 후에 국문으로는 2004년 이후에 소개된다. David Yonggi Cho, *The Fourth Dimension* (New Jersey: Bridge-Logos Publisher, 1979); 조용기, 『3차원의 인생을 지배하는 4차원의 영성』(서울: 교회성장연구소, 2004); 『4차원의 영적 세계』(서울: 서울말씀사, 2007). 이에 대해서는 극찬으로부터 시작하여 강한 비판까지 반응이 제각각이었다. 목회적으로 큰 도움을 받았다는 주장으로부터 시작하여 영적인 세계를 그리스도인들이 접할 수 있는 어떤 "차원"으로 규정하고 있다는 점에서 비판이 일기도 했고 샤머니즘과 뉴에이즈적 사고를 끌어들인 것이라는 비판도 있었다. 또한 이것은 "마음의 영상을 통한 문제 해결"이며 "모든 그리스도인이 이런 경지에 들어갈 수 있다고 가르친다는 사실"이 지니는 위험성을 안고 있으며 "기독교의 본질과는 한참이나 거리가 먼 것"이라는 비판도 있다. 대표적으로 전자를 위해서는 이태근, 『설교의 힘: 조용기 목사의 4차원 설교를 말한다』(서울: 교회성장연구소, 2007)를 후자를 위해서는 Dave Hunt & T. A. McMahon, *The Seduction of Christianity: Spiritual Discernment in the Last Days* (Eugene: Harvest House Publisher, 1985), 정용섭, 『속 빈 설교 꽉 찬 설교』, 291-311 등을 참고하라.

존재"라는 그의 독특한 인간 이해로부터 출발한다.[92] 그는 다음과 같이 설명한다.

> 4차원은 영적인 세계입니다. 인간은 영혼을 가진 영적인 존재이기 때문에 3차원의 세계에 있으면서 4차원에 속하는 존재인 것입니다. 인간의 영은 하나님의 존재에는 비길 바 못 되지만 하나님의 형상과 모양대로 지음 받았기 때문에 영원과 무한함이 무엇인지 알 수 있습니다. 인간의 육체는 흙으로 돌아가지만 영혼은 천국에 가든지 지옥에 가든지 영원히 존재하게 됩니다. 이런 4차원의 의미에서 보면 인간이라는 존재는 영원히 사는 존재입니다. 인간의 영은 3차원의 육을 다스립니다. 그 영이 상하면 육체가 병들고 사람의 영이 성하면 육체가 건강한 것입니다. 사람의 영은 인간 육체 한 부분에 자리 잡고 있는 것이 아니라 우리 몸속에 가득 차 있습니다.…인간의 영은 몸속에 있으면서도 3차원의 지배를 받지 않고 육신을 초월해 있습니다.…예수님을 믿음으로써 거룩한 영적 4차원으로 옮겨진 우리는 어떻게 해야 합니까?…이 4차원의 세계를 어떻게 움직여가고 어떻게 하면 좋은 결과를 낳게 할 수 있느냐를 생각해야 합니다.[93]

이런 독특한 인간 이해를 바탕으로 조용기는 4차원의 세계를 움직이기 위해서는 "생각, 믿음, 꿈, 말"이라는 4가지 요소가 필요하다고 주장한다. 이것들은 보이지 않는 4차원의 세계를 바로잡는 것이며, 그것은 위의 4가지 요소를 어떻게 활용하느냐에 달려 있다고 주장한다. 곧 이런 요소를 변화시키면 우리는 영적인 세계에 들어갈 수 있다는 것이다. 그는 이것을 그리스

92 조용기, 『3차원의 인생을 지배하는 4차원의 영성』, 1-2.

93 위의 책, 32-34.

도인들로 하여금 보이지 않는 4차원의 영역으로 들어갈 수 있게 만들며 자연계와 여러 상황들에 영향을 미치거나 변화를 가져올 수 있는 통로라고 이해한다. 또 이것들은 성령님으로부터 비롯되고 그분의 허락하시는 바를 통해 이루어져야 하며 이 네 가지 통로를 사용하는 능력을 "4차원의 영성"이라고 부른다.[94] 이것을 형성하는 네 가지 요소는 조용기의 설교의 골격과 내용을 이루고 있으며 당시의 한국적 상황과 잘 맞아떨어지면서 그 영향력을 높였고, 이로 인해 그의 내러티브의 혁신성이 현장화되었다. 조용기의 이런 내러티브의 영향력과 파급력은 실로 대단했다. 이것을 "신학의 상황화" 혹은 "상황의 신학화" 작업으로 이해할 때 그것이 가지는 영향력을 우리는 가늠할 수 있다.

한 시대에 영향을 끼쳤던 리더들은 "자신의 경험에 근거해 창조한 특별한 이야기로 명성을 얻게 된다"[95]고 한 가드너의 주장처럼, 조용기의 내러티브는 그의 개인적 고난 경험으로부터 시작하여 초기 목회 현장에서 대면했던 인간의 고된 삶의 정황 속에서 생성되어 발전되었고, 사람들의 마음을 강력하게 이끄는 역할을 한다. 그의 내러티브는 공통성과 특이성을 가진다. 그의 내러티브는 미국의 적극적 사고방식의 주창자인 노만 빈센트 필이나 그 실천자인 로버트 슐러, 최근의 번영신학의 대표 주자인 조엘 오스틴 등의 내러티브와 "공통성"을 가지고 있다. 그리고 성경적 담론에서 출발하여 빈곤과 가난에 허덕이고 있던 당시 한국적 삶의 자리에서 적용되고 발전되었다는 점에서 그 "특이성"을 가진다.

내러티브를 중심으로 펼쳐진 그의 사역은 청중들의 삶을 혁신하는 힘이 있었고, 당시 정황은 조용기의 메시지를 받아들일 만반의 준비가 갖추

---

94 이에 대한 보다 상세한 내용은 위의 책과 조용기, 『4차원의 영적 세계』를 참고하라. 또한 이런 원리를 통해 어떻게 그의 설교가 형성되었는지에 대해서는 이태근, 『설교의 힘』을 참고하라.

95 Howard Gardner, *Leading Minds*, 291.

어진 듯했다. 가드너가 혁신적 리더들의 특징으로 제시한 대로 조용기는 그의 청중들에게 "우리가 어디에서 왔고 어디로 가고 있는 존재이며, 무엇이 두렵고 무엇을 대상으로 하여 싸워야 하며 꿈꾸어야 하는지에 대해"[96] 명료한 메시지를 제시했으며 그에 대한 반응은 뜨거웠다. 그리고 그것은 놀라운 부흥과 교회 성장으로 연결된다.[97] 그의 설교를 들었던 초기 청중들의 대부분은 한국 사회의 근대화와 함께 도시로 몰려든 이주민들로, 도시의 변두리에 거주하는 거류민들이었다. 희망과 축복을 근간으로 한 그의 내러티브는 그들에게 위로와 희망의 메시지였으며, 그들이 믿음을 바탕으로 한 긍정적 사고를 갖게 하는 데 강력한 영향력을 발휘했다. 이렇게 조용기의 설교사역은 한국적 상황과 함께 시작되어 사람들의 생각, 마음, 신앙생활, 추구, 삶의 자세 등을 바꾸어놓는 혁신적인 내러티브로 작용한다.

오중복음과 삼중축복, 4차원의 영성 등으로 대표되는 조용기의 내러티브는 그의 설교사역이라는 중요한 장르를 통해 확대되고 커다란 영향력을 나타낸다. 그의 설교사역을 한두 가지 주제로 종합하는 것이 쉬운 일이 아니지만 그의 사역에 나타나는 중심 주제는 다음과 같다.

첫째, 조용기의 설교는 희망의 메시지였다. 일제 강점기에는 주로 내세지향적·현실 도피적 메시지가 강했지만 조용기는 해방 이후 한국인들에게 가장 필요한 것이 희망의 메시지라고 생각했다.[98] 그것은 근대화 운동과 함께 시작된 도시화 현상으로 서울로 인구가 유입되던 때에 고향을 떠나 미래에 대한 불안감과 소속감 상실에 힘들어하던 사람들에게 가장 필요한 메시지였다. 그 메시지는 구역 조직을 통해 성도들에게 소속감과 유대감을

96 위의 책, 14.

97 물론 여기서 우리는 한국교회를 위한 하나님의 뜻과 성령님의 역사를 간과해서는 안 되지만 이것은 리더십과 종교사회학적 관점에서의 평가임을 전제한다.

98 조용기, 『삼박자 축복』(서울: 조용기서적, 1977), 서문.

심어줌으로써 효과가 극대화되었다. 하나님께서는 희망을 안고 도시로 몰려든, 낙심 가운데 있던 사람들을 위한 희망과 가능성의 메시지, 즉 "그리스도의 복음으로부터 흘러나오는 희망의 메시지"를 위해 그를 선택하셨고, 이 점에서 그는 특별한 메시지가 필요한, 특별한 시대를 위해 부름 받은 사람이었다.[99]

둘째, 조용기의 설교는 축복의 메시지였다. 그의 축복 메시지는 "좋으신 하나님" 이해와 예수 그리스도의 대속 사건과 연결되어 있다. 예수 그리스도를 믿고 구원을 받아 하나님의 말씀을 따라 살면서 성령충만을 받으면 영적인 축복뿐만 아니라 물질적 축복, 건강의 축복까지 받게 된다는 메시지가 그의 설교의 중심을 이룬다. 그는 이것을 형통의 복음이라고 말하면서 "예수 그리스도의 은총으로 원수 마귀에게 빼앗겼던 형통의 터전을 다시 찾아 가난과 저주를 물리치고 복된 인생"을 살도록 하는 것을 설교자의 사명으로 이해한다.[100] 그의 축복의 메시지는 당시 도시로 유입된 가난한 사람들에게 대단히 호소력이 있었으며, 다양한 매체를 통해 전국으로 퍼져나가 한국교회 성도들의 마음을 흔들어놓았다. 어떻게 실패와 가난을 극복할 것인가가 핵심을 이루는 그의 축복의 메시지는 내세 지향적인 특성을 지양하고 오늘 여기, 곧 현실에서 어떻게 하나님의 축복을 누릴 것인가를 강조하는 특징을 가진다.[101] 이렇게 축복은 그의 설교와 신학의 핵심을 이루고 있다.

셋째, 조용기의 설교는 그리스도 중심의 메시지였다. 그는 분명 축복을

---

99 William W. Menzies, "Younggi Cho's Theology of the Fullness of the Spirit: A Pentecostal Perspective," *Dr. Yonggi Cho's Ministry & Theology*, vol. II (Gunpo: Hansei University Logos, 2008), 175-91.

100 조용기, 『설교는 나의 인생』, 78.

101 박명수, "해방 후 한국교회사와 여의도순복음교회의 조용기 목사", 『조용기신학저널』, vol. 23(군포: 한세대학교출판부, 2010), 213.

이야기하고 희망을 이야기하지만 그것의 근거와 중심을 언제나 그리스도와 십자가 사건에 두었다. 그의 설교의 중심 내러티브는 언제나 그리스도의 구속 사건과 연결된다. 그는 "우리의 영적 중심은 바로 예수 그리스도"임을 강조하면서 "설교가 예수 그리스도 중심으로 될 때 질서와 조화와 평화가 있다"고 강조한다. 그는 설교의 관심사가 "예수 그리스도 중심에서 떠나 세상의 물질, 명예, 권력으로 향할 때에는 마음속에 고통과 번뇌가 몰려오게" 된다면서 세상적인 윤리와 도덕으로 기울어지면 안 된다고 주장한다.[102]

넷째, 조용기의 설교는 성령충만과 체험을 강조하는 메시지였다. 이것은 그의 설교의 중심 내러티브인 오중복음과 연결되는데 성령충만은 성령세례로부터 시작하여 계속적인 충만에 이르러야 하며 그 결과로 성령의 능력이 나타나게 되는데 그것이 선교와 봉사라고 이해한다. 또한 그는 이것이 성결한 삶과 성령의 열매로 나타나야 한다고 주장한다. 또 그는 이것이 방언과 신유의 역사로 나타난다고 보았다. 그는 무엇보다도 육체적 질병의 원인을 영적인 차원에서 인간의 타락과 죄, 마귀의 역사로 이해한다. 따라서 신유 체험을 위해서 믿음과 회개를 강조하는데, 하나님은 좋으신 분이시며 우리를 건강케 하시고 축복하시기를 원하신다는 사실을 믿어야 하며, 그런 체험을 위해서는 죄의 회개가 필요하다고 주장한다. 그래서 그의 설교에는 수많은 사례와 간증들이 사용되고, 어느 때는 성경의 내용들도 예증을 위한 자료로 사용된다. 그는 설교를 통해 삶 속에서 구체적으로 하나님의 실재와 현존을 경험하는 신앙생활을 할 수 있도록 청중을 초대하는 특징을 가진다.

한국 근대화 시기의 소외되고 가난한 이들, 삶의 어려운 난제에 갇혀 있던 자들을 위한 조용기의 사역은 실로 희망의 노래이자 신학이었다. 도시

---

102 조용기, 『설교는 나의 인생』, 68-69.

화와 함께 도시로 몰려든 도시 빈민들은 조용기의 설교를 통해 소망과 확신을 갖게 된다. 그들은 주님이 함께하시고 성령께서 동행하시기 때문에 희망을 가지려고 노력하면서 4차원의 영성이라는 긍정적 사고로 인생을 채워간다면 행복한 삶을 살 수 있다는 희망을 갖게 되었다. 그리고 이런 생각은 여의도순복음교회를 넘어 한국교회로, 그리고 세계 교회로 확대되면서 획기적인 영향력을 드러낸다.

조용기의 인생 이야기나 그의 사역 이야기는 한국 사회의 근대화 시기에 성공 신화와 맞물려 화려함과 웅장함을 제공한다. 그의 인생과 사역은 한국 사회의 "변두리"에서 시작되었다.[103] 그러나 그의 혁신적 내러티브는 조용기 자신뿐만 아니라 그의 모든 사역을 한국 사회의 중심으로 이동시켰다. 오순절 교단은 한국에서 군소 교단으로 "변두리"에 위치했으나 이후 조용기의 목회와 설교의 영향력으로 주류 교단의 하나로 자리매김했고, 오순절 교단의 체험적이고 성령충만을 강조하는 신앙 양태는 한국교회의 가장 일반적인 특징이 되었으며, 구역 조직은 대부분의 교회에서 보편적인 조직으로 자리 잡게 되었다.

조용기의 설교사역은 그의 독특한 내러티브를 바탕으로 하고 있다. 오중복음과 삼중축복, 4차원의 영성 외에도 십자가 중심적이면서 성령충만과 체험을 강조하는 메시지, 그리고 그의 강력한 카리스마와 리더십이 근대화와 도시화라는 시대적 상황 및 복을 중요하게 생각하는 동양적 심성과 만나게 되면서 활짝 꽃을 피웠다. 분명 여의도순복음교회의 경이로운 성장의 가장 중요한 요인은 조용기의 설교와 리더십을 통한 이야기의 혁신성에

---

103 당시 교회가 처음 시작되었던 대조동은 서울의 변두리였고 그 후 서대문을 거쳐 여의도로 옮겼는데, 당시 그곳은 개발이 되지 않은 모래땅이었고 대중교통편도 제대로 갖추어져 있지 않은 곳이었지만 이제는 한국의 정치, 경제의 중심지가 되었다. 이런 이미지는 박명수에게서 빌린 것이다. 박명수, "해방 후 한국교회사와 여의도순복음교회의 조용기 목사", 206.

있었다. 그는 설교에서 일상생활에 직면하는 실질적 문제에 대한 명쾌한 답을 제시했으며, 구원, 치유, 희망, 축복의 메시지는 한국적 상황과 맞아떨어지면서 영적 혁신이라는 꽃을 피웠다.[104] 회중들의 삶의 현실을 외면하지 않고 말씀으로 그것을 적절하게 터치해주는 그의 설교의 힘과 감동이 그것을 가능케 했다. 특별히 그의 내러티브의 핵심이라고 할 수 있는 오중복음과 삼중축복, 4차원의 영성은 이것을 이루는 데 결정적인 요소로 작용한다.

그러나 조용기의 내러티브는 긍정적·적극적 사고방식이 인생을 바꾼다는 소위 자기계발의 원리에 성경적 메시지를 덧입힌 것이라는 점, 그리고 복음을 긍정적 사고와 잘 버무려 기독교적 메시지로 잘 포장한 일종의 "형통의 복음"이라는 비판에서 자유롭지 못하다. 인간의 삶에서 부정적인 사고보다는 긍정적 사고와 적극적인 자세가 여러 면에서 도움이 되며 또 신앙생활에서도 좋은 길라잡이가 될 수 있지만, 도덕적으로 삶을 개선하면 만사형통한다는 것은 사실일 수도 있고 그렇지 않을 수도 있다. 조용기 역시 이런 위험성을 인지하면서 성경으로 나아가려는 노력을 계속해왔지만, 설교에 있어서는 이것이 일종의 번영신학에 토대를 둔 형통의 복음이며 심리학적 자기계발이 될 수 있음을 간과할 수 없다. 이런 경향에 대해 데이브 헌트는 생각의 힘을 통해 현실을 원하는 대로 바꿀 수 있다는 것은 일종의 "정신적 연금술"(mental alchemy)과 같으며, "생각"을 통해 자신의 인생을 새롭게 창조해갈 수 있다고 보는 "인간 신격화"라고 비평한다.[105]

1950년대 이후 미국에서 시작하여 세계 교회에서 대유행하고 있는 번영신학(prosperity theology)은 기복주의적인 요소로 뭉쳐 있는 샤머니즘과 유

---

104 교회성장연구소 편, 『카리스&카리스마』, 52-53. 그 외에도 조용기의 영적 권위, 효과적인 소그룹 사역과 평신도 사역, 문서와 방송을 적절하게 활용한 미디어 선교, 기도원 운동과 성령사역 등도 일조했다고 할 수 있다. 교회 성장을 위해 대중매체를 어떻게 활용했고, 해야 하는지에 대한 지침으로는 같은 책, 163-80을 참고하라.

105 Dave Hunt & T. A. McMahon, *The Seduction of Christianity*, 137-40

교적 복 개념, 동양의 오복 사상, 1960년대 이후 이 땅의 근대화 과정에서 새마을운동이나 "잘 살아보세" 운동 등이 추구하는 자본주의 논리 등과 접목되면서 자연스럽게 한국교회 강단에서도 자리 잡게 되었다. 이것은 하나님의 백성 된 사람들이 하나님에 대해 "적극적 신앙"을 가지고 말씀대로 순종하면서 살기만 하면 영적·물질적으로 부를 누리게 되며, 건강의 복을 받게 된다는 것을 강조한다. 1980년대 미국의 오랄 로버츠, 로버트 슐러 등이 이런 가르침으로 대중의 관심을 끌었으며, 또한 최근 번영신학을 기초로 한 설교들이 다시 붐을 이루고 있다. 번영신학은 자본주의 세계를 사는 사람들에게 물질적이고 현세적인 복을 추구하는 그들의 취향과 심성을 자극하여 종교적 열심을 갖게 할 수 있고, 교인들을 꼼짝 못하게 묶어놓을 수도 있으며, 교회 성장에 유익이 되기 때문에 많은 목회자들이 이것을 선호한다. 그러나 그것은 기독교 신앙과 복음의 본질을 왜곡 혹은 변질시킬 수 있다는 문제점을 안고 있다. 번영신학의 논리는 우리가 긍정적인 신앙 자세만 가지면 언제나 하나님은 우리를 축복할 수밖에 없다는 것인데, 그것은 하나님을 우리의 번영을 위한 수단이나 도구로 전락시킬 위험이 있다. 김의환은 이것에 대해 다음과 같이 지적한다.

> 번영신학이 한국교회의 영적 성장의 신경을 잘라버렸고 교회 세속화에 박차를 가하여왔다. "새마을 정신"에 편승하여 "잘 살아보세"라는 슬로건을 내걸고 하면 된다는 가능성 철학을 기초로 한 이런 번영신학의 논리에 근거해서 한국교회는 한동안 물량주의와 성장 제일주의의 열병을 앓아왔던 것이다. 목회의 성공주의는 목적이 수단을 정당화할 수 있다는 저질 목회 현상을 낳게 했다.[106]

---

106 김의환, "한국교회의 성장 둔화와 번영신학", 「신학지남」 256권(서울: 총신대학교출판부, 1998), 12.

문제는 누구나의 마음속에 존재하는 '번영'과 '형통'에 대한 욕구를 적당히 기독교 메시지로 포장하여 교회 성장에 이용한다면 결국 복음이 왜곡되고 교회의 본질이 흐려지게 된다는 점이다. 그래서 김의환도 "번영이 영적 축복의 증거와 척도로 이해되고 수용될 때 그것은 필경 복음에 치명적인 상처를 입히게" 되며, "그리스도의 교회는 치명상을 입게 된다"고 지적하고 있으며, 옥한흠도 "교인들이 그저 무엇이나 믿고 구하면 이룬다는 소원성취의 말이나 좋아하고, 예수 믿는 목적이 마치 무병장수에 있는 것처럼 큰 소리로 외치고 있다"면서 그 결과로 한국교회에 기복신앙과 맘몬주의 사상이 침투해왔다고 주장한다. 그는 당시 조엘 오스틴의 책이 한국교회에서 베스트셀러가 되고 있는 현상에 대해 "오스틴이 주장하는 긍정적이고 낙천적인 성격을 개발하면 성공한다는 가르침에 모두가 다 입을 벌리고 있고, 이런 풍토가 교회 안에 만연하다"고 우려하면서 "긍정적인 자아를 회복하는 것이 기독교의 복음인 것처럼 설교"하는 것은 복음의 본질을 왜곡해 사람들을 혼란하게 만드는 대표적인 사례라고 평가한다.[107] 여기서 십자가의 고난의 중요성은 간과되며 의인의 고난과 핍박 등의 사건은 믿음 없음의 징표로 왜곡될 수도 있을 뿐만 아니라 왜곡된 신관을 갖게 될 수 있다.[108] 이런 가치관에 설교가 사로잡히면 메시지는 당연히 기복주의, 물량주의, 외형주의, 개인주의와 개교회주의 등의 형태를 띠게 되며, 교회의 세속화와 목회자의 자질과 도덕성의 문제가 불거질 뿐 아니라 그리스도인들은 비윤

107 위의 책. 옥한흠, "무엇과도 바꿀 수 없는 그리스도", 사랑의교회 주일 설교(2008.02.03).

108 예를 들어 대표적 번영신학 설교자 가운데 한 사람인 T. D. 제이크스는 하나님을 "최고의 부자이신 하나님"이라고 소개하면서 모든 재원의 창시자이자 "돈줄의 근원"이며 모든 부요함의 근원이라고 주장한다. 인간은 타락과 함께 세 가지 저주를 받게 되었는데, 그것은 가난과 질병과 영적 죽음이라고 주장한다. 또한 그것은 예수 그리스도를 통해서 완전히 속량되었기 때문에 우리는 부자가 되는 복, 건강과 장수의 복을 누릴 권리를 가지고 있다고 주장한다. T. D. Jakes, *Six Pillars from Ephesians: Loved by God*, 김유태 역, 『부자 하나님의 부자 자녀들』(서울: 순전한나드, 2007), 8-56.

리적인 삶을 당연시하게 된다.

이런 세속적 가치관으로 인해 목회와 설교사역이 흔들리게 되면, 단기적으로는 외형적 급성장을 이룩할 수 있지만 오히려 부작용을 낳게 되면서 중장기적으로는 성장 둔화로 이어지게 된다.[109] 가장 큰 문제는 기독교의 진정한 소망이 물질의 축복이나 번영이 아니라 그리스도의 부활 및 다시 오시는 주님과 종말에 대한 소망에 있다는 점을 간과하는 것이다. 가난이 저주이며 고난이 형벌이라고 이해한다면 우리는 초기 교회가 당한 박해와 사도들과 수많은 성도들의 순교의 삶을 제대로 평가할 수 없다. 그뿐만 아니라 번영신학은 신앙을 도구화하고 심지어는 하나님까지도 수단으로 전락시키는 잘못을 범한다. 신앙과 신념은 구분되어야 한다. 그런데 번영신학은 신앙을 축복받는 수단으로, 그리고 하나님까지도 인간의 욕망을 충족시키는 도구로 전락시킨다. 여기서 신앙은 하나님의 부와 인생의 행복을 받아들이고 누릴 수 있는 통로가 된다. 적극적·긍정적 사고를 통한 마음과 생각의 변화는 형통한 삶을 가져온다고 주장하는 것은 심리학적으로 가능할 수는 있겠지만, 류장현은 그것이 신앙이 아니라 자기 신념, 자기 최면이라고 주장한다.[110]

---

109 이런 주장에 대해 보다 상세한 내용을 보기 위해서는 노치준, 『한국 개신교 사회학: 한국교회의 위기와 전망』(서울: 한울아카데미, 1998); 김의환, "한국교회의 성장 둔화와 번영신학"; 류장현, 『예수를 살리는 교회, 예수를 죽이는 교회』(서울: 프리칭아카데미, 2008); 류장현, "번영신학에 대한 신학적 비판", 「신학논단」 61집(서울: 연세대학교연합신학대원, 2010) 등을 참조하라.

110 류장현, "번영신학에 대한 신학적 비판", 13-18.

## 이상근 목사: 정과 동의 설교자

### (1) 생애와 사역

민족의 어두운 시대에 태어나 교육을 받고 설교자와 교육자로 세움 받아 조용하게 큰 물줄기를 만들었던 정류(靜流) 이상근 목사(1920-1999)는 신구약 주석을 완간한 성서신학자, 대구제일교회에서 34년 동안 사역해온 목회자, 오랜 기간 신학교육을 수행해온 신학교수 및 행정가로 살았으며, 신학과 목회 현장의 가교 역할을 했던 인물이다. 그는 "신학자는 목회자라야 하며 목사가 아니고서는 신학자가 될 수 없다"고 한 칼 바르트의 이야기를[111] 삶에서 실천하려고 노력했다. 그는 새벽 3시면 어김없이 일어나 성경을 읽고 기도했으며, 평생 책을 집필하는 등, 신학과 목회를 연결하려고 노력했다. 그는 신학이 "교회를 위한 신학"이 되어야 하며, "교회를 잊어버린 채 신학을 위한 신학"을 해서는 안 된다는 신념으로 목회 현장에서 신학함을 추구했다.[112]

이상근은 경북 대구에서 태어나 평생 그곳에서 사역을 이어갔던, 철저한 대구 사람이었다. 그는 집안이 어려웠기 때문에 수창보통학교를 졸업한 후 중고등학교에는 진학하지 못했다. 그는 상점 점원으로 일하면서 독학했고, 대구중앙교회를 출석하면서 신앙을 키웠다. 그의 발에 생긴 질병 때문에 그의 모친이 신정교회(현 서문교회)에서 신앙생활을 시작하게 되었고 그도 병상에서 기도와 성경 읽기로 시간을 보내는 가운데 자연스럽게 어머니와 함께 교회를 출석하게 되었다. 19세가 넘어서야 병석에서 일어난 그는 평리동으로 이사하여 그곳에서 야학을 시작했다. 그것이 평리교회의 시작이었다. 병원 원목으로 있던 목사님이 주일에만 오셔서 설교했기 때문에,

---

111 이상근, 『등대가 있는 외딴 섬』(서울: 두란노, 2002), 176.

112 위의 책, 93.

그는 그곳에서 교회 일을 돌보면서 성경학교를 졸업하고 "전문학교 입학자 검정시험"을 독학으로 합격한 다음, 1942년 평양장로회신학교에 진학하여 1944년 12월에 졸업하고 1945년 4월 평양노회에서 25세 때 목사안수를 받았다. 그는 안수를 받은 후 장대현교회의 교육담당 목사로 사역하면서 신학교 부설 여자부에서 전임강사로 가르쳤다. 장대현에서의 사역은 짧았으나 그곳에서 김화식 목사에게 평생 간직할 만한 좋은 영향을 받았다.[113]

그는 해방 후 능라도교회에서 잠시 사역하다가 1946년에 월남하여 칠곡 옥계교회에서 사역을 시작했다. 1948년 6월에는 남산교회가 구입해준 150평 대지의 적산 가옥에서 대봉교회를 개척했다. 교회는 급성장하여 중형교회를 넘어섰고, 그는 다른 교회의 초청을 받아 부흥회를 인도하게 된다. 한국전쟁이 일어나고 계속 남하하는 인민군을 피해 사람들이 피난을 떠나고 있을 때, 교인들이 피난을 떠난 자리에서 교회를 지키는 것이 교인들이 헌금하고 간 돈을 가장 안전하게 지키는 방법이라 판단한 그는 물자를 사서 손수 벽돌을 쌓아가며 건물을 세워갔다. 전쟁 중에 피난을 가지 않고 묵묵히 벽돌을 쌓아가는 그의 모습에 피난민들과 대구 시민들은 희망을 얻었고, 그것이 화제가 되었다.

그는 1953년 9월에 미국 유학을 떠나 뉴욕신학교(당시 뉴욕 비블리칼 신학교)에서 신학석사 학위를 받고 1955년 9월에 귀국했으며, 대봉교회 목회와 대구고등성경학교 교장직을 이어간다. 2년 후인 1957년에 대봉교회를 사임하고 2차 미국 유학길에 올라 달라스신학교에서 신학박사 학위를 받은

113 나중에 순교자가 된 김화식의 백절불굴의 정신과 뜨거운 정열의 설교, 성경에 대한 해박한 지식과 다양한 분야에 있어서 박식함, 영감이 넘치는 설교에서 영향을 받았다고 술회한다. 또한 목사로서의 인격, 설교 스타일, 설교 방법까지 그를 따라할 정도로 그에게서 영향을 받았다고 고백한다. 위의 책, 51-53. 노현숙, "진리를 아는 자만이 누리는 정유: 성경주석가 이상근 박사의 신앙과 삶", 「빛과 소금」(1994년 1월), 130.

다음 1959년에 귀국하여 곧바로 대구제일교회에서 목회를 하게 된다.[114] 하지만 귀국과 함께 경북노회로부터 발화된 교단 분열이라는 회오리바람을 맞는다. 그는 교단 재결합이라는 과제를 풀기 위해 백방으로 뛰었지만 반대 세력 때문에 뜻을 이루지 못한다. 이후에는 동산의 신학교 부지를 매입하여 건축을 시작했다.[115] 1974년에 영락교회에서 열렸던 59회 총회에서 그는 총회장으로 피선되어 총회를 섬겼으며, 신구약 전체의 주해서를 출간했다.[116] 그는 1959년부터 1976년까지 영남신학대학교의 교장으로 봉직했으며, 1992년 2월에 대구제일교회를 은퇴했고, 1999년 80세의 일기로 세상을 떠났다.

### (2) 설교사역과 신학적 특징

이상근은 자신의 호를 '靜流'(정류, 고요한 흐름)라고 지었는데 자신의 호처럼 고요하게 흐르지만 결코 고여 있기를 거부했고, 정과 동의 변증법적 합을 이루어갔던 사역자이자 설교자였다. 그의 둘째 아들인 이성희는 부친이 평소 말을 아끼는 침묵의 삶을 사셨지만 그럼에도 한 마디 한 마디에 힘이 있었으며 "일평생 에너지가 넘치는 삶을 사셨다"고 회상하면서 그의 영혼에는 "늘 고요히 흐르는 물이 있었"다고 밝히면서 "영성 깊은 수도자의 삶"을 살았다고 증언한다.[117]

그러나 그는 결코 고요히 흐르지 않는 시대에 태어나 공부하고 사역했고

114 사실 유학을 준비하면서 대봉교회를 사임했는데 제일교회에서 청빙이 와서 6개월 남짓 목회를 하다가 2차 유학을 출발했다. 위의 책, 101-2.

115 건축은 그가 은퇴하던 1991년 2월 당시 골조 공사가 완성된 상황이었고, 그의 후임이 와서 완공하여 1994년 4월에 입당예배를 드렸다. 위의 책, 114-19.

116 1975년에 신약 전체의 주해서 12권을 완간했고, 1993년에 구약 전체 주석서 15권을 완간했다. 신구약과 외경까지 주석을 마친 것은 세계 최초이며, 마지막으로 신약개론 책을 집필한 후 그 원고를 아들에게 맡기며 출판을 부탁하고 세상을 떠났다. 위의 책, 115-36, 261-72.

117 이성희, "후기: 일 년간의 사랑", 위의 책, 300-303.

말씀을 선포했다. 그는 일제 강점기에 가난한 가정에서 태어나 평생 많은 질병을 겪었으며[118] 공산 정권 치하에서 월남해야만 했고, 빨치산과 좌익 폭도들에 의해 죽음 직전에까지 이르렀지만 구사일생으로 살아 남은 일련의 사건들, 교회 개척과 건축, 교단 분열의 핵심에 서야 했던 일, 목회 현장에서 오는 어려움, 신학교 교장으로서의 어려움 등으로 인해 결코 순탄치 않은 삶을 살아야 했다. 하지만 그는 비록 혼돈과 갈등, 아픔으로 가득한 민족의 격동기를 살았지만 그 가운데서 하나님의 말씀 연구 및 선포, 말씀을 통한 목양의 삶을 살았던 설교자로 자신을 우뚝 세워간다. 그의 설교는 "정"(靜)에서 시작하여 하나님의 말씀 선포로 사람들을 움직이고 교회를 세워가는 "동"(動)의 설교였다. 그의 설교 연구 자료는 풍부하다. 설교집으로 편찬된 초기의 자료들이 있고 평생의 설교 원고가 30권의 책으로 발간되었다. 여기서는 주로 그 자료들을 사용했고 또 그가 자신의 설교 세계를 정리한 원고를 중심 자료로 삼았다.[119] 그의 설교문과 삶의 이야기, 설교 관련 글들에 나타난 바를 중심으로 이상근의 설교의 특징을 몇 가지로 정리해보면 다음과 같다.

첫째, 이상근의 설교는 말씀 연구와 설교에 온 힘을 쏟았던 그의 생애의 결정체다. 그에게 설교는 철저하게 성경에 중심을 두고서 성경이 말씀하시는 바를 전하는 것이다. 그러므로 설교자에게 가장 중요한 것은 성경을 바로 해석하는 것이며, 장차 오실 메시아를 증언하는 구약과 오신 그리스도에 대한 증언인 신약 가운데 흐르는 십자가 정신을 바탕으로 선포하는 것이다. 그는 설교를 다음과 같이 규정한다.

118 부인의 증언에 의하면 발에 박힌 철사 때문에 평생 질병으로 고생했으며, 폐결핵을 앓았고, 고혈압에 심장도 약했고, 평생 여러 질병에 시달려야 했고, 뇌종양으로 1년간 투병하다가 세상을 떠났다. 설귀연, "남편을 추모하며", 위의 책, 292.

119 이상근, 『이상근 강해설교』, 1-30권(서울: 새하늘출판사, 2007); 이상근, "나의 설교와 설교론: 과학적인 준비를 예술적으로 선포한다", 「월간목회」(1993, 3월 호), 325-83. 그의 30권의 설교 전집은 대구제일교회에서 1983년 8월부터 1991년 4월까지 행한 설교 녹음을 풀어쓴 것으로 593개의 설교문을 담고 있다.

설교라는 것은…성경을 연구하고 기도하는 가운데 "이것이 하나님의 말씀이고 계시다"는 것을 외치는 것입니다. 외치는 말씀에 나도 순종하고 교인들도 순종하는 것이 설교입니다. 선포한 하나님의 말씀에 나도 도취가 되어 나도 순종을 하고 교인들도 순종해나가는 것이 설교입니다.…내용은 바로 하나님의 계시이고, 그 내용은 성경에 있습니다. 그러므로 설교라는 것은 첫째, 성경 중심이 되어야 합니다. 철두철미하게 성경 중심이 되어야 합니다.…성경의 내용에서 이탈해서는 안 되는 것입니다. 성경 내에서 하는 것이 설교입니다.[120]

이상근은 평생 하나님의 말씀을 연구하고 성경 주석과 씨름했다. 또 그의 성경 연구는 삶에서 구체적으로 실천되었고 그의 삶의 결정체로 드러났다. 그것이 그의 설교였다. 그는 칼뱅의 표현을 빌어 "설교자의 마음속에 성경이 들어왔다가 나와야 한다"고 말하면서 설교자가 먼저 그 말씀에서 은혜와 감동을 맛본 다음에 선포해야 한다는 점을 강조한다.[121] 과학적이면서 삶을 통해 나온 진리를 선포한다는 점에서 그는 설교를 일종의 예술로 표현한다. 설교는 지·정·의의 요소가 함께 어우러져야 하며, 설교자와 회중이 성령의 역사 앞에서 함께 어울려야 한다는 점에서 예술적이다.[122]

둘째, 이상근의 설교는 철저하리만큼 본문 중심의 설교다. 그는 성경 본문이 말씀하는 바를 정확하게 듣고 그것을 설교에 담으려고 했으며, 설교의 중심 주제를 언제나 성경 본문이 말씀하는 바와 일치시키고 있다. 그는 설교의 구성과 논리의 전개에 있어서도 그 말씀을 철저하게 풀어주고, 풍부한 자료를 통해 예증하고 설명한 후에 그것을 적용하는 구조를 취한다.

---

120 이상근, "나의 설교와 설교론", 332.
121 위의 책, 333.
122 위의 책, 335.

예를 들어 "내가 문밖에 서서 두드리노니"라는 제목의 설교문은 요한계시록 3:20을 본문으로 하고 있다. 그는 요한계시록에 나오는 일곱 교회에 대해 개략적인 설명을 한 다음, 세대주의 해석을 따라 지금 우리가 마지막에 나오는 라오디게아 교회 시대에 살고 있다고 말하면서 본문의 구조를 따라 논리를 전개하며 강해하는 구조를 취한다. 그는 "문밖에 서서"라는 표현을 통해 준비가 완료된 하나님의 구원이라는 관점을 설명하며, "문을 두드리노니"라는 부분에 대해서는 그리스어 현재형으로 표현된 본문을 해석하면서 계속해서 두드리고 계신 주님에 대한 내용을 제시한다. "내 음성을 듣고 문을 열면"이라는 부분을 해석할 때는 주님의 음성을 듣는 것이 중요하며 문을 여는 구체적인 결단과 동작이 필요하다고 설명한다. 그리고 다음에 나오는 본문의 내용에 따라 주님과의 거룩한 교제로 연결시킨다. 그는 이렇게 본문의 구조를 따라 해석하고 적용하되 다양한 예증을 사용하면서 그 내용을 더욱 풍성하게 설명한다.[123]

셋째, 이상근의 설교는 고난 속에서 길어 올린 설교였다. 앞서 언급한 대로 민족적으로, 교회적으로, 교단적으로, 개인적으로 수많은 아픔과 고난을 안고 살았던 이상근은 하나님의 주권과 섭리 앞에 부복하며 "정과 동의 설교학"을 전개해간다. 그는 17세 때 예수님을 깊이 만나고 가족의 구원을 위해 40일 작정 기도를 하다가, 60일, 그리고 100일로 연장하여 특별 작정 기도를 하던 중 얻게 된 발의 질병 때문에 평생을 질고 속에서 살아야 했다. 그는 은퇴한 후 발 질환이 너무 심해져 걸을 수 없는 지경이 되어 한 병원의 원장으로 있는 지인과 의논한 뒤 행한 검사에서 발뼈에 염증이 생기는 골수염 진단을 받고 수술하던 중에, 어린 시절 맨발로 뛰어놀다가 뼈에 박힌 것으로 추정되는 1.5cm 길이에 머리카락 굵기의 철사를 발뒤꿈치에서 발견하

123 이상근, "내가 문밖에 서서 두드리노니", 『이상근 강해설교』, 6권, 14-32.

여 제거했다. 그 작은 철사 토막이 60년 넘게 그를 괴롭혔던 셈이다. 그러나 그는 이렇게 고백한다. "이 철사는 하나님의 도구로, 어린 시절 저로 하여금 성경 읽기와 기도를 통해 신비로운 신앙의 세계를 경험하게 했고, 이 발이 말썽을 부릴 때마다 저는 그 어린 시절로 돌아가곤 했습니다. 실로 이 작은 철사가 나를 이상근 목사로 만들어준 것이었습니다."[124] 이렇게 그의 설교는 수많은 아픔과 고난 속에서 펼쳐졌다. 그의 아들은 다음과 같이 증언한다.

> 아버님은 젊은 시절부터 몸이 약한 편이셨다. 학교에 가서 강의를 하고 돌아오시면 그대로 쓰러지셨다. 어머님이 아버님의 신발과 옷을 다 벗겨 드려야 할 정도로 탈진해서 들어오시곤 했다. 우리 형제는 늘 아버님이 일찍 돌아가실 것이라는 얘기를 듣고 자랐고 어머님의 걱정은 아버님이 돌아가시면 아이들을 어떻게 키우나 하는 것이었다.[125]

그러나 그는 이런 삶의 고통과 어려움 가운데서 오히려 하나님의 크신 섭리와 주권을 발견했고 그것을 증거했다. 그의 삶은 수많은 하나님의 섭리의 사건으로 덮여 있다. 예를 들어 그는 갑작스럽게 받은 목사안수로 인해 평생의 설교 멘토인 김화식 목사를 만나게 된 장대현교회의 종교교육 목사로 가게 되었다. 당시 진남포 비석리교회는 세례 교인만 400명이 넘는, 나름 규모가 있는 교회였는데 김화식 목사가 그를 당회장으로 추천했다. 그런데 그 전에 그는 무보수로 일하던 능라도교회에서 추수감사예배를 드리고 잠을 자게 되었는데 능라도교회의 청빙을 먼저 받게 되었다. 그 교회는 장년이 20여 명 남짓 모이는 작은 교회였다. 한편 월남을 하게 된 것도 그

---

124 이상근, 『등대가 있는 외딴 섬』, 265.

125 이성희, "후기: 일 년간의 사랑", 299.

교회에서 사역했었기에 가능했다. 이상근은 그것도 하나님의 섭리로 이해한다.[126] 월남 후 옥계교회에서 시무하게 된 것이나 청송으로 부흥회 인도하러 가던 중 노귀재에서 빨치산 잔류 대원들에게 붙잡혔다가 죽음 직전에 풀려난 사건 등에서도 그는 하나님의 섭리를 경험했고, 그런 고백과 확신이 그의 설교에 담겨 있다.[127]

넷째, 이상근의 설교는 철저하게 교회 중심적이며 목양적이다. 그가 저술과 신학교육 등으로 바쁜 가운데서도 항상 최우선에 두었던 것은 목회 사역이었으며, 그중에서도 최우선의 사역은 설교였다. 그의 일생의 좌우명은 다음과 같다. "아침에는 사람을 대하기 전에 성경을 읽고 기도하라. 가급적 자기변명을 하지 말고 종종 근본적 자기반성을 하라. 명예직은 택함을 받을 것이지 스스로 택하지는 말라. 물질에는 결백하고 항상 물질을 아껴라. 촌각을 아껴 공부하고 시간을 엄수하라. 남에 대하여는 긍정적이며 환영과 배척을 동일시하라. 교회 문제는 스스로 책임을 지고 해결자가 아니라 해결받는 자가 되라. 오는 교인은 환영하되 남의 교인을 빼앗지는 말라. 설교는 언제나 최후적인 자세로 하라. 오직 하나님의 영광을 위해 살라." 이를 통해 우리는 그가 얼마나 하나님 앞에 바로 서려고 노력했으며, 온전한 자로 자신을 드리려 했는지를 알 수 있다.

이상근은 암울한 시대에 태어나 교회적으로나 개인적으로 수많은 아픔과 어려움으로 뒤덮여 있는 길을 걸어갔다. 하지만 그는 그곳에 길을 내고, 그 길목에서 만난 그의 하나님을 구체적·예술적으로 증거했던 설교자였다. 주승중은 설교자로서의 이상근에 대해 다음과 같이 평가한다.

---

126 이상근, 『등대가 있는 외딴 섬』, 48-50, 55-61.

127 위의 책, 63-68, 75-79. 이런 고난과 섭리라는 관점에서 선포된 설교문으로는 "내 육체의 가시", 『이상근 강해설교』, 5권, 360-74; "근심과 기쁨", 4권, 206-23; "두 길", 7권, 379-96 등을 참고하라.

그는 실로 밤에는 캄캄한 어둠뿐이요, 낮에는 오직 하늘과 물이 닿는 아득한 수평선만 보이는 곳에 홀로 서 있는 외딴 섬에서 그곳을 지나가는 배들에게 경고하고 그들에게 현재의 위치를 알려주는 등대와도 같은 하나님의 종이었다. 캄캄한 어두움을 말씀의 등대로 비추어주었던 등대였다.[128]

오늘날에도 캄캄한 어두움을 말씀으로 밝히는 등대와 같은 설교자가 필요하다. 어느 시대에나 설교자는 필요하며, 시대가 어두울수록 그의 존재는 더 필요하고 소중하기만 하다. 성서학자, 목회자, 교회를 위한 신학을 펼치고 가르쳤던 신학교육자였고, 이 모든 것을 함께 모아 하나님의 말씀을 이 땅에 설교로 힘차게 펼쳤던 그가 소중한 이유다.

육체가 쇠약해짐에 따라 아버님의 영혼은 오히려 더욱 강해지시는 듯이 보였다. 아버님은 늘 하나님과 교통하셨던 분이다. 기도로 교제하시고, 말씀으로 교제하시고, 특히 묵상으로 교제하시던 분이다. 그런데 하나님께서는 마지막 순간에 아버님께 새로운 교제를 주셨다. 그것은 아버님이 보신 환상들이었다. 신비한 천국의 체험이었다. 아버님의 마지막 환상은 하나님과의 신비한 교제의 방법이었다. 그리스도의 첫 선포가 천국이었고, 그리스도의 부활 후 40일간의 가르침이 천국이었고, 우리 모두의 믿음의 열매가 천국이다. 아버님은 글로 천국을 쓰셨고, 말로 천국을 설교하셨고, 삶으로 천국을 건설하셨고, 마지막 병상에서 천국을 증언하신 것이다. 아버님의 삶의 중심이었던 천국, 그곳에 아버님은 지금 가 계시다.[129]

---

128 주승중, "과학적인 준비를 예술적으로 선포한 이상근 목사의 설교 세계", 「장신논단」, 22권 (2004년 12월), 296.

129 이성희, "후기: 일 년간의 사랑", 307-8.

## 정규오 목사: "정통보수신학" 수호에 헌신한 설교자

### (1) 생애와 사역

호남 보수교단의 대표적 지도자 가운데 한 사람이었던 해원(海園) 정규오 목사(1914-2006)는 한국교회 안에 보수 신앙을 고수하고 박형룡과 함께 소위 "정통보수신앙"을 근간으로 한 총회(예장 합동, 개혁)를 수립하는 데 결정적인 역할을 수행했다. 그는 광신대학 초대 총장을 지내기도 했고, 완전영감설과 축자영감설을 주장하며 성서공회의 표준새번역과 같은 성경 번역에 맞서기 위해 성경공회 설립에 주도적 역할을 했다.

정규오는 전남 나주의 유교 집안에서 출생하였고 어려서부터 마을의 교회를 출석하면서 선교사들로부터 신앙을 배웠다. 집안의 가세가 기울면서 정규학교에 진학할 수 없었던 정규오는 교회에서 운영하는 사숙(私塾)에서 2년을 공부하다가 4년제 공립보통학교에 편입하여 졸업했다. 그는 독서를 좋아하여 집안일을 도우면서도 지속적인 글 읽기를 통한 공부에 전념했고, 1934년에는 국가자격 시험에 합격하여 금융조합의 서기로 사회생활을 시작했다.[130] 그리고 집사, 장로로서 교회를 신실하게 섬겼다. 그는 신학교에 들어가기 전에도 일반 및 신학서적을 가리지 않고 읽어서 교양을 넓혔고, 10여 년간의 직장 생활을 접고 1945년 9월 서울의 조선신학교에 입학했다. 남북의 길이 막히면서 "남부총회"라는 이름으로 승동교회에서 열린(남쪽) 총회는 조선신학교가 총회 직영 신학교임을 인정했다. 당시 그는 진보적 경향의 신학자들이 박형룡을 포함하여 보수적 성향의 신학들을 노골적으로 비판하는 것에 분개하여, 51명의 학생들로 구성된 신앙동지회를 결

130 정규오, 『나의 나 된 것은』(서울: 한국복음문서협회, 1984), 39-46.

성하여[131] 1947년 4월 대구제일교회당에서 열린 33회 총회에서 조선신학교에 대한 진정서를 제출하는 일에 앞장선다. 그때 제출한 진정서에는 성경의 권위와 관련하여 신학교육에 대한 항의 및 진상조사를 요청하는 내용이 담겨 있다.

> "新舊約聖經(신구약성경)은 하나님의 말씀이니 信仰(신앙)과 本分(본분)에 對(대)하여 正確無誤(정확무오)한 唯一(유일)의 法則(법칙)이니라"고 있는 信條(신조) 위에 朝鮮長老敎會(조선장로교회)는 섰고 이 信條(신조)는 朝鮮敎會(조선교회) 안에 永遠(영원)히 保守(보수)되어야 할 우리들의 가장 純粹(순수)하고 福音的(복음적)인 信仰告白(신앙고백)입니다. 그러나 우리는 불타는 召命感(소명감)에 모여 長老會 總會 直營 神學校(장로회 총회 직영 신학교)인 朝鮮神學校(조선신학교)에 籍(적)을 두고 聖經(성경)과 神學(신학)을 배우기 시작한지 年餘(연여)에 우리가 幼時(유시)로부터 믿어오던 信仰(신앙)과 聖經觀(성경관)이 根本的(근본적)으로 뒤집혀지는 것을 느꼈습니다.[132]

이에 총회는 조사위원회를 구성하여 조사에 착수했고 김재준 교수를 치리할 것을 이사회에 지시했지만 교수에 대한 치리는 하지 못하고 결국 정규오를 포함한 주동 학생 6명을 퇴학 처분하게 된다. 이때 스스로 자퇴한 학생 60여 명은 나중에 설립된 장로회신학교로 진학하여 그곳에서 졸업하게 된다. 학교를 졸업한 후 정규오는 전남 광양의 광동중앙교회에 전도사로 부임하여 목회를 시작했고, 1948년 9월에 순천노회에서 목사안수를 받았다. 1952년에는 고흥읍교회로 목회지를 옮겨 3년여간 사역하다가 1955년

131 여기에는 훗날 한국장로교회에서 중요한 역할을 했던 정규오를 포함하여 한완석, 박창환, 김준곤, 엄요섭, 신복윤, 강택현 등이 포함되어 있었다.

132 김양선, 『韓國基督教解放十年史』, 214.

에 광주중앙교회로 다시 목회지를 옮기게 된다. 그곳에서 25년을 사역하는 동안 교회가 큰 성장을 경험했으며 그는 1980년에 담임목사직에서 은퇴하였다. 1965년에는 예장 합동측의 총회장을 역임했다. 교회 성장에는 다양한 요인이 작용했겠지만 무엇보다도 정규오의 설교가 큰 역할을 했다.

그는 목회뿐만 아니라 신학교육에도 깊이 관여하는데 광신대학의 전신인 광주신학교 교장을, 그리고 대학 승격 후에는 초대 총장을 역임했다. 그는 대한성서공회가 주도한 "표준새번역" 성경 출판에 반대하는 한편 보수주의 관점에서 성경을 다시 번역할 필요성을 느끼고서 한국성경공회를 설립하는 일에 가장 중요한 역할을 했다.[133]

자유주의와 급진적인 현대신학으로부터 정통보수신앙을 지켜낸다는 명분이 없었던 것은 아니지만 그럼에도 정규오는 장로교 분열의 중심에서 있었다는 비판을 피해가기 어렵다. 바른 신학에 근거하여 바른 신앙을 지키고 추구하는 것은 중요한 일이지만 자칫 폐쇄성과 배타성, 독단에 사로잡힐 가능성도 있기 때문이다. 정통보수신학을 추구하는 이들은 소재열이 말한 것처럼 사안을 "분리와 대결과 논쟁이라는 관점에서"[134] 바라보았는데, 그렇기 때문에 포용성과 다양성을 잃어버려 폐쇄적이고 파괴적이게 될 가능성이 높았다. 1950년대 후반에 에큐메니칼 운동과 관련하여 합동과 통합으로 분열할 때도 그랬고,[135] 1979년 대구동부교회에서 있었던 예장

133 이것에 대한 보다 상세한 내용과 설립하게 된 동기와 과정을 보기 위해서는 박정식, "해원 정규오 목사의 성경관: 자유주의 비판과 한국성경공회의 설립 배경을 중심으로", 『해원 정규오 목사의 생애와 사상』(서울: 쿰란출판사, 2011), 35-93을 참고하라.

134 소재열, "해원 정규오 목사와 '51인 신앙동지회' 성경관", 『해원 정규오 목사의 생애와 사상』, 80.

135 당시 문제 해결을 위해 총회는 에큐메니칼 연구위원을 선정했는데, 한경직, 전필순, 유호준, 안광국 등이 지지 측 위원이었고, 박형룡, 박병훈, 황은균, 정규오 등이 반대 측 위원이었다. 반대 측에서 실질적인 영향력을 행사한 것은 박형룡과 정규오였다. 직접적인 분쟁 원인이 되었던 박형룡의 3천만환 유용 사건이나 WCC 가입에 대한 이슈는 자신들의 입장에 따라 다르게 해석된다. 민경배, 『한국기독교회사』(서울: 기독교서회, 1988), 481-83; 박용규, 『한국기독교회사』, 2권(서울: 생명의말씀사, 2004), 1012-14.

합동 64회 총회 때 개혁 측이 분열해나갈 때도 그 중심에 그가 서 있었다. 다행히 그가 세상을 떠나기 직전,[136] 26년 만에 개혁 측 교단과 합동 측이 2005년 대전중앙교회에서 있었던 90회 총회에서 다시 통합하는 데 결정적인 역할을 했던 것은 결자해지의 미를 거둔 것이라고 할 수 있다. "51인 신앙동지회" 일원이었던 김준곤은 그를 다음과 같이 평가한다.

> 60여 년의 긴 세월을 가까이 하면서 그의 머리와 마음에는 "보수신학"으로 가득했다고 보았다. 그리하여 보수신학을 지키기 위해 논쟁하기도 하고 싸우기도 했다. 이런 그의 행보가 다른 사람의 오해를 사기도 했다. 그러나 그는 "결자해지"의 모범을 보이고 하나님께로 갔다. 이것이 아름다운 마지막 모습이다. 뒷모습이 아름다운 사람이 귀하듯이 마지막 날 흩어진 교회들을 하나 되게 했으니 이것이 정규오 목사님의 삶의 하이라이트라고 할 수 있다.[137]

#### (2) 설교사역과 신학적 특징

평생 뛰어난 목회자와 설교자, 그리고 신학교육자와 교단 정치의 지도자적 위치에 있었던 정규오를 이끌어간 것은 무엇이었을까? 그는 신학을 공부하기 전에 혼자 책을 통해서 공부를 많이 했는데 특히 박형룡의 『기독교 현대신학 난제 선평』은 거의 암송할 정도로 많이 읽었고, 그것은 신학교에 가기 전에 이미 그의 신학의 지침이 되었다.[138] 그의 나이 22세 때였다. 그는 평생 박형룡을 "최고의 스승", "신앙과 신학의 지도자", "인생에 절대적 영향

---

136 정규오는 그다음 해인 2006년 1월 19일에 세상을 떠났다.

137 김준곤, "결자해지 해야지요", 김남식 편, 『아름다운 원칙주의자 해원 정규오 목사』(서울: 새한기획출판부, 2007), 558.

138 그 책을 통해 배운 지식이 그에게는 살이 되었고 뼈가 되었으며, "힘이 되었고, 능력이 되었고 좌우에 날 선 검이 되어…그릇된 성경관을 반박"할 수 있도록 해주었다고 주장한다. 정규오, "정통주의 교의신학의 사명", 『나의 신학 나의 신앙 나의 생활』(광주: 복음문화사, 1984), 69.

을 끼친 위대한 인물"로 여기게 되었고 또한 그를 정신적 지주로 삼았다.[139] 이렇게 박형룡의 신학은 그의 사상의 기반이자 평생의 버팀목이었다. 장차남은 정규오가 광동중앙교회 김순배 목사로부터 박형룡의 책을 소개받아 이처럼 큰 영향을 받게 된 것이 "보수 신학을 정립하여 한국교회 보수 신학을 지키도록 하기" 위한 "하나님의 위대한 섭리"였다고 해석한다.[140] 그의 일생은 박형룡의 신학을 "교회 목회와 성도의 경건, 그리고 교회 정치에 적용하는 데 바쳐졌다"고 해도 과언이 아닐 정도로 박형룡의 영향력은 절대적이었다.[141]

보수신앙을 견지하기 위해 전투적으로 사역했던 정규오의 설교를 연구하기 위해 광주중앙교회 강단에서 전한 설교를 묶은 설교집 및 기타 자료들을 참고했다.[142] 그의 설교사역의 일반적 특징을 다음과 같이 정리해볼 수 있다.

첫째, 정규오의 설교는 변증적인 특성이 강하다. 그가 설교를 하는 이유는 성경과 교리를 변증하기 위해서였다. 그의 설교는 복음을 수호하고 비진리를 식별하며, 성경을 중심으로 한 신앙의 골격을 바로 세우는 변증적 목적이 강했다.[143] 특히 그는 소위 자유주의 신학과 에큐메니칼 운동에 반대하는 것을 필생의 과업으로 여기며 정통보수신앙을 지키는 것에 온 마음을 쏟았다. 그에게 정통주의 신학은 교회 부흥의 사명을 가지며, 성경의 절대무오를 견지하고, 하나님의 영광과 주권을 선포하는 것이었다.[144] 그의 설교는

---

139 정규오, "나의 신학, 신앙, 인격의 모델", 위의 책, 401.

140 장차남, "해원 정규오의 신학사상", 『해원 정규오 목사의 생애와 사상』, 27.

141 문병호, "WCC와 한국교회: 죽산 박형룡과 해원 정규오 중심으로", 「신학지남」, 81권 4집(2014년 12월), 87.

142 정규오, 『골고다의 세 십자가』(1988), 『복음의 폭탄』(1988), 『사도신경 해설』, 『로마서 강해』, 『아멘의 생활』, 『설교의 연구와 실제』, 『새 사람 운동』(이상 서울: 한국복음문서협회, 1994) 등이 있다.

143 정규오, 『사도신경 해설』, 10-11.

144 정규오, "正統主義 敎義神學의 使命", 『나의 신학 나의 신앙, 나의 생활』, 68-73. 이 설교문은

근본적으로 이런 정통주의 신학을 변증하고 가르치는 데 초점을 맞추었다.

둘째, 정규오의 설교는 기록된 하나님의 말씀만이 신앙의 토대라는 사실을 강조한다. 그는 설교자의 사명이 하나님의 말씀의 기록인 정확무오한 성경의 권위를 확인하고, 그것을 전하는 데 있다고 보았다. 그는 설교자들에게 다음과 같이 권면한다. "우리는 올바른 성경관을 가져야 한다. 하나님의 말씀인 성경의 절대무오함을 확신해야 한다. 우리는 성경에서 체계화되어 있는 조직적인 기독교 진리를 파악해야 한다."[145] 또한 그는 설교의 유일한 목적이 하나님의 말씀을 선포하는 것이라고 이해하면서 설교를 "부름받은 종들이 삼위일체 하나님께서 인간을 향하여 말씀하신 성경에 의하여 복음을 증거하고 선포하는 행위"로 정의한다.[146] 그는 성경 자체가 "완전무결한 설교"이며, 그 설교의 원초자(原初者)가 하나님이라고 이해한다. 그러므로 설교자는 성경에 능통한 자가 되어야 하며, 하나님의 말씀은 결코 변치 않고 그대로 이루어진다는 확신으로 설교해야 한다. 설교자는 하나님의 말씀인 성경만이 온전한 진리요 길이요 생명임을 전해야 하며, 그 말씀대로 살도록 하며 그것이 신앙과 생활의 유일한 법칙임을 깨닫게 하여 하나님께 영광을 돌려야 한다.[147]

셋째, 정규오의 설교는 철저하게 종말론적 삶을 강조했다. 그는 설교자로서 주님의 재림을 간절하게 기다리는 종말 대망 사상을 가졌고 그 자신이 종말론적 자세로 설교사역을 감당했으며 또 교인들에게 종말론적 신앙을 자주 강조했다. 그는 종말론과 관련하여 박형룡의 영향을 받아 초기에는 주로 전천년설의 입장을 취했으나 "정통보수주의 신학자들의 대부분은

1973년 10월에 있었던 박형룡의 "교의신학전집 출간기념예배"에서 행한 설교였다.

145 위의 책, 69.

146 정규오, 『설교의 연구와 실제』, 63.

147 위의 책, 57-58.

(아우구스티누스, 아브라함 카이퍼, 칼뱅, 반 틸 등의 대학자들) 무천년설을 주장하고" 있음을 감안하여 자신은 무천년설의 입장을 취한다고 밝히고 있다.[148] 하지만 그의 설교에는 오히려 전자의 입장이 더 강하게 나타나고 있고[149] 후자에 대해서는 포용적 입장을 취할 뿐이다. 그는 문자주의적이고 근본주의적인 신학의 영향으로 요한계시록 등 종말과 관련한 성경의 언급을 그대로 받아들이며, 약간씩 다르게 표현된 내용을 함께 짜맞추려는 경향을 보인다. 그의 삶 속에 나타나는 종말론적 자세는 그가 자신의 집에 "아마 오늘이나"라는 문구를 써 붙여놓고 생활했던 점이나[150] "생명을 걸고 하는 설교, 천 번 설교했으면 천 번의 순교, 만 번 했으면 만 번의 순교적 설교! 죽도록 충성하라! 죽도록 설교하라"라고 제자들과 후배 설교자들에게 가르친 내용에서도 확인할 수 있다.[151]

## 신현균 목사: 한국교회 부흥의 견인차가 된 부흥설교자

### (1) 생애와 사역

한국교회 성장기의 대표적인 부흥사 가운데 한 사람이었던 영해(靈海) 신현균 목사(1927-2006)는 황해도 수안군의 한 두메산골에서 출생했다. 그의 부모는 자녀 교육을 위해 평양으로 이주했고, 그는 그곳에서 어렸을 적에 자연스럽게 기독교를 접하게 되었다. 그는 부친의 사업이 성공하여 그 사업

148 정규오, 『사도신경 해설』, 144.
149 위의 책, 47-68; 정규오, 『로마서 강해』, 299-301.
150 김남식, 『아름다운 원칙주의자 해원 정규오 목사』, 505.
151 정규오, 『설교의 연구와 실제』, 212.

을 이어받기 위해 1941년 중학 과정인 평양상업학교에 진학했다. 학교를 졸업한 후에는 평양 체신국 직원으로 일했는데 이후 징용을 피해 고향인 황해도 수안으로 내려가서 보통학교 교사로 지내다가 해방을 맞았다. 그는 젊은 날 잠시 신앙을 떠나 지냈지만 임종순 목사의 부흥회에 참석했다가 은혜를 받고 1947년 평양 성화신학교에 입학했다. 재학 중에는 이목리장로교회 전도사로 시무했고, 1949년에 신학교 예과를 수료했다. 공산당의 통치와 한국전쟁을 겪으며 어려움이 더 커지자 그는 결국 100여 명의 교인들을 이끌고 월남했다. 고향에 들를 수가 없어서 결국 혼자만 내려왔고 그래서 평생 이산의 아픔을 안고 살아야 했다.

그는 부산을 경유하여 군용선을 얻어 타고 제주도에까지 내려갔다. 그는 제주도에서 피난민들과 함께 예배를 드리다가 공부를 더 해야겠다는 생각으로, 당시 전쟁 때문에 부산으로 옮겨와 있던 장로회신학교에 입학한다. 그리고 1951년 2월에 본과 2년을 마친 후 조선신학교 신학과에 편입하여 1953년 12월에 졸업한다. 그는 이듬해에 목사안수를 받았고, 1955년에 해군 군목으로 입대한다. 1960년에는 미국 군목학교 연수를 다녀오기도 했고, 7년여의 군목 생활을 마치고 1961년 9월 서울 남부교회에 담임으로 부임한다. 그는 1962년 1월 삼각산에 들어가 기도하던 중 부흥사로서의 소명을 확인하고 그 이후부터 본격적으로 부흥 집회에서 말씀을 전하기 시작한다. 1964년에 있었던 남산연합전도대회는 연인원 20만 명, 결신인원 1천여 명, 마지막 날에는 7만 명이 모였으며 이는 당시로서는 가장 큰 규모의 전도 집회였다.[152] 그 이후 수많은 초대형 전도 집회가 이어졌고, 신현균은 대형 집회에서 주요한 역할을 수행한다.[153]

---

152 신현균, 『신현균 전집 1: 전기, 수필집, 서간문』(서울: 요나미디어, 1997), 1-15장 참고.

153 예를 들어 1973년에 있었던 빌리 그레이엄 초청 전도 집회에는 한경직이 있었고, 1974년 "엑스폴로 74" 대회에는 김준곤이 있었다. 양대 대형 집회가 외국 강사를 초청하여 성공적 결과를 낳았다

그는 한국기독교부흥협의회를 발족시키고 회장을 역임하면서 부흥회를 신학적으로 바로 세워나가는 일에 깊은 관심을 기울였으며, 부흥사 양성의 필요성을 절감하여 부흥사연수원을 개설했다. 1966년에는 서울 염천교회 담임을 맡아 목회하지만, 잦은 부흥회 인도로 남부교회에서와 마찬가지로 문제가 생기면서 10여 년 만에 담임목사직을 사임했다. 그는 자유롭게 부흥회 사역을 계속하기 위한 방편으로 1977년 11월 서울 방배동에 성민교회를 개척하여 담임목회를 이어갔고, 두 차례에 걸쳐 건축을 마친 후 1984년에 입당 예배를 드렸으며, 1997년 12월에 목회직에서 은퇴했다.

그는 한국교회 성장기에 타의 추종을 불허할 만큼 부흥설교자로서의 면모를 유감없이 발휘했다. 신현균은 5천 회 이상의 국내 부흥회, 200회 이상의 국외 부흥회를 인도하면서 부흥설교자로서 경이적인 기록을 남겼다. 그는 실로 "한국교회 최고의 전성기를 견인한 우리 시대의 마지막 대형 부흥사"라는 찬사를 넉넉히 받을 만하다.[154] 50여 년간 부흥운동에 앞장서온 그의 설교와 헌신이 한국교회 성장에 크게 공헌했다는 점에 이의를 제기할 사람은 없을 것이다. 그는 조용기, 이만신, 피종진, 이태희, 이호문, 오관석, 김우영 목사 등과 함께 1970-80년대 한국의 부흥운동을 주도했던 인물이었다. 그러나 그가 보여준 일련의 행보에 대해서는 비판의 목소리가 있다. 곧 그가 이단사이비로 판명된 이들과 교류하고 세계신유복음선교회의 황당한 안수 행위를 두둔했던 점, 1980년 광주민주화운동 직후 당시 전두환

---

면 "77민족복음화 성회", "80세계복음화대성화", "92세계성령회대성회" 등에는 신현균이 있었다. 그가 준비위원장이었던 "77민족복음화 성회"는 평양에서 부흥의 역사가 일어난 지 70년째 되는 해의 의미를 담아 연인원 140만 명이 참석했고, 25,000명의 새신자 결신이 일어났는데 이 집회는 전국 300여 곳에서 약 600여 명의 한국인 강사들에 의해 진행되었다. 신현균, "부흥신학의 이론과 실제", 『신현균 전집』, 2권(서울: 요나미디어, 1997)

154 문성모, 『한국교회 설교자 33인에게 배우는 설교』(서울: 두란노, 2012), 332-33. 신현균이 성령체험을 하고 부흥사로 나서기로 서원한 지 30년이 되는 1991년을 기준으로, 30년 동안 그가 인도한 국내 집회가 2,800여 회, 해외 180여 회(30여 개국)였으며, 결신한 숫자를 약 33만 명으로 밝힌다. 신현균, 『신현균 전집』, 1권, 152.

보안사령관을 찬양했던 국가조찬기도회에서 보여준 행보, 교회 세습, 수구적 시국관, 기복주의적 축복관과 신앙관 등에 대한 비판에서 자유롭지 못하다.[155]

### (2) 설교사역과 신학적 특징

실로 신현균은 "한국교회 부흥운동의 거목"이었다. 그 시기는 한국교회 부흥기이기도 했지만, 부흥은 그것에 대한 간절한 열망과 열정을 지닌 설교자로 인해 가능했던 일이었음을 부인할 수 없다. 수십만이 참석한 매머드급의 대형 집회에서 보여준, 불을 뿜는 것 같은 그의 설교는 한국교회의 소중한 자산이었다.[156] 한국교회 부흥운동의 견인차 역할을 했던 신현균의 설교 연구 자료로는 전집으로 출판된 설교집이 있다. 그것을 중심으로 그의 설교의 일반적인 특징들을 살펴보고자 한다.[157]

첫째, 신현균은 부흥설교자였고, 교회와 심령의 부흥에 초점을 맞춰 설교했다. 그는 설교의 중요한 목적이 복음 전파에 있다고 믿었으며, 부흥운동은 복음 전파를 위한 가장 강력한 방식이라고 확신했고, 일생 동안 그 일에 헌신했다. 특히 그의 부흥운동은 지역 교회의 부흥과 성장에 중점을 두었으며, 바른 교회론에 근거하여 교회를 세우는 부흥 설교에 주력했다. 그는 목회 설교를 이슬비로, 부흥 설교를 소낙비로 비유했다. 후자는 "일정 기간 동안 아주 강력하게 메시지를 퍼붓는 것이 특징"이라고 전제하고, 전자는 "성도들에게 교리를 주입하는 추상적인 내용보다는 그들이 생활 속에서

---

155 "큰 별 신현균 목사의 그림자", 「뉴스앤조이」(2006년 5월 9일). 신현균의 타계 소식을 전하면서 "부흥사계의 큰 별"이었음을 인정하면서도 "그 별이 내뿜었던 빛은 이 땅의 어둠을 몰아내고 약한 자를 인도하기에 너무 희미하지 않았는지 생각해볼 일이다"라고 하면서 무조건 찬양하는 교계 일부 시각에 대해 이의를 제기한다.

156 문성모, 『한국교회 설교자 33인에게 배우는 설교』, 335.

157 신현균, 『신현균 전집』, 1-13권(서울: 요나, 1997). 1권은 전기와 수필 등을 모은 것이고, 3-13권이 그의 설교를 모은 설교집과 강해설교를 묶은 것이다.

하나님을 어떻게 만나고 동행하는 삶을 살 수 있을 것인가 하는 실천적인 내용을 주로 다뤄야 하는 것"이라고 규정한다.[158]

그는 부흥 설교에서 유의할 점으로 경험담을 과장하거나 자신을 자랑하는 것을 피해야 하고, 몸자세를 단정하게 하고 상스러운 말은 절대 사용해서는 안 되며, 회중을 인격적으로 대해야 하며 어느 한쪽으로 치우치지 않게 균형 있는 메시지를 전해야 한다고 말한다.[159] 신현균은 길선주, 김익두, 이성봉으로 이어지는 한국교회 부흥운동에서 중요한 역할을 감당하면서 부흥 설교가 온전히 수행될 수 있도록 후배 부흥사 교육에도 깊은 관심을 쏟는다. 앞서 언급한 대로 부흥사연수원을 개설하여 건전한 부흥운동의 방향을 제시하고 부흥사들의 자질 향상에 노력했다. 신현균에 따르면, 부흥 설교는 건전한 신학적 바탕 위에서 행해져야 하고, 개교회에 덕을 끼쳐야 하며 회개의 역사가 나타나게 해야 하고, 역사와 사회를 인식하는 가운데 삶을 변화시킬 수 있도록 해야 하며, 타성에 젖거나 교만과 물욕 등에 사로잡히지 않도록 해야 하며 오직 영혼 구원과 교회부흥, 국민의식에 커다란 각성이 일어나도록 해야 한다고 말하면서 부흥 설교의 방향성을 제시한다.[160]

둘째, 신현균의 설교는 민족복음화와 민족의 소명을 일깨우는 일에 중점을 둔다. 복음화 운동에서 강사로 말씀을 전할 때뿐만 아니라 일반적인 부흥 설교에서도 그의 가장 중심적인 메시지는 민족복음화와 한민족의 사명이었다. 민족복음화가 그의 설교에서 가장 중심을 이루고 있었는데, 그는 "한민족은 하나님이 말세에 당신의 뜻을 이루시기 위해 세계만방 중에서 택하여주신 하나님의 선민"이라고 주장하면서 한민족의 선교적 사명을 불

158 신현균, "바람직한 부흥회 설교법", 『신현균 전집』, 2권, 119-21.

159 위의 책, 126-28.

160 신현균, 『신현균 전집』, 1권, 139-40.

러일으키고 있다. 그는 이것이 시오니즘과 같은 독단이 아니며 기도 중에 얻은 중요한 확신이라고 강조한다.[161] 이런 영광스러운 사명을 가지고 있지만 그동안 하나님을 떠나 참담한 형편에서 지내온 민족을 하나님께 돌아오게 하는 것이 교회와 설교자의 중요한 사명이라는 그의 주장에서 민족복음화에 대한 그의 열망을 엿볼 수 있다.

> 휴전 협정이 성립된 지 어언 10여 년! 전란으로 말미암아 황폐화되고 파괴되었던 강산은 이제 씻은 듯이 복구되고 재건되었다. 하지만 아직도 황폐화된 채로 내어버려 둔 세계가 있으니 그것은 곧 이 백성의 정신의 세계, 심령의 세계다. 이 "마음의 폐허"를 한국교회가 책임지고 재건했어야 할 것인데, 한국교회는 불행히도 해방 이후 계속되는 내분으로 인하여 이 근본적인 책무(責務)와 과제를 수행하지 못하고 있다. 솔직히 말해서 한국교회가 할 일을 다했던들 4·19도 5·16 혁명도 그리고 오늘의 혼란도 일어나지 않았을 것이다. 정치가 나무의 가지라면 종교는 그 뿌리다. 그러나 뿌리가 썩은 후에 가지가 건재(健在)할 길이 없다.…'예수와 그리스도가 서로 싸운다'고 세계에 소문낸 한국교회여! 교계 지도자들이여! 반성하고 회개하라.[162]

그는 우리 민족에게는 섬김과 기도, 재물 나눔이라는 "제사장 민족의 사명"이 있으며, 빛을 발하고 복음선교를 감당하며 천국 건설이라는 "선지자 민족의 사명"을 수행하기 위해 성령의 권능이 충만히 임하게 되면 "성령의 운동이 크게 일어남으로 민족적 사명을 수행할 수 있다"고 말하면서, 기독교 운동은 결국 성령운동이라고 주장한다.[163] 그에 따르면 한민족이 선민으

161 신현균, 『신현균 전집』, 2권, 26.

162 위의 책, 29-30.

163 위의 책, 35-48.

로서의 사명을 수행할 때 엄청난 축복이 몰려올 것이다. 그것은 영적 주도권을 갖게 되는 것, 열방이 모여오게 되는 것, 경제적 축복이다. 그는 영적 주도권이 확립되면 경제적 축복은 저절로 따르게 마련이라고 강조한다.[164] 이렇게 신현균은 한민족의 소명과 희망을 불러일으키고 민족복음화를 일생의 사명으로 여기며 말씀을 전한 부흥설교자였다.

셋째, 신현균의 설교는 특정 주제를 중심으로 연역적으로 전개해가는 주제설교의 패턴이 주종을 이룬다. 그것은 당시의 전반적인 경향이었지만 그는 본문으로부터 특정 이슈, 혹은 주제를 취하여 그것을 설명하는 구조를 취한다. 필요시에 본문을 언급하기도 하고, 다른 성경 구절을 인용하여 그것을 설명하며, 보통 3-4개 정도의 대지를 통해 그 주제를 설명한다. 그러나 이것은 성경이 말하는 구조가 아니라 특정 주제가 말을 하고 그날의 본문이나 성경 구절들은 그것을 예증하는 형식으로 설교가 구성될 여지가 있다는 약점을 가진다.

"예배자의 심정"(요 4:24)이라는 설교문에서는 본문에 대해 간단히 설명하고 나서 "어떤 심정으로 드리는 예배가 하나님께 영광이 되며 하나님께서 기뻐 받으시는 것이 될는지 깊이 생각해보아야 할 것"이라고 전제한 후 다음과 같이 네 개의 대지를 제시한다. ① 우리는 하나님 앞에 예배 드리러 나아올 때 두려운 심정을 가지고 나와야만 한다. ② 예배자가 지녀야 할 심정은 회개하는 마음이다. ③ 예배자가 지녀야 할 또 하나의 심정은 들으려는 마음이다. ④ 예배자의 또 하나의 심정은 바치려는 마음이다.[165]

"십자가의 종교"(고전 1:18-25)라는 다른 설교문에서는 "기독교가 십자가의 종교인 이유"를 다음과 같은 세 개의 대지로 설명한다. ① 예수 그리스

---

164 위의 책, 49-52.

165 신현균, "예배자의 심정", 『신현균 전집: 설교집 1』, 3권, 6-9.

도의 십자가 때문에 우리의 인간성이 변화되기 때문이다. ② 그 화목과 단결의 정신 때문이다. ③ 그 역설적 구원관에 있다.[166]

"교회 부흥의 비결"(행 2:44-47)에서는 다음과 같은 대지로 주제를 설명한다. ① 주의 종에게 순종하는 교회가 될 때 교회는 부흥한다. ② 따뜻한 성도의 교제가 이루어질 때 교회는 부흥된다. ③ 교회가 부흥하려면 교역자가 보다 더 큰 영력을 얻어야만 한다. ④ 교회가 한마음 한뜻으로 굳게 뭉쳐야 한다. ⑤ 모이기에 힘쓰는 것이 교회 부흥의 요소요 비결이다. ⑥ 교우 한 사람 한 사람의 사생활이 진실해질 때 교회는 부흥된다. 그러면서 "우리 가운데 성령의 역사가 함께하시지 않는다면 이 모든 노력은 허사로 돌아가고 마는 것입니다. 그러므로 스가랴 4:6에 '이는 힘으로 되지 아니하며 능으로 되지 아니하고 오직 나의 신으로 되느니라'고 하신 말씀대로 교회 부흥의 가장 원칙적인 원인과 비결은 무엇보다도 성령의 충만을 받는 일인 것입니다"라고 결론을 맺고 있다.[167]

넷째, 신현균은 탁월한 언어 구사 능력을 가졌을 뿐만 아니라 성령의 능력을 깊이 의지하는 기도에 바탕을 둔 설교자였다. 그는 어릴 적부터 이야기꾼의 재질을 가졌으며 웅변적인 화술을 갖추어서 사람을 움직이는 힘이 있었다. 무엇보다 그는 뛰어난 언어 구사를 통해 설교 내용에 생명을 불어넣는 데 탁월한 역량을 발휘했다. 그는 청중의 오감을 자극하여 말씀의 세계를 생생하게 보고 듣고 그곳에 잠입하게 만드는 상상력을 불러일으키는 화술과 연기력, 웃음과 감동을 연출하는 유머감각, 회개와 결단으로 이끌어가면서 사람을 감동시키는 능력 등을 갖춘 설교자였다. 무엇보다도 깊은 기도를 통해 성령의 능력을 깊이 의존했던 설교자였다. 그에 따르면 설교

166 신현균, "십자가의 종교", 위의 책, 23-27.

167 신현균, "교회성장의 비결", 『신현균 전집: 설교집 2』, 4권, 184-88.

자가 사는 길도, 교회가 사는 길도 "오직 오순절적 신앙으로 되돌아가는 길뿐"이다.[168] 그는 "77 민족복음화 대성회"를 앞두고 주강사로서 말씀 사역을 온전히 감당하기 위해 삼각산에 올라가 40일을 금식하며 기도로 준비했다. 그는 기도로 설교사역을 세워가는 설교자였다.[169]

## 문익환 목사: 민주화와 통일을 노래했던 설교자

### (1) 생애와 사역

늦봄 문익환 목사(1918-1994)는 목사와 신학교수로서, 평생을 지역 교회에서 목회에 전념하며 하나님의 말씀을 전했던 설교자이기보다는 20세기 중후반에 정치적으로 암울한 상황에서 온몸으로 민주화운동 및 통일운동을 벌였던 사회운동가였고 행동하는 신학자였다. 디트리히 본회퍼에게서 깊은 영향을 받았던 그는 어두운 시대에 온몸으로 세상의 악한 권세에 저항했고, 사회적 약자들을 사랑으로 돌보며 그들에게 하나님의 말씀과 위로를 전했던 삶의 설교자였다. 북간도를 대표하는 목회자였던 부친 문재린 목사의 영향으로 그는 목회자의 길을 걷기로 작정했고, 부친의 권유로 일본 도쿄의 일본신학교에서 유학했다. 그곳에서 평생의 동지였던 박용길을 만나 결혼하여 49년을 함께 걸어간다. 그는 학병에 반대하여 동생 문동환과 함께 만주의 봉천신학교로 전학하게 되었지만 학교를 그만두고 만보산

168 신현균, "오순절적 신앙", 『신현균 전집』, 1권, 135.

169 그 집회에서는 특별히 신유의 역사가 많이 일어났으며, 마지막 날에는 유례없이 많은 인원인 170만여 명이 회집했다. 당시 여의도광장에서 숙식을 해결해야 할 상황이었기에 일기가 어느 때보다 중요했는데, 둘째 날에는 비가 멈추고 여의도 상공에 무지개가 나타나기도 했다. 위의 책, 77-78.

교회에서 전도사로 사역한다. 해방 후에는 조선신학교(한신대)에서 공부했고 1947년에 목사안수를 받았다. 1949년에 미국 프린스턴신학교에서 유학했고, 한국전쟁 때는 정전회담 통역을 맡았으며 동경 UN 사령부에서도 근무한다. 1954년에 재차 도미하여 프린스턴에서 신학석사 학위를 받고 귀국하여 1955년부터 한국신학대학과 연세대학교에서 가르치면서 한빛교회 목사로 사역한다. 1965년에는 재차 도미하여 유니온신학교 등지에서 공부했고, 1970년에는 성서 번역(공동번역)에 전념하기 위해 목회직을 사임했다. 그는 친구 장준하의 의문의 죽음과 전태일 열사 분신 사건을 계기로 민주화운동에 투신하게 된다.

> 전태일은 민족사의 새 초점이 되었습니다. 새 초점이 되었다는 건 새 발화점이 되었다는 말도 되고 우리가 길을 잃었을 때 언제나 되돌아가서 새로 출발해야 하는 원점이 되었다는 말도 되겠습니다. 아니, 그가 없는 우리, 아니, 그가 없는 나를 생각할 수 없게 되었습니다.[170]

그는 이때 이 땅의 민중이 살아가는 열악한 삶의 자리를 목도하면서 죄인이 된 마음이었으며 괴로움에 몸을 떨어야 했다고 밝힌다. 문익환이 민중과 연대하는 삶을 본격적으로 시작하게 된 계기는 인혁당 사건과 서울대 농대 학생이었던 김상진의 할복 사건이었다.[171] 성서 번역을 이유로 그는

---

170 문익환, 『하나가 되는 것은 더욱 커지는 것입니다』(서울: 삼민사, 1991), 87.

171 인혁당 사건은 1985년 유신반대 성향을 가진 도예종 등 8명이 간첩 혐의로 기소되어 대법원에서 사형을 선고한 지 18시간 만에 형이 집행된 사건이었다. 2002년 의문사진상위원회는 이 사건을 유신독재에 반대하는 민주화운동을 탄압하기 위해 중앙정보부가 조작한 사건으로 발표했고, 2007년 서울중앙지방법원은 이들에 대해 무죄를 선고했으며, 국가가 유가족들에게 637억을 배상하라는 판결을 내렸다. 김상진은 서울대 농대 축산과 4학년 학생이었다. 1975년 11월 학생 300여 명이 학교 캠퍼스에 모여 연행된 학생회장 등의 석방을 촉구하기 위해 시국성토대회를 열고 있었는데 연사로 등단한 김상진은 노트에 쓴 자신의 양심선언을 읽어내려갔고, "이 보잘것없는 생명 바치기에 아까움이 없노라"라는 말과 함께 준비한 칼로 할복하여 세상을 떠났다. 이는 전태일

침묵 속에서 그 야만적인 시간을 건너가고자 했지만 "기가 막힌 국가 폭력"으로 인해 "심약하고 소녀 같은 사람"이 폭발하면서 포효하기 시작했다.[172] 문익환은 이때 목요기도회에서 다음과 같이 외쳤다.

> 우리 모두 재를 뒤집어쓰고 땅에 엎드려 참회해야 하겠습니다. 김상진 군은 천추에 남을 유언을 남기고 죽었는데, 우리는 이 민족을 위해서 이 땅에 정의가 서기 위해서 무엇을 했단 말입니까? 부끄럽지 않습니까? 여러분은 어떤지 몰라도 저는 부끄러워 꼭 죽고 싶은 심정입니다. 그러나 아직 늦지 않았습니다.…하나님의 바른 뜻이 서서 만인이 하나님의 은총을 봄비처럼 입을 수 있는 날이 오기까지 전진하며 한 점 부끄럼 없는 생을 삽시다. 김상진 군의 죽음이 헛되지 않도록 우리 목숨을 기도로 바칩시다.[173]

이때부터 그는 '늦봄'이라는 호를 사용하는데 늦은 나이에야 비로소 우리 시대의 아픔과 사회 문제를 인식하게 되었다는 생각에서였다. 특히 그는 친구 장준하의 시신을 내리면서 "백범-장준하의 목소리가 되기로 결심"했고,[174] "내가 대신 장준하의 삶을 살겠노라"는 결심으로 1976년 3·1민주구국선언의 초안을 작성했는데 그것은 다음과 같이 시작한다.

> 오늘로 3·1절 쉰일곱 돌을 맞으면서 1919년 3월 1일 전 세계에 울려 퍼지던

---

의 분신 이후 4년 5개월 만에 일어난 사건으로 1970년대 민주화투쟁의 상징적 사건이 되었다. 사망 하루도 지나지 않아 장례식도 없이 반강제로 화장했고, 그 후 얼마 지나지 않아 긴급조치 9호가 발동되었다. 김정남, "양심선언 운동과 민주화 투쟁", 「한겨레」(2011년 12월 5일).

172 김형수, 『문익환 평전』(서울: 실천문학사, 2004), 421-22.

173 문익환, "부끄러움이 없기를", 1975년 4월 목요기도회 설교문, 문익환, 『통일은 어떻게 가능한가』(서울: 학민사, 1984), 180-82. 이 설교 때문에 문익환은 중앙정보부에 끌려가 사흘 동안 고초를 당해야 했다.

174 문익환, 『옥중일기』(서울: 삼민사, 1991), 116.

민족의 함성, 자주독립을 부르짖던 그 아우성이 쟁쟁히 울려와서 이대로 앉아 있는 것은 구국선열들의 피를 이땅에 묻어버리는 죄가 되는 것 같아 우리의 뜻을 모아 민주구국선언을 국내외에 선포하고자 한다.[175]

그렇게 시작되는 3·1민주구국선언은 문익환이 작성했고, 11명이 서명했다.[176] 그 사건으로 문익환은 투옥되었고 22개월을 교도소에서 보낸다. 그렇게 58세 때 시작된 투옥은 이후 세상을 떠나기까지 17년 동안 6번이나 반복되었으며, 11년 6개월을 교도소에서 보냈다. 처음 투옥되었던 그 시간, 그는 그의 남은 생애 동안에 끌어안아야 할 대상이 누군지 확실하게 발견한 사실을 다음과 같이 밝힌다.

제가 진정 민중을 만난 것은 1976년 서대문구치소에서였습니다. 거기서 처음으로 머리가 아니라 가슴으로, 아니 호흡으로 하나님을 숨 쉴 수 있게 되었습니다. 역사 속에, 그것도 민중의 역사 속에, 민중의 숨결 속에 내재하시는 하느님을 저도 숨 쉴 수 있게 된 것입니다.[177]

그렇게 시작된 그의 민주화운동은 정의와 자유, 하나님의 공의와 평화를 외치는 몸과 삶의 설교의 시작이었다. 그는 1980년대에는 통일운동에 전념

---

175 김형수, 『문익환 평전』, 442.

176 서명자를 모집했지만 자신은 성서 번역과 4·19 행사 준비 관계로 명단에서 빠졌다. 서명자를 문익환이 직접 선정했는데, 그는 서명에 참여하는 것은 독립선언서에 이름을 올리는 것과 같이 영광의 초대라고 생각해서 올릴 만한 분을 올리기도 했고, 어떤 이들은 상황을 배려하여 빼기도 했다. 예를 들어 목사 이해영은 심장이 좋지 않아 뺐고, 목사 박형규는 출감한 지 얼마 되지 않아 뺐다. 김관석과 은명기의 경우 자신들과 의논하지 않고 이름을 넣은 것을 끝까지 양해하지 않아 무혐의 처분을 받고 풀려났다. 서명자는 윤보선, 함석헌, 김대중, 정일형, 이태영, 이우정, 김관석, 은명기, 윤반웅, 안병무, 서남동, 문동환, 백기완 등이었다. 김형수, 『문익환 평전』, 442-48, 475-90 참고.

177 문익환, 『하나가 되는 것은 더욱 커지는 것입니다』, 304.

했고, 1989년 북한을 방문하여 김일성과 회담을 가지면서 민간 차원에서의 통일운동의 불씨가 되었다. 그는 71세를 넘기면서 "급격한 반전의 페이지를 만들어내고 있었다." 새해가 밝아오는 아침에 밤을 꼬박 새워 썼다는 그의 시 「잠꼬대 아닌 잠꼬대」에서 그는 "난 올해 안으로 평양으로 갈 거야.… 난 걸어서라도 갈 테니까…"라고 방북 의지를 표명했다.[178] 그것은 실제로 그해에 온 나라를 흔들어놓았던 사건이었다. 그것은 남과 북의 권력자들에게 7천만 겨레의 이름으로 묻고 싶었던 "당신들은 정말 통일을 원하는가?"라는 질문을 담고 있던 행보였다.[179] 독일에서 베를린 장벽이 무너져 내리고, 남미와 중미에서는 독재자들이 물러나며 민주 정부가 세워지던 당시의 상황을 보면서 그는 온몸으로 외쳤다.

> 세계사의 새 지평이 열리는 때 우리는 과연 어쩌고 있는가? 한 민족이 이념과 제도에 있어서 대립 갈등하는 두 체제로 갈라져서 고민하는 것은 독일과 우리뿐입니다.…꼭 통일이 되어야 하고, 하자고만 마음먹으면 통일할 수도 있는 우리가 이 같은 아픔과 비극을 겪으면서 자본주의와 공산주의의 대결과 갈등 속에서 거의 반세기를 살아왔습니다. 이 아픔, 이 비극이 그냥 아픔과 비극으로 끝나서는 안 됩니다.…이 대립과 갈등에서 오는 이 아픔과 비극을 극복해야 합니다. 이 일 이상 민족사적 과제가 있을 수 없습니다. 나아가 전 세계를 양분했던 두 이념, 두 체제의 대립 갈등의 최대의 희생양 한국 민족은 세계적인 이 대립과 갈등의 극복에 적극적인 기여를 해야 합니다.[180]

---

178 문익환, "잠꼬대 아닌 잠꼬대", 『걸어서라도 갈 테야: 문익환 목사 북한 방문기록』(서울: 실천문학사, 1990), 16-19.

179 문익환은 대학생들이 분신을 하고 투신을 하는 것을 보면서 그 죽음을 헛되이 하지 않기 위해, 젊은이들의 죽음 행렬을 막기 위해 나이를 먹은 세대의 책무가 무엇인지 생각하면서 그런 결심을 하게 되었는데, 그것은 3년 전부터 가졌던 생각이었다. 김형수, 『문익환 평전』, 682-89.

180 문익환, "변호사님들께 5", 『걸어서라도 갈 테야』, 164.

그는 “45년간 굳어진 장벽을 뚫는 일”을 위해 방북 길에 나섰고, 이 일로 국가보안법 위반으로 징역 7년형이 확정되었으나 19개월 만에 형집행정지로 출옥했다. 그 이후 통일운동은 각계각층으로 확산되었고, 분단 45년째인 1990년 12월에는 그의 주도하에 남북 대표와 해외동포 대표가 베를린에서 만나 “조국통일범민족연합”(범민련)이 결성되었다. 그는 공안 당국에 의해 1991년 6월 형집행정지 취소로 재수감되어 21개월을 복역한 후 1993년 초에 석방된다. 1992년에는 미국인들이 그를 노벨평화상 후보로 추천하기도 했다. “겁이라고는 없는 사람, 도대체가 세상의 무서움을 전혀 모르는 사람”이었던 그를 아무도 가둘 수 없었다. 그는 석방되자 곧바로 “통일맞이 칠천만 겨레 모임”을 제창하며 거리로 나섰고, “통일의 바다에 우뚝 솟은 등불”로서의 역할을 수행했다.[181] 해방 50년이 되는 1995년이 희년으로서 해방 원년이 될 것이라는 확신과 기대를 가지고 통일을 맞이하기 위해 고심했던 문익환은 1994년 새해가 시작된 지 얼마 지나지 않아 1월 18일에 갑작스럽게 심장마비로 세상을 떠난다.

문익환의 생애와 사역을 살펴보면, 그의 젊은 날에는 일제에 항거하는 독립운동가와 목회자로 활동했고, 중년의 때에는 목회자와 성서 번역가 및 신학교 교수로 활동했으며, 전태일, 장준하 등의 죽음 이후에는 반독재 투쟁과 민주화 및 통일 운동에 전념했다. 그는 설교, 강의, 연설, 글 등을 통하여 성서의 기본 정신인 자유, 평화, 인권 등을 외치면서 학생들과 억압받는 사람들의 대변인이 되었으며, 민주화운동 진영의 기독교계를 대표하는 상징적 인물이 되었다. 그는 당시 모든 학생운동 진영에서 가장 존경받는 인물이었다.

181 김형수, 『문익환 평전』, 767-69.

### (2) 설교사역과 신학적 특징

담임목회 현장에 없었던 것은 아니었으나 주로 신학교 교수로 살았고, 인생의 후반부에는 이 땅의 민주화를 위해 살았던 문익환은 하나님의 말씀을 통해 평화와 정의를 외쳤던 설교자였다. 그의 삶과 사역, 설교 관련 자료들에 나타난 그의 설교의 특징은 다음과 같이 정리할 수 있다.

첫째, 문익환은 하나님의 말씀을 삶의 현장에서 몸으로 선포하고 살아낸 설교자였다. 그는 신학교 교수로서, 지역교회 목회자로서, 민주화운동의 대표자로서 다양한 곳에서 설교사역을 수행했는데,[182] 무엇보다도 말씀을 삶으로 실천했던 행동하는 설교자였다. 그는 "목사이면서 목사로만 머물지 않았으며, 시인이면서 시인으로만 그치지 않았고, 학자이면서 학자로 멈추지 않았"다. 그는 말씀을 사변적으로 이해하지 않고 삶으로 실천했으며, 군부 독재 시절에는 억압받는 수많은 사람들의 벗이었고, 행동하는 양심이었다. 그에 대한 평전을 쓴 작가 김형수는 다음과 같이 밝힌다.

> 전태일의 어머니 이소선은 삼엄한 감시와 탄압 때문에 숨조차 제대로 쉴 수 없는 형편이었다. 자신은 물정에 어둡고 아들의 친구들은 아직 어리고, 전화는 도청되고 방문자들은 불이익을 당하고…그런 상황에서 청계노조를 지켜낸다는 것은 엄두를 내기가 어려울 만큼 암담한 일이었다. 그때 용기를 불러일으키는 구원자가 나타났다. 이소선은, "장기표 선생은 우리를 가르치는 선생님이 되고, 문익환 목사님은 우리를 보호하는 아버지처럼 행동했다"고 말한다.…밑바닥 사람을 섬기기 위한, 소위 문익환의 하방(下方)은 그렇게 시작되었다. 그는 이제 노동자를 찾아다니기 시작한다. 가난과 질병과 무교육의 굴레 속에 묶여 버림받은, 저임금으로 혹사당하며 먼지 구덩이 속에

182 문익환의 설교문은 그의 전집에 실려 있다. 문익환, 『문익환 전집: 설교』, 12권(서울: 사계절, 1999), 참고.

서 햇빛 한번 못 보고 하루 열여섯 시간을 노동해야 하는 어린 여공들의 인간으로서의 최소한의 요구 속에 들어 있는 그리스도를 만나러 하강하는 것이다.[183]

둘째, 문익환은 불의한 권력에 대해 하나님의 말씀과 온몸으로 말씀을 선포한 저항의 설교자였다. 신학자 및 설교자로서의 정점에서 삶을 완전히 전환한 이후, 그는 말씀과 그것에 대한 실천으로서 불의한 세상과 맞서며 군부 독재 시절에 대안적 메시지를 전했던 저항의 상징이었다. 그는 신학자로서 말씀을 연구하며 살았지만 이제는 그 스스로 말씀이 되어 삶으로 살아내는 길을 선택한다. 그는 1973년 6월 1일, 그의 생일날에 맞추어 『새삼스레 하루』라는 시집을 발간하면서 '늦봄'이라는 호를 사용하며 저항 설교자의 길을 걸어간다. "지상에서 그가 55년 동안이나 끌고 다닌 것은 '조상들이 만들어준' 그의 그림자에 불과"한 것임을 깨닫고 전혀 새로운 차원으로 나아갔다.

그는 자신의 "내면에서 쏟아져 내린 하나님의 영과 시대의 소리에 맞추어 자신을 던졌고, 그로 인해 역사로 존재하게 되었다. 모두가 지쳐 스러질 때에 우뚝 선" 그는 시대의 스승이 되었고, "막히지 않은 길이 되었으며, 꺼지지 않은 불꽃"이 되었다. 그는 죽을 때까지 목사로서 하나님의 뜻을 이 땅에 펼치는 설교자였지만 언제나 설교를 듣는 양의 자리에 서 있었으며, "사랑도 남아도는 젖처럼 넘치는 생명을 가진 강자에게만 있는 것입니다"라고 말했다.[184] 그는 억압받는 민중의 친구로 서려는 치열한 몸부림을 계속하다가 수차례 투옥되어 노년의 대부분을 감옥에서 보냈지만 "사랑이 없

183 김형수, 『문익환 평전』, 402-3.

184 위의 책, 789-90; "문익환: 퇴색하지 않는 아름다움", 기독교사상 엮음, 『그 사람에게 가는 길: 공지영에서 문익환까지, 24인의 삶을 스케치하다』(서울: 대한기독교서회, 2011), 154-55.

으면 아무 일도 못한다"고 외쳤던, 넘치는 생명을 가진 강자였다. 그는 낭만과 열정을 가진 청년 설교자였으며, 거리의 설교자였고 고난당한 사람들의 친구였다. 그가 떠나고 10년 후, 전태일의 어머니 이소선은 "우리 유가협 어머니들은 목사님 없는 세월을 어떻게 살았는지 모르겠다고, 목숨이 참 독하다고들 말해요"라고 밝힌다.[185]

셋째, 문익환의 설교는 생명 사랑, 인간 존엄을 지켜내려는 설교였다. 그가 설교 가운데, 또 삶으로 선포한 생명 사랑의 길은 예수님이 걸으신 길이며, 그것은 고난의 길이지만 그리스도인들이 걸어가야 할 길이었다.

난 이유 없는 이 길을 다시 가야 하는군요
그럴밖에 다른 길이 어디 있겠습니까
당신이 절망하면서
절망하지 않고 가는 길
내가 누군데 안 갈 수가 있겠습니까

그는 불의, 불법, 억압, 분단의 영에 대해서는 과감하게 저항하며 생명 사랑을 가슴 전체로 실천하고 선포했던 설교자였다.

고마운 사랑아 샘솟아 올라라
이 가슴 터지며 넘쳐나 흘러라
새들아 노래 불러라
나는 흘러흘러 적시리 메마른 이 내 강산을
뜨거운 사랑아 치솟아 올라라

185 김형수, 『문익환 평전』, 800.

누더기 인생을 불 질러 버려라
바람 불어오너라 나는 너울너울 춤추리 이 언땅 녹여내면서
사랑은 고마워 사랑은 뜨거워
쓰리고 아파라 피멍든 사랑아
살갗이 찢어지면서 뼈마다 부숴지면서
이 땅 물들인 사랑아
이 땅 물들인 사랑아.[186]

그의 뜨거운 생명 사랑과 사랑의 실천, 고난으로 가득 찬 그 사랑의 길을 걸어가는 "불굴의 용기는 예수 그리스도의 십자가와 부활을 믿는 믿음에서 솟아나온 것"이었다.[187] 그는 시인으로, 민주화운동의 투사로, 민족통일 운동의 선구자로, 가난한 자의 친구로 살았지만 그 모든 것은 예수 그리스도의 생명 사랑 정신에서 기인했다. 그는 교회 강단에서 계속적으로 설교해 온 설교자였으며, 또한 그가 외친 설교를 삶의 현장으로 들고 나가 직접 살아내면서 그 생명 사랑의 품으로 사람들을 불러모았다.

넷째, 문익환의 설교는 성경 본문에서 발견되는 중심 주제와 관련하여 문제 제시나 시사적인 이슈로 접근을 시도하면서 성경 본문으로 들어가 깊이 본문을 설명한 다음, 그것을 가지고 다시 오늘의 상황으로 들어가 말씀으로 그 이슈를 밝히고 적용해주는 구조를 보여준다. 그러므로 그의 설교는 컨텍스트와 텍스트를 오가면서 메시지를 풀어가는 형식을 취하기도 하고, 전적으로 주제를 중심으로 풀어가기도 한다. 예를 들어 1958년에 행해진 "신앙과 민족애"(렘 5:1-6)라는 제목의 설교는 3·1운동 이야기와 순국선

---

186 문익환, 「고마운 사랑아」, 시 전문.
187 이해동, "꿈의 사람 믿음의 사람", 『문익환 전집: 설교』, 12권, 428.

열들의 민족 사랑 이야기로 설교의 문을 연다. 그는 그리스도인들이 "이다지도 이기적이 되고 편협한 사람들이 되어가고" 있음을 안타까워한다. 그리고 예수님의 민족 사랑과 예레미야의 민족을 향한 눈물을 이야기한다. "저는 이북의 공산군이 다시 내리 덮칠 것을 무서워하지 않습니다. 참으로 무서운 것은 이 민족이 도의를 헌신짝처럼 내버림으로써 내부 붕괴를 면할 길이 없었을 것 같은 것입니다." 그는 오늘의 맥락에서 우리 민족의 말라버린 눈물을 지적한 다음, 다시 텍스트로 들어가 징계의 매를 맞으면서도 아픈 줄을 모르는 민족을 향한 예레미야의 눈물의 메시지를 언급한 후에 다시 3·1운동의 정신을 강조한다.[188]

한편 "그리스도인과 민주주의"(약 1:19-25)라는 설교에서는 당시 국회에서 일어난 사건을 언급한다. 그는 현대 민주주의의 근본 사상은 개인의 존엄성이라면서 "한 사람의 생의 권리와 자유"를 인정하고 보존하는 것이 그 근간이라는 말로 주제에 대한 설명을 이어간다. 한 사람의 존엄성을 귀하게 여기는 것은 예수님의 정신이며, 그런 점에서 그는 민주주의가 기독교의 산물이라는 사실을 성경적 메시지를 통해 설명해간다. 그다음으로 개인의 존엄성은 타인의 존엄성을 인정하고 존중하는 것이며 "한국의 신도들이 그 신앙에 철저해지고 참 자유인이 되어서 그 자유를 수호하게 될 때 비로소 한국에도 민주주의가 탄생할 것"이라고 설교를 마무리한다.[189]

민족의 암울한 시절에 큰 등불을 밝힌 설교자, 하나님의 전령으로서 그는 신앙, 자유, 평화, 인권, 통일 문제에 대해 하나님 나라와 그리스도의 가치라는 토대를 가지고 광야에서 외치는 선구자였다. 그는 "사랑을 가져라! 사랑은 지치지 않는다"[190]고 외치는 데 지치지 않았다.

---

188 문익환, "신앙과 민족애", 위의 책, 190-94.

189 문익환, "그리스도인과 민주주의", 위의 책, 194-98.

190 김형수, 『문익환 평전』, 801.

'재야인사'(在野人士)라는 말이 주는 무게가 시대를 울리던 때가 있었다. 백발을 휘날리며 포효하듯 민중의 마음을 흔들던 그 모습이 한 자락이라도 보이면 권력이 긴장하던 시절이 있었다. 그가 노년의 몸을 청년처럼 움직이면 모두가 어느새 일제히 일어나 독재의 성채를 향해 진군하던 역사가 있었다. 손에 수갑을 차고 옥에 들어가서도 만면에 미소를 지으며 옥 밖에 있는 이들을 도리어 위로하던 그의 넉넉한 웃음이 우리 모두를 기쁘게 하던 시간이 있었다. 그가 두 팔을 벌리고 소리를 토해내면 그것이 곧 역사의 육성이 되고, 그가 훌쩍 발걸음을 옮기면 그것이 곧 역사의 한걸음이 되던 충격이 있었다. 바로 그 사람, 문익환은 시대의 선봉이었고 우리 모두의 횃불이었으며 내면의 감격이었다.[191]

## 김준곤 목사: 젊은 청년들에게 민족복음화의 비전을 심은 설교자

### (1) 생애와 사역

한국 대학생 선교의 대부로 민족복음화 운동의 선봉에 섰던 유성 김준곤 목사(1925-2009)는 전남 신안군 지도읍 봉리에서 8남 중 넷째로 태어났다. 그는 1941년 무안농업실수학교(현 무안중학교)를 졸업한 후 일본군의 징집을 피해 만주에서 오랜 기간 도피 생활을 했다. 그는 그때 기독교 신앙을 받아들였고 민족 구원에 대한 비전을 배웠다. 물론 그에게 처음 복음을 전하고 본격적으로 기독교 신앙에 입문시켰던 사람은 순회전도자로서 그의 고향 마을에 자주 찾아왔던 문준경 전도사였다. 그녀는 김준곤에게 "신앙의

191 "문익환: 퇴색하지 않는 아름다움", 기독교사상 엮음, 『그 사람에게 가는 길: 공지영에서 문익환까지, 24인의 삶을 스케치하다』(서울: 대한기독교서회, 2011), 155.

어머니"였고, 그가 신학을 공부하게 된 것이나 청년 전도의 비전을 갖게 된 것도 그녀의 영향에서 비롯되었다.[192]

그는 해방 후인 1946년 3월에 당시 서울 남산에 있던 장로회신학교에 입학하여 1948년에 1회로 졸업했는데, 한국전쟁 중에 가족을 잃는 아픔을 겪기도 한다.[193] 그는 1951년 9월에 목사안수를 받고 1952년 3월에는 조선대학교 문학과에 입학하여 1년 후 졸업한 다음, 광주 숭일중고등학교 교목으로 활동했고 1955-56년에는 교장으로 근무한다. 1957년 9월에는 미국 풀러 신학교로 유학을 떠나 공부하던 중 국제 대학생선교회(CCC) 총재였던 빌 브라이트를 만났는데, 그 만남은 그의 인생 전부를 바꾸어놓았다. 김준곤은 한국에서 대학생선교회를 시작하라는 그의 권유를 받고 귀국하여 1958년 10월에 한국 대학생선교회를 창설했고, 서울대, 고려대, 이화여대 등의 캠퍼스를 다니면서 전도했다. 그는 1958년 11월에 대학교 동아리 형식의 CCC를 정동제일교회에서 처음 발족하면서 대학생 선교와 봉사활동에 주력한다.

대학생을 대상으로 한 복음화 사역이 확대되면서 그는 1965-66년에 국회조찬기도회와 국가조찬기도회를 시작했고 1969년에는 군복음화 운동을 전개한다. 1968년에는 나사렛형제단을 창단하여 전도에 주력했으며, 1972년부터는 춘천을 필두로 성시화운동을 일으키기도 했다.[194] 민족복음

---

192 김준곤, "잊지 못할 신앙의 선배", 「CCC 편지」, 189호(1990년 10월), 4-7.

193 1950년 10월, 고향 신안군 지도읍에서 퇴각하던 공산군에 의해 아버지와 어머니, 아내가 죽임을 당하는 슬픔을 겪는다. 자신은 두엄 속에 몸을 피해 가까스로 생명을 건졌지만 일가족이 몰살을 당하는 현장을 지켜보아야 했다. 또 그때로부터 3개월 동안 21번이나 죽음의 위협 앞에 서야 했다. 그런 슬픔을 당한 후에도, 공산군에 동조하여 범행을 저지른 사람들을 용서할 것을 경찰들에게 요청하여 기독교 사랑의 모습을 보여주기도 했다. 김준곤, 『김준곤 예화』, 김성영 엮음(서울: 荀출판사, 1986), 250-51.

194 성시화운동은 민족복음화 이전에 한 도시만이라도 완전히 복음화하자는 비전과 함께 "전 교회가 전 복음을 전 시민에게"라는 슬로건을 가지고 민족복음화의 전략 도시로 춘천을 선정하여 운동을 전개한다. 이것은 본질적으로 복음화 운동이었는데, 거룩한 도시, 깨끗한 도시, 범죄 없는 도시를

화라는 기치하에 1974년에는 "엑스폴로 74" 대회, 1980년에는 "세계복음화 대성회", 1984년에는 "세계교회기도성회", 1985년에는 "엑스폴로 85 대회" 등을 주도한다. 1998년에는 우리민족서로돕기운동을 시작하여 상임 공동대표를 맡아 북한 주민 돕기에 나서기도 했다. 그의 사역은 대학생 선교로부터 시작하여 민족복음화로 확대되었다. 복음에 대한 그의 열정은 뜨거웠으며 일생의 사역을 통해 민족복음화에 지대한 영향력을 행사했다. 예수 혁명, 민족복음화, 기도운동 등의 슬로건은 수많은 젊은이들의 가슴을 흔들어 놓았고, 무엇보다도 그의 사역을 통해 수많은 헌신적인 지도자를 배출함으로써 20세기 중반 이후 한국교회 성장과 부흥운동에 큰 영향력을 미쳤다.[195]

### (2) 설교사역과 신학적 특징

김준곤의 설교 연구를 위한 자료는 그의 문설집 6권과 설교집에 비교적 잘 보존되어 있다.[196] 그의 설교사역과 설교문에 나타난 특징을 정리해보자.

첫째, 김준곤은 민족복음화와 영혼 구원에 초점을 맞춰 설교했다. 그의 책 서문에서 밝힌 대로 그는 민족복음화의 비전에 사로잡혀 평생을 달린 설교자였고, 예수 한국, 제2의 이스라엘, 선교 한국을 꿈꾸었으며, "복음화된 통일 한국"은 그가 평생 붙잡고 달렸던 비전이자 설교의 주제였다. 그는

---

만들기를 원했고 범죄율과 이혼율의 급감이라는 가시적 효과도 거두었다. 그는 2005년 성시화운동 총재를 맡아 국내 도시들뿐만 아니라 해외로까지 확대한다. 이 운동이 추구하는 구체적인 내용을 참고하기 위해서는 김준곤, "춘천 성시화운동 계획안 노트", 『민족의 예수 혁명론』, 金俊坤 文說集1(서울: 荀출판사, 1984), 476-84를 참고하라.

195 2003년 2월, 공식적으로 대학생선교회 대표직에서 물러날 때까지 약 30만 명의 대학생들이 CCC 활동에 관여했고, 수많은 목회자들과 각계각층의 지도자들을 배출한다.

196 그의 문설집은 다음과 같은 제목으로 출간되었다. 김준곤, 『민족의 예수 혁명론』, 『그리스도의 향기』, 『산 예수 산 신앙』, 『부활신앙과 성령과 민족』, 『기도 최우선 전략』, 『은총의 승리』(서울: 荀출판사, 1984). 이 문설집에 실린 설교문은 현장에서 녹음한 것을 풀어쓴 것이어서 구어체적 특성도 잘 보존되어 있다. 또한 「CCC 편지」에 30년간 기고한 설교문이 『김준곤 설교집 I』, 『김준곤 설교집 II』(서울: 荀출판사, 1989)로 출간되었다.

자신의 심경을 다음과 같이 밝힌다. "격동의 60년대를 배경으로 학원 전도를 하는 중…나는 내가 키워 놓은 순수한 학생들과 함께 밤을 새워 울고 기도하는 한편 민족복음화의 환상을 꿈꾸며 영적 청춘을 불태웠다."[197] 그는 복음으로 민족이 새롭게 되는 예수 혁명과, 신앙부흥을 통한 민족 부흥을 꿈꾸었다. 그가 대학생 선교와 민족복음화 운동의 슬로건으로 삼았던 "민족의 가슴마다 피 묻은 그리스도를 심어 이 땅에 푸르고 푸른 그리스도의 계절이 오게 하자"는 내용은 그의 설교의 중심 주제였다.

> 어머니처럼 하나밖에 없는 내 조국, 어디를 찔러도 내 몸같이 아픈 내 조국, 이 민족 마음마다 가정마다, 교회마다, 사회 구석구석, 금수강산 자연 환경에도 하나님 나라가 임하게 하시고 뜻이 하늘에서처럼 이 땅에서 이루어지게 하옵소서. 이 땅에 태어나는 어린이마다 어머니의 신앙의 탯줄, 기도의 젖줄, 말씀의 핏줄에서 자라게 하시고 집집마다 이 집의 주인은 예수님이라고 고백하게 하시고, 기업주들은 이 회사의 사장은 예수님이고 나는 관리라고 고백하는 민족, 두메마을 우물가의 여인들의 입에서도, 공장의 직공들, 바다의 선원들의 입에서도 찬송이 터져 나오게 하시고, 각급 학교 교실에서 성경이 필수 과목처럼 배워지고 국회나 각의가 모일 때도 주의 뜻이 먼저 물어지게 하시고, 국제시장에서 한국제 물건들은 한국인의 신앙과 양심이 으레 보증 수표처럼 믿어지는 민족, 여호와를 자기 하나님으로 삼고 예수 그리스도를 주로 삼으며 신구약 성경을 신앙과 행위와 표준으로 삼는 민족, 민족의식과 예수의식이 하나된 지상 최초의 민족, 그리하여 수십만의 젊은이들이 예수의 꿈을 꾸고 인류 구원의 환상을 보며 한 손에는 복음을 다른 한 손에는 사

197 김준곤, 『민족의 예수 혁명론』, 3.

랑을 들고 지구촌 구석구석을 누비는 거룩한 민족이 되게 하옵소서.[198]

민족복음화에 대한 열망은 그의 설교의 가장 중심을 이룬다. "21세기 우리의 후손들에게 이 자랑스런 예수한국을 물려줘야 하겠습니다. 기도의 불씨를 모아 성령의 핵폭탄이 터지게 해야 하겠습니다. 힘으로도 능으로도 안되지만 나의 신으로 된다 했습니다(슥 4:6)."[199] 그에게 그 혁명은 "양적 발전을 꾀하는 것이 아니라 질적 비약을 꾀하는 것"이었다. 그것은 "죽은 사람이 새로 태어나는 것과 같은 비약"이다. 그는 이것을 위해서는 절대 신앙, 절대 헌신, 절대 훈련, 절대 행동이 필요하다고 주장한다.[200] 또 어떤 방법으로 민족의 예수 혁명을 이룩할 것인가에 대해서는 "전도와 성령과 기도와 말씀과 사랑과 믿음의 방법"으로 가능하다고 전제하면서 이것이 "지극히 낡고 원시적이지만 최대 최고의 방법"이라고 주장한다. 어디에서부터 시작할 것인가에 대해서는 다음과 같이 주장한다.

혁명은 불과 같습니다. 불덩어리만 불을 붙일 수 있읍니다. 댐의 물이 수원의 높이 이상 오르지 못함같이 혁명의 열도와 혁명의 순도와 혁명의 농도는 혁명하는 사람에 의해서 결정됩니다. 유는 유를 낳습니다. 예수 혁명의 최초의 대상은 나 자신이고 그 다음은 내 곁에 있는 사람이며, 혁명의 가장 뜻깊은 시간은 현재 내가 처한 시간이며 상황인 것입니다. 그런 의미에서 예수 혁명의 최초 최고의 행동은 내가 예수화되는 것이며 나의 예수화의 순도와

198 김준곤, 『C.C.C.와 민족복음화 운동』(서울: 筍출판사, 2005), 4-5. 이 기도문은 1962년 2월 중순 C.C.C. 간사 수련회를 마치고 움막 같은 기도처에서 민족을 위해 드린 기도를 요약한 것이다. 이것은 약간 다른 내용으로 그의 설교에서 반복해서 나타난다. 김준곤, "민족부활의 에스겔 환상을 보자", 『김준곤 설교 II』, 358 참고.

199 김준곤, "민족복음화를 위한 환상과 기도", 『C.C.C.와 민족복음화 운동』, 66.

200 김준곤, "예수 혁명 운동", 『민족의 예수 혁명론』, 66-71.

열도가 우리들의 예수 혁명의 열도와 농도를 결정 지을 것입니다.[201]

이렇게 그의 설교는 민족복음화의 비전과 열망으로 가득 차 있다. 그의 설교에서 '민족'이라는 단어와 '복음'이라는 단어는 결코 빼놓을 수 없는 명제였으며, 그는 그것을 품고 끊임없이 기도하고 외쳤던 설교자였다. 복음에 대해 다소 낙관적이고 순진한 이해가 보이기도 하지만 당시 시대적 분위기에 편승하여 그의 설교에는 복음을 통한 민족 구원의 소망과 비전이 넘쳐나고 있다.

우리 민족 대다수의 사람이 예수를 믿어서 성령충만을 받으면 도시가 복을 받고 농촌이 복을 받을 것입니다. 우리 민족 대다수의 사람이 예수를 잘 믿고 성령충만을 받으면 우리가 기르는 짐승들이 무병하고 살찌며 축산업이 잘 될 것입니다.…우리의 산에는 푸르고 푸른 나무들이 자라게 될 것입니다. 정원도 푸르고 공원도 푸르고 거리도 푸르게 될 것입니다. 푸르고 푸른 그리스도의 계절이 올 것입니다. 이상하게 인심이 황폐하면 산야도 황폐합니다. 우리의 마음을 다스리지 않으면 산을 다스릴 수가 없는 것입니다. 우리 민족이 예수를 잘 믿어서 성령충만을 받으면 농촌에 풍년이 들어 식량이 남아돌 것입니다. 우리가 성령의 전적인 지배를 받는다면 공산당이 일곱 길로 도망을 갈 것입니다.…그리고 바다에는 고기가 많이 잡혀 세계 제일의 어장이 형성될 것입니다.…또 우리가 예수를 잘 믿게 되면 다른 나라에 돈을 꾸러 다니는 것이 아니라 외국이 돈을 꾸기 위해 우리나라에 오게 될 것입니다.…또 한국의 과학자들이 암을 고치는 약과 같은 획기적인 것을 발명하여 세계 각국에 팔 수 있게 될 것입니다. 하나님께서 계시로 그런 지혜를 주실 것입니

201 김준곤, "민족의 예수 혁명론", 위의 책, 60.

다. 그래서 한국은 20세기의 신화의 나라로 등장하게 될 것입니다.[202]

민족복음화에 대한 그의 비전은 대학 캠퍼스 복음화, 엑스폴로 74와 같은 대중 집회, 국회조찬기도회와 군복음화 운동으로 확대된다. 박정희 대통령이 군인들의 사상과 정신 무장에 대해 자문을 구해왔을 때 그는 전국신자화운동을 제안했고, 진보적 지식인들이 반독재와 인권운동을 벌이고 있을 때 그는 민족복음화와 전도 운동에 온 마음을 쏟았다. 1980년대에는 세계복음화성회를 열면서 세계 선교에 관심을 기울였고, 결과적으로 10만 명의 젊은이들이 장단기 선교사로 서약하기도 한다. 또한 2000년대로 들어서면서는 북한 선교에도 깊은 관심을 가지고 북한에 젖염소 보내기 운동을 대대적으로 펼치기도 했다.[203]

둘째, 김준곤의 설교는 복음을 통해 사람을 양육하고 세우는 설교였다. 그는 대학생선교회를 설립하여 대학생 약 45만여 명을 훈련시켰고, 그들은 이후 교계와 사회 각계각층에서 활동하는 지도자가 되었다. 그의 사역이 젊은이들을 세우는 사역이었기 때문에 그의 설교는 복음, 민족, 비전, 열정, 선교 등의 개념으로 가득 채워져 있으며, 끊임없이 말씀의 세계를 보여주고, 이를 삶의 현장, 특히 민족과 복음의 현장에 연결시키면서 결단을 촉구하는 설교였다. 1960년대를 마감하고 1970년이 시작되는 새벽 0시에 시작한 기독교방송의 설교에서 그는 다음과 같은 비전을 제시했다.

사도행전의 사람들은 무엇인가에 취하고 미쳤다는 비난을 받았습니다. 그들은 불덩어리였습니다. 우리도 그렇게 할 수 있다고 믿어야 하겠습니다. 그

202 김준곤, "민족복음화와 세계 선교의 비전", 『C.C.C.와 민족복음화 운동』, 107-9.
203 서은옥, "故 김준곤 목사의 일생", 「미래한국」(2009년 10월 14일).

렇게 믿는 것이 성경적입니다. 그리스도를 위해 죽기를 각오하고 목숨을 내버린 사람처럼 무섭고 힘 있는 사람은 없습니다. 그리스도의 열두 제자들은 보잘것없는 소수였습니다. 예수의 열은 그 어떤 것보다 뜨겁고 그 어떤 것보다 강렬합니다. 1만 2천여 개의 한국교회에 전도의 불을 지르는 사람, 그 열병을 퍼뜨리는 사람들을 불러일으켜야 하겠습니다. 10대의 소년들이 일어나서 어른들의 잠을 깨워야 하겠습니다. 예수 믿는 청년들에게, 한국의 학생들에게 저는 호소하고 싶습니다. 청년들은 그 민족의 심장이요 소망이요 비전이요 감격입니다.…자원하는 전도 청년, 학생 십자군 수천 명이 훈련을 받아서 옛날 탁발 수도승들처럼, 금광이나 산삼을 찾아 일생을 산으로 다니는 사람들처럼, 무전 여행자처럼, 혹은 보부상처럼, 마을마다 그들이 찾아가서 사랑방에서 논두렁에서 두세 사람이 모여 예배하는 교회 이전의 원색의 교회가 10만 개만 생기면 한국 농촌은 복음화될 수 있습니다. 이런 곳에서 한국의 사도행전을 다시 써야 하겠습니다.[204]

그는 당시의 엘리트 그룹인 대학생들을 모아 선교회를 조직하고 그들을 말씀으로 끊임없이 양육하고 훈련했을 뿐만 아니라 그들에게 민족복음화에 대한 비전을 심어주었다. 그의 설교는 계속해서 그들의 눈을 열어주고 가슴에 불을 지피는 역할을 했으며, 그 설교를 통해 수많은 사람들이 결단하고 헌신했다. 그의 비전이 젊은이들의 가슴을 흔들어놓았다. 그는 한국이 "복음전도의 전례 없는 최후 최대의 기회", "세계 사상 전례 없는 신앙의 기회를 가지고" 있음을 강조하면서 이를 위한 헌신을 촉구한다.

여기에 계신 여러분들께 저는 오늘 민족적인 신앙적 비전을 호소하고 싶습

204 김준곤, "민족복음화의 선언", 『민족의 예수 혁명론』, 63-64.

니다. 온 세계의 인심이 이리 떼처럼 살벌한 이때에 누군가 한 사람쯤은 사랑의 원리로 사는 사람이 있기를 바랄 것입니다. 나라와 나라 사이에 무서운 전쟁이 벌어지고 있고 경쟁이 벌어지고 있는 살벌한 국제정세 속에서 어느 한 나라쯤은, 어느 한 민족쯤은 사랑과 성령의 원리로 성령에 충만해서 내 이웃을 내 몸과 같이 사랑하면서 내 나라뿐 아니라 원수의 나라까지 사랑하면서 세계에 축복을 전해주고, 영생을 전해주고, 기쁨을 전해주고, 믿음을 전해주고, 기도를 전해주는 나라가 있을 필요가 있는 것입니다. 바로 이 나라가 대한민국이라고 생각할 수 있겠습니다.…우리나라 사람들이 복음화되고, 가난한 사람들에게, 병든 사람들에게, 불쌍한 사람들에게 그리스도의 복된 소식이 전해지는, 머리털부터 발바닥까지 예수 그리스도가 지배하는 이런 민족이 되기 위해서 우리는 기도해야 하겠습니다.[205]

그래서 그의 설교는 끊임없이 젊은이들을 깨우치며 이 꿈을 불어넣고 있다. 그 꿈은 복음, 영혼 구원, 민족, 복음화, 세계 선교 등과 관련되어 있다.

젊은이들이 큰 꿈을 가져야 하겠습니다. 믿음을 크게 가져야 하겠습니다. 생각을 크게 가져야 하겠습니다. 큰 마음을 가져야 하겠습니다. 히틀러 마음보다 더 큰 마음을 가져야 하겠습니다. 스탈린이나 마르크스의 마음보다 더 큰 마음을 가져야 하겠습니다. 그들은 세계 혁명을 꿈꾸었습니다.…우리는 하나님의 왕자로서, 예수 그리스도를 배경으로 하는 사람으로서 우리 민족을 과거사에 없었던 민족으로 만들 수 있습니다. 새 민족의 새 역사를 만들 수 있습니다. 그 어느 나라보다도 아름다고 훌륭한 나라를 만들 수 있습니다. 주님께서는 그것을 하실 수 있습니다.…이 자리에 모인 사람은 소수이지만

205 김준곤, "민족복음화의 비전", 위의 책, 144-45.

모두 불덩이가 되어 돌아간다면 놀라운 힘을 발휘할 수 있을 것입니다.[206]

그는 불타는 열정으로 젊은이들에게 민족의 토양 속에 묻힌 한 알의 밀알이 될 것을 끊임없이 촉구한다. 즉 어디서 무엇을 하든지 복음을 위해, 민족을 위해 썩어지는 밀알 신앙을 촉구한다.[207] 그는 새해 원단에 젊은이들을 훈련하는 자리에서 복음에 대한 열정과 비전을 가지라고 설교한다.

> 참으로 한국의 예수 혁명을 위해 목숨을 내버리고 죽기를 각오한 사람이 300명만 있으면 한국은 반드시 기독교화될 수 있다고 믿습니다. 죽기를 각오한 사람처럼 무섭고 힘있고 자유로운 사람은 없습니다. 위대한 일치고 열정 없이 된 일이 없습니다.…우리는 기어이 우리 세대가 가기 전에 한국 민족을 기독화시켜야 합니다. 반드시 기독화된다고 믿고 기독화가 되도록 힘써 기도하고 노력하는 것이 하나님의 뜻입니다. 우리는 그 이하를 생각할 수가 없습니다.…예수는 생명입니다. 길입니다. 진리입니다. 그밖에 다른 길은 없습니다.…예수의 열은 그 어떤 것보다 뜨겁고 그 어떤 것보다 강렬합니다. 1만 2천여 개의 한국교회에 전도의 불을 지르는 사람, 그 열병을 퍼뜨리는 사람들을 불러일으켜야 하겠습니다.…일어나서 어른들의 잠을 깨워야 하겠습니다. 예수 믿는 청년들에게, 한국의 학생들에게 저는 호소하고 싶습니다. 마음마다 공허하고 불안하여 모두 그리스도를 기다리며 찾고 있습니다. 청년들은 그 민족의 심장이요, 소망이요, 비전이요, 감격입니다.[208]

셋째, 김준곤의 설교는 세상의 모든 사조와 철학 및 종교와 관련하여 예수

---

206 김준곤, "예수 그리스도만이 우리의 길", 『부활 신앙과 성령과 민족』, 126.

207 김준곤, "민족의 토양 속에 묻힌 한 밀알의 꿈", 『민족의 예수 혁명론』, 221-30.

208 김준곤, "민족의 예수 혁명론", 위의 책, 57, 67.

그리스도와 기독교 신앙의 절대성을 계속해서 변증하는 특성을 가진다. 이것은 젊은 대학생들을 대상으로 한 설교가 주를 이루기 때문이다. 그의 설교는 끊임없이 예수 그리스도의 유일성과 복음의 절대성을 강조한다. 그에게는 예수 그리스도만이 구원자이시며 모든 것을 상대화시키는 절대자이시다. 그분은 생명의 근원이시고 인간의 삶을 바꾸시는 혁명의 근원이시며, 인류의 소망이 되신다. 그에게 예수 그리스도는 "나라와 겨레가 잘 되고 잘 살 수 있는 유일한 길"이 되신다.[209] 예수 그리스도는 그의 설교의 주제이며, 알파와 오메가가 되시는 분이시다.

> 그리스도가 모든 것의 모든 것 되시고, 축복의 축복이 되시고, 은총의 은총이 되시고, 겹겹이 쌓여지는 은총 위의 은총, 축복 위의 축복, 모두가 그리스도로부터 옵니다. 우리는 그리스도로 말미암아 주님 앞에 옳다 함을 받았습니다. 그리스도로 말미암아 하나님의 자녀가 되었습니다. 그리스도로 말미암아 죄 사함을 받았고, 그리스도로 말미암아 성령의 충만을 받았습니다.… 그리스도로 말미암아 우리는 그의 생명을 받았습니다.…그리스도는 우리의 평화이시고, 우리의 기쁨이시고, 행복이십니다. 우리의 복의 근원입니다. 주 예수 자신이 우리의 평화라고 말씀하셨습니다. 우리의 절대 안전 보장은 생명 보험에 있는 것이 아니라, 정권 안정에 있는 것이 아니라 예수 안에 있습니다.…그리스도는 우리의 소망이시고 인류의 소망입니다.…그는 우리의 피난처이시며 우리의 방패이십니다. 알파와 오메가요 처음과 나중이고 시작과 끝이며 전부의 전부이십니다.[210]

---

209 김준곤, "예수 그리스도만이 우리의 길", 123-32.

210 김준곤, "알파와 오메가요 모든 것의 모든 것 되신 주님", 『산 예수 산 신앙』, 金俊坤 文說集 3(서울: 筍출판사, 1984), 376-77.

넷째, 김준곤의 설교는 예수 그리스도와 복음이 중심을 이루고 있을 뿐만 아니라 복음에 합당한 삶을 강조한다. 그에게 예수님과 복음은 설교의 이유이자 목적이었다. 그래서 그의 설교의 중심에 도도하게 흐르는 물줄기는 피 묻은 십자가의 복음이고, 인류를 구원하시기 위해 그런 사랑을 주신 예수 그리스도가 중심을 이룬다. 예수 그리스도는 생명의 길이시고, 구원의 진리다. 그는 주님과의 러브스토리를 기록한 한 책의 머리말에서 다음과 같이 고백한다.

> 언어가 하나밖에 없는 어느 성자의 이야기를 생각해본다. 무슨 말을 물어도 대답은 하나뿐이었다. 백문일답의 사람이라 할까? 이름을 물어도 "예수 그리스도", 직업을 물어도 "예수 그리스도." 알파에서 오메가까지 그의 의식에는 "예수 그리스도"로 꼭 차 있었다. 수도꼭지를 틀면 물밖에 안 나오듯이 시도 때도 없이 의식 무의식 순간에 예수밖에 없었던 사람이 사도 바울이었다.…내 의식 속에도 그런 예수님으로 꽉 차 있다.…천지가 변하고 천하의 부부와 인간의 부모 사랑이 다 변해도 변할 수 없는 주님의 나를 향한 절대 사랑만은 세상 끝까지 하늘 끝까지 인간 끝까지 타협도 양보도 안 할 것이다. 나는 십자가에 매달린 주님을 쳐다보며 하루에도 열 번도 더 울며 감사하며 산다.[211]

그에게 예수 그리스도는 신앙의 액세서리도 아니고 신앙 유희의 대상도 아니다. 그것은 구체적으로 결단하고 삶의 중심에 받아들여야 하는 진리이며, 삶으로 살아내야 하는 실천 과제다. 그는 그의 설교 가운데서 그 사실을 다음과 같이 밝힌다.

---

211 김준곤, 『영원한 첫사랑과 생명언어』(서울: 도서출판하나, 1993), 4-6.

그리스도를 살아 계신 주님으로 내 마음속에 모셔야 합니다. 교회에 나오는 사람들 중에 그리스도에 대해서 호감을 갖지 않는 사람은 없을 것입니다. 요사이 많은 지성인들이 기독교에 감화를 받아서 그리스도를 좋은 분으로 알고 기독교에 관한 책 한 권쯤 갖다놓는 것을 마치 부자들이 대영 백과사전을 갖다놓듯이 생각하고 성경책이 없으면 지성인이라고 할 수 있느냐라고 생각할 정도로 훈장처럼 성경책 한 권씩을 가지고 있는 것이 사실입니다. 또 부인이나 자녀들이 교회에 나가는 것을 문화인으로 알고 있습니다. 그리고 기독교에 관한 책도 읽고 필요하면 후원도 하고 교회에 헌금도 바치면서 종교를 하나의 교양으로 믿는 사람들이 있습니다. 하지만 살아 계신 그리스도는 이론적인 교양이 아닙니다. 지성인이나 문화인이 되는 조건도 아닙니다. 그냥 살아 계신 우리의 주님이십니다.[212]

그의 설교는 생명의 근원이신 예수님을 구주로 반드시 모셔들이고 주님으로 고백해야만 한다는 점을 지속적으로 강조한다.

예수님은 전 인류의 중심이며 나의 중심이며 여러분의 중심입니다. 전 초점이 예수에게 기울어집니다. 앉으나 서나 자나 깨나 예수님을 인정하고 예수님을 중심에 모시고 삽니다. 예수님은 우리에게 주는 하나님의 말씀입니다. 하나님이 예수님과 함께 우리 안에 성령으로 거하십니다. 또 하나님의 뜻을 계시해주시고 전달해주시는 장소가 곧 예수님을 믿는 믿음의 장소입니다. 예수님은 우리가 날마다 짓는 죄를 씻어주십니다. 단 한 번 예수님이 십자가에 달리심으로 우리의 과거·현재·미래의 죄가 다 없어졌습니다.[213]

212 김준곤, "산 예수 산 신앙", 『산 예수 산 신앙』, 72.

213 김준곤, "살아 계신 진리", 위의 책, 405-6.

이런 복음 중심의 설교는 삶의 실천을 강조한다.

> 한국교회는 전도하고, 예배 드리고, 모이고, 기도하고, 성경 암송하고, 헌금 열심히 하는 일에는 A학점을 줄 수 있어도 사랑하고, 깨끗하게 살고, 하나 되는 점에서는 D나 F학점밖에 못 받은 에베소 교회일지 모릅니다. 에베소 교회가 첫사랑을 상실한 것을 경고 받고 회개치 않아 촛대가 옮겨지고 교회도 없어지고 말았던 교훈을 되새겨볼 때입니다.…지금은 한국교회 최대의 위기를 맞고 있습니다. 십계명이 국민 윤리화되고, 성경은 민족의 교과서가 되고, 여호와 하나님이 우리 민족의 하나님이 되고, 예수 그리스도가 우리의 주가 되는 비전과 기도를 다시 회복해야겠습니다. 80% 불신 동포의 복음화 문제, 의식과 문화와 구조의 복음화 과제, 신앙통일과 연관한 남북통일의 강을 기필코 건너야겠습니다.[214]

그는 교회가 할 일을 제대로 안 했기 때문에 사회가 도덕적으로 부패해졌다고 인식하고 "모든 교회가 사랑과 나눔을 실천하고 사회적 책임을 다해야" 한다고 강조한다. 그러면서 어떻게 교회가 이런 역할을 수행할 수 있을 것인지에 대해 한 가지 일화를 소개한다.

> 제가 일제 강점기에 전남 신안의 지도란 섬에서 태어났는데, 지도의 부속도 중에 증동리라는 곳이 있어요. 그곳에서 목회하신 문준경이라는 제 친척 아주머니가 목민센터의 모델입니다. 제가 예닐곱 살 때 예수님에 대해 처음 얘기해주신 분이죠. 신학교를 졸업하고 두 달 반가량 증동리교회에 머물며 지켜봤는데, 믿는 사람 안 믿는 사람 가리지 않고 다 도와주는 그야말로 선한 목

214 김준곤, "21세기 기독교의 강은 어디로 흘러야 하는가", 『C.C.C.와 민족복음화운동』, 301-2.

자였어요. 집에는 병든 사람 네댓 명이 머물고 있었죠. 새벽기도가 끝나면 큰 바랑을 들쳐 메고 나갔는데, 동네 사정을 샅샅이 꿰고 있었어요. 부잣집, 굶는 집, 병든 집, 제삿날, 잔칫날을 다 파악하고 있다가 형편이 넉넉하거나 제사 음식, 잔치 음식이 있는 집에서 먹을거리를 얻어다 굶는 사람, 병든 사람에게 나눠줬어요. 누룽지도 죄다 걷어 말려놓았다가 춘궁기에 나눠주니 아무리 가난해도 굶는 사람이 없었죠. 지인들에게 갖가지 약을 보내달라고 해서 병든 이에게 쥐여주고, 도박하는 사람, 가정 폭력을 휘두르는 사람, 불효하는 청년들을 타이르기도 했어요. 그러니 그 지역 주민의 90%가 예수를 믿었죠.[215]

다섯째, 김준곤의 설교는 실존적 고통의 경험에서 태동하여 주님을 향한 사랑으로 승화된 사랑의 고백이고 선언이며 증언이었다. 그의 부친은 6·25 때 공산군에 의해 그의 눈앞에서 학살당했다. 곤봉과 죽창과 돌에 맞아 쓰러졌다. 아버지가 돌아가신 줄로 알았는데 벌떡 일어나더니 사자처럼 울부짖듯 아들의 이름을 부르다가 순교를 당한 광경을 그는 두 눈으로 목도했다. 그는 아버지의 모습에서 자신을 부르다가 심장이 터져 돌아가신 주님의 사랑을 생생하게 깨달았다. 또한 그의 큰딸의 죽음은 그가 인생의 비극적 사건을 통해 주님의 사랑을 더 깊이 깨닫고 고백하는 전환점이 되었다. 만 29세의 나이로 두 딸과 남편을 남겨두고 위암으로 먼저 세상을 떠난 사랑하는 딸의 죽음은 김준곤의 삶에서 가장 큰 고통이었다. 주님을 향해 부른 그의 믿음과 사랑의 노래를 담은 책의 첫 번째 글에서는 딸의 죽음을 가리켜 "존재의 제로점"이라고 명하면서 다음과 같이 묘사한다.

신희의 최대의 공포는 참을 수 없는 극한 고통이었다. 진통제들이 잘 듣지

215 "송년특별 인터뷰: 한국대학생선교회 총재 김준곤 목사", 「신동아」(2006년 12월 호).

> 않아 모르핀을 써야 하는데, 말기 암환자에게는 모르핀도 잘 듣지 않게 되는 경우가 많아 의사들은 최후까지 모르핀 쓰는 일에 인색하여, 많은 암환자들이 죽기 전 일주일 정도는, 거의 광란 상태로 들어간다고 한다. 신희가 고통을 참는 것을 보면, 이마에 식은땀이 배고, 두 발과 두 손목을 비틀고 온몸을 비틀며 주님을 부른다. 나중에는 신희는 누워서 기도하고, 나와 내 아내는 끊임없이 신희의 손목을 잡고 신음 같은 기도를 했다. 신희가 기도할 때마다, 나는 내 죄를 창자까지 토했고, 자나 깨나 앉으나 서나 주님과 신희를 번갈아 부르며 숨 쉬듯 기도했으나, 내 생애의 가장 애절한 기도는 무참히 거절당했다.[216]

열두 번이라도 더 사랑하는 딸을 대신해 아프고 싶었지만 그리할 수 없는 상황에서, 위암 말기의 고통을 혼자 감내하며 힘들어하는 딸을 주님께 맡기면서 "어느 날 나와 내 아내는 아브라함이 이삭을 바치는 순종과 수락을 결심하면서 지각에 뛰어난 평강이 왔다"라고 고백한다. 또한 그는 그 아픔의 시간에 "주님의 절대 사랑과 어떤 상황에서도 승리하는 힘을 주실 것에 대한 신뢰와 신앙을 나는 다시 고백하고 다시 확인해야 하는 과제 앞에 서게 되었다"고 고백한다. 아버지로서의 아픔과 눈물, 몸부림의 기도 후에 그는 거기에서 주님은 살아 계시고 주님은 사랑이심을 새롭게 고백한다.

> 내 딸이기 이전에 주님 딸이다. 내가 사랑하기보다 주님이 더 사랑하신다. 그래서 주님은 신희가 이 세상에서보다 천국에서 더 필요하셔서, 더 좋은 곳으로, 최선의 것을 예비하시고, 높이 쓰시려고, 특별 고통 코스로, 특별 연단을 시켜, 특별히 불러가신 것이다. 그런 주님을 나는 죽을 만큼 진실되고 순

216 김준곤, 『영원한 첫사랑과 생명언어』(서울: 도서출판하나, 1993), 17-19.

수하게 찬송한다. 신희의 끊임없는 기도는 어떤 경우에도 "주님께 영광 돌리고 주님을 찬송하게 하소서"였다.…예수님은 생명이다. 진리다. 사랑이다. 용서다. 복음이다. 구원이다. 천국이다. 자유다. 해방이다. 예수님이란 캡슐 속에는 우리가 열망하는 모든 것이 들어 있다. 예수님 없는 마음은 허무다. 죽음이다. 불안이다. 절망이고 공포다. 지옥이다. '죽음'의 집에서 죽음의 드라마를 연출하는 것이 역사인 것 같다. 예수님은 내게는 숨이다. 목숨이다. 알파와 오메가다. 물과 물고기, 공기와 생물, 숨과 생명의 관계다. 숨이 끝나면 죽음이듯이, 예수님 없는 내 의식은 숨이 끊어져 죽은 것이다. 내게는 주님 없이 지나는 길이 없다. 주님 없는 시간도 공간도 내게는 죽은 것이다. 주님 없는 잠자리, 주님 없는 사건들, 내게는 죽은 사건들이다. 내게 사는 것은 예수님이다.[217]

여섯째, 김준곤의 설교는 뛰어난 직관, 비유, 스토리, 운율, 시어, 논리, 적절한 예시, 그림 언어, 상상력 등이 융합된 종합 예술의 형태를 보여준다. 당시는 주제를 중심한 대지설교가 가장 널리 사용되던 때이나 그는 탁월한 직관과 예시, 시어, 스토리텔링의 기법을 활용한다. 그뿐만 아니라 그는 복음에 대한 변증과 깊이 있는 논리로 설교를 진행한다. 이런 특징은 그의 설교 전반에 걸쳐 나타나는데, 4·19 기념일에 행한 설교에서 그 예를 찾을 수 있다.

3·1운동이나 4·19 의거는 억압하는 정권이나 부패 세력에 항거해서 독립과 자유를 찾기 위해서 일어났는데 이것이 한국 정신이고, 이것이 우리 민족의 좌표이므로 이 정신으로 나아가고자 합니다. 이것은 이해될 만한 이야기입니다. 그러나 우리는 그 정신에만 머물러 있을 수는 없습니다. 그 이상의

217 위의 책, 19-20, 34-35.

것이 필요합니다. 예수 정신, 예수 운동이 필요합니다.…이것이 우리 한국사를 가로지르고 흐르는 대하(大河)가 되어야 합니다. 이 강을 흐르게 할 사람이 바로 우리들입니다. 한국사의 강은 어디로 흐르고 있느냐 하면 예수에게로 흐르고 있습니다. 저는 외부적으로는 이런 강 저런 강이 있지만 내부적으로 깊이 흐르고 있는 한국사의 강은 예수의 강과 마르크스의 강이라고 생각합니다.[218]

이렇게 시작된 설교는 상상력과 이미지를 통해 효과적으로 메시지를 전하고 탄탄한 논리를 통해 이를 풀어가며 장엄하게 결단을 촉구한다.

이 땅에 그리스도의 강이 흐르게 해야 하겠습니다. 한국 학원에 예수의 강이 흐르게 해야 하겠습니다. 하나님의 사랑은 거짓말이 아닙니다. 꿈이 아니고 소설이 아니고 신화가 아닙니다. 피 묻은 현실입니다. 예수밖에는 나아갈 길이 없습니다. 살 길이 없습니다. 자유의 길도 없습니다. 너무도 급하고 너무도 중요하고 너무도 필요한 것이 예수님입니다. 모든 소리를 상대화시켜버릴 수 있을 만큼 예수의 소리가 절대화되어야 합니다.…우리는 다른 것을 주려고 해서는 안 됩니다. 여러 가지 할 일이 많지만 먼저 그의 나라와 그의 의를 구하면 모든 것을 더하시리라는 약속을 가지고 있는 우리들은 한국사의 강을 예수의 강으로 흐르도록 해야 할 것입니다. 예수의 강으로 세계사의 강물이 흐르게 해야 할 것입니다.[219]

그의 설교에서 사용된 용어는 시적이고 이미지화된 그림 언어들[220]이며, 또

218 김준곤, "민족사의 강은 어디로 흐를 것인가?", 『민족의 예수 혁명론』, 346.

219 위의 책, 357.

220 그의 설교문에는 이런 표현들로 가득 차 있다. 예컨대 이제는 우리에게 익숙한 단어와 개념이 되

한 그의 설교에는 본문의 세계에 대한 탁월한 묘사, 공감적인 인물묘사와 뛰어난 심리묘사 등의 기법이 사용된다. 선포된 설교라기보다는 기록된 설교문의 형식인 「CCC 편지」에는 여러 편의 설교가 등장하는데 그중 한 편을 보자.

> 창녀는 자기 생일도 모른다. 줄이 다 끊어져 버린 몸통만 남은 거문고같이 감정이 굳어져야 살 수 있었다. 사람은 모조리 짐승같이 무섭고 싫다. 어떤 남자가 어젯밤 예수의 이야기를 들려주었다. 창녀도 빨려 들어가듯 그 흐름의 뒤를 따랐다. 말씀마다 가슴에 못 박히듯 박혀지고 예수님은 그녀만을 쳐다보는 것 같았다. 처녀가 남자를 만나면 여자가 되고, 그 여자가 예수를 만나면 다시 처녀가 된다. 가닥가닥 끊어진 영혼의 거문고 줄에서 노래가 흐르기 시작했다. 새로 태어나는 수난이었다. 얼굴에 성스러운 광채. 갓 깨어난 병아리가 보골보골 노란 솜털 병아리로 변호하듯이. 이 신비스러운 중생의 현장을 상상해보라. 베로니카의 전설의 여주인공도 그녀였다. 지금은 주님 발 앞에 입 맞추는 그녀는 바로 내 창녀 같은 영혼의 자화상인 듯 싶어 이 글을 쓴다.[221]

1958년 한국대학생선교회를 창설한 이후 김준곤은 복음에 기초한 설교를 통해 젊은 대학생들의 가슴에 복음을 심고, 그들을 세워 민족복음화와 세계 선교의 큰 사역을 감당하면서 큰 족적을 남긴 설교자였다. 김정우는 김준곤의 설교를 3기로 나누어 초기부터 그의 나이 40대까지의 설교를 "대

---

기도 했지만 민족의 가슴, 민족 부활, 영원한 모상, 모두의 영혼의 고향, 푸른 그리스도의 계절, 어머니의 젖줄, 탯줄, 핏줄, 숨줄, 생명줄, 모순 부정의 질적 변화운동, 예수 혁명, 무신앙의 빈집, 전천후 신앙 등 그가 사용하는 용어는 시인의 직관과 사유에서 나온 것임을 알 수 있다.

221 김준곤, "한 창녀의 이야기", 「CCC 편지」(1986년)

학생 선교 및 민족복음화의 설교", 50대에서 60대 중반까지를 정동채플 설교 즉 목회적 설교, 60대 중반 이후부터 80대까지를 후기 설교 즉 사랑과 실천과 백문일답의 설교로 규정한다. 김정우는 김준곤의 설교를 "생생하게 살아 있는 언어, 정선된 언어, 체화된 언어, 영혼 속에서 뿜어져 나오는 언어의 은하수를 만든" 설교로 정리하면서 "대학생 선교 설교, 한국 현대사의 무대에서 낭송된 '복음 설교', 인류 지성사의 무대에서 낭송한 '복음의 묵상', '역사와 시대의 변화'에서 종말론적 미션 공동체를 만드는 'Visionary 설교'" 등으로 평가한다.[222] 김준곤은 그 자신의 설교사역을 다음과 같이 정리한다.

> 나는 신학자도 아니고 부흥사도 못 되고 그렇다고 목회자도 아니다. 다만 25년을 주로 대학생만 상대로 무명의 전도 생활을 하다 보니 대학생들의 언어와 사고방식에 익숙해질 필요가 절실했다. 그래서 설교 준비를 위해서 24시간 생각하고 읽고, 길 가다가도 나만 아는 난수표 같은 메모를 했다가 부조리의 산문적 세대를 상대로 나는 자주 제목이 없는 사랑방 방담같이 상황에 따라 무드가 흐르는 대로 대담식 이야기를 했다. 격동의 60년대를 배경으로 학원 전도를 하는 중 겹치는 한많은 민족의 수난 속에서 나는 내가 키워 놓은 순수한 학생들과 함께 밤을 새워 울고 기도하며 한편 민족복음화의 환상을 꿈꾸며 영적 청춘을 불태웠다.…내가 학생 설교자로서 가장 고심했던 것 가운데 하나는 복음의 커뮤니케이션의 문제였다. 초고성능 전자 감도 시대에 무딘 도끼 휘두르듯 혼자 고함을 쳐도 공감을 못 주던 경험 속에서 성령보다, 기도보다 앞서지 말자. 말씀은 영혼 속에 심은 생명의 씨앗이다. 늦게 이 영원한 진리를 깨달은 후부터는 나는 사람이 듣든지 말든지 담

222 김정우, "고(故) 김준곤 목사님 설교 묵상", 미간행 자료, 유성 김준곤 목사 제7주기 추모식 강연 (2016년 9월 29일), 참고.

대히 그리고 쉽고 단순하게 피 묻은 십자가의 복음을 외쳤다.[223]

그는 십자가의 복음을 가슴에 안고 인류와 민족의 희망은 예수 그리스도의 십자가임을 평생 피 토하듯이 외쳤던 눈물의 설교자였다. 그의 설교를 듣고 하늘 사랑에 사로잡혀 평생을 달린 그의 후예들은 그 뜨거운 복음 설교가 자신의 인생을 바꾸어놓았다고 고백한다. 그로 인해 십자가의 복음과 그것을 통한 민족복음화의 비전으로 불타오르는 후발 주자들이 1980년대 이후 사회 각계각층에서 활동하며 한국교회 부흥과 성장에 초석 역할을 했다.[224]

일평생 대학생 선교와 민족복음화에 헌신한 김준곤의 사역이 20세기 후반 한국교회 성장과 부흥에 지대한 공헌을 한 사실, 그리고 그 중심에 그의 복음 중심적인 탁월한 설교가 있었음을 부인할 수 없다. "민족의 가슴마다 피 묻은 그리스도를 심어 이 땅에 그리스도의 계절이 오게 하자"는 그의 외침은 젊은 영혼을 흔들어놓기에 충분했고, 분단국가를 살아가는 젊은이들의 가슴을 향한 그의 외침은 찬양과 기도에 고스란히 남아 있다. 복음으로 젊은 가슴들을 적시고, 그 사역을 위해 리더를 훈련시키고 파송하는 일에 전념했던 그의 공헌은 근대 한국교회사에 큰 족적으로 남아 있다.

그러나 김준곤의 설교사역에도 그림자는 있다. 20세기 후반은 한국 정치사에서 어둠의 시간이었다. 박정희 정권이 영구집권을 위해 유신헌법을 선포하고, 그에 반대하는 수많은 민주 인사들과 학생들을 탄압하고 사법살인을 자행하고 있을 때, 국회 및 국가조찬기도회를 시작한 김준곤과 교계 지도자들이 사회정의를 외치기보다는 유신체제를 찬양하고 옹호하며 정교유착을 자행하고, 불의한 정권을 강화하는 데 일조했으며 더 나아가

223 위의 책, 3-4.

224 그들의 고백을 보기 위해서는 김준곤 목사 제자들 편, 『나와 김준곤 그리고 C.C.C』(서울: 한국대학생선교회, 2005)를 참고하라.

광주에서 수많은 사람을 학살하고 권력을 잡은 신군부에 협조했다는 점은 비판을 피하기 어렵다. 제6차 연례 대통령조찬기도회에서 전한 그의 설교문은 다음과 같다.

> 이미 우리나라엔 예측 못 했던 경제계의 호황(好況)이 찾아오고 있다고 들었다. 축복의 서곡일 것이다. 민족의 운명을 걸고 세계의 주시 속에 벌어지고 있는 10月(월) 維新(유신)은 하나님의 축복을 받아 기어이 성공시켜야 하겠다. 이미 단계적 구상도 있겠지만 당초 정신혁명의 성격도 포함하고 있는 이 운동은 우리 코앞에 있는 이데올로기적 '마르크스'주의와 이미 우리의 문제가 아닐 수 없는 세계의 亡靈(망령)인 허무주의를 超克(초극)하는 새로운 정신적 차원으로까지 승화시켜야 될 줄 안다. 외람되지만 각하의 치하에서 일어나고 있는 전군신자화운동이 종교계에서는 이미 세계적 자랑이 되고 있는데 그것이 만일 전민족신자화 운동으로까지 확대될 수 있다면 10월 유신은 실로 세계정신사적 새물결을 만들고 신명기 28장에 약속된 성서적 축복을 받을 것이다. 실로 '코리아'는 세계의 신화가 될 것이다.[225]

그가 미국 유학 시절에 보았던 조찬기도회를 도입하여 국회와 국가조찬기도회를 창설했고, 그 자리에서는 정치적 수사가 필요했음을 감안할 필요가 있으며, 민족복음화의 비전이라는 메타내러티브를 통해서 볼 때 복음을 전해야 할 대상은 국가 권력자들과 지도 계층이라고 제외될 수 없고, 나라와 민족을 위해 기도한다는 것이 결코 문제일 수는 없다. 다만 당시 수많은 민주 인사들과 학생들이 정치적 억압과 박해를 받고 있던 상황이었던 점을 고려하면 그것은 다른 이야기가 된다. 당시의 정치적 상황을 고려해볼 때

225 김준곤, "사랑의 奇蹟으로 世界의 神話를", 「경향신문」(1973년 5월 1일).

국가조찬기도회는 "왜곡된 정교유착의 온상"이었으며, "인권 유린의 상징이라고 할 유신체제와 신군부 세력의 등장을 하나님의 이름으로 축복하며 불의한 정권의 나팔수로서 한국교회사에 지울 수 없는 오욕과 굴종의 기록을 남겼다"는 역사학자 장규식의 비판이 결코 지나치지만은 않다.[226] 또한 그의 노년에 일어난 CCC 재단법인 운영상의 재정 비리와 친인척 족벌 운영에 반발하는 간사들의 항의와 탈퇴, CCC 대표직 세습에 대한 문제 등은 논란의 여지가 남아 있는 상태에서 오점으로 작용하고 있다.[227]

## 이중표 목사: 별세의 영성을 삶으로 살아낸 설교자

### (1) 생애와 사역

거지(巨智) 이중표 목사(1938-2005)는 전북 변산의 가난한 가정에서 출생했다. 그는 어린 시절에 학교에 도시락을 준비해갈 수 없을 정도로 가난하게 살았지만 민족사랑 교육을 받았고, 효자 소리를 들으며 성장했다. 그러다 18세 때 영양 부족으로 폐결핵에 걸렸고, 3기 시한부 선고를 받고 친구를 따라 교회에 나가며 신앙생활을 시작했다. 6개월 동안 새벽기도를 하는 중에 놀라운 치유를 경험했고, "나 이제 생명 있음은 주님의 은혜라 저 사망권세 이기니 큰 기쁨 넘치네"라는 찬송은 그의 평생의 주제가가 되었다. 그는 놀라운 치유의 은혜를 경험한 이후 목사가 되기로 작정하고, 군복무를

226 장규식, "군사정권기 한국교회와 국가권력", 한국기독교역사학회 학술심포지엄 자료집(2005).

227 이런 논란에 대해서는 이진오, "CCC 세습 전개과정과 부당성", 「뉴스앤조이」(2003년 4월 14일)를 참고하라. 김준곤은 한 월간지와의 인터뷰에서 "CCC는 하도 독특해서 외부에서 사람을 데려올 수가 없어" 세습을 했다고 인정한다. "송년특별 인터뷰: 한국대학생선교회 총재 김준곤 목사", 「신동아」(2006년 12월 호), 참고.

마친 후 1961년 한국신학대학에 진학한다. 그는 그곳에서 "민족을 복음으로 구원하는 영성"을 가다듬었고, 일생 그를 이끌어간 별세신앙의 신비에 눈을 뜨게 된다. 그리고 "인간의 학문을 넘어 진정으로 하나님을 배우는 길은 예수님과 함께 멍에를 메는 데 있음"을 깨달은 후에 진정으로 "그리스도를 연모하여 그리스도와 하나 되고자 하는 열망"을 가지고 목회한다.

그는 신학교를 졸업한 후 1965년에 동학혁명의 발원지인 전북 정읍의 고부교회에서 첫 목회를 시작한다. 그는 "동학이 이루지 못한 구원의 역사를 서학인 복음으로 이룰 것"을 다짐하면서 전도의 열정으로 사역했고, 이십 리 떨어진 이평교회까지 돌보았다. 5년여간 섬기는 동안 처음에 10명이었던 교인이 열 배인 100명으로 부흥한 것은 영혼에 대한 그의 간절한 열정 때문이었다. 그 후 이중표는 군산 옥구교회의 청빙을 받아 그곳에서도 기도와 열정적인 헌신을 통해 교회 분위기를 쇄신하면서 사랑의 공동체로 세워간다. 그곳에서 6년을 목회한 다음 1975년에 서울 관악교회에 부임했다. 그곳에서도 열정적으로 설교하고 전도를 했기에 교회는 부흥했다. 기존 교인들의 반발로 많은 어려움을 겪었던 시기였지만 가장 깊은 은혜를 체험한 시간이었다고 이중표는 고백한다. 그러나 교회 갈등이 심해져 설교단에서 끌려 내려오는 수모를 겪다가 2년을 사역한 후 결국 사임하게 된다. 이후 청계산기도원에 들어가 간절히 기도하는 가운데 개척 비전을 얻고 1977년에 한신교회를 개척한다.

그는 신반포의 한 아파트 놀이터에서 교회 창립 예배를 드렸고, 작은 월세 아파트를 얻어 예배 처소로 삼았다. "한(韓)국 민족 신(信)자화"라는 거대한 비전으로부터 시작했고, 이름도 "한신"교회라고 짓는다. 1차는 강남, 2차는 한국, 3차는 세계를 신자화한다는 웅장한 비전으로 시작하여 아파트 방문전도를 통해 교인이 70여 명에 이르렀을 때 상가에 예배당 공간을 마련했고, 아파트 네 곳에 다락방 교회를 설치한다. 계속해서 교회는 부흥하여 현재의 자리(잠원동)로 옮기게 된다. "발이 부르트는 전도와 진액을 짜는 준비로 피를 토하듯 선포한 말씀의 열매"이기도 했고, 전적으로 주신 특별한 은혜이기도 했다. 그는 이때의 말씀 사역을 "가난한 집안의 사랑 많은 어머니의 심정으로" 감당했다고 고백한다. "부잣집 아들로 태어났으면 잘 먹고 살 것을, 가난한 부모 만나 배곯고 사는구나!"라고 독백한 그 어머니의 심정으로 "능력 있는 목사 만났으면 영적으로 배부르게 살 것을 못난 목사 만나 굶주리고 사는구나!" 늘 이 마음을 가지고 "토요일 밤 늦게까지 쑥을 뜯고 산나물을 캐어 말리며, 빈 땅을 찾아 콩을 심어 쉴새 없이 겨울 양식을 준비하던 어머니의 심정으로" 하나하나의 설교에 목숨을 걸듯 말씀을 준비하며 전했다.[228] 그는 그렇게 사역하다가 세 번을 쓰러져 입원을 해야 했지만 그럼에도 쉼 없이 달렸다. 예전에 군산에서 쓰러진 것까지 합하면 네 번을 쓰러져 사경을 헤맨 경험을 한 것인데 그는 이것을 별세사수(別世四修)라 칭한다. 그는 그때마다 예수님의 십자가와 부활을 온몸으로 체험했다.

'한국민족신자화'의 비전을 이루기 위해 100교회개척을 목표로 정했는데, 그가 사역하던 28년 동안 60여 교회를 개척했다. 또한 별세목회연구원(현 한신목회개발원)을 세워 전국목회자세미나와 전국사모세미나, 기장목회자세미나 등을 계속 열어갔다. 그는 목회자와 사모의 영성을 깨우고 살찌우는 것이 한국교회를 살려내는 길이며, 한국민족을 구원하는 가장 효과적인 길이라고 믿었다. 그래서 이런 세미나를 통해 그가 일생의 목회 철학으로 정립한 별세신학을 목회 현장에서 직접 적용할 수 있도록 목회자 교육에 힘썼다. 1997년에는 분당성전을 완공하여 입당함으로써 예배당이 두 곳이 되었다. 또한 안산에 가출 청소년들을 위한 쉼터와 학교를 세워 청소년 살림사역을 추진했으며 외국인 노동자들을 위한 전용 병원을 설립했다.

---

228 이중표, 『별세의 신학: 예수님을 배우는 신학』(서울: 국민일보, 2005), 44-45.

그는 지병인 담관암으로 투병하다가 2005년 7월에 세상을 떠났다. 그는 열정적인 설교와 헌신을 통해 한신교회를 한국기독교장로회(기장) 교단에서 가장 큰 교회로 성장시켰고, 2000년에는 84회 총회장으로 교단을 섬기기도 했다. "모든 삶에 하나님의 은혜로 사는 거지로서의 삶을 선언"하고 큰 깨달음이라는 뜻을 담아 '거지'(巨智)를 호로 정했고, 투병 중에 거지 선언을 하면서 양복도 계절별로 두 벌만 남기고 다 처분했으며, 자신에게 남은 마지막 재산까지 하나님께 바쳤다.[229] 그가 떠난 자리에서 한 후배가 고백하는 이야기를 읽으면 그가 참 설교자였다는 생각이 든다.

> 이제 우리 가슴 한 켠에 목사님을 묻습니다. 하늘을 품은 마음으로 외국인 노동자들과 중국 동포를 사랑하셨고, 그러기에 그들에게 빈 무덤의 신비를 가르치셨습니다. 나그네들의 예배의 자리인 이방인의 뜰을 마련해주시고 급박하고 안타까운 마음으로 세계 선교의 포문을 여신 목사님의 사랑을 기억합니다. 여러 가지 어려움과 슬픔, 깊은 그리움에 지쳐 있는 고단한 이들에게 쉴 수 있는 신령한 주일 주막집을 제공해주신 그 사랑을 생각합니다. 자기를 비워 인류를 채우고 자기를 죽여 인류를 구원하신 주 예수 그리스도의 사랑을 목사님을 통해 배우게 되었습니다. 반포에, 분당에, 가리봉에, 성남에, 광주에, 양주에, 안산에, 발안에, 신도림에, 아니 이 땅 한반도 전체에 목사님의 말씀을 기억하는 나그네들이 살아갑니다. 그들은 세계로 퍼져나갈 것입니다. 순교자의 영성으로 무장한 대열을 보십시오. 우리 모두 뒤따르겠습니다.[230]

229 한신교회 홈페이지(http://www.hanshin.or.kr)에 게재된 내용을 갈무리했음을 밝힌다.
230 이해성, "천국에 입성하신 이중표 목사님께", 『별세의 사람, 이중표』(서울: 쿰란출판사, 2007), 85-86.

(2) 설교사역과 신학적 특징

예배 처소가 없어 아파트 놀이터에서 교회 창립 예배를 드리면서 이중표는 첫 설교에서 예배 참석자들에게 다음과 같이 설교했다.

> 여러분은 고마운 분들입니다. 하늘나라에 갈 때까지 고마운 마음을 기억하고 기도하겠습니다.…하늘도 푸르고 자연도 푸른 생기를 느끼는 이때 한신교회가 푸른 꿈을 가지고 이제 막 출발했습니다. 눈에 보이는 것 없고, 손에 잡히는 것 없어도 우리는 1차는 강남, 2차는 한국, 3차는 세계로 나아가는 푸른 꿈을 가지고 있습니다.[231]

여기서 교인들에 대한 고마움, 그들을 위해 중보하겠다는 목회자의 자세, 눈에 보이는 것이 없지만 믿음으로 걸어가겠다는 결단, 그리고 그리스도 안에서의 복음의 비전을 본다. 이런 비전을 맘껏 펼치며 사역하다가 비교적 이른 나이에 세상을 떠나 안타까움을 자아냈던 설교자 이중표는 그 가슴에 교회가 있었고, 그 교회는 하나님의 말씀의 선포인 설교를 통해서 살아나고 건강해질 수 있다는 확신으로 평생을 달렸다. 그에게는 설교가 없으면 교회도 없고, 따라서 설교는 교회의 생명이었다. 그는 "목사의 일생의 사역이 강단에서 이루어지고 있다면 강단은 목회의 생명이며 교회를 교회되게 하는 본질"이라고 믿었으며 따라서 강단사역에 목숨을 걸었다.[232] 별세신앙이라는 독특한 신학을 형성하여 그것을 따라 살고, 목회하고, 설교하면서 직접 삶으로 실천했던 그의 설교사역을 살펴보기 위해서 시리즈로 발

231 이중표, "천국 열쇠." 이 설교는 1977년 6월 5일, 강남구 반포동 신반포 1차 어린이 놀이터에서 드린 한신교회 창립 예배에서 이중표가 행한 설교다.

232 이중표, "설교가 살아야 교회가 산다", 이중표 외 14인, 『설교가 살아야 교회가 산다』(서울: 쿰란출판사, 2006), 9.

간된 17권의 설교집과 별세신학과 관련한 12권의 자료들을 참조했다.[233]

첫째, 이중표의 설교는 별세신앙과 영성에 기초한다. 별세신앙은 그의 평생의 목회신념이었고 신앙의 목표였다. 그는 벼락 맞아 죽은 큰 나무가 몸뚱이를 썩혀 거름이 되듯이 성령의 불벼락을 맞아 죽고 싶다는 소망을 간직하며 살았던 설교자였다.[234] 그는 하나님께서 그에게 직접 가르쳐주신 그 신앙을 붙잡고 평생을 달렸으며, 갈라디아서 2:20을 삶의 좌우명처럼 여기고 살았다. 그에게 별세는 죽음을 의미하기도 했지만 그보다는 "다른 세상을 향해 떠나가는 것"을 의미했고, 죽음 후에 오는 것이 아니라 예수 그리스도 안에 있는 것이며, "예수님을 배우는 신학"으로 이해되었다. 여기서 예수님에게서 배운다는 것은 "십자가에 죽은 것이고 예수로 사는 것"을 의미한다.[235] 그는 이 원형은 예수님이시며, 별세의 사랑이 별세의 신앙을 갖게 만든다고 하면서 이 별세의 사랑이 우리를 위대한 존재로 만든다고 주장한다.

> 자기 존재를 위대하게 만드는 것은 별세의 사랑을 받았다는 증거입니다. 별세의 사랑을 받은 사람은 별세의 사랑이 흘러야 합니다.…자기를 부정할 때 자기 자신을 위대하게 만듭니다.…사랑은 자기를 별세시켜야만 나오는 것입니다. 하나님께서 아들을 별세시켜 나에게 주신 사랑을 나도 별세하여서 표출시켜야 합니다.…이 별세의 사랑을 받고 별세의 사랑을 나눌 때 그 현장

233 16권의 설교집 중에 초기, 중기, 후기의 설교집을 중심으로 살펴보았음을 밝힌다. 이중표, 『광야의 기적』(서울: 한국제일한신교회, 1982); 『조국이여 울어라』(서울: 쿰란출판사, 1986); 『산 자의 행복』(서울: 쿰란출판사, 1991); 『노래하는 나그네』(서울: 쿰란출판사, 1998); 『새 하늘과 새 땅』(서울: 쿰란출판사, 2002). 별세신학과 관련하여 대표적인 것은 그의 자전적인 고백록인 이중표, 『나는 매일 죽는다』(서울: 규장, 2000), 담관암 수술 이후 병상에서 받은 은혜의 기록인 『당신과 함께 가는 그 길에는 나는 죽어도 행복합니다』, 그의 별세신앙과 관련한 마지막 메시지인 『천국에 닿은 행복』(서울: 국민일보, 2015) 등이 있다.

234 이중표, 『나는 매일 죽는다』, 14-15.

235 위의 책, 19, 57; 이중표, 『별세의 신학』, 11-15.

은 천국의 모형이 됩니다.[236]

그는 구원받은 그리스도인이라면 누구나 "십자가의 예수 그리스도와 함께 죽었음을 고백하면서 부활하신 그리스도의 영으로 살아가야 한다"고 외친다. 또 그 신앙만이 성도들로 하여금 "하나님의 거룩한 영광에 이르고, 이 땅에서 지극한 행복을 누리며, 세상을 살리는 창조적 존재가 되도록" 이끈다고 주장한다. 별세는 "그리스도와 함께 죽고 그리스도와 함께 산 자만이 누리는 은혜의 세계"이며, "그리스도인의 최대의 은혜요 최대 행복"이다.[237] 이것은 단순한 구호나 신학적 논리가 아니라 설교자 이중표의 삶이었고 영성이며 인격이었다. 이것은 그의 신앙과 삶, 목회 현장의 체험에서 형성되어 나왔고, 수많은 고난 가운데서 체화된 것이었다. 그의 설교에는 별세신앙이 계속해서 등장하는데, 그 강조점은 "오늘의 삶 속에서 자기를 부인하고 그리스도와 연합하여 새로운 삶을 살 것을 요청"하는 것에 맞추어져 있다.[238]

> 저는 주일에 대한 분명한 목회 철학이 있습니다. 그것은 우리 교인들이 6일 동안 인생의 수고와 고달픈 짐으로 살다가 주일이 되어 교회에 오면 자유와 안식의 별세(다른 세상)를 맛보게 해야 한다는 것입니다. 인간은 결코 이 세상에서의 삶으로만 행복할 수 없기 때문입니다.…우리는 모두 인생고에 허덕이고 있습니다. 그러면 어떻게 살아야 행복할 수 있습니까? 이 세상에서 행복을 찾을 수 없습니다. 별세에서 그것을 찾아야 합니다.…예수님과 함께 죽어야 가는 세계가 별세입니다. 그리스도인들은 별세에 사는 사람들입니다.…예수님은 친히 별세에 사셨습니다. 그리고 십자가의 죽음으로 별세를

236 이중표, "별세의 사랑", 『새 하늘과 새 땅』, 95-96.

237 이중표, 『별세목회: 별세의 삶 5』(서울: 쿰란출판사, 1995), 29.

238 이중표, 『당신과 함께 가는 그 길에는 나는 죽어도 행복합니다』, 102.

이루시고 우리에게도 별세에 살게 하셨습니다.[239]

둘째, 이중표의 설교에는 영혼 구원과 복음화, 영광스러운 교회에 대한 뜨거운 열망이 담겨 있다. 모든 목회자의 가슴에 그런 열망이 담겨 있겠지만 그는 더욱 뜨겁게 영혼 구원과 복음화, 건강한 교회에 대한 열정으로 불타올랐다. 개척하는 교회의 이름에도 "한국 민족을 신자화하라"는 의미를 넣었고, 이를 위해 열정을 불태워 전도했다. 예배 장소가 없어 아파트의 어린이 놀이터에서 창립 예배를 드린 이후 첫 해에 장년 80명이던 숫자가 1년 후에는 228명으로, 2년 후에는 329명, 그다음에는 404명, 5년이 되던 1981년에는 장년 852명에 이르게 되었으며 교회를 개척한 지 10년이 되던 해에는 장년 1926명에 이른다.[240] 이것은 영혼 구원과 복음화, 건강한 교회에 대한 열정으로 일군 열매였다. 그는 늘 "한국 민족을 위해 택한 종", "한국 민족을 위해서 하나님께서 세운 종"이라는 자기 정체성을 가지고 있었다.[241] 그가 처음 목표한 대로 교회가 어느 정도 성장한 다음에는 한국교회를 세워갈 한신목회연구원을 통해 전국의 목회자들을 섬기는 일과 이 땅에 찾아오는 이주 노동자들을 섬기는 사역을 본격적으로 감당한 것도 이런 복음에 대한 열정에서 비롯되었다.

셋째, 이중표는 설교자의 메시지는 삶에서 실천함으로써 드러난다는 사실을 강조한다. 그는 "한 사람이 설교자로 부름 받고 한 생을 살아갈 때 가장 중요한 과제는 위대한 설교자가 되는 것이 아니고 끊임없이 예수의 인격을 닮는 일"이라고 주장하면서 설교는 "예수 그리스도의 인격의 생생한 전달"이라고 강조한다. 설교는 "예수 그리스도에 대한 설교자 자신의 축적

239 이중표, "별세에 살자", 『산자의 행복』, 281-82.

240 이중표, 『교회성장과 케리그마 설교』(서울: 도서출판쿰란, 1988), 157.

241 이중표, 『나는 매일 죽는다』, 224-25.

된 신앙과 그 인격, 생애의 총체적 조명"이며, 이것이 삶에서 경험되고, 실천되어 확증된 것이어야 한다고 주장한다.[242] 설교자의 최대의 과제는 예수 그리스도의 사랑의 인격, 진실한 인격, 겸손한 성품을 닮는 일이며, 설교에서 필요한 것은 주님과의 깊은 관계를 유지하는 영성과 그것을 효과적으로 표현하고 전달하기 위한 지성 및 전달 능력을 개발하는 것이다. 그는 설교가 "예수의 영성과 그 인격으로 배태된 작품"이기에 설교자 자신의 삶 속에 "예수의 재성육"이 이뤄져야 한다고 말한다.[243]

넷째, 이중표의 설교에는 행복한 삶이 강조된다. 그는 설교자가 하나님께 드릴 최대의 영광은 "자신의 행복을 증거"하는 것이며 "행복한 설교자로서 자신의 신앙고백적 삶을 통하여 교인들을 행복하게 살도록 인도하는 것"이라고 주장한다. 또한 우리의 신앙 행위도 행복할 때 하나님께 영광이 된다고 주장한다.[244] 그는 강단에 설 때마다 반드시 두 가지를 염두에 둔다. 그 하나는 "하나님의 말씀으로서 예수 그리스도의 케리그마를 증언하는 일"이었고, 다른 하나는 "교인들을 행복하게 하는 일"이었다. 이것은 그의 설교 철학이었다. 그는 교인들을 행복하게 할 수 없는 설교는 그만두어야 한다고 주장하면서 "죄 지은 인간, 죄로 말미암아 절망 속에 허덕이는 인간에게 소망을 주며 행복하게 살 수 있도록 도와주는 설교자의 사역은 천사도 흠모할 영광스러운 직분"이라고 주장한다. 그는 자신이 이런 설교 철학을 가지고 강단에 설 때마다 하나님께서 그를 홀로 두지 않으셨고, 입술은 둔하고 내용은 서툴렀지만 케리그마를 선포했을 때 교인들이 행복한 표정을 지으며 돌아가는 것을 볼 수 있었다고 고백한다. 곧 예수님은 인간을 행복하게 하기 위해 이 땅에 오셨고, 십자가에 죽으심(별세)으로 우리에게는

---

242 이중표, 『교회성장과 케리그마 설교』, 249.

243 위의 책, 249-69; 『나는 매일 죽는다』, 246-47.

244 이중표, 『산 자의 행복』, 2.

새 생명이 주어졌다는 복음의 핵심을 통해서만 인간은 진정으로 행복을 누릴 수 있다고 주장한다.[245]

또한 그는 이러한 차원을 누리는 사람은 놀이의 경지에서 하나님과 교제한 것이며, 하나님이 그를 해방, 자유와 평화, 안식의 놀이 세계로 이끌어주셨다고 말하면서 놀이를 통한 인간의 행복을 강조한다. 그는 설교자가 "인생을 쉽고 가볍고 즐겁게 살도록 교인들의 삶을 놀이로 만들어주어야" 한다고 주장한다. 그러면서 교회는 "신음하는 민중의 놀이에 참여하게 될 때 역사의 악순환을 끊고 신명나는 세상을 만드는 창조자가 될 수" 있음을 강조한다.[246]

> 하나님은 인간을 창조하실 때 행복하게 살도록 창조하셨습니다. 우리는 수백 년을 사는 것이 아닙니다. 그러므로 하나님이 주신 생을 즐겁게 살아야 합니다. 인생을 고통스럽게 사는 것은 하나님의 뜻이 아닙니다.…하나님은 엿새 동안 세상을 창조하시고 제칠 일 날 쉬셨습니다. 그리고 이날을 하나님께서 인간과 함께 노는 날로 삼으셨습니다.…놀이는 하나님의 신비입니다. 하나님은 가정이라는 최고의 놀이마당을 주셨습니다.…하나님과의 최고의 만남은 놀이하는 자로 만나는 것입니다.…예수님은 우리를 놀도록 창조의 신비로 초청하십니다.…예수님과 함께 안식과 놀이를 하는 곳으로 초청하십니다.[247]

---

245 위의 책, 2-5.

246 이중표, "놀이하는 신앙", 『산 자의 행복』, 270-80. 그의 놀이신앙은 기본적으로 위르겐 몰트만의 놀이의 신학을 바탕으로 하고 있다. 이에 대한 보다 상세한 내용을 위해서는 Jürgen Moltmann, *Gott in der Schöpfung*, 김균진 역, 『창조 안에 계시는 하나님』(서울: 한국신학연구소, 1986); 손호현, "몰트만의 놀이와 신학", 「신학사상」, 통권 137호(2007년 2호), 129-60 등을 참고하라.

247 이중표, "놀이하는 신앙", 272-75.

그는 7년 간격으로 세 번째 쓰러져 수술을 받은 다음 회복을 기다리던 때 교회 일이 걱정되어 더 이상 누워 있을 수가 없어서 주일 설교를 위해 본문(갈 2:20)을 묵상했다. “설교할 말씀을 주시옵소서!” 간절하게 기도하는 중에 이중표는 “너는 이 설교를 하면 죽는다”라는 마음의 음성이 들려와 설교하기가 두려웠단다. 그래서 “이대로 죽을 수는 없습니다. 이 종을 불쌍히 여겨 주옵소서”라고 기도를 바꾸어드렸다. 그때 전혀 새로운 감동으로 “이 말씀으로 설교하려면 네가 죽어야만 한다”는 음성을 듣고 그는 “내가 죽어야 이 말씀이 설교가 될 수 있다는 것”을 깨달으면서 “저는 이제 살았나이다. 주께서 저를 위해 죽으셨으니 저는 살았나이다. 이제 오직 주를 위해 살겠나이다”라고 고백했다.[248] 그렇게 결심한 대로 살았던 이중표는 설교자와 목회자로서 큰 발자취를 남겼다. 교회가 성장하고 크게 부흥하면 흔히 그것을 성공으로 알고 권력으로 삼던 시절에 이중표는 스스로 “거지 선언”을 하였고, 수많은 고통을 안고 있었지만 그것을 전적인 하나님의 은혜로 받아들이면서 “나는 날마다 죽노라”를 평생 선언하며 살았다. 그래서 말기암의 고통도, 죽음도 담담히 받아들이면서 “은혜로 받을 수밖에”라고 고백하며 살다간 그는 큰 설교자요 별세의 신앙인이었다.

## 김우영 목사: 영혼 구원과 교회 부흥의 열망으로 불타오른 설교자

### (1) 생애와 사역

향림 김우영 목사(1937-2005)는 충남 논산군 연무읍에서 태어나 강경에서

248 이중표, 『당신과 함께 가는 그 길에는 나는 죽어도 행복합니다』, 163-65.

중고등학교를 마친 후 감리교신학대학교에서 공부했다. 그는 감리교신학대학을 졸업한 해인 1959년에 경기도 이천의 신둔교회에서 담임목회를 시작했고, 1961년에는 도지교회, 모전교회 등에서 사역했으며 1962년부터는 양정여중고 교목으로도 활동한다. 군목으로 1963년부터 1972년까지 사역했고, 군복무 중 월남전에도 참전했다. 전역 후, 1972년부터 왕십리감리교회를 10년간 담임했고, 1981년 9월에 잠실 우성아파트 단지 내에 만나교회를 개척했다. 단지 앞 공터에 자리한, 공사장 인부들의 식당으로 쓰인 천막에서 첫 예배를 드렸는데 전기 시설이 없어 자동차 배터리를 연결하여 불을 켜야 했다. 난방 시설도 제대로 되어 있지 않았던 천막교회는 부흥을 거듭하여 상가 예배당을 마련하며 안정되어갔지만, 사역이 이루어지고 있던 상황에서 아시안게임 선수촌 아파트 건립으로 상가 건물이 헐리게 되면서 교회는 큰 어려움을 겪게 된다. 교회의 신축 부지를 위해 밤낮없이 기도하는 가운데 재정 문제로 공사가 중단된 송파동의 한 건물을 매입하여 건축을 완료하고 개척 3년 만에 입당하기에 이른다. 창립 10주년이 되었을 때 교회는 6천 명의 성도가 다니는 교회로 성장했다. 그 후 분당 지역에 종교부지를 구입하여 임시예배처소를 마련했으며 1996년에 3천석 규모의 예배당을 완공하여 봉헌 예배를 드렸다. "오라 내가 쉬게 하리라. 가라 내가 함께 하리라." 이것은 그의 목회의 모토였으며, 그의 사역 45년은 매사에 하나님의 뜻과 말씀에 순종하려고 발버둥쳤던 시간들이었다.[249]

김우영은 교회를 크게 부흥시킨 감리교회의 대표적인 목회자였으며, 1980년대 한국교회 부흥기에 활동한 대표적인 부흥사 가운데 한 사람으로서 전국 교회를 대상으로 말씀 사역을 펼친 부흥설교자였다. 그의 부흥설교자 사역은 30여 년 동안 계속되었는데 약 1천 회의 부흥회를 인도했고 여의

249 만나교회 홈페이지(http://www.manna.or.kr)의 교회 연혁과 원로목사에 대한 기록을 중심으로 작성했다.

도광장에서 열렸던 "88 세계복음화대성회"의 강사로도 활동했다. 신도시에 교회를 개척하여 감리교의 대표적인 교회로 부흥시킨 그는 2004년에 담임목사직에서 은퇴했다. 그리고 2002년에 뇌경색으로 쓰러진 이후 고생하다가 2005년 10월에 세상을 떠났다. 담임목사가 뇌경색으로 쓰러진 이후 만나교회는 2003년에 차기 담임목사 선출을 위해 무기명 투표를 실시했고, 그의 아들인 김병삼 목사가 선출되었다. 하지만 담임목사직 세습이라는 비판으로부터 자유롭지는 못했다. 그의 설교를 연구할 수 있는 자료는 목회현장과 부흥회 등에서 선포된 설교문을 엮은 23권의 설교집이 있다.[250]

### (2) 설교사역과 신학적 특징

감리교의 대표적인 목회자이자 부흥설교자였던 김우영의 설교사역은 목양 설교와 부흥 설교라는 두 가지 차원에서 이루어졌다. 그는 한국교회 부흥운동을 주도했던 부흥설교자였을 뿐만 아니라 기존 교회에서 목회를 수행했고, 신도시에 교회를 개척하여 은퇴할 당시 출석 성도가 3천 명을 상회한 대형교회의 설교자였다. 그는 설교의 중요성이 높은 신도시(잠실, 분당)에 교회를 개척하여 설교사역에 더욱 헌신했다. 그는 자신의 목회에서 70%의 비중을 설교에 두었다고 고백하면서 목사는 "설교에 목회의 승부를 걸어야 한다"고 조언한다.[251] 그는 설교가 하나님의 말씀으로부터 나와야 하고, 그것이 설교자의 인격과 삶을 통해서 나올 때 사람을 움직이고 변화시키는 능력이 된다고 믿는다. 자신이 목회하던 당시 새신자의 85%가 목사의 설

250 여기서는 초기와 중기, 후기의 설교를 살펴볼 수 있도록 각 단계별로 구분하여 다음의 설교집을 중심으로 분석했음을 밝힌다. 김우영, 『은혜 위의 은혜』(1981), 『믿음이 재산이다』(1990), 『이겨놓고 싸운다』(이상 서울: 보이스사, 1995), 『서두르면 이스마엘 기다리면 이삭』(1999), 『바보가 아니라면』(2001), 『숨어계신 하나님』(이상 서울: 쿰란출판사, 2005).

251 김우영, "목사는 설교준비에 전력투구해야 합니다: 설교자가 말하는 설교학", 「월간목회」(2002년 2월 호), 85, 92.

교 때문에 교회 등록을 했고 새신자 정착률이 95%에 달했다는 그의 고백에서도 우리는 설교의 중요성을 엿볼 수 있다. 또한 "주일설교는 성도들이 한 주간 먹고 살아야 할 양식"이라는 그의 주장에서 그가 얼마나 설교를 중요하게 여겼는지를 엿볼 수 있다. 그의 목회 이야기와 설교집, 기타 자료에 나타난 설교사역의 특징을 다음과 같이 정리해볼 수 있다.

첫째, 김우영은 하나님의 영원성과 전능성, 인간의 유한성과 죄성을 강조한다. 그의 설교에는 성경을 통해 나타나는 하나님의 권능과 인간의 실존을 그리는 내용이 많이 나타난다. 그는 설교의 결론에서 늘 하나님은 하나님이시고 인간은 인간이라는 점을 부각하려고 노력한다고 밝힌다.

> "하나님은 하나님이고 인간은 인간이다"라는 것입니다. 무슨 뜻인가 하면 하나님은 언제나 변함이 없으시고 그림자도 없으십니다. 끝없이 용서하시고 다시 또 사랑하십니다. 또 경고하십니다. 그런데 인간은 항상 잘못했다고 하고 다시 그 죄를 범합니다. 그러면서도 인간은 자신의 한계에 섭니다. 인간은 유한하다는 것입니다.[252]

그의 설교문에는 이런 사상이 깊이 깔려 있는데, "앞서가시는 하나님"이라는 설교문에서는 다음과 같이 주장한다.

> 하나님은 앞서가시는 분이십니다. 하나님은 하나님이시기 때문에 우리가 전혀 생각지도 못하고 모르는 것까지도 미리 준비해주십니다. 눈앞의 이것만이라도 족하다고 생각하는 우리에게 그것 이상으로 주십니다. 우리가 믿음으로 순종하면, 하나님의 뜻을 따라가기만 하면 우리의 종점은 약속하신 가

252 위의 책, 86.

> 나안입니다.…하나님의 궁극적 관심과 목적은 인간들에게 하나님이 하나님 되심을 알게 하시어 하나님의 구원 속으로 인간들이 들어오게 하시는 것입니다. 하나님이 하나님 되심을 알지 못하는 자는 기독교인이 아닙니다. 여러분의 입술에서, 손에서, 눈빛에서, 행동에서 하나님이 하나님 됨을 보여주시길 바랍니다. 지금까지 해왔고 앞으로도 해야 할 저의 설교도 오직 하나님이 하나님 되심을 알리려는 것입니다.[253]

둘째, 김우영의 설교에는 영혼 구원과 교회 부흥에 대한 뜨거운 열망이 흘러넘친다. 그는 부흥사였을 뿐만 아니라 한 교회를 시작하여 부흥시키기 위해 혼신의 힘을 쏟았던 설교자였다. 그러므로 그의 설교에는 영혼 구원과 부흥에 대한 열망이 강하게 녹아 있으며, 사람들을 하나님의 말씀 앞에 바로 세우고자 하는 간절함이 담겨 있다. 한국교회는 초기부터 부흥운동에 주력해왔으며, 1960년대 이후로는 부흥운동의 열기에 사로잡혀 30여 년을 보냈다. 이때 대부분의 교회가 1년에 1-2차례의 부흥회를 정기적으로 가질 만큼 그것은 한국교회 성장의 중요한 요소로 작용했다. 이로 인해 대중전도와 해외 선교에 대한 열기가 달아올랐으며, 산업 선교, 교도소 선교, 학원 선교, 군 선교 등 특수 전도가 활발하게 진행된다.[254] 김우영은 그런 흐름의 한복판에서 30여 년 동안 대표적인 부흥설교자의 한 사람으로 사역을 감당했다. 그러나 사회복음에 대해서는 부정적인 시각을 가지고 있었는데, 그는 사회의 변화가 개인 영혼 구원과 삶의 변화를 통해서 이루어질 수 있다는 다소 소극적인 입장을 취한다.

---

253 김우영, "앞서가시는 하나님", 『동행 거부의 사랑』, 242-43.

254 김우영, 『부흥회와 교회성장』(서울: 쿰란출판사, 1996), 72-73.

> 한국교회 강단의 문제점은 성경이 아닌 사회복음적인 설교를 수용하고 있다는 점입니다. 그럴 때에 한국교회 교인들이 어떤 영향을 받겠는가 우려하고 있습니다. 복음을 주어서 개개인들이 그 사회를 누룩처럼 변화시키도록 해야 할 것이며 자꾸 사회운동 쪽으로 나아가려는 것을 적극적인 복음 선포로 막아야 할 것입니다. 오로지 강단의 좌경화는 "강단의 복음화"로만 극복될 수 있을 것입니다.[255]

이것은 당시 설교자들의 일반적인 인식이었으나, 그러한 시각은 보수적이라고 평가될 수밖에 없다. 하나님의 공의와 정의를 바로 선포하여 이 땅에 그것이 강물처럼 흐르게 해야 할 책임이 설교자와 교회에 있고, 설교가 사회적·예언적 특성을 가진다는 점에서 보면, 그의 설교가 개인적인 차원에 편향되어 있음을 부인할 수 없다.

> 우리 민족은 지금 혼란한 데모로 얼룩져 있습니다. 5공화국 비리와 광주 사태 때문에 정치는 진전이 없이 맴돌고 있습니다. 그러나 말씀이 들어가고, 생기가 들어가서 하나님께서 함께하시는 사람들이 되면 이제는 비리가 없어지고 화염병과 돌을 던지던 학생들은 복음을 들고 나가는 학생들이 될 줄로 믿습니다. 하나님의 생기가 들어가고, 말씀이 들어가면 근본적인 변화가 옵니다. 데모를 방지하기 위해 쓰여지는 비용이 사회복지를 위해 쓰일 것입니다.…말씀이 들어가고 생기가 들어가면 가정이, 그리고 교회와 나라와 민족이 벌떡벌떡 일어나는 역사가 일어날 줄로 믿읍시다.[256]

---

255 김우영, "목사는 설교준비에 전력투구해야 합니다: 설교자가 말하는 설교학", 90.
256 김우영, "번영과 통일의 환상", 『부흥회와 교회성장』, 207.

셋째, 김우영의 설교는 늘 하나님의 은혜를 강조한다. 농촌 교회에서 사역하다가 월남전까지 참전한 군목이었으며, 기존 교회에서 사역하다가 새롭게 천막 교회를 개척했던 그에게 하나님의 은혜는 특별한 주제였다. 그는 "하나님의 별명은 은혜"라고 주장하면서 "창세기부터 요한계시록까지 성경 전편에 서 계시는 하나님은 '은혜의 하나님'"이심을 강조한다. 그의 설교에는 늘 이런 사실들이 중심 주제를 이루고 있고, 성도들에게는 믿음을 가지고 그분에게 나아가면 비로소 은혜를 받게 된다고 강조한다. 그러므로 그리스도인들은 "'은혜와 믿음'을 따라 살아야 하고, '은혜와 믿음'이 주어질 때에 비로소 속죄도, 칭의도, 복도, 기적도 일어나는 것"이라고 주장한다.[257] 또 그런 은혜를 받고 누리기 위해서는 전제 조건이 필요한데 바로 "회개하고 하나님께 돌아오는 것"이라고 주장한다. 회개는 "전향이요, 변화이며 그리스도 편에 서는 것이요, 내 삶의 목적과 생활이 바뀌는 것"이며, "축복 앞으로 가는 동작이며 이슬과 같은 복을 받는 유일한 조건"이고, "하나님을 굳게 믿는 것이 생을 견고하게 하는 열쇠"라고 주장한다.[258]

넷째, 김우영의 설교는 형식적인 측면에서 주제를 중심으로 풀어가는 주제설교가 주종을 이룬다. 그래서 본문을 석의하고 그것이 말하는 구조라기보다는, 본문 혹은 제목으로 정한 주제와 관련하여 설명하는 구조를 취한다. "내 집에서 기쁘게 하리라"(사 56:7-8)라는 설교문은 본문에 나오는 "내 집"이라는 단어를 설명하면서 시작한다. 그리고 "내가 찾아야 할 보금자리"를 규정하면서 "하나님의 집에 나와야 기쁨이 있다"는 결론적 내용이 바로 제시된다. 그러면서 세 가지의 기쁨을 나눠서 설명하는 구조를 취한다. 첫 번째 기쁨은 사죄의 기쁨이고, 두 번째 기쁨은 응답의 기쁨이며, 세

257 김우영, "목사는 설교준비에 전력투구해야 합니다: 설교자가 말하는 설교학", 86

258 김운용, "소리 없이 오는 은혜", 『바보가 아니라면』, 168-69.

번째 기쁨은 만민을 모아 구원 받는 수가 늘어나게 하심으로 누리는 기쁨이다. 그는 "세계 만민을 모아 구원받는 수를 늘어나게 하심으로 하늘에 계신 하나님께서도 기뻐하시고 구원 받은 모든 백성들도 한 아버지의 집에서 함께 연합하는 기쁨을 누리게 될 것"이라고 말한다.[259] "여기 이 사람"(행 10:33)이라는 설교문에서는 "사람"이라는 주제를 중심으로 첫째, 이방 사람, 둘째, 상달된 사람, 셋째, 구도의 사람이라는 주제를 중심으로 본문을 풀어가며 설교하는 구조를 취한다.[260] 앞의 설교문은 본문이 말하는 바를 상당히 벗어나서 설교가 진행되고 있다면, 후자는 본문에 밀착되어 주제가 설명되고 있는 특징을 보인다.

이런 특징은 "해야 할 질문, 되어야 할 고백"(행 22:1-11)이라는 설교문에도 동일하게 나타난다. "'주여 무엇을 하리이까?' 이는 다메섹 도상에서 주님을 만남으로 과거의 '나'가 쓰러지고, 넘어지고, 깨어지고, 부서진 사울이 주님께 물었던 질문이었고 동시에 고백"이었다고 전제한 다음, 그 의미가 무엇인지를 물으면서 "① 자아의 성벽이 무너지는 순간, ② 새로운 통로를 찾는 물음, ③ 내 생의 방법을 하나님의 전권에 위임하는 방법" 등의 대지로 풀어서 설명한다. 그는 분명히 본문에서 주제를 뽑고 그것을 중심으로 대지를 풀어가지만, 여기서는 본문이 말하게 하는 것이 아니라 설교자가 말하려는 주제를 위해 성경 본문이 활용되는 구조를 취하고 있다는 약점이 드러난다.[261] 이런 특징은 그의 설교의 전반적인 특징인 동시에 당시 설교자들의 보편적인 경향이었다. 그의 설교는 다양한 자료와 삶의 이야기, 성도들의 이야기 등이 잘 배합되었고, 논리적으로 말씀 준비를 한 흔적이 보이는 등 주제와 관련하여 아주 충실하게 준비된 내용이었다.

---

259 김우영, "내 집에서 기쁘게 하리라", 위의 책, 104-10.

260 김우영, "여기, 이 사람", 위의 책, 74-79.

261 김우영, "해야 할 질문, 되어야 할 고백", 『동행 거부의 사랑』, 132-40.

"하나님을 굳게 믿는 것이 생을 견고히 살아가는 열쇠"라고 믿고 그 믿음의 삶을 힘차게 전하여 자신의 목양지를 크게 성장시켰을 뿐만 아니라 한국교회 부흥운동에 크게 헌신했던 김우영은 "감동적인 설교와 고매한 설교자의 신앙인격은 비례"한다고 믿었다. 또한 그는 자신을 하나님 앞에 바로 세우려고 몸부림쳤던 설교자였다. "하나님과 동행하면서 날마다 은혜 가운데 살아가는" 일생을 살다가 하나님 앞에 가기를 소원했던 그는 목양의 현장과 부흥회의 현장에서 전심전력하여 하나님의 말씀을 전하다가 다른 사람보다 빨리 목회 일선에서 은퇴했고, 은퇴한 이후 서둘러 그분의 나라로 가게 되었다. 그는 "눈물을 흘리며 회개하고 땀 흘려 일하다가 피 흘려 순교"하는 생을 욕심내었는데,[262] 비록 그 마지막 순교의 차원에는 이르지 못했다 하더라도 하나님의 말씀에 순(順)하여 살았던 설교자로서의 그의 삶은 교회와 영혼구령을 위한 순교적 삶이었다고 평가될 수 있다.

## 옥한흠 목사: 제자훈련과 교회 갱신의 설교자

### (1) 생애와 사역

은보(恩步) 옥한흠 목사(1938-2010)는 경남 거제도 산골 마을의 가난한 가정에서 태어났다. 그는 어릴 적부터 어머니를 따라 이웃 교회의 사경회를 전부 참석했고 초등학교 3학년 때 벌써 구원의 확신을 갖게 되었다. 중학교 3학년 때 수련회에서 또 한 번의 뜨거운 은혜를 경험한 그는 나이와 어울리지 않게 열심히 신앙생활을 했고 그 때문에 대부분의 사람들이 "목사감"

262 김우영, "하나님과 동행한 에녹", 『부흥회와 교회성장』, 245.

이라고 말했지만 어려운 목회자의 삶을 보았기에 목회자가 되고자 하는 마음을 전혀 갖지 않았다.[263] 그는 전액 국비로 공부할 수 있는 해군사관학교를 지원했으나 신체검사에서 고혈압 판정을 받고는 본고사를 치르지도 못하고 낙방했다. 그리고 재도전하기 위해 재수를 하던 중 증조부가 세운 교회의 주일학교를 맡아 지도하면서 크게 부흥시켰다. 1961년에 입대한 후 군복무 중 틈틈이 공부하여 성균관대학교 영문과 야간부에 입학했다. 그는 공부하던 중 폐결핵에 감염되어 투병 생활을 했으며, 완치 판정을 받은 뒤 1965년에 결혼했다. 1968년 대학을 졸업한 후 총신대학교 신학대학원에 입학한다. 재학 중 서울 은평교회에서 교육전도사로 사역하면서 100여 명이 출석하던 주일학교를 짧은 시간에 5배로 성장시켰지만 장로들의 부당한 행동에 맞서다가 쫓겨나는 일을 경험한다. 그 후 성도교회 주일학교 사역자로 부임했다가 청년부를 담당하면서 제자훈련 사역의 중요성을 경험하게 된다. 제자훈련 시스템을 도입하여 양육한 결과, 1명이었던 대학부가 350명으로 부흥했다. 이는 대학부를 "예배 중심에서 교제 중심으로, 지도자 중심에서 구성원 중심으로, 일방통행식 대화에서 쌍방통행식 대화로, 조직 중심에서 유기적 조직으로, 행사 위주에서 양육 위주"로 정비하면서 사역에 전념한 결과였다. 이 경험은 그가 평생 몸바쳤던 제자훈련 사역에 중요한 동인이 되었다.[264]

그는 1974년에 합동측 수도노회에서 목사안수를 받고 사역하던 중 제자훈련에 관한 연구를 위해 1975년 미국 유학길에 오른다. 가족들을 두고

263 옥한흠, 『제자훈련 열정 40년』(서울: 국제제자훈련연구원, 2009), 64.

264 당시 대학부에 출석하는 인원이 단 1명밖에 없는 상황에서, 선교단체에는 젊은이들이 넘쳐나는데 왜 교회를 빠져나오는지를 고민하면서 선교단체의 제자훈련과 양육 시스템을 도입한다. 그는 선교단체에는 있으나 기존 교회에 없는 3가지가 "복음, 훈련, 비전"이라는 사실을 깨닫고 본격적인 제자훈련에 돌입한다. 이때 가장 먼저 변화를 경험한 사람이 그 자신이었다. 디사이플 편집부 엮음, 『광인: 狂人 옥한흠을 말하다』, 23-26.

혼자서 떠나 캘빈신학교에서 석사과정 공부를 시작했으며, 그곳에서 독자적으로 제자훈련에 대한 내용을 집중적으로 연구했다. 그 기간에 미시간주 그랜드래피즈한인교회에서 잠시 목회를 하기도 했으며, 석사학위를 받은 다음에는 웨스트민스터신학교로 옮겨 목회학 박사과정을 밟는다. 그는 그곳에서 보수적 울타리 안에 안주하는 폐쇄적 분위기에 힘들어하다가 한스 큉(Hans Küng)의 『교회론』을 통해 제자훈련에 대한 명료한 신학적 해답을 얻게 되었다.[265] 제자훈련에 대한 답을 찾은 그는 박사과정 논문 프로젝트를 마치지 않은 채 네비게이토 본부와 제자훈련을 실시하고 있는 교회들을 탐방했다. 그가 만족할 만큼은 아니었지만 "평신도의 중요성을 인식하고 그들을 깨우는 목회 현장은 건강하고 부흥한다는 사실"을 확인한 시간이었다.[266]

1978년 6월에 귀국한 후 옥한흠은 제자훈련을 접목하기가 쉽지 않은 기성교회에서의 담임목회를 포기하고, 바로 그해 7월에 강남은평교회 창립예배를 드린다.[267] 창립예배에서는 당시의 일반적인 관례를 깨고 그가 직접 설교를 맡았다. 이를 두고 그는 "새로 시작하는 교회의 강단에서 선포하는 첫 메시지는 그 교회의 목표와 방향성을 제시하는 설교이므로 남에게 맡길 수 없다는 약간은 고집스러운 생각을 했기 때문"이었다고 밝힌다.[268] "왜 이 교회를?"(마 9:35-38)이라는 제목으로 선포된 메시지는 분명하고 단호했다.

예수님이 모든 성과 촌을 두루 다니며 사역하신 것처럼 개척되는 교회도 어

265 옥한흠, 『제자훈련 열정 40년』, 50-51

266 위의 책, 30-31.

267 주일학교 전도사로 섬겼던 은평교회 담임목사로부터 강남으로 이사 간 교인들이 거리가 멀어 교회 출석이 어려우니 강남에 개척을 하면 안심하고 그 교인들을 맡길 수 있다는 제안을 받았고 그 교회가 초기에 허락한 지원에 감사하여 교회 이름을 이렇게 정했다. 옥한흠, 『개척 10년, 나누고 싶은 이야기들』(서울: 사랑의교회, 1994), 58.

268 옥한흠, 『제자훈련 열정 40년』, 62.

느 지역에 묶여서 일하기보다는 주님이 가라는 곳이면 어디나 갈 수 있는 교회, 즉 경계선이 없는 목회를 할 수 있어야 합니다. 예수님의 사역이 보여준 가르치고 전파하고 치료하는 기능은 바로 우리 교회가 꾸준히 추구해야 할 기능입니다. 예수님이 세상 사람을 목자 잃은 양으로 보시고 가슴 아파하시며 그들을 위해 일할 일꾼을 찾으신 것처럼 우리 교회는 세상으로 보냄 받은 소명자로서 평신도를 깨우는 일에 목회의 비전을 두어야 합니다.[269]

그는 첫 설교에서 "생명을 잉태하지 못하는 불임의 교회"가 아니라 "주님이 가라는 곳이면 어디나 갈 수 있는 교회"가 되기를 지향하며, "세상으로 보냄 받은 소명자로서 평신도를 깨우는 일"에 목회의 중점을 두겠다는 방향성과 비전을 제시한다.[270] "평신도 훈련을 통한 전 교인의 동력화, 각 대학과 직장의 젊은이 선교, 공산권을 향한 특수 선교"는 초기부터 내걸었던 교회 창립 비전이었으며, 일관되게 추구해왔던 꿈이었고, 교회 속에서 구체적으로 실천에 옮기려고 몸부림쳤던 목표였다.[271]

그런 비전을 가지고 시작한 목회에서 그가 중점을 두었던 것은 제자훈련이었다. 용어마저 생소하던 때에 원색적인 복음의 내용을 전하면서 수많은 질문과 구체적인 적용, 삶의 변화와 실천을 강조했던 제자훈련은 초기엔 철저히 실패했다. 신앙 연륜도 오래되었고 부요한 동네에서 부담 없이 신앙생활을 하고자 하는 이들에게 제자훈련은 너무나 큰 부담이었다. 그러나 첫 결과에 굴하지 않고 다시 시작한 여자 제자반을 경험한 사람들은 영적으로 큰 변화를 맛보았고, 이때 그는 교회 밖의 일은 모두 거절하고 제자훈련에 완전히 집중하면서 1979년도에는 남자 제자반을 처음 시작한다.

269 위의 책, 62.
270 옥한흠, 『개척 10년, 나누고 싶은 이야기들』, 16.
271 위의 책, 24.

1981년 9월에는 교회의 이미지를 새롭게 하고 복음의 본질인 하나님의 사랑에 중점을 두기 위해 '사랑의교회'로 이름을 바꾸었고, 전통 교회에서 사용하던 기존의 명칭을 새롭게 정비한다. 1%의 목회자만 활동하고 99%의 교인들은 수동적인 역할에 안주하는 구조를 깨뜨리기 위해 성경공부라는 용어 대신에 제자훈련, 구역이란 용어 대신에 다락방, 구역장 대신에 순장 등의 용어를 사용한다. 그리고 전통적인 패턴에 얽매이기보다 예배 가운데서 복음의 본질을 경험하고 그것을 나눌 수 있는 장을 마련하기 위해 고심한다. 그는 "'사랑의교회' 성도답게 살려면 '하나님은 사랑이시라'는 말씀을 묵상하면서 하나님이 얼마나 우리를 사랑하셨는가를 매일 새롭게 느끼며 고백할 수 있어야" 하고, "하나님의 사랑은 십자가를 통해서 확증되었고 동시에 이 십자가는 사랑의 최고 결정을 의미"하며, 이것을 모르고서는 진정으로 믿는 것이 아니라는 사실을 강조했다.[272] 그래서 "사랑의 생활화 세미나"를 시작했으며, 이것은 후일 대각성전도 집회라는 이름으로 정착하게 된다.

교회가 성장하면서 서초동에 카타콤 형태의 교회당을 신축하여 1985년 1월에 입당 예배를 드렸다. 제자훈련을 체계화하기 위해 그동안 진행해온 제자훈련의 모든 것을 담아낸 『평신도를 깨운다』라는 책을 출간했고, 책을 읽은 사람들의 요청이 쇄도하여 1986년부터는 "평신도를 깨운다 제자훈련 지도자 세미나"(CAL)를 시작한다.[273] 이 세미나는 국내뿐만 아니라 미주, 대만, 일본, 브라질 등으로 확대되었고, 2010년 3월, 84기까지 그가 직접 거

---

272 위의 책, 36.

273 박용규는 이 세미나가 "한국교회사적으로 매우 중요한 의미를 지니는 사건"이었다고 평가하면서 "사랑의교회가 그동안 임상실험해온 제자훈련목회를 하나의 이론으로 집대성했다는 사실"과 이 세미나를 통해 "제자훈련목회를 한국교회에 보급하여 제자훈련을 하나의 신앙운동으로 승화시키는 출발점이 되었다는 사실", 그리고 "건강하고 균형 잡힌 교회 성장을 통해 한국복음주의 운동의 저변 확대에 기여"했다고 평가한다. 박용규, 『사랑의교회 이야기: 복음 훈련 열정』(서울: 생명의말씀사, 2012), 181.

의 모든 강의를 진행했으며, 제자훈련을 하는 교회의 네트워크가 형성되면서 자연스럽게 제자훈련 정신과 목회 철학을 공유했다.

쉼 없이 이어지는 많은 사역으로 인해 그는 건강에 이상을 느끼고 깊은 영적 침체를 경험하면서[274] 1년의 안식년을 가지게 되었다. 그러면서 건강 회복에 힘을 쏟았지만 "다시 사역을 시작할 만한 영적 재충전을 거의 할 수 없었"다. 교회에서는 더 쉴 것을 권유했지만 그는 1년 만에 목회에 복귀하여 곧바로 로마서 강해를 시작한다. 그는 "로마서가 나를 살렸다"고 고백하면서 "마치 물이 빠진 갯벌에 앙상하게 놓여 있던 고깃배를 밀물이 가볍게 들어 올려 깊은 바다로 싣고 가듯" 그렇게 로마서가 자신과 교회를 은혜의 대양으로 끌어내주었고, 복음을 통한 영적 회복을 경험하면서 또 다른 출발점을 만들 수 있었다고 고백한다.[275]

그의 사역 2단계는 사랑의교회 제자훈련 사역뿐만 아니라 한국교회 갱신을 위한 사역이었다. 1996년에는 교회갱신을 위한 목회자협의회(이하 교갱협)를 창립했고, 1998년에는 한국기독교목회자협의회(이하 한목협)를 창립해 한국교회의 연합과 일치 및 갱신에 주력한다. 또한 그는 선교 사역에 주력하는데, 특히 북한과 공산권 선교, 장애인 선교와 유흥가 선교 등 특수 선교에도 깊은 관심을 기울인다.

옥한흠은 "교회가 목사와 함께 늙으면 안 된다는 소박한 확신 때문"[276]에 교인들과 주변의 만류에도 불구하고 2003년 65세에 담임목사직을 후임에게 넘겨주고, 개척 이후 25년간 섬긴 교회의 사역에서 조기 은퇴한다. 그는 2007년 7월 한국교회 대부흥 100주년기념대회에서 한국교회를 향해

---

274 옥한흠, 『소명자는 낙심하지 않는다』(서울: 국제제자훈련원, 2003), 21; 『옥한흠 목사가 목사에게』(서울: 은보, 2013), 25.

275 옥한흠, 『제자훈련 열정 40년』, 218.

276 위의 책, 342.

피를 토하는 호소를 담아 설교했다. 은퇴 후에는 국제제자훈련원 원장으로 제자훈련 확산에 전력하다가 2010년 9월 2일에 폐암으로 세상을 떠났다. 암세포가 몸 속 깊숙이 퍼진 상태에서도 2010년 3월 제자훈련 지도자 세미나를 직접 인도했다. "생명을 걸 만큼 미쳐야 하고, 상황이 어려울수록 미쳐야 합니다. 확신을 갖고 미치십시오!" 그것이 그의 마지막 강의가 되었다. 그는 평생 사람을 세우는 평신도 제자훈련에 미쳐 있었던 설교자였다.

#### (2) 설교사역과 신학적 특징

한국교회 부흥기에 중요한 역할을 했던 옥한흠은 성경의 복음을 오늘의 시대에 들려주고, 그들이 성경의 가르침을 따라 살도록 도우려 했던 성경적 설교자였다. 그는 평생 설교자로 살면서 "말씀을 듣는 사람들이 자신의 죄를 철저히 회개하고 그 자리에서 돌아갈 수 있게 만들어주는 설교"를 꿈꾸었다. 청중을 움직이는 진정으로 능력 있는 설교는 "설교자의 삶에 기초하여 인격화되고 생활화된 메시지"라고 주장한 그는 이 두 가지 차원을 이루기 위해 평생을 몸부림쳤다.[277] 하나님의 말씀을 바로 전하여 삶의 변화를 가져오는 설교, 즉 "가르쳐 지키게 하라"는 가르침은 그의 사역과 설교의 중심을 이루었으며, 그런 점에서 그는 청중의 반응 및 사람들의 환호에 연연하는 설교와 설교만능주의를 경계한다.

옥한흠의 설교를 연구하기 위한 가장 기초적인 자료는 40권의 설교집과 사랑의교회 홈페이지를 통해서 접할 수 있는 그의 육성 설교다. 먼저 1983년에 처음으로 나온 『고통에는 뜻이 있다』 외에 『고통을 다루시는 하나님의 손길』, 『나의 고통 누구의 탓인가?』 등 고통의 문제를 다룬 시리즈 설교집이 있다. 또한 성경강해 시리즈로는 로마서 강해설교집으로 『내가

---

277 옥한흠, "설교는 고통의 십자가 같다", 「크리스찬투데이」(2008. 8. 13).

얻은 황홀한 구원』, 『아무도 흔들 수 없는 나의 구원』, 『구원 받은 자는 이렇게 산다』 등이 있고, 요한복음 강해집으로는 『요한이 전한 복음 1, 2, 3』, 사도행전 강해집으로는 『교회는 이긴다』 등이 있다. 제자훈련과 교회갱신을 위한 목회자 모임에서 행한 설교와 강의를 묶은 책으로는 『소명자는 낙심하지 않는다』, 『이것이 목회 본질이다』 등이 있고, 대각성전도 집회 등에서 전한 전도설교를 중심으로 엮은 책으로는 『문 밖에서 기다리시는 하나님』, 『전도 프리칭』, 『옥한흠 목사의 다시 복음으로』 등이 있다. 또한 그리스도인의 삶의 문제를 다룬 설교로는 『우리가 바로 살면 세상은 바뀝니다』 등을 들 수 있다.[278] 평생 설교에 최우선을 두었고, 당시 사회와 교회, 후배 목회자들을 위해 열정을 가지고 사역을 감당했던 옥한흠의 설교사역을 어떻게 정리할 수 있을까?

첫째, 옥한흠은 설교를 성경 본문을 통해서 오늘도 말씀하시는 하나님의 말씀의 선포라고 이해했다. 그러므로 설교자는 성경 본문으로부터 바로 듣는 훈련을 해야 하며, 그것을 위해 성경에 대한 바른 해석과 적용이 필요하다고 말한다. 성경의 정확한 해석과 바른 적용이 바른 설교의 열쇠이며 성경 말씀이 들려주는 진리를 바로 전하는 것이 설교라고 주장한다. 그러므로 설교자에게 가장 필요한 것은 이 메시지야말로 "하나님이 오늘 우리 모두에게 주시는 그분의 음성이라는 확신"과 "선지자적인 사명을 갖고 외칠 수 있는 확고한 신념"이다. 그렇게 하지 않으면 "설교로 성도들을 기만

278 옥한흠, 『고통에는 뜻이 있다』(서울: 나침반사, 1983); 『고통을 다루시는 하나님의 손길』(서울: 두란노, 1995); 『나의 고통은 누구의 탓인가?』(서울: 두란노, 1998); 『내가 얻은 황홀한 구원』(서울: 국제제자훈련원, 1992); 『아무도 흔들 수 없는 나의 구원』(서울: 국제제자훈련원, 1993); 『구원 받은 자는 이렇게 산다』(서울: 두란노, 1994); 『요한이 전한 복음 1, 2, 3』(서울: 국제제자훈련원, 2002); 『교회는 이긴다: 옥한흠 목사의 육성이 담긴 사도행전 강해』(서울: 국제제자훈련원, 2012); 『소명자는 낙심하지 않는다』; 『이것이 목회의 본질이다』(서울: 국제제자훈련원, 2004); 『옥한흠 목사가 목사에게』; 『문 밖에 서서 기다리시는 하나님』(서울: 두란노, 1994); 『전도 프리칭』(서울: 국제제자훈련원, 2002); 『옥한흠 목사의 다시 복음으로』(서울: 은보, 2015); 『희망은 있습니다: 우리가 바로 살면 세상은 바뀝니다』(서울: 두란노, 1998).

하는 경우"가 생겨날 수 있다. 그는 그러한 기만의 가능성을 경고하면서 설교자에게 필요한 것은 양심과 신념이라고 강조한다.[279] 설교자에게는 교인들이 듣고 싶어 하는 설교에 대한 유혹을 과감하게 떨쳐내고 하나님께서 말씀하시는 바를 전하려는 결단이 필요하다.

> 다시 강조하지만 설교는 하나님의 말씀을 전하는 것입니다. 내 말을 전하는 것이 아닙니다. 그렇다면 설교자는 그때그때 성경을 통해 하나님의 음성을 들어야 합니다. "듣는다"는 것이 어떤 것인지에 대해서는 긴 설명이 필요하지만 한마디로 말하자면 "나는 이것이 하나님이 주신 메시지라는 확신이 있다"는 감정이 생겨야 합니다. 그리고 "이 메시지는 하나님의 말씀에서 절대 빗나가지 않았고 내 말을 보태지도 않았다. 예화 하나도 하나님의 말씀이기에 필요해서 썼다. 단지 분량을 메우기 위해 쓴 것이 아니다"라는 확신이 있어야 하는 것입니다. 항상 이런 확신을 갖고 설교할 수 있다면 그 설교는 강력해질 수 있습니다. 하지만 그렇지 못할 때가 많기 때문에 설교가 늘 십자가처럼 느껴집니다.[280]

설교자는 설교를 바로 감당하여야 하기 때문에, 옥한흠은 항상 설교자의 고뇌와 몸부림을 겪으며 자신의 설교사역을 "고통의 십자가"로 인식했다.

그는 설교의 목적은 사람을 변화시켜 주님의 제자로 세우는 것이라고 말한다. 그래서 설교자는 "설교를 통해 성도들 안에 하나님이 진정으로 원하는 변화가 일어나고 있는지 확인"해야 한다고 강조한다. 그 변화는 "말씀을 듣고 순종하는 자리까지 가는 것"이며, 순종함으로써 "예수의 제자가 되

279 옥한흠, "설교는 십자가입니다", 이태형, 『두려운 영광: 두렵고 떨림으로 말씀을 대언하는 우리 시대 대표 설교자 10인을 만나다』(서울: 포이에마, 2008), 19.

280 위의 책, 20.

는 성숙한 지경에 이르는 것"이다. 한편으로 그런 변화는 잘 일어나지 않는다는 점을 설교자가 간과해서는 안 되며, "설교를 들을 때에는 사람들이 감동을 많이 받는 것 같지만 그것이 곧 변화를 의미하지는 않는다"는 사실을 알아야 한다고 권고한다.[281]

> 능력 있는 설교자는 사람을 변화시킬 수 있어야 합니다. 설교를 듣는 사람들이 자신의 죄를 철저하게 회개하고 그 자리에서 돌이킬 수 있게 만들어야 합니다. 설교를 듣고 청중들이 주님의 말씀에 순종하려는 결단을 다시금 해야 합니다. 그렇게 결단한 영향이 실제 삶에 나타나고 인격이 자신도 모르게 주님을 바로 따라가는 제자의 모습으로 변해야 합니다.[282]

그는 설교를 통해 "해 아래서 무의미한 인생, 목적 없는 인생이 주님 안에서 목적 있는 인생"으로 변화하는 것을 추구했다. 그것은 기독교적 성공 개념에 대한 이해와 연결된다. 그는 "하나님이 나를 통해 원하시는 목적을 이뤄드리는 것이 인생이요, 성공"이며, 그러므로 삶을 세상의 관점이 아니라 하나님의 관점에서 보아야 한다고 주장한다. "목사님이 이대로 사그라지면 뭐가 남을까요?"라는 질문에 대해 그는 간단하게 대답한다. "오직 예수님만…."[283]

그런 점에서 그는 설교자에게 기도생활, 비전이 필요하다고 강조한다. 설교자에게 가장 중요한 요소는 "분명한 부르심이 있는가"이며, 그것은 결국 구원에 대한 감격으로 이어진다. 영력은 철저하게 영감에서 나오며, 그때에 비로소 설교에 감동이 있게 된다고 이해한다. 그는 영감을 얻는 원천

---

281 위의 책, 21-22.

282 위의 책, 22.

283 위의 책, 45-46.

으로 절대적인 요소와 상대적인 요소를 든다. 절대적인 것은 "예수 그리스도의 이름과 하나님의 말씀, 그리고 성령의 능력"으로 부여되는 것이며, 이것이 설교를 힘 있게 한다. 상대적인 것으로는 달란트, 경험, 훈련, 노력 등이 있다고 이해한다.[284] 그래서 그는 후배 설교자들에게 "예전에는 '하나님의 종이 전하는 말씀이니까 들어야지'라고 생각했다면 지금은 그렇지 않습니다. 지금은 천사가 와서 말을 해도 듣지 않는 시대입니다. 따라서 목회자 자신이 늘 깨어서 스스로 경책하고 겸비하지 않으면 안 됩니다"라고 충고한다. 그래서 설교자는 영감 있는 사역자가 되기 위해, 하나님께 붙들린 사역자가 되기 위해 끊임없는 노력이 필요하며, 기도야말로 설교자에게는 사역의 최우선에 두어야 할 사역이라고 강조한다.[285]

또한 능력 있는 설교는 설교자의 삶에 기초하여 "인격화되고 생활화된 메시지"다. 아무리 그 내용이 화려하고 논리적인 설교라 할지라도 설교자의 삶과 메시지 사이에 괴리가 있을 때는 설교의 능력이 나타나지 않는다. 그는 필립스 브룩스의 말을 인용하여 "세상은 아직 들어야 할 최선의 설교를 듣지 못하고 있다. 진짜 좋은 설교는 앞에 남아 있다. 누가 그 설교를 할 것인가? 당신이 그 설교를 해야 한다"고 충고하면서 설교 강단이 가장 많은 위선이 행해지는 자리가 될 수 있음을 경고한다.[286]

둘째, 옥한흠은 제자훈련과 평신도 동력화에 초점을 맞추어 설교했다. 그는 제자훈련에 평생 목숨을 걸고 사역했다. 그의 설교사역의 큰 틀은 이것을 중심으로 이루어졌다. 그는 실제로 제자훈련에 미친 사람이었고, 제자훈련 세미나에서 계속해서 "광인"(狂人)이 될 것을 요청했다. "제자훈련을 하고 싶으십니까? 길은 하나밖에 없는데 당신은 미쳐야 합니다. 미친다

284 옥한흠, 『옥한흠 목사가 목사에게』, 184-91.

285 위의 책, 19-21, 42-46, 154-57, 192.

286 옥한흠, "설교는 십자가입니다", 36-37.

는 것은 다른 출구가 없는 사람처럼 적극성, 긴박성과 열정을 갖고 제자훈련을 시작해야 한다는 것입니다."[287] 그는 주님의 대위임령인 "가르쳐 지키게 하라"(마 28:20)에 그의 인생 전부를 걸었다. 가르쳐 지키는 그리스도인을 양육하는 것이 그의 설교와 나머지 모든 사역의 초점이었다. 사실 옥한흠에게 제자훈련과 설교는 상보적인 요소였다. 권성수는 옥한흠의 "제자훈련 목회를 성공으로 이끈 가장 큰 동기유발의 동력"을 그의 설교에서 찾는다. "설교로 은혜를 끼치지 못한 상태에서 교인들을 제자훈련으로 몰고 가면 교인들은 부담을 느끼고 심지어 역정을 내기도 할 것"이지만 설교로 은혜를 끼쳤기 때문에 가능했던 일로 평가한다.[288]

셋째, 옥한흠의 설교에는 교회의 원형 회복과 건강한 교회에 대한 열망이 담겨 있다. 교회개척을 시작하면서 드린 그의 기도에는 이런 열망이 담겨 있다.

> 주님, 여러 교회들 가운데 또 하나의 교회를 더하지 말게 하옵소서. 종교적 허세만 가득하고 정작 생명을 잉태치 못하는 불임의 교회를 또 하나 세우지 말게 하소서. 사람을 위한 직함들만 줄줄이 만들고 정작 그리스도의 제자로 사람을 키우지 못하는 무기력하고 무책임한 교회를 만들지 말게 하소서. 내가 그리스도의 군사라는 명쾌한 자기 인식 없이 행사에 바쁜 사교 클럽으로 전락하지 않게 하소서. 그리스도 왕국을 전략적으로 이 땅에 구축하는 야전 벙커가 되게 하시고 행정에 분주한 동사무소가 되지 않게 하소서.[289]

교회를 개척하여 창립예배를 드릴 때 외부 강사를 초청하여 설교를 듣는

287 옥한흠, "광인론", 디사이플 편집부 엮음, 『광인』, 60.
288 크리스채너티 투데이 코리아 엮음, 『옥한흠 은혜의 발걸음』(서울: 국제제자훈련원, 2010), 30.
289 옥한흠, 『제자훈련 열정 40년』, 60.

것이 관례였지만 옥한흠은 자신이 직접 설교했다. 교회를 시작하는 사람이 "교회를 세우는 목적과 목회 철학을 정확히 전달하는 것이 중요하다"는 판단에서였다.[290] 그의 사역은 교회론이 중심을 이루며, 성도들의 삶과 사회 속에 하나님 나라를 구현하는 것이 그 지향점이었다.

세상으로 부름 받은 하나님의 백성인 교회는 "예수님이 오셔서 실현하신 하나님의 통치의 유기적·제도적·세상적 표현"이며, 완성될 하나님 나라의 도래를 간절하게 기다리는 공동체다. 그들은 세상으로부터 부름을 받았으며, 하나님 나라의 구현을 위해 다시 세상으로 보냄을 받은 그리스도의 제자다. 그는 교회가 성경을 통해 전수되어온 살아 있는 증거를 받아들이고 전한다는 관점에서 사도적 교훈을 계승하며, 사도들이 감당했던 바로 그 사역을 감당한다는 점에서 사도적 사역을 계승한다고 주장한다.[291] 교회는 하나님 나라의 증인으로 부름을 받았는데, 그 증인들은 보고 들은 것을 세상에 말하도록 보냄을 받았다.[292] 그런 점에서 사도들의 증언을 계속해 가는 교회에게 사도행전은 끝난 것이 아니라고 주장한다.

> 사도행전의 마지막이 다음과 같은 말씀으로 마무리되어 있다는 것은 너무나 너무나 매력적입니다. "하나님 나라를 전파하며 주 예수 그리스도에 관한 모든 것을 담대하게 거침없이 가르치더라"(28:31). 매우 기가 막힌 말씀이 아닐 수 없습니다. 지난 2,000년을 돌이켜 보면, 복음을 막고자 시도한 사람은 많이 있었지만 그중 정말 복음을 막아낸 사람은 한 명도 없었습니다.…앞으로 주님 오실 때까지 핍박이 없을 것이라 장담할 수는 없습니다. 예수 믿는다는 이유로 끌어다가 죽이는 일이 결코 없을 것이라고 장담할 수 없습니

290 박용규, 『사랑의교회 이야기: 복음 훈련 열정』(서울: 생명의말씀사, 2012), 92.
291 옥한흠, 『다시 쓰는 평신도를 깨운다』(서울: 국제제자훈련원, 2007), 72, 78, 93-96.
292 옥한흠, 『교회가 이긴다』, 32-35.

> 다. 그러나 주님의 복음을 금할 수는 없을 것입니다. 결국은 하나님이 이깁니다. 결국은 십자가가 승리합니다.[293]

교회는 승리자 예수님께 붙들려 나아가기 때문에 결국 이긴다는 것과, 교회는 하나님 나라를 위해 세움 받았으며 땅 끝까지 복음을 전파할 사명을 가졌다는 것이 그의 교회론의 핵심을 이룬다.

넷째, 옥한흠은 잃어버린 영혼 및 복음에 온전히 집중하여 설교했다. 그는 로마 교회가 다시 복음을 들어야 했듯 현대 교회도 다시 복음을 들어야 한다고 생각했으며, 그에게서 '복음'을 빼면 아무것도 남을 것이 없는 설교자였다. 그는 오직 복음만이 세상을 새롭게 할 수 있다는 확신을 가졌고, 따라서 인간과 세상의 문제에 대한 해답으로 복음을 제시했다. 그는 초기부터 대각성 전도 집회를 통해 새신자를 초청하여 복음을 전하는 새로운 형태의 전도 집회 형식을 도입했다. 그것은 전교인이 6개월 전부터 태신자를 정하고 기도로 준비하여 교회가 제공하는 자료들을 가지고 개인적인 교제의 폭을 조금씩 넓혀가면서 전도 집회에 초청하는 전도 방식이다.

> 구원해야 할 영혼을 가슴에 품고 간절히 기도하는 그 자체가 이미 엄청난 각성의 증거인데, 심지어 새 생명이 태어나는 기적 같은 사건을 보게 되면 아무리 그의 영적 병이 심각해도 한순간에 치유되는 놀라운 기적을 체험하게 된다. 20년 넘도록 대각성 전도 집회를 인도하면서 전도의 열매가 풍성한 것도 엄청난 기쁨이었지만 사랑의교회 성도들이 기적과 같은 대각성을 자기 안에서 체험하게 된 것은 더 큰 감사가 아닐 수 없다.[294]

---

293 위의 책, 852-53.

294 옥한흠, 『제자훈련 열정 40년』, 240-41.

이 집회는 사랑의교회의 중요 사역의 하나로 자리를 잡았다. 처음 10년간은 1년에 두 차례씩 집회를 가졌는데 그는 나흘간 계속되는 집회의 설교를 혼자서 감당했다. "복음만은 담임목사가 전해야 하고, 그 복음의 열매를 담임목사가 거둘 때 진정한 목회의 보람과 능력이 유지된다"는 소신 때문이었다.[295] 제자훈련을 통해 훈련된 교인들이 "영혼을 잉태하고 출산하는 영적 산고로 각성되고, 깜짝 세일식 전도로 그치는 것이 아니라 책임 있는 양육으로 이어지는" 지속적인 전도 활동이 없었다면 자신의 사역은 울리는 꽹과리에 불과했을 것이라고 그는 회고한다.[296] 그의 메시지는 복음의 능력을 중점적으로 선포했으며 잃어버린 영혼을 찾아내는 전도에 중점을 두었다. 복음과 복음전도에 대한 그의 열정은 로마서 강해 설교들에 구체적으로 나타난다. 그는 복음을 통해 경험한 황홀한 구원은 어떤 환경이나 조건에 의해 흔들릴 수 없으며, 변화된 삶과 증거의 삶으로 연결된다고 강조한다.[297] 이런 영혼 구원에 대한 그의 관심은 북방선교와 공산권 선교, 국내외 선교, 젊은이선교, 지역 봉사 등으로 이어졌다.

다섯째, 옥한흠의 설교는 교회 개혁과 사회 개혁에 초점을 맞춘다. 옥한흠의 후반기 사역은 그리스도인들이 복음주의적 관점에서 사회적·민족적·문화적 책임을 수행하는 데 초점을 맞춘다. 또한 이것은 교회와 지도자들의 개혁으로까지 확대된다. 제자훈련이 정착되고 난 다음, 사회적 책임의 수행이라는 관점에서 많은 사역들이 펼쳐진다. 그는 한 인터뷰에서 다음과 같이 밝힌다. "제자훈련이 정착되고 보니까 제 마음속에는 제2차적인 영적 바람을 일으켜야 한다는 소망이 생겼습니다. 즉 사회를 변화시키는 사랑의

295 위의 책, 242-43.

296 옥한흠, 『전도프리칭』(서울: 국제제자훈련원, 2002), 6-7,

297 옥한흠, 『내가 얻은 황홀한 구원』, 『아무도 흔들 수 없는 나의 구원』, 『구원 받은 자는 이렇게 산다』 등을 참고하라.

봉사, 이를 통해 사회 구원과 영혼 구원으로까지 이어져야 한다는 쪽으로 힘을 싣게 되었지요."[298]

또한 교회와 목회자의 개혁에 대한 노력은 그가 대표회장으로 있었던 교갱협과 한목협을 통해서 일어난다. 그는 한국교회의 갱신과 일치를 위해 모든 노력을 기울이는데, 먼저 자신이 속한 교단의 개혁에 목소리를 높인다. 그에게 교단의 갱신은 "한국교회가 해결해야 할 피할 수 없는 과제"였다.[299] 그는 사회 개혁이 그리스도인의 삶의 변화를 통한 문화 변혁을 통해 가능하다고 이해하면서, 삶의 현장에서 이루어야 할 그리스도인으로서의 역동적 삶에 대해 강조한다. "하나님은 그리스도인들이 골고루 생활 전선에 뛰어들고 사회 각 분야에 들어가 활동하기를 원하신다. 그래야만 이 사회가 변화될 수 있기 때문이다."[300] 그는 개인의 삶의 변화를 통한 사회의 변화, 교단과 목회자의 변화를 통한 한국교회의 개혁에 초점을 맞추었다. 그리고 그리스도인들이 그리스도인답게 살 것을 강하게 요청한다. 교회의 문제, 사회의 문제는 "그리스도인들 스스로가 자기 정체성을 잃어버리고 세상 사람들과 다를 바 없이 도덕과 양심을 저버리고 산다는 데 있는 것"이라고 진단하면서, 그것을 구원받은 사람들이 살아내야 할 제자의 삶으로 연결한다.[301] 그는 "사회가 도덕적으로 타락했다면 교회가 그 타락의 환부를 끌어안고 치유하기 위해 애써야 한다"고 주장하면서 교회의 사회적·공적 책임을 강조한다.[302]

여섯째, 옥한흠의 설교는 성삼위 하나님의 사역을 선포했다. 그는 하나

---

298 "사랑의교회 옥한흠 목사의 대담", 「빛과 소금」(1998년 10월), 82.

299 박용규, 『사랑의교회 이야기』, 313-16.

300 옥한흠, 『이 험한 세상을 어떻게 살까?』, 49.

301 옥한흠, 『우리가 바로 살면 세상은 바뀝니다』, 36. 이 책은 이런 주제를 집중적으로 다루고 있는 설교를 묶었다.

302 위의 책, 14-15.

님의 절대 주권을 강조하며, 성부 하나님을 힘과 믿음의 원천으로 제시한다. "하나님의 자녀는 그 힘을 하나님의 입에서 나오는 말씀을 통해서 공급받습니다. 왜냐하면 하나님이 힘의 원천이시기 때문입니다. 하나님은 무능한 자에게 힘을 더하여 주시는 분입니다."[303] 고통의 문제를 다룬 설교에서는 하나님을 시련과 고난을 이길 수 있는 능력의 원천으로 소개한다.

> 하나님의 자녀는 슬픔을 못 이겨 절망할 수도 있습니다. 분노할 수도 있습니다. 침체의 늪에 빠져 허우적거릴 수도 있습니다. 외기러기처럼 울부짖는 캄캄한 밤을 보낼 수도 있습니다. 그러나 하나님은 그 가운데서도 우리를 떠나지 아니하시고 우리로 하여금 소망을 갖도록 우리 눈을 씻어주시고 점점 더 높고 넓은 곳으로 인도하고 계십니다. 아무리 그 고통이 극심해도 그 고통 앞에서 무릎 꿇는 패배자가 되지 않도록 하나님은 끝까지 우리를 돕고 계십니다.…혹시나 남모르는 고통을 안고 신음하는 분이 계십니까? 믿음을 잃지 마십시오. 소망을 잃지 마십시오. 욥은 그 어려운 고통 속에서도 끝까지 믿음과 소망을 잃지 않았습니다. 끝까지 믿음의 밧줄에 매달려 있었고 끝까지 하나님을 바라보는 소망의 자리로 발을 옮기고 있었습니다. 그러므로 하나님이 축복하신 것입니다.[304]

그의 설교에서는 하나님의 절대적인 주권이 특히 강조된다. 인간의 구원이 하나님의 절대 주권에 의해서 이루어진다는 사실을 강조하는가 하면,[305] 합력하여 선을 이루시는 하나님의 역사를 강조하기도 한다.[306] 그는 하나님의

---

303 옥한흠, 『이 험한 세상을 어떻게 살까?』, 84-85.

304 옥한흠, 『나의 고통, 누구의 탓인가?』(서울: 두란노, 1994), 111.

305 옥한흠, 『문 밖에서 기다리시는 하나님』(서울: 두란노, 1994), 117-19.

306 옥한흠, 『내가 얻은 황홀한 구원』(서울: 두란노, 1994), 149.

절대 주권을 강조하면서, 하나님께서는 뜻을 이루시기까지 일하시는 분이시며, 유대인과 이방인의 벽을 허무시기로 작정하신 분이라고 소개한다.[307] 그러면서도 그의 설교에는 좋으신 하나님, 사랑의 하나님이 계속 강조된다.[308] 인생길에는 어려움이 있지만 사랑의 하나님은 "눈물이 눈물로 끝나지 않게" 하시며, 고통을 선하게 다루시는 손길을 가지신 분이시라고 말한다.[309]

또한 옥한흠의 설교에는 예수 그리스도가 중심을 이룬다. 특히 그분이 우리의 구원자, 주인, 위로자, 통치자 되시며 죄와 사탄의 권세로부터 승리하신 분이라고 소개한다. 또한 예수님이 생명의 근원 되시며 인생의 모든 문제의 본질적인 해결자 되심이 강조된다. 예수 그리스도가 하나님의 "아들 되심"과 십자가와 부활을 통해 나타난 '구속사역'은 그의 설교의 중심 주제였다.[310] 그는 설교에서 성령님을 해방의 영, 믿음의 동력이 되시는 분, 우리를 도우시는 능력의 원천, 예수 그리스도를 통해 나타난 구원 사역을 믿고 받아들이게 하는 보혜사로 묘사한다.[311] 그는 성령님이야말로 하나님의 거룩한 영적 진리를 깨닫게 하시는 분이시기에, "성령으로 충만케 해주소서"가 설교자의 가장 중심적인 간구여야 한다고 강조한다.[312]

일곱째, 옥한흠의 설교는 본문 중심의 강해설교 형태를 취한다. 그의 설교는 강해와 적용이라는 강해설교의 기본 구조를 가지고 있다. 서론에서는 문제 제기를 하고, 그것에 대한 해답을 본문에서 찾고(본론), 삶에 적용하면서 결단하게 하는 형식(결론)을 취하기도 한다. 이렇게 그의 설교는 철저히

---

307 옥한흠, 『교회는 이긴다』, 400-6.

308 이런 주제를 다룬 책으로는 옥한흠, 『안아주심』(서울: 국제제자훈련원, 2007)을 들 수 있다.

309 위의 책, 34; 옥한흠, 『나의 고통, 누구의 탓인가?』, 172.

310 이런 주제는 그의 설교집, 『요한이 전한 복음 1』, 『아무도 흔들 수 없는 나의 구원』, 『내가 얻은 황홀한 구원』 등에 집중적으로 나타난다.

311 이런 주제는 그의 설교 전반에 녹아 있지만 특히 『요한이 전한 복음 3』에 집중적으로 언급된다.

312 옥한흠, 『소명자는 낙심하지 않는다』, 69-70.

본문을 중심으로 그 의미를 구체적으로 제시하고, 본문을 통하여 말씀하시는 하나님 앞에 청중들을 세워서 말씀 앞에 엎드리고 결단하게 만드는 데 중점을 둔다. 그가 설교 준비에 있어 중점을 두는 것은 먼저 설교자인 자신이 본문을 듣는 일이며, 그렇게 발견된 진리의 말씀을 소상하게 드러내는 것으로서의 강해와, 삶의 실천을 위한 구체적인 방편으로서의 적용이라는 틀을 유지한다. 그래서 그의 설교는 성경 본문과 함께 움직이고, 숨 쉬며, 울고 웃고 춤춘다. 그래서 권성수는 옥한흠을 "성경을 실천적으로 해석하는 탁월한 설교자"라고 평한다.[313]

옥한흠은 사람의 "탈바꿈"(transformation)을 목회의 본질로 삼아 그것에 전념했고 "광인"으로서 자신의 전부를 걸었던 설교자였다.[314] 그는 52세 되던 해에 육체적 질병을 얻어 그 후 세상을 떠나기까지 20년 동안 그 고통을 온몸으로 견뎌내면서도 더욱 하나님의 말씀에 전념했던 설교자로서 한국교회와 그리스도인들에게 말씀의 지평을 더욱 넓혀주었다. 하나님의 말씀을 통해 세상과 사람을 변화시키는 일에 자신의 전부를 걸고 평생을 달릴 수 있었던 점에서 그는 실로 행복한 설교자였다. 그의 설교의 중심에는 예수 그리스도가 계셨고, 그 문을 열고 들어가면 복음의 소리가 언제나 새롭게 들려왔다. 그 일을 위해 그는 쇠할 줄 모르는 열정 하나로 달려갔다. 그는 불법이 난무하고, 거짓으로 뒤덮여 있는 세상을 확 뒤집어놓을 수 없을까 고민하면서, 세상을 바꿀 수 있는 코드는 무엇이며 교회가 세상에 대한 진정한 대안이 될 수 있을까라는 질문에 대한 해답을 복음에서 찾는다.

저는 오직 교회만이, 오직 복음만이, 오직 예수 그리스도만이 이 세상을 바

313 권성수, "성경해석학으로 본 옥한흠 목사의 설교분석", 「목회와 신학」(1998년 11월), 60-71.
314 옥한흠, 『옥한흠 목사가 목사에게』, 282-84.

> 꿀 수 있는 유일한 대안이라는 사실을 한 번도 의심해본 일이 없습니다. 저는 이 사실을 믿습니다.…하나님께서 그 한 사람을 통해서 이 세상을 바꾸어 놓는 일을 하고 있지 않습니까? 이게 복음이에요. 이게 복음이에요. 여러분, 그러므로 우리 자신이 먼저 변해서 이 세상을 바꾸어야 되겠고, 두 번째는 내 주변에 있는 사람 전도해서 하나님을 만나게 하고, 그를 통하여 하나님의 기적이 온 세상에 파급될 수 있도록 모두가 노력을 해야 합니다. 이것이 세상을 바꾸는 대안입니다. 이것이 이 사회를 하나님 나라로 바꾸어놓을 수 있는 유일한 지름길입니다. 우리는 복음의 능력을 믿습니다. 아멘. 주님의 능력을 믿습니다. 성령의 역사를 믿습니다. 예수 그리스도를 통하여 나타나는 변화의 역사를 믿습니다. 믿는다면 세상을 보고 낙심만 하지 마세요. 불평만 하지 마세요. 우리가 바로 되면 세상은 바뀝니다. 우리를 통해 우리 주변에 있는 사람들이 주님을 만나게 되면 세상은 바뀝니다. 진짜 우리가 예수를 만난 변화를 세상에 보여줄 수만 있다면 세상은 바뀝니다.[315]

이런 복음의 열정 외에도 그는 세상의 악과 불의에 대해 거침이 없는 예언자적 자세를 보여주었다. 그는 사회악에 대해 지적하며 그리스도인들이 빛과 소금으로서 살아야 할 당위성을 역설한다. 교회 생활뿐만 아니라 삶의 전반에서의 잘못된 습관과 태도, 관행에 대해서도 거침없이 직격탄을 날린다. 그러나 그것은 냉소적이거나 부정적이기보다는 문제의 해결처인 십자가 앞에 그들을 세우고 인도하려는 그의 예언자적 자세에서 비롯된 것이다. 청중의 구미에 맞추려고 하거나 그들이 듣기에 좋은 메시지만을 전하려고 하지 않고 진리의 말씀을 바로 전하려는 그의 강직함이 설교 전반에 드러난다. 그는 하나님의 말씀에 비추어 잘못된 것과 죄악된 삶에 대해서

315 옥한흠, "복음만이 세상을 바꿀 수 있다", 사랑의교회 주일 설교(2002년 10월 6일).

지적하는 것에 거침이 없다. 그는 상담자라기보다 환부를 드러내는 외과의사 같으며, 유체이탈 화법을 구사하기보다는 직선적이고 단도직입적이다. 그는 "현대인의 무뎌진 죄의식을 헤집고 창조주에 대한 거부감에 칼을 들이댄다."[316] 그런데도 사람들이 그의 설교에 감동하는 이유는 하나님의 말씀과 복음 앞에서 바로 살아야 한다는 그리스도인으로서의 책임 의식과 병든 사회와 영혼에 대한 그의 애정이 그 안에 담겨 있기 때문이다.

그의 이런 자세는 자신의 영적인 우월감이나 권위의식에서 나온 것이 아니라 자신도 죄인이라는 의식과 자신의 약함에 대한 고민, 그리고 하나님의 말씀으로 죄, 어두움, 불의 등을 치유하고 바로 세우려는 목자의 심정에서 나온 것이다. 그의 설교는 철저한 노력과 자기 절제, 그리고 복음을 통해 받은 구원의 은혜에 대한 황홀함을 간직하면서 성경이 말씀하시는 바를 실천하려고 노력하면서 계속 몸부림치는 중에 나온 것이었으며, 그렇기에 사람들의 가슴을 흔들어놓기에 넉넉했다. 그런 점에서 그의 설교는 통전적인 특성을 가진다. 곧 복음적이면서 예언적이고, 개인적이면서 사회적·교회적 차원을 가지며, 하나님의 사랑을 전하면서도 인간의 책임을 강조하고, 하나님의 은혜를 강조하면서도 인간의 윤리적 실천을 강조하며, 내세 지향적이면서도 현세적 삶의 책임성을 강조하는 특성을 보인다. 또한 하나님의 절대 주권을 강조하면서 인간의 결단과 실천을 중요하게 여기며, 대안으로서의 교회론을 가지면서도 교회 개혁적인 자세를 견지한다.

특별히 그는 1990년대 이후 성장 후유증에 시달리고 있던 한국교회가 안고 있는 문제와 약점을 깊이 고민하면서 교회 개혁과 강단 갱신에 주력한다. 그는 교회의 약화가 세속화에서 비롯되었다고 보았다. 즉 강단과 목회자의 세속화가 교회와 그리스도인들의 세속화를 가져왔다고 보면서 그

316 김지방, "옥한흠 목사: 단도직입적인 설교로 생활 방향 제시", 「국민일보」(2002년 3월 5일).

의 후배들에게 복음의 생명력을 어떻게 유지할 수 있을 것인지를 고민해야 한다고 권고한다. 이는 "우리가 성경 말씀을 권위 있게 전할 수 있는 지도자의 위치에 서지 않으면 이제는 공격을 당할 수 있는 굉장히 어렵고 위험한 상황에" 서 있기 때문이다. 그는 이렇게 말한다. "헛소리를 해서는 살아남을 수 없습니다. 따라서 여러분이 얼마나 말씀을 가지고 씨름하느냐가 중요합니다. 얼마나 연구하느냐가 중요합니다. 얼마나 묵상하느냐가 중요합니다. 얼마나 순종하려고 하느냐가 중요합니다."[317] 그는 하나님 앞에서 신실하고 충성스러운 설교자가 되려고 노력했다. 무엇보다도 그는 '설교자들을 위한 설교자'였다. 그는 예수님과 복음, 한 영혼에 미친 '광인'으로 평생을 살았고, 사람들을 주님의 제자로 세우는 일에 모든 열정을 쏟았다. 그의 설교에는 하나님의 세계를 온전히 보여주기 위한 몸부림이 있고, 처음부터 끝까지 복음이 물결치고 있다.

## 하용조 목사: 복음과 영혼 구원의 열정에 사로잡혀 평생을 달린 설교자

### (1) 생애와 사역

하용조 목사(1946-2011)는 평남 강서군 진남포에서 태어나 1·4후퇴 때 남쪽으로 내려와 목포에서 어린 시절을 보낸다. 그는 고등학교 진학을 위해 서울로 올라왔고 대광고등학교를 졸업한 후 건국대학교에서 축산가공학을 전공한다. 그는 대학 재학시절에 대학생선교회(CCC)를 통해 신앙 훈련을 받았고 예수님과의 인격적인 만남을 경험한 후 7년 동안 리더와 간사로

317 옥한흠, 『옥한흠 목사가 목사에게』, 315-16.

서 활동하면서 "미친 듯이" 전도에 열심을 내었다.[318] 그는 대학 3학년 때 폐결핵으로 투병하다가 목회자의 소명을 받았고, 군복무 시절에 병이 재발하여 의병 제대를 해야 했던 사건을 통해 소명을 더욱 확고히 했다.[319] 그리고 1972년 장로회신학대학교 신대원에 입학했다.

그는 1976년에 목포노회에서 목사안수를 받았고, 마포교회의 교육전도사로 있던 중 한 장로의 도움으로 연예인들과 성경공부를 시작하게 되었으며, 그것이 계기가 되어 당시로서는 아주 특수한 형태의 교회였던 연예인교회를 개척한다. 그는 대중문화의 중심에 서 있는 특수 계층인 연예인을 대상으로 한 목회를 감당하던 중 교회가 한창 성장할 즈음에 간경화 진단을 받고 교회를 사임한 다음, 치료와 안식, 공부를 위해 영국으로 건너간다. 그는 런던바이블칼리지(London Bible College)에서의 공부, 선교단체인 WEC(Worldwide Evangelization for Christ)에서의 훈련, 런던인스티튜트(London Institute)에서의 존 스토트, 짐 그래함 등과의 만남 등을 통해 현대 사회에 대한 관심과 성령 사역, 선교에 대한 깊은 도전을 받게 된다.[320]

그는 영국에서 학업과 함께 다양한 경험을 한 다음 1984년에 귀국하여 12가정으로 제자훈련을 시작했고, 그 모임을 토대로 하여 1985년에 온누리교회를 창립한다. 평신도 동력화를 통한 선교 지향적인 교회, 사도행전에서 보여주는 바로 그 교회에 대한 비전을 가지고 시작한 것이었다. 귀국 후 그의 사역은 활기차게 진행된다. 1985년에 평신도 신앙잡지인 「빛과 소금」을

---

318 하용조, 『나의 하루』(서울: 두란노, 2014), 53.

319 하용조, 『행복의 시작 예수 그리스도』(서울: 두란노, 2002), 132.

320 하용조, 『사도행전적 교회를 꿈꾼다: 온누리교회의 교회론과 목회철학』(서울: 두란노, 2007), 9-10. 참고로 이것은 존 스토트가 세운 기관으로 낙태, 포르노, 범죄 등과 같은 현대사회의 다양한 이슈에 대해 기독교적 세계관과 관점을 제시하는 사역을 감당한다. 그는 이곳에서 "복음과 복음에 따른 사회적 책임 사이의 조화와 균형"을 어떻게 이루어야 하는지를 배우게 되었다고 고백한다. 영국으로 떠나기 전 두란노서원을 세웠지만 그것이 감당해야 할 부분이 무엇인지 구체적인 통찰력을 여기서 얻었다고 고백한다. 같은 책, 81-82.

창간했고, 1987년에는 목요찬양모임을 시작했으며, 교회는 예배, 선교, 교육, 평신도 동력화, 성경공부 분야에서 괄목할 만한 사역을 펼쳐간다. 그러나 온누리교회에서의 사역 6년 만에 쓰러져 1992년에는 안식년을 갖게 되었다. 그가 하와이의 국제예수전도단(YWAM) 베이스에서 1년간 안식년을 보낸 후 그의 사역에 또 한 번의 획기적인 변화가 일어난다. 사역의 방향을 성령 사역으로 전환한 것이다. 성령집회, 가정훈련학교, 헌신자 훈련학교 등의 대대적인 사역이 펼쳐지면서 온누리교회는 한 단계 더 성장하게 되었다.

성령 사역과 함께 대대적으로 전개된 것은 선교 운동이었다. 1994년에는 "2010년까지 2,000명의 선교사와 10,000명의 평신도 사역자를 세운다"는 "2천/1만 비전"이 선포되고 "가든지, 보내든지"라는 구호가 강조되었다. 교인들은 선교에 적극 헌신하게 되었고, 그는 교인들에게 가는 선교사 또는 보내는 선교사가 될 것을 독려했다. 그래서 교회의 양육 표어는 "배우든지 가르치든지, 떠나든지 보내든지"였고, 양육과정을 마치는 7년이 되면 교회를 떠나 남을 섬기고 가르치도록 도전받았다.[321] 그리고 2003년에는 "Acts29 비전"이 선포되는데, "사도행전적 교회를 재생산해 온누리에 복음을 전한다"는 비전, 즉 "한국과 전 세계 방방곡곡, 우리를 필요로 하는 곳에 헌신자가 되어 교회로 세상을 변화시킬 것"이라는 비전이었다.[322]

또한 1996년에는 미국의 윌로우크릭교회를 벤치마킹하여 구도자 예배 및 네트워크 사역을 도입하게 된다. 이는 교회가 같은 비전을 가지고 팀워크를 이루어 다양한 은사를 가진 사람들이 서로 협력하면서 서로 부족한 것을 보완하며 함께 공동체를 세워간다는 사역 개념이었다. 그래서 온누리교회는 "다지역 교회"(multi-site church)를 추구했으며, 메트릭스 시스템으로 운

321 위의 책, 254-55.

322 위의 책, 310-11.

영하면서 여러 조직체들이 네트워크 관계를 형성하는 구조를 도입한다.[323]

하용조는 대학 3학년 때 발병한 폐결핵으로부터 시작하여 늘 병을 안고 살았다. 평생 당뇨와 고혈압으로 고생했으며, 간염이 간암으로 발전하여 간암 수술을 7차례 이상 받았다. 그는 세상을 떠나기 전 10여 년 동안 신부전증으로 인해 일주일에 네 차례 이상 투석을 하기도 했다. 하지만 질병으로 인해 사역과 생명에 위협을 받았던 큰 고비가 있을 때마다 새로운 비전과 사역을 창출했다. 그는 2006년 투병하던 중에 하나님께서 보여주신 새로운 비전을 받고 일본선교의 새로운 모델인 러브소나타를 시작하게 된다. "온누리교회의 모든 것을 가지고 일본으로 향하라!" 평양대부흥 100주년이 되는 2007년에 한국에 집중하지 말고 일본으로 향하라는 말씀을 선포한 것이다.[324] 이 사역의 정신과 내용, 진행 과정이 도쿄 사이타마에서 행한 설교에서 잘 나타난다.

> 오늘 사이타마 수퍼 아레나에서 이루어지고 있는 도쿄 러브소나타는 일본을 향한 하나님의 사랑과 용서의 이야기입니다. 하나님은 우리를 지극히 사랑하십니다. 인간의 모든 언어와 상상력을 다 동원해도 하나님의 그 사랑은 다 설명할 수 없습니다. 어느 날 하나님은 저에게 일본을 품으라고 하셨습니다. 일본을 사랑하고, 일본을 위해서 기도하고 헌신하라고 하신 것입니다. 사실 저는 누구를 사랑할 만큼 건강하지 않습니다. 30년 동안 당뇨와 고혈압으로 고생했을 뿐 아니라 간암 수술을 여섯 번 했고, 심장 수술도 받았습니다. 최근에는 일주일에 세 번씩 투석을 하고 있습니다. 이렇게 내 몸 하나도 유지하기 어려운데, 일본에 가서 하나님의 사랑과 용서의 이야기를 하라고

---

323 위의 책, 319-27.

324 "러브소나타"라는 용어는 "일본을 위한 하나님의 사랑 노래"라는 뜻이며, 이것에 대한 상세한 내용을 보기 위해서는 하용조, 『러브소나타: 목숨을 건 일본 사랑』(서울: 두란노, 2012)을 참고하라.

하시니, 처음에는 당황하고 두려웠습니다. 그렇지만 일본을 향한 하나님의 사랑이 멈추지 않는다는 것을 알고 나서는 내 생각이 달라졌습니다. 하나님은 "갈등과 고통의 벽을 넘어서라. 먼저 화해의 손을 내밀라. 그리고 사랑의 파도를 만들라"고 하셨습니다. 저는 불가능한 일이 생기면 기도부터 시작합니다. 금년 1월부터 40일 특별새벽기도를 작정하고 성도들에게 기도하자고 도전했습니다. 그리고 나보다 더 약한 사람은 나오지 않아도 된다고 했습니다. 그랬더니 매일 새벽 5시에 무려 8천 명이 넘는 성도들이 모여서 소리를 지르며 울며 기도하기 시작했습니다. 마지막 날은 체육관을 빌려 모였는데 무려 2만 8천 명이 모였습니다. 그날은 새벽 3시부터 성도들이 모였습니다. 기도의 힘은 무서운 것이었습니다. 태풍과 같고 지진과 같습니다. 성령님이 우리의 기도에 즉각 응답하셨습니다. 하나님은 영적으로 교만한 우리들의 잘못된 생각과 태도를 꾸짖으시고 먼저 회개할 것을 가르쳐주셨습니다.…그리고 하나님이 일본을 얼마나 사랑하고 계시는지 가르쳐주셨습니다[325]

연예인 선교, 두란노서원을 통한 문서 선교, 영상과 선교를 접목하여 복음을 땅 끝까지 전했던 위성방송(CGNTV)을 통한 방송 선교, 제자훈련 및 양육사역, 성령 사역, 학원 선교, 신학교육, 찬양 사역, 목회자 재교육, 해외 선교와 러브소나타 등 온누리교회를 중심으로 펼쳐진 사역들을 볼 때, 그가 수많은 질병으로 고통을 당하면서 병약한 몸으로 어떻게 이렇게 많은 일들을 감당할 수 있었을까를 생각하면 놀라움을 금할 수가 없다. 그것은 복음에 가슴이 적셔진 한 사람을 통해 한국교회 부흥기에 놀라운 도전과 비전을 제시할 수 있게 하신 하나님의 섭리가 아닐까 싶다. 무엇보다도 하용조는 1980년대 이후 한국교회의 복음주의 운동을 선도했던 대표 주자였고,

325 하용조, 『사도행전적 교회를 꿈꾼다』, 363-64.

독보적인 사역을 통해 한국교회 전반과 사역자들에게 놀라운 영향을 끼쳤던 사역자였으며, 시대와 문화를 읽는 탁월한 능력을 가지고 대중에게 다가가 복음을 증거하는 일과 그렇게 세워진 사람들을 양육하는 일, 그리고 그 일을 감당하는 사역자들을 세우는 일에도 생명을 걸었던 설교자였다.

기독교 문화운동, 성령운동에 기반을 둔 목회, 공과가 있지만 구도자 중심의 예배 도입, CCM이라는 장르를 통해 찬양 사역에 깊은 영향을 끼친 것, 복음주의를 기반으로 한 강해설교를 통해 교인들의 마음을 움직였을 뿐만 아니라 후배 설교자들을 성경 본문에 더 집중하도록 한 것, 교회가 제도적인 것보다는 본질적인 것에 더 주력하도록 한 개혁적인 목회 유형 개발과 평신도 사역자 훈련 및 양육 체계 개발, 현대인의 심성과 문화를 이해하여 대중에게 다가간 다양한 선교 사역, 목회자들을 위한 월간지 및 서적 발간과 다양한 목회 세미나 등을 통해 목회 현장과 신학을 연결하려는 문서 선교와 지도자 훈련 등 다양한 영역에서 괄목할 만한 영향을 끼친 후 "십자가의 복음과 축제하는 공동체"[326]를 위해 달린 그는 2011년 8월 2일에 생을 마감했다.

### (2) 설교사역과 신학적 특징

변치 않는 하나님의 말씀을 변화하는 세상 속에서 어떻게 전할 것인가에 대한 깊은 관심을 가지고 시대를 앞서가면서 한 시대를 선도했던 복음주의 설교자 하용조에게는 수많은 수식어가 붙는다. 사역과 설교에 있어 그의 독창성과 창의적 사고는 늘 그의 사역을 혁신적으로 열어갔다. 특별히 그의 설교사역은 복음과 생명, 교회와 사역, 선교와 영혼 구령에 토대를 두었고, 현대 문화와 현대인의 특성에 맞춘 맞춤형 사역의 특성을 가진다.

326 2011년 8월 21일 온누리교회 주일 설교 제목.

그는 자신의 사역에 결정적 영향을 주었던 멘토로 가나안 농군학교의 김용기 장로, 대학생선교회의 김준곤 목사, 신학교 은사인 주선애 교수를 꼽는다. 그는 김용기 장로에게서는 무슨 일을 하든지 성경 말씀과 그 정신을 따라 계획하고 실천하는 모습을 통해 어떻게 살아야 할지에 대한 삶의 교훈을, 김준곤 목사에게서는 구원과 성령님에 대한 가르침을, 주선애 교수에게서는 신학 공부와 사역에 대한 지도와 기도를 통한 격려를 받게 되었다고 고백한다.[327] 또한 설교에 대해서는 영국의 OMF 선교사인 데니스 레인에게서 성경을 성경대로 설교하는 강해설교와 그리스도 중심의 설교를, 존 스토트에게서는 성경과 사람을 사랑하는 법, 본질에 집중하는 법을 배웠으며, 한경직 목사를 그의 목회의 스승으로 삼아 사역을 감당했다고 고백한다.[328]

그의 설교를 연구하기 위한 자료는 다양하고 풍성하다. 우선 강해설교집으로는 5권으로 구성된 창세기 강해설교집, 1권으로 출간된 출애굽기 강해설교집, 12권으로 출간된 마태복음 강해설교집, 5권으로 출간된 요한복음 강해, 3권으로 출간된 사도행전 강해, 3권으로 출간된 로마서 강해, 1권으로 출간된 에베소서 강해설교집 등이 있고, 단행본으로 출간된 설교집도 여러 권이 있다.[329] 여기서는 주로 그의 강해설교집에 나타난 설교문을 중

327 하용조, 『사도행전적 교회를 꿈꾼다』, 55-61.

328 위의 책, 73-74, 82-85; 하용조, "하용조 목사에게 듣는다: 25문 25답", 문성모, 『하용조 목사 이야기: 온누리교회와 함께 쓴 Acts29』(서울: 두란노, 2010), 241-42.

329 창세기 강해설교집으로는 『아담아 네가 어디 있느냐』(1998), 『무지개 구름 사이에 있으리라』(1999), 『너는 복의 근원이 될지니라』(1999), 『다시는 야곱이라 부르지 말라』(2000), 『꿈의 사람 믿음의 사람』(2002); 출애굽기 강해서로는 『광야의 삶은 축복이다』(1998); 마태복음 강해서로는 『예수 그리스도: 아브라함과 다윗의 자손』(1990), 『천국대헌장 팔복: 예수님의 산상설교』(1991), 『세상의 빛과 소금: 예수님의 산상설교2』(1993), 『참된 신앙: 예수님의 산상설교3』(1993), 『구하고 찾고 두드리라: 예수님의 산상설교4』(1994), 『능력을 행하시는 예수님』(1995), 『열두 제자를 택하신 예수님』(1995), 『비유로 말씀하시더라』(1996), 『참된 신앙고백』(1996), 『용서의 축복』(1996), 『참된 지도자』(1996), 『가서 제자 삼으라』(1997); 요한복음 강해는 『예수님은 생명입니다』(2005), 『예수님은 능력입니다』(2005), 『예수님은 사랑입니다』(2007), 『기쁨으로의 초대』(2009), 『승리에

심으로 살펴보고자 한다.

첫째, 하용조에게 설교는 예수 그리스도의 복음과 그 가운데 나타난 하나님의 뜻과 생각을 전달하는 것이었다. 설교자가 설교를 수행하지만 사람이 하는 것이 아니며, 설교자의 생각을 담아 전달하지만 사람의 생각이나 사상을 전달하는 것이 아니다. 설교자는 "말씀을 전달하는 통로"일 뿐이며, 설교는 성령님께서 말씀하시는 바를 따라 그분의 뜻을 오늘의 상황에 적합하게 선포하는 행위다. 그에게 설교는 "성령님의 도우심을 구하면서 말씀을 오늘의 상황에 맞게 정리하고 해석하고 전달하고 적용하여 청중에게 하나님의 자녀임을 확인시키고 그 권세로 세상을 살도록 하는 것"이다.[330] 그는 또한 설교는 예수 그리스도의 복음을 선포하는 것이기 때문에 설교의 시작도 끝도 예수님이어야 한다고 주장한다. "목사는 위대한 사상가가 아니며 예리한 지성을 갖고 있지 않아도" 되지만 "나를 용서하시고 격려해주시고 구원하신 예수님이 항상 설교 속에 있어야 한다"고 주장하면서, "결국 예수님을 전해주는 것이 설교"라고 이해하면서 설교자가 설교단에 서는 순간 "'나'라는 사람은 없어지고 하나님을 생각나게 하고 예수님을 나타내는 것이 설교"라고 주장한다.[331]

모든 설교는 성경 말씀으로부터 오며, 설교자에게 가장 중요한 요소는 말씀 묵상이다. 그래서 그는 "설교의 깊이는 묵상의 깊이"라고 주장한다. 그는 설교를 하기 위해서는 먼저 말씀을 묵상하는 습관을 길러야 하며 "묵상하는 습관은 모든 설교자에게 아주 중요한 테마"라고 이해한다. 그것은 하

---

로의 초대』(2009); 사도행전 강해는 『성령 받은 사람들』(1999), 『변화 받은 사람들』(1999), 『세상을 바꾼 사람들』(1999); 로마서 강해는 『로마서의 축복』(1998), 『로마서의 비전』(1998), 『왜 이스라엘을 위해 기도해야 하나』(2005); 에베소서 강해집으로는 『하나 됨의 열망』(1999) 등이 있다(이상 출판사는 두란노).

330 하용조, 『성령 받은 사람들』, 110-12, 128; 『사도행전적 교회를 꿈꾼다』, 216; 하용조, "하용조 목사에게 듣는다: 25문 25답", 244-45.

331 하용조, 『사도행전적 교회를 꿈꾼다』, 224.

나님의 말씀에 푹 젖어드는 것이다. 설교에 은혜가 없는 것은 그 속에 깊은 묵상이 없기 때문이다. 설교자에게 필요한 것은 큐티를 통한 매일의 묵상 훈련이다. 그는 묵상을 한 설교와 묵상의 과정을 거치지 않은 설교는 하늘과 땅만큼 차이가 나며 묵상은 낭비가 아니라 창조적 잉태이며 생명의 수태라고 주장한다.[332]

> 좋은 내용의 설교를 위해서 매일 계속되는 큐티(Quiet Time) 시간을 가질 것을 권면하고 싶습니다. 좋은 설교란 성경에서 얼마나 깊은 샘물을 퍼 올리느냐에 있습니다. 즉 성경에 정통해야 합니다. 성경에 대한 지식이 깊고 넓고 풍성해야 합니다. 그리고 신선해야 하고 생명이 흘러넘쳐야 합니다. 그러면 성경 말씀을 잘 이해하기 위해서는 어떻게 해야 합니까? 수많은 책을 탐독하고 수없이 성경을 반복해서 통독해야 하지만 그것보다 더 중요한 것은 실제로 매일 말씀을 읽고 묵상하고 적용하는 일을 계속해야 합니다.[333]

설교형태론적 측면에서 보면 그는 철저하게 강해설교에 집중한다. 그는 모든 설교자들이 깊이 연구해야 할 것이 강해설교라고 주장하는데, 왜냐하면 그것이 "하나님이 성경을 쓰신 의도를 충분히 해석해서 오늘의 상황에 정확하게 적용"해주는 설교 방식이기 때문이다.[334] 그는 강해설교만이 참된 설교, 진정한 설교, 성경적 설교라는 결론에 대해서 다음과 같이 설명한다.

> 내가 하고 싶은 말을 하는 것은 강해설교가 아니다. 내가 선택한 본문은 강

332 하용조, "묵상에는 시간이 필요합니다", 「그말씀」(1995년 7월 호), 367; 하용조, "큐티에서 설교까지", 하용조 외, 『큐티와 목회의 실제: 큐티에서 설교까지』(서울: 두란노, 2009).

333 하용조, "하용조 목사의 설교단상", 「그말씀」(1994년 6월 호), 342.

334 위의 책, 224-29.

해설교가 아니다. 성경이 말하게 하고, 성경의 순서를 따라가는 것이다. 철저하게 성경이 말하게 하는 것이다. 하나님의 말씀을 있는 그대로 강해하여 그 시대에 사는 백성들에게 성경이 유도한 사실들을 성령님을 통해서 오늘이 시대에, 바로 이 자리에서 말씀이 들리는 것처럼 해주는 것이다.…강해설교의 원리는 "성경이 말하게 하라. 성경의 순서를 따라라. 내가 성경 본문을 택하지 말아라." 그것이다.…그런데 이것 설교하고, 저것 설교하고 왔다갔다 한 설교자의 설교를 들은 교인들을 만나서 무슨 설교를 들었냐고 그러면 특별하게 기억나는 설교가 없다고 말합니다. 그래서 하나님의 말씀이 이렇게 농축이 되고 집중이 돼서 지속적으로 자기 삶에 뿌리를 내리게 만드는 일은 중요합니다. 저는 이런 의미에서 모든 설교는 강해설교가 돼야 한다고 믿습니다.[335]

여기서 우리는 강해설교를 절대화하고 다른 설교 형태는 격하시키며, 본문 선정 방식, 즉 성경을 연속해서 읽어가며 설교하는 방식(lectio continua)만을 절대화하는 그의 약점을 보게 된다. 그가 주장하는 바가 무엇인지는 이해할 수 있지만, 설교 형태론의 관점에서 보면 강해설교만이 "진정한 설교", "성경적 설교", "참된 설교"라는 논리[336]는 다른 형태의 설교를 비성경적 설교나 바르지 못한 설교 방식으로 단정짓는 논리적 오류, 혹은 편견도 보인다. 사실 이런 목소리는 강해설교 주창자들에게서 종종 들을 수 있다.[337] 물론 주제설교가 중심을 이루던 서구 교회와 한국교회 상황에서 성경적 설교를 독려하는 것은 이해되지만 그럼에도 편협한 이해라 하지 않을 수 없다.

335 하용조, "강해설교의 축복", 김지철 외, 『성경과 설교』(서울: 한국성서학연구소, 1993), 133-34.

336 위의 책, 131; 하용조, "하용조 목사에게 듣는다: 25문 25답", 244-45.

337 존 스토트도 같은 주장을 한다. John Stott and Greg Scharf, *The Challenge of Preaching*, 박지우 역, 『존 스토트의 설교』(서울: IVP, 2016), 66 참고. 이에 대한 서평으로는 김운용, "설교, 땅과 하늘을 연결하는 다리 놓기", 「목회와 신학」(2017년 3월), 194-95 참고.

하용조는 강해설교라는 형태로 시종일관 말씀을 전했고, 그 강점을 잘 살린 설교자였다.

그는 능력 있는 설교를 위해 설교자가 말씀을 하나님으로부터 받아 그것을 성육화해야 한다고 주장한다. 즉 말씀을 자신의 삶에 적용하여 삶으로 메시지를 전하는 것이 진짜 설교라는 것이다. 그래서 설교자의 삶이 뒷받침되지 않은 설교는, 좋으면 좋을수록 오히려 성도들을 더욱 갈등과 시험에 빠뜨린다고 주장한다.[338] 좋은 설교를 하기 위해 설교자가 유념해야 할 지침을 정리하면 다음과 같다. 알아듣기 쉽게 설교할 것, 구체적이고 실제적으로 설교할 것, 성경으로 성경을 해석할 것, 구체적으로 삶에 적용해 줄 것, 서론이 너무 길지 않게 할 것, 메시지는 간단명료하게 할 것, 영적 권위와 확신, 자신감을 가지고 설교할 것 등이다.[339] 설교는 예배의 심장과 같기 때문에 하나님의 말씀을 어떻게 하면 효과적으로 전달할 수 있을 것인지를 고민해야 하며, 그런 점에서 설교자는 눈을 떠도 눈을 감아도 항상 설교가 몸 안에 있게 해야 한다고 그는 권고한다.

둘째, 하용조의 설교는 철저하게 비전이 이끌어가는 설교였다. 그의 사역과 설교를 이끌어간 비전은 자신의 개인적인 생각이나 목회적 야망에서 기인한 것이 아니라 하나님으로부터 온 것이었다. 하나님 나라의 실현과 예수 그리스도의 십자가의 구원이 그의 비전이었다. 그에게 교회의 비전과 사명은 아주 분명하고 확실하다. 그는 "교회의 초점은 잃어버린 한 영혼을 구원하는 하나님의 비전에 맞춰져 있어야 한다"고 이해한다. 교회는 "죽어가는 영혼, 잃어버린 영혼, 버려진 영혼을 예수님의 몸의 한 지체로서 영접하는 것"이며 이를 통해 "세상을 변화시키는 아방가르드, 전위대가 되는 비

338 하용조, 『사도행전적 교회를 꿈꾼다』, 219-22.

339 위의 책, 230-33.

전"을 가져야 한다.[340]

이런 하나님의 비전을 토대로 한 교회론이 그의 설교를 포함하여 제반 사역을 움직여갔는데, 그것은 한마디로 사도행전적인 교회론이라고 할 수 있다. 그것은 성령님이 움직이시는 교회, 평신도가 능동적으로 사역하는 교회, 예수님의 비전이 이끄는 교회를 세워가는 것이다. 그러므로 그의 모든 설교사역은 이러한 교회론을 바탕으로 진행되었다. 그는 하나님께서 이 세상에 하나님 나라를 이루려는 비전을 교회에 주셨다고 전하면서 "세상의 빛과 소금이 되어 어둠의 세력을 몰아내고, 부패한 것을 막아서 하나님의 온전한 나라를 이루는 것이 교회가 존재하는 이유"이기에 영혼 구원이 교회의 핵심적인 본질이라고 이해한다.[341] 하용조의 설교에는 그런 비전이 중심을 이룬다.

셋째, 하용조의 설교는 철저하게 성령님께 사로잡히는 삶과 열정적 신앙을 강조할 뿐만 아니라 원색적인 복음주의 영성이 이끌어가는 설교였다. 그는 대학생선교회에서 활동하던 시기에 중생을 체험했고, 성령의 능력으로 전도하는 기쁨을 맛보았으며, 보름씩 빈털터리로 돌아다니면서 전도했던 일명 "거지전도"를 통해 구체적으로 사도행전에 나오는 것과 같은 사건과 기적을 체험했다고 고백한다. 그는 1991년 교회개척 6년 만에 얻은 간경화로 하와이 예수전도단 본부에서 안식년을 갖는 동안 성령목회에 대한 새로운 비전을 품게 되면서 목회의 새로운 전기를 맞이하게 되는데, 이때부터 성령충만을 받고 성령님으로 사는 삶이 그의 중심 메시지가 된다.

성령충만은 간단하다. 불 받고, 능력 얻고 성령의 바람을 체험하고 내 안에

---

340 위의 책, 124, 127.

341 위의 책, 127-28.

계신 성령님의 인도하심에 따라 말하는 것이다. 말이란 것은 생각이다. 생각 없이 언어가 존재하지 않는다. 성령으로 충만하면 성령님의 생각을 내가 말하는 것이고 성령님의 생각을 내가 주장하는 것이고, 성령님의 생각을 내가 행동하는 것이다. 그렇게 성령님의 생각대로 살다 보면 그 사람이 인간적으로 매력이 없다 할지라도 이상하게 그 사람 주변에 사람들이 모이고 그 사람의 이야기를 들으려 한다.…성령님의 임재란 하나님의 우주적인 그 창조의 능력이 임하는 것이고 그 태초의 계시요 은혜와 진리가 충만했던 그 말씀이신 하나님의 아들 예수 그리스도가 영으로 임재하시는 것이다.…창조의 그 능력, 구원의 그 능력, 사랑의 그 능력, 우주를 다스리고 통치하고 천지를 창조하신 그 능력은 다 하나님의 영으로부터 오는 것이다.[342]

사도행전 강해설교를 포함하여 그의 설교 전반에는 이러한 성령론의 기류가 흐른다. 그의 설교는 성령 체험과 충만, 성령의 인도하심과 능력을 공급받고 복음전도와 선교를 위해 사는 삶을 요청한다.[343] 그래서 그의 설교에는 성령충만과 체험적 신앙이 강조된다.

성령충만이 무엇입니까? 바로 내 삶 속에, 내 몸 속에, 내 머릿속에 성령이 임하는 것입니다. 교리적으로 임하는 것이 아닙니다.…'지금 성령이 충만했다'는 말은 성령의 임재가 내 인격 속에 왔다는 말입니다. 내 몸 속에 왔다는 말입니다. 병든 몸 속에, 죄악의 몸 속에, 죽을 수밖에 없는 이 몸 속에 하나님이 지금 들어오셨다는 것입니다. 그때 하나님을 경험하고 만나게 됩니다. 그러면 성령이 내 몸 속에, 내 인격 속에, 내 신앙 속에 빈틈도 없이 숨겨져

342 위의 책, 135-36.

343 하용조, 『성령 받은 사람들』, 26-30, 43-50; 『아담아 네가 어디 있느냐』, 36-38; 『참된 신앙고백』, 149-51.

있는 공간도 없이, 완전히 충만하게 임했다는 것은 무슨 뜻입니까? 그가 나를 통치하시고 지배하신다는 뜻입니다.…성령충만을 받는 것은 전인격적인 체험입니다. 전인격적인 접촉입니다. 전인격적인 지배가 나타나는 것입니다. 이렇게 하나님의 성령의 충만이 나타나면 성령이 말하게 하심을 따라 내가 말하는 것입니다. 이게 크리스천입니다. 하나님이 원하시는 생각을 내가 하고 하나님의 원하시는 말을 내가 말하고, 하나님의 원하시는 행동을 내가 하게 되는 것입니다. 이게 성령충만입니다. 오늘 여러분에게 그런 일이 있게 되기를 바랍니다.[344]

하용조의 설교에는 이렇게 복음에 대한 뜨거운 열정과 성령충만에 대한 도전이 가득하며, 복음 증거하는 일과 하나님 나라를 세워가는 일에 헌신하는 삶으로 그리스도인들을 초대하는 특성을 가진다.

넷째, 하용조의 설교는 사도행전적 교회를 세우는 것을 목표로 한 교회 중심의 설교다. 그에게 있어 온누리교회의 비전은 "예수님이 의도하시고 사도행전에서 보여준 바로 그 교회를 세우는 일"이었다. 그가 말하는 예수님이 의도하신 교회는 "구원받은 성도들의 예배 공동체요, 예수님이 주인이신 예수 공동체요, 음부의 권세가 이기지 못하는 능력 공동체요, 천국 열쇠를 가진 전도 공동체"다. 사도행전적인 교회는 "성령으로 잉태된 성령의 공동체요, 십자가와 부활을 전하는 증인 공동체요, 예수님의 제자를 삼는 양육 공동체요, 자신의 삶을 드리는 헌신 공동체요, 땅끝까지 복음을 전하는 선교 공동체"이며,[345] 그런 교회는 오늘 "사도행전 29장을 계속 써가는 공동체"다. 이런 사도행전적 교회를 이루기 위한 방법으로 예배와 사역, 말

344 하용조, 『성령 받은 사람들』, 82-84.

345 위의 책, 6.

씀 나눔과 말씀 선포, 큐티와 일대일 양육, 소그룹과 공동체, 전도와 선교, 봉사와 구제에 중점을 둔다. 그는 이 모든 것의 동인을 성령충만한 살아 있는 예배에서 찾는다.[346] 교회는 구원 받은 사람들의 공동체요, 천국 열쇠를 소유하고 계신 예수님의 것이기에 그에게 교회는 무엇으로도 대체할 수 없으며, 그의 사역과 설교의 중심에는 늘 교회가 있다.

> 나는 교회만 생각하면 밥을 먹지 않아도 배부르고 잠을 이루지 못해도 신이 난다. 아무리 고통스럽고 힘들어도 교회만 생각하면 행복하다. 교회는 세상을 움직이는 열쇠요 방향이요 정신이다. 그래서 교회가 타락하면 세상이 타락하지만, 반대로 교회가 살아 있으면 세상은 희망에 넘친다.…생기와 기쁨이 넘치고 능력과 기적이 역사하는 교회, 사랑과 은혜가 흘러넘치는 교회를 경험한 적이 있는가? 세상이 타락한 이유는 교회가 죽었기 때문이요, 변질되었기 때문이라고 했다. 껍데기 교회에서 탈출하라. 교회라는 이름으로 운영되는 거짓 교회를 추방하라.…교회는 그리스도의 몸이다. 동시에 그리스도는 교회의 머리이시다. 우리는 교회에서 예수님을 만나고 예수님의 음성을 듣고 예수님을 경험한다. 교회에서 사람을 만난다는 것은 그 사람 안에 있는 예수님을 만나는 것이다. 교회에서 목사나 장로나 권사나 집사라는 직분을 만나는 것이 아니라 그분 안에 있는 그리스도의 인격을 만나는 것이다. 목사님의 설교를 통해서 예수님의 말씀을 듣고 성도들을 통해 예수님의 심장을 느끼는 것이다.[347]

하용조는 교회에 그의 생명을 걸 정도로 교회를 중요시했다. 그의 마음을

---

346 하용조, 『사도행전적 교회를 꿈꾼다』, 135-36.

347 위의 책, 8, 11-12.

지배했던 교회의 이미지는 하나님께서 원하시는 "그 교회", 성령의 능력을 가진 교회였다. 그래서 그는 전적으로 사도행전적 교회의 모습과 능력을 회복하기를 원했다. 그에게 교회는 오다가다 만난 사람들이 모여서 만든 단체도 아니고, 외로워서 만든 모임도 아니다. 혁명과 이상을 이루어가기 위해 만든 조직도 아니다. 교회는 하나님의 부르심을 받은 구원 받은 사람들이 성령께서 시키시는 일을 하기 위해 모인 공동체다.[348] 교회는 그 일을 위한 동인과 동력을 예배를 통해서 얻는다. 교회는 언제나 참된 예배를 통해 새롭게 되는 것이며, 참된 예배는 "마음 중심으로 하나님을 찾는 것"이다. 교회가 바르게 부흥하는 길은 예배에 있다. 그는 "세상에서 하나님의 뜻대로 살려고 피투성이가 되도록 몸부림치다가 교회에 도착했을 때 하나님을 만나는 경험"이 일어나는 예배를 꿈꾸었다.[349]

여섯째, 하용조의 설교는 고난을 통해 더 깊은 믿음의 세계를 보여준 메시지였다. 그는 "움직이는 종합병원"이라고 할 만큼 머리끝부터 발끝까지 성한 데가 없을 정도로 평생 질병을 안고 살았다. 대학 3학년 때부터 시작된 그의 투병의 여정은 세상을 떠나는 60대 후반까지 계속되었다.

> 하나님은 내가 교만한 것을 아시고 바울의 가시처럼 질병을 꽂아 놓으셨다. 까불지 마라, 교만하지 말라. 병이 도지면 나는 꼼짝 못한다. 다시 원점으로 돌아가는 것이다. 그렇지만 병 때문에 설교를 못한 적은 한 번도 없었다. 병과 설교는 언제나 동행한다. 이것이 하나님이 병을 통하여 나를 붙잡아주신 놀라운 방법이다.…참 이상하다. 나는 설교하면 살아난다. 강대상에만 올라가면 살아난다.…그래서 나는 살기 위해서 설교한다. 밥을 먹으면 살듯이…

---

348 하용조, 『예수님만 바라보면 행복해집니다』, 297.

349 하용조, "참된 예배를 다시 생각합니다", 「목회와 신학」(1990년 4월), 270; 하용조, 『사도행전적 교회를 꿈꾼다』, 162-69.

하나님의 은혜다. 나는 죽을 때까지 설교할 것이다.…생각해보니 병이 나를 어찌지 못했다. 고난이 나를 어찌지 못했다. 사탄의 공격이 나를 망가뜨리지 못했다. 사탄의 공격이 와도, 병이 와도, 환경이 고통스러워도 우리를 어찌지 못한다.…하나님만 바라보고 나가면 이상하게 파도를 넘듯이, 산을 넘듯이, 모든 고난을 뛰어넘어서 승리하게 된다. 나는 이것을 굳게 믿는다. 병치레를 통해 치유하시는 하나님을 만났다. 내가 아플 때마다 교회는 성장했다. 이상하다. 고통스러울 때마다 영적인 충만을 경험한다.…병을 통해 하나님의 은혜를 깨닫고 아픈 사람에 대한 주님의 마음을 알게 되었다.[350]

하용조는 어렸을 적부터 전쟁 고아들을 불쌍히 여겨서 그들을 거두었던 부모의 삶과 신앙생활 모습에서 긍휼의 마음을 배웠고, 그 자신이 "무려 40년 동안 한 번도 아프지 않고 보낸 해가 없었다"고 고백할 정도로 육신의 질병이 길고 깊었다. 그의 마음 가운데는 늘 아픈 사람들이 있었고, 그 때문에 그는 힘들게 살아가는 사람들, 특히 영적으로 헐벗은 사람들에 대한 연민이 가슴 가득 고여 있는 설교자로 설 수 있었다. 그는 아프고 힘들게 살아가는 사람들을 자신의 가족과 동창처럼 여겼다.[351] 그는 실로 온누리교회와 수많은 사역들이 "매일 병과 투쟁하는 속에서 태어난 것"이며, "병을 통해 하나님의 은혜를 깨달았고, 아픈 사람에 대한 주님의 마음을 알게 되었다"고 고백한다.[352] 그래서 그의 설교에는 현대인들의 아픔에 대한 깊은 이해와 위로, 격려, 소망의 메시지가 가득하다. 그는 하나님의 사랑과 인도하심을 믿고 하나님의 자녀들에게 주어진 권세를 믿고 그 믿음으로 승리할 것을 권고한다. 그는 "예수님의 능력이 임하면 일상도 기적이 된다"고 주장하

350 하용조, 『사도행전적 교회를 꿈꾼다』, 52-54.
351 하용조, 『나의 하루』(서울: 두란노, 2014), 159.
352 하용조, 『사도행전적 교회를 꿈꾼다』, 54.

면서 다음과 같이 권고한다.

> 지금 당신에게 어떤 어려움과 고통이 있습니까? 그것이 무엇이든 예수님을 기억하십시오. 그분의 은혜와 능력, 신실함과 사랑을 기억하십시오. 물고기 두 마리와 보리빵 다섯 개로 5천 명을 먹이시고, 인간의 힘으로는 더 이상 손쓸 수 없는 병자들을 고쳐주시고, 사람들한테 손가락질 받던 한 여인을 죄 짐에서 풀려나게 하시고, 풍랑이 이는 캄캄한 바다에서 두려움에 떨며 고군분투하던 제자들에게 바다 위로 걸어와 도우셨던 능력의 예수님을 기억하십시오. 그분은 어제나 오늘이나 영원토록 변함없고 동일하십니다.…지금 고난을 겪고 있다고 해서 하나님이 우리를 잊으신 것은 결코 아닙니다. 하나님은 능력이 없어서 기적을 베푸시지 않는 게 아니라 "하나님의 시간"을 기다리고 계시는 것입니다. 하나님이 소중히 여기신다면 새벽 3시에 물 위를 걸어서라도 우리를 찾아오십니다. 그분이 바로 우리의 하나님이요, 주님입니다.[353]

헨리 나우웬이 말한 대로 자신의 몸에 수많은 아픔과 고난을 안고 있기에 하용조는 "상처 입은 치유자"처럼 현대인의 고통의 문제를 감싸 안는다. 고통은 영원하지 않으며 지나가는 순간에 불과하다는 사실을 강조하면서, 그는 모든 것을 합력하여 선을 이루시는 하나님을 향한 믿음과 소망이 필요하다는 사실을 강조한다.

> 우리가 고통과 패배 속에 있을 때는 그 고통이 영원할 것 같고 패배가 영원할 것 같습니다. 그러나 이런 것들은 다 지나갑니다. 우리는 지나가는 환경

---

353 하용조, 『예수님은 능력입니다』, 6-7, 81.

> 때문에 두려워하고 고민하고 괴로워하지 않아야 합니다.…좋은 일들이 많이 있고 모든 것이 다 잘 되었으면 좋겠으나 그렇지 않을지라도 기도로써 그 고난의 벽을 뚫고 나가는 것입니다. 그렇게 나아갈 때 하나님의 영광이 그에게 나타날 것입니다.[354]

그는 인생의 어려운 문제들을 신앙과 기도로 풀 것을 성도들에게 계속해서 권면한다.

> 물리적인 고난이나 육체적인 질병 등과 같은 역경에 부딪혔을 때 이것을 이기는 방법은 계속 기도하는 것, 계속 찬양하는 것입니다. 억울한 일을 당했을 때, 한 인간으로서 감당할 수 없는 상처를 받았을 때, 혹은 육체적인 질병에 사로잡혔을 때 슬퍼하거나 원망하거나 좌절하지 마십시오. 걱정해서 해결될 일이라면 걱정하기 바랍니다. 그러나 염려한다고 해서 머리털 하나 희게 할 수도 없고 키 한 자도 자라게 할 수 없습니다.…염려하고 원망하면 오히려 우리 자신을 죽이는 것입니다. 우리 자신을 비참하게 만들고 괴롭히고 자학하는 것 외에는 아무것도 아닙니다. 그럴 때는 그냥 현실을 인정하십시오. 배고프면 배고픈 현실, 가난하면 가난한 현실, 병들었으면 병든 현실을 인정하고 곧바로 그 자리에서 감사하고 찬양하십시오. 기도하기 시작하면 이런 것들은 물러갑니다. 고난을 겪을 때 여러분에게 그 고난을 준 사람을 상대하지 마십시오. 여러분에게 피해를 주고 억울하게 만든 그 사람을 상대하지 마십시오. 오히려 그런 환경을 허락하신 하나님과 대면하십시오.[355]

---

354 하용조, 『가서 제자 삼으라』, 97.

355 하용조, 『세상을 바꾼 사람들』, 71.

"혹시 암에 걸린 사람이 있다면 너무 걱정하지 마시기를 바랍니다. 고난은 때로 축복이 되기도 합니다."[356] 이것은 간암 수술을 7번이나 받은 그의 입에서 나온 말이다. 이러한 그의 메시지는 고난 상황 가운데 있는 사람들에게 더 강력하게 작용한다. 정용섭은 하용조의 설교 전반에 흐르고 있는 이런 "모성애적 보살핌이 청중을 끌어 모으는 원동력"이 되었다고 주장하면서 그의 설교는 "모성적 사랑에 뿌리를 두고 있다"고 평가한다.[357]

한국교회 성장기에 사역하면서 한국교회뿐만 아니라 세계교회에, 일반 성도들뿐만 아니라 목회자들에게까지 커다란 영적 파장을 일으켰던 하용조는 누구보다도 강력한 영향력을 드러냈다. "한국교회의 보물, 우리 시대의 한국교회를 위해 준비하신 하나님의 비밀 병기"[358]라는 문성모의 평가는 지나친 찬사가 아니다. 그는 성경을 통해서 말씀하시는 하나님의 음성을 우리 시대를 향해 온전히 들려주기 위해 강해설교라는 형태를 지속적으로 사용했고, 현대인에게 맞는 방식을 따라 말씀을 전하기 위해 형식의 파괴를 시도했으며, 멀티미디어도 적극 활용하는 문화적 개방성이라는 특성을 보인다. 그러면서도 그의 설교에는 예수 그리스도의 십자가와 복음을 증거하는 케리그마 선포의 특성이 강하게 나타난다. 그의 설교에는 어디에서나 성삼위 하나님, 십자가와 복음에 대한 이야기, 구원과 구원 받은 이후의 삶으로서의 섬김과 선교가 지속적으로 강조된다. 그는 설교가 내 생각을 전달하는 이야기가 아니라 하나님의 말씀의 선포로 드러나야 하며, 설교자는 설교가 끝난 후에 "성도들이 설교를 듣고 하나님의 음성을 들었다"는 고백이 나오게 해야 한다고 권고한다. 그는 설교단에 서는 순간 나는 없고 "하나님을 생각나게 하고 예수님을 나타내는 것"이 설교라고 규정한다. 실제

356 하용조, 『인생의 가장 행복한 순간, 하나님의 프러포즈』(서울: 두란노, 2008), 167.
357 정용섭, 『속 빈 설교, 꽉 찬 설교』.
358 문성모, 『하용조 목사 이야기』.

로 그는 거침없이 그것을 생생하게 드러내는 사람(living reminder)으로서 설교사역을 감당했다.

그의 설교에도 약점은 있다. 그의 설교는 복음적인 기능은 아주 강했지만 사회적이고 예언적 기능은 상대적으로 약했다. 그가 사역하던 시대는 민주화운동의 열기가 뜨거웠고 수많은 젊은이들이 정치적·사회적으로 팽배한 불의로 인해 깊이 고민하던 시절임에도 그는 그 부분에 대해서 거의 무관심했다. 그것은 그가 자신의 사역과 설교를 돌이켜보면서 진솔하게 고백하고 있는 내용에서도 확인할 수 있다.

> 제 설교에는 예언자적 설교가 약하지 않았나 생각합니다. 불의와 부정을 자행하는 이스라엘을 향하여 하나님의 공의를 선포했던 선지자들, 예언자들처럼 하지 못했습니다. 하나님은 성경 속에서만 살아 계시는 분이 아니라 지금도 살아 계셔서 역사를 주관하시는 분입니다. 역사를 주관하신다는 것은 모든 것의 주인이신 그분께서 불꽃같은 눈으로 이 땅을 지켜보고 계신다는 것입니다. 우리가 살고 있는 이 사회를 보면서, 역사를 보면서, 어려운 사람들을 보면서 그들을 신음하게 하는 부정과 불의를 향한 하나님의 메시지를 적극적으로 전하지 못한 것 같습니다. 하나님을 두려워해야 한다고, 살아 계신 하나님의 음성을 들어야 한다고, 하나님의 공의 앞에 우리 모두 겸손히 무릎 꿇어야 한다고 담대히 선포하지 못했습니다. 그동안 제 설교에는 그런 예언자적 설교의 취약성이 있다고 생각합니다.[359]

이 외에도 그는 "연약한 자를 위한 설교가 빈약"했음이 자신의 약점이었다고 고백한다. 그리고 "대중을 놓고 설교를 하는데 소자나 약자를 위한 설교

---

359 하용조, "이 시대 문화 코드에 맞는 새로운 목회 패러다임을 꿈꿉니다", 한국교회사학연구원, 『하용조 목사의 설교와 신학』(서울: 두란노, 2006), 193-94.

를 상대적으로 하지 못했"고 "농촌과 어촌에서 몇십 명의 성도를 놓고 생존의 위협을 느끼며 설교하는 분들도 저와 같은 동역자들인데, 그분들을 배려하고 생각하는 마음"을 더 충분히 갖지 못했다고 고백한다. 또한 화해의 설교가 더 필요했었다고도 고백한다. "끊임없는 테러와 골육상쟁으로 죽어가는 수많은 사람들, 쓰나미로 고통당하는 이들…지진으로 처참하게 죽어가는 사람들, 특히 이런 재난에서 어린아이들이 1차로 희생되는 것을 바라보며 과연 누가 골이 깊게 파인 남북을, 칼을 들이대고 있는 동서를 화해시킬 것인가"를 깊이 생각하며 화해자의 고통스러운 모습, 소위 고난당하는 종의 고통스러운 표정을 더 담아내지 못했다고 고백한다. 그러면서 그는 "어떻게 복음이 이 시대의 문화에 잘 접촉이 되어서 많은 사람들의 마음속에 자연스럽게 스며들어갈 수 있게 할 것인가"가 자신이 깊이 묵상하는 주제였다고 고백한다.[360]

목숨을 걸고 설교사역을 감당하면서 큰 족적을 남겼던 그는 하나님 앞에서 자기를 돌아보는 설교자였다. 실로 그는 목숨을 걸고, 아비의 심정으로, 어미의 마음으로, 간절함과 뜨거움으로 강단에 올라 하늘의 메시지를 용암처럼 분출하는 가운데 큰 발자국을 남기고 이 땅을 떠나간 우리 시대의 믿음의 영웅이었음이 분명하다.

## 기타 설교자들

한국교회가 성장 가도를 달리던 이 시대에는 많은 설교자들이 있었다. 이 책에서는 생존해 있는 설교자들을 다루지 않기 때문에 언급하지 못하는 설

360 위의 책, 194-96.

교자들도 많고, 지면 관계로 다루지 못하는 설교자들도 있다. 여기서는 몇 몇 설교자를 그들의 특징적인 사역을 중심으로 간략하게 살펴본다.

### (1) 임택진 목사

평남 중화군의 한 기독교 가정에서 태어난 임택진 목사(1916-2007)는 기독교 계통의 소학교에서 봉직하다가 신사참배 여파로 폐교가 되자 자의반 타의반으로 황해도 곡산 증골마을의 학현교회, 선천군의 목수태교회의 전도인으로 섬겼다. 그는 정식 교육을 받고 사역자가 되기 위해 평양장로회신학교에 진학하여 공부했다. 당시 북한 지역에는 두 개의 신학교가 있었는데 하나는 평양장로회신학교, 다른 하나는 감리교 계통의 성화신학교였다. 1950년 3월 조선기독교연맹에 의해 두 학교가 통폐합되었고, 이때 졸업반이었던 임택진은 1950년 7월 전쟁 중에 통신으로 졸업장을 받았다.

1·4후퇴 때 화물열차를 타고 부산으로 피난하다가 제주도까지 간 그는 1952년 제주노회에서 목사안수를 받았고[361] 피난민들이 모여 세운 서귀포 법환교회에서의 담임목회를 시작으로 목회 일선에 뛰어들었으며, 이후 부산 성도교회에서 사역했다. 그는 피난지에서 개교한 신흥대학교(현 경희대학교)에 편입하여 국문학을 전공하고 졸업했다. 그는 1959년에 청량리중앙교회에 부임하여 1980년 12월에 65세로 조기 은퇴하기까지 21년 동안 사역하고 원로목사로 추대되었다. 1977년에는 예장 통합 제62회 총회장을 역임했다.

임택진에게 설교는 "하나님의 말씀의 선포", "하나님의 말씀에 기초하여 하나님의 뜻을 전하는 것, 성경이 증거하는 예수 그리스도를 전하는 것,

361 김수진은 1952년에 안수를 받은 것으로 밝히는데 임택진은 34세에 안수를 받았다고 밝힌다. 김수진, "김수진 목사의 총회장 열전: 제61회, 제62회 총회장 김만제 목사, 임택진 목사", 「기독공보」, 2865호(2012년 9월 3일); 임택진, 『진실로 하나님 앞에서』(서울: 규장, 2002), 14 참조.

구원 받은 자가 자신의 생활 속에서 하나님의 구원하시는 능력을 증거하는 것"이다. 그는 "성경으로부터 나온 설교가 참다운 설교"라면서 "인간이 하나님을 만나 은혜를 깨닫고 그 은혜에 감격"하면, 그 결과가 이웃 사랑과 구제, 봉사 등 삶의 자리에서 열매로 나타나야 한다고 주장한다.[362] 그는 설교를 설교자의 모든 것이 함께 어우러져 꽃과 열매로 나타나는 "종합예술"로 이해한다. 설교는 설교자가 "진리의 씨앗이 싱싱하게 자라는 푸른 마음을 만들기 위해 거짓과 허위의 독버섯을 뽑고 사랑의 화초를 심어"야 하는 사역이다.

먼저 임택진의 설교는 청교도적 청빈과 절제된 삶을 통해 증거되는, 삶과 인격으로 전한 설교다. 그는 많은 글을 통해서 목회자의 바른 삶을 일깨웠고 그들의 귀감이 되었다. 그의 설교에는 성경적 원칙 및 그리스도인이 살아내야 할 삶의 원칙이 담겨 있다. 그는 그것을 자신의 삶을 통해서 증거했다. 평소에 그를 목회와 신앙의 멘토로 삼았던 김동호는 설교자로서 그의 삶을 "깨끗하고 반듯하고 아름다운, 목사 이전의 그리스도인으로서의 향내 나는 삶"으로 규정한다.

목사님 회갑 때 여전도회에서 금반지 하나를 선물해드렸다. 주일 날 설교 시간에 금반지를 손에 들고 올라오셔서 다음과 같은 말씀을 하셨다. "고맙습니다. 그러나 이 반지를 낄 수는 없습니다. 한 달에 쌀 한 말이라도 교회가 사주어야 생활을 하는 가정이 50가정이나 되는데 그와 같은 교인들을 심방하는 목사가 손에 금반지를 끼고 목회를 할 수는 없습니다." 그 말씀을 하시면서 우셨다. 나는 그 눈물을 평생 잊지 못한다. 그리고 그때 나도 결심을 했다. "나도 평생 반지 끼지 말고 목회해야지…." 청량리중앙교회가 2백 명 정

362 임택진, 『진실로 하나님 앞에서』, 40-41, 50-51.

도 출석할 때 8백 명 정도 출석하는 교회로부터 담임목사 청빙을 받으셨다. 어느 정도 목사님도 마음이 있으셨던 것 같은데 그 눈치를 채신 장로님들이 앞을 가로막고 못 가시게 했다. 그러면서 다음과 같은 말씀을 하셨다. "큰 교회로 가시면 생활비 많이 드리겠지요. 우리도 다음 달부터 당장 생활비 올려드릴 터이니 가지 마세요." 그와 같은 장로님들의 말씀에 정말 평생에 듣기 힘든 명언이 목사님으로부터 나왔다. "소시장에 묶어 놓은 소는 부르는 사람에 따라 값이 올라도 가고 내려도 가지만 나는 소시장의 소가 아닙니다." 그 말씀을 하시곤 그냥 청량리중앙교회를 떠나지 않기로 결심하시고 은퇴시까지 흔들림 없이 목회를 하시었다. "나는 소시장의 소가 아니요." 얼마나 근사한 말씀인가? 이제까지 목회해오면서 손에 반지를 끼지 않는 것은 그다지 어렵지 않았는데 "나는 소시장의 소가 아니요"라는 말은 아직까지 쉽지가 않다.[363]

또한 그는 목회적 원칙과 소신을 세우고 그것을 실천한 설교자였다. 그는 한국교회에 목사, 장로 정년제를 제안했다. 그는 목회자의 정년을 65세로 제안했지만 총회는 70세로 상향 조정하여 채택했다. 그러나 그는 자신이 발의한 대로 65세에 은퇴했다. 김동호는 그가 은퇴하던 날의 광경을 다음과 같이 전한다.

23년 동안 당신의 혼신을 다하여 목회하신 청량리중앙교회를 은퇴하시는 날 답사가 기가 막혔다. 그 기가 막힌 은퇴사는 10초도 걸리지 않았다. "명한 대로 행했다고 종에게 사례하겠느냐? 우리는 다 무익한 종이라 마땅히 할 일을 한 것뿐이니이다 할지니라. 무익한 종은 물러갑니다. 그동안 감사했

363 김동호, "고 임택진 목사님을 추모하며", 「기독공보」, 2620호(2007년 8월 4일).

습니다." 그것으로 끝이었다. 두 말 없이 물러가시고 물러 나셔서도 두 말이 언제나 없으셨다. 은퇴하신 후 교회가 마음에 드실 때도 있었을 것이고 마음에 좀 들지 않으실 때도 있었겠지만 나는 한 번도 목사님이 교회와 후임자에 대하여 이런저런 말씀하시는 것을 들은 적이 없다. 참으로 앞과 뒤, 그리고 처음과 나중이 언제나 한결같으셨던 분이셨다.[364]

그는 목회자에게 부족한 것은 지식이 아니라 소명의식이며, 부와 자리를 탐하는 것과 허세 병에 걸린 것이 문제라고 지적한다. 목회자는 "하나님의 자녀인 성도들을 하나님의 말씀으로 가르치며 양육하며 보호하는 목회사역을 맡은 자"인 만큼 하나님의 뜻을 구하고, 봉사자의 자세를 가져야 한다. 그러므로 목회자는 자기를 갱신하고, 바른 자세를 지니고, 경건한 생활을 해야 하고, 사랑을 실천하는 자, 평화를 전하는 자, 높은 윤리도덕을 가진 자여야 한다고 주장한다.[365] 그는 설교자의 권위는 영력, 말씀, 생활에서 온다고 주장하면서 목사는 "말씀을 전하는 설교자인 동시에 말씀대로 사는 실천자"여야 한다고 주장한다. 그리고 유능함보다는 진실함을 설교자의 중요한 덕목으로 강조하면서, "신과 상통하는 특수한 인간으로 인식되기 때문에 도덕적으로 윤리적으로 종교적으로 흠할 데가 없어야 한다"고 주장한다. 그는 기독교가 "진실한 사람을 위한 신앙이라기보다는 복 받는 사람을 위한 신앙인 것처럼 변했다"고 세태를 비판한다.[366]

그는 설교자의 멋과 맛을 늘 강조한다. "편협한 사고방식이나 독선을 버리고 폭넓게 사람을 용납하고 상대방의 의견에 귀를 기울일 수 있는 관용"의 멋, "권위나 위신에 손상이 된다 하여도 자기의 실수를 솔직히 인정하는

364 위의 신문.
365 임택진, 『진실로 하나님 앞에서』, 52-63.
366 위의 책, 77-79.

인간성"의 멋, "자기 말이나 행동에 책임을 지고 정의를 위한 용감성"을 간직한 멋을 강조한다. 그는 이것들이 "꾸준한 노력과 경건으로 얻어지는 생활의 열매"라고 강조하며 "덕과 사랑과 믿음이 합쳐진 인격"에서 그런 열매가 맺어진다고 주장한다. 또 설교자는 예언자의 직능을 감당하고 불의와 부정을 용납하지 않는 소금과 같이 짠 맛을 가져야 한다고 강조한다.[367] 그는 설교자는 말로 하는 설교뿐만 아니라 삶으로 그 말씀을 실천하는 일이 무엇보다 중요하다고 주장한다.[368]

셋째, 임택진의 설교는 교회론을 바탕으로 교회와 성도를 세우는 일에 중점을 두었다. 그의 설교는 교회를 주님의 뜻에 따라 세워가는 일과, 말씀의 교훈을 따라 성도들을 바로 세우고 돌보는 일에 집중되어 있다. 그는 설교를 통해 교회가 성경이 제시하는 모습, 특히 사도행전과 서신서에 나타나는 초기 교회의 모습을 그 원형으로 삼아 세워져가야 한다고 요청한다. 당시 한국교회가 성장에 대해 깊은 관심을 기울이고 있을 때, 그는 외형적 성장에만 눈길을 주지 말고 바른 교회, 질적으로 성숙한 교회를 세워가는 일에 마음을 두어야 한다고 주장한다.[369]

넷째, 임택진은 철저히 성경 본문과 주제를 중심으로 설교를 펼쳐갔다. 당시는 주제설교가 중심을 이루던 때였지만 그는 본문 중심으로 설교했다. "목회자에게 준 권면"이라는 설교는 디모데전서 4장을 본문으로 하고 있는데, 본문의 단락을 따라 이단을 경계하라(1-5절), 선한 일꾼이 되라(6-10절), 모범이 되라(11-16절)로 나누어서 본문을 강해하고 그것을 오늘의 상황에 적용시키는 강해설교의 패턴을 취하고 있다. 각 단락을 대지로 구분하고, 각 대지는 본문이 주장하는 내용을 다시 소지로 나누어 설명하는 패턴을

367 임택진, "목사의 멋과 맛", 「기독교사상」, 15권 6호(1971년 6월), 151-53.

368 임택진, "모범적인 목자", 「기독교사상」, 25권 11호(1981년 11월), 182.

369 임택진, 『진실로 하나님 앞에서』, 214-29.

취한다. 그의 설교는 논리적·체계적·조직적인 특성이 두드러지며, 성경의 내용을 설교의 주제를 따라 선명하게 제시하고 있다. 그의 설교집에 나타난 설교문도 전반적으로 이러한 특징을 취하고 있는데, 다메섹 도상에서 바울이 예수님을 만난 내용을 담은 사도행전 22장 본문을 중심으로 한 설교문 "주여 무엇을 하리이까?"에서도, 서론에서는 본문을 개략적으로 설명한 후에, "죄 씻음 받으라, 주의 이름을 부르라, 나의 증인이 되라"는 3개의 대지로 나누어서 설명한다. 이렇듯 그는 본문의 내용을 기본으로 주제설교의 패턴을 통해 설명한다.[370]

### (2) 조향록 목사

난곡(蘭谷) 조향록 목사(1920-2010)는 함경도 북청군의 가난한 집안에서 출생했다. 그는 20세에 조선신학원(현 한신대학교)에 진학하여 송창근과 김재준에게 배우고 1942년에 졸업했다. 1950년 동국대학교 사학과를 졸업했으며, 1958년 캐나다 토론토대학교에서 신학사 학위를 받았다. 1942년 신학교를 졸업한 후 풍산읍교회 전도사로 사역을 시작했고, 전쟁 중에는 경남 진양에 한얼중고등학교를 세워 교장으로서 민족교육에 헌신한다. 그는 1954년에 초동교회에 부임하여 1976년까지 담임목사로 섬겼다. 교회는 크게 부흥했고 1971년 현재 위치에 지하 2층, 지상 6층의 현대식 건물로 예배당을 건축했다. 연세의료원장을 지낸 한 교인은 조향록 목사가 열정적인 설교와 소탈한 인품, 예술 전반에 대한 깊은 이해를 통해 교인들을 잘 목양했다고 전한다.

370 이것은 그의 설교의 기본적인 특징을 이룬다. 본문을 기본으로 하면서 주제를 중심으로 한 설교에 대해서는 임택진, "목회자에 준 권면", 「기독교사상」, 25권 4호(1981년 4월), 117-26. 임택진, "주여 무엇을 하리이까?", 『임택진 신앙저작전집: 설교집 I』, 5권(서울: 교문사, 1982), 62-66을 참고하라. 다른 설교문들도 비슷한 특징을 보인다. 그의 설교집 I, II권을 참고하라.

> 조 목사님은 다방면으로 조예가 깊고 덕망이 높았다. 그래서 그 어른을 중심으로 기독교 관계 이외의 여러 집단의 인재들이 초동교회로 몰려들었다. 첫째가 면우회, 즉 면학동지회 그룹이었다. 면우회는 해방 후의 혼란과 6·25동란, 그리고 4·19와 5·16 등을 겪으면서 이 나라와 이 민족을 위해 무엇을 할 것인지 몰라 답답한 심정을 가진 30대의 우국청년들의 모임이었다.…두 번째로는 예술인과 연예인들이었다.…세 번째로는 조 목사님이 6·25동란 중인 1951년부터 경남 진영에 한얼중고등학교를 설립하고 서울로 올라오실 때까지 교장으로 봉직하시는 동안, 그의 사랑을 받은 제자들과 지역 유지들이 조 목사님을 은사로 숭배하고 앙모하여 줄이어 그들의 진로에 대한 지도를 받고자 찾아왔다.[371]

그들이 조향록을 찾아온 이유는 주로 그가 지닌 목회자로서의 인품 및 설교자로서의 열정이 가득한 설교 때문이었다. 그는 "어떠한 위협이나 유혹에도 굴하지 않는 위엄성, 사소한 일에 얽매이지 않는 넓은 아량과 포용력, 돈이나 사치와는 담을 쌓은 듯한 검소하고 깨끗한 사생활의 모습"을 보여주었다. 그는 한국기독교장로회 안에서 명망 있는 목회자로 인정을 받아 1971년에는 교단을 이끄는 총회장을 지냈고, 유신 치하에서 학생들의 데모 참가로 한신대가 위기를 맞았을 때 교단의 요청을 받아들여 학장으로 학교 발전에 크게 기여한다. 당시 한신대는 반정부 데모의 선봉에 섰었는데, 그가 학장으로 재임하던 시절에 종합대학교로 인가를 받았다. 학장직을 내려놓은 다음에는 한일교회에서 담임목사로 사역하기도 했다.

그는 유신 치하에서 민주화운동에 앞장섰다. 김지하, 법정 등과 함께 "민주회복추진협의회"를 결성하여 유신철폐 범국민운동을 전개했다. 그러

---

371 양재모, "내가 본 조향록 목사: 친형님처럼 모시게 된 조향록 목사님", 『八十自述: 내 한 몸 바칠 제단을 찾아서』, 개정판(서울: 도서출판선교문화사, 2009), 10-11.

나 그는 1980년 전두환 국가보위비상대책위원회 상임의장이 참석한 국가조찬기도회에 다른 기독교 인사들과 자리를 함께해 비난을 받기도 했으며, 2003년에는 이라크 파병을 찬성하는 등 친정부적 성향을 드러내기도 했다. 그는 평생 교회를 향한 열정을 불태웠고, 민족의 평화통일에 깊은 관심을 가지고 여러 유관 단체에서 활동했다.

교회 안과 밖에서 다양한 사역을 감당했던 조향록은 1942년부터 설교자로 강단에 서기 시작하여 초동교회에서 22년, 신학교의 학장으로 8년, 그 후 한일교회에서 설교사역을 이어갔으며, 90세의 나이로 세상을 떠날 때까지 그의 설교사역은 계속되었다. 그는 사자후를 토하는 열정적인 설교와 후덕한 인품 때문에 말씀의 영향력을 더 크게 펼칠 수 있었다. 그가 사역하던 초동교회 교인이었던 시인 황금찬은 조향록을 가리켜 "마을 어귀에서 있는 큰 느티나무와 같은 존재, 그래서 누구나 그 나무 밑에서 쉬고 싶어 하는 큰 나무"로 묘사했고, 지인이었던 시인 박목월은 "내 마음에 시 한 편으로 남는 분"이라고 표현하기도 했다.[372]

조향록의 설교사역과 설교문, 남겨진 글에 나타난 설교사역의 특징을 몇 가지로 정리할 수 있다. 먼저 조향록은 텍스트 중심성과 현장의 연결성을 중요하게 생각하는 설교자였다. 그에게 설교는 성경에 계시된 하나님의 말씀을 오늘의 현장 속에 증언하는 것이다. 설교는 "예수 그리스도가 생애로써 보여주신 객관적 사실, 그것에 대한 역사적 증거, 그리고 예수와 자기와의 관계에서 생겨진 신앙 체험적 증언"이며, "예수 사건과 자기 체험을 객관적 사실로 증언한 것"이다.[373] 그래서 그의 설교에는 본문 중심성이 강조되고, 설교 준비는 성경을 통해 말씀하시는 하나님의 음성을 듣는 행위

372 황금찬, "초동교회와 나", 위의 책, 5.

373 조향록, "설교와 한국교회 강단", 조향록 홈페이지(www.chr1920.kr), 글모음 섹션 참고.

로 이해된다. 평생 설교의 초점을 어디에 두었는가를 묻는 한 인터뷰에서 그는 설교의 "초점은 텍스트(성경 본문)에 두고, 그것을 사람들의 상황에 대입"하려고 했다고 밝히면서, 설교자는 "하나님 말씀에도 전문가가 되어야 하지만 세상도 잘 알아야" 한다고 강조한다.[374] 설교자는 설교가 "자기가 하고 싶은 말, 설교자가 배우고 익힌 지식, 지혜의 말이 아니다"라는 사실을 기억해야 하며, "기록된 말씀 속에서 하나님께로부터 살아 있는 현장의 말씀"을 받아 전하는 것임을 알아야 한다고 하면서 텍스트의 중심성 및 그 중요성을 강조한다. 그의 설교는 설교자 자신에게 체화되고 내면화된 말씀이었다는 점에서 증언의 특성을 가지고 있다.

> 설교자는 성서에 계시된 하나님의 말씀을 전파하는 사역자입니다. 하나님의 말씀은 성서의 기록 속에 완결되어 있습니다. 그 완결된 말씀이 예수 그리스도에게서 나타난 십자가 구원의 은총입니다. 그 은총은 하나님의 능력으로 표현됩니다(롬 1:16-18). 그 소식이 복음이요, 그 사역이 복음 전파자의 직무입니다. 성서에는 하나님 사역의 초점이 그리스도 예수, 그 십자가 죽음, 그 속량의 은총에 총 집약되어 있습니다. 그러므로 설교자는 이 불변한 하나님의 말씀의 초점을 바로 찾아 그것을 먼저 자기 자신에게 자리 매김하여야 합니다. 그리스도 복음의 종으로서 그리스도와 더불어 자기가 십자가에 못 박혀야 합니다. 그 불변의 진리를 가슴으로 전하고 몸으로 나타내야 합니다. 설교는 설교자가 혀로써 하는 말이 아니라 심장에서 그 말씀이 불붙고, 그 몸으로서 증거되는 것이어야 합니다.[375]

374 "조향록 초동교회 원로목사에게 듣는다", 「국민일보」(2010년 1월 4일).

375 조향록, "복음을 전파하는 설교자에게", 조향록 홈페이지(www.chr1920.kr), 글모음 섹션 참고.

또한 조향록은 설교의 현장성을 강조한다. 그는 설교자가 삶의 현장의 중요성을 간과하지 않아야 하는데, 그 이유는 하나님의 말씀이 그 시대(현장)에 증거되는 말씀이기 때문이라고 주장한다.

> 항상 변함없는 말씀이 생명의 실체로서 사람들에게 전하여질 때 그 말씀이 현재로 살아 있는 말씀으로 전해져야 합니다. 그리고 살아 있는 현장의 말씀이 되게 해야 합니다. 살아 있는 현장은 매우 복잡하고 다양합니다.…설교자가 전파하는 말씀이 그들의 귀를 통하여 그들의 가슴에 젖어들게 하는 일이 설교입니다.…말씀이 그들에게 어떻게 잘 전달될 수 있을까? 이것은 모든 설교자들이 다 같이 고민하고 있는 물음일 것입니다. 이 문제는 세상과 하나님과의 교통(커뮤니케이션)의 문제입니다. 텍스트(text)와 프랙시스(praxis)의 문제입니다. 그러므로 설교자는 우선 하나님의 말씀의 전문가가 되어야 하지만 이 세상 물정도 정확하게 잘 알아야 합니다. 하나님의 말씀을 바르게 잘 아는 일도 매우 어려운 일이지만 이 세상을 잘 아는 일도 쉬운 일이 아닙니다. 그래서 목사는 성서의 기초 교육도 잘 받아야 하지만 변하는 세상을 항상 정확하게 관찰하고 파악하고 또 함께 읽어가야 합니다. 이 세상과 세상을 살아가는 사람들을 잘 살펴보면 거기에는 언제나 빈자리가 남아 있습니다. 그 빈자리가 바로 생명의 근원이 되시며 역사의 주인이 되시는 한 분, 하나님의 자리입니다. 그 한 자리가 비어 있으면 인간과 세상의 문제는 그 어느 것도 풀리지 않습니다. 하나님의 말씀은 그 잠겨 있는 방문을 여는 패스 키(pass key)입니다.…사람들은 스스로 그 풀리지 않는 고통과 고민을 안고 씨름하면서 애통하고 있습니다. 세상은 그 세상을 사는 사람들과 함께 신음하고 아파합니다. 설교자는 바로 그 세상의 신음과 인간의 고뇌를 바로 듣고 알고 빈 마음자리에 주님을 모시도록 권고해야 합니다. 또 주님을 그 빈자리에 안내해주어야 합니다. 설교자에게는 설교가 바로 역사의 현장이 하나님과 만

나는 자리를 마련해주는 기회입니다.[376]

이러한 특징은 그의 설교문에 선명하게 드러난다. 특히 "새 하늘과 새 땅은 오는가"(계 21:1-9)라는 제목의 설교에서는 텍스트 중심성과 현장성이 잘 융합되어 나타나고 있다. 그는 설교의 도입부에서 끔찍한 뉴스를 타전하는 조간신문의 내용을 인용하면서 삶의 자리에 대한 터치로부터 시작한다. 그리고 오늘의 상황에서 바로 말씀의 세계로 들어가는 기법을 사용한다. 비극적인 상황에서 새 하늘과 새 땅의 이야기를 들려주고 당시의 정세와 초기 기독교에 대해 언급한다. 그는 말씀이 가르쳐주는 새 하늘과 땅에 대한 내용을 설명하면서 그것을 오늘의 상황과 연결시키는 작업을 잊지 않는다. 또한 오늘의 자리를 젖과 꿀이 흐르는 낙토로 만들어가야 할 사명이 우리와 우리 교회에 있음을 강조한다.[377]

그는 성경 본문을 통해 말씀하시는 하나님의 음성을 듣고, 그것을 자기 자신에게 내면화하고 화육화하여 오늘의 삶의 정황에 맞추어 메시지를 선명하게 들려주고 적용하는 방식으로 설교사역을 감당했다.

자기 자신이 듣지 못하고 받지 못한 설교자가 어찌 하나님의 말씀을 전달한다 할 수가 있겠습니까?(행 4:20) 성서를 읽어주기만 한다면 성경 낭독자, 성서를 해설해주기만 한다면 교사는 되겠지만 그것이 설교가 되지는 못합니다. 설교자는 성경 속에서 현재 항상 말씀하고 계신 그분의 말씀을 들어야 그 말씀을 기다리는 자에게 전달할 수 있습니다. 그래서 설교자는 성서와 더불어 하나님의 음성을 들으려고 기도와 묵상으로 마음 귀를 열고 있어야 합

---

376 조향록, "복음을 전파하는 설교자에게", 조향록 홈페이지 참조.

377 조향록, "새 하늘과 새 땅은 오는가", 『역사의 지표』(서울: 대한기독교서회, 1978), 451-63.

니다. 설교자는 하나님으로부터 받은 그 말씀에 먼저 자기가 정복되고 그 은혜에 젖은 감격으로 그 사람, 그 사람들에게, 그리고 그 때, 그 자리에서 자기가 받은 그 말씀을 전달해야 합니다. 설교자는 그의 설교가 자기의 신앙 간증이 되어져야 합니다.[378]

둘째, 조향록은 복음을 통한 개인과 사회의 변화에 초점을 맞춘다. 그의 설교는 복음적 설교의 특성을 가진다. 그는 광복 이후 한국교회 설교는 "예수 믿고 복을 받자"는 기복적 설교와, 하나님 나라를 이 땅에 세우자는 정치사회적 경향을 띠는 설교로 구분된다고 말한다. 그는 전자는 교회 성장과 밀접하게 연관되어 있고 성령을 "하나님의 영이 아닌 설교자의 도구로써 격하시켜 마치 무당들의 신 내림과 유사하게 변조"하는 문제를 야기하고 "자본주의 사회의 치부 심리를 자극하여 윤리적 불감증을 일으키게 하며 설교자의 자기 우상화를 조장하는 도구로 악용하는 경우"를 발생시켰다면, 후자는 정치집단화의 길로 교회와 설교자를 유인했다고 평가하면서, 이런 경향성은 "설교자를 하나님의 말씀을 빙자한 사욕의 노예가 되고(무당화) 또 한편은 하나님의 종이 아닌 특정 정치 세력과 단체, 혹은 정치인의 하수인이 되어버린다"는 문제점을 드러낸다고 일갈한다. 또한 제3의 유형인 그리스도인의 신앙 훈련을 위한 교훈적 훈화와 강론의 경향성에 대해서도 영적 충격을 일으키지 못했다는 점을 비판하면서 복음적 설교를 주창한다. 그는 "복음, 즉 십자가와 부활의 예수 사건이 알파와 오메가가 되어 있지 않은 설교는 하나의 문화의 충격파로서 그 소장(消長)과 운명을 같이한다"고 전제하고, 복음이 기독교 문화를 창출하지만 그 문화가 곧 복음은 아니라는 점을 분명히 한다. 또 "복음의 핵심에 돌아가 다시 역사와 삶의 자기 현

---

378 조향록, "복음을 전파하는 설교자에게", 조향록 홈페이지 참조.

장을 재해석"해야 한다면서 이것이 한국교회 강단의 가장 시급한 과제라고 주장한다.

그는 "초기 기독교의 복음 전파자들이 자기들보다 월등히 높게 발전되어 있는 그리스 로마 문명과의 만남 속에서 대결과 응전의 과정을 통해 기독교의 자기 변증(증거)의 초점"을 복음에 두었다는 사실을 적시하면서, "신구약성서에 있어서도 복음의 핵심(텍스트)이 중심이 되어 있지 않은 것은 거짓 예언자, 적그리스도가 되어버린다"는 점을 알아야 한다고 강조한다. 그는 한국교회 강단의 문제점은 "복음에도 어둡고 현장 상황에도 어두운, 그러나 세속적 욕구를 충족하기 바라는 회중의 심리, 즉 치부 심리, 안전 심리, 권력욕 등 세속적 욕구에 부응하려는 데 매우 민감하여 성경 구절을 찾아 거기에 맞추어 짜깁기하고, 그리고 그것을 확인시켜주는 매우 비복음적 설교 경향으로 흐르는 것"임을 강조한다. 그러므로 "한국교회는 복음적 설교로 복귀해야 한다. 조미료에 너무 집착하지 말아야 한다"고 권고한다.[379]

또한 그는 "목사의 유산은 설교"라고 주장하면서 설교자는 자신의 설교가 지금 복음의 빛에 머물고 있는지를 점검해야 하며, 그렇지 않다는 판단이 들 때 바로 그 빛으로 복귀해야 한다고 강조한다. "기독교 복음은 예수 그리스도의 십자가이며 목회자는 그 은혜에 대한 응답으로 설교를 해야 합니다. 설교자의 진실은 그의 설교에 그대로 나타납니다. 따라서 설교자란 자리는 거룩하면서도 두려운 직책입니다."[380]

셋째, 조향록은 설교자들을 위한 설교자로서의 역할을 충실히 수행했다. 그는 유신 치하와 군부 독재 시절에 진보 성향을 가진 대표적인 신학교의 학장을 지냈고, 기독교를 대표하는 인사로서 특별히 한국교회와 목회자

379 조향록, "설교와 한국교회 강단", 조향록 홈페이지 참조.

380 조향록, "목회자여, 강단에서 복음만 말하라", 「국민일보」(2009년 7월 13일).

의 삶의 개혁을 지속적으로 촉구했다. 한국교회의 개혁은 강단의 개혁에서, 강단의 개혁은 설교자의 개혁에서 비롯된다고 믿었기 때문이다.

> 한국교회의 오늘은 그 90퍼센트 이상이 한국교회 지도자들, 즉 목사들의 책임이다. 한국교회의 위신을 떨어뜨린 자도 목사요, 한국교회를 병들게 한 자도 교직자들이다.…한국교회가 오늘보다 더 어려운 자리에 놓여 있어도 이 교회를 이끌어가는 지도자들이 총명하고 용기가 있으면 능히 이 난국을 이겨낼 수 있겠다. 만일 무능하고 무지한 종이었다 하여도 그 무지와 무능의 책임을 통절히 느끼고 참회하는 자리에 있으면 하나님은 또 한 번 새 용기를 더하여 주실 것이다.…한국교회의 브레인은 한국의 신학교들이요 그 학교들에서 봉직하는 교수들이다. 한국교회의 강단에서 하나님의 말씀이 바로 선포되느냐 안 되느냐 하는 점은 직접 간접으로 신학교육을 담당한 교수들의 책임에 속한다고 하겠다. 오늘의 한국교회의 타성과 부패와 무기력을 다시 회복시키는 중대한 근거지가 신학교들이다.[381]

설교에는 설교자의 인격과 삶이 반영된다. 그는 설교자가 말씀대로 살 때 설교의 힘이 나타난다고 이해하면서 검소함과 수수함이 곧 능력이라고 주장한다.

> 목사님들이 신앙이나 도덕적인 면에서 사회의 모범이 되어야 합니다. 목사님들이 언제부턴가 호텔이 아니면 모임을 갖지 않습니다. 교회 식당도 많은데, 왜 호텔 다니면서 몇만 원짜리 밥을 먹으며 돈을 낭비합니까. 회장을 뽑는다는데, 회장 하고 싶다고 돈 쓰고 다니는 사람들은 무슨 설교를 하더라도

381 조향록, "한국교회의 딜레마", 「기독교사상」, 6권 3호(1962년 3월), 11-12, 14.

아무 소용이 없어요. 저는 총회장 하는 게 부끄러워서 얘기도 못했습니다. 목사가 되는 게 하늘보다 더 두렵고 영광스러운 일인데 거기에 무슨 직책이 필요합니까. 목사직은 천하를 빼앗긴다 해도 뺏길 수 없는 직분입니다. 불교가 죽었다가 지금 와서 왕성합니다. 왜 그렇습니까. 깊은 산중에서 벽을 보고 도를 닦는데 왜 왕성합니까. 사람들이 왜 모입니까. 그것이 카리스마입니다. 목사는 중산층보다 낮은 수준에서 살아야 한다고 생각합니다. 사도 바울이 고난 받은 것은 무엇입니까. 그것이 그에겐 훈장이요 공로입니다. 그것이 그의 메리트입니다. 나는 한국교회 목회자들이 훌륭하다고 생각합니다. 또 그들에게 경의를 표합니다. 하지만 앞장선 사람들이 반발자국씩만 앞선 예언자가 된다면 좋겠습니다. 한국교회 성장은 민족의 운명을 교회에 맡기겠다는 하나님의 뜻이 담겨 있습니다. 목사님들이 그것을 자각했으면 좋겠습니다.[382]

넷째, 조향록은 복음을 통한 생명 구원과 구원 이후의 삶을 강조했다. 그는 예수 그리스도의 대속적 죽음을 통한 속죄의 은총으로 하나님께 돌아온 사람을 의인이라고 하면서 그리스도인의 책임을 강조한다. 즉 그리스도인은 소돔과 고모라성에 필요했던 의인 10명의 역할을 감당해야 한다고 강조한다.

사도 바울은 예수를 구주로 믿고 돌아온 사람들은 모두 의인이라고 했습니다. 내가 말하는 의인은 엘리트 의식과 같은 것입니다. 소돔과 고모라가 멸망한 것은 의인 10명이 없어서였습니다. 이것은 구약적인 의인 해석입니다. 신약에서는 예수님의 속죄 은총을 받아서 하나님 앞에 돌아온 사람들, 즉 그리스도인들을 의인이라고 합니다.…기독교인은 예수를 통해 하나님을 보고 믿고 예수님의 제자로 그의 뒤를 따르는 것을 말합니다. 기독교 신자가 된다

382 "조향록 초동교회 원로목사에게 듣는다", 「국민일보」(2010년 1월 4일).

> 는 것은 인생관의 변화를 갖는다는 말입니다. 예수님이 제자들을 향해 지극히 적은 무리라고 한 것은 창조적 소수를 말씀하신 것입니다. 기독교인들은 역사의 기수라고 할 수 있습니다. 별들이 순환하는 것은 중심에 태양이 있기 때문입니다. 기독교인은 인류 역사에서 태양별의 위치를 차지하고 있습니다. 회개한다는 것은 인생관을 바꾼다는 것입니다. 자기 중심에서 이웃 중심으로, 개인 중심에서 공동체 중심으로, 남을 위한 존재로 그 인생관과 그 사람 바탕을 바꿔가는 것입니다. 세상에 죄악이 관영하고 사회에 문제가 많은 것은 오히려 나 때문이라고 자복하고 회개해야 합니다.[383]

또한 그는 설교자도 원숙되고 완성되어야 한다는 점을 강조한다. 목회자에게는 "설교와 기도하는 일이 인생의 전부"라고 해도 과언이 아니라고 말하면서 "설교에 자신의 모든 노력을 기울여야 한다"고 주장한다. 기도가 없는 설교는 아무리 풍부한 내용이라도 감동을 주지 못한다면서 설교자는 단순한 지식의 전달자가 아님을 기억해야 한다고 강조한다. "회중들이 설교를 하나님의 말씀으로 받아들이게 하는 신비의 사역자는 성령"이시며 "하나님의 영인 성령이 없이는 설교가 바로 될 수 없다"고 강조하면서 설교자는 결국 성령님을 의지해야 한다고 주장한다. 만약 설교를 어떻게 준비할 것인지를 묻는다면 "성서를 가슴에 안고 기도하면서 준비하시오"라고, "설교가 메마르지 않게 하기 위해서는 성서의 말씀을 자신의 가슴에 가득 채워 넣어야 한다"고 그의 후배들에게 권면한다.[384] 그리고 결국은 사랑이 설교를 완성한다고 외친다. 그는 사랑으로 영혼을, 그리고 교회와 세상을 보듬은 사랑의 설교자였다.

---

383 위의 신문.

384 조향록, 『八十自述』, 36-361.

30, 40대의 젊은 시절 내 설교의 주제는 주로 사회정의에 집중되었다. 그러다가 50세를 지나면서부터 인간은 누구도 절대로 선하고 절대로 악한 것이 아니라는 것을 깨달았다. 그래서 설교의 주제도 사람은 누구나 하나님의 은총을 받고 사죄를 받아야 하는 죄인이라는 "사죄와 은총"의 주제로 바뀌었다. 그런데 70세도 넘기고 80세에 접어들면서 나의 설교 주제는 매번 사랑으로 모아졌다. 70세 이후 내가 했던 설교의 내용은 사랑이라는 범주를 크게 벗어나지 않았다.…"사랑이 제일이다"라는 말이야 내가 10대 소년 시절부터 입에서 줄줄 흐르듯이 알고 있는 말이다. 그러나 내 나이 70고개를 넘기면서 비로소 그 말이 참 내 말이 되고, 참 내 설교 제목이 됐다.…어찌하다가 늦가을까지도 채 익지 못해 거죽은 멀쩡한데 떫은 맛이 그대로 남아 있는 감처럼 기독교 신자로, 신학도로, 그리고 목사로 성숙한 경지에 이르지 못한 내가 이제야 겨우 나름대로 더듬고 찾아낸 진리의 이해이고 복음의 이해이며, 신앙의 깨달음인 것이다.…말씀으로 눈을 뜨니 세상이 사랑스럽고 세상도 살 만하다.[385]

### (3) 김계용 목사

조국 분단의 아픔을 가슴에 안고 고향을 떠나 타지에서 삶의 뿌리를 내리기 위해 고단한 삶을 이어가고 있는 이민자들의 가슴에 말씀의 씨를 뿌린 설교자였던 김계용 목사(1921-1990)는 평북 의주군 고진면에서 출생했다. 그는 1940년 평양사범학교를 졸업한 후 평북 강계에 있는 회룡국민학교에 교사로 첫 발령을 받았다. 19세 때 이진숙과 결혼했고, 해방을 맞았지만 북쪽에 공산주의 정권이 수립되면서 기독교인이자 지식인이었던 그는 신변에 큰 위협을 느꼈다. 그는 남쪽으로 잠시 피신하려고 시도했다가 체포되

---

385 위의 책, 355-56.

어 20년형을 선고받고 신의주형무소에 수감되었다. 평소 신학교 진학을 권유받았지만 응하지 못하고 있다가 감옥 생활 가운데서 주의 종이 되기로 결단했고 극적으로 풀려나게 된다.[386] 신학도 공부하지 않은 상태에서 신의주 마전교회의 전도사 시무 청빙을 받고 사역하다가 한경직 목사가 담임으로 있던 신의주제2교회에서 전도사로 사역했다. 1년 7개월 정도 시무하는 동안 공산당의 감시와 박해는 점점 심해졌다. 그는 갑작스레 인민군에 징집되어 한국전쟁에 참전하게 된다. 개성까지 내려와 대기하던 중 탈출을 감행했고, 한 교회에 피신해 있던 중에 국군을 만나게 된다. 그렇게 하여 김계용은 가족들을 북쪽에 남겨둔 채 혼자서 남쪽으로 내려왔다. 그로 인해 가족들과 생이별하여 40년을 만나지 못하고 떨어져 지내게 된다.

그는 남한에 내려온 뒤 한경직 목사가 세운 한국보육원에서 사역을 시작했다. 이때 중공군의 개입으로 아이들의 생명이 위기에 처하게 되자 그는 900명 가까이 되는 아이들을 미국 수송기 편으로 제주도로 피신시키는데 중심 역할을 했다. 그는 한국전쟁 중 제주도에서 고아들을 돌보며 보람있게 사역을 감당하다가 1951년 9월에 대구에서 문을 연 장로회 총회신학교에 진학하여 1953년에 졸업한다. 이후 대구중앙교회에서 전도사로 사역을 시작하면서 경북대학교 사학과에 편입하여 졸업한다. 그리고 1954년 안수를 받고 그곳에서 부목사와 담임목사로 사역을 이어간다. 그는 1960년 후반, 무학교회의 청빙을 받고 그곳에서 6년여 기간 동안 담임목회를 이어가다가 2년 6개월 일정으로 미국 유학길에 올라 덴버신학교에서 기독교교육을 공부했다. 돌아와 무학교회에서 사역을 이어가던 중 총회의 강권으로 브라질 선교사로 파송을 받아 상파울로연합교회에서 약 6년 동안 상처 많은 교민들을 대상으로 사역을 이어간다. 그는 이때를 그의 일생 중 가장 힘

386 그때 아내가 형무소 담장을 어루만지며 남편의 출옥을 위해 밤마다 울며 기도했는데, 그것이 40년을 가족들과 헤어져 혼자서 지내면서 독신으로 살아낸 계기가 되었다.

들었던 사역의 기간으로 회상한다.

그는 1974년, 갓 출발한 나성영락교회의 담임목사로 청빙을 받아 미국에서의 사역을 시작한다. 그의 진솔한 목회와 감동 있는 설교로 교회는 성장을 거듭했고, 유대인 회당을 매입하여 예배당으로 사용했지만 불과 몇 년이 지나지 않아 공간이 부족하게 되었다. 그는 로스앤젤레스 인근에 여러 지교회를 개척했고, 결국 새 성전 부지를 마련하고 건축하여 1989년에 입당예배를 드린다. 나성영락교회는 개척 15년 만에 이민교회 가운데서 가장 큰 규모의 교회가 되었으며, 그때가 그의 목회의 절정기였다.

1989년에는 68세에 조기 은퇴했다. 1990년 8월 21일, 꿈에도 그리던 가족을 만나기 위해 방북길에 오르지만 9월 1일에 가족들과 해후하여 4일을 보낸 후 의문의 죽음을 맞는다. 북한 당국은 그의 사인을 심장마비로 발표했지만 시신을 서둘러 매장해버림으로써 의혹을 남겼다. 그는 동갑이었던 아내와 만 28세에 헤어졌고, 40년 만에 다시 만나 4일 동안의 시간을 함께한 다음 안타까운 죽음을 맞은 것이다. 인민군에서 탈영한 것, 미국 시민권자였던 것 등이 마음에 걸려 지인들은 그의 방북을 반대했지만 그는 "내가 내 아내에게 할 말이 있어서 가야 한다"며 강행했다. "조국을 배반한 이"가 "미제 앞잡이 목사"가 되어 40년 만에 돌아왔는데 공산정권이 가만히 두지 않았을 것이다. 방북 당시 그는 아주 건강한 상태였기 때문에 갑작스러운 그의 죽음은 미주 교민사회와 한국 교계에 큰 충격을 안겨 주었다. 민족분단의 아픔을 고스란히 간직한 채 평생을 살다 죽었기 때문이다. 그가 많은 이들의 만류에도 불구하고 방북길에 오른 이유는 "북한에 부모를 두고 온 것과 아내와 자식이 살아 있다"는 것, "신의주형무소에 수감됐을 때 사랑하는 아내가 형무소 담장을 손으로 쓸면서 눈물 뿌리며 기도하던 생각", 월남할 때 부인이 "몸조심하세요"라고 마지막으로 했던 말이 늘 가슴에 남아 있었기 때문이었다.[387] 그는 세 자녀에 대한 그리움을 평생 안고 살았는데 그들은 이미 어릴 적 죽었고,[388] 얼굴도 못 보았던 유복자와 노인이 되어 있는 아내만 만날 수 있었다.

60대 후반에 모든 목회직을 마무리한 다음 40년을 기다리게 한 아내에게 "미안하다"는 그 한마디 말을 건네기 위해 갔던 그 설교자는 결국 복음의 불모지가 되어버린 그 고향 땅에 고단한 몸을 뉘었다.[389] 사랑하는 가족들과 생이별하고 그 대신에 하나님의 백성 된 사람들, 가슴 시린 사람들을 영적 자녀로 알고 최선을 다해 양육하면서 긴 세월을 보낸 후, 40년 만에 집을 찾아간 그 설교자는 4일 동안 가슴 벅찬 해후를 하고 나서 영원한 본향으로 옮겨갔다. 그의 아내는 그가 떠난 후, 함께 했던 그 짧은 시간 동안 차마 입 밖에 내놓지 못했던 사랑의 고백을 다음과 같이 무덤 앞에서 털어놓았다.

> 주위 하늘이 새까맣게 변해서 나를 덮쳐 내리눌렀다. 40년 만에 와서 나흘을 같이 지냈으니 그분은 10년에 하루씩 나를 방문했던 셈이다. 한 보름, 아니 열흘만이라도 고향에서 식구들과 더 있었더라면 한이 덜될 텐데. 그분 약속대로 내년에 다시 한번 더 온 후에 떠났어도 이렇게 기가 막히지는 않을 것이다.…"나의 일생은 당신을 기다리는 데만 다 쓰여졌지만 당신의 나에 대한 사랑에 비하면 아무것도 아니었습니다. 날 다시 떠나 보내지 못해 당신이 차라리 이곳에 머물기로 결정하신 것으로 알겠습니다." 그리고 나는 결심했다. 생전의 그분을 제대로 못 보기 때문에 앞으로는 이 묘소만 바라보며

---

387 박희성, 『김계용 목사 전집: 독신 40년 목양 40년』, 6권(서울: 도서출판한컴, 1989), 435-36. 여기에서 간략하게 요약한 그의 생애와 사역에 대한 부분은 같은 전집, 5권과 6권을 참고했음을 밝힌다. 이하 『전집』으로 표기할 것임.

388 그가 월남할 당시에 아들 하나와 딸 둘을 두었는데, 한국전쟁 당시 폭격으로 세 아이를 잃었다. 『전집』, 5권, 298, 368.

389 『전집』, 5권, 317.

살리라고.[390]

그런 설교자를 향해 한경직은 "후대들이 본받아야 할 하나님의 종"이며 "가을 호수와 같은 사람"이라고 평가하면서 다음과 같이 말을 보탠다.

> 그분은 옛날부터 삶이 진실했어요. 독신으로 그저 주의 일만 적극적으로 헌신하니까 가는 곳마다 김 목사님은 성공하는 거지요. 바로 이런 점이 다른 교역자들에게 모범이 되었어요. 그래서 특별히 내가 존경하는 이가 이 세상에 많은데 그분들 중에서도 김 목사님을 존경하게 되는 것입니다. 김 목사님은 사실 모든 목사님들의 모범이 되었어요.[391]

그는 목회와 교회를 첫째로 생각하면서 온유, 겸손, 부드러움, 진실함, 끝까지 참고 기다리며 사랑으로 품는 인내의 마음, 하나님과 교인들 앞에서 바르고 깨끗한 마음을 품고 살았던 설교자였고, 평생 하나님의 말씀을 증거하는 일과 그분이 세우신 교회를 돌보는 일에 헌신하다가 그 사역을 영광스럽게 끝냈다. 한 지인은 그가 "천부적인 설교가요 천부적인 목회자"였다고, 또 다른 이는 그가 "걸어 다니는 예수님" 같았다고 고백한다.[392]

김계용의 설교 연구를 위한 자료로는 그의 전집 가운데 설교문을 담은 2, 3권이 있는데, 이는 그의 사역의 전반부와 후반부의 설교를 구분하여 묶은 것이다. 국내외에서 수행한 목회사역과 설교문에 나타난 그의 설교사역의 특징을 몇 가지로 정리해볼 수 있다. 먼저, 김계용의 설교는 "상처 입

390 위의 책, 423, 425-26. 이것은 한국일보 미주 본사의 이정인 기자가 그의 사후에 북한을 방문하여 그의 부인을 만나고 온 후 23회에 걸쳐 연재한 내용 가운데서 인용했다.

391 『전집』, 6권, 3, 303-4.

392 위의 책, 247-48.

은 치유자"가 외치는 위로와 치유, 사명을 일깨우는 메시지였다. 조국 분단의 아픔을 안고 홀로 남쪽으로 내려와 국내에서, 남미와 북미에서 홀로 사역을 이어갔던 그는 목회의 정도를 걸어가면서 인품과 삶으로 메시지를 전했던 설교자였다. 40년 목회의 후반부에 그는 이민자들을 대상으로 한없이 참아주면서 사랑으로 껴안는 목회를 감당했다. 사랑하는 가족을 북쪽에 남겨두고 홀로 내려와 남한 땅에서, 외국 땅에서 외롭고 고단하게 살았던 그는 성도들의 아픔과 눈물을 누구보다 깊이 아는 설교자였기에 그의 설교에는 힘이 있었다.

그와 오랫동안 교제를 이어온 사람, 그리고 신앙지도를 받았던 교인들은 이구동성으로 "김 목사님은 나를 제일 사랑했어요"라고 고백할 정도였다. 그 비결은 간단했는데 "모든 사람을 그리스도께서 우리를 사랑하시듯 희생적으로 전심을 다하여 마음속 깊이 사랑하는 것"이었다. "이민목회는 그저 사랑이야. 저마다 사랑해달라는 거야. 고국을 떠나서 누구나 사랑이 그립거든."[393] 이민자들은 타국에서 많은 스트레스와 어려움을 안고 살아가기 때문에 이민교회 목회 현장은 늘 분란이 생기기 마련이지만 그럼에도 그가 목회했던 교회가 늘 평화롭고 화기애애했던 것은 그의 사랑의 목회 때문이었다. 진정으로 "한 마리의 잃은 양"을 더 사랑하는 목회로 인해 그의 설교는 더 힘이 있었다. 그는 교인들 가운데 가난하고 어려운 사람들, 노인들, 어린아이들, 문제 가운데 있는 사람들을 돌보는 일에 목회의 우선권을 두었다. 그는 그렇게 소수민족으로 이국땅에서 살아가며 정착을 위해 몸부림치다가 상처 받은 영혼들을 말씀으로 껴안는 목회를 감당했다.

우리가 여기 이민 와서 이다음에 후손들에게 위대한 일, 공덕을 못 남겨주어

393 위의 책, 6.

도 좋습니다. 많은 재산과 큰 집, 큰 예배당을, 큰 교육을 못 주어도 상관없습니다. 내 비석이 없고 내 무덤이 초라해도 좋습니다. 또 내 자손들을 위대한 사람으로 만들지 못해도 괜찮습니다. 그저 내가 이 사회에 필요한 사람이 되며 이 교회에 필요한 사람이 되면 됩니다. 그 후손도 필요한 사람이 되도록 하면 됩니다.…예수님이 창조한 사랑의 산 역사는 2천 년 오늘에까지 많은 사람에게 길과 진리와 생명을 던져주고 있습니다. 우리도 예수의 산 역사 창조의 계승자들로서 우리 사회에 십자가 중심으로 예수 그리스도의 마음과 생활을 각 사람에게 심는 것이 가장 큰 산 역사의 창조인 것입니다. 파괴되지 않고 땅에 묻어지지도 않고 박물관도 필요 없는 사람, 마음과 정신이 살아서 계승되는 진실과 사랑의 산 역사의 창조자들이 되십시다.[394]

그의 설교는 청중을 사랑하는 마음에서부터 출발하여 감싸고 어루만지는 사랑의 언어들로 채워졌고, 공격적인 대신 사랑의 언어로 바른 길을 제시하며, 책망을 해도 오히려 감동을 받게 되는 포용력이 있는 설교였다. 주일날 설교를 마치고 나면 그는 바로 심방을 떠나곤 했다. 그의 설교는 "심방을 통하여 신자들과 함께 무엇인가를 나누었던 끈적끈적한 사람의 감정, 그것의 연장선에서 이루어지고" 있었다. 그의 삶은 "심방이나 상담을 통하여 그들의 고통과 기쁨을 함께 나누는 삶이었기 때문"이다. 곧 그의 설교는 말씀과 삶을 연결하고 그것을 내면화했던 '심방형 설교'였다.[395] 이러한 설교사역은 고국을 떠나 이민교회에서 설교사역을 감당하면서 동일하게 펼쳐졌고, 그들에게 필요한 위로와 격려, 사명을 고취시키는 메시지로 채워졌다.

둘째, 김계용의 설교는 그의 인품에서 우러나오는 감화력이 바탕을 이

394 김계용, "산 역사의 창조자들"(마 24:1-4), 『전집』, 2권, 23-24.

395 『전집』, 6권, 502.

룬다. 지인들은 그의 설교는 깊은 감화가 있고 "한 마디 한 마디가 뼈에 들어와 박히는 설교"였다고 평가한다. 곧 설교학적으로도 뛰어난 점이 있었지만 "인격에서 풍기는 것이 있기 때문에 감화가 오는 것"이라고 입을 모은다.[396] 그를 목회의 길로 이끌었던 이학인 목사는 교회학교 부장이었던 그가 아동부 설교를 하는 모습을 종종 지켜보았다면서 "그 당시 주일학교 아동이 800명이나 되는 큰 교회였는데 김계용 선생이 설교를 하면 아이들이 조용해서 떠드는 이가 아무도 없었다"며 "어찌나 설교를 잘하는지 감탄이 절로 나왔다"고 전한다. 그래서 그의 손을 꼭 붙잡고 목사가 되어야 한다고 권했다고 한다.[397] 그러나 그의 설교의 능력은 말을 잘하는 데서 나오지 않고 목회자로서의 인품과 삶에서 나왔다. 그리고 "그의 생 전체를 토해내는 삶의 총체적인 언어"에서 설교의 힘이 나왔다. 지인들은 그의 설교가 지친 이민자들에게 내놓은 신선한 과일과 같았다면서 그 메시지의 힘을 다음과 같이 정리한다.

> 그의 삶을 잘 아는 사람일수록 그의 설교가 그만큼 더 은혜로운 것이다. 그는 주일 설교를 위해 깊이 기도하며 자신의 삶을 그 말씀으로 비추어 보면서 먼저 자신에게 설교한다. 그는 자신의 삶이 준비하는 그 말씀에 조금이라도 합당치 않은 부분이 있으면 설교에서 자기까지 싸잡아 책망하고 회개토록 한다. 그야말로 말씀으로 자신을 계속 개조시켜 나간다. 그를 가까이에서 보고 있는 사람들은 그의 삶을 통하여 위대한 설교를 듣는다고 한다.…한 설교자가 은혜로운 설교를 하기 위해서는 그만큼 은혜로운 삶을 살아야 한다. 여기에는 테크닉이니 방법론이니 과학적인 이론이니 하는 것이 중요하지

396 『전집』, 5권, 288.
397 위의 책, 298.

> 않다.…가장 은혜롭고 감동적이고 살아 있는 설교는 그 설교자가 얼마나 예수님을 가까이 닮아가고 있는가에 따라서 좌우된다.[398]

그의 설교에는 누구나 알아들을 수 있고, 교육적이면서 계몽적인 언어가 많이 사용되었다. 그는 재미있고 은혜로운 분위기로 설교를 진행했으며, 현재의 문제와 이슈를 가지고 설교의 문을 연 다음, 성경에서 그 대답을 찾았다. 십자가의 정신, 즉 평화, 화해, 용서, 위로 등의 내용과 구원과 관련된 죄의 문제와 회개 및 돌이킴이 강조되었다. 시대적 필요와 각성이 강조되고, 이어서 개인적인 차원으로까지 확대시키는 구조로 설교가 진행된다. 그의 설교는 편안하게 들을 수 있도록 현대적인 이슈나 유머 등을 통해 마음의 문을 열게 하면서 잔잔한 시냇물이 흐르듯 진행되다가 결단과 결론부에서는 강력한 흐름으로 바뀌는 특징을 가진다.

셋째, 김계용의 설교는 주로 본문을 중심으로 한 성경적 설교이며, 대지를 중심으로 설명하는 구조를 취한다. "부끄럽지 않은 소망"이라는 설교에서 그는 "환난은 인내를, 인내는 연단을, 연단은 소망을 이룬다"는 본문의 내용을 중심으로 "환난은 우리의 피할 수 없는 현실이며, 인내를 낳게 하며, 연단을 받는 사람은 소망을 가진다"라는 논지와 대지로 풀어간다. 여기에 다양한 예화와 이미지, 상상력 등이 활용되어 그 내용의 설득력을 높여간다.

> 하늘의 찬란한 무지개는 태양 빛과 비가 결혼해서 생긴 아들입니다. 마찬가지로 인간의 환난, 인내, 연단이 괴롭고 힘들고 슬프나 여기에 하나님을 믿는 믿음으로 오는 하나님의 은혜와 사랑이 합칠 때 무지개 소망이 되는 것입니다. 태양 없이 비만으로 무지개가 될 수 없고 비 없이 태양만으로 무지

---

398 『전집』, 6권, 459-60.

개가 되지 않습니다. 인생의 환난, 인내, 연단 없이 일방적으로 무지개가 되지 않으며 또 아무리 환난을 인내하고 연단을 받아도 하나님의 은혜와 사랑이 없으면 무지개 희망을 기대할 수 없습니다.…여러분 중에 환난, 즉 경제적·육체적·가정적·사회적으로 오는 압박, 환난이 있습니까? 인내하십시오. 연단을, 즉 경험을 쌓으십시오. 그리고 하나님을 바라보고 부활하신 주님을 믿으십시오. 영원히 부끄럽지 않을 소망이 될 것입니다.[399]

### (4) 한완석 목사

효광(曉光) 한완석 목사(1925-2007)는 전북 익산의 한 기독교 가정에서 출생했다. 그의 조부가 미국 남장로교 선교사들에게서 복음을 듣고 신앙생활을 시작하면서 신앙의 가문을 이루게 되었다. 그의 조부는 익산에서 50리 길을 걸어가 군산에서 예배를 드리고 집에 돌아오곤 했는데 그러자면 하루가 다 갔다. 그러다가 익산에 교회를 세우게 되었는데 그 교회가 만석교회였다. 어릴 적부터 한완석은 그런 가정에서 신앙을 키웠고 만석교회가 세운 영일학교를 다니면서 민족교육을 받았다. 그 후 오산보통학교와 히로시마 흥문중학교를 졸업한다.

그는 일본군의 징집을 피해 타지로 가서 생활하던 중 가족에게 어려움이 오자 입대하게 된다. 그는 조선인에게 차별과 가혹행위를 일삼는 중대장을 혼내주기 위해 계획을 세우던 중에 하극상이 발각되어 도피생활을 하다가 해방을 맞는다. 이때 그는 하나님이 생명을 살려주시면 주의 종으로 일생을 살겠다고 서원을 했고, 해방이 된 후 송창근의 추천으로 1946년 조선신학교에 입학한다. 그러나 당시 신학교가 한국교회의 전통적인 신앙의 방향과 상당한 차이가 있는 것에 대해 문제를 제기하며 학우들 51명과 함

399 김계용, "부끄럽지 않은 소망", 『전집』, 3권, 46-54.

께 총회에 탄원서를 제출한다. 그로 인해 징계를 받았고 남산 신궁터에서 시작한 장로회신학교에 편입학하여 1949년에 졸업한다. 그는 졸업 후에도 신학교 시절부터 관심을 기울였던 청년회 활동을 계속하면서 군산노회 청년연합회 총무로 활동한다. 한국전쟁 중이던 1951년에 목사안수를 받았고 전국청년연합회 총무로 전국 교회의 청년회를 관리, 교육하는 사역에 주력했다. 1954년에 익산 송학교회에서 첫 담임목회를 시작했고, 1956년에는 군산동부교회의 청빙을 받아 17년 동안 목회를 이어간다. 그 후 1973년에는 광주제일교회에서 담임목회했고 1975년에 예장 통합 총회장으로 피선되었다. 또한 광주민주화운동 당시에는 초교파적으로 결성된 광주수습대책위원회의 위원장을 맡아 사태를 수습하는 일에 앞장섰으며, 시신 발굴과 매장, 부상자 구호 활동에 전력을 기울였다.

한완석은 20세기 중반 호남을 대표하는 강직한 목회자였다. 그래서 흔히 "빛고을의 목자"로 불리기도 했다. 그는 광주에 내려온 대통령을 만나는 자리에서 정치를 바로 하라고 야단을 친 목사로도 잘 알려져 있다. 한 인터뷰에서 그는 다음과 같이 밝힌다.

> 광주에 온 대통령치고 저에게 혼나지 않은 사람은 없습니다. 올 때마다, 왜 국민을 기만하느냐, 왜 정부를 욕하는 사람을 잡아 가두느냐는 둥 혼을 냅니다. 전두환 대통령도 나중에 나를 두고 "광주에는 호랑이보다 더 무서운 목사가 있다"고 했다는 이야기를 들었습니다. 그러나 혼만 나면 무엇합니까? 자기가 깨달았으면 행동을 바꿔야지요. 옛날 한때는 김대중 김영삼 두 내외가 함께 참석한 대구의 어떤 집회에서 대놓고 "당신들이 합쳐야 나라가 삽니다"라고 충고한 적도 있습니다.[400]

---

400 한완석 인터뷰, 「대동문화」, 31호(2004년 가을호).

그는 복음의 정통성을 강조하면서 교회를 향해 날카로운 지적을 던지고 바른 목회에 대한 방향을 제시했다. 또한 예배 현장의 변질과 잘못된 추구에 대해서도 날카롭게 지적하곤 했다. 그는 늘 교회는 교회다워야 하고, 장로교는 장로교다워야 하며, 예배는 예배다워야 하고, 목사는 목사다워야 한다는 사실을 강조했다. 그의 설교는 개혁적이고, 바른 길을 지도하는 선도적인 특성을 가지고 있다. 그래서 그의 후배들은 그를 노회와 총회의 어른으로 기억하고 있다.

그는 자기 관리에 철저했던 목회자로서 하나님의 종으로 부름 받았다는 소명감을 따라 살았으며, 그의 설교사역에도 그러한 특징이 선명하게 드러난다. 그는 설교 준비에 최선을 다했고, 원고지에 설교를 써내려가는 식으로 설교를 준비했다. 그는 설교사역을 수행하는 데 있어 기도의 중요성과 언행의 일치, 마지막 설교를 감당한다는 종말론적인 자세로 설 것을 강조했다. 특별히 그의 설교에는 영혼 사랑, 교회 사랑, 민족 사랑 등이 유난히 강하게 나타난다. 또 그것은 감사의 신앙으로 이어지는데, 부모와 앞 세대에 대한 감사, 이웃에 대한 감사, 교회에 대한 감사, 하나님께 대한 감사 등으로 표현된다.

#### (5) 임동선 목사

1970년 미국 캘리포니아주에 동양선교교회를 설립하여 23년 동안 사역하는 동안 미주 최대 성결교회로 성장시킨 임동선 목사(1923-2016)는 미주 한인교회의 대표적인 설교자 가운데 한 사람이다. 그는 경기도 부천군 대부면 섬마을에서 태어났다. 어릴 적 한학자였던 할아버지와 뛰어난 이야기꾼이었던 할머니의 영향을 많이 받으며 성장했다. 그의 집안은 일본의 압제를 피해 북간도로 이주하였고 그는 백두산 자락에서 어린 시절을 보냈다. 이후 조국의 독립을 위해 간도특별부대에 자진 입대하여 만주군 육군학교를 졸업하고 영안 특수부대에서 활동하던 중 해방을 맞았다. 국방경비대와 해안경비대 헌병대의 경무주임으로 활동하던 중에는 공산당으로 몰려 유치장에서 생활하다가 혐의가 없어 풀려났다. 그는 공부를 더 하기 위해 서울에 갔다가 몇 명의 동지들과 함께 북한 공산주의의 실상을 파악하기 위해 북한에 들어가게 된다. 그리고 김일성을 만나 바른말을 하다가 스파이로 몰려 투옥되었고, 반동분자로 몰려 인민재판을 받고 사형 언도를 받게 된다. 이때 그는 죽음의 문턱에서 깊은 눈물의 간구를 올리면서, 살려주시면 하나님의 종이 되겠다고 기도했다. 나중에 그는 김일성의 집무실로 끌려갔는데, 거기서 독립운동을 할 때의 동료인 박성환이 김일성과 독대 중인 것을 보게 되었고, 박성환의 적극적인 변호를 들은 김일성은 임동선에게 자신의 곁에 남아 일해달라고 부탁했다. 그는 이곳에서 일을 하는 것도 중요하지만 서울대학교에 가서 경제학을 공부하고 돌아와 충성하고 싶다고 대답을 했더니 김일성이 38선을 무사히 넘어갈 수 있도록 증명서까지 만들어주어서, 다시 서울로 돌아올 수 있었다.[401]

그 길로 그는 서울신학대학에서 공부하고 있는 친형 임수열을 찾아갔고 1946년부터 신학공부를 시작한다.[402] 그는 처음 참석한 부흥회에서 회개와 중생체험을 했고, 그 이듬해에 이성봉 목사의 순회 전도에 동행하게 되는데, 여름방학 때 강원도 전도에 동참하면서 그의 능력 있는 설교사역에 큰 감동을 받았다. 이성봉의 설교 스타일과 열정은 이후 그의 설교에서 소중한 자산으로 자리를 잡게 된다.[403] 1949년에 서울신학대학을 졸업한 후 여주성결교회에서 첫 사역을 시작했고, 인근 마을 왕대리에 교회를 개척한다. 그러나 한국전쟁으로 인해 교회는 풍비박산이 났고, 피난길에서 그는

401 임동선, 『지구촌은 나의 목장이다』(서울: 쿰란출판사, 2004), 40-51.

402 임수열 전도사는 강릉에서 목회하던 중 한국전쟁 당시 공산군에 끌려가 죽임을 당했다.

403 임윤택, 『디아스포라 설교신학: 임동선 목사의 설교신학에 관한 연구』(서울: CLC, 2009), 88-89.

선한목자 정신을 배웠다. 그는 전쟁 중인 1951년 5월에 목사 안수를 받았고, 피난지인 부산 온천장교회에서 목회를 재개하여 피난민들을 위로하고 믿음과 소망을 불어넣어주는 설교사역을 감당한다.[404]

그는 1954년 공군 군목으로 입대하여 군복음화 사역과 군인교회 사역에 매진했고 초대 군종감을 역임했다. 공군 참모총장은 임동선이 전역하면 공군의 사기 진작에 문제가 생긴다면서 특별 명령을 내렸고, 결국 그는 2년 임기의 군종감을 연임하여 4년 임기를 끝내고 전역한다. 그 후 1965년 학업을 위해 가족을 남겨두고 혼자서 유학길에 올랐다. 미국 군목학교 유학에 이어 두 번째 미국 유학길이었다. 각고의 노력 끝에 북침례교신학교에서 석사학위를 받았고 가족들과도 합류했다. 그리고 1970년 7월에 동양선교교회를 자기 집에서 시작했다. 3개월 후, 교인이 늘어나 미국교회를 빌려서 예배를 드리기 시작했고 그로부터 3년 후에는 또 다른 건물을 사서 이사를 해야 할 정도로 부흥했다. 당시 신자들 대부분이 가난한 교인들이다 보니 사례비를 받지 않고 일을 하면서 앞장서 교회당 구입을 위해 백방으로 뛰며 목회를 이끌어갔다.

그렇게 교회는 성장하고 있었지만 그는 이민교회의 어려움을 온몸으로 감내하며 달려야 했다. 그런 그에게도 자신이 정한 소망의 푯대가 있었다. 확고부동한 소명감, 철저한 체험, 성령충만, 계속적인 성장, 순교 각오 등이 그것이었다. 이는 한 알의 밀알이 썩어지듯 자신도 썩어지는 충성스러운 종의 모습으로 서려는 자기 결단이었다. 그는 이민 목회를 이어가는 데 필요한 자세를 터득하게 된다. "남이 아무리 나에게 피해를 입히고 기분 상하게 만들었을지라도 그를 최대한 이해하려고 노력해야 하며, 참을 수 없는 것까지도 참으려고 노력해야 하고, 원수까지도 사랑하려고 노력해야 한다"

404 위의 책, 96.

는 점 등이 그것이었다.[405]

초교파 교회였던 동양선교교회는 성결교 헌법을 기초로 자체 정관을 마련하면서 목사의 정년을 65세로 정했다. 그가 교회 설립자이기에 예외적으로 5년만 더 목회해주기를 온 교인들이 바랐지만 그는 약속대로 65세가 되는 1988년 12월로 40년 목회직에서 은퇴했다. 그는 남은 생애 선교사역에 전념하겠다는 약속대로 복음주의 신학의 바탕 위에 선교적 열정을 가진 교회 지도자와 선교사 양성을 위해 월드미션대학교를 설립하여 총장으로 재임하면서 후학 양성과 선교에 주력한다. 은퇴 후에는 전 세계에 흩어져 있는 디아스포라 한인교회를 대상으로 한 집회를 인도하고, 남미와 중국, 러시아 등을 대상으로 선교사역을 이어갔다. 그는 고령의 나이에 남미 4개국 선교 현장을 방문하고 돌아와 결국 폐렴으로 94세의 나이로 세상을 떠났다.

국내외에서 놀라운 사역을 감당한 임동선의 설교사역을 어떻게 정리할 수 있을까? 임동선은 생사의 기로에서 생명을 건 기도와 서원으로 극적으로 살아난 이후 신학을 공부하고, 이성봉 목사와의 전도여행을 통해 복음의 능력과 열정을 경험하고 나서 일평생 교회와 성도를 돌보는 목회자로, 하나님의 말씀을 전하는 설교자로, 국내 교회, 군 선교, 그리고 이민자들을 돌보는 사역을 감당했다. 국내에서 목회를 할 때는 하나님 나라의 능력을 경험하면서 병든 자들을 치유했고, 한국전쟁 당시 고난에 찬 삶을 살아가는 성도들을 돌보는 선한 목자 정신을 배웠으며, 공산군에 의해 순교한 형의 사건을 통해 순교자 신앙을 배웠다. 11년 동안의 군목 시절에는 종말론적인 설교 신학으로 영혼 구원과 전도에 주력했고, 미국에서의 이민 목회 중에는 디아스포라 이민자들의 신앙을 세우고 돌보는 설교사역을 수행하

405 임동선, 『지구촌은 나의 목장이다』, 278-79.

면서 선교 지향의 설교사역을 펼쳐갔다. 그는 은퇴 후에도 목회자, 선교사, 평신도 지도자 양성에 주력하면서 선교지의 지도자 양성을 위해 모스크바, 파라과이, 남아프리카, 콜롬비아 등지에 학교를 세웠고 선교지에 교회를 세워 토착교회개척 운동을 전개하는 등 세계 선교를 위해 설교자를 육성하는 사역을 감당했다. 이렇게 그의 설교는 디아스포라를 향한 복음 선포에 중점을 두고 수행되었다.[406]

무엇보다 임동선의 설교는 이민자들을 돌보고 세우는 디아스포라 설교사역에서 정점에 이른다. 그의 사역의 전반부는 국내에서의 지역 교회 사역과 군 복음화 사역에 집중되었고, 후반부는 미국에서의 이민목회를 중심으로 펼쳐졌음을 앞서 살펴보았지만, 그의 사역은 무엇보다도 이민자들을 위로하고 복음으로 바로 세워 사명자로 세우는 설교사역이었다. 그는 한 영혼을 찾아 주님 앞에 세우고, 그를 양육하여 사명을 일깨우고 충성된 일꾼과 복음의 증인이 되게 하는 것에 주안점을 두었다. 그는 한인 디아스포라들에게 선교 사명, 교육 사명, 봉사 사명을 감당해야 한다는 점을 계속해서 강조했다.[407] 그는 이민자들의 눈물과 고통, 삶의 아픔을 누구보다 잘 알고 있었기에 그들의 아픔과 눈물을 쓰다듬어주는 설교자였다. 그래서 그의 설교를 듣는 사람들은 눈물을 흘리면서 치유와 회복, 위로를 경험하고 새롭게 용기를 얻게 되었다. 그의 설교문을 읽어보자.

> 김영삼 권사님이 93세로 세상을 떠나셨습니다. 저는 그분의 장례식 설교 때 얼마나 울었는지 모릅니다.…김 권사님은 굉장히 훌륭하신 분이셨습니다.

---

406 임윤택, 『디아스포라 설교신학』, 157-58.

407 선교, 교육, 봉사는 그가 동양선교교회를 처음 시작할 때 설립 이념이었다. 그래서 그 교회는 교회당 증축보다 교육관 건축을 먼저 했고, 그가 평생 추구했던 것을 북한을 포함하여 전 세계를 오가며 실천하는 일에 매진한다. 이런 그의 설교신학을 위해서는 임동선, 『이 시대의 희망 오직 복음』 (서울: 쿰란, 2008)을 참고하라.

평안남도에서 숭실대학을 나온 장로님과 결혼을 해서 자녀 둘을 낳으셨는데, 그 남편 장로님께서는 독립운동을 하시는 분이셨습니다. 그래서 그 장로님은…청산리 전투에 참전하고 소련 땅으로 넘어가게 되었습니다. 한편 일본 경찰은 권사님을 불러놓고 남편이 어디에 있느냐고 물으며 심한 고문을 했습니다. 끝내 모르겠다고 대답하자 집으로 돌려보내어 겨우 살아나게 되었습니다. 온몸이 피투성이가 되어 그곳에서 도저히 살 수 없을 것 같아 일곱 살과 두 살 난 두 아이들을 데리고 걸어서 평양에서 원산, 청진으로 갔습니다. 청진에서 비린내 나는 조그만 어선을 타고 소련으로 건너가서 남편을 만나 망명생활을 했습니다. 그곳에서는 더 초라한 모습으로 심한 고생을 했습니다. 변변한 집 한 채 없이 밤마다 공산당의 눈을 피하여 온 식구가 숲에서 자곤 했습니다.…이처럼 심한 고생을 하다가 권사님은 아이들을 데리고 먼저 소련 국경을 넘어 훈춘으로 갔다가…해방이 되어 서울로 오게 되었습니다.…어린 것들을 데리고 신앙을 지키고 독립운동을 위해 원산, 청진으로 걸어갈 때 아마 낮보다 밤에 더 많이 걸었을 것입니다.…손바닥만 한 조각배를 타고 이역만리 소련 땅을 갈 때, 공산당이 있는 곳에서 살아보려고 어린 이를 데리고 숲에서 잠을 잘 때 불안과 초조의 경험을 수없이 하셨을 것입니다. 이런 고생한 분들의 노력이 우리나라의 해방과 독립을 가져왔고 한국 사람들이 미국에 와서 풍요롭게 살고 있는 것이 아니겠습니까?[408]

둘째, 임동선의 설교사역은 철저히 복음에 중심을 두고 있으며, 특히 성결교 신학인 사중복음에 바탕을 두고 펼쳐진다. 그의 설교에서 밑바탕을 이루는 것은 복음이었다. "부도덕과 무질서로 혼돈한 세대에서 개인, 가정, 사회, 나라를 살리는 것은 정치, 경제, 교육, 군사, 과학, 예술이 아니라 오직

408 위의 책, 359-60.

복음을 통해서만 가능"하다는 사실이 깊이 강조된다. 그래서 그는 강단에서 복음을 바로 선포하려고 노력했고, 성도들이 이 복음을 바로 듣고 받아들일 때 "말씀과 성령으로 충만해져서 자기를 이기고 죄와 사탄을 이겨 개인, 가정, 사회, 나라를 구출할 수" 있으며, 복음이 바로 전해질 때 "교회는 부흥되고 영적인 전쟁에서 승리할 수 있다"는 확신을 가지고 그의 설교사역을 이끌어갔다.[409] 따라서 그의 설교에는 언제나 예수 그리스도의 십자가의 복음이 중심을 이루고 중생의 체험이 강조된다.

셋째, 임동선의 설교는 교회론에 바탕을 두고 교회를 부흥시키고 세우는 일에 초점을 맞춘다. 그의 설교는 교회 부흥신학과 선교적 교회론, 선한 목자 신학에 기초하고 있다. 그의 설교에는 교회 부흥이 주안점을 이루고 있다.

> 중국 사람들은 미국에 와서 식당을 자랑합니다. 일본 사람들은 자동차, 전자제품을 가지고 미국을 흔듭니다. 그렇다면 한국은 무엇으로 미국을 움직일 수 있겠습니까? 그것은 영적인 부흥을 일으키는 것입니다. 그러므로 미국의 한국교회의 성도들은 하나님의 뜻 가운데 제2의 청교도로서 하나님의 원대하신 경륜 가운데 미국 땅에 보낸 주님의 종들인 줄 믿으시기 바랍니다. 부디 청교도의 신앙을 본받아서 쓰러져 가는 미국의 영적·도덕적인 재건과 부흥에 공헌하시는 성도들이 되시기를 주님의 이름으로 축원합니다.[410]

그의 설교는 개인의 부흥, 교회의 부흥, 선교지로까지 확장되는 부흥이 중심을 이룬다. 그는 이것을 디아스포라의 정체성이며 소명으로 이해한다.

409 임동선, 『환난 날의 신앙』(서울: 쿰란, 1999), 5-6.
410 임동선, 『회고와 전망』(서울: 쿰란, 2000), 311.

교회는 부흥해야 합니다. 초대교회는 날마다 믿는 자의 수가 더했다고 그 부흥상을 성경은 가르치고 있습니다. 교회가 부흥할 때 네 가지 균형이 잡혀야 올바르게 부흥하는 교회라고 말할 수 있습니다. 그 하나는 개인의 부흥, 둘째는 교회의 부흥, 셋째는 확장하는 부흥, 넷째는 제3세계 선교입니다. 이 네 가지를 골고루 갖춘 교회가 참되게 부흥하는 교회라고 할 수 있습니다.[411]

부흥은 진정한 회개, 예배, 기도, 성경 연구, 전도, 봉사, 예배, 사명 감당과 충성 등을 통해서 확대된다. 부흥하는 교회는 사역에 열정이 있고 존재 목적에 충실한 교회라는 사실이 그의 설교에서 깊이 강조된다.

임동선은 북미 이민교회 역사에서 중요한 역할을 감당한 설교자였다. 그는 민족사의 가장 어려운 때를 살면서 북만주로 이주하여 시작된 디아스포라의 아픔을 몸소 체험했고, 독립운동에 직접 뛰어들어 활동하다가 해방을 맞았고, 죽음의 자리에서 하나님을 만나 목회자의 길을 걷기로 작정한 이후 교회와 성도들을 사랑과 말씀으로 돌보았던 참 목회자였다. 특별히 그의 후반기 사역은 조국을 떠나 디아스포라로 살아가면서 아픔 속에서 살아가고 있는 사람들을 위로하고 하나님의 말씀으로 그들을 세워가는 사역이었다.[412] 필자가 개인적으로 그분을 가까이에서 만났던 것은 그가 교회와 선교 현장의 지도자 양성을 위해 세운 월드미션대학교에 강의와 사경회 인도를 위해 몇 차례 방문했을 때다. 사경회 기간에 제일 앞자리에 앉으셔서 매 시간 한국에서 온 후배의 설교를 경청하시며, 설교가 마친 다음에는 손을 꼭 잡고 귀한 말씀을 우리 학생들에게 전해주셔서 감사하다고, 은혜를 많이 받았다고 격려하시던 모습에서 큰 어른의 모습을 뵐 수 있었다. 그런

411 임동선, 『이 시대의 희망 오직 복음』, 268.

412 김운용, "추천사: 하나님의 교회에서 설교의 영광이 새로워질 수 있기를 바라면서", 임윤택, 『디아스포라 설교신학』, 11.

고백을 품고 평생을 달렸고, 그 길목에서 힘차게 달리다가 훌쩍 하나님 나라로 옮겨간 그는 영원한 이민자로 살았던 큰 설교자였다. 그는 후배들에게 다음과 같이 고백하며 권면한다.

> 제 삶에서 가장 중요한 것을 말하라고 한다면 하나님의 은혜라고 말할 수 있습니다. 돌이켜 보니 모든 것이 하나님의 은혜였습니다. 하나님의 은혜 때문에 저는 오늘이 있습니다. 하나님께서 저를 죽음의 길에서 살려주셨고 설교자로 선택해주셨습니다. 이성봉 목사님을 비롯한 훌륭한 스승들을 만나게 해주셨습니다. 한국전쟁과 군대생활을 통해 배우고 성장하는 기회를 주셨고 하나님께서 디아스포라로 흩으셨습니다. 새로운 땅에서 유학을 하고 교회를 세우고, 세계선교의 사명을 감당하게 하셨습니다. 그리고 전 세계에 흩어진 디아스포라를 향한 설교자가 되게 하셨습니다.…하나님께서 이제 여러분을 쓰실 것입니다. 하나님께서는 시대마다 새로운 설교자를 부르십니다. 새로운 인물을 선택하십니다.…후배들에게 자주 부탁합니다. 정직하라. 진실하라. 충성되라. 맡은 일에 최선을 다하라.[413]

### (6) 김지길 목사

1923년 전북 익산군 오산면 송학리에서 출생한 송학(松鶴) 김지길 목사(1923-2010)는 해방된 민족의 구원이라는 원대한 비전을 가지고 감리교신학대학교에 입학하여 1948년에 졸업했다. 그는 조치원감리교회에서 첫 목회를 시작했는데 당시 봉암교회를 오가며 설교했고, 또한 연서교회를 개척하여 세 교회를 함께 돌보며 사역했다. 1952년에 목사 안수를 받고 한국전쟁 중에는 최초의 종군목사로 활동했다. 1953년에는 천안 제이교회, 1955년

413 임동선, "추천사: 이 생명 다하도록", 위의 책, 13.

에는 평택 성광교회, 1957년에는 대전 남부교회, 1961년부터는 대전 선화감리교회에서 담임목회를 했고, 1965년부터 아현감리교회에서 담임목회를 하다가 1993년에 정년 은퇴했다. 그는 기독교감리회 13대 감독회장을 지냈으며 한국기독교협의회(NCCK) 회장을 역임하면서 교회연합운동에 힘썼고, 1970년대 유신 독재와 1980년대 전두환 군사독재 정권에 항거하여 민주화운동에 앞장섰다. 특히 1987년에 일어난 6·10민주화 항쟁에서는 그와 아현감리교회가 한국교회를 대표하는 중심 역할을 수행했다. 또한 그는 지역감정해소국민운동협의회와 공동체의식개혁국민운동협의회 상임의장으로 활동하면서 사회개혁운동에 적극적으로 나섰다.

40여 년의 목회생활을 정리하면서 그는 목회는 전력투구해야 하며, 섬김의 자세를 가져야 한다고 강조한다. 또한 목회자는 그 시대의 양심이 되어야 하며, 공정성을 저버리지 않아야 하고, 판단은 정확하게, 처리는 덕스럽게 해야 한다고 권면한다. 특별히 설교자는 "그 시대의 사회와 권력자에게 바른 말을 해야 할 사명"을 가지고 있으며 "바른 말을 하는 자는 고독하고 가난하게 살며 나중에는 권력자에게 죽임"을 당할 수도 있지만 그렇다고 해서 양심을 묻어두면 안 된다고 주장한다.[414] 그에게 설교는 인간을 죄에서 구원하시기를 원하시는 하나님의 뜻을 파악하고 전달하는 것이며, 그러므로 설교의 중심과 목적은 언제나 인간 구원에 있다. 그의 설교집에 나타난 설교사역의 특징을 간략하게 몇 가지로 정리해보자.[415]

첫째, 김지길은 기본적으로 성경 본문을 중심으로, 중심 논지를 다양한

---

414 김지길, "나의 목회생활", 송학 김지길 목사 고희 기념논문집 간행위원회, 『한국교회, 사회의 어제 오늘 내일』(서울: 정암문화사, 1992), 284-87.

415 그의 설교는 10권의 설교전집으로 출간이 되었다. 김지길, 『김지길 감독 설교전집』, 1권 『하나님의 풍요』, 2권 『오늘의 예수』, 3권 『성령의 은사』, 4권 『생명력 있는 교회』, 5권 『오늘의 십자가』, 6권 『오늘의 예수』, 7권 『지혜로운 투자』, 8권 『오후 5시 인생』, 9권 『위대한 발견』, 10권 『계절설교』(서울: 비전사, 2017)를 참고하라.

자료를 통해 풀어가는 성경적 설교를 표방한다. 그가 추구하는 성경적 설교는 성경이 말씀하는 바를 각색하지 않고 그것을 정확하게 해석하여 담아내는 설교를 의미한다. 한 인터뷰에서 그는 다음과 같이 고백한다.

> 나는 목회 초년 시절에는 신학적·문학적·철학적인 내용의 설교를 즐겨했다. 그러나 오랜 동안의 목회를 통하여 깨달은 것은 설교는 오로지 성서적이어야 한다는 것이다. 신령한 영감으로 된 말씀 그 자체를 순수하게 선포할 때 나 자신 먼저 은혜에 접하게 된다. 그리고 인간의 말이 아닌 하나님의 말씀에 중점을 두고 선포할 때 교인들에게도 감동을 줄 수 있다.…목회자는 쉴새 없이 계속 새로운 꼴을 양들에게 먹여야 할 책임이 있기 때문에 깊이 있는 성서연구에 몰두해야 한다. 목회자의 근본 사명을 설교라고 한다면 설교의 발전을 위해 배우는 일에도 힘을 기울여야 한다.[416]

실제로 그의 설교문을 살펴보면 본문의 내용을 중심으로 설교의 논지를 풀어가면서 성경의 메시지를 오늘의 삶의 자리에 있는 청중들과 부단히 연결하려고 시도한다. 레위기 6:8-14을 본문으로 한 "제단에 불을 끄지 말자"라는 제목의 설교문은 레위기에 대한 개략적인 소개로부터 시작하며, 특히 레위기의 정신을 제사, 제사장, 성결함 등으로 명료하게 정리한다. 레위기는 "구속 받은 사람들로 하여금 하나님과 친근하게 하고 경배하게 함"을 논하고 있으며, 그것은 사람들에게 축복이며 권리라고 정리한다. 그는 이스라엘 백성들을 "제단을 중심으로 삼는 민족"으로 규정하면서, 본문이 세 번이나 강조하는 "제단의 불을 끄지 말라"는 설교의 중심 주제로 나아간다. 그 의미를 네 가지로 정리하면서 제단의 불은 본래 "하늘에서부터 내려와 붙

416 박종순, "거룩한 승부—김지길", 『한국교회의 설교를 조명한다(I)』(서울: 신망애사, 1987), 289-91.

은 하나님의 불"이었음을 강조하고, 신앙과 불의 관계성을 몇 가지 자료를 통해 설명한다. "하나님은 현존하실 때도 불로 하시고, 언약하실 때도, 축복하실 때도, 보호하실 때도, 인도하실 때도, 심판하실 때도 불로 역사하신 것"임을 강조하면서 논지를 전개하고 결론을 맺어간다.

> 이 불은 성령의 불이요, 성령이십니다. 하나님의 신이십니다. 그리스도의 영이십니다. 우리의 죄를 심판하시는 하나님의 불입니다. 이 불이 내 마음에 붙어야 되겠습니다.…하나님은 우리 마음에도 광명을 주십니다. 우리 제단에도 광명을 주십니다. 이 불이 꺼지지 않게 부지런하여 게으르지 말고 열심을 품어 주를 섬겨 불의 사람이 되시고 능력의 사람이 되어 하나님께 영광을 돌리시기를 바랍니다.[417]

창세기 19장의 소돔과 고모라 성 심판의 내용을 본문으로 한 "부끄러운 구원"이라는 설교문에서도 이전 설교문과 비슷한 특징이 나타난다. 여기서는 먼저 본문의 내용을 아브라함의 기도, 소돔과 고모라의 멸망, 롯과 그 가족의 구원으로 개관하면서 설교의 전체 전개를 본문 내용을 중심으로 펼쳐간다. 본문이 보여주는 모든 것이 부끄러운 것들뿐이라고 말하면서 "부끄러운 번영, 부끄러운 풍요, 부끄러운 죽음"이라는 개념으로 본문의 내용을 명료하게 분석하고 정리한다. 이 부끄러운 것들이 나타나는 소돔과 고모라에 대한 설명을 역사적 고증, 성경적 증언을 통해 설명한 다음, 오늘의 상황과 바로 연결시킨다. 즉 우리가 그들을 비난할 수 없다는 사실을 강조하면서 "여기서 하나의 가치체계가 이룩되지 않는다면 소돔이나 고모라 같이 파멸의 위기를 맞이할 수밖에" 없다고 강조한다. 오늘날 여기에도 의인이 필요

417 김지길, "제단에 불을 끄지 말자", 「기독교사상」, 17권 5호(1973년 5월), 78-82.

한데 그는 의인을 성서적·도덕적 견지에서 양심대로 행하는 사람, 신앙적 견지에서 하나님 앞에서 옳게 서는 사람으로 규정한다. "부끄러움"이라는 이미지를 통해 성경 본문을 중심으로 논지를 전개하며 마지막으로 롯의 부끄러운 구원에 대해 언급한다.

> 그래도 하나님은 아브라함을 보셔서 롯과 그 가족을 구원하셨습니다. 그러나 결코 영광스러운 구원은 아닙니다.…의인 10명이 없던 것도 부끄러운 것이요, 죄가 가득한 것도 또한 죽음마저도 부끄럽기가 짝이 없습니다. 그런데 더욱 부끄러운 것은 롯의 구원입니다. 한 사람씩만 인도했어도 소돔과 고모라는 구원되었을 것을 자기 아내조차 바로 인도하지 못했으니 실로 롯은 부끄럽기만 할 것입니다.…오늘날 교회의 병폐가 있다면 신앙마저도 '나 중심'의 이기적인 신앙을 갖고 있다는 사실입니다.…우리의 신앙의 힘이 밖으로 향하지 않고 속으로 들어간다면 이것도 이상 증세입니다.…생각하면 온 세계가 소돔과 고모라의 멸망의 전날 밤이 아닌가요? 이 세계를 구원할 요소는 의인이 많아지는 것밖에 없습니다.…의인을 대망하는 세계에 우리의 신앙의 힘을 모두 발산시켜 한 심령이라도 구원을 얻게 하십시다.[418]

둘째, 김지길의 설교에는 복음의 개인적 차원과 사회적 차원이 균형 있게 드러난다. 그는 지역교회의 목회자로서 철저하게 영혼 구원과 목양 위주의 설교를 해왔지만 또한 감리교의 수장으로서, 그리고 한국교회를 대표하는 설교자로서 유신과 군부독재 치하에서 담대하게 인권을 강조하고, 하나님의 정의를 외치면서 예언자적 소임을 감당한다. 그는 1986년부터 2년 동안 KNCC 회장으로 재직할 때 인권선언을 하는데, 그에 관한 방송 대담에서

418 김지길, "부끄러운 구원", 『지금이 그럴 때냐』(서울: 크리스찬라이프사, 1978), 참고.

거침없이 다음과 같이 밝힌다.

> 인권선언이라는 것의 몇 가지 내용을 요약해서 말씀드리면 억눌린 자들을 해방시키고 복음적인 선교가 되기 위해서 교회가 내적인 갱신을 해서 억눌린 자에게 해방감을 줄 수 있는 고난에 동참하는 그런 정신을 지닌 교회가 되어야겠다.…또 하나는 교회는 개인의 영적인 구원뿐만 아니라 구조악으로부터 인간을 구출해야 한다는 것이다.…교회는 개인의 영혼만 소중한 게 아니라 사회 제도적인 것에서부터 구원하려면 역시 구조악에서, 사회적인 그런 악으로부터의 해방을 주어야 하지 않겠느냐, 그 사회가 정말 하나님의 뜻에 합당한 그런 사회로 있도록 하자.[419]

그는 인권은 하나님께서 부여해주신 인간의 기본 권리이기 때문에 어떤 정권이나 권력자에 의해서도 그것이 침해를 당해서는 안 된다고 담대하게 외친다. 그는 박정희 정권이 "자신의 정권을 위해서 얼마나 많은 국민의 자유를 억압했고, 정권의 안보를 위해서 얼마나 많은 사람의 인권을 유린하고 잡아 가두었"는지 모른다고 비판하면서 "권력이 남용되고 인간존엄을 무시하는 타락한 권력은 공권력으로서의 그 위치와 가치를 상실한 것"이라고 규정한다.[420] 그는 한 설교에서 다음과 같이 담대하게 외친다.

> 나라의 중요한 것은 국민정신이 정의에 서야만 나라가 굳건히 서서 발전할 수가 있는 것입니다. 우리나라는 경제재건도 필요하고 과학진흥도 시급하고 문화 향상도 기구개혁도 모두 시급합니다. 그러나 그것들 앞에 정말로 믿

---

419 이것은 1986년 6월 9일에 기독교방송의 "오늘을 생각하며"에 방송된 것이다. "오늘의 인권문제를 생각하며", 『한국교회, 사회의 어제 오늘 내일』, 296.

420 위의 책, 302, 305.

음직한 사회정의가 옳게 인정이 되고 시행되는 국가가 있지 않으면 아무 소용이 없는 것입니다. 우리들이 역사를 통해서 보고 배운 것은 정의에 배치되는 부정한 수단으로 잡은 권력이나 부정한 수단으로 얻는 재산은 결국 심판을 받고야 만다는 것입니다.…우리가 분명히 알아야 할 것은 인생은 물건이 아니고 세상에 하나밖에 없는 생명이요, 한없이 소중하고 존엄한 것이라는 사실입니다.…민주주의란 그 주권자가 국민이요, 국가의 주인은 국민이라고 믿는 데에서 비롯됩니다. 국가란 주인 되는 국민을 섬기는 것인데 요즈음은 바뀌진 감을 느낍니다.[421]

그는 설교 중에 불의한 정권을 향해 질타했고, 사회정의 실현, 교회와 그리스도인의 본분에 대한 비판에도 거침이 없었다. 기독교가 "진리를 찾고 공의를 행하려고 모여들어야 할 텐데 예수 이름으로 병 낫고 사업 잘되고 출세하고 모든 불의를 합리화하며 세속에서 멍든 양심을 안위받으려는 장사꾼식의 교인들만 모여든다"고 비판한다. 또 기복주의 신앙이 교인들의 마음을 지배하면서 "교회를 위해서 이웃을 위해서 십자가를 진다는 생각이 사라져버렸다"고 지적하면서 "교회는 역사의 파수꾼으로 바른 용기와 비전을 심어주는 일을 해야 될 것"이라고 강조한다.[422] 이렇게 그의 설교는 "개인적인 것과 사회적인 것의 구분이 없었고 내면화로서의 하나님 사랑과 민중을 편들고 사회 부조리를 개혁하는 외면화로서의 이웃 사랑이 역동적으로 일치"하고 있다. 또한 그는 자신의 욕구를 충족시키는 데 모든 관심을 쏟는 종교적 이기주의를 벗어나 "하나님의 영광과 주권을 높이는 성경적

421 김지길, "그리스도인과 국가", 위의 책, 383-84, 388. 이 설교문은 마태복음 22:15-22을 본문으로 한 설교로 1984년 2월 12일 정동교회에서 행한 설교다.

422 김지길, "교회를 교회 되게 하자", 위의 책, 434. 이 설교는 1990년 10월 28일, 종교개혁주일에 아현교회에서 행한 것이다.

기독교로 되돌아가야" 하며, 말씀을 삶 속에서 구체적으로 살아내는 실천으로 연결되어야 한다고 주장한다. 그런 점에서 그리스도인은 먼저 예수께로 와야 하고 그다음에 세상으로 가서 복음을 증거하는, 즉 "오라"와 "가라"가 역동적으로 일치하는 삶을 살아야 한다고 주장한다.[423] 이렇게 그의 설교에는 예언자적 측면과 제사장적 측면이 잘 조화를 이루고 있다.

셋째, 김지길의 설교는 신학적 통찰을 아주 쉽게 설명할 뿐만 아니라 다양한 자료를 활용하여 논지를 쉽게 풀어가는 특징을 가진다. 예를 들어 앞에서 살펴본 설교문에는 엠마오로 내려가는 제자들 이야기, 사도행전 2장의 마가 다락방의 성령강림 등의 기록을 인용하고, 헬렌 켈러의 이야기, 알베르트 슈바이처의 『문화와 윤리』라는 책 인용과 그의 삶의 이야기, 도스토예프스키의 『죄와 벌』의 주인공인 라스콜리니코프와 소냐 이야기 등의 자료를 사용한다. 두 번째 설교문에서는 다윈, 프로이트, 도스토예프스키, 루마니아 작가 게오르규, 폼페이 성의 멸망, 프랑스 혁명, 웨슬리의 부흥운동 등도 언급된다.[424]

넷째, 김지길은 설교자의 준비와 노력을 말하면서도 설교의 완성은 성령의 능력으로 된다는 사실을 강조한다. 그는 나름대로 설교 준비에 최선을 다하려고 한다고 고백하면서 어느 해 정월 초하루에 설교 구상을 하다가 떠오른 생각을 나눈다. "설교 준비는 목숨을 걸고 하라. 설교는 피를 토하는 것 같이 하라."[425] 그래서 그는 설교를 준비할 때 책을 한 권이라도 더 보려고 하고 기도도 더 하게 되었다고 고백한다. 그에게 설교는 설교자의 인격, 사상, 신앙고백, 기도, 땀, 눈물의 결정체로 나타나는 것이기 때문에

423 서형석, "송학 김지길 목사의 예수 이해", 회고추모문집 발간위원회 엮음, 『한국교회의 성숙과 한국사회의 민주화: 송학 김지길 목사(1923-2010)의 생애와 목회, 그리고 에큐메니칼 운동』(서울: KMC, 2013), 264-82.

424 김지길, "제단에 불을 끄지 말자"; "부끄러운 구원", 참고.

425 김지길, "나의 목회생활", 288.

설교 준비에서 전달에 이르기까지 설교자가 열정이 있어야 한다는 사실을 강조한다. 그것은 설교사역의 인간적인 차원과 책임을 강조하는 것이지만, "성령의 불이 함께하지 않고서는, 그리고 그 가운데서 단련된 확고한 신념이 없이는"[426] 설교사역이 이룩될 수 없다는 사실을 함께 강조하는 것이다. 그는 한 설교에서 다음과 같이 강조한다.

> 성령은 모든 걸 변화시키는 능력입니다. 약자를 강하게 변화시킵니다. 어리석은 자를 지혜롭게 변화시킵니다. 실패한 자를 승리하게, 병든 자를 건강하게, 마귀의 조종을 받은 사람을 성령에 사로잡힌 사람으로 변화하는 역사를 이루시는 줄 믿으시기 바랍니다. 성령이 역사하는 곳에 자기 죄를 볼 수 있는 안목이 생기는 것입니다.…부족한 지식으로 하나님을 이러쿵저러쿵 증명할 수는 없습니다. 그러나 살아계시고 능력이 많으신 하나님을 성령을 통하면 친히 만날 수 있는 것입니다.[427]

**(7) 홍순우 목사**

홍순우 목사(1929-2009)는 강원도 춘천군 서면 신내리의 토사가 쌓여서 형성된 작은 섬(된섬)에서 출생했으며, 가난했지만 목가적인 분위기에서 성장했다. 그는 한약방을 운영하며 동네 사람들에게 의술을 베푸는 한편 서당에서 훈장으로 아이들을 가르치던 부친의 영향을 많이 받으며 성장했다. 그는 서울의 경복고등학교로 진학하여 공부했고, 숭덕학사에서 지내는 중 박영출 목사의 영향을 크게 받고 1949년 12월 25일에 세례를 받았다. 1950년 서울대 법대에 입학하지만 전쟁으로 학업은 중단되었고 강원도 태

426 김지길, "성령의 불을 의지하자", 『한국교회, 사회의 어제 오늘 내일』, 460.
427 김지길, "성령의 결실", 『물위로 걸어오라: 김지길 감독 설교집』(서울: 에이멘, 1984), 150.

백산맥 깊숙한 곳에 위치한 화전마을에 숨었다가 인민군 빨치산에게 붙잡혀 죽음 직전까지 갔으나 가까스로 구출된다.[428]

그는 전쟁 중에 부모가 타계한 뒤에 남겨진 8남매의 가장이 되어 가정을 돌보던 중 필요에 따라 결혼했고 생계를 책임지게 된다. 그는 결혼을 주선해준 분의 영향으로 성결교회에 출석하게 되었으며, 섬기던 교회 목회자의 추천으로 서울대 법대 복학을 포기하고 전쟁 중에 피난지 부산에 임시로 자리 잡았던 서울신학교(현 서울신학대학교)에 입학한다. 교사가 있던 부산 동래 온천동의 뒷산인 금정산 암굴 속에 들어가 7일 동안 금식기도를 하던 중에 뜨거운 회개와 성령 체험을 하면서 확고한 소명이 서게 되었다.

그는 재학 중이던 1954년에 춘천에 소양로성결교회를 개척했고, 교회는 크게 부흥했다. 교회 건축까지 마친 후 그는 후임자에게 목회지를 물려주고 학교 졸업과 함께 1957년에 군종장교로 입대하여 7년여 동안 사역한다. 제대 후에는 대구 봉산교회에서 부목사로 사역하면서 계명대학교와 영남대학교에서 학사, 석박사 과정을 이어간다. 훗날 그 교회의 담임목사로 10년을 사역하면서 건축도 마친 후 1975년 1월, 장충단교회의 청빙을 받아 그곳에서 담임목회를 시작했다. 첫 안식년을 얻어 미국 웨스턴복음주의 신학교(Western Evangelical Seminary)에서 공부를 시작하여 목회학 석사를 받았고, 1983년에 아세아연합신학대학교와 풀러 신학교가 공동으로 수여하는 목회학 박사를 취득한다. 장충단교회에서 담임목회를 하는 동안 성전을 신축하는 등 교회 성장에 지대한 역할을 한다. 그는 1995년 서울신학대학교 총장에 선임되어 짧은 기간 봉직하지만 목회에 전념하기 위해 사임했고, 1998년 장충단교회에서 23년 2개월의 사역을 마치고 은퇴했다. 그 사

428 처형 직전에 주머니에서 나온 학생증을 보고서 빨치산 대장의 태도가 갑자기 부드러워졌는데 그는 선친의 도움을 많이 받은 사람이었다. 홍순우, “나의 목회를 말한다: 모세, 다윗, 사도 요한처럼”, 「활천」, 502권(1995), 68-69.

이 1986년에 성결교회의 41회 총회장을 역임했다.[429] 장충단교회에서의 사역을 마친 다음에는 호서대학교에서 실천신학 교수와 대학교회 담임목사로 4년을 섬긴다. 그가 세상을 떠났을 때 한 지인은 그를 "순수한 신앙의 사람이요 하나님께 헌신한 생애를 보낸 사람"으로 기억했다.[430]

홍순우에게 설교는 교회의 존재의 목적이었다. 그는 교회는 "하나님의 말씀에 의하여(by) 성장하여왔고, 하나님의 말씀 가운데(in) 있어야 하며, 하나님의 말씀을 선포하기 위해(for) 존재해야 한다"고 이해한다. 설교자는 하나님의 말씀을 맡은 자이며, 그에게는 병든 사회와 인간을 향해 그 말씀을 선포하여 치유하는 사명이 주어졌다. 그는 오늘 시대가 효과적으로 그 말씀을 들을 수 있도록 끊임없이 설교를 갱신해가야 할 책무가 설교자에게 주어졌다고 이해한다.[431]

홍순우의 설교는 본문을 서너 개의 대지로 나누어서 논리정연하게 주제를 설명해가는 특징을 갖는다. 물론 성경 본문이 말하게 하기보다는 설정된 주제를 설명해가는 주제설교의 전형적인 약점이 보이기는 하지만 그럼에도 다양한 경험과 사례들을 통해 그 주제를 충실하게 설명하려고 노력한다. "찢어진 그물"이라는 설교문은 마태복음 4:18-20을 본문으로 하고 있다. 예수님께서 찢어진 그물을 깁고 있는 어부들을 보시고 그들을 부르셨다는 점에 착안하여 "찢어진 인격의 그물로는 행복이란 고기를 잡을 수가 없습니다, 교리라는 그물이 찢어졌습니다, 한반도, 한민족이 찢어진 그물입니다"라는 대지로 나누어서 주제를 설명하는 구조를 취한다. 다양한

---

429 출판위원회, "홍순우 목사의 생애", 『홍순우 목사 회갑기념문집』(서울: 장충단교회, 1989), 29-37; 홍순우, "나의 생애의 회고와 전망", 『홍순우 목사 원로목사 추대 기념문집』(서울: 홍순우 원로목사추대 기념문집 출판위원회, 1998), 329-467.

430 조종남, "내가 조 목사 위해 매일 기도해: 전총회장 홍순우 목사를 보내며", 「활천」, 668권 7호 (2009), 78.

431 홍순우, "교회 성장과 설교", 「활천」, 407권(1984), 87-91.

성경 구절을 인용하고 자신의 경험, 경구 등을 인용하지만 다소 논리의 일관성이 부족하고, 본문이 말씀하시는 바가 설교에 담기기보다는 "찢어진 그물"이라는 주제가 설교를 이끌어가는 약점이 보인다.[432]

그런 특징은 "내 앞에 우상을 만들지 말라"(왕상 12:25-33)는 설교문에도 비슷하게 나타난다. 당시 시사적 이슈였던 단군을 국조로 모시는 단군숭배 흐름에 대해 언급하면서 성결교인들이 신앙적 결단을 취해야 할 내용을 두 개의 대지로 나누어 설명한다. "우리 기독교는 거짓된 민족주의에 대해서 반대합니다. 우리 기독교는 어떤 이유로든 유한한 것의 절대화를 반대합니다." 그는 "우상숭배"라는 주제를 중심으로 많은 예증을 통해 깊은 통찰을 담아 설득력 있게 제시한다. 물론 두 번째 대지를 설명할 때는 본문에 대한 비교적 상세한 설명을 제시하는 구조를 취한다. 즉 성경 본문이 주제를 설명하는 데 필요할 때 취해 쓰는 방식을 택한다는 것이다.[433]

"화평함과 거룩함"(히 12:14)이라는 설교문 역시 비슷한 특징을 보여준다. 그는 지구촌 구석구석이 죄악으로 가득 차 있음을 언급하면서 윤리적 무신론에 대한 비판으로 설교를 시작한다. 그리고 본문의 내용을 3개의 대지로 나누어서 설명해간다. "모든 사람으로 더불어 화평하라는 것입니다. 거룩함을 좇으라. 그렇게 하지 않는 자는 주를 보지 못하리라는 것입니다." 마지막 대지의 내용을 살펴보자.

> 이 땅의 모든 사람은 종말에 가서 누구나 다 하나님의 면전에 서게 됩니다. 그때 의연하고 당당하게 설 것이냐, 아니면 두렵고 떨림으로 얼굴을 가리우고 감히 하나님을 뵙지 못할 것이냐 양자 중 하나가 될 것입니다. 모든 사람

432 홍순우, "찢어진 그물", 「기독교사상」, 42권 4호(1998년 4월), 4-8.
433 홍순우, "내 앞에 우상을 만들지 말라", 「활천」, 416권(1985), 29-33.

으로 더불어 화평함을 위해 힘써서 평화 만드는 사람이 되고 하나님 앞에서 거룩하게 살면 하나님 만나 뵙기가 일구월심 소원이며 기다리고 기다려지거니와, 모든 사람으로 더불어 불편한 관계, 섭섭한 관계를 일삼고 거룩의 정반대인 거짓, 기만, 권모술수, 정치꾼, 장난꾼, 야바위꾼이란 지탄을 받으면서도 성결인이라 자처한다면 주님을 보려 해도 두렵고 두려워서 주를 보지 못할 것이라는 말씀입니다.[434]

또한 홍순우의 설교는 그 밑바탕에 위기의식이 깊게 깔려 있고, 그 해답을 성경에서 찾아 제시하는 특징을 가지고 있다. "생명의 길"이라는 설교에서는 "생명을 도적질하고 죽이고 멸망시키려는 사람은 인류의 공적(公敵)이요 진리에의 역행자(逆行者)"라고 규정하면서 우리 주변에 생명을 죽이고 저해하는 요인들이 아주 많다는 주장과 함께 설교의 문을 연다. 그는 생명 저해 요인으로 자살률의 증가와 생태학적 요인, 쾌락주의와 향락주의 풍조, 종교 공해 등을 든다. 그러면서 하나님의 말씀을 따라 생명을 경외하고 생명을 긍정하는 길을 해법으로 제시한다.[435] 그는 현대의 부조리와 모순에 대한 대안을 말씀을 중심으로 한 성결의 신앙에서 찾았다. 곧 "복음의 핵심은 사중복음이고 사중복음의 열쇠는 성결이며, 성결의 극치는 아가페적 사랑"이라고 주장한다.[436] 그는 한 설교에서 다음과 같이 결론을 제시한다.

모든 인간은 그 몸과 그 생애를 하나님께 바치지 아니하면 죄(우상)에게 바쳐질 수밖에 없는 존재다. 그러므로 우리의 몸과 생애를 하나님께 바치면 의

434 홍순우, "화평함과 거룩함", 「활천」, 519권 2호(1997년 2월), 87-91.

435 홍순우, "생명의 길", 「기독교사상」 29권 5호(1985년 5월), 10-14.

436 홍순우, "새로운 천년의 준비: 성결신앙의 회복—성결신앙의 진단과 비전", 「활천」, 553권 12호(1999년 12월), 8-14.

의 병기가 되어 하나님 쓰시기에 유용한 존재가 되지만 하나님께 바치길 거부하거나 주저하면 자동적으로 부득불 불의의 병기가 되어서 죄짓는 도구가 되고 만다. 그러므로 우리는 순간순간을 신앙적 인격적으로 이것이냐 저것이냐의 결단을 해야 한다.…이 땅 위에는 하나님의 말씀대로 진실하게 살려고 밤낮 기도하며 몸부림치는 많은 성도들이 있다. 의인 열 사람의 존재 가치를 소돔 고모라 성의 멸망과 대치하신 하나님은 이 땅에 의인을 예비해 주셨다.[437]

### (8) 안경운 목사

만우(晩雨) 안경운 목사(1928-1993)는 전북 김제군 죽산면에서 출생하였으며 어려서부터 마을에 있던 대창교회에 출석했다. 숭실대 영문과를 졸업한 후 1948년 9월에 총회신학교(현 장신대) 예과에 입학했고, 1953년 11월에 본과를 졸업했다. 졸업 후 1954년 김제노회에서 목사안수를 받았고 군목으로 임관했다. 그는 한국전쟁 당시 대창교회를 목회하던 안덕윤 목사가 공산군의 쇠창에 찔려 교회 앞마당에서 순교하는 광경을 목격했고, 그 사건으로부터 악을 악으로 갚지 않고 선으로 악을 이겨야 한다는 목회의 지침을 얻게 된다. 1955년 8월에 군에서 제대한 후 김제군 백구면의 신복교회(현 삼일교회)에서 목회를 시작하여 6년 동안 사역한다. 그가 김제노회장으로 재직 중일 때 에큐메니칼 측과 NAE 측이 서로 나누어져 갈등을 벌이고 있었고, 그도 반대 측에 의해 제명을 당하는 수모를 겪었지만 소수의 사람들과 함께 노회를 지켜내는 역할을 수행했다.

1961년 11월 익산 신광교회 담임으로 부임하여 1993년 1월 지병으로 세상을 떠날 때까지 그 교회에서 31년 3개월을 사역했다. 그동안 처음에

437 홍순우, "무엇을 위한 병기인가?", 「기독교사상」, 22권 2호(1978년 2월), 88.

300명 정도이던 출석 교인이 3,000명 이상으로 증가하는 수적 성장을 이루었고 원불교의 도시인 익산의 복음화에 지대하게 기여했으며, 그 결과 익산은 전국에서 복음화율이 가장 높은 도시 가운데 하나가 되었다. 그는 익산이 "대한민국 기독교의 최전방"이라고 목회자들에게 외치곤 했다.[438] 1982년에는 예장 통합 67회 총회장을 역임했다.

그는 성도와 교회를 유난히 사랑했던 사랑의 목자였고, 청렴결백과 겸손, 원리원칙을 따라 행하는 곧은 성품을 가지고 있었으며, 말씀대로 살려고 노력하는 언행일치의 삶으로 교인들과 지역 사회의 존경을 받았던 설교자였다. 같은 지역에서 목회를 했던 지인은 그를 다음과 같이 평가한다.

> 목회자로서 항상 정도를 걸으시고 성경 말씀에서 벗어나는 일이 없으셨다. 사랑을 실천하고 빈틈이 없이 자상하신 분으로 기억된다. 진리를 고수하고 오직 목회 외길을 걷다가 가신 분이시다. 그분은 목회를 인간적인 학문의 영역으로 보시지 않고 성령님의 역사 속에서 말씀에 순종하며 복음을 전하는 사역과 기도하는 일에 평생을 헌신하셨다.[439]

지인들은 그를 투철한 사명감을 가지고 복음 중심, 교회 중심, 말씀 중심의 목양을 감당하며 평생을 달린 목회자, 목회의 승부를 마치 설교에 건 듯 설교 준비에 최선을 다한 설교자, 청빈한 삶을 살면서 한없이 나누고 베풀던 "거리의 성자", 빈틈없는 행정력과 세심한 주의로 교회, 노회, 총회를 섬긴 일꾼으로 기억한다.

그의 설교 연구 자료로는 출간된 설교집과 신광교회 홈페이지에 올라

438 만우 안경운 목사기념사업회 편, 『하늘의 사람 안경운』(서울: 크리스찬서적, 2003), 48.
439 위의 책, 27.

와 있는 육성녹음 자료 등을 꼽을 수 있다.[440] 그는 설교란 사람을 구원하려는 목적을 가지고 하나님의 말씀인 성경에 기초를 두어야 하며, 사람에게는 감동이 있어야 하는 "법 있는 종교적 강화"라고 이해한다.[441] 그래서 그는 철저하게 성경에 근거를 둔 성경적 설교를 지향했다. 그는 본문을 수차례 읽으면서 하나님의 음성을 들으려는 데서부터 설교준비를 시작했다. 그리고 설교사역과 관련하여 기도, 확신, 열정을 강조한다. 설교가 사람의 말이 아니고 하나님으로부터 오는 것이기에 설교자에게는 기도가 중요하다. 또한 설교자에게 하나님의 말씀은 진리이며, 설교는 그 진리의 말씀을 선포하는 것이라는 확신이 없이는 설교사역이 세워질 수가 없고, 사람을 구원하려는 뜨거운 열정이 없이는 진정한 의미의 설교를 할 수 없다.

안경운의 설교는 무엇보다 삶으로 행한 설교였다. 그의 지인들은 그를 언행일치, 신언서판(身言書判)의 설교자로 기억한다. 설교자로서 그의 삶은 청교도적인 청빈함을 바탕으로 하고 있으며, 정이 많고 나눠주기를 좋아했던 성품 때문에 그는 어려운 사람을 만나면 모든 것을 털어주곤 했다. 그래서 그가 세상을 떠났을 때 교인들뿐만 아니라 익산 시민들도 그를 가리켜 한 "시대를 살고 간 성자"라고 부르며 추모했다.[442] 그는 노회와 총회 일을 할 때 반대자들이나 음해하는 사람들이 있어서 마음 고생을 많이 했다. 총회장으로 재직 시에는 노회 현안으로 인해 의견이 갈라져 노회에서 총대로 뽑아주지 않아 회의를 주재하는 데 있어 의장의 자격 여부에 관한 설왕설래를 겪어야 했다. 그러한 반대와 비판에도 그는 말없이 인내하며 설교사역을 펼쳐갔다. "동네북"이라는 그의 글에서 그의 그런 모습을 읽을 수 있다.

---

440 출간된 그의 설교집으로는 안경운, 『말씀』(1963), 『나의 구원관』(1963), 『오직 예수』(1991), 『기다리는 사람들』(이상 익산: 이리신광교회, 1994) 등을 참고하라.

441 안경운, "조용한 폭풍: 박종순", 『한국교회의 설교를 조명한다(II)』, 300.

442 만우 안경운 목사기념사업회 편, 『하늘의 사람 안경운』, 137-39.

어느덧 동네북은 얻어맞다가 낡아가고 있다. 모양도, 소리도 많이 달라졌다. 무수히 얻어맞으면서 두들기고 간 사람, 사람, 사람, 사람…들의 그 매서운 북채, 그리고 그 모멸에 가득 찬 얼굴에 깜짝깜짝 놀라 미리 겁부터 먹은 탓인지 너무 지쳐 있는 모습으로 서 있는 것이 처량하고 안타깝기만 한다…오 나의 주님! 여기 25년간 내 마음이, 이 동네북으로 울고 웃으며 여기 서 있나이다. 주여 언제까지 이곳 동네북으로 서 있어야 하겠으며 또 때리고 치고 두드릴 무리들이 아직도 얼마나 줄지어 서 있나이까? 그러나 동네북이라도 제게는 과분한 은총으로 여기시오면 마지막 가죽이 찢어지고 북통이 깨어질 때까지 맞고 또 맞으며 숨질 때까지 맞으면서 서 있으리이다. 그리고 이 동네북을 치고서 지나가는 이들이여! 아무리 당신들의 기분이라고 하지만 제발, 제발 가만히만 두들기고 가 주십시오. 너무나도 아프고 너무나도 괴로워 이렇게 우는 소리를 냅니다. 주여! 나는 동네북입니다.[443]

출간된 그의 설교집과 녹음된 자료를 보면 안경운의 설교는 본문을 중심으로 하여 3-4개의 대지로 주제를 설명하는 구조를 취하고 있다. 본문을 중심으로 한 대지설교의 정형을 보여주지만 주제를 설명하는 대지가 아니라 본문의 내용을 설명하는 구조를 취한다는 특징을 갖는다. 또한 음성과 속도가 아주 차분하며, 특별한 변화나 기교 없이 거의 동일한 분위기로 메시지를 전달하고 있다. 그러나 그의 메시지는 확신과 간절함으로 넘쳐난다. 무엇보다 그는 하나님과 그분의 말씀 앞에서 자신을 성찰하며, 자신을 그분의 종으로 하나님 앞에 바로 세우려는 노력과 인품에서 비롯된 설득력과 감화력을 갖춘 설교자였음을 알 수 있다.

443 위의 책, 87-88.

> 내 나이 예순이 되는 생일입니다. 해마다 이날이 오면 나는 겉으로는 웃어야 하고 속으로는 울어왔습니다. 올해는 유달리 나도 모르게 마음을 가누지 못하고 허둥대며 방황하는 내 모습을 안타깝고 측은하게까지 느끼면서 맞이합니다. 먼저 하나님께와 내 양심 앞에 그리고 오늘까지 나를 만났던 모든 이들에게 부끄러움을 금치 못합니다. 종답게 살지 못했고 목자답게 살지 못했고 인간답게 살지 못한 때문입니다. 뒤돌아보기가 싫을 뿐입니다. 등골이 오싹하리만큼 잘못 살아온 허물과 죄를 가슴이 쓰리도록 뉘우치고 또 뉘우칩니다. 얼굴이 뜨거워 옵니다. 가슴이 메어옵니다. 온몸의 피가 말라옵니다. 60의 결산이 온통 적자요 상처투성이요 문자 그대로 실패임을 고백합니다. 나의 뼈가 눈물에 젖어 물같이 녹는 것 같습니다.[444]

그의 삶은 낮은 곳으로 흐르고 안으로만 숨어드는 겸손의 실천으로 형성되었으며, 설교의 주제는 언제나 하나님 사랑, 교회 사랑, 이웃 사랑, 부모 공경이었고, 교회와 성도들은 세상과는 달라야 한다는 메시지가 주종을 이루었다. 그는 빌립보서 1:21-24을 본문으로 그의 생애 마지막 설교를 전했다. "이는 내게 사는 것이 그리스도니 죽는 것도 유익함이라."

### (9) 장기천 목사

후배들에 의해 "큰 어른, 교계의 양심, 시대의 스승, 진리의 예언자, 아픔을 함께한 제사장" 등으로 칭해지는 한길 장기천 목사(1930-2007)는 함경북도 청진의 한 유복한 가정에서 출생했다. 고등학교를 마칠 무렵 공산 치하에서 정치적 이념 문제로 위협에 시달리며 약 3년 정도의 시간을 산속에서 도피생활을 해야 했다. 도피 생활 중 친척(삼촌) 집에 은신을 부탁했지만 생

444 위의 책, 91.

명과 직결되는 이념 문제였기에 친척도 도움을 주기를 거절했고, 그래서 무작정 찾아 들어간 집이 다름 아닌 한 교회의 목사관이었다. 거기서 기독교 신앙에 눈을 뜨게 되었고, 한국전쟁 당시 잠시 난리를 피한다고 생각하고 흥남부두 철수 작전 때 혈혈단신으로 남쪽으로 내려왔는데 그것이 부모형제와 생이별하는 계기가 됐다.

남쪽으로 내려온 장기천은 자신을 숨겨주었던 목사가 추천해준 대구의 한 감리교회를 찾아갔고, 그 교회에서 세례를 받고 담임목사의 추천으로 전쟁 중 부산에 있던 감리교신학교 피난 교사에 입학한다. 다른 곳보다 많이 배정되는 구호품을 향한 욕망이 넘쳐나고 있던 신학교에 실망하고 학교를 그만둔 그는 후일 연세대학교에 입학한다. 그는 그곳에서 평생의 친구가 된 변선환과 선한용을 만나 다시 신학교로 돌아갔다. 1955년 학교를 졸업한 후 바로 군목으로 임관하고 강원도 인제에서 목회를 시작했다. 이승만 정권 말기 전방 시찰 중이던 대통령이 불시에 장기천이 목회하는 진중교회에서 예배를 드리게 되었는데, 그는 고민을 하다가 3·15 부정선거가 하나님 앞에서 잘못된 것이라는 설교를 하여 주변을 놀라게 하기도 했다.[445]

전역한 후에는 감리교 본부에서 발행하는 「기독교 세계」 주간으로 활동하면서 날카로운 논지로 많은 주목을 받았다. 그 후 그는 문화촌에 은재교회를 개척하여 섬기다가 37세에 인천성산교회로 부름을 받아 교회당을 건축한 후 사역이 안정되어갈 즈음에 서대문의 평동교회 담임으로 이동한다. 그 교회는 분쟁이 있던 교회였지만 그는 "서대문을 그리스도의 문으로"라는 표어를 내걸고 젊은이 선교에 주력한다. 그의 열심 있는 사역과 기독교

445 설교 후 중앙정보부장이 권총을 꺼내 "저놈을 죽일까요?"라고 했을 때 이승만은 만류했고, 이 용기 있는 군목에게 말씀을 잘 들었다고 말한 후에 바로 교회당을 떠났다. 장기천 목사 10주기 추모준비위원회 편, 『한길 장기천을 기억하다: 한길 장기천 목사 10주기 추모문집』(서울: 신앙과지성사, 2017), 32-36.

방송을 통해 전파를 탄 그의 힘 있는 예언적 메시지로 인해 수많은 젊은이들이 교회로 몰려들었고, 1970년대에 평동교회는 예언자적 역할을 수행하는 중요한 교회가 되었다.[446] 그 후 그는 감리교에서 유서 깊은 동대문교회 담임으로 부임하여 교회가 세상의 빛이 되도록 하는 일에 주안점을 두면서 사역한다. 그는 동대문교회 본래의 창립정신을 살려 가난한 이들과 소외 지역을 돌보는 사역을 펼쳤다. 이때 북한에 빵공장을 세우고, 중국에 있는 동포를 돕는 일, 위안부 할머니들을 돕는 사역, 민족 통일운동, 교단연합 사역에도 깊은 관심을 가졌다. 1986년에는 17대 기독교대한감리회 감독회장을 지내면서 교단의 갈등 문제를 해결하고, 제암리교회 복원, 인도네시아 선교 등의 중요한 사역을 감당한다. 2000년에는 은퇴하고, 한민족복지재단의 이사장을 맡아 북한 돕기 운동을 적극적으로 펼쳐갔다. 그는 말년에 뇌수술을 받은 후 건강이 악화되어 언어를 잃고 투병 중에 세상을 떠났다.

장기천은 설교준비에 남다른 열심을 가졌고, 설교 원고는 "동대문의 말씀"으로 활자화하여 교인들이 그것을 읽을 수 있도록 문서로 배포했다. 출간된 그의 설교집[447]과 설교 녹음 등을 통해서 볼 때, 그의 설교는 다음과 같은 특징을 가지고 있다.

첫째, 장기천은 설교를 "하나님의 말씀에 대한 봉사"이자 개인과 사회를 구원하는 능력을 가진 하나님의 말씀의 선포로 이해했다. 설교는 설교자의 신앙고백이며, 시대의 흐름을 말씀으로 진단하는 일이고, 그 시대를 하나님의 말씀으로 비추는 일이며, 그리하여 시대를 비판하고 선도하는 신앙의

---

446 위의 책, 36-37.

447 장기천, 『버릴 때와 지킬 때』(서울: 전망사, 1987); 『복음과 민주화』(서울: 기독교대한감리회교육국, 1988); 『예수와 함께 세상 속으로』(서울: 신앙과지성사, 1992); 『좁은 길 넓은 길』(서울: 진흥, 1993); 『분열이 있는 곳에 일치를』(서울: 한울, 1995); 『사람이 되신 하느님 이야기』(서울: 한들, 2002), 『하늘의 뜻 사람의 뜻』(서울: 신앙과지성사, 2000) 등이 있다.

행위다.[448] 또한 그는 설교가 성경 속에 담긴 "인간구원의 복음을 전함"이며, 듣는 사람들에게 "삶의 현장에 대한 성서적 통찰과 해석"을 제시하여 그리스도인으로서의 삶을 살도록 돕는 것인데, 이는 예수님께서 요청하신 하나님 사랑과 이웃 사랑을 통한 믿음의 극치를 이룰 뿐만 아니라 정의의 실천을 통해 인간 삶에 평화를 뿌리내리게 하는 사역이라고 이해한다.[449] 그는 이러한 사역을 평생 감당하면서 고뇌하는 설교자였으며, 이산가족으로서의 아픔을 평생 안고 살아가면서 북한과 박해자들까지 사랑하려는 노력을 함께 기울였던 실천적 설교자였다.

> 설교한다는 것은 나에게 너무나 무거운 짐이었다. 준비하는 일에서, 또 그 설교와 같이 살아야 한다는 책임감에 이르기까지 너무나 고되고 무서운 일이었다. 목사는 사람들을 두려워해서는 안 된다. 그러나 자신의 설교를 두려워해야 한다. 그 점에서 목사는 하느님과 사람 사이에서 살아야 한다. 날마다 자신의 부족함을 인정하고 새로운 영감과 진리를 추구해야 한다. 그리고 자신의 설교에 대한 역사적 심판을 두려워해야 한다.[450]

둘째, 장기천의 설교는 하나님 나라의 선포에 주안점을 두고 있다. 그는 하나님 나라를 구원론적 관점에서와, 하나님의 통치와 관련된 정의와 평화의 관점에서 이해한다. 그의 설교와 칼럼에는 하나님 나라와 관련한 메시지가 자주 등장하는데[451] 하나님의 임재와 통치의 관점에서 이를 이해한다. 그래

448 장기천, 『복음과 민주화』, 서문 참고.

449 장기천, 『예수와 함께 세상 속으로』, 서문 참고.

450 장기천, 『하늘의 뜻 사람의 뜻』, 3.

451 그러한 메시지를 위해서는 장기천, "먼저 하나님 나라를", "칭찬 받는 사람들", "지금은 자비의 때", 『복음과 민주화』; "오늘의 예수", "자녀들", 『버릴 때와 지킬 때』 등을 참고하라. 그의 칼럼집, 『민중시대의 복음』(서울: 신앙과지성사, 1989)은 그의 하나님 나라 사상을 잘 보여준다.

서 김운기는 장기천이 "하나님의 나라를 그 설교의 대전제로 삼고 있다"고 주장하면서 "그의 눈은 하나님 나라에 고정되어 있다"고 주장한다.[452] 그는 그리스도인들이 다가오는 하나님 나라를 바라보면서 이 땅에 구원과 정의를 이룩하여야 할 사명을 가지고 있고, 그것이 기독교 신앙의 궁극적 관심이 되어야 한다고 강조하며, 그 하나님 나라의 가치와 통치를 믿으며 어떻게 살 것인가에 메시지의 초점을 맞추었다. 그러므로 그의 사역은 우리 사회의 정의, 민족의 통일, 평화, 인권 문제 등에 대한 해법을 예수 정신과 하나님 나라 사상에서 찾고 있으며, 사랑과 정의가 포괄된 통전적인 하나님의 나라 이해를 담아내고 있다.

> 그리스도는 만왕의 왕으로 오셨습니다. 그분이 백성에게 베푸시는 은총은 구원과 함께 평화와 공의입니다. 평화가 없는 나라는 가난하고, 불안정하고, 인간의 존엄성이 짓밟히는 나라입니다. 우리를 죄에서 구원하신 하느님께서는 우리로 하여금 평화와 공의의 나라에서 살게 하시는 것입니다.…모든 평화는 정치적 협상으로 이룩됩니다. 그러나 그것은 오래가지 못합니다. "의의 열매는 평화요 의의 결심은 영원한 평안과 안전"(사 32:17)이기 때문입니다. 하느님의 공의는 하느님의 정의와 동시에 하느님의 자비하심이 함축된 단어입니다. 사랑과 정의가 어우러질 때 평화가 오는 것입니다. 우리가 정녕 평화로운 사회를 이룩하려면 사랑과 정의에 기초한 평화 건설에 몸 바쳐야 합니다.…지금 우리나라의 경제야말로 도덕성을 회복하여야 할 때입니다. 교회가 이 일에서 등을 돌린다면 "구원의 빛이 너에게 비치었으며 주의 영광이 아침 해처럼 너의 위에 떠올랐다"(사 60:1)는 예언자 이사야의 말은 구름 잡는 공염불에 지나지 않을 것입니다.…예수께서 이 세상에서 첫 번

---

452 김운기, "존 웨슬리 신학에서 본 장기천 감독의 설교", 기념논문집 출판위원회 편, 『한국사회와 예수: 장기천 감독 성역 40주년 찬하 기념논문집』(서울: 한국신학연구소, 1995), 21-22.

째 행하신 설교는 하나님의 나라이셨음을 잊지 말아야 합니다. 주님의 뜻이 하늘에서 이루어진 것과 같이 땅에서도 이루어지기를 기도해야 합니다. "하느님의 나라는 너희 가운데 있다"(눅 17:21)는 말씀을 깊이 새겨들어야 합니다. 자신에게서 하느님의 나라를 찾지 못하거나 잃어버린 사람들은 마땅히 참회하며 새롭게 태어나야 합니다.[453]

셋째, 장기천의 설교에는 예언적 차원과 개혁 추구의 경향이 잘 드러난다. 그의 설교는 개인과 사회, 교회와 국가의 죄 문제를 예리하게 지적하면서 회개를 촉구하는 내용을 강하게 제시한다. 그에게 하나님 앞에 선 인간은 죄인이며 죽음에 이르는 존재다. 그래서 회개는 하나님의 은혜에 이르게 하는 구원의 문으로 이해된다. 그는 인간 구원 문제에 집중하는 동시에 구원 받은 이후의 삶의 문제에도 집중한다. 하나님의 백성이 된 그리스도인의 관심은 그의 백성들이 누리는 풍요와 축복이 되기보다는 하나님의 백성(자녀)다운 삶에 있어야 하지만, 인간의 죄성은 그 반대를 추구하는 경향 때문에 구원 이후에도 죄의 문제에서 자유로울 수 없다. 그는 한국의 그리스도인들이 초기 교회 당시에 돈으로 하나님의 능력을 사려고 했던 마술사 시몬의 죄악을 답습하고 있다고 비판한다.[454]

지금 우리에게 요청되는 것은 교회들이 하느님의 진리 위에 서는 일입니다. 종교란 진리와 도덕성을 잃으면 악마적인 존재로 전락합니다…악마가 위선자들과 거짓 예언자들과 손을 잡으면 세상은 멸망하게 된다는 뜻입니다. 우리는 이 땅의 교회들로 인하여 이 나라가 멸망하는 일이 없도록 하여야

453 장기천, "공의와 평화의 성탄", 『하늘의 뜻 사람의 뜻』, 22-25.
454 장기천, "보다 좋은 선택", 『복음과 민주화』, 361-62.

> 합니다.…교회는 세상을 구원하는 방주입니다. 우주와 그 안의 만물의 멸망 가운데서 교회는 노아의 방주처럼 새 역사의 씨앗을 지니고 새 시대를 가꾸어야 합니다. 우리는 하느님 앞에서 정직한 사람이 되어야 합니다.…우리들은 온 천하 만민이 믿지 않을지라도 오직 한 사람 노아만이 하느님의 말씀을 믿고 멸망에 대비하고 새 시대를 가꾸었던 것을 기억하며 믿음을 더하고 진실을 더해달라고 기원합시다.…지금 우리는 경제적으로 매우 어려운 곤경에 처해 있습니다.…그래서 대통령께서도 "만사는 경제"라는 구호를 외치고 있습니다. 그러나 "만사는 경제"가 아닙니다. 만사는 "하느님을 두려워하고 백성을 사랑하는 일"(敬天愛人)입니다. 그러면 만사는 공정하게 처치되고 분배가 되고 회복되는 것입니다.[455]

그는 국가와 민족의 부패와 불의의 문제에 대해 언급하면서 그 해법으로 양심의 회복, 특별히 그리스도인들의 실천 문제를 강조한다.

> 지금 이 나라와 겨레는 매우 심각한 위기에 처해 있습니다. 모두가 부패와 불신의 산고를 겪고 있습니다. 아무도 위정자들의 약속을 믿지 않고 있으며 자기 이웃을 신뢰하고 있지 않습니다.…지금 우리의 현실은 양심에 의해서가 아니라 극단적인 이기주의, 부도덕한 성공주의로 말미암아 썩을 대로 썩어가고 있습니다. 더럽혀질 대로 더러워지고 있습니다. 부패와 추악의 악취는 천지에 편만하여 뜻있는 사람들의 접근을 저해하고 있습니다. 세상의 버림을 받을 극한 상황에 처해지고 있습니다.…나라가 위기에 처했을 때 겨레의 희망은 무기에 있는 것이 아닙니다. 양심이 최선의 방위력이 됩니다. 양심이 최대의 힘이 될 때 무기와 경제력은 나라와 겨레를 위기에서 건져주는

455 장기천, "하느님의 나라와 그 의를 구하며", 『하늘의 뜻 사람의 뜻』, 99-100.

것입니다. 지금 뜻있는 사람들은 한결같이 이 나라 이 겨레의 양심 부재를 걱정하고 한탄하고 있습니다. 경제 위기가 아닙니다.…국민 각자의 양심 마비가 최대 문제입니다. 부정부패로 인해 소멸해버린 국력은 무역 적자로 말미암은 국력의 소모보다 더 큽니다.…예루살렘은 돈이 없어 망한 것이 아닙니다. 유대 역사상 가장 부유할 때 그들은 망했습니다. 진리를 찾는 사람이 없어서 망했습니다. 하느님께서 믿어주는 사람, 하느님의 영을 받은 사람, 이방에 진리로 공의를 세우는 사람(사 42:1)이 없기 때문입니다.[456]

넷째, 장기천은 민족, 교회, 그리스도인의 책임성을 유난히 강조한다. 그는 설교가 시대를 바라보며 던지는 설교자의 신앙고백이며, 시대 흐름의 진단을 통한 비전 제시라고 믿었다. 초기 그의 설교는 민주화와 사회 정의에 깊은 관심을 기울였지만 감독이 된 이후에는 한국교회와 통일 문제에 특별한 관심을 기울인다. 민족의 문제, 특히 한반도의 평화 정착과 통일, 민주화와 하나님의 정의 실현 등 사회 문제를 다루는 설교에서 그는 교회와 그리스도인들의 책임성을 강조한다. 그는 당시 독재 정권 하에서의 정치적 상황, 도시화와 양극화, 고착화되어가는 분단 체제에 대해 저항하면서 성경이 전하는 평화와 화해의 메시지를 설교에 잘 담아낸 설교자였다. 그는 특별히 조국의 평화 통일에 깊은 관심을 기울이면서 이념을 넘어 민족의 통일을 위해 성경적 메시지를 전하는데, 기독교의 핵심이 평화임을 강조한다. 에서와 야곱의 화해 장면을 담은 창세기 33장을 본문으로 한 설교에서는 "동포의 얼굴에서 하나님의 얼굴을 볼 수 있다면 남북 간의 원한과 미움은 사랑과 신뢰로 바뀌게 될 것"이라고 주장하면서 민족 화해만이 통일로 가는 길

456 장기천, "양심과 진리의 사회", 『하늘의 뜻 사람의 뜻』, 167-69.

임을 강조한다.[457] 예수님은 평화를 위해 십자가에서 돌아가셨으며, 부활은 평화의 사건이라고 말하면서 평화를 깨뜨리는 불의를 배척해야 한다고 주장한다. 또 평화는 사랑이 없이는 불가능한 것이기에 그리스도인들은 사랑의 실천, 정의 구현, 평화 추구를 통해 생명의 완성을 이루어가야 한다고 강조한다.[458]

그는 그리스도인의 실천을 강조한다. 곧 "지금은 믿는 사람이 없어서 걱정스러운 때가 아니라 믿는 대로 실천하는 사람이 없어서 교회의 존재 이유가 의심받는 때"[459]라고 인식하면서 실천하는 삶을 강조한다. 보스턴 근처의 미국 부자들의 별장 지역을 방문한 자신의 경험을 설교에 담으면서 그는 그 부자들이 중국인을 노예처럼 부려서 부를 쌓았고, 중국에 아편을 팔아서 재산을 증식했는데 그들 대부분은 당대의 이름 있는 그리스도인들이었고 교회 지도자들이었다는 점을 알고서 자신이 공범자로 느껴졌다고 고백한다. 그러면서 그리스도인에게는 말씀에 합당한 바른 삶이 배어 있어야 한다는 점을 강조한다.[460] 또한 그는 중심을 상실한 모퉁이돌이 없는 교회가 된 것, 세속화, 물량주의, 말씀을 벗어난 그릇된 성공철학이 교회를 지배하고 있는 것, 사회와 역사에 대한 무관심 등이 한국교회의 위기를 만들고 있다고 주장한다. 그는 후배 설교자들에게 다음과 같이 권면한다.

> 질그릇에 담긴 보배를 외면하고 쓸데없이 그릇만 돋보이게 하지 말자. 사람들이 그릇을 보지 말고 거기에 담긴 보배를 보게 하자! 우리는 질그릇 속에 보배를 담았다는 것을 잊어서는 안 된다. 목사의 직분은 아무리 그래봐야 질

---

457 장기천, 『분열이 있는 곳에 일치를』(서울: 한울, 1995), 124.
458 장기천, "희망과 평화의 부활", 『하늘의 뜻 사람의 뜻』, 194-95.
459 장기천, 『오늘의 웨슬레』(서울: 전망사, 1991), 2.
460 장기천, "빛의 자녀 어둠의 자녀", 『좁은 길 넓은 길』, 참고.

그릇 이상도, 그 이하도 아니다. 다만 그 속에 하나님의 영광의 빛을 비추는 보배가 담겨져 있어야 할 것이다.[461]

그래서 양명수는 그를 "시대의 스승, 진리의 예언자, 기독교 복음에 매우 충실한 복음 전파자, 아픔을 함께한 제사장" 등으로 평가하는데, 이는 그가 단순히 교인들을 향해 설교하지 않고 한민족과 인류를 향해 설교했으며, 그의 설교하는 모습에서 예언자와 진리를 가르치는 스승의 모습을 보았기 때문이라고 주장한다.[462]

이렇게 장기천의 설교는 개인의 차원을 넘어서 복음의 사회적 차원뿐만 아니라 민족과 인류의 문제에까지 확대된다. 그가 정의와 민주주의의 가치를 계속해서 설파하면서도 정치운동이나 반정부 운동에 나서지 않은 것은 목회의 자리와 목회자로서의 책무를 중요하게 생각했기 때문이다. 그는 설교를 통해 민주화와 통일, 평화에 대한 사상적 지침을 계속해서 제시했으며, 역사와 사회, 개인을 향한 신학적 영감을 제시하는 설교자였다. 그는 복음과 설교가 가지는 양면성뿐만 아니라 사랑과 정의의 양면성도 함께 지향한다. 즉 "사랑은 정의를 배제하지 않고, 정의는 결국 사랑하기 위한 것"이라고 주장하면서 삶과 역사, 교회와 민족에 대한 포괄적 통찰력을 보여주었다.[463] 설교자 장기천에게서 우리는 복음의 통전성을 발견하게 되는데, 실로 그는 "복음을 가지고 삶의 진리를 가르친 시대의 스승"으로, "정권과 부패와 부딪히던 예언자의 모습"으로, "교인들의 고단한 삶을 염두에 두던 제사장의 모습"으로, 하나님의 종이면서 하나님께서 사랑하신 사람을 섬겼던 "사

461 장기천, "목사직—그 위치와 본분", 「기독교통합학문연구소 회보」, 3호(1995년 6월).
462 양명수, "시대의 스승, 장기천 목사님", 추모준비위원회 편, 『한길 장기천을 기억하다』, 14.
463 위의 책, 19-20.

람의 종"으로[464] 그분 앞에서 신실하게 살려고 노력했던 설교자였다.

### (10) 김동익 목사

새문안교회 4대 담임목사로 사역하다가 세상을 떠난 김동익 목사(1941-1998)는 복음적이면서도 대중적인 설교자였다. 경남 하동군에서 목회자 가정의 장남으로 태어난 김동익은 일찍이 호주 선교사들을 통해 복음을 받아들이고 개척교회를 세운 전도사로 활약했던 조부(김선명)와 40여 년간 오직 목회일념으로 살았던 부친(김희용)을 이어간 목회자였다. 그는 목사가 되려는 꿈을 갖고 연세대학교에서 사학을 전공한 후 장로회신학대학교에 진학했다. 1972년에 안수를 받은 후에는 곧바로 유학길에 올라 피츠버그신학교와 밴더빌트대학교 신학부에서 공부했다. 귀국 후 포항제일교회에서 담임으로 시무하다가 새문안교회의 청빙을 받아 강신명 목사의 후임으로 목회를 이어간다.

한국교회의 큰 목회자였던 전임자의 목회를 이어가는 것이 큰 부담이었지만 그는 온화한 인품과 포용력 있는 리더십, 힘 있는 설교로 그의 목회 기간 동안에 교인이 배가되는 결과를 낳았다. "혼자서 십 리를 가기보다는 둘이서 오 리를 가겠다"는 목회관을 가지고 사역을 하는 동안 교회는 든든히 서갔고, 그가 떠난 후 교인들은 그를 "공동체의 화합과 일치를 중요시한 점에서 군림하는 목회자이기보다 일반 성도와 호흡하려 한 목사"로 기억한다.[465] 그는 1998년 4월, 지병으로 세상을 떠나기까지 18년간 담임목회를 감당했으며, 깊이 있는 설교로 새문안의 강단을 덮었던 설교자였다. 그의 설교에 대한 연구 자료로는 11권의 설교집이 있다.[466] 설교집과 녹음된 설교

464 위의 책, 30.

465 "역사칼럼: 김동익 목사", 「새문안지」(2007년 7월).

466 김동익, 『행동하는 그리스도인』, 설교집 1권; 『어둠 속의 변혁』, 2권; 『인간의 위기와 하나님의 기

자료를 통해 그의 설교사역을 몇 가지로 정리해볼 수 있다.

첫째, 김동익은 설교를 위해 자신의 전부를 헌신했으며, 그에게 설교는 목회의 중심을 이루는 사역이었다. 마치 자신은 오직 설교를 위해 존재하는 것처럼 그가 목회 활동에서 가장 역점을 두었던 것이 설교였다. 그래서 지인들은 보다 좋은 설교를 위해 자신의 전부를 투자했던 성실한 설교자로 그를 기억한다. 말년에 암 투병을 하던 때에 발간된 그의 설교집에서는 설교에 대한 그의 열정을 다음과 같이 나타낸다.

> 25년 전 목회의 첫 길을 내딛는 나에게 아버님께서 당부하신 말씀이 기억난다. "목회를 즐기라. 설교는 목회의 핵심이다." "설교를 즐기고, 설교를 위해 전력투구할 때 목회의 보람과 기쁨이 극대화된다." 목회의 초년기에는 설교가 부담이 되었고, 설교하기가 두려웠었다. 그러나 목회 생활을 한 10여 년 지내고 난 뒤에는 설교가 나의 삶에 가장 큰 기쁨이 되었고 한 주일이라도 설교를 하지 않으면 그 주일은 평안한 날이라기보다는 고통스러운 날로 느껴졌다.…그만큼 설교가 나의 몸에 배어 있고 어떤 면에서는 설교 때문에 살고 있는 것으로 생각될 때도 있다. 그래서 나는 설교에 삶을 걸고 있다고 말할 수 있고, 설교를 위한 일이라면 온 정성을 다해왔다.[467]

그는 말기 암 진단을 받고 수술을 앞두고서 "병세가 아무리 악화된다 할지라도 생명이 붙어 있는 한 한 주일에 한 번만이라도 설교하는 것"을 원했고, 수술을 마치고 2주 후 병원에서 퇴원한 다음, 몸을 지탱할 수 없는 상황

---

회』, 3권; 『문제를 풀어가라』, 4권; 『약점 때문에 괴로워 말라』, 5권; 『고통 때문에 더 잘된 이야기』, 6권; 『새 힘을 얻으리라』, 7권(서울: 반석문화사, 2007); 『내가 너와 함께한다』, 8권; 『하나님과 씨름하다』, 9권; 『너 하나님의 사람아』, 10권; 『빛나는 얼굴』, 11권(서울: 쿰란, 1999), 참고.

467 김동익, 『내가 너와 함께한다』, 3-4.

에서도 목발을 짚고 강단에 올라가 설교를 할 정도로 설교에 대한 열정에 이끌려 살았던 목회자였다.

> 나 혼자 몸을 지탱할 수 없기 때문에 목발 두 개에 몸을 의지하고 강단에 올라갈 때는 내 자신이 너무나 처량하게 보이기도 했다. 매 주일 강단에 올라가 의자에 앉는 그 순간 나의 눈에는 언제나 눈물이 고였다. 오늘도 몸을 움직여 강단에 설 수 있게 해주신 하나님의 은혜를 생각할 때마다 절로 눈물이 나는 것이다. 어느새 설교는 '나의 생명'이라는 고백이 되고 있었다.…"나는 설교하고 있다. 그러므로 나는 존재한다"라고 감히 말할 수 있다. 이번 투병생활을 통해 하나님께서 나에게 깊은 교훈을 깨닫게 하셨다. 지금까지는 말로써 복음을 전했지만 이제부터는 몸으로 체험한 복음을 전해야 한다는 것이다. 복음 증거는 예수에 관한 지식을 전하는 것이 아니고 내가 체험한 예수를 전해야 한다는 것이다.[468]

둘째, 김동익의 설교는 복음주의에 바탕을 둔 균형 있는 목회설교였다. 그는 성도들에게 균형 있는 식단으로 구성된 말씀을 먹인 통전적인 설교자였다. 무엇보다도 그의 설교 주제는 목양적인 내용과 그리스도인들이 세상에서 살아갈 때 마땅히 가져야 할 삶의 자세를 제시하는 내용이 주종을 이룬다. 성경이 말씀하는 내용을 오늘의 삶과 연결하여 어떻게 실천할 것인지에 주안점을 두고 있으며, 그리스도인들이 가져야 할 역사관, 국가관, 교회관, 신앙관뿐만 아니라 삶의 가치에 대해 깊이 있는 통찰을 제시한다. 그는 첫 설교집의 제목을 "행동하는 그리스도인"으로 정하면서 그의 설교 이해와 설교사역의 목표를 다음과 같이 제시한다.

---

468 위의 책, 4-5.

나는 설교를 준비할 때마다 하나님의 말씀을 오늘의 삶과 상황 속에 어떻게 적용시키느냐를 찾아 헤매인다. 그래서 "하나님의 말씀은 살아있고 힘이 있으며 어떤 쌍날칼보다도 더 날카롭습니다"라는 히브리서 말씀을 마음속에 언제나 되새기고 있다. 설교란 하나의 들려지는 소리로서 끝나는 것이 아니라 인간 삶을 변화시키고 새 세계로 향한 희망과 용기를 북돋워주어야 하는 것이다. 그리스도인이란 정체된 상태가 아니라 삶 속에서 믿음을 계속 표현해야 하는 동적 상태에 있다.[469]

3·1운동 기념주일에 행한 한 설교에서 그러한 특징을 읽을 수 있는데, 그는 민족을 향한 그리스도인의 책임을 다음과 같이 일깨우면서 결론을 내리고 있다.

"죽으면 죽으리이다"라는 말은 곧 자기의 생명을 민족을 위해 기꺼이 제물로 바치겠노라고 하는 단호한 애국 충정의 결단을 보여주는 것입니다. "내 민족을 내게 주소서" 이 말씀은 "내 민족을 내게 맡겨주십시오"…라는 의미라고 할 수 있습니다. 에스더의 이와 같은 결단과 요청은 3·1운동을 일으켰던 우리 선열들에게 있었던 정신이자 오늘 이 시대를 살아가는 우리 모든 그리스도인들에게 있어야 할 정신이기도 합니다. 3·1운동 당시 우리의 선열들은 민족 구원이라는 강한 책임감 속에서 선교했습니다. 이것은 바로 "내 민족을 내게 주소서"라고 한 에스더의 정신이기도 한 것이었습니다. 그리고 바로 그와 같은 정신이 가장 활화산처럼 타오르던 1910년대가 한국 교회사에 있어 가장 크게 부흥되었던 시기였다는 사실은 무엇인가 간과할 수 없는 가르침을 우리에게 보여주는 것이 아니겠습니까? 이제 한국교회는 하

---

469 김동익, 『행동하는 그리스도인』, 9-10.

나님 앞에 조용히 엎드려 이렇게 부르짖을 수 있어야 할 것입니다. "조국을 우리에게 맡겨주십시오. 대한민국을 우리 그리스도인에게 맡겨주십시오. 우리 그리스도인들이 대한민국의 역사를 책임지고 이끌어가겠습니다." 이와 같은 책임과 사명에 불타는 기도가 우리 그리스도인들에게서 나올 수 있어야 할 것입니다.[470]

셋째, 김동익의 설교는 성경 본문과 오늘의 현장을 함께 엮어가는 성경적 현장 중심 설교다. 그의 설교는 그날의 본문이 말씀하는 바를 선명하게 드러내면서도 그것을 오늘 성도들의 삶과 잘 연결시키는 특징을 보여준다. "그리스도인의 가정생활"이라는 설교에서는 가정을 세우신 분이 하나님이심을 강조하면서 세 개의 대지를 통해 성경의 메시지를 정리해서 제시할 뿐만 아니라 그것을 오늘의 삶 속에 접목시키고 있음을 볼 수 있다. 즉 예수님께서 생각하신 행복한 가정을 설명한 다음에 "가족 간에 이해가 있어야 행복합니다. 가족 간에 조화가 있어야 행복합니다. 가족 간에 책임이 있어야 행복합니다"와 같은 대지를 통해 성경의 메시지와 오늘의 삶의 자리를 연결시키고 있다.[471] "내게 배우라"라는 설교는 서론에서 고달픈 인생살이에 대해 논리적으로 풀어간 다음에, 예수님은 우리의 무거운 짐을 담당하시기 위해 오셨고, 십자가를 지셨음을 강조하며, 이어서 "내게 오라, 내게 배우라, 멍에를 메고 배우라고 말씀하셨다"는 대지로 나누어서 본문의 세계와 오늘의 세계를 연결시키고 있음을 볼 수 있다.[472] 존 스토트가 설교를 성경의 세계와 오늘의 세계 간에 다리 놓기로 이해한 것과 같은 맥락에서 설교가 진행되고 있다.

---

470 김동익, 『행동하는 그리스도인』, 24-25.
471 김동익, 『너 하나님의 사람아』, 10-21.
472 김동익, 『빛나는 얼굴』, 44-53.

# 7장
# 선교 2세기 한국교회의 말씀 선포 사역을 위한 설교 방향성

역사는 과거에 대한 해석이다.
그러나 현재에 대하여
통찰력을 제공해주지 않는 역사는
의미 없는 역사이다.
—류대영[1]

1 류대영, 『초기 미국 선교사 연구, 1884-1910』(서울: 한국기독교역사연구소, 2001), 265.

## 설교, 그 신학적 숙고

설교는 그 자체로서 독특한 성격과 의미를 가지며 다른 것과는 비교할 수 없는(sui generis) 독특한 예술이다. 그런 독특성은 설교가 무엇인지에 대한 인식과 그것을 수행하는 행위 자체에서 찾을 수 있다. 단지 거룩한 수사학(sacred rhetoric)이나 종교적 커뮤니케이션이라는 점에서가 아니라 그것이 가지는 고유한 신학적 차원 및 수행의 차원에서 우리는 그 독특성을 찾을 수 있다. 설교는 본질적으로 인간의 언어를 사용하여 하나님과 그분의 세계를 드러내는 '실행'(practice)이다. 기독교의 설교는 교회나 목회의 일종의 장식품이나 단순히 사람의 기분을 돋우기 위한 수사학적 여흥(oratorical entertainment)이 아니고, 어떤 인간적 목적을 이루기 위한 도구도 아니다. 설교를 통해 사람들은 오늘도 복음의 소식을 듣게 되며, 말씀하시는 하나님의 현존 가운데 참여하게 된다.[2] 기독교의 설교는 역사 가운데서 일하시는 하나님의 행동과 임재에 대한 참여이고 응답이다. 인간적 수단을 통해 하나님의 메시지를 전하여 청중의 참여와 응답을 불러일으켜야 한다는 점에서 설교는 실로 어려운 사역이지만 하나님의 세계가 이 땅에 활짝 펼쳐지게 만든다는 점에서 실로 영광스러운 사역이다. 그래서 데이비드 랜돌프는 인간적 수단을 사용하여 하나님의 메시지를 전한다는 특수성 때문에 설교를 "인간 커뮤니케이션에 있어서 가장 최고 형태"라고 규정한다.[3]

어두움 가운데 있던 이 땅에 복음이 전해지고 교회가 세워진 이래 한국교회 안에서 설교는 가장 중요한 사역의 하나로 자리매김을 해왔다. 가히 "설교 영광의 시대"였다고 해도 과언이 아닐 정도로 한국교회에서 설교가

---

2 Thomas G. Long, "A New Focus for Teaching Preaching," in *Teaching Preaching as a Christian Practice: A New Approach to Homiletical Pedagogy*, ed. Thomas G. Long and Leonora T. Tisdale (Louisville: Westminster John Knox Press, 2008), 12.

3 David J. Randolph, *The Renewal of Preaching in the Twenty-First Century: The Next Homiletics* (Eugene: Cascade Books, 2009), 4.

가지는 위치와 역할은 확고했다. 설교는 교회의 활동과 사역의 중심을 차지했을 뿐만 아니라 교회 부흥의 원동력이 되었고, 기독교는 하나님의 말씀 앞에서 부복하는 "말씀의 종교"로서 자리를 잡았다.[4] 특별히 한국교회는 말씀을 사랑하는 교회였고, 설교자들과 교인들은 설교에 대한 남다른 열심을 통해 선교 1세기에 놀라운 교회 성장과 부흥을 이루었다. 그러나 작금에 한국교회는 여러 측면에서 위기론이 제기된다. 교회 성장은 정체현상을 보이고 있고 신뢰도는 추락하고 있으며 반기독교적 정서가 이 땅을 뒤덮고 있다. 이것은 사회문화적 상황과 시대적 변화와도 무관하지 않지만 오늘날 한국교회는 안팎으로 여러 가지로 도전을 받으면서 사역 전반에 대한 자성과 재고(rethinking)를 필요로 한다. 특히 설교사역은 한국교회에서 중심적인 사역일 뿐만 아니라 교회와 성도들에게 바른 정체성과 방향성을 새롭게 제시하는 사역이라는 점에서 그에 대한 깊은 숙고가 필요하다.

설교사역을 바로 감당하기 위해 설교자가 늘 재고해야 할 차원은 지금 수행하고 있는 사역이 무엇인지와 그때 어떤 일들이 일어나고, 또 일어나야 하는지에 대한 신학적 인식이다. 설교의 회복은 무엇보다도 그것이 가지는 신학적 특성을 바로 이해하여 설교를 바르게 수행하게 하는 데서부터 비롯된다. 그러나 오늘의 급변하는 상황은 과거의 설교의 영광을 그대로 이어갈 수 없게 만들고 있으며, 특히 선교 2세기를 맞고 있는 한국교회는 수많은 어두움의 그림자에 둘러싸여 있다. 여기서 우리는 설교사역의 두 가지 차원, 즉 설교의 신학적 이해와 수행적 차원에 대해 살펴보고자 한다. 전자는 "본질"에 대한 차원을 깊이 숙고하게 한다면 후자는 "현상"에 시선을 돌리게 한다. 설교의 본질에 대한 바른 이해를 통해 하나님의 말씀에 대한 바른 듣기와 이해가 필요하다면 또한 그것이 일어나는 현상과 그것을 둘러싼 상

---

4 김운용, 『새롭게 설교하기: 변화하는 시대 속에서의 설교』(서울: WPA, 2006), 42.

황에 대한 이해까지 필요로 한다. 우리는 설교가 "인간의 창안이나 고안이 아니라 하나님의 한 은혜로운 창작품이며, 교회를 위한 하나님의 계시된 뜻의 중심 부분이라는 겸손한 인식"에서부터 출발해야 한다.[5] 이것은 설교가 가지는 신학적 차원을 언급하는 것인데 만약 그것이 약화되면 이질적 요인이 발생하게 되고 결국 본질을 상실할 위험에 처하게 된다. 모든 일이 그렇지만 설교의 본질에 대한 이해의 부족은 기초 흔들림(rootlessness)과 왜곡 현상을 일으킨다.[6] 그러므로 설교자에게는 항상 자기가 행하는 설교에 대하여 타당성과 동기를 제시할 수 있는 바른 신학적 이해가 필요하다. 이것은 그 사역에 대한 타당성과 새로운 지평을 열어준다는 점에서 중요하다. 이런 점에서 이 장에서는 선교 2세기, 변화하는 시대 속에서 한국교회가 감당해야 할 설교사역에 대한 신학적 숙고가 필요하다는 전제하에 신학적·수행적 차원에서의 설교사역에 대한 설교학적 반성과 방향성을 검토한다.

---

5 R. Albert Mohler, *Feed My Sheep: A Passionate Plea for Preaching* (Morgan: Soli Deo Gloria Publications, 2002).

6 Richard Lischer, *A Theology of Preaching: The Dynamic of the Gospel* (Durham: The Labyrinth Press, 1992), 2-3. 마셜 맥루한이 20세기 중반 "매체가 메시지이다"라는 명제를 제시했을 때 그것은 난해한 주장이었으나 21세기 우리는 그것이 현실이 되고 있는 시대를 살고 있다. 즉 "본질"과 "현상"의 자리바꿈이 전혀 이상하지 않은 시대가 되었다. 이런 현상은 목회 현장에서도 자연스럽게 등장하는데 설교가 실용주의와 소비자중심주의, 다양한 심리학적 기대와 경영학의 원리와도 손을 잡게 된다. 현대인들에게 다가가기 위해서 그것들은 고려의 대상일 수 있으나, 설교사역을 실용성과 효율성에만 집착하여 수행하게 된다면 그 본질이 왜곡되는 또 다른 위험성에 봉착하게 된다. 여기서 설교자는 끊임없는 신학적 반성을 해야 한다.

## 한국교회 설교사역의 유산과 오늘의 설교 정황

### (1) 한국교회의 설교의 유산

한국교회는 설교의 훌륭한 유산을 물려받았다. 초창기부터 시작하여 한국교회는 하나님의 말씀인 성경을 중심으로 세워졌고, "말씀 중심의 교회"라는 특성을 가졌다. 한국 땅에 처음 발을 내디딘 한 선교사의 손에는 이미 번역된 성경이 들려 있었고, 그는 평양 대동강 변에서 순교를 당하면서도 성경을 건네주었다.[7] 대원군의 쇄국 정책으로 한국에 들어올 수 없었던 존 로스(John Ross)와 존 맥킨타이어(John MacIntyre) 목사는 만주에서 그들을 찾아온 한국 청년들에게 전도하여 세례를 주었고, 그들의 도움을 받아 성경 번역에 착수하게 된다. 이처럼 이 땅에 선교사들이 들어오기 전 성경이 번역되었고, 그 말씀을 듣기 위해, 그리고 그것을 전하기 위해 교회가 세워졌다.[8]

한국교회는 무엇보다도 말씀을 중요시하는 전통을 수립했고, 설교에 관한 한 종교개혁자들과 청교도들의 말씀 중심, 하나님 중심의 신앙 유산을 이어받았다. 그러므로 한국교회는 기록된 말씀으로서의 성경과 그 선포로서의 설교를 가장 중요한 요소로 여기게 되었다. 성도들은 말씀을 가르치는 목회자(설교자)를 존경했으며, 설교가 예배의 가장 중심인 전통이 형성되

7 스코틀랜드 출신인 로버트 토마스(Robert J. Thomas) 목사는 한국에 들어온 첫 개신교 선교사요, 순교자였다. 그는 미국상선 제너럴셔먼(General Sherman)호를 타고 평양 대동강 변에 이르렀다가 배가 모래사장에 좌초되면서 한국 병사에 의해 1866년 9월 2일에 살해되었다. 그는 죽어가면서 성경책을 그에게 전했고, 나중에 그는 그 성경을 읽고 그리스도인이 되었다.

8 1882년에 누가복음, 요한복음이, 1883년에는 사도행전이 번역 출간되었고, 1887년에는 신약성경 전체가 번역되었다. 이렇게 한국에 선교사가 들어오기 전부터 이미 해외에서 성서 번역이 시작되었다. 번역 작업에 도움을 주었던 청년들 가운데 서상륜, 서경조 형제는 나중에 고향 황해도로 돌아와 한국 최초의 교회를 세우고 번역된 성경을 반포하는 일을 했다. 그것이 1883년 5월 16일, 황해도 장연에 세워진 한국 최초의 교회인 소래교회다. 언더우드와 아펜젤러가 한국에 들어오기 약 2년 전의 일이었다. 한국선교가 시작되고 세운 최초의 조직교회였던 새문안교회의 초기 세례교인은 소래교회에서 신앙생활을 시작한 사람들이었다. 그렇게 시작된 이 땅의 교회들은 성경을 배우고, 하나님의 말씀을 듣기 위해 '사경회'(査經會)라는 독특한 집회 형식을 만들기도 했다.

었다.[9] 한국교회 목회자들은 말씀 목회에 대한 열정과 헌신도가 유난히 뛰어났고, 교인들 역시 말씀에 대한 남다른 열심과 갈망을 가지고 있었다.[10]

한국교회는 지난 세기 동안 설교를 "교회의 활동과 사역의 중심"이자 원동력으로 삼았다. 사람들은 설교자에게 귀를 기울였으며, 설교자들을 "하나님의 종", "하나님의 말씀의 사자"로 예우했다. 지난 한 세기 동안 한국교회에서 설교는 하나님의 진리의 말씀을 선포해주는 신적 권능으로 작용했고, 그 어떤 것보다도 중요한 요소로 기능했다. 설교는 민족을 계몽했고, 위로했으며, 일깨우는 역할을 감당했다. 어찌 어두움이 없었겠는가만 이런 점에서 볼 때 한국교회는 지난 한 세기 동안 "설교 영광의 시대"를 구가했음을 부인할 수 없다. 급속한 교회 성장의 중심에도 강력한 설교자가 있었고, 그들의 카리스마는 대중을 움직여 교회를 세웠으며 한국 사회의 종교 지형을 일순간에 바꾸어놓았다.[11] 급속한 교회 성장은 강력한 설교자들이 있었기 때문에 가능했고, 오늘날 교회의 급속한 퇴조 현상 역시 설교자들의 설교와 분명 관련성이 있다.

### (2) 설교 현장에 대한 현상적 고찰

말씀과 함께 세워진 한국교회는 그동안 설교 영광의 시대를 경험했지만 오

---

9 이런 전통으로 인해 사경회와 부흥회를 통한 말씀 집중 훈련이 가능했고, 성경공부 운동이 가능했으며, 작금의 성경통독과 큐티 운동도 이런 맥락에서 이해해볼 수 있다. 한국교회 안의 대다수 모임과 의식에는 항상 '설교'의 자리가 있었으며, 기도를 위해서 모인 기도회나 찬양을 위해 모인 모임에도 '설교'가 반드시 들어가는 설교 중심적 교회로 성장해왔다. 이런 배경에서 능력 있는 설교자가 있는 교회는 수적 성장을 경험하게 되었고, 목회자 청빙에 있어서 설교 능력은 가장 중요한 고려 요소 가운데 하나가 되었다.

10 선교 방송이나 인터넷 선교 매체에는 매일 수많은 설교들이 흘러나오고 있고, 교회 홈페이지에 목회자의 설교방송을 운영하지 않는 교회가 거의 없을 정도이다. 이것은 말씀을 사모하는 한국교회 성도들이 다양한 설교 메시지를 쉽게 접하여 은혜를 받게 한다는 긍정적 측면이 있는 반면에 설교를 상품화할 수 있는 부정적 측면도 있다. 사실 이것은 한국교회에만 있는 독특한 현상이며, 설교를 이렇게 '상품화'하는 경우는 희박하다.

11 김운용, 『새롭게 설교하기』, 42.

늘날 그 토대가 급격하게 흔들리고 있다. 선교 2세기로 진입한 이후 한국교회는 전혀 새로운 국면을 맞고 있다. 안팎에서 일어나는 변화의 바람은 긍정적인 훈풍이기보다는 교회의 모든 것을 날려버릴 수 있는 부정적인 돌풍으로 느껴진다. 일각에서는 새로이 형성된 안티기독교 세력이 무차별적인 비판과 공격을 일삼고 있고, 언론 매체들도 기독교에 대해 유난히 날을 세운다. 일부 대형교회의 내부 문제와 일부 목회자의 언행이 언론에 노출되면서 비판의 표적이 되기도 하고, 교단 총회뿐만 아니라 대표적인 기독교 연합단체에서의 금권선거와 그로 인한 파행으로 인해 사회적 지탄을 받게 되면서 교회의 신뢰도도 한국의 대표 종교 가운데 하위를 달리고 있다. 수평 이동을 통해 성장하는 교회가 없는 것은 아니지만 전체적으로는 교회성장이 정체되어 있다. 그동안 목회자들은 역사와 사회를 향하여 비전과 희망을 제시하여왔으나 이제는 그 영향력과 지도력이 크게 흔들리고 있다. 한국교회는 선교 1세기에 커다란 양적 성장을 이루었지만 교회 성장에 집착하면서 외형주의, 물량주의, 성공주의 목회 신화, 세속적 가치관에 전념하는 동안 비복음적·비성경적 요소들이 오늘의 강단을 채우고 있지 않은지 우려하는 목소리들이 높아가고 있으며,[12] 목회자들의 설교 역시 평가의 대상이 되고 때로는 공격을 받는 시대가 되었다.

교회는 세상에 십자가의 복음을 증거하고 소통하는 사명을 수행해야 한다는 점에서 보면 이것은 실로 교회의 위기라고 할 수 있다. 복음은 그 시대 속에서 전해져야 할 진리이며, 그것은 삶의 자리를 도외시하고서는

12 이런 경향을 비판하고 있는 국내외 도서로는 다음의 것을 참고할 수 있다. 옥성호, 『심리학에 물든 부족한 기독교』(서울: 부흥과개혁사, 2007); 『마케팅에 물든 부족한 기독교』(서울: 부흥과개혁사, 2007); 『엔터테인먼트에 물든 부족한 기독교』(서울: 부흥과개혁사, 2010); Eugene H. Peterson, *Under the Unpredictable Plant*, 차성구 역, 『성공주의 목회 신화를 포기하라』(서울: 좋은씨앗, 2002); Michael Horton, *Christless Christianity*, 김성웅 역, 『그리스도 없는 기독교』(서울: 부흥과개혁사, 2008); *In the Face of God*, 김재영 역, 『미국제 영성에 속지 말라』(서울: 규장, 2005); *Beyond Culture Wars*, 김재영 역, 『세상의 포로 된 교회』(서울: 부흥과개혁사, 2001).

그 역동성을 기대할 수 없다. 어느 시대이든 교회와 복음에 대해 반대와 비판, 그리고 적대적 세력이 없었던 것은 아니지만, 오늘의 위기 상황은 다른 때보다 훨씬 심각하고 복음전도와 신앙 전파에 커다란 장애물이 된다. 이렇게 오늘의 설교 현장은 과거와는 전혀 다른 모습으로 우리 앞에 서 있다.

### 지배 관념과 반성적 고찰

기독교는 국운이 기울어가던 조선 말기에 조선 땅에 들어왔으며, 일제 치하의 어려움과 해방 전후 조국의 아픔을 함께 감내하면서 이 땅에 그 뿌리를 내리게 되었다. 1960년대 이후 조국 근대화 운동 및 한국교회 안에서의 교회 성장 운동으로 인해 한국교회는 유례없는 양적 성장을 경험했다. 그러나 교회 성장과 함께 많은 문제점과 부작용이 속출하고 있다. 교회 성장이 많은 교회들의 최고의 목표가 되었고, 성장을 위해 온갖 방법을 동원하기에 이르렀으며, 교단 난립과 교회 권징의 무력화 현상, 신학교의 난립과 함께 무자격 목회자의 양산은 많은 문제를 일으켰다. 한국교회 안에는 "세속적인 물신주의가 팽배해지는" 현상이 두드러지게 나타나게 되었다.[13]

교회와 사역자들의 약점은 언제나 신적 질서와 "진리를 위한 자리"의 상실에서부터 시작된다.[14] 그래서 공생애 초기 예수님께서는 성경적이고 복음적인 것처럼 위장하고 들어오는 유혹을 단호히 거부하셨다.[15] 교회는 늘 기독교의 복음과 상이하거나 그것을 위장한 것들이 진리의 자리를 잠식

---

13 이만열, "한국교회 타락 주범, 맘몬신앙과 기복주의", 「뉴스앤조이」(2008년 1월 21일).

14 David Wells, *No Place for Truth*, 김재영 역, 『신학 실종』(서울: 부흥과개혁사, 2006), 26-27.

15 이런 거부의 행위 중 가장 대표적인 것으로 광야 시험 내러티브(마 4장)와 베드로의 신앙고백 이후 나누신 대화(마 16장), 십자가 사건을 앞에 두고 드리신 겟세마네 기도 내러티브와 체포되시는 현장에서 베드로와 나누신 대화(마 26장) 등을 들 수 있을 것이다.

하고 들어오는 길목과, 신학이 제거된 옷자락을 붙잡고 있는 사역의 현장, 그리고 하나님의 신비와 질서를 보여주지 못하는 신학이 세워가는 그늘 아래 자리할 위험이 있다. 그러므로 교회는 "진리의 자리를 내어준 교회의 내적인 차원에서부터 그 해결책을 찾아야" 한다.[16] 여기서는 한국교회 강단에 영향을 주었던 이질적이면서도 지배적인 관념이 무엇이었는지에 대해 살펴보되, 나타나는 현상을 중심으로 살펴보고자 한다.[17]

먼저 한국교회 강단의 기복주의와 복음의 사사화(私事化, privatization) 현상을 들 수 있다. 기복주의는 샤머니즘의 근간을 이루고 있는 것으로서 인간의 자기중심성을 토대로 한다. 기복주의에 토대를 둔 토착종교가 한국 사회에 오랜 기간 영향력을 행사해왔고, 그것에 기독교가 접목되었다. 물론 한국교회가 그런 심성을 완전히 도외시할 수는 없었을 것이다. 또한 20세기 중후반 한국 사회가 근대화를 경험하면서 사회의 구조적 분화(structural differentiation) 및 도시화와 함께 개인주의적 성향이 나타났다. 1960년대 이후 근대화 운동과 함께 가난을 극복하는 것이 한국인들에게 국가적·개인적 최대 목표가 되었던 시대에 한국교회는 놀라운 교회 성장을 경험한다. 한국교회는 자연스럽게 교회 성장과 전도에 강조점을 두면서 은연중에 그런 경향을 활용하게 되었고, 설교 강단에서는 자연스럽게 복에 대한 강조가 잦아지게 되었다. 이것은 교회 성장에 대한 열망을 가진 목회자에게는 쉽게 벗어버릴 수 없는 "유혹"이었다.

이런 기복주의적 경향은 개인주의적이고 이기주의적 신앙 양태를 낳게 되었고, 무엇을 행하면 복을 받게 된다는 도식이 강조되면서 자연히 설교에

16 김운용, "전환기 한국교회를 위한 설교사역의 실천신학적 탐구—찰스 캠벨의 설교신학을 중심으로", 「장신논단」, 36집(2009): 265.

17 이것들은 서로 상관성을 가지고 있고 서로 연결된 고리를 분명히 볼 수 있도록 하기 위해 여기서는 구분하여 설명하고자 한다.

서도 복음보다는 율법이 강조되는 "암묵적 율법주의" 설교가 양산되었다. 즉 교회에서 요구하는 무엇인가를 하면 하나님이 복을 주신다는 일종의 신형 율법주의를 낳았으며, 신앙을 복 받기 위한 수단으로 변질시키는 문제점을 양산했다. 전도와 교회 성장이라는 관심사가 맞물리면서 설교 강단에서는 "예수 믿으면 복 받는다"는 내용이 가장 인기 있는 중심 메시지를 차지하게 되었다. 한국인의 심성 깊이 자리 잡은 기복주의와 복음이 결합되면서 예수를 믿으면 영과 육이 잘되고 강건하게 된다는 메시지가 주를 이루었고, 성경적 복 사상은 뒤로 밀려날 수밖에 없었다. 성경의 메시지도 상당 부분 왜곡되기에 이른다. 그래서 이만열은 한국교회를 내부적으로 가장 타락시키는 요인으로 기복신앙을 꼽으면서 그것을 신형 바알신앙이요 맘모니즘이라고 규정한다.[18] 그의 주장이 지나친 것이 아니다. 왜냐하면 기복주의는 세속적 물신주의와 황금만능주의를 낳기 때문이며, 기독교의 복음을 왜곡시키기 때문이다. 자크 엘룰이 이야기한 것처럼 기독교 설교는 "제멋대로 아무것이나 채워도 되는 빈병"이 아니다.[19] 이렇게 되면 기독교의 강단은 예수 그리스도 안에 있는 하나님의 계시가 보여주는 것과는 반대되는 것 또는 이질적인 것으로 채워지게 된다. 그 결과 설교 강단에 "복음의 사사화" 현상이 선명하게 나타난다. 이것은 오늘의 역사와 사회 속에서 하나님

18 이만열은 교회개혁실천연대 2008년도 총회에서 축사 가운데서 다음과 같이 주장한다. "하나님이 출애굽 하던 이스라엘에게 가장 경계하라고 한 것이 바로 이 바알입니다. 출애굽 도상의 이스라엘인들은 순례자의 길을 걷는 이들이었습니다. 그들에게는 한 곳에 고정된 벽돌집 대신 때마다 옮겨야 할 천막이 있었고, 곡간에 저축해둔 곡식 대신 매일 하나님께서 주시는 만나가 있었습니다. 그렇게 함으로 40여 년의 광야의 훈련을 통해 하나님만 의지하도록 했습니다. 그러나 이스라엘인들이 때마다 가장 유혹받은 것이 바로 '우리는 언제쯤이면 천막 아닌 벽돌집을 짓고 매일 받아먹어야 하는 만나 대신 몇 달 몇 년씩의 곡식을 창고에 쌓아놓고 내일을 걱정하지 않고 풍족하게 먹을 수 있을 것인가' 하는 것이었습니다. 바로 그런 화려한 벽돌집에다 창고에 듬뿍 쌓아놓은 곡식을 담보해주는 신이 바로 바알이었습니다." 이만열, "한국교회 타락 주범, 맘몬신앙과 기복주의", 「뉴스앤조이」(2008년 1월 21일), 기사 참고.

19 Jacques Ellul, *La Subversion du Christianisme*, 자크 엘룰 번역 위원회 역, 『뒤틀려진 기독교』(서울: 도서출판대장간, 2008), 36.

의 프락시스에 대해서는 크게 관심을 기울이지 않으면서 한국교회와 그리스도인들이 세상을 향한 공적 책임을 감당하는 데는 무관심하게 만드는 요인으로 작용한다.

둘째, 한국교회 강단은 번영신학에 기초한 현세적 번영에 초점을 맞추는 경향성을 드러내었다. 기복신앙의 토대 위에서 가장 번성하는 것이 소위 작금에 이르러 대두되는 "번영신학"(prosperity theology)이다. 그것에 기초한 설교는 신앙생활을 잘하면 영적 축복과 물질적 축복을 함께 받게 되며, 따라서 부와 건강, 성공을 누리는 것이 하나님의 뜻이라고 강조한다. 이것은 "예수를 잘 믿으면 물질적 축복을 받아 풍요로운 삶을 살게 되며 현세에서도 복을 받고 내세에서도 복을 받게 된다"는 내용을 골자로 한다. 번영신학의 주창자들이 주로 짧은 시간에 양적 성장을 이룬 북미와 국내의 대형교회 목회자들이기 때문에 남달리 교회 성장에 대한 부담을 안고 있는 한국 목회자들은 쉽게, 무비판적으로 이것을 받아들인다. 물론 거기에는 민족적·문화 사회적 특성도 한몫을 했다.

> 한국교회 강단에서의 번영신학은, 기복주의적인 요소로 뭉쳐 있는 샤머니즘과 유교적 복 개념, 동양의 오복 사상, 1960대 이후 이 땅의 근대화 과정에서 새마을 운동이나 "잘 살아보세" 운동 등이 추구하는 자본주의 논리 등이 토양이 되어 자연스럽게 자리 잡게 되었다. 이것은 하나님의 백성 된 사람들이 "적극적인 신앙"을 가지고 말씀대로 순종하면서 살기만 하면 영적으로, 물질적으로 부를 누리게 되며, 건강의 복과 형통케 되는 복을 받게 된다는 점을 강조하는 특성을 가진다. 이것은 1980년대 미국의 오랄 로버츠, 로버트 슐러 등에 의해 대중의 관심을 끌었던 것이 최근에는 조엘 오스틴 등에 의해 다시 붐을 이루고 있다. 이것은 자본주의와 물질주의 세계를 사는 사람들에게 물질적이고 현세적인 복을 추구하는 그들의 취향과 심성을 자극하여 신

앙적 열심을 갖게 할 수 있고, 교인들을 꼼짝 못하게 묶어놓을 수 있어서 교회 성장에 유익이 되기 때문에 많은 목회자들이 선호하는 경향을 보인다.[20*]

이것은 개인주의적 기복주의와 마찬가지로 기독교 신앙과 복음을 심각하게 왜곡, 변형시키는 것이며, 개인적 욕망을 이용하여 메시지를 상품화하고 값싼 은혜를 선포하게 만든다는 문제를 일으킨다. 설교는 그 시대와 사회의 현실을 고려해야 하지만, 번영신학은 성경의 가르침과 복음의 핵심으로부터 벗어나 있다. 물론 성경이 축복과 번영을 언급하지 않는 것이 아니지만, 신자들에게 하나님은 건강과 부, 번영을 주시는 분이며 신앙의 고백, 섬김의 삶, 헌금 등을 통해서 그 같은 복을 누릴 수 있게 된다고 가르치는 것은 성경적 축복과 거리가 있다. 또한 하나님을 우리의 번영을 위한 수단이나 도구로 전락시킬 수 있고, 복음을 왜곡시킬 수 있으며 교회의 본질을 흐려놓을 수 있다.[21] 이런 경향에 사로잡힌 설교는 당연히 기복주의, 물량주의, 외형주의, 개인주의와 개교회주의 등의 형태를 띠게 되며, 교회의 세속화와 목회자의 타락뿐만 아니라 그리스도인들의 비윤리적인 삶으로 귀결된다. 이런 세속적 가치관이 목회 및 설교사역을 움직여가게 된다면, 단기적으로 외형적 급성장은 이룩할 수 있을지 모르겠지만 부작용을 낳게 되어 오히려 성장 둔화로 이어질 것이다.[22]

셋째, 한국교회 강단은 목회 성공주의와 물량주의 및 외형주의를 추구

20 김운용, "하나님 나라의 선포와 교회의 현실 참여를 위한 설교 신학 정립에 대한 연구: 예언적 설교를 위한 신학화 작업을 중심으로", 임희국 편집, 『하나님 나라와 교회의 현실 참여 1』(서울: 장로회신학대학교, 2010), 287.

21 번영신학에 대한 종합적인 비판을 참고하기 위해서는 Hank Hanegraaff, *Christianity in Crisis*, 김성웅 역, 『바벨탑에 갇힌 복음: 번영신학을 고발한다』(서울: 새물결플러스, 2010)를 참고하라.

22 단적으로 말해서 번영을 추구하고, 복을 받기 위해 신앙생활에 열심을 내었던 사람들은 안정된 생활을 하게 되면 신앙생활의 필요를 잃게 됨으로 교회 출석의 필요를 느끼지 않거나 신앙적 열심을 상실하게 될 것이다. 노치준, 『한국 개신교 사회학: 한국교회의 위기와 전망』(서울: 한울아카데미, 1998); 김의환, "한국교회의 성장 둔화와 번영신학", 「신학지남」, 256권(1998년 9월), 참조.

하고 있다. 이것은 기복주의와 번영신학의 자연스러운 귀결이다. 어쩌면 한국교회에서 가장 중요한 키워드는 "성장"과 "부흥"이라는 단어일 것이다. 이것은 본시 좋은 단어이지만 그것이 목회자와 그의 목회를 판단하는 기준으로 작용하면서 부작용을 낳고 있다. 한국 사회는 급속한 경제 발전을 이루면서 물량주의, 외형주의, 자본주의, 소비주의(consumerism) 등에 의해 강한 영향을 받으며 형성되었다. 이것은 큰 것, 많은 것이 존중을 받게 되며, 외형적으로 화려한 것이 선한 것이라는 인식을 바탕으로 한다.

그리고 교회 역시 그런 흐름에 편승하고 있다. 예배와 말씀의 좌판을 벌여놓고 소비자를 기다리는 것과 같은 현상들이 나타나고 있으며, 물량주의와 외형주의는 교회에도 들어와서 큰 것, 많은 것을 성공의 척도로 여기게 만들었다. 이런 성공주의 목회관이 한국교회에 빠르게 확산되면서 많은 문제점을 야기하고 있다. 교회관의 혼란이 초래되며, 목회에 대한 열심과 교회 성장에 대한 추구까지도 목회성공주의와 깊이 관련되는 것이다. 이렇게 될 때 자기 성공을 향한 열정을 거룩한 덮개로 씌워 미화시키는 현상이 일어날 수 있다. 자연히 강단의 최대 관심은 교회 성장이다. 어떻게 하든 큰 교회로 성장시키면 모든 것이 용서되고 '성공한' 목회자로 추앙을 받게 되는 분위기가 조성되면서, 강단에서의 메시지의 변형은 불가피한 현상이 된다.

교회 성장의 중요성을 부인하는 것이 아니다. 그러나 이기적인 개교회 성장주의는 지양되어야 하며, 물량적·외형적 성장만을 성공이라고 이해하는 세속적 가치관으로부터 벗어나야 한다. 이런 가치관들은 목회자들로 하여금 성장 지향의 목회로 치닫게 하며 또한 마치 '집단 이데올로기'처럼 작용하여 그 대열에서 이탈하는 순간 '무능한 목회자'가 되게 하는 가치 척도로 작용한다는 것이 문제다. 나아가 이런 물량주의적 목회 성공주의는 마치 목회자가 교회의 주인(owner)처럼 행세하게 만드는 요인으로 작용하여 각종 재정 비리, 목회 세습, 금권 타락 선거, 교회와 목회자의 권력화 등과 깊은 연결고리를 만들면서 교회의 부패를 낳는다. 양창삼은 다음과 같이 지적한다.

> 한국교회는 잘못된 자본주의의 영향을 받아 "성공주의"라는 틀 속에서 뒤틀리고 왜곡되어 있다. 나이는 먹고 수는 많아졌지만 기형적으로 자라 있고, 정신적으로 성숙하지 못하다. 성공주의에 희생이 되고 있는 것이다. 이로써 한국교회는 더욱 어려움에 처하고 있다.…지금 교회는 이기주의적이고 타락한 천민자본주의(pariah-capitalism)에 이끌려 급속하게 세속화된다. 교회가 거꾸로 사회의 악영향을 받으면서 함께 추락하고 있는 것이다. 타락한 자본주의를 구원하고 지도할 수 있는 기능조차 상실한 채 사회와 함께 표류하고 있다. 사회발전에 어떤 도움을 주지 못하고 있다는 것은 교회로서의 본래 모습을 잃어가고 있음을 보여준다. 교회에 대한 사회의 질타도 날로 강해지고 있다. 교회가 사회에 대해서 말을 하는 것이 아니라 사회가 오히려 교회를 향해 말하고 있다.[23]

막스 베버(Max Weber)가 보여주는 것처럼 서구 사회 자본주의가 발전하고 정착된 이유는 교회가 하나님의 말씀에 근거한 프로테스탄트 윤리를 바로 심어주었기 때문이다.[24] 서구 사회에서는 소명 사상에 입각한 직업의식 및 절약과 저축, 건전한 투자를 통한 기업의 육성이 강조되었다. 이런 점에서 보면 오늘 한국교회는 양창삼의 주장대로 천민자본주의를 받아들이면서 스스로 타락하고 있지는 않은지 깊이 고심해야 한다.

넷째, 하나님의 말씀인 성경에서 벗어난 설교의 범람 현상을 들 수 있

---

23 양창삼, "성공주의 속에서의 참된 목회란?", 「목회와 신학」(2001년 4월 호).

24 Max Beber, *Gesammelte Aufsatze zur Religionssoziologie*, 김덕영 역, 『프로테스탄티즘의 윤리와 자본주의 정신』(서울: 길, 2010).

다. 앞서 언급한 관념에 사로잡히게 되면 강단은 자연히 바른 성경 해석이 불가능하여 하나님의 말씀을 왜곡하거나 변형할 수밖에 없게 된다. 설교에서 성경이 말씀하는 바가 바로 선포되지 않고 어떤 목적이나 관심사가 이끌어가게 될 것이다. 이때 설교는 성경 본문으로부터 이탈하고 설교자는 본문과 전혀 상관없는 설교를 하게 될 것이다. 본문의 핵심 내용과는 상관없는 주변적인 이야기나 단어를 붙잡고 설교를 길게 끌어가는 것도 하나님의 말씀이 침묵하게 만드는 한 요소다. 독일의 설교학자 루돌프 보렌은 성경이 설교되지 않는 것은 성경을 덮어버리는 것과 마찬가지라고 했다.[25] 정용섭도 한국교회 설교의 가장 커다란 문제점의 하나로 설교에서 성경의 침묵을 들면서, 설교자들이 "성경의 고유한 세계가 살아서 움직인다는 사실을 실질적으로 인식하고 그 안으로 들어가는 길에 매진"할 것을 주문한다.[26]

## 선교 2세기 한국교회와 설교

설교자에게 가장 두렵고 떨리는 일은 설교가 오늘날에도 여전히 하나님의 뜻과 말씀을 드러내는 데 사용되고 있다는 사실이다. 하나님의 복음을 선포하기 위해서 불순종과 무지에 사로잡혀 있는 인간이 쓰임 받는다는 것은 가장 경이로우면서도 위험한 일이라고 디트리히 리츨은 주장한다.[27] 지난 한 세기 동안 영광스럽게 쓰임 받은 한국교회 강단이 선교 2세기에도 여전히 영광스럽게 쓰임 받기 위해서는 설교의 신학적 이해와 실행을 재고

25 Rudolf Boren, *Predigtlehre*, 박근원 역, 『설교학 원론』(서울: 대한기독교서회, 1979), 139.

26 정용섭, 『설교란 무엇인가』(서울: 홍성사, 2011), 4장; 『설교의 절망과 희망』(서울: 대한기독교서회, 2008), 참조.

27 Dietrich Ritschl, *A Theology of Proclamation* (Atlanta: John Knox Press, 1960), 10.

(rethinking)해야 한다. 스탠리 하우어워스는 무엇을 바꾸기를 원한다면 의지력을 기르는 것보다 "올바른 개념을 확립하는 일"이 더 중요하다고 하면서, 우리의 깨달음이 우리의 의도성 속에서 오래 지속될 때 우리 자신의 고유한 정체성이 형성된다고 주장한다.[28] 설교자와 설교의 바른 정체성을 형성하기 위해 정리해야 할 설교에 대한 올바른 개념은 무엇일까? 선교 2세기를 살고 있는 한국교회가 설교의 바른 정체성을 형성하기 위한 설교 신학적 단상을 몇 가지로 정리해보자.

첫째, 설교의 주체와 객체 의식을 분명히 해야 한다. 한국교회 강단에는 설교의 주체와 객체의 혼동 현상이 심각하다. 설교는 세상이 제공할 수 없는 것을 제공하지만 그것은 본질상 하나님이 주시는 것이다. 그러므로 설교자가 주체가 아니라 성삼위 하나님이 주체가 되신다. 그분은 설교가 행해질 때 우리 가운데 행동하고 계시며, 운행하신다. 설교자는 설교의 주체로 사용되기도 하며 하나님의 말씀을 듣는 설교의 객체가 되기도 한다. 강단에서 가장 위험한 것은 설교자가 말씀의 주체가 되고, 스스로가 은혜와 축복의 "제조자"인 것처럼 착각하는 것이다. 매 주일 강단에서는 "주체와 객체의 분열"[29] 현상이 일어날 수 있다. 하나님의 말씀 앞에 부복하지 않고 자신이 마치 은혜의 제작자인 것처럼 행동하게 된다면 그 설교자는 잘못 서 있는 것이다.

물론 이것은 빈약한 설교에 대한 책임을 하나님께 전가하거나, 설교가 하나님의 직통계시라고 설명하려는 것이 아니다. 오히려 설교자는 성경이 증언하는 하나님의 말씀을 바로 듣고 그것을 증언하기 위해 강단에 설 때 자기의 말이 아니라 하나님께서 말씀하시려는 바를 전하려는 바른 의식이

---

28 Stanley Hauerwas, *Vision and Virtue* (Notre Dame: University of Nortre Dame, 1981), 2.

29 Ritschl, *A Theology of Proclamation*, 1장.

있어야 한다. 설교자는 하나님께서 자신을 말씀의 봉사자와 증언자로 세우셨음을 알아야 한다. 이것은 설교자가 하나님의 말씀 앞에 함께 서서 그 말씀을 듣는 존재이며, 자기의 생각을 전하는 것이 아니라 전하도록 부탁받은 것을 전하는 존재임을 강조하는 말이다.

이런 점에서 보면 설교는 설교자가 하나님의 말씀인 성경을 통해서 보았고 들었고 만졌던 것을 증언하는 것이다(요일 1:1). 여기서 설교자에게 필요한 것은 증인으로 부름 받은 소명자라는 자기 인식이다. 설교는 계속되는 하나님의 계시 사건이며, 설교한다는 것은 그 계시 사건에 참여하는 것이고, 그것을 드러내는 것이다. 칼 바르트의 정의대로 설교는 "하나님 자신에 의해 말씀되는 하나님의 말씀"이다. 여기서 설교는 하나님께서 친히 자신을 드러내시기 위해 사용하시는 도구이며 설교의 주체는 하나님이시다.[30] 다만 설교자는 그 계시 사건에 참여하는 것이고, 그 여정에서 보고 듣고 경험한 것을 증언하는 것이다. 엄밀한 의미에서 기독교의 설교는 예수의 제자들이 경험했던 십자가와 부활 사건을 증언하고 케리그마를 선포하기 위해서 시작되었다. 그래서 폴 리쾨르는 '증언'(testimony)을 해석학의 현저한 특성으로 탐구하면서 '증인 캐릭터'(witness character)를 초기 교회의 삶과 문헌을 이해하고 해석하는 데 가장 중요한 도구로 이해한다.[31] 증언자로 세움 받은 설교자는 언제나 먼저 하나님의 말씀을 '들음'과 그 세계에로의 '참여'를 필요로 한다. 뿐만 아니라 설교자는 그의 모든 노력을 다한 후에 인간의 증언을 참되게 하는 것이 부활하신 그리스도의 임재라는 사실을 기억하면서 주님의 임재와 성령님의 기름 부으심을 부단히 구하는 자여야 한다. 설교가 가지는 이런 차원을 앤나 플로렌스는 다음과 같이 설명한다.

---

30 김운용, "하나님 나라의 선포와 교회의 현실 참여를 위한 설교 신학 정립에 대한 연구", 252.

31 Paul Ricoeur, "The Hermeneutics of Testimony," in *Essays on Biblical Interpretation*, ed. Lewis Mudge (Philadelphia: Fortress Press, 1980).

> 내가 그것을 어떻게 말할 수 있을까? 어떤 증거도 내가 말하는 것을 보증해 주지 못하는데 내가 어떻게 하나님의 해방케 하시는 말씀을 선포할 수 있을까? 아니, 내가 어떻게 설교하지 않을 수 있다는 말인가? 성경 본문과 우리의 삶 가운데서 운행하시는 하나님을 보았는데 내가 어떻게 그것을 말하지 않을 수 있다는 말인가? 하나님은 어떤 제도보다 위대하시고 선하시며 능하신 분이시며, 내가 그것을 진정으로 믿는데 그것을 어떻게 말하지 않을 수 있다는 말인가? 사랑하는 교인들이 거짓 세력에 사로잡혀 있는데 내가 어떻게 그것을 말하지 않을 수 있다는 말인가? 내가 전하는 것이 자유케 하시는 하나님의 말씀인데 어떻게 그것을 말하지 않을 수 있다는 말인가? 내 인생이 그 말씀에 온전히 인이 쳐져 있는데 내가 어떻게 그것을 말하지 않을 수 있다는 말인가? 이것이 성경이 말씀하시는 방식이며, 설교의 논리이고, 사랑하는 교회의 모국어이며, 지금까지 잘 보존된 비밀인데 내가 어떻게 그것을 말하지 않을 수 있다는 말인가? 내가 진정으로 깨어 있다면 어떻게 그것을 말하지 않을 수 있다는 말인가? 내가 어떻게 하나님을 증거하지 않을 수 있다는 말인가? 그렇다. 당신은 할 수 있다. 특별한 용기가 없는 당신이라 할지라도 당신은 할 수 있다. 당신이 감당하는 사역은 실로 영광스러운 것이다. 하나님께 감사를 올려드리자.[32]

둘째, 설교는 복음 중심성과 성경 중심성을 견지해야 한다. 앞서 언급한 대로 기독교의 설교는 예수 그리스도를 통해서 완성된 인간의 구속 역사의 신비를 알려주는 복음을 증언하기 위해 시작되었다. 예수의 제자들과 초기 교회는 메시아로 이 땅에 오신 예수 그리스도의 구속 사건—그의 생애와 십자가에서 죽으심, 그리고 부활과 다시 오심—을 선포하는 일에 주력했

32 Anna Carter Florence, *Preaching as Testimony* (Louisville: Westminster John Knox Press, 2007), 158.

다. 기독교 설교는 복음의 선포로부터 시작되었으며 언제나 사역의 중심을 이루었다. 이것은 "교회가 존재하게 하는 중심적인 실재(central reality)"[33]였으며, 설교의 이유였다. 그러므로 설교는 복음의 한계선 안에 머물러 있어야 하며, 반드시 사도적 메시지의 근본 주장을 견지해야 한다. 복음은 예수 그리스도께서 십자가에 달려 돌아가시고 부활하신 사건이 죄와 죽음, 모든 악의 세력을 이기신 하나님의 궁극적인 승리이며, 개인들과 사회와 나라들, 그리고 온 우주 속에 새로운 생명을 가져다주는 사건임을 선포하는 복된 소식이다. 어떤 내용의 말씀이든지 간에 설교는 언제나 복음과 만나야 하며, 이 복음의 소식이 그 골격이 되어야 한다.

또한 설교는 근본적으로 성경 중심성을 가져야 한다. 왜냐하면 성경은 하나님의 계시의 완성이며, 하나님께서는 오늘도 그 성경을 통해서 말씀하시기 때문이다. 설교는 "성경에 대한 확고한 해석과 역사적 배경에 대한 완전한 이해를 바탕으로 성경 안에 살아 있는 진리의 말씀을 전달하는 행위"다.[34] 그러므로 모든 설교는 성경적 설교가 되어야 하며, "성경적" 설교가 규범으로 작용해야 한다. 설교자는 성경적으로 설교하기 위해서 어떻게 성경을 이해하고 해석해야 할 것인지를 항상 알고 있어야 하며, 지속적으로 성경을 연구하여 성경에 대한 이해의 폭을 넓혀가야 한다. 성경 본문에 대한 주석과 해석에 관한 깊은 연구를 토대로 하여 설교문으로 나아가는 훈련이 필요하다. 과거 성경이 기록되던 때 혹은 이 말씀을 처음 들었던 원독자들에게 의미하는 바(then)를 이해하는 데서 출발하여 오늘의 청중들에게 주어지는(now) 의미까지도 파악할 수 있어야 한다. 설교자는 오늘의 의미에 먼저 눈길을 돌리기보다는 정확한 "그때"의 의미를 이해하려고 애써야 한다.

33 Lesslie Newbigin, *The Gospel in a Pluralist Society* (Grand Rapids: Eerdmans, 1989), 139.
34 김운용, 『새롭게 설교하기』, 167.

그리고 그 의미가 오늘날에 어떻게 적용될 수 있을지에 대한 깊은 연구와 그것을 효과적으로 전달하려는 노력이 함께 병행되어야 한다.[35] 설교자는 성경을 통해 보여주시는 하나님의 계시의 말씀을 읽고 해석하여 명확히 들려주어야 할 사명이 있다. 여기서 설교자는 본문에 대한 깊은 연구와 주의 깊은 해석에 초점을 맞추어야 하며, 성경 본문을 통해서 드러나는 하나님의 은혜로우신 행동(the gracious activity of God)을 보여주어야 한다.[36]

셋째, 설교는 세상과 교회를 위해 주시는 하나님의 말씀이며 세상에 대한 "대안공동체"(alternative community)를 세워가는 것이다. 설교는 이 시대에 세상과 교회를 위해서 주시는 생명의 말씀을 전하는 사역이다. 초기 설교자들은 말씀이 육신이 되신 그분 안에서 하나님의 영광을 보았고 세상에 그분을 보여주기 위해 세상을 향하여 증언하기 시작했다. 그 말씀의 중심에는 성육신하신 그리스도가 계신다. 설교를 통해서 우리 가운데 은혜와 진리로 충만하신 모습으로 거하시는 그리스도를 보여주어야 한다는 말은 장 칼뱅이 설교를 성례전적 행위로 이해한 것과 같은 맥락이다.[37] 이때 "설교자의 입술은 그리스도의 입술이 된다."

"교회의 권위는 말씀의 권위이지 결코 교회 자체로서의 권위가 될 수 없다"는 바르트의 말도 같은 맥락에서 이해할 수 있다. 성경은 과거의 어느 시점에서 하나님의 백성들에게 주신 말씀이었지만 그때의 삶의 상황을 넘어서 각 시대의 삶의 정황을 위해 주어진, 어제나 오늘이나 영원토록 동일한 하나님의 말씀이다.[38] 교회는 세상을 위해 말씀을 증거하는 공동체로 세

35 위의 책, 8장.

36 폴 스캇 윌슨은 이것을 그의 설교 형태에 구체적으로 도입한다. 이것에 대해서는 Paul S. Wilson, *The Four Pages of the Sermon* (Nashville: Abingdon Press, 1998)을 참고하라.

37 John Calvin, *Institutes of the Christian Religion*, trans. Henry Beveridge (Grand Rapids: Eerdmans, 1989), 4.1.5.

38 이런 신학적 이해를 칼 바르트에게서 찾을 수 있다. Karl Barth, *Der Römerbrief*, 조남홍 역, 『로마서 강해』(서울: 한들출판사, 1997)을 보라.

워졌다. 교회는 성령을 의지하여 하나님의 말씀과 그것을 통해 형성된 하나님 나라로서의 대안공동체를 선포해야 할 사명을 가진다.

설교는 "세상에 대하여 대안공동체를 형성할 뿐만 아니라 세상으로 하여금 그것을 볼 수 있도록 소개하고 공표하는 사역"으로 규정할 수 있다.[39] 설교자의 과제는 오늘 우리를 둘러싸고 있는 문화의 지배적 의식이 무엇인지를 분석하고 그에 대한 "대안적 의식"을 불러일으켜 그것을 발전시키며, 확대해나가는 것이다. 월터 브루그만이 제시한 대로 교회는 "역사 속에서 옳고 그른 것을 판단할 규범과 책임 있는 권위를 제시할 수 있는"[40] 공동체가 되어야 한다는 점에서 세상에 대해 '대안적'이다. 이것은 교회가 이 사회와 문화에 대해서 참여와 변혁의 사역을 감당해가는 '공적 교회'(public church)[41]의 특성을 가져야 한다는 의미와도 연결된다. 복음을 개인적 차원에 고착시키는 복음의 사사화 및 교회의 공적 사명의 망각은 교회의 실천을 편협하게 만들고, 교회 내부의 문제에 전념하게 만들면서 사회로부터 고립된 공동체가 되게 한다. 그러므로 기독교 설교는 교회가 이런 함정에 빠지지 않도록 깨우는 사역이 되어야 한다.

넷째, 설교는 하나님의 통치하심을 선포하는 사역이어야 한다. 설교사역은 하나님의 다스리심을 선포하는 것이며, 다가오는 하나님 나라를 보여주고 선포하는 사역이다. 이 땅에서 행하신 예수님의 설교와 가르침의 중심 주제는 하나님 나라였다. 공생애의 시작과 함께 갈릴리에서 행하셨던

39 김운용, "하나님 나라의 선포와 교회의 현실 참여를 위한 설교 신학 정립에 대한 연구", 298.

40 Walter Brueggemann, *The Prophetic Imagination*, 2nd ed. (Minneapolis: Fortress Press, 2001), 3-4.

41 이 용어를 처음 사용한 것은 마틴 마티였다. 그에 따르면 그리스도를 주인으로 하는 교회는 세상의 공적 질서에 대해서 민감성을 가진 교회이며, 이것에 대해 깊은 책임감을 가지고 있는 교회이다. 보다 상세한 내용을 위해서는 Martin E. Marty, *The Public Church: Mainline-Evangelical-Catholic* (New York: Crossroad, 1981)을 참조하라. 교회의 공적 기능 수행을 위한 하나의 가능성을 제시하고 있는 책으로는 Charles Campbell, *The Word before Powers*, 김운용 역, 『실천과 저항의 설교학: 설교의 윤리』(서울: WPA, 2014)를 참고하라.

최초 설교의 중심 골자도 다가오는 하나님 나라에 대한 것이었으며(막 1:15), 그것은 예수님의 전체적인 선포의 요약이었고 방향성을 보여주는 것이었다.[42] 우리는 공관복음 저자들의 기록에 따라 예수님의 지상 생애 가운데 가장 중심이 되는 목적이 하나님 나라를 설교하는 것이었음을 알 수 있다.[43] 그래서 존 브라이트는 "예수님의 마음속에 있었던 최고의 관심사는 하나님 나라"[44]였다고 주장한다.

그러나 언제부터인가 설교에서 하나님 나라가 중심에서 밀려난 듯하다. 일반화시키기는 어렵지만 하나님 나라가 예수님의 사역에서 점유했던 자리를 오늘날의 설교가 놓치고 있음은 부인할 수 없다. 데이비드 버트릭은 하나님 나라에 관한 설교가 별안간 사라져버린 별과 같이 오늘날 강단에서 사라져버렸다고 주장한다.[45] 20세기 신학계에서 하나님 나라에 대한 논의들이 활발해졌지만[46] 강단에서는 하나님 나라에 대한 설교가 여전히 "깜박거리는 희미한 불"로 남아 있다. 하나님 나라와 관계된 언어들과 하나님의 목적에 대한 경이감을 상실한 설교는 늘 과거의 사건에 얽매여 있게 된다. 이로 인해 오늘 여기서 하나님께서 펼치시는 현재적이고 미래적인 사건에 대해서는 감격이나 흥분을 잃어버리고, 오직 과거의 사건에 고착된다.

엄밀히 말해서 기독교의 설교는 예수님의 설교를 이어가는 것이며, 그런 점에서 설교자들은 하나님의 다스리심과 하나님의 미래에 대해 깊은 관

---

42 김운용, 『새롭게 설교하기』, 181.

43 마 4:12-17, 23; 9:35; 막 1:14-15; 눅 4:43; 8:1; 9:11 등 참조. 공관복음에 나타나는 하나님 나라에 대한 예수님의 말씀은 선포, 가르침, 논쟁의 범주로 나누어볼 수 있다.

44 John Bright, *The Kingdom of God: The Biblical Concept and Its Meaning for the Church* (New York: Abingdon-Cokesbury Press, 1953), 17.

45 David Buttrick, *Preaching the New and Now* (Louisville: Westminster John Knox Press, 1998), 1.

46 이에 대한 자세한 연구들을 보기 위해서는 Wendell Willis, ed., *The Kingdom of God in 20th Century Interpretation* (Peabody: Hendrickson Publishers, 1987); Bruce Chilton, ed., *The Kingdom of God in the Teaching of Jesus* (London: SPCK, 1984) 등을 보라.

심을 가져야 한다. 하나님 나라의 선포로서의 설교는 하나님의 통치하심에 대한 새로운 선언이며, 예수 그리스도의 사건을 통해서 드러난 하나님의 미래를 선포하는 것이다. 이것은 하나님의 왕 되심, 즉 왕권에 대한 선언을 포함하며, 그분의 통치하심에 초점을 맞춘다. 이렇게 하나님의 통치하심을 선포할 때 인간 편에서 필요한 것은 '돌이킴'과 '회개'다. 곧 하나님께서 예비하신 새로운 질서 가운데로 들어오기 위해서는 옛 세계 및 자아와의 단절을 필요로 한다. 교회는 하나님 나라를 열망하는 자들의 모임이며, 이미 우리 가운데 이루어진 하나님 나라를 경축하며, 다가오는 하나님 나라를 대망한다.[47] 교회는 끊임없이 종말론적인 '기대'(anticipation) 속에서 사는 공동체이며 종말론적 사건인 예수 그리스도의 성육신과 십자가 사건의 선포, 그리고 성령을 통한 그의 임재와 다시 오심에 대한 간절한 기대와 간구를 통해 이 세상 가운데 서 있는 공동체다. 그리스도 사건의 회상은 그리스도께서 구속하실 미래와 영광의 예표(signum prognosticum)로 기능하고 그 사건을 현재화시켜준다. 이런 회상을 통해서 하나님의 백성들은 죄로 인도하는 세계의 모든 세력과 법칙으로부터 해방되며, 하나님의 백성들의 공동체는 하나님이 제공하신 미래를 확신한다. 이것은 또한 세상 속으로의 '참여'를 강조한다. 메시아의 향연을 맛본 공동체는 성령의 중재와 권능을 통해 자신을 뛰어넘어 고난 가운데 있는 세상을 향해 나아가게 된다. 메시아적인 공동체는 세상의 고통과 하나님의 미래 안에 참여하며, 이제 하나님 나라를 위한 섬김의 공동체로 그 자신을 이해하게 된다.[48]

다섯째, 설교는 삶의 변혁과 변화를 목표로 해야 한다. 본질적인 측면에서 보면 설교는 하나님의 백성들이 하나님의 말씀으로 변화된 삶을 살도

---

47 김운용, 『새롭게 설교하기』, 200-3.

48 위의 책, 417-21.

록 인도한다는 점에서 일종의 "새롭게 됨의 추구"이다.[49] 설교의 목적은 하나님의 말씀과 뜻을 따라 자신의 마음과 삶을 새롭게 하는 데 있다. 설교는 하나님의 백성들의 마음을 하나님께로 돌이키도록 하기 위해 하나님께서 친히 세우신 제도다. 그러므로 설교는 본질적으로 사람, 사회, 문화, 전통에 대해 변혁적 특성을 가지며 하나님의 말씀을 통한 삶의 변형(transformation)을 지향한다. 이것은 말씀이 육신이 되어 우리 가운데 거하게 되는 성육신 사건이 가지는 특성이기도 한데, 빛(말씀)으로 오신 예수님이 임하셨을 때 세상에서 어두움이 물러가고 생명의 역사가 시작된다. 언제나 빛이 비취는 곳에는 어두움이 공존하지 못하고 쫓겨 나가게 된다. 여기서 요한복음의 화자는 예수 그리스도를 증거하는 설교자를 "빛에 대해 증언하는 존재"(요 1:8)로 규정한다. 설교는 기본적으로 변혁의 특성을 가지고 있으며, 본질적으로 삶의 변화를 추구한다. 이것은 개인적 차원과 사회적 차원을 포함하며, 잘못된 것을 드러내면서 비전을 제시한다는 점에서 '예언적' 특성을 가진다. 이러한 특성은 대사회적 영향력과 도덕성의 회복과도 연결된다. 그동안 한국교회 강단은 상대적으로 설교의 예언적 차원과 삶의 변화의 차원에 대한 강조가 약했다. 그러므로 선교 2세기에 한국교회 강단은 삶의 변화에 더 강조점을 두어야 할 것이다.[50] 한국교회는 도덕성 회복과 삶의 실천, 교회와 교인들의 '제자리 찾기'의 필요성에 직면해 있다.

---

49 김운용, "새롭게 됨의 추구로서의 설교", 「헤르메네이아 투데이」(2007년 여름호).

50 옥한흠은 40년 설교사역 가운데서 탄식하고 싶을 정도로 가장 안타까웠던 일은 성도의 삶에 변화가 잘 일어나지 않는 것이었다고 토로한 바 있다. 변화는 "말씀을 듣고 순종함으로써 예수의 제자가 되는 성숙한 지경에 이르는 것"이며, "말씀을 들어 순종하고 주님을 닮아가는 것, 각자의 처지에서 온전한 자리에 이르는 것"으로 규정한다. 그는 "천 번 설교를 했다고 해도 듣는 사람들의 마음과 삶에 변화를 일궈낼 수 없다면 한 번도 설교를 하지 않은 것"과 같다고 주장한다. 이태형, 『두려운 영광: 두렵고 떨림으로 말씀을 대언하는 우리 시대 대표 설교자 10인을 만나다』(서울: 포이에마, 2008), 22.

## 여전히 영광의 시대가 될 수 있을 것인가?

선교 1세기 동안 한국교회는 민족의 근대사 한복판에서 지대한 역할을 해오면서 지속적으로 성장했지만, 작금에 이르러 "성장 위기론"뿐만 아니라 본질이 흔들리는 "본질 위기론"이 언급될 정도로 많은 도전에 직면해 있다. 한국교회는 대사회적 영향력과 역할의 회복뿐만 아니라 자체 개혁의 과제를 안고 있다. 선교 2세기 한국교회가 교회의 거룩함을 잃지 않고 여전히 복음의 영향력을 가진 교회로 나가기 위해 필요한 요인이 무엇인지는 여러 차원에서 논의가 가능하겠으나 여기서는 주로 설교학적 관점에서 살펴보았다.

설교는 하나님의 말씀의 선포로서, 교회와 성도를 늘 새롭게 세워나가는 중심적 역할을 한다는 점에서 대단히 중요한 사명을 가지고 있다. 선교 2세기로 접어든 한국교회는 전환기에 서 있다. 역사에서 교회에 대한 비판과 공격이 없었던 적은 없었지만 이렇게 반기독교적인 정서가 팽배하고, 교회와 복음이 조롱거리가 되었던 적이 없었다. 이때 필요한 것은 교회와 사역자들이 자기 정체성을 바로 알고 이를 세워나가는 것이다. 말씀을 삶으로 실천하는 노력을 통해 교회의 거룩성을 회복하고, 그리하여 세상으로 하여금 진리를 보게 하는 방법 외에 다른 방법은 없다.

설교는 하나님의 백성들의 공동체인 교회를 향해, 창조세계를 향해 하나님의 말씀을 증거하고 하나님의 미래를 증거하는 비전 제시의 사역이다. 선교 2세기를 시작하는 한국교회에 가장 필요한 화두는 자성을 통한 갱신과 회복이다. 웰즈가 주장한 대로 교회가 다시 하나님 앞에서 살아간다는 것이 무슨 뜻인지에 대한 확신을 회복하지 못한다면, 교회의 예배가 겸손과 경외와 사랑과 찬미를 다시 배우지 못한다면, 하나님의 거룩하심에 사로잡혀 세상에서의 심오하면서도 굽힐 수 없는 도덕적 목적을 다시금 발견하지 못한다면, 즉 교회가 이 모든 일을 제대로 하지 못한다면 교회는 바로

설 수 없을 것이다.[51]

2008년 2월 10일, 우리 민족에게 참 부끄럽고 참담한 사건이 발생했다. 어처구니없는 방화 사건으로 대한민국의 국보 1호인 숭례문이 불에 타 허물어져 내린 것이다. 화재는 저녁 8시 40분경에 일어났고, 화재 4시간 만에 누각 2층 지붕이 붕괴했으며 그로부터 한 시간 후에는 석축을 제외한 건물이 모두 붕괴되고 말았다. 임진왜란과 한국전쟁, 수많은 국가적 난리에도 600년 동안 지켜져왔던 국가의 보물이 한 정신 나간 노인의 방화에 의해 무너지고 만 것이다. 불은 지른 사람의 죄도 크지만 매년 수천억 원의 예산을 쓰면서도 국가의 보물 하나 지켜내지 못한 관리자의 잘못은 더 크다. 첨단장비를 갖춘 경비업체도 지켜내지 못했고, 잘 훈련된 소방관들도 어찌된 일인지 물만 뿌려댔을 뿐 갈팡질팡하다가 그 화마로부터 나라의 보물을 지켜내지 못했다. 600년 세월 동안 우리 곁에 우뚝 서 있었던 그 보물이 허물어져 내리는 모습을 보면서 대한민국의 국민이라면 누구나 억장이 무너지는 아픔을 겪었으리라. 웅장한 자태로 수도 서울의 중심 거리를 오고가는 사람들을 반기던 숭례문이 무너져 내린 자리에 정부는 울타리를 쳐 두었다. 얼렁뚱땅 그 모든 것을 가려버리려는 자들을 향해 시인 남영신은 "무너진 숭례문을 가리지 마라!"고 외친다.[52]

600년 세월을 민족과 함께했던 보물이 검은 연기와 불길에 휩싸여 무너져 내렸으니 그것을 지키지 못한 것은 분명 범죄였다. 세계에 나가 큰 집을 짓는다고 자랑할 것도 없고, 첨단 반도체를 많이 팔아 돈을 벌었다고 자랑할 것도 없다. 그냥 우리는 모두 부끄러웠다. 숭례문을 무너뜨린 것은 소중한 것을 진정 소중하게 여기지 못했던 우리의 잘못이기 때문이다. 죄인

51 Wells, 『신학 실종』, 440.

52 김운용, 『현대설교코칭』(서울: 장로회신학대학교, 2012), 25장에서 인용.

하나 가두고 지키기 위해서는 첩첩의 장치들을 만들면서 국가의 보물을 정신 나간 노인 한 사람 막아낼 장치도 없이 팽개쳐 놓았는지 실로 부끄러웠다. 무능한 정부가 부끄럽고, 문화재청이 부끄럽고, 우리의 무관심이 부끄러웠다. 그 부끄러움을 감추려고 사람들은 그 둘레에 서둘러 울타리를 만들었다. 그 사건은 이제 사람들의 기억에서 서서히 잊혀갈 것이다. 그러나 지금 시인은 그 무너짐을 단지 숭례문에만 국한시키고 있지 않다. 각처에서 무너져 내리는 보물들이 있음을 경고하고 있다. 이로써 우리의 무관심 때문에 여전히 무너져 내리고 있는 그것을 지켜내지 못하는 부끄러움을 더 만들어서는 안 된다는 경고의 외침을 주고 있다. 이는 그 부끄러움을 천 조각 몇 개로 덮어버리려고 하지 말고, 가슴 깊이 각인시켜야 한다는 외침이다.

그리고 5년 3개월 만에 숭례문을 다시 복원했다. 투입된 총 비용은 245억 원이었고, 연인원 35,000여 명이 동원되었다. 그러나 얼마 지나지 않아 복원 공사의 총책임을 맡은 대목장이 관급으로 주어진 금강송 목재를 횡령한 사실이 밝혀지면서 충격을 주었다. 대목장이 감정가 6천여만 원에 해당하는 금강송 4주를 자신이 운영하는 목재소 창고로 빼돌린 사실이 확인되었고, 문화재청 공무원들이 수천만 원의 뇌물을 받았으며 대학의 명예교수들로 구성된 문화재 권위자 그룹인 문화재 위원들에게도 수천만 원의 돈이 선물비로 오간 비리도 함께 드러났다. 그 결과 부실공사로 복원된 숭례문의 기둥 일부가 틈이 벌어지고 쪼개지는 현상이 발생했다.[53]

오늘 우리 가운데서도 사방에서 소중한 보물을 무너뜨리려는 소리들이 들려온다. 때로는 우리들의 잘못 때문에, 때로는 우리들의 무관심, 무신경, 무책임, 무기력 때문에 일어나는 소리들이다. 지금까지도 부끄러움이 적지 않아 더 큰 부끄러움을 만들지 않겠다는 마음으로 나 자신을 돌아보아야

53 「경향신문」(2014년 3월 26일 자).

할 시점에 서 있다. 오늘날 교회는 문화 사회적 변화와 함께 수많은 도전 앞에 서 있다. 여러 가지 정황들과 사건들로 인해 그런 도전의 세력들은 더욱 거세게 달려들고 있다. 작은 악감정 때문에 밤중에 은밀하게 시너 통을 들고 그 보물을 불태우려 다가오는 정신 나간 노인처럼 우리의 보물을 불태워 무너뜨리려는 한밤중의 은밀한 움직임들이 계속된다. 이런 도전들이 계속되고 있다면 교회를 지켜내도록 세움 받은 설교자의 책임은 더욱 막중해진다.

프랑스 작가 알랭 드 보통은 『행복의 건축』에서 자신의 경험을 들려준다. 비가 퍼붓던 어느 날 오후, 그는 친구와의 약속이 어긋나 런던의 한 맥도널드 체인점에서 두어 시간을 혼자 보내야 했다고 한다. 아무런 표정 없이 앉아 혼자서 식사하는 사람들, 프렌치 프라이를 튀기는 소리, 계산대에서 주문받는 소리로 어수선한 곳이었다. 그는 거기에서 느껴지는 불편함과 외로움을 잊으려면 계속 먹는 수밖에 없을 것처럼 느껴지는 분위기였다고 한다. 그때 키가 큰 금발의 핀란드 십 대들 몇 명이 우르르 몰려 들어와서는 왁자지껄 떠들고 노래를 부르는 통에, 더 앉아 있기 힘들어진 그는 그곳을 나와 햄버거 가게 바로 옆 광장으로 걸어 나갔다. 그곳에는 웨스트민스터교회의 첨탑이 안개 낀 런던 하늘 속으로 높이 솟아 있었다. 그는 호기심에 예배당으로 들어갔다. 어두운 내부에는 촛불들이 너울거리고, 웅얼거리는 기도소리가 들렸다. 본당 회중석 한가운데 천장에는 10미터 높이의 십자가가 걸려 있었다. 바깥 세계의 소음은 사라지고, 그 자리에 경외와 정적이 들어앉았다. 방문객들은 어떤 집단적 꿈에 빠져든 듯 본능적으로 목소리를 죽였다. 그곳에서는 독특한 종류의 친밀감이 거리의 익명성을 삼켜버렸다. 마치 인간 본성의 모든 면을 표면으로 불러낸 것 같았다. 교회당 안에 있으니, 바깥에서라면 생각할 수도 없는 것으로 여겨지던 여러 가지 것들이 합리적으로 느껴졌다. 천사가 당장이라도 구름을 뚫고 내려와 창으로 들어오면서 황금나팔을 불며 라틴어로 말한다 해도 놀랍지 않을 것 같았다. 불과 40미터 떨어진 햄버거 가게에서라면 미친 소리로 들렸을 개념들이 지고의 의미와 장엄을 얻게 된 것이다. 조금 슬퍼진 마음에서 찾아간 그곳에서 그런 감격을 맛보면서 그는 건축물 하나 때문에 일어난 그런 현상에 주목한다. 소음을 피해 들어간 곳에서 그는 생명력으로 가득한 거룩한 공간을 만난 것이다.

우울한 마음에 찾아간 그곳에서 생명력으로 가득한 거룩한 공간을 만나는 것…그것을 오늘의 설교자들이 꿈꾸어야 하고, 그것이 바로 하나님의 말씀의 향연이 펼쳐지는 예배의 자리에서 구현되어야 할 사실이 아니겠는가! 가슴 가득 안타까움과 눈물을 머금고, 잘못된 모습들을 향해 피 토하듯이 쏟아놓는 설교가 다시 나와야 할 때이다. 지금 우리 설교자들에게 필요한 것은 "조금 슬퍼지는" 것이다.[54] 거기에서 가슴 떨리는 설교가 나오고, 통곡이 나오고, 하나님의 말씀을 듣고 이 시대를 향해 피 토하듯이 외칠 수 있는 간절함이 나올 것이기 때문이다.

지금까지 우리는 한국교회 130년 역사 동안에 설교사역으로 깊은 영향력을 각인시켰던 설교자들의 발자취를 더듬어 보았다. 어두움의 땅에 복음이 전해진 이후로 한국교회가 이렇게 우뚝 세워진 것은 그 고난의 시간에도 생명을 걸고 주님을 섬기고 교회를 사랑했으며, 피 토하듯이 하나님의 말씀을 전했던 설교자들이 있었기 때문이다. 우리는 아름다운 신앙과 설교학적 유산을 물려받았다. 그러나 오늘 한국교회의 영적 기상도는 깊은 어두움에 휩싸여 있음을 부인하기가 어렵다. 물론 오늘도 이름도 없이 빛도 없이, 주님의 교회와 한 영혼을 가슴에 품고 달리는 설교자들이 마치 바알에게 무릎을 꿇지 않고 그 입을 바알에게 맞추지 아니한 칠천의 남은 자들(왕상 19:18)

54 김운용, 『현대설교 코칭』, 370-72.

처럼 이 땅에 우뚝 서 있음을, 다른 사람이 보기에는 초라하고 작아 보여도 말씀의 등불을 들고 우뚝 서 있는 설교자들이 있음을 간과하지 말자.

그러나 우리가 달리는 방향과 추구하는 바를 다시 말씀 앞에서 점검해야 할 때가 되었다. 민족복음화와 주님의 몸 된 교회의 성장은 우리가 지속적으로 추구해야 할 일임이 분명하지만, 성장제일주의는 교회를 병들게 만든다. 지난 세월 한국교회가 전도와 교회 성장이라는 미명하에 기복주의와 결탁했음을 반성하면서 이제는 성숙과 삶의 실천에 더 초점을 맞추어야 한다. 복음을 개인적인 차원에 가두어버렸던 것을 반성하며 사회적·공적 영역에서의 복음의 실천과 나눔의 삶에 더 초점을 맞추어가야 한다. 숫자와 규모만을 중요하게 생각했던 외형주의에서 벗어나 한 영혼에 더 집중하고 작은 것을 소중하게 여기는, 본질로 돌아가는(*Ad Fontes*) 몸부림이 필요하다.

몇 년 전 개봉된 영화 〈쿼바디스〉는 다소의 논란이 있었지만 선교 2세기를 살아가는 한국교회가 어떤 방향으로 나아가야 할지에 대한 개혁의 메시지를 담은 것으로 평가를 받고 있다. 그 영화는 20세기 중후반 수많은 헌신을 통해 세워진 한국교회가 탐욕에 사로잡혀 기업화·세속화되었음을 신랄하게 비판하면서, 핍박을 피해 로마를 떠나던 베드로가 예수님을 만나 던졌던 "주여 어디로 가시나이까?"라는 바로 그 질문을 한국교회에 던지고 있다. 영화의 첫 부분에서는 3천억 이상의 건축비를 들여 웅장하게 지어진 한 대형교회의 모습을 보여주며 이를 비판하는 한 성도의 인터뷰 내용을 소개한다. "이 건물의 머리말에 이렇게 쓰고 싶습니다. 한국교회는 이렇게 침몰했다."[55]

평생 목회 현장에서 설교자로 살았던 한국교회 한 원로의 목소리도 귀담아 들어야 한다. 그는 물질욕, 과시욕, 명예욕의 공해 때문에 한국교회 강단이 병들고 있다면서 다음과 같이 따끔한 지적을 해준다.

55 이재환 감독, 〈쿼바디스〉(2014년 영화).

오늘 한국교회 환경은 목사의 공해(公害)로 오염된다. 목사라는 자들이 내뿜는 독한 가스로 인해서 교회는 질식할 것 같은 상태가 된다. 고장 난 차량들이 용케도 들썩거리며, 아니 울리는 꽹과리 꼴이 되어 요란한 소음(騷音)과 매연(煤煙)을 풍기며 돌아다니므로 이제 그 위험이 도를 넘어선 지 오래다. 고장 난 목사들이 너무나 많다. 너무나 날뛴다.…그러면 네 놈은 네가 비난하고 있는 것에서 예외자인가. 결코 그렇지 못하다. 30대 나이에 농촌에서 희생적으로 목회할 때는 마치 아모스나 되는 것처럼 한국교회의 목회자들을 강하게 비판하던 나 자신이 이제 목회 종반에 들어서서 스스로를 살펴보면 내가 비판하던 사람들을 그대로 닮아가고 있는 것을 발견하고 심한 부끄러움에 시달린다. 어느 목회자의 모임에 가서 누구와 인사를 나누면 '주일날 교인이 몇 명이 모이느냐?'라고 묻고 싶어서 목구멍이 근질거리고, 어느 교회의 주보를 보면 먼저 통계표부터 살피기 일쑤이다. 그러다가 우리 교회만 못하면 은근히 경시한다. 우리 교회 자랑을 하면서 '이렇게 해야 교회가 성장한다'고 말하고 싶어 하고, 우리 교회가 돕는 농촌 교회의 목회자가 내 앞에 와서 쩔쩔 매는 모습이 자연스러워 보인다. 무슨 노회나 총회 모임에서 위원 한 자리라도 주면 그것을 과시하고 싶어지고, 누가 별 노력 없이 박사 학위라도 취득한 것을 보면 은근히 비판하지만, 내 마음 한구석에는 '나도 어디 가서 적당히 받을 길 없을까?' 하는 바람이 웅크리고 있음을 보고 혼자 낯을 붉힌다. 언제부터 나는 큰 봉급, 큰 대우, 큰 자리, 큰 칭찬에 이리도 연연하는 자로 전락되고 있는가. 사실, 현재 한국교회에서 교회를 담임하고 있는 우리 목회자들은, 일제(日帝)나 한국동란 시에 순교적으로 목회했던 분들의 저 희생의 열매를 먹으며 호화로운 대접을 받고 있다고 보지 않을 수 없다.[56]

56 김태복, "한국교회의 공해(公害), 목사", 「크리스천웹진 소리」(2008년 1월 12일).

기독교의 역사를 살펴보면 생명력 있는 설교를 통해서 교회를 세우며, 주의 백성들을 하나님의 말씀으로 힘 있게 인도했던 "설교 영광의 시대"가 있었는가 하면, 그렇지 못한 "설교 암흑의 시대"가 있었다. 설교 영광의 시대에는 설교를 통해 교회가 말씀의 풍요를 누렸다. 그 시대에는 말씀이 힘이 있었으며, 교회는 영적 활기가 충천했다. 그런 시대의 모퉁이 모퉁이에는 하나님의 말씀의 부흥을 위해 몸부림쳤던 위대한 설교자들이 있었다. 반면 설교 암흑기에는 무기력한 설교자들과, 형식화되고 습관적이며 열정을 잃어버린 설교가 자리 잡고 있었다. 그런 시대에 교회는 사회적인 영향력을 잃어갔으며, 복음 아닌 것이 교회를 지배했고, 설사 교회가 많은 재산으로 비대하고 부요했을지 모르지만 설교의 능력은 상실해버렸다.[57] 오늘의 설교자들도 스스로에게 엄중히 물어야 한다. 우리의 시대는 여전히 영광의 시대가 될 수 있을 것인가?

그것은 하나님의 말씀을 오늘, 여기에 현재화하려는 설교자에게 전적으로 달려 있다. 설교의 역사는 교회의 역사이고, 그리스도인 공동체의 믿음과 삶의 이야기의 역사다. 설교 영광의 시대에 위대한 믿음의 영웅들은 무엇을 이루고, 무엇을 나타내려고 힘쓰지 않고, 그냥 말씀 따라, 말씀대로 살려고 발버둥쳤을 뿐이다. 그래서 윤수천 시인은 우리에게 이렇게 들려준다. "남기려고 하지 말 것…/ 남기려 한다고 해서 남겨지는 게 아니다/ 남기려고 하면 오히려/ 그 남기려는 것 때문에/ 일그러진 욕망이 된다." 그래서 "그저 사는 일/ 그 이상도 그 이하도 아니다/ 정말 아니다"라고 외친다.[58] 그냥 하늘 사랑과 말씀에 물들어, 그것에 사로잡혀 서는 것이고, 살아가는 것이다. 그렇게 말씀을 살아내면서 믿음의 공동체 가운데 "일그러진 욕망"은

57 김운용, 『새롭게 설교하기』, 41-42.

58 윤수천, 「인생이란」, 『너에게는 나의 사랑이 필요하다』(서울: 하문사, 1998).

내려놓고 그 말씀을 실재화시켰던 설교자들이 서 있는 곳에서 설교 영광의 시대가 펼쳐졌던 것이다.

# 참고문헌

Appenzeller, Henry G. *H. G. Appenzeller Papers-Sermons.* Seoul: Chong-Dong First Methodist Church, 1986.

______. *Appenzeller's Paper,* 노종해 역. 『자유와 빛을 주소서: H. G. 아펜젤러의 일기. 1886-1902)』. 서울: 대한기독교서회, 1988.

Baird, Richard H. *William M. Baird of Korea: A Profile by Richard H. Baird.* 김인수 역. 『배위량 박사의 한국 선교』. 서울: 쿰란, 2004.

Baird, William M. *Dairy of William M Baird 1892.5.18.-1895. 4. 27..* 이상규 역. 『윌리엄 베어드의 선교일기』.*The Korean Pentecost and the Sufferings Which Followed.* 강영선 역. 『하나님이 조선을 이처럼 사랑하사』. 서울: 지평서원, 2016.

Bonhoeffer, Dietrich. *Worldly Preaching ed. Clyde E. Fant*. Nashville: Thomas Nelson Inc., 1975.

Boren, Rudolf. *Predigtlehre*. 박근원 역. 『설교학 원론』. 서울: 대한기독교서회, 1979.

Bright, John. *The Kingdom of God: The Biblical Concept and Its Meaning for the Church.* New York: Abingdon-Cokesbury Press, 1953.

Brooks, Phillips. *The Joy of Preaching*. Grand Rapids: Cregel Publications, 1984.

Brown, George T. *Mission to Korea.* Atlanta: Board of World Mission, Presbyterian Church U.S., 1962.

Brueggemann, Walter. *The Prophetic Imagination.* 2nd ed.. Minneapolis: Fortress Press, 2001.

______. *The Word That Redescribes the World: The Bible and Discipleship.* Minneapolis: Fortress Press, 2006.

______. *Word Militant: Preaching a Decentering Word.* Minneapolis: Fortress Press, 2007.

Buttrick, David. *Preaching the New and Now.* Louisville: Westminster John Knox

Press, 1998.

Calvin, John. *Institutes of the Christian Religion.* trans. Henry Beveridge. Grand Rapids: Eerdmans, 1989.

Campbell, Charles L. *The Words before Powers.* 김운용 역. 『실천과 저항의 설교학』. 서울: WPA, 2014.

_______. *Preaching Jesus: New Directions for Homiletics in Hans Frei's Postliberal Theology.* Grand Rapids: Eerdmans, 1997.

Chapell, Bryan. *Christ-Centered Preaching: Redeeming the Expository Preaching.* Grand Rapids: Baker Books, 1994.

Clark, Charles A. *The Korean Church and the Nevius Methods.* New York: Fleming H. Revell, 1930.

_______. *The Nevius Plan for Mission Work.* 박용규. 김춘섭 역. 『한국교회와 네비우스 선교정책』. 서울: 대한기독교서회, 1994.

Clark, Allen D., ed. *All Our Family in the House.* Minneapolis: Privately Typewritten, 1975.

Dargan, Edwin C. *A History of Preaching: From the Apostolic Fathers to the Great Reformers AD 701572. vol. I.* Grand Rapids: Baker Book House, 1968.

Ellul, Jacques. *La Subversion du Christianisme.* 자크 엘룰 번역위원회 역. 『뒤틀려진 기독교』. 서울: 도서출판대장간, 2008.

Fenwick, Malcolm C. *The Church of Christ in Corea.* 이길상 역. 『한국에 뿌려진 복음의 씨앗』. 서울: 예영커뮤니케이션, 2004.

Florence, Anna Carter. *Preaching as Testimony.* Louisville: Westminster John Knox Press, 2007.

Gardner, Howard. *Creating Minds: An Anatomy of Creativity.* New York: BasicBooks, 1993.

_______. *Leading Minds: An Anatomy of Leadership.* New York: BasicBooks, 1995.

_______. *The Unschooled Mind: How Children Think and How Schools Should Teach.*

New York: BasicBooks, 1991.

Griffins, William E. *A Modern Pioneer in Korea: The Life Story of Henry G. Appenzeller.* 이만열 역. 『아펜젤러: 조선에 온 첫 번째 선교사의 한국 개신교의 시작 이야기』. 서울: IVP, 2015.

Hanegraaff, Hank. *Christianity in Crisis*. 김성웅 역. 『바벨탑에 갇힌 복음: 번영신학을 고발한다』. 서울: 새물결플러스, 2010.

Hauerwas, Stanley. *A Community of Character*. 문시영 역. 『교회됨』. 성남: 북코리아, 2010.

________. *Vision and Virtue.* Notre Dame: University of Nortre Dame, 1981.

Hawking, Stephen W. *The Illustrated on the Shoulders of Giants.* 김동광 역. 『거인들의 어깨 위에 서서』. 서울: 까치글방, 2006.

Horne, Charles S. *The Romance of Preaching*. New York: James Clarke and Rovell, 1914.

Horton, Michael. *Beyond Culture Wars.* 김재영 역. 『세상의 포로 된 교회』. 서울: 부흥과개혁사, 2001.

Horton, Michael. *Christless Christianity*. 김성웅 역. 『그리스도 없는 기독교』. 서울: 부흥과개혁사, 2008.

Horton, Michael. *In the Face of God.* 김재영 역. 『미국제 영성에 속지 말라』. 서울: 규장, 2005.

Jones, George H. *The Rise of the Church in Korea.* 옥성득 편역. 『한국교회 형성사』. 서울: 홍성사, 2013.

Jones, George H. and Noble, W. Arthur. *The Korean Revival. An Account of the Revival in the Korean Churches in 1907.* New York: The Board of Foreign Missions of the Methodist Episcopal Church, 1910.

Lischer, Richard. *A Theology of Preaching: The Dynamics of the Gospel.* rev. ed.. Durham: The Labyrinth Press, 1992.

Lloyd-Jones, Martyn. *Preaching and Preachers.* 정근두 역. 『설교와 설교자』. 서울: 복있는사람, 2012.

Marty, Martin E. *The Public Church: Mainline-Evangelical-Catholic.* New York: Crossroad, 1981.

McCully, Elizabeth A. *A Corn of Wheat or The Life of Rev. W. J. McKenzie of Korea.* Toronto: The Westminster Co., 1903.

Merton, Robert K. *On the Shoulders of Giants: A Shandean Postscript.* reprinted ed.. Chicago: University of Chicago Press, 1993.

Moffett, Eileen F., 옥성득 편집. 『마포삼열 자료집』, 2권. 서울: 새물결플러스, 2017.

Moffet, Samuel A., 김인수 역. 『마포삼열 선교편지 1890-1894』. 서울: 장로회신학대학교출판부, 2000.

Moffett, Samuel H. *The Christians of Korea.* New York: Friendship, 1962.

Moltmann, Jürgen. *Gott in der Shöpfung.* 김균진 역. 『창조 안에 계시는 하나님』. 서울: 한국신학연구소, 1986.

Newbigin, Lesslie. *The Gospel in a Pluralist Society.* Grand Rapids: Eerdmans, 1989.

Old, Hughes O. *The Reading and Preaching of the Scriptures in the Worship of the Christian Church: Our Own Time*, vol. 7. Grand Rapids: Eerdmans, 2010.

Peterson, Eugene H. *Under the Unpredictable Plant.* 차성구 역. 『성공주의 목회 신화를 포기하라』. 서울: 좋은씨앗, 2002.

Randolph, David J. *The Renewal of Preaching in the Twenty-First Century: The Next Homiletics.* Eugene: Cascade Books, 2009.

Ritschl, Dietrich. *A Theology of Proclamation.* Atlanta: John Knox Press, 1960.

Rudolf, Bohren. *Predigtlehre.* 박근원 역. 『설교학원론』. 대한기독교서회, 1979.

Skudlarek, William. *The Word in Worship: Preaching in a Liturgical Context.* Nashville: Abingdon Press, 1981.

Spurgeon, Charles H. *Lectures to My Students.* vol. 3. 원광역 역. 『목회자 후보생들에게』. 파주: CH북스, 2009.

Stott, John R. W. *Between Two Worlds: The Art of Preaching in the Twentieth Century.* Grand Rapids: Eerdmans Publishing Co., 1982.

*The Korean Mission Field,* vol. II, no. 10 (August 1906); vol. II, no. 11 (September 1906); vol. II, no. 12 (October 1906); vol. III, no. 3 (March 1907); vol. 3, no. 5 (May 1907); vol. 4, no. 5 (May 1908); vol. 6, no. 11 (November 1910); vol. 32, no. 1 (January 1936).

Tunbull, Ralph G. *A History of Preaching,* vol. 3. Michigan: Baker Book House, 1974.

Underwood, Elizabeth. *Challenged Identities: North American Missionaries in Korea. 1884-1934.* 변창욱 역. 『언더우드 후손이 쓴 한국의 선교의 역사 1984-1934』. 서울: 도서출판케노시스, 2013.

Underwood, Horace G. *The Call of Korea: Political-Social-Religious*. New York: Fleming H. Revell Co., 1908.

_______. 김인수 역. 『언더우드 목사의 선교편지 1885-1916』. 서울: 장로회신학대학교 출판부, 2002.

Underwood, Lillias H. *Underwood of Korea.* 이만열 역. 『언더우드: 한국에 온 첫 선교사』. 서울: 기독교문사, 1990.

Wagner, Ellasue. *Korea: The Old and the New.* New York: Eleming H. Revell Co., 1931.

Wells, David. *No Place for Truth.* 김재영 역. 『신학 실종』. 서울: 부흥과개혁사, 2006.

Wilson, Paul Scott. *Imagination of the Heart: New Understandings in Preaching.* Nashville: Abingdon, 1988.

Wink, Walter. *Engaging the Powers: Discernment and Resistance in a World of Domination.* Minneapolis: Fortress Press, 1992.

강신명. 『姜信明信仰著作集』, 1-2권. 서울: 기독교문사, 1987.

강원용. 『돌들이 소리치리라』. 서울: 기독교서회, 2016.

_____. 『빈들에서 1: 선구자의 땅에서 해방의 혼돈까지』; 『빈들에서 2: 혁명, 그 모순의 회오리』. 서울: 삼성출판사, 1995.

_____. 『역사의 언덕에서 4: 미완성의 민주화』. 서울: 한길사, 2006.

곽안련. 『설교학』. 서울: 대한기독교서회, 1954, 1990, 2001.

곽안전. 『한국교회사』. 개정증보판. 서울: 대한기독교서회, 1973.

국제신학연구원. 『여의도순복음교회의 신앙과 신학』. 서울: 서울서적, 1993.

______. 『조용기 목사의 삼중축복에 대한 신학적 이해』. 서울: 서울말씀사, 2000.

「기독교사상」, 통권 42호(1961년 4월); 통권 50호(1962년 1월); 통권 62호(1962년 3월); 통권 147호(1970년 8월); 통권 156호(1971년 6월); 통권 180호(1973년 5월); 통권 236호(1978년 2월); 통권 274호(1981년 04월); 통권 281호(1981년 11월); 통권 323호(1985년 5월); 통권 472호(1998년 4월); 통권 646호(2012년 10월); 통권 648호(2012년 12월); 통권 650호(2013년 2월); 통권 657호(2013년 9월).

기독교사상 엮음. 『그 사람에게 가는 길: 공지영에서 문익환까지 24인의 삶을 스케치하다』. 서울: 대한기독교서회, 2011.

길선주. 『한국 기독교 지도자 강단설교: 길선주』. 서울: 홍성사, 2008.

길진경. 『길선주: 부흥의 새벽을 열다』. 서울: 두란노, 2007.

김경재. 『김재준 평전: 성육신 신앙과 대승 기독교』. 서울: 삼인, 2001.

김계용. 『김계용 목사 전집: 독신 40년 목양 40년』, 1-6권, 박희성 엮음. 서울: 한컴, 1989.

김광수. 『북한 기독교 탐구사』. 서울: 기독교문사, 1994.

김남식 편. 『아름다운 원칙주의자 해원 정규오 목사』. 서울: 새한기획출판부, 2007.

김남식, 간하배. 『한국장로교신학사상사』. 1권. 서울: 베다니, 1997.

김남준. 『청중을 하나님 앞에 세우는 설교자』. 서울: 생명의말씀사, 2003.

김동익. 『고통 때문에 더 잘된 이야기』, 『문제를 풀어가라』, 『새 힘을 얻으리라』, 『약점 때문에 괴로워 말라』, 『어둠 속의 변혁』, 『인간의 위기와 하나님의 기회』, 『행동하는 그리스도인』. 서울: 반석문화사, 2007.

______. 『내가 너와 함께 한다』, 『너 하나님의 사람아』, 『빛나는 얼굴』, 『하나님과 씨름하다』. 서울: 쿰란, 1999.

김동화. 『나에게 있어서 영원한 것』. 서울: 기독교연합신문사, 1998.

김린서 엮음. 『주기철 목사의 순교사와 설교집』. 서울: 신앙생활사, 1959.

김린서. 『한국교회 순교사와 그 설교집』. 부산: 신앙생활사, 1962.

김명구. 『小竹 강신명 목사: 교회와 민족을 위한 한 알의 밀알 되어』. 광주: 서울장신대학교출판부, 2009.
김병서. 『한국 사회와 개신교: 종교사회학적 접근』. 서울: 한울아카데미, 1995.
김성수 외. 『한국 신학의 선구자들』. 서울: 너의오월, 2014.
김수진. 『아름다운 빈손 한경직』. 서울: 홍성사, 2000.
______. 『총회를 섬겨 온 일꾼들』. 서울: 한국장로교출판사, 2005.
______. 『한일교회의 역사』. 서울: 대한기독교서회, 1989.
김수진 외 4인. 『장로교 최초 목사 7인 리더십』. 서울: 쿰란출판사, 2010.
김수진, 한인수. 『한국 기독교회사: 호남편』. 서울: 대한예수교장로회총회교육부, 1980.
김수천. 『전통적 영성의 빛에서 본 이용도 목사의 삶과 영성』. 서울: KMC, 2015.
김승태 편. 『한국기독교와 신사참배 문제』. 서울: 한국기독교역사연구소, 1991.
김영재. 『박윤선: 경건과 교회 쇄신을 추구한 개혁신학자』. 파주: 살림, 2007.
______. 『한국교회사』. 수원: 합신대학원출판부, 2009.
김우영. 『바보가 아니라면』, 『부흥회와 교회성장』, 『서두르면 이스마엘 기다리면 이삭』, 『숨어계신 하나님』. 서울: 쿰란출판사, 1996, 1999, 2001, 2005.
______. 『믿음이 재산이다』, 『이겨놓고 싸운다』, 『은혜 위의 은혜』. 서울: 보이스사, 1981, 1995.
김운용. 『새롭게 설교하기: 변화하는 시대 속에서의 설교』. 서울: WPA, 2006.
______. 『현대설교코칭』. 서울: 장로회신학대학교출판부, 2015.
김윤규. 『장공 사상 연구 논문집』. 오산: 한신대학교출판부, 2001.
김요나. 『일사각오』, 주기철 목사 순교 50주년 기념 개정판. 서울: 순혜원, 1994.
______. 『한국교회 100년 순교자 전기: 민족대표 33인의 1인 신석구 목사 편』. 서울: 대한예수교장로회총회, 1999.
김익두. 『김익두: 한국 기독교 지도자 강단설교』. 서울: 홍성사, 2009.
______. 『성령을 받으라』, 피종진 편집, 한국교회 초기 설교전집. 서울: 도서출판기쁜날, 2006.
______. 『信仰의 路: 金益斗牧師講演集』, 노익순 편. 京城: 博文書館, 1924.
김인수. 『예수의 양 주기철』. 서울: 홍성사, 2007.

______. 『일제의 한국교회 박해사』. 서울: 대한기독교서회, 2006.

______. 『장로회신학대학교 100년사』. 서울: 장로회신학대학교, 2002.

______. 『한국 기독교회의 역사』, 상·하권. 서울: 장로회신학대학교출판부, 2010.

______. 『한국기독교회의 역사』, 상권. 서울: 쿰란출판사, 2012.

______. 『한국기독교회사』. 서울: 한국장로교출판사, 2003.

김인수 편. 『사료 한국신학사상사』. 서울: 장로회신학대학교출판부, 2003.

김재준. 『하늘과 땅의 해후』. 서울: 동양출판사, 1962.

김재황. 『巨星 殷哉 申錫九 牧師 一代記』. 대구: 대구제일감리교회, 1988.

김정준. 『나의 투병기』. 서울: 을유문화사, 1950.

______. 『내일을 기다려라』. 서울: 경건과신학연구소, 2004.

______. 『만수 김정준 전집』, 18권. 서울: 한국신학연구소, 1987-1991.

______. 『삶에 이르는 병』. 서울: 대한기독교서회, 1972.

______. 『약하지만 강하다』. 서울: 대한기독교출판사, 1977.

______. 『조용한 폭풍』. 서울: 한국신학연구소, 1975.

______. 『하나님께 목말라서』. 서울: 경건과신학연구소, 2004.

김정준, 이종성, 조종남, 홍현설. 『神學大學長 4人 說敎選』. 서울: 대한기독교서회, 1974.

김준곤 목사 제자들 편. 『나와 김준곤 그리고 C.C.C.』. 서울: 한국대학생선교회, 2005.

김준곤. 『C.C.C.와 민족복음화 운동』. 서울: 筍출판사, 2005.

______. 『그리스도의 향기』, 『기도 최우선 전략』, 『민족의 예수 혁명론』, 『부활신앙과 성령과 민족』, 『산 예수 산 신앙』, 『은총의 승리』. 서울: 荀출판사, 1984.

______. 『김준곤 설교집 I』, 『김준곤 설교집 II』. 서울: 荀출판사, 1989.

______. 『영원한 첫사랑과 생명언어』. 서울: 도서출판하나, 1993.

김중순, 김병희. 『겨자씨 속에 담은 천국: 대구 경북 선교의 아버지 안의와』. 서울: 소통, 2009.

김지길. 『김지길 감독 설교전집』, 1-10권. 서울: 비전사, 2017.

______. 『물위로 걸어오라: 김지길 감독 설교집』. 서울: 에이멘, 1984.

김찬국. 『만수 김정준 구약신학』. 서울: 경건과신학연구소, 2004.
김창인. 『나의 힘이 되신 여호와여』, 『하나님께서 귀히 쓰시는 일꾼』. 서울: 충현교회출판위원회, 1980, 1987.
김춘배. 『한국기독교수난사화』. 서울: 성문학사, 1969.
김충남. 『순교자 주기철 목사의 생애: 진달래 필 때 가버린 사람』. 의정부: 드림북, 2007.
김치선. 『김치선: 한국 기독교지도자 강단설교』. 서울: 홍성사, 2011.
김화식. 『김화식 목사 설교집』, 이성근 엮음. 서울: 한국목회자료연구소, 1974.
______. 『신앙의 승리』, 김항식 엮음. 서울: 세종문화사, 1974.
김형수. 『문익환 평전』. 서울: 실천문학사, 2004.
노치준. 『한국 개신교 사회학: 한국교회의 위기와 전망』. 서울: 한울아카데미, 1998.
류금주. 『이용도의 신비주의와 한국교회』. 서울: 대한기독교서회, 2005.
류대영. 『초기 미국 선교사 연구 1884-1910』. 서울: 한국기독교연구소, 2001.
류장현. 『예수를 살리는 교회 예수를 죽이는 교회』. 서울: 프리칭아카데미, 2008.
마삼락. 『아세아와 선교』. 서울: 장로회신학대학교 선교문제연구원, 1976.
晩雨 宋昌根先生記念事業會. 『晩雨 宋昌根』. 서울: 善瓊圖書出版社, 1978.
목회와 신학. 『한국교회 설교 분석』. 서울: 두란노아카데미, 2009.
문성모. 『하용조 목사 이야기: 온누리교회와 함께 쓴 Acts29』. 서울: 두란노, 2010.
문익환. 『걸어서라도 갈 테야』. 서울: 실천문학사, 1990.
______. 『문익환 전집』, 1-12권. 서울: 사계절, 1999.
______. 『옥중일기』. 서울: 삼민사, 1991.
______. 『하나가 되는 것은 더욱 커지는 것입니다』. 서울: 삼민사, 1991.
민경배. 『교회와 민족』. 서울: 대한기독교출판사, 1981.
______. 『순교자 주기철 목사』. 서울: 대한기독교서회, 1997.
______. 『일제하의 한국기독교 민족 신앙 운동사』. 서울: 대한기독교서회, 1996.
______. 『한국교회의 사회사 1885-1945』. 서울: 연세대학교출판부, 2008.
______. 『한국기독교회사』. 서울: 대한기독교서회, 1988.

박명수.『교회 민족 역사: 솔내 민경배 박사 고희 기념논문집』. 서울: 한들출판사, 2004.

______.『이명직과 한국 성결교회』. 부천: 서울신학대학교출판부, 2008.

______.『한국교회 부흥운동 연구』. 서울: 한국기독교역사연구소, 2003.

박성은 외.『하나님밖에 모르는 사람 박윤선』. 서울: 국민일보, 2016.

박용규.『김익두 목사 전기』. 서울: 생명의말씀사, 1991.

______.『사랑의교회 이야기: 복음 훈련 열정』. 서울: 생명의말씀사, 2012.

______.『한국교회와 민족을 살린 평양 대부흥 이야기』. 서울: 생명의말씀사, 2006.

______.『한국기독교회사: 1910-1960』, 2권. 서울: 생명의말씀사, 2004.

______.『한국기독교회사』. 서울: 생명의말씀사, 2006.

박용규 엮음.『죽산 박형룡 박사의 생애와 사상』. 서울: 총신대학교출판부, 1996.

박용규, 이은선 편.『총회 100년 한국장로교회 회고와 전망』. 서울: 한국기독교사연구소, 2014.

박윤선.『거룩함, 세상 뜰 때까지 힘쓰라』,『고난, 왜 하나님이 나를 때리시는가』,『교회, 내가 바로 서야 교회가 바로 선다』,『기도, 죽기내기로 기도하라』,『내가 새벽을 깨우리로다』,『다 주께 맡기라』,『부르심, 네 꼴 보고 은혜를 받겠느냐』,『신자 되기 원합니다』,『영생의 원천』,『응답되는 기도』,『주님을 따르자』,『힘써 전진하는 믿음』. 수원: 영음사, 1970, 1974, 1975, 2011, 2012, 2015.

______.『성경과 나의 생애: 정암 박윤선 목사 자서전』. 수원: 영음사, 1992.

박종순.『한국교회의 설교를 조명한다』, 1-2권. 서울: 신망애사, 1987.

박현정.『하얀 불꽃: 손양원 목사 이야기』. 서울: KIATS, 2011.

朴亨龍.『朴亨龍 博士 著作 全集』, 18-20권. 서울: 韓國 基督敎敎育 硏究員, 1995-1981.

박형용.『정암 박윤선에게서 배우다』. 서울: 국제제자훈련원, 2008.

박혜란.『목사의 딸: '하나님의 종'이라는 이름 뒤에 감춰진 슬픈 가족사』. 서울: 아가페북스, 2014.

방지일.『간단한 말씀』, 1-6권;『나의 나 됨』. 서울: 선교문화사, 1987-2004, 2005.

______.『나의 눈물을 주의 병에 담으소서』. 서울: 홍성사, 2010.

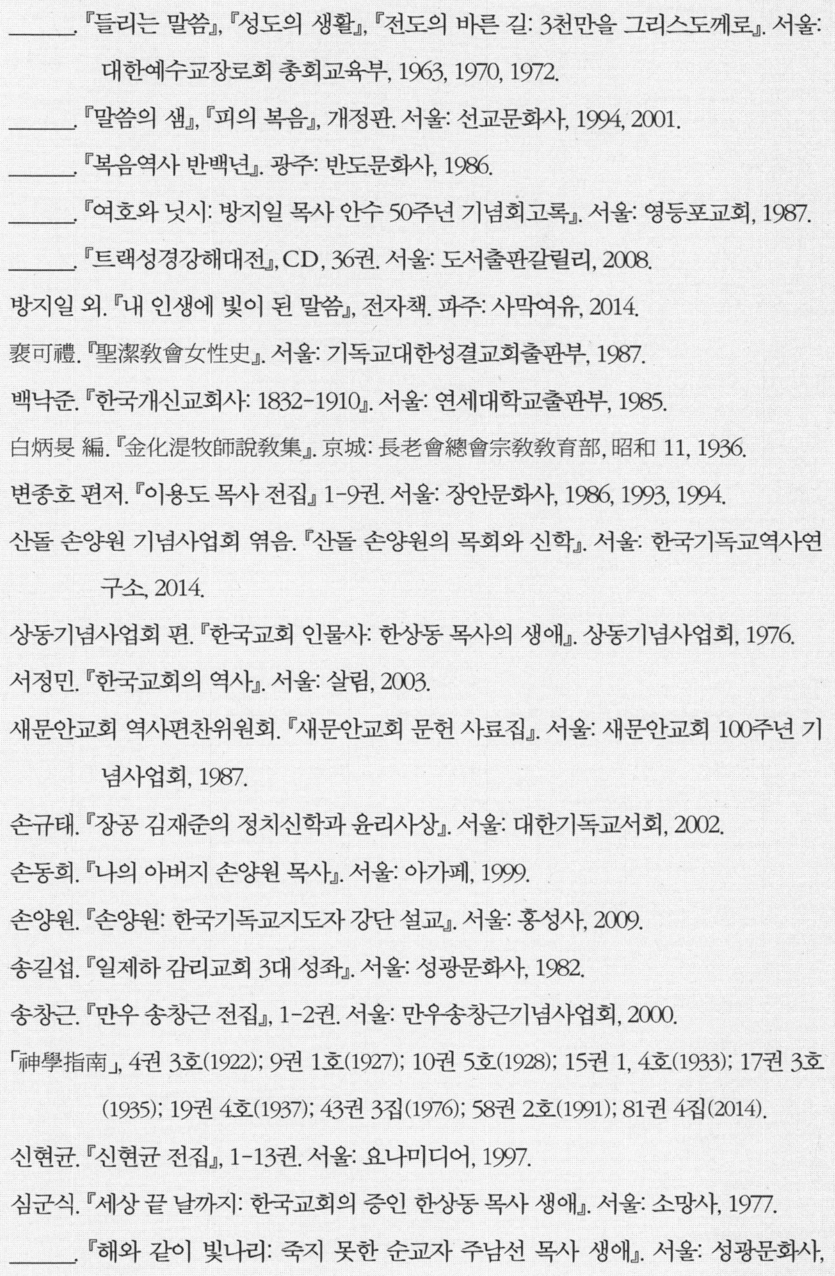

______. 『들리는 말씀』, 『성도의 생활』, 『전도의 바른 길: 3천만을 그리스도께로』. 서울: 대한예수교장로회 총회교육부, 1963, 1970, 1972.

______. 『말씀의 샘』, 『피의 복음』, 개정판. 서울: 선교문화사, 1994, 2001.

______. 『복음역사 반백년』. 광주: 반도문화사, 1986.

______. 『여호와 닛시: 방지일 목사 안수 50주년 기념회고록』. 서울: 영등포교회, 1987.

______. 『트랙성경강해대전』, CD, 36권. 서울: 도서출판갈릴리, 2008.

방지일 외. 『내 인생에 빛이 된 말씀』, 전자책. 파주: 사막여유, 2014.

裵可禮. 『聖潔敎會女性史』. 서울: 기독교대한성결교회출판부, 1987.

백낙준. 『한국개신교회사: 1832-1910』. 서울: 연세대학교출판부, 1985.

白炳旻 編. 『金化湜牧師說敎集』. 京城: 長老會總會宗敎敎育部, 昭和 11, 1936.

변종호 편저. 『이용도 목사 전집』 1-9권. 서울: 장안문화사, 1986, 1993, 1994.

산돌 손양원 기념사업회 엮음. 『산돌 손양원의 목회와 신학』. 서울: 한국기독교역사연구소, 2014.

상동기념사업회 편. 『한국교회 인물사: 한상동 목사의 생애』. 상동기념사업회, 1976.

서정민. 『한국교회의 역사』. 서울: 살림, 2003.

새문안교회 역사편찬위원회. 『새문안교회 문헌 사료집』. 서울: 새문안교회 100주년 기념사업회, 1987.

손규태. 『장공 김재준의 정치신학과 윤리사상』. 서울: 대한기독교서회, 2002.

손동희. 『나의 아버지 손양원 목사』. 서울: 아가페, 1999.

손양원. 『손양원: 한국기독교지도자 강단 설교』. 서울: 홍성사, 2009.

송길섭. 『일제하 감리교회 3대 성좌』. 서울: 성광문화사, 1982.

송창근. 『만우 송창근 전집』, 1-2권. 서울: 만우송창근기념사업회, 2000.

「神學指南」, 4권 3호(1922); 9권 1호(1927); 10권 5호(1928); 15권 1, 4호(1933); 17권 3호(1935); 19권 4호(1937); 43권 3집(1976); 58권 2호(1991); 81권 4집(2014).

신현균. 『신현균 전집』, 1-13권. 서울: 요나미디어, 1997.

심군식. 『세상 끝 날까지: 한국교회의 증인 한상동 목사 생애』. 서울: 소망사, 1977.

______. 『해와 같이 빛나리: 죽지 못한 순교자 주남선 목사 생애』. 서울: 성광문화사,

1977.

아펜젤러, 최병헌 목사 탄생 150주년 기념사업위원회 편. 『탁사 최병헌 목사의 생애와 사상』. 서울: 정동삼문출판사, 2008.

안영로. 『전라도가 고향이지요』. 서울: 쿰란출판사, 1997.

안용준. 『사랑의 원자탄: 손양원 목사의 순교 일대기』, 개정판. 서울: 성광문화사, 2011.

______. 『태양신과 싸운 이들』. 부산: 칼빈문화출판사, 1956.

梁翊煥 編. 『百牧講演』, 1집. 京城: 博文書館, 大正 10, 1921; 서울: 奎文名, 1976.

양현혜. 『근대 한일관계사 속의 기독교』. 서울: 이화여자대학교출판부, 2009.

언더우드기념사업회 편. 『언더우드 기념강연집』. 서울: 연세대학교출판부, 2011.

오영필 엮음. 『성결교회수난기』. 서울: 기독교대한성결교회출판부, 1971.

옥한흠. 『나누고 싶은 이야기들—개척 10년』. 서울: 사랑의교회, 1994.

______. 『고통을 다루시는 하나님의 손길』, 『구원받은 자는 이렇게 산다』, 『나의 고통은 누구의 탓인가?』, 『내가 얻은 황홀한 구원』, 『문 밖에 서서 기다리시는 하나님』. 서울: 두란노, 1994, 1995, 1998.

______. 『교회는 이긴다: 옥한흠 목사의 육성이 담긴 사도행전 강해』, 『다시 쓰는 평신도를 깨운다』, 『소명자는 낙심하지 않는다』, 『아무도 흔들 수 없는 나의 구원』, 『안아주심』, 『요한이 전한 복음 1, 2, 3, 4』. 서울: 국제제자훈련원, 1993, 2003, 2007, 2012.

______. 『옥한흠 목사가 목사에게』, 『옥한흠 목사의 다시 복음으로』. 서울: 은보, 2015.

______. 『이것이 목회의 본질이다』, 『제자훈련 열정 40년』. 서울: 국제제자훈련원, 2004, 2009.

______. 『희망은 있습니다: 우리가 바로 살면 세상은 바뀝니다』. 서울: 두란노, 1998.

원두우. 『원두우 강연집』. 경성: 조선야소교서회, 1927.

유동식. 『정동제일교회의 역사 1885-1990』. 서울: 기독교대한감리회 정동제일교회, 1992.

______. 『한국 신학의 광맥』. 서울: 다산글방, 1999.

유영식 편역. 『착한 목자: 게일의 삶과 선교』. 서울: 도서출판진흥, 2013.

윤춘병. 『전덕기 목사와 민족운동』. 과천: 감리교출판사, 1996.

이경윤. 『백인(百忍)—백 번의 인내: 이기풍 목사 이야기』. 서울: 한국고등신학연구원, 2011.

이광순. 『한국교회의 성장과 저성장』. 서울: 미션아카데미, 2005.

이덕주. 『사랑의 순교자 주기철 목사 연구』. 이천: 한국기독교역사박물관, 2003.

______. 『신석구: 민족의 독립을 위해 십자가를 지다』. 서울: 신앙과지성사, 2012.

______. 『이덕주 교수가 쉽게 쓴 한국 교회 이야기』. 서울: 신앙과지성사, 2009.

______. 『한국교회 이야기』. 서울: 신앙과지성사, 2009.

이만열. 『언더우드 기념강연집』. 서울: 연세대학교출판부, 2011.

______. 『한국기독교 문화 운동사』. 서울: 대한기독교출판사, 1987.

______. 『한국기독교의 역사의식』. 서울: 지식산업사, 1981.

이만신. 『부흥성회설교』, 『성장하는 교회』, 『사중복음강단』, 『선한 싸움 싸우고 달려갈 길 마치며』. 서울: 청파, 1993, 1997, 2000.

______. 『하늘 문이 열리다』, 『성령의 불을 끄지 말라』, 『풍성한 생명』, 『만능의 신앙』, 『행복한 인생』, 『성공한 인생』, 『십자가의 도』, 『하나님을 만난 사람들』, 『참 생명의 길』. 서울: 보이스사, 1978, 1981, 1982, 1985, 1986, 1987.

이명직. 『기독교의 사대복음』. 서울: 기독교대한성결교회출판부, 1952.

______. 『이명직 목사의 설교집』, 1집. 경성: 동양선교회성결교회출판부, 1930.

이상규. 『베어드와 한국선교』. 서울: 숭실대학교출판부, 2009.

______. 『한상동과 그의 시대: 교회쇄신운동과 고려신학교에 대한 인물 중심의 역사』. 서울: SFC 출판부, 2006.

______. 『해방 전후 한국장로교회의 역사와 신학』. 서울: 한국기독교역사연구소, 2015.

이상근. 『등대가 있는 외딴 섬』. 서울: 두란노, 2002.

______. 『이상근 강해설교』, 1-30권. 서울: 새하늘출판사, 2007.

이성봉. 『말로 못하면 죽음으로: 이성봉 목사 자서전』. 서울: 임마누엘사, 1970.

______. 『부흥의 비결』, 개정판. 서울: 생명의말씀사, 1993.

______. 『사랑의 강단』. 서울: 청암출판사, 1975.

______. 『이성봉: 한국 기독교 지도자 강단설교』. 서울: 홍성사, 2009.

______. 『임마누엘 강단』. 서울: 생명의말씀사, 1993.

______. 『천로역정, 명심도 강화, 요나서 강화』. 서울: 생명의말씀사, 1993.

이성봉 목사 탄신 100주년 기념사업위원회 편. 『이성봉 목사의 부흥운동 조명』. 서울: 생명의말씀사, 2000.

이성호 편. 『김익두 목사 설교 및 약전집』. 서울: 혜문사, 1977.

이영헌 엮음. 『한경직 강론: 참 목자상』. 서울: 규장문화사, 1987.

이용도 신앙과 사상연구회 편. 『이용도 목사의 영성과 예수 운동』. 서울: 성서연구사, 1998.

이유진. 『목적이 분명하면 길은 열린다: 한국 기독교 역사의 산 증인 정진경 목사의 인생 자서전』, 정진경 구술. 서울: 홍성사, 2008.

이장식. 『한국교회의 어제와 오늘』. 서울: 대한기독교서회, 1977.

이중표. 『광야의 기적』. 서울: 한국제일한신교회, 1982.

______. 『교회 성장과 케리그마 설교』. 서울: 쿰란출판사, 1988.

______. 『나는 매일 죽는다』. 서울: 규장, 2000.

______. 『노래하는 나그네』, 『산 자의 행복』, 『새 하늘과 새 땅』, 『조국이여 울어라』. 서울: 쿰란출판사, 1986, 1991, 1998, 2002.

______. 『당신과 함께 가는 그 길에는 나는 죽어도 행복합니다』, 『천국에 닿은 행복』. 서울: 국민일보, 2015.

______. 『별세의 신학: 예수님을 배우는 신학』. 서울: 국민일보, 2005.

이태형. 『두려운 영광』. 서울: 포에에마, 2008.

이해성. 『별세의 사람 이중표』. 서울: 쿰란출판사, 2007.

이호우. 『초기 내한선교사 곽안련의 신학과 사상』. 서울: 생명의말씀사, 2005.

임동선. 『이 시대의 희망 오직 복음』, 『지구촌은 나의 목장이다』, 『환난 날의 신앙』, 『회고와 전망』. 서울: 쿰란, 1999, 2000, 2004, 2008.

임윤택. 『디아스포라 설교신학: 임동선 목사의 설교신학에 관한 연구』. 서울: CLC, 2009.

임택권 편저. 『죠선예수교회 이적명증』. 경성: 조선야소교서회, 1921.

임택진. 『임택진 신앙저작전집: 설교집 I, II』, 5-6권. 서울: 교문사, 1982.

______. 『진실로 하나님 앞에서』. 서울: 규장, 2002.

임희국. 『기다림과 서두름의 역사: 한국 장로교회 130년』. 서울: 장로회신학대학교출판부, 2013.

장기천. 『버릴 때와 지킬 때』. 서울: 전망사, 1987.

______. 『복음과 민주화』. 서울: 기독교대한감리회교육국, 1988.

______. 『분열이 있는 곳에 일치를』. 서울: 한울, 1995.

______. 『사람이 되신 하느님 이야기』. 서울: 한들, 2002.

______. 『예수와 함께 세상 속으로』, 『하늘의 뜻 사람의 뜻』. 서울: 신앙과지성사, 1992, 2000.

______. 『오늘의 웨슬레』. 서울: 전망사, 1991.

______. 『좁은 길 넓은 길』. 서울: 진흥, 1993.

장공 김재준 목사 기념사업회. 『장공 김재준의 삶과 신학』. 오산: 한신대학교출판부, 2014.

장로회신학대학교 100년사 편찬위원회. 『장로회신학대학교 100년사』. 서울: 장로회신학대학교, 2002.

장병욱. 『한국감리교의 선구자들』. 서울: 성광문화사, 1978.

장차남 외. 『해원 정규오 목사의 생애와 사상』. 서울: 쿰란출판사, 2011.

전택부. 『한국기독교 청년회 운동사』. 서울: 범우사, 1994.

정규오. 『골고다의 세 십자가』, 『나의 나 된 것은』, 『복음의 폭탄』, 『사도신경 해설』, 『로마서 강해』, 『아멘의 생활』, 『설교의 연구와 실제』, 『새 사람 운동』. 서울: 한국복음문서협회, 1984, 1988, 1994.

______. 『나의 신학 나의 신앙 나의 생활』. 광주: 복음문화사, 1984.

정동교회 100년사 편찬위원회 편. 『세기의 증언: 정동제일교회 역대 목사 설교 논설집』. 서울: 정동제일교회 100주년기념사업위원회, 1986.

정상운. 『성결교회 역사총론』. 서울: 한국복음문서간행회, 2003.

정성구.『한국교회 설교사』. 서울: 총신대학교출판부, 1987.

정용섭.『설교의 절망과 희망』. 서울: 대한기독교서회, 2008.

정인교.『100년의 설교 산책: 한국성결교회 설교 100년사』. 서울: 대한기독교서회, 2012.

______.『설교자여 승부수를 던져라: 탁월한 설교를 향한 16가지 승부 전략』. 서울: 대한기독교서회, 2010.

정재철.『日帝의 對韓國 植民地 教育政策史』. 서울: 일지사, 1985.

정진경.『나눔의 행복』,『성속의 벽을 넘어』,『미래를 심는 사람들』. 서울: 기독교리더십연구원, 2006.

조용기.『3차원의 인생을 지배하는 4차원의 영성』. 서울: 교회성장연구소, 2004.

______.『4차원의 영적 세계』. 서울: 서울말씀사, 2007.

______.『삼박자 축복』. 서울: 조용기서적, 1977.

______.『설교는 나의 인생』. 서울: 서울말씀사, 2005.

조용기신학연구소 편.『조용기의 목회와 신학』, 3권. 군포: 한세대학교말씀사, 2008.

조향록.『八十自述: 내 한 몸 바칠 제단을 찾아서』. 서울: 선교문화사, 2009.

______.『조향록 선집』, 1-5권. 서울: 선교문화사, 2009.

종교교육부 편.『역대 총회장 설교집』. 서울: 대한예수교장로회종교교육부, 1955.

주광조.『순교자 나의 아버지 주기철 목사님』. 서울: UBF 출판부, 1997.

주기철.『주기철: 한국 기독교 지도자 강단설교』. 서울: 홍성사, 2009.

주승민.『순교자 문중경의 신앙과 삶』. 서울: 킹덤북스, 2010.

차재명 외 편.『조선예수교장로회 사기』. 경성: 신문애교회당, 1928.

차종순.『손양원: 애양원과 사랑의 성자』. 서울: KIATS, 2008.

______.『양림동에 묻힌 22명의 미국인』. 광주: 호남신학대학교 45주년 사료편찬위원회, 2000.

천사무엘.『김재준: 근본주의 독재에 맞선 예언자적 양심』. 서울: 살림, 2003.

최병헌, 박혜선 역.『만종일련(萬宗一臠)』. 서울: 성광문화사, 1985.

최석주.『내가 본 인생 백경(白鏡)』. 서울: 대한기독교서회, 1974.

최인화 엮음. 『김익두 목사 설교집』. 경성: 신문당, 昭和 15년.
최현. 『김익두』. 서울: 도서출판예루살렘, 2000.
친일인명사전 편찬위원회 편. 『친일인명사전』, 3권. 서울: 민족문제연구소, 2009.
크리스채너티 투데이 코리아 엮음. 『옥한흠 은혜의 발걸음』. 서울: 국제제자훈련원, 2010.
「把守軍」, 2호(1950); 15호(1952); 29호(1953); 60, 61, 64호(1957).
하용조 외. 『큐티와 목회의 실제: 큐티에서 설교까지』. 서울: 두란노, 2009.
하용조. 『나의 하루』, 『러브소나타: 목숨을 건 일본 사랑』, 『인생의 가장 행복한 순간: 하나님의 프러포즈』, 『행복의 시작 예수 그리스도』. 서울: 두란노, 2002, 2008, 2012, 2014.
______. 『사도행전적 교회를 꿈꾼다: 온누리교회의 교회론과 목회철학』. 서울: 두란노, 2007.
______. 『아담아 네가 어디 있느냐』, 『무지개 구름 사이에 있으리라』, 『너는 복의 근원이 될지니라』, 『다시는 야곱이라 부르지 말라』, 『꿈의 사람 믿음의 사람』, 『광야의 삶은 축복이다』, 『예수 그리스도: 아브라함과 다윗의 자손』, 『천국대헌장 팔복: 예수님의 산상설교』, 『세상의 빛과 소금: 예수님의 산상설교 2』, 『참된 신앙: 예수님의 산상설교 3』, 『구하고 찾고 두드리라: 예수님의 산상설교 4』, 『능력을 행하시는 예수님』, 『열두 제자를 택하신 예수님』, 『비유로 말씀하시더라』, 『참된 신앙고백』, 『용서의 축복』, 『참된 지도자』, 『가서 제자 삼으라』, 『예수님은 생명입니다』, 『예수님은 능력입니다』, 『예수님은 사랑입니다』, 『기쁨으로의 초대』, 『승리에로의 초대』, 『성령 받은 사람들』, 『변화 받은 사람들』, 『세상을 바꾼 사람들』, 『로마서의 축복』, 『로마서의 비전』, 『왜 이스라엘을 위해 기도해야 하나』, 『하나 됨의 열망』. 서울: 두란노, 1990-2005.
한경직. 『한경직 목사의 구원 설교 모음집』. 서울: 두란노, 2011.
______. 『한경직 목사 설교전집』. 서울: 한경직목사기념사업회, 2009.
______. 『한경직 목사 자료 전집』, 1-15권, 김은섭 엮음. 서울: 한경직목사기념사업회, 2014.

한경직 목사 기념사업회.『한경직 목사 성역 50년』. 서울: 한경직목사기념사업 출판회, 1986.

한국 기독교 성령 100년사 편찬위원회.『한국 기독교 성령 백년 인물사』, II권. 서울: 쿰란출판사, 2009.

한국교회 120인 설교집 편찬위원회 편.『한국교회 120인 설교집』. 서울: 한국기독교총연합회, 2006.

한국교회사학연구원.『하용조 목사의 설교와 신학』. 서울: 두란노, 2006.

-----.『한국교회 설교가 연구』1권. 서울: 한국교회사학연구원, 2000.

한국기독교문화연구소 편.『베어드와 한국선교』. 서울: 숭실대학교출판부, 2009.

한국기독교역사연구소 북한교회사집필위원회.『북한교회사』. 서울: 한국기독교역사연구소, 1996.

한국기독교역사학회 편.『한국 기독교의 역사 III: 해방 이후 20세기 말까지』. 서울: 한국기독교역사연구소, 2009.

한국기독교역사학회 편.『한국기독교의 역사 1』, 개정판. 서울: 기독교문사, 2011.

한국기독교총연합회.『한국 기독교 대표 설교집: 선교 120주년 기념』. 서울: 한기총, 2005.

한국문화신학회 편.『이용도, 김재준, 함석헌』. 서울: 한들출판사, 2001.

한상동.『고난과 승리』. 부산: 교회문제연구소, 1980.

______.『신앙세계와 천국』. 부산: 칼빈사, 1970.

______.『주님의 사랑: 한상동 목사 옥중기』, 박윤선 옮김. 부산: 성문사, 1954.

______.『한상동: 한국기독교 지도자 강단설교』. 서울: 홍성사, 2009.

韓錫源 編.『宗教界著名士講演集』. 京城: 活文社書店, 大正 11, 1922.

한숭홍.『한경직의 생애와 사상』. 서울: 장로회신학대학교출판부, 1993.

______.『한국 신학사상의 흐름』상권. 서울: 장로회신학대학교출판부, 1996.

한신대 신학부 교수단 편집.『김재준 전집』, 1-13권. 서울: 한신대학교출판부, 1992.

한춘근.『죽지 않는 순교자 김익두』. 서울: 성서신학서원, 1995.

합동신학교 출판부 편.『박윤선의 생애와 사상』. 수원: 합동신학교출판부, 1995.

「활천」, 15권 8-9호(1937); 407권(1984); 416권(1985); 519권 2호(1997); 553권 12호(1999); 668권 7호(2009); 632권 10호(2005); 639권 1호, 2호, 3호(2007); 641권 4호(2007); 642권 5호(2007); 643권 6호(2007); 646권 7호(2007); 645권 8호(2007); 11호(2007).

허도화. 『한국교회 예배사』. 서울: 한국강해설교학교출판부, 2003.

허호익. 『길선주 목사의 목회와 신학사상』. 서울: 대한기독교서회, 2009.

홍경환. 『방지일의 선교와 사상』. 서울: 미션아카데미, 2015.

홍순우 목사 회갑기념문집 출판위원회. 『홍순우 목사 회갑기념문집』. 서울: 장충단교회, 1989.

홍순우 목사 원로목사 추대 기념문집 출판위원회. 『홍순우 목사 원로목사 추대 기념문집』. 서울: 홍순우 원로목사 추대 기념문집 출판위원회, 1998.

홍영기. 『한국 초대형 교회와 카리스마 리더십』. 서울: 교회성장연구소, 2002.

홍현설. 『청암 홍현설 저작전집』, 1-8권. 서울: 성서연구사, 1997.

______. 『洪顯卨博士著作全集』, 1권. 서울: 대한기독교서회, 1975.

회고추모문집 발간위원회 엮음. 『한국교회의 성숙과 한국사회의 민주화: 송학 김지길 목사(1923-2010)의 생애와 목회, 그리고 에큐메니칼 운동』. 서울: KMC, 2013.

『희년 기념 목사 대설교집』. 경성: 조선예수교장로회총회, 쇼와 14년, 1939.

# 한국교회 설교 역사

## 이야기 혁신성의 관점에서 본 설교자들의 이야기



**1쇄 발행** 2018년 6월 20일

**지은이** 김운용
**펴낸이** 김요한
**펴낸곳** 새물결플러스

**편 집** 왕희광 정인철 최율리 박규준 노재현 한바울 신준호
정혜인 이형일 서종원 조광수
**디자인** 이성아 이재희 박슬기 이새봄
**마케팅** 박성민 이윤범
**총 무** 김명화 이성순
**영 상** 최정호 조용석 곽상원
**아카데미** 유영성

**홈페이지** www.holywaveplus.com
**이메일** hwpbooks@hwpbooks.com
**출판등록** 2008년 8월 21일 제2008-24호
**주 소** (우) 07214 서울특별시 영등포구 양평로 11, 4층(당산동5가)
**전 화** 02) 2652-3161
**팩 스** 02) 2652-3191

ISBN 979-11-6129-064-5 93230

책값은 뒤표지에 있습니다.

이 도서의 국립중앙도서관 출판예정도서목록(CIP)은 서지정보유통지원시스템 홈페이지(seoji.nl.go.kr)와 국가자료공동목록시스템(nl.go.kr/kolisnet)에서 이용하실 수 있습니다. CIP2018017274